→国連：グテーレス（ポルトガル）事務総長（2017年〜）

↑北朝鮮：金正恩国務委員長（2016年〜）
〈注〉2012年より最高指導者の地位にある。

朝鮮民主主義人民共和国（北朝鮮）

モンゴル

日本

中華人民共和国（中国）

ネパール

ブータン

大韓民国（韓国）

台湾

バングラデシュ

ミャンマー

ラオス

タイ

カンボジア

ベトナム

フィリピン

↑台湾：蔡英文総統（2016年〜）

ブルネイ・ダルサラーム

パラオ

スリランカ

モルディブ

マレーシア

シンガポール

インドネシア

パプアニューギニア

ソロモン諸島

東ティモール

タイ：セター首相（2023年〜）

オーストラリア

ニュージーランド：ヒプキンス首相（2023年〜）

ニュージーランド

●1人当たりGNI

（2022年，詳細⇒p.2）

30,000ドル以上
12,000ドル以上
8,000ドル以上
4,000ドル以上
1,000ドル以上
1,000ドル未満

●都市
● 国連事務局所在地
○「政治・経済」関連地名

G20 20か国・地域首脳会合（G20サミット）及び20か国・地域財務相・中央銀行総裁会議の参加主要20か国・地域

G8

↑日本：岸田文雄首相（2021年〜）

↑アメリカ：バイデン大統領（2021年〜）

↑イギリス：スナク首相（2022年〜）

↑フランス：マクロン大統領（2017年〜）

首相（2021年〜）

首相（2022年〜）

JN075341

↑カナダ：トルドー首相（2015年〜）

↑ロシア：プーチン大統領（2012年〜）

↑中国：習近平国家主席（2013年〜）

BRICS

14年のウクライナ紛争以来，ロシアのG8サミット参加資格は停止されている。

↑インド：モディ首相（2014年〜）

↑南アフリカ共和国：ラマポーザ大統領（2018年〜）

↑ブラジル：ルーラ大統領（2023年〜）

●BRICS拡大…アルゼンチン，エジプト，エチオピア，イラン，サウジアラビア，アラブ首長国連邦が24年1月に加盟予定。

↑オーストラリア：アルバニージー首相（2022年〜）

↑韓国：尹錫悦大統領（2022年〜）

↑メキシコ：ロペスオブラドール大統領（2018年〜）

↑サウジアラビア：サルマン国王（2015年〜）

↑アルゼンチン：ミレイ大統領（2023年〜）

↑トルコ：エルドアン大統領（2014年〜）

↑インドネシア：ジョコ大統領（2014年〜）

↑EU：ミシェルEU大統領（2019年〜）

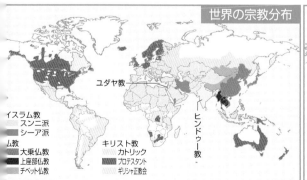

世界の宗教分布

ユダヤ教

イスラム教
　スンニ派
　シーア派
仏教
　大乗仏教
　上座部仏教
　チベット仏教

キリスト教
　カトリック
　プロテスタント
　ギリシャ正教会

ヒンドゥー教

1人当たりのCO₂排出量

（2000年）
3.0t以上
1.5〜3.0t
0.3〜1.5t
0.3t未満

※排出量は炭素（C）のみの重量。

（世界銀行資料，『今がわかる時代がわかる世界地図』2006などにより作成）

〈注〉色文字の国名・組織名…日本とEPA/FTA締結国・組織，APEC21か国・地域，ASEAN10か国，EU27か国，USMCA3か国，CIS9か国，メルコスール6か国，EFTA4か国，OPEC13か国，GCC6か国，SCO9か国，AU55か国・地域，未…国連未加盟国・地域。㉑…数字は年。（　）…GDP。

地域	国名	GNI（億ドル,2022年）	1人当たりGNI（ドル,2022年）	人口（万人,2022年）	通貨単位	政治体制・議会 ①一院制 ②二院制
東アジア	中国	181,513	12,850	141,218	元	人民民主共和制・②
東アジア	├香港	3,994	54,370	735	香港ドル	中国の特別行政区・①
東アジア	└マカオ	[21]309	[21]44,980	70	パタカ	中国の特別行政区・①
東アジア	日本	53,100	42,440	12,512	円	立憲君主制・②
東アジア	韓国	18,580	35,990	5,163	ウォン	共和制・①
東アジア	台湾未	[21](7,749)	[21]33,708	2,323	台湾元	共和制・①
東アジア	北朝鮮	[19](335)	[21]1,243	2,606	ウォン	人民共和制・①
東アジア	モンゴル	143	4,210	340	ツグリク	共和制・①
東南アジア	インドネシア	12,609	4,580	27,550	ルピア	共和制・②
東南アジア	タイ	5,187	7,230	7,170	バーツ	立憲君主制・②
東南アジア	フィリピン	4,570	3,950	11,556	ペソ	共和制・②
東南アジア	マレーシア	3,997	11,780	3,394	リンギット	立憲君主制・②
東南アジア	ベトナム	3,941	4,010	9,819	ドン	社会主義共和制・①
東南アジア	シンガポール	3,788	67,200	564	Sドル	共和制・①
東南アジア	ミャンマー	655	1,210	5,418	チャット	共和制・②
東南アジア	カンボジア	286	1,700	1,677	リエル	立憲君主制・②
東南アジア	ラオス	177	2,360	753	キップ	人民共和制・①
東南アジア	ブルネイ	141	31,410	45	Bドル	立憲君主制・①
東南アジア	東ティモール	26	1,970	134	米ドル	共和制・①
南アジア	インド	33,701	2,380	141,717	ルピー	連邦共和制・②
南アジア	バングラデシュ	4,834	2,820	17,119	タカ	共和制・①
南アジア	パキスタン	3,729	1,580	23,582	Pルピー	共和制・②
南アジア	スリランカ	801	3,610	2,218	Sルピー	共和制・①
南アジア	ネパール	409	1,340	3,055	Nルピー	連邦共和制・②
南アジア	アフガニスタン	[21]156	[21]390	4,113	アフガニ	タリバン政権・なし
南アジア	モルディブ	58	11,030	52	ルフィヤ	共和制・①
南アジア	ブータン	[21]24	[21]3,040	78	ヌルタム	立憲君主制・②
中央・西アジア	カザフスタン	1,857	9,470	1,962	テンゲ	共和制・②
中央・西アジア	ウズベキスタン	781	2,190	3,565	スム	共和制・②
中央・西アジア	アゼルバイジャン	572	5,630	1,018	マナト	共和制・①
中央・西アジア	トルクメニスタン	[20]437	[19]7,080	643	マナト	共和制・②
中央・西アジア	ジョージア	209	5,620	371	ラリ	共和制・①
中央・西アジア	アルメニア	166	5,960	278	ドラム	共和制・①
中央・西アジア	タジキスタン	120	1,210	995	ソモニ	共和制・②
中央・西アジア	キルギス	96	1,410	680	ソム	共和制・①
東ヨーロッパ	ロシア	18,735	12,830	14,356	ルーブル	連邦共和制・②
東ヨーロッパ	ルーマニア	2,968	15,660	1,896	レイ	共和制・②
東ヨーロッパ	ウクライナ	1,510	4,270	3,800	フリブナ	共和制・①
東ヨーロッパ	ブルガリア	857	13,250	647	レバ	共和制・①
東ヨーロッパ	クロアチア	750	19,470	385	ユーロ	共和制・①
東ヨーロッパ	ベラルーシ	667	7,240	921	Bルーブル	共和制・②
東ヨーロッパ	セルビア	618	9,140	676	Sディナール	共和制・①
東ヨーロッパ	ボスニア・ヘルツェゴビナ	248	7,660	323	マルカ	共和制・②
東ヨーロッパ	アルバニア	188	6,770	278	レク	共和制・①
東ヨーロッパ	モルドバ	139	5,340	259	レウ	共和制・①
東ヨーロッパ	北マケドニア	137	6,640	206	Mデナール	共和制・①
東ヨーロッパ	コソボ未	99	5,590	176	ユーロ	共和制・①
東ヨーロッパ	モンテネグロ	64	10,400	62	ユーロ	共和制・①
西ヨーロッパ	イギリス	32,739	48,890	6,697	ポンド	立憲君主制・②
西ヨーロッパ	フランス	31,153	45,860	6,794	ユーロ	共和制・②
西ヨーロッパ	オランダ	10,167	57,430	1,770	ユーロ	立憲君主制・②
西ヨーロッパ	ベルギー	5,683	48,700	1,167	ユーロ	連邦立憲君主制・②
西ヨーロッパ	アイルランド	4,124	81,070	509	ユーロ	共和制・②
西ヨーロッパ	ルクセンブルク	593	91,200	65	ユーロ	立憲君主制・①
西ヨーロッパ	アンドラ	[19]36	[19]46,530	8	ユーロ	議会制・①
中央ヨーロッパ	ドイツ	44,890	53,390	8,408	ユーロ	共和制・②
中央ヨーロッパ	スイス	7,845	89,450	877	Sフラン	連邦共和制・②
中央ヨーロッパ	ポーランド	6,891	18,350	3,756	ズロチ	共和制・②
中央ヨーロッパ	オーストリア	5,076	56,140	904	ユーロ	共和制・②
中央ヨーロッパ	チェコ	2,799	26,590	1,053	Cコルナ	共和制・②
中央ヨーロッパ	ハンガリー	1,841	19,010	968	フォリント	共和制・①
中央ヨーロッパ	スロバキア	1,198	22,060	543	ユーロ	共和制・①
中央ヨーロッパ	スロベニア	645	30,600	211	ユーロ	共和制・②
中央ヨーロッパ	リヒテンシュタイン	[20](61)	[19]189,506	4	Sフラン	立憲君主制・①
南ヨーロッパ	イタリア	22,186	37,700	5,907	ユーロ	共和制・②
南ヨーロッパ	スペイン	15,085	31,680	4,733	ユーロ	立憲君主制・②
南ヨーロッパ	ポルトガル	2,678	25,800	1,030	ユーロ	共和制・①
南ヨーロッパ	ギリシャ	2,297	21,740	1,066	ユーロ	共和制・①
南ヨーロッパ	キプロス	278	30,540	122	ユーロ	共和制・①
南ヨーロッパ	マルタ	176	33,550	52	ユーロ	共和制・①
南ヨーロッパ	モナコ	[20](68)	[19]190,532	4	ユーロ	立憲君主制・①
南ヨーロッパ	サンマリノ	[21]16	[21]47,120	3	ユーロ	共和制・①
南ヨーロッパ	バチカン市国未			800人	ユーロ	バチカン市国教皇委員会
北ヨーロッパ・バルト3国	スウェーデン	6,606	62,990	1,049	クローナ	立憲君主制・①
北ヨーロッパ・バルト3国	ノルウェー	5,212	95,510	546	クローネ	立憲君主制・①
北ヨーロッパ・バルト3国	デンマーク	4,321	73,200	590	Dクローネ	立憲君主制・①
北ヨーロッパ・バルト3国	フィンランド	3,021	54,360	556	ユーロ	共和制・①
北ヨーロッパ・バルト3国	アイスランド	261	68,220	38	クローナ	共和制・①
北ヨーロッパ・バルト3国	リトアニア	671	23,690	283	ユーロ	共和制・①
北ヨーロッパ・バルト3国	ラトビア	405	21,500	188	ユーロ	共和制・①
北ヨーロッパ・バルト3国	エストニア	372	27,640	134	ユーロ	共和制・①

地域	国名	GNI（億ドル,2022年）	1人当たりGNI（ドル,2022年）	人口（万人,2022年）	通貨単位	政治体制・議会 ①一院制 ②二院制
北米	アメリカ	254,544	76,370	33,329	ドル	連邦共和制・②
北米	カナダ	20,617	52,960	3,893	Cドル	立憲君主制・②
中米	メキシコ	13,270	10,410	12,750	ペソ	連邦共和制・②
中米	グアテマラ	929	5,350	1,736	ケツァル	共和制・①
中米	パナマ	739	16,750	441	バルボア	共和制・①
中米	コスタリカ	657	12,670	518	コロン	共和制・①
中米	エルサルバドル	299	4,720	634	米ドル	共和制・①
中米	ホンジュラス	286	2,740	1,043	レンピラ	共和制・①
中米	ニカラグア	145	2,090	695	コルドバ	共和制・①
西インド諸島	キューバ	[20](1,074)	[20]9,345	1,121	ペソ	共和制・①
西インド諸島	ドミニカ共和国	1,017	9,050	1,123	ペソ	共和制・②
西インド諸島	トリニダード・トバゴ	250	16,330	153	TTドル	共和制・②
西インド諸島	ハイチ	186	1,610	1,158	グールド	共和制・②
西インド諸島	ジャマイカ	160	5,670	283	Jドル	立憲君主制・②
南米	ブラジル	17,532	8,140	21,531	レアル	連邦共和制・②
南米	アルゼンチン	5,370	11,620	4,623	ペソ	連邦共和制・②
南米	コロンビア	3,377	6,510	5,187	ペソ	共和制・②
南米	チリ	3,012	15,360	1,960	ペソ	共和制・②
南米	ペルー	2,306	6,770	3,405	ソル	共和制・①
南米	エクアドル	1,136	6,310	1,800	米ドル	共和制・①
南米	ウルグアイ	617	18,030	342	ペソ	共和制・②
南米	ベネズエラ	[21](595)	[20]3,380	2,830	ボリバル	共和制・①
南米	ボリビア	422	3,450	1,222	ボリビアノ	共和制・②
南米	パラグアイ	401	5,920	678	グアラニ	共和制・②
オセアニア	オーストラリア	15,699	60,430	2,598	Aドル	立憲君主制・②
オセアニア	ニュージーランド	2,483	48,460	512	NZドル	立憲君主制・①
オセアニア	パプアニューギニア	277	2,730	1,014	キナ	立憲君主制・①
オセアニア	フィジー	49	5,270	93	Fドル	共和制・②
中東	サウジアラビア	10,044	27,590	3,641	Sリヤル	政教一致の君主制・なし
中東	トルコ	9,035	10,590	8,534	Tリラ	共和制・①
中東	イスラエル	5,219	54,650	955	シェケル	共和制・①
中東	アラブ首長国連邦	4,622	48,950	944	ディルハム	7首長国による連邦制・①
中東	イラン	3,453	3,900	8,855	Iリアル	イスラム共和制・①
中東	イラク	2,347	5,270	4,450	Iディナール	共和制・①
中東	カタール	1,900	70,500	270	Qリヤル	君主制・①
中東	クウェート	1,689	39,570	427	Kディナール	君主制・①
中東	オマーン	922	20,150	458	Oリアル	君主制・①
中東	ヨルダン	481	4,260	1,129	Jディナール	立憲君主制・②
中東	バーレーン	400	27,180	147	Bディナール	立憲君主制・②
中東	レバノン	[21](211)	[21]14,970	549	Lポンド	共和制・①
中東	パレスチナ	233	4,610	504	シェケル	自治政府
中東	イエメン	[21](211)	[20]670	3,370	Yリアル	共和制・②
中東	シリア	[20]158	[20]760	2,213	Sポンド	共和制・①
北アフリカ	エジプト	4,551	4,100	11,099	Eポンド	共和制・②
北アフリカ	アルジェリア	1,752	3,900	4,490	Aディナール	共和制・②
北アフリカ	モロッコ	1,411	3,710	3,746	Mディルハム	立憲君主制・②
北アフリカ	リビア	495	7,260	681	Lディナール	東西勢力が対立
北アフリカ	チュニジア	475	3,840	1,236	Tディナール	共和制・①
北アフリカ	スーダン	358	760	4,687	Sポンド	クーデター後、軍政
北アフリカ	南スーダン	(57)	392	1,107	SSポンド	共和制・②
東アフリカ	エチオピア	1,261	1,020	12,338	ブル	連邦共和制・②
東アフリカ	ケニア	1,173	2,170	5,403	Kシリング	共和制・②
東アフリカ	タンザニア	759	1,200	6,550	Tシリング	共和制・①
東アフリカ	ウガンダ	440	930	4,725	Uシリング	共和制・①
東アフリカ	ソマリア	82	470	1,760	Sシリング	連邦共和制・②
東アフリカ	ジブチ	36	3,180	112	Dフラン	共和制・①
西アフリカ	ナイジェリア	4,687	2,140	21,854	ナイラ	連邦共和制・②
西アフリカ	ガーナ	787	2,350	3,348	セディ	共和制・①
西アフリカ	コートジボワール	736	2,620	2,816	CFAフラン	共和制・②
西アフリカ	セネガル	283	1,640	1,732	CFAフラン	共和制・①
西アフリカ	マリ	192	850	2,259	CFAフラン	共和制・①
西アフリカ	ギニア	164	1,180	1,386	Gフラン	共和制・①
西アフリカ	ニジェール	161	610	2,621	CFAフラン	共和制・①
西アフリカ	モーリタニア	103	2,160	474	ウギア	共和制・②
西アフリカ	シエラレオネ	44	510	861	レオネ	共和制・①
西アフリカ	リベリア	36	510	518	Lドル	共和制・②
中部アフリカ	コンゴ民主共和国	582	590	9,901	Cフラン	共和制・②
中部アフリカ	カメルーン	464	1,660	2,791	CFAフラン	共和制・②
中部アフリカ	ガボン	180	7,540	239	CFAフラン	共和制・②
中部アフリカ	ルワンダ	128	930	1,378	Rフラン	共和制・②
中部アフリカ	コンゴ共和国	123	2,060	597	CFAフラン	共和制・②
中部アフリカ	赤道ギニア	89	5,320	167	CFAフラン	共和制・②
中部アフリカ	中央アフリカ	27	480	558	CFAフラン	共和制・①
南部アフリカ	南アフリカ	4,063	6,780	5,989	ランド	共和制・②
南部アフリカ	アンゴラ	678	1,900	3,559	クワンザ	共和制・①
南部アフリカ	ジンバブエ	245	1,500	1,632	Zドル	共和制・②
南部アフリカ	ザンビア	234	1,170	2,002	クワチャ	共和制・①
南部アフリカ	ボツワナ	193	7,350	263	プラ	共和制・②
南部アフリカ	モザンビーク	165	500	3,297	メティカル	共和制・①
南部アフリカ	マダガスカル	150	500	2,961	アリアリ	共和制・②
南部アフリカ	ナミビア	125	4,880	257	Nドル	共和制・②

（世界銀行資料，『世界年鑑2023』などにより作成）

世界の共通語SDGs（持続可能な開発）(Sustainable Development Goals)

⊕23 **Ａ SDGsの17の目標**

貧困を
なくそう

飢餓を
ゼロに

すべての人に
健康と福祉を

質の高い教育
をみんなに

ジェンダー
平等を
実現しよう

安全な水と
トイレを
世界中に

エネルギーを
みんなに,そし
てクリーンに

働きがいも
経済成長も

産業と技術革
新の基盤を
つくろう

人や国の不平
等をなくそう

住み続けられ
るまちづくり
を

つくる責任
つかう責任

気候変動に具
体的な対策を

海の豊かさを
守ろう

陸の豊かさも
守ろう

平和と公正を
すべての人に

パートナー
シップで目標を
達成しよう

SDGsは，2015年の国連持続可能な開発サミットで採択された「**持続可能な開発のための2030アジェンダ**」にて記載された2016年から2030年までの国際目標。このアジェンダの基本コンセプトは「地球上の誰一人として取り残さない（Leave No One Behind）」。

大きな成果をあげたMDGsの後継目標であり，持続可能な世界を実現するための17のゴール・169のターゲットから構成されている。発展途上国のみならず，先進国自身も取り組むもので，加盟国政府以外にも国際機関・民間企業・市民社会・研究者など多様な関係主体が連携する**マルチステークホルダー・パートナーシップ**の重要性が強調される。

Ｃ 世界の絶対的貧困率（➡p.364）

Ｂ SDGsの土台

> 2020年から「行動の10年」が始まっている。

1987	国連環境と開発に関する委員会（ブルントラント委員会）→「**持続可能な開発**」提唱
1992	**地球サミット**（➡p.372）
2000	**国連ミレニアムサミットで国連ミレニアム宣言採択→MDGs（ミレニアム開発目標）設定**

①極度の貧困と飢餓の撲滅
②初等教育の完全普及の達成
③ジェンダー平等推進と女性の地位向上
④乳幼児死亡率の削減
⑤妊産婦の健康の改善
⑥HIVその他の疾病の蔓延の防止
⑦環境の持続可能性確保
⑧開発のためのグローバルなパートナーシップの推進

ゴール1の第1ターゲット…2030年までに，当時「1日1.25ドル（国際貧困ライン）未満で生活する人々」と定義されていた極度の貧困をあらゆる場所で終わらせる。

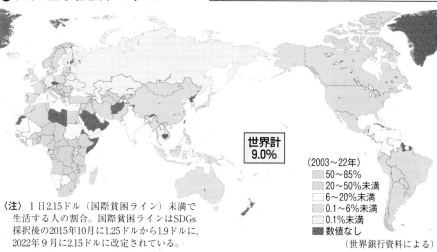

世界計
9.0%

（2003〜22年）

50〜85%
20〜50%未満
6〜20%未満
0.1〜6%未満
0.1%未満
数値なし

〈注〉 1日2.15ドル（国際貧困ライン）未満で生活する人の割合。国際貧困ラインはSDGs採択後の2015年10月に1.25ドルから1.9ドルに，2022年9月に2.15ドルに改定されている。

（世界銀行資料による）

高校生諸君！ SDGsで時代の最先端を行こう！──「行動の10年」進行中

SDGs達成の可否を握るのは企業と市民社会だろう。利益を重視する企業は協力するのだろうか？ 実はSDGsの理念には，世界中で数千社の企業が賛意を表明しており，その理念に反するような融資をした金融機関から資金を引き上げたり，社会的諸課題に取り組む企業への投資を呼びかける運動が世界規模で始まっている。**SDGsは新たなビジネスチャンスにもなりうる。**ささやかでもいい，君もアイデアを出したり，SDGsの諸目標に結びつけた活動に取り組んでみたらどうだろう？

日本の取り組み AMOMA natural care
カフェイン摂取を控える妊娠・授乳期の女性をターゲットに開発されたハーブティー。ハーブは，ミャンマーの農村部で貧困に苦しんできた小規模農家の人々と栽培契約を結び，**フェアトレード**で調達している。

世界の取り組み Fairphone
2013年オランダで創業。紛争地帯の武装勢力の資金源や児童労働につながる鉱物を使わず（**エシカル消費**），従業員に人間らしい生活を送れる賃金を払っている工場で製造。修理しやすく長く使える設計の工夫も。

◀ミルクアップブレンド

◀フェアフォン

用語 **ダイバーシティ（diversity：多様性）**…17の目標の中に「多様性」という言葉はないが，「**持続可能な開発のための2030アジェンダ**」には「生物多様性」，「自然や文化の多様性」といった表現が頻出する。組織・社会の活性化や差別の克服，持続可能性といった点で重視される概念（➡p.109）。

目　次 contents

巻頭資料

世界の国・地域 …………………………… 1
主な国・地域の主要データ ……………… 2
世界の共通語SDGs ……………………… 3
目次 ………………………………………… 4
いろいろな「見方・考え方」を
　ためしてみよう！ ……………………… 6
公共のエッセンス
　先哲から学ぶ「公共」 ………………… 8
　巻頭特集 ……………………………… 12

本書の構成

ゼミナール

「憲法」「政治」「経済」各分野の難解な問題を，身近な事象からアプローチし，わかりやすく解説してあります。また，整理して覚えたいテーマは，表などでまとめて掲載しています。

時事特集

最新の時事問題を掲載しています。原則として一つの事例を，複眼的に見ることができるように解説してあります。小論文対策にも活用できます。

Back up

「通常項目」の区切りごとに，既習事項をまとめてあります。重要事項を精選していますので，定期テスト対策や，共通テスト対策に最適です。

〈注１〉　本書中のグラフや表などの統計は，四捨五入の関係で合計が一致しない場合があります。

〈注２〉　出典の表記について…本書に掲載した資料は，原典どおりに引用することを旨といたしましたが，学習教材という性格から，便宜的に加筆したものがあります。その場合は，（「○○による」）と表記しました。

第1章　憲法

民主政治の基本原理

1 国家と権力 ……………………………… 18
2 民主政治の原理 ………………………… 20
　憲法ゼミ 憲法とは何か …………… 22
3 法と法の支配 …………………………… 24
4 人権思想の発展 ………………………… 26
5 世界の主な政治体制 …………………… 30
　国・地域 主要国要覧 ……………… 39
　時事特集 米国大統領選挙 ………… 40
　Back up 第1章「憲法」のまとめ(1) 41

日本国憲法の基本原理

　法令資料 日本国憲法 ……………… 42
　法令資料 大日本帝国憲法 ………… 53
6 明治憲法体制 …………………………… 56
7 日本国憲法の制定 ……………………… 58
8 国民主権と象徴天皇制 ………………… 60
9 憲法第9条と平和主義 ………………… 62
10 日米安保体制 ………………………… 68
　時事特集 日米地位協定 …………… 72
　時事特集 在日米軍と沖縄 ………… 73
11 冷戦後の安全保障政策 ……………… 74
12 憲法改正問題 ………………………… 78
　時事特集 自衛隊の実力 …………… 80
　Back up 第1章「憲法」のまとめ(2) 81
13 基本的人権の本質 …………………… 82
14 平等権 ………………………………… 84
15 自由権的基本権①精神の自由 ……… 88
16 自由権的基本権②人身の自由 ……… 92
　時事特集 つくられる罪，冤罪 …… 94
　時事特集 死刑制度 ………………… 95
17 自由権的基本権③経済活動の自由 96
18 社会権的基本権①生存権 …………… 98
19 社会権的基本権②教育を受ける権利 100
20 参政権・請求権 ……………………… 102
21 新しい人権をめぐる動き …………… 104
　時事特集 共謀罪・入管問題 ……… 108
　時事特集 多様な性をめぐって …… 109
22 人権の国際的保障 …………………… 110
　憲法ゼミ 公共の福祉 ……………… 112
　憲法ゼミ 判例カタログ …………… 114
　Back up 第1章「憲法」のまとめ(3) 119

第2章　日本政治

日本の政治機構

1 国会の地位と組織 …………………… 120
2 国会の権限 …………………………… 122
3 内閣の地位と権限 …………………… 124
4 行政機能の拡大と民主化 …………… 126
5 裁判所の地位 ………………………… 132
6 裁判制度 ……………………………… 134
7 司法制度改革 ………………………… 138
　時事特集 裁判員制度 ……………… 140
　Back up 第2章「日本政治」のまとめ(1) 141
8 地方自治のしくみと課題 …………… 142
9 地方財政 ……………………………… 146
　時事特集 地域の活性化 …………… 148
　時事特集 防災 ……………………… 149

現代政治の特質と課題

10 政党政治 ……………………………… 150
11 選挙制度 ……………………………… 154
　時事特集 選挙のしくみ …………… 159
12 世論と現代政治 ……………………… 160
　政治ゼミ 首相列伝 ………………… 162
　時事特集 メディア・リテラシー … 166
　Back up 第2章「日本政治」のまとめ(2) 167

第3章　現代経済

経済社会の変容

1 資本主義経済の成立と変容 ………… 168
　経済ゼミ 経済学の十大原理 ……… 172
　経済ゼミ 経済学者列伝 …………… 174
　経済ゼミ 経済学は現実を救えるか? 176

現代経済のしくみ

2 経済の主体と経済の循環 …………… 178
　経済ゼミ 株式会社のしくみ ……… 180
3 会社をとりまく諸問題 ……………… 182
　経済ゼミ 市場メカニズム ………… 184
4 市場経済の機能と限界 ……………… 186
　時事特集 企業の社会的責任 ……… 189
　経済ゼミ 市場の失敗 ……………… 190
5 国民所得と国富 ……………………… 192

現代経済のしくみ

　経済ゼミ GDPと国民所得 ………… 194
6 経済成長と景気変動 ………………… 196
　経済ゼミ インフレ・デフレ ……… 198
7 貨幣と金融のしくみ ………………… 200
8 日銀と金融政策 ……………………… 204
　時事特集 日銀の出口戦略 ………… 207
9 金融危機と金融再編 ………………… 208
10 財政の役割 …………………………… 210
11 租税のしくみ ………………………… 212
12 公債 …………………………………… 214
　時事特集 財政赤字と税制 ………… 216
　Back up 第3章「現代経済」のまとめ 219

第4章　日本経済

日本経済のあゆみと諸課題

1 戦後日本経済史 ……………………… 220
　時事特集 起業 ……………………… 227
2 産業構造の転換 ……………………… 228
3 中小企業問題 ………………………… 230
4 農業問題 ……………………………… 232
5 日本の農業政策 ……………………… 234
6 自由化と食料自給率 ………………… 236
7 消費者問題 …………………………… 238
　時事特集 契約とは ………………… 241
8 日本の公害問題 ……………………… 242
9 環境問題と循環型社会 ……………… 244
　時事特集 次世代自動車 …………… 248
　Back up 第4章「日本経済」のまとめ(1) 249

国民福祉の向上

10 世界・日本の労働運動のあゆみ … 250
11 労働基本権と労働三法 ……………… 252
　法令資料 労働三法・労働契約法 … 256
12 雇用情勢と労働時間 ………………… 258
13 賃金と労働形態 ……………………… 260
14 日本的雇用慣行の崩壊 ……………… 262
15 女性と労働 …………………………… 264
16 外国人と労働 ………………………… 266
17 格差社会と雇用対策 ………………… 268

本書の構成

図表を中心に，網羅的にまとめています。基礎的事項の確認や，共通テスト対策に最適です。

とうほう [T-Navi]

NHK for School の関連する動画など，インターネット上の資料にアクセスできます。

用語

重要な用語や，資料の理解を助ける用語を掲載しています。

T'RY

資料に関連した問題を掲載しています。

プラスα

テーマに関連する予備知識を紹介しています。

通常項目 **視点**

テーマに関連する問いとSDGsや視点のアイコンを表示しています。

言の葉

偉人・著名人等の言葉を紹介しています。

年代整理

重要事項の起きた順番を整理して覚えられ，新傾向問題対策にもなります（「言の葉」の代わりに随時掲載）。

入試DATA

共通テスト・センター試験（政治・経済 00，現代社会 00）に出題された資料を示しています。数字は出題年度です。 は2018年11月実施の大学入学共通テスト試行調査（プレテスト）です。

Focus

新しい動向や注目されている話題を紹介しています。

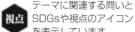

国民福祉の向上

18 社会保障のあゆみ	270
19 日本の社会保障制度	272
20 社会保険	274
時事特集 年金制度問題	276
21 公的扶助	278
22 社会福祉と公衆衛生	280
時事特集 少子高齢社会	282
時事特集 ベーシックインカム	284
Back up 第4章「日本経済」のまとめ(2)	285

第5章 国際政治

現代の国際政治

1 国際関係の基本的要因	286
2 国際法	288
3 国連の原理としくみ	290
4 国連のはたらき	292
法令資料 国際連合憲章	296
政治ゼミ 戦後国際政治	298
5 戦後国際政治の動向	302
時事特集 欧州の苦悩	307
時事特集 どうなる米中	308
6 核兵器・軍縮問題	310
7 民族問題と地域紛争	314
8 パレスチナ問題	316
9 旧ユーゴスラビア問題	318
10 南北朝鮮問題	320
時事特集 どうなる朝鮮半島情勢？	322
時事特集 台湾海峡，波高し	323
11 戦後日本の外交政策	324
時事特集 日本の領土問題	326
12 国際社会における日本の役割	328
時事特集 ハイブリッド戦争	330
Back up 第5章「国際政治」のまとめ	331

第6章 国際経済

国民経済と国際経済

1 国際分業と貿易	332
経済ゼミ 比較生産費説	334
2 外国為替と国際収支	336
経済ゼミ 円高・円安	338
経済ゼミ 国際収支とは？	340
3 国際通貨体制	342
4 世界の貿易体制	344
5 国際金融の課題	346
時事特集 GAFAM	350
Back up 第6章「国際経済」のまとめ(1)	351
6 地域的経済統合	352
7 欧州連合（EU）	354
時事特集 EUの危機	356
時事特集 G20	357
時事特集 中国経済「国際化」	358
時事特集 USMCA発効	359
8 日本の貿易と経済摩擦	360
時事特集 グローバル化する経済	362
9 発展途上国の経済(南北問題)	364
10 経済協力と日本の役割	366
時事特集 資本主義の終焉	369
11 地球規模の環境問題	370
時事特集 パリ協定	373
12 資源・エネルギー問題	374
13 原子力発電	376
時事特集 世界の原発政策	379
Back up 第6章「国際経済」のまとめ(2)	380

巻末資料

探究活動・課題研究にチャレンジ！	381
読書案内 書を読もう！	382
小論文対策 小論文クッキング講座	384
小論文クッキング レシピ	386
巻末資料 ひとこと用語解説	390
索引 人物・用語索引	402
略語・英字索引	410
受験対策 試験に出る思考力問題	412
巻末資料 日本の景気変動	416
T'RY TRY解答	416
見方・考え方パネル	418
巻末資料 景気変動の各指標と年表	419
国際連合機構図	421

●主な法令資料

日本国憲法	42～53
大日本帝国憲法	53～55
自衛隊法	65
情報公開法	106
地方自治法	143
独占禁止法	187
財政法	214
環境基本法	245
労働三法	256～257
労働契約法	257
パートタイム・有期雇用労働法	262
労働者派遣法	263
男女雇用機会均等法	264
育児・介護休業法	264
雇用保険法	275
労働者災害補償保険法	275
生活保護法	278
国際連合憲章	296～297

●編著者

須藤 雄一	櫻井 敦
白鳥 敏秀	西澤 一志
加藤 成昌	新海 隆博

いろいろな「見方・考え方」をためしてみよう!

　2022年4月より成年年齢が20歳から18歳に引き下げられた。18歳になれば，国政選挙に参加することができるようになったり，保護者の同意がなくても自分で契約できたりするようになる。一方，成年年齢が引き下げられたことで，契約に対して未成年者取消権が行使できなくなるなど，自分の行動には責任が伴うようになる。物事を見極められるようになるために，さまざまな「見方・考え方」を働かせることが重要だ。「見方・考え方」とは，「どのような視点で物事を捉え，どのような考え方で思考していくのか」という，その科目ならではの視点や考え方である。巻末折込の「見方・考え方パネル」をヒントに，「見方・考え方」を働かせた学習に取り組んでみよう。

多面的・多角的な考えがすぐできる!

❶次の問いについて考えてみましょう。

~問い~
完全な自動運転を導入するためには，どのような制度が必要だと思いますか?

❷巻末の折込を開きながら，「視点カード」を用いて考えてみましょう。

❸「ルール」と「正義」の2つの視点で考えてみたら…

Ⓐ自動運転とは

　自動車などの乗り物の操縦を人間がするのではなく，機械が判断して行うシステム。運転手の判断ミスによる交通事故の軽減が期待されている一方で，ハッキングへの対策など，安全性をどう確保するか考えていく必要がある。

⬆**中国の無人タクシー**　現在は助手席にスタッフが同乗しているが，スタッフが同乗しない「完全無人運転」を目指している。

Ⓑ自動運転のレベル分け

システムによる監視	レベル5	**完全自動運転**　常にシステムが全ての運転タスクを実施
	レベル4	**特定条件下における完全自動運転**　特定条件下においてシステムが全ての運転タスクを実施
	レベル3	**条件付自動運転**　システムが全ての運転タスクを実施するが，システムの介入要求等に対してドライバーが適切に対応することが必要
ドライバーによる監視	レベル2	**特定条件下での自動運転機能(高機能化)**【例】高速道路での自動運転モード機能
		特定条件下での自動運転機能(レベル1の組み合わせ)【例】車線を維持しながら前のクルマに付いて走る
	レベル1	**運転支援　システムが前後・左右のいずれかの車両制御を実施**【例】自動で止まる(自動ブレーキ)，前のクルマに付いて走る

(国土交通省資料を参考に作成)

選手村で起きた事故

⬆**東京五輪・パラリンピック選手村を巡回した自動運転バス**　「レベル4」の性能を持つが，選手村では社員が操作する「レベル2」で運行していた。

　2021年8月，選手村内を巡回する自動運転バスと選手が接触。事故直前，バスは近くにいた警備員を検知して自動停止したが，同乗していた社員が手動で再発進させたことで接触した。警視庁は社員に回避義務があったとし，社員を書類送検した。

②社員が手動で再発進

③選手に気づき，減速したが接触

①警備員を検知していったん停止

警備員　選手

(『読売新聞』2022.1.6を参考に作成)

ルールは，持続可能な社会の実現のため，**効率性と公平性のバランスのとれた決まりをつくる視点。**

　[ルール]の視点では，「現在の制度よりも自動運転システムの安全性を厳密に決定づけること」がポイントだと思います。
　したがって，**「安全性について，より明確な基準を定める制度」**が必要だと考えます。

正義とは，人々の自由な幸福追求が互いに衝突しあわないようにするためのルール。**「よりよい社会」を求める際，社会に広く通用する「正しさ」が，正義の視点。**

　[正義]の視点では，「運転手と自動車メーカーの責任のあり方を明確にすること」がポイントだと思います。
　したがって，**「責任の所在を明確に定める制度」**が必要だと思います。

さらに思考を深めるために，「思考スキル」を活用してみよう。「思考スキル」とは公共の学習で役立つ思考の方向性，つまり「考え方」のことである。下の2つを比較してみよう。

自分の考えを整理するには「思考ツール」も役に立つ。「思考ツール」を活用することで，物事を視覚的に整理することができる。ベン図を使って，整理してみよう。

思考を深めよう！

比較する

人による運転

比較する

完全な自動運転

人による運転
- 歩行者などの予期せぬ動きにも対応できる
- 人為的な事故が起こりやすい
- あおり運転やひき逃げなどの犯罪が起こる可能性がある
- 事故が起きた場合，責任の所在が判断しやすい

完全な自動運転
- 歩行者などの予期せぬ動きに対応しづらい
- 速度管理などで渋滞を緩和
- 人為的な事故が減少する
- 外部からのハッキングなどによって起きた事故の場合，責任の所在が判断しづらい

思考を整理しよう！

ベン図

- 歩行者などの予期せぬ動きにも対応できる
- ブレーキとアクセルの踏み間違いなどの事故が減少する
- システムの誤作動や正常に作動しない場合がある
- 運転手が機能を過信し，運転中の携帯電話の操作など危険行為に及ぶ可能性がある

運転支援 自動ブレーキ，車間距離制限など

人による運転　　　　**完全な自動運転**

人による運転
- 歩行者などの予期せぬ動きにも対応できる
- 人為的な事故が起こりやすい
- あおり運転やひき逃げなどの犯罪が起こる可能性がある
- 事故が起きた場合，責任の所在が判断しやすい

完全な自動運転
- 歩行者などの予期せぬ動きに対応しづらい
- 速度管理などで渋滞を緩和
- 人為的な事故が減少する
- 外部からのハッキングなどによって起きた事故の場合，責任の所在が判断しづらい

思考スキル

推論する
ある出来事や行動の結果が何を引き起こすか予想すること。

関係づける
さまざまなことがらを，相互に，原因と結果，全体と部分，対立などの関係としてとらえること。

分類する
共通する点（属性）に着目して，複数のものをいくつかのグループに分けること。

評価する
効率性や公正さなど，さまざまな観点から物事の価値（優劣）を判断すること。

多面的に見る
さまざまな角度（視点）から事象（物事）のもつ多面性を見ること。

比較する
主義主張の違いや価格など，さまざまな観点から複数の物事を対比して見ること。

要約する
「要するに何なのか」と問われたときに，必要なことだけを簡潔に表現すること。

応用する
授業などを通して学んだ知識や法則を，実際のことがらに当てはめて活用すること。

思考ツール

クラゲチャート
→理由づける
→関係づける
→要約する

Yチャート
→分類する
→多面的に見る

イメージマップ
→関係づける
→評価する

ダイヤモンドランキング
→評価する
→比較する

ベン図
→分類する
→比較する

バタフライチャート
→多面的に見る

くま手チャート
→分類する

フィッシュボーン
→多面的に見る

座標軸
→分類する
→比較する

*「視点」「思考スキル」「思考ツール」は，主なものを掲載しています。

先哲から学ぶ「公共」①

幸福

「よりよい社会」を実現するためにはどうすればいいの？

❶ 「よりよい社会」って言っても，イメージできないよねー 価値観なんてみんな違うしねー

❷ でもみんな違う価値観でバラバラのことをしたら…社会が崩壊しないかな…

❸ 鋭いですね！同じような悩みはこれまで思想家も頭を悩ませていたんです。あっ，先生！

❹ 「よりよい社会」について，5人の思想家の考えに触れてみよう。

1. プラトン 先生の答え　哲人政治を実現しよう！

哲学者が国々において王になるのでないかぎり，あるいは，今日王と呼ばれ権力者と呼ばれている人たちが，真実に，かつじゅうぶんに哲学するのでないかぎり，……国々にとっての不幸のやむことはないし，また，人類にとっても同様だと僕は思う。

(田中美知太郎 訳「国家」『世界の名著7』中央公論社)

1. プラトンは，アテネの政治が師ソクラテスを刑死に追いやるほど荒廃した状況を背景に，あるべき国家の姿について考えた。そして行き着いたのは，真に哲学をしている者が政治的支配を担うことを理想とする国家であった（**哲人政治**）。

2. 孔子 先生の答え　徳治主義を実現しよう！

子の曰わく，これを道びくに政を以てし，これを斉うるに刑を以ってすれば，民免れて恥ずることなし。これを道びくに徳を以てし，これを斉うるに礼を以てすれば，恥ありて且つ格し。(為政Ⅰ)

(金谷治 訳『論語』岩波文庫)

2. 孔子もまた，徳をもつ道徳的人格者（聖人・君子）による政治を理想とし（**徳治主義**），為政者の徳が人々を感化していくことを理想とした。それゆえに統治者の自己修養の必要性を説いた。

3. ルソー 先生の答え　みんなの権利を守るために契約をしよう！

「どうすれば共同の力のすべてをもって，それぞれの成員の人格と財産を守り，保護できる結合の形式をみいだすことができるであろうか。この結合において，各人はすべての人々と結びつきながら，しかも自分にしか服従せず，それ以前と同じように自由でありつづけることができなければならない。」これが根本的な問題であり，これを解決するのが社会契約である。

(中山元 訳『社会契約論』光文社古典新訳文庫)

3. ルソーは，社会を形成する目的を，その構成員の生まれながらの権利（自由・平等）を保護することにあるという**社会契約説**を説いた。社会を形成することによってかえって不自由になるのではなく，社会形成以前と変わらずに自由でありつづけるために，自己を含めた共通の利益（**一般意志**）を全員で検討する**直接民主制**を理想の政治のあり方として唱えたのである。

4. カント 先生の答え　他者を目的として尊重し合う国が理想！

全ての理性的な存在者がしたがう法則は，誰もが自分自身と他者を決してたんなる手段としてだけではなく，むしろ同時に目的そのものとしてあつかうべきであるという法則だからである。そのときには，理性的な存在者は共同の客観的な法則によって体系的に結びつけられ，そこに国が生まれるのである。この客観的な法則が目指すのは，理性的な存在者がたがいに目的であり，手段であるものとして関係するようになることであるから，この国は目的の国と呼ぶことができよう。(中山元 訳『道徳形而上学の基礎づけ』光文社古典新訳文庫)

4. カントは理性が無条件に命じる道徳法則に主体的に従うことができる人間を**人格**ととらえ，そこに人間の尊厳があると考えた。ゆえに，尊厳ある人間を単なる手段として扱うことは許されず，「人格」を**目的**としてつながりを持つべきであるとした。そうした関係のもとにつくられた共同体は**目的の国**と呼ぶにふさわしく，国際社会のあるべき姿も同じ視点から説き起こした。

5. 和辻哲郎 先生の答え　個と全体が統合されているのが社会！

相互に絶対に他者であるところ自他がそれにもかかわらず共同体的存在において一つになる。社会と根本的に異なる個別人が，しかも社会の中に消える。人間はかくのごとき対立的なるものの統一である。この弁証法的な構造を見ずしては人間の本質は理解せられない。

(和辻哲郎『倫理学』岩波文庫)

5. 和辻哲郎は個と全体が矛盾しながらも統一されていることを社会の本質と捉え，個別性と全体性の調和をはかる倫理を探究した。

「幸福に生きること」とはどんなことだろうか？

❶ 私はテニスをしていると
きが幸せ！

❷ 私は困っている人のお世
話をしているときが幸せ！

❸ 私は金儲けが幸せ！

❹ どれも幸福なんだけど，
本当の幸福ってあるのかな？

6. ソクラテス 先生の答え　善く生きよう！

大切にしなければならないのは，
ただ生きるということではなくて，
善く生きるということなのだ……。
（プラトン 著／田中美知太郎 訳「クリトン」『プラトン全集9』岩波書店）

7. アリストテレス 先生の答え　理性を存分に発揮しよう！

最高の卓越性（アレテー）とは……，これが或いは理性（ヌース）とよ
ばれるにせよ，或いは何らかの名称で呼ばれるにせよ，……このも
のの，その固有の卓越性に即しての活動が，究極的な幸福でなくて
はならない。　　　　（出隆 訳「形而上学」『アリストテレス全集12』岩波書店）

8. 孔子 先生の答え　みんなで学ぼう！

学びて時に之を習う。亦説ばしか
らずや。
朋あり遠方より来たる。亦楽しか
らずや。

（金谷治 訳『論語』岩波文庫）

9. ベンサム 先生の答え　快楽（幸福）の量が大きくなることがよいこと！

功利性の原理とは，その利益が問題になっている人々の幸福を，増
大させるように見えるか，それとも減少させるように見えるかの傾
向によって，…その幸福を促進するようにみえるか，それともその
幸福に対立するようにみえるかによって，すべての行為を是認し，
または否認する原理を意味する。
（山下重一 訳「道徳および立法の諸原理序説」『世界の名著38』中央公論社）

10. 宮沢賢治 先生の答え　個人の幸福は社会全体の幸福から！

世界がぜんたい幸福にならないうちは個人の幸福はあり得ない
自我の意識は個人から集団社会宇宙と次第に進化する
この方向は古い聖者の踏みまた教へた道ではないか
（『農民芸術概論綱要』『筑摩現代文学大系14』筑摩書房）

6. ソクラテスの有名な言葉であ
るが，これは無実の罪で牢獄に入
れられたソクラテスが，脱獄をす
すめた弟子のクリトンに言った言
葉。「善く生きる」ことを目指して
「真の知」を探究した哲学者にとっ
て，国法にそむいて生きながらえ
ることはできなかった。「**善く生
きる**」とは善悪を判断する「真の
知」を持ち，実行することであり，
こうした徳を持つことは人間とし
ての幸福につながる（**福徳一致**）と
考えた。

7. アリストテレスは，幸福とは
アレテー（卓越性・徳）を実現する
ことだと説く。人間のアレテーは，
理性を働かせて真理を追究するこ
と＝**観想（テオーリア）**であるため，
幸福とは**観想的生活**，つまり，理
性を用いた真理の追究であるとし
た。

8. 孔子もまた，学問をすること
に大きな価値を置いていた。知的
探求による幸福は，洋の東西を問
わないといえる。

9. **功利主義**を説いたベンサムは
快楽の質は問題にせず，できるだ
け多くの人々の快楽（幸福）の量を
増大することが，道徳的に善であ
る（**最大多数の最大幸福**）と説い
た。つまり，あることに対する判
断においては，幸福を量の増減だ
けを問題にし，これが個人の行為
についての基準となるだけでなく，
政府の政策についても指標にもな
るのだとした。

10. 宮沢賢治は，世界全体の幸福
を無視して個人の幸福はあり得な
いと考えた。それは，宇宙万象と
自己がつながっていると考えれば
当然のことであり，そこからあら
ゆる命への共感へと進展していく
はずであると考えた。

先哲から学ぶ「公共」②

自由 　正義 　公正

「自由」とは何だろう？

  ❶ お前は将来が決まっていていいよな。俺は将来の進路が分からず悩んでいるんだから。

 ❷ お前こそ自分で進路を選択できていいよな。俺は嫌だけど家業を継がなきゃいけないんだぞ。

  ❸ 家業を継がない選択はないのかよ？進路についてはみんな頭を悩ませますよね。あっ，先生！

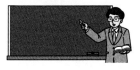 ❹ 自由に選択できることは大変なことです。様々な思想家の考えを参考に考えてみよう。

11. ピコ 先生の答え　*自由意志に従って自分を造るべし！*

おまえ自身のいわば「自由意志を備えた名誉ある造形者・形成者」として，おまえが選び取る形をお前自身が造り出すためである。おまえは下位のものどもである獣へと退化することもできるだろうし，また上位のものどもでもある神的なものへと，おまえの決心によっては生まれ変わることもできるだろう。
（大出哲他 訳『人間の尊厳について』国文社）

12. カント 先生の答え　*自由とは自律！*

意志の自由というものは，自律すなわち自己自身に対する法則であるという意志の特質以外の何ものでありえようか。ところで「意志はそのすべての行為において自己自身に対する法則である」という命題は，格率が自己自身を普遍的法則とも見なしうる場合にのみそういう格率に従って行為する，という原理を示すものにほかならない。これはまさに定言的命法の公式であり，道徳の原理である。それゆえ自由な意志と，道徳法則のもとにある意志とは，同じものである。
（野田又夫 訳『人倫の形而上学の基礎づけ』『世界の名著32』中央公論社）

13. ミル 先生の答え　*他人を害さない限り，君は自由だ！*

個人の行動が本人以外の人の利益に影響を与えない場合，あるいは他人がそれを望まないかぎり，他人の利益に影響を与えない場合には，この問題を議論の対象とする理由はない（各人がみな成年に達していて，通常の判断力を持つことが条件になる）。この場合，各人はその行動をとり，その結果に対して責任を負う自由を，法的にも社会的にも完全に認められていなければならない。
（山岡洋一 訳『自由論』日経BP社）

14. サルトル 先生の答え　*人間は自由の刑に処せられている！*

私は，人間は自由の刑に処せられていると表現したい。…しかも一面において自由であるのは，ひとたび世界の中に投げだされたからには，人間は自分のなすこと一切について責任があるからである。
（伊吹武彦 訳『実存主義とは何か』人文書院）

15. 芥川龍之介 先生の答え　*自由に耐える力を持て！*

*2

自由は山巓（さんてん）の空気に似ている。どちらも弱い者には堪えることは出来ない。（芥川竜之介*1『侏儒の言葉　文芸的な，余りに文芸的な』岩波文庫）

＊1　出典の表記に合わせて「竜」としている。
＊2　出典：国立国会図書館「近代日本人の肖像」

---

11. ピコは，人間中心主義をうたうルネサンス期の思想家である。公開討論のために準備された演説原稿のなかで，最初の人間であるアダムに神が語りかけるかたちで，自身の人間観を述べた。自己の在り方を自由に決定できることにこそ，人間の**尊厳**があると述べたのである。

12. カントは道徳として自分が正しいと考えるものが客観的，普遍的にも正しく妥当といえるかを吟味すべきことを説いた。そして，そのように考えられる場合に，その正しさを自分のルール（**格率**）としてよく，その正しさに何の妨げもなく従わせることができることを「**自律**」とし，利害関係など外的な要因の何にも左右されないという点においてそれは「自由」であることと同じであるとした。

13. ミルは個人の自由がどこまで認められるかについて考え，その基準として**他者危害原則**を示した。これは，他者あるいは公権力が個人の行動に対して唯一制限を加えうるのは，個人の行動が他者に危害を与える場合のみであるという考え方である。少数者の自由を守り，自由な社会の実現を目指した彼の結論であった。

14.15. サルトルは，人間は物とは異なり，本質や目的が規定される以前にこの世界に投げ出されて存在しているため，自らの存在の本質や目的を自ら自由に規定できるとした。しかし，それは責任の伴う厳しい選択であると表現したのである。同様に芥川龍之介は皮肉もこめて自由のもつ厳しさを山頂の空気にたとえた。自由を享受するにはそれ相応の力と覚悟が必要なのだ。

「正義」・「公正」とはどんなことだろうか？

❶ ケーキを買ってきたわよ！わーい！

❷ 買ってきた私の分が一番大きくなるように切るね！えーっ！

❸ 今日一番働いたお父さんの分が大きくなるように切るよ！えーっ！

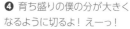
❹ 育ち盛りの僕の分が大きくなるように切るよ！えーっ！

どれが公正な分け方だろう？

16. アリストテレス先生の答え　正義には２種類ある！

①もし当事者の両者が互いに等しくなければ，かれらが等しいものをもつことはないだろうが，まさにここから，等しい人同士なのに等しいものをもたない，あるいは等しく配分されないときとか，等しくない人同士なのに等しくもつ，ないし等しく配分されるときに，もろもろの争いと不満の訴えが起こってくるのである。

②「高潔な人」が「劣悪な人」からふんだくろうが，「劣悪な人」のほうがふんだくろうが何の変わりもないことであって，…法は，これらの人の一方が不正を加えた人間であり，もう一方が不正を加えられた人間である場合にも，かれらの一方が損害を与えてもう一方が損害をこうむった場合にも，むしろ損害の相違だけに着目して両方の当事者をそもそも同等の人として扱っている。…それゆえ，ここでの不正とは，不当であり不公平な関係のことだから，そこで裁判官はこれを，均等化しようとするのである。なぜなら，片方が殴り，もう片方が殴られるとき，…こうむった状態とおこなった行為が互いに対して等しくない関係になったまま，分断されているからである。

（渡辺邦夫・立花幸司 訳　アリストテレス『ニコマコス倫理学（上）』光文社古典新訳文庫）
＊①②の番号は編集による

17. ロールズ先生の答え　利便性を名目にした少数者の犠牲は不正義！

どれだけ効率的でうまく編成されている法や制度であろうとも，もしそれらが正義に反するのであれば，改革し撤廃せねばならない。すべての人びとは正義に基づいた＜不可侵なるもの＞を所持しており，社会全体の福祉＜の実現という口実＞を持ち出したとしても，これを蹂躙（じゅうりん）することはできない。こうした理由でもって，一部の人が自由を喪失したとしても残りの人々どうしでより大きな利益を分かち合えるならばその事態を正当とすることを，正義は認めない。少数の人々に犠牲を強いることよりも多数の人々がより多くの量の利便性を享受できるほうを重視すること，これも正義が許容するところではない。したがって，正義にかなった社会においては，＜対等な市民としての暮らし＞を構成する諸自由はしっかりと確保されている。

（川本隆史・福間聡・神島裕子 訳　ジョン・ロールズ『正義論　改訂版』紀伊國屋書店）

16. アリストテレスは正義を分類し，生活の一部に関わる正義を2つに分けて考えた。

①はその1つである**配分的正義**に関わって述べている箇所であり，不公平な状態が起きる理由を説明している。ここから，「各人に彼のものを配分すること，それがまさに最高の正義である」という正義についてローマの政治家，哲学者であるキケロが述べた思想が導かれるのである。ただし，正しい配分の前提として，「何が彼のものであるか」について明らかにすることが必要になってくる。

②はアリストテレスがもうひとつの正義として挙げた**調整的正義（矯正的正義）**について述べた箇所である。これは不公平な状況にあった場合，そこに関わる当事者が誰であろうと，平等に扱い，不公平な状況を是正していくことが正義であるというものである。こちらの正義は各人の属性を無視して等しく扱うことにポイントがある。

17. ロールズは「最大多数の最大幸福」を道徳の規準とする功利主義の思想に対して，少数者の犠牲の上に立つ幸福はありえないという正義の観点から，あるべき社会の在り方へと道筋をつけるべく，**「正義の二原理」**を説いた。例えば，奴隷制という制度は奴隷という少数者の犠牲の上に多数者の便益が実現している社会制度であるが，功利主義はこれを是認してしまう矛盾を持つことになる。功利主義は奴隷制をつねに不正義であることを説明できないのだ。少数者に対する不公正を是正するために，まずはすべての人々に市民としての基本的な自由をしっかり確保し，それでも発生する不平等はできる限り小さくしていくことが「正義」であると彼は考えたのである。

I 分断される世界 ——グローバルサウスの影響力が拡大

1 世界の分断が深刻だ… ——2つの国連総会決議から （分断の実態→p.306）

A 戦争に対する2つの国連総会決議

	ロシア・ウクライナ戦争 （→p.13）	ガザ・イスラエル戦争 （→p.317）
採択日	2023年2月23日	2023年10月27日
主な内容	ロシアのウクライナ侵略批判，即時撤退と国際法上の犯罪の責任追及。	人道目的的な休戦・人道支援物資のガザ地区への搬入（ハマスによる攻撃への非難はなし）。
賛成	141か国 日本，アメリカ，欧州諸国等	121か国 中国，ロシア，ブラジル，サウジアラビア，ヨルダン，南アフリカ，トルコ，フランス，スペイン，イラク等
棄権	32か国 中国，インド，南アフリカ，イラン等 ※ほかに13か国が無投票	44か国 日本，ドイツ，イギリス，インド等 ※ほかに14か国が無投票
反対	7か国 ロシア，ベラルーシ，北朝鮮，シリア，マリ等	14か国 アメリカ，イスラエル等

〈注〉総会決議には，安保理決議と異なり法的拘束力はない（→p.291）。

B 米ロの抱える矛盾とは？

アメリカ	ロシア
ウクライナに侵攻したロシアの残虐行為を国際法違反と批判する一方，ガザ地区で多くの民間人の犠牲を出しているイスラエルを支持。	ガザ地区の民間人の保護を訴える決議案を提出，アラブ諸国などを味方につけ，ウクライナ侵攻への批判をかわそうとする。

C グローバルサウス （→p.306）の本音は？

ロシアのウクライナ侵攻は許せないが，ガザ地区でも国際法は順守されるべき。イスラエルの立場を擁護する欧米側の姿勢は二重基準（ダブル・スタンダード）だ。

↑モディ・インド首相…右の文は，ウクライナが提唱した「ロシアとの和平案会議」（2023年10月）でのインドやトルコの発言の主旨。会議では，結局共同声明は出せなかった。

2 台頭するグローバルサウス ——注目はインド

D Paytmなくして PayPayなし

インドの首都ニューデリーの商店でよく目にするQRコード付きの値札はモバイル決済サービス「Paytm（ペイティーエム）」のもの。Paytmは全国で月平均約9千万人が利用するまでになり，競合他社の参入も活発。実は日本のキャッシュレス決済大手PayPayが2018年の業務立ち上げの際に技術助言を受けたのがPaytm。インドのキャッシュレス化は，2016年にモディ首相が突如発表した高額紙幣の廃止や，コロナ禍での外出制限などで一気に進んだ。インド版マイナンバー「アーダール」の普及で貧困層も銀行口座の開設が可能となり，政府主導のスマホによる銀行口座間の即時送金システムの導入で，利用者が急増した。

新興国・発展途上国では，先進国で段階的に進歩した最新技術が一足飛びに普及する「リープフロッグ（カエル跳び）」現象が起きやすい。キャッシュレス化はケニアやブラジルなどでも爆発的に広がっている。

（『朝日新聞』2023.9.6による）

←PaytmのQRコードが大きく掲げられたインドの商店（インド・ムンバイ 2021.12.15）

E 身近な地域でもインド人が躍進

茨城県立土浦第一高等学校・附属中学校校長のよぎ（インド名プラニク・ヨゲンドラ）さん➡。インド生まれで同国IT大手企業，日本の大手銀行，江戸川区議などを経て2023年に就任。自己理解を深め，グローバルリーダーの育成を狙う。教育現場の多様性，IT活用を推奨している。

また，インド式教育を行う「グローバル・インディアン・インターナショナル・スクール東京」は，在日インド人が多く住む東京都江戸川区にある。授業の多くは英語，ITや理数系の授業が豊富で，海外進学を意識したカリキュラムが特徴。生徒の4割が日本人だ。

F 世界の実質GDPの推移と予測

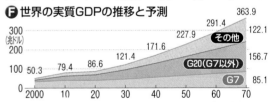

（ゴールドマン・サックス2022年発表報告書により作成）

米金融大手ゴールドマン・サックスは，世界の実質GDPは今後，G7（主要7か国）の占める割合が減り，「世界の所得分布は成長する中所得経済圏にシフトしていく」と分析した。2050年の上位の国は，①中国②米国③インド④インドネシア⑤ドイツ⑥日本。さらに2075年には①中国②インド③米国④インドネシア⑤ナイジェリアとなるという。その時日本は12位。

ロシア・ウクライナ戦争やガザ・イスラエル戦争と，第三次世界大戦にもつながりかねない紛争が起きているが，その解決のカギを握りそうなのがグローバルサウス諸国だ。とりわけその雄たるIT・人口大国インドは，今後の政治的・経済的役割の台頭も間違いなく，日本も重要なパートナーとして位置づけていきたい。円安による縮小日本において，アジアは欧米より近づきやすい存在だ。ただし，グローバルサウス諸国内の連帯意識は乏しく，米国の覇権後退のなか国際機構の役割が弱まり，ナショナリズムが横行しやすい危険な状況が続くだろう。

（2023年11月現在）

長も務めている。12年に日本国籍取得。

1 ウクライナ問題年表

年	出来事　■ロシア　ウクライナ
1991	ソ連崩壊→CIS成立，ウクライナ独立
1994	ブダペスト覚書…ウクライナの核放棄と引換えに，米英露等が同国の安全保障，領土の保全等を約束
1999〜	NATOの東方拡大（旧WTO諸国加盟）（➡p.305）
2008	**NATOブカレストサミットで将来のウクライナとグルジア（ジョージア）のNATO加盟決定→■**プーチン大統領猛反発，8月グルジア侵攻（➡p.301）
2014	親ロシア派大統領逃亡，親欧米派政権成立（**マイダン革命**）
	「クリミア共和国」，域内住民投票に基づきウクライナからの独立を宣言
	■ロシア・クリミア合併条約に調印
	ウクライナ東部に親ロ派が「ドネツク人民共和国」，「ルガンスク人民共和国」樹立
2015	EU等の仲介で，東部での停戦合意（**ミンスク合意**）　・国内からの外国人部隊撤退　・東部の親ロ派支配地域に特別な地位を与える「恒久法」制定
2019. 2	憲法改正：NATO加盟を明文化
.5〜	ゼレンスキー大統領（親欧米派）
2022. 2	■「特別軍事作戦」開始，ウクライナ侵攻
	■ウクライナ東部の2共和国の国家承認
. 9	■戦後初の部分動員令，ウクライナの東南部4州を「併合」

A プーチン大統領の言い分と思惑

① 9世紀の「キエフ公国（キエフ＝ルーシ）」以来，歴史的にロシア人とウクライナ人は不可分の存在
② 大ロシアの復活と西方での緩衝地帯（勢力圏）の確保
③ 冷戦終結後，WTOは解散したのにNATOは存続，東方拡大してロシアを威嚇している（➡p.305）
④ ウクライナの中立化，非武装化「NATO加盟許さず」
⑤ ウクライナ国内の「非ナチス化」

2 消耗戦の様相——停戦？それとも3年目に突入？

　2023年秋時点の戦線膠着気味のなか，両国指導者の戦意に衰えは見られないが，双方の消耗や欧米諸国の「支援疲れ」，停戦に向けた動きも報じられている。

　ゼレンスキー大統領はクリミア半島奪回を主張し続けているが，この地は安全保障上ロシアにとっても譲れない。そしてロシアが現状の制圧領域を確保すれば，**「隣国を侵略しても核で脅せば，国際社会は止められなかった」**という悪しき前例をつくることになる。仮に和平交渉が進んでも，本来の軍事力ではロシアが圧倒的に有利な状況で，NATO加盟の見通しのないウクライナの安全をどう確保するかが大きな課題だろう。

B ウクライナとロシアに関わる国々の関係

欧米・日本・豪など
経済制裁
資源・食糧輸出制限
NATOやEUに加盟希望
軍備経済支援
NATO加盟問題などで対立
ウクライナ
クリミア・東部地域
ロシア
北朝鮮
兵器供与
深い経済関係
中国
伝統的に軍事協力
兵器供与
親ロ派用い併合
イラン
インド
トルコ（仲介準備？）
上海協力機構（SCO）（ゆるいつながり）

C ウクライナ戦争に関するQ＆A

Q．なぜウクライナはNATOに入れないのか？
A．ウクライナ政界界の汚職体質が，NATOの要求する民主化基準を満たしていない。また，NATO内にも，ロシアを刺激したくないという独仏の思惑もある。

Q．なぜNATO（特に米国）は派兵しないのか？
A．アフガニスタンからの撤退（➡p.10）と矛盾するという意識と，国内世論の内向き志向が背景にある。

Q．ロシアは核兵器を使うのか？
A．使うとすれば，後退局面での小型の戦術核（➡p.311）だが，NATO側の報復や環境汚染の可能性を考えれば，核使用の示唆による脅しが現実的ではないか。

3 歴史のなかで「ウクライナ戦争」を考える

　ウクライナ東南部併合の際のロシアの論理は，1938年にナチス＝ドイツがチェコのズデーテン地方を併合した際の「弾圧されたドイツ系住民の保護」を彷彿とさせる。ただしプーチンの言い分にも当たっている面がある。ウクライナ「アゾフ連隊」のエンブレムはナチス親衛隊のものと酷似しているし，マイダン革命後の新内閣には，第二次大戦中の反ソ連かつ親ナチス勢力を讃える極右勢力が含まれていた。米国だって冷戦終結後に安保理を無視して再三軍事行動に出ている（➡p.301, 319）。

地図内ラベル：ロシア，ベラルーシ，ポーランド，チョルノービリ，キーウ，ウクライナ，ルガンスク州，ドネツク州，「ルガンスク人民共和国」「ドネツク人民共和国」，モルドバ，ヘルソン州，ルーマニア，ザポリージャ州，クリミア，黒海，ブルガリア，トルコ

　改めて考えたいのは，歴史の重み。欧州には多くの民族が存在し，大事件の度に国境線が引き直された。ウクライナも例外ではないし，そもそも1991年まで両国住民は「ソ連」国民だった。冷戦終結とソ連崩壊後，「敗者」＝東欧の人々の心は荒み，それを癒したのが排外的ナショナリズムだったのでは？それは「単一民族」幻想に陥りやすく，縮小傾向の続く日本への警告でもある。

　「まさか本当に実行するとは…」，2022年2月の多くの人々の率直な感想だろう。安全保障理事会常任理事国ロシアによる公然たるウクライナへの侵攻は，100年来の「戦争の違法化」への人類の取り組み（➡p.288〜297）を無にする，国際社会への挑戦であるとともに，第三次世界大戦の到来さえも予感させてしまう。「政治・経済」を学ぶ以上，単にロシアを，プーチン大統領を批判するにとどまらず，国際社会の変容（➡p.306）とも併せ，問題の背後に潜むものを見極め，どうしたらこの問題を解決できるか，自分たちに何ができるかを，冷静に考えていきたいものだ。　　　　　（2023年11月現在）

1 第2次岸田第2次改造内閣発足 (2023年9月)

A 低迷する内閣支持率

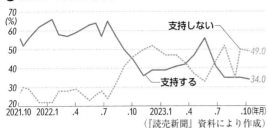

（『読売新聞』資料により作成）

支持しない …… 49.0

支持する …… 34.0

記念撮影する第2次岸田第2次改造内閣　2021年10月発足から3年目を迎えた岸田内閣。女性閣僚を過去最多タイの5人登用したものの，54人いる副大臣・政務官は史上初めて女性ゼロとなった（その後1人に）。そして，せっかくの内閣改造も，支持率の回復にはつながらなかった。（首相官邸 2023.9.13）

2 問われる経済政策—物価高にあえぐ国民

C 岸田政権の総合経済対策 (2023年11月閣議決定)

項目と予算	主な取り組み
物価高対策 (2.7兆円)	・1人4万円の所得税・住民税の定額減税 ・低所得世帯向け1世帯7万円の現金給付 ・ガソリンや電気・ガス料金へ補助金延長
持続的賃上げや地方の成長 (1.3兆円)	・賃上げ促進税制の強化 ・「年収の壁」への対応等の所得向上
国内投資の促進 (3.4兆円)	・半導体など国内投資の促進 ・「GIGAスクール構想」の推進
人口減少を乗り越える社会変革(1.3兆円)	・デジタル田園都市国家構想交付金 ・「物流革新緊急パッケージ」の推進
防災・減税など国土強靱化 (4.3兆円)	・国土強靱化，災害復旧等 ・性犯罪，性暴力被害者支援の強化

税収増分を国民に還元するとして岸田政権が打ち出した1人4万円の定額減税。防衛増税などへの批判が物価高の波のなかで拡大し，「**増税メガネ**」と揶揄されるのを嫌って首相は減税にこだわったようだ。しかし，「財政均衡主義」の下に減税を嫌がる財務省（→p.383，財務省には〝**ザイム真理教**〟との批判）の意向なのか，財務大臣が「還元するような原資はもうない」と発言するなど一筋縄ではいかない。

結局，実効性を国民に見透かされ支持率回復にはつながらなかった。また物価対策と言いつつ，国土強靱化（公共事業関係）の金額が上回っているのも疑問だ。

B 岸田政権は三頭政治—自民党の派閥力学

〈主流派〉　　　　　　　　　　　〈非主流派〉

●**岸田文雄**
　首相

岸田派46人

安倍派99人

●**麻生太郎**
　副総裁

麻生派55人

三頭政治

●**茂木敏充**
　幹事長

茂木派53人

●**菅義偉**
　前首相→

●**二階俊博**
　元幹事長

二階派41人

●**石破茂元幹事長**

●**小泉進次郎**
　元環境相　など

（『朝日新聞』2023.10.22を参考に作成）

　自民党第4派閥の長にすぎない岸田首相は，第2派閥の麻生派麻生副総裁，第3派閥の茂木派茂木幹事長と組み，安倍元首相暗殺で次の長が決まらず，分裂の危機にある安倍派を取り込んで政権を維持している。いわゆる「三頭政治」だ。これに対し岸田首相に政権を追われた菅前首相や，同じく幹事長職を追われた二階派二階元幹事長ら非主流派が結集すれば，岸田下ろしのきっかけになるかもしれない。

3 迫り来る増税—防衛費・異次元の少子化対策

D 防衛費増額の財源 (→p.67)

　岸田政権が決めた5年間（2023～27年度）の防衛費は約43兆円で，従来の1.5倍超となる歴史的な増額だ。新たに必要な財源は年約4兆円。増税，特別会計からの繰り入れ，決算剰余金の活用，歳出改革で財源を確保するとしたが，どれも不安定で，とくに増税は見通しがたっていない。

E 「子ども未来戦略方針」 (2023年6月閣議決定)

項目	主な対策
出産育児一時金の引き上げ	・42万円→50万円
高等教育費の負担軽減	・奨学金の返還・減免の拡充
児童手当の拡充	・所得制限撤廃　高校卒業までの延長 ・第3子以降は月3万円に増額
男性育休の促進	・育休中の給付率手取り8割→10割
こども誰でも通園制度の創設	・親が就労しているかなどの要件にかかわらず，誰もが保育施設へ通える制度

　少子化対策は年3.5兆円規模の事業費を見込むが，問題は財源。岸田政権は医療や介護など社会保障費の削減で財源をつくる方針だが，社会保障費は高齢者向けの支出が大半で，世代間対立を招きかねない。また財源を管理する特別会計「こども金庫」を新設するというが，かつてムダ遣いの温床と批判された「特会」（→p.129，210）の新設も議論になりそうだ。

　東京電力福島第一原子力発電所の「処理水」放出，防衛費の対GDP比2％などに踏み切り，政権運営に自信を深めていた岸田文雄首相。ところが長男の秘書官辞任問題，マイナンバーカードでの混乱，円安などによる物価上昇と続き支持率が低迷，衆議院解散総選挙の機会を失い続けた。このままだと2024年の自民党総裁選での再選戦略も危うくなるため，解散ができるかが焦点となってきている。
（2023年11月現在）

1 民法と関連法の改正

	改正前	改正後
成年年齢（民法第4条）	20歳	18歳
結婚（民法第731条等）	男性18歳以上 女性16歳以上 20歳未満は親の同意が必要	男女とも18歳以上 親の同意は不要
ローンやクレジットカード，雇用関係の契約	20歳未満は親の同意が必要	18歳であれば親の同意は不要
公認会計士，司法書士，社会保険労務士などの専門資格取得	20歳以上	18歳以上
パスポート取得	20歳未満は5年有効パスポートのみ取得可	18歳以上なら10年有効パスポート取得可
性同一性障害の性別変更申し立て	20歳以上	18歳以上

（『信濃毎日新聞』2018.6.14などによる）

2 「大人」の基準をめぐる経緯

奈良時代以降	男子は15歳前後で元服した
江戸時代	男子は15～20歳で前髪を剃る月代をした
1876年	太政官布告で成年を20歳と定める
1896年	民法で20歳を成年と定める
2007年5月	憲法改正の国民投票法で投票権を18歳以上に
2015年6月	改正公職選挙法で選挙権を18歳以上に
2018年6月	民法改正で成年年齢を18歳に
2022年4月	改正民法施行

（『読売新聞』2018.6.14による）

➡️**成人式の様子** 新型コロナ対策が採られている。（神奈川県横浜市2021.1.11）

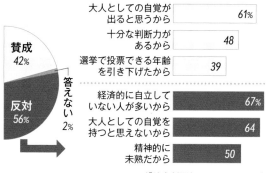

3 18歳成年の賛否と理由

賛成 42%
- 大人としての自覚が出ると思うから 61%
- 十分な判断力があるから 48
- 選挙で投票できる年齢を引き下げたから 39

反対 56% 　**答えない 2%**
- 経済的に自立していない人が多いから 67%
- 大人としての自覚を持つと思えないから 64
- 精神的に未熟だから 50

（『読売新聞』2018.4.25による）

4 民法改正による影響

Ⓐ 「特定少年」初の実名報道

　2022年，甲府市夫婦殺害放火事件で19歳の少年が起訴され，その事件の重大さから新聞各社が少年を実名で報道した。なかには顔写真を掲載した新聞社もあった。一方，ネット配信では顔写真の掲載はなく，氏名も有料サイトに限定した新聞社も多かった。山梨県弁護士会や日本弁護士会は，今回の報道を違法だと指摘。特定少年をどう報道すべきか今後も手探りが続く。

Ⓑ 少年法改正 （➡️p.136）

	現行法	改正後
適用年齢	20歳未満	18・19歳を「特定少年」とし，特例規定を新設
家裁から検察官に逆送する対象	16歳以上が故意の行為で人を死亡させた罪（殺人など）	法定刑の下限が1年以上の罪（強盗，強盗致傷など）にも拡大
報道規制	20歳未満は実名などの報道を禁止	起訴後は実名などの報道が可能に

Ⓒ 影響を受ける主な法律

関連事項と法律		成年年齢引き下げで…
💉 医師免許など	医師法など	大学卒業・国家試験合格が必要 ➡️**実質変わらず**
🚬 喫煙・飲酒	未成年喫煙禁止法など	20歳未満は禁止 ➡️**変更なし**
🐎 競馬・競艇など	競馬法など	未成年者の馬券購入などは禁止 ➡️**変更なし**
🏠 児童養護施設への入所	児童福祉法	原則18歳まで（22歳の年度末まで延長可）➡️**変更なし**
📄 国民年金保険料の納付義務	国民年金法	第1号被保険者は20歳以上 ➡️**変更なし**

5 主な国の成年年齢と選挙権年齢

国名	成年年齢 現行	成年年齢 従前	成年年齢の変更時期	選挙権年齢
イギリス	18	21	1969年	18
ドイツ・フランス	18	21	1974年	18
アメリカ	18～21*	21	1970年代*	18
日本	18	20	2018年	18

＊州によって異なる。　　（国立国会図書館資料などによる）

　アメリカでは，1960～70年代のベトナム戦争で数百万人が戦地に送られたとき，「兵役義務が18歳以上なのに，選挙権年齢が21歳以上なのは不公平だ（Old enough to fight, old enough to vote）」という世論が高まり，18歳に引き下げられた。

　18歳を成年とする改正民法が2022年4月1日施行された。1876（明治9）年の太政官布告で20歳と定めて以来の歴史的な変更だ。政府は成年年齢引き下げの狙いとして，若者の自立を促し，社会の活性化につなげることを挙げた。選挙権年齢と成年年齢を合わせることも理由だ。一方，飲酒や喫煙，競馬・競輪などの公営ギャンブルは，健康や依存症への懸念から現行の20歳未満禁止を維持した。少年法も20歳未満を維持したが，改正で18・19歳の厳罰化を進めた。これを機に諸君も成年になることの意味をよく考えてみる必要がありそうだ。

1 中国経済の深刻な悪化

中国では景気低迷，若者の失業が深刻だ。約３億人の「農民工」（多くが出稼ぎの日雇いの労働者）が，様々な業種で賃金未払いに対するデモを起こしている。さらに，コロナ禍で数百万社の中小企業が倒産したこともあり，若者の失業率は50％近いと見られている。

また，インフラ整備資金調達を行う地方政府傘下の投資会社「融資平台」の債務総額が，中国GDPの45％に膨張。債権の８割を銀行が抱えているので，債務処理で銀行が半分負担した場合，不良債権処理額は約70兆円に及ぶ。IMFはシステミックリスク（信用不安の連鎖）に発展しかねないと指摘。「2023年の中国は，1991年の日本よりもさらに悪い状態に陥る」と予測する識者もいる。

（『世界』2023.10月号などによる）

A 悪化する中国経済

実質GDP成長率（前年同期比）	・2023年４～６月期6.3％増→７～９月期4.9％増に減速
ネット通販の値引きセール「独身の日」の取引額	・22年度前年比14％増→23年度２％増（約23.6兆円）に鈍化
不動産市場低迷（不動産業は中国GDPの２割強を占める）	・不動産開発投資が9.1％減 ・2021年からの不動産大手「恒大集団」の経営危機・社債のデフォルト，「碧桂園」の大幅赤字→不動産価格の下落
非金融部門の民間債務残高	対GDP比で約230％（バブル崩壊直前の日本を上回る危険水域との指摘も）

2 長期低迷の構造的背景

中国経済は，不動産価格と消費者物価が同時に下落する「ダブルデフレ」に陥りつつある。背景には，構造的な要因が３つある（デフレ➡p.198）。

①**経済成長減速にもかかわらず債務の膨張が継続**…2022年末の債務残高はGDPの約３倍。とくに成長率のノルマを課せられた地方政府の債務は飛躍的に増加し，財政破綻のリスクをはらんでいる。

②**輸出の伸び悩みと慢性的家計消費低迷**…09年に世界最大の輸出国となったが，GDPに占める輸出割合は06年36％をピークに22年20％まで減少。所得の伸び悩みと債務増加で家計消費も低迷し，GDPに占める家計消費の割合は40％未満（世界平均60％）。家計の資産の70％は住宅だが，負債の76％は住宅ローンであり，08年の金融危機直前のアメリカやバブル崩壊直前の日本に似た状況だ。

③**人口減少と少子高齢化**…人口が減少に転じ，2040年までに4.2億人（総人口の28％）が60歳以上に。豊富な若年労働力という優位性を失う一方で，社会保障への支出も大きな財政負担となる。

日本に「失われた10年」（➡p.225）をもたらした構造的要因と同じ。

これら３つの要因に加え，習近平政権の経済政策は1992年に鄧小平が開始した**改革・開放路線**（➡p.36）継続を放棄してしまい，中国経済の市場経済化を後退させてしまったことも，2010年代以降の成長の鈍化，さらに今後の長期低迷につながるとの指摘もある。

（『Newsweek』2023.10.3などによる）

B 中国の実質GDP成長率の推移

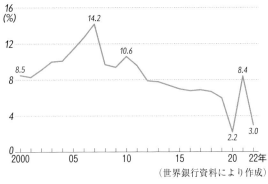

（世界銀行資料により作成）

C 中国の都市部失業率の推移

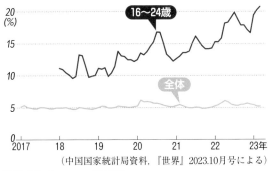

（中国国家統計局資料，『世界』2023.10月号による）

3 日本への影響

各国の主要企業が，**サプライチェーン**（➡p.332α）の多様化を完了しないうちに中国経済が停滞に陥ったらどうなるのか。工業製品のグローバルな供給網は寸断され，価格の高騰を招き，欧米諸国はもちろん発展途上国・低所得国のインフレ・成長減速は深刻となろう。日本にとっても中国は最大の市場，そして最大の貿易相手国であり，中国経済危機で真っ先に影響を受けるのは日本である。中国からの完全なデカップリング（切り離し）が考えられない中，地産地消の中国ビジネスを続けながら，生産ラインを東南アジアなどに移転するなどのサプライチェーンの多様化を進めることしかない。いずれにしても中国に代わる巨大市場が見つからない今（インドが次の巨大市場になるのはまだ先），ゼロチャイナは困難であり，中国戦略を外交・経済両面で練り直す必要に迫られている。

2023年に入り，コロナ禍が終息し中国経済はＶ字回復すると思われていたが，実際はＬ字型成長（急下降後に上昇せず横ばい）になっている。７月の消費者物価指数−0.3％，生産者物価指数−4.4％と，すでにデフレ経済に突入している可能性が高い。この景気減速は予想以上に長期化するかもしれない。それは中国経済に依存する割合が高い新興国，そして日本経済に大きなダメージを与える。中国経済との関わり方をどう修正するかが問われている。

（2023年11月現在）

広がるシェアリングエコノミー

1 シェアリングエコノミーとは？

　インターネット上のマッチングサービスを利用することによって，モノやサービスを個人間で貸し借りしたり，企業から借りたりすることを「シェアリングエコノミー」という。このマッチングサービスのしくみを「プラットフォーム」といい，プラットフォームを運営している事業者を「シェア事業者」とよぶ。マッチングがうまくいくとシェア事業者に手数料が支払われるというビジネスモデルが多い。

A シェアリングエコノミーのしくみ

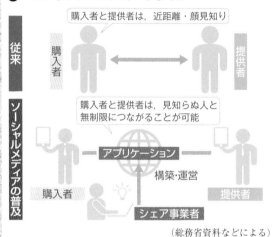

購入者と提供者は，近距離・顔見知り

従来　購入者　提供者

購入者と提供者は，見知らぬ人と無制限につながることが可能

ソーシャルメディアの普及

アプリケーション　構築・運営

購入者　提供者

シェア事業者

（総務省資料などによる）

B 進むシェアリング—移動のシェア

	サービス内容
カーシェア	会員でクルマを共有。一般的なレンタカーよりも低料金。大都市圏ではクルマを持つ人が減り，カーシェア用の専用スペースも増えつつある。
ライドシェア	登録後に配車依頼をすると，登録している個人運転手による送迎サービスが行われる。時間や場所を問わず送迎可能。Uber（米）が代表的。

　車のように「モノを持たなくてもシェアすればよい」という考えは，新たなビジネスチャンスや雇用機会の創出につながるともいわれている。

国土交通省 社会実験　Times Car PLUS × Ha:mo　専用スペース　シェアリング利用者以外の立ち入りは禁止。東京サンケイビルB2Fで入会できます！　…

◀カーシェアリング…国土交通省がカーシェア事業者と共同で実施するカーシェアリング実証実験。道路上の専用スペースに駐車する超小型車「COMS」。（2016.12.20）

2 シェアリングエコノミーの主なカテゴリー

	対象サービス	サービス事業者の例
スペース	住まい，農地，駐車場，会議室のシェア	エアビーアンドビー，ステイジャパン，スペースマーケット
モノ	フリーマーケット，レンタルサービス	エアクローゼット，ラクサス，ジモティー
移動	カーシェア，ライドシェア	ウーバー，ノッテコ，エニカ
スキル	クラウドソーシング，家事代行，介護，育児のシェア	クラウドワークス，アズママ，タスカジ
お金	クラウドファンディング	マクアケ，レディーフォー，クラウドリアルティ

（『エコノミスト』2017.8.8による）

3 シェアリングエコノミー拡大の背景

① ソーシャルメディア・スマートフォンの普及
② リーマンショックにはじまった世界的な景気の低迷…長引く不況は消費を縮小させ，企業の生産活動も低迷した。「モノを持たなくてもよい」「所有するより共有する方が便利で効率的」と，若い世代を中心に価値観の変化が生じた。

　情報通信総合研究所の推計によれば，シェアリングエコノミーによる2016年度の市場規模は1兆1,812億円。将来的には3兆円を超える見込みだ。

　クルマを例にとると，駐車場代・税金・保険料などの高額な維持費に対して，日本の自動車保有台数8,000万台強に対する稼働率は，わずか数％にすぎないといわれる。ライドシェアなどによって，経済的に余裕ができると考える人たちが増えるのも納得だ。

4 今後の課題—既存の産業への影響と法規制

　日本では，自家用車を使った有償の運送は違法行為となる。そのため，ライドシェアも日本ではタクシー会社と契約して配車サービスを行っている。法規制は安全性や品質の確保が目的のひとつだが，ライドシェアでタクシー以上の安全性が確保できるのか，タクシー運転手の雇用確保もあり，タクシー業界からの反発は否めない。また，2017年成立の民泊新法で，民泊が合法のビジネスになった。新たなビジネスチャンスではあるが，「180日規制」や民泊に提供されたマンションの部屋に多くの外国人が出入りし，ゴミ問題や騒音などで周辺住民とトラブルになった事例もある。

　高度経済成長の時代は大量消費の時代であり，企業はモノやサービスを市場に提供すれば，消費者が必ずといっていいほど購入してくれた。しかし今では，新しい働き方が提案されている。シェアリングエコノミーは「好きな時に，好きな報酬で，好きな仕事」をすることを可能にするかもしれない。また，少子高齢化や人口減少で財政難に苦しむ地方公共団体の中には，シェアリングエコノミーを地域創生に活用しようとする動きもある。例えば，奈良県生駒市では，働く女性が子どもを世話し合うしくみを提供している。また，京都府京丹後市では，NPO法人が「ウーバー」を使うことで利用者とボランティア住民の「マッチング」を行い，住民の自家用車がタクシーなどに代わって地元高齢者の「足」となっている。高齢者の自動車事故が取りざたされる中，「運転は不安だが自動車がなくては生活が成り立たない」という過疎地域では，高齢者の移動手段を確保する有効な方策の一つとなっている。（2021年11月現在）

1 国家と権力

視点
●国家はどのようにして成立したのか？
●日本国憲法における主権の記述は？
正義　公正

国家とは何か？

リヴァイアサン(怪物)？福祉の供給者？利害の調停者？

1 国家の三要素

領 域	国境によって区分された領土以外に，領空，領海を含む（➡5）
人 民（国民）	領域内に居住する人びと全体
主 権	その国民を統治する唯一最高の権威。他国からの干渉を受けない（➡4）

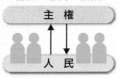

領域（領土・領海・領空）
主 権
人 民

国際法において，国家の領域は領土・領海・領空から成り，排他的経済水域は含まれないこと。

2 主権国家の統合性

		議院内閣制	半大統領制	大統領制
単一国家	中央政府に統治権が集中する国家。	日・伊	仏	
連邦国家	中央政府の下に複数の支分国（「州」などと訳される）が存在し，広範な統治権を持つ国家。	加・独		米・露

3 さまざまな視点による国家の分類

視点	学説・理論	代表的思想家・主著	そ の 内 容	
国家の本質による分類	国家有機体説	H.スペンサー（英）『社会学原理』（1876～96）	国家をもってそれ自身生きて生活する完全体（有機体）とみなし，その成員たる個人はなんら独自の人格を持たず有機体における細胞であって，全体によって配分された機能を分担するにすぎないとする理論。	国家 個人は国家という有機体の細胞にすぎず，人格を持たない
	国家法人説	イェリネック（独）『一般国家学』（1900）	国家を法的な主体としての法人とみなす理論。主権は国家自体にあり，君主は法人である国家の機関として統治する。ドイツ型の立憲君主制を正当化したもので日本では天皇機関説がこれにあたる。（➡p.57）	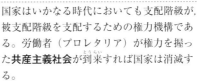 国家 法人(会社) ＝ 君主 社長 例えてみれば国は会社，ワシは社長みたいなものじゃ ＝ 人民 社員
	階級国家論 ➡エンゲルス	エンゲルス（独）『家族・私有財産および国家の起源』（1884）マルクス（独）・エンゲルス『共産党宣言』（1848）	国家はいかなる時代においても支配階級が，被支配階級を支配するための権力機構である。労働者（プロレタリア）が権力を握った共産主義社会が到来すれば国家は消滅する。	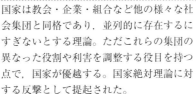 資本家 支配 国家権力 労働者
	多元的国家論	ラスキ（英）『政治学入門』（1931）	国家は教会・企業・組合など他の様々な社会集団と同格であり，並列的に存在するにすぎないとする理論。ただこれらの集団の異なった役割や利害を調整する役目を持つ点で，国家が優越する。国家絶対理論に対する反撃として提起された。	教会 国家 会社 国家はいろいろな社会集団と並列的に存在する集団にすぎない
国家の起源	王権神授説	R.フィルマー（英）『族父権論』（1680）	王の権力は神から与えられたものだから，人民がこれに逆らうことは神への反逆になるとする。絶対王政を正当化する理論。	
	国家征服説	F.オッペンハイマー（独）『国家論』（1905）	国家の起源を，有力な民族や階級の，劣弱な民族や階級に対する征服に求める理論。ゲルマン民族がローマ帝国を滅ぼし国家建設をした史実が挙げられる。	
	社会契約説	ホッブズ(英)ロック(英)ルソー（仏）	国家は，成員相互の自由・平等な合意による契約により成立する。権力は人民にあり，政府は人民の権力の受託者にすぎないという理論。（➡p.21）	
国家の機能	夜警国家（消極国家）	近代市民社会の大原則である自由放任主義（➡p.174）に基づき国家の役割を国防・治安維持等に限定。国家は個人の政治・経済活動にできるだけ介入しないことを理想とする。19世紀的国家観。	●小さな政府への回帰 1980年代以降，先進国では財政難から福祉国家見直し気運が高まり，英のサッチャー，米のレーガンなどが「小さな政府」を主張した（➡p.177）。	
	福祉国家（積極国家）	失業・独占資本の形成といった資本主義の発達に伴う弊害を，政府が主として経済面の政策（雇用の創出や社会保障政策）によって是正していこうとする考え方。20世紀的国家観。		

解説 時代によって異なる視点　市民革命期に提起された社会契約説は王権神授説を批判して近代市民社会の原則となった。資本主義が発展し，国家の役割が肥大化した今日においては福祉国家的な視点を無視することはできない。その一方で，国家賠償請求訴訟などで，政府が被告になる点を想起するとよい。そこに多元的国家論が見えてくるだろう。

プラスα 「夜警国家」とは聞き慣れない言葉だが，これは意外なことにドイツの社会民主主義者ラッサール（1825～64）が，ブルジョワ社会を皮肉まじりにこう呼んだことに由来する。自由放任主義の下，多くの人々が飢えていたのだ。

言の葉

私自身の選択についていうならば、大日本帝国の「実在」よりも戦後民主主義の「虚妄」に賭ける。
（『増補版 現代政治の思想と行動』未来社）

丸山 眞男 ［日：1914〜96］ 政治学者，政治思想史研究者。従軍経験をはさみ東大法学部に奉職，1950年から教授。60年代まで全面講和論や安保闘争支持など，論壇のオピニオンリーダーだった。

主権（sovereignty）とは何か
主権者になる前に知っておこう！

4 主権の三概念

	内　容	憲法での該当部分
国家権力の最高独立性	国家がどこにも隷属せず，対外的に独立していること。	前文第3項 ……自国の主権を維持し，他国と対等関係……
国内における最高権力	政治のあり方を決める最高の権力。それが人民・君主に属するかにより人民主権・君主主権の二つの体制に分けられる。	前文第1項 ……ここに主権が国民に存することを宣言し，この憲法を確定する。
国家権力	統治権と同義。司法権・立法権・行政権の総称。	第41条 国会は，国権の最高機関であつて……

解説 三つの主権 主権とは，そもそもは，他のいかなる意思によってもしばられることのない国家の最高性や絶対性を意味するもので，君主の中央集権的な権力を確立するための政治的目的を持っていた（こうした位置づけをしたのが，16世紀フランスの法学者**ボーダン**⑯）。

その後，市民社会の成長，国際政治の構造変化にともなって，主権にも様々な意味が含まれるようになった。**国民主権**というときの主権は**国内での政治の最高決定権**をさし，**主権国家**というときの主権は**対外的独立性**をさす。日本人や日本滞在中の外国要人が外国特殊機関に拉致された事件は明らかな「主権侵害」である。なお，近年，EU（欧州連合）の成立などに見られるように，**主権を各国が共有する動き**があることにも注目していきたい。

5 主権の及ぶ範囲
 宇宙条約（➡p.289）

宇宙空間（大気圏外）＝国家の主権に服さない自由な国際的空間
（大気圏内）

公海や宇宙空間，大陸棚の外側の深海底は人類共有の財産である。

〈注〉 海里（マイル）：航空，航海の分野で使用されている距離単位。ノーチカルマイル（nm）ともいう。地球の緯度1分が1 nm。1 nm＝1,852m。200海里≒370km。〔領土問題➡p.326〕

解説 経済水域にも要注意！ 陸地以外にも，海洋，空に関して主権の及ぶ範囲があることに注意。**国連海洋法条約**（1994年発効，1996年日本批准。➡p.289）により，沿岸から200カイリ以内が**排他的経済水域（EEZ）**とされ，それまで「領海外」とされてきた公海の概念が大きく変化した。経済水域やその下部の大陸棚の資源に関しては，**沿岸国が主権的権利を有する**。⑲

同条約にもとづく紛争処理は，**国際海洋法裁判所，国際司法裁判所（ICJ），仲裁裁判所**（➡p.289），**特別仲裁裁判所**によって行われる。2016年には南沙諸島をめぐる中国・フィリピン間の争いに対し，ハーグの仲裁裁判所が中国全面敗訴の判決を下して注目された。

憲法

権力・政治・人間
どんな人が政治家にふさわしいのか？

6 権力の正当性—マックス＝ウェーバーの分類

支配類型	その　内　容	具体例
伝統的支配	その権力が古くから続いていて，今後も永遠に続くかと思われるようなもの。民衆は，その権力の伝統に服従の根拠をみいだして，これに従うもの。	●君主制 ●天皇制
カリスマ的支配	神から与えられた非凡な才能なり資質（カリスマ）を，その権力が持っていると民衆が信じて，これに従うもの。 ➡『我が権力は我が名誉に由来し，名誉は我がもたらす戦勝に由来する』（ナポレオン）	●ナポレオン ●ヒトラー
合法的支配	国民に合法的に選出された権力だからと民衆が考えて，これに従うもの。	●近代国家の官僚支配 ●近代民主政治

解説 支配の正当性の三類型 支配はなんらかの強制をともなう。強制される側からすると決して愉快なことではないが，不愉快さや不平不満を克服してその支配を受け入れるようになるには，なんらかの心理的な根拠があるはずである。

ウェーバー（独1864〜1920）はこれを三類型に分類し，合法的支配が最も正当性を持つと説いた。

7 人間と政治

「政治をするものは悪魔と手を結ばなければならぬ」（ウェーバー）とか「政治は人間を堕落させる」（ビスマルク）とかいわれ，とかく政治は何か不潔なものと本来的に結びついているように見られるが，その大きな原因は結局，政治が人間を現実的に動かして，或る結果を確保するということを本質的要因とするからで，実は政治がきたないというより，現実の人間そのものが，あいにく天使に生れついていないのである。……

政治の予想する人間像というものは，昔からあまり美しくないことに相場がきまっている。……マキャヴェリは有名な「君主論」のなかでこういっている。

「人間というものは恩知らずで，移り気で，陰険で，危険にあうと逃げ出し，そのくせ転んでもただでは起きない。利益を与えれば味方するが，いざ犠牲を捧げる段になると，たちまち尻をまくって逃出すものだ」

（丸山眞男「人間と政治」『現代政治の思想と行動』未来社）

解説 「政治家は悪人」か？ 政治の本質が，個人や社会集団の間の利害を調節し，人間の人間に対する統制を組織化することにある以上，政治を考えることは，究極的には人間を考えることであろう。政治に対して汚いイメージを持つ人は，まず，自分の姿をよくみてみるとよい。なお，7の著者は「戦後民主主義のチャンピオン」といわれた元東大教授である。

プラスα マックス＝ウェーバーは，人間の倫理観を，**心情倫理**と**責任倫理**とに分け，政治家に必要なものは，後者であると冷徹に分析してみせた（『職業としての政治』岩波文庫）。政治に興味のある人は読んでみるとよい（➡p.153, 382）。

個人の尊重　民主主義　公平性

近代民主政治の基本原則

間接民主制・国民主権・権力分立

1 間接民主制と直接民主制

Ⓐ 定義

間接民主制 （代表民主制・代議制）	直接民主制
国民が自ら選んだ代表者の組織する議会を通じて間接的にその意思を国家意思の執行に反映させるシステム。人口が多く、社会が複雑化した現代国家での一般的制度。	国民自らが直接に国家意思の形成と執行に参加する政治システム。古代ギリシアの都市国家（ポリス）のほか、現在でもスイスの一部の州などで実施。

Ⓑ 間接民主制（代議制）の三原理

代表の原理	議員は選出母体の代理人ではなく、全国民の利益を代表すること
審議の原理	十分な審議を尽くすこと
行政監督の原理	行政が議会に公開され、腐敗の有無が点検されるとともに、責任者が弾劾される

Ⓒ 直接民主制の具体例（➡p.83,143）〈 〉は憲法の条数。

イニシアティブ（国民発案）…国民が法の制定・改廃の提案を行うこと。
> 地方自治　条例の制定・改廃請求

レファレンダム（国民表決）…国家の重要問題を、議会でなく国民の直接投票で決定すること。
> 国政　特別法制定同意権〈95条〉／憲法改正国民投票〈96条〉

リコール（国民解職）…国民が公職にある者を罷免させる制度。
> 国政　最高裁判所裁判官の国民審査〈79条〉
> 地方自治　議会の解散請求／首長、議員、主要公務員の解職請求

⑭ 日本国憲法は間接民主制を採用しているが、国民が、国民投票によって直接に国政上の決定を行う場合もあること。

3 三権分立（権力分立）

Ⓐ モンテスキュー『法の精神』(1748)―三権分立論

　……権力をもつ者はすべて、それを濫用する傾向があることは、永遠の体験である。……人が権力を濫用しえないためには、……**権力が権力を阻止するのでなければならぬ。**……

　同一人、または同一の執政官団体の掌中に立法権と執行権が結合されているときには、自由はない。

　裁判権が立法権と執行権から分離されていないときにもまた、自由はない。もしそれが、立法権に結合されていれば、市民の生命と自由を支配する権力は恣意的であろう。

　もし同一の人間、または貴族か人民のうちの主だった者の同一団体がこれら三つの権力、すなわち法律を定める権力、公共の決定を実行する権力、罪や私人間の係争を裁く権力を行使するならば、すべては失われるであろう。

（井上堯裕訳『世界の名著26』中央公論社）

2 国民主権

⑮ Ⓐ リンカーンのゲティスバーグ演説（抄）（1863年）

　……ここで戦った人々が、これまでかくも立派にすすめて来た未完の事業に、ここで身を捧げるべきは、むしろ生きているわれわれ自身であります。われわれの前に残されている大事業に、ここで身を捧げるべきは、むしろわれわれ自身であります――それは、これらの名誉の戦死者が最後の全力を尽して身命を捧げた、偉大な主義に対して、彼らの後をうけ継いで、われわれが一層の献身を決意するため、これら戦死者の死をむだに終らしめないように、われらがここで堅く決心をするため、またこの国家をして、神のもとに、新しく自由の誕生をなさしめるため、そして**人民の、人民による、人民のための政治　The government of the people, by the people, for the people** を、地上から絶滅させないためであります。（高木八尺訳『リンカーン演説集』岩波文庫）

→ゲティスバーグ演説

> **解説** 人民の人民による人民のための政治　南北戦争の動向を決した最大の激戦がペンシルベニア州のゲティスバーグで展開された。南北全軍の4分の1の兵士がこの地で倒れた。この地に国立陸軍墓地が設置され、その記念式典でのリンカーンの有名な演説がこれである。

> *TRY* 日本国憲法前文に「人民の人民による人民のための政治」の趣旨が対句の形で表現されている部分がある。指摘してみよう。（解答➡p.416）

㉑ Ⓑ ロックとモンテスキューの比較

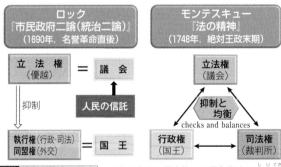

> **解説** 権力が権力を阻止　権力分立は、歴史的には君主権力の恣意的な支配に対抗して、立法権、少なくともその主要な部分を議会がにぎり、また、独立した裁判所によって司法権が行使されるべきことを主張するものとして登場してきた。
>
> 近代政治思想史上これを初めて定式化したのがイギリスのロック（➡ 4）であるが、フランスの啓蒙思想家モンテスキュー（1689〜1755）は主著『法の精神』において、イギリス議会政治を参考に**三権分立論**を説いて、ロックの権力分立論をさらに発展させた。すなわち立法権と裁判権（司法）と執行権（行政）の三権分立によって、権力の濫用を防ぎ国民の自由が確保できるとしたのである。

プラスα　democracy（民主主義）の語源は、古代ギリシア語の"デモクラティア"で、本来は「人民の権力」を意味した。古代ギリシアのポリス（特にアテネ）では、市民全員参加の政治が展開された（ただし、女性・奴隷・外国人を除く）。

憲法

4 社会契約説の比較—個々人の契約に基づいて国家ができる

	ホッブズ(英)	ロック(英)	ルソー(仏)
思想家	*Thomas Hobbes* (1588〜1679) 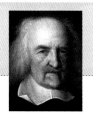	*John Locke* (1632〜1704)	*Jean-Jacques* **Rousseau** (1712〜78) 
主著	『リヴァイアサン』 (1651年刊)	『市民政府二論（統治二論）』 (1690年刊)	『社会契約論』 (1762年刊)
自然状態	「万人の万人に対する闘争」❶⑤平等な個々人が対立しあう弱肉強食の状態	万人が自由・平等・独立の状態	万人が自由・平等・自給自足の状態
自然権	自己保存の権利→全面譲渡（放棄）⑳	生命・自由・財産権→執行を委託（信託）	自由・平等→全面譲渡（全面服従）
社会契約のあり方	❶⑦㉒ ●各人が自然権を統治者に全面委譲することによる国家の形成 ●国民は自然権を委譲した統治者（国王）に服従	●各人が自然権の一部を代表者に委託することによる国家の形成 ●国家の最高権は人民にある ●政府が国民の信託に反して自然権を侵害した場合，人民はその権力を改廃できる（**抵抗権・革命権**） ⑦㉒	●各人が自己のすべてを譲渡することによる，国家の形成 ●構成員全体の利害を象徴する**一般意志**の存在 ●主権＝一般意志の行使 ●主権は人民にあり，譲渡・分割不可

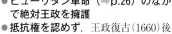

社会契約のあり方（図）	統治者（絶対権力者） ●自然権の譲渡 ●服従 ↑↓ ●法の制定 ●安全を保障 ↓ 個々の市民	統治者〔立法権の執行権に対する優位〕 ●信託 ●抵抗権 ↑↓ ●法による自然権(生命・自由・財産権)の保障 ↓ 個々の市民	立法者（立案のみ） ●人民は自然権を社会全体に譲渡 一般意志の同意による立法化⑲ ●直接民主制 ↓ 個々の市民

| 特徴・影響 | ●ピューリタン革命（➡p.26）のなかで絶対王政を擁護
●抵抗権を認めず，王政復古(1660)後の英政治体制を正当化した。 | ●間接民主制を主張　●権力分立論
●**名誉革命(1688)を正当化**
●一国内の事件としての名誉革命から普遍的な近代市民社会の理念を抽出
●**アメリカ独立革命へ影響を与えた。** | ●直接民主制を志向
●**抵抗権を容認，人民主権論**
　⇨フランス絶対王政を批判
●**フランス革命(1789〜)，とりわけジャコバン派に影響を与えた。** |

原典を読む

↑『リヴァイアサン』の扉絵　「リヴァイアサン」は旧約聖書に登場する怪物。ホッブズは個人の結合体である国家をこれに見たてた。

　自然は，人間を，心身の諸能力において……平等につくった。……それゆえに，だれかふたりがおなじものごとを意欲し，しかしながら双方がともにそれを享受することは，不可能だとすると，かれらは敵となり……たがいに相手をほろぼしまたは屈服させようと，努力する。……すなわち，人々が，かれらのすべてを威圧しておく共通の力なしに生活している時代には，かれらは**戦争とよばれる状態にある**のであり，かかる戦争は，**各人の各人にたいするそれ**なのである。
（水田洋訳『リヴァイアサン』岩波文庫）

　人間は……本来，**万人が自由平等独立**であるから，何人も，自己の同意なしにこの状態を離れて他人の政治的権力に服従させられることはない。
　……もし一人でも，多数でも，人民に任命されないで，法を作る権限があると称して，権限なしに法を作るとすれば，人民はこれに服従する義務はない。こういう場合には，人民は服従から解放され，自分で最もいいと信ずる新しい立法府を作ってもよいのである。何故なら，彼らは，**権限もないのに，自分たちに何かを強制するような者の力に抵抗する完全な自由**をもっているからである。
（鵜飼信成訳『市民政府論』岩波文庫）

　……もし社会契約から，その本質的でないものを取りのぞくと，それは次の言葉に帰着することがわかるだろう。「われわれの各々は，身体とすべての力を共同のものとして**一般意志の最高の指導の下におく**。そしてわれわれは各構成員を，全体の不可分の一部として，ひとまとめとして受けとるのだ。」……主権とは一般意志の行使にほかならぬのだから，これを譲りわたすことは決してできない。
（桑原武夫・前川貞次郎訳『社会契約論』岩波文庫）

解説　国家より先に個人がある！　社会契約説は，ヨーロッパで確立した国王主権の国家を批判する理論として登場した。個人の価値を重視するゆえ，生来人権が神により保障されているとする天賦人権論とセットになっている。

用語　自然権…人間が自然状態において生まれながらに持っているとされる権利で，基本的人権の概念とも重なる部分が多い。内容は思想家により異なる。
自然状態…国家や社会が形成される以前の状態。秩序もなく安定もない。これは現実ではなく，思想上の仮定であるが，そこから社会契約説は出発する。
一般意志…ルソー独自の概念。私的利害を持つ個々人の意志（特殊意志）の総和たる全体意志でなく，共通の利益だけを心がける全人民の意志。その行使が主権であり，国家構成員はそれに服従するときに初めて自由になるものとされた。

プラスα　「イギリス人民が自由なのは議員を選挙する間だけのことで，選挙が終わるやいなや，イギリス人民はドレイとなる」とはルソーの言葉（『社会契約論』）。彼が目指したのは，直接民主制で，ジャコバン独裁に理論的根拠を与えた。

憲法

民主主義と立憲主義（constitutionalism）

⚠ 2014年，集団的自衛権行使を容認する憲法解釈の変更を閣議決定のみで行った安倍内閣は，2015年に安全保障関連法案を衆議院特別委員会での強行採決を経て成立させた。このような行動は許されるのか？憲法とは？民主主

視点 1. 憲法を守るのは誰か？
2. 民主主義は常に正しいのか？
3. 立憲主義とは何か？

義とは？立憲主義とは？根本的な問題を考えてみたい。

なぜ憲法が制定されたのか？

法律は，本来，国民の自由や権利を守るためのものであるが，国家（政府）のありようによっては，国家が国民の権利や自由を制限するものに使われてしまう場合もある。国家としては，国の秩序維持のために法律によって国民の権利や自由を制限したいと考えるかもしれないが，政府が好き勝手にそれを行ったのでは，国民の権利や自由が不当に制限されてしまう。

そこで国家の行動に歯止めをかけるものとして憲法が作られた。すなわち**憲法は，国家権力を制限するために生まれた法**なのだ。法律は国民に対して「これこれを守れ！」と命ずるのに対して，憲法は国家権力に対して「これを守りなさい！」と命じている（➡ p.78）。

> **日本国憲法第99条[憲法尊重擁護の義務]** 天皇又は摂政及び国務大臣，国会議員，裁判官その他の公務員は，この憲法を尊重し擁護する義務を負ふ。

第99条の，憲法を尊重し擁護する義務を有する者には「国民」が入っていない。つまり国民は憲法を守らせる主体の側なのだ。主体である国民は憲法を批判したり変えたりすることは自由にできるが，国家権力の側は憲法を守らなくてはいけない。これが憲法の基本構造であり，憲法の存在理由である。となると，閣議のみで憲法解釈を変更した安倍内閣の動きは，この基本構造を根底から揺るがすものではないだろうか。

㉑ 民主主義（democracy）とは？

現在，民主政治の基本的な理念として受け入れられている民主主義とは何を意味するのか。一言でいえば，**民主主義とは多数決である**。多数派の人々の意見を国民の総意としてとらえ，それが正しいものとして物事を決定していくのである。安倍内閣の一連の行動にも，選挙で民意を得て，衆参両院で過半数の議席を得ているのだから問題ないという姿勢が見られた。

では多数派は常に正しいのか。あのヒトラーが率いたナチス＝ドイツも，形式上はあくまで民主主義的な手続きを経て，つまり多数派の支持を得て，政権を獲得したのだ。こうした事例から我々が学ぶべきことは，**多数派が常に正しいとは限らず，多数決で決めてはいけないこともある**ということである。

用語 **多数者支配型民主主義**…多数派が，少数派の意見や世論を十分に考慮せず，意志決定するようなしくみ。小選挙区制，二大政党制，単独政権などの政治体制で生じやすい。

⑳ ワイマール憲法とヒトラー

Ａ ナチスが政権を握るまで

年月	出来事
1919	ドイツ労働者党結成
20	国家社会主義ドイツ労働者党と改称→党綱領発表
1921	ヒトラー党首になる
23	ミュンヘン一揆，失敗 獄中で『わが闘争』執筆
29	世界恐慌
30	ナチス第2党に
32.2	失業者613万人に（2月末）
32.7	総選挙で第1党になる
1933.1	大統領の任命により，ヒトラー内閣成立
33.2	ヒトラー，議会を解散 対立政党に対する選挙妨害 国会議事堂放火事件→共産党弾圧
1933.3	総選挙，全権委任法成立（➡ p.25），議会機能停止
1934	ヒトラー，大統領を兼ねる総統になる
35.8	失業者171万人に減少（8月末）

議席拡大のようす

年（総議席数）	共産党	─	社会民主党	ナチス党
1924年（493）	14	45	131	
28年（491）	12	54	153	
30年（577）	107	77	143	
32年7月（608）	230	89	133	
32年11月（584）	196	100	121	
33年3月（647）	288	81	120	
33年11月（661）		ナチス党 661		

➡ **ヒトラー** 「民衆の圧倒的多数は，冷静な熟慮よりも，むしろ感情的な感じで考え方や行動を決める」（『わが闘争』）

世界恐慌の中，ドイツ議会は左右対立から怒号が飛び交い機能が麻痺，解散が繰り返された。「決められない」政治に接した少なからぬ国民にはナチスの主張が輝いて見えた。だが1933年1月段階でナチスの議席は国会の約1/3。ヒトラーを首相に任命したのは議会でなく，ヒンデンブルク大統領だった（憲法の規定による）。総選挙（3月投票）では，突撃隊（ナチスの私兵的存在）等が警察と協力し，敵対勢力に対し選挙妨害を行った。選挙戦最中に起きた国会議事堂放火事件でオランダ人共産党員が逮捕されると，これを好機と，ヒトラーは共産党員や社会民主党員を拘束していった。だが，ナチスの得た議席は過半数に達しなかった。

ワイマール憲法を無力化した全権委任法（授権法）（➡ p.25）が総選挙後の国会で成立した（「ナチス憲法」なる言葉はない）が，内容が憲法修正に等しかったので，全国会議員の2/3以上が出席した上での2/3以上の賛成が必要だった。このためナチスは共産党員や一部

多極共存型民主主義…少数派に事実上の拒否権があり，合意形成を前提とした意志決定のしくみ。比例代表制，小党分立制，連立政権などの政治体制で生じやすい。

プラスα 親ナチスから1933年以降反ナチス運動を展開，収容所に送られたニーメラー牧師の回想は重い。「ナチ党が共産主義を攻撃したとき，私は多少不安だったが，共産主義者でなかったから何もしなかった。ついでナチ党は社会主義者を攻撃した。私は前よりも不安だったが，社会主義者（続く）

の社会民主党員も意図的に逮捕し，採決では共産党を分母から除外，強引に2/3以上の賛成を確保したのだ。

このようにナチスは，合法・非合法を交えつつも，形式上は民主主義的な体裁をとりつつ，多数派の支持を背景として実権を握っていった。

❸ ファシズムの甘美な魅力—旧西独の世論調査より

●今世紀においてドイツが最も繁栄した時期はいつか？（1951年実施）

第一次世界大戦前（帝政期）	45%
ワイマール期（議会制民主主義期）	7%
ナチス国家（1933～39年）	42%
ナチス国家（第二次世界大戦期）	0%
第二次世界大戦後	2%
わからない	4%

（望田幸男『ナチス追及』講談社現代新書）

❸では，ヒトラーの政権掌握前後の落差に驚く諸君が多いのでは？ドイツ国民にとって，公共事業による失業問題の解決，労働者への娯楽の提供，屈辱的なヴェルサイユ体制の破壊を成し遂げたナチスは，その蛮行が暴露された第二次世界大戦後も，しばらくは意外な高評価を得ていた。表現の自由の抑圧やユダヤ人等への残虐な仕打ちも，見て見ぬふりをしさえすれば，良い時代に思えたのである。もっとも，その世代は後世「あの時何をしていた？」と批判にさらされた。

「闘う民主主義」

> ドイツ連邦共和国基本法第18条[基本権の喪失]　意見表明の自由，特に出版の自由，教授の自由，集会の自由，結社の自由，信書，郵便及び電気通信の秘密，所有権又は庇護権を，自由で民主的な基本秩序に敵対するために濫用する者は，これらの基本権を喪失する。それらの喪失及びその程度については，連邦憲法裁判所がこれを宣告する。

現在のドイツの基本法（➡p.35）には，上記の規定がある。日本国憲法第21条等と比較し違和感を覚えるが，これはナチスの経験から，自由を擁護する義務を国民にまで課すことを意味している。「**闘う民主主義**」といわれる所以で，ドイツ（西独含む）では共産党，ナチスを支持する政党は設立が認められなかった。

「9.11テロ」（2001年）直後，ファシズム体制を思わせるような「報復」一色に染まった米国では，力の行使を大統領に一任する決議が可決された。上下両院を通じ一人だけ反対したバーバラ・リー下院議員は，自身へのバッシングの中，ベトナム戦争の泥沼にはまった過去の歴史を想起しつつ，議員の責任について論じた同国憲法を読み直したという。そこにはこうある。

> アメリカ合衆国憲法第6条[最高法規]③　先に定める上院議員及び下院議員，各州の議会の議員，並びに合衆国及び各州のすべての執行府及び司法府の公務員は，宣誓または確約により，この憲法を擁護する義務を負う。

彼女はその信念に基づき活動し，その後も再選されている。「『永久革命』とは，まさに民主主義にこそふさわしい名辞」（丸山眞男）なのである。

→バーバラ・リー
米国下院議員

立憲主義とは？

国家には強制的に国民に何かをさせたり，何かを禁止したりする力＝（公）権力がある。しかし，権力の使われ方が間違っていたり，度が過ぎていたらどうなるであろうか。どんな人も完全ではなく，どんなに素晴らしい人でも間違うこともある。政治家もまた一人の人間である。間違わないように国会で十分な審議がされたとしても完璧だとは言い切れない。

権力の行使は集められた情報を前提にある一定の見方からなされるものであり，別の情報が入れば判断も変わってくる可能性もある。どれだけ慎重に多くの人々の意見を聞いて，多数決で決めても間違ってしまう可能性は残るのである。

「間違ってしまう場合があること」「多数決で決めてはならないことがあること」を忘れてしまうと，つまり自分は絶対に間違っていない，正しい，大丈夫だと思いこんだ時，多数派の考えで押し切っても大丈夫だと思った時，多数派の意見が「正義」として，すべての人に押しつけられることになるのである。

憲法は，個人が幸せに生きる上で大切な人権を列挙し，国家＝権力が人権を恣意的に制限しないよう国家を縛っている。**国家権力を法的に縛り，制限し，憲法に基づいた政治を行うことを「立憲主義」と呼ぶ。**

憲法

Focus 格差拡大が生むポピュリズム

先進各国は民主主義，社会保障による所得再分配，労働法によって資本主義を制御してきた。しかし近年，格差拡大に有効な手を打てず，乱暴な議論が喝采を浴びている。トランプ米大統領は，労働者層の立場は悲劇的だと強調し，移民のせいだと外に攻撃を向けた。多様性を重んじてきた米国が，反移民主義，孤立主義などの敵対的ポピュリズム（大衆迎合主義）に誘惑される構図だった。イギリスのEU離脱にも同様の構造がある。

❸「ポピュリズム」とは？（水島治郎氏の定義による）

意味	政治変革を目指す勢力が，既成の権力構造やエリート層を下から批判し，「人民」に訴えてその実現を目指す運動のこと。
特徴	①主張の中心に一体化した「人民」を置く＝反多元主義，「よそ者」への敵対　②エリート批判　③イデオロギーの「薄さ」　④カリスマ的リーダーの存在（➡p.19）

❹「象グラフ」—グローバル化の勝者と敗者

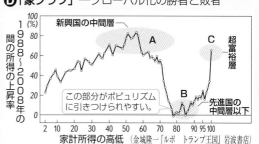

新興国の中間層
A
C
超富裕層
先進国の中間層以下
B
この部分がポピュリズムに引きつけられやすい。

（金城隆一『ルポ　トランプ王国』岩波書店）

（縦軸：1988～2008年の間の所得の上昇率　横軸：家計所得の高低）

❹は地球上の人々を所得の多い順に右から左に並べ，縦軸には実質所得の上昇率をとったもの。所得がほとんど伸びていないのが，先進国の中間層以下の層であることがわかる。格差拡大という資本主義の暴走を止められなかった先進国のエリート層が，大衆の反逆にあって制御力を失い，世界の方向性は急激に不安定になった。

ゼミナール

プラスα　（続き）ではなかったから何もしなかった。ついで学校が，新聞が，ユダヤ人等々が攻撃された。私はずっと不安だったが，まだ何もしなかった。ナチ党はついに教会を攻撃した。私は牧師だったから行動した—しかし，それは遅すぎた」（マイヤー『彼らは自由だと思っていた』未来社）

23

憲法と法律

憲法尊重擁護義務は権力者に

1 憲法

Ａ 憲法の特質

憲法には以下のような3つの重要な特質がある。

①自由の基礎法

人間は生まれながらにして自由であるという自然権思想を実定化した，**人権規定**が憲法の中核をなす。国家の組織や運営の方法を定めた**組織規範**と呼ばれる部分や，国家権力に一定の権限を授けた**授権規範**と呼ばれる部分は人権規定を守るためにある。

②制限規範性

憲法は国家権力を制限する基礎法でもあり，憲法は国家に権限を授けるところに本質があるのではなく，濫用の危険性を伴った権力を制限するところに本質がある。

③最高法規性（➡p.78）

憲法は他の法律よりも上位にあり，憲法に反する国家権力の行使は認められず，国家の法秩序において最も強い効力を有する。このように効力の点で憲法が法体系において最上位にあることを**最高法規性**という。

Ｂ さまざまな観点による憲法の分類

観点	分類名	内　　容	具体例
形式面	成文憲法	文章で書かれた憲法。	日本国憲法
	不文憲法	「憲法」という法律がなく，慣習法（イギリスの憲法習律等）が憲法の役割を果たしている。	（イギリス）
改正手続	硬性憲法	一般法とは異なる厳格な改正手続きで改正される。	日本国憲法明治憲法
	軟性憲法	一般法と同じ手続きにより改正される。	ニュージーランド憲法
制定主体	欽定憲法	君主が制定して国民に与えたという形式をとる。	明治憲法
⑰	民定憲法	国民が直接または議会を通じて制定。	日本国憲法

解説 憲法とは国家権力を制限するもの　一般の法律は国家が国民の権利や自由を制限するものであるが，憲法だけは国家権力に対して向けられていて，「国は国民に対して，どんな態度をとるべきか？」「どういうことをしてはならないのか？」について定めている（➡2）。

つまり，憲法とは国家に対して様々な制限を課し，その権力の行使に歯止めをかけるため，「これを守れ！」と命令しているのだ。日本国憲法第99条を読んでみよう。国家権力を法的に制限し，憲法に基づいた政治を行うことを**立憲主義**という。

TRY 1848年のプロイセン憲法は，制定主体による分類だと何にあたるか。（解答➡p.416）

2 法の分類と社会規範

㉒ 私人間の関係を起律する民法は，公法か私法かという分類からすれば私法に該当すること。

Ａ 法の分類

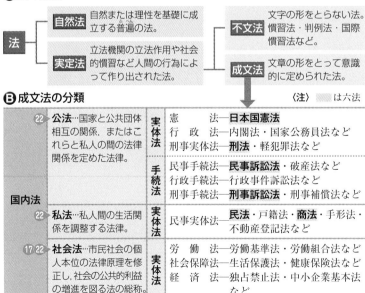

Ｃ 社会規範

社会規範 人間の行動を律する基準，守らないと制裁を受ける。
法律，道徳，宗教，慣習など。

法律（外面的強制） 国家権力による最も強い強制力を持つ。守らないと**刑罰**という制裁。

道徳（内面的強制） 個人の良心に従うという強制力が働く。守らないと**良心の呵責**という制裁。

用語 実体法と手続法…権利義務の内容・範囲・発生などを規定したのが実体法。その手続を定めたのが手続法。
行為規範と裁判規範…一般人の日常の行為の基準となる規範が**行為規範**。裁判所による紛争解決の基準となるのが**裁判規範**。法規範であっても裁判の基準となりえないという意味で，裁判規範ではないとされるものに，国会の内部規律に関する規範やプログラム規定などがある。日本国憲法前文の裁判規範性については見解が分かれている。

Ｂ 成文法の分類

〈注〉▨は六法

	公法・私法・社会法	実体法/手続法	内容
国内法	㉒ **公法**…国家と公共団体相互の関係，またはこれらと私人の間の法律関係を定めた法律。	実体法	憲　　法—**日本国憲法** 行　政　法—内閣法・国家公務員法など 刑事実体法—**刑法**・軽犯罪法など
		手続法	民事手続—**民事訴訟法**・破産法など 行政手続—行政事件訴訟法など 刑事手続—**刑事訴訟法**・刑事補償法など
	㉒ **私法**…私人間の生活関係を調整する法律。	実体法	民事実体—**民法**・戸籍法・**商法**・手形法・不動産登記法など
	⑰㉒ **社会法**…市民社会の個人本位の法律原理を修正し，社会の公共的利益の増進を図る法の総称。	実体法	労　　働　法—労働基準法・労働組合法など 社会保障法—生活保護法・健康保険法など 経　　済　法—独占禁止法・中小企業基本法など
	命　　　令—政令・府令・省令・人事院規則など 地方自主法—条例・規則		
国際法	条約（➡p.288）		国際連合憲章・日米安全保障条約など

TRY 少年に対する刑罰などを定めた少年法は，公法・私法・社会法のどれにあたるか。（解答➡p.416）

プラスα **私的自治の原則**　個人が自由で独立した主体として，自らの意志によって法的な関係（権利や義務）を形成できるということ。契約の内容や結ぶ相手を自由に決めることができるという**契約自由の原則**は，この具体的なあらわれである。

言の葉

目には目を。そんな復讐の連鎖がやむことがなかったら，世界は盲目になるだけだ。
（『ガンディー 魂の言葉』）

マハトマ・ガンジー［インド：1869～1948］20世紀を代表する政治家。非暴力・不服従によって英国からの独立運動を指揮し，1947年8月に独立を達成。「インド独立の父」と呼ばれる。

法の支配（rule of law）と法治主義（rule by law）　　　国家権力も法に従う

3 法の支配（rule of law）18 14

　法は国家権力による最も強い強制力を持ち，守らないと刑罰という制裁が科せられる社会規範である。したがって，国家や権力者によって恣意的な法が制定されてしまうと国民は甚大な被害を受けることになる。絶対主義の時代には，国王の意思がそのまま法となって，国民は国王の勝手気ままな徴税や，いわれのない逮捕や刑罰に苦しめられたのである。このように権力者が自由に国民を拘束できる体制を「人の支配」と呼ぶ。
　「法の支配」とは，このような事態が生じないように，国民の意思に基づいて制定された法を国家の最上位において，たとえ権力者であろうともこの法に従うことを強制させる。つまり「法の支配」とは権力者の意思の上に法をおくのである。国家はどのような場合に，どのような手続きで国民を逮捕できるかが法律で定められている。もはや国民は，理由なく，また法に定められた手続きによらずして逮捕されないのである。

[日本国憲法における「法の支配」の主な具体例]
①違憲法令（立法）審査権（81条）　②最高法規性（98条）
③憲法尊重擁護義務（99条）　④人権の不可侵性（97条）
⑤罪刑法定主義（31条）　⑥租税法律主義（84条）

Ａ 人の支配と法の支配

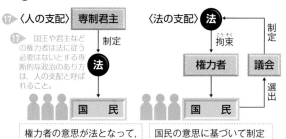

17 〈人の支配〉専制君主
17 国王や君主などの権力者は法に従う必要はないとする専断的な政治のあり方が，人の支配と呼ばれること。

〈法の支配〉法
拘束
制定
権力者　議会
選出
制定
国 民

権力者の意思が法となって，国民を恣意的に支配する。

国民の意思に基づいて制定された法に，権力者も従う。

Ｂ 「法の支配」の内容―特に重要な4つ

①憲法の最高法規性	憲法があらゆる法の中で最高のものであり，憲法が立法権をも拘束するという点が重要。
②権力によって侵されない個人の人権	法の支配の目的は永久不可侵の人権を守ることにある。
③法の内容・手続きの公正さ	国会が制定した法ならば，どんな不当な内容の法律でも構わないというわけではない。また，法を適用する手続きの公正さも要求される。
④裁判所の役割の重視	国家権力に歯止めをかける道具として，裁判所の役割が重視される。違憲法令審査権は法の支配の考え方がアメリカで発展して生まれたもの。

用語　権威主義体制…選挙が実施されても形式的かつ不公正で，権力分立も表面的，政治権力が特定の個人や集団に集中し，法の支配（≠法治主義）が実現されていない政治体制。

プラスα　「法は最小限の道徳である」　ドイツの公法学者イェリネック（1851～1911，➡p.18）の言葉。道徳のなかでも最低限守らなければならないものが，法律としても規定されているということ。

Ｃ 「法の支配」の発達の歴史―イギリスで発達

年代	出来事・人物
13世紀	・1215年　マグナ・カルタ（大憲章） 　ジョン王の失政に対して，封建貴族が勝手に課税しないなどの権利を認めさせた。 ［ブラクトン］（？～1268）法学者，裁判官。マグナ・カルタ当時の裁判官。「国王といえども，神と法の下にある」の言葉で有名。 20
17世紀	［エドワード・コーク（クック）］（1552～1634）裁判官。王権神授説を振りかざすジェームズ1世に対して，ブラクトンの言葉を引用して対抗した。 20
19世紀	［A.V.ダイシー］（1835～1922）法学者。「法の支配」の考え方を確立。主著『憲法序説』（1885）。 1．国王，行政権，その他権力を持つ者が，広範で恣意的，裁量的な権限を持つことを認めない 2．全ての人が，通常裁判所の運用する法に服す

憲法

解説　権力を法で拘束　法の支配とは，恣意的な（自分勝手な）国家権力の支配（人の支配）を排除して，権力を法で拘束することにより，国民の権利・自由を擁護することを目的とする。なお，エドワード・コークは，1628年英議会が，マグナ・カルタ以来国民の持つ権利や自由の確認を求めて国王に提出した，権利請願（➡p.26）の起草者としても知られている。

4 法治主義（rule by law）18

　「法治主義」とは，すべての行政活動が法に基づき行われることを意味する。

Ａ 「法の支配」と「法治主義」の違い

	法の支配	法治主義
目的	国民の人権を保障すること	行政を効率的に運用すること
法の内容	国民の意志に基づき，議会が制定した法	法の存在を重視し，必ずしも内容を問わない

解説　両者の違いは？　憲法学者の芦部信喜は，両者とも法によって権力を制限しようとする点においては同じ意図を持っているが，次の2点で異なると指摘している。①法治主義は，国家作用が行われる形式・手続きを示すものに過ぎない。②法治主義にいう法は，内容と関係のない形式的な法律である。

Ｂ 全権委任法（授権法）（ドイツ：1933年，➡p.22）

1．ドイツ国の法律は憲法に規定されている手続きによるほか，ドイツ国政府によっても制定されうる。……
2．ドイツ国政府によって制定された法律は，ドイツ国会およびドイツ国参議院の制度そのものを対象としない限り，憲法に違反しうる。ただし大統領の権限はなんら変わることはない。（『西洋史料集成』平凡社）

解説　「悪法もまた法なり」の危険性
　法治主義は法律による行政を意味するが，必ずしも法の内容や正当性を問わない場合もあった。したがって，全権委任法のような法であっても制定されてしまえばそれに従わざるを得ないということになる。

法　内容を問わず
行政権
国 民

④ 人権思想の発展

●市民革命の過程で近代立憲制の基礎がどのように確立されたか？

視点　個人の尊重　グローバル化

市民革命と近代立憲制・自由権の確立

人はまず「国家からの自由」を求めた

❶ 人権思想発展の歩み（Ⅰ）（➡p.28❻）

主な宣言名	年(国)	主な内容・解説	原典資料ほか
マグナ・カルタ【Magna Carta】 ※'Magna Carta'はラテン語。「偉大なる憲章」の意。 第12条，第39条は，それぞれ租税法律主義，罪刑法定主義の先駆である。	1215 (英)	封建貴族らがジョン王に迫って，勝手に課税しない，不当に逮捕しないなどを認めさせたもの。「人権宣言の先駆」ともいわれるが，その本質は，国王と封建貴族との間の封建制度温存のための文書である。ちなみに，イギリス議会が成立するのは13世紀後半。	第12条　いっさいの楯金もしくは援助金は，朕の王国の一般評議会によるのでなければ，朕の王国においてはこれを課しない。……　＊軍役の代わりに納める税金 第39条　自由人は，その同輩の合法的裁判によるか，または国法によるのでなければ，逮捕，監禁，差押，法外放置，もしくは追放をうけまたはその他の方法によって侵害されることはない。……（田中英夫訳『人権宣言集』岩波文庫）
権利請願【Petition of Right】 ⤴チャールズ１世	1628 (英)	1625年に即位したチャールズ１世の専制体制に対抗，議会はエドワード・コーク（クック）の起草になる11か条の請願を作成して国王にこれを認めさせた。課税における議会の同意，人身の自由など，その権力の制限がポイント。コークがマグナ・カルタを巧みに読み替えていることに注目したい。	10　したがって，国会に召集された僧俗の貴族および庶民は，謹んで至尊なる陛下につぎのことを嘆願したてまつる。すなわち，今後何人も，国会制定法による一般的同意なしには，いかなる贈与，貸付，上納金，税金，その他同種の負担をなし，またはそれに応ずるよう強制されないこと。何人も，このことに関し，またはこれを拒否したことに関し，答弁，前記のような宣誓，もしくは出頭を求められること，勾留されること，その他いろいろな方法で，苦痛を加えられ，心の平静を奪われること，はないこと。……（前掲書）
清教徒（ピューリタン）革命 1642〜49(英)		★チャールズ１世の専制体制打倒。	
人身保護法	1679 (英)	王権による人民の不法逮捕を禁止し，裁判を受ける権利を確立。	
名誉革命 1688(英)		★専制色を強めたジェームズ２世を議会が追放。	
権利章典（➡❷）	1689 (英)	権利請願の趣旨を発展させ，議会主権を確立。	
アメリカ独立戦争 1775〜83(米)		★13植民地による本国の圧制への抵抗の過程で近代政治の原則を確立。	
バージニア権利章典（➡❸）	1776 (米)	イギリス権利請願などの影響を受けつつ，世界に先駆けて作成された普遍的な人権宣言。	
アメリカ独立宣言（➡❹）	1776 (米)	アメリカ独立と新政府樹立の意義を社会契約論や革命権で正当化した宣言。	
フランス革命 1789〜99(仏)		★ブルボン朝の絶対王政を打倒。	
フランス人権宣言（➡❺）	1789 (仏)	国民主権・基本的人権の尊重などの近代市民社会の原則を高らかに宣言。	
アメリカ合衆国憲法修正10か条（➡p.33）	1791 (米)	保守的傾向の強かった憲法に，信仰の自由，言論の自由，人民の武装権，身体の自由等を明記。米憲法の「権利章典」と呼ばれる。	
奴隷解放宣言 ⤴リンカーン	1863 (米)	南北戦争中，リンカーンにより発せられた。黒人解放の第一歩。1865年には奴隷制廃止をうたった憲法修正第13条（➡p.33）が制定された。	

Ｔｒｙ　ジェファーソンが起草したアメリカ独立宣言案のなかには，次のような一条項が書き加えられていた。
「……僻遠の地の人々（アフリカ黒人）の生命と自由という最も神聖な権利を侵犯し，かれらを捕らえては西半球の奴隷制度のなかに連れこんでしまうか，あるいは運搬の途上にて悲惨な死にいたらしめた。……」
この条項は，南部のサウスカロライナ，ジョージア２州の機嫌をそこねないために全文が削除されてしまったのだが，それはなぜだろうか。（解答➡p.416）

⤴米独立宣言の草案提出　中央右から２人目がジェファーソン

Ｔｒｙ　自由権の保障の歴史に関する記述として適当でないものを①〜④のうちから一つ選べ。（解答➡p.416）
① イギリスでは，マグナ・カルタから権利章典に至る歴史の中で，人身の自由などが保障されていった。
② バージニア権利章典では，人は，生来の権利として，生命と自由を享受する権利を持つと述べられていた。
③ フランス人権宣言では，政治的団結の目的は，自然権を保全することにあると述べられていた。
④ 大日本帝国憲法（明治憲法）では，言論出版の自由や人身の自由などが天賦人権として保障されていた。（1999年度センター試験本試験）

2013年公開の映画『リンカーン』は憲法修正第13条を連邦議会に発議させるまでの苦闘を描いたもの。1865年１月に発議が成立，同年４月に南北戦争は終結したものの，リンカーンはその約１週間後に暗殺される。

プラスα　権利請願を起草したエドワード・コーク（クック，1552〜1634）は，下院議長や法務長官も歴任した超エリートだったが，専制色を強めた国王と次第に対立，やがて野に下って下院議員となり，人民の自由の擁護に努めた。

❷ 権利章典 (抄) Bill of Rights (1689年)

1 国王は, 王権により, 国会の承認なしに法律 (の効力) を停止し, または法律の執行を停止し得る権限があると称しているが, そのようなことは違法である。

4 大権に名を借り, 国会の承認なしに, (国会が) みとめ, もしくはみとむべき期間よりも長い期間, または (国会が) みとめ, またはみとむべき態様と異なった態様で, 王の使用に供するために金銭を徴収することは, 違法である。

5 国王に請願することは臣民の権利であり, このような請願をしたことを理由とする収監または訴追は, 違法である。

13 またいっさいの不平を救済するため, また法律を修正し, 強化し, かつ保全するため, 国会はしばしば開かれねばならない, と。　(田中英夫訳『人権宣言集』岩波文庫)

解説 自由と権利を擁護　1688年の名誉革命によって王位についたウィリアム3世とメアリ2世が議会の議決した「権利宣言」を承認して, 法律として発布したもの。

❸ バージニア権利章典 (抄) (1776年)

1 すべて人は生来ひとしく自由かつ独立しており, 一定の生来の権利を有するものである。これらの権利は人民が社会を組織するに当たり, いかなる契約によっても, 人民の子孫からこれを〔あらかじめ〕奪うことのできないものである。かかる権利とは, すなわち財産を取得所有し, 幸福と安寧とを追求獲得する手段を伴なって, 生命と自由とを享受する権利である。

2 すべて権力は人民に存し, したがって人民に由来するものである。……

3 政府というものは, 人民, 国家もしくは社会の利益, 保護および安全のために樹立されている。……いかなる政府でも, それがこれらの目的に反するか, あるいは不じゅうぶんであることがみとめられた場合には, 社会の多数のものは, その政府を改良し, 変改し, あるいは廃止する権利を有する。……　(斎藤真訳『人権宣言集』岩波文庫)

解説 人権宣言の先駆　米独立戦争の進行につれ, 英国の植民地支配は崩壊。バージニアは各植民地に先駆けて政府樹立のための憲法起草委員会を作り, 1776年6月, メーソン (1725～92, 米の政治家) 起草の権利章典を採択した。

メーソン

❹ アメリカ独立宣言 (抄) (1776年)

われわれは, 自明の真理として, **すべての人は平等に造られ, 造物主によって, 一定の奪いがたい天賦の権利を付与され, そのなかに生命, 自由および幸福の追求の含まれる**ことを信ずる。また, これらの権利を確保するために人類のあいだに政府が組織されたこと, そしてその正当な権力は被治者の同意に由来するものであることを信ずる。そしていかなる政治の形体といえども, もしこれらの目的を毀損するものとなった場合には, 人民はそれを改廃し, かれらの安全と幸福とをもたらすべしとみとめられる主義を基礎とし, また権限の機構をもつ, 新たな政府を組織する権利を有することを信ずる。　(斎藤真訳『人権宣言集』岩波文庫)

解説 米国の建国精神　アメリカがイギリスから独立することを宣言したもので, ジェファーソン (1743～1826) によって起草され, 大陸会議で採択された。ロック (→p.21) の思想との類似に気付いた人も少なくあるまい。ちなみに, 「**代表なくして課税なし**」(No taxation without representation) は独立運動の際の有名なスローガンで, 租税法律主義にもつながる。

オバマ米大統領の広島訪問時 (16年5月27日) の演説で, この部分が引用された。

❺ フランス人権宣言 (抄) (1789年)

国民議会として組織されたフランス人民の代表者達は, 人権の不知・忘却または蔑視が公共の不幸と政府の腐敗の諸原因にほかならないことにかんがみて, 一の厳粛な宣言の中で, 人の譲渡不能かつ神聖な自然権を展示することを決意した……

第1条 人は, 自由かつ権利において平等なものとして出生し, かつ生存する。社会的差別は, 共同の利益の上にのみ設けることができる。

第2条 あらゆる政治的団結の目的は, 人の消滅することのない自然権を保全することである。これらの権利は, 自由・所有権・安全および圧制への抵抗である。

第3条 あらゆる主権の原理は, 本質的に国民に存する。……

第4条 自由は, 他人を害しないすべてをなし得ることに存する。……

↑ フランス人権宣言の寓意画

第7条 何人も, 法律により規定された場合でかつその命ずる形式によるのでなければ, 訴追され, 逮捕され, または拘禁され得ない。……

第11条 思想および意見の自由な伝達は, 人の最も貴重な権利の一である。……

第16条 権利の保障が確保されず, 権力の分立が規定されないすべての社会は, 憲法をもつものでない。

第17条 所有権は, 一の神聖で不可侵の権利であるから, 何人も適法に確認された公の必要性が明白にそれを要求する場合で, かつ事前の正当な補償の条件の下でなければ, これを奪われることがない。

(山本桂一訳『人権宣言集』岩波文庫)

解説 人権宣言の理念　「人および市民の権利宣言」が正式名称。「第三身分」が組織した国民議会は憲法制定国民議会を宣言し (1789年7月9日), 7月14日のバスチーユ解放後, 近い将来制定される憲法に先立つものとして採択した (8月26日)。前文と17か条から成る。革命の根本理念である**自由・平等・博愛** (三色旗=「トリコロール」の青・白・赤は, これを表しているといわれる) の精神が明らかにされ, **国民主権, 人権の不可侵, 所有権の保障**などが規定されている。

Focus フォーカス　女性版『フランス人権宣言』

女性の権利の排除は, フランス革命期には当然のこととされていました。これに対して, グージュ (1748～93) は, 「人権宣言」が「男権宣言」にすぎないことを鋭く見抜き, 1791年にこれと同様に全文と17か条からなる「女性および市民の権利宣言 (女権宣言)」を発表しました。第1条では, 「**女性は自由なものとして生まれ, かつ権利において男性と平等なものとして生存する**」ことが規定されたほか, 第11条では「**思想および意見の自由な伝達は, 女性の最も貴重な権利の一つである。……**」等として, 非嫡出子とその母親に対する法的救済をも目指しました。

(辻村みよ子他『女性の権利の歴史』岩波書店による)

↑ グージュ　本名マリー=グーズ。1748年生まれ。40歳をすぎて革命に身を投じ女性の政治活動に対する攻撃が強まった1793年反革命容疑で死刑となった。

プラスα **アメリカ独立宣言**の中には, 「国王は, ……あらゆる年齢, 性別, 条件のみさかいなく皆殺しにするという戦法で知られる無慈悲なインディアンの野蛮人が, われらの辺境の住民に襲いかかるようしくんだ」との一節がある。先住民の人権に対する視点はなかった。

憲法

慈善的な行為こそが最も実践的な政治である。

フリチョフ・ナンセン［ノルウェー：1861～1930］　北極探検家。40代以降，政治家。第一次世界大戦後，国際連盟の難民高等弁務官に就任し，難民の保護・帰還活動に尽力。戦争難民のために「ナンセン・パスポート」と後に呼ばれた証明書を発行。1922年ノーベル平和賞受賞，「難民の父」と称えられる。

社会権の確立・人権の国際的保障　　世界規模で人権を考える時代が来た

6 人権思想発展の歩み（Ⅱ）（⇒p.26❶）

〈注〉国際人権条約と日本の人権問題との関係については⇒p.110,111。

主な人権宣言名	年(国)	主な内容・解説
ロシア革命	1917(露)	★初の社会主義国家の成立
勤労し搾取されている人民の権利の宣言	1918(露)	ロシア革命で権力を握ったソヴィエト政権が発表した当面の基本方針。土地私有の廃止，企業や銀行の国有化などによる「人間による人間のあらゆる搾取の廃止」を宣言した。民族自決権，植民地人民の解放も主張。しかし，その後共産党の一党独裁体制の下で，ここでうたわれた人権や民族自決権は十分に保障されなかった。
ワイマール憲法（⇒❼）	1919(独)	社会権的基本権を明記した世界初の憲法。
全体主義の台頭	1930年代	
第二次世界大戦	1939～45	F.ルーズベルト
⑮ 四つの自由（⇒❽）	1941(米)	F.ルーズベルトが四つの基本的自由の実現を希求。
国際連合発足	1945	
⑰ 世界人権宣言（⇒❾）	1948(国連)	世界に向けて人権保障の基準を示した画期的な宣言。**法的拘束力なし。**
ジェノサイド条約（⇒p.110）	1948(国連)	ジェノサイド（集団殺害）を国際法上の犯罪とし，これを国際的に禁ずるもの。
⑭⑯ 難民条約（⇒Ⓑ,p.110,315）	1951(国連)	第二次世界大戦で生み出された多くの難民の人権を保障するため，難民および無国籍者に関する国連全権会議（ジュネーブ）で採択された。
⑯ 植民地独立付与宣言	1960	あらゆる形の植民地制度を速やかに，かつ無条件で終わらせることを宣言し，人民の自決権を承認。
人種差別撤廃条約（⇒Ⓒ,p.110）	1965(国連)	第三世界の台頭の中で，人種や門地による差別の禁止をうたう。
⑮ 国際人権規約（⇒❿）	1966(国連)	世界人権宣言を条約化し，実施を各国に義務づけたもの。**法的拘束力あり。**
女性差別撤廃条約（女子差別撤廃条約，⇒Ⓓ,p.110）	1979(国連)	女性に対する差別撤廃をうたうとともに，批准国に対する立法措置を義務化。日本でも，批准を機に家庭科の男女共修，男女雇用機会均等法の制定（⇒p.264）などが実施された。
子どもの権利条約（児童の権利条約，⇒⓫）	1989(国連)	子どもの生存と発達を権利として保障しようと国連で採択。
死刑廃止条約	1989(国連)	死刑を廃止するための国際条約。国際人権規約（⇒❿）B規約の第2選択議定書でもある。
障害者権利条約（⇒p.85,110）	2006(国連)	あらゆる障がい者の権利享有を確保し，差別の禁止，社会参加促進，国内監視機関の設置などを規定。

↑演説するレーニン

Ⓐ 自由権の獲得から社会権へ

17C（消極国家・小さな政府／市民革命）

資本主義の成立
自由権的基本権（18世紀的権利）
●**国家からの自由**［消極的権利］
- 自由放任主義（レッセ＝フェール）
- 精神の自由　●経済の自由
- 人身の自由

18C ⬇ 第一次産業革命

資本主義の発展
参政権の拡大（19世紀的権利）
⬇ 第二次産業革命

19C 夜警国家
- 独占資本の成立　●労働者の増大
- 貧富の差の拡大　●諸矛盾の拡大
↳政府の経済介入への必要性

資本主義の矛盾（福祉国家・大きな政府）

修正資本主義（例：ニューディール政策）
社会権的基本権（20世紀的権利）
●**国家による自由**［積極的権利］
- 生存権　●労働組合結成の自由
- 所有権の公共の福祉による制限

20C

※1980年代以降，先進国では大きな政府に対する見直しが進んだ（⇒p.177）。

Ⓑ 難民条約（抄）　［採択1951.7.28　発効1954.4.22］

第3条[無差別]　締約国は，難民に対し，人種，宗教又は出身国による差別なしにこの条約を適用する。

第23条[公的扶助]　締約国は，合法的にその領域内に滞在する難民に対し，公的扶助及び公的援助に関し，自国民に与える待遇と同一の待遇を与える。

第33条[追放及び送還の禁止]①　締約国は，難民を，いかなる方法によつても，人種，宗教，国籍若しくは特定の社会的集団の構成員であること又は政治的意見のためにその生命又は自由が脅威にさらされるおそれのある領域の国境へ追放し又は送還してはならない。

Ⓒ 人種差別撤廃条約（抄）［採択1965.12.21　発効1969.1.4］

第2条　当事国は，人種差別を非難し，また，あらゆる形態の人種差別を撤廃し，及びすべての人種間の理解を促進する政策を，あらゆる適当な手段により遅滞なく遂行することを約束する。

Ⓓ 女性差別撤廃条約（抄）［採択1979.12.18　発効1981.9.3］

第2条[締約国の差別撤廃義務]　締約国は，女子に対するあらゆる形態の差別を非難し，女子に対する差別を撤廃する政策をすべての適当な手段により，かつ，遅滞なく追求することに合意し，及びこのため次のことを約束する。

(a) 男女の平等の原則が自国の憲法その他の適当な法令に組み入れられていない場合にはこれを定め，かつ，男女の平等の原則の実際的な実現を法律その他の適当な手段により確保すること。

第6条[売買・売春からの搾取の禁止]　締約国は，あらゆる形態の女子の売買及び女子の売春からの搾取を禁止するためのすべての適当な措置（立法を含む）をとる。

憲法

プラスα 宗主国フランスからの独立を宣言したベトナム民主共和国独立宣言（1945）にはフランス人権宣言とアメリカ独立宣言が引用されたが，その後同国に対してフランスとアメリカは，執拗に軍事介入をした（インドシナ戦争・ベトナム戦争⇒p.299）。何たる歴史の皮肉か。

7 ワイマール憲法（抄）　　　　（1919年）

第151条①[経済生活の秩序]　経済生活の秩序は，すべての者に人間たるに値する生活を保障する目的をもつ正義の原則に適合しなければならない。この限界内で，個人の経済的自由は，確保されなければならない。

第153条①[所有権]　所有権は，憲法によって保障される。その内容およびその限界は，法律によって明らかにされる。
　③[所有権の限界]　所有権は義務を伴う。その行使は，同時に公共の福祉に役立つべきである。

第159条①[団結権の保障]　労働条件および経済条件を維持し，かつ，改善するための団結の自由は，各人およびすべての職業について保障される。……

第161条①[社会保障制度]　健康および労働能力を維持し，母性を保護し，かつ老齢，虚弱および，生活の転変にそなえるために，国は被保険者の適切な協力のもとに，包括的保険制度を設ける。(山田晟訳『人権宣言集』岩波文庫)

解説 生存権の保障　1919年のドイツ共和国憲法。**プロイス**(1860〜1925，独の法学者)の主導によって考えられた草案をワイマールでの国民議会で制定したのでこの名がある。生存権的基本権を明記した世界初の憲法で，他に所有権の限界など民主主義的・社会主義的な色彩が濃い。ナチスの政権獲得後，授権法(➡p.25)が制定され空洞化してしまった。

➡プロイス

8 四つの自由（抄）　　　　（1941年）

……われわれは人間にとって欠くべからざる四つの自由の上に打ちたてられた世界を望むのである。
　第1に，……**言論および表現の自由**である。
　第2に，……すべての人間に対しての，みずからのしかたで**神を敬う自由**である。
　第3に，……**欠乏からの自由**───すべての国家に対しその住民に健全な平和生活を送ることを保障する，経済上の相互理解ということである。
　第4に，……**恐怖からの自由**───世界的規模における徹底的な軍縮をおこない，いかなる国もその近隣に対し実力行使による侵略をおこないえぬようにすることである。
(村瀬興雄編『世界の歴史15』中央公論社)

解説 ファシズムとのたたかい　アメリカ大統領F.ルーズベルトが1941年に議会にあてた教書で用いた言葉。この四つの基本的自由は，のちに大西洋憲章・ヤルタ協定・国際連合創設・世界人権宣言などの基調となった。

9 世界人権宣言（抄）
[採択　1948.12.10]
[第3回国連総会]

……人権の無視と軽侮とは，人類の良心をふみにじった野蛮行為を生ぜしめ，一方，人間が言論と信仰の自由および恐怖と欠乏からの自由とを享有する世界の到来は，一般の人々の最高の願望として宣言されたので，……
　……すべての人民とすべての国が達成すべき共通の基準として，この世界人権宣言を，弘布する。
第1条　すべての人間は，生れながら自由で，尊厳と権利について平等である。人間は，理性と良心を授けられており，同胞の精神をもって互いに行動しなくてはならない。
第23条①　何人も，労働し，職業を自由に選択し，公正かつ有利な労働条件を獲得し，失業に対して保護をうける権利を有する。(高野雄一訳『人権宣言集』岩波文庫)

解説 人々の最高の願望　戦争による人権無視と暴虐に対する反省に立ち，大戦後の国際秩序の再建のために，国連の人権委員会が起草した。自由権的基本権が宣言の中心をなしている。なお，この宣言には**法的拘束力がない**。

10 国際人権規約（構成と主な内容）

A規約（社会権規約：経済的，社会的及び文化的権利に関する国際規約）
[採択　1966.12.16]
[発効　1976.1.3]
　・民族自決権　　　・一般的な社会権
　・実施措置の報告義務等

B規約（自由権規約：市民的及び政治的権利に関する国際規約）
[採択　1966.12.16]
[発効　1976.3.23]
　・民族自決権　・一般的な自由権　・表現の自由
　・非人道的待遇を受けない権利（➡p.108，入管問題）
　・外国人追放の制限　・プライバシーの保護
　・戦争宣伝の禁止　・実施措置の報告義務
　・少数民族の保護　・規約人権委員会に関する規定等

日本未批准　選択議定書

A規約選択議定書
[採択2008.12.10　発効2013.5.5]

B規約第1選択議定書
[採択1966.12.16　発効1976.3.23]

・**個人通報制度**…各規約規定の権利の侵害があった際，委員会が個人の通報を受理・審議する手続き。

死刑の廃止をめざすB規約第2選択議定書（死刑廃止条約）
[採択　1989.12.15]
[発効　1991.7.11]
　・締約国内での死刑の廃止　　・個人通報制度

解説 世界人権宣言の実現のために　世界人権宣言は，諸国家が達成すべき共通の基準を示したにすぎず拘束力を持たなかった。そこで**人権保障を国際的に法制化しよう**と採択されたのが**国際人権規約**である。
　B規約では，非人道的待遇を受けない権利，外国人追放の制限，プライバシーの保護，表現の自由，戦争宣伝の禁止などを規定。これによって締約国には定期的な国連事務総長への人権状況報告が義務づけられた。実施状況監視機関として設置された**規約人権委員会**は，締約国に対する勧告や調停も行う。
　ＡＢ両規約について，日本は，❶**公務員のスト権**，❷**高校大学教育の無償化**，❸**祝祭日の給与**の3つの**留保**(➡p.288)条件をつけて1979年に批准した（❷は高校無償化等の措置を受け2012年に撤回）。「選択議定書」は被害者個人が規約人権委員会へ救済を申し立てることを認めた画期的な議定書であるが，**日本は批准していない**。死刑廃止条約も未批准である（➡p.110）。

11 子ども(児童)の権利に関する条約（抄）
[採択　1989.11.20]
[発効　1990.9.2]

第1条[児童の定義]　この条約の適用上，**児童とは，18歳未満のすべての者**をいう。……
第2条[差別の禁止]①　締約国は，その管轄の下にある児童に対し，児童又はその父母若しくは法定保護者の人種，皮膚の色，性，言語，宗教，政治的意見その他の意見，国民的，種族的若しくは社会的出身，財産，心身障害，出生又は他の地位にかかわらず，いかなる差別もなしにこの条約に定める権利を尊重し，及び確保する。
第4条[締約国の義務]　締約国は，この条約において認められる権利の実現のため，すべての適当な立法措置，行政措置その他の措置を講ずる。……
第6条[生命への権利]①　締約国は，すべての児童が生命に対する固有の権利を有することを認める。
第12条[意見表明権]①　締約国は，自己の意見を形成する能力のある児童がその児童に影響を及ぼすすべての事項について自由に自己の意見を表明する権利を確保する。……

解説 世界の子どもたちの権利章典批准　18歳未満の子どもの人種，性別，宗教等による差別禁止，思想，表現，集会等の自由などの権利を保障するもので，日本は1994年3月，国会で批准承認した。国内法との整合性が問われているほか，教育現場でもその扱いが議論された。実施状況を監視する国際機関として「児童の権利委員会」がある。

プラスα　**A規約選択議定書**　2008年，個人通報制度を核としたA規約の選択議定書が国連総会で採択。しかし採択国は45か国で，欧州，アフリカ，南米に偏っている。それでも13年批准国が10か国に達して発効した（2023年1月現在26か国）。日本は，米英露中独などとともに，署名もまだ。

憲法

政治体制の比較　　　　　　　　さまざまな形態

1 世界の主な政治体制の比較

	自由主義国家の政治体制		社会主義国家の政治体制
	議院内閣制（イギリスの場合）	大統領制（アメリカの場合）	民主集中制（中国の場合）
歴史的背景	名誉革命（1688年）により，事実上の主権を握った議会が，行政権の長たる首相を選ぶようになった。	独立戦争後制定されたアメリカ合衆国憲法（1787年）が，厳格な三権分立の政治体制を規定した。	1949年，共産党を中心とした民主諸党派が，人民民主主義独裁にもとづく中華人民共和国を建国。
国家元首	国王（世襲制）	大統領（選挙制）	国家主席（全人代での選出）
権力分立	議会（立法権）と内閣（行政権）は融合関係。司法権は議会（上院）が管轄。	大統領（行政権），議会（立法権），裁判所（司法権）が独立し，相互に規制。	全国人民代表大会に全権力が集中するが，事実上共産党が指導する独裁体制。
立法権と行政権の関係	❶内閣は議会（下院）に対して連帯責任を負う（議院内閣制）。 ❷内閣総理大臣（首相）と国務大臣は，国会議員の中から選ばれる。 ❸下院において内閣不信任決議案が可決された場合，内閣は総辞職するか下院の解散を行う。 ❹内閣には法案の議会への提出権と，非常に限定された下院の解散権（⇒p.31）あり。	❶大統領は議会に対して責任を負わず，直接国民に対して責任を負う。 ❷大統領は国民の間接選挙によって選ばれ，議員との兼職はありえない。 ❸大統領には，議会解散権，法案提出権はなく，教書等により，議会に立法の要請を行うのみ。 ❹法律は，議員立法のみ。大統領には，法案拒否権あり。	❶国務院（内閣）は，全国人民代表大会に責任を負う。 ❷国務院総理（首相）は国家主席の指名にもとづいて，全国人民代表大会が任命。閣僚は国務院総理の指名にもとづき全国人民代表大会が任命。 ❸民主集中制のため，国務院には全国人民代表大会の解散権はない。
特徴	❶議会（下院）で第1党となった政党は国民の支持を背景に内閣を組織して思い切った政治が可能。 ❷与党の勢力が弱いと政治は不安定。 ❸事実上の二大政党制。政権交代が容易。	❶大統領は国民の支持を根拠に，基本的に議会の制約を受けずに政治を行うことができる。 ❷厳格な三権分立のため，権力相互のチェック機能が有効に機能する。	❶民主集中制の原理は，生産手段の国家・集団所有にもとづく計画経済を推進するのに有効。 ❷国民の意思が上層部にまで届きにくい。 ❸事実上の一党独裁により権力分立も行われないため，政治が硬直化し，権力が腐敗しやすい。

用語 **共和制**…国家元首が国民の選挙によって選ばれる国家の形態。世襲を大前提とする君主制の対義語。
立憲君主制…憲法にしたがって君主が統治権を行使する君主制。制限君主制とほぼ同義。
国家元首…国家を外に向かって代表する地位にある，国家の最高機関。外交使節の派遣・接受や条約締結などの対外的役割のほか，対内的にも一定の権限を持つのが一般的。

民主集中制（権力集中制）…本来は社会主義革命の際の革命政党の組織原則。分派活動を許さず，下級機関は上級機関の決定を無条件に実行することを意味したが，革命後の社会主義国家体制の支配原理となってしまった。
17 **開発独裁**…1960年代以降，発展途上国で経済発展を目的に国民の政治参加を制限した独裁体制。フィリピンのマルコス政権，韓国の朴正熙政権，インドネシアのスハルト政権など。（⇒p.41）

2 大統領の権限の比較

＊1 2000年の国民投票で，任期が7年から5年に短縮。
＊2 2008年の憲法改正で，無制限から変更。
＊3 2011年の法改正で，23歳から引き下げ。
＊4 2020年の憲法改正で，10年から変更。
＊5 2020年の憲法改正で，連続3選禁止から変更。また，この改正で，過去の選出のカウントがリセットされた。

	アメリカ	フランス	ドイツ	ロシア
資格	米国市民。市民権を取り14年以上住んだ35歳以上の者。	18歳以上のフランス国民。＊3	連邦議会議員の選挙権を有し，かつ，40歳に達したドイツ人。	35歳以上で，25年＊4以上ロシアに居住のロシア市民。
任期	4年（3選禁止）	5年＊1（3選禁止＊2）	5年（3選禁止）	6年（3選禁止＊5）
選出方法	大統領選挙人による間接選挙。	国民の直接選挙（有効投票の過半数を獲得すること）。	連邦会議（連邦議会議員・各州議会代表で構成）の間接選挙。	国民の直接選挙（有効投票の過半数を獲得すること）。
主な権限	・行政権の長 ・教書による議会への立法勧告（解散権はなし） ・法律拒否権 ・軍の最高司令官 ・条約締結	・首相・閣僚の任免権 ・国民議会の解散権 ・軍の最高司令官 ・緊急時の非常大権 ・国民投票施行権 ・条約批准	・連邦議会に首相候補者を提議 ・首相の提議による大臣の任免 ・国際法上連邦を代表し，条約締結（軍指揮権もなく，全般的に象徴的存在）	・首相・閣僚は下院の承認を得た上で大統領が任命 ・下院の解散権 ・軍の最高司令官 ・戒厳令の宣告権 ・条約の締結・批准
解任方法	上院の弾劾裁判（⇒p.40）	なし（起訴には両院の同意が必要）	両院の2/3以上の賛成で憲法裁判所が判断	下院が提起し，両院の2/3以上の賛成
筆頭代行者	副大統領	上院議長	連邦参議院議長	首相

解説 **いずれも国家元首だが…**
　君主制が廃止されて共和制になると，それまでの君主に代わって儀礼的・形式的に国家を代表する国家元首が必要となるのだが，これが大統領制のルーツ。とはいうものの共和制であっても大統領職のない国もある。
　フランスとロシアは権限が似ており，かつアメリカよりも大きい。歴史的に強力なリーダーシップが要求されたからだろう。その一方でドイツのように象徴的な役割に徹する型もあり，西欧に多く見られる。

TRY 日本の国家元首は次の誰か？（解答→p.416）
A. 天皇　B. 内閣総理大臣
C. 衆議院議長

プラスα アメリカ合衆国での大統領緊急時の代行者の序列は，①副大統領（＝上院議長）②下院議長③上院臨時議長④国務長官⑤財務長官⑥国防長官。日本では，2000年4月に小渕首相（当時）が倒れた際にその職務代行者と手続きが問題化した。

私は生涯を通じて，忠誠と尊敬と愛を持って，皆さんに仕えるよう努力する所存であります。
（2022年9月即位直後。写真は6月）

チャールズ3世［英：1948〜］　15か国（イギリス連邦王国：英，加，豪，ニュージーランド等）の国王で，56か国加盟のイギリス連邦の首長。2022年に母エリザベス2世（写真右）の死去により王位を継承。1996年ダイアナ妃（1961〜97）と離婚，05年カミラ妃と再婚。

イギリスの政治機構（議院内閣制・立憲君主制）

The Queen(King) reigns, but doesn't rule.
国・地域 ⇒p.39

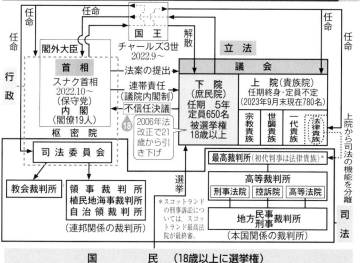

↑下院議場　正面議長席に向かって左が与党，右が野党席（⇒α）⑰

剣線（sword line）

A 下院の政党別議席数

政党	議席数	得票率
保守党	365	43.6%
労働党	203	32.1%
SNP	48	3.9%
自由民主党	11	11.5%
その他	23	8.9%
合計	650	100.0%

（2019年12月13日現在）　↑スナク首相

憲法

憲法　マグナ・カルタ，権利章典など歴史的に形成された法律・判例法・慣習法（コモン・ロー）が憲法の役割を果たす（**不文憲法**）。その改正も一般法と同様の手続きにより行われる（**軟性憲法**）。

国家元首　国王。「**君臨すれども統治せず**」といわれ，形式的には大きな権限を持つが，政治上の実権は持たない**立憲君主制**である。

議会（Parliament） ㉑
上院（貴族院：House of Lords）　貴族や聖職者などで構成。首相の推薦により国王が任命（任期終身）。定員は不定。登院するのは1日380人程度で，ほとんど権限はない。1990年代以来，世襲貴族議員の大幅な削減実施。公選制の導入も検討中。

㉑
下院（庶民院：House of Commons）　定員650名。任期5年。選挙権18歳，被選挙権18歳以上。小選挙区制。1911年の議会法で**下院優位の原則**が確立され，大きな権限を持っている。

内閣 ⑲
行政府の最高権威は枢密院だが，実質的には**内閣（Cabinet）**が代行。下院の多数党党首が**首相（Prime Minister）**となり，内閣は下院に対し責任を負い，下院の信任を失えば総辞職（**議院内閣制**）。

政党
従来，二大政党が政権を争ってきたが，近年多党化している。
保守党（Conservative Party）　17世紀以来トーリー党を前身とし，有産階級を基盤とする自由主義政党。
労働党（Labor Party）　1906年結成。議会主義による社会主義実現をめざす社会民主主義政党。
ほかに**スコットランド民族党**（SNP：Scottish National Party），**自由民主党**（Liberal Democrats：ホイッグ党を前身とする自由党と社会民主党が1988年に結成），反EUのリフォームUKなど。

司法 ⑳
以前は上院の一部や司法委員会に最終審の機能があったが2009年に上院から分離，新設された**連合王国最高裁判所（Supreme Court of the United Kingdom）**がその機能を引き継ぎ，下級裁判所を従える。スコットランドには独自の最高裁判所がある。

国旗・国歌
国旗【ユニオンジャック】　イングランド・スコットランド・アイルランドの守護聖人の旗を組み合わせてできたもの。
国歌【God Save the Queen（King）】
18世紀半ば，内乱の危機のなかで，各地の劇場で演奏されたのが，始まり。（所功『国旗・国歌の常識』近藤出版社）
「神よ，我が尊き国王（ないし女王）を守り給え／我が気高き国王に御長寿あらしめ給え／神よ，国王を守り給え／国王に勝利と幸福を与え給え／我らの上に長く君臨されんことを／神よ，国王を守り給え」（1番）

B 影の内閣（シャドー・キャビネット）とは？ ⑲
二大政党制に立脚するイギリスの政治において，野党第一党の党首は「影の内閣」を組織し，「影の大臣」に任命された議員は担当分野についての政策立案責任者として，議会で「表の大臣」と真正面から論争をする。野党第一党には政策立案のための調査活動費が毎年政府から支給されるほか，党首には大臣並みの報酬や公用車も与えられ，議会内には「影の閣議室」もある。二大政党間の政権交代を準備させ，政治を活性化させる制度だ。

C イギリス国王は15か国の王様
イギリス国王は「大英帝国」の名残で，カナダや豪州など，現在も15か国の国家元首。この国家グループが「**イギリス連邦王国（Commonwealth realm）**」で，各国の政体は立憲君主制。ただし豪州では1990年代以来共和制への移行が議論されている。ごく少数だが英国内にもその意見はある。
これと混同されやすいのが，56か国が対等な立場でつながる「**イギリス連邦（Commonwealth of Nations）**」。英国と主としてその旧植民地からなるゆるい国家連合で，英国王はその長。ただし，アイルランドのように「けんか別れ」して脱退した国もあるし，なぜか22年には元フランス植民地のガボンが加盟。また，元植民地のインドもこちらには加盟している。ちなみにスナク英首相は，史上初のインド系でヒンドゥー教徒。時代は変わった。

解説　議会制民主主義の祖国　イギリスでは17世紀に世界初の市民革命（ピューリタン革命，名誉革命）が起こり，「**君臨すれども統治せず**」の原則による立憲君主制が成立したことから「民主主義の祖国」と呼ばれる。また，18世紀にはウォルポール内閣の下で，内閣が議会に対して連帯して責任を負うという**議院内閣制**が確立した。
19世紀には，保守党と自由党，20世紀に入ると保守党と労働党がそれぞれ二大政党としてしばしば政権交代を行ってきたのもイギリス政治の特徴である。

用語　クエスチョン・タイム（党首定例討論，⇒p.121）
…毎週水曜日にイギリス下院本会議場で行われる党首討論会。野党第一党の追及は厳しく国民の関心も高い。

---

⑰ **プラスα**　下院議場内では与野党の議員が議長を正面に向き合って座る。その際に両者を隔てるのが「**剣線（ソードライン）**」。質問に立つ議員以外は越えてはならない。剣の全長2本分の距離があり，議員が剣を身につけていた時代に争いを防ぐために設けられた。

言の葉

我々の継ぎはぎ細工の遺産は，強さであり弱さではない。我々は，キリスト教徒やイスラーム教徒，ユダヤ教徒，ヒンドゥー教徒，そして，そうした神を信じない人による国家だ。
（2009年1月20日の大統領第1期就任演説）

バラク・フセイン・オバマ［米：1961〜］ケニア出身の父と米国出身の白人の母との間に生まれた。弁護士を経て2005年から上院議員，第44代米国大統領（2009〜17年1月）。

アメリカ合衆国の政治機構（大統領制・厳格な三権分立）　　checks and balances　国・地域　➡p.39

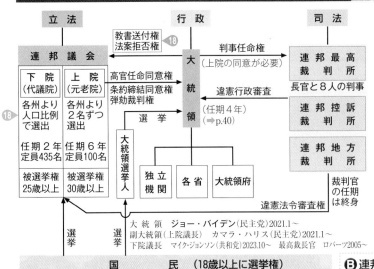

一般教書演説をするバイデン大統領　左奥はハリス上院議長，右奥はマッカーシー下院議長。（両院合同会議・下院議場）2023.2.7

右のマッカーシー下院議長は23年10月，つなぎ予算をめぐり解任（下院議長解任は史上初）。

A 議会の政党別議席数

政党	上院	下院
民主党	51*	212
共和党	49	221
合計	100	435（欠員2）

＊民主系無所属3名含む。
（2023年9月末現在）

↑バイデン大統領

大統領　ジョー・バイデン（民主党）2021.1〜
副大統領（上院議長）　カマラ・ハリス（民主党）2021.1〜
下院議長　マイク・ジョンソン（共和党）2023.10〜　最高裁長官　ロバーツ2005〜

国民（18歳以上に選挙権）

憲法

憲法　1787年，フィラデルフィアの制憲会議で制定，1788年に発効。米国の州レベルを除けば，世界で最も古い成文憲法。

国家元首　**大統領（President）**　行政府の最高責任者であり三軍の最高司令官。間接選挙により選出。任期4年，**3選禁止**。任期途中で交代しても，残りの任期終了後選挙が行われる。官吏任命権・外交権・議会への**教書送付権**（立法措置や予算に関する勧告）・**法案拒否権**（ただし両院が2/3以上の多数で再可決すれば無効となるオーバー・ライドあり）・臨時議会の招集権・議会の停会権など強大な権力を持つが，三権分立により抑制されている。

連邦議会（Congress）　**上院（Senate）**　定員100名。各州2名選出。任期6年。2年ごとに3分の1改選。選挙権18歳，被選挙権30歳以上。連邦最高裁事や高官の任命・条約締結についての大統領に対する同意権，さらには弾劾裁判権（大統領弾劾をも含む）を持ち，この点において下院に優越する。上院議長は副大統領。

下院（House of Representatives）　定員435名。各州から人口比例で選出。任期2年。選挙権18歳，被選挙権25歳以上。小選挙区制。予算先議権において上院に優越する。なお両院の法律制定権は同等である。弾劾の訴追権を有する。

内閣　15省15長官で構成。大統領直轄の諮問機関。長官は議員との兼職不可。大統領にのみ責任を負う。行政機関として他に，大統領直属の**独立行政機関**，各種**行政委員会**，大統領に助言を行う補佐官が置かれる**大統領府**など。米国上層部の官僚数百人は大統領の任命に基づき議会がそれを承認する（猟官制➡p.127α）。

政党　**民主党（Democratic Party）**　ニューディール政策以後，黒人・労組の支持を受けリベラルな色彩を持つ。

共和党（Republican Party）　有産層の支持を受け，保守主義的な色彩が強い。外交政策はタカ派。

民主党・共和党の二大政党制。

司法　連邦最高裁判所判事は大統領が上院の承認を得て任命。**違憲法令審査権**を持つ。

国旗・国歌　**国旗【星条旗】**　13本のストライプ・50個の星は，それぞれ独立戦争時と現在の州の数を象徴。

国歌【Star Spangled Banner（星条旗）】　1814年の米英戦争の際に弁護士キイが作詞，ジョン・スミス作曲，1931年正式採用。「おゝわれらの星条旗よ，夜明けの空，黄昏のもやの中で／誇りに満ちてきらめく／その太い縞と輝く星は，弾丸飛びかう戦の庭に，夜通し堂々と翻っている／おゝわれらの星条旗があるところ，自由と勇気ともにあり」（1番）

（所功『国旗・国歌の常識』近藤出版社）

B 連邦最高裁判決はこうして覆された

「保守回帰」の流れか，2022年，米国最高裁は人工妊娠中絶を憲法で保障された権利として認めない判決を下した。1973年以来49年ぶりの判決変更だ。連邦最高裁事の任命手続きを左の表で確認してみよう。さらに，判事の任期は終身が基本。だから9人の判事（含長官）のうち，欠員が生じた時点での大統領と上院の議員構成が決定的な意味を持つ。

ちなみに，22年の判決が下された際の最高裁判所の構成は保守派6人，リベラル派3人。前者を指名した大統領はブッシュ（父・子），トランプで，後者はクリントンとオバマが指名。1980年代以降の共和党の大統領候補は「1973年判決を見直す判事の指名」を公約として保守派にアピールしてきた。判決直後，任期中に3人の判事の指名，任命を成功させたトランプ氏は「勝利宣言」を行った。

C 大統領選の間の中間選挙にも注目！

4年ごと（夏季五輪の年）の大統領選（➡p.40）は，世界が注目する一大イベントだが，任期4年の折り返しの年（サッカーW杯の年）の秋に行われる上下両院の選挙にも注目。上院の3分の1と下院全員が改選される。**米国政治は厳格な三権分立ゆえ，この結果で大統領が辞任することはない。**

野党に有利な結果の出ることが比較的多く，しばしば大統領と議会，上院と下院との「ねじれ」が生じる。2022年も下院では共和党が勝利した。

解説　厳格な三権分立　アメリカ合衆国の政治機構は，モンテスキューの三権分立の理論（➡p.20）に最も忠実であるといわれる。「世界最高の権力者」と呼ばれる大統領は議会に責任を負わないため，法案提出権も議会の解散権もなく，議会の制定した法律を執行するだけである。その一方で，議会に**教書**を送ったり，議会で可決された法案に対しては拒否することもできる。

用語　連邦制（federalism）…州（State）の自立性を重視する米国政治の原則。歴史的に，アメリカ合衆国（United States of America）より先に13の州ができており，各州独自の憲法・州法・議会・裁判所が存在する。二審制や三審制の州もある。大統領選挙人や国会議員の選出方法も州ごとに異なる。

プラスα　米国の古典的な支配階層をWASP（White＝白人，Anglo Saxon＝イギリス系，Protestant＝新教徒）という。WASP以外で初めて大統領になったのがケネディ（＝カトリック，アイルランド系），そしてオバマ（非白人）。次に神話を打ち破るのは女性大統領か？

憲法

1 アメリカ合衆国憲法（抄）

制定 1787年
発効 1788年

第1条〔合衆国議会〕

第1節〔立法権，二院制〕 この憲法によって付与される立法権は，すべて合衆国議会に属する。合衆国議会は，上院及び下院でこれを構成する。

第3節〔上院の組織及び権限，上院議員の選出〕 ④ 合衆国副大統領は，上院の議長となる。ただし，可否同数のときを除き，投票に加わらない。

⑥ すべての弾劾につき裁判する権限は，上院に専属する。……合衆国大統領が弾劾の裁判を受ける場合には，最高裁判所長官がその議長となる。何人も，出席議員の3分の2の同意がなければ，有罪とされない。

第7節〔合衆国議会の議事手続〕 ① 歳入の徴収に関する法律案は，すべて下院において先に審議されなければならない。……

② 下院及び上院で可決された法律案は，法律として成立する前に，すべて合衆国大統領に送付されなければならない。大統領は，法律案を……承認しないときは，異議を付して，これを先に審議した議院に返付する。返付された議院は，異議のすべてを議事録に記載し，その法律案を再議に付す。再議の結果，その議院の3分の2の多数により当該法律案を可決したときは，大統領の異議を付して，これを他の議院に送付する。他の議院により，同様に再議され，その3分の2の多数により可決されたときは，その法律案は法律として成立する。……

第2条〔合衆国大統領〕

第1節〔執行権，大統領及び副大統領〕 ① 執行権は，アメリカ合衆国大統領に属する。大統領の任期は4年とし，同一の任期で選出される副大統領と共に，次の方法により選挙される。

② 各州は，その議会が定めるところにより，各州が合衆国議会に送ることができる上院議員及び下院議員の総数と同数の大統領選挙人を選任する。……

第2節〔大統領の権限〕 ① 大統領は，合衆国の陸海軍及び現に召集を受けて合衆国の軍務に服している各州の民兵の最高司令官である。……

② 大統領は，上院の助言と承認を得て，条約を締結する権限を有する。ただし，この場合には，出席する上院議員の3分の2の同意を要する。……

第3条〔合衆国の司法権〕

第1節〔司法権，最高裁判所及び下級裁判所〕 合衆国の司法権は，1つの最高裁判所及び合衆国議会が随時に定め設置する下級裁判所に属する。……

第5条〔憲法修正〕

合衆国議会は，両議院の3分の2が必要と認めるときには，この憲法の修正を発議する。また，全州の3分の2の州の議会から要請があるときには，合衆国議会は，憲法修正を発議する憲法会議を招集しなければならない。いずれの場合においても，全州の4分の3の州の議会または4分の3の州の憲法会議が承認したときに，憲法修正は，いかなる意味においても，この憲法と一体を成すものとして効力を生じる。

第6条〔最高法規〕

② この憲法，この憲法に従って制定される合衆国の法律，及び合衆国の権限に基づいて既に締結され，または将来締結されるすべての条約は，国の最高法規であって，すべての州の裁判官は，各州の憲法または法律にこれに反する定めがある場合にも，これに拘束される。

③ （この憲法で）先に定める上院議員及び下院議員，各州の議会の議員，並びに合衆国及び各州のすべての執行府及び司法府の公務員は，宣誓または確約により，この憲法を擁護する義務を負う。ただし，合衆国のいかなる公職または公の信任に基づく職務についても，その資格要件として宗教上の審査を課してはならない。

→上院議場（左）と下院議場（右）

A アメリカ合衆国憲法修正箇条

修正第1条〔政教分離，信教及び表現の自由，請願の権利〕［1791年成立］

合衆国議会は，国教を樹立する法律もしくは自由な宗教活動を禁止する法律，または言論もしくは出版の自由または人民が平穏に集会し，不平の解消を求めて政府に請願する権利を奪う法律を制定してはならない。

修正第2条〔武器の保有権〕［1791年成立］

よく規律された民兵は，自由な国家の安全にとって必要であるから，人民が武器を保有し携帯する権利は，これを侵してはならない。

修正第5条〔大陪審による審理，二重の危険の禁止，自己負罪拒否権，適正手続，財産権〕［1791年成立］

何人も，大陪審による告発または起訴によらなければ，死刑に当たる罪またはその他不名誉な重罪について，その責を負わない。……何人も，正当な補償なく，私有する財産を公共の用のために徴収されない。

修正第13条〔奴隷制度の廃止〕［1865年成立］

第1節 奴隷制度及びその意に反する苦役は，合衆国またはその管轄に属するいかなる場所においても存在してはならない。ただし，適正な手続により有罪の宣告を受けた犯罪に対する刑罰として科される苦役については，この限りではない。

修正第14条〔合衆国市民の権利〕［1868年成立］

第2節 下院議員の数は，課税されないインディアンを除く，各州のすべての人口を計算し，その人数に比例して各州に配分されなければならない。……

修正第15条〔選挙権における人種差別の禁止〕［1870年成立］

第1節 合衆国市民の選挙権は，合衆国またはいかなる州も，人種，皮膚の色または以前において強制により苦役に服していたことを理由として，これを否定し，または制約してはならない。

修正第19条〔選挙権における性差別の禁止〕［1920年成立］

① 合衆国市民の選挙権は，合衆国またはいかなる州も，性別を理由として，これを否定し，または制約してはならない。

修正第22条〔大統領の3選の禁止〕［1951年成立］

第1節 何人も，2回を超えて大統領の職に選出されることはできない。……

修正第25条〔大統領職の承継，代理〕［1967年成立］

第1節 大統領が罷免されたとき，または死亡もしくは辞職したときには，副大統領が大統領となる。

修正第26条〔18歳以上の市民による選挙権〕［1971年成立］

第1節 年齢満18年以上の合衆国市民の選挙権は，合衆国またはいかなる州も，年齢を理由として，これを否定し，または制約してはならない。

（高橋和之編『新版　世界憲法集　第2版』岩波文庫）

解説 当初なかった人権条項 独立後のアメリカは13州（State）の連合体であったが，強力な中央政府を望む保守派を中心に1787年フィラデルフィアの制憲会議でこの憲法が制定された。アメリカの州レベルを除けば世界初の成文憲法であり，厳格な三権分立・連邦主義・硬性憲法という特色をもつ。しかし人権に関する規定がなかったので，1791年修正10か条が追加され（「権利章典」と呼ばれる），その後，南北戦争による奴隷制の廃止等，今までに18回，のべ27か条の修正が加えられている。二百数十年の歴史の中で，18回の改正は世界でも極めて少なく（➡p.79），典型的な硬性憲法である。その背景には，憲法改正のハードルの高さとともに，連邦司法権による憲法判例の積み重ねがあったともいう。

TRY 米国上院をさすSenateの語源を調べてみよう。（非常に由緒ある言葉！）（解答➡p.416）

プラスα 1787年の米国憲法草案作成時に，大統領の強力な権力を望む人々は国民の直接選挙を，弱い権力を望む人々は英型の連邦議会の議員による間接選挙を主張したが，両案ともに州の存在が無視されるため，妥協案として現行の選挙人制度に落ち着いた。やはり国家より先に州があったのだ。

33

言の葉

物事を考える人間は大勢いるが，行動を起こすのはたった一人だ。

ド=ゴール［仏：1890〜1970］ フランスの陸軍軍人。第二次世界大戦時，1940年に自由フランス政府を樹立し，レジスタンスを指導してナチスと戦う。フランス解放後，共和国臨時政府主席となる。1958年，第五共和制の初代大統領に就任。冷戦下では，米ソと距離を置き，独自路線をとった。

フランスの政治機構（大統領制）

強力なリーダーシップ 国・地域 ➡p.39

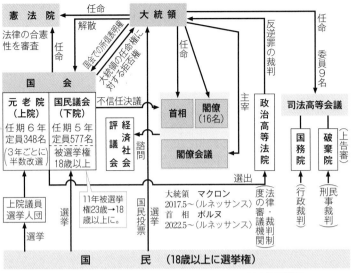

憲法院 — 法律の合憲性を審査 / 任命 / 解散 / 大統領 / 任命 / 委員9名 / 任命 / 反逆罪の裁判
国会 / 元老院（上院）任期6年 定員348名（3年ごとに半数改選）/ 国民議会（下院）任期5年 定員577名 被選挙権18歳以上
不信任決議 / 首相 / 閣僚（16名）/ 閣僚会議 / 評経済社会会 / 政治高等法院 / 司法高等会議 / 国務院（行政裁判）/ 破棄院（上告審）（民事裁判・刑事裁判）
上院議員選挙人団 / 選挙 / 11年被選挙権23歳→18歳以上に。/ 国民投票 / 選出 / 大統領 マクロン 2017.5〜（ルネッサンス）首相 ボルヌ 2022.5〜（ルネッサンス）/ 法律の審議裁判機関の制度
選挙 / 選挙 / 諮問 / 国民（18歳以上に選挙権）

（左縦書き）04年改選から任期9年（6年，11年改選から3分の1改選→半数改選に。）

国民議会（下院）

A 国民議会の政党別議席数 （2023年9月末現在）

	政党	議席
与党	ルネッサンス（RE）	170
	民主運動（MoDem）	51
	地平線（HOR）	30
野党	国民連合（RN）	88
	不服従のフランス（FI）	75
	共和党（LR）	62
	社会党（PS）	31
	諸派	66
合計（無所属4）		577

マクロン大統領

（左縦書き注）
*1 00年国民投票で7→5年に短縮。
*2 08年憲法改正で禁じられた。

憲法（国家の最高法規）1958年公布。通称第五共和制憲法。**大統領が強大な権限を持つ一方，議会の権限は比較的弱い**。前文で「人権宣言」（1789年）への「愛着」が宣言されるが，具体的な人権規定は盛り込まれていない。

国家元首 [20]
大統領 直接選挙。1回目の投票で過半数の獲得者がいなければ上位2名による決選投票で選出。任期5年*1，3選禁止*2。首相の任免権，国民議会の解散権，緊急時における非常大権，重要問題についての国民投票の施行権，条約の交渉・批准権などを持ち，軍の最高司令官でもある。

議会 [20]
上院 選挙人団による間接選挙で選出。定員348名。任期6年。3年ごとに半数改選。地方自治体と在外国民の利益を代表。

国民議会（下院） 定員577名。18歳以上の有権者による小選挙区制の直接選挙。過半数獲得者がなければ投票率12.5%以上の者による決選投票で選出。任期5年。権限は限定されている。

内閣 [15][20]
首相は，大統領が任命する。国民議会に対して責任を負い，議会は不信任決議ができる（ただし厳しい条件がある）。広範な命令制定権を持つ。

政党 多党型で，提携により左右のブロックを形成してきた。2017年に中道の共和国前進（後にルネッサンスに党名変更）が圧勝したが2020年以降弱体化。再び左右対立が鮮明になりつつある。
【中道】ルネッサンス（RE），民主運動（MoDem）
【中道右派】共和党（LR），地平線（HOR） 【右派】国民連合（RN）
【中道左派】社会党（PS） 【左派】不服従のフランス（FI）

司法 大統領は司法高等会議（任命は大統領）の補佐を受ける。同会議は裁判官の人事，懲戒を担当。政治高等法院は上下両院より選出の議員により構成され，大統領の反逆罪などを取り扱う。

その他 **憲法院** 大統領・上下両院議長により任命され，法律の公布前に違憲審査を行う。

国旗・国歌
国旗【青・白・赤の三色旗】 3色は「自由・平等・博愛」の象徴とも言われるが，大革命初期には赤青がパリ，白はブルボン王室を象徴した。

国歌【ラ・マルセイエーズ（La Marseillaise）】 大革命に対する干渉戦争中の1792年，大尉ルジェ=ド=リールが作詞作曲，国民軍を鼓舞した。曲名はマルセイユ出身兵が歌ったことに由来。「いざ祖国の人々よ，栄えある日は来れり／圧政の血に染む旗は，我らに翻る／聞かずや，野に山に暴虐な敵の叫ぶを／彼ら来りて我らの妻子を殺さんとす／武器をとれ人々よ！／隊伍を組み，進め進め！／仇なす敵を我らの畑に屠らん」（1番）（所功『国旗・国歌の常識』近藤出版社）

B フランスにも「分断」の波

2022年大統領選で決選投票に残ったのは，**現職で親EUのマクロン**と，**反EUで右翼の国民連合ルペン**で，17年と同じ顔合わせとなった。最終的に今回もマクロンが勝利したが，2人の差は前回の32%から17%に縮まった。フランスで公然とイスラーム系移民への拒否感を示して「極右」と呼ばれてきたルペンが，地方の庶民層を中心に，インフレ進行のなかで生活の不満を吸い上げ，支持を広げた。

しかし，6月に行われた国民議会選挙では，マクロン与党の中道勢力が過半数を割り込み大敗。一方，国民連合のほか，インフレ下で格差是正を唱える左派連合も議席を伸ばし，左右両翼が台頭した。

C フランス大統領選挙結果 （2022年4月）

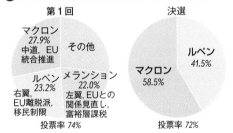

第1回
マクロン 27.9% 中道，EU統合推進
その他
ルペン 23.2% 右翼 EU離脱派，移民制限
メランション 22.0% 左翼，EUとの関係見直し，富裕層課税
投票率 74%

決選
ルペン 41.5%
マクロン 58.5%
投票率 72%

解説 協調型デモクラシーへの転換 第二次世界大戦後のフランスは小党が分立し，政権交代が繰り返された。このため**ド=ゴール**は1958年，国民投票による憲法改正を断行。その結果，現代フランス政治の枠組み，第五共和制がつくられた。その特徴は大統領権限の大幅強化にある。

政治システムとしては，英国型議院内閣制と米国型大統領制の複合型であり，「**半大統領制**」[18]とも呼ばれる。しかし，1970年代以降の憲法院の活性化，ミッテラン政権（社会党，1981〜95）下における地方分権化の進行等を通じてその政治構造は同質の多数派による政治から異質との協調を目指す政治へと変化した。

なお，大統領任期が長く，伝統的に左右両派の勢力が拮抗していることもあり，**保革共存**（コアビタシオン）（例：「右の大統領」の下での「左の内閣」）現象が生じることがある。

プラスα マクロン新大統領は医師の家庭に生まれ，国立行政学院を卒業後有名投資銀行に勤めた超エリート。オランド前政権で経済相を担当し，生涯初めて臨んだ選挙で歴代最年少の39歳にして大統領に当選。ちなみに25歳年上の妻ブリジットさんは高校時代の演劇部の顧問（当時夫と子あり）。

言の葉

女子代表はもう世界一になりました。女性にできて男性にできない理由などないと思います。（2006年の男子サッカーW杯を控えての，前年末の国民向けメッセージ）

アンゲラ・メルケル［独：1954〜］ ドイツの政治家。キリスト教民主同盟（CDU）所属。2005年からドイツ連邦共和国第8代首相（2005〜21年）。ドイツは女子サッカーW杯で，2003，07年と連覇した。

男子は06年、10年に3位、14年に優勝。

ドイツの政治機構（議院内閣制）

象徴的な大統領と，強い州政府権限　国・地域 ⇒p.39

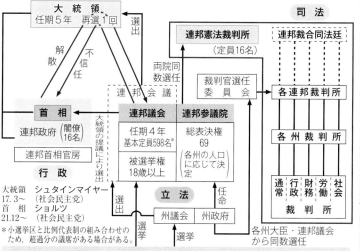

大統領
任期5年　再選1回

首相
連邦政府（閣僚16名）
連邦首相官房

行政

連邦議会
任期4年
基本定員598名*
被選挙権18歳以上

連邦参議院
総表決権69
各州の人口に応じて決定

立法

州議会　州政府

司法

連邦憲法裁判所（定員16名）
連邦裁合同法廷

裁判官選任委員会

各連邦裁判所
各州裁判所

通常　行政　財務　労働　社会　裁判所

大統領　シュタインマイヤー　17.3〜（社会民主党）
首相　ショルツ　21.12〜（社会民主党）

*小選挙区と比例代表制の組み合わせのため，超過分の議席がある場合がある。

各州大臣・連邦議会から同数選任

国　民　（18歳以上に選挙権）

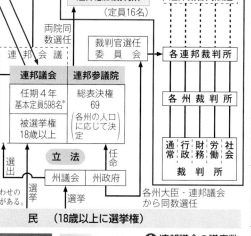

↑国会議事堂（ベルリン）　戦前のものを改修しボンから移した。

↑ショルツ首相

A 連邦議会の議席数

社会民主党	206
キリスト教民主・社会同盟	197
同盟90／緑の党	118
自由民主党	92
ドイツのための選択肢	78
左翼党	39
合計（無所属6）	736

（2022年11月現在）

憲法　ドイツ連邦共和国基本法（1949年公布）。旧西独憲法が1990年の統一（形式上は西独による東独吸収）後も改正されつつ存続している形。16の州からなる連邦国家。

国家元首　大統領　任期5年（3選禁止）で象徴的存在。行政権は内閣の所管。⑱

議会　連邦議会　任期4年。基本定員598名。小選挙区制と比例代表制の併用で，半数ずつ選出。選挙・被選挙権は18歳以上。
連邦参議院　総表決権69。各州の代表。

内閣　行政権は内閣の所管。首相は大統領の提議に基づき，連邦議会で選出。軍の司令権は国防大臣（非常時は首相）。

司法　連邦憲法裁判所があり，大統領などからの申し立てを受けて法律の合憲性審査を行う。以下5分野に裁判権が分かれ，連邦裁判所が各分野の最高裁に相当。

国旗　仏ナポレオン軍と戦ったプロイセン義勇兵の軍服に由来。黒は勤勉，赤は情熱，黄は名誉を象徴。

国歌　メロディはハイドン作曲「皇帝賛歌」，歌詞はホフマン作詞「世界に冠たるドイツ」。第二次大戦後，西独ではナチス時代を想起させるとして1・2番を略し，3番のみが歌われ，現在に至る。

21年9月の，連邦議会総選挙でキリスト教民主・社会同盟が第二党となり，社会民主党，緑の党，自由民主党の3党が約2カ月の協議を経て連立政府を発足させた。

憲法

ロシアの政治機構（大統領制）

強力な大統領の権限　国・地域 ⇒p.39

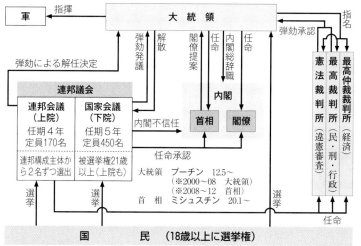

軍

大統領

弾劾による解任決定

連邦議会
連邦会議（上院）
任期4年　定員170名
国家会議（下院）
任期5年　定員450名
連邦構成主体から2名ずつ選出
被選挙権21歳以上（上院も）

内閣
首相　閣僚

憲法裁判所（違憲審査）
最高裁判所（民・刑・行政）
最高仲裁裁判所（経済）

大統領　プーチン　12.5〜
※2000〜08　大統領
※2008〜12　首相
首相　ミシュスチン　20.1〜

国　民　（18歳以上に選挙権）

↩プーチン大統領…プーチンは2000〜08年の2期8年間大統領を経験，大統領任期は当初4年だったが，2008年の憲法改正で6年に延長され，2012年に当選したプーチンから適用された。さらに2020年の憲法改正で，経験者の「連続3選禁止」条項が廃されたので，24年に現任期を終えるプーチンは，2008〜12年の首相としての「院政」を含めれば，2036年までののべ36年間ロシアに「君臨」する可能性がある。

A 国家会議の議席数

統一ロシア	323
共産党	57
公正ロシア	28
自由民主党	23
「新しい人々」	15
諸派	2
合計（無所属2）	450

（2023年9月末現在）

憲法　ソ連崩壊後の1993年12月施行。強力な大統領権限，二院制，連邦共和制が特色。

国家元首　大統領　任期6年（3選禁止*）。首相任命権，下院解散権，軍の指揮権など強力な権限を有する。仏と似た半大統領制。

議会　連邦会議（上院）　定員170名。連邦構成主体（共和国等）から2名ずつ。任期4年。
国家会議（下院）　450名。完全比例代表制で選出（2005年の法改正で，小選挙区比例代表並立制から，与党に有利な制度に改正）。任期5年。内閣不信任案提出権などの点で下院の優越。

内閣　首相は大統領が提案し，下院が承認した候補を大統領が任命。副首相・大臣は首相が提案し，下院が承認（大統領は任命拒否できず）。

司法　憲法裁判所（法令の合憲性審査，憲法解釈）を頂点とし，最高裁判所（民事，刑事，行政など），最高仲裁裁判所（経済など）などから構成される。

国旗　白赤青の三色旗。帝政ロシア時代のものが，1993年復活。

国歌　スターリン時代に制定された国歌のメロディを用い，2000年に愛国的な歌詞が新たにつけられた。

*20年の憲法改正で，連続3選禁止から変更（同時に，過去の選出のカウントがリセットされた）。

プラスα　ドイツのメルケル首相は，2005〜21年の16年間政権を運営し，内政・外交とも見事な手腕を発揮した。こうなってくると思い出されるのが元英国首相サッチャー（任1979〜90）。ともに理系出身，保守系政治家で初の女性首相であった。

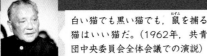

言の葉

白い猫でも黒い猫でも，鼠を捕る猫はいい猫だ。（1962年，共青団中央委員会全体会議での演説）

鄧小平［中：1904〜97］ 中国の政治家で，1978〜92年まで事実上の中華人民共和国の最高指導者。改革・開放路線により，中国の市場経済化を図った。発言は，資本主義的でも社会主義的でも，生産力拡大に役立つものがよい方法だということを例えたもの。

中華人民共和国の政治機構（権力集中制・民主集中制）

共産党の強いリーダーシップ　国・地域 →p.39

共和国 国家主席
習近平 13.3〜

全国人民代表大会（第13期選出時 2,980人）

中国共産党（党員9,671万人 2021年末）

- 選挙決定
- 指導
- 任命

国家監察委員会（18年新設）
監察委員会（地方）

中央軍事委員会
主席 習近平 13.3〜（国）

常務委員会
委員長 趙楽際 23.3〜

国務院
首相 李強 23.3〜

各級人民代表大会
常務委員会

最高人民法院
高級人民法院
中級人民法院
基層人民法院

総書記 習近平 12.11〜

中央軍事委員会（党）
主席 習近平 12.11〜

中央規律検査委員会

中央書記処（書記7人）

政治局（常務委員 7人／政治局員 24人）

中央委員会（委　員 205人）

全国代表大会

各級政府
軍
各級政府

*民主諸党派
8党派，約120万人
共産党と「長期共存，相互監督」の方針

*中央軍事委員会は2つあり，党の方は党の軍事組織である人民解放軍を指導。国の方は人民解放軍，武装警察部隊，民兵を指導。

国　民（18歳以上に選挙権）

↑**天安門広場から眺めた中国のシンボル「天安門」**…天安門広場の西側には全人代等が開催される人民大会堂がある。

習近平国家主席

李強首相

憲法 1982年制定。鄧小平憲法といわれることもある。共産党の指導性が前面に出ていた78年憲法に対し，「共産党」は前文にのみ記載。経済面では，徐々に資本主義的要素を認めている。

国家元首（共和国主席） 全国人民代表大会で選出される。任期5年。2018年の憲法改正で「2期まで」の条項が削除。憲法上の権限は象徴的だが1993年以降，共産党総書記が兼任する慣行が確立した。

議会（全国人民代表大会（全人代）） 国家権力の最高機関ですべての権力が集中する（権力集中制）。省・自治区・直轄市の人民代表大会および軍から選出する代表で構成。任期5年。
立法のほか，主席・国務院総理・中央軍事委員会主席・最高人民法院院長などの決定・罷免，常務委員会の不適当な決定の改廃，戦争と平和の問題の決定などの権限がある。

全国人民代表大会常務委員会 全人代の常設機関。全人代により選出・罷免される。その権限は，①憲法と法律の解釈，②全人代の制定すべき法律以外の法律制定，③全人代の招集，④条約の批准・廃棄の決定など。

内閣（国務院） 総理（首相）は主席の指名に基づいて全人代が決定し，国家主席により任命される。

政党 共産党中心だが，政党（民主諸党派）は存在し人民政治協商会議を中心に政治に参加。憲法でも共産党の指導性が前文でうたわれ，事実上共産党が政治を動かしていることに変わりはない。

司法 人民法院が国家の裁判機関で，その最高機関は最高人民法院。各級の国家権力機関（最高人民法院の場合は全人代）に対し責任を負う。

その他 軍の統率権は中華人民共和国中央軍事委員会にあるが，事実上，共産党中央軍事委員会が所有。2018年に国務院と同等の権限を持つ，公職者腐敗摘発組織「国家監察委員会」が設置された。

国旗・国歌

国旗【五星紅旗】 大小の星は，それぞれ共産党，労働者・農民・小資本家・民族資本家を象徴，1949年の建国時に公表。

国歌【義勇軍行進曲】 映画「風雲児女」（1935年）の主題歌で，抗日救国がテーマ。田漢作詞，聶耳作曲。（所収『国旗・国歌の常識』近藤出版社）
「起て！奴隷となることを望まぬ人びとよ！／我らが血肉で築こう新たな長城を！／中華民族に最大の危機せまる，一人びとりが最後の雄叫びをあげる時だ／起て！起て！起て！／もろびと心を一つに／敵の砲火をついて進め！／敵の砲火をついて進め！／進め！進め！進め！」

Ａ「一強」，「長期政権」…誰かに似てきた習近平

　事実上の**共産党一党独裁体制**の中国において，共産党内の権力は国家内での権力に直結する。その中枢に位置するのが**政治局**で，とりわけその**常務委員**7人（含総書記）は「**チャイナセブン**」とも呼ばれ，党の重要決定に関与する。5年に一度の党大会後の中央委員会でそのメンバーは決定されるが，22年10月に選出された面々は異例尽くし。

　まず総書記には慣例の「大会時の68歳定年，2期まで」を破って69歳の習近平が就任し3期目に突入。さらに他の6人のうちの5人は習近平に近い「習派」で，これまで一定の力を持った「共青団」（→プラスα）は姿を消した。次世代の指導者と目される若手の登用もなく，女性の政治局員も20年ぶりに不在に。実は上記原則は，文化大革命時代の**毛沢東**の専横に懲りた**鄧小平**の世代が「**改革・開放**」時代に確立したもの。習近平が語る「中国の夢」は**2035年に社会主義現代化，49年には社会主義現代化強国を達成**というけれど，任期制限を撤廃し，周囲から異論を排除した権力は，どこへ向かうのか…。

解説 アジアの超大国の行方は？ 中国は1960年代以降のプロレタリア文化大革命と，1976年毛沢東死去以後のゆりもどしとで，左右の勢力が激しく対立抗争を続け，憲法・政治機構もそのたびに改められてきた。1980年代には**鄧小平**の提唱する「四つの近代化」路線が推進され，経済・思想の自由化が進んだが，1989年には**天安門事件**等の一連の民主化運動（政府は「反革命暴乱」と決めつけた）を武力で弾圧した。「**改革・開放**」路線による経済・思想の自由化や貧富の差の拡大と事実上の共産党の一党独裁体制（開発独裁 →p.30）とを今後どう調和させていくかが注目される。1997年に返還された**香港**での「**一国二制度**（→p.323）」や統一をめぐる**台湾**との関係，さらには劉暁波氏（ノーベル平和賞受賞後も出国できず2017年死去）に象徴される人権問題，**新疆ウイグル**，**チベット**等の民族問題にも要注意。

プラスα 習近平国家主席の父は，1950〜90年代に副首相や全人代常務委員を務めた習仲勲。共産党中枢部には，「太子党」と呼ばれる有力者の子弟グループや，李克強前首相に代表される「共青団」（中国共産主義青年団。共産党の若手エリート集団）出身グループがある。

言の葉

奇跡は奇跡的に訪れるものではない
기적은 기적적으로 오는 것이 아니다.
（1998年訪日時の国会演説の一節）

金大中［韓：1925～2009］　政治家。朴正煕等の独裁体制に対する抵抗で、何度も政治的な「死」に直面した末に第15代大統領に当選（任1998～2003）、00年には北朝鮮との南北首脳会談（➡p.320）を実現させた。

■1 中華人民共和国憲法（抄）（1982年）

〔序　言〕

……中国の各民族の人民は、引き続き**中国共産党**の主宰の下に、**マルクス・レーニン主義、毛沢東思想、鄧小平理論および「3つの代表」の重要思想**、科学的発展観、**習近平新時代の中国の特色ある社会主義**の導きで、**人民民主独裁**を堅持し、**社会主義の道**を堅持し、**改革開放**を堅持し、社会主義の諸制度を絶えず改善し、**社会主義市場経済**を発展させ、社会主義の民主を発展させ、社会主義法制を健全化し、……わが国を富強・民主・文明をそなえた社会主義国家に築き上げるであろう。……

第1章　総　則

第1条　中華人民共和国は、労働者階級が指導する、労農同盟を基礎とする**人民民主独裁の社会主義国家**である。……**中国共産党の指導**は、中国の特色ある社会主義の最も本質的な特徴である。

第2条　中華人民共和国のすべての権力は、人民に属する。……

第3条　中華人民共和国の国家機構は、**民主集中制**の原則を実行する。……

第6条　中華人民共和国の**社会主義経済制度**の基礎は、生産手段の社会主義的公有制、すなわち、全人民的所有制および勤労大衆による集団的所有制である。社会主義的公有制は、人が人を搾取する制度を消滅させ、それぞれ能力に応じて働き、労働に応じて分配を受けるという原則を実行する。国家は社会主義初級段階においては公有制を主体として、多種の所有制経済をともに発展させる基本的経済制度を堅持し、労働に応じた分配を主体とし、**多種の分配方式を併存させる分配制度**を堅持する。

第11条　法律に規定された範囲内の個人経営経済、私営経済等の**非公有制経済は社会主義市場経済の重要な構成部分である**。国家は……非公有制経済の合法的権利と利益を保護する。国家は非公有制経済の発展を奨励し、……法によって監督および管理を行う。

第15条　国家は**社会主義市場経済**を実施する。……

第2章　公民の基本的な権利と義務

第34条　中華人民共和国の、年齢満18歳に達した公民は、民族、種族、性別、職業、出身家庭、宗教信仰、教育程度、財産状態および居住期間にかかわりなく、すべて選挙権および被選挙権を有する。

第35条　中華人民共和国公民は、言論、出版、集会、結社、行進、示威の自由を有する。

（樋口陽一・吉田善明編『解説世界憲法集　第4版』三省堂などによる）

解説 習近平時代の到来　この憲法は、文化大革命の影響を残した1978年憲法に代わるもので、文革否定後の近代化路線を定着させたものといえる。特徴は、国家の性格を**プロレタリア独裁**から**人民民主主義独裁の社会主義国家**としたことにある。その後、鄧小平指導の下、「改革・開放」が進む過程で私営経済の合法性（1988）、「**改革・開放**」「**社会主義市場経済**」（1993）が明文化。1999年には鄧小平の名が、2004年には江沢民が提唱した「**3つの代表**」（私企業の役割の積極的評価）が、18年には**習近平の名が**「序言」に盛り込まれた。中国の指導者名が憲法に書き込まれるのは「毛沢東思想」「鄧小平理論」に次ぐもので、国家主席の任期上限撤廃（➡p.36）とともに、習近平への権力集中とその地位固めの意図が垣間見える。

憲法

韓国の政治機構（大統領制）

南北分断がもたらした
強力な大統領権限　　国・地域➡p.39

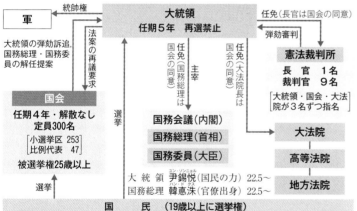

↑**大統領官邸（青瓦台）**　名称は青い瓦に由来。22年に誕生した尹大統領は、これを「帝王的権力の象徴」として国民に開放、新大統領府をソウル中心部に移した。

↑**尹錫悦大統領**　元検事総長。政界経験ないが激戦制し当選。

Ⓐ国会の議席数

	政党	議席
与党	国 民 の 力	111
	共 に 民 主 党	168
野党	正 義 党	6
	基 本 所 得 党	1
	時 代 転 換	1
	進 歩 党	1
	韓 国 の 希 望	1
	合 計 （無所属9・欠員2）	300

（2023年9月末現在）
（韓国、北朝鮮の政治体制➡p.321）

2024年4月に国会議員総選挙予定。

憲法	**第6共和国憲法**　1987年公布、88年施行。建国以来、独裁体制もとられたが、第9次改正は民主化の到達点だった。
国家元首	**大統領**　任期5年、再選禁止。**国務会議**の議長。**国務総理の任命権**（国会の同意前提）、国務委員の任命権（国務総理の推薦前提）、**軍の統帥権**、非常時の緊急措置権、戒厳宣布権を持つ。国会と並び憲法改正の発議権を有する。南北統一の最高責任者。
議会	一院制の「**国会**」。任期4年で解散はなし。定数300人で、小選挙区比例代表並立制。大統領、国務総理、行政、司法関係等の国家中枢部職員の**弾劾訴追権**や、**憲法改正の発議権**を有する。
内閣	**国務会議**　議長（大統領）、副議長（国務総理〔首相〕）の下、15人以上30人以下の国務委員（大臣）で構成される。
司法	法院に所属し、**大法院**（最高裁）と各級法院からなる。**憲法裁判所**は法律の違憲審査、国会からの訴追を受けての**弾劾審査**、政党解散の審判等を行う。
国旗・国歌	**国旗【太極旗】**　中央の円は太極、巴形に入り組んだ赤・青は陰陽、四方の黒い卦は万物の生成発展を象徴。李氏朝鮮時代の1883年制定。
	国歌【愛国歌】　「東海（＝日本海）が乾き果て、白頭山が擦り減る時まで、神がお守りくださる我が国よ永遠に」

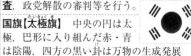

解説 大統領の短い「賞味期限」　韓国政治機構の特徴は分断状況を背景とした集権制。大統領権限は極端に強く、議会も一院制で、地方自治体選挙は90年代から実施。その一方で民衆パワーも強く、近年の大統領は政権末期に必ずレームダック化する。

プラスα　韓国と言えば「反日」。ただ、現地で暮らしてみると、意外と形式的なのだとも。実体験者も減少し、経済力もついた。北朝鮮への優越も明らかで、国民をまとめる理念としては「反共」よりも「反日」が有効なのだという。はて、「嫌韓」の根底にあるものは？

東南アジアの政治体制

*21年2月、軍のクーデターでウィン・ミン大統領、スー・チー国家最高顧問が拘束された。軍は、ミンスエ大統領代行を立てて正統性を繕うものの、国際社会からは孤立している。

ミャンマー（旧国名：ビルマ）

政体	共和制（大統領制）
国家元首	ウィン・ミン大統領（2018〜）* *国家最高顧問アウン・サン・スー・チー*
大統領	行政権の長。両院議員の全員投票で決定。任期5年。3選禁止。配偶者や子が外国人だと資格なし。
議会	上院（224名）、下院（440名）。任期5年。各定数1/4は軍人枠。大統領の弾劾権あり。
内閣	大統領が議会の承認を得て任命。首相なし。
解説	1948年英国からの独立以来軍の権力が強く、90年の総選挙でスー・チー氏率いる国民民主連盟（NLD）の圧勝を受け入れず。15年の総選挙でNLDが過半数を獲得、同党中心の政府が成立したものの、21年の軍のクーデターで軍部独裁が復活。

タイ

政体	立憲王制、議院内閣制
国家元首	ワチラロンコン国王（ラーマ10世、位2016〜）。父であるプミポン前国王死去を受けて即位。
首相	セター・タウィシン（タイ貢献党、2023〜）
議会	上院（当面250名、実質的に軍部が選任）、下院（500名、民選）
内閣	当面上下両院合同会議で首相選出。首相が組閣。
解説	欧米の植民地とならず1930年代以来立憲王制が確立。「内政混乱→国王の和解勧告または軍のクーデターによる新秩序形成」というパターンがしばしば発生する。14年のクーデターで成立した軍事政権下で19年に民政移管が実現したものの反軍部・反王室の市民運動が高揚。23年総選挙では野党が勝利するも野党第一党党首が軍の反発から首相になれず、軍に妥協的な野党タイ貢献党セター氏が首相に。

イスラーム世界の政治体制

エジプト

政体	共和制（大統領制）
国家元首	シーシ大統領（2018年再選〜）。13年の反イスラーム同胞団軍事クーデターの中心人物。
大統領	軍、外交の最高責任者。任期6年で3選禁止。
議会	一院制。定員450名以上（うち5％は大統領が指名可）。
内閣	首相は行政全般の最高責任者。
解説	1952年の革命以来、軍の力が強く、ナセル、サダト、ムバラクと軍人出身大統領が続いた。「アラブの春」で非軍人出身のモルシ大統領が登場したが、約1年で軍のクーデターにより失脚、またしても、軍出身のシーシが大統領に就いた。新体制では、議会に軍関連予算の審議権がない等、軍の権限が拡大し、基本的人権が制限されている。

イラク

政体	共和制（大統領制）。イスラーム教は国教だが、個人の信仰の自由は保障されている。
国家元首	アブドゥルラティフ・ラシード大統領（2022〜）
大統領	任期4年で3選禁止。連邦議会の2/3の賛成で選出。権限は弱く象徴的存在。議会の最大政党から首相指名。
議会	一院制の連邦議会。定員329議席。任期4年。州ごとに比例代表制で選出。大統領や首相に解散権はなし。その一方で大統領、首相の罷免権あり。
内閣	首相の閣僚指名後、議会の絶対過半数の賛成を得て内閣発足。首相は軍最高司令官を兼任。スーダーニー首相（2022〜）
解説	フセイン元大統領（➡p.301）拘束後の米軍占領下で形成された。独裁体制に対する反省から、議院内閣制に近い体制をとり、クルド人弾圧（➡p.314）に対する反省から、クルド人自治区を設定した連邦制国家でもある。イランに多いシーア派が人口の60%を占め、信仰上の共存も求められている。

イラン

政体	イスラーム共和制（大統領制）。理論上主権は神に属するが、その行使権は国民に属する。
国家元首	ハメネイ師（1989〜）。専門家会議（国民の直接選挙で選ばれる聖職者集団）により選出され、三権、軍の上に立つ。
大統領	行政権の長。国民の直接選挙で選出。任期4年で2期まで。ライシ（2021〜）
議会	一院制。290議席。任期4年。
解説	1979年の革命（➡p.300）で成立した、イスラーム教（シーア派）の理念に立脚した共和政体。法律も聖典コーランに立脚したイスラーム法で、身体切断刑、石打ち刑、禁酒等の規定や、女性差別的な法律もある。護憲評議会（イスラーム法学者集団）には法律の違憲審査権がある。

サウジアラビア

政体	イスラーム君主制
国家元首	サルマン・ビン・アブドルアジーズ・アール・サウード国王（位2015〜）。閣議を主宰するとともに、軍の最高司令官でもある。宗教最高指導者（イマーム）をも兼ねる。
議会	諮問評議会。1993年発足、定員150名の国政助言機関。知識人、部族代表、宗教界等から国王が任命。立法権はないが、閣僚評議会への法案提出権あり。
内閣	閣僚評議会。立法権を持つが、新法には国王の承認が必要。首相…ムハンマド皇太子（閣議主宰権は国王にあるが、22年から例外的に就任）。
司法	イスラーム法が基本。最高司法評議会（11名）は、法相から付託された司法問題などを審査。高位聖職者評議会が、国の重要政策がイスラーム法に適っているかを審査。
解説	昔ながらの国王中心の政治が続いているが、湾岸戦争後、米軍が駐留したこともあり、イラン革命のような事態を避けるためにも90年代以降、名目的だが国家統治機関ができてきた。05年には州単位の自治評議会の選挙が建国後初めて実施された。13年には初の女性の諮問評議会議員が誕生。

A 「アラブの春」の行方は？ （2023年11月現在）

凡例：
- 反政府デモが発生した国
- 政変の起きた国
- 内戦状態の国

解説 各地で続く混沌　2010年12月、チュニジアの失業青年の抗議自殺から始まった民主化・反政府運動「アラブの春」（〜2012年）。フェイスブックやツイッターで情報が拡散し2011年中にⒶのように波及。独裁政権に抑え込まれていた様々な不満が噴出、混沌とした状況となった。その後エジプトでは、ムスリム同胞団（➡p.300）のモルシ大統領が13年に軍のクーデターで失脚、14年に安定を求める世論を受け再び軍人出身のシーシ大統領が誕生、その結果11年に失脚した独裁者ムバラクに事実上の無罪判決が下された。イエメンではアルカイダ系のテロ組織が台頭。独裁者カダフィが倒れたリビア（➡p.295）では、部族間対立等から内戦が発生。11年以来続くシリア内戦（➡p.314）…。社会の不平等に対する不満ははけ口を求め続けている。

1 気になる国・地域の動向

(2023年11月末現在)

アジア

日本 (➡p.207,329)
岸田首相は「**新しい資本主義**」でどれほど新味を出せるか？インフレや、「**安倍元首相の呪縛**」の円安、財政難、旧統一教会問題克服は？防衛費大幅増額などで「聞く耳」が問われる。

中国 (➡p.36,323,358)
香港の民主派を弾圧し、22年の共産党大会で慣例を破って「一強」体制を確立した習近平。**格差、人権、不況**などに直面しつつ、「**強国**」路線を推進中。まさか武力で「台湾統一」に乗り出す？

台湾 (➡p.36,323)
台湾は中国政府を承認していない。中国に距離を置く民進党総統蔡英文総統の任期は24年春まで。「今日の香港は明日の台湾」と中国との対決色を強めている。

インド (➡p.314)
23年に中国を抜き人口世界一になった。IT産業と巨大市場が魅力だが、教育の遅れや汚職体質が課題。17年にSCOに正式加盟、07年には米日豪と**Quad**(➡p.299)結成と、独自外交。

韓国 (➡p.37,320)、北朝鮮 (➡p.320,322)
北朝鮮の核・ミサイル開発が国際的批判を受けるなか、22年に韓国では保守派尹錫悦政権が成立。米国との連携による北との対決色を強める。日本は北朝鮮と**核・ミサイル、拉致問題**と、韓国とは**徴用工・慰安婦問題**、竹島問題などを抱えるが、この状況下、韓国と建設的対話が進行中である。

インドネシア (➡p.299)
世界第4位かつイスラーム世界では第1位の人口大国。平均年齢も低く、20年後にはGDPで日本に並ぶ可能性も。現在新首都ヌサンタラを建設中。

アフガニスタン (➡p.300,301)
21年の米軍の悲惨な撤退は記憶に新しい。「9.11」以来、その駐留は20年にも及んだ。権力を掌握した**タリバン**政権は人権を保障し、国際社会に受け入れられるのか？

ヨーロッパ

ドイツ (➡p.35)、フランス (➡p.34)
EUの中核はGDPで連合内1、2位の独仏。この両国、第二次世界大戦までは宿命のライバルだったが、冷戦下で独は「過去の克服」を唱え、「**独仏枢軸**」が形成された。難民、移民受け入れ問題などから近年両国内で反EU勢力が台頭。ウクライナ問題もあって不協和音が響くEUをまとめあげていけるのか？

イギリス (➡p.31,356)
16年の国民投票を経て、20年に**EU完全離脱**が実現。英欧FTAが成立したものの、混乱は続く。22年には国王と首相が交代(首相は2回)。

イラン (➡p.38,300,312)
1979年の革命以来のイスラーム共和制で反米。**シーア派**が多数派。核開発で欧米を揺さぶり、シリアとウクライナに関して親ロシア路線。近年国内で女性のスカーフ反対のデモが拡大、パレスチナ問題への関与にも注目。

EU (➡p.354,356)
グローバル化の先駆者。豊かな国では反移民勢力台頭の一方、恩恵を受けやすい東欧諸国内では好感も。**英国脱退後**、ウクライナ問題で足並みの乱れが懸念されるも30歳。

ウクライナ (➡p.13,301)
首都キーウはロシアの起源の1つ。近代ロシアの穀倉地帯で地下資源も豊富。それゆえポーランド、ドイツ等も野心を持ち、今も…。**チョルノービリ**はキーウの北約130km。

ロシア (➡p.13,35,301)
ロシア・ウクライナ戦争で欧米と「熱戦」中。資源大国なれど欧米の制裁で経済は停滞。長期政権を約束された「皇帝」プーチンと世界は、隣国日本はどう向き合う？24年は大統領選。

イラク (➡p.38,301)
「イラク戦争」後、シーア派アラブ人、スンナ派アラブ人、クルド人の3勢力が拮抗。21年には駐留米軍の戦闘任務が終了するも、イランの影あり。

トルコ (➡p.314)
穏健イスラーム主義でクルド人を敵に独裁色を強めるエルドアン大統領。多くのシリア難民を受け入れていることで、批判的な欧米に恩を売り、**ウクライナ戦争でも両国の仲介に取り組む**。

北米・中南米・オセアニア

アメリカ (➡p.32,40,308)
"America is back!"バイデン政権は国際協調に努めるが、アフガン撤退、ウクライナ、インフレと試練が続く。24年は大統領選挙。ライバル共和党とあの人はどう動く？

カナダ (➡p.357)
1976年以来G7の一角をなす。米国の従属国のイメージが強いが、ベトナム戦争やイラク戦争等、米国の強引な外交路線とは一線を画し、国連PKOへの参加率は世界で最高レベル。

ブラジル (➡p.353)
ラテンアメリカ最大の人口、GDP大国。国連では安保理常任理事国入りを目指す。22年大統領選では左派ルーラ氏が親トランプのボルソナーロ氏に辛勝。

シリア (➡p.307,314)
ロシアの支援を受け、独裁色が強いアサド政権の下、**シリア内戦**解決の見通しはなし。大国の思惑と諸勢力の利害が錯綜し、被害者と難民は増える一方だ。

オーストラリア (➡p.353)
資源大国で日本の輸入相手大国兼TPP仲間。07年には日米印とQuad結成。

メキシコ (➡p.357)
ブラジルに次ぐ地域第2位のGDPと人口。USMCAや日本とのEPA、TPPに注目。

キューバ (➡p.299)
15年に54年ぶりに米と国交回復。社会主義体制下で、医療と教育は無償だが…。

アフリカ

エジプト (➡p.38,300)
スエズ運河があり、地政学的にもアラブの中核国家。11年の「アラブの春」で民主化されたと思いきや、13年のクーデターで軍事政権が復活。中東の安定性を重視する米国もこれを容認、巨額の軍事援助を継続中。

ナイジェリア
人口、石油産出量、GDPでアフリカ1の大国だが、国内格差は大きい。イスラーム教徒が多く、貧しい北東部でボコ・ハラムが国外の過激派と提携して台頭、14年にはキリスト教徒女子学生の誘拐事件を起こした。

イスラエル・パレスチナ (➡p.12,316)
近年パレスチナは国際的地位が向上する一方で、18年にはトランプ政権が**米国イスラエル大使館をエルサレムに移転**、緊張が高まった。23年秋には**ハマス**の攻撃から**ガザ地区**とイスラエルとの戦闘が激化。

南アフリカ (➡p.299)
アフリカ第2位の経済大国。BRICSの一角でもあるが、高失業率(特に若年層)が課題。

リビア (➡p.38,295)
アラブの春、NATOの**人道的介入**(11年)によりカダフィ独裁が崩壊。新体制成立やに見えたが、その後も武装勢力間の抗争が相次ぐ。21年の大統領選も未実施で、現在東西に2人の「首相」が存在。

プラスα ISILは、2013年頃には「ISIL:Islamic State in Iraq and the Levant」等と称していたが、翌年首謀者バグダディーが「カリフ」を自称し組織名を「IS:Islamic State」に変更。日本ではテロ組織としての実態を重視してISILを使用し、カッコつきで「イスラーム国」と表記することが多い。

米国大統領選挙
2020年選挙が映し出した米国社会の分断

「保守でもリベラルでもない『１つのアメリカ』」を訴えて2017年に就任した初の黒人大統領オバマ（民主党）の後継者は，何とも対照的な白人で，まったく政治経験のないトランプ（共和党）。人種差別的，挑発的な発言や予測できない行動が国内外で波紋を呼んだが，「コロナ禍」のなかで行われた2020年大統領選では，バイデン（民主党）に敗北を喫した。こうした選挙の過程を分析してみると，覇権国米国の厳しい現実が見えてくる。そして，それは米国だけの問題なのかを，ともに考えてみよう。2024年は，４年に一度の大統領選挙の年だ。

1 二極に分断される米国社会

保守／トランプ（共和党）	リベラル／バイデン（民主党）
ペンシルベニア大卒。父は不動産会社社長，何度かの挫折を経て不動産王に。純資産45億ドル。	シラキューズ大ロースクール卒。弁護士，上院議員を経てオバマ政権で副大統領。
支持基盤	
地方に住む低学歴，低所得，労働者階級の白人男性。移民とイスラム教徒に敵意を持ち，女性差別も。	都市部の高学歴，高収入層。フェミニスト，黒人，LGBTその他のマイノリティ，年配の女性，若者，社会活動家。
主な政策	
■小さな政府志向 ■自国利益を最重要視 ■パリ協定脱退 ■核兵器開発に積極的 ■移民規制，国境に壁 ■反差別デモに対し「法と秩序」重視 ■医療保険加入の義務化に反対 ■新型コロナウイルス感染対策より経済活動重視 ■人工妊娠中絶反対	■大きな政府志向 ■国際協調 ■パリ協定重視 ■「核なき世界」追求 ■移民に寛容，不法移民滞在容認 ■平和的人種差別抗議活動を支持 ■公的医療保険拡大，国民皆保険目指す ■新型コロナウイルス感染防止にマスク装着義務化 ■人工妊娠中絶賛成

Ⓐ 米国大統領選挙の勝利州 （2020年11月➡p.32）

■民主党：ジョー・バイデン氏
■共和党：ドナルド・トランプ氏
☆前回選挙で共和党が勝利した州

ラストベルト

ラストベルト＝「さびついた工業地帯」。かつて製造業や石炭産業の中心地帯だったが，近年グローバル化で地盤沈下。16年大統領選ではトランプ勝利の原動力となったが，20年は民主党がかなり挽回した。

解説 トランプの恐るべき強固な支持基盤 米国社会の分断の激化は20世紀末頃から。参政権を得た黒人に反発する勢力や「古き良き」米国にこだわるキリスト教福音派が共和党に結集，新しい価値観を持つリベラル勢力との対立が激化した。これを加速させたのがオバマ黒人政権の登場。

保守勢力が恐れるのは近い将来ヒスパニック系が増えて白人が少数派に転落すること。両派の対立は先鋭化し，特にトランプ支持層は根拠不明なツイッター情報に踊らされ，マスコミ不信を抱く。今回トランプが獲得した7,422万票は史上２位（１位は今回のバイデン）で，「コロナ禍」でもその支持基盤はなかなか揺らがず，22年には2024年大統領選出馬を表明した。そのツイッターアカウントは21年の国会議事堂乱入事件で停止されたが，22年に停止は解除された。

2 大統領の選出と弾劾

Ⓑ １年がかりの米国大統領選挙のプロセス

❶ 民主・共和両党の州ごとの予備選挙（１月〜６月）
——全国党大会へ向けての代議員の選出（州によっては党員集会）

❷ 民主党，共和党の全国大会（７月）
——各党の大統領候補指名（過半数の代議員獲得が必要）

民主党／共和党

❸ 大統領選挙人の選挙（11月第1月曜日の次の火曜日）
——国民は，各党が公認した正副大統領候補を選び，投票用紙に○をする。**州単位で行われ，ほとんどの州で１票でも多く獲得した政党が，その州全体の大統領選挙人**（人口に応じて比例配分＝州選出の上下両院の国会議員の合計数）**を獲得する（勝者総取り方式，winner-take-all）**。この時点で事実上決定。ただし，過半数獲得者がいない場合は，❺以降に下院が大統領を選出。

❹ 選挙人の投票（12月の第2水曜日の次の月曜日）

❺ 上下両院合同会議による開票（翌年１月6日）

❻ 新大統領就任式（１月20日）

Ⓒ 大統領選挙結果の実例

選挙結果	総得票数（得票率）	獲得大統領選挙人（勝利州数）
2020年 当バイデン（民主党）	81,283,098（51.3%）	306人（26州）
落トランプ（共和党）	74,222,958（46.8%）	232人（25州）
2016年 当トランプ（共和党）	62,792,756（46.3%）	306人（30州）
落クリントン（民主党）	65,431,654（48.2%）	232人（21州）

得票数が多いのに落選!?
2016年は大混乱のうちにトランプ氏の勝利が決定した。1876，1888，2000年に次ぐ４度目の珍事だった。大統領選挙人の州ごとの「勝者総取り方式」の背景には，連邦政府よりも州（State）が先に形成されたという歴史的事実がある。だから州，さらには州内の各地域によって投票用紙や集計作業も異なる。また，選挙戦では人口の多い州が重視される。

Ⓓ 大統領弾劾のプロセス

独立検察官 報告書を提出

（ニクソンはこの段階で辞職〔〜1974年〕）

下院
司法委員会…弾劾審議・弾劾勧告
↓
本会議…過半数の賛成で弾劾の訴追

（下記３名の大統領はここで罷免を回避。）

上院
弾劾裁判（本会議）…本会議出席議員３分の２以上の賛成で罷免

大統領罷免

用語 独立検察官…大統領や閣僚ら政府高官の連邦法違反容疑を捜査対象とする検察官。ニクソン大統領が民主党本部の盗聴を命じたウォーターゲート事件で，捜査担当の特別検察官が政権側に解任されたことを教訓に1978年創設。
大統領の弾劾裁判…2020年と2021年のトランプ大統領への裁判は，アンドリュー・ジョンソン（1868年），クリントン（1999年）以来３人目（トランプは２回経験）。過去罷免された大統領は，なし。

プラスα ここ100年で現職大統領の敗北はフーバー（1932，共），フォード（1976，共），カーター（1980，民），ブッシュ（1992，共）に次いでトランプで５人目。万一，トランプが24年の大統領選に出馬，当選すれば19世紀後半のクリーブランド（民）以来２人目。

憲法

時事特集

項目	学　習　の　内　容	項目	学　習　の　内　容

国家と権力（P.18・19）

(1) 国家とは？
- **国家の三要素** …①**領域**②**人民**③**主権**
  - └領土・領海・領空
- 国家の分類

本　質　別	起　源　別	機　能　別
国家有機体説	**王権神授説**	**夜警国家**
国家法人説	国家征服説	（消極国家）
階級国家論	**社会契約説**	**福祉国家**
多元的国家論		（積極国家）

(2) 主権と権力

主権の三概念	権力正当性の三類型（ウェーバー）
①対外的独立性	①伝統的支配
②国内における最高権力	②カリスマ的支配
③国家権力	③合法的支配

民主政治の原理（P.20〜23）

(1) 近代民主政治の基本原理
- ① **間接民主制**　② **国民主権**
  - 議会を通じた国民の意思反映／「人民の，人民による，人民のための政治」（ リンカーン ）
- ③ **三権分立**（権力分立）
  - 立法，司法，行政の各権による均衡と抑制（ モンテスキュー ）

(2) **社会契約説** …個々人の契約に基づく国家の形成

ホッブズ	『 **リヴァイアサン** 』	「万人の万人に対する闘争」→ **自然権** 放棄
ロック	『市民政府二論（統治二論）』	自然権の委託による国家形成→権利侵害には抵抗権あり
ルソー	『 **社会契約論** 』	人民主権論，**一般意志** に基づく **直接民主制**

法と法の支配（P.24・25）

(1) 憲法と法律
- 憲法の二側面→**立憲主義**の必要性
  - ┌権力の制限（権利の保障）
  - └**最高法規性**

憲法の分類	成文憲法 ⟷ 不文憲法
	硬性憲法 ⟷ 軟性憲法
	民定憲法 ⟷ 欽定憲法

- 社会規範
  - ┌法律…国家権力による強制力
  - │　←刑罰による制裁あり
  - └道徳…個人の良心という強制力
  - 　　←良心の呵責という制裁あり

(2) 法の支配と法治主義
- **法の支配** …権力者の恣意的支配（**人の支配**）を廃し，議会で国民の意思に基づいて制定された法に，権力者も従う。司法権の優位。近代の英で発展。
  - →米で **違憲立法審査権** として発展。
  - 「国王といえども，神と法の下にある」（ **ブラクトン** ）
- **法治主義** …「**法**」の形式面を重視し，必ずしもその内容や正当性問わず。**悪法もまた法なり**」の可能性。**外見的立憲主義**。戦前の独が典型。

人権思想の発展（P.26〜29）

(1) 絶対王政から近代市民社会の確立へ

　┌─────**絶対王政**─────┐
- ・王権神授説による支配の正当化
- ・特権ブルジョワジーとの癒着

　┌─────**市民革命**─────┐
- ・立憲主義王権の制限や打倒
- **自然法** 思想に基づく基本的人権の確立
  - →「**国家からの自由**」
- ・新興ブルジョワジーによる経済活動の自由の追求

　┌──**人権宣言の誕生**（**自由権的基本権**中心）──┐
- ［英］権利請願，　権利章典
- ［米］バージニア権利章典，　アメリカ独立宣言
- ［仏］**フランス人権宣言**

(2) 20世紀における人権思想の展開
- ① **社会権的基本権** の確立
  - ┌資本主義発達による矛盾激化
  - └政府の経済活動介入の必要性
  - 　→「**国家による自由**」
  - 例〔 **ワイマール憲法**（独）〕
- ②人権の国際的保障の必要性
  - ┌2つの世界大戦，全体主義の悲惨
  - └**国際連合** の成立
  - 例〔 **世界人権宣言**，　国際人権規約，　難民条約，植民地独立付与宣言，　人種差別撤廃条約，**女性差別撤廃条約**（女子差別撤廃条約），**子どもの権利条約**（児童の権利条約）〕

世界の主な政治体制（P.30〜40）

(1) 自由主義国家
- **議院内閣制**
  - └英が典型，内閣の存立は議会の信任に立脚
  - 　→議会と行政権の融合
  - ＊独の大統領は象徴的存在で，実質的には議院内閣制
- **大統領制**

米型	厳格な三権分立，大統領は議会に責任を負わず
仏型	首相の任免権あり，強力なリーダーシップ

(2) 社会主義国家
- **権力（民主）集中制**
  - └共産党による事実上の一党独裁，中国が典型
- (3) 発展途上国
- **開発独裁**（権威主義体制）
  - └外資導入で工業化は進む一方で，人権抑圧の側面
- ・開発独裁の事例

⑳ 韓 国	フィリピン	インドネシア
朴正熙（パク・チョンヒ）大統領（任：1963〜79）	マルコス大統領（任：1965〜86）	スハルト大統領（任：1967〜98）
クーデターで軍事政権樹立後，独裁体制を敷く。親日路線で1965年に日韓基本条約を批准。日米の経済支援の下，高度経済成長を成し遂げた。一方，民主化運動は厳しく弾圧。1979年，側近により暗殺された。	親米路線の下，地方開発・徴税機能の強化により経済基盤を固め，工業化・貿易自由化を推進。1972年には戒厳令を布告し憲法を停止。一族中心の独裁政治が続いたが，1986年の人民革命により打倒され，アメリカに亡命した。	大統領就任後，親米路線に外交方針を転換，国連復帰，ASEAN創設，国内の工業化を進めるなどした。民主化運動は厳しく弾圧，拷問・虐殺などが国際的に批判された。1998年，アジア通貨危機後の混乱により退陣（→p.348 α̂）。

1 日本国憲法と大日本帝国憲法の比較

⑭ 明治憲法下の帝国議会と日本国憲法下の国会の比較。

比較事項		日本国憲法　公布1946(昭和21)年11月3日　施行1947(昭和22)年5月3日	大日本帝国憲法　発布1889(明治22)年2月11日　施行1890(明治23)年11月29日
制定経過の比較	❶制定の動機	ポツダム宣言の受諾	自由民権運動の高まり
	❷制定の中心	日本政府　連合国軍総司令部（マッカーサー）	伊藤博文（金子堅太郎，伊東巳代治，井上毅）
	❸模範とした外国憲法	主としてアメリカ合衆国憲法	プロイセン（ドイツ）憲法
	❹制定，発布の方法	民間でも多くの憲法草案　国民の代表による審議	徹底した秘密主義で，国民は関与せず。自由民権運動派を中心に多くの私擬憲法が作成された。（➡p.56）
⑰ 形式上の比較		❹民定憲法　❺硬性憲法　❻成文憲法　憲法は最高唯一の法であり，皇室典範は，憲法に従属する一般法となった。（成文憲法➡p.24）	❹欽定憲法　❺硬性憲法　❻成文憲法　憲法典は，大日本帝国憲法と皇室典範の2つからなっていた。（憲法の二元性）
内容上の比較	❶主権	国民主権（前文，1条）	天皇主権（1条）
⑲	❷天皇	日本国，日本国民統合の象徴（1条）　内閣の助言と承認により，形式的，儀礼的な国事行為のみを行う（4条，7条）	神聖不可侵の存在（3条）　元首，統治権の総攬者（4条）　緊急勅令（8条）◀⑭　戒厳の宣告権（14条）
⑲	❸戦争と軍隊	戦争放棄，戦力不保持，国の交戦権の否定（9条）	天皇の陸海軍の統帥権（11条）　宣戦大権（13条）　臣民には兵役の義務（20条）
	❹国民の権利	永久不可侵の権利として規定　法律上の制限なく，国政上最大限に尊重　生存権的基本権（25条）まで含む	「臣民」の権利として規定　法律による制限（法律の留保）　自由権的基本権（22～30条）
⑲	❺国会	国権の最高機関，唯一の立法機関（41条）　⑭㉑衆議院，参議院の二院制で，両院とも民選議会（42条，43条）　㉑法律・予算等の議決，首相指名等での衆議院の優越（59条②，60条，61条，67条②，69条）　衆議院には解散があるが参議院にはない（54条）　条約の承認（61条）　国政調査権をもつ（62条）　裁判官に対する弾劾裁判所の設置（64条）	天皇の協賛機関（5条）　衆議院，貴族院の二院制で貴族院は民選議会ではない（33～35条）　衆議院の優越規定はない　衆議院には解散があるが貴族院にはない（44条）　条約の締結，承認は天皇の権限（13条）　国政調査権をもたない　弾劾裁判所なし
⑲	❻内閣	行政権の行使（65条）　行政権の行使について，国会に対し，連帯して責任を負う（66条）等，議院内閣制を明確化（67条，69条）　⑭内閣総理大臣は国会で指名される（67条）　条約の締結（73条）	条文なし。国務大臣は天皇の輔弼機関（55条）　天皇に対して責任を負う。枢密院，顧問官制度の存在（56条）　内閣総理大臣その他の国務大臣は天皇が任命（10条）　条約の締結・承認は，天皇の権限（13条）
	❼裁判所	司法権の行使，裁判官の独立（76条①，③）　特別裁判所（軍法会議等）の廃止（76条②）　違憲法令審査権あり（81条）　最高裁判所裁判官の国民審査（79条）	天皇の名において裁判を行う（57条）　特別裁判所の設置（60条）　違憲法令審査権は実質的にない　規定なし
	❽地方自治	地方自治の尊重（92条）　自治体の長と議員の直接選挙（93条）　条例制定権（94条）　特別法に対する住民投票（95条）	規定なし
	❾予算	予算不成立の場合，国会の議決する暫定予算　皇室費用も予算に計上，国会の議決が必要（88条）	予算不成立の場合，前年度予算の踏襲（71条）　皇室費用は原則として国会の議決不要（66条）
	❿改正	両院で，総議員の3分の2以上の賛成の場合，国会が発議➡国民投票で過半数の賛成が得られれば成立➡天皇が国民の名で公布（96条）	天皇の発議➡両院で，総議員の3分の2以上が出席し，かつそのうちの3分の2以上が賛成した場合に成立（73条）
	⓫最高法規	基本的人権の尊重（97条）　憲法の最高法規性（98条）　㉓憲法尊重擁護の義務（99条）	規定なし

共通テスト 知っていれば解けた!!

「日本国憲法」重要条文 政治・経済 15年分

❶は本試15回分のデータのうち、出題のあった試験回数。

〈注〉 条の次の①は第1項、その次の(1)は第1号を示す。

内 容	内 容	内 容	内 容
第1章 天皇	24条① 婚姻	55条 議員の資格争訟	❷ 78条 裁判官の身分保障
❷ 1条 天皇, 国民主権	② 離婚・婚姻・家族・両性の本質的平等	56条① 議事の定足数	❶ 79条① 最高裁判所の組織
❶ 2条 皇位の世襲・継承	❷ 25条① 生存権	② 議事の表決	② 国民審査
3条 国事行為に対する内閣の責任	② 国の社会保障的義務	❶ 57条① 会議の公開と秘密会	❶ ③ 国民審査での罷免
❶ 4条① 天皇の権能の限界	26条① 教育を受ける権利	② 会議録	④ 国民審査関連事項
② 国事行為の委任	❷ ② 教育の義務	③ 表決の記載	⑤ 定年
5条 摂政	27条① 勤労の権利と義務	58条① 役員の選任	⑥ 報酬
❶ 6条① 内閣総理大臣任命権	② 勤労条件の基準	❷ ② 議院規則と懲罰	❶ 80条① 下級裁判所の裁判官
④ ② 最高裁判官任命権	③ 児童酷使の禁止	59条① 法律案の議決	② 報酬
❶ 7条 国事行為	28条 労働三権	❸ ② 衆議院の優越	❶ 81条 最高裁判所の法令審査権
(1) 法の公布	❶ 29条① 財産権	③ 両院協議会	82条① 裁判の公開
(2) 国会の召集	❶ ② 財産権の制限	❸ ④ 参議院不議決の場合	② 裁判の非公開
(3) 衆議院の解散	❶ ③ 私有財産の補償	❶ 60条① 衆議院の予算先議	
(4) 総選挙の公示	❷ 30条 納税の義務	② 衆議院の優越	**第7章 財政**
(5) 国務大臣等の任免	31条 法定手続の保障	❷ 61条 条約の承認	83条 財政処理の要件
❶ (6) 恩赦	32条 裁判を受ける権利	❶ 62条 議院の国政調査権	84条 租税法律主義
(7) 栄典授与	❶ 33条 逮捕に対する保障	❶ 63条 国務大臣の議院出席の権利と義務	85条 国費支出, 国の債務負担
(8) 外交文書の認証	34条 抑留等への保障	❸ 64条① 弾劾裁判所	❶ 86条 予算
❶ (9) 外国大使等の接受	35条① 住居の不可侵	② 弾劾裁判関連事項	87条① 予備費
(10) 儀式	② 捜索・押収の要件		② 予備費の国会承諾
8条 皇室の財産授受	❶ 36条 拷問等の禁止	**第5章 内閣**	88条 皇室財産, 費用
	37条① 刑事被告人の公開裁判を受ける権利	❶ 65条 行政権	❶ 89条 公財産の用途制限
第2章 戦争の放棄	② 証人を呼ぶ権利	❶ 66条① 内閣の組織	❶ 90条① 決算検査
❶ 9条① 戦争の放棄	③ 国選弁護人の保障	② 文民統制	② 会計検査院
❶ ② 戦力不保持, 交戦権否認	❶ 38条① 自己に不利益な供述の強要禁止	③ 国会への連帯責任	91条 内閣の財政状況報告
	② 自白の証拠能力	❺ 67条① 内閣総理大臣の指名	
第3章 国民の権利及び義務	③ 自白のみによる有罪確定の禁止	② 衆議院の優越	**第8章 地方自治**
❶ 10条 日本国民の要件	❶ 39条 遡及処罰の禁止, 一事不再理の原則	❶ 68条① 国務大臣の任命	❷ 92条 地方自治の原則
❶ 11条 基本的人権の享有	40条 刑事補償	② 国務大臣の罷免	93条① 地方公共団体
12条 自由・権利の保持		❸ 69条 内閣不信任, 解散・総辞職	② 直接選挙
13条 個人の尊重	**第4章 国会**	70条 総理の欠缺・新国会召集時の総辞職	❷ 94条 地方公共団体の権能・条例制定権
❷ 14条① 法の下の平等	41条 国会, 立法権	71条 総辞職後の内閣	❷ 95条 特別法の住民投票
② 貴族制度の禁止	42条 両院制	❷ 72条 総理の職務権限	
③ 栄典の授与	❹ 43条① 両議院の組織	73条 内閣の職務権限	**第9章 改正**
❶ 15条① 公務員選定罷免権	② 両議院の定数	(1) 法律の執行	❺ 96条① 憲法改正の手続
❶ ② 公務員の本質	44条 議員・選挙人資格	❶ (2) 外交	❶ ② 公布
③ 普通選挙の保障	45条 衆議院議員任期	(3) 条約の締結	
❶ ④ 秘密選挙の保障	46条 参議院議員任期	(4) 官吏関連事務	**第10章 最高法規**
❷ 16条 請願権	47条 選挙関連事項	(5) 予算の作成	97条 基本的人権の本質
❶ 17条 国家賠償責任	48条 両議院議員兼職の禁止	❶ (6) 政令の制定	❶ 98条① 憲法の最高法規性
18条 人身の自由	❶ 49条 議員の歳費	❶ (7) 恩赦等の決定	② 条約等の遵守
❷ 19条 思想・良心の自由	❶ 50条 不逮捕特権	❷ 74条 法律・政令の署名	❶ 99条 憲法尊重擁護義務
20条① 信教の自由	❶ 51条 国会における発言・表決の無責任	❶ 75条 国務大臣の訴追	
② 宗教的行為	52条 常会		**第11章 補則** (経過規定)
❶ ③ 政教分離	❶ 53条 臨時会	**第6章 司法**	100条① 憲法施行期日
❸ 21条① 集会・結社・表現の自由	❶ 54条① 衆議院の解散と総選挙, 特別会	76条① 司法権・裁判所	② 準備手続
❸ ② 検閲の禁止, 通信の秘密	② 参議院の緊急集会	❶ ② 特別裁判所の禁止	101条 参議院未成立の間の国会
22条① 居住・移転・職業選択の自由	③ 緊急集会の性質	③ 裁判官の独立	102条 第一期参議院議員の任期
❷ ② 外国移住・国籍離脱の自由		❶ 77条① 最高裁判所の規則制定権	103条 憲法施行の際の公務員
23条 学問の自由		❶ ② 検察官	
		③ 規則制定権の委任	

憲法

法令資料

写真で見る憲法

→解散詔書 紫のふくさに包まれた解散詔書を衆議院事務総長に渡す官房長官(左)。解散権の根拠を第7条とする政府と、第69条とする野党で対立。現在は7条解散が定着している。(2017・9・28)

⏷親任式(第7条) 憲法第6条に基づいて天皇が行う内閣総理大臣及び最高裁判所長官の任命式をいう。写真は2017年第4次安倍内閣発足時の親任式。右は自民党の安倍晋三首相。(2017.11.1)

3 日本国憲法 ［1946(昭和21).11.3公布　1947(昭和22).5.3施行］

（上　諭）

　朕は，日本国民の総意に基いて，新日本建設の礎が，定まるに至つたことを，深くよろこび，枢密顧問の諮詢及び帝国憲法第73条による帝国議会の議決を経た帝国憲法の改正を裁可し，ここにこれを公布せしめる。

　　　御　名　御　璽
　　　　昭和21年11月3日

内閣総理大臣兼外務大臣	吉田　茂
国務大臣　男爵	幣原喜重郎
司法大臣	木村篤太郎
内務大臣	大村清一
文部大臣	田中耕太郎
農林大臣	和田博雄
国務大臣	斎藤隆夫
逓信大臣	一松定吉
商工大臣	星島二郎
厚生大臣	河合良成
国務大臣	植原悦二郎
運輸大臣	平塚常次郎
大蔵大臣	石橋湛山
国務大臣	金森徳次郎
国務大臣	膳桂之助

◆日本国憲法の公布書

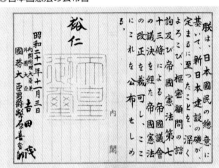

日本国憲法（前文）

　日本国民は，正当に選挙された国会における代表者を通じて行動し，われらとわれらの子孫のために，諸国民との協和による成果と，わが国全土にわたつて自由のもたらす恵沢を確保し，政府の行為によつて再び戦争の惨禍が起ることのないやうにすることを決意し，ここに主権が国民に存することを宣言し，この憲法を確定する。そもそも国政は，国民の厳粛な信託によるものであつて，その権威は国民に由来し，その権力は国民の代表者がこれを行使し，その福利は国民がこれを享受する。これは人類普遍の原理であり，この憲法は，かかる原理に基くものである。われらは，これに反する一切の憲法，法令及び詔勅を排除する。

　日本国民は，恒久の平和を念願し，人間相互の関係を支配する崇高な理想を深く自覚するのであつて，平和を愛する諸国民の公正と信義に信頼して，われらの安全と生存を保持しようと決意した。われらは，平和を維持し，専制と隷従，圧迫と偏狭を地上から永遠に除去しようと努めてゐる国際社会において，名誉ある地位を占めたいと思ふ。われらは，全世界の国民が，ひとしく恐怖と欠乏から免かれ，平和のうちに生存する権利を有することを確認する。

　われらは，いづれの国家も，自国のことのみに専念して他国を無視してはならないのであつて，政治道徳の法則は，普遍的なものであり，この法則に従ふことは，自国の主権を維持し，他国と対等関係に立たうとする各国の責務であると信ずる。

　日本国民は，国家の名誉にかけ，全力をあげてこの崇高な理想と目的を達成することを誓ふ。

第1章　天　皇

❷**第1条[天皇の地位・国民主権]**　天皇は，日本国の象徴であり日本国民統合の象徴であつて，この地位は，主権の存する日本国民の総意に基く。

❶**第2条[皇位の継承]**　皇位は，世襲のものであつて，国会の議決した皇室典範の定めるところにより，これを継承する。

特別資料　自民党「日本国憲法改正草案」（2012年4月27日決定）

〔草案前文〕　日本国は，長い歴史と固有の文化を持ち，国民統合の象徴である天皇を戴く国家であって，国民主権の下，立法，行政及び司法の三権分立に基づいて統治される。

　我が国は，先の大戦による荒廃や幾多の大災害を乗り越えて発展し，今や国際社会において重要な地位を占めており，平和主義の下，諸外国との友好関係を増進し，世界の平和と繁栄に貢献する。

　日本国民は，国と郷土を誇りと気概を持って自ら守り，基本的人権を尊重するとともに，和を尊び，家族や社会全体が互いに助け合って国家を形成する。

　我々は，自由と規律を重んじ，美しい国土と自然環境を守りつつ，教育や科学技術を振興し，活力ある経済活動を通じて国を成長させる。

　日本国民は，良き伝統と我々の国家を末永く子孫に継承するため，ここに，この憲法を制定する。

草案1条[天皇]　天皇は，日本国の元首であり，日本国及び日本国民統合の象徴であって，その地位は，主権の存する日本国民の総意に基づく。

草案3条[国旗及び国歌]①　国旗は日章旗とし，国歌は君が代とする。
②　日本国民は，国旗及び国歌を尊重しなければならない。

日本国憲法の用語解説

憲法条文中の下線は，この用語解説で説明しています。原文に下線はありません。

【上諭】　大日本帝国憲法下で，天皇が法令などを公布するときに，その冒頭に記される天皇の言葉。現在の公布文にあたる。
【朕】　天皇が自分を指していう言葉。歴史的には，古代中国の秦の始皇帝以降，天子の自称として使われた。
【枢密顧問】　明治21年（1888），憲法草案審議のために設けられ，その後天皇の諮問機関となった枢密院の構成員のこと。
【諮詢】　明治憲法下で，枢密院などの機関が，天皇の諮問に応じて参考意見を述べること。
【裁可】　明治憲法下で，議会の議決した法律案や予算を，天皇が承認すること。
【御名御璽】　天皇の自署した署名と印章。
【主権】　主権には大きく3つの意味があるが（⇒p.19），ここでは国の政治のあり方を決める最高の権力のこと。
【信託】　信頼して任せること。
【福利】　幸福と利益。
【法令】　法律・命令（国の行政機関が制定する法規範）・規則・条例などの総称。
【詔勅】　天皇の意思を表示する公文書。明治憲法下では，狭義には詔書（国民に対して発する）や勅書（特定の個人に対して発する）を指し，広義には天皇の意思を表明する公文書のうち，勅令を除くものすべてを指した。現行憲法下では詔勅は，天皇の国事行為に関連して発せられる形式的なものとなり，内閣の助言と承認を必要としている。具体的には，法律で詔書によることが規定されている国会の召集（国会法第1条）のほか，慣習法上，衆議院の解散及び衆議院議員総選挙や参議院議員通常選挙の施行の公示等も，詔書によって行われている。現行憲法下の勅書の例としては，内閣総理大臣や最高裁判所長官の任命の辞令書等が挙げられる。
【隷従】　付き従わせて言いなりにすること。
【偏狭】　自分だけの狭い考えにとらわれること。
第1条
【象徴】　シンボル。目や耳などで直接知覚できないもの（思想，観念，事物など）を，具体的な事物によって理解しやすい形で表したもの。例）鳩→「平和」の象徴

自民党の改正草案の論点

○…自民党「日本国憲法改正草案Q&A」による。
×…自由法曹団「自民党憲法改正草案に反対する意見書」（2012.8）などによる。
（⇒p.78）

〔草案前文〕
○前文は日本の歴史・伝統・文化を踏まえた文章であるべき。現行憲法「平和を愛する諸国民の…安全と生存を保持しようと決意した」は問題で，ユートピア的発想による自衛権の放棄だ。
×現行憲法で「全世界の国民が…平和のうちに生存する権利を有することを確認する」と明記されていた平和的生存権が削除されている。

草案1条
○元首は，国の第一人者を意味し，明治憲法でも，天皇が元首であると規定していた。
×元首とは，実質的に国家を代表する者と考えられてきたもので，現行憲法下では内閣総理大臣と解するのが通説だ。

草案3条
○国旗・国歌を国民が尊重すべきことは当然であり，草案3条2項によって国民に新たな義務が生ずるものとは考えていない。
×国旗・国歌の強制は思想・良心の自由（現行憲法19条）を侵害する。自民党草案では，憲法が認める例外として，強制のおそれがある。

第3条[天皇の国事行為に対する内閣の助言と承認及び責任]　天皇の国事に関するすべての行為には、内閣の助言と承認を必要とし、内閣が、その責任を負ふ。

❶第4条[天皇の権能の限界，天皇の国事行為の委任]①　天皇は、この憲法の定める国事に関する行為のみを行ひ、国政に関する権能を有しない。

②　天皇は、法律の定めるところにより、その国事に関する行為を委任することができる。

第5条[摂政]　皇室典範の定めるところにより摂政を置くときは、摂政は、天皇の名でその国事に関する行為を行ふ。この場合には、前条第1項の規定を準用する。

❶第6条[天皇の任命権]①　天皇は、国会の指名に基いて、内閣総理大臣を任命する。

❹②　天皇は、内閣の指名に基いて、最高裁判所の長たる裁判官を任命する。

❶第7条[天皇の国事行為]　天皇は、内閣の助言と承認により、国民のために、左の国事に関する行為を行ふ。

(1)　憲法改正、法律、政令及び条約を公布すること。

(2)　国会を召集すること。

❶(3)　衆議院を解散すること。

(4)　国会議員の総選挙の施行を公示すること。

(5)　国務大臣及び法律の定めるその他の官吏の任免並びに全権委任状及び大使及び公使の信任状を認証すること。

❶(6)　大赦、特赦、減刑、刑の執行の免除及び復権を認証すること。

(7)　栄典を授与すること。

(8)　批准書及び法律の定めるその他の外交文書を認証すること。

❶(9)　外国の大使及び公使を接受すること。

(10)　儀式を行ふこと。

第8条[皇室の財産授受]　皇室に財産を譲り渡し、又は皇室が、財産を譲り受け、若しくは賜与することは、国会の議決に基かなければならない。

第2章　戦争の放棄

❶第9条[戦争の放棄，戦力及び交戦権の否認]①　日本国民は、正義と秩序を基調とする国際平和を誠実に希求し、国権の発動たる戦争と、武力による威嚇又は武力の行使は、国際紛争を解決する手段としては、永久にこれを放棄する。

❶②　前項の目的を達するため、陸海空軍その他の戦力は、これを保持しない。国の交戦権は、これを認めない。

第3章　国民の権利及び義務

❶第10条[国民の要件]　日本国民たる要件は、法律でこれを定める。

❶第11条[基本的人権の享有]　国民は、すべての基本的人権の享有を妨げられない。この憲法が国民に保障する基本的人権は、侵すことのできない永久の権利として、現在及び将来の国民に与へられる。

第12条[自由・権利の保持の責任と濫用の禁止]　この憲法が国民に保障する自由及び権利は、国民の不断の努力によつて、これを保持しなければならない。又、国民は、これを濫用してはならないのであつて、常に公共の福祉のためにこれを利用する責任を負ふ。

第13条[個人の尊重]　すべて国民は、個人として尊重される。生命、自由及び幸福追求に対する国民の権利については、公共の福祉に反しない限り、立法その他の国政の上で、最大の尊重を必要とする。

草案6条[天皇の国事行為等]④　天皇の国事に関する全ての行為には、内閣の進言を必要とし、内閣がその責任を負う。ただし、衆議院の解散については、内閣総理大臣の進言による。

草案9条[平和主義]①　日本国民は、（中略）国権の発動としての戦争を放棄し、武力による威嚇及び武力の行使は、国際紛争を解決する手段としては用いない。

②　前項の規定は、自衛権の発動を妨げるものではない。

草案9条の2[国防軍]①　我が国の平和と独立並びに国及び国民の安全を確保するため、内閣総理大臣を最高指揮官とする国防軍を保持する。

②　国防軍は、前項の規定による任務を遂行する際は、法律の定めるところにより、国会の承認その他の統制に服する。

③　国防軍は、（中略）国際社会の平和と安全を確保するために国際的に協調して行われる活動及び公の秩序を維持し、又は国民の生命若しくは自由を守るための活動を行うことができる。

④　（前略）国防軍の組織、統制及び機密の保持に関する事項は、法律で定める。

⑤　国防軍に属する軍人その他の公務員がその職務の実施に伴う罪又は国防軍の機密に関する罪を犯した場合の裁判を行うため、法律の定めるところにより、国防軍に審判所を置く。この場合においては、被告人が裁判所へ上訴する権利は、保障されなければならない。

草案9条の3[領土等の保全等]　国は、主権と独立を守るため、国民と協力して、領土、領海及び領空を保全し、その資源を確保しなければならない。

草案12条[国民の責務]　この憲法が国民に保障する自由及び権利は、（中略）濫用してはならず、自由及び権利には責任及び義務が伴うことを自覚し、常に公益及び公の秩序に反してはならない。

草案13条[人としての尊重等]　全て国民は、人として尊重される。生命、自由及び幸福追求に対する国民の権利については、公益及び公の秩序に反しない限り、立法その他の国政の上で、最大限に尊重されなければならない。

第3条

【世襲】　親の身分、財産、職業などを子が代々受け継ぐこと。

【国事に関するすべての行為】　天皇が国の機関として行う行為。憲法上の用語で、通常「国事行為」という。

【内閣の助言と承認】　（⇒p.61）

第4条

【権能】　国家又は地方公共団体の機関に法令上認められている能力をいう。権能と同じ意味で用いられるほか、権利と同じ意味、又は権利の個々の機能（使用・収益・処分など）の意味に用いられることがある。

第5条

【摂政】　天皇の代理機関。その設置については皇室典範（⇒p.61）に規定されている。

【準用】　ある事項に関する規定を、他の事項に当てはめること。

第7条

【政令】　内閣が制定する命令（国の行政機関が制定する法規範）。

【全権委任状】　外交使節に、条約を締結する権限を与えたことを証明する文書で、内閣により発せられる。

【信任状】　特定の人を外交使節として派遣することを記した公文書で、内閣により発せられる。外交官が正当な資格を有することを証明するものとなる。

【認証】　国家機関の一定の行為が、正当な手続でされたことを公の機関が証明する行為。

【大赦】　恩赦（裁判で確定した刑罰を、特別な恩典によって免除したり減じたりすること）の一種で、国家的慶事などの際に、政令の定める犯罪に限り、刑罰を免除すること。

【特赦】　恩赦の一種で、国家的慶事などの際に、特定の人物に対する刑罰を免除すること。

草案6条

○天皇の行為に対して「承認」とは礼を失することから、「進言」という言葉に統一した。

×「助言と承認」が「進言」となり、文言上、内閣の意向に反しても国事行為が可能と読める。

草案9条

○草案9条2項で、主権国家の自然権としての「自衛権」を明示的に規定した。当然、個別的自衛権だけでなく、集団的自衛権も含まれる。

×集団的自衛権の行使や国際協力の海外派兵が念頭にあり、現行憲法が、戦争放棄によって全世界の国民の平和的生存権を実現しようとするものは、制度も目的も根本的に異なる。

草案9条の2

○独立国家が軍隊を保有することは、現代の世界で常識だ。文民統制は、①内閣総理大臣が最高指揮官、②その具体的な権限行使は法律の規定によること等を条文に盛り込んだ。

○審判所とは軍法会議のこと。軍事機密保護のため設置を規定。裁判官や検察、弁護側も、主に軍人から選ばれることが想定される。

×国防軍は、草案9条の2第3項で、多国籍軍などへの海外派兵、治安出動や国民監視も任務とされる。同条4項は、秘密保護法制の制定を憲法上の前提とし、国民の知る権利、表現の自由に対する広範な制限を容認するものとなる。

草案12・13・29条

○「公共の福祉」を「公益及び公の秩序」に変え、基本的人権の制約は、人権相互の衝突の場合に限られないことを示した。「公の秩序」とは「社会秩序」のことで、平穏な社会生活を意味する。

×「公共の福祉」は人権相互の矛盾・衝突を調整する原理と解されており、社会公共の利益というような抽象的な価値を根拠に人権を制約することは許されない。「公益及び公の秩序」では、抽象的な価値を根拠に人権を制限することが許されることになり、明治憲法下の法律の留保と同じ結果となりかねない。

憲法

法令資料

45

❷第14条[法の下の平等，貴族制度の否認，栄典の授与]①　すべて国民は，法の下に平等であつて，人種，信条，性別，社会的身分又は門地により，政治的，経済的又は社会的関係において，差別されない。

②　華族その他の貴族の制度は，これを認めない。

③　栄誉，勲章その他の栄典の授与は，いかなる特権も伴はない。栄典の授与は，現にこれを有し，又は将来これを受ける者の一代に限り，その効力を有する。

❶第15条[公務員の選定罷免権，公務員の本質，普通選挙及び秘密投票の保障]①　公務員を選定し，及びこれを罷免することは，国民固有の権利である。

❶②　すべて公務員は，全体の奉仕者であつて，一部の奉仕者ではない。

③　公務員の選挙については，成年者による普通選挙を保障する。

❶④　すべて選挙における投票の秘密は，これを侵してはならない。選挙人は，その選択に関し公的にも私的にも責任を問はれない。

❷第16条[請願権]　何人も，損害の救済，公務員の罷免，法律，命令又は規則の制定，廃止又は改正その他の事項に関し，平穏に請願する権利を有し，何人も，かかる請願をしたためにいかなる差別待遇も受けない。

❷第17条[国及び公共団体の賠償責任]　何人も，公務員の不法行為により，損害を受けたときは，法律の定めるところにより，国又は公共団体に，その賠償を求めることができる。

第18条[奴隷的拘束及び苦役からの自由]　何人も，いかなる奴隷的拘束も受けない。又，犯罪に因る処罰の場合を除いては，その意に反する苦役に服させられない。

❷第19条[思想及び良心の自由]　思想及び良心の自由は，これを侵してはならない。

第20条[信教の自由]①　信教の自由は，何人に対してもこれを保障する。いかなる宗教団体も，国から特権を受け，又は政治上の権力を行使してはならない。

②　何人も，宗教上の行為，祝典，儀式又は行事に参加することを強制されない。

❶③　国及びその機関は，宗教教育その他いかなる宗教的活動もしてはならない。

❸第21条[集会・結社・表現の自由，通信の秘密]①　集会，結社及び言論，出版その他一切の表現の自由は，これを保障する。

❸②　検閲は，これをしてはならない。通信の秘密は，これを侵してはならない。

第22条[居住・移転及び職業選択の自由，外国移住及び国籍離脱の自由]①　何人も，公共の福祉に反しない限り，居住，移転及び職業選択の自由を有する。

❶②　何人も，外国に移住し，又は国籍を離脱する自由を侵されない。

第23条[学問の自由]　学問の自由は，これを保障する。

草案14条[法の下の平等]　全て国民は，法の下に平等であって，人種，信条，性別，障害の有無，社会的身分又は門地により，政治的，経済的又は社会的関係において，差別されない。

草案18条[身体の拘束及び苦役からの自由]①　何人も，その意に反すると否とにかかわらず，社会的又は経済的関係において身体を拘束されない。

②　何人も，犯罪による処罰の場合を除いては，その意に反する苦役に服させられない。

草案19条の2[個人情報の不当取得の禁止等]　何人も，個人に関する情報を不当に取得し，保有し，又は利用してはならない。

草案20条[信教の自由]①　信教の自由は，保障する。国は，いかなる宗教団体に対しても，特権を与えてはならない。

③　国及び地方自治体（中略）は，特定の宗教のための教育その他の宗教的活動をしてはならない。ただし，社会的儀礼又は習俗的行為の範囲を超えないものについては，この限りでない。

草案21条[表現の自由]②　前項の規定にかかわらず，公益及び公の秩序を害することを目的とした活動を行い，並びにそれを目的として結社をすることは，認められない。

草案21条の2[国政上の行為に関する説明の責務]　国は，国政上の行為につき国民に説明する責務を負う。

【栄典】　国家・社会に対する功労や善行・徳行のあった人を表彰するために与えられる，位階や勲章のこと。例）文化勲章，褒章，国民栄誉賞，名誉市民など。

【批准】　条約の署名後，国家がその内容を審査し，確定的な同意を与えることで，条約を最終的に承認する手続となる。日本の場合には内閣が行う。（憲法第73条）

第8条
【賜与】　天皇又は皇族から皇室の構成員以外の者に行われる無償の贈与。

第9条
【国権の発動たる戦争】　国家（権力）によって行われる戦争で，正式に宣戦布告がなされた戦争を指す。

【武力による威嚇】　威嚇とはおどかすことで，武力行使に出ることを直接又は間接に示して，自国の意思を他国に強制しようとする行為のこと。

【武力の行使】　宣戦布告なしに行われる戦闘行為。

【交戦権】　戦争を行う権利。

第11条
【享有】　生まれながらに身に受けて持っていること。

第12条
【公共の福祉】　（⇒p.112）

第14条
【信条】　宗教上の信仰及び人生観・世界観・政治観など，いわゆる思想上の信念。

【社会的身分】　人が社会において継続的に占めている地位で，高い低いなどの一定の社会的評価を伴うもの。例）社長と社員，資本家と労働者，大学教授と学生など。

【門地】　生まれや家柄。

【華族】　明治憲法下で，「公・侯・伯・子・男」の5爵のいずれかを有した者と，その家族。爵は世襲された。

第15条
【罷免】　本人の意思にかかわらず，一方的にその職をやめさせること。

【全体の奉仕者】　公務員が自分や一部の者の利益ではなく，国民全体の利益のためにその権限を行使すべき存在であるということ。

【普通選挙】　性別や財産や納税額によって，選挙権のあるなしといった差別をしない選挙。

草案21条
×表現の自由について，「公益及び公の秩序を害する…認められない」と規定し，国民の知る権利や言論・政治活動の規制を意図している。

写真で見る憲法

➡請願行動をする（第16条）国民（下）選挙権の行使だけが政治参加ではない。様々な方法を活用して自ら政治に参加していくことが重要である。

国民（上）とデモ行進をする国民

➡1985年8月15日，中曽根康弘首相（当時）が戦後の首相では初めて「内閣総理大臣」の資格で，靖国神社に参拝（第20条）。憲法の政教分離の原則に反するとして，国内だけでなく，近隣諸国からも反発があった。

本島市長狙撃　許さない
言論の自由を創る緊急市民デモ

第24条[家族生活における個人の尊厳と両性の平等]① 婚姻は，両性の合意のみに基いて成立し，夫婦が同等の権利を有することを基本として，相互の協力により，維持されなければならない。

② 配偶者の選択，財産権，相続，住居の選定，離婚並びに婚姻及び家族に関するその他の事項に関しては，法律は，個人の尊厳と両性の本質的平等に立脚して，制定されなければならない。

❷第25条[生存権，国の社会保障義務]① すべて国民は，健康で文化的な最低限度の生活を営む権利を有する。

② 国は，すべての生活部面について，社会福祉，社会保障及び公衆衛生の向上及び増進に努めなければならない。

第26条[教育を受ける権利，教育を受けさせる義務]① すべて国民は，法律の定めるところにより，その能力に応じて，ひとしく教育を受ける権利を有する。

❷② すべて国民は，法律の定めるところにより，その保護する子女に普通教育を受けさせる義務を負ふ。義務教育は，これを無償とする。

第27条[勤労の権利と義務，勤労条件の基準，児童酷使の禁止]① すべて国民は，勤労の権利を有し，義務を負ふ。

② 賃金，就業時間，休息その他の勤労条件に関する基準は，法律でこれを定める。

③ 児童は，これを酷使してはならない。

第28条[勤労者の団結権・団体交渉権] 勤労者の団結する権利及び団体交渉その他の団体行動をする権利は，これを保障する。

❶第29条[財産権]① 財産権は，これを侵してはならない。

❶② 財産権の内容は，公共の福祉に適合するやうに，法律でこれを定める。

❶③ 私有財産は，正当な補償の下に，これを公共のために用ひることができる。

❷第30条[納税の義務] 国民は，法律の定めるところにより，納税の義務を負ふ。

第31条[法定手続の保障] 何人も，法律の定める手続によらなければ，その生命若しくは自由を奪はれ，又はその他の刑罰を科せられない。

第32条[裁判を受ける権利] 何人も，裁判所において裁判を受ける権利を奪はれない。

❶第33条[逮捕に対する保障] 何人も，現行犯として逮捕される場合を除いては，権限を有する司法官憲が発し，且つ理由となつてゐる犯罪を明示する令状によらなければ，逮捕されない。

第34条[抑留及び拘禁に対する保障] 何人も，理由を直ちに告げられ，且つ，直ちに弁護人に依頼する権利を与へられなければ，抑留又は拘禁されない。又，何人も，正当な理由がなければ，拘禁されず，要求があれば，その理由は，直ちに本人及びその弁護人の出席する公開の法廷で示されなければならない。

第35条[住居の不可侵]① 何人も，その住居，書類及び所持品について，侵入，捜索及び押収を受けることのない権利は，第33条の場合を除いては，正当な理由に基いて発せられ，且つ捜索する場所及び押収する物を明示する令状がなければ，侵されない。

② 捜索又は押収は，権限を有する司法官憲が発する各別の令状により，これを行ふ。

❶第36条[拷問及び残虐な刑罰の禁止] 公務員による拷問及び残虐な刑罰は，絶対にこれを禁ずる。

第37条[刑事被告人の権利]① すべて刑事事件においては，被告人は，公平な裁判所の迅速な公開裁判を受ける権利を有する。

② 刑事被告人は，すべての証人に対して審問する機会を充分に与へられ，又，公費で自己のために強制的手続により証人を求める権利を有する。

❶③ 刑事被告人は，いかなる場合にも，資格を有する弁護人を依頼することができる。被告人が自らこれを依頼することができないときは，国でこれを附する。

❶第38条[自己に不利益な供述，自白の証拠能力]① 何人も，自己に不利益な供述を強要されない。

❶② 強制，拷問若しくは脅迫による自白又は不当に長く抑留若しくは拘禁された後の自白は，これを証拠とすることができない。

③ 何人も，自己に不利益な唯一の証拠が本人の自白である場合には，有罪とされ，又は刑罰を科せられない。

草案24条[家族，婚姻等に関する基本原則]① 家族は，社会の自然かつ基礎的な単位として，尊重される。家族は，互いに助け合わなければならない。

草案25条の2[環境保全の責務] 国は，国民と協力して，国民が良好な環境を享受することができるようにその保全に努めなければならない。

草案25条の3[在外国民の保護] 国は，国外において緊急事態が生じたときは，在外国民の保護に努めなければならない。

草案25条の4[犯罪被害者等への配慮] 国は，犯罪被害者及びその家族の人権及び処遇に配慮しなければならない。

草案26条[教育に関する権利及び義務等]③ 国は，教育が国の未来を切り拓く上で欠くことのできないものであることに鑑み，教育環境の整備に努めなければならない。

草案29条[財産権]① 財産権は，保障する。

② 財産権の内容は，公益及び公の秩序に適合するように，法律で定める。この場合において，知的財産権については，国民の知的創造力の向上に資するように配慮しなければならない。

第16条
【請願】 国又は地方公共団体の機関に対して希望・要望・苦情を述べること。請願を受けた機関はそれを誠実に処理すべきものとされ，受理機関には請願を受理しなければならない義務はあるが，それに対して一定の措置をとる法的義務はない（請願法第5条）。

第17条
【不法行為】 その行為によって，他人に損害が生じ，その損害についての賠償責任が生ずるような行為。

第18条
【奴隷的拘束】 人間一人ひとりが，自由な人格を有する存在であることを無視するような身体の拘束。その身体の拘束が，肉体的な苦痛を伴うものかどうかは問わない。
【意に反する苦役】 本人の意思に反して強制される労役（肉体的労働）。

第21条
【結社】 一定の目的のために人々が集まって作る団体。例）会社，労働組合，政党
【検閲】 国家機関が表現物（新聞，書籍，郵便など）の内容を，事前に強制的に調べ，不適当と認めるものの発表を禁止すること。

第24条
【配偶者】 夫婦の一方からみた他方を指す言い方。夫からみた妻，妻からみた夫。
【両性の本質的平等】 男性と女性とが，人間として全く同じ価値を持つということ。

第26条
【その能力に応じて】 すべての子供がその能力の発達上の必要に応じた教育を保障されるということ。例えば，障害児にもその発達に応じた教育が保障されなければならないという意味。
【普通教育】 人間として，また一般社会人として必要とされる知識や能力を養うための教育。日本の場合には小・中学校の9年間の義務教育を指す。
【無償】 義務教育においては授業料を徴収しないということ。

第29条
【財産権】 経済的に価値のあるものを有する権利。民法上は物権・債権・知的財産権（特許権や著作権など）を指す。

第30条
●国税徴収法(抄)[昭和34.4.20 法147]
第1条[目的] この法律は，国税の滞納処分その他の徴収に関する手続の執行について必要な事項を定め，私法秩序との調整を図りつつ，国民の納税義務の適正な実現を通じて国税収入を確保することを目的とする。

第31条
●刑事訴訟法(抄)[昭和23.7.10 法131]
第1条[この法律の目的] この法律は，刑事事件につき，公共の福祉の維持と個人の基本的人権の保障とを全うしつつ，事案の真相を明らかにし，刑罰法令を適正且つ迅速に適用実現することを目的とする。

第33条
【司法官憲】 司法に関する職務を行う公務員のことだが，第33条にいう司法官憲は裁判官だけを指す。
【令状】 裁判所や裁判官が発する逮捕・捜索・押収などの命令や許可を記載した書面の総称。ここでは逮捕令状のこと。

草案24条
〇昨今，家族の絆が薄くなってきていると言われていることに鑑み，家族の規定を新設した。
×自民党草案は，家族の尊重と相互扶助義務を原則とし，個人の尊重（現行憲法13条）を確保しようとする人権保障制度とは全く異質だ。

❶第39条[遡及処罰の禁止・一事不再理]　何人も，実行の時に適法であつた行為又は既に無罪とされた行為については，刑事上の責任を問はれない。又，同一の犯罪について，重ねて刑事上の責任を問はれない。

第40条[刑事補償]　何人も，抑留又は拘禁された後，無罪の裁判を受けたときは，法律の定めるところにより，国にその補償を求めることができる。

第4章　国　会

第41条[国会の地位・立法権]　国会は，国権の最高機関であつて，国の唯一の立法機関である。

第42条[両院制]　国会は，衆議院及び参議院の両議院でこれを構成する。

❹第43条[両議院の組織]①　両議院は，全国民を代表する選挙された議員でこれを組織する。
②　両議院の議員の定数は，法律でこれを定める。

第44条[議員及び選挙人の資格]　両議院の議員及びその選挙人の資格は，法律でこれを定める。但し，人種，信条，性別，社会的身分，門地，教育，財産又は収入によつて差別してはならない。

第45条[衆議院議員の任期]　衆議院議員の任期は，4年とする。但し，衆議院解散の場合には，その期間満了前に終了する。

第46条[参議院議員の任期]　参議院議員の任期は，6年とし，3年ごとに議員の半数を改選する。

第47条[選挙に関する事項の定め]　選挙区，投票の方法その他両議院の議員の選挙に関する事項は，法律でこれを定める。

第48条[両議院議員兼職の禁止]　何人も，同時に両議院の議員たることはできない。

❶第49条[議員の歳費]　両議院の議員は，法律の定めるところにより，国庫から相当額の歳費を受ける。

❶第50条[議員の不逮捕特権]　両議院の議員は，法律の定める場合を除いては，国会の会期中逮捕されず，会期前に逮捕された議員は，その議院の要求があれば，会期中これを釈放しなければならない。

❶第51条[議員の発言・表決の無責任]　両議院の議員は，議院で行つた演説，討論又は表決について，院外で責任を問はれない。

第52条[常会]　国会の常会は，毎年1回これを召集する。

❶第53条[臨時会]　内閣は，国会の臨時会の召集を決定することができる。いづれかの議院の総議員の4分の1以上の要求があれば，内閣は，その召集を決定しなければならない。

❶第54条[衆議院の解散と総選挙・特別会，参議院の緊急集会]①　衆議院が解散されたときは，解散の日から40日以内に，衆議院議員の総選挙を行ひ，その選挙の日から30日以内に，国会を召集しなければならない。

❶②　衆議院が解散されたときは，参議院は，同時に閉会となる。但し，内閣は，国に緊急の必要があるときは，参議院の緊急集会を求めることができる。

③　前項但書の緊急集会において採られた措置は，臨時のものであつて，次の国会開会の後10日以内に，衆議院の同意がない場合には，その効力を失ふ。

第55条[議員の資格争訟]　両議院は，各々その議員の資格に関する争訟を裁判する。但し，議員の議席を失はせるには，出席議員の3分の2以上の多数による議決を必要とする。

第56条[議事の定足数，表決]①　両議院は，各々その総議員の3分の1以上の出席がなければ，議事を開き議決することができない。

②　両議院の議事は，この憲法に特別の定のある場合を除いては，出席議員の過半数でこれを決し，可否同数のときは，議長の決するところによる。

草案47条[選挙に関する事項]　（前略）選挙に関する事項は，法律で定める。この場合においては，各選挙区は，人口を基本とし，行政区画，地勢等を総合的に勘案して定めなければならない。

草案54条[衆議院の解散と衆議院議員の総選挙，特別国会及び参議院の緊急集会]①　衆議院の解散は，内閣総理大臣が決定する。

第34条
【抑留・拘禁】　どちらも逮捕に引き続く身柄の拘束を指し，抑留は比較的短期の拘束，拘禁は長期の拘束を意味する。

第35条
【押収】　裁判所や捜査機関が，証拠となる物品を強制的に差し押さえて取り上げること。

第36条
【拷問】　刑事事件の被疑者や被告人に対し，自白を強要するために肉体的・精神的苦痛を与えること。

第37条
【被告人】　罪を犯したとして起訴された者。もちろん真犯人とは限らない。起訴されるまでは被疑者と呼ばれる。
【審問】　詳しく問いただすこと。

第38条
【供述】　被疑者や被告人が，裁判官や検察官の尋問（口頭で問いただすこと）に答えること。

第39条
【遡及】　さかのぼること。
【一事不再理】　一度判決が確定した事件について，再び裁判をすることができないという原則。ただし，有罪判決については再審が認められる場合もある。（⇒p.92）

第40条
●刑事補償法（抄）　［昭和25.1.1　法1］
第1条[補償の要件]　刑事訴訟法による通常手続又は再審若しくは非常上告の手続において無罪の裁判を受けた者が同法，少年法又は経済調査庁法によつて未決の抑留又は拘禁を受けた場合には，その者は，国に対して，抑留又は拘禁による補償を請求することができる。
第4条[補償の内容]　抑留又は拘禁による補償においては，前条及び次条第2項に規定する場合を除いては，その日数に応じて，1日1,000円以上12,500円以下の割合による額の補償金を交付する。懲役，禁錮若しくは拘留の執行又は拘置による補償においても，同様である。

第49条
●国会議員の歳費，旅費及び手当等に関する法律（抄）　［昭和22.4.30　法80］
第1条[歳費月額]　各議院の議長は内閣総理大臣の俸給月額に相当する金額を，副議長は国務大臣の俸給月額に相当する金額を，議員は政務次官の俸給月額に相当する金額を，それぞれ歳費月額として受ける。
【国庫】　国家を，財産権を有する主体と見た時の呼び方で，国家と同義。国庫に属する現金を総括して国庫金というが，日本の場合には日本銀行が統一して扱っている。

＊フランス革命（1789年）の国民議会で，議長席から見て右側にフイヤン派（王党派：貴族や聖職者），左側に山岳派（共和派：非特権階級である商工業者や労働者などの意思を代弁）が席を占めたことに由来する（⇒p.151）。

写真で見る憲法

本会議場の比較　◆衆参両院の議場（写真は衆議院）　議席が扇形に配置され，議員席より高い位置に閣僚席（ひな壇）が設けられている。ドイツ帝国議会の議場を模倣してつくられたといわれている。

◆イギリス下院型　対面形式の議席で，議長席から見て右側が与党，左側が野党席となっている。最前列に大臣・党幹部が座り，ほかの席は自由となっている。

剣線

◆フランス下院型　議席が扇形に配置され，党派ごとに割り当てられる。議長席から見て右側に保守，左側に革新といったかたちをとるので，ここから**右翼**，**左翼**という言葉が生まれた＊。

❶第57条[会議の公開と秘密会，会議録，表決の記載]① 両議院の会議は，公開とする。但し，出席議員の3分の2以上の多数で議決したときは，秘密会を開くことができる。

❶② 両議院は，各々その会議の記録を保存し，秘密会の記録の中で特に秘密を要すると認められるもの以外は，これを公表し，且つ一般に頒布しなければならない。

③ 出席議員の5分の1以上の要求があれば，各議員の表決は，これを会議録に記載しなければならない。

第58条[役員の選任，議院規則・懲罰]① 両議院は，各々その議長その他の役員を選任する。

❷② 両議院は，各々その会議その他の手続及び内部の規律に関する規則を定め，又，院内の秩序をみだした議員を懲罰することができる。但し，議員を除名するには，出席議員の3分の2以上の多数による議決を必要とする。

第59条[法律案の議決，衆議院の優越]① 法律案は，この憲法に特別の定のある場合を除いては，両議院で可決したとき法律となる。

❸② 衆議院で可決し，参議院でこれと異なつた議決をした法律案は，衆議院で出席議員の3分の2以上の多数で再び可決したときは，法律となる。

③ 前項の規定は，法律の定めるところにより，衆議院が，両議院の協議会を開くことを求めることを妨げない。

❸④ 参議院が，衆議院の可決した法律案を受け取つた後，国会休会中の期間を除いて60日以内に，議決しないときは，衆議院は，参議院がその法律案を否決したものとみなすことができる。

❷第60条[衆議院の予算先議，衆議院の優越]① 予算は，さきに衆議院に提出しなければならない。

❷② 予算について，参議院で衆議院と異なつた議決をした場合に，法律の定めるところにより，両議院の協議会を開いても意見が一致しないとき，又は参議院が，衆議院の可決した予算を受け取つた後，国会休会中の期間を除いて30日以内に，議決しないときは，衆議院の議決を国会の議決とする。

❹第61条[条約の承認と衆議院の優越] 条約の締結に必要な国会の承認については，前条第2項の規定を準用する。

❷第62条[議院の国政調査権] 両議院は，各々国政に関する調査を行ひ，これに関して，証人の出頭及び証言並びに記録の提出を要求することができる。

❸第63条[国務大臣の議院出席の権利と義務] 内閣総理大臣その他の国務大臣は，両議院の一に議席を有すると有しないとにかかはらず，何時でも議案について発言するため議院に出席することができる。又，答弁又は説明のため出席を求められたときは，出席しなければならない。

❸第64条[弾劾裁判所]① 国会は，罷免の訴追を受けた裁判官を裁判するため，両議院の議員で組織する弾劾裁判所を設ける。

② 弾劾に関する事項は，法律でこれを定める。

第5章 内 閣

❶第65条[行政権] 行政権は，内閣に属する。

❶第66条[内閣の組織，国会に対する連帯責任]① 内閣は，法律の定めるところにより，その首長たる内閣総理大臣及びその他の国務大臣でこれを組織する。

② 内閣総理大臣その他の国務大臣は，文民でなければならない。

❶③ 内閣は，行政権の行使について，国会に対し連帯して責任を負ふ。

❺第67条[内閣総理大臣の指名，衆議院の優越]① 内閣総理大臣は，国会議員の中から国会の議決で，これを指名する。この指名は，他のすべての案件に先だつて，これを行ふ。

② 衆議院と参議院とが異なつた指名の議決をした場合に，法律の定めるところにより，両議院の協議会を開いても意見が一致しないとき，又は衆議院が指名の議決をした後，国会休会中の期間を除いて10日以内に，参議院が，指名の議決をしないときは，衆議院の議決を国会の議決とする。

❶第68条[国務大臣の任命及び罷免]① 内閣総理大臣は，国務大臣を任命する。但し，その過半数は，国会議員の中から選ばれなければならない。

② 内閣総理大臣は，任意に国務大臣を罷免することができる。

❸第69条[衆議院の内閣不信任と解散又は総辞職] 内閣は，衆議院で不信任の決議案を可決し，又は信任の決議案を否決したときは，10日以内に衆議院が解散されない限り，総辞職をしなければならない。

第70条[内閣総理大臣の欠缺・新国会の召集と内閣の総辞職] 内閣総理大臣が欠けたとき，又は衆議院議員総選挙の後に初めて国会の召集があつたときは，内閣は，総辞職をしなければならない。

草案64条の2[政党]① 国は，政党が議会制民主主義に不可欠の存在であることに鑑み，その活動の公正の確保及びその健全な発展に努めなければならない。

② 政党の政治活動の自由は，保障する。

③ 前2項に定めるもののほか，政党に関する事項は，法律で定める。

草案66条[内閣の構成及び国会に対する責任]② 内閣総理大臣及び全ての国務大臣は，現役の軍人であってはならない。

【歳費】 国会議員に支給される給与。具体的金額については⇒p.121。

第51条
【表決】 国会議員が，ある一定の問題について，賛否の意思を表明する行為。

第52条
【常会】 一般には「通常国会」と呼ばれる。

第53条
【臨時会】 一般には「臨時国会」と呼ばれる。

第55条
【資格に関する争訟】 国会議員の資格に関する争いは，国会法の規定により行われる。（国会法第111条）

第58条
【その他の役員】 ここでいうその他の役員とは，副議長，仮議長，常任委員長，事務総長を指す。（国会法第16条）

【懲罰】 国会の両議院が，内部の秩序を乱した議員に対して行う制裁。戒告・陳謝・登院停止・除名の4種がある。（国会法第122条）

第59条
【両議院の協議会】 両院協議会と呼ばれ，国会の議決を必要とする議案及び内閣総理大臣の指名について，両議院の意見が一致しない場合に，その意見調整のために設けられる一種の委員会。各院で選挙された各々10人の委員で組織される。（⇒p.122）

第60条
【予算】 一会計年度（日本の場合は4月1日から翌年の3月31日まで）の国の収入（歳入）と支出（歳出）の見積もり。（⇒p.210）

第61条
【条約】 国家間の文書による合意。（⇒p.288）

第64条
【訴追】 弾劾の申し立てをして，裁判官の罷免を求めること。

【弾劾】 犯罪や不正を調べ上げて公開し，責任をとるように求めること。（⇒p.133）

第66条
【首長】 集団や組織を統率する長のこと。

【文民】 日本国憲法で新たに作られた語で，英語civiliansの訳語。文民の意味に関しては①軍人でない者②過去において職業軍人の経歴のない者③軍国主義思想の持ち主でない者などの諸説があるが，②が多数説である。この文民の意味については，自衛隊の存在をどのように捉えるかで議論が分かれるが，「現職の自衛官は文民でないという」点においては異論はない。ただし，自衛官の経歴を有する者をどう考えるかについては，文民であるとする考え方と文民でないという考え方に分かれるが，現在の政府見解は，「職業軍人の経歴があっても，強い軍国主義思想の持ち主でない者」である。

第67条
【案件】 問題となっている事柄，審議しなければならない事柄。

第69条
【総辞職】 内閣総理大臣および国務大臣のすべてがその職を辞任すること。

第70条
【欠缺】 欠けること。内閣総理大臣が死亡したり，除名などによって国会議員の地位を失った場合などがこれに当たる。また，内閣総理大臣が病気などで一時的に職務に支障が生じた場合には，予備的ないし応急的に指名された国務大臣が，臨時に内閣総理大臣の職務を行う。（内閣法第9条）

草案66条
×上述の用語解説のように文民は「職業軍人の経歴のない者」とする見解が多数であるが，草案では軍人の経歴を容認することで，文民統制が緩和されている。

第71条[総辞職後の内閣]　前2条の場合には，内閣は，あらたに内閣総理大臣が任命されるまで引き続きその職務を行ふ。

❷第72条[内閣総理大臣の職務権限]　内閣総理大臣は，内閣を代表して議案を国会に提出し，一般国務及び外交関係について国会に報告し，並びに行政各部を指揮監督する。

第73条[内閣の職務権限]　内閣は，他の一般行政事務の外，左の事務を行ふ。

(1)　法律を誠実に執行し，国務を総理すること。
❶(2)　外交関係を処理すること。
❷(3)　条約を締結すること。但し，事前に，時宜によつては事後に，国会の承認を経ることを必要とする。
(4)　法律の定める基準に従ひ，官吏に関する事務を掌理すること。
(5)　予算を作成して国会に提出すること。
❶(6)　この憲法及び法律の規定を実施するために，政令を制定すること。但し，政令には，特にその法律の委任がある場合を除いては，罰則を設けることができない。
❶(7)　大赦，特赦，減刑，刑の執行の免除及び復権を決定すること。

❷第74条[法律・政令の署名]　法律及び政令には，すべて主任の国務大臣が署名し，内閣総理大臣が連署することを必要とする。

❶第75条[国務大臣の訴追]　国務大臣は，その在任中，内閣総理大臣の同意がなければ，訴追されない。但し，これがため，訴追の権利は，害されない。

第6章　司　法

第76条[司法権・裁判所，特別裁判所の禁止，裁判官の独立]①　すべて司法権は，最高裁判所及び法律の定めるところにより設置する下級裁判所に属する。
❶②　特別裁判所は，これを設置することができない。行政機関は，終審として裁判を行ふことができない。
③　すべて裁判官は，その良心に従ひ独立してその職権を行ひ，この憲法及び法律にのみ拘束される。

❷第77条[最高裁判所の規則制定権]①　最高裁判所は，訴訟に関する手続，弁護士，裁判所の内部規律及び司法事務処理に関する事項について，規則を定める権限を有する。
②　検察官は，最高裁判所の定める規則に従はなければならない。
③　最高裁判所は，下級裁判所に関する規則を定める権限を，下級裁判所に委任することができる。

❷第78条[裁判官の身分の保障]　裁判官は，裁判により，心身の故障のために職務を執ることができないと決定された場合を除いては，公の弾劾によらなければ罷免されない。裁判官の懲戒処分は，行政機関がこれを行ふことはできない。

❶第79条[最高裁判所の裁判官，国民審査，定年，報酬]①　最高裁判所は，その長たる裁判官及び法律の定める員数のその他の裁判官でこれを構成し，その長たる裁判官以外の裁判官は，内閣でこれを任命する。
❷②　最高裁判所の裁判官の任命は，その任命後初めて行はれる衆議院議員総選挙の際国民の審査に付し，その後10年を経過した後初めて行はれる衆議院議員総選挙の際更に審査に付し，その後も同様とする。
❶③　前項の場合において，投票者の多数が裁判官の罷免を可とするときは，その裁判官は，罷免される。
④　審査に関する事項は，法律でこれを定める。
⑤　最高裁判所の裁判官は，法律の定める年齢に達した時に退官する。
⑥　最高裁判所の裁判官は，すべて定期に相当額の報酬を受ける。この報酬は，在任中，これを減額することができない。

草案72条[内閣総理大臣の職務]③　内閣総理大臣は，最高指揮官として，国防軍を統括する。
草案77条[最高裁判所の規則制定権]②　検察官，弁護士その他の裁判に関わる者は，最高裁判所の定める規則に従わなければならない。
草案79条[最高裁判所の裁判官]⑤　(前略)この報酬は，在任中，分限又は懲戒による場合及び一般の公務員の例による場合を除き，減額できない。

第72条
【国務】　国政のうち，立法・司法を除き，内閣の権能に属する事務の総称。
【行政各部】　内閣が統轄する各種行政機関を指し，具体的には府・省・庁および委員会がこれに当たる。

第73条
【総理】　全体を統一して管理すること。
【時宜】　その時の事情や都合。条約は通常の場合，交渉→調印→批准→批准書の交換といったプロセスを経て成立するが（➡p.288），国会の承認はこのうち批准の時点を基準として事前または事後に判断される。
【掌理】　執り行うこと。

第74条
【主任の国務大臣】　内閣府及び各省の長としての行政事務を分担管理する，内閣総理大臣及びその他の国務大臣。行政大臣とも呼ばれる。行政事務を分担管理しない大臣は，無任所大臣と呼ばれる。
【連署】　一緒に名前を書きそえること。

第76条
【下級裁判所】　高等裁判所・地方裁判所・家庭裁判所・簡易裁判所のこと。
【特別裁判所】　（➡p.132）
【終審】　それ以上は上訴できない，最終の裁判所の審理。
【職権】　職務を行う上で与えられている権限。

第77条
●弁護士法(抄)［昭和24.6.10　法205］
第1条[弁護士の使命]①　弁護士は，基本的人権を擁護し，社会正義を実現することを使命とする。
【検察官】　（➡p.135）

第78条
●裁判官分限法(抄)［昭和22.10.29　法127］
第1条[免官]①　裁判官は，回復の困難な心身の故障のために職務を執ることができないと裁判された場合及び本人が免官を願い出た場合には，日本国憲法の定めるところによりその官の任命を行う権限を有するものにおいてこれを免ずることができる。
【裁判官の懲戒処分】　裁判官の義務違反に対して制裁を科す処分のことで，戒告（戒めを申し渡すこと）と過料（金銭の支払い）があり（裁判官分限法第2条），処分を決定することができるのは裁判所だけである。

写真で見る憲法

❤総理大臣官邸内の閣議室での閣議のようす(左)　内閣法で「閣議は，内閣総理大臣がこれを主宰する」と規定されている。閣議は通常毎週火・金曜日に官邸の閣議室で午前10時から開催される（閣議の時間は10〜15分）。国会開会中は，議事堂内の閣議室で午前9時より開催。閣議は非公開で，よくTVで映される場面は，閣僚応接室(右)。

❤初代首相伊藤博文の花押（第74条）　「花押」は，署名又は特定の文字等を一定の方式にかなった独特の筆法で形様化したもの。

❶第80条[下級裁判所の裁判官・任期・定年，報酬]① 下級裁判所の裁判官は，最高裁判所の指名した者の名簿によつて，内閣でこれを任命する。その裁判官は，任期を10年とし，再任されることができる。但し，法律の定める年齢に達した時には退官する。

② 下級裁判所の裁判官は，すべて定期に相当額の報酬を受ける。この報酬は，在任中，これを減額することができない。

❶第81条[法令審査権と最高裁判所] 最高裁判所は，一切の法律，命令，規則又は処分が憲法に適合するかしないかを決定する権限を有する終審裁判所である。

第82条[裁判の公開]① 裁判の対審及び判決は，公開法廷でこれを行ふ。

❷② 裁判所が，裁判官の全員一致で，公の秩序又は善良の風俗を害する虞があると決した場合には，対審は，公開しないでこれを行ふことができる。但し，政治犯罪，出版に関する犯罪又はこの憲法第3章で保障する国民の権利が問題となつてゐる事件の対審は，常にこれを公開しなければならない。

第7章 財　政

第83条[財政処理の要件] 国の財政を処理する権限は，国会の議決に基いて，これを行使しなければならない。

第84条[課税の要件] あらたに租税を課し，又は現行の租税を変更するには，法律又は法律の定める条件によることを必要とする。

第85条[国費支出及び債務負担] 国費を支出し，又は国が債務を負担するには，国会の議決に基くことを必要とする。

❶第86条[予算] 内閣は，毎会計年度の予算を作成し，国会に提出して，その審議を受け議決を経なければならない。

第87条[予備費]① 予見し難い予算の不足に充てるため，国会の議決に基いて予備費を設け，内閣の責任でこれを支出することができる。

② すべて予備費の支出については，内閣は，事後に国会の承諾を得なければならない。

第88条[皇室財産・皇室費用] すべて皇室財産は，国に属する。すべて皇室の費用は，予算に計上して国会の議決を経なければならない。

❶第89条[公の財産の用途制限] 公金その他の公の財産は，宗教上の組織若しくは団体の使用，便益若しくは維持のため，又は公の支配に属しない慈善，教育若しくは博愛の事業に対し，これを支出し，又はその利用に供してはならない。

❸第90条[決算検査，会計検査院]① 国の収入支出の決算は，すべて毎年会計検査院がこれを検査し，内閣は，次の年度に，その検査報告とともに，これを国会に提出しなければならない。

② 会計検査院の組織及び権限は，法律でこれを定める。

第91条[財政状況の報告] 内閣は，国会及び国民に対し，定期に，少くとも毎年1回，国の財政状況について報告しなければならない。

第8章 地方自治

❷第92条[地方自治の基本原則] 地方公共団体の組織及び運営に関する事項は，地方自治の本旨に基いて，法律でこれを定める。

第93条[地方公共団体の機関，直接選挙]① 地方公共団体には，法律の定めるところにより，その議事機関として議会を設置する。

❶② 地方公共団体の長，その議会の議員及び法律の定めるその他の吏員は，その地方公共団体の住民が，直接これを選挙する。

❷第94条[地方公共団体の権能] 地方公共団体は，その財産を管理し，事務を処理し，及び行政を執行する権能を有し，法律の範囲内で条例を制定することができる。

❷第95条[特別法の住民投票] 一の地方公共団体のみに適用される特別法は，法律の定めるところにより，その地方公共団体の住民の投票においてその過半数の同意を得なければ，国会は，これを制定することができない。

草案83条[財政の基本原則]② 財政の健全性は，法律の定めるところにより，確保されなければならない。

草案92条[地方自治の本旨]① 地方自治は，住民の参画を基本とし，住民に身近な行政を自主的，自立的かつ総合的に実施することを旨として行う。

② 住民は，その属する地方自治体の役務の提供を等しく受ける権利を有し，その負担を公平に分担する義務を負う。

草案93条[地方自治体の種類，国及び地方自治体の協力等]① 地方自治体は，基礎地方自治体及びこれを包括する広域地方自治体とすることを基本とし，その種類は，法律で定める。

③ 国及び地方自治体は，法律の定める役割分担を踏まえ，協力しなければならない。地方自治体は，相互に協力しなければならない。

草案94条[地方自治体の議会及び公務員の直接選挙]② 地方自治体の長，議会の議員及び法律の定めるその他の公務員は，当該地方自治体の住民であって日本国籍を有する者が直接選挙する。

草案96条[地方自治体の財政及び国の財政措置]① 地方自治体の経費は，条例の定めるところにより課する地方税その他の自主的な財源をもって充てることを基本とする。

② 国は，地方自治体において，前項の自主的な財源だけでは地方自治体の行うべき役務の提供ができないときは，法律の定めるところにより，必要な財政上の措置を講じなければならない。

第80条● 裁判官の報酬等に関する法律
第82条
【対審】 裁判官の面前で，被告や被告人，原告などの訴訟当事者が，口頭でそれぞれの主張を述べること。
第84条
● 所得税法(抄) [昭和40.3.31 法33]
第1条[趣旨] この法律は，所得税について，納税義務者，課税所得の範囲，税額の計算の方法，申告，納付及び還付の手続，源泉徴収に関する事項並びにその納税義務の適正な履行を確保するため必要な事項を定めるものとする。
【租税】 税金のこと。国または地方公共団体がその任務遂行の経費に充てるため，法律に基づいて国民や住民から強制的に徴収する金銭。(➡ p.212)
第85条
【債務】 一般には，金銭を借りた者が貸し手に対して，その返還をしなければならない義務をいう。「国が債務を負担する」行為には，財政上必要な経費の調達のために公債(➡p.214)を発行することなどがあげられる。
第86条
【会計年度】 収入・支出の区切りとなる期間で，わが国の会計年度は4月1日に始まり，3月31日に終わる。
第89条
【公金】 おおやけのお金。国，地方公共団体が所有する金銭。
【便益】 便利で利益があること。
第90条
【会計検査院】 国の収入支出の決算の検査を行うとともに，常時会計検査を行うことを任務とする機関。内閣に対し独立の地位にあり，3人の検査官で構成する検査官会議と事務総局とで組織される。検査官の任期は7年で，両議院の同意を経て，内閣によって任命され，裁判官に準ずる身分保障が与えられる。
第92条
【地方公共団体】 都道府県や市町村など，地方自治の主体となっている団体。
【本旨】 おおもとの原則や根本の目的という意味で，具体的には住民自治と団体自治(➡p.142)を指す。
第93条
【吏員】 地方公共団体の長や議会の議員を含む地方公務員の全体を指す。これに対して，国の役人は官吏という。
第94条
【条例】 地方公共団体が議会の議決によって制定する法規。

草案83条
○財政の健全性を憲法上の価値として規定。
×財政の健全性を口実とした社会保障費削減・生存権切り捨てに道を開くものとなっている。
草案93条
○東日本大震災を教訓に，国と地方自治体間，地方自治体同士の協力を明記。道州制については，この草案のままでも導入は可能。
×「役割分担」の名目で，国の役割を外交・防衛・通貨・司法などに特化し，国が行うべき福祉・安全等の行政を地方自治体に責任転嫁する根拠となる。
草案96条
○地方自治は自主的財源に基づいて運営されることを基本とすることを明確に宣言した。また，地方交付税も自主財源に当たる。
×地方財政は，自民党草案では，自主財源を原則とし，国の措置は例外的なものとされているに過ぎない。地方自治体には自助努力・自己責任が押し付けられることになる。

第9章 改　正

❺第96条[憲法改正の手続，その公布]①　この憲法の改正は，各議院の総議員の3分の2以上の賛成で，国会が，これを発議し，国民に提案してその承認を経なければならない。この承認には，特別の国民投票又は国会の定める選挙の際行はれる投票において，その過半数の賛成を必要とする。

❶②　憲法改正について前項の承認を経たときは，天皇は，<u>国民の名で</u>，この憲法と一体を成すものとして，直ちにこれを公布する。

第10章　最高法規

第97条[基本的人権の本質]　この憲法が日本国民に保障する基本的人権は，人類の多年にわたる自由獲得の努力の成果であつて，これらの権利は，過去幾多の試錬に堪へ，現在及び将来の国民に対し，侵すことのできない永久の権利として信託されたものである。

第98条[憲法の最高法規性，条約及び国際法規の遵守]①　この憲法は，国の最高法規であつて，その条規に反する法律，命令，詔勅及び国務に関するその他の行為の全部又は一部は，その効力を有しない。

②　日本国が締結した条約及び確立された国際法規は，これを誠実に遵守することを必要とする。

草案98条[緊急事態の宣言]①　内閣総理大臣は，我が国に対する外部からの武力攻撃，内乱等による社会秩序の混乱，地震等による大規模な自然災害その他の法律で定める緊急事態において，（中略）閣議にかけて，緊急事態の宣言を発することができる。

②　緊急事態の宣言は，（中略）事前又は事後に国会の承認を得なければならない。

草案99条[緊急事態の宣言の効果]①　緊急事態の宣言が発せられたときは，法律の定めるところにより，内閣は法律と同一の効力を有する政令を制定することができるほか，内閣総理大臣は財政上必要な支出その他の処分を行い，地方自治体の長に対して必要な指示をすることができる。

③　緊急事態の宣言が発せられた場合には，何人も，法律の定めるところにより，当該宣言に係る事態において国民の生命，身体及び財産を守るために行われる措置に関して発せられる国その他公の機関の指示に従わなければならない。この場合においても，第14条，第18条，第19条，第21条その他の基本的人権に関する規定は，最大限に尊重されなければならない。

草案100条[改正]①　この憲法の改正は，衆議院又は参議院の議員の発議により，両議院のそれぞれの総議員の過半数の賛成で国会が議決し，国民に提案してその承認を得なければならない。この承認には，法律の定めるところにより行われる国民の投票において有効投票の過半数の賛成を必要とする。

②　憲法改正について前項の承認を経たときは，天皇は，直ちに憲法改正を公布する。

第95条
【特別法】　特定の人・地域・事項・行為について適用される法律を指し，第95条の特別法を地方自治特別法といい，昭和24年の広島平和記念都市建設法に始まり，以下の15件がある。
①広島平和記念都市建設法[昭24　法219]
②長崎国際文化都市建設法[昭24　法220]
③首都建設法[昭25　法219，昭和31　法83で廃止]
④旧軍港市転換法[昭25　法220]
⑤別府国際観光温泉文化都市建設法[昭25　法221]
⑥伊東国際観光温泉文化都市建設法[昭25　法222]
⑦熱海国際観光温泉文化都市建設法[昭25　法223]
⑧横浜国際港都建設法[昭25　法248]
⑨神戸国際港都建設法[昭25　法249]
⑩奈良国際文化観光都市建設法[昭25　法250]
⑪京都国際文化観光都市建設法[昭25　法251]
⑫松江国際文化観光都市建設法[昭26　法7]
⑬芦屋国際文化住宅都市建設法[昭26　法8]
⑭松山国際観光温泉文化都市建設法[昭26　法117]
⑮軽井沢国際親善文化観光都市建設法[昭26　法253]

草案98・99条
○新たな章「緊急事態」を設け，緊急事態に対処するための仕組みを憲法上に明確に規定。
×現行憲法は，国家緊急権の規定を置いていない。戦前に日本やドイツで濫用されたことへの反省に加え，戦争放棄規定を置いたことを考慮して，意識的に除外したものと解されている。
○緊急事態の対象は，具体的には法律で規定される。宣言時に首相が何でもできるわけではなく，その効果は草案99条の規定内容に限られる。
×緊急事態の対象は，「法律で定める緊急事態」まで含まれるから，容易に拡大され得る。緊急事態において，内閣は法律と同一の効力を有する政令を制定できる。緊急事態に出動するのは，「公の秩序を維持」することを任務とする国防軍であり，時の政権による国民弾圧・国民動員が容易にできることになる。

草案100条
○憲法改正は，国会での手続を余りに厳格にすると，国民が憲法について意思を表明する機会が狭められ，かえって国民の意思を反映しないことになるので，改正要件を緩和した。
×現行憲法がかような硬性憲法としているのは，基本的人権の不可侵性に鑑み，時の多数派によって人権を侵害するような改変を許さないとしたものである。自民党草案は，国会の議決要件を，総議員の過半数に引き下げるとともに，国民投票について「有効投票の過半数」と明記し，改正要件を緩和している。

記名投票（国会の採決）　国会本会議の採決は原則**起立採決**だが，議長が必要と認めたとき又は出席議員の1/5以上の要求で**記名投票**が行われる。議員が投票のため演壇を中心に列をつくるので**牛歩戦術**とも呼ばれる。賛成は白票，反対は青票（参議院は**白色票，青色票**）を投票箱に投じる。この票は議員名が記入された木札で，各議員の机上に備えられている。

▶記名投票
🔽白票と青票

押しボタン式投票　参議院改革の一環で1998年から起立採決に代わる原則採決方法として参議院本会議に導入された。議員の机上に賛成，反対，取り消しのボタンがあり，本人が着席し立て札（**氏名標**）を立てるとボタンが押せる。

➡押しボタン式投票の集計結果

写真で見る憲法

解説 国会もバリアフリー化　2019年参院選で政党「れいわ新選組」から**重度障がいのある議員2名が当選**したことを受け，国会はバリアフリー化を進めている。介助者の本会議場への入場許可，医療機器・パソコンのための電源設置などが実施された。また，起立採決・押しボタン式投票は介助者が代理で行い，記名投票は介助者が代筆可能になった。

🔽**介助者と共に参院本会議に出席する重度障がいのある議員**　政党「れいわ新選組」の木村英子議員（左端）と舩後靖彦議員（右から2人目）。（2019.8.5）

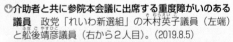

憲法

❶第99条[憲法尊重擁護の義務]　天皇又は摂政及び国務大臣，国会議員，裁判官その他の公務員は，この憲法を尊重し擁護する義務を負ふ。

第11章　補　則

第100条[憲法施行期日，準備手続]①　この憲法は，公布の日から起算して6箇月を経過した日から，これを施行する。

②　この憲法を施行するために必要な法律の制定，参議院議員の選挙及び国会召集の手続並びにこの憲法を施行するために必要な準備手続は，前項の期日よりも前に，これを行ふことができる。

第101条[経過規定―参議院未成立の間の国会]　この憲法施行の際，参議院がまだ成立してゐないときは，その成立するまでの間，衆議院は，国会としての権限を行ふ。

第102条[第一期参議院議員の任期]　この憲法による第一期の参議院議員のうち，その半数の者の任期は，これを3年とする。その議員は，法律の定めるところにより，これを定める。

第103条[公務員の地位に関する経過規定]　この憲法施行の際現に在職する国務大臣，衆議院議員及び裁判官並びにその他の公務員で，その地位に相応する地位がこの憲法で認められてゐる者は，法律で特別の定をした場合を除いては，この憲法施行のため，当然にはその地位を失ふことはない。但し，この憲法によつて，後任者が選挙又は任命されたときは，当然その地位を失ふ。

草案102条[憲法尊重擁護の義務]①　全て国民は，この憲法を尊重しなければならない。

②　国会議員，国務大臣，裁判官その他の公務員は，この憲法を擁護する義務を負ふ。

第96条
【発議】　提案すること，言い出すこと。
【国民の名で】　天皇による憲法改正の公布は，天皇の国事行為の1つであるが，「国民の名で」公布することで，憲法改正権が国民にあることを明確にしている。
第98条
【条規】　一条一条の条文によって定められている規定。
【遵守】　法律を守り従うこと。
第100条
【起算】　ある点を起点として数え始めること。

草案102条
○憲法も法であり，遵守するのは余りに当然で，憲法に規定を置く以上，一歩進めて憲法尊重義務を規定した。この規定は，訓示規定であり，具体的な効果があるわけではない。
×現行憲法では天皇・摂政は憲法尊重擁護義務（99条）を負うが，憲法制定権者である国民はこれを負わない。**自民党草案では，逆に国民が憲法尊重義務を負い，天皇・摂政は憲法尊重擁護義務を外されている**（草案102条）。天皇が国民の上に君臨する存在である以上，天皇は憲法に縛られず，国民が憲法に縛られることとなる。

4 大日本帝国憲法（明治憲法）[1889（明治22）.2.11発布　1890（明治23）.11.29施行]

憲法発布勅語

朕国家ノ隆昌ト臣民ノ慶福トヲ以テ中心ノ欣栄トシ朕カ祖宗ニ承クルノ大権ニ依リ現在及将来ノ臣民ニ対シ此ノ不磨ノ大典ヲ宣布ス

惟フニ我カ祖我カ宗ハ我カ臣民祖先ノ協力輔翼ニ倚リ我カ帝国ヲ肇造シ以テ無窮ニ垂レタリ此レ我カ神聖ナル祖宗ノ威徳ト並ニ臣民ノ忠実勇武ニシテ国ヲ愛シ公ニ殉ヒ以テ此ノ光輝アル国史ノ成跡ヲ胎シタルナリ朕我カ臣民ハ即チ祖宗ノ忠良ナル臣民ノ子孫ナルヲ回想シ其ノ朕カ意ヲ奉体シ朕カ事ヲ奨順シ相与ニ和衷協同シ益々我カ帝国ノ光栄ヲ中外ニ宣揚シ祖宗ノ遺業ヲ永久ニ鞏固ナラシムルノ希望ヲ同クシ此ノ負担ヲ分ツニ堪フルコトヲ疑ハサルナリ

（上　諭）

朕祖宗ノ遺烈ヲ承ケ万世一系ノ帝位ヲ践ミ朕カ親愛スル所ノ臣民ハ即チ朕カ祖宗ノ恵撫慈養シタマヒシ所ノ臣民ナルヲ念ヒ其ノ康福ヲ増進シ其ノ懿徳良能ヲ発達セシメムコトヲ願ヒ又其ノ翼賛ニ依リ与ニ倶ニ国家ノ進運ヲ扶持セムコトヲ望ミ乃チ明治14年10月12日ノ詔命ヲ履践シ茲ニ大憲ヲ制定シ朕カ率由スル所ヲ示シ朕カ後嗣及臣民及臣民ノ子孫タル者ヲシテ永遠ニ循行スル所ヲ知ラシム国家統治ノ大権ハ朕カ之ヲ祖宗ニ承ケテ之ヲ子孫ニ伝フル所ナリ朕及朕カ子孫ハ将来此ノ憲法ノ条章ニ循ヒ之ヲ行フコトヲ愆ラサルヘシ

朕ハ我カ臣民ノ権利及財産ノ安全ヲ貴重シ及之ヲ保護シ此ノ憲法及法律ノ範囲内ニ於テ其ノ享有ヲ完全ナラシムヘキコトヲ宣言ス

帝国議会ハ明治23年ヲ以テ之ヲ召集シ議会開会ノ時ヲ以テ此ノ憲法ヲシテ有効ナラシムルノ期トスヘシ

将来若此ノ憲法ノ或ハ条章ヲ改定スルノ必要ナル時宜ヲ見ルニ至ラハ朕及朕カ継嗣ノ子孫ハ発議ノ権ヲ執リ之ヲ議会ニ付シ議会ハ此ノ憲法ニ定メタル要件ニ依リ之ヲ議決スルノ外朕カ子孫及臣民ハ敢テ之カ紛更ヲ試ミルコトヲ得サルヘシ

朕カ在廷ノ大臣ハ朕カ為ニ此ノ憲法ヲ施行スルノ責ニ任スヘク朕カ現在及将来ノ臣民ハ此ノ憲法ニ対シ永遠ニ従順ノ義務ヲ負フヘシ

御名御璽
明治22年2月11日

内閣総理大臣	伯爵	黒田清隆
枢密院議長	伯爵	伊藤博文
外務大臣	伯爵	大隈重信
海軍大臣	伯爵	西郷従道
農商務大臣	伯爵	井上　馨
司法大臣	伯爵	山田顕義
大蔵大臣兼内務大臣	伯爵	松方正義
陸軍大臣	伯爵	大山　巌
文部大臣	子爵	森　有礼
逓信大臣	子爵	榎本武揚

大日本帝国憲法の用語解説
条文の後の　　　で用語解説しています。

【勅語】　天皇が親しく臣民に対して発表した意思表示。
【隆昌】　盛んなこと。
【慶福】　めでたいこと。さいわい。
【欣栄】　よろこばしいこと。
【祖宗】　先祖代々の君主。
【臣民】　日本の人民。天皇・皇族以外の者。
【不磨】　すりつぶれてなくなってしまわないこと。不朽。
【輔翼】　たすけること。輔佐。
【肇造】　はじめて造ること。創造。
【無窮】　きわまりないこと。無限。
【威徳】　おかしがたい威厳と人を心服させる徳。
【成跡】　過去の実績。
【忠良】　忠義の心厚く善良なこと。
【奉体】　うけたまわってよく心にとめ，また，実行すること。
【奨順】　従い行うこと。
【和衷協同】　心を同じくしてともに力を合わせること。
【中外】　国内と国外。
【宣揚】　はっきりと世に示してそれを盛んにすること。

【遺業】　故人が成しとげてこの世に残した事業。
【鞏固】　強くかたいこと。
【上諭】　➡p.44参照。
【遺烈】　後世にのこした功績。
【万世一系】　永遠に同一の系統がつづくこと。
【恵撫】　めぐみ愛すること。
【慈養】　いつくしみやしなうこと。
【康福】　安らかで福祉あること。
【懿徳】　大きく立派な徳。
【良能】　生まれながらにそなわっている才能。
【翼賛】　力をそえてたすけること。
【進運】　進歩・向上の方向にある成行き。
【扶持】　たすけささえること。
【詔命】　天皇のおおせ。
【履践】　実際に行うこと。
【率由】　従うこと。
【後嗣】　あとつぎ。
【循行】　命令に従って行うこと。
【享有】　生まれながらに身に受けて持っていること。
【時宜】　ほどよいころあい。
【紛更】　かきみだして改めること。

（G）大日本帝国憲法の公布書

第1章 天　皇

❶第1条 大日本帝国ハ万世一系ノ天皇之ヲ統治ス

第2条 皇位ハ皇室典範ノ定ムル所ニ依リ皇男子孫之ヲ継承ス

【皇室典範】 皇位継承など，皇室に関係のある事項を規定する法律。

第3条 天皇ハ神聖ニシテ侵スヘカラス

❶第4条 天皇ハ国ノ元首ニシテ統治権ヲ総攬シ此ノ憲法ノ条規ニ依リ之ヲ行フ

【元首】 国家を代表する資格をもった国家機関。
【総攬】 一手ににぎって掌握すること。

第5条 天皇ハ帝国議会ノ協賛ヲ以テ立法権ヲ行フ

【協賛】 帝国議会が法律案や予算を有効に成立させるため統治権者である天皇に対して必要な意思表示をすること。

第6条 天皇ハ法律ヲ裁可シ其ノ公布及執行ヲ命ス

【裁可】 議会の協賛による法案・予算案に天皇が許可を与えること。

第7条 天皇ハ帝国議会ヲ召集シ其ノ開会閉会停会及衆議院ノ解散ヲ命ス

❶第8条 ① 天皇ハ公共ノ安全ヲ保持シ又ハ其ノ災厄ヲ避クル為緊急ノ必要ニ由リ帝国議会閉会ノ場合ニ於テ法律ニ代ルヘキ勅令ヲ発ス
② 此ノ勅令ハ次ノ会期ニ於テ帝国議会ニ提出スヘシ若議会ニ於テ承諾セサルトキハ政府ハ将来ニ向テ其ノ効力ヲ失フコトヲ公布スヘシ

【勅令】 明治憲法下，帝国議会の協賛を経ず，天皇の大権による命令で，一般の国家事務に関して法規を定めたもの。

第9条 天皇ハ法律ヲ執行スル為ニ又ハ公共ノ安寧秩序ヲ保持シ及臣民ノ幸福ヲ増進スル為ニ必要ナル命令ヲ発シ又ハ発セシム但シ命令ヲ以テ法律ヲ変更スルコトヲ得ス

【安寧】 社会が穏やかで平和。

❶第10条 天皇ハ行政各部ノ官制及文武官ノ俸給ヲ定メ及文武官ヲ任免ス但シ此ノ憲法又ハ他ノ法律ニ特例ヲ掲ケタルモノハ各ゝ其ノ条項ニ依ル

【官制】 行政機関の設置・廃止・組織・権限などについての規定。
【任免】 役目につけることとやめさせること。

❷第11条 天皇ハ陸海軍ヲ統帥ス

【統帥】 軍隊を指揮・統率すること。

第12条 天皇ハ陸海軍ノ編制及常備兵額ヲ定ム

❶第13条 天皇ハ戦ヲ宣シ和ヲ講シ及諸般ノ条約ヲ締結ス

【諸般】 いろいろ。

第14条 ① 天皇ハ戒厳ヲ宣告ス
② 戒厳ノ要件及効力ハ法律ヲ以テ之ヲ定ム

【戒厳】 戦争・事変に際し行政や司法権を軍隊にゆだね，兵力によって警備すること。

第15条 天皇ハ爵位勲章及其ノ他ノ栄典ヲ授与ス

【爵】 華族令によって制定された，華族の階級を表す称号。爵を公・侯・伯・子・男の5等に分けた。
【栄典】 栄誉を表すために与えられる位階・勲章など。

第16条 天皇ハ大赦特赦減刑及復権ヲ命ス

【大赦】 特別のことがあった際，ある範囲の罪に対し刑を許すこと。
【特赦】 同様の場合，特定の者に対して行われる刑の免除。
【復権】 失った権利や資格をもとにもどすこと。

第17条 ① 摂政ヲ置クハ皇室典範ノ定ムル所ニ依ル
② 摂政ハ天皇ノ名ニ於テ大権ヲ行フ

【摂政】 皇室典範によって，天皇が成年に達しないとき，または精神・身体の重症や重大な事故によって執政できないとき，天皇に代わって政務を行うこと。

第2章 臣民権利義務

第18条 日本臣民タルノ要件ハ法律ノ定ムル所ニ依ル

第19条 日本臣民ハ法律命令ノ定ムル所ノ資格ニ応シ均ク文武官ニ任セラレ及其ノ他ノ公務ニ就クコトヲ得

第20条 日本臣民ハ法律ノ定ムル所ニ従ヒ兵役ノ義務ヲ有ス

第21条 日本臣民ハ法律ノ定ムル所ニ従ヒ納税ノ義務ヲ有ス

第22条 日本臣民ハ法律ノ範囲内ニ於テ居住及移転ノ自由ヲ有ス

第23条 日本臣民ハ法律ニ依ルニ非スシテ逮捕監禁審問処罰ヲ受クルコトナシ

【審問】 詳しく問いただすこと。

第24条 日本臣民ハ法律ニ定メタル裁判官ノ裁判ヲ受クルノ権ヲ奪ハルゝコトナシ

第25条 日本臣民ハ法律ニ定メタル場合ヲ除ク外其ノ許諾ナクシテ住所ニ侵入セラレ及捜索セラルゝコトナシ

第26条 日本臣民ハ法律ニ定メタル場合ヲ除ク外信書ノ秘密ヲ侵サルゝコトナシ

第27条 ① 日本臣民ハ其ノ所有権ヲ侵サルゝコトナシ
② 公益ノ為必要ナル処分ハ法律ノ定ムル所ニ依ル

第28条 日本臣民ハ安寧秩序ヲ妨ケス及臣民タルノ義務ニ背カサル限ニ於テ信教ノ自由ヲ有ス

第29条 日本臣民ハ法律ノ範囲内ニ於テ言論著作印行集会及結社ノ自由ヲ有ス

【印行】 印刷し発行すること。
【結社】 共通の目的のためつくった団体や結合をいう。

第30条 日本臣民ハ相当ノ敬礼ヲ守リ別ニ定ムル所ノ規程ニ従ヒ請願ヲ為スコトヲ得

第31条 本章ニ掲ケタル条規ハ戦時又ハ国家事変ノ場合ニ於テ天皇大権ノ施行ヲ妨クルコトナシ

第32条 本章ニ掲ケタル条規ハ陸海軍ノ法令又ハ紀律ニ牴触セサルモノニ限リ軍人ニ準行ス

【牴触】 法律の規定などに違反すること。
【準行】 ある物事を標準としておこなうこと。

第3章 帝国議会

第33条 帝国議会ハ貴族院衆議院ノ両院ヲ以テ成立ス

❷第34条 貴族院ハ貴族院令ノ定ムル所ニ依リ皇族華族及勅任セラレタル議員ヲ以テ組織ス

【勅任】 天皇の命令によって官職に任ずること。

❷第35条 衆議院ハ選挙法ノ定ムル所ニ依リ公選セラレタル議員ヲ以テ組織ス

第36条 何人モ同時ニ両議院ノ議員タルコトヲ得ス

第37条 凡テ法律ハ帝国議会ノ協賛ヲ経ルヲ要ス

第38条 両議院ハ政府ノ提出スル法律案ヲ議決シ及各ゝ法律案ヲ提出スルコトヲ得

第39条 両議院ノ一ニ於テ否決シタル法律案ハ同会期中ニ於テ再ヒ提出スルコトヲ得ス

第40条 両議院ハ法律又ハ其ノ他ノ事件ニ付各ゝ其ノ意見ヲ政府ニ建議スルコトヲ得但シ其ノ採納ヲ得サルモノハ同会期中ニ於テ再ヒ建議スルコトヲ得ス

【建議】 議会が政府に意見・希望を申し述べること。
【採納】 とりいれること。とりあげること。

第41条 帝国議会ハ毎年之ヲ召集ス

第42条 帝国議会ハ3箇月ヲ以テ会期トス必要アル場合ニ於テハ勅命ヲ以テ之ヲ延長スルコトアルヘシ

第43条 ① 臨時緊急ノ必要アル場合ニ於テ常会ノ外臨時会ヲ召集スヘシ
② 臨時会ノ会期ヲ定ムルハ勅命ニ依ル

第44条① 帝国議会ノ開会閉会会期ノ延長及停会ハ両院同時ニ之ヲ行フヘシ

② 衆議院解散ヲ命セラレタルトキハ貴族院ハ同時ニ停会セラルヘシ

第45条 衆議院解散ヲ命セラレタルトキハ勅命ヲ以テ新ニ議員ヲ選挙セシメ解散ノ日ヨリ5箇月以内ニ之ヲ召集スヘシ

第46条 両院ハ各々其ノ総議員3分ノ1以上出席スルニ非サレハ議事ヲ開キ決議ヲ為スコトヲ得ス

第47条 両院ノ議事ハ過半数ヲ以テ決シ可否同数ナルトキハ議長ノ決スル所ニ依ル

第48条 両院ノ会議ハ公開ス但シ政府ノ要求又ハ其ノ院ノ決議ニ依リ秘密会ト為スコトヲ得

第49条 両院ハ各々天皇ニ上奏スルコトヲ得

【上奏】 意見や事情などを天皇に申し上げること。

第50条 両議院ハ臣民ヨリ呈出スル請願書ヲ受クルコトヲ得

【呈出】 さしだすこと。

第51条 両議院ハ此ノ憲法及議院法ニ掲クルモノ、外内部ノ整理ニ必要ナル諸規則ヲ定ムルコトヲ得

第52条 両議院ノ議員ハ議院ニ於テ発言シタル意見及表決ニ付院外ニ於テ責ヲ負フコトナシ但シ議員自ラ其ノ言論ヲ演説刊行筆記又ハ其ノ他ノ方法ヲ以テ公布シタルトキハ一般ノ法律ニ依リ処分セラルヘシ

第53条 両議院ノ議員ハ現行犯罪又ハ内乱外患ニ関ル罪ヲ除ク外会期中其ノ院ノ許諾ナクシテ逮捕セラル、コトナシ

【外患】 外国との紛争・衝突など面倒な事件。

第54条 国務大臣及政府委員ハ何時タリトモ各議院ニ出席シ及発言スルコトヲ得

第4章 国務大臣及枢密顧問

第55条① 国務各大臣ハ天皇ヲ輔弼シ其ノ責ニ任ス

② 凡テ法律勅令其ノ他国務ニ関ル詔勅ハ国務大臣ノ副署ヲ要ス

【輔弼】 政治を行うのをたすけること。

【詔勅】 天皇が公に意思を表示する文書。

【副署】 天皇の文書的行為について、天皇を助ける者が署名すること。

第56条 枢密顧問ハ枢密院官制ノ定ムル所ニ依リ天皇ノ諮詢ニ応ヘ重要ノ国務ヲ審議ス

【枢密顧問】 国家の大事に関し天皇の諮問にこたえることを主な任務とした枢密院の構成をした顧問官。

【諮詢】 問いはかること。

第5章 司 法

第57条① 司法権ハ天皇ノ名ニ於テ法律ニ依リ裁判所之ヲ行フ

② 裁判所ノ構成ハ法律ヲ以テ之ヲ定ム

第58条① 裁判官ハ法律ニ定メタル資格ヲ具フル者ヲ以テ之ニ任ス

② 裁判官ハ刑法ノ宣告又ハ懲戒ノ処分ニ由ルノ外其ノ職ヲ免セラル、コトナシ

③ 懲戒ノ条規ハ法律ヲ以テ之ヲ定ム

第59条 裁判ノ対審判決ハ之ヲ公開ス但シ安寧秩序又ハ風俗ヲ害スルノ虞アルトキハ法律ニ依リ又ハ裁判所ノ決議ヲ以テ対審ノ公開ヲ停ムルコトヲ得

【対審】 原告・被告を法廷に立ち会わせて審理すること。

第60条 特別裁判所ノ管轄ニ属スヘキモノハ別ニ法律ヲ以テ之ヲ定ム

【特別裁判所】 特殊の人・事件について裁判権を行使する裁判所。軍法会議や行政裁判所が該当。日本国憲法はこれを認めない。

第61条 行政官庁ノ違法処分ニ由リ権利ヲ傷害セラレタリトスルノ訴訟ニシテ別ニ法律ヲ以テ定メタル行政裁判所ノ裁判ニ属スヘキモノハ司法裁判所ニ於テ受理スルノ限ニ在ラス

【行政裁判所】 行政官庁の行為の適法性を争い、その取消し・変更を求める訴訟の審理及び判決のための裁判所。

↑憲法発布式之図（作：歌川国利） 天皇が黒田清隆首相に大日本帝国憲法を授ける様子が描かれている。

第6章 会 計

第62条① 新ニ租税ヲ課シ及税率ヲ変更スルハ法律ヲ以テ之ヲ定ムヘシ

② 但シ報償ニ属スル行政上ノ手数料及其ノ他ノ収納金ハ前項ノ限ニ在ラス

③ 国債ヲ起シ及予算ニ定メタルモノヲ除ク外国庫ノ負担トナルヘキ契約ヲ為スハ帝国議会ノ協賛ヲ経ヘシ

第63条 現行ノ租税ハ更ニ法律ヲ以テ之ヲ改メサル限ハ旧ニ依リ之ヲ徴収ス

第64条① 国家ノ歳出歳入ハ毎年予算ヲ以テ帝国議会ノ協賛ヲ経ヘシ

② 予算ノ款項ニ超過シ又ハ予算ノ外ニ生シタル支出アルトキハ後日帝国議会ノ承諾ヲ求ムルヲ要ス

【款項】 予算の分類に用いた語で、款は最大の項目、項は款の細別。

第65条 予算ハ前ニ衆議院ニ提出スヘシ

第66条 皇室経費ハ現在ノ定額ニ依リ毎年国庫ヨリ之ヲ支出シ将来増額ヲ要スル場合ヲ除ク外帝国議会ノ協賛ヲ要セス

第67条 憲法上ノ大権ニ基ツケル既定ノ歳出及法律ノ結果ニ由リ又ハ法律上政府ノ義務ニ属スル歳出ハ政府ノ同意ナクシテ帝国議会之ヲ廃除シ又ハ削減スルコトヲ得ス

第68条 特別ノ須要ニ因リ政府ハ予メ年限ヲ定メ継続費トシテ帝国議会ノ協賛ヲ求ムルコトヲ得

【須要】 もっとも大切なこと。

第69条 避クヘカラサル予算ノ不足ヲ補フ為ニ又ハ予算ノ外ニ生シタル必要ノ費用ニ充ツル為ニ予備費ヲ設クヘシ

第70条① 公共ノ安全ヲ保持スル為緊急ノ需用アル場合ニ於テ内外ノ情形ニ因リ政府ハ帝国議会ヲ召集スルコト能ハサルトキハ勅令ニ依リ財政上必要ノ処分ヲ為スコトヲ得

② 前項ノ場合ニ於テハ次ノ会期ニ於テ帝国議会ニ提出シ其ノ承諾ヲ求ムルヲ要ス

第71条 帝国議会ニ於テ予算ヲ議定セス又ハ予算成立ニ至ラサルトキハ政府ハ前年度ノ予算ヲ施行スヘシ

【議定】 合議して決めること。

第72条① 国家ノ歳出歳入ノ決算ハ会計検査院之ヲ検査確定シ政府ハ其ノ検査報告ト倶ニ之ヲ帝国議会ニ提出スヘシ

② 会計検査院ノ組織及職権ハ法律ヲ以テ之ヲ定ム

第7章 補 則

第73条① 将来此ノ憲法ノ条項ヲ改正スルノ必要アルトキハ勅命ヲ以テ議案ヲ帝国議会ノ議ニ付スヘシ

② 此ノ場合ニ於テ両議院ハ各々其ノ総員3分ノ2以上出席スルニ非サレハ議事ヲ開クコトヲ得ス出席議員3分ノ2以上ノ多数ヲ得ルニ非サレハ改正ノ議決ヲ為スコトヲ得ス

第74条① 皇室典範ノ改正ハ帝国議会ノ議ヲ経ルヲ要セス

② 皇室典範ヲ以テ此ノ憲法ノ条規ヲ変更スルコトヲ得ス

第75条 憲法及皇室典範ハ摂政ヲ置クノ間之ヲ変更スルコトヲ得ス

第76条① 法律規則命令又ハ何等ノ名称ヲ用キタルニ拘ラス此ノ憲法ニ矛盾セサル現行ノ法令ハ総テ遵由ノ効力ヲ有ス

② 歳出上政府ノ義務ニ係ル現在ノ契約又ハ命令ハ総テ第67条ノ例ニ依ル

【遵由】 よりしたがうこと。

⑥ 明治憲法体制

明治憲法の成立と特質　　　　　欽定憲法，天皇主権の国家体制

1 明治憲法（大日本帝国憲法）体制年表

↑明治天皇

専制政府出現	1868	五箇条の御誓文（明治維新）
自由民権運動	74	民撰議院設立の建白書（国会開設を要求）
		自由民権運動の開始（➡2）
	81	国会開設の詔→10年後の国会開設を約束
	82	伊藤博文，憲法調査のために渡欧（～83年）
明治憲法体制確立	88	枢密院設置（天皇の諮問機関）
	89	大日本帝国憲法発布（伊藤博文ら起草）
	90	第1回帝国議会　民党の抵抗
		教育勅語発布（➡4）
	94	日清戦争（～95）　国権主義の台頭
	1904	日露戦争（～05）
	10	韓国併合　大逆事件（社会主義運動弾圧）
大正デモクラシー	12	美濃部達吉，天皇機関説発表（➡6ⓒ）
	16	吉野作造，民本主義提唱（➡6ⓒ）
	18	原敬内閣成立（本格的政党内閣）
	19	普選運動おこる
	24	第2次護憲運動→政党政治確立
	25	治安維持法公布（➡6Ⓑ）　普通選挙法公布
ファシズム体制	30	ロンドン海軍軍縮条約調印
		→統帥権干犯問題起こる（軍の圧力強まる）

明治天皇 / 大正天皇↓ / 昭和天皇↓　憲法　明治 / 大正 / 昭和

> **用語** **統帥権干犯問題**…海軍の承認なしに行われたロンドン海軍軍縮条約調印が，天皇の統帥権を犯すものとして浜口雄幸内閣が攻撃された事件。軍部台頭のきっかけ。

ファシズム体制	31	満州事変（15年戦争の開始）
	32	5.15事件→犬養毅首相暗殺（政党政治の終焉）
	35	天皇機関説事件（➡6ⓒ）
	36	2.26事件
	37	日中戦争勃発
	41	太平洋戦争開始
	45	ポツダム宣言（➡p.58）を受諾　無条件降伏

> **解説** **大日本帝国憲法の制定**　1868年明治維新により日本は近代国家へと歩み出す。その国家体制を規定したのが1889年制定の大日本帝国憲法だ。
>
> 　1874年に始まった，憲法制定と議会開設を要求した自由民権運動の高まりとともに，政府は1881年に国会の開設を決断した。政府は民権運動を弾圧する一方，翌年伊藤博文をヨーロッパに派遣。帰国後，伊藤らは君主権の強いプロシア憲法を模範に憲法案を起草。この間，民間でも憲法草案作成の動きがあったが（➡2），これらの草案の理念は生かされず，天皇が主権者としてすべての国家作用を掌握する憲法が誕生した（➡3）。
>
> 　大正期には，大正デモクラシーの下で民主主義的思潮が高揚するが（➡6ⓒ），1930年代以降になると，統帥権の独立を掲げる軍部が台頭し（➡6Ⓓ），国家全体を戦争に駆り立てて行く。

↑「憲法発布式之図」（作：伊藤芳峡）
1889年2月11日の大日本帝国憲法の発布式（➡p.55）。大日本帝国憲法の制定に関しては，国民は何も知らされていなかった。[写真提供：憲政記念館]

2 私擬憲法

Ⓐ 植木枝盛「東洋大日本国国憲按」（1881年）

第5条　日本ノ国家ハ日本各人ノ自由権利ヲ殺減スル規則ヲ作リテ之ヲ行フヲ得ス

第72条　政府 恣 ニ国憲ニ背キ 擅 ニ人民ノ自由権利ヲ残害シ建国ノ旨趣ヲ 妨 クルトキハ，**日本国民ハ之ヲ覆滅シテ新政府ヲ建設スルコトヲ得**

第114条　日本連邦ニ関スル立法ノ権ハ日本連邦人民全体ニ属ス　（『秘書類纂』）

↑植木枝盛

> **解説** **明治期の民主的憲法草案**　大日本帝国憲法制定以前，自由民権運動の高揚の中で，民権派の人々は特色ある憲法草案（**私擬憲法**）を自ら起草した。その代表が自由党左派の**植木枝盛**が起草した「**東洋大日本国国憲按**」である。その内容は，一院制で議会の強い権限を認め，幅広く人権を保障し，さらに**抵抗権・革命権**を規定する点などに特徴があり，注目に値する。

3 大日本帝国憲法の性格

Ⓐ 伊藤博文の日記（1882年8月11日岩倉具視宛）

博文来欧以来…独逸にて有名なるグナイスト，スタインの両師に就き，国家組織の大体を了解する事を得て，皇室の基礎を固定し，大権を不墜の大眼目は充分相立ち候間，追って御報道 可申上 候。実に英，米，仏の自由過激論者の著述而已を金科玉条の如く誤信し，殆ど国家を傾けんとするの勢は，今日の我が国の現情に御座候へ共，之を挽回するの道理と手段を得候。…両師の主説とする所は，邦国組織の大体に於て，必竟 君主立憲体と協和（共和）体の二種を以て大別と為し，…君主立憲政体なれば，君位君権は立法の上に居らざる可からずと云うの意なり。　（『伊藤博文伝』）

> **解説** **強大な君主権**　1882～83年にかけて憲法調査のために渡欧した伊藤博文は，ベルリンやウィーンに滞在してドイツ憲法を学んだ。伊藤は民権派の唱える英仏流の憲法論を「国家を傾けんとする」ものと強く非難し，法に束縛されない強大な君主権をもつ憲法を目指した。

4 教育ニ関スル勅語（抄）（1890（明治23）年10月30日）

…一旦緩急アレハ義勇公ニ奉シ以テ天壌無窮ノ皇運ヲ扶翼スヘシ…

> **口語訳**：いったん国家に危険が迫れば，忠義と勇気をもって国のために働き，天地とともにきわまりなく続く皇室の運命を助けるようにしなければならない…

↑奉安殿
御真影と教育勅語が納められていた建物。

> **解説** **天皇制の精神的支柱**　明治憲法の発布にともない，政府はその精神的土台形成のため，翌年，教育勅語を発布した。天皇の写真（御真影）とともに全国の学校に配布され，儀式の際に**写真への礼拝と勅語の奉読**が強制された。1948年6月衆議院で排除，参議院で失効の確認決議がなされている。

> **プラスα** **その他の私擬憲法草案**　立憲改進党系交詢社起草による「**私擬憲法案**」，東京の豪農らが自らの学習の末に起草した「**五日市憲法草案**」など，現在約40編が確認されている。

言の葉
私の言うことが間違っていたら，それは間違いだと徹底的に追及せよ。君らの言うことがわからなければ，私も君らを徹底的に攻撃する。互いに攻撃し議論するのは，憲法を完全なものにするためである。長官だの秘書官だのという意識は一切かなぐり捨てて，討論・議論を究めて完全なる憲法をつくろうではないか。

伊藤 博文［日：1841〜1909］
初代内閣総理大臣。大日本帝国憲法の草案作成に携わった。

5 明治憲法体制下の政治機構──外見的立憲主義

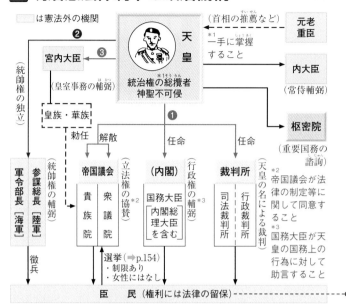

　　　　は憲法外の機関

❶ 国務大権 立法・行政・司法に関する権限
●立法権(5)●法律の裁可，公布，執行(6)●議会の召集，衆議院の解散(7)●**緊急勅令**(8)●**独立命令**(9)●行政部・軍の編制，文武官の任免(10,12)●条約締結，宣戦，講和(13)●**非常大権**(31)●憲法改正の発案(73)●司法権（天皇の名による裁判）(57)など

❷ 統帥大権 天皇は軍を親率する大元帥でもあった ◀**14**
●陸海軍の指揮・命令権(11)

❸ 皇室大権 天皇は皇室の家長で，議会は関与できず
●議会は皇室典範を改正できない(74)

※カッコ内の数字は憲法の条文。

用語 **緊急勅令**…議会閉会中に天皇が法律に代わるものとして発布する命令。政府が天皇の権威を背景に，議会の意向を無視して，自らに都合のよい法律を作るときなどに悪用された。1928年の治安維持法改正がその好例。

独立命令…法律から独立して制定されたもの。法律とは異なり，議会に諮られないで成立する。

非常大権…戦時などに，「臣民」の権利の全部又は一部を停止できる権限。実際は一度も発令されず。

統帥権…陸海軍大臣の輔弼の範囲外とされ，議会や内閣も関与できず（統帥権の独立）。このことが後に軍部独裁を招く一因となった（→❻D）

法律の留保…法律で人権を自由に制限できるということ。明治憲法下では，人権は「生まれながらの権利」ではなく，天皇が「恩恵」として国民に与えるものであった。現憲法下でも，法律で人権を制限することはありうるが，どのような人権制限でも認められるわけではない。

解説 **広範な天皇大権**　明治憲法は，外見上は立憲主義を採用しながらも，天皇が主権者として統治権を総攬しており，憲法は天皇の絶対的権力を基礎づけるものでしかなかった（**外見的立憲主義**）。天皇の広範な国家統治の権限を**天皇大権**という。

憲法

明治憲法下の政治　　　　　　　　　　　　　法律で国民の権利を自由に制限

6 民主主義の弾圧から軍部独裁へ

A 戦前の主な治安立法

1875	新聞紙条例，讒謗律
80	集会条例
87	保安条例（内乱陰謀・保安妨害は皇居外3里追放）
1900	治安警察法（労働者の団結・争議行動の制限，女子の政治結社加入禁止）
25	治安維持法
28	治安維持法改正（死刑を加える）
41	治安維持法改正（予防拘禁制）

> 刑期終了後も，再犯のおそれがある者は引き続き身柄が拘束される制度

B 治安維持法（1928年改正法，抄）　［1925制定1945廃止］

第1条 *国体ヲ変革スルコトヲ目的トシテ結社ヲ組織シタル者又ハ結社ノ役員其ノ他指導者タル任務ニ従事シタル者ハ死刑又ハ無期若ハ5年以上ノ懲役若ハ禁錮ニ処シ情ヲ知リテ結社ニ加入シタル者又ハ結社ノ目的遂行ノ為ニスル行為ヲ為シタル者ハ2年以上ノ有期ノ懲役又ハ禁錮ニ処ス

② 私有財産制度ヲ否認スルコトヲ目的トシテ結社ヲ組織シタル者，結社ニ加入シタル者……ハ10年以下ノ懲役又ハ禁錮ニ処ス *「万世一系」の天皇を主権者とする国家体制

解説 **戦前の中心的治安立法**　1925年に男子普通選挙法とともに制定された，戦前の中心的治安立法が治安維持法だ。**国体**（天皇主権の国家体制）の変革や私有財産制度の否認（社会主義思想）を目的とする結社を取り締まった。1928年には緊急勅令により死刑，1941年には予防拘禁制が導入され，国民生活全般を統制するようになった。

C 大正デモクラシーの思想的基盤

天皇機関説

美濃部達吉（1873〜1948）が提唱
●**国家法人説**（→p.18）の日本版
●統治権は国家が有し，天皇は国家の最高機関にすぎず，議会は内閣を通じて天皇の意思を拘束できる
●学界では通説となったが，軍の台頭とともに国体に反する思想として攻撃された（→p.91天皇機関説事件）

◀**14**

民本主義

吉野作造（1878〜1933）が提唱
●主権の所在は問わずに，できる限り国民の意思を政治に反映させることを主張
●具体的には政党内閣と普通選挙の実現を要求

D 統帥権の独立と軍の台頭

◀**14**

　統帥（軍令）とは，本来「作戦用兵」を意味し，……それ以外の軍に関する事項であって国務大臣の輔弼を必要とする「軍政」（軍の編成，武官の任命等）とは区別される建前にあった。しかし実際の運用においては，「軍令」は広く「軍政」の範囲に及び，とりわけ軍国主義が支配的になるにつれ，軍に関するほとんどの事項が，政府・議会のコントロールに服することなく独立して処理されるようになった。
（手島孝監修『基本憲法学［第二版］』法律文化社）

解説 **統帥権の独立の拡大解釈**　陸海軍大臣の輔弼の範囲外であった統帥権は，時代とともに拡大解釈され，軍部の独裁を引き起こした。さらに陸海軍大臣を現役武官に限定する制度（**軍部大臣現役武官制**）は，ある人物が首相に任命されても，軍が大臣の候補者を推薦しないと組閣ができないことから，組閣を困難にし，軍の意向に沿わない内閣を総辞職に追い込み，統帥権の独立とともに，軍部独裁政治を現出した。

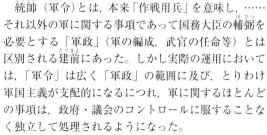

プラスα 旧憲法下では統帥権は陸海軍大臣の輔弼の範囲外とされたが，陸軍参謀総長や海軍軍令部長は軍令に関わることについて直接天皇に上奏する権限を有していた。この権限を「帷幄上奏権（いあくじょうそうけん）」という。帷幄とは『韓非子』にも出てくる野戦用テントのこと。

ポツダム宣言とその受諾

最後まで国体の護持に固執

1 日本国憲法成立年表

1945年

7.26	連合軍，**ポツダム宣言**（→2A）を発表
7.28	鈴木貫太郎首相，ポツダム宣言の黙殺を表明
8. 6	広島に原爆投下
8. 8	ソ連，日本に参戦
8. 9	長崎に原爆投下 御前会議でポツダム宣言の受諾を決定（→2B）
8.14	日本政府，ポツダム宣言を受諾
8.15	天皇，ラジオにより「終戦の詔勅」放送
8.30	マッカーサー元帥来日
9. 2	降伏文書に調印

●降伏文書に調印する日本政府全権の重光葵外相（東京湾・米戦艦ミズーリ号上）

9.27	天皇，マッカーサー元帥を訪問 ●新聞に掲載されたこの写真は，勝者と敗者の姿を歴然と表しており，多くの日本人が衝撃を受けた。
10.11	マッカーサー元帥，幣原喜重郎首相と会談し憲法改正を示唆
10.13	政府，**憲法問題調査委員会**の設置を決定 委員長は**松本烝治**国務相（通称松本委員会）
12. 8	松本国務相，**憲法改正4原則**発表 ①天皇が統治権を総攬する ②議会の承認を必要とする事項の拡大 ③国務大臣の議会に対する責任 ④人民の権利・自由の保障の拡大
12.26	憲法研究会，憲法草案要綱を発表（→5）

1946年

1. 1	**天皇の人間宣言**（→p.60）
1. 4	「松本草案」まとまる（→3）
2. 1	毎日新聞，「松本草案」をスクープ
2. 3	マッカーサー，GHQ民政局に3原則（→3）に基づく憲法草案作成を指示
2. 8	「松本草案」をGHQに提出
2.13	GHQ，松本案を拒否し，GHQ案を政府に提示
2.26	第1回極東委員会（ワシントン）
3. 6	**政府，GHQ案に基づく「憲法改正草案要綱」を発表**（→3）。マッカーサーはこれを承認。
4.10	新選挙法による衆議院議員総選挙
4.17	政府，憲法改正草案を提出（3.6案を口語体に）
6.20	第90帝国議会に憲法改正案を提出
10. 7	帝国議会，憲法改正案を修正可決（→4）
11. 3	**日本国憲法公布**（施行は1947年5月3日）

2 「ポツダム宣言」受諾

A ポツダム宣言（抄）

署　名 1945. 7.26
日本受諾 1945. 8.14

7　右のような新秩序が建設されまた日本国の戦争遂行能力が破砕されたという確証があるまでは，**連合国の指定すべき日本国領域内の諸地点は……占領されるであろう。**

8　「カイロ」宣言の条項は履行されるであろう，また**日本国の主権は本州・北海道・九州・四国およびわれらが決定する諸小島に局限せられる。**

9　日本国軍隊は完全に武装を解除された後各自の家庭に復帰し平和的かつ生産的な生活を営む機会が与えられるであろう。

10　……われらの俘虜を虐待したものを含む**一切の戦争犯罪人に対しては厳重な処罰が加えられるであろう。日本国政府は日本国国民の間における民主主義的傾向の復活強化に対する一切の障礙を除去すべきである。言論・宗教および思想の自由ならびに基本的人権の尊重は確立されるべきである。**

12　前記諸目的が達成され，かつ日本国国民の自由に表明する意思に従い，平和的傾向をもち責任ある政府が樹立されたならば，**連合国の占領軍は直ちに日本国から撤収されるであろう。**

13　われらは日本国政府が直ちに全日本国軍隊の無条件降伏を宣言し，またその行動における同政府の誠意について適当にして十分なる保障を提供するよう同政府に対して要求する。

　右以外に日本国に残された道は迅速にして完全なる壊滅あるのみである。

（高木八尺・本橋正訳『原典アメリカ史（別巻）』岩波書店）

B 「ポツダム宣言」受諾に関する日本政府申し入れ

（1945年8月10日）

　帝国政府ハ千九百四十五年七月二十六日「ポツダム」ニ於テ米，英，華三国政府首脳者ニ依リ発表セラレ爾後「ソ」聊政府ノ参加ヲ見タル共同宣言ニ挙ゲラレタル条件ヲ右宣言ハ天皇ノ国家統治ノ大権ヲ変更スルノ要求ヲ包含シ居ラザルコトノ了解ノ下ニ受諾ス

（『資料で考える憲法』法律文化社）

解説 最後までこだわった「国体の護持」　ポツダム宣言は，米英ソにより合意され，その後中国の同意も得て，「米英中三国宣言」として1945年7月26日に発表された。ソ連も対日参戦後に加わっている。宣言は日本国軍隊に対して無条件降伏を勧告した文書で，降伏後の占領や民主化政策も予告している。日本政府は，当初この宣言を黙殺し，この間に広島・長崎への原爆投下やソ連の参戦と戦争の惨禍はさらに拡大した。

　結局政府は，軍部などの反対を押し切って，8月9日受諾を決定したが，それはあくまでも「国体の護持」，つまり「天皇主権の維持」を条件とした受諾であった。国民に敗戦を知らせた8月15日の天皇の「終戦の詔勅」にも「国体は護持された」との内容が含まれている。

プラスα　**形式的には明治憲法改正の新憲法**　日本国憲法の前文の始まる前に上諭（じょうゆ，→p.44）と呼ばれる天皇の公布文がついている。内容的には根本的に異なる新憲法も，形式的には天皇によってなされた旧憲法の改正ということになっている。

老兵は死なず，ただ消え去るのみ。
（1951年4月19日，解任後の上下院の合同会議における演説にて）

マッカーサー［米：1880〜1964］　第二次世界大戦時のアメリカ陸軍，元帥。終戦後は連合国軍総司令部（GHQ）最高司令官として日本占領の任に当たり，日本の民主化と非軍事化を進めた。朝鮮戦争の際，中国への戦線拡大・核攻撃を主張してトルーマン大統領に解任された。

日本国憲法の制定過程　　　　　GHQの主導で

⑰ 3 憲法改正案の変遷

TRY 日本国憲法の第1章はどうして天皇なのだろうか？
（解答→p.416）

松本案（1946年1月4日）…終戦後，憲法の調査研究を目的に幣原内閣に設けられた，憲法問題調査委員会の委員長・松本烝治（当時の国務大臣）が作成した明治憲法の改正案。松本の「憲法改正私（試）案」を要綱の形にまとめたものがGHQに提出された。

マッカーサー3原則（1946年2月3日）…松本案（②）が，明治憲法と大差ないことを知り，独自の憲法草案作成を決意したマッカーサー元帥が，民政局に示した草案作成の基本原則。

①天皇は国の最上位にある。
②国権の発動たる戦争は廃止する。
③日本国内の封建的諸制度の廃止。

憲法

	❶明治憲法	❷松本案（46.2.8）	❸GHQ案（46.2.13）	❹政府憲法改正草案要綱（46.3.6）
天皇	第3条　天皇ハ神聖ニシテ侵スヘカラス	第3条　天皇ハ至尊ニシテ侵スヘカラス　　松本烝治	第1条　皇帝ハ国家ノ象徴ニシテ又人民ノ統一ノ象徴タルヘシ彼ハ其ノ地位ヲ人民ノ主権意思ヨリ承ケ之ヲ他ノ如何ナル源泉ヨリモ承ケス	第1　天皇ハ日本国民至高ノ総意ニ基キ日本国及其ノ国統合ノ象徴タルベキコト
軍	第11条　天皇ハ陸海軍ヲ統帥ス	第11条　天皇ハ軍ヲ統帥ス	第8条　国民ノ一主権トシテノ戦争ハ之ヲ廃止ス……	第9　国ノ主権ノ発動トシテ行フ戦争及武力ニ依ル威嚇又ハ武力ノ行使ヲ……永久ニ之ヲ抛棄スルコト
権利	法律の留保（法律で人権を自由に制限できるということ，→p.57）あり	公益・公安のために必要な場合には法律によって権利が制限される場合あり	第12条　日本国ノ封建制度ハ終止スヘシ一切ノ日本人ハ其ノ人類タルコトニ依リ個人トシテ尊敬セラルヘシ……	第12　凡テ国民ノ個性ハ之ヲ尊重シ其ノ生命，自由及幸福希求ニ対スル権利ニ付テハ……最大ノ考慮ヲ払フベキコト

解説 GHQ主導で　国体は護持できたという認識でポツダム宣言を受諾した日本政府に対して，占領開始後，GHQから憲法改正が示唆された。**政府は憲法問題調査委員会を設置して改正作業に着手するが，委員会案（松本案②）は，あくまでも天皇主権の国体護持を目的とするものであった。これに対して**

マッカーサーは，日本政府には民主的憲法の作成能力がないと判断し，独自の憲法草案（GHQ案❸）の作成に乗り出した。松本案を拒否された日本政府は，この**GHQ案を基に憲法改正草案要綱（❹）を作成**し，これを口語体に直した改正草案が帝国議会での審議（→4）を経て，日本国憲法となった。

4 議会における主な修正点

条文	修　正　箇　所	
前 文	国民の総意が至高なものであること	→ **主権が国民に存すること……**
第1条	日本国民の至高の総意に基く。	→ **主権の存する日本国民の総意に基く。**
第9条	〈追加〉「日本国民は，正義と秩序を基調とする国際平和を誠実に希求し，」「前項の目的を達するため，」	
第25条	〈追加〉「すべて国民は，健康で文化的な最低限度の生活を営む権利を有する。」	
第44条	社会的身分又は門地	→ **社会的身分，門地，教育，財産又は収入**
第66条	〈追加〉「内閣総理大臣その他の国務大臣は，文民でなければならない。」	

（『資料戦後二十年史』日本評論社）

解説 国民の代表による制定　GHQ案を基に日本政府が作成した憲法改正案は，1946年4月の初の男女平等の普通選挙によって選出された議員によって審議され，国民主権の明文化など，より民主的なものとなった。明治憲法とは異なり，**国民の代表が審議・制定したことの意義は大きい。**

5 各党・民間の憲法草案

国家体制	立案者	特　　　徴
天皇主権（国体護持）	松本案	天皇は至尊にして不可侵。
	進歩党案	天皇は臣民の輔翼により統治権を行使。
	自由党案	統治権の主体は国家であるが，天皇が統治権の総攬者。
国家主権（君民同治）	社会党案	統治権の主要部分は議会に，一部は天皇に帰属。
	憲法懇話会案	君民同治で国民の権利を拡大。
国民主権（象徴天皇制）	憲法研究会案	天皇は儀礼的な存在で，統治権は国民から発する。
	日本国憲法	国民主権で天皇は象徴。
人民主権（天皇制廃止）	高野（岩三郎）案	大統領制の導入と生産手段の国有化。
	共産党案	主権は人民にあり，階級的・民族的差別の廃止。

解説 GHQも参考に　民間でも独自の憲法草案づくりが進められた。その中で，政党案は保守的なものが多かったが，学者たちによる憲法研究会の草案は現憲法にきわめて近く，GHQも参考にしたといわれる。

プラスα **8月革命説** 1945年8月に日本がポツダム宣言を受諾した時に，天皇主権に代わって国民主権が確立され，法的な意味での「革命」があったとする考え方。日本国憲法を，この「革命」によって成立した国民主権原理に基づき新たに制定されたものと説明する。

憲第1条[天皇の地位・国民主権]　天皇は，日本国の象徴であり日本国民統合の象徴であつて，この地位は，主権の存する日本国民の総意に基く。
第2条[皇位の継承]　皇位は，世襲のものであつて，国会の議決した皇室典範の定めるところにより，これを継承する。

●関連条文［刑法］
第74条(現在は削除)　天皇，太皇太后，皇太后，皇后，皇太子又ハ皇太孫ニ対シ不敬ノ行為アリタル者ハ3月以上5年以下ノ懲役ニ処ス

用語　象徴…目に見えないものを，目に見えるもので表すこと。(例)鳩→「平和」の象徴。

象徴天皇制への道 — 占領政策の円滑な遂行のため

1 「天皇の人間宣言」(抄) (1946年1月1日)

茲ニ新年ヲ迎フ。顧ミレバ明治天皇明治ノ初国是トシテ五箇条ノ御誓文ヲ下シ給ヘリ。曰ク，
《五箇条ノ御誓文　略》
*叡旨公明正大，又何ヲカ加ヘン。朕ハ茲ニ誓ヲ新ニシテ国運ヲ開カント欲ス。……

然レドモ朕ト爾等国民ト共ニ在リ，常ニ利害ヲ同ジウシ*休戚ヲ分タント欲ス。朕ト爾等国民トノ間ノ*紐帯ハ，終始相互ノ信頼ト敬愛トニ依リテ結バレ，単ナル神話ト伝説トニ依リテ生ゼルモノニ非ズ。天皇ヲ以テ*現御神トシ，且日本国民ヲ以テ他ノ民族ニ優越セル民族ニシテ，延テ世界ヲ支配スベキ運命ヲ有ストノ架空ナル観念ニ基クモノニモ非ズ。

(『資料戦後二十年史』日本評論社)

当時アイゼンハワーは，陸軍参謀総長だった。

*【叡旨】天子のお考え，おおせ。【休戚】喜びと悲しみ。
【紐帯】結びつけているもの。【現御神】人の姿を備えた神。

解説 GHQの意図のもとで　この詔書は戦前は現人神(人間の姿をした神)とされていた天皇が自らその神格性を否定したため，「人間宣言」と呼ばれている。天皇制を存続させつつその地位を民主的な性格に改めようとしていたGHQが原案を作成し，天皇の自発的な意思によるものとするために詔書という形をとった。しかし，冒頭には昭和天皇の強い希望で「五箇条ノ御誓文」全文が挿入され，全体として明治天皇が創始した日本的民主主義の延長線上に新日本の建設を求めている。

人間宣言するため，国民との一体性を強調。

2 天皇制存続に関するGHQの意図

A マッカーサーのアイゼンハワー宛電報 (1946年1月25日)

……天皇を告発するならば，日本国民の間に必ずや大騒乱を惹き起こし，その影響はどれほど過大視してもしすぎることはなかろう。天皇は，日本国民統合の象徴であり，天皇を排除するならば，日本は瓦解するであろう。……私見によれば，その措置に対しては，日本全体が消極的ないし半ば積極的な手段によって抵抗するものと予想される。……占領軍の大幅増強が絶対不可欠となるであろう。最小限にみても，おそらく100万の軍隊が必要となり，無期限にこれを維持しなければならないであろう。

B 米国におけるギャラップ社世論調査 (1945年6月初旬)

「戦後，日本国天皇をどうすべきであると考えますか？」(単位：%)

殺害する，苦痛を強い，餓死 36%	処罰もしくは国外追放 24	戦争犯罪人として処遇 10	7	不問，上級軍事指導者に責任あり 4 3 4	意見なし 12

裁判に付し，有罪ならば処罰——傀儡として利用——その他

(AB ともに山極・中村編『資料日本占領1　天皇制』大月書店)

解説 「天皇制は支持しないが利用する」　日本の降伏に際し，連合国(特に米国)は天皇制の存続を暗に示唆したものの，戦中から米国内では「天皇戦犯論」が高揚(B)し，1945年9月には米国上院で「天皇を戦争裁判にかけよ」と決議されるにいたった。
マッカーサーは，日本の社会主義化を防止し，占領政策を円滑に実施するために，天皇制存続の必要性を説いた。

天皇主権から国民主権へ — 統治権の総攬者から象徴へ

3 天皇の地位の変化

A 新旧憲法の天皇の地位

大日本帝国憲法
天皇ハ神聖ニシテ侵スヘカラス

不可侵性　神格
天皇　主権　統治権
憲法改正により廃止不能

日本国憲法
天皇は，日本国の象徴であり日本国民統合の象徴

神格否定　総意
天皇　主権　象徴
国事行為のみ
国民　憲法改正により廃止できる

(『図解による法律用語辞典』自由国民社に加筆作成)

TRY　天皇制を改廃することは可能だろうか？
(解答→p.416)

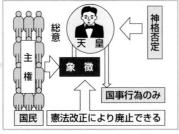

B 天皇に対する国民の意識
(1956年9月雑誌「知性」調査)

戦前にもっていた考え
天皇は神あるいは普通の人間以上の存在 84%　16%

戦後もつようになった考え
19%　普通の人間 81%

(『図説戦後世論史第2版』NHKブックス)

プラスα　天皇は元首か？　「元首」の定義次第だが，対外的に一国を代表する地位にある者とすれば，天皇は「元首」であるという考え方も成り立つ。ただし，憲法上「元首」についての明確な規定はない。

（前略）被災した人々が決して希望を捨てることなく，身体を大切に明日からの日々を生き抜いてくれるよう，また，国民一人びとりが，被災した各地域の上にこれからも長く心を寄せ，被災者と共にそれぞれの地域の復興の道のりを見守り続けていくことを心より願っています。

明仁上皇［1933〜］　東北地方太平洋沖地震後の2011年3月16日に放送された，国民向けのメッセージ。「平成の玉音放送」と一部で呼ばれた。写真は天皇即位当時。

4 天皇の国事行為

第3条[天皇の国事行為と内閣の助言・承認及び責任]
天皇の国事に関するすべての行為には，内閣の助言と承認を必要とし，内閣が，その責任を負ふ。

第4条[天皇の権能の限界，権能行使の委任]① 天皇は，この憲法の定める国事に関する行為のみを行ひ，国政に関する権能を有しない。（②略）

第6条[天皇の任命権]① 天皇は，国会の指名に基いて，内閣総理大臣を任命する。

② 天皇は，内閣の指名に基いて，最高裁判所の長たる裁判官を任命する。

第7条[天皇の国事行為] 天皇は，内閣の助言と承認により，国民のために，左の国事に関する行為を行ふ。（1〜10号は下表参照）

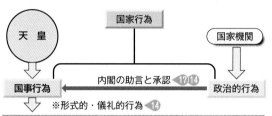

第6条	内閣総理大臣の任命（⇐国会の指名）
	最高裁判所長官の任命（⇐内閣の指名）
第7条	1　憲法改正，法律，政令及び条約の公布
	2　国会の召集
	3　衆議院の解散
	4　国会議員の総選挙の施行の公示
	5　国務大臣その他法律で定める公務員の任免及び全権委任状，大使・公使の信任状の認証
	6　大赦，特赦，減刑，刑の執行の免除及び復権の認証
	7　栄典の授与
	8　批准書及び法律で定めるその他の外交文書の認証
	9　外国の大使・公使の接見及び信任状の受理
	10　儀式を行ふこと

◆認証式 憲法第7条に基づいて天皇が行う，国務大臣などの任命を正当なものと証明する儀式。

解説 **形式的・儀礼的行為**　明治憲法下では「統治権の総攬者」として絶大な権力を保持していた天皇も，日本国憲法においては国政に関する権能を持たず，象徴として単に上に掲げた「国事行為」を行うにすぎない。しかも，その実行には「内閣の助言と承認」が必要である。「内閣の助言と承認」とは，国事行為の内容や方法はすべて内閣が決定し，その責任を負うという意味で，天皇の行う国事行為はあくまでも**形式的・儀礼的なものにすぎない**。ただし，これ以外の行為，例えば国会開会式における「おことば」などの公的な行為をどう考えるかについては学説も見解が分かれている。

TRY 天皇は1日24時間いつでも象徴なのだろうか？考えてみよう。（解答→p.416）

5 皇室典範（抄）

［1947.1.16法3　最終改正　2017法63］

第1条[継承の資格] 皇位は，皇統に属する男系の男子が，これを継承する。

第2条[継承の順序] 皇位は，左の順序により，皇族に，これを伝える。

(1) 皇長子　(2) 皇長孫　(3) その他の皇長子の子孫
(4) 皇次子及びその子孫　(5) その他の皇子孫　(6) 皇兄弟及びその子孫　(7) 皇伯叔父及びその子孫

即位された天皇・皇后両陛下（2019・11・10）

Ａ皇室典範第2条による皇位継承順位

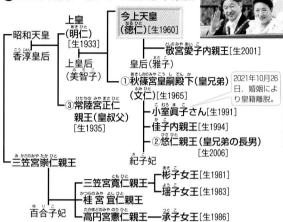

〈注〉数字は継承順位。　は崩御・薨去された方。2023年7月1日現在。

解説 **皇室典範改正!?**　皇室に関する法律である皇室典範は，明治憲法下では憲法と同格の法律で，帝国議会も干渉できなかった。戦後は一般法の1つとなり，国会の議決によって改正することもできる。現皇室典範は，皇位の継承を「**男系の男子**」に限定しており，2001年に誕生した今上天皇夫妻の長女「**敬宮愛子内親王**」には皇位継承権はない。皇室では1965年の秋篠宮文仁親王以来男子の誕生がなく，女性天皇を認めるよう皇室典範を改正しようという動きもあったが，2006年9月6日の悠仁親王の誕生で改正議論は棚上げとなった。

Focus **フォーカス　代替わりにともなう様々な議論**

①天皇の代替わりに伴う皇室行事「**大嘗祭**」への公費支出について，秋篠宮文仁親王が，宗教色が強いとして宮内庁に疑義を呈していた。なお，今回は前回同様に公費で支出することになった。

②安定的な皇位継承のために**女性天皇容認論**（具体的には愛子天皇待望論）が浮上している。政府も2019年秋以降に検討を本格化するという。2005年，皇室典範に関する有識者会議で「皇位継承は男女問わず，長子優先」という結論が出され，改正案が国会に提出される予定であったが，2006年9月の悠仁親王の誕生によってお蔵入りになった経緯もある。

大嘗祭…天皇の即位の際に行われる新嘗祭（天皇がその年の収穫に感謝して行う儀式）。

6 国旗及び国歌に関する法（抄）

［1999.8.13法127］

第1条① 国旗は，日章旗とする。
第2条① 国歌は，君が代とする。

Ａ学習指導要領における国旗・国歌の扱い

入学式や卒業式などにおいては，その意義を踏まえ，国旗を掲揚するとともに，国歌を斉唱するよう指導するものとする。

プラスα **広がる公的行為**　国事行為以外に，現に天皇が行っている公的な行為には，国会開会式の「おことば」のほか，国内巡幸，国体の開会式への出席，海外親善旅行，外国元首の接待などがあり，近年その範囲が拡大される傾向にあると指摘されている。

憲法

日本国憲法の平和主義

戦力不保持のはずだったが…

1 日本国憲法第９条の構造

前文　（前略）日本国民は，恒久の平和を念願し，人間相互の関係を支配する崇高な理想を深く自覚するのであつて，平和を愛する諸国民の公正と信義に信頼して，われらの安全と生存を保持しようと決意した。われらは，平和を維持し，専制と隷従，圧迫と偏狭を地上から永遠に除去しようと努めてゐる国際社会において，名誉ある地位を占めたいと思ふ。われらは，全世界の国民が，ひとしく恐怖と欠乏から免かれ，平和のうちに生存する権利を有することを確認する。（後略）

第９条[戦争の放棄，戦力及び交戦権の否認]①　日本国民は，正義と秩序を基調とする国際平和を誠実に希求し，国権の発動たる戦争と，武力による威嚇又は武力の行使は，国際紛争を解決する手段としては，永久にこれを放棄する。

②　前項の目的を達するため，陸海空軍その他の戦力は，これを保持しない。国の交戦権は，これを認めない。

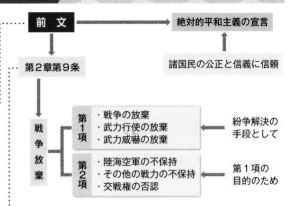

（『口語憲法（全訂版）』自由国民社による）

解説 **絶対的平和主義の宣言**　世界各国の憲法にも戦争の制限・放棄の規定は見られるが，侵略戦争の制限・放棄にとどまっている（**3**）。日本国憲法はあらゆる戦争を放棄し，戦力を保持しないとしている点で際立っており，他に例を見ない絶対的平和主義の憲法である。

2 『あたらしい憲法のはなし』

いまやっと戦争はおわりました。…こんな戦争をして，日本の国はどんな利益があったでしょうか。何もありません。…戦争は人間をほろぼすことです。…

そこでこんどの憲法では，日本の国が，けっして２度と戦争をしないように，２つのことをきめました。その１つは，兵隊も軍艦も飛行機も，およそ戦争をするためのものは，いっさいもたないということです。これからさき日本には，陸軍も海軍も空軍もないのです。これを**戦力の放棄**といいます。「放棄」とは「すててしまう」ということです。しかしみなさんは，けっして心ぼそく思うことはありません。日本は正しいことを，ほかの国よりさきに行ったのです。……

もう１つは，よその国と争いごとがおこったとき，けっして戦争によって，相手をまかして，じぶんのいいぶんをとおそうとしないということをきめたのです。……なぜならば，いくさをしかけることは，けっきょく，じぶんの国をほろぼすようなはめになるからです。また，戦争とまでゆかずとも，国の力で，相手をおどすようなことは，いっさいしないことにきめたのです。これを**戦争の放棄**というのです。

戦争放棄

解説 **第９条解釈の原点**　本書は1947（昭和22）年の日本国憲法施行直後に，中学生用教科書として文部省が作成。政府の第９条解釈の原点がここにある。その後再軍備とともにこの教科書は姿を消したが，しばしば民間で復刻された。

3 外国憲法の平和主義

> 侵略行為を放棄した世界最初の憲法である。

1791年 **フランス1791年憲法**（現在は無効）

第6篇　フランス国民は，征服の目的をもって，いかなる戦争をも行うことを放棄し，また，いかなる人民の自由に対しても，決して武力を行使しない。

1928年 **パリ不戦条約**

第1条　締約国ハ国際紛争解決ノ為戦争ニ訴フルコトヲ非トシ且其ノ相互関係ニ於テ国家ノ政策ノ手段トシテノ戦争ヲ抛棄スルコトヲ其ノ各自ノ人民ノ名ニ於テ厳粛ニ宣言ス

1935年 **フィリピン憲法**

第2章第3条　フィリピンは，国策遂行の手段としての戦争を放棄し，一般に受諾された国際法の諸原則を国内法の一部として採用する。

1946年 **ブラジル憲法**

第4条[征服戦争の放棄]　ブラジルは，その加盟する国際安全機関の定める仲裁若しくは紛争解決の平和的手段を採る余地がないか，又は失敗に帰した場合でなければ戦争に訴えない。又，いかなる場合においても，自ら又は他国と同盟して，直接又は間接に，征服戦争を行わない。

1947年 **イタリア共和国憲法**

第11条　イタリア国は，他国民の自由を侵害する手段として，および国際紛争を解決する方法として，戦争を否認し，……

1949年 **コスタリカ憲法**

第12条　常設の制度としての軍隊は，これを禁止する。

（『憲法第９条』有斐閣などによる）

TRY　世界人類が戦争を反省し平和実現へ努力すべき方策を明記したのは国連憲章（→ p.296,297）の第何条何項か。（解答→ p.416）

プラスα　フィリピンが10年後の独立を前提に米国主権下で憲法を制定したのが1935年で，この直前に同国軍事顧問に就任したのがマッカーサー。当然この条文を読んでいたマッカーサーが，日本国憲法第９条の発案者である，とする説がある。

④ 防衛問題をめぐるあゆみと第9条に関する政府解釈の変遷

年	主 な 事 項	内閣	第9条に関する政府解釈
1945	ポツダム宣言受諾	幣原	**Ⓐ 自衛権の発動としての戦争も放棄**（吉田首相1946.6）
46	日本国憲法公布　マッカーサーの指令による		本条の規定は直接には自衛権を否定しては居りませぬが，第9条第2項に於て一切の軍備と国の交戦権を認めない結果，自衛権の発動としての戦争も，又交戦権も放棄した……。
50	朝鮮戦争勃発に伴い **警察予備隊が発足**	吉田	**Ⓑ 警察予備隊は軍隊ではない**（吉田首相1950.7）
51	対日平和条約・日米安全保障条約調印		警察予備隊の目的は全く治安維持にある。それが……再軍備の目的であるとかはすべて当らない。日本の治安をいかにして維持するかというところにその目的があるのであり，従ってそれは軍隊ではない。
52	**保安隊発足**（警察予備隊を改組）		
53	池田・ロバートソン会談		
54	日米相互防衛援助協定（MSA協定）調印 防衛庁・自衛隊発足📎　⬇自衛隊発足		
56	日ソ共同宣言 日本，国連加盟	鳩山	**Ⓒ 「戦力」とは近代戦争遂行能力を備えるもの**（吉田内閣統一見解1952.11）
57	政府，「**国防の基本方針**」決定	石橋	憲法第9条第2項は，侵略の目的たると自衛の目的たるとを問わず「戦力」の保持を禁止している。右にいう「戦力」とは，近代戦争遂行に役立つ程度の装備，編成を備えるものをいう。……保安隊および警備隊は戦力ではない。
59	砂川事件で在日 米軍違憲の一審判決	岸	
60	反安保闘争。**日米新安保条約調印**		**Ⓓ 自衛隊は憲法違反ではない**（鳩山内閣統一見解1954.12）
65	国会で「三矢研究」問題化	池田	第9条は，独立国としてわが国が自衛権をもつことを認めている。従って自衛隊のような自衛のための任務を有し，かつその目的のため必要相当な範囲の実力部隊を設けることは，何ら憲法に違反するものではない。
67	政府，「**武器輸出三原則**」「**非核三原則**」表明		
69	**日米共同声明**（安保継続・沖縄返還）	佐藤	
70	日米安保条約，自動継続となる		**Ⓔ 「戦力」とは自衛のための必要最小限度をこえるもの**（田中内閣統一見解1972.11）
72	**沖縄，本土復帰**		憲法第9条第2項が保持を禁じている"戦力"は自衛のための必要最小限度をこえるものである。それ以下の実力の保持は，同条項によって禁じられていない。
73	長沼ナイキ訴訟で自衛隊違憲の一審判決	田中	
76	政府，「**防衛計画の大綱**」決定。防衛費のGNP 1％以内を閣議決定	三木	
⑱ 78	「**日米防衛協力のための指針**」（旧ガイドライン）決定。米軍への「**思いやり予算**」決定	福田	**Ⓕ 集団的自衛権の行使禁止**（鈴木内閣答弁書1981.5）
80	自衛隊，環太平洋合同演習（リムパック）に参加	大平	わが国が，国際法上，……集団的自衛権を有していることは，主権国家である以上，当然であるが，憲法第9条の下において許容されている自衛権の行使は，わが国を防衛するため必要最小限度の範囲にとどまるべきものであると解しており，集団的自衛権を行使することは，その範囲を超えるものであって，憲法上許されないと考えている。
81	**日米共同声明**，「**同盟関係**」を明記	鈴木	
83	中曽根首相訪米，「**不沈空母**」発言	中曽根	
86	「国防会議」廃止し「安全保障会議」設置		
87	防衛費，GNP1％枠を外し「総額明示」閣議決定	竹下	**Ⓖ PKFにも参加可能**（海部内閣統一見解1991.9）
89	米ソ首脳会談（マルタ）で**冷戦終結**		①要員の身体防衛のためのみの武器使用 ②紛争当事者間の停戦合意が破られれば撤収する，という前提によって，国連のPKF（平和維持軍）にも参加できる。
91	**湾岸戦争**。ペルシャ湾へ自衛隊の掃海艇派遣	海部	
92	**国連平和維持活動（PKO）協力法成立**	宮沢	
⑲	カンボジアPKOに自衛隊派遣		
94	社会党，自衛隊と日米安保条約を容認	村山	**Ⓗ 自衛隊は合憲**（村山首相1994.7）
96	クリントン訪日，「**日米安保共同宣言**」で安保再定義	橋本	専守防衛に徹し，自衛のための必要最小限度の実力である自衛隊は憲法の認めるところだ。
97	「日米防衛協力のための指針」改定（**97年改定ガイドライン**）		
99	97年改定ガイドライン関連法成立（**周辺事態法**など）	小渕	
2001	米 9・11事件，テロ対策特別措置法成立（07失効）	森	**Ⓘ 集団的自衛権の行使容認**（安倍内閣閣議決定2014.7）
03	**有事関連3法成立**（武力攻撃事態法など）		わが国に対する武力攻撃が発生した場合のみならず，わが国と密接な関係にある他国に対する武力攻撃が発生し，これによりわが国の存立が脅かされ，国民の生命，自由及び幸福追求の権利が根底から覆される明白な危険がある場合において，…他に適当な手段がないときに，必要最小限度の実力を行使することは，…憲法上許容される…。
	イラク人道復興支援特別措置法成立（09失効）	小泉	
04	**イラクのサマーワへ自衛隊派遣**		
	有事関連7法成立（国民保護法など）		
07	防衛庁が**防衛省**に昇格（防衛施設庁廃止）		
08	補給支援特別措置法成立（10失効）	安倍 福田 麻生 菅	
09	海賊対処法成立		
11	ジブチに日本初の恒久的な海外自衛隊基地（➡p.76）		
13	日本版NSC（国家安全保障会議）設置		
	政府，「**国家安全保障戦略**」決定		**Ⓙ 反撃能力（敵基地攻撃能力）は必要**（岸田首相2022.12）
14	**集団的自衛権の行使容認を閣議決定**		ミサイル技術は急速に進化している。一度に大量のミサイルを発射する可能性もある。こうした厳しい環境において，相手に攻撃を思いとどまらせる抑止力となる反撃能力は，今後不可欠となる能力だ。
	政府，「**防衛装備移転三原則**」決定	安倍	
15	「日米防衛協力のための指針」改定（**新ガイドライン**） 安全保障関連法（**安保法制**）成立		
16	南スーダンPKOで自衛隊に「**駆け付け警護**」任務		
22	ロシア・ウクライナ戦争→政府，安保3文書（➡p.66 α）を改定し反撃能力（敵基地攻撃能力）保有を表明	岸田	**TRY** 政府の解釈改憲（➡p.79）のあゆみをまとめてみよう。(解答略)

憲法

プラスα 第9条解釈の最大の争点は「戦力」の概念。「戦力とは近代戦争遂行に役立つ程度の装備・編成」をいい，「保安隊は規模・実力から戦力ではない」（1952年吉田内閣）との説明は「戦力なき軍隊」として当時の流行語になった。

63

言の葉

常備軍は時とともに全廃されるべきである。
（『永久平和のために』）

イマヌエル・カント［独：1724〜1804］ 哲学者。イギリス経験論と大陸合理論を統合する批判哲学を樹立。この『永久平和のために』は，第一次世界大戦後の「国際連盟」創設に影響を与えた。

憲法

5 第9条をめぐる様々な意見

⑭⑲ Ａ 第9条の解釈の比較 （伊藤真『伊藤真の憲法入門』日本評論社を参考）

	その他の意見	政府見解	学界の通説	その他の意見
第9条第1項		自衛戦争は放棄していない		自衛戦争まで放棄
第9条第2項	自衛戦争のための戦力も放棄されていない		一切の戦力を放棄した	
戦力		自衛隊は戦力にあたらない	自衛隊は戦力にあたる	
自衛隊の合憲性		合憲	違憲	

Ｂ 国民意識 （(1)は『読売新聞』2023.5.3，(2)は『朝日新聞』2023.5.3による）

(1) 憲法第9条の各条文を改正する必要があるか？（読売新聞）

第1項	ある 21%	ない 75	答えない 4
第2項	51%	44	5

(2) 憲法第9条を変えるほうがよいか？（朝日新聞）

変えるほうがよい 37%	変えないほうがよい 55	答えない 8

Ｃ 憲法第9条改正をめぐる民意の変遷

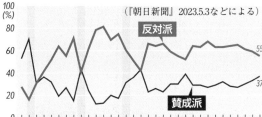

（『朝日新聞』2023.5.3などによる）

反対派 … 55
賛成派 … 37

解説 国民は現状維持を支持？ 政府の第9条解釈は①自衛権（自衛戦争）は放棄せず②自衛隊は憲法の禁ずる戦力にあたらず合憲というものだが，「自衛のためなら核兵器ももてる」（福田赳夫首相）など，戦力と自衛力の境界はあいまいである。一方，学界では自衛隊は戦力にあたり違憲というのが通説。また国民の間では，自衛隊，日米安保条約は支持するが，憲法第9条改正には反対するという現状維持派が多数派だ。

TRY Ｃから国際緊張が高まると改正賛成派が増えることがうかがえる。①1951年，②1980年，③2004年について，賛成派が増えた原因は何か考えてみよう。（解答➡p.416）

6 第9条をめぐる主な裁判

	砂川事件	⑰ 長沼ナイキ基地訴訟	恵庭事件	百里基地訴訟	自衛隊イラク派兵差止訴訟（➡p.75）
裁判の内容	1957年，米軍立川飛行場の拡張に反対する学生・労働者が飛行場内に立ち入ったとして安保条約に基づく刑事特別法違反（施設又は区域を侵す罪）に問われた。	1969年，北海道長沼町に地対空ミサイル，ナイキ基地（➡p.118）をつくるため水源かん養保安林の指定が解除されたことに対し，同町住民が解除取消しを求めて提訴。	自衛隊演習場の爆音による被害を訴えていた酪農民が1962年，自衛隊の電話線を切断。自衛隊法違反で起訴。	航空自衛隊百里基地（茨城県小川町［現小美玉市］）の建設用地の所有権をめぐって国と反対住民とが争う。1958年提訴。	イラク復興支援特措法にもとづく自衛隊のイラク派遣は違憲であり平和的生存権を侵害すると原告団が2004年に提訴。
争点	①安保条約による在日米軍が憲法の禁止する「戦力」にあたるか ②安保の合憲性	①自衛隊基地の設置が保安林解除理由の「公益上の理由」にあたるか ②自衛隊の合憲性	①自衛隊法第121条（防衛の用に供する物の損壊罪）は憲法違反か	①自衛隊は憲法違反か	①自衛隊の派遣は憲法第9条違反か
				一審 ［水戸地裁］（1977.2.17）	一審 ［名古屋地裁］（2006.4.14）
				①第9条は自衛のための戦争でも放棄はしていない。自衛隊は一見明白に侵略的とはいえず，統治行為に関する判断は司法審査の対象外。⇨国側勝訴	①原告敗訴
判決要旨	一審 ［東京地裁］（1959.3.30） ①第9条は自衛のための戦力も否定。在日米軍はこの戦力にあたり違憲。②無罪 （伊達判決）	一審 ［札幌地裁］（1973.9.7） ①第9条は一切の軍備・戦力を放棄，自衛隊は違憲。⇨保安林解除処分は無効（福島判決）	一審 ［札幌地裁］（1967.3.29） ①電話線は自衛隊法第121条の「その他の防衛の用に供する物」にあたらない。（憲法判断は行う必要なく，行うべきではない） ⇨無罪，確定		控訴審［名古屋高裁］（2008.4.17） ①「現在，航空自衛隊がイラクにおいてアメリカ兵等武装した兵員の空輸活動を行っていることは，憲法第9条第1項に違反する」と判決。高裁で自衛隊の活動が憲法第9条第1項違反と認められたのは憲法制定後初めて。
	跳躍上告審 ［最高裁］⑭（1959.12.16） ①第9条が自衛のための戦力を禁じたものか否かは別として，同条が禁止する戦力は，わが国の指揮できる戦力で，外国軍隊である在日米軍はこの戦力にあたらない。②安保条約については統治行為論（➡p.137）により憲法判断回避。⇨破棄差戻し→のち有罪	控訴審 ［札幌高裁］（1976.8.5） ①ダムなど代替施設設置で原告の訴えの利益は消滅。②自衛隊の合・違憲問題は統治行為に属し司法審査の対象とならない。⇨一審判決破棄，訴え却下	⑭ 最高裁判所は，砂川事件では安保について，百里基地訴訟では自衛隊について，憲法上の判断を示していないこと。	控訴審 ［東京高裁］（1981.7.7） ①第9条解釈につき一義的な国民の合意はなく，本件については憲法判断を示さずとも結論しうる。⇨控訴棄却	②賠償・差止請求は棄却され，原告が上告せず確定。⇨違憲判決だが賠償・差止請求は原告敗訴（青山判決）
		上告審 ［最高裁］（1982.9.9） ①原告に訴えの利益はない。（憲法判断はなし） ⇨二審判決支持，上告棄却		上告審 ［最高裁］⑭（1989.6.20） ①第9条は私法上の行為に直接適用されるものではない。（憲法判断なし） ⇨二審判決支持，上告棄却	

跳躍上告➡p.134

➡ 田中耕太郎 米軍駐留を違憲とした砂川事件の一審判決ののち，田中耕太郎最高裁長官が駐日米公使に上告審判決の見通し等を事前に伝えていたことが米公文書から明らかになった。結局一審判決は破棄されたが，長官の行為は司法権の独立を脅かすものと批判されている。

解説 決着せぬ第9条論争 一審で安保条約を違憲とした伊達判決，自衛隊を違憲とした福島判決は著名であるが，上級審では統治行為論（➡p.137）や"門前払い"（訴えの利益なしとして却下）等により憲法判断が回避され，明確な判決は未だ示されていない。

青山判決は，平和的生存権の具体的権利性を肯定した点でも画期的だった。

プラスα 憲法の平和主義というとすぐ第9条を思い浮かべるが，前文も重要。とりわけ，「全世界の国民が，ひとしく恐怖と欠乏から免れ，平和のうちに生存する権利」は平和的生存権と呼ばれ，福島判決で引用された。

7 文民統制（civilian control）（→p.49,395）

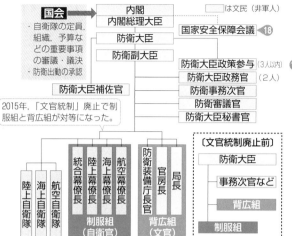

国会
・自衛隊の定員，組織，予算などの重要事項の審議・議決
・防衛出動の承認

内閣
内閣総理大臣
防衛大臣
防衛副大臣
　　　　は文民（非軍人）

国家安全保障会議 18
防衛大臣政策参与（3人以内）
防衛大臣政務官（2人）
防衛事務次官
防衛審議官
防衛大臣秘書官

防衛大臣補佐官

2015年，「文官統制」廃止で制服組と背広組が対等になった。

陸上幕僚長
海上幕僚長
航空幕僚長
統合幕僚長

防衛装備庁長官
官房長
局長

陸上自衛隊
海上自衛隊
航空自衛隊
制服組（自衛官）

背広組（文官）

〔文官統制廃止前〕
防衛大臣
事務次官など
背広組
制服組

14 **用語** **文民統制**…軍の独走を許さず，議会や内閣の支配下におくこと。明治憲法下では，「統帥権の独立」（→p.57）によって軍の行動を政府が抑制することができなかった。日本国憲法では，文民である内閣総理大臣が自衛隊の最高指揮監督権をもち，防衛大臣が隊務を統括する。

解説 **文官統制を廃止**　背広組（文官）を制服組（自衛官）より優位とする**文官統制**が，2015年6月の防衛省設置法改正で撤廃され，対等な関係と改められた。しかし，文民統制を危うくするとの批判もある。

→**米国の軍艦を守る海自の護衛艦**　安保法制に基づく「武器等防護」で，2017年に初めて，海上自衛隊の護衛艦が米艦を防護した。実施は3日間で，神奈川県横須賀市沖から鹿児島県奄美大島沖まで。（神奈川県横須賀市沖　2017.5.1，→p.80）

8 自衛隊法（抄）

1954.6.9法165
改正　2022.5.27法55

第3条[自衛隊の任務] ①　自衛隊は，我が国の平和と独立を守り，国の安全を保つため，我が国を防衛することを主たる任務とし，必要に応じ，公共の秩序の維持に当たるものとする。

14 18 **第7条[内閣総理大臣の指揮監督権]**　内閣総理大臣は，内閣を代表して自衛隊の最高の指揮監督権を有する。

第8条[防衛大臣の指揮監督権]　防衛大臣は，この法律の定めるところに従い，自衛隊の隊務を統括する。……

第76条[防衛出動] ①　内閣総理大臣は，次に掲げる事態に際して，我が国を防衛するため必要があると認める場合には，自衛隊の全部又は一部の出動を命ずることができる。この場合……国会の承認を得なければならない。

ル（1）　我が国に対する外部からの武力攻撃が発生した事態又は我が国に対する外部からの武力攻撃が発生する明白な危険が切迫していると認められるに至つた事態

ル（2）　我が国と密接な関係にある他国に対する武力攻撃が発生し，これにより我が国の存立が脅かされ，国民の生命，自由及び幸福追求の権利が根底から覆される明白な危険がある事態

第95条の2[合衆国軍隊等の部隊の武器等の防護のための武器の使用] ①　自衛官は，アメリカ合衆国の軍隊その他の外国の軍隊……の部隊であつて自衛隊と連携して我が国の防衛に資する活動……に現に従事しているものの武器等を職務上警護するに当たり，人又は武器等を防護

アメリカ海軍の貨物弾薬補給艦
海上自衛隊のヘリコプター搭載型護衛艦「いずも」

するため必要であると認める相当の理由がある場合には，その事態に応じ合理的に必要と判断される限度で武器を使用することができる。……

憲法

9 自衛隊の主な行動（赤字は2015年9月の安保法制で決まった内容，2016年3月施行，→p.77）

自衛隊の行動（自衛隊法）	対象となる事態	命令権者	国会承認	認められる権限など
ル **防衛出動**（76条）	①武力攻撃事態もしくは②**存立危機事態**に際し必要があると認める場合（①は個別的自衛権，②は**集団的自衛権**）	首相	事前 *1	武力行使，公共の秩序維持（治安出動時と同じ），緊急通行，物資の収用，国民保護など
命令による治安出動（78条）	間接侵略などに際し，一般の警察力では治安維持できないと認められる場合	首相	事後 *2	武器使用，警察官職務執行法の権限準用（質問，避難，犯罪の予防・制止など），海上保安庁法の一部準用（協力要請，立入検査など），78条による場合は海上保安庁の統制
要請による治安出動（81条）	都道府県知事の要請により，治安維持上重大な事態につきやむを得ないと認める場合	首相	×	
海上における警備行動（82条）	海上において，人命・財産の保護，治安維持のため特別の必要がある場合	防相	×	武器使用，海上保安庁法の一部準用（協力要請，立入検査など）
海賊対処行動（82条の2）	海賊行為に対処するため特別の必要がある場合	防相	×	
災害派遣（83条）	自然災害に際し，都道府県知事等の要請により，人命・財産の保護のため必要があると認める場合	防相 *3	×	警察官職務執行法の権限準用，海上保安庁法の一部準用（協力要請），災害対策基本法の権限 *4
領空侵犯に対する措置（84条）	外国の航空機が法令の規定に違反して日本の領域の上空に侵入したとき	防相	×	誘導，無線などによる警告，武器使用
在外邦人等の保護措置（84条の3）	防相の依頼により，外国での緊急事態に際し，日本人保護のため必要があると認める場合（**非戦闘地域**かつ当該外国の同意が必要）	防相	×	**任務遂行型の武器使用**（→ α）外国人やその他の保護対象者の保護
後方支援活動等（84条の5）	重要影響事態法，国際平和支援法等に関連した後方支援活動で，外国での活動可能（**戦闘現場でない地域**かつ当該外国の同意が必要）	防相 *5	事前 *6	後方支援活動（補給，輸送，修理・整備，医療，基地業務，宿泊，訓練業務など），捜索救助，船舶検査
国際平和協力業務（84条の5）	PKO協力法の範囲内で国連等から要請された場合（国連PKOに加え，**国連が統括しない国際連携平和安全活動**も参加可能）	防相	事前 *7	国際平和協力業務，輸送，自己保存型の武器使用，安全確保・駆けつけ警護（→p.77 α）の際の**任務遂行型の武器使用**
その他	防御施設構築の措置（77条の2），国民保護等派遣（77条の4），自衛隊の施設等の警備出動（81条の2），弾道ミサイル等に対する破壊措置（82条の3），地震防災派遣（83条の2），原子力災害派遣（83条の3），機雷等の除去（84条の2），在外邦人等の輸送（84条の4），国際緊急援助活動（84条の5）			

＊1 緊急時は命令の直後。 ＊2 出動命令から20日以内に付議。 ＊3 またはその指定する者。 ＊4 警戒区域の設定，緊急通行車両の通行確保など。 ＊5 またはその委任を受けた者。 ＊6 重要影響事態法による場合は緊急時のみ事後承認，国際平和支援法による場合は例外なき事前承認。 ＊7 停戦監視活動・安全確保活動のみ。

プラスα　PKOなど自衛隊の海外派遣で争点となるのが武器使用基準。当初は「自己保存型の武器使用」のみで，その後「自己の管理下に入った者」の防護が追加された。安保法制では，在外法人等の保護措置，安全確保，駆けつけ警護などでの「**任務遂行型の武器使用**」が加えられ，より拡大した。

一人殺せば残虐な殺人者で，100万人殺せば英雄だ。（1947年，映画『チャップリンの殺人狂時代』）

チャップリン［英：1889〜1977］ 映画俳優・監督。独特の扮装，優れた人間観察，鋭い社会風刺で名声を得た。代表作『モダン・タイムス』『チャップリンの独裁者』など。

政府の防衛に関する方針　　　　　　　　　　再び軍事大国へ？

🔟 防衛方針の基本的枠組み

A 日本の防衛方針の基本的枠組み

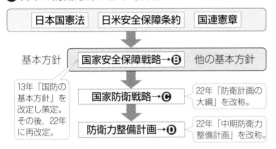

| 日本国憲法 | 日米安全保障条約 | 国連憲章 |

基本方針 → 国家安全保障戦略→B ／ 他の基本方針

13年「国防の基本方針」を改定し策定。その後，22年に再改定。

国家防衛戦略→C （22年「防衛計画の大綱」を改称。）

防衛力整備計画→D （22年「中期防衛力整備計画」を改称。）

B 国家安全保障戦略—外交・防衛政策の基本方針

年・内閣	内　容
国防の基本方針	
1957 岸	〔国防会議・閣議決定〕 ①国連を支持，国際間での協調，世界平和の実現 ②民生の安定，愛国心の高揚 ③効率的な防衛力の整備 ④米国との安全保障体制を基調とする
国家安全保障戦略（NSS：National Security Strategy）	
2013 安倍	〔国家安全保障会議・閣議決定〕 ①積極的平和主義（➡p.67,329）の立場から国際社会の平和と安定に積極的に寄与 ②中国の対外姿勢・軍事的動向は国際社会の懸念事項 ③北朝鮮の核兵器小型化・弾道ミサイルの搭載の試みは脅威を質的に深刻化 ④武器輸出三原則を見直し明確な原則制定 ⑤経済連携を推進し世界経済の成長を取り込む
2022 岸田	〔国家安全保障会議・閣議決定〕 ①中国は「これまでにない最大の戦略的な挑戦」 ②相手からのさらなる武力攻撃を防ぐために，**反撃能力を保有，日米で協力して対処** ③2027年度に防衛力の抜本的強化と**防衛費の国内総生産（GDP）比2％を達成** ④研究開発，公共インフラ整備，サイバー安全保障，国際協力の4分野の取り組みを省庁横断で推進 ⑤重大なサイバー攻撃を未然に排除する「能動的サイバー防御」を導入 ⑥防衛装備移転三原則や運用指針の見直し，官民一体で装備移転推進

C 国家防衛戦略—「防衛目標」達成の方法・手段

年・内閣	内　容
防衛計画の大綱	
1976 三木	冷戦下での侵略の未然防止に重点をおいた基盤的防衛力を整備
1995 村山	冷戦終結，PKO活動や大規模災害を考慮しつつ，基盤的防衛力整備を継承
2004 小泉	基盤的防衛力構想に加え弾道ミサイルやテロなどの新たな脅威への即応重視へ
2010 菅	周辺諸国の各種の活動に備え，基盤的防衛力構想によらず，動的防衛力を構築
2013 安倍	東シナ海の緊張を想定し，統合機動防衛力の構築や離島攻撃・弾道ミサイル攻撃へ対応
2018 安倍	宇宙・サイバー・電磁波等の新領域に対処する多次元統合防衛力を構築（➡p.67,80）
国家防衛戦略	
2022 岸田	自衛隊に常設の統合司令部を創設。航空自衛隊を航空宇宙自衛隊に改称。反撃能力などミサイル防衛能力の強化。国産の長射程ミサイル増産。

（B・Cは『読売新聞』2022.12.17などにより作成）

D 防衛力整備計画—防衛費総額や装備品を規定

年	閣議決定等
1957,61,66,72	防衛力整備計画（第1〜4次）
1979,82	中期業務見積り（五三中業，五六中業）
1985,90,95,2000,05,11,13,18	中期防衛力整備計画
2022	**防衛力整備計画**…2023〜27年度の防衛費総額は約43兆円，財源確保のため税制措置（➡p.67）

解説 対中国で軍備増強へ転換　かつては憲法第9条との関係をめぐり，国会における野党の追及などを背景に，防衛政策を「自衛」の範囲にとどめるための諸原則が政府によって表明されてきた。しかし冷戦終結後は，国際情勢の変化とともに自衛隊が海外で米軍を後方支援するなど新たな政策に踏み出した。

2013年，安倍首相は国防の基本方針を56年ぶりに改定し**国家安全保障戦略**を策定，翌14年に憲法第9条の解釈を閣議決定で変え，**集団的自衛権の行使を容認**した。その後岸田首相は2022年に防衛力の強化をめざし国家安全保障戦略を改定し，専守防衛を維持するとしつつも**敵基地攻撃能力の保有**に踏み切った。また防衛費を2023〜27年度で従来の1.5倍に相当する約40兆円に増額し，27年度には**防衛費を対GDP比2％**とすると表明した。

1️⃣1️⃣ 憲法第9条についての政府見解とその変化

①保持できる自衛力	自衛のための必要最小限度のものでなければならない。大陸間弾道ミサイル，長距離戦略爆撃機，攻撃型空母などは，自衛のための必要最小限度の範囲を超え保有を許されない。	④集団的自衛権の行使禁止（➡p.76）	政府は，わが国も集団的自衛権を有するが，その行使は憲法上許されないとしてきた。だが，**安倍内閣は行使容認を閣議決定（2014年）**し，**安全保障関連法で法制化（2015年）**した。
②自衛権発動の3要件（➡p.76）	(1)わが国に対する急迫不正の侵害があること (2)この場合にこれを排除するためにほかの適当な手段がないこと (3)必要最小限度の実力行使にとどまること →武力行使の新3要件（➡p.76）に改定（2014年）	⑤防衛費（➡p.67）	防衛費の対GNP（GDP）比1％枠→同2％に増額予定（2022年）
		⑥武器輸出（➡p.70）	武器輸出三原則→防衛装備移転三原則（2014年）に改定
③専守防衛	政府は，武力攻撃を受けたときにはじめて防衛力を行使し，その態様も自衛のための必要最小限にとどめるとしてきたが，**敵基地攻撃能力の保有**に踏み切った（2022年）。	⑦非核三原則（➡p.70） ⑧文民統制（➡p.49,65,395） ⑨海外派兵の禁止（➡p.76） ⑩徴兵制の禁止	

ズバ α　**安保3文書**　①10年程度を念頭に外交・防衛の基本方針を定めた「**国家安全保障戦略**」，②防衛力強化の目標を設定した「**国家防衛戦略（旧防衛大綱）**」，③10年後の自衛隊の体制，5年間の経費総額や主要装備の数量を明示した「**防衛力整備計画（旧中期防）**」の3つを指す。

過去に目を閉ざす者は結局のところ現在にも盲目となります。非人間的な行為を心に刻もうとしない者は、またそうした危険に陥りやすいのであります。
『荒れ野の40年』

ヴァイツゼッカー [独：1920〜2015] 独の元大統領。敗戦40年後の1985年5月8日に演説し、罪の有無や老若を問わず、国民全員が過去を引き受けねばならないとナチス時代を反省し、過去の過ちを二度と起こさない決意を述べた。

12 防衛関係費の推移 （防衛省資料などによる）

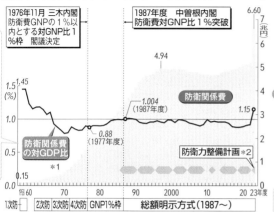

1976年11月 三木内閣 防衛費GNPの1％以内とする対GNP比1％枠 閣議決定

1987年度 中曽根内閣 防衛費対GNP比1％突破

防衛関係費
防衛関係費の対GDP比
防衛力整備計画 *2

1.45 (%) 1.5％以上 1.0 0.88 (1977年度) 1.004 (1987年度) 4.94 1.15 0.15

*1 1993年度以前は対GNP比。*2 2022年以前は中期防衛力整備計画。

1次防 2次防 3次防 4次防 GNP1％枠 総額明示方式（1987〜）

（左縦書き）18年度以降、米国の要請を受け、防衛費の対GDP比を3兆こ増額の方針を決定。

（右縦書き）経済対策は2020年4月、新型コロナ対策等で発足。

13 各国の国防支出と兵力

	国防支出総額 1985年*	国防支出総額 2022年	正規兵力 2022年
アメリカ	3,809億ドル	8,769億ドル	136.0万人
中国	216	2,920	203.5
イギリス	350	864	15.0
ロシア	3,683	814	119.0
インド	110	685	146.8
フランス	307	536	20.3
日本	201	460	24.7

*2000年を基準とした実質値。（国際戦略研究所資料などによる）

14 新「国家安全保障戦略」（2022年12月策定）

❶ 敵基地攻撃能力（反撃能力） 『読売新聞』2022.12.17

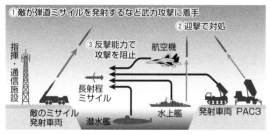

① 敵が弾道ミサイルを発射するなど武力攻撃に着手
② 迎撃で対処
③ 反撃能力で攻撃を阻止

指揮・通信施設 敵のミサイル発射車両 長射程ミサイル 潜水艦 航空機 水上艦 発射車両 PAC3

〈課題〉「敵が攻撃に着手した」との認定が難しく、判断を誤れば国際法違反の先制攻撃となってしまう。

❷ 2027年度に防衛費対GDP比2％へ——5年間の主な使い道

主な使い道	事業費
スタンド・オフ防衛能力…長射程ミサイル等	5兆円
統合防空ミサイル防衛能力…イージス・システム等（➡p.80）	3兆円
無人アセット防衛能力…無人機等（➡p.80）	1兆円
領域横断作戦能力…宇宙,サイバー等装備品等	8兆円
持続性・強靭性…弾薬,施設等	15兆円

防衛費 5年間43兆円の財源
建設国債など 2.5兆円
＋
増税3兆円強？
防衛力強化資金 4.6兆円
決算剰余金の活用 3.5兆円
歳出改革3兆円強
現行水準の防衛費 25.9兆円

継続が不透明な財源
さらなる増税や国債発行の懸念

2023 24 25 26 27 28年度以降

（『東京新聞』2022.12.17などによる）

プラスα 防衛費の財源は？ 2022年度の防衛費は約5.4兆円で世界9位。これが27年度に対GDP比2％となると約11兆円となり世界3位まで上昇する。しかし財源問題は不透明で、政府は約1兆円の増税（法人税・所得税・たばこ税）のほか戦後初めて建設国債をあてることなどを掲げている。

積極的平和主義…戦争のない状態を平和とする消極的平和主義に対し、戦争だけでなく社会的な貧困や差別などがない状態を平和とすること。安倍政権の安全保障戦略上の「積極的平和主義」と平和学上の同主義では性質が異なる（➡p.329）。

15 国家安全保障会議 （2013年12月設置）

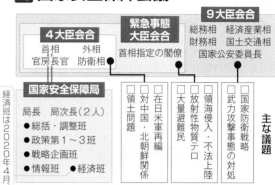

緊急事態大臣会合 首相指定の閣僚

9大臣会合
総務相 経済産業相 財務相 国土交通相 国家公安委員長

4大臣会合
首相 外相 官房長官 防衛相

国家安全保障局
局長 局次長（2人）
●総括・調整班
●政策第1〜3班
●戦略企画班
●情報班 ●経済班

領土問題
対中国・北朝鮮関係
在日米軍再編
大量避難民
放射性物質テロ
領海侵入・不法上陸
武力攻撃事態等への対処
国家防衛戦略

主な議題

解説 中心は4大臣会合 米国NSC（National Security Council）をモデルに、日本版NSCとして外交・安全保障政策の司令塔となる国家安全保障会議が設置された。狙いは首相官邸機能の強化で、中心となるのが定期的に集まる「4大臣会合」だ。ほかに領海侵犯などの課題に応じ集まる「緊急事態大臣会合」、従来の安全保障会議を引き継ぐ「9大臣会合」が開かれる。また事務局として「国家安全保障局」が新設された。

16 特定秘密保護法 （2013年成立）

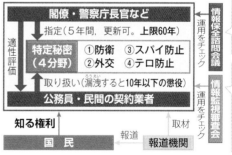

閣僚・警察庁長官など
指定（5年間,更新可。上限60年）
特定秘密（4分野）
①防衛 ③スパイ防止
②外交 ④テロ防止
取り扱い（漏洩すると10年以下の懲役）
公務員・民間の契約業者
適性評価

情報保全諮問会議 運用をチェック
情報監視審査会 運用をチェック

知る権利 取材
国民 報道 報道機関

（右縦書き）首相が委嘱する有識者で構成。会議は非公開で議事録も要旨のみで透明性に問題点あり。

（右縦書き）衆・参両院に設置（➡p.120。）しかし政府は特定秘密の提出を拒否できる上、審査会の勧告に法的強制力はない。

❶ 特定秘密の指定状況（2023年6月末現在）公安調査庁

合計 735件	防衛省 419件	内閣官房 114	警察 53	44	34	その他 71

外務省

（内閣官房資料）

❷ 特定秘密保護法の主な問題点

●どの情報が特定秘密か分からない…公開されているのは❶の件数のみ。国民・メディアは、知らずに特定秘密の不正取得罪や漏洩罪の教唆等に問われる危険性がある。
●プライバシーの侵害…適正評価は、特定秘密を取り扱う本人だけでなく、家族の個人情報も収集・管理される。
●秘密指定の無期限化…人的情報は60年超の指定が可能。

解説 国民にとっては不特定秘密？ 国家安全保障会議設置と車の両輪とされた特定秘密保護法。これで米国の信頼も得られ機密情報の交換が可能になると政府は説明する。しかし行政機関の恣意的な秘密指定やチェック機能の不十分さを懸念する声もある。国民からすれば「何が秘密なのかが秘密」ということにもなりかねず、知る権利の侵害だとの批判も強い。

●日米安保体制にはどのような特徴があるか？

視点

民主主義　法の支配

1 日米安全保障条約〔日本国とアメリカ合衆国との間の相互協力及び安全保障条約〕（抄）

Treaty of Mutual Cooperation and Security between the United States and Japan

［署名　1960.1.19　発効　1960.6.23］

第2条[経済的協力] 締約国は，その国際経済政策におけるくい違いを除くことに努め，また，両国の間の経済的協力を促進する。

第3条[自衛力の維持発展] 締約国は，個別的に及び相互に協力して，継続的かつ効果的な自助及び相互援助により，武力攻撃に抵抗するそれぞれの能力を，憲法上の規定に従うことを条件として，維持し発展させる。

第4条[協議] 締約国は，この条約の実施に関して随時協議し，また，日本国の安全又は極東における国際の平和及び安全に対する脅威が生じたときはいつでも，いずれか一方の締約国の要請により協議する。

第5条[共同防衛] 各締約国は，日本国の施政の下にある領域における，いずれか一方に対する武力攻撃が，自国の平和及び安全を危うくするものであることを認め，自国の憲法上の規定及び手続に従つて共通の危険に対処するように行動することを宣言する。

前記の武力攻撃及びその結果として執つたすべての措置は，国際連合憲章第51条の規定に従つて直ちに国際連合安全保障理事会に報告しなければならない。その措置は，安全保障理事会が国際の平和及び安全を回復し及び

維持するために必要な措置を執つたときは，終止しなければならない。

第6条[基地許与] 日本国の安全に寄与し，並びに極東における国際の平和及び安全の維持に寄与するため，アメリカ合衆国は，その陸軍，空軍及び海軍が日本国において施設及び区域を使用することを許される。

前記の施設及び区域の使用並びに日本国における合衆国軍隊の地位は，1952年2月28日に東京で署名された日本国とアメリカ合衆国との間の安全保障条約第3条に基く行政協定（改正を含む。）に代わる別個の協定及び合意される他の取極により規律される。

第10条[条約の終了] この条約は，日本区域における国際の平和及び安全の維持のため十分な定めをする国際連合の措置が効力を生じたと日本国政府及びアメリカ合衆国政府が認める時まで効力を有する。

もつとも，この条約が10年間効力を存続した後は，いずれの締約国も，他方の締約国に対しこの条約を終了させる意思を通告することができ，その場合には，この条約は，そのような通告が行なわれた後1年で終了する。

⑭ 現行条約では，日本の領域内において日本，アメリカの一方に対する武力攻撃が発生した場合，日米両国が共同で対処すると規定されていること。

Ａ 日米安保条約の内容と問題点

事 項	内 容	問 題 点
⑭ ❶ **共同防衛義務（第5条）**	日本は憲法第9条により，日本自体に対する攻撃に対してのみ自衛権を行使できる（**個別的自衛権**）とされている。そこでこの第5条でも「日本国の施政の下にある領域」に限って**共同防衛の義務**が規定されている。したがって，日本が攻撃された場合アメリカは共同防衛の義務を負うが，アメリカ本土やグアム島が攻撃されても日本には共同防衛の義務はないことになる。	日本国内（領空・領海を含む）のアメリカ軍への攻撃には，日本も共同防衛義務があり，憲法が禁じてきた**集団的自衛権の行使**にあたらないかとの疑問があった（2014年解釈改憲➡p.74）。また，アメリカの単独行動で戦争が発生し，在日米軍が攻撃を受ければ，日本も自動的にその戦争に巻き込まれるのではないかとの不安もある。
❷ **「極東」の範囲（第6条）在日米軍の法的地位**	「日本の安全」と「極東の平和と安全」のため米軍が日本国内の「施設及び区域」（基地）を使用することを認めている。「**極東**」の範囲について，政府統一解釈（1960.2）によれば，「在日米軍が日本の施設及び区域を使用して武力攻撃に対する防衛に寄与しうる区域」とされ，具体的には地図に示された範囲とされている。在日米軍の法的地位は「**日米地位協定**」によって一般外国人よりも高く保障されている。（➡p.72）	地図の範囲は米軍の出動しうる範囲と同一ではなく，「極東」の周辺での危機が「極東」を脅かす場合にはその地域へも米軍は出動できるとされ（例：1991年の湾岸戦争），事実上無制限ではないかとの批判もある。 **極東の範囲** 明確に含まれるライン 不明確だが，含まれると認められるライン 旧ソ連　択捉島　北朝鮮　38度線　韓国　小笠原諸島　沖縄　中国　台湾　ベトナム　フィリピン
❸ **事前協議（第6条の実施に関する交換公文）**	米軍が第6条に基づき行動する場合，日本の意思に反した行動をとらないよう歯止めをかけるため設けられた。**事前協議**が行われるのは，①米軍の配置の重要な変更，②装備の重要な変更（核持ち込みなど），③日本からの戦闘作戦行動（第5条の共同行動を除く）のための基地使用，の3項目とされる。	今まで事前協議の例はなく，在日米軍が湾岸戦争（1991年）に参加した際も，「移動中に命令を受けた」との理由で事前協議の対象にならないとされた。また**核持ち込み疑惑については事前協議の対象外とする**の日米密約の存在が明らかとなった（➡p.70）。

解説 **日米安保条約** 対日平和条約とともに調印された旧安保条約（1951）を改定したもの。改定に際して国会内外で激しい反対運動がおこったが，政府はこれを押し切り，与党単独採決で衆議院を通過，1か月後に参議院の可決を経ないまま自然成立した。その後1970年に自動延長された。

この条約は**国連の集団安全保障システム**（➡p.290）を前提としており（安保約第1条），憲法で「戦力」の保持を禁止されている日本が，アメリカの強大な軍事力で安全を確保する一方，アメリカに日本国内の基地を提供し，極東におけるアメリカの軍事行動を保障するものとなっている。

⑭ 当初の条約を，現行条約である「新安保条約」（日米相互協力及び安全保障条約）へ改定する際には，安保闘争と呼ばれる反対運動がおこったこと。

新安保条約の強行採決 午前0時6分，清瀬一郎議長が衆議院本会議で強行採決。（1960.5.20）

プラスα 「アンポ」と聞けば，子どもでも「フンサイ」と叫んだ時代があった。といっても諸君の親の世代が生まれる前。ちなみに安保条約反対デモの際に東大生・樺美智子（かんばみちこ）さんが亡くなったのは，1960年6月15日。

❷ 在日米軍（U.S. Forces Japan）の現状

❹ 主な在日米軍配置の概要（2023.1.1現在。防衛省資料による）

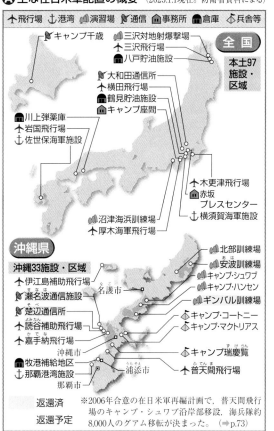

凡例：✈飛行場　⚓港湾　🏔演習場　📡通信　🏢事務所　🏚倉庫　🏠兵舎等

全国

本土97施設・区域

- 🏠キャンプ千歳
- 🏔三沢対地射爆撃場
- ✈三沢飛行場
- 🏚八戸貯油施設
- 🏚大和田通信所
- ✈横田飛行場
- 🏚鶴見貯油施設
- 🏠キャンプ座間
- 🏚川上弾薬庫
- ✈岩国飛行場
- ⚓佐世保海軍施設
- ✈木更津飛行場
- 🏢赤坂プレスセンター
- ⚓横須賀海軍施設
- 🏔沼津海浜訓練場
- ✈厚木海軍飛行場

沖縄県

沖縄33施設・区域

- ✈伊江島補助飛行場
- 📡瀬名波通信施設
- 📡楚辺通信所
- ✈読谷補助飛行場
- ✈嘉手納飛行場
- 🏚牧港補給地区
- ⚓那覇港湾施設
- 🏔北部訓練場
- 🏔安波訓練場
- 🏠キャンプ・シュワブ
- 🏠キャンプ・ハンセン
- 🏔ギンバル訓練場
- 🏠キャンプ・コートニー
- 🏠キャンプ・マクトリアス
- 🏠キャンプ瑞慶覧
- ✈普天間飛行場

名護市／沖縄市／浦添市／那覇市

返還済／返還予定

※2006年合意の在日米軍再編計画で，普天間飛行場のキャンプ・シュワブ沿岸部移設，海兵隊約8,000人のグアム移転が決まった。（➡p.73）

❸ 在日米軍施設・区域（基地）の都道府県別分布状況

総面積 約262.6km²	沖縄県 70.3%（184.5km²）	青森県 9.0%	神奈川県 5.6%	東京都 5.0%	山口県 3.3%	その他 6.8%

（2023.1.1現在。防衛省資料による）

❻ 在日米軍の兵力と自衛隊

在日米軍の兵力

2022年9月末 約5.4万人	海軍 2.1	海兵隊 1.8	空軍 1.3

陸軍0.2万人

自衛隊の兵力

2022年度末 24.7万人	陸上自衛隊 15.1万人	海上自衛隊 4.5	航空自衛隊 4.7	統合幕僚監部等 0.4

〈注〉自衛隊は予算定員。　　　　　　『日本国勢図会』2023/24

❷極東最大の米軍基地，嘉手納基地　東京都品川区ほどの面積がある。早朝・夜間を含め戦闘機の離着陸は年間約4万回といわれる。（沖縄県嘉手納町）

憲法

❷世界一危険な基地といわれる普天間基地　人口密集地帯に位置するし，基地周辺で墜落事故も起きている。（➡p.72・73，沖縄県宜野湾市 2009.12）

米軍基地「キャンプ・フォスター」／米軍飛行場「普天間基地」／人口密集地／✕…米軍機墜落地点／沖縄国際大学

❸ 安保をめぐる日米関係の推移

時代区分	安保体制をめぐる日米関係の内容	
❶ 旧日米安全保障条約（1951〜59）	❶米の再軍備要求に吉田茂首相は軽武装・米軍駐留を求め締結。前文で日本は「自国の防衛のため漸増的に自ら責任を負うことを期待」され，1952年警察予備隊は保安隊に改組された。	❷1953年「池田・ロバートソン会談」の予備交渉をへて1954年「MSA（相互防衛援助）協定」を締結。その結果日本は軍事援助と引き換えに防衛力増強義務を負い，防衛庁・自衛隊が発足した。❶⑨
❷ 新日米安全保障条約（1960）	❶旧条約は米の日本防衛義務を明記せず，一方的に基地を提供すると共に米軍に日本の内乱への介入を認めるなど片務的であったが，新条約で改定された。	❷激しい反対運動（安保闘争）で岸信介首相は退陣し，その後も政府は武器輸出三原則，非核三原則，専守防衛，集団的自衛権行使禁止などを表明しなければならなかった。
❸ 日米同盟化と役割分担（1970〜80年代）	❶デタント（緊張緩和）の進展，日本の経済大国化で，米は日本に応分の役割分担（バードン・シェアリング）を求めた。1978年米軍の駐留費用の肩代わり（思いやり予算）がはじまり，日米防衛協力のための指針（旧ガイドライン）策定で日米共同演習などが強化された。	❷1980年代の新冷戦期には日米の同盟関係が強調され，日米首脳会談（1983）で中曽根首相は3海峡封鎖・日本列島不沈空母論を唱えた。同年対米武器技術供与が武器輸出三原則の例外として決定され，1987年には防衛費が対GNP比1％枠を突破した。
❹ 冷戦終結後（1990〜2000年代）	❶湾岸戦争（1991）で日本の国際貢献が課題となり，国連PKO協力法で自衛隊の海外派遣がはじまった。一方冷戦終結で安保条約の前提が失われ，日米安保共同宣言（1996）で「アジア・太平洋地域」での防衛協力強化との「安保再定義」がなされ，改定ガイドライン（1997），周辺事態法（1999）などが成立した。また米同時多発テロ（2001）を受け，テロ対策特措法（2001）やイラク復興支援特措法（2003）で米軍への後方支援のため自衛隊が派遣された。	❷武力攻撃事態法（2003），国民保護法（2004）など有事法制で戦時への対応が具体化された。2014年政府は憲法解釈を変更し集団的自衛権の行使容認を閣議決定，翌年新ガイドラインを策定し，武力攻撃事態法などの10法改正，新法の国際平和支援法からなる安保法制を成立させ，日米の軍事同盟関係を強化した。 **TRY**　1995年沖縄での米兵少女暴行事件以来，改定問題の焦点となっている地位協定の条項は何か。（解答➡p.416）

プラスα　「日本から米軍が撤退すれば，日本は軍隊をさらに増強する。だから駐留米軍は（日本の軍国主義を封じ込めるための）瓶のフタだ」（沖縄駐留米軍少将の発言，1990年）というのが有名な「瓶のフタ」発言。君はどう思う？

言の葉

戦いは戦いを生み，復讐は復讐を生み，好意は好意を生み，善行は善行を招く。　　　（『平和の訴え』）

エラスムス［ネーデルランド：1466頃〜1536］　ルネサンスの代表的人文主義者。真のキリスト教的信仰と古代ギリシア・ローマの叡智による人間精神の陶冶をめざした。代表作『愚神礼讃』。

憲法

日米安保の諸課題　　　　　　　　　負担は誰が…

4 どうみる「思いやり予算」

Ⓐ 思いやり予算の推移

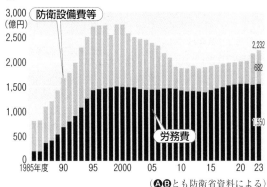

（ⒶⒷとも防衛省資料による）

Ⓑ 2023年度予算にみる在日米軍駐留経費の内訳

防衛関係費 （防衛省予算） 6兆6,001億円	基地対策等の推進（米軍駐留経費）5,122		
	人件・糧食費	物件費	
		維持費	装備品購入費等
	21,969	30,375	8,535

米軍駐留経費 5,122億円	思いやり分 43.6%		周辺対策	借料など
	施設整備 418	労務費 1,550　264	1,267	1,623

└施設整備　└光熱水料等

解説 米軍駐留費の負担　在日米軍地位協定第24条は，在日米軍の維持費は米側負担，施設経費は日本負担としているが，1978年以来「思いやり」として政府は日本人従業員手当等の一部肩代わりをしている。2023年度は，在日米軍人等（軍属・家族含み10万5,677人。2013年3月末現在）1人当たり約460万円にもなり「本国に部隊を置くより安上がり」ともいわれている。ただし1998年度予算で初めて前年度より減額された。

在日米軍人等の数は，米軍の要請を受け，2013年を最後に発表されなくなった。

5 非核三原則と日米密約

非核三原則　核兵器を持たず・作らず・持ち込ませず

ラロック米海軍退役少将「核兵器搭載可能な艦船には核が積まれている。寄港時に核兵器を下ろすことはしない」（議会証言）

ライシャワー元駐日大使「核搭載艦船の寄港や通過は核兵器の持込みにはあたらず，事前協議の対象外」（新聞インタビュー）

1960	日米安保条約改定
67	佐藤首相非核三原則表明
69	沖縄返還共同声明
71	沖縄返還協定調印 非核三原則国会決議
72	外務省機密漏洩事件（➡p.105） 沖縄返還
74	ラロック証言
81	ライシャワー証言
2009	政権交代，外相密約調査指示
10	外務省報告（❶❷❹の3密約の存在を認める）

日米密約

❶核兵器積載艦船の寄港・通過を事前協議の対象外とする暗黙の合意。

❷朝鮮有事の際，在日米軍の戦闘作戦行動を事前協議なしで認める。

❸沖縄返還後，米軍の核再持込みを日本は事前協議で承認する。

❹沖縄返還協定で米負担とされた土地原状回復補償費を日本が肩代わりする。

解説 やはり非核2.5原則だった？　国民には秘密とされた政府間の日米密約が明らかとなり，歴代政府は「事前協議がないので核搭載艦船の寄港はない」と虚偽の説明をくり返していたことが証明された。非核三原則は表明直後から空洞化していた。

6 武器輸出三原則から防衛装備移転三原則へ

㉓ 日本は武器の輸出に関する規制として，武器輸出三原則を防衛装備移転三原則に改めたこと。

	旧 武器輸出三原則 1967年　佐藤内閣	新 防衛装備移転三原則 ⑱ 2014年　安倍内閣
輸出禁止	原則1 共産圏 原則2 国連安保理決議で輸出が禁止されている国 原則3 国際紛争の当事国またはそのおそれのある国 ※1976年　三木内閣が原則全面禁止に	原則1 ●条約に違反する場合 ●紛争当事国 国連安保理決議に違反する場合 ➡安倍晋三（➡p.165）
輸出を認める条件	国際共同開発などを例外とし，官房長官談話により輸出を認める ➡佐藤栄作（➡p.162） ➡三木武夫（➡p.163） 	原則2 ●平和貢献，国際協力の積極的な推進に資する場合 ●国際共同開発など我が国の安全保障に資する場合 原則3 ●目的外使用，第三国移転は原則として相手国に事前同意をとる

Ⓐ 武器輸出三原則をめぐる動き

年	主な出来事
1967	佐藤内閣　武器輸出三原則を策定
76	三木内閣 その他の地域へも輸出を慎む（事実上の原則禁輸に）
83	中曽根内閣　アメリカへの武器技術供与を例外化
2004	小泉内閣　日米ミサイル防衛の共同開発を例外化
11	野田内閣 国際共同開発・生産への参加等を例外化
14	安倍内閣 原則禁輸を撤廃，防衛装備移転三原則を策定 ⑱

解説 安全保障の柱を転換　武器輸出三原則は非核三原則と並び，戦後の安全保障政策の柱となってきたものだ。佐藤首相が国会で表明し，以後政府見解として踏襲されてきた。ただ，米国とのミサイル防衛開発など例外措置で輸出を認めた例もある。これに対し安倍内閣は，**武器の国際共同開発を進め，中国を牽制する狙い**のもと，武器輸出の原則禁止を撤廃して新たに防衛装備移転三原則を閣議決定した。**一定の条件を満たせば原則輸出を認める**というものだが，対象国や品目の規定があいまいなため歯止めがかからなくなるとの批判の声もある。

プラスα　沖縄戦で軍が住民に「集団自決」を強制したとの記述が教科書検定で削除された問題。撤回を求める沖縄県民大会（2007年）の参加者は11万人（主催者発表）に上り，改めて「沖縄の戦後」は終わっていないことが示された。

言の葉

私たち生徒，子ども，女性など弱い存在に犠牲を強いるのは，もうやめてください。…私たちに静かな沖縄を返してください。軍隊のない，悲劇のない，平和な島を返してください。
（「沖縄県民総決起集会」スピーチより）

仲村 清子 [日：1977〜] 1995年10月，米兵による少女暴行事件を糾弾し日米地位協定見直しを求める「沖縄県民総決起集会」には8.5万人が集まり，当時，普天間高校3年生だった彼女の訴えは集会の象徴となった。

安保と沖縄

7 沖縄の戦後史

1945. 3	沖縄戦始まる（〜45.6）
52. 4	平和条約発効，沖縄は米施政下に
53. 4	米軍「土地収用令」で「銃剣とブルドーザー」による強制的土地収用開始
72. 5	沖縄の日本復帰，沖縄県復活
95. 9	米兵による少女暴行事件
.10	8.5万人の沖縄県民総決起大会
96. 8	代理署名訴訟最高裁判決で大田知事敗訴
. 9	基地縮小，日米地位協定見直しについての県民投票（有権者の過半数が賛成）
.12	日米政府が普天間飛行場返還など基地縮小に合意
97. 4	駐留軍用地特別措置法改正
.12	名護市住民投票。普天間移設受入れ反対が多数
2000. 7	名護市で沖縄サミット
02. 2	政府・県・市が普天間基地の名護市辺野古沖移設に合意
04. 8	沖縄国際大学に米軍ヘリ墜落
06. 5	在日米軍再編最終報告発表
09. 8	民主党鳩山政権，普天間移設「最低でも県外」
10. 5	鳩山政権，県外移設断念
12. 2	普天間移設と海兵隊グアム移転の切り離しを日米合意
.10	オスプレイ普天間基地配備
13. 4	嘉手納基地以南の返還計画を日米合意
.12	仲井眞知事，安倍政権の辺野古埋め立て申請承認
14.11	県知事選で普天間の県外・国外移設を公約した翁長雄志氏が当選
15.10	翁長知事が，前知事の辺野古埋め立て承認取消
	国が埋め立て本体工事着手
.11	政府が取消処分を撤回する代執行を求めて福岡高裁那覇支部に提訴
16.12	最高裁で国が勝訴
	国が埋め立て工事再開
18. 2	名護市長選で辺野古移設容認派の渡具知氏が当選
. 9	県知事選で移設反対派の玉城デニー氏が当選
19. 2	県民投票で辺野古埋立反対が72%（約43万票，投票率約52%）
.12	総工費再試算で従来の約2.7倍の約9,300億円に。普天間返還早くとも30年代半ばへ

A 沖縄は極東の「キーストーン」

沖縄駐留第3海兵遠征軍報道部…我々が沖縄に展開する理由は，米国本土から迅速に部隊を派遣するのが難しいからだ。沖縄は米軍の「キーストーン（要石）」である。東京，マニラ，ソウルを結ぶ三角形の中心に位置する。我々の責任範囲は，ハワイからアフリカ東海岸，ニュージーランドからロシアまで。これは米国本土の17倍に当たる広大な地域だ。
（『朝日新聞』1996.2.19による）

← 戦略上の「キーストーン」となる沖縄

ソウル／東京／マニラ／沖縄

米軍基地の70%が沖縄に集中している

B 在日米軍再編最終報告の骨子

2014年までに

①普天間飛行場代替施設を沖縄県名護市のキャンプ・シュワブに建設。

②在沖縄海兵隊8,000人をグアムに移転。移転費102億7,000万ドルのうち60億9,000万ドルを日本が負担。

C 米軍嘉手納以南返還計画の骨子

①牧港補給地区の大半は2025年度にも返還可能

②米軍普天間飛行場は22年度にも返還可能

↓ Bの概要

グアム移転費の負担

キャンプ・シュワブ／普天間飛行場

日本 60.9億ドル／アメリカ 41.8億ドル

沖縄の海兵隊 8,000人 → グアム

空中給油機の拠点移転 → 山口県(岩国)
有事の滑走路機能代替 → 福岡県,宮崎県

D オスプレイ配備問題

事故率の高さからウィドウメーカー（寡婦製造器）と呼ばれる米軍の垂直離着陸輸送機オスプレイが，2012年に普天間基地に配備され，24機が運用されている。2016年末には名護市東岸で1機が不時着し大破する事故を起こし，安全性への懸念が再燃している。また北部宜野座村では毎日オスプレイが飛来し，沖縄防衛局の騒音測定ではヘリパッドから400m離れた民家で地下鉄の車内並の80デシベル以上が年間千回以上に及んだ。米軍横田基地ではオスプレイ配備が前倒しされ，防衛省は17機を佐賀空港に段階的に配備する計画だ。

▲ 横田基地に向かうMV22オスプレイ
（2018.4.5 神奈川県横浜市）

Focus 普天間基地の辺野古移設問題（→p.73）

（→p.73）

2013年，仲井眞知事は辺野古埋め立てについて安倍政権の申請を承認した。しかし2014年，県知事選で辺野古移設反対派の翁長知事が当選し，2015年に前知事の辺野古埋め立て承認を取り消した。政府は，防衛省沖縄防衛局から行政不服審査を申し立てさせ沖縄県に是正を勧告，翁長知事が拒否すると，政府は取消処分を撤回する代執行を求め福岡高裁に提訴した。法廷闘争は2016年に最高裁が知事の措置を違法と判決，国が勝訴し工事を再開した。2018年，翁長氏後継の玉城知事が当選，翌年の県民投票では埋立反対が72%に上った。政府は工事を継続したが，軟弱地盤の改良が必要と判明。再試算の結果，総工費は想定の約2.7倍の約9,300億円となり，普天間返還は早くとも2030年代半ばにずれ込む見込みだ。

行政不服審査は，本来，国の機関に権利を脅かされた国民の救済手段。

憲法

→ 辺野古移設反対を主張し沖縄県知事選過去最多得票で当選した玉城デニー氏（2018.9.30）
玉城デニー氏

用語 代執行…国・自治体の命令に従わない人に対し，代わりに行政機関が強制的に実施すること。国・地方の関係では，高裁判決で勝訴すれば，大臣は知事に代わり代執行できる。

プラスα 沖縄県の産業構造は，観光などの第3次産業が約82%，基地・公共事業に支えられた建設業が約9%，製造業は約5%（2020年）。2021年の完全失業率は3.7%で全国1位（全国平均2.8%），2019年度の1人当たりの県民所得240万円は全国最下位（全国平均339万円）。

日米地位協定
続く戦後占領状態

日米地位協定とは，日米安全保障条約第6条（⇒p.68）に基づき，在日米軍による施設・区域の使用や法律的な地位について詳細を定めた条約。施設・区域の提供，米軍の管理権，日本の租税の適用除外，刑事裁判権，民事裁判権，経費負担，日米合同委員会の設置などが規定されている。1960年締結以来，一度も改定されていない。米兵が残酷な犯罪を起こしても，現行犯でなければ逮捕できないなどの特権に対して，協定の改定が訴え続けられている。米軍基地がある他の国の例と比較しても改定すべき点があると思われるが，諸君はどう思う？

1 日米地位協定とは

◀横田基地に降り立ったバイデン米大統領　これまで米大統領は羽田空港から日本入りしてきたが，前任のトランプ大統領に続いての横田基地入りとなった。
（東京都　2022.5.22）

憲法

外国人が日本に入る際は，入管法に基づき入国審査官がパスポートなどをチェックし，入国の許可を与える。しかし，米軍とその関係者は，日本のチェックをいっさい受けることなく米軍基地から入国できる。

A 日米地位協定の内容　[署名1960.1.19　発効1960.6.23]

条文	内　　容
3条①	米国は使用を許された施設・区域において，それらの設定・運営・警護・管理の権利を有す。
5条	米国及び米国の管理下にある外国の船舶や航空機は，自由に日本の港・飛行場に出入りできる。
7条	米軍は日本政府管轄下の公益事業等を優先的に利用できる。
9条	米軍人・軍属やその家族は，日本の出入国管理，外国人登録を受けない。
12条③	米軍が日本国内で物資を調達する場合，物品税・通行税・揮発油税などが免除される。
17条③	米軍人・軍属が公務執行中に犯した罪については，米軍当局が第一次の裁判権を有する。
17条⑤	日本が裁判権を有するような犯罪を米軍人・軍属が起こしても公訴までの間は，米国側が拘禁する。
17条⑩	米軍が使用する施設・区域内では米軍が警察権を行使する。
24条	米軍の駐留経費は，原則的に米国が負担する。
25条	協定実施のための協議機関として日米合同委員会を設置。

B 日米地位協定が問題になった事例

●沖縄米兵少女暴行事件（1995年）

起訴されるまで罪を犯した米兵の身柄が日本側に引き渡されないことに，県民の怒りが爆発した。日米合同委員会で刑事裁判手続の「運用」が見直され，凶悪な犯罪で日本側が要求した場合，米側は身柄を引渡すことが合意された。

◀事件への抗議で開かれた沖縄県民総決起大会（沖縄県宜野湾市　1995.10.21）

●沖縄国際大学米軍ヘリコプター墜落事件（2004年）

沖縄国際大学の校舎横に米軍ヘリコプターが墜落。米軍が事故直後に現場を封鎖し，日本側は警察も政治家も米軍の許可がなければ入れなかった。

◀路上に落ちたヘリ部品の周囲にテープを張って立ち入りを制限する米軍兵士（沖縄県宜野湾市　2004.8.13）

2 横田空域—首都圏上空は米軍の空!?

C 横田空域と米軍基地

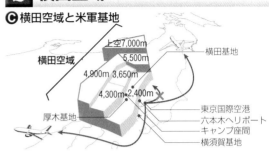

横田空域　横田基地

上空7,000m
5,500m
4,900m 3,650m
4,300m 2,400m
厚木基地

東京国際空港
六本木ヘリポート
キャンプ座間
横須賀基地

（矢部宏治『日本はなぜ，「基地」と「原発」を止められないのか』集英社インターナショナルより作成）

横田空域は米軍横田基地が航空管制を行う空域で，1都9県，最高高度7,000mに及ぶ空間。日本の民間機が飛行するには米軍の許可が必要。羽田空港を離発着する民間機は迂回せざるを得ず，東京湾で旋回して急上昇している。横田空域は，日米合同委員会の1975年の合意が根拠だ。元々は1952年の日米合同委員会で「一時的な措置」として米軍に認めた管制権だった。

D 強い権限を持つ日米合同委員会

日米合同委員会は，外務省北米局長と在日米軍司令部副司令官が代表。1959年の安保改定交渉の中で，「日米合同委員会で決定した日米合意は，日本の国会での承認を必要としない」ことが合意されており，強い権限を持つ。また，1960年の第1回委員会で「日米合同委員会の議事録や合意文書は原則として公表しない」と決められた。米国の軍人（米国の外交官ではない）が日本の官僚に直接協議して指示を与える形で，日本の主権にかかわる事項が，国会で議論されることもなく長年維持されてきたことになる。（矢部宏治『知ってはいけない　隠された日本支配の構造』講談社を参考）

3 他国の地位協定と比較すると…

	日本	ドイツ	イギリス
国内法	原則不適用	原則適用	原則適用
基地の管理権	立入り権の明記なし	立入り権明記，立入りパス支給	基地占有権は英国，英司令官常駐
訓練・演習	航空特例法等により規制できず	独側の承認が必要	英側による飛行禁止措置等明記
航空機事故	捜索等を行う権利を行使しない	独側が現場を規制，調査に主体的に関与	英国警察が現場を規制，捜索

（沖縄県「沖縄から伝えたい。米軍基地の話。Q&A Book」により作成）

日本政府は今まで地位協定の改定を正式に提案したことはないが，ドイツは米軍に国内の航空法を適用するよう米国との地位協定を改定している。

在日米軍と沖縄
基地被害に悩まされる沖縄

沖縄基地問題を象徴する普天間基地返還は，1996年の返還合意から迷走を重ねた。安倍政権は辺野古埋め立て承認を取り消した翁長知事を提訴し，2016年の最高裁判決で国が勝訴した。2018年には後継の玉城知事が当選し，2019年の県民投票で埋め立て反対の民意が示されたが，国は工事を継続している。

◑沖縄県民大会　9万人が県内移設反対と普天間返還を求めた。（沖縄・読谷村 2010.4.25）

1 沖縄と米軍基地

日本国土の0.6％を占める沖縄県には，米軍施設の約70％が集中する。住民は騒音などの基地公害，米軍関係者による犯罪被害，米軍機墜落などの基地被害に悩まされてきた。

1995年，米海兵隊員の女子小学生暴行事件で県民の怒りが爆発し，県民集会に8.5万人が集結，基地縮小や日米地位協定見直しを訴えた。大田昌秀沖縄県知事も駐留軍用地特措法に基づく署名・捺印を拒否した。日米政府は沖縄に関する特別行動委員会（SACO）を設置し，翌年の最終報告で普天間基地返還など基地の整理・縮小を発表。また2005年の日米安保協議委員会（2＋2）で，米軍再編の一環として沖縄の海兵隊約8千人のグアム移転が合意された。

2 普天間基地移設問題

普天間基地は住宅密集地の中心に位置し，周辺には学校，病院，福祉施設が点在。約9万の市民が「世界一危険な基地」とともに暮らす。沖縄返還後の県内における航空機墜落事故は約50件にもなる。

普天間基地返還の代替施設としてSACO最終報告は海上施設建設を明記，政府は名護市沖海上ヘリポートを考えていた。だが1997年名護市住民投票で建設反対が多数を占め，大田知事も反対，暗礁に乗り上げた。

2004年，沖縄国際大学米軍ヘリ墜

◑普天間基地（沖縄県宜野湾市 2010.11.29）

落事故を機に移設問題の再検討が進み，2006年には名護市辺野古沖にV字滑走路を建設するキャンプシュワブV字案が合意された。

2009年民主党鳩山政権が登場，「普天間移設先は最低でも県外」とし，鹿児島県徳之島への移転を示すも，鹿児島県・米国の反対で断念。

政権に復帰した自民党安倍政権の説得で，2013年仲井眞知事は名護市辺野古沖埋め立て申請を承認した。しかし2014年県外・国外移設を公約とした翁長雄志知事が当選，辺野古埋め立て申請を取り消したため，政府が県を訴える法廷闘争に発展し，2016年の最高裁判決で国が勝訴，工事は再開された。

2018年に翁長氏後継の玉城デニー知事が当選，2019年に埋め立ての是非をめぐる県民投票を実施し，反対が約72％（約43万票。投票率約52％）の民意が示された。政府は工事を続けたが，軟弱地盤の改良が必要と判明。再試算の結果，総工費は想定の約2.7倍の約9,300億円に膨らみ，工期も約12年必要と示され，普天間返還は30年代半ば以降にずれ込むことが確実となった。

3 米軍を撤退させたフィリピン

フィリピンという国は，戦前はアメリカの本当の植民地で，独立したあとも沖縄など比べものにならないほど巨大な米軍基地が，いくつもありました。1987年に，今後，新しい条約を結ばないかぎり，フィリピン国内に「外国の軍事基地，軍隊，施設」は置きませんという憲法をつくったわけです。もちろんアメリカは激怒し，激しい圧力をかけました。アメリカ側の交渉担当者は，日本でもおなじみのアーミテージです。しかし，フィリピン側はふんばった。そしてピナツボ火山の爆発などの偶然

も作用して，結局1992年に米軍を完全撤退させることに成功したのです。

なお，2014年にフィリピンは米と新軍事協定を締結し，米軍はフィリピンが管理権を持つ基地内に，一時的に駐留可能になりました。しかし，日本のように米軍が管理権を持つ，事実上の治外法権の基地がある状況とは異なるのです。

（矢部宏治『日本はなぜ，「基地」と「原発」を止められないのか』集英社インターナショナルによる）

◀フィリピンを立ち去る米軍…米軍空母は沖縄に向かった。（フィリピン 1992）

4 沖縄は基地経済か？

沖縄経済の柱は3K（公共工事，観光，基地収入）と言われてきた。確かに1972年返還時，基地関連収入は県民所得の15.5％を占めたが，比率は年々減り，2019年5.5％まで低下。基地従業員も1972年19,980人から2021年8,866人に減少。一方，那覇新都心など返還された基地跡地再開発は大きな経済効果をあげている。2010年県策定の「沖縄21世紀ビジョン」は米軍基地を「沖縄振興を進める上で大きな障害」と指摘している。

A 那覇新都心の経済効果（1年当たり）

基地返還前 52億円 ← 軍用地料，基地従業員所得，米軍人の消費支出など

基地返還後 1,634億円

B 県民総所得に占める基地関連収入の割合

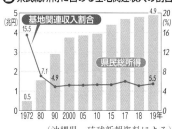

（沖縄県，琉球新報資料による）

憲法

時事特集

1 冷戦後の安全保障政策と自衛隊の海外派遣

背景
・ソ連の解体、北朝鮮の脅威、中国の大国化
・地域紛争の多発、国際貢献論の高まり、自衛隊の海外派遣

内閣	年	内容
海部	1991	湾岸戦争→自衛隊をペルシア湾へ派遣（自衛隊法99条）
宮沢	92	PKO協力法成立→自衛隊をカンボジアへ派遣 国際緊急援助隊法改正（自衛隊参加可能に）
橋本	96	日米安保共同宣言→日米安保再定義、対象をアジア太平洋に拡大
	97	日米防衛協力のための指針（ガイドライン）改定
小渕	99	97年改定ガイドライン関連法成立（周辺事態法等）
	2001	テロ対策特別措置法成立→インド洋で米軍の後方支援（～2007）
小泉	03	イラク復興支援特別措置法成立→イラク派遣（2004～06） 有事関連3法成立（武力攻撃事態法等）
	04	有事関連7法成立（国民保護法等）
安倍	07	防衛庁が防衛省に格上げ
福田	08	補給支援特別措置法成立→インド洋で給油・給水（～2010）
麻生	09	海賊対処法成立→ソマリア沖で警護活動
	13	国家安全保障会議（日本版NSC）設置法成立 国防の基本方針に代わり国家安全保障戦略（NSS）を策定
安倍	14	武器輸出三原則を撤廃、防衛装備移転三原則を閣議決定 憲法解釈を変更、集団的自衛権の行使容認を閣議決定
	15	ガイドライン再改定（新ガイドライン） 安全保障関連法（安保法制）成立（武力攻撃事態法など改正10法、新法の国際平和支援法）
	22	ロシア・ウクライナ戦争
岸田		国家安全保障戦略（NSS）改定、国家防衛戦略・防衛力整備計画を改称策定し、反撃能力（敵基地攻撃能力）保有を表明

解説 **自衛隊の海外派遣拡大**　専守防衛のもと海外派遣は想定外だった自衛隊が、初めて海外派遣されたのが1991年。その後、国際貢献や米軍の後方支援で派遣実績を積んできた。**2015年の安保法制**では、改正PKO協力法や新法の国際平和支援法での国際協力、周辺事態法を発展させた重要影響事態法での米軍への支援・協力、改正武力攻撃事態法での集団的自衛権行使と、活動内容が拡大した。

2 国連平和維持活動（PKO）協力法 （→p.294）

（国際平和協力法ともいう。PKO＝Peace-Keeping Operations）

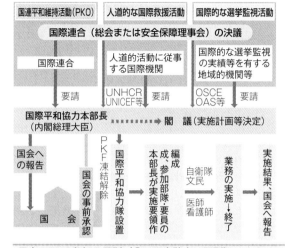

日本のPKO参加5原則（⑤は日本独自の原則）
①当事者間の停戦合意　②当事国の同意　③中立・公平
④武器使用は正当防衛の場合のみ
⑤上記①～③の3原則が崩れれば撤収か中断

日本のPKOの主な業務
選挙の監視、被災地の復旧作業、医療活動、被災民の救援、警察や行政事務に関する助言や指導

参加凍結を解除 2001.12法改正（担当は自衛隊のみ）
・武装解除などを行う平和維持軍（PKF）への参加
・緩衝地帯での駐留や巡回などの停戦監視
・地雷などの放棄された武器の収集、保管、処分

新たに追加 2015.9法改正（安保法制の1つ）
・国連が直接関与しない平和維持などの活動（国際連携平和安全活動）にも参加可能に
・住民を守る治安維持活動
・離れた場所に駆けつけ他国軍・民間人を警護（駆けつけ警護）
・任務を遂行するための武器使用（→p.65）

政府はイラクへ派遣した陸上自衛隊員約5,600人のうち21人が在職中に自殺したと明らかにしている。

解説 **自衛隊ばかりがクローズアップされるが…**　PKOの重要性は多くの国民が認識しているものの、現職自衛官の派遣、あるいは派遣された自衛官が現地で紛争に巻き込まれる可能性など、憲法の平和主義や従来の日本の防衛政策との矛盾を指摘する声が少なくない。また、自衛隊ばかりが注目されるが、これまでに自治体職員、医師、看護師なども参加している。

3 PKO協力法に基づく主な派遣

区分	自衛隊の参加	名称	主な派遣先	派遣期間	主な業務分野など
PKO		第2次国連アンゴラ監視団	アンゴラ	1992.9～.10	選挙監視要員3名
PKO	○	国連カンボジア暫定機構	カンボジア	1992.9～93.9	文民警察官75名、施設部隊600名ほか
PKO	○	国連モザンビーク活動	モザンビーク	1993.5～95.1	輸送調整部隊48名、司令部要員5名ほか
人道	○	ルワンダ難民救援活動	ザイール・ケニア	1994.9～.12	難民救援隊283名、空輸派遣隊118名ほか
PKO	○	国連兵力引き離し監視隊	シリアのゴラン高原	1996.2～2013.2	司令部要員3名、輸送部隊44名ほか
選挙		ボスニア・ヘルツェゴビナ総選挙・地方選挙	ボスニア・ヘルツェゴビナ	1998.8～.9	選挙管理・監視要員30名ほか
PKO	○	国連東ティモール暫定行政機構	東ティモール	2002.2～04.6	施設部隊680名、司令部要員10名ほか
人道	○	イラク被災民救援活動	イタリア・ヨルダン	2003.7～.8	空輸隊104名、連絡調整要員3名
PKO	○	南スーダン国際平和協力業務	南スーダン	2011.11～現在	司令部要員4名、施設部隊401名ほか
多国籍	○	多国籍軍監視団（MFO）	エジプトのシナイ半島	2019.4～現在	司令部要員2名、連絡調整要員1名

〈注〉1992.6成立のPKO協力法に基づく派遣。2023.5.29現在。区分の「PKO」は国連平和維持活動、「人道」は人道的な国際救援活動、「選挙」は国際的な選挙監視活動、「多国籍」は国連が関与しない国際連携平和安全活動。ほかに、外務省設置法等に基づく派遣がある。（活動中のPKO→p.294）

プラスα これまで日本が参加したPKOでの死者は、中田厚仁さん（国連ボランティア、カンボジアで）、高田晴行さん（警察官、同）、秋野豊さん（元大学教授、タジキスタンで）の3人。3人とも文民だ。

憲法

4 有事法制（2003〜04年整備）

Ⓐ 日本の有事対応のメカニズム

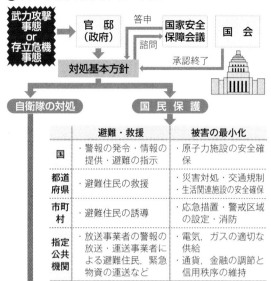

武力攻撃事態 or 存立危機事態 → 官邸（政府） ⇄ 国家安全保障会議（答申／諮問）／国会 → 対処基本方針（承認終了）

- 自衛隊の対処
- 国民保護

	避難・救援	被害の最小化
国	・警報の発令・情報の提供・避難の指示	・原子力施設の安全確保
都道府県	・避難住民の救援	・災害対処・交通規制 ・生活関連施設の安全確保
市町村	・避難住民の誘導	・応急措置・警戒区域の設定・消防
指定公共機関	・放送事業者の警報の放送・運送事業者による避難住民，緊急物資の運送など	・電気，ガスの適切な供給 ・通貨，金融の調節と信用秩序の維持

→ 自衛隊の武力行使

防衛出動待機命令
- ・予備自衛官などの招集
- ・防衛施設（陣地など）の構築

→ **防衛出動命令**
- ・陣地に展開
- ・病院の使用
- ・医薬品の確保
- ・トラック業者による物資輸送

自衛隊の武力行使

Ⓑ 有事関連3法（2003年成立）

武力攻撃事態法	武力攻撃の際の対処手続き
改正安全保障会議設置法	安保会議の役割の明確化・強化
改正自衛隊法	私有地や家屋の強制使用・私有地の緊急通行を認めるなど自衛隊の行動を円滑化

Ⓒ 有事関連7法（2004年成立）

有事関連法	内　容	関連条約
⑳① 国民保護法	国民の避難・救援の手続きや，国民の協力の在り方を規定	ジュネーブ条約追加議定書 ／ ACSA：日米物品役務相互提供協定 ／ ACSA（アクサ）改定
②捕虜取扱い法	捕虜の拘束・抑留等の手続き規定	
③国際人道法違反処罰法	国際人道法違反の行為への罰則を規定	
④米軍行動円滑化法	物品・役務提供で米軍の行動を円滑化，米軍行動情報を国民に提供	
⑤改正自衛隊法	米軍との物品・役務の相互提供の手続きを規定	
⑥外国軍用品海上輸送規制法	敵国への武器の海上輸送阻止のため海上自衛隊による臨検を可能に	
⑦特定公共施設利用法	港湾・道路・空域・海域・電波など，特定公共施設などの利用を規定	

解説 戦争への備え アメリカと交わした「日米防衛協力のための指針」（ガイドライン。英訳はWar Manual。➡p.77）を実現するためには，日本国内の法整備が必要。旧ガイドラインが交わされる1年前の1977年に，政府は有事法制の研究に着手していた。しかし，戦争放棄を定めた日本国憲法のもとで，歴代内閣は法案を国会に提出できずにいた。

だが，北朝鮮のミサイル発射や工作船事件などによる警戒感の高まりや，アメリカの同時多発テロ（2001.9.11）を背景に，小泉政権下で有事＝戦時への対応策がついに法制化された。

5 自衛隊の海外派遣に関する法律

Ⓐ テロ対策特措法・補給支援特措法

	⑭旧 テロ対策特措法	新 補給支援特措法
背景	米同時多発テロ	旧法期限切れをうけて
成立	2001年成立〜07年失効	2008年成立〜10年失効
活動項目	給油・給水を含む協力支援，捜索救助，被災民救援	給油・給水に限定
活動地域	公海とその上空，外国の領域（相手国の同意のある場合）	公海はインド洋など，外国はインド洋沿岸国などと限定
国会承認	活動開始から20日以内に国会に付議し，承認が必要	規定なし

民主党鳩山政権はアフガニスタンへの民生支援へ転換。

⑭Ⓑ イラク復興支援特措法

背景	米のイラク戦争（2003年3〜5月）
派遣根拠	国連安保理決議第1483号
成立	2003年7月成立〜09年失効
活動範囲	戦闘が行われておらず，活動期間中も戦闘が行われないと認められる「非戦闘地域」
活動項目	イラク国民への人道・復興支援と，治安維持活動にあたる米英軍などへの後方支援（➡p.64）
国会関与	基本計画の国会報告，活動内容は実施から20日以内に国会承認

小泉首相は「非戦闘地域」の定義について，「自衛隊が活動している地域は非戦闘地域だ」と説明。

Ⓒ 海賊対処法

2011年，ジブチに恒久的な自衛隊初の海外基地が開設（➡p.76）。

	海上警備行動（自衛隊法82条）	海賊対処法（2009年成立）
武器使用	警告射撃のみ。海賊船が反撃してくるまで船体射撃できず	停船命令に応じなければ艦載ヘリや護衛艦から船体射撃
対象商船	日本関係船舶のみ	無関係の外国船も
海賊逮捕	刑法を適用	海賊法を適用

解説 公海での活動拡大 政府は自衛隊に海上警備行動を発令し，アフリカのソマリア沖に護衛艦を派遣。その後，新法を制定して活動を強化した。国会承認を経ない海外派遣には批判も。

Ⓓ 国際平和支援法

背景	特措法を恒久法とし自衛隊を素早く派遣
成立	2015年9月（安保法制の1つ）
事態	国際社会の平和や安全を脅かす状況が起きたとき（国際平和共同対処事態）
活動範囲	「現に戦闘行為が行われている現場」でなければ地球上どこでも自衛隊の派遣が可能
活動項目	米軍や他国軍への後方支援（補給，輸送，修理・整備，医療，基地業務，宿泊，訓練業務など。武器の提供は含まない），捜索救助，船舶検査
国会承認	例外なき事前承認

⑱Ⓔ 武力攻撃事態法改正（2015年成立）

個別的自衛権	敵国からの武力攻撃（武力攻撃事態）が発生
集団的自衛権（改正で可能に）	米国等の密接な関係にある国に対し敵国が攻撃 ↓ 日本・日本国民が深刻な状況に（存立危機事態）

→ 自衛隊行使の新3要件 → 自衛隊の「防衛出動」 → 敵国に対し武力行使

憲法

プラスα 安保法制で安倍政権が集団的自衛権の行使例として示したのが，中東ホルムズ海峡での機雷除去と朝鮮半島有事で邦人輸送中の米艦の他国領海での防護。だが事例としてどうかとの批判も強く，明確さを欠く。

6 自衛権をめぐる戦後日本の動き

Ⓐ 自衛権関連年表 （➡p.63）

1945年	国連憲章第51条 「国際連合加盟国に対して武力攻撃が発生した場合には…個別的または集団的自衛の固有の権利を害するものではない」
46	吉田首相 「自衛権の発動としての戦争も，交戦権も放棄した」（国会答弁）
81	政府解釈の確立 集団的自衛権を「自国と密接な関係にある外国への武力攻撃を，自国が直接攻撃されていないのに，実力で阻止する権利」と定義。「日本は国際法上集団的自衛権を有しているが，行使することは憲法上許されない」（政府答弁書）
2014	安倍首相 与党間協議を経て「集団的自衛権の行使容認」を閣議決定
15	安保法制で集団的自衛権を法制化

Ⓑ 自衛権と集団安全保障 （『朝日新聞』2014.3.3による）

個別的自衛権 自分の身を守るために反撃できる権利。正当防衛に近い

集団的自衛権 密接な関係にある他国が攻撃された際，反撃する権利

国連による集団安全保障 武力攻撃を行った国に，国連加盟国が団結して制裁する
（➡p.290, 301）

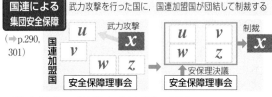

Ⓒ 自衛隊の「防衛出動」発動の要件

自衛権発動の3要件	①我が国に対する急迫不正の侵害があること ②この場合にこれを排除するために他に必要な手段がないこと ③必要最小限度の実力行使にとどまるべきこと
⑱ 武力行使の新3要件 （安倍内閣2014年7月1日閣議決定）	①我が国に対する武力攻撃が発生したこと（武力攻撃事態），または我が国と密接な関係にある他国に対する武力攻撃が発生し，これにより我が国の存立が脅かされ，国民の生命，自由及び幸福追求の権利が根底から覆される明白な危険があること（存立危機事態） ②これを排除し，我が国の存立を全うし，国民を守るために他に適当な手段がないこと ③必要最小限度の実力行使にとどまるべきこと

Focus 「反撃能力」 ─ゆらぐ専守防衛

　政府は，兵器をもつ目的を攻撃への「対処」から，他国を牽制する「抑止」に拡大。2018年の中期防衛力整備計画で，護衛艦の空母化，長射程のスタンド・オフ・ミサイル導入を盛り込んだ。岸田首相は2022年12月，反撃能力（敵基地攻撃能力）保有を閣議決定。だが，装備導入は2018年に決定済みだった。敵基地攻撃では，「相手側に明確に攻撃の意図があり，着手している状況なら相手ミサイル発射前でも攻撃可能」，目標はミサイル基地に限らず「指揮統制機能等も含む」とされ，専守防衛の空文化が進んでいる。

---

7 自衛隊の海外派遣

Ⓐ 法整備と自衛隊の海外派遣

年	法整備	自衛隊の主な海外派遣
1991	自衛隊法99条	ペルシア湾で機雷除去
92	PKO協力法成立	カンボジア派遣など（➡p.74）
	国際緊急援助隊法改正（自衛隊参加可能に）	ホンジュラス（1998），トルコ（1999）派遣など
2001	テロ対策特措法成立	インド洋で米軍の後方支援（~2007）
⑭ 03	イラク復興支援特措法成立	イラク派遣（2004~06）
08	補給支援特措法成立	インド洋で給油・給水（~2010）
09	海賊対処法成立	ソマリア沖で警護活動
15	安保法制成立	太平洋上で米艦防護（2017）エジプトのMFOへ派遣（2019，➡p.74）

Ⓑ ジブチ共和国（アフリカ）に自衛隊基地

　海賊対処法に基づき，アデン湾に派遣中の自衛隊の活動のため，ジブチ空港に駐機場・隊舎等を2011年に開設。また政府間の交換公文（地位協定）では，自衛隊員の刑事裁判権は日本側に属すとされた。自衛隊初の海外基地となり，違憲との批判もある。

8 南西諸島が「自衛隊の島」に ─緊張高まる台湾有事

Ⓐ 南西諸島の主な自衛隊配備

➡石垣島の陸自駐屯地…ミサイル部隊を中心に約570人が置かれる。（2023.3.23）

Ⓑ 沖縄県に配備される米軍・自衛隊

米軍	[1972年] 米軍基地83か所（約2.8万ha） [2020年] 米軍基地31か所（約1.8万ha） ※海兵隊はグアムやハワイ，豪州に分散する方針（➡p.69）。実現すれば約1.9万人が半減する。
自衛隊	自衛隊施設47か所（773ha），8,200人

解説 対中国の布陣　沖縄の復帰（1972年）で自衛隊も沖縄へ入ったが，沖縄戦の経緯もあり部隊規模や拠点数は限定的だった。しかし2000年代以降の中国の東シナ海進出に対し，政府も南西諸島シフトを開始。陸上自衛隊は16年に与那国島，19年に宮古島，23年に石垣島に駐屯地を新設。沖縄本島では，航空自衛隊第9航空団が16年に編成された。政府は反撃能力保持を表明しており，長射程の国産ミサイル配備が見込まれる。米軍にかわり，自衛隊が「対中正面」に出ることになる。

プラスα 日本が攻撃された場合の武力攻撃事態には個別的自衛権で対応，新設の存立危機事態では集団的自衛権を行使。また周辺事態改め重要影響事態や，国際平和共同対処事態でも米軍などを後方支援する…。

9 日米防衛協力のための指針（ガイドライン）が改定—進む米軍との一体化（➡p.74）

A 日米防衛協力の指針

18 **旧ガイドライン**
（1978年11月，福田内閣）

冷戦時代にソ連の攻撃による日本有事を想定し策定

97年改定ガイドライン
（1997年９月，橋本内閣）

冷戦終結後，朝鮮半島有事において自衛隊が米軍を後方支援することを想定して改定。⇨**周辺事態法**等を制定

新ガイドライン
（2015年４月，安倍内閣）

中国の台頭をうけ，平時から戦時まで「切れ目のない対応」をめざし再改定。⇨**安保法制**制定。周辺事態法を**重要影響事態法**に改正

B 新ガイドライン「強化された同盟の調整」—自衛隊の下請け化

①同盟調整メカニズム（ACM）	**自衛隊と米軍を一体的に運用するために役割を協議する機関。**従来は有事のみ設置だったが，日米が「切れ目のない対応」をするため，**常設可能**となった。⇨2015年11月３日設置
②運用面の調整を強化	**自衛隊と米軍の運用面での調整**のため，自衛隊・米軍の幹部級による「共同運用調整所」，陸海空軍各代表による「自衛隊・米軍間の調整所」が**常設可能**に。
③共同計画の策定を強化	**自衛隊と米軍の共同計画を策定し，一体的な活動を行う。** ⇨2015年11月３日，共同計画策定メカニズム（BPM）設置

C 新ガイドライン「切れ目のない対応」—日本有事以外の活動拡大

97年改定ガイドライン	事態	新ガイドライン	協力内容
グレーゾーン事態は記述なし	平時	グレーゾーン事態含む（離島の不法占拠等の準有事）	・情報収集，警戒監視　・**後方支援** ・ミサイル防衛，海洋安全保障 ・訓練・演習，その際の**武器等防護**
周辺事態（朝鮮半島など日本周辺に限定）	脅威への対処	**重要影響事態**（地球規模に⇨**地理的制限撤廃**）	・**後方支援**（米軍のほか他国軍への支援を地球規模で実施。**弾薬提供**，給油なども） ・**在外邦人の救出**　・海洋安全保障
武力攻撃事態	日本有事	**武力攻撃事態**（個別的自衛権）	・共同作戦の作成・調整　・情報・通信活動 ・離島防衛，弾道ミサイル防衛
集団的自衛権の行使は憲法違反	外国有事	**存立危機事態**（**集団的自衛権**⇨朝鮮半島･海上輸送路を想定）	・共同作戦の作成・調整　・**武器等防護** ・**後方支援**（政府・自治体・民間の能力を活用） ・弾道ミサイル防衛 ・機雷除去，船舶検査，船舶の防衛

武器等防護（アセット防護）は，艦船・戦闘機なども含まれ，実質的な共同防衛。尖閣諸島などが想定されている。

解説 War Manual　**日米防衛協力のための指針**は，有事の際の自衛隊と米軍の役割分担を定めた文書（英訳War Manual）。ソ連侵攻に備え1978年に策定。冷戦後の1997年改定では朝鮮半島有事，2015年改定では中国の海洋進出や地球規模での日米協力（**自衛隊の米軍下請け化**）が想定された。両国の閣僚間で合意し，国会の承認は不要だが，実現するための法整備が必要となる。

〈注〉グレーゾーン事態…有事（戦争）とまではいえないが，警察権だけでは対応できないおそれのある事態。

10 安保法制（平和安全法制，戦争法制）成立

A 安全保障関連法11法（2015年9月19日成立，2016年3月29日施行）

	法　律	対応事態等	可能になった主な改正内容
改正	①武力攻撃事態法	武力攻撃事態	（変更なし）日本への直接的な武力攻撃に対し，個別的自衛権で反撃
改正	①武力攻撃事態法	存立危機事態	密接な関係の他国への攻撃に対し，**集団的自衛権**による反撃 18
改正（周辺事態法を改正）	②重要影響事態法	重要影響事態	日本の安全のため活動する**米軍・他国軍への後方支援や弾薬の提供**
改正	③自衛隊法	グレーゾーン事態	日本防衛のため活動する**米軍・他国軍の艦船を自衛隊が防護**，在外邦人救出
新法	④国際平和支援法	国際平和共同対処事態	国際社会の平和のために活動する**米軍・他国軍への後方支援**
改正	⑤PKO協力法	国際連携平和安全活動	**国連の指揮下にない**人道復興支援や治安維持活動，**駆けつけ警護**（➡α），任務遂行型の武器使用
改正	⑥船舶検査法	重要影響事態	
改正	⑦米軍等行動円滑化法　⑧海上輸送規制法　⑨捕虜取扱い法　⑩国家安全保障会議設置法	存立危機事態など	
改正	⑪特定公共施設利用法	武力攻撃事態	

解説 新ガイドラインを法制化　米戦略国際問題研究所の知日派（ジャパン・ハンドラー）が，2012年に発表した『**アーミテージ・ナイ・レポート**』には，「一流国でいたければ，対等な日米同盟，集団的自衛権の行使，PKOでの武器使用，自衛隊の海外派遣増加等をせよ」とある。2014年７月の集団的自衛権行使容認の閣議決定，2015年４月の新ガイドライン改定，９月の安保法制成立により，アメリカの意向に応えた安倍政権。一方，憲法は軽視され，立憲主義が形骸化されつつあるとの批判も多い。

B 拡大する自衛隊の活動（『朝日新聞』2015.7.17など）

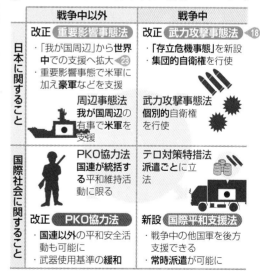

	戦争中以外	戦争中
日本に関すること	改正 **重要影響事態法** ・「我が国周辺」から**世界中での支援へ拡大** 23 ・重要影響事態で米軍に加え**豪軍**などを支援 周辺事態法 我が国周辺の有事で**米軍**を支援	改正 **武力攻撃事態法** 18 ・**「存立危機事態」**を新設 ・**集団的自衛権**を行使 武力攻撃事態法 **個別的**自衛権を行使
国際社会に関すること	PKO協力法 **国連が統括する**平和維持活動に限る 改正 **PKO協力法** ・**国連以外の**平和安全活動も可能に ・武器使用基準の**緩和**	テロ対策特措法 **派遣ごとに**立法 新設 **国際平和支援法** ・戦争中の他国軍を後方支援できる ・**常時派遣**が可能に

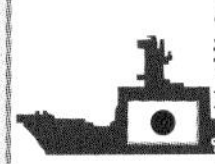
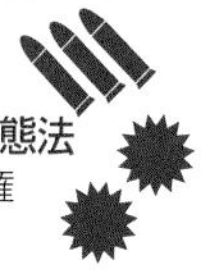
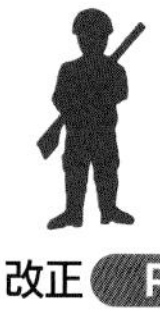
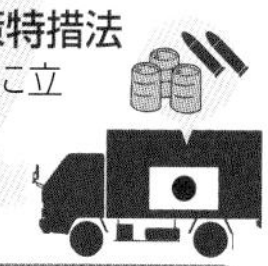

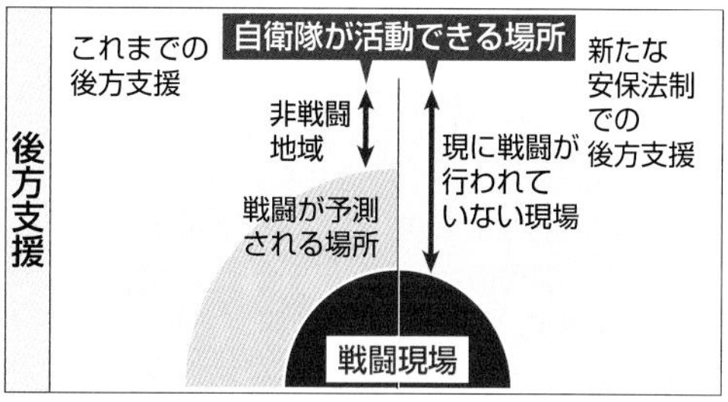
後方支援
これまでの後方支援
自衛隊が活動できる場所
新たな安保法制での後方支援
非戦闘地域
現に戦闘が行われていない現場
戦闘が予測される場所
戦闘現場

プラスα **駆けつけ警護**　離れた場所にいる他国軍・民間人を，武器を使い助ける任務。自衛隊員の犠牲が懸念され，2016年３月の改正PKO協力法施行時は運用が見送られていたが，夏の参院選後に訓練が開始され，11月に南スーダンのPKOに参加する陸上自衛隊に同任務が与えられた。

最高法規と憲法改正

憲法の本質とは

1 最高法規

㉓ 日本国憲法第99条は、憲法尊重擁護義務を公務員に負わせていること。

第97条
基本的人権の本質
（実質的最高法規性）

↓

第98条　最高法規
（形式的最高法規性）

→ 第99条　公務員の
憲法尊重擁護の義務 ㉓

→ 第96条　憲法改正の
手続き（硬性憲法）

→ 第81条　最高裁判所
の法令審査権

解説　憲法の最高法規性とは　近代憲法は専制君主の権力濫用を制限する闘いのなかから生まれた。憲法とは国家権力を制限して人権を保障する目的で作られた。そこで日本国憲法第97条は基本的人権の永久不可侵性を改めて表明し、この憲法はその基本的人権を保障するものであるがゆえに最高法規であることを第98条で述べている。

　また第99条は国家権力を行使する側の公務員に憲法尊重擁護義務を課すことで、国民の人権擁護をはかっている。さらに人権擁護の基本法であるため改正は慎重であるべきことを第96条で規定し、第81条で裁判所に違憲審査権を与えることで憲法が最高法規であることの実質的確保をめざしている。

⑰⑳ 2 憲法改正手続き—国民投票法成立 （赤字は憲法第96条の内容）

⑰ ①憲法改正の承認には、国民投票において、その過半数の賛成が必要とされること。②憲法改正の発議には、衆参両議院において、それぞれ総議員の3分の2以上の賛成が必要とされること。

憲 第96条[憲法改正の手続、その公布]①　この憲法の改正は、各議院の総議員の3分の2以上の賛成で、国会が、これを発議し、国民に提案してその承認を経なければならない。この承認には、特別の国民投票又は国会の定める選挙の際行はれる投票において、その過半数の賛成を必要とする。

②　憲法改正について前項の承認を経たときは、天皇は、国民の名で、この憲法と一体を成すものとして、直ちにこれを公布する。

用語　硬性憲法…改正の手続きが、一般の法律の立法手続きよりも厳しい憲法。日本の法律は各議院の1/3以上の出席→出席議員の過半数の賛成で成立。日本国憲法は**各議院の総議員の2/3以上の賛成で改正を発議し、国民投票で過半数の賛成がないと改正できず、硬性憲法にあたる**。また、普通の法律と同じ手続きで改正される憲法を**軟性憲法**という。

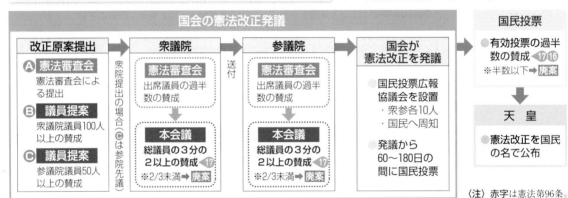

国会の憲法改正発議

改正原案提出		衆議院		参議院	国会が憲法改正を発議

A 憲法審査会
憲法審査会による提出

B 議員提案
衆議院議員100人以上の賛成

C 議員提案
参議院議員50人以上の賛成

衆院提出の場合（Cは参院先議）

憲法審査会
出席議員の過半数の賛成

送付

本会議
総議員の3分の2以上の賛成 ⑰
※2/3未満→廃案

憲法審査会
出席議員の過半数の賛成

本会議
総議員の3分の2以上の賛成 ⑰
※2/3未満→廃案

国会が憲法改正を発議
・国民投票広報協議会を設置
・衆参各10人
・国民へ周知
・発議から60〜180日の間に国民投票

国民投票
有効投票の過半数の賛成 ⑰⑯
※半数以下→廃案

↓

天　皇
憲法改正を国民の名で公布

〈注〉赤字は憲法第96条。

⑰ A 国民投票法（2007成立、2010施行）の骨子

投票テーマ	憲法改正に限定	投票年齢	18歳以上 ⑳
国民投票運動	公務員の地位を利用した運動を禁止	広告規制	投票14日前からテレビ・ラジオによる広告を禁止

解説　改正手続きを整備　憲法改正の具体的な手続きを定めた**国民投票法**が2007年に制定され（2010年施行）、2011年には、改正案を議論する国会の**憲法審査会**が活動を始めた。国民投票法を実現した安倍首相の下、自民党は2018年に「改憲4項目」（→p.79）で、①9条への自衛隊明記、②緊急事態条項の新設、③参院選での合区解消、④教育充実を提案している。

3 対立する2つの憲法観—縛るのは国家か国民か （→p.22）

（『朝日新聞』2005.4.29を参考）

A 憲法は…公権力を縛り国民の自由や権利を守る

憲法　公権力　国民　立法　行政　司法

ライオンは国家権力をあらわし、檻は権力を縛る憲法を示している。権力者の権力の濫用から、国民の自由や権利を守るために近代憲法はつくられた。憲法の規定は国民ではなく、公権力を規制するというのが立憲主義的憲法観である。**国民の行動を規制する一般の法律とは異なり、憲法は国家への命令を記したもので、国民の義務規定を記すものではない**ということになる。

B 憲法は…国家の目標として国民が従うべきルール

憲法　公権力　国民　立法　行政　司法

憲法を国家の目標や国民が従うべきルールととらえる見方である。この考え方に立っているのが自民党の憲法改正案である。権利ばかりでなく国民の義務に関する規定を増やし、憲法尊重擁護義務を国民にも課すなどの特徴がある。しかし**B**では、吠えるライオンに国民が怖がっているように、**公権力の濫用で国民の自由や権利が脅かされる危険性**が暗示されている。

プラスα　憲法の基本原理（日本国憲法の場合、国民主権、基本的人権の尊重、平和主義）は、正当な手続きを踏んだとしても変更できない。というのが、今日の憲法学界の圧倒的な意見である。

憲法

それは単なる前奏にすぎなかった。本が焼かれるところでは、最後に人間が焼かれるのだ。（戯曲『アルマンゾル』／ミカ・ウルマン図書館焚書記念碑「焚書記念碑文」）

ハイネ［独：1797〜1856］　ユダヤ系詩人。1933年5月、ナチス学生の焚書により、何百もの作家、学者の作品が焼却された。後に図書館広場に建立されたハイネの碑文は、油断なく帝国主義と戦争に反対するという警告の句。

憲法改正をめぐる議論

4 改憲論議の変遷

◆「押しつけ憲法論」の台頭（1950年代）

独立回復で「GHQによる押しつけ憲法」を根拠に改憲論が台頭し、鳩山一郎内閣が改憲をめざしたが総選挙で必要な議席を得られなかった。その後政府に憲法調査会が設置されたが社会党は参加を拒否。調査会は改憲・改憲不要の両論併記の答申を出し閉会した。

◆軽軍備経済重視路線と「解釈改憲」の進行（1960〜70年代）

高度経済成長路線への転換で改憲論議は沈静化。憲法第9条に関する政府の解釈改憲が憲法論議の中心に。

◆「戦後政治の総決算」（1980年代）

中曽根康弘首相が「戦後政治の総決算」を掲げ、防衛費の対GNP比1％枠撤廃や靖国神社公式参拝などで憲法の歯止めを崩す動きが続いた。

◆「論憲」から「改憲」へ（1990〜2000年代）

湾岸戦争を機に国連PKO参加などの「国際貢献」が憲法論議の焦点となった。また「護憲」の中心である社会党（現社民党）の衰退で「論憲」の考えが広がり、国会に憲法調査会が設置され改憲をめぐる論点が整理された。その後改憲をめざすと明言する第1次安倍内閣が発足し、国民投票法を成立させた。

◆「改憲」への動きが加速（2010年代）

2012年衆院選で自民・公明が3分の2を超える議席を獲得して政権復帰し、改憲をめざす第2次安倍内閣が発足したことで、改憲への動きが加速した。

5 自民党「改憲4項目」（2018年）

	自民党案	問題点
①	第9条へ自衛隊を明記…第9条を維持しつつ、「第9条の2」を新設して自衛隊を明記する。	「戦力の不保持」「国の交戦権の否認」は実質的な効力を失う。
②	緊急事態条項の創設…「第73条の2」を新設し、「大地震その他の異常かつ大規模な災害」を緊急事態と定義し、国会が機能しない場合内閣が政令で権限を集中する。	権力が内閣に集中して国会や裁判所による統制が失われる。緊急事態への対応は現在も法律で可能。
③	参議院「合区」解消…第47条を改正し参議院の「合区」を解消し都道府県単位の選挙区を維持する。	ブロック制など選挙制度の工夫で合区は解消可能である。
④	教育の充実…第26条に第3項を追加し、「各個人の経済的理由にかかわらず」教育を受けられる環境の整備を国に努力義務を課す。	現行の第26条には国の努力義務が含まれているので、具体的な法律を定めればよい。

Focus［フォーカス］ 明文改憲と解釈改憲

明文改憲は、憲法の明文（条文）自体を修正することで、憲法改正のこと。**解釈改憲**は、明文を変えずに解釈によって明文改憲が行われたのと同じ状態を作り出す政治のやり方で、本来は立憲主義に反する。自民党が憲法改正のための議席を確保できず、憲法第9条と再軍備（自衛隊や日米安保条約）との矛盾を解釈改憲で繕い、国民もこれを支持する状態が続いてきたといえる。

6 憲法改正をめぐる世論

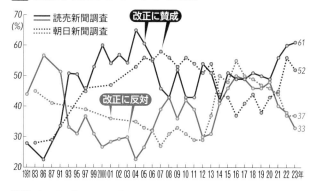

— 読売新聞調査　…… 朝日新聞調査　改正に賛成　改正に反対

(%)　70　60　50　40　30　20

1981 83 86 87 91 93 95 97 99 2000 01 02 03 04 05 06 07 08 09 10 11 12 13 14 15 16 17 18 19 20 21 22 23年

61　52　37　33

7 各国の憲法改正手続き

国名	改正手続き	戦後改正回数
アメリカ	各院の3分の2以上の賛成→4分の3以上の州議会の承認	6
フランス	各院の過半数の賛成→両院合同会議の5分の3以上の賛成または国民投票	27
ドイツ	各院の3分の2以上の賛成	67
中　国	全人代の3分の2以上の賛成	10
韓　国	国会の3分の2以上の賛成→国民投票	9

〈注〉ドイツの憲法は、改正回数は多いが、絶対に変えてはいけない**永久条項**がある。国家権力が人間の尊厳を尊重し保護する義務、国民主権、民主主義、法の支配などが永久条項にあたる。　（2022年12月現在）

（②④⑤2023.5.3、①2022.5.3、③⑥2021.5.3）

8 憲法改正の主な論点に対する世論

朝日新聞

①いまの自衛隊は憲法に…
違反している 14%　その他 8　違反していない 78

②反撃能力（敵基地攻撃能力）の保有に…
その他 8　賛成 52%　反対 40

③緊急事態条項の創設は…
そもそも必要ない 6%　その他 7　憲法を変えずに対応 54　憲法を改正して対応 33

読売新聞

④憲法に自衛隊の根拠規定を追加することに…
答えない 8　賛成 54%　反対 38

⑤反撃能力（敵基地攻撃能力）の保有に…
答えない 4　賛成 66%　反対 31

⑥緊急事態条項の創設は…
その他 4　憲法を変えずに対応 37%　憲法を改正して対応 59

プラスα　国民投票法は、正式には「日本国憲法の改正手続に関する法律」。制定時に、議論になった点については、投票権は18歳以上、投票は内容ごとに区分して行い、有効投票数の過半数の賛成で成立と定められた。

自衛隊の実力
日本の防衛構想

日本に「応分の負担」を求めるトランプ米大統領。これを受け安倍政権は，防衛関係費の対GDP比を0.9%から1.3%へ増額を決定。2018年12月策定の新たな防衛計画の大綱・中期防では，「いずも」空母化や，米国から戦闘機F35を105機追加購入などが示された。日米の軍事的一体化も，より進むことになる。

（米空軍提供）

⬆次世代ステルス戦闘機 F35　約100億円。開発はロッキード・マーチン社（米）など。高いステルス性を持ち，日本は2016年度から導入。

（人数は予算定員。『防衛ハンドブック』2023による）

1954年創設から半世紀以上がたった自衛隊。かつては旧ソ連をにらんで北方が重視されたが，冷戦が終結し，北朝鮮や中国など西方に配備の軸足を移しつつある。

A 自衛隊の「防衛力」

陸上自衛隊 15.0万人

戦車 350両（10式・90式・74式）	
野戦砲 340門	航空機 8機
装甲車 980両	ヘリ 311機

海上自衛隊 4.5万人

艦艇 138隻 総トン数 51.5万トン	
護衛艦48隻	掃海艦艇　22隻
潜水艦22隻	輸送艦艇等46隻
支援船 293隻	航空機 77機 ヘリ 95機

航空自衛隊 4.7万人

戦闘機 324機	
F35A 33機	
F15 200機	F2 91機
輸送機等 52機	ヘリ 52機

B 日本の防衛産業—2022年度企業別契約高上位6社

メーカー名	金額	主 な 内 容
三菱重工業	3,652	次期戦闘機，護衛艦
川崎重工業	1,692	潜水艦，スタンド・オフ電子戦機
日本電気（NEC）	944	宇宙状況把握レーザー測距装置，陸自業務システム基盤借上
三菱電機	752	中距離地対空誘導弾，多機能レーダ
富士通	652	情報処理サブシステム，赤外線探知装置
東芝インフラシステムズ	363	電波監視装置，機上電波測定装置構成品

〈注〉単位：億円。総額1兆7,217億円。　　（防衛省資料）

C 新領域「宇宙・サイバー・電磁波」

新領域への対処が死活的に重要として優先強化する方針。「陸海空＋新領域」全ての防衛力を向上させ，一体運用する多次元統合防衛力が掲げられ，宇宙領域専門部隊の創設，サイバー部隊強化が示された。

用語 **防空識別圏**…国防上の必要性から，船に比べて速度の速い航空機による領空内への侵入を未然に防ぐため，各国が設定している空域。領空よりも広く設定され，無断侵入した航空機に対しては警告や進路変更の誘導などを行う。

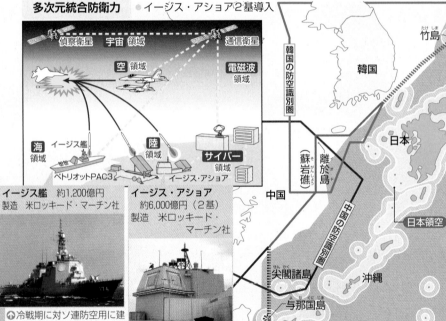

多次元統合防衛力　●イージス・アショア2基導入

偵察衛星　宇宙 領域　通信衛星
空 領域　電磁波 領域
海 領域　イージス艦　陸 領域　サイバー 領域
ペトリオットPAC3　イージス・アショア

領海（➡p.327）
接続水域
排他的経済水域

韓国の防空識別圏
韓国
竹島

日本

警戒監視能力アップ
高高度無人偵察機グローバルホークの整備
（米空軍提供）

●戦闘機F35Aを増勢
●戦闘機F15能力向上

戦闘機F15　約122億円
開発　米ボーイング社

イージス艦　約1,200億円
製造　米ロッキード・マーチン社
⬆冷戦期に対ソ連防空用に建造開始。10目標以上の同時対処可能，射程100km以上という艦隊防空能力を持つ

イージス・アショア
約6,000億円（2基）
製造　米ロッキード・マーチン社
⬆山口県・秋田県が候補地だったが，地元の反対で20年に計画を断念。

中国
（蘇岩礁）
離於島
日本（蘇岩礁）

中国の防空識別圏

尖閣諸島
与那国島
沖縄
日本領空

★2016年に与那国島に沿岸監視部隊を配備
日本の防空識別圏

●垂直離着陸型戦闘機F35B導入
●いずも型護衛艦2隻を空母化

海上優勢の維持

水陸両用作戦の充実
台湾
台湾の防空識別圏

エアクッション艇LCAC
製造　米テキストロン・マリン・ランド・システム社

⬆洋上の輸送艦から発進し，海岸の砂地に上陸できる水陸両用の揚陸艇。戦車1両搭載。

10式戦車　約10億円
製造　三菱重工業／日本製鋼所
⬅2010年調達開始。一世代前の90式戦車よりも情報通信機能が強化。

90式戦車　約8億円

いずも型護衛艦　約1,200億円
ヘリコプター搭載型護衛艦「いずも」
⬆空母化しF35Bを搭載可能にする。17年5月に米艦防護（➡p.65）を初めて実施した護衛艦でもある。

（時事通信社，朝雲新聞社資料などによる）

憲法

時事特集

項目	学 習 の 内 容	項目	学 習 の 内 容

明治憲法体制 (P.56・57)

(1) 明治憲法の制定
- **自由民権運動**…国会開設，憲法制定の要求
- 明治政府…伊藤博文渡欧　プロイセン憲法を学ぶ
- **私擬憲法**…植木枝盛「東洋大日本国国憲按」
- **大日本帝国憲法(明治憲法)** 発布（1889年）

(2) 明治憲法の特質…**欽定憲法，外見的立憲主義**

天皇主権	神聖不可侵，**統治権を総攬**
統治機構	┌帝国議会……**協賛機関** ├国務大臣…**輔弼機関** └裁判所……天皇の名による裁判 　　　　　　**特別裁判所の存在**
臣民の権利	天皇の恩恵，「**法律の留保**」あり
統帥権の独立	陸海軍は天皇に直属，議会や内閣も関与できず

(3) 明治憲法下の政治
- ①**大正デモクラシー**
  - ・**民本主義**(吉野作造)，**天皇機関説**(**美濃部達吉**)
- ②軍部の台頭
  - ・**統帥権干犯問題**(1930年)→軍部の台頭と独走
    - →軍国主義と第二次世界大戦

日本国憲法の制定 (P.58・59)

(1) **ポツダム宣言**（1945.7.26)
- ・無条件降伏を勧告，占領と非軍事化・民主化を予告
- ・日本政府が国体護持にこだわり受諾が遅れる
  - →受諾（1945.8.14)

(2) **日本国憲法　の制定**
- ・**連合国軍総司令部(GHQ)** 司令官マッカーサーの示唆
- ・**憲法問題調査委員会　の松本案**をGHQが拒否
- ・マッカーサー3原則によるGHQ案を基に改正案作成
- ・明治憲法改正として帝国議会で修正可決
- ・民定憲法として1946.11.3公布，1947.5.3施行
- ・三大原則①**国民主権**，②**平和主義**，③**基本的人権の尊重**

国民主権と象徴天皇制 (P.60・61)

(1) 制定時の経過
- ・日本政府…国体護持に固執　例松本案
- ・GHQ…円滑な占領政策への利用
- ・**天皇の人間宣言**（1946.1.1)
  - **象徴天皇制**　の採用へ

(2) **国民主権**…憲法前文，同第1条

(3) 象徴天皇制

地位	「天皇は日本国と日本国民統合の象徴」(第1条)
権限	「**国事に関する行為**」のみ行う→国政に関する権能を有さない，**内閣の助言と承認が必要**

憲法第9条と平和主義 (P.62・63)

(1) 日本国憲法の　**平和主義**
- ・前文…政府の行為で再び戦争の惨禍を起こさないよう決意
  - 日本国民は恒久の平和を念願
  - 諸国民の公正と信義に信頼
- ・第9条…第1項　**戦争の放棄**
  - 第2項　**戦力の不保持，国の交戦権の否認**

(2) 再軍備←米の対日政策の転換←米ソ冷戦
- ・1950　**警察予備隊**　創設←朝鮮戦争勃発でGHQが指示
- ・1951　サンフランシスコ平和条約，**日米安全保障条約**
- ・1952　保安隊発足
- ・1954　**自衛隊**　発足→防衛二法（自衛隊法，防衛庁設置法）

自衛隊と憲法第9条・日本の防衛政策 (P.64～67)

(1) 自衛隊と憲法第9条の解釈

政府	「第9条は自衛権を否定せず」 →自衛隊は自衛のための必要最小限度の実力，第9条の禁ずる戦力には当たらず合憲
学説	自衛隊は第9条の禁じる戦力に当たり違憲
判例	長沼ナイキ基地訴訟…札幌地裁(違憲)，札幌高裁(**統治行為論**)，最高裁(判断回避) 恵庭事件(判断回避) 百里基地訴訟(判断回避) 砂川事件…東京地裁(安保条約違憲判決)，最高裁(統治行為論)

(2) 政府の防衛に関する方針
- ①国防の基本方針（1957)…安保体制を軸に防衛力整備
  - →2013年に国家安全保障戦略に改定（22年再改定）
- ②他の基本方針…**非核三原則**と次の表

これまでの基本方針	安倍政権で変更された基本方針
・自衛権発動の3要件	・武力行使の新3要件
・集団的自衛権の行使禁止	・**集団的自衛権の行使容認**
・専守防衛	・先制攻撃も可能な能動戦略へ？
・海外派兵の禁止	・海外でも武力行使可能
・武器輸出三原則	・防衛装備移転三原則

(3) **文民統制（シビリアン・コントロール）**
- 軍隊を政治（国会・内閣）が統制→自衛隊を内閣総理大臣が指揮監督

日米安保体制と諸課題 (P.68～73)

(1) **日米安全保障条約**（1960)…旧安保条約を改定
- ①共同防衛義務(第5条)，基地提供(第6条)…日本・極東の平和と安全のため→米軍の行動で日本が戦争に巻き込まれないか（安保闘争）
- ②**事前協議制度**…一度も実施されず

(2) 安保と沖縄…極東のキーストーンとして米統治下に
- →本土復帰(1972)後も　**米軍基地**　の70%が集中

1978	日米防衛協力のための指針(**ガイドライン**)…日米協力強化→**思いやり予算**…以後も増加
95	米兵少女暴行事件と在日米軍地位協定問題
96	普天間返還合意→代替地問題発生
97	駐留軍用地特措法改正

冷戦後の安保政策 (P.74～77・80)

(1) 冷戦後の安保政策

1989	冷戦終結→ソ連崩壊(1991)→安保の前提消滅
96	日米安保共同宣言…安保再定義
97	97年改定ガイドライン…周辺事態での米軍への後方支援等
99	**周辺事態法**など97年改定ガイドライン関連の法整備
2001	テロ対策特別措置法…米軍への後方支援(2007年失効)
03～04	有事法制(武力攻撃事態法など)…有事の際の自衛隊活動円滑化，国民の安全確保など
03	イラク復興支援特別措置法…自衛隊を派遣(2009年失効)
09	**海賊対処法**…ソマリア沖で警備活動
15	新ガイドライン・安保法制…集団的自衛権行使へ

(2) **PKO協力法**（1992)…自衛隊の海外派遣へ

憲法改正 (P.78・79)

(1) 国会発議(各院の総議員の3分の2以上の賛成)
- → **国民投票**（過半数の賛成）＝硬性憲法

(2) **国民投票法**（2010施行）

(3) 改正の限界…三大原則は改正できない（通説）

(4) 第9条…[従来]政府の解釈改憲をめぐる論議
- →[近年]明文改憲の動き(国民投票法など)

幸福　個人の尊重

人権って何だろう

固有性・不可侵性・普遍性

1 人権の性質

固有性	人権は，憲法や天皇・国家によって与えられたものではなく，人間が生まれながらにして持つ権利であるということ。このような考え方の源泉はアメリカ独立宣言（→p.27）に求めることができ，日本国憲法下でも，第13条の幸福追求権を根拠として新しい人権が認められることがある（→p.104）。
不可侵性	人権は，国家権力といえども侵すことのできない権利であるということ。
普遍性	人権は，人種や性別などに関係なく，すべての人が有する権利であるということ。

解説 自然権的権利 日本国憲法における人権は自由権も社会権も，「人間の尊厳」性に由来する自然権（人間が生まれながらにして持つ権利であり，国家権力であっても侵すことができないもの）的な権利として保障されている。

TRY 憲法がなければ人権は保障されないのだろうか。考えてみよう。（解答略）

3 基本的人権保障の意味—人々のうめき声が「人権」になった

　憲法が保障する基本的人権は，人間らしく生き，行動する基本的なかなりの部分をカバーしている。じっと考えている人は「思想の自由」という人権を行使しているし，考えたことを他人に語っている人は「表現の自由」を行使している。信ずる神や仏に祈る姿は「信教の自由」のあらわれだし，勉強に精だす姿は「教育を受ける権利」のあらわれである。………人間にとって大切なことは，あらかた「基本的人権」になっているように思える。………

　大切なことは「人権」とは，その国のその時代に，やむにやまれず発した人々のうめき声であり，人権にしておかないと人間らしい生活が絶対にできないと考えた結果を，その時点で法的文書に書き残したものだ，ということである。だから，人々の叫びやうめきが「人

権」になってくるということは，その背景にかなり深刻な問題があるということになる。逆に，あることが「人権」として規定されるのは，そう保障しておかないとヤバいという判断があるからであって，決していいことずくめではない。

　まことに人権は，「人類の多年にわたる自由獲得の努力の成果」（第97条）であり，「国民の不断の努力によって，これを保持しなければならない」（第12条）のである。（森英樹『新版 主権者はきみだ』岩波ジュニア新書）

解説 抑圧からの解放 ある個別の価値や利益が「人権」として主張されるのは，ある特定の人々にとって，彼らが人間として生きていくことを妨げる抑圧があり，その抑圧からの解放を求めて「人権」が主張されるのである。その意味で人権は，人間としての尊厳確保のため，抑圧からの解放を求める権利なのである。

2 個人の尊重

　日本国憲法第13条の掲げる「**個人の尊重**」とは，人は一人ひとりみな違っていることを認め，それぞれの個性と価値を等しく尊重するということである。つまり，人はいろいろ違っていて当たり前という当然の事実を認識することである。自分が他の人と違うところがあっても，他の人が自分と違うところがあっても当たり前。決してみな同じである必要はない。この認識が「個人の尊重」原理の出発点であり，人権保障の大前提となる。

解説 基本的人権とは 日本国憲法が保障する人権とは，一人ひとりの人間が自立した個人として，その自由と生存を確保し，その尊厳を維持するために一定の権利を生まれながらに持つことを法的に確認したものである。人権を承認する根拠となるのが「個人の尊重」の原理である。「個人の尊重」の原理は，一人ひとりの個人こそが，かけがえのない絶対的な存在であり，究極的な価値であることを認め，すべての人間を自律的な人格として平等に尊重しようとする点で，**エゴイズム（利己主義）**や**ファシズム（全体主義）**を否定するものである。

Focus フォーカス 判例学習の基本

Ａ 判例とは何か

　裁判における先例のこと。厳密には**判決の結論を導く上での法的な理由付け**で，日本の場合は最高裁判所が終審裁判所なので，**最高裁判所の判例が最も重要**である。判例は法的拘束力を持つものではないが，下級審が最高裁判所の判例と異なる判断をした場合には，そのこと自体を控訴や上告の理由とすることができるので，**事実上，下級審の判断を拘束する**ことになる。

Ｂ 判決文の構成

①**主文**…裁判の結論部分。刑事裁判では無罪や刑罰，民事・行政裁判では原告の訴えの認否や慰謝料の金額などが明記された部分。

②**事実**…裁判所が認定した当事者が主張する事実。

③**理由**…裁判の争点に関して裁判所の判断を述べた部分。この中で，結論に結び付くような法律上の判断をした部分が**判例**である。判例以外の部分は**傍論**という。

Ｃ 判例学習のための基礎的用語（裁判制度→p.134）

・**控訴**…一審判決に不服で上訴（不服の申し立て）すること。
・**上告**…二審判決に不服で上訴すること。
・**被告人**…刑事裁判で犯罪を犯したとして起訴された人。
・**原告**…民事裁判で裁判を起こした人。
・**被告**…民事裁判で訴えられた人。
・**棄却**…上訴に理由がないとして原判決（上訴の理由となった判決）を維持し，請求をしりぞけること。**控訴棄却**と**上告棄却**がある。
・**破棄**…上訴に理由があるとして原判決を取り消すこと。**破棄自判**（破棄し，自ら判決する）と**破棄差戻し**（破棄し，審判させるため元の裁判所へ差し戻す）がある。
・**確定判決**…通常の上訴という手段では取り消すことのできない状態に至った判決。
・**再審**…確定判決に重大な誤りがある場合，再審理（裁判のやり直し）を行うこと。これを求めるのが**再審請求**。

プラスα 裁判官が刑事事件の判決を朗読する際，主文は通常では冒頭に朗読されるが，死刑判決の場合は，判決理由を先に言い渡し，主文を後回しにする判決が多く，主文後回しと言われる。これは，被告人に，判決理由をよく聞かせるためだと言われている。

4 日本国憲法の規定する基本的人権と義務

〈注〉判例の○数字は，関連憲法条文。

分 類	内 容	条 文		判 例
平 等 権	・すべての国民が権利において平等であるとする基本的人権の前提ともなる権利。	◉法の下の平等 (14条) ◉両性の本質的平等 (24条)		尊属殺人事件⑭ （→p.84 4） 日立訴訟⑭ （→p.86 8）
自由権的基本権 ⑳ ⑯	・国家権力といえども侵すことのできない個人の権利。18世紀的人権ともいわれ，夜警国家の理念に立っている。 ・「国家からの自由」と呼ばれる。 ・18世紀の市民革命（アメリカ独立革命・フランス革命）によってそれまでの封建勢力を倒した市民が獲得したもので，「精神の自由」「人身の自由」「経済の自由」の３つに大別できる（ただし財産権については，19世紀後半以降の資本主義の発達に伴う財産の不平等を是正するため「公共の福祉」の概念による制限を設けている）。	精神の自由	◉思想・良心の自由 (19条) ◉信教の自由 (20条) ◉学問の自由 (23条) ◉集会・結社・表現の自由 (21条①) ◉通信の秘密 (21条②)	三菱樹脂事件⑲ （→p.88 2） 津地鎮祭訴訟⑳ （→p.89 4） 愛媛玉ぐし料訴訟⑳ （→p.89 5） 東大ポポロ事件㉓ （→p.91 13） 東京都公安条例事件㉑（→p.90 8） チャタレイ事件㉑ （→p.90 9）
		人身の自由	◉奴隷的拘束・苦役からの自由 (18条) ◉法定手続の保障 (31条) ◉不法な逮捕・抑留・拘禁・侵入・捜索・押収に対する保障 (33・34・35条) ◉拷問，残虐刑の禁止 (36条) ◉自白強要の禁止 (38条) ◉刑事被告人の権利 (37・38・39条)	 ⬆民衆を導く自由の女神
		経済の自由	◉居住・移転・職業選択の自由 (22条①) ◉外国移住・国籍離脱の自由 (22条②) ◉財産権の不可侵 (29条)	薬事法違憲訴訟㉒ （→p.96 2） 共有林分割制限違憲訴訟㉙ （→p.137 9）
社会権的基本権 ⑯	・人間らしい生活の保障を国家に要求する権利。20世紀的人権ともいわれ，福祉国家の理念に立っている。 ・「国家による自由」と呼ばれる。	◉生存権 (25条) ◉教育を受ける権利 (26条) ◉勤労の権利 (27条) ◉勤労者の団結権，団体交渉権，団体行動権 (28条)		朝日訴訟㉕ （→p.99 3） 堀木訴訟㉕ （→p.98 2） 牧野訴訟㉕ （→p.98 2） 家永教科書訴訟㉖ （→p.100 3）
参 政 権 ⑯	・国民が政治に参加する権利。基本的人権の保障を実質的に確保するための権利。 ・「国家への自由」と呼ばれる。	◉選挙権 ◉公務員選定罷免権 (15条) ◉被選挙権 (43・44条) ◉最高裁判所裁判官国民審査権 (79条) ◉憲法改正国民投票権 (96条) ◉特別法制定同意権 (95条)		旭川学力テスト訴訟㉖（→p.101 5） 全逓東京中郵事件㉗（→p.252 3） 全農林警職法事件㉗（→p.252 3） 衆議院議員定数違憲訴訟⑭⑮ （→p.157 7）
請 求 権 ⑯	・個人の利益確保のために，国家の積極的な行為を請求する権利。 ※請願権は国民の意思を政治に反映させる補充的参政権の側面もある。	◉請願権 (16条) ◉国家賠償請求権（国家賠償法）(17条) ◉裁判請求権 (32・37条) ◉刑事補償請求権（刑事補償法）(40条)		戸別訪問禁止違憲訴訟㉑ 多摩川水害訴訟⑰ （→p.103 5）
新しい人権	・憲法に明文化されていないが，社会状況の変化で主張されるようになった人権。	◉幸福追求権 ◉環境権 ◉知る権利 ◉プライバシー権 ◉自己決定権 }(13条)		大阪空港騒音公害訴訟⑬（→p.105 2） 外務省秘密電文漏洩事件⑬（→p.105 3）
国民の義務	・国家の構成員として，国民が果たすべき務め。	一般的義務	◉人権保持責任，濫用の禁止 (12条) ◉公務員の憲法尊重義務 (99条)	『宴のあと』事件⑬ （→p.105 4） 「エホバの証人」訴訟⑬（→p.107 12）
		基本的義務	◉教育を受けさせる義務 (26条) ◉勤労の義務 (27条) ◉納税の義務 (30条)	

憲 法

5 人権を持つのはだれ？

国民	憲法第10条により，日本国民の要件は「国籍法」で定められている。	Ⓐ国籍法 [1950.5.4法147　最終改正2022.12.16法102] 第2条[出生による国籍の取得]　子は，次の場合には，日本国民とする。 　(1) 出生の時に父又は母が日本国民であるとき。

天皇・皇族	通説は，天皇や皇族も「国民」としての人権は保障される。ただし，皇位の世襲制や職務の特殊性から，必要最小限度の特例が認められる。	認められないと考えられる人権 ・選挙権や政党への加入 ・外国移住や国籍離脱 制限を受けると考えられる人権 ・婚姻の自由 ・表現の自由

法人	学校法人，株式会社などの法人とは，「自然人（個人）」ではないが，法律上「人」と見なされ，権利義務の主体となる資格を与えられたもの。法人は巨大な社会的権力を有する場合があるので，個人よりも，権利が規制される場合があり得る。 　→個人に保障された人権は認められない。（例）生存権

外国人	制限を受ける。 　→認められない人権：選挙権・被選挙権など（→p.111）

6 個人主義と人権

集団とは，家，会社，国家など。

個人と個人との関係	個人と集団との関係
利己主義 ●他人のことは考慮せず，自分の利益や快楽だけを追求する立場。	**集団主義（全体主義）** ●個人の権利や自由よりも集団としての利益が優先されるという考え方。
⇅	⇅
●他人の権利や自由を自分と同等に尊重する立場。	●個人の権利や自由が実現されるために集団が形成されているという考え方。

個人主義（個人の尊重）

↓

基本的人権の尊重	法の下の平等

解説 個人主義　個人主義（個人の尊重）の考え方から，日本国憲法の基本的人権の尊重と法の下の平等という，普遍的な基本原理が生まれた。

●法の下の平等とは，どのような意味か？

視点 | 公正 | 寛容 | 個人の尊重

法の下の平等
国家の不平等な取り扱いを許さない

1 「法の下の平等」の意味

法適用の平等	法内容の平等
法を執行する際に，国民を差別してはならない。	法の内容に差別があってはならない。

解説 法の適用と内容の平等 憲法の定める平等原則は，国家による不平等な取り扱いを排除するということで，法の適用の平等だけでなく，内容の平等も含んでいる。

2 形式的平等と実質的平等

形式的平等	実質的平等
すべての人間を法律上等しく取り扱い，「**機会の平等**」を保障すること。	経済的弱者に国家が救いの手を差し伸べ，「**結果の平等**」の実現をめざすこと。

解説 2つの平等 憲法上の平等の中心は，それぞれ違う人間を法律上すべて等しく取り扱うという**形式的平等**であるが，今日では実際に存在する経済的・社会的な不平等を是正して，実質的な平等を実現することも国家に求められるようになってきている。なお，こうした**実質的平等**の理念は現実には，社会権の保障などによって実現されるものである。

用語 ポリティカル・コレクトネス…人種・民族・性別などによる偏見・差別を含まない，政治的・社会的に中立である表現や用語を使うこと。(例) 看護婦・看護士→看護師，保母・保父→保育士，障害者→障がい者など。

3 法の下の平等に関する主な事件訴訟

事件名	裁判の争点	判決
尊属殺人事件 (→4, p.137)	刑法第200条の「尊属殺」処罰規定は，第199条の普通殺人より重く，法の下の平等原則に反する。	違憲 最高裁 1973
婚外子相続差別訴訟 (→p.115)	法律上結婚していない夫婦に生まれた子供の相続分を，正式な夫婦の子供の1/2に定めた民法規定は法の下の平等に反する。	違憲 最高裁 2013
三菱樹脂事件 (→p.88 2)	入社試験の際に，学生運動歴を秘匿したことを理由に本採用を拒否したことは，思想・信条の自由，法の下の平等に反する。	合憲 最高裁 1973
国籍法違憲訴訟 (→p.114, 137)	国籍法第3条1項が規定する日本国籍取得の要件のうち，父母の婚姻の有無を要件とすることは法の下の平等に反する。	違憲 最高裁 2008
議員定数不均衡訴訟 (→p.137,157)	投票価値の著しい格差 (1票の格差) は，法の下の平等に反し，選挙も無効。	違憲・違憲状態 最高裁

最高裁判決 (いずれも選挙は有効) ←内訳		
衆議院	違 憲：2回(1976, 1985) 違憲状態：5回(1983,1993,2011,2013,2015)
参議院	違 憲：なし 違憲状態：3回(1996, 2012, 2014)

第14条[法の下の平等，貴族制度の否認，栄典の授与]

① すべて国民は，法の下に平等であつて，人種，信条，性別，社会的身分又は門地により，政治的，経済的又は社会的関係において，差別されない。
② 華族その他の貴族の制度は，これを認めない。
③ 栄誉，勲章その他の栄典の授与は，いかなる特権も伴はない。栄典の授与は……一代に限り，その効力を有する。

用語 信条…その人の信念。
門地…うまれ，家柄。
尊属…血縁関係において，自分よりも前の世代のこと。直系尊属とは，父母や祖父母を指す。

●関連条文 [刑 法] (4の尊属殺人事件発生当時の条文)
第199条[殺人] 人ヲ殺シタル者ハ死刑又ハ無期若クハ3年以上ノ懲役ニ処ス(2004法156号で5年以上の懲役に改正)
第200条[尊属殺人] 自己又ハ配偶者ノ直系尊属ヲ殺シタル者ハ死刑又ハ無期懲役ニ処ス(1995法91号で削除)

4 判例 尊属殺人事件—尊属殺と法の下の平等

概要	A子は，14歳の時から実父に不倫の関係を強いられ，父親との間に5人の子供を生んだ。その後勤め先の青年と愛し合うようになり，父親に結婚したいともちかけたが怒り狂った父親は，10日間もA子を軟禁状態にするなどしたため，「父親がいては自由になれない」と1968年10月，泥酔中の父親を絞殺した。(刑法第200条で起訴)
裁判の経過	[第一審] 尊属殺を規定した刑法第200条は違憲。第199条を適用。被告人に対し刑を免除。 [第二審] 原判決を破棄，刑法第200条は合憲。被告人は尊属殺人について有罪。 [最高裁] (1973.4.4) 刑法第200条は違憲，無効。刑法第199条を適用し，懲役2年6月，執行猶予3年。
最高裁の判決要旨	尊属への敬愛は社会生活上の基本的道義であるから，尊属殺を普通殺人より重く罰すること自体は不合理でなく，ただちに憲法違反とはいえない。しかしその法定刑は死刑または無期懲役のみで，同情すべき事情がある場合でも執行猶予にすることができない。このように刑法第200条で刑の選択の幅がきわめて重い刑に限られているのは，尊属に対する敬愛の維持尊重という観点からも十分納得のいく説明ができず，合理的根拠に基づくものとはいえないので，**憲法第14条1項**の「**法の下の平等**」に違反し無効である。

解説 親殺しは重罪？ 刑法第200条で，普通殺人よりも尊属殺人の刑罰を重く定めたことが，法の下の平等に反するかがこの事件の争点。最高裁判決は，重く定めること自体は合憲だが，死刑か無期という刑罰は重過ぎ違憲が8名，重く定めること自体違憲が6名，合憲が1名で，違憲が多数意見を占めた。

これ以後，尊属殺での起訴はなくなり，1995年の刑法改正で同条は削除された。なお，この事件は**法令違憲では最高裁初の違憲法令審査権の行使**(→p.137)であったことも，ぜひ知っておいてほしい。

プラスα 栄典の授与には特権は伴わないというのが憲法第14条3項の規定であるが，実際には，文化勲章受章者は同時に文化功労者となり，文化功労者年金法によって終身年金を保障される。今日では一般に，栄典に合理的な範囲で経済的利益を伴わせることは違憲とはいえないと解されている。

私には夢がある。いつの日か私の幼い4人の子供たちが、肌の色によってではなく人格そのものによって評価される国に住めるようになることだ。
（1963年のワシントン大行進での演説）

キング牧師 ［米：1929～68］ 1950～60年代に米国で高まった黒人解放運動の指導者。非暴力主義に立ち、奴隷解放や人種差別撤廃などを推進した。64年にノーベル平和賞を受賞。68年、白人男性により暗殺された。

部落差別問題（同和問題）

その解決は国民的課題

5 部落解放の歩み

年	内　　容
1871	太政官布告第61条「解放令」…解決のための施策ともなわず
1902	備作平民会設立…解放運動のはじまり
22	全国水平社設立…戦前の解放運動の中心
46	部落解放全国委員会結成…水平社の流れをくみ、55年には**部落解放同盟**に改組
58	部落解放国策樹立要請全国会議が設立…部落解放の国民運動がはじまる
65	同和対策審議会の答申が出される
69	同和対策事業特別措置法制定…10年間の時限立法、79年に3年間延長
70	部落解放同盟正常化全国連絡会議結成…76年に**全国部落解放運動連合会**と改称し、部落解放同盟から分離
82	同和対策事業特別措置法期限切れ **地域改善対策特別措置法**制定
87	地域改善対策特別措置法期限切れ **地域改善対策特定事業財政特別措置法**制定…5年間の時限立法、92年に5年間延長
97	地対財特法一部改正…45事業→15事業へ **人権擁護施策推進法**施行…5年間の時限立法
2000	**人権教育・人権啓発推進法**成立
02	地対財特法、人権擁護施策推進法失効（3月）
16	部落差別解消推進法成立

Ⓐ水平社宣言（抄）　〔1922年〕

吾々がエタである事を誇り得る時が来たのだ。…
水平社は、かくして生れた。人の世に熱あれ、人間に光あれ。
（水平社パンフレット『よき日の為に』）

Ⓑ同和対策審議会答申　〔1965年〕

いわゆる「同和」問題とは、日本社会の歴史的発展の過程において形成された身分的階層構造に基づく差別により日本国民の一部の集団が経済的・社会的・文化的に低位の状態におかれ、現代社会においても、なおいちじるしく基本的人権を侵害され、とくに近代社会の原理として何人にも保障されている**市民的権利と自由を完全に保障されていない**という、もっとも深刻にして重大な社会問題である。
（『部落問題・水平運動資料集成』三一書房）

Ⓒ人権教育・人権啓発推進法（抄）　〔2000年〕

第1条　この法律は、人権の尊重の緊要性に関する認識の高まり、社会的身分、門地、人種、信条又は性別による不当な差別の発生等の人権侵害の現状その他人権の擁護に関する内外の情勢にかんがみ、人権教育及び人権啓発に関する施策の推進について、国、地方公共団体及び国民の責務を明らかにするとともに、必要な措置を定め、もって人権の擁護に資することを目的とする。

解説 いまだ残る差別　江戸時代の身分政策によって作られた被差別部落は、明治期の「解放令」以後も社会生活の様々な場面で差別を受けてきた。戦後も1969年の「同和対策事業特別措置法」以後、多くの運動や政策によって少しずつ差別は解消されてきたが、現在でも就職や結婚における差別が残っている。2000年からは国と自治体に人権教育の推進が義務づけられた。

憲法

障がい者への差別

差別の背景にある優生思想

6 障がい者への差別と優生思想

Ⓐハンセン病問題

概要	ハンセン病は顔や手足などの外貌を侵すことが多く、長い間不治の病とされ、戦前から患者の強制隔離が行われた（実際は感染力が極めて弱く遺伝性もない）。戦後に特効薬が開発されたにもかかわらず、1953年制定の**らい予防法**が1996年に廃止されるまで、国立ハンセン病療養所への強制隔離政策は続いた。
ハンセン病国家賠償訴訟	**強制隔離政策は違憲**だとして、熊本地裁が2001年原告全面勝訴の判決（➡p.114）。
ハンセン病問題基本法	2008年、差別・隔離政策からの被害回復を目的に成立。

Ⓑ強制不妊手術問題

概要	優生保護法（1948～96年）により、障がい者らへの**優生手術（強制不妊手術）**が約1万6,500件も行われていた。10歳前後の子どもにも実施された。
強制不妊訴訟	15歳の時に優生手術をされた60代女性が2018年に国を提訴。2019年5月、仙台地裁は**優生保護法を違憲**とするも国の賠償は認めず。
強制不妊救済法	2019年4月、被害者への「反省とおわび」と一時金320万円支給を盛り込んだ救済法が成立。しかし、国の法的責任には触れていない。

Ⓒ相模原障がい者施設殺傷事件（2016年）

概要	神奈川県の知的障がい者施設で、19人が死亡し26人が重軽傷を負う大量殺人事件が発生。
事件の背景と影響	容疑者は「障がい者はいなくなればいい」と主張していた（**優生思想**）。ネット上でも同調する声が広がり、社会に大きな波紋を広げた。

解説 優生思想　優生思想とは、障がいの有無や人種等を基準に人間の優劣を定め、優秀な者にのみ存在価値を認める思想。ダーウィンの進化論をきっかけに、優秀な遺伝子を残し、劣等なものを排除する**優生学**が生まれ、それを根拠に様々な社会問題の解決手段として差別行為を正当化する**優生思想**が生まれた。

7 障がい者差別禁止への法整備

障害者基本法（1970年成立、2011年改正）	障がい者への差別を禁止する法律。障害者権利条約（➡p.110）批准のため2011年に改正され、社会的障壁をなくすことが国や地方公共団体の責務とされた。
障害者差別解消法（2013年成立）	障がいを理由とする差別の解消を推進することを目的に2013年に制定（2016年施行）。障害者基本法第4条「差別の禁止」規定を具体化するものである。

ヒトラーも**優生学**の信奉者だった。ユダヤ人絶滅を企てたホロコーストや、重度の障がいのある3歳未満の子どもを安楽死させる優生政策を実行した。

民間事業者は努力義務だった合理的配慮の提供が、21年5月の改正で義務化された。

プラスα 積極的改善措置（positive action/affirmative action、➡p.315）とは、社会的・構造的差別によって不利益を被っている集団に一定範囲内で特別な機会を提供することにより、実質的機会均等を実現するための措置。**クォータ制（割当制）**もその一つ。

旧土人とは，もしかして私のことでしょうか。
（1994年，参議院内閣委員会にて北海道旧土人保護法の廃止を求めて）

菅野 茂 [1926～2006]　アイヌ民族出身の初の国会議員（参議院議員：在任1994～98）。北海道平取町二風谷の出身で，二風谷ダム訴訟の原告の一人でもある。アイヌ民族の権利回復のために活躍した。

民族差別問題

内なる国際化のために

憲法

8 在日朝鮮人に対する差別

A 判例 日立訴訟―在日朝鮮人への就職差別

概要	在日朝鮮人の朴鐘碩さんは，1970年に横浜市の日立製作所ソフトウェア工場に採用されたが，「在日朝鮮人なので戸籍謄本は提出できない」と話したところ，会社側は「応募書類に日本名を用い，本籍も偽るなど性格上信用できない」として採用を取り消した。朴さんは，採用取消は在日朝鮮人であることを理由とした民族差別として提訴した。
裁判の経過	[横浜地裁]（1974.6.19）　採用取消は国籍による差別を禁じた労働基準法第3条等に違反するとして無効。⇒会社側は控訴せず，判決確定
地裁の判決要旨	在日朝鮮人は就職に関して日本人と差別され，大企業にほとんど就職できず，労働条件も劣悪な場所で働くことを余儀なくされている。在日朝鮮人であることが分かると就職試験の受験機会さえ与えられない場合もあり，そのため本名でなく日本名を使い，朝鮮人であることを秘匿して就職している者も多い。朴さんにとって日本名は出生以来日常的に用いてきたもので偽名とは言えず，本件訴訟において解雇を決定した理由は朴さんが在日朝鮮人であること，すなわち朴さんの「国籍」にあったと推認せざるを得ない。

（『民族差別』亜紀書房などによる）

解説 朝鮮人として生きる権利　在日朝鮮・韓国人の多くは，日本の植民地統治時代（1910～45）に日本に渡って来た人々やその子孫である。これらの人々が，本名を名のれない差別が厳然として存在することを忘れてはならない。この判決は，こうした差別の現実をえぐり出した画期的なものである。

➡外国人学校として初めて団体競技でインターハイに出場した大阪朝鮮高級学校サッカー部（1999.8.3）

B 判例 東京都管理職試験訴訟

概要	日本国籍がないことを理由に東京都の管理職試験の受験を拒否されたのは憲法違反として，在日韓国人の保健師の鄭香均さんが，都に損害賠償を訴えた。
経過	[第一審]　都の受験拒否は合憲。 [第二審]　違憲。都に40万円の支払いを命じた。 [最高裁]（2005.1.26）　二審判決破棄。合憲，請求棄却。
判決要旨	[最高裁]　都の管理職は，公権力の行使に当たる行為を職務とすることが前提のため，国民主権の原理に基づき，日本国籍保有者に限ることは違憲とはいえない。

【最高裁判決を受けて】　1994年の提訴から10年余。「後ろに続く人のために」と多くの壁と闘い，最高裁にかけた鄭香均さんの期待はついえた。「世界中（の外国人）に『日本に来るな』と言いたい。日本に来て働くのは，税金を納めながら意見を言ってはならない『ロボット』になるということです」と怒りをぶつけた。

（『毎日新聞』2005.1.27による）

9 アイヌ民族に対する差別

A 北海道旧土人保護法

[1899.3.2法27]
[廃止　1997.7.1]

第1条　北海道旧土人ニシテ農業ニ従事スル者又ハ従事セムト欲スル者ニハ1戸ニ付土地1万5千坪以内ヲ限リ無償下付スルコトヲ得

第2条　① 前条ニ依リ下付シタル土地ノ所有権ハ左ノ制限ニ従フヘキモノトス
　1　相続ニ因ルノ外譲渡スコトヲ得ス
　2　質権抵当権地上権又ハ永小作権ヲ設定スルコトヲ得ス

B アイヌ民族の誇りと尊厳の回復へ

アイヌ文化振興法（1997年制定，2019年廃止）◀15
- アイヌ文化を「アイヌ語並びにアイヌにおいて継承されてきた」文化的所産と定義
- 国にアイヌ文化振興のための施策を推進する責務

アイヌ民族支援法（2019年4月制定）
- 初めてアイヌ民族を先住民族と明記
- 文化・産業・観光の振興に向けた交付金制度を創設
- 2007年「先住民族の権利に関する国連宣言」で民族の権利とされた自決権や教育権などは盛り込まず
- アイヌ文化振興法の内容を包含する

C 判例 二風谷ダム訴訟

概要	二風谷ダムは工業用水確保などの目的で建設が計画されたが，原告ら地権者は用地買収を拒否。道収用委員会が土地収用法に基づき土地の強制収用の裁決を下した。原告は建設相に不服審査請求をしたが，退けられたために，「アイヌの聖地を強制的に奪うのは財産権を保障した憲法に違反する」などとして，裁決の取り消しを求めた。
地裁の判決要旨	[札幌地裁]（1997.3.27）　アイヌ民族について「我が国の統治が及ぶ前から北海道に居住し，民族としての独自性を保っている」と認定し，その先住性を無視してきた日本政府のあり方を批判した。その上で，ダムの公共性と比較する際，民族文化への配慮が必要として，本ダム建設には裁量権を逸脱した違法があると断じた。しかし，ダムが完成していること等を理由に「収用裁決は違法だが，請求は棄却する」と結論づけた。

解説 民族の誇りのために　明治維新後，北海道に住むアイヌ人に対して新政府は北海道旧土人保護法（Ａ）を制定したが，同法はアイヌ民族を日本人に同化させ，差別を押し付けるものであった。同法の廃止を目指す運動は，1997年にようやくアイヌ文化振興法として実を結んだ。同法は2019年に**アイヌ民族支援法**に引き継がれるとともに，初めてアイヌ民族は「先住民族」と明記された（Ｂ）。

Ｃはアイヌ民族の先住性を初めて認定した判決である。

➡二風谷ダム（北海道平取町　2003.10）

プラスα　2008年6月，衆参両議院で「アイヌ民族を先住民族とすることを求める決議」が全会一致で可決された。国連総会で2007年9月，「先住民族の権利に関する国連宣言」が日本政府も賛成し採択されたことが呼び水となった。

言の葉

元始，女性は実に太陽であった。真正の人であった。（1911年『青鞜』創刊号）

平塚 らいてう［日：1886～1971］　明治・大正の女性解放運動家。日本初の女性の手による文芸誌『青鞜』を創刊。1919年には同じく日本初となる，婦人（女性）の社会的，政治的権利の獲得を目指した婦人団体・新婦人協会を市川房枝らとともに設立。婦人の参政権運動などに尽力した。

女性差別問題

21世紀の男女関係は

第24条［家族生活における個人の尊厳と両性の平等］① 婚姻は，両性の合意のみに基いて成立し，夫婦が同等の権利を有することを基本として，相互の協力により，維持されなければならない。

② 配偶者の選択，財産権，相続，住居の選定，離婚並びに婚姻及び家族に関するその他の事項に関しては，法律は，個人の尊厳と両性の本質的平等に立脚して，制定されなければならない。

用語 **両性の本質的平等**…男性と女性とが人間として全く同じ価値をもつこと。

> 2018年6月の民法改正で，男性18歳，女性16歳から，男女とも18歳となった。（2022年4月1日施行）

●関連条文［民法］

第731条［婚姻適齢］ 婚姻は，18歳にならなければ，することができない。

第750条［夫婦同氏の原則］ 夫婦は，婚姻の際に定めるところに従い，夫又は妻の氏を称する。

第818条［親権者］ 成年に達しない子は，父母の親権に服する。

10 政治分野における男女共同参画推進法成立

2018年5月，女性議員増加を目的とした「**政治分野における男女共同参画推進法**」（候補者男女均等法）が成立した。「政治分野における男女共同参画の推進は（中略）男女の候補者ができる限り同数となることを目指して行われなければならない」などと基本原則を規定。政党は男女の候補者数の目標を定めるなど自主的に取り組むよう努めること。また国と地方公共団体は「必要な啓発活動」を行うよう努めることが定められている。ただし，**努力義務であり罰則の規定はない**。

解説 **低い女性議員の比率**　列国議会同盟（IPU）が発表した2023年の国会議員（単一議会および下院，日本では衆議院）の女性比率は，日本は世界186か国中164位（10.0%）。だが今回の立法に関して「性別に関係なく，優秀な人が選ばれるべき」「逆差別ではないのか」と批判的な意見も多かった。法案成立は女性議員の比率引き上げの「第一歩」ではあるが，男女比ではなく根本的な要因を見つめなおすべきという指摘も強い。

> 男女間の不均衡を示すジェンダーギャップ指数。22年の日本の順位は116位だった（146か国中）。

憲法

11 家族関係の変化—新旧民法比較

旧民法（1898（明治31）年）		現行民法　（1947年）
●「戸主権」「家督相続」を軸とした，「家」中心の封建的上下関係	**特徴**	●「家」制度の廃止。家族は，平等で自由な個人の結合
●男は30歳，女は25歳まで父母の同意が必要	**結婚**	●成年は父母の同意の必要なし ●未成年は父母の一方の同意が必要　（第737条） ●婚姻最低年齢は，男18歳，女16歳　（第731条） ●女性の再婚禁止期間は，離婚の日から「6か月間」　（第733条）
●妻は夫の家に入る ●妻は夫と同居する義務を負う ●妻の財産は夫が管理する。妻の取引行為には，夫の同意が必要	**夫婦関係**	●夫婦は夫又は妻の姓を名のる　（第750条） ●夫婦は同居し，互いに協力する義務（第752条） ●財産は，夫婦それぞれに「特有財産」を認め，不明確なものは「共有財産」とする（第762条）
●妻の姦通は当然に離婚原因になるが夫はそれが犯罪の場合のみ	**離婚**	●離婚請求原因（主なもの）　（第770条） ●配偶者に不貞行為があった場合 ●配偶者の生死が3年以上不明の場合
●親権は父にある	**親権**	●親権は父母が共同で行う　（第818条）
●長子単独相続が原則。 ●妻には相続権はないに等しい	**相続**	●配偶者は常に相続権あり。配偶者以外は均分相続（妻と子供3人の場合，妻は1/2，子供は1/2×1/3＝1/6ずつ）。ただし，非嫡出子は嫡子の1/2　（第900条）

A 民法改正（案）要綱（1996.2）
〔法制審議会（法相の諮問機関）総会〕

婚姻最低年齢　●男女とも18歳（2022年4月，改正民法施行）　**実現**

女性の再婚禁止期間　●離婚の日から100日間（2016年6月，第733条を改正した民法が施行）　**実現**

夫婦の姓＝選択的夫婦別姓制度
●夫婦は「同姓」か「別姓」かを選択できる
●婚姻届提出後は，「同姓夫婦→別姓夫婦」「別姓夫婦→同姓夫婦」という変更は認めない
●子供の姓：夫婦同姓の場合，夫婦子供は同一姓。**夫婦別姓の場合，婚姻届提出時に一方に決める**

離婚請求原因
「5年以上継続して共同生活をしていないとき」を加える（**破綻主義**）

非嫡出子（婚外子）の法定相続分
●嫡出子と同等とする（2013年12月，第900条を改正した民法が施行）　**実現**

解説 **再婚禁止期間は違憲，夫婦同姓は合憲**　1996年の民法改正要綱（→**A**）の，「**選択的夫婦別姓制度**」と「**再婚禁止期間の100日への短縮**」に関し，2015年12月，最高裁判所が初めての判断を示し，再婚禁止期間で違憲判決を下した（→**B**）。

夫婦別姓については「同姓には家族の一員であることを実感できる利益がある」，「同姓で女性が受ける不利益も，通称使用の広がりで緩和されている」と指摘し，夫婦同姓規定は合憲とした。しかし，選択的夫婦別姓制度についても「合理性がないと断ずるものではない」として，国会での議論を促した。

最高裁は家族をめぐる規定を相次いで違憲とした。離婚・再婚の増加などで変わりゆく家族の形に法律が追いついていないのが現状だ。家族のあり方や形を，法律の中でどう位置付けるか，司法のみならず，国民的な議論も求められている。

B 民法に関する最高裁の違憲判決（→p.137）

婚外子相続差別違憲判決［2013.9.4］

未婚の男女間に生まれた子供（婚外子・非嫡出子）の遺産相続分を，結婚している夫婦の子供（嫡出子）の半分とした民法の規定が，法の下の平等を定めた憲法に違反するかが争われた家事審判の特別抗告審で，最高裁大法廷は，従来の最高裁判決を変更し，規定を違憲とした。

女性再婚禁止期間100日超違憲判決［2015.12.16］

規定自体は「父親の推定の重複を避ける趣旨で設けられたもので合理性がある」としながらも，「100日を超える部分は父親の推定のために必要とは言えない」とし「婚姻の自由に対する過剰な制約」だとして違憲とした。

プラスα　**最高裁は夫婦別姓を認めず**　ソフトウェア会社「サイボウズ」社長ら4人が夫婦別姓を選択できない戸籍法の規定は違憲として国に損害賠償を求めた訴訟で，2021年6月最高裁は訴えを退け，夫婦別姓を認めないことを合憲と判断した。2015年の判断に続く合憲判決となった。

憲[第19条[思想及び良心の自由]　思想及び良心の自由は，これを侵してはならない。

第20条[信教の自由]①　信教の自由は，何人に対してもこれを保障する。いかなる宗教団体も，国から特権を受け，又は政治上の権力を行使してはならない。

②　何人も，宗教上の行為，祝典，儀式又は行事に参加することを強制されない。

③　国及びその機関は，宗教教育その他いかなる宗教的活動もしてはならない。

●関連条文［憲　法］

第89条　公金その他の公の財産は，宗教上の組織若しくは団体の使用，便益若しくは維持のため，又は公の支配に属しない慈善，教育若しくは博愛の事業に対し，これを支出し，又はその利用に供してはならない。

思想及び良心の自由

民主主義の根幹をなす自由

1 思想及び良心の自由の意義

思想及び良心の自由の保障規定は，精神の自由の母体をなすもので，それが外部に向かって表現される場合には「表現の自由」の問題となり，内面的なものとしてとどまっても，それが宗教的方面に向かえば「信教の自由」の問題となる。またそれが論理的知識の方面に向かえば「学問の自由」の問題となる。

つまり，思想・心の自由の保障規定は，精神的自由の基礎となる地位を占めていると言える。

TRY　精神的自由の限界について述べなさい。（解答→p.416）

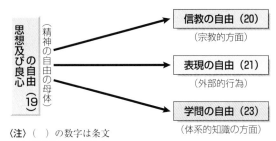

思想及び良心の自由（19）（精神の自由の母体）

信教の自由（20）（宗教的方面）

表現の自由（21）（外部的行為）

学問の自由（23）（体系的知識の方面）

〈注〉（　）の数字は条文

解説 民主主義の根幹　思想・良心の自由は，内面的精神活動の自由の中でも最も根本的なもの。諸外国の憲法には直接にこれを保障するものはほとんど見当たらないが，日本の場合には，明治憲法下にあって特定の思想を強制したという苦い経験から，精神的自由の規定の冒頭で保障されている。

17 19 2 判例 三菱樹脂事件—思想・信条による差別

概要	1963年三菱樹脂株式会社に入社したX氏は3か月の試用期間の後，入社試験にあたり学生運動の活動家であったという事実を隠していたことを理由に，本採用を拒否された。X氏は本採用拒否の無効と雇用契約上の社員たる地位の確認等を求めて提訴した。
裁判の経過	一審，二審ともに，X氏勝訴。[最高裁]（1973.12.12）　本採用拒否は違法とはいえない（合憲）。二審判決破棄差戻し。⇨差戻し審理中に和解が成立し，X氏復職。
最高裁の判決要旨	憲法第14，19条は国または公共団体の統治行動に関して個人の基本的な自由と平等を保障するもので，私人相互の関係を直接規律することを予定していない。憲法は同時に第22，29条等において，広く経済活動の自由も基本的人権としており，企業者はその一環として契約の自由を有するので，特定の思想信条をもつ者の雇い入れを拒否しても違法ではない。

（『憲法の基本判例』有斐閣による）

↑最高裁の破棄差戻しに抗議する人々（1973.12.12）

解説 「私人」間には適用せず　憲法の人権保障は私人間（企業と労働者等）には及ばず，（→3）また，絶対的に保障されるべき思想・信条の自由についても，特定の思想を有することを理由に採用を拒否しても違法ではないとしたこの判決には批判が強い。

3 私人間における人権保障

憲法の基本的人権の規定は，原則的には，国家権力から国民の権利や自由を保護するものであり，私人間（企業と労働者など）の関係には，憲法は介入しないというのが近代憲法の考え方であった。しかし，現代では，大企業・労働組合などの集団が社会的な力を濫用して私人の人権を制約するという問題が生じてきたため，私人間における人権の保護が必要なのではないかということが問題となってきた。これを人権の私人間効力という。

A 私人間効力についての2つの説

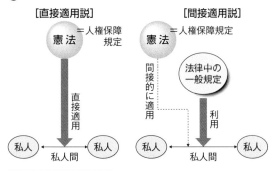

[直接適用説]

憲法＝人権保障規定

直接適用

私人　私人間　私人

[間接適用説]

憲法＝人権保障規定

間接的に適用

法律中の一般規定

利用

私人　私人間　私人

解説 間接適用説が通説　公序良俗に反する法律行為は無効であるという民法第90条のような規定の中に人権保障を読み込み，不当に人権を制約するような法律行為を公序良俗違反で無効とすることによって人権を保護していこうとするのが，通説・判例の考え方である。

TRY　明治憲法において，信教の自由は認められていただろうか。（解答→p.416）

プラスα　直接適用も　私人間における人権保障は間接適用が通説だが，規定の趣旨や目的からいって，直接適用される人権があることに注意しよう。例えば，第18条の奴隷的拘束・苦役の禁止は，どのような社会関係においても守られるべき規定である。

右上縦書き：玉ぐし　榊の枝に、木綿または紙垂をつけたもの。神道で神を拝するとき、神前にささげる。

❹ [判例] 津地鎮祭訴訟と目的効果基準

概要	1965年，津市は市体育館の起工にあたり，神社神道の儀式にのっとった地鎮祭を行い，神官への謝礼・御供物代金などの挙式費用7,663円を市の公金から支出した。S市議は，地鎮祭は神道の宗教的活動にあたり，これに公金を支出することは憲法第20，89条に違反するとして，津市長に対し支出金額の賠償を求めて提訴。
裁判の経過	[第一審] 地鎮祭を宗教的行事というより習俗的行事と表現した方が適切とし，合憲。S氏の請求棄却。 [第二審] 地鎮祭を宗教的活動として違憲判決。 [最高裁]（1977.7.13）地鎮祭を宗教的活動に当たらないとして，合憲。
最高裁の判決要旨	地鎮祭は，宗教とのかかわり合いをもつものであることを否定しえないが，その**目的**は建築着工に際し土地の平安堅固，工事の無事安全を願い，社会の一般的慣習に従った儀礼を行うという専ら世俗的なものと認められ，その**効果**は神道を援助，助長，促進または他の宗教に圧迫，干渉を加えるものとは認められないから，憲法20条3項により禁止される宗教的活動には当たらない。（5裁判官による反対意見あり） （『憲法の基本判例』有斐閣による）

[解説] **あいまいな基準**　この判決は政教分離をめぐるリーディングケースとなった判決で，地鎮祭を宗教的行為と認めながらも，**目的効果基準**を採用して，日本国憲法の禁止する宗教的活動ではないと判断した。戦前の日本では，「神道は宗教にあらず」という論理によって，事実上国教としての地位を与えられた神道が国民に強制され（**国家神道**），それが天皇制ファシズムや軍国主義の精神的支柱となったという苦い経験を持っている。そのような事情から，政教分離原則の厳格な適用を求める意見も強い。その意味で，**愛媛玉ぐし料訴訟**（❺）は注目される。

⑮ [用語] **政教分離**…憲法第20条3項が定める，国家の宗教活動を禁じ，国家が特定の宗教団体を特恵的に扱うことを禁止すること。
目的効果基準…国家（地方自治体含む）と宗教の結びつきがどの程度まで許されるかの基準で米国の判例で確立されてきた。①問題となった行為の**目的**が宗教的意義を持ち，②その**効果**が特定の宗教に対する援助・助長・圧迫・干渉になるような行為が憲法の禁止する宗教的活動であるとするもの。日本の最高裁判所も津地鎮祭訴訟以来，この基準を採用している。

Ⓐ政教分離をめぐるその他の主な訴訟と判決（➡p.115）

訴訟名	裁判所	判決
自衛官合祀訴訟	1988.6.1最高裁	合憲
箕面忠魂碑訴訟	1993.2.16最高裁	合憲
岩手靖国訴訟	1991.1.10仙台高裁	（実質違憲）
大阪靖国訴訟	1992.7.30大阪高裁	（実質違憲）
砂川政教分離訴訟	2010.1.20最高裁	違憲
孔子廟政教分離訴訟	2021.2.24最高裁	違憲

Focus 初の「質問権」行使

安倍元首相暗殺事件（➡p.165）で，宗教法人の世界平和統一家庭連合（旧統一教会）と政治家との癒着や霊感商法問題が注目された。そこで文科省は2022年，宗教法人法に基づき初の「質問権」行使に踏み切った。質問権は，宗教法人に法令違反が疑われる場合，運営実態や財産等について質問，報告の要求ができる。

❺ [判例] 愛媛玉ぐし料訴訟

概要	愛媛県が1981〜86年に靖国神社とその分社的性格を持つ県護国神社に玉ぐし料などどして計16万6,000円を公費から支出したのは，憲法20，89条に違反するとして，同県内の住民が当時の県知事を相手取ってその県費への賠償を求めて提訴。
裁判の経過	[第一審] 県の行為と宗教とのかかわりは，相当とされる限度を超え，違憲。 [第二審] 支出金は零細な額で，社会的儀礼の程度にとどまり，合憲。 [最高裁]（1997.4.2）二審判決破棄。県の行為は憲法に違反しており（違憲），支出金は県に賠償すべき。
最高裁の判決要旨	地方公共団体による両神社への玉ぐし料などの奉納は，慣習化した社会的儀礼とは到底言えず，その**目的**が宗教的意義を持つことは免れない。こうした行為は一般人に対して，「靖国神社は特別のものである」という印象を与え，特定の宗教への関心を呼び起こす**効果**を持つ。よって県の行為は憲法が禁止した，宗教的活動に該当する。（13名の多数意見）

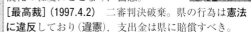

[解説] **政教分離をめぐる初の違憲判決**　この判決は政教分離原則をめぐる最高裁初の違憲判決で，津地鎮祭訴訟で示された「目的効果基準」を厳格に適用したといえる。しかし，同じ基準によりながら判断が異なるなど，「目的効果基準」のあいまいさは否めない。

[縦書き：憲法]

❻ 靖国神社問題

年・月	出来事
1945. 8	GHQが国家神道の廃止を方針，靖国神社も一神社に
53. 3	日本遺族会設立。靖国国家護持等の推進役に
69. 6	自民党が「靖国神社法案」を国会提出。廃案
74. 5	靖国法案，衆院通過せず。自民党，靖国法案断念
75. 8	三木首相が「私人の資格」で参拝。現職首相の終戦記念日参拝の道ひらく
78.10	靖国神社が東条英機らA級戦犯14人を密かに合祀
85. 8	靖国懇「政教分離の原則に抵触しない形での公式参拝を」。政府，従来の見解変更。**中曽根首相が公式参拝**⇨翌年は近隣諸国の反発に配慮し見送り。
2006. 8	**8月15日の終戦記念日に小泉首相が参拝**（01.8.13，02.4.21，03.1.14，04.1.1，05.10.17につぐ6度目）
07. 4	安倍首相が例大祭に供物を奉納
13.12	**安倍首相が参拝**

〈注〉2006年6月，靖国訴訟で初の最高裁判決では，小泉首相らに損害賠償を求めた原告が敗訴。憲法判断はなかった。

[解説] **靖国神社参拝問題を考える視点**　①政教分離の問題…内閣総理大臣としての参拝が日本国憲法第20条3項の定める「政教分離原則」に違反しないかどうかという憲法上の問題。
②A級戦犯の合祀…靖国神社には極東国際軍事裁判（東京裁判）でA級戦犯として処刑・獄死した東条英機元首相ら14名も一緒に祀られ（合祀）ている。A級戦犯とは，侵略戦争の計画・遂行等の「平和に対する罪」に該当する者（➡p.325）。そこに首相が参拝することは，過去の侵略戦争を肯定することだと受け取られている。

⬆東条英機

| 言の葉 | 私は君の言うことには反対だ。しかし、君がそれを言う自由を、私は命をかけても守る。 | ヴォルテール［仏：1694〜1778］ フランスの代表的な啓蒙思想家。表現の自由の精神を、見事に言い表した名言である。時の権勢者を批判してパリを追放されたり、バスティーユ牢獄に投獄されたこともあった。 |

類**第21条［集会・結社・表現の自由，通信の秘密］**① 集会，結社及び言論，出版その他一切の表現の自由は，これを保障する。

類② 検閲は，これをしてはならない。通信の秘密は，これを侵してはならない。

第23条［学問の自由］ 学問の自由は，これを保障する。

用語 **結社**…一定の目的のために人々が集まって作った団体。会社，労働組合，政党など。

検閲…郵便物や出版物などの内容を権力が事前に調べること。

表現の自由
民主主義の基礎となる自由

憲法

7 表現の自由の意義

表現の自由 自分の思うこと言いたいことを，自分の欲する仕方で表明する自由

A 表現行為の特質

無制限な自由ではない	表現されたものを受け取る他者の存在が前提であり，絶対無制限な自由ではない。 （例）表現の自由といえども，他者の名誉を傷つけたり，プライバシーを侵害することは許されない。
権力から危険視されやすい	権力に対する批判を許すため，権力にとっては危険な自由でもある。そのため，必要以上に制限されやすい。

⇨表現の自由の意義・制限の，正しい理解が重要

B 表現の自由の意義

❶個人の自己実現	❷民主政治の基礎
言いたいことを言うのは人間の本性であり，それを抑圧することは，人間性そのものの抑圧である。	国民の政治に対する自由な意見の表明を保障することで，国民主権と直結し，民主政治にとって不可欠な意見表明と討論の自由を保障する。

⇨表現の自由は，不当な制限を受けやすい

C なぜ制限されやすいのか？

自己の権力の民主的正当性を示すものとして，表現の自由を認めないわけにはいかない

国家権力

全く無制限に表現の自由を認めることは，都合が悪い

⇩

反体制的言論を可能な限り抑圧
表現の自由が抑圧されるのは，権力にとって都合の悪い言論の抑圧が目的である場合が少なくない

表現行為の害悪は，必ずしも客観的に明白ではない場合が多い	 表現行為	観念的な害悪の想定により制限されやすい

D 表現の自由の地位—人権体系の中でも「優越的地位」

「優越的地位」（➡11）	表現の自由に対する制限を合憲とするには，厳格な基準による判断が必要

解説 **民主主義の基礎となる自由** 表現の自由は，言論・出版活動や集会などを通して，国民の政治的意見の自由な表明・伝達・討論を保障し，その意味で国民主権と直結するきわめて重要な権利である。

⇨『チャタレイ夫人の恋人』完訳本

8 判例 東京都公安条例事件—デモ行進の事前規制

概要	1958年，警察官職務執行法に反対するデモを行った学生運動の指導者らが，許可条件に反したデモを行ったとして東京都公安条例違反として起訴された。
裁判の経過	**[第一審]** 都条例の規制方法は一般的に過ぎ，許否の基準も不明確であり違憲。（被告人は無罪） **[最高裁]**（1960.7.20）（憲法問題であるとの理由で，刑事訴訟規則に基づき最高裁へ移された）破棄差し戻し。合憲
判決要旨	**[最高裁]**（デモ行進のような）集団行動には，一瞬にして暴動となる危険性が存在するので，公安条例を以って，不測の事態に備えることは，止むを得ない。公安条例は違憲とはいえない。

解説 **集団行動の事前規制** 集会やデモ行進などの実施を許可制とすることは，表現の自由に対する強い規制である。⑦ 集団行動の危険性のみを強調し，「許可制」という事前規制を合憲としたこの最高裁判決には厳しい批判がある。

⑦ 国や地方公共団体の政策に対して，集会やデモを行って意見を表明することは，表現の自由という人権として保障されている。

9 判例 チャタレイ事件—わいせつ文書と表現の自由

概要	D.H.ロレンスの小説『チャタレイ夫人の恋人』の翻訳を，その中に露骨な性的描写があることを知りながら出版した出版社社長と翻訳者が，刑法第175条のわいせつ文書販売の罪で起訴された。（1950.9）
裁判の経過	**[第一審]** 出版社社長は有罪（罰金25万円），翻訳者は無罪。 **[第二審]** 翻訳者も有罪（罰金10万円） **[最高裁]**（1957.3.13）上告棄却（二審判決は正当）

23 判決要旨 **[最高裁]** 表現の自由は極めて重要なものであるが，性的秩序を守り，最小限度の性道徳を維持するという公共の福祉によって制限される。本件訳書は，わいせつ文書であり，その出版は公共の福祉に反する。

＊印が削除部分（旧版）。

それから彼はいっぱいに燃えるような頭の念に沈黙の声、そのりかけている彼女の両脚に、彼女の胸から、それにして彼女を見た。何ものない思めているのは、不忍にて彼女を見た。彼女を見下していて、裸でやってきた。数分間をそしていき分れてしたがっていった。それから山羊皮のスリッパをはいた彼女の両脚に、立ちあがって、彼女は彼女の両手を、それから、彼女は彼女の両手を

解説 **芸術作品と表現の自由** 出版その他の表現の自由も「公共の福祉」（➡p.112）の制限を受け，たとえ文学作品であっても「公共の福祉」に反せば，その表現の自由も制限されるというこの最高裁判決の論理は，現在では支持されていない。なお，『チャタレイ夫人の恋人』は1996年に完訳本が出版され話題となった。

プラスα **公安条例** 地方自治体の制定する条例で，主として道路・公園等における集会や集団行進，集団示威運動を取り締まる目的で各種の制限を定めるものの総称。公安委員会への届け出や許可が必要になる。

言の葉

自由とは，常に思想を異にするもののための自由である。

ローザ=ルクセンブルク [ポーランド：1870～1919] ドイツで活動した社会主義の政治家・経済学者。ドイツ社会民主党の左翼急進派の中心として，盟友のカール・リープクネヒトとともにスパルタクス団を母体とするドイツ共産党を創設。第一次世界大戦後，社会主義革命派の武装蜂起の際に逮捕され，虐殺された。

10 その他の表現の自由に関する訴訟

❶北方ジャーナル事件	概要	1979年の北海道知事選挙立候補予定者を批判攻撃した雑誌「北方ジャーナル」が，名誉毀損を理由に発売前に出版を差し止められた。
	[最高裁]（1986.6.11）	事前差し止めが認められるのは，きわめて限られたケースとした上で，内容が真実でなく被害が重大な場合には差し止めも認められるとして，出版差し止めを認めた。
❷『石に泳ぐ魚』出版差し止め事件	概要	芥川賞作家柳美里さんの小説『石に泳ぐ魚』のモデルとなった知人女性がプライバシーを侵害されたとして，出版差し止めと損害賠償を求めた。
	[最高裁]（2002.9.24）	小説の公表によって，公的立場にない原告女性の名誉，プライバシーが侵害されており，人格権に基づいて出版差し止めを命じたことは，表現の自由を保障した憲法の規定に違反しない。
❸表現の不自由展		2019年，愛知県で開催された国際芸術祭で，日本で「言論と表現の自由」が脅かされているという危機意識から，組織的検閲等によって表現の機会を奪われた作品を展示不許可の理由と共に展示した「表現の不自由展」が，脅迫や抗議により3日で中止に追い込まれた。

11 表現の自由に対する制約

7に示したように，表現の自由の制限には厳しい審査基準が求められる。表現の自由に対する制限の審査基準には，以下のようなものがある。

❶二重の基準

精神的自由を制限する法律の合憲性が，経済的自由を制限する法律の合憲性よりも厳しい基準で審査。（➡p.113）

❷事前抑制の禁止

表現活動がなされる前に，それを止めることはできない。憲法第21条の「検閲の禁止」がこれに当たる。

❸明確性の理論

表現の自由を制限する法律の条文は，制限される内容や範囲が明確に分かるものでなくてはならない。

❹「明白かつ現在の危険」の基準

ⅰ） 表現行為のもたらす害悪が明白である
ⅱ） その害悪が重大である
ⅲ） その害悪を避ける方法がほかに無い
という3つが認められる時には，規制が許される（アメリカで判例理論として確立してきたもの）

17 日本国憲法が保障する表現の自由は，他人の権利との関係で制約に服することがある。

憲法

学問の自由

真理の追究のために

12 戦前の思想・学問への弾圧事件

森戸事件 1920年	森戸辰男東大経済学部助教授の論文「クロポトキンの社会思想の研究」が右翼から攻撃され，同助教授を休職処分とした事件。後，起訴され有罪。
滝川事件 1933年	滝川幸辰京大法学部教授の自由主義的な刑法学説が国体に反するとして文部省が同氏を休職処分とした事件。京大法学部教授会は全員が辞表を出して闘ったが敗北。
天皇機関説事件 1935年	天皇機関説（➡p.57）を唱える美濃部達吉博士（貴族院議員）が議会で，国体に反する学説を説く「学匪」と攻撃され，衆議院も国体明徴決議を可決。博士は貴族院議員辞任を余儀なくされた。
矢内原事件 1937年	矢内原忠雄東大教授が雑誌に発表した論文が反戦的であるとして右翼から攻撃され辞職に追い込まれた。
河合事件 1938年	河合栄治郎東大教授がファシズム批判の著書を発禁とされ，教職を追われたうえ，出版法違反で起訴された。
津田左右吉事件 1940年	津田左右吉早稲田大教授の実証的な古代史研究に対し，右翼の排撃運動がおこり，『神代史の研究』などの著書が発禁とされた。

解説 実証的な学問さえ弾圧 旧憲法下では思想・良心・学問の自由は実質的には保障されていなかった。特に昭和に入り軍国主義が台頭すると，戦争遂行のための教育や思想統制が行われ，社会主義のみならず実証的な学問さえ弾圧された。

13 判例 東大ポポロ事件—学問の自由と大学の自治

概要	1952年，東京大学の教室での学生劇団「ポポロ」の公演中に，観客席に私服の警官がいるのを発見し，警察手帳を取り上げ，暴行を加えた学生が，暴力行為等処罰ニ関スル法律違反で起訴された。
裁判の経過	[第一審] 被告人の行為を，大学の自治の侵害を防止するための正当な行為であると認めて無罪。 [第二審] 一審判決を支持し，控訴棄却。 [最高裁]（1963.5.22） 破棄差戻し（差戻し一審：有罪，二審：控訴棄却，最高裁：上告棄却⇨**有罪確定**）
最高裁の判決要旨	学生の集会も一定の範囲内でその自由と自治は認められる。しかし，本件の集会は，真に学問的な研究と発表のためのものではなく，実社会の政治的社会的活動であり，こうした集会には大学の自由と自治は認められない。本件の集会に警察官が立ち入ったことは，大学の自由と自治を侵すものでない。

解説 大学の自治の範囲 本件は安保体制への移行という戦後の転換期に，そうした動きに反対する運動の拠点であった大学と警察との衝突の代表的事例である。大学の自治の範囲を「真に学問的な研究・発表」に限定し，「政治的・社会的活動」には適用されないとしたこの最高裁判決には，警察による大学内部の監視を許すことになるという批判がある。

18 憲法が保障する学問の自由に，大学の自治が含まれること。

プラスα LRAの基準 「より制限的でない他の選びうる手段の基準」とも呼ばれ，屋外広告物の規制の合憲性の審査などに使われる。例えば，A法の立法目的が合憲でも，A法の規制よりも他に，より制限的でない手段がある場合には，A法の規制を違憲と判断する。

視点　●人身の自由の保障の意義は何か？

第18条[奴隷的拘束及び苦役からの自由]　何人も、いかなる奴隷的拘束も受けない。又、犯罪に因る処罰の場合を除いては、その意に反する苦役に服させられない。

第31条[法定手続の保障]　何人も、法律の定める手続によらなければ、その生命若しくは自由を奪はれ、又はその他の刑罰を科せられない。

●関連条文[アメリカ合衆国憲法]
修正第8条……また残酷で異常な刑罰を科してはならない。

人身の自由の考え方と刑事手続
1人の無実の人間を罰しない

1 人身の自由の意義と基本原則

❶人身の自由の意義

人間の身体が肉体的にも精神的にも拘束を受けないこと

人身の自由は、自由の最も基本的な内容であり、これなくしては自由そのものが成立せず、個人の尊重に直接結びつく根源的価値を持つものである。

専制政治の時代には権力者による恣意的な刑罰権の行使が行われ、人身の自由はないに等しかった。

❷人身の自由の基本原則

(1)　**奴隷的拘束・苦役からの自由**（第18条）…人格を無視するような身体の拘束（肉体的な苦痛に限らない）や本人の意思に反する強制労働の禁止。

⑲ (2)　**法定手続の保障**（第31条）…刑罰を科すには法で定めた手続に従わなければならず、またその手続の内容も適正なものでなくてはならない。

⑲ (3)　**遡及処罰の禁止**（第39条）…後から制定された法律で処罰することはできない。

⑲ (4)　**一事不再理**（第39条）…判決が確定した事件について、再び裁判をすることはできない（ただし、有罪判決については再審が認められる場合もある）。

⑲ (5)　**罪刑法定主義**…いかなる行為が犯罪で、それに対していかなる刑罰が科されるかは、あらかじめ法律で定められていなければならないという原則。

⑲ (6)　**無罪推定の原則**…被疑者や被告人は、裁判所が有罪判決をするまでは、無罪として扱われなければならない原則。フランス人権宣言第9条で最初に宣言された。

(7)　**疑わしきは被告人の利益に**（→４）…刑事事件では検察側が立証責任を負い、立証できないときには被告人に無罪を宣告する。

*(5)〜(7)は憲法上に明文規定はないが、人身の自由に関する一般的な原則とされる。（参考文献 芦部信喜『憲法』〔第３版〕岩波書店）

解説 無実の人間を罰しない　日本国憲法は、明治憲法下での過酷な人身の自由の弾圧に対する反省から、第18条で奴隷的拘束と苦役からの自由を定め、第31条以下で諸外国には見られないほど詳細な人身の自由に関する規定を置いている。罪を犯した人間が罰せられるのは当然だが、人身の自由を保障することの意義は、絶対に誤って無実の人間を罰しないことにある。「たとえ100人の凶悪犯人を取り逃がしても、１人の無実の人間を罰しない」という言葉の意味をかみしめたい。

TRY　刑事手続について日本国憲法上規定されていないものは、次の規定のうちどれか。（解答→p.416）
Ⓐ現行犯を除いて、裁判官の発する令状によらなければ逮捕・捜索されない権利　Ⓑ公務員による拷問及び残虐な刑罰の禁止　Ⓒ公平な裁判所の迅速な裁判を受ける権利　Ⓓ弁護人を依頼する権利　Ⓔ自白を証拠として用いることの禁止

2 刑事手続の流れと人権保障

→身柄の拘束→釈放（起訴後は保釈・執行猶予など）→差戻し判決

手続		機関	拘束	地位	人権保障（　）は憲法条文
逮捕		警察	警察留置場	被疑者	・現行犯を除き、逮捕令状によらなければ逮捕されない（令状主義）(33) ⑲
	48時間＋（送検）24時間		代用監獄*（警察留置場）		・理由を直ちに告げられ、直ちに弁護人に依頼する権利(34)（当番弁護士制度の存在）
勾留		検察			・拷問の禁止(36)
	10日＋10日以内				・黙秘権の保障(38①)（公判中も保障される）
起訴		地方裁判所			・公平な裁判所の迅速な公開裁判(37①)
一審判決		高等裁判所	拘置所（法務省管轄）	被告人	・証人審問権、証人喚問権(37②)
二審判決		最高裁判所			・弁護人の依頼権(37③)
					・拷問や不当に長い身柄拘束により得られた自白は証拠とならない(38②)
上告審判決		刑務所	刑務所（法務省管轄）	受刑者	・自己に不利益な唯一の証拠が自白の場合、有罪とされない(38③) ㉓⑲
服役					・残虐な刑罰の禁止(36) ⑲
					・遡及処罰の禁止、一事不再理(39)
					・刑事補償請求(40)（無罪の場合）

例外的にさらに5日以内の延長可。

勾留は起訴後も続く。

〈注〉　①勾留は起訴後も続く。②身柄を拘束されずに、起訴・裁判を受けることもある。法の建前はそれが原則。③一審または二審の判決に対し、上訴（控訴・上告）しないで確定することもある。（『死刑か無罪か』岩波ブックレットなどによる）
*2005年法改正で、監獄は刑事施設という表現に改められた。

用語 当番弁護士制度…被疑者には適用されなかった国選弁護制度を補う意味で、被疑者からの求めに応じて、弁護士会が速やかに弁護士を派遣する制度。1992年開始（→p.136）。

⑲ **被疑者国選弁護制度**…2006年導入。当初は対象となる事件が一定の重い事件に限定されていたが、2009年裁判員制度開始とともに、対象事件が、法定刑が死刑又は無期若しくは３年を超える懲役若しくは禁錮に当たる事件に拡大。さらに2016年には被疑者が勾留された全事件へ拡大された（→p.136）。

拘禁…逮捕に続く、比較的長期にわたる継続した身柄の拘束。

⑲ **黙秘権**…自分に不利なことの供述を強要されない権利。黙秘権が保障される理由は、人間の内心（心の中）に国家権力が入り込んで強制的に調べることは許されず、自分の知っていることを話すかどうかは本人が決めるべきことであり、強制されるべきことではないからである。

証人審問…被告人に不利な証言をする証人に質問すること。
証人喚問…被告人に有利な証言をする証人を呼ぶこと。

解説 入念な刑事手続だが　憲法は現行犯による逮捕・拷問の禁止・黙秘権の保障など、被疑者・被告人の各段階で人権の保護を図っている。しかし現実には違法な捜査等によって「冤罪」（→３）が発生しているのも事実である。

プラスα　2014年静岡地裁は、1966年一家４人が殺害された袴田事件で死刑が確定していた元プロボクサー袴田巌氏（78歳）の再審開始を決定。しかし18年、DNA型鑑定の信用性が乏しいとして東京高裁は再審決定を取り消した。だが20年、最高裁が高裁に審理を差し戻し23年に再審開始が決まった。

言の葉

法律なければ犯罪なし，法律なければ刑罰なし。
（著書『刑法教科書』にて）

フォイエルバッハ［独：1775〜1833］　ドイツの刑法学者。罪刑法定主義を主張し，近代刑法学の父と呼ばれている。カント哲学の法と道徳を峻別する考え方を土台として，事前に明示された刑罰による犯罪抑止効果を唱えた。

❸ 主な再審事件

（刑事補償請求権➡p.103）

事 件 名	請求人	罪 名	原判決（年）	再審（確定年・月）
加藤老事件	加藤新一	強盗殺人	無期懲役（1916）	無　罪（1977.7）
免田事件	免田　栄	強盗殺人	死刑（1951）	無罪（1983.7）
弘前大教授夫人殺人事件	那須　隆	殺　人	懲役15年（1953）	無　罪（1977.2）
財田川事件	谷口繁義	強盗殺人	死刑（1957）	無罪（1984.3）
徳島ラジオ商殺し事件	冨士茂子	殺　人	懲役13年（1958）	無　罪（1985.7）
松山事件	斎藤幸夫	強盗殺人・放火	死刑（1960）	無罪（1984.7）
島田事件	赤堀政夫	殺　人	死刑（1960）	無罪（1989.1）
袴田事件	袴田　巌	殺　人	死刑（1968）	再審開始決定
名張毒ぶどう酒事件	奥西　勝	殺　人	死刑（1972）	再審請求却下
布川事件	桜井昌司 杉山卓男	殺　人	無期懲役（1978）	無　罪（2011.6）
足利事件（➡p.94）	菅家利和	殺　人	無期懲役（2000）	無　罪（2010.5）
東電OL殺害事件	ゴビンダ・プラサド・マイナリ	殺　人	無期懲役（2003）	無　罪（2012.11）

Ⓐ 名張毒ぶどう酒事件（1961年）の再審請求

1964	第一審：無罪判決	2005	名古屋高裁：再審認める →検察が異議申立
69	第二審：死刑判決	06	名古屋高裁：再審取消し
72	最高裁：死刑確定	10	最高裁：差し戻し
74〜88	5回にわたる再審請求はすべて棄却	12	名古屋高裁：再審認めず
		14,15	名古屋高裁：再審請求却下

15年10月，奥西死刑囚（89歳）は第9次再審請求中に死去。

解説 死刑台からの生還も　❸は，白鳥決定（❹）以後の主な再審（判決の取消しと事件の再審理を求める）事件。冤罪（無実の罪）を生む原因として①自白偏重の伝統，②代用監獄制，③別件逮捕が指摘されている。

（左欄外）14年，静岡地裁が再審開始決定。18年，東京高裁が再審決定を取り消し。

❹ 再審請求と白鳥決定

　確定判決に重大な誤りがある場合に，確定判決の取消しと事件の再審理を求めることを再審請求という。

　刑事事件における再審請求の理由として最も頻繁に援用されるのは，有罪判決を受けた者に対して無罪を言い渡すべき「明らかな証拠を新たに発見した」という理由である。この要件は，1970年代まで非常に限定的に適用されていたが，白鳥事件の判例が，有罪認定に対して合理的な疑いのあることを示せば「明らかな証拠」にあたると判断して以来，やや緩やかに適用されるようになった。その後，❸のように，死刑判決の事件でも再審が認められる事例が出ている。

Ⓐ 白鳥決定（1975.5.20最高裁）

　昭和27年，札幌市警察本部の白鳥警部が射殺された事件で首謀者として起訴されたMは無実を主張したが，有罪判決が確定した。Mはその後，再審を請求した。この請求に関して，最高裁判所は再審開始を認めなかったものの，**再審請求段階においても，「疑わしきは被告人の利益に」（❶）の原則が適用される**という重要な判断を示した白鳥決定と呼ばれるこの判例は，その後のいくつかの著名事件での再審開始のきっかけとなった。

TRY　一審の有罪判決に控訴中の被告人は，その時点で有罪or無罪のどちらだろうか。（解答➡p.416）

用語　**自白偏重の伝統**…日本国憲法第38条の存在にもかかわらず，「自白は証拠の王様」とする伝統が残っている。
代用監獄制度…拘置決定後は拘置所での身柄の拘束が原則だが，日本は警察の留置施設を代用可能で，被疑者は精神的に次第に追い詰められて虚偽の自白が作られていく。
別件逮捕…本来の事件とは別の事件の容疑で逮捕し，取調べを行うとともに，これを利用して拘禁日数を延長する。

（右欄外）憲法

死刑制度をめぐって　死刑制度は必要か？

❺ 死刑廃止問題（➡p.95）

Ⓐ 死刑は残虐刑か？

　死刑は，全刑罰中もっとも冷厳な窮極の刑罰である。しかし，憲法の第13条や第31条が死刑を想定しているところからみて，憲法は，現代の多数の文化国家と同様，死刑の存置を是認しており，死刑一般が直ちに残虐刑にあたるとはいえない。しかし，他の刑罰の場合と同様，その執行方法などがその時代と環境とにおいて人道上の見地から一般的に残虐性をもつ場合に残虐刑となる。火あぶり，はりつけ，さらし首，釜ゆでなどの方法は，憲法第36条に反する。（最高裁判決1948.3.12）

解説 死刑制度は必要か？　死刑制度は憲法第36条の「残虐な刑罰」にあたるという意見がある。最高裁はⒶに見るように死刑を合憲としているが，国際的には誤判などの可能性から死刑を廃止する国が増えている。しかしわが国の場合には，オウム真理教（現アレフ）による一連の凶悪事件の影響などから死刑を容認する意見が増加している。

Ⓑ 世界各国の死刑制度（2022年12月）

全 面 廃 止	ドイツ・ノルウェー・オーストリア・ポルトガル・オーストラリア・フランスなど112か国
通常犯罪につき死刑廃止	ブラジル・ブルキナファソ・チリ・イスラエル・ペルー・エルサルバドル・グアテマラなど9か国
事 実 上 廃 止	スリランカ・ロシア・韓国など23か国
死 刑 存 置	日本・中国・インド・タイ・アメリカ・イラク・エジプト・北朝鮮・ベトナムなど55か国

Ⓒ 死刑制度の存続をめぐる国内世論の推移

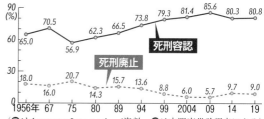

死刑容認：65.0（1956年）・70.5（67）・56.9（75）・62.3（80）・66.5（83）・73.8（89）・79.3（94）・81.4（99）・85.6（2004）・80.3（09）・80.8（19）

死刑廃止：18.0・16.0・20.7・14.3・15.7・13.6・8.8・6.0・5.7・9.7・9.0

（Ⓑは Amnesty International 資料，Ⓒは内閣府世論調査による）

プラスα　死刑の執行は判決確定後，6か月以内に行われるのが原則だが，実際には死文化しており，最近の執行は6〜8年後。なお，日本の場合，処刑は拘置所（札幌・宮城・東京・名古屋・大阪・広島・福岡の7か所）内で絞首刑によって行われる（刑法第11条）。

つくられる罪，冤罪

無実の人が罪人に…

「たとえ100人の犯罪者を無罪としても，１人の無実の人を罰することがあってはならない」…これは，刑事訴訟法の基礎となる考え方である。しかし，現実には，足利事件のように，無実の人が有罪判決を受ける冤罪が後を絶たない。そして中には，郵便不正冤罪事件のように，本来公正であるべき準司法機関の検察が，罪をでっち上げる例もある。2016年５月には，刑事司法改革関連法が成立し（→p.139），「取調べの可視化」導入が義務づけられたが，対象となる裁判は約３％といわれており，対策は十分とはいえない状況だ。

1 冤罪の事例

Ⅰ．郵便不正冤罪事件 2009年，郵便割引偽証明書発行事件で厚生労働省の村木厚子局長が逮捕。同氏は無罪を主張，公判でも証人から「言ってもないことを書かれた」などの証言が相次ぎ，**大阪地裁は取調べ段階の供述調書のほとんどを証拠として採用せず**，10年に無罪を言い渡した（検察が控訴断念で確定）。

↑判決後の村木厚子氏

その後，取調べをした大阪地方検察庁特捜部の検事が，証拠となるフロッピーディスクの内容を，有罪となるよう書き換えた容疑で逮捕。上司の検察幹部２名も，その事実を隠そうとした容疑で逮捕された。３名は懲戒免職処分を受け，検事は11年に大阪地裁で懲役１年６か月の実刑判決が確定。２名の検察幹部は12年大阪地裁の執行猶予付き有罪判決が，控訴・上告とも棄却され確定した。

Ⅱ．足利事件 1990年栃木県足利市で４歳の女児が行方不明になり，翌日遺体で発見。犯罪捜査への導入間もないDNA型鑑定が有力な証拠となり，菅家利和氏が逮捕された。宇都宮地裁，東京高裁を経て2000年に最高裁で無期懲役刑が確定した。02年に再審請求するも08年棄却。菅家氏は即時抗告し，即時抗告審で，東京高裁はDNA型再鑑定を決定。09年，DNA型の不一致が判明して菅家氏が17年半ぶりに釈放され，同年宇都宮地裁で再審が開始された。

10年，当時のDNA型鑑定は信頼性に疑問が残り証拠能力がなく，捜査員がDNA型鑑定結果を菅家氏に告げたことが「自白」に至った要因となったと指摘し，「信用性は皆無で，虚偽であることは明らか」と判断し，無罪とした。判決後，裁判長は「17年半もの長きにわたり自由を奪う結果となり，申し訳なく思う」と謝罪した。

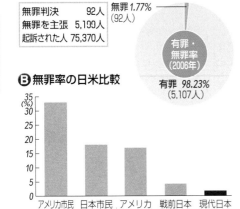
←完全無罪の垂れ幕を掲げる菅家利和氏（2010.3.26）

Ⅲ．國松警察庁長官狙撃事件 2010年３月に時効が成立したが，時効成立の日の会見で，警視庁公安部長が「捜査結果から，オウム真理教の信者グループが教祖の意思の下に，組織的・計画的に敢行したテロであったと認めました。他に犯人がいるとは考えていない」と発言。**立件されていない特定の個人・団体を「犯人視」して発表するのは極めて異例**で，識者などから「無罪推定の原則」や適正手続きの保障を定める憲法31条に反するとの批判が相次いだ。また警視庁がHPで「捜査結果概要」を公開したことに対しても批判が相次いだ。これが名誉毀損に当たるとして，教団の主流派団体アレフが東京都などに5,000万円の損害賠償などを求め提訴し，東京地裁は13年に名誉毀損を認め，都に100万円の賠償と謝罪文の交付を命じた。

Ⅳ．志布志事件 2003年の鹿児島県議会議員選挙で当選した中山信一議員の陣営が，志布志町（現志布志市）の集落で住民に焼酎や現金を配ったとして，当選者やその家族と住民らが公職選挙法違反容疑で逮捕された事件を巡る捜査において，鹿児島県警察が**自白の強要，数か月～１年以上にわたる異例の長期勾留**などの違法な取調べを行ったとされる事件。取調べでは，「早く正直ないいちゃんになって」などと書いた紙を椅子の前に置き，捜査官が被疑者の両脚を持って強引に踏み付けさせる**踏み字**も行われた。07年に被告人全員の無罪が確定している。

←395日間拘置された中山前鹿児島県議 この事件をもとに，日本弁護士連合会が『つくられる自白―志布志の悲劇―』というドキュメンタリー映画を作成している。

2 無罪を主張しても98.2%が有罪

Ａ 日本の職業裁判官による裁判の現状

無罪判決	92人
無罪を主張	5,199人
起訴された人	75,370人

無罪 1.77%（92人）

有罪・無罪（2006年）
有罪 98.23%（5,107人）

Ｂ 無罪率の日米比較

（縦軸：％，0〜35）

- アメリカ市民（陪審制）
- 日本市民（戦前の陪審制）
- アメリカの裁判官
- 戦前日本の裁判官
- 現代日本の裁判官

（**ＡＢ**とも木村晋介『激論！「裁判員」問題』朝日新聞社出版）

3 国策捜査―政権交代をつぶした冤罪

2009年の政権交代前，小沢一郎民主党代表の秘書が事情聴取なしに突然逮捕され，小沢氏が代表を辞任した**西松事件**。検察の見立ては西松建設からの違法献金・贈賄だったが，検察側証人までも検察の見立てを否定し，証拠もなかった。検察は訴因（訴えの理由）を変更し，政治資金収支報告書の不備で有罪となった。西松建設から献金は自民党議員にも渡されていたが，当時の麻生政権の漆間巌官房副長官（元警察庁長官）は「自民党に及ぶことは絶対ない」と発言し，事件が小沢氏だけを標的にした**国策捜査**だと批判が強まった。また，大阪地検がでっち上げた**郵便不正冤罪事件**も，民主党の石井一議員を狙ったものとの指摘もある。

政治資金管理団体「陸山会」をめぐり小沢氏が政治資金規正法違反で2011年に検察審査会に強制起訴された**陸山会事件**（無罪確定）では，特捜検察検事が捜査報告書を捏造し，検察審査会に送っていた。東京地裁判決では「献金の受領や小沢氏関与の供述を迫る圧力は，組織的なものだったともうかがえる」と，検察の組織ぐるみの犯罪性までもが言及される事態となった。

プラスα 「日本の刑事司法は中世のよう」 2013年，国連拷問禁止委員会のドマ委員（モーリシャス最高裁元判事）の発言で，自白に依存する日本の刑事司法を批判したもの。またドマ氏は，14年に来日した際，取調べの可視化は，逮捕直後の時点から最後までの可視化が必要だと述べた。

死刑制度
国が国民を殺すこと

「死刑」は，国家が国民の命を奪う究極の刑だが，残酷な事件が起きるたびに，犯罪者に対し「死刑」を求める声が上がる。犯罪に巻き込まれない限り遠い世界のことのようにも思えるが，20歳になれば裁判員裁判に参加する可能性があり，裁判員裁判は殺人や強盗などの重大な刑事事件が対象なので，検察の求刑が「死刑」ということもありうる。つまり「死刑」は，誰もが関わりうる重大な問題である。私たちが判決を下すかもしれない「死刑」について，考えてみよう。

1 「闇サイト殺人事件」（2007年）

Ⓐ 事件の概要と判決

概要	闇サイトを通じ集まった40歳男A，36歳男B，32歳男Cが，女性を殺して現金を奪うことを計画。帰宅途中の女性を襲い，現金とキャッシュカードを奪って殺害し，山中に埋めた。翌日，Aは「死刑になりたくない」との理由で自首。
判決	・被害者母は3被告の死刑を望む31.6万人の署名を提出。 [地裁] A無期懲役，B死刑（確定→2015年執行），C死刑 →判決後Aは「悪いことは，ばれなきゃいいという気持ちは変わらない。生かしてもらえてよかった」などと発言。 [高裁] A無期懲役（確定），C無期懲役 [最高裁] C無期懲役（確定）

Ⓑ 「闇サイト殺人事件」被害者遺族の手記

　私はある日突然，見知らぬ3人の男達によって，たった一人の家族を惨殺され亡くしました。……

　かたや罪を犯した者は，税金で3食食べさせてもらい，病気になれば診てもらえ，各々に3人の国選弁護人をつけてもらえ，あげくに好き勝手な言動でより以上に遺族の心を逆なでします。……今私は，控訴審の判決を受け深く傷つき，この国の司法に社会正義が見いだせなくなり，失意の闇の中をさまよっています。被害者遺族の苦しみはより一層深まるばかりです。

（『犯罪被害者白書』2011による）

2 死刑の憲法条文・判例と実態

Ⓒ 死刑に関する日本国憲法の条文

第31条　何人も，法律の定める手続によらなければ，その生命若しくは自由を奪われ，又はその他の刑罰を科せられない。

第36条　公務員による拷問及び残虐な刑罰は，絶対にこれを禁ずる。

Ⓓ 死刑制度合憲判決のポイント（最高裁1948.3.12）

憲法と世界の状況	憲法第31条は，現代の多くの国家と同様に，刑罰として死刑を想定している。
死刑が残虐かどうか（➡p.93）	刑罰としての死刑そのものが，一般的に憲法第36条にいう「残虐な刑罰」に当たるとは考えられない。
死刑廃止は国民感情による	憲法は，死刑制度を設けるように命じてはいない。国民全体の感情が，死刑制度の存続にたえられないというようなときがくれば，国会は死刑の条文を廃止するだろうし，条文は残っていても事実上裁判官が死刑を選択しないであろう。

Ⓔ 日本の死刑執行数と殺人・強盗の認知件数の推移

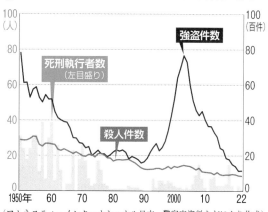

（アムネスティ・インターナショナル日本，警察庁資料などにより作成）

3 国際的な死刑廃止の動き

年	内容
1989	国連総会で死刑廃止議定書（死刑廃止条約）採択
1993	国連の国際人権規約委員会が，日本政府に対し，死刑廃止に向けた措置をとるように勧告
2001	EUの欧州議会（➡p.355）が，日本とアメリカに対し，早急に死刑廃止実現を求める決議を採択

　1900年には3国を除く世界の国々に死刑制度があった。しかし，第二次世界大戦後，NGOのアムネスティ・インターナショナルなどの活動により，死刑廃止の動きが進んでいる。完全に死刑廃止をした国は，1975年の21か国から108か国に増え，通常犯罪限定や事実上の廃止を含めると144か国となっている（2022年12月，➡p.93）。1948年の死刑制度合憲判決当時とは，世界の状況は大きく変わってきている。

4 その他の「死刑」の問題点

なくならない冤罪	「取調べの可視化」など，制度をいくら整えても，冤罪が100％なくなるとは断言できない。
死刑を望む犯罪者の存在	死刑が犯罪の抑止につながらず，むしろ凶悪犯罪の原因になることもある。過去の凶悪犯罪事件には，犯罪者が自ら死刑になることを望んで引き起こされたものが少なからずある。
無期懲役と終身刑	死刑の次に重い刑は無期懲役だが，早ければ10年で仮釈放が可能になり，一定の制限のもと，社会生活を送れるようになる。そこで，仮釈放がなく死ぬまで刑務所に閉じ込める終身刑の導入を求める人も多い。だが，終身刑は受刑者を一生税金で養うことになるので，死刑制度の維持を望む人もいる。

プラスα 「ジャーニー・オブ・ホープ」　米国の殺人被害者遺族団体が行う，死刑囚の家族と被害者遺族が，死刑に反対する目的で一般市民に向けて一緒に語り歩く活動。被害者遺族も，死刑で命を奪われた家族も同じ境遇だという考えの下，共に事件に向き合うことが「和解」となっているという。

憲法

時事特集

第22条[居住・移転・職業選択の自由，外国移住及び国籍離脱の自由]① 何人も，公共の福祉に反しない限り，居住，移転及び職業選択の自由を有する。
② 何人も，外国に移住し，又は国籍を離脱する自由を侵されない。
第29条[財産権]① 財産権は，これを侵してはならない。
② 財産権の内容は，公共の福祉に適合するやうに，法律でこれを定める。
③ 私有財産は，正当な補償の下に，これを公共のために用ひることができる。

●関連条文［フランス人権宣言］
第17条　所有権は，一の神聖で不可侵の権利であるから，何人も適法に確認された公の必要性が明白にそれを要求する場合で，かつ事前の正当な補償の条件の下でなければ，これを奪われることがない。

療機器等法（薬機法）に名称変更。

憲法

経済活動の自由の特殊性

国家による制限を受ける自由権

1 経済活動の自由の意義

① 職業選択の自由

自分の職業を自分で決定する自由　封建時代には，個人は身分秩序に縛られており職業は生まれによって決まっていた。しかし，職業というものは，個人が自己の能力を発揮して，人格を発展させていく上で非常に重要なものである。このように職業選択の自由は，人間の人格的価値とも密接な関係を有する。なお，職業選択の自由には「営業の自由」（選んだ職業を遂行する自由）も含まれるというのが通説・判例の立場である。

【職業選択の自由の制限】

許可・認可が必要	飲食業，貸金業など
免許が必要	医師，調理師，弁護士など
公共性の観点から国が独占	造幣など

② 居住・移転の自由

住居を自由に決定し，移動できる自由　封建時代には人々は土地に縛りつけられていて，自由に移動することはできず，職業選択の自由がなかった。したがって，居住・移転の自由は，職業選択の自由の基礎となる自由であるといえる。

③ 財産権の保障

個人の財産を侵害されない権利　財産権は，市民革命期には「神聖で不可侵の権利」（フランス人権宣言第17条➡p.27）と考えられていたが，19世紀の自由放任主義経済の下で貧富の差や失業などの問題が発生したので，20世紀に入ると，ある種の財産には，国家により制限が課せられるのも止むを得ないと考えられるようになった。

解説 特殊な自由権　「経済活動の自由」は，原則として国家の介入を許さない自由権の中で，国民の実質的平等（➡p.84）をできるだけ確保するために，国家によって制限されることがあり得ることを認めている自由権である。

Focus フォーカス 医薬品ネット販売禁止は違法！

医薬品のネット販売をめぐる行政訴訟の上告審で，2013年1月，最高裁判所は，**医薬品のネット販売を一律に禁止する厚生労働省の規定は，新薬事法の委任の範囲を逸脱した違法なものとして無効**とし，国の上告を棄却した。

一方，ドラッグストアの業界団体は「判決はネット販売の安全性を認めたものではない。安全な提供方法を議論する必要がある」との声明を発表。日本薬剤師会は，ネット販売は医薬品の適正な選択・使用を揺るがしかねないとし，対面販売の重要性を訴え続けるとしている。全国薬害被害者団体連絡協議会も，目先の利便性は高まるが安全性は損なわれ，とりわけ大手以外のネット薬局がきちんとした販売方法を取れるのか疑問だとの懸念を示した。

2 判例 薬事法距離制限違憲訴訟

概要

1963年広島県内の原告Aが薬局の営業申請（申請時には薬事法には距離制限なし）をしたところ，県知事は，距離制限を定めた薬事法第6条2項（申請の翌月に改正によって規定された）及びその距離を具体的に定めている県条例（距離はおおむね100ｍ）を理由に，申請を却下した。原告Aが薬事法の距離制限は営業の自由に違反し，違憲であるとして提訴した。

裁判の経過

[第一審]　決定は，申請時の基準に従って行われるべきであるとして，不許可処分を取り消し（憲法判断なし）。
[第二審]　決定は，決定時の基準によるべきであるとした上で，距離制限は，粗悪な医薬品販売防止などのために必要な規制で憲法違反ではないとした（合憲）。
[最高裁]（1975.4.30）二審判決破棄。薬事法の距離制限は憲法第22条1項に違反し無効（違憲判決）。

最高裁の判決要旨

一般に，職業の許可制は職業選択の自由に対する強力な制限であり，それが合憲であるためには，**重要な公共の利益のために必要かつ合理的な措置であること**が必要である。
特にその規制が公衆衛生や保安といった目的のためになされる場合には，より緩やかな制限ではその目的を十分に達成できないと認められることが必要である。
薬事法の距離制限は，不良医薬品の供給を防ぎ，国民の生命及び健康の危険に対する危険の防止という目的のための，必要かつ合理的な規制を定めたものということができず，憲法第22条1項に違反し，無効である。

解説 職業選択の自由の規制　この判決は，職業選択の自由に対する規制の違憲審査基準を示したものである。経済活動の自由に対する規制が違憲かどうかを審査する際は，まず「二重の基準」（➡p.91, 113）の理論から，精神の自由の規制を審査する場合より緩やかな基準が適用される。

さらに続いて，その規制が，❶国民の生命や健康に対する危険を防止するために行われる規制なのか，❷社会的・経済的弱者の保護のためにされる規制なのかを審査し，規制❶の場合には（本件の場合），（ⅰ）その規制が必要かつ合理的な規制であり，（ⅱ）他に規制の方法がない，というような場合以外は認めないとされ，違憲となった。なお，**本件訴訟は法令違憲では最高裁2回目の違憲法令審査権行使**の事例である（➡p.137）。

また，公務員の天下り（➡p.128）禁止も，憲法の保障する「職業選択の自由」を制約するおそれがあるという指摘がある。

TRY　最高裁判所が，①憲法第22条について，②憲法第29条について，違憲判決を下した事例を次のⒶ〜⒟の中から選びなさい。（解答➡p.416）
⒜共有林分割制限　⒝公衆浴場距離制限　⒞スーパーマーケット距離制限　⒟薬局開設距離制限

 距離制限とは，既存の業者から一定の距離以上離れていることを，新たな営業許可の条件とするもので，公衆浴場や小売市場でも定められている。どのような理由で一定の距離以上離すのか，訴訟になると，その理由が合理的なものかがポイントになる。

3 法律による財産権の制限（第29条2項）

A 法律による財産権の制限の例

法律名	制限内容
独占禁止法	企業合併などに制限（➡p.187）
所得税法	累進課税制度（➡p.213）による徴税
農地法	農地売買や転用の制限
建築基準法	建築物に対する数々の制限
消防法	消火活動のための土地使用

B 判例 東京・国立(くにたち)マンション訴訟―景観と財産権

概要	東京都国立市の「大学通り」沿いの高さ約44mの14階建てマンションをめぐり，地元住民が「景観が破壊された」として高層マンションの上層部の撤去を求めた。
判決要旨	[最高裁]（2006.3.30）景観には，歴史的・文化的環境を形作り，豊かな生活を構成する場合には客観的な価値があるとして，良好な景観の恩恵を受ける利益（**景観利益**）は法的保護に値するという初めての判断を示した。ただし，今回の場合には，景観利益への違法な侵害はないとして，住民側の上告を棄却し，住民側の敗訴が確定した。

➔問題となったマンション　上層部の撤去を求めた提訴の対象になった。
（東京都国立市　2004.10.23）

5 知的財産権

A 知的財産基本法

> [2002.12.4法122
> 最終改正　2021.5.19法36]

第2条［定義］① この法律で「知的財産」とは，発明，考案，植物の新品種，意匠，著作物その他の人間の創造的活動により生み出されるもの（発見又は解明がされた自然の法則又は現象であって，産業上の利用可能性があるものを含む。），商標，商号その他事業活動に用いられる商品又は役務を表示するもの及び営業秘密その他の事業活動に有用な技術上又は営業上の情報をいう。

B 知的財産権の種類

	権利	内容
	著作権	文学・学術・美術・音楽・プログラム等の作品を保護　→創作時から著作者の死後70年
産業財産権	特許権	発明を保護　→出願日から20年（一部25年に延長）
産業財産権	実用新案権	物品の形状等の考案を保護　→出願日から10年
産業財産権	意匠権	物品のデザインを保護　→登録日から20年
産業財産権	商標権	商品やサービスのマークを保護　→登録日から10年，更新可能
その他	回路配置利用権	半導体の回路装置を保護　→登録日から10年
その他	育成者権	植物の新品種を保護　→登録日から25年，樹木30年
その他	営業秘密等	営業秘密や商品の表示等を保護

解説 **知的財産権の保護**　人間の精神活動により創作される創造物について，財産的な価値が見いだされるものがあり，それらに関する権利を**知的財産権**という。2005年には，専門の裁判所として，**知的財産高等裁判所**が，東京高等裁判所内に設置された（➡p.139）。

18年12月，CPTPP（➡p.362）発効にともない改正著

4 公共のための財産権の制限（第29条3項）

A 土地収用法（抄）

> [1951.6.9法219
> 最終改正　2021.6.11法63]

第1条[この法律の目的]　この法律は，公共の利益となる事業に必要な土地等の収用又は使用に関し，その要件，手続及び効果並びにこれに伴う損失の補償等について規定し，公共の利益の増進と私有財産との調整を図り，もつて国土の適正且つ合理的な利用に寄与することを目的とする。

第2条[土地の収用又は使用]　公共の利益となる事業の用に供するため土地を必要とする場合において，その土地を当該事業の用に供することが土地の利用上適正且つ合理的であるときは，この法律の定めるところにより，これを収用し，又は使用することができる。

B 第29条第3項の「正当な補償」とは？―2つの学説

❶完全補償説	公共のために用いられるものの客観的な市場価格を補償する。例）1㎡当たり10万円の土地を収用→10万円を補償する。
❷相当補償説	必ずしも全額を補償しなくてもよい。

解説 **公共のため**　3で示したように，今日では財産権も制限されることもあり得る。公共事業のために民間人の土地を収用することもその1つであるが，こうした場合には，その事業の公共性と補償の正当さが問題となる場合が多い。

➔三里塚闘争（さんりづか）（成田闘争（なりた））
成田空港建設のための三里塚の農地の強制収用に対する反対運動（➡ プラスα）。（千葉県成田市1968.3.31）

Focus フォーカス 土地規制法成立

　2021年6月，日本の安全保障上重要な施設の周辺の土地利用を規制する**土地規制法**が成立。自衛隊・米軍基地や原子力発電所の周囲1キロ，国境近くの離島沿岸部などを**注視区域**に指定し，土地や建物の所有者の氏名・住所・国籍・利用実態などを政府が調査可能となった。特に重要な施設は**特別注視区域**とし，一定面積以上の土地・建物の売買に事前届け出が必要となる。事前届け出を怠(おこた)った場合や，重要施設・離島の「機能を阻害する行為」について政府の中止命令に従わない場合は，刑事罰が科される。なお，対象区域や「機能を阻害する行為」が曖昧(あいまい)なまま法律が成立したため，私権制限を懸念(けねん)する声もある。

A 土地規制法の概要

政府
所有者情報・利用実態調査　届け出義務を課す

注視区域	特別注視区域
・自衛隊・米軍基地の周囲 ・原子力発電所の周囲 ・国境近くの離島沿岸部	（特に重要な施設周辺）

視点　●社会権と自由権の違いは？

第25条[生存権，国の社会保障義務]① すべて国民は，健康で文化的な最低限度の生活を営む権利を有する。
② 国は，すべての生活部面について，社会福祉，社会保障及び公衆衛生の向上及び増進に努めなければならない。

●関連条文［ワイマール憲法］
第151条① （経済生活の秩序） 経済生活の秩序は，すべての者に人間たるに値する生活を保障する目的をもつ正義の原則に適合しなければならない。……

社会権とは
国家への作為請求権

1 社会権の意義

❶意義	**実質的平等の実現** 19世紀以降の，資本主義の高度化にともなって生じた失業，貧困，労働条件の悪化などの弊害に対して，20世紀になって積極国家・福祉国家（➡p.18）の理念に基づき，特に社会的・経済的弱者を保護し，実質的平等を実現し，国民が人間に値する生活を営むために保障されるようになった権利。 社会権の保障と社会国家的公共の福祉による経済活動の自由に対する制約は表裏一体	
❷性質	**国家による自由** 国民の実質的平等を実現するため，国家に対して一定の行為（作為）を要求する。この点で，国家の介入排除（不作為）を要求する自由権と異なる。 **自由権的側面** 社会権にも，国家の不当な侵害を受けた場合に，その排除を要求するという自由権的な側面もある。 （例） 教育権の所在をめぐる裁判（➡p.101）	
❸歴史	**世界** 1919年の独のワイマール憲法（➡p.29）で初めて規定。 **日本** 明治憲法にこの種の規定はなく，日本国憲法政府原案にもなかったが，帝国議会での審議の段階で社会党によって提案され，追加された。	

2 生存権関係訴訟 （➡p.278,279）

堀木訴訟の最高裁判決では，障害福祉年金と児童扶養手当の併給の可否について決めることは，国会の裁量の範囲内とされた。

訴訟	概要	判決要旨
朝日訴訟	肺結核で入院していた朝日茂さんが，生活保護費のうちの日用品費が安すぎることが憲法第25条に違反するとして，国を提訴。	**[最高裁]（1967.5.24）** 憲法第25条は，国の責務を宣言したものであり，直接個人に対して権利を賦与したものではない。 朝日茂氏
生活保護費預貯金訴訟（➡p.279）	重度の身体障害を持つ加藤鉄男さんは，妻に身の回りの世話をしてもらっていたが，その妻も働けなくなったことから，生活保護を受けることになり，生活をできるだけ切り詰めて，その支給される保護費の一部を貯蓄していた。「生活保護適正化政策」に基づいて行われた，被保護者の資産調査でこのことを知った福祉事務所は，この預貯金を加藤さんの収入と認定し，生活保護費の減額を決定した。これに不服な加藤さんが，憲法第25条に違反するとして提訴。	**[秋田地裁]（1993.4.23）** 生活保護費は，国が，憲法や生活保護法に基づき，健康で文化的な最低限度の生活を維持するために支給したものであり，預貯金は最低限度を下回る生活によって蓄えたものといえる。こうした預貯金を収入と断定して，生活保護費を減額すべきではない。減額処分は無効。
堀木訴訟（➡p.280）	全盲で母子世帯の堀木文子さんが，障害福祉年金と児童扶養手当の併給を禁止した児童扶養手当法は，憲法第25条に違反するとして国を相手取り訴えた訴訟。	**[第一審]** 違憲判決　**[第二審]** 合憲判決 **[最高裁]（1982.7.7）** 憲法第25条は国の責務を宣言したもの。具体的な福祉政策は立法府に委ねられるとして，堀木さんの上告を棄却。
牧野訴訟	牧野亨さんが，夫婦で老齢福祉年金を受給すると，国民年金法の規定に基づいて，支給額が一部削られるのは，憲法第14条の法の下の平等に反するとして提訴。	**[東京地裁]（1968.7.15）** 老齢福祉年金における夫婦受給制限は，生活の実態から見て，夫婦者の老齢者を，単身の老齢者と差別しており，夫婦受給制限は違憲。 ※判決後，夫婦受給制限規定は撤廃された。

プラスα その他の生存権関係訴訟には，公的年金と老齢福祉年金の併給禁止の合憲性が争われた，**宮訴訟**がある。「老齢福祉年金は，生存権保障のためのものではない」という理由で原告敗訴に終わっている（東京高裁・1981.4.22）。

3 朝日訴訟—生存権訴訟の原点

憲法

概要

重症の肺結核で，身寄りもなく，国立岡山療養所に入院していた朝日茂氏は，生活保護法の規定に基づき，医療扶助と月額600円の日用品費の扶助を受けていた。1956（昭和31）年，長年音信のなかった実兄が見つかり，月1,500円の仕送りを受けることができるようになると，福祉事務所は，その1,500円のうち，日用品費600円を手元に残し，残り900円を医療費の自己負担として納入することを求めた。朝日氏は，月600円の日用品費は安すぎ，憲法第25条に違反するとして提訴した。

Ⓐ日用品費600円の内訳の一部（1か月分）

品　目	年間数量	月　額
肌　着	2年1着	16円66銭
パンツ	1枚	10円
草　履	2足	21円66銭
手拭(タオル)	2本	11円66銭
歯磨き粉	6個	7円50銭
歯ブラシ	6個	7円50銭
ちり紙	12束	20円
はがき	24枚	10円
切　手	12枚	10円
鉛　筆	12本	5円

Ⓑ物価の比較

1950年		2010年
99円	米5kg	1,739円（17.6倍）
25円	ラーメン一杯 180cc 1本	594円（23.8倍）
12円	MILK	114円（9.5倍）
65円	映画	1,800円（27.7倍）

朝日氏の手記（不服申し立てにあたっての決意）

私は（これだ！これをやらなければいけない。泣き寝入りしていては，いつまでたっても救われない）と心の中で叫んだ。いままで，どんなに多くの人びとが法律のことをよく知らないために，低い生活保護基準に苦しめられ，そのまま泣き寝入りしたことであろう。私達の僚友も，古い田舎の慣習にとらわれたり，家の面子にこだわったり，虚栄のため，受けられる保護も受けず，また，受けたとしても，ただ，お上からのお恵みとして受け取り，民主憲法で保障された当然の権利として考えていた人は少なかったのではなかろうか。私は……権利として，生活の実態に合う保護をあくまで闘いとる決意を固めたのだった。

（朝日茂『人間裁判』草土文化）

Ⓖ朝日氏の遺影を抱く養子夫妻

裁判の経過と判決要旨

❶第一審 東京地裁 原告勝訴

判決要旨（1960.10.19）：生活保護法は，何人に対しても，最低限度の生活を保障する保護の実施を請求する権利を賦与することを規定したものである。「健康で文化的な」とは，国民が単に辛うじて生物としての生存を維持できるという程度のものではなく，国民に「人間たるに値する生存」あるいは「人間としての生活」といい得るような程度のものでなければならないということはいうまでもない。

❷第二審 東京高裁 一審判決取り消し

取り消し理由（1963.11.4）：日用品費600円という基準はすこぶる安いが，違法とはいえないとして一審判決を取り消した。（その後朝日氏は1964.2.14に死亡したため，養子夫妻が裁判を引き継いだ）

❸最終審 最高裁 上告棄却

判決要旨（1967.5.24）：本件訴訟は上告人（朝日氏）の死亡によって終了。（なお，念のため）憲法第25条の規定は，すべての国民が健康で文化的な最低限度の生活を営めるように国政を運用すべきことを国の責務として宣言したもので，直接個々の国民に対して具体的権利を賦与したものではない。具体的な権利は生活保護法によってはじめて与えられるが，何が健康で文化的な最低限度の生活であるかの決定は厚生（現厚生労働）大臣の判断に任される。

Ⓒプログラム規定説

最高裁判決は，第25条の規定は国の責務を宣言したもので，国民に具体的権利を与えたものではないとしたが，このように，憲法の規定のうちで，国の政策指針を示すにとどまると解される規定を**プログラム規定**という。一方で，一審判決のように，具体的権利を保障していると解すべきだという，**具体的権利説**もある。

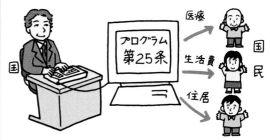

Ⓓ訴訟の意義

この訴訟が生存権をかけての闘いであったことから，多くの国民に「健康で文化的な生活」とはなにか……について考えさせ，「人間らしく生きる権利」が国民のすべてに保障された基本的人権であり，国はその実現を"恩恵"としてでなく"義務"として果たすべき立場におかれているという道理を認識させたことであったろう。

（新井章『体験的憲法裁判史』岩波書店）

解説 人間裁判 朝日訴訟は生存権の意味を根本から問いかけたもので，それゆえに「人間裁判」と呼ばれた。最高裁は第25条を「プログラム規定」であるとして朝日氏側は敗訴したが，裁判の過程で生活保護基準が段階的に引き上げられるなど，訴訟の果たした意義はきわめて大きなものであったと言えよう。

TRY 98ページ❷の「生存権関係訴訟」の一覧表の中で，朝日訴訟の最高裁判決と同様に，プログラム規定説の考え方が採用された判決はどれか。（解答→p.416）

プラスα プログラム規定は，ワイマール憲法下の「生存権」に関する解釈学説として登場したものであったが，明確に生存権を保障する条文のなかったワイマール憲法の解釈学説を，明確な生存権規定のある日本国憲法に適用するのは不当だという意見もある。

19 社会権的基本権②教育を受ける権利

●教育を受ける権利はどう考えられているか？

視点 | 幸福 | 公正 | 4 質の高い教育をみんなに

第26条[教育を受ける権利, 義務教育]① すべて国民は, 法律の定めるところにより, その能力に応じて, ひとしく教育を受ける権利を有する。

頻② すべて国民は, 法律の定めるところにより, その保護する子女に普通教育を受けさせる義務を負ふ。義務教育は, これを無償とする。

●関連条文 [ワイマール憲法]
第145条 就学は, 一般の義務である。……小学校および上級教育学校における授業および学用品は, 無償である。

教育を受ける権利の意義

子どもの学習権

1 教育を受ける権利の考え方

憲法第26条 「教育の機会均等」を保障

21▶ かつては… 経済面での整備を求める権利

経済的な理由で修学が困難な者に対して, 奨学の方法を用意するなど, 経済的な面での条件整備を国家に求める権利。

18▶ 最近では… 教育サービスの提供を求める権利

子どもには, 生まれながらにして教育を受け, 人間として成長していく権利である学習権があり, こうした子どもの学習権を保障するために, 国は教育条件を整備し, 学習するのにふさわしい教育内容を提供しなければならない。教育を受ける権利を, このようなサービスの提供を要求する権利として捉える。

解説 子どもの学習権 教育を受ける権利は, かつては教育の機会均等を実現するために経済面での条件整備を要求する権利と捉えられてきたが, 現在では「子どもの学習権」という観点を重視しつつある。またそれは, 「将来の主権者たるにふさわしい国民の育成」という課題とも直結するものである。

2 教育条件の国際比較

A GDPに占める国と地方が学校教育に支出した経費 (2019)

初等中等教育（日本では小中高など）／高等教育（大学など）

	初等中等教育	高等教育	計
日 本	2.6	1.4	計4.0
アメリカ	3.5	2.5	6.0
イギリス	4.1	2.0	6.0
フランス	3.7	1.5	5.2
ド イ ツ	3.1	1.3	4.3

(%)

B 教員数・1人当たり教育支出の比較 (2019年度)

	初等・中等学校の生徒数／教員数（人）	1人当たり教育支出（ドル）初等教育	中等教育
日 本	12.8(21年度)	9,379	11,493
アメリカ	15.4(18年度)	13,780	15,538
イギリス	16.9(19年度)*	11,936	13,041
フランス	12.6(19年度)*	9,312	13,475
ド イ ツ	13.1(19年度)	10,622	14,390

＊就学前教育の教員数を含む。

（Aは OECD 資料, Bは OECD, 文部科学省資料による）

3 教育を受ける権利をめぐる主な訴訟

20 23▶

23▶ 一連の家永教科書訴訟において, 最高裁判所は, 教科書検定制度は合憲であるという判断を下したこと。

家永教科書検定違憲訴訟第一次訴訟	家永教科書検定違憲訴訟第二次訴訟	家永教科書検定違憲訴訟第三次訴訟	旭川学力テスト訴訟	伝習館訴訟
[争点] 1962・63年度の教科書検定における不合格処分の違法性	[争点] 1966年度の教科書検定における不合格処分の違法性	[争点] 1980〜83年度の教科書検定における不合格処分の違法性	[争点] 教育内容の決定権（教育権）を有するのは誰か（➡5）	[事件の概要] 学習指導要領から逸脱したり, 教科書を使用しない授業をしたとの理由で, 懲戒免職処分になった, 福岡県立伝習館高校の社会科教師3名が処分の取り消しを求めて提訴

15 用語 教科書検定制度 文部科学省の行う検定制度に合格した教科書しか学校で使用できない制度。教科書調査官の検定意見に従わない限り合格しないことから, 日本国憲法第21条が禁止する検閲にあたるのではないかという批判がある。

| [判決の概要]
❶一審：検定制度は合憲だが, 不合格処分の一部に違法があった
❷二審：検定制度・処分ともに合憲
❸最高裁 (1993.3.16) 上告棄却, 家永氏敗訴 | [判決の概要]
❶一審：検定制度は合憲だが, 不合格処分は違憲（杉本判決4）
❷二審：憲法判断なし, 処分は違憲
❸最高裁 (1982.4.8) 二審判決破棄, 東京高裁へ差し戻し
❹差し戻し控訴審 検定基準の変更で家永氏に訴えの利益なし, 敗訴確定 | [判決の概要]
❶一審：検定制度は合憲だが, 不合格処分の一部に違法があった
❷二審：検定制度は合憲だが, 不合格処分の一部に違法があった
❸最高裁 (1997.8.29) 検定制度は合憲だが, 不合格処分の一部に違法があったとして, 家永氏が一部勝訴 | 
↑裁判に臨む家永三郎氏
2002年11月, 89歳で死去。「教科書訴訟」は32年間にもわたった。 | [判決の概要]
❶一審：2名については処分取り消し, 1名についての処分は妥当
❷二審：一審判決支持
❸最高裁 (1990.1.19) 「学習指導要領は法的拘束力を有する。学校教育法は教科書の使用義務を定めている。」として3名の処分を妥当とした。 |

解説 国家と教育 家永教科書裁判は, 国家の教育内容への介入がどこまで許されるかが争点となった。杉本判決では, 国家の役割は教育条件の整備であり, 教育内容への介入は許されないとの画期的判断が示された。

TRY 学校の授業では教科書を使わなくてはいけないのだろうか？（解答➡p.416）

プラスα 日本国憲法第26条のいう義務教育の無償とは, 教育の対価としての授業料の不徴収を意味するというのが通説・判例の立場であるが, 1962年制定の「義務教育諸学校の教科用図書の無償措置に関する法律」によって教科書も無償とされている。

言の葉	学校で学んだことを一切忘れてしまった時になお残っているもの，それこそ教育だ。

アインシュタイン［独：1879〜1955］　ユダヤ人理論物理学者。型どおりの教育を嫌い，ギムナジウム（日本での中高一貫校）中退の経歴を持つ。1905年に特殊相対性理論を発表，21年にはノーベル物理学賞を受賞。第二次世界大戦中はユダヤ人としてナチス・ドイツから迫害を受け，米国に亡命。戦後は平和運動に努めた。

教育権の所在

2つの学説の対立

4 「国民の教育権説」

A 第二次家永訴訟第一審判決（「杉本判決」1970.7.17）

　憲法第26条は，憲法第25条のいわゆる生存的基本権のいわば文化的側面として，国に対し教育を受ける権利を実現するための立法その他の措置を講ずべき責務を負わせたものであって，国民とくに子どもについて教育を受ける権利を保障したものということができる。このような教育の本質にかんがみると，前記の**子どもの教育を受ける権利に対応して子どもを教育する責務**をになうのは親を中心として国民全体であると考えられる。……国家は，右のような国民の教育責務の遂行を助成するためにもっぱら責任を負うものであって，その責任を果たすために**国家に与えられる権能は，教育内容に対する介入を必然的に要請するものではなく，教育を育成するための諸条件を整備することであると**考えられ，国家が教育内容に介入することは基本的には許されないというべきである。

解説 教育の主体は誰？　教育内容の決定権（教育権）は2つの学説が対立している。1つは，教育権は親や教師を中心とする国民にあり，国家は教育条件の整備（学校の建設や教育設備の充実）だけを担うとする考え方で**「国民の教育権説」**という。もう1つが，国家が教育内容や方法を決定するという考え方で**「国家の教育権説」**という。4は「国民の教育権説」に立つもので，裁判長の名前から**杉本判決**と呼ばれている。5は2つの学説に対して両者ともに「極端かつ一方的」としながらも，国の教育内容に対する介入を認める結果になっている。しかし，その場合でも，あくまで国家の教育内容への介入は「できるだけ抑制的であることが要請される」として，国の教育内容決定権の行使に強い歯止めをかけていることに注意したい。

Focus **フォーカス 新型コロナ教育危機**

　新型コロナウイルス感染症拡大を防ぐため，世界各国の学校で休校措置が取られた。ユネスコ（国連教育科学文化機関）は，2020年4月25日時点で世界全体の約9割に当たる約15.8億人の子どもが学校に通えていないと発表した。

　休校が子どもたちに与える影響は大きい。学習を受ける機会を失うことはもちろん，給食で一日の栄養の大半を得ていた子どもや，虐待などの理由で学校にいることで安全を確保されていた子どもにとっては，生命の危機につながるおそれもある。また，新型コロナウイルス感染症が収束しても，児童労働などで学校に復帰できないことも懸念されている。

　日本でも，2020年3〜5月に一斉休校が実施されたが，家庭の経済力や教育力などの格差が休校中の生活に大きく影響した。オンライン授業ができた子どもは約1割，1日1食の生活を強いられた子どもは約4割との調査報告もある。学校が子どもたちのセーフティネットとして機能している点は重要だが，経済格差の是正も重要な課題であろう。

---

5 判例 旭川学力テスト訴訟

概要	1961年，文部省が全国の中学生を対象に実施しようとした一斉学力テストを「教育への不当な介入」として反対した被告人らは，調査テストを阻止しようとして中学校校舎内に侵入し，校長に暴行を加え，建造物侵入，公務執行妨害の罪に問われた。
裁判の経過	**［第一審］** 学力テストを教育行政機関による教育への不当な介入で教育基本法第10条に違反するとして公務執行妨害罪の成立を否定。 **［第二審］** 一審判決支持，検察側控訴棄却。 **［最高裁］**（1976.5.21）一，二審破棄，公務執行妨害罪成立。
最高裁の判決要旨	子どもの教育内容を決定する権能がだれにあるかについては，2つの極端に対立する見解があるが，それらはいずれも極端かつ一方的であって，どちらも全面的に採用することはできない。 　国は，国政の一部として広く適切な教育政策を樹立，実施すべく，憲法上は，あるいは子ども自身の利益の擁護のため，あるいは子どもの成長に対する社会公共の利益と関心にこたえるため，**必要かつ相当と認められる範囲において，教育内容についてもこれを決定する権能を有する。** 　しかし，教育に政治的影響が深く入り込む危険があるときには，教育内容に対する介入はできるだけ抑制的であることが要請されるし，子どもが自由かつ独立の人格として成長することを妨げるような国家的介入，例えば誤った知識や一方的な観念を子どもに植えつけるような内容の教育を施すことを強制するようなことは，憲法第26条，第13条の規定上からも許されない。

---

6 教育基本法の新旧比較

	旧法（1947.3制定）	新法（2006.12制定）
前文	個人の尊厳を重んじ真理と平和を希求する人間の育成を期する…	個人の尊厳を重んじ，真理と平和を希求し，**公共の精神を尊び**，豊かな人間性と創造性を備えた人間の育成を期する…
教育の目的・目標	人格の完成をめざし，平和的な国家及び社会の形成者として，真理と正義を愛し，個人の価値をたっとび，勤労と責任を重んじ，自主的精神に充ちた心身ともに健康な国民の育成…	（目標の1つとして）**伝統と文化を尊重し，それらを育んできた我が国と郷土を愛する**とともに，他国を尊重し，国際社会の平和と発展に寄与する態度を養うこと。
教育行政	教育は，不当な支配に服することなく，国民全体に対し直接に責任を負って行われるべき…	教育は，不当な支配に服することなく，**この法律及び他の法律の定めるところにより行われるべき…**

解説 教育基本法改正　「教育の憲法」と呼ばれる教育基本法が改正された。ポイントは，①**公共の精神の尊重**…自己中心的な態度を改めさせる。②「**愛国心**」の理念…「我が国と郷土を愛する」態度を養う。③教育行政において，**基本法以外の法律の定めに従う場合もある**ことが明文化された。

プラスα　「国家の教育権説」を正面から承認したものには，家永教科書検定訴訟一次訴訟の一審判決（高津判決）がある。「国は法律に準拠して公教育を運営する責務と権能を有し，国のみが国民全体に対し，直接責任を負いうる立場にある。」と判断した。

憲法

参政権

国家への自由

第15条[公務員の選定罷免権，公務員の本質，普通選挙及び秘密投票の保障]

① 公務員を選定し，及びこれを罷免することは，国民固有の権利である。

② すべて公務員は，全体の奉仕者であつて，一部の奉仕者ではない。

③ 公務員の選挙については，成年者による普通選挙を保障する。

④ すべて選挙における投票の秘密は，これを侵してはならない。選挙人は，その選択に関し公的にも私的にも責任を問はれない。

●関連条文 [ワイマール憲法]

第130条① 公務員は，全体の奉仕者であつて，一党派の奉仕者ではない。

[公職選挙法]

第138条(戸別訪問)① 何人も，選挙に関し，投票を得若しくは得しめ又は得しめない目的をもつて戸別訪問をすることができない。

1 参政権の意義

Ⓐ国家への自由

参政権は，国民主権を具体化するものであり，民意に基づいた政治を行っていく上で重要な役割を果たす。さまざまな参政権の中でも，最も重要なのが**選挙権**であるが，選挙権をめぐっては**権利説**と**公務説**という争いがある。権利説は，選挙権は国政への参加を国民に保障する権利と考えるもので，公務説は，選挙人としての地位に基づいて，公務員の選挙に関与する公の職務を執行する義務であるとするものだが，通説は両者の性格を有するという二元説である。

Ⓑ主な参政権

主な参政権	憲法条文
選挙権	第15条
被選挙権	第44条
憲法改正の国民投票 (➡p.78)	第96条
最高裁判所裁判官の国民審査 (➡p.133)	第79条
特別法制定のための住民投票 (➡p.143)	第95条

※公務員になる権利(公務就任権)も含まれるという見解もある。

2 政治に参加する権利・方法

選挙	・選挙権 (15，93条)　(国会議員，地方公共団体首長，地方議員) ・被選挙権 (43，44条)
直接投票	・憲法改正国民投票 (96条) ・最高裁判所裁判官の国民審査 (79条) ・地方特別法制定同意の住民投票 (95条) ・直接請求による議会解散，首長・議員のリコールに関する住民投票 (92条，地方自治法)
直接請求	・地方自治における条例の制定・改廃，地方公共団体事務の監査，議会の解散，首長・議員のリコール，副知事など主要公務員の解職に関する請求権 (92条，地方自治法)
請願	・請願権 (16条)
世論	・集会，結社，デモ行進，ビラまき ・署名運動，マスコミへの投書など (21条)

〈注〉 ( )数字は憲法の条数

> **TRY** 日本の選挙権年齢は，2015年の公職選挙法の改正で，20歳以上から18歳以上に引き下げられた。アメリカ・イギリス・中国など世界の多くの国では選挙権は何歳以上か。(解答➡p.416)

3 判例 戸別訪問の禁止は違憲？

(公職選挙法第138条 [戸別訪問] ➡p.158)

違憲判決のポイント	**[松江地裁] (1979.1.24) 違憲判決** ①選挙運動は候補者や運動員だけが行うものではなく，主権者だれでもが行いうるものである。 ②国民は，自らの代表者を選出する合理的な判断能力を持っている。 ③戸別訪問は，国民ができる選挙運動として最も簡易で優れたものであり，選挙の公正に悪影響を与えるとは考えられない。 ④戸別訪問が買収などと結びつきやすいという公選法の選挙運動観は旧憲法時代の国民愚民観に立脚したもの。
合憲判決のポイント	**[最高裁] (1981.6.15) 合憲判決** ①戸別訪問の禁止は，戸別訪問に伴う弊害(買収・利益誘導の温床・多額の出費・選挙人の生活の平穏を害する)を防止して，選挙の自由と公正を確保することが目的。 ②こうした目的は正当であり，戸別訪問の禁止と禁止目的の間には，合理的な関連性がある。 ③戸別訪問の禁止によって得られる利益は，戸別訪問によって失われる利益よりはるかに大きい。 ④戸別訪問の一律禁止は合理的で必要やむを得ない限度を超えるものとは認められない。

解説 戸別訪問の禁止は合憲？ 戸別訪問は，国民が選挙の争点や公約について候補者と直接やりとりでき，政党や候補者の政策・人物・能力を知るための手段として，日本以外の先進国では認められている。日本では，過去，下級審では何回も戸別訪問の禁止を違憲とする判決が出されているが，**最高裁は一貫して合憲の立場をとっている**。戸別訪問の解禁は1994年の公職選挙法改正でも見送られた。

Focus フォーカス 福岡サウンドデモ訴訟

サウンドデモとは，自動車にスピーカーなどの音響機材を載せ，ダンスミュージックを流し，踊りながら行うデモのスタイルで，近年日本でも定着しつつある。

2011年3月の東京電力福島原発事故後の5月8日，福岡県で行われた脱原発サウンドデモでは，許可申請済みにもかかわらず，デモ当日に福岡県警が音響機材を載せたトラックの走行を認めなかった。後日，主催者側が抗議した際，福岡県警が音響機材に関する許可申請書類を破棄していたことが発覚し，デモを妨害する意図があったとして訴訟が起こされた。

2015年1月，福岡地裁は県警の過失を認め原告勝訴判決。同年8月，福岡高裁も原告勝訴で判決が確定。

◀脱原発サウンドデモの様子(2011.5.8)

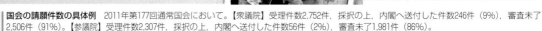
プラスα 国会の請願件数の具体例 2011年第177回通常国会において。【衆議院】受理件数2,752件，採択の上，内閣へ送付した件数246件 (9％)，審査未了2,506件 (91％)。【参議院】受理件数2,307件，採択の上，内閣へ送付した件数56件 (2％)，審査未了1,981件 (86％)。

題**第16条[請願権]** 何人も，損害の救済，公務員の罷免，法律，命令又は規則の制定，廃止又は改正その他の事項に関し，平穏に請願する権利を有し，何人も，かかる請願をしたためにいかなる差別待遇も受けない。

題**第17条[国及び公共団体の賠償責任]** 何人も，公務員の不法行為により，損害を受けたときは，法律の定めるところにより，国又は公共団体に，その賠償を求めることができる。

第32条[裁判を受ける権利] 何人も，裁判所において裁判を受ける権利を奪はれない。

第40条[刑事補償] 何人も，抑留又は拘禁された後，無罪の裁判を受けたときは，法律の定めるところにより，国にその補償を求めることができる。

●**関連条文[国家賠償法]**

第1条① 国又は公共団体の公権力の行使に当る公務員が，その職務を行うについて，故意又は過失によつて違法に他人に損害を加えたときは，国又は公共団体が，これを賠償する責に任ずる。

22 憲法は，公務員の不法行為により受けた損害の賠償を国や公共団体に求める権利を，保障していること。

4 請願権—権利確保のための権利（第16条）

成立の背景	専制君主の絶対的支配に対し，**自らの権利を確保する手段**として発達した権利。
権利保有者	すべての日本在住者。未成年や在日外国人など，**国籍や年齢に関係なく誰でも行使**できる。
提出	全国の議会・官公署が対象。請願者の氏名と住所が必要。 ①**議会請願**…国会法・地方自治法により議員の紹介が必要。 ②**行政請願**…請願を直接提出することができる。

5 国家賠償請求権（第17条）

A 意義・歴史的沿革

意義	公権力の不当な行使に対して，**国家に賠償責任を求める権利**
歴史	**明治憲法** 権利の保障はなかった。「**国家無問責の原則**」があり，国家と国民が対等であるとか，国民が国家を相手に争うといった考え方は全くなかった。 **日本国憲法** 憲法が保障する，自由や権利の保障を完全なものにするために，認められた。この権利に基づき，国家賠償制度が整えられている。

B 判例 多摩川水害訴訟—水害に対する国家賠償

多摩川堤防決壊（東京都狛江市 1974・9）

概要	1974年の豪雨で多摩川が増水，東京都狛江市猪方地区の改修済み堤防を壊し，家屋19棟が流された。被災住民は国家賠償法に基づいて，国に損害賠償を求め提訴。
裁判の経過	[第一審] 住民側勝訴。 [第二審] 大東水害最高裁判決（未改修河川の増水被害の賠償請求棄却1984.1.26）が適用され逆転敗訴。 [最高裁]（1990.12.13） 二審破棄差戻し。（92.12東京高裁は住民側勝訴の判決）
最高裁の判決要旨	河川管理に欠陥があったかどうかは，財政事情などを総合的に考慮し，同種の河川管理の一般的な水準や社会的通念に照らして判断すべきであり，改修，整備がされた河川は，その改修，整備された段階において想定された洪水から，当時の防災技術の水準に照らして通常予測し，かつ，回避し得る水害を未然に防止するに足りる安全性を備えるべきである。

解説 国の責任を明確化 多摩川水害訴訟の最高裁判決は，従来の河川管理に対する国の責任を限定的にとらえる流れに待ったをかけ，国の河川管理の責任範囲を拡大してとらえたものであった。東京高裁の差戻し控訴審では，国に対して住民に総額3億円余りの賠償金の支払いが命じられた。

6 裁判を受ける権利（第32条）

A 裁判費用（申し立て手数料＝印紙代）

訴訟の目的価額	30万円	300万円	3,000万円
申し立て手数料	3,000円	22,600円	137,600円

算定不能の場合 ➡

訴訟の目的価額	95万円とみなす
申し立て手数料	8,200円

〈注〉訴訟の目的価額（要求金額）によって手数料はスライドする。

B 弁護士費用—500万円請求，判決で300万円となった場合

初回相談料	5,000円（30分）	
着手金	34万円（500万円を基準）	合計
報酬金	48万円（300万円を基準）	82万円
実費	記録・コピー代など	

〈注〉事件の難易度などで，30%の範囲で増減が認められる。

C 日本人の裁判嫌い（アンケート調査から）

（理由）	（人数%）
正しい結論を出してくれない	9.6%
費用がかかりすぎる	64.8
時間がかかりすぎる	54.0
勝てばよいが負けたらたいへん	10.6
裁判で白黒つけるのは好まない	26.3

（大阪弁護士会編『法・裁判・弁護士』）

解説 多くの時間と費用が 「裁判沙汰」という言葉のように，日本人は白黒をはっきりとつけることを好まないといわれる。しかし実際に裁判を受けるとなると，上記資料のようにかなりの費用がかかるのが現実である。裁判を受ける権利を確固たるものにするためにも，「司法制度改革」（➡p.139）の着実な推進が求められる。

7 刑事補償請求権（第40条）

A 主な補償の例（➡p.93）

事件名	拘禁期間	1日の補償額	補償総額
免田事件	12,599日	7,200円	9,071万2,800円
財田川事件	10,412	7,200	7,496万6,400
松山事件	10,440	7,200	7,516万8,000
島田事件	12,668	9,400	1億1,907万9,200

〈注〉刑事補償法第4条により，1日の最高補償額は12,500円（2022法68）。上記事例は補償決定時の最高額である。

解説 誤認に対する補償 適切な刑事手続きが進められたとしても，それが無罪であった場合には，その対象となった人は大きな損害を受ける。本条はそうした損害の補償を国家に対して負わせるもので，明治憲法にはこの種の規定はなかった。

プラスα **長すぎる裁判** 「百里基地訴訟」は提訴以来31年ぶりに最高裁で住民側敗訴が確定。「家永教科書訴訟」の二次訴訟は25年で家永氏敗訴。中には，「高田事件」のように審理開始が遅すぎることを理由に，免訴（裁判の終了）が言い渡された例もある。

103

憲法

●新しい人権とはどのようなものか？

視点　幸福　寛容　個人の尊重

新しい人権の登場
社会の変化に対応

❶ 新しい人権

⑲ 知る権利，プライバシーの権利それぞれに対応する記述の組み合わせが問われた。

TRY 裁判所が法的権利として認めた新しい人権は？（解答➡p.416）

種類	憲法上の根拠	社会的背景・具体的内容	判例
⑭ 環境権	健康で文化的な生活を営むのに不可欠な環境を維持し，事前に環境の破壊を阻止しうる権利として，**憲法第13条（幸福追求権）**と**第25条（生存権）**を根拠として生み出された。	60年代の高度経済成長期に，企業が環境への影響を構わず利潤追求に走り，環境破壊や国民の生活に大きな危害を与えたことから，その対抗概念として1970年前後に提唱された。個別の権利として，**入浜権**，**眺望権**，**静穏権**，景観権，嫌煙権などの権利が主張されてきており，中でも**日照権**は判例により認められた権利となっている。なお，1997年に**環境影響評価法**（➡p.245）が制定された。	大阪空港公害訴訟（➡❷）
⑲ 知る権利	「国民があらゆる情報に接し，それを知ることができる権利」**憲法第21条（表現の自由）**を根拠とし，国家権力によって報道・取材活動が制限されないという権利から，最近では行政機関等への情報公開請求権という，より積極的な性格をもってきている。	マスメディアの発達により，国民は情報の一方的な「受け手」の立場に立たされ，時によっては，情報の秘匿や歪曲によって情報の統制・操作を受けることもありうる状況となった。主権者たる国民が日常生活の情報から行政機関等の公的な情報まで自由に入手できることは，国民の政治への参加，政治腐敗の防止にとって不可欠なことである。情報公開の制度化は，地方自治体の方が進んでいるが，国家レベルでもようやく1999年に**情報公開法**が制定された（➡p.106）。⑰	知事交際費公開訴訟，外務省秘密電文漏洩事件（➡❸）
⑲ プライバシー権	「私生活をみだりに他人に知られない権利」だけではなく「自己に関する情報の流れをコントロールする権利」へと内容が拡大しつつある。**憲法第13条（幸福追求権）**を根拠とする。	マスメディアの発達にともない，私生活を暴露される危険が増加し，そのことから個人を守るために主張され始めた。コンピュータの利用により集積された個人情報の悪用を防ぐため，行政機関等のもつ自己に関する情報の開示・修正請求権が重視されてきた。日本では地方自治体レベルから取り組みが始まり，政府も1988年**行政機関電算処理個人情報保護法**，2003年には個人情報保護法などの**個人情報保護関連5法**を制定（➡p.107）。また，近年ではインターネットの発達により，ホームページ上などに各種の個人情報が永年消えずに残るようになったことから，適切な期間を経た後にまで情報が残っている場合，これを削除したり消滅させたりできる権利である「忘れられる権利」も含むと解されている。	『宴のあと』事件，『石に泳ぐ魚』事件（➡❹）
⑯⑳⑮ アクセス権	「個人がマスメディアにアクセス（接近）してこれを利用し，自らの意見を発表する権利」。**憲法第21条**を根拠とする。「**反論権**」はその一例といえる。	現在一般に主張される**アクセス権**は，マスメディアが巨大化し情報の伝達が独占されている現代において，個人の言論の自由を確保するため，個人がマスメディアにアクセスして自らの意見を直接表明することを要求するようになった。意見広告や反論記事の掲載，紙面・番組への参加等の方法がある。なお「情報へのアクセス権」といえば「**知る権利**」（情報公開請求権）を意味する。	サンケイ新聞意見広告訴訟（➡❺）
平和的生存権	憲法前文にもられた「平和のうちに生存する権利」をそれ自体「平和的生存権」として基本的人権ととらえる。	平和的生存権は，平和を権利と考えるものであるが，権利の主体は国家なのか，国民なのか，また権利の内容も定説がなく，従来の権利概念とは異質なものであり，憲法第3章の基本的人権の中には，規定されていない。長沼ナイキ基地訴訟第一審判決を契機に平和的生存権を独自の具体的権利としてとらえる考え方が出てきた。	長沼ナイキ基地訴訟（➡p.64）
自己決定権	個人の人格的生存に関する重要な私的事項を，権力の介入や干渉なしに，各自が自律的に決定できる自由。**憲法第13条（幸福追求権）**を根拠とする。	**自己決定権**の内容としてよく挙げられるのは次のような事柄。①服装・髪型などの外観，結婚や離婚といったライフスタイルの決定，②危険なスポーツの実行やシートベルトの不着用といった危険行為の選択，③子供を生む権利・生まない自由といったリプロダクションにかかわるもの，④治療拒否，**安楽死**，**尊厳死**といった生死にかかわるもの。	「エホバの証人」訴訟（➡p.107）

解説 生きている人権 「新しい人権」とは，憲法に明文化されてはいないが，憲法制定以後の社会状況の変化に応じ，新たに人権として主張されるようになってきたもので，**憲法第13条の幸福追求権を根拠に，裁判上の救済を受けることのできる具体的権利として主張されることが多い。**なお，幸福追求権はアメリカ独立宣言（➡p.27）でも生命・自由とともに天賦の権利として主張されている。ただし，新たに人権として承認するといっても，無条件に承認されるものではない。具体的には，**個人が自立した人格を持つものとして生きていくのに不可欠なものだけを承認する**という，「**人格的利益説**」が通説である。

用語 入浜権…海岸を，自然のままの状態で，利用し享受する権利。
日照権…建築物において，日照を確保して快適で健康な生活を送る権利。
人格権…人の存在や人格と切り離すことができない利益に関する権利の総称。自由権・名誉権・肖像権・プライバシー権など。
肖像権…他人から無断で写真を撮影されたり，撮影された写真が本人に無断で公表されたりしないように主張できる権利。特に著名人の写真や氏名などを，勝手に商売に利用されない権利を**パブリシティ権**という。
パブリックアクセス…市民が公共の電波にアクセスする権利。米国の黒人による公民権運動の中で，反論権を基盤として育まれた。
㉒ **リプロダクティブ・ヘルス/ライツ（性と生殖に関する健康と権利）**…女性の身体は女性自身のもので，子供を産むか産まないか，産むとすればいつ，何人産むかの決定権は女性自身にあるという考え方。

プラスα 憲法改正案に明記？ 2005年に発表された，衆参両院の憲法調査会（2000年に憲法について幅広い検証と議論を行うために両院に設置）の最終報告書では，環境権やプライバシー権などをはじめとする新しい人権を憲法上明記することが盛り込まれた。

❷ 判例 大阪空港騒音公害訴訟—環境権

概要	大阪空港に離着陸する航空機の騒音，振動，排ガスなどの被害を受けている周辺住民が，人格権を根拠に夜9時以降翌朝7時までの夜間飛行差し止めと過去・将来の損害賠償を求めておこした民事訴訟。
裁判の経過	[第一審]　飛行差し止めを夜10時以降とし，損害賠償も一部認めたが，将来分は認めなかった。 [第二審]　「個人の生命・身体の安全，精神的自由，生活上の利益の総体である人格権は当然に承認さるべき当然の権利でありみだりに侵害することは許されない」として，夜9時以降の飛行差し止め，将来を含む損害賠償を認めた画期的判決を下した。❿ [最高裁]（1981.12.16）　飛行差し止めは認めず，損害賠償は将来分を除いては認める。
判決要旨	[最高裁]　大阪空港をどう使わせるかは運輸大臣（当時）の権限に属し，差し止め請求はこの航空行政権の取り消し，発動などを求めることになり，民事上の請求としては不適法。

解説 環境権の確立は？　本件訴訟は，日本における公害裁判史上，**環境権**と**人格権**に根拠をおき，公共事業に対してなされた初めての本格的な差し止め訴訟である。二審判決は，環境権自体についての判断はなかったが，人格権の範囲を広く解釈して，**夜9時以降の飛行差し止め請求を認めた画期的なもの**であった。しかし最高裁は，飛行差し止め請求そのものを民事上の請求としては不適法として却下した。⓯

❸ 判例 外務省秘密電文漏洩事件—知る権利

概要	毎日新聞の西山太吉記者が，沖縄復帰に伴い米国側が支払うべき軍用地復元補償の費用を，日本側が肩代わりするという密約の秘密電文（**密約文書**，➡p.116）を，親しい外務省の女性事務官から入手した。西山記者は国家公務員法第111条（秘密漏洩をそそのかす罪）違反，女性事務官は同法第100条（秘密を守る義務）違反で起訴。
裁判の経過	[第一審]　女性事務官は有罪，記者の行為は，取材報道のための正当な行為と認められ無罪。 [第二審]　西山記者の行為を，国家公務員法第111条違反として記者も有罪。 [最高裁]（1978.5.31）　西山記者の上告棄却。有罪確定。
判決要旨	[最高裁]　報道の自由は，表現の自由のうちでも特に重要なものであり，このような報道が正しい内容をもつためには，報道のための取材の自由もまた，十分尊重に値するものといわなければならない。しかし，最初から秘密文書を入手するために女性事務官に接近し，秘密文書を持ち出させるという，西山記者のやり方は，事務官の人格の尊厳を著しく蹂躙するもので，正当な取材活動の範囲を逸脱している。

解説 取材の自由の限界　この事件は報道機関の「**取材の自由**」と国家機密との関係が正面から争われた事件である。最高裁判決は「取材の自由」の重要性を認めつつ，取材方法の違法性を重視して上告を棄却した。なお西山氏は，2008年に密約文書の情報公開を求めて提訴するも，2014年に最高裁は開示を認めない判断を下した（➡p.116）。

❹ 判例 『宴のあと』事件—プライバシー権

概要	三島由紀夫の小説『宴のあと』は，外務大臣も務めたことのある元衆議院議員の主人公が料亭の女将と再婚し離婚するまでを描いたもので，一読して主人公が特定できるものであった。そのため原告は，この小説が原告の私生活をのぞき見たもので，そのプライバシーを侵害したとして，三島氏と出版社を相手取って慰謝料と謝罪広告を要求した。←三島由紀夫（1968）
裁判の経過	[東京地裁]（1964.9.28）　プライバシー権を，法的権利として承認し，損害賠償請求を認めた。（被告側は控訴したが，その後原告が死亡，和解）⓯⓳
判決要旨	[東京地裁]　日本国憲法のよって立つところでもある個人の尊厳という思想は，相互の人格が尊重され，不当な干渉から自我が保護されることによって初めて確実なものとなるのであって，そのためには，正当な理由がなく他人の私事を公開することが許されてはならない。いわゆるプライバシー権は私生活をみだりに公開されないという法的保障ないし権利として理解されるから，その侵害に対しては侵害行為の差し止めや精神的苦痛による損害賠償請求権が認められる。

解説 法的権利に　この事件はプライバシー権をめぐる開拓的役割を果たし，**プライバシー権が法的権利として承認された**。2002年には，小説『石に泳ぐ魚』で知人のプライバシーを暴いたとして，最高裁は作家柳美里氏に賠償を命じた（➡p.91）。

⓳　『宴のあと』事件の東京地方裁判所判決は，小説のモデルとなった人物の「私生活をみだりに公開されない権利」を認める判断を示したこと。

❺ 判例 サンケイ新聞意見広告訴訟—アクセス権

産経新聞は，1969〜88年まで，題字が「サンケイ新聞」だった。

概要	サンケイ新聞は1973年12月2日，自由民主党を広告主とする意見広告を掲載し頒布した。日本共産党は，この意見広告の内容が共産党に対する誹謗・中傷に満ちているとして反論文の無料掲載を求める仮処分を申請した。ところが，東京地裁が仮処分の申請を却下したため，共産党は反論文の掲載を求めて提訴した。
裁判の経過	[第一審]　反論文の無料掲載請求権は認められないとして共産党の請求を棄却。 [第二審]　控訴を棄却。 [最高裁]（1987.4.24）　上告棄却
判決要旨	[最高裁]　いわゆる**反論権の制度**は，名誉あるいはプライバシーの保護に資するものがあることも否定し難いが，公的事項に関する批判的記事の掲載を躊躇させ，憲法の保障する表現の自由を間接的に侵す危険につながるおそれがある。このように，反論権の制度は，民主主義社会において極めて重要な意味を持つ新聞等の表現の自由に対して，重要な影響を及ぼすものである。具体的な成文法がないのに，反論権を認めるのに等しい，反論文掲載請求権をたやすく認めることはできない。

解説 法的根拠なし　反論権とは新聞・雑誌などで批判された者が，当該新聞などに対して，反論文を掲載することを請求できる権利であるが，この訴訟で最高裁は，反論権の持つ意義に言及しながらも，具体的な成文法のない反論権を認めなかった。

プラスα　**平和的生存権**とは戦争（の危険）にさらされることなく平和のうちに生きる権利。長沼ナイキ基地訴訟第一審では，保安林指定解除処分により，地元住民たる原告らの平和的生存権が侵害される危険があるとして，訴えの利益が認められた。

憲法

⑳㉒ 6 通信傍受法改正—対象犯罪拡大（➡p.139）

A 通信傍受法（1999年成立，2016年改正）の概要

Ⅰ．通信傍受の対象となる犯罪	
成立時	①薬物，②銃器，③集団密航，④組織的殺人
2016年改正で追加	⑤放火，⑥殺人，⑦傷害，⑧監禁，⑨誘拐，⑩強盗，⑪詐欺，⑫爆発物，⑬児童買春・ポルノ
Ⅱ．通信傍受の方法	
①裁判所に傍受の申し出→裁判所の許可（傍受令状）	
②通信事業者の立ち会いの下に傍受←2016年改正で撤廃	

解説 盗聴が自由化される!? 2016年5月，刑事司法改革関連法案が成立し，通信傍受法も改正された。今回の改正では，対象犯罪が大幅に拡大され，捜査への活用が期待される一方，**憲法21条が保障する「通信の秘密」が形骸化する**との批判が強い。通信傍受法成立以来，裁判所が傍受令状の発付を拒否したことは一度もなく，盗聴の85%は事件と無関係だった。さらに「児童ポルノ」を理由に，出版社や一般市民が盗聴対象となり，言論・表現・出版の自由の侵害につながるとの懸念も強い。

7 情報公開法施行（2001年4月）⑮⑭

A 情報公開法

```
1999.5.14法42
最終改正 2021.5.19法37
```

第1条[目的] この法律は，国民主権の理念にのっとり，行政文書の開示を請求する権利につき定めること等により，行政機関の保有する情報の一層の公開を図り，もって政府の有するその諸活動を国民に説明する責務が全うされるようにするとともに，国民の的確な理解と批判の下にある公正で民主的な行政の推進に資することを目的とする。

B 情報公開の主なしくみ

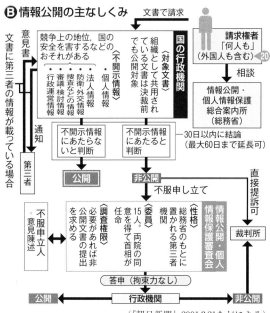

（『朝日新聞』2001.3.21などによる）

解説 知る権利の実現？ 2001年，**国の行政機関の保有する情報の開示**を，外国人や法人も含め誰でも請求することができる**情報公開法**が施行された。上図のように公開請求が拒否された者には不服申し立てや裁判による救済の道も保障されている。ただし，法の条文中に「**知る権利**」は明記されなかった。

㉒ 8 住民基本台帳ネットワークシステム

A 改正住民基本台帳法（1999年）の概要

国民総背番号制	国民全員に11桁の番号を付す
基本情報の管理	11桁の番号により，氏名・生年月日・性別・住所の基本4情報をコンピュータで管理

⑯ B 住基ネットに最高裁が合憲判決（2008年3月）

住基ネットはプライバシーを侵害し，憲法に違反するとして住民票コードの削除を求めた訴訟で，最高裁は住基ネットを「合憲」とする初の判断を示した。**住基ネットが管理する情報は「社会生活を営む上で当然開示が予定されている情報であり，個人の内面にかかわるような秘匿性（ひとく）の高い情報ではない」**とし，住民サービス向上や行政の効率化が目的で，秘密漏洩（ろうえい）への罰則もあることから，住民の権利を侵害しないとした。

㉒ 9 マイナンバー制度

A マイナンバー法（2013年成立，16年施行）の概要

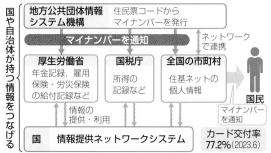

B 利用分野が拡大するマイナンバー

金融	・預貯金口座番号制度…銀行口座等の預貯金情報にマイナンバー結合可能（本人の同意必要）。2024年までに実施予定。→政府はマイナンバー結合の義務化を検討中。・公金受取口座登録制度…22年，登録開始。
年金	・17年，年金分野での利用開始。→23年法改正で，年金受給口座のマイナンバー結合の促進が決定。
医療	・21年，マイナンバーカードの健康保険証利用が開始（**マイナ保険証**）。→23年法改正で，24年に**紙の健康保険証を廃止し，マイナ保険証へ一本化**することが決定。

C マイナンバー制度のメリットとデメリット

メリット	・年金，保険料，所得税等の支払額を一括で確認可能。・年金記録問題のようなミスをなくす効果が期待できる。・生活保護費の不正受給を防止することができる。
デメリット	・病歴や所得など個人情報が収集・分析される。・システム構築やメンテナンスに約1兆円必要。・自営業者等の所得は把握できず，いわゆる「クロヨン」問題（➡p.213）は解決しない。

解説 効率化の裏に… 2016年にマイナンバー制度が開始された。23年改正では，マイナ保険証一本化も決まったが，トラブルも多い。結合した銀行口座や健康保険証のデータが他人のものだったり，病院でマイナ保険証が使えなかったケースも。

8Bの最高裁判決が指摘する「秘匿性の高い情報」に当たるおそれもあり，マイナンバーの使用差し止めを求める訴訟が，全国で起こされた。しかし23年3月，**最高裁は，マイナンバー制度は憲法違反でないとの初の判断を示した**。

SDGs目標16のターゲットの1つに，「すべての人が，法的な身分証明を」がある。公的な個人認証手段を持たない人々のため，2016年国連は「ID2020計画」を立ち上げた。マイクロソフト，アクセンチュア，大手製薬会社などが協力し，生体認証の導入が検討されている。

🔟 個人情報保護法改正—ビッグデータ活用へ

🅰 個人情報保護法（2003年成立，05年施行）の概要

適切な取り扱いの義務化	・個人情報取扱事業者に，個人情報の適切な取り扱いを義務化。→違反には中止勧告や命令
個人の情報開示請求などへの対応	・本人からの請求があれば，事業者は情報の開示・訂正・利用停止に応じなければならない。
義務規定の適用除外	・報道機関，著述業，学術研究機関など。

🅱 個人情報保護法改正（2015年）の概要

個人情報の活用	・企業が持つ個人情報の使途を，本人の同意なく変更可能に。→大量の個人情報（ビッグデータ）の活用
匿名加工情報の利用	・個人が特定されないよう加工した個人情報（匿名加工情報）は外部提供可能に。→匿名化技術に限界も
監視機関を新設	・個人情報保護委員会を新設（2016年1月）。個人情報の管理を監視。→事務局約50人では対応不可能？

解説 プライバシーは守られるのか？ 企業や行政の個人情報流出が頻発する中で，マイナンバー法改正とセットで行われた個人情報保護法改正。新たに導入された匿名加工情報は，個人の開示請求権も認められていない。プライバシー保護対策が不十分なまま，行政の効率化と企業のビッグデータ活用が優先された形だ。

用語 個人情報保護関連5法（2003年制定）…1988年の行政機関個人情報保護法が対象を行政機関の電子情報だけとしていたのに対し，民間業者や行政文書全般を保護の対象とし，個人の情報開示請求権も盛り込まれた。

🔟🔺 自己決定権の考え方

「自分を生きる」うえで何よりも大事なのが，いかに生きいかに行動するかを他人に干渉されずに自分で決定できること，すなわち自己決定権の保障なのである。

このように重要な自己決定権というものについて，実は日本国憲法はまったく触れていない。しかし条文をよく読むと，13条は「生命，自由及び幸福追求に対するその他の権利」を各人に保障している。この幸福追求権は，個人の尊厳を実現するためのものだといえる。ところが，個人が人間としてのプライドをもった，尊厳ある存在として尊重されるためには，自己決定権はなによりもまず保障されなければならない人権だといえる。

（棟居快行ら著『基本的人権の事件簿』有斐閣選書による）

🔺 医療における自己決定権

🅰 インフォームド＝コンセントとは

「十分知らされた上での同意」と訳される。患者が医師から，医療行為の内容・それによって得られる結果・治療に伴う危険性・成功の確率・それ以外の治療法などについて十分な説明を受けたうえで，その医療行為に自己決定権に基づいて同意することをいう。

🅱 リビング・ウィル（生前の意思表示）

リビング・ウィルとは，死ぬ前に臓器提供の可否，葬儀の仕方等について意思を記録・表明したもの。

尊厳死に関しては，終末期の延命治療についての意思表明書のこと。日本救急医学会は，終末期を「脳死」「他に治療方法がなく，数日以内に死亡が予想される場合」等と定義し，リビング・ウィルなどの文書や家族による推測で患者本人の意思を確認し，治療を中止するガイドラインを，2007年に発表している。

🔺 判例 「エホバの証人」訴訟—自己決定権

概要	肝臓の悪性腫瘍を摘出する手術を受けた「エホバの証人」の信者で当時63歳の女性（故人）は，信仰上の理由から輸血を拒否する意思を示し「どのような結果になっても医師の責任を問わない」という免責証書を病院側に渡していたが，万一の場合には輸血するという病院側の説明はされていなかった。結局手術に当たっては，輸血をしない限り患者を救えないことが分かり，女性信者に対して無断で輸血が行われた。 こうした病院の措置に対して，女性の遺族が「信仰上の理由から輸血を拒否したのに，無断で輸血され精神的苦痛を受けた」として訴えた。
裁判の経過	[第一審] 医療は患者の治療救命が第一目標として，医師の責任を認めず。 [第二審] 医師には治療方法を患者に説明し，選択の機会を与えるべきであったとし，医師らに賠償を命じた。 [最高裁]（2000.2.29）医師に，精神的苦痛に対する慰謝料支払いを命じた。
最高裁の判決要旨	医師らが，医療水準に従った手術を行うことは当然のことであるが，患者が自己の宗教上の信念に反するとして，輸血を拒否するという明確な意思を有している場合，このような意思決定をする権利は，人格権の一部として尊重されなければならない。医師らが，輸血を伴う手術である可能性について患者に説明を怠ったのは，患者の人格権の侵害である。

解説 「エホバの証人」訴訟の意義 この判決に関しては「治療法に関する患者の意思決定権を認めた初の最高裁判決であり，インフォームド＝コンセント（患者が医師から治療に関する十分な説明を受け，同意した上で治療が行われること）が定着しつつある医療現場の実態を踏まえた判断となった」（『毎日新聞』2000.3.1などより）というような評価をする意見が多い。

用語 「エホバの証人」…1870年代に米国で組織されたキリスト教の異端の一つ。聖書の教えを厳格に守る教義で知られ，国旗への敬礼や，兵役，剣道の授業，選挙等を拒否する。輸血拒否もその教義の一つ。

🅲 注目される自己決定権

尊厳死	回復の見込みのない状況で，患者本人の意思で死を延期するに過ぎない医療行為を自己決定権に基づいて拒否し，人工呼吸器や点滴などの生命維持装置を外して，人間らしい尊厳性のある自然死を迎えること。
安楽死	死期が切迫した患者の肉体的苦痛を緩和，除去するために患者自身や家族の同意を得て，医師が薬物等を投与して人為的に死期を早めること。 **安楽死の4要件**［東海大学安楽死事件判決［横浜地裁］1995.3.28］①耐え難い肉体的苦痛がある ②死期が迫っている ③苦痛を除くための方法を尽くし代替手段がない ④患者本人が安楽死を望む意思を明らかにしている

解説 死と自己決定権 🔺に見るように，患者に治療行為に関する自己決定権があるならば，死期が近づいている患者にも決定権はあるはず。これが尊厳死の問題である。尊厳死が認められるならば，安楽死はどうなのか？ 自己決定権の前には，人間の尊厳そのものにかかわる問題がたくさん残されている。

現在の日本では安楽死に関与した医師には殺人罪が適用される。

憲法

プラスα 2009年9月，改正臓器移植法が成立した。1997年の成立以来初の改正で，改正のポイントは①脳死を人の死とする，②臓器提供の年齢制限撤廃（これまでは15歳未満は禁止），③本人の生前の拒否表明がなければ家族の同意のみでの移植が可能の3点。

共謀罪・入管問題

人権が侵害される？

2017年，共謀罪（正式名称は「テロ等準備罪」）の趣旨を盛り込んだ組織犯罪処罰法が改正された。東京オリンピック・パラリンピックを控えていた日本のテロ防止に必要だと主張された一方で，監視社会の進行や警察による過剰捜査の危険性など，さまざまな懸念も指摘された。

また，法務省が管轄している入国管理政策では，人権が侵害されたまま，命を落とす事件まで起きている。人が人らしく生きられる社会の実現のため，私たちには何ができるだろうか。

1 共謀罪とは

Ⓐ 共謀罪の概要

共謀罪の対象

テロリズム集団やその他の組織的犯罪集団

共謀罪が適用されるケース

①重大な犯罪を企図した「組織的犯罪集団」が，②役割を分担して犯罪の実行に「合意」し，③犯罪の実行に向けての「準備行為」をした場合。④「準備行為」とは，「物品の手配」や「関係場所の下見」などを指すが，何が準備行為となるかは捜査当局の判断による。

共謀罪の対象となる犯罪

110のテロの実行に関する犯罪や29の薬物に関する犯罪など，合計277の犯罪が適用の対象

Ⓑ 共謀罪についての賛否

賛成

①共謀罪があれば，かつての地下鉄サリン事件のようなケースを未然に防ぐことができる。
②2020年に東京オリンピックも近づいており（当時），テロ対策のためには共謀罪は必要である。
③国際組織犯罪防止条約を締結していないのは，日本を含む10か国余りだけで，締結しないと国際社会の中で日本が取り残されてしまう。

反対

①対象となる「組織的犯罪集団」の規定や犯罪の実行に「合意」と判断される範囲が明確でないことから，一般市民や労働組合の活動が日常的に監視されることになるのではないか。
②共謀罪は「準備行為」の段階で処罰の対象となり得るので，現在では認められていない新しい捜査手法がとられて，その結果，プライバシーが侵害されるおそれがある。
③「準備行為」の定義があいまいで，捜査機関による恣意的な判断が行われる可能性がある。
④刑法では，法益侵害に対する危険性がある行為を処罰するのが原則で，未遂や予備の処罰でさえ例外とされているのに，共謀罪では予備よりもはるかに以前の段階の行為を犯罪として処罰することになり，具体的な犯行の実行があり，被害があらわれてはじめて処罰対象になるという「近代刑法の原則」から根本的に逸脱する。

Ⓒ テロ対策を行う政府の組織

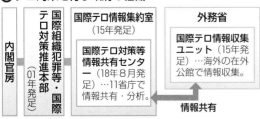

| 内閣官房 | 国際組織犯罪等・国際テロ対策推進本部（01年発足） | テロ対策室（15年発足） | 国際テロ情報集約室（15年発足）　国際テロ対策等情報共有センター（18年8月発足）…11省庁で情報共有・分析。 | 外務省　国際テロ情報収集ユニット（15年発足）…海外の在外公館で情報収集。 |

情報共有

2 入管問題とは

22年，国連の自由権規約委員会（➡p.29）は，日本に関する報告書の中で，独立した国内人権救済機関を早期に創設するよう求めた。

Ⓓ スリランカ人女性が法務省施設で死亡…（➡p.266）

2017年，留学のためスリランカから来日していたウィシュマ・サンダマリさんは，同居男性のDVから逃れるため日本語学校をやめざるを得なかった。その結果在留資格を失い，2020年に名古屋出入国在留管理局の施設に収容された。その後，体調が悪化したものの仮放免も認められず，十分な医療も施されないまま2021年に施設内で死去した（享年33歳）。全国の入管施設での収容中の死亡者は2007〜21年までにウィシュマさんを含め17人もいる。

◀ウィシュマさんの遺族の記者会見
ウィシュマさんの妹は，「何人亡くなったら，入管は医療体制を変えるんですか。誰が責任をとるのですか。」と訴えた。（東京都　2021.8.10）

Ⓔ 在留資格のない外国人への退去強制手続き

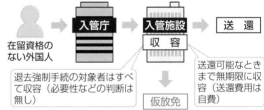

在留資格のない外国人　→　入管庁　→　入管施設　収容　→　送還

退去強制手続の対象者はすべて収容（必要性などの判断は無し）

仮放免

送還可能なときまで無期限に収容（送還費用は自費）

〈注〉入管庁…出入国在留管理庁。

Ⓕ 非人道的な入管施設

2016年，「五輪の年までに安全・安心な社会の実現を図る」「社会に不安を与える外国人を大幅に縮減する」という入管局長の通知以降，半年超の長期収容者が倍近くに増加。抗議のハンガーストライキが全国で拡大し，2019年には茨城県牛久市の東日本入国管理センターでナイジェリア人男性がハンスト中に餓死した。

2019年，市民団体「牛久入管収容所問題を考える会」が，東日本入国管理センターに収容されている325人にアンケート調査を行った結果を公表。収容期間は最長で5年1か月，平均22か月。1部屋の収容人数は4〜5人で，1日のうち18時間を施錠されたこの部屋で過ごしている。医師の診察を申請しても受診まで1〜2か月以上待たされることや，持病の薬がすぐに配布されないなど，劣悪な医療体制も分かった。

ウィシュマさんが残したノートには，日本語で次のような言葉が残されていた。

「なんでわたしたち動物みたいな扱いですか？」

（OurPlanetTV資料，『東京新聞』2021.5.12などによる）

プラスα　ウィシュマさん遺族弁護団が公文書の開示を請求。2021年8月開示の，死亡の経緯に関する公文書1万5,113枚の大半は全面黒塗りであった。同年4月の法務省中間報告でも，容体を懸念した医師が当局に仮放免を勧めた事実が記載されていないなど，法務省の隠蔽が批判されている。

多様な性をめぐって
LGBTQと同性婚

性別，国籍，宗教，障がいの有無などの個人の属性がさまざまであることをダイバーシティ（多様性，➡p.3）という。さらに，ダイバーシティを受け入れ，さまざまな個性を尊重し，共に活躍・成長する社会のあり方をインクルージョン（包摂）という。これを実現することは，たやすいことではないが，多様性が認められる社会は誰にとっても生きやすい社会となる。ここでは，「多様な性」という観点から，社会のあり方について考えてみよう。

1 性的マイノリティ

セクシュアリティとは，「自分は男性である」とか「自分は女性である」とか「女性が好き」とか「男性が好き」といった「人間の性のあり方」を表す用語である。セクシュアリティを決める要素は❶のように大きく4つあり，これらのあり方や組合せによって，さまざまなセクシュアリティが定義される。**LGBT**などの性的マイノリティを理解する上で重要な観点だ。

ただし，こうした要素から個人のセクシュアリティを100％決めつけることはできず，あくまでも「そうした傾向がある」として捉えることが大切である。

❶ セクシュアリティを決める4つの要素

①身体的性	生まれたときに決められている生物学的な性。「からだの性」ともいわれる。
②性自認	自分の性をどう認識しているか。「こころの性」ともいわれる。
③性的指向	どのような性別に対して恋愛感情や性的感情を感じるかという要素。
④性表現	見た目における自分自身が表現したい性。性役割ともいいファッションや言動，言葉遣いなどを指す。

❷ LGBT等の種類と特徴

種類	特徴	
レズビアン (Lesbian)	性自認が女性で，かつ性的指向も女性。	身体的性と性表現は関連していないので，さまざまなタイプのレズビアンやゲイがある。
ゲイ (Gay)	性自認が男性で，かつ性的指向も男性。	
バイセクシュアル (Bisexual)	性的指向が男性にも女性にも向いている。日本語では両性愛者と訳されている。	
トランスジェンダー (Transgender)	身体的性と性自認が一致しておらず，それに違和感を覚えている。	
クエスチョニング (Questioning)	性自認や性的指向が定まっていない，また定めていないというセクシュアリティ。	

LGBTは，セクシュアリティを決める要素から分かる代表的なセクシュアリティで，性的マイノリティの総称として使用されている。

しかし，当然ながらセクシュアリティは多様であり，LGBTだけではない。そのほかにも，❷の「クエスチョニング」のようなセクシュアリティもある。これを加えてLGBTQと表記したり，さらにはこれら以外にもさまざまなセクシュアリティがあるという意味で，LGBTQ＋と表記したりされている。

用語 モントリオール宣言…2006年の第1回ワールドアウトゲームズという国際会議で採択された，LGBTQの人権確保を求めた宣言。
ジョグジャカルタ原則…国連の人権諸条約がLGBTQの人権確保にどう反映されるかを示した国際文書。2006年に採択され，2007年に国連人権理事会（➡p.290）で承認された。

2 LGBT理解増進法（2023年成立）

❸ LGBT理解増進法案の修正過程

	元の法案（超党派議連案）	与党修正案 →可決	可決した与党修正案の問題点
基本理念	差別は許されない	不当な差別は許されない	「不当な」が追加され限定された
国民の安心	（記述なし）	全ての国民が安心して生活できるよう留意する	権利拡大に保守派が懸念し追加。法案の本来の趣旨と異なる。

2023年6月，国会で性的マイノリティへの理解に関する**LGBT理解増進法**が成立した。「多様な性」に関する理解の深まりを求めた法律であるが，2021年に超党派で合意した内容からは後退している。また，差別を禁止する法律を求めてきた当事者からは，「理解抑制法」だなどという厳しい意見もある。

3 「多様な性」が理解される社会に向けて

日本社会全体がセクシュアリティの多様性を認めようという方向に大きく動き始めている中，「多様な性」の課題の1つに，**同性婚**をめぐる議論がある。同性婚をめぐる集団訴訟は全国5か所で起こされているが，国は，「現行憲法下では同性カップルに婚姻の成立を認めることは想定されていない」という立場をとっており，今後の司法判断が注目される。

➡**同性婚訴訟の原告団** 原告の女性は「お互いに男性と結婚していた時に出産した子らを一緒に育ててきた。3年前にがんが見つかったが，パートナーに共同親権はなく，法定相続人にもなれない。結婚にただあこがれて訴訟を起こしたのではない」と訴えた。（東京都 2019.4.15）

❹ 同性婚訴訟の判決（2023年6月現在）

判決	内容
札幌地裁 (2021.3) **違憲**	同性同士の結婚を認めないのは，同性愛者に対する合理的な根拠を欠く差別的取り扱いであり**違憲**である。
大阪地裁 (2021.6) **合憲**	婚姻の自由を定めた憲法第24条は，男女間での結婚を想定しており，合憲である。しかし，**憲法が同性婚を禁止していると解すべきではない**。
東京地裁 (2022.11) **違憲状態**	婚姻制度の中身は国会の裁量に委ねられており，違憲とはいいきれない。しかし，同性婚を認める法制度がないことは，個人の尊厳と両性の本質的平等を定めた**憲法第24条に違反する状態**である。
名古屋地裁 (2023.5) **違憲**	同性婚を認めないのは，法の下の平等を定めた**憲法第14条**と，**憲法第24条**の両面から憲法に違反する。

プラスα **SOGI（ソジ）** 性的指向（Sexual Orientation）と性自認（Gender Identity）の略語。LGBTが性的マイノリティを指すのに対し，SOGIはすべての人を包括する概念。特定の人々の課題としてではなく，すべての人の課題として捉えるべきという考え方が背景にある。

視点
● 人権条約批准で日本社会はどう変わったか？
● 日本にはどのくらい外国人が住んでいるか？

個人の尊重　グローバル化

憲法

1 主な人権条約と日本の批准状況

条約名	採択年	発効年	日本の批准		当事国数
ジェノサイド条約	1948	1951	×		154
[20] 難民条約（➡p.28）	1951	1954	○	1981	146
人種差別撤廃条約（➡p.28）	1965	1969	○	1995	182
国際人権規約A規約（➡p.29）	1966	1976	○	1979	171
国際人権規約B規約（➡p.29）	1966	1976	○	1979	173
[16] 同B規約選択議定書	1966	1976	×		117
アパルトヘイト禁止条約	1973	1976	×		108*
女性差別撤廃条約（➡p.28）	1979	1981	○	1985	189
人質行為防止条約	1979	1983	○	1987	176
子どもの権利条約（➡p.29）	1989	1990	○	1994	196
死刑廃止条約（死刑廃止議定書）	1989	1991	×		90
移住労働者権利条約	1990	2003	×		46*
[16] 障害者権利条約（➡p.85）	2006	2008	○	2014	184
強制失踪条約	2006	2010	○	2009	69

〈注〉2023年1月現在（＊は2013年1月）。（国立国会図書館資料等）

2 「日本の入国管理制度は国際人権法に違反」

　日本では難民認定希望者や不法残留者などの在留資格がない外国人を原則として入管施設に収容する（➡p.108，315）。施設は外部との隔離度が高く，送還を拒否した長期収容者も多い。「仮放免（かりほうめん）」となっても就労は禁止で，国民健康保険にも入れない。2020年には国連人権理事会（➡p.421）の作業部会が「国際人権規約などに違反している」との意見書を日本政府に送った。2021年，難民申請回数の上限を設定するなどの出入国管理及び難民認定法改正案を国会に提出したが，国連の人権専門家やUNHCR（➡p.292）の批判も受け，政府は成立を断念。収容の可否判断への裁判所の関与など，抜本的な改正を求める有識者の声は少なくない。

解説 問われる日本の体質　日本で難民認定を行う機関が出入国在留管理庁。外国人を管理，摘発の対象として扱う業務と，保護する業務は両立できない，との批判がある。

3 人権条約批准が日本の法体系を変えた！—「内外人平等」の実現へ

Ⓐ 難民条約批准の衝撃

　難民条約批准にあたっての社会保障における国籍条項の撤廃，および出入国管理令の退去強制事由（じゆう）の一部削除は，いずれも制度的な外国人差別に痛烈な"一撃"が加えられたことを意味する。それまでの社会保障制度は，すべて「日本に住所を有する日本国民」のみを対象にしてきた。居住要件を設けることによって「在外邦人（ほう）」を，国籍要件を設けることによって「在日外国人」を，ともに除外してきた。それが，在外邦人は相手国に託するかわりに，在日外国人は日本社会の仲間として扱う，ということにやっとなったのである。

　……「日本に住所を有する日本国民」から「日本に住所を有する［すべての］者」への転換は，文字どおり日本社会の構成原理に重大な変更をもたらしたのである。

（ⒶⒸとも田中宏『在日外国人　第三版』岩波新書による）
〈注〉日本の難民受け入れ数➡p.315[7]を参照。

Ⓑ 国際人権条約批准の影響

[20] **1981年批准** 難民条約　　※1982年に国内効力発生

● **出入国管理及び難民認定法**制定（1982）[20]
● 同法制定にともなう，外国人退去強制事由の緩和
● 社会保障制度における国籍条項撤廃（➡Ⓒ）

1985年批准 女性差別撤廃条約（女子差別撤廃条約）

[14][17]
● **男女雇用機会均等法**制定（1985，➡p.264）
● **国籍法**改正（1984）＝外国人との混血児の国籍取得が「父系血統主義」から，平等な「父母両系血統主義」へ
● 学習指導要領改訂→家庭科教育が男女共修に

解説 「黒船」となったインドシナ難民　国際法は一般の国内法に優越するので，その批准は時に国内法体系を変えることになる。その契機となったのは70年代後半に浮上したインドシナ難民の受け入れ問題。
　「同じアジアの日本が難民を受け入れないのは不当」という国際世論を受けて，国際人権規約や難民条約が批准された。

Ⓒ 社会保障立法にみる外国人保障の推移

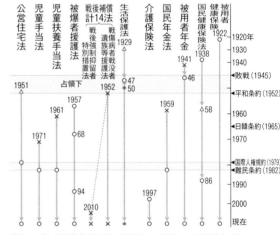

〈注〉○印は国籍条項がなく外国人に開放，△は国籍条項はないが運用上外国人を差別，×は国籍条項により外国人を排除。＊生活保護法は「国民」のみを対象としているが，法の性格上定住外国人に関しては運用担当の市町村の行政措置によって事実上の保護対象となっている場合が多い。

Focus（フォーカス） 避難民にも格差あり

　2022年2月のロシアのウクライナへの軍事侵攻以来，ウクライナから脱出した国民は数百万人といわれるが，日本が受け入れた「避難民」は千数百人（同年7月現在）。彼らは政府専用機で来日し，公営住宅の無償提供，生活・医療費の補助などが受けられる。一方，難民条約上の難民認定を申請するものの認められず，紛争状態の母国に帰れない等の人道的理由から日本在留を許可されたミャンマー，シリア等出身の約2,700人には，ウクライナ人に与えられるような支援はない。政府が「避難民」なる言葉にこだわるのは，同国出身者を難民認定すれば，ミャンマー，シリア等の人々を刺激してしまうことをおそれたからだろうか？

プラスα 2021年に日本で開催されたサッカーW杯予選に出場したミャンマー代表選手1人が母国の民主化運動（➡p.38）支持を表明し，難民認定を請求。出入国在留管理庁は異例の早さでこれを承認した。ちなみにここ数年，難民認定申請する同国人は毎年数百人だが，認められるのはほぼゼロ。

4 増える在日外国人

A 主要国籍別の在留外国人数（各年末現在）

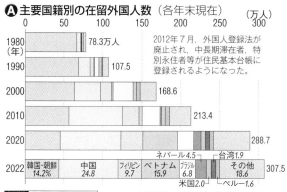

（万人）

年	人数
1980	78.3万人
1990	107.5
2000	168.6
2010	213.4
2020	288.7
2022	307.5

2012年7月, 外国人登録法が廃止され, 中長期滞在者, 特別永住者等が住民基本台帳に登録されるようになった。

2022年内訳：韓国・朝鮮 14.2%／中国 24.8／フィリピン 9.7／ベトナム 15.9／ブラジル 6.8／米国 2.0／ネパール 4.5／台湾 1.9／ペルー 1.6／その他 18.6

B 都道府県別の在留外国人数（2022年末現在）

順位	都道府県	人　数
1	東　京	596,148
2	愛　知	286,604
3	大　阪	272,449
4	神奈川	245,790
5	埼　玉	212,624

➡️ **東京駅の礼拝室**
ムスリム向けに2017年に設置。床にはメッカの方角を示すマークがある。[提供：ＪＲ東日本]

〈注〉「在留外国人数＝中長期滞在者（3か月超の滞在）＋特別永住者」。不法就労者や在日米軍は含まない。また, 2012年統計から短期滞在者を含まなくなった。 （AB とも法務省資料）

用語 **在留管理制度**…2012年, 改正住民基本台帳法に基づきスタートした新制度。在留外国人の把握等が目的。対象は中長期滞在者で, 市町村への住民届の提出が義務づけられている。
特別永住者…第二次世界大戦後も日本に住み続ける旧植民地の人やその子孫。国籍では「韓国・朝鮮」が99％を占める。

解説 **急増の背景は？** 日本に住む外国人の在留資格や在留期間を規定したのが**出入国管理及び難民認定法**。在日外国人はオールドカマー（旧植民地関係の韓国・朝鮮・中国人とその子孫, 多くは永住権所有）とニューカマー（比較的最近来日）に大別される。近年後者の伸びが顕著だが, 背景には日本の経済大国化と人手不足にともなう**出稼ぎの増加**。1990年の同法改正で日系人の入国審査が緩和されたり, 1993年に**外国人技能実習制度**（単純労働のための滞在は不可）が導入された結果, 事実上単純労働が認められ, 日系ブラジル人・ペルー人や中国人が急増しているが, 法的地位の不安定さゆえに解雇されやすかったり, 人権を無視した労働を強いられる場合がある（➡p.266）。

5 在日外国人の権利と義務は？ （外国人労働者については➡p.266）

〈注〉扱いの欄 ○─日本人と同等。△─徐々に日本人なみに改正されてきている。×─認められていない。

	項　目	扱い	原　則	補　足
納　税		○	**所得税法**…国籍に関係なく,国内源泉所得（日本国内に源泉のある所得）に対し課税。	●日本での在留期間による課税：［1年以内…非課税措置も有り／1年以上…日本国民と同等］
参政権	国　政	×	**公職選挙法**…選挙権, 被選挙権を「日本国民」に限定。	●「日本国民」に限定される地方自治体の参政権→議会解散請求権・解職請求権・監査請求権
	地方自治体	×	**地方自治法**…選挙権は「日本国民たる普通地方公共団体の住民」に認められる。[最高裁判決]（1995.2）…在日外国人の地方参政権は立法府の判断による。（➡p.118）	●外国人に地方レベルでの参政権を認めている国の例→EU諸国…EU加盟国民に対し承認。被選挙権も承認する国もあるが,非EU国民にまで承認している国は少数。→英連邦諸国の一部…主として連邦諸国民に対して。
社会福祉・保障	労災保険	○	職種や国籍に関係なく, 使用者から賃金を受けている人すべてを対象。	不法就労の場合, 届け出ない場合が数多くある。なお, **労働基準法は不法就労者に対しても適用される**。
	国民年金, 児童手当	○	日本に住む外国籍の人も対象となる。	1982年の難民条約発効にともなう国内法整備で認められた。
	国民健康保険	○	1986年から国籍を問わず適用。	
	生活保護	△	[最高裁判決]（2014.7）…生活保護法が保護の対象とする「国民」に外国人は含まれない。	自治体の裁量で支給されている場合もある。
公　務　員		△	[内閣法制局見解]（1953）…外国人は「公権力の行使, 公の意思の形成の参画」に従事する公務員にはなれない。・外国人に開放されている職種…現業, 医師等の専門職（教員や一般職は×）	どの職種が「公権力の行使, 公の意思の形成の参画」にあたるのかあいまい。1982 国公立大外国人教授任用始まる1991 文部省通達で, 公立小中高の講師に解禁1996 川崎市が県・政令市で初めて**国籍条項**撤廃➡以後,各県に撤廃が広まる
大学受験		△	文部科学省は従来原則的に外国人学校卒業者に大学（特に国立大学）受験資格を認めなかったが, 2004年入試から, 全面的に各大学の裁量にゆだねられた。	
スポーツ	国民スポーツ大会*	△	「日本国に国籍を有する者であること」という参加資格の原則あり。	例外として1981年から外国籍高校生, 1988年から外国籍中学生, 1990年から外国籍大学生の参加が認められた。
	高校野球	○	1991年, 在日韓国・朝鮮人チームの高野連への加盟が認められた。	
	高体連	○	1994年から, 特例措置として, 大会参加が認められた。（➡p.86）	
そ　の　他			**外国人の在留管理制度**…2012年以降, 3か月を超えて日本に在留する外国人に対して氏名・在留資格などが記された**在留カード**（常時携帯義務あり）が交付された。永住権を有する在日韓国・朝鮮人などに対しては**特別永住者証明書**（携帯義務なし）が交付されたほか, 前記二者等の外国人に対しても住民票が交付されるようになった。**指紋採取・顔写真撮影**…2006年**出入国管理及び難民認定法**が改正, テロ防止の観点から16歳以上の外国人に入国審査時の指紋採取と顔写真撮影が義務付けられた。	

[TRY] 1957年春の甲子園で優勝した早稲田実業の中国人エース投手は「国籍条項」（当時）に阻まれて, 同年の国体の高校野球に出場できなかった。この人の名前は？（解答➡p.416）

解説 **「内なる国際化」の前進** 義務と権利は本来表裏一体の関係にある以上, 日本人と同様に税金を納める在日外国人も, 同等の権利を保障されるべきという議論がある。最高裁は1978年の**「マクリーン事件」判決**（➡p.118）で, 「日本国憲法が規定する人権は基本的には在日外国人にも及ぶが, それは在留制度の枠内で」という趣旨の判断を示した。1980年代以降, 人権条約の批准（➡3）や外国人の指紋押捺拒否運動もあり, 外国人の人権保障は着実に進展したが, 課題も多い。

プラスα 誰でも指紋を採られるのはイヤだが, 2006年にテロ対策から日本入国時の指紋採取が法制化された。1980年代に問題化したのは永住権を持つ在日外国人からも採取されていたこと。当時の在日外国人の多くを占めた韓国・朝鮮人等の粘り強い運動で, 1999年に全廃された。

右端縦書き：憲法／近年、地方自治体では国籍の条件が撤廃されてきている。／育大会」から改称。＊24年に「国民体育大会」から「国民スポーツ大会」に改称。／特別永住者

公共の福祉 ⑰⑮

人権同士の衝突はどう解決する？

❶タレントAのプライバシーを暴く本が出版された！

❓この場合は何権と何権の対立だろうか？下の空欄に書いてみよう。 （解答は次ページ下）

	VS	

❗人気絶頂のタレントAのデート場面を週刊誌がスクープ。人気タレントにはプライバシーはないのか？

視点
1. 人権は無制限に認められるのか？
2. 人権同士の衝突を解決する方法は何か？
3. その解決方法の根底にある考え方は何か？

❷大型スーパーが続々と開店して地元小売店が危機！

経済活動の自由 VS 経済活動の自由

❗大型スーパーの開店により，地元の小売店の売り上げは急減。小売店を救う方策はないのか？

憲法

「公共の福祉」とは何か

　日本国憲法は，このような「**人権同士の矛盾や衝突という事態を解決し調整する道具**」として，「公共の福祉」という原理（考え方）を持っている。

　日本国憲法は人間が生まれながらに有すると考えられる基本的人権を「侵すことのできない永久の権利（第97条）」，つまり法律によっても，憲法改正によっても侵してはならない権利として，絶対的に保障するという考え方をとっている。しかし，だからといって人権が絶対無制限だという意味ではない。いくら人権とはいえ，そこには「他人に迷惑をかけない」という一定の歯止め（ブレーキ）が必要であり，この歯止めのことを日本国憲法は「**公共の福祉**」と呼んでいるのである。つまり，公共の福祉は人権を制限するものなのだ。

Ⓐ公共の福祉—人権相互の矛盾・対立を調整する原理

【代表的学説】 ２つの意味を持つ「公共の福祉」

❶自由国家的公共の福祉（第12条・第13条）

すべての人権が生まれながらに他人の人権を侵害しないという一定の制約を持つ（内在的制約）

→（例）表現の自由⇔プライバシーの権利

●表現の自由という権利もプライバシーを侵害するような表現行為は許されないという制約を持つ

❷社会国家的公共の福祉（第22条・第29条）

国民の経済的平等の確保のために，国家が政策的に，自由を制限する場合もありうる（政策的制約）

→（例）大企業の合併⇔中小企業の存立

●独占禁止法によって企業の合併には一定の制限

表現の自由	✕	プライバシーの権利

表現の自由といえどもプライバシーは侵害できない ……… 自由国家的公共の福祉

公共の福祉

社会国家的公共の福祉……… 中小企業を守るため国が立法によって自由を制限

中小企業の存立	✕	大企業の合併

　君たちは，"公共の福祉によって人権が制限される"と聞くと，公共の福祉というものを何か公益的なものと捉え，国家・社会全体の利益や秩序といったイメージを持つかもしれない。だが，公共の福祉とは「国家・社会全体の利益や秩序」といったものではない。それは，日本国憲法が「個人の尊重」（➡p.82）を人権保障の根拠としている以上，個人の権利を制限する根拠に「国家社会全体の利益」といったものを持ってきてしまっては，「個人」に最高の価値をおこうとする日本国憲法の精神に反することになってしまう。公共の福祉とは，決して全体のために個人が犠牲になるとか社会の利益のために個人の権利を制限するというようなことではない。

　日本国憲法ではこの「公共の福祉」という言葉が4か所に出てきている。第12，13，22，29条だ。ここで注目してほしいのは，第12，13条が人権の一般原則を定めた条文であるのに対して，第22，29条は「経済活動の自由」を定めた条文であるということである。このことを頭においてもらいながら，公共の福祉の意味を考えてみたい。

２種類の「公共の福祉」

　公共の福祉は２種類あるというのが現在の憲法学界の代表的な考え方である。つまり「人権同士の矛盾や衝突という事態を解決し調整」し，人権を制限する考え方が２種類あるということである。

　まず１つ目の考え方は，「**自由国家的公共の福祉**」と呼ばれるもので，すべての人権は生まれながらにして一定の制約を持って生まれてきており（内在的制約），人権同士が衝突した場合には，ある程度制限を受けることがあり得るといった考え方だ。❶のようなケースでは，いくら著者や出版社に「表現の自由」が保障されていても，タレントAのプライバシー権を侵害しても良いというようなことまでは保障していないと考えるということである。

　これに対し，「**社会国家的公共の福祉**」と呼ばれる，政府が「経済的弱者」の保護や救済のため，あえて強

者の権利を制約（政策的制約）できるという考え方がある。つまり**2**のようなケースでは，地元の小売店を守るために，政府が大型スーパーの出店を制限するような法律を制定することを認めようということだ。事実わが国には，過去には「大規模小売店舗法」，現在は「大規模小売店舗立地法」（➡p.231）が存在している。日本国憲法が第22，29条の「経済活動の自由」についてのみ「公共の福祉」という語を用いているのは，この意味での公共の福祉なのだ。

いずれにしても公共の福祉を公益的な意味に捉えて，個人の権利や存在よりも国家全体の利益が優先するかのように考えてはならないことに注意しよう。

「二重の基準（double standard）」の考え方

では実際に人権同士の衝突が起こり，公共の福祉の立場に立って人権を制限する必要が生じた場合を考えてみよう。人権は保障されるのが原則であるから，その制限はあくまでも必要かつ最小限のものでなくてはならない。その制限が「必要かつ最小限であるか否か？」といった判断を下すのが裁判所だ。裁判所は，その制限が「必要以上だ！」という場合には**違憲**（憲法違反）という判断をし，「必要最小限の制限だ！」という場合には**合憲**（憲法違反ではない）という判断を下す。裁判所がこのように違憲か合憲という判断をすることを**違憲審査**といい，この違憲審査の際に裁判所が用いる判断基準〜言い換えれば，違憲か合憲かを計測するモノサシ〜を**違憲審査基準**という。こうした違憲審査基準として近年，日本の裁判所が採用している考え方として，「**二重の基準（double standard）**」という考え方がある。

この二重の基準という考え方は，裁判所が2本のモノサシを使い分けるという考え方で，アメリカの判決理論に基づき体系化されてきた。

具体的には，経済活動の自由を制限している法律が合憲か違憲かを判断するモノサシはやや緩やかなものを使い，それに対して精神活動の自由を制限している法律が合憲か違憲かを判断する際のモノサシは厳しい違憲審査基準を使うのである。

緩やかな審査基準というのは「誰の目から見ても明らかに違憲という場合以外，違憲という判断をしな

い」というものであり，厳しい審査基準というのは「ここを越えたら違憲だという線を少しでも越えたら，即，違憲の判断を下す」というものである。

比喩的に言えば，目盛りが1cm単位のモノサシで大ざっぱに見ていくか，1mm単位のモノサシで厳密に見ていくかの違いというわけだ。

❸合憲・違憲の2つのモノサシ

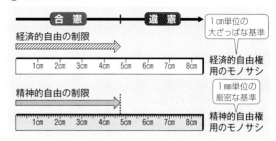

これが二重の基準という考え方であるが，ではなぜ2つの基準が必要なのか？「表現の自由」を中心とする精神活動の自由は，言論・出版活動や集会などを通して，国民の政治的意見の自由な表明・伝達・討論を保障し，その意味で国民主権に直結する自由であるがゆえに人権体系の中でも優越的な地位にある。だから，精神的自由に用いるモノサシは厳しい違憲審査基準を使うのだ。さらに，一度こうした表現の自由を不当に制限するような法律（例えば「政府に対する批判をした者を処罰する」というような法律）ができてしまうと，国民は表現の自由という権利を行使してそうした不当な法律を改正することすらできなくなる。そのためにも，厳格に目を凝らして政府を監視し，精神活動の自由を制限するような法律には厳しい違憲審査をしてもらうことを，裁判所に要求するのである。

これに対して経済活動の自由の制限は，経済的弱者の保護のために政策的に実施される場合が多く，この場合には国会や政府の裁量を尊重し，やや緩やかな違憲審査基準を用いるというわけである。

❹二重の基準（double standard）

二重の基準	精神活動の自由…厳しい違憲審査
	経済活動の自由…緩やかな違憲審査

（伊藤真『憲法［第2版］』弘文堂を参考）

共通テスト対策

経済的弱者保護を目的とする施策の例と考えられるものとして最も適当なものを，次の①〜④のうちから一つ選べ。

① 国家の租税収入を確保するために，一定の製造量を見込める事業者に限り酒類製造免許を与える。
② 中小の下請企業の資金繰りを確保するために，下請代金を速やかに支払うことを親企業に義務付ける。
③ 家屋の借主を保護するために，賃貸借契約は更新されないことを原則とする。
④ 飲食による衛生上の危害の発生を防止するために，一定の設備を備えた店舗に飲食業を許可する。

（2002年度 センター試験本試験）

考え方

①と④はいずれも特定の事業者や店舗にのみ，製造許可や事業許可を与えるものであり，それ以外の事業者や店舗を排除することになるので，その目的はともかく，経済的弱者の保護にはならないと考えられる。また③は賃貸借契約が更新されなくては，家屋の借主は賃貸借の継続ができなくなるので，これも家屋の借主という弱者を保護することには逆行することになる。②は親会社との関係で弱い立場に置かれがちな下請企業の資金確保につながり，経済的弱者保護を目的とする施策の例と考えられる。

解答 正解…②

答え プライバシー権，報道の自由

重要判例（分野別・年代順）

❶ 人権などに関する重要な判例をまとめて確認しよう。

違憲判決…最高裁判所の違憲判決（➡p.137）

視点 1. 最高裁判所の違憲判決を知ろう！
2. 各判決の判決理由を理解し，自分でも考えてみよう！

Ａ 平等権

1 住友セメント結婚退職制事件 ［東京地裁 1966.12.20］

女子のみに結婚退職制を設けることが，性別を理由とする差別にあたらないかが争点。性別を理由とする差別にあたるとして訴えが認められた。会社は控訴を断念し判決確定。

2 違憲判決 尊属殺人事件（➡p.84, 137） ［最高裁 1973.4.4］

3 日立訴訟（➡p.86） ［横浜地裁 1974.6.19］

4 違憲判決 衆議院議員定数違憲訴訟（➡p.84, 137, 157）

5 日産自動車定年差別訴訟 ［最高裁 1981.3.24］

男女別に定年年齢を規定することが，性別による差別にあたらないかが争点。性別による差別であると判断され，女子の定年を男子よりも5年早く定めていた日産自動車が敗訴。

6 男女昇格差別訴訟 ［東京地裁 1990.7.4］

男性職員には勤続年数を基準に一律昇格を認めながら，女性職員には認めなかったことが不当な女性差別として争われた。判決は，昇格について合理的理由なく男女を差別的に扱うことは違法として原告勝訴。結婚退職制，出産退職制，女子若年定年制に続き，昇格でも男女を差別的に扱うことが違法とされた。

7 障がい児入学拒否事件 ［神戸地裁 1992.3.13］

障がいを理由に公立高校への入学を拒否された少年が，処分の取り消しと損害賠償を求めて提訴。判決は校長の裁量権の逸脱を認め，少年の入学を認めた。障がいを理由とした入学拒否の是非が問われた初めての訴訟。

8 セクハラ訴訟 ［福岡地裁 1992.4.16］

上司から2年間にわたり性的中傷を受け続け，退社を余儀なくされた女性社員が，セクハラを理由に損害賠償などを求めた訴訟。判決では上司の行為を女性の人格権を侵害する不法行為としただけでなく，会社側の責任にも踏み込み，職場での女性へのセクハラの存在を明確にした。日本初のセクハラをめぐる訴訟。

9 再婚禁止期間違憲訴訟 ［最高裁 1995.12.5］

女性のみに再婚禁止期間を設けている民法第733条が，法の下の平等に反しないかが争点。判決は，女性にのみ再婚禁止期間を設けて婚姻を制約することは，民法第733条の立法趣旨が，父性の混同を防止し父子関係をめぐる紛争の発生を未然に防ぐことにあると考えられる以上，違憲とは言えないとした。

10 二風谷ダム訴訟（➡p.86） ［札幌地裁 1997.3.27］

11 東京都青年の家事件 ［東京高裁 1997.9.16］

同性愛者の団体が東京都府中市の青年の家に宿泊した際に，同性愛者であることを理由とする差別的な嫌がらせを受けた。団体の抗議に対して青年の家の所長と話し合いを持ったが，同性愛者は他の青少年に悪影響を与えるとする所長との話し合いは物別れに終わった。その後，団体が再度の利用を青年の家に申し込んだところ，それを拒否され，さらに東京都教育委員会も青年の家利用条例の「秩序を乱すおそれがあると認められる者」などとして今後の使用を認めない不承認処分を決定した。これに対して同性愛者の団体が，差別的な取り扱いであり人権侵害にあたるとして損害賠償を求め提訴した。一審は原告側の勝訴，さらに二審も「行政側の処分は同性愛者という社会的地位に対し怠慢による無理解

から，不合理な差別的取り扱いをしており違憲違法であった」として全面的に団体の請求を認める判決を下した。これに対して都側は上告せず，原告団体の勝訴が確定した。

12 ハンセン病国家賠償訴訟（➡p.85）［熊本地裁 2001.3.27］

「らい予防法」のもとで強制隔離され，人権を侵害されたハンセン病患者が，国に対して謝罪や損害賠償などを求めた訴訟。判決では隔離規定は1960年以降の違憲性は明白であり，それ以降も隔離規定を廃止しなかった国の違法性も認めた。国は控訴を断念し判決は確定。

◎ハンセン病訴訟原告団

13 男女コース別人事差別訴訟 ［東京地裁 2002.2.20］

野村證券が行っていた，男女をコースに分けて採用・処遇する制度の違法性が問われた。判決は，改正男女雇用機会均等法が施行された1999年以降において，会社がそれ以前に会社に入社した社員について，男女のコース別の処遇を維持し，男性を総合職に位置づけ，女性のほとんどを一般職に位置づけていることは配置及び昇進について女性であることを理由として男性と差別的取り扱いをするものであり違法・無効であるとした。コース別人事による女性差別を違法とした初めての判決であった。

14 芝信用金庫訴訟 ［最高裁で和解 2002.10.25］

芝信用金庫で働く女性13人が同金庫を相手取り，男女の昇格差別の是正と差額賃金の支払いを求めた訴訟。信用金庫側が昇格と差額賃金の支払いを認めて和解となった。

15 住友電気工業訴訟 ［大阪高裁で和解 2003.12.24］

1960年代に高卒事務職として採用され現在も同社に勤務する女性7人が，同期・同学歴の男性社員との月額20万円あまりの給与差額と慰謝料を求めて提訴した。訴訟の主な焦点は，①1985年に制定された男女雇用機会均等法が，同法施行前に雇用された労働者にも適用されるのかどうか，②均等法の実施に対応する形で，86年以降に同社で採用されたコース別雇用は，間接差別にあたるのかという2点だった。和解内容は，①会社は解決金として原告に一人500万円を支払う，②原告を課長・係長クラスに昇格させる，③違法は正のため積極的に調停を行っていく，などとなっており，和解勧告の中で裁判長は「過去の社会意識を前提とする差別の残滓を容認することは社会の進歩に背を向ける結果となる」ことに留意を促して，85年以前に雇用された労働者も平等に扱われるべきことを明示した。また，コース別雇用が間接差別にあたる可能性も示した。

16 東京都管理職試験訴訟（➡p.86）［最高裁 2005.1.26］

17 違憲判決 国籍法違憲訴訟（➡p.84, 137）［最高裁 2008.6.4］

18 成年後見人制度違憲訴訟 ［東京地裁 2013.3.14］

知的障がいなどで判断能力が不十分な人の生活支援のために，本人からの申し出を受けて裁判所が「後見人」を指定する成年後見人制度で，後見人が付くと選挙権を失うとした公職選挙法の規定の違憲性が争点。判決は「後見開始の審判で判断されるのは財産等を管理する能力の有無であり，選挙権を行使する能力とは異なる」として，同法の規定は，選挙権に対するやむを得ない制限とは言えないとした。判決を受け，国会は同年5月に公職選挙法を改正。

憲法

ゼミナール

19 違憲判決 婚外子相続差別訴訟 （➡p.87, 137）［最高裁　2013.9.4］

非嫡出子（婚外子）の相続分を嫡出子の2分の1に定めた民法の規定が，法の下の平等に反するかが争点。これまで最高裁判所は**法律婚主義**（戸籍上の届出を婚姻の要件とする）を根拠に，この規定を合憲としてきたが，「子にとって選択の余地がない事柄を理由に不利益を及ぼすことは許されず，子を個人として尊重し，権利を保障すべきだという考えが確立されてきている」として従来の最高裁判決を変更し，規定を違憲とする初めての判断を示した。この判決を受けて，国会は2013年12月に民法を改正した。

20 マタハラ訴訟　　　　　　　　　［最高裁　2014.10.23］

広島市内の病院に勤める女性が，妊娠を理由に降格されたのは男女雇用機会均等法違反（**マタニティ=ハラスメント**）として訴えた。1審・2審ではともに女性側が敗訴した。しかし最高裁は，「明確な同意」や特段の事情がない限り，妊娠を理由とした降格は原則違法との基準を示し，「女性が降格を承諾していたとはいえない」と指摘した。そして女性側敗訴の判決を破棄し，2審の広島高裁に審理を差し戻した。その後，2015年11月の広島高裁での差し戻し審で女性の勝訴が確定した。

21 違憲判決 女性再婚禁止期間100日超違憲訴訟 （➡p.87, 137）［最高裁　2015.12.16］

22 夫婦同姓規定訴訟　　　［最高裁　2015.12.16／2021.6.23］

民法第750条が，婚姻にあたって夫婦が夫または妻の姓を名乗る（夫婦同姓）としている規定の合憲性が争われたが，最高裁は2度にわたって**夫婦同姓規定を合憲**と判断した。

【2015年最高裁判決】「夫婦同姓は社会に定着しており，家族の姓を1つに定めることに合理性がある」とした。また，改姓によって受ける不利益も，旧姓の通称使用の普及によって一定程度緩和されるとして，夫婦同姓を不合理とは言えず合憲と判断した。ただし，**選択的夫婦別姓制度**（➡p.87）についても，合理性がないものとはいえないとして，国会での議論を促した。

【2021年最高裁判決】2015年の判決以降にみられる女性の有業率の上昇，管理職に占める女性の割合の増加等の社会の変化や，選択的夫婦別姓制度の導入に賛成する人の割合の増加，その他の国民の意識の変化といった事情等を踏まえても，2015年の最高裁の判断を変更すべきものとは認められないとして，夫婦同姓規定を再び合憲と判断した。また，夫婦の姓についてどのような制度をとるべきかという立法上の問題と現在の民法の規定が憲法に適合するかという問題は別の次元の問題としたうえで，「この種の制度の在り方は国会で論ぜられ，判断されるべき事柄」と結論づけた。

Ⓑ 自由権—精神の自由

23 チャタレイ事件 （➡p.90）　　　　［最高裁　1957.3.13］

24 東京都公安条例事件 （➡p.90）　　［最高裁　1960.7.20］

25 東大ポポロ事件 （➡p.91）　　　　［最高裁　1963.5.22］

26 博多駅事件　　　　　　　　　　　［最高裁　1969.11.26］

デモ隊と機動隊の衝突の様子を撮影したTVフィルムを，裁判の証拠として提出するように命じられた放送会社が，「取材・報道の自由」を主張して裁判に。**判決は「取材・報道の自由」は十分に尊重に値するものとしながらも，公正な裁判の実現という憲法上の要請があるときには，必要な限度で制限を受けるとした。**

27 三菱樹脂事件 （➡p.88）　　　　　［最高裁　1973.12.12］

28 津地鎮祭訴訟 （➡p.89）　　　　　［最高裁　1977.7.13］

29 自衛官合祀訴訟 （➡p.89）　　　　［最高裁　1988.6.1］

殉職した自衛官が，キリスト教徒である妻の意思に反して護国神社に合祀された。妻が合祀取り消しを求めて提訴したが，判決は合祀行為を憲法の禁止する宗教的活動ではないとして合憲とした。

30 箕面忠魂碑訴訟 （➡p.89）　　　　［最高裁　1993.2.16］

大阪府箕面市の遺族会が維持管理する忠魂碑が，小学校の増改築工事に際して移転の必要が生じたため，箕面市が公費で移転用地を取得して移設し，その敷地を遺族会に無償で貸与したことが**政教分離原則に違反するとして訴訟**となった。最高裁は忠魂碑の神

道などの特定の宗教との関わりは希薄であり，忠魂碑の移設や敷地の貸与も，その「目的」は小学校の増改築工事のためであり，その「効果」も特定の宗教を援助・助長するものではないと「**目的効果基準**」を採用して，政教分離原則には違反しないとした。

31 麹町中学校事件　　　　　　　　　［最高裁　1988.7.15］

⬆一審判決後に会見する原告の保坂展人氏（1979.3.28）

高校に不合格となった人物が，調査書の特記事項に「麹町中全共闘を名乗り，文化祭粉砕を叫んで他校生とともに校内に乱入し，学校側の指導を聞かずにビラを配り，落書きをした」という記載があったことなどが不合格の原因として訴えた。判決は，憲法第19条の問題として捉え，内申書の記載はこの人物の思想・信条そのものを記載したものではなく，その権利は侵害されていないとして訴えを退けた。ちなみにこの人物は保坂展人世田谷区長（2011年〜）。

32 エホバの証人剣道実技拒否事件　　［最高裁　1996.3.8］

エホバの証人の信者である生徒が，宗教上の理由から体育の剣道の実技への参加を拒否したことで2年連続留年となり，学則に基づき退学処分になった。生徒本人と両親が退学処分取り消しを求めて提訴。判決は宗教上の真摯な理由から剣道実技に参加できない生徒に対して，レポート提出等の代替措置をとることは政教分離に違反しないとして生徒の訴えを認めた。判決後，生徒は5年遅れで2年生に復学した。

33 違憲判決 愛媛玉ぐし料訴訟 （➡p.89, 137）［最高裁　1997.4.2］

34 『石に泳ぐ魚』出版差し止め事件 （➡p.91）［最高裁　2002.9.24］

35 立川反戦ビラ事件　　　　　　　　［最高裁　2008.4.11］

イラク戦争に反対する市民団体のメンバーが東京都立川市内の防衛庁舎内の各戸の新聞受けにイラクへの自衛隊派遣に反対する趣旨のビラを配布し，刑法第130条の住居侵入罪で逮捕・起訴された事件。判決は，被告人らが立ち入った場所は，防衛庁の職員及びその家族が私的生活を営む場所である集合住宅の共用部分及びその敷地であり，自衛隊・防衛庁当局が管理していたもので，一般に人が自由に出入りすることのできる場所ではない。管理権者の意思に反して立ち入ることは，管理権者の管理権を侵害するのみならず，そこで私的生活を営む者の私生活の平穏を侵害するものといわざるを得ず，被告人らの行為を住居侵入罪に問うことは，憲法第21条第1項に違反するものではないとして上告棄却。

36 違憲判決 砂川政教分離訴訟 （➡p.89, 137）［最高裁　2010.1.20］

⬆空知太神社

北海道砂川市が，**市有地を空知太神社に無償提供していたことが政教分離に反するとして違憲判決**が下された。市有地には神社の祠や鳥居があった。判決では，国や自治体の行為が政教分離原則に反するか否かは①施設の宗教的性格，②無償提供の経緯や態様，③一般人の評価を総合的に考慮し，社会通念に照らして判断する必要があるという新基準を提示。従来用いられてきた「目的効果基準」によらずに判断された。

37 違憲判決 孔子廟政教分離訴訟 （➡p.89, 137）［最高裁　2021.2.24］

沖縄県那覇市が，**市有地を久米至聖廟に無償提供していたことが政教分離に反するとして違憲判決**が下された。久米至聖廟は，儒学の祖である孔子を祀る孔子廟の一つで，琉球王国の繁栄を支えた集団の末裔によって管理されている。判決では，砂川政教分離訴訟と同様に「**目的効果基準**」によらずに判断された。

➡久米至聖廟　2013年の建設時，市が市有地を無償提供。

C 自由権—人身の自由

38 榎井村事件　［高松高裁　1994.3.22］

1946年発生の殺人事件の犯人として逮捕された吉田勇さん（懲役15年が確定）が，冤罪として再審請求していた事件。90年に再審が認められ，94年に証拠として採用された知人の供述は虚偽の供述である疑いが濃厚であるとの理由で無罪を言い渡した。

39 横浜事件　［横浜地裁　2006.2.9］

1942年，『中央公論』編集ら約60人が治安維持法違反で逮捕，約30人が有罪，4人の獄死者を出した事件。取り調べ中の拷問で自白を強要されたとして，無実を訴えた元被告らが再審請求を繰り返し，2005年に再審開始が確定。だが2006年，治安維持法廃止などを根拠に裁判手続きを打ち切る免訴が言い渡された。原告らは無罪判決を求めて控訴・上告したが，2008年最高裁は「再審でも刑の廃止等があれば免訴となる」として訴えを退けた。

D 自由権—経済活動の自由

❷⓪ 40 違憲判決 薬事法距離制限違憲判決 （➡p.96, 137）［最高裁　1975.4.30］

41 違憲判決 共有林分割制限違憲訴訟 （➡p.137）［最高裁　1987.4.22］

父から生前に山林を1/2ずつ贈与された兄弟間で，兄に分割請求を拒否された弟が，森林の共有者は，その総価値の過半数の持分がなければ分割請求できないとする森林法の規定が，憲法第29条の財産権の保障に反するとして提訴。判決は，共有林の分割請求に対する制限は，森林の保護という森林法の立法目的を達成する規制手段として合理性に欠け，必要な限度を超えるとし，違憲判決となった。その後，国会で同条項廃止。

42 国立マンション訴訟 （➡p.97）　［最高裁　2006.3.30］

E 社会権—生存権

43 朝日訴訟 （➡p.99）　［最高裁　1967.5.24］

44 牧野訴訟 （➡p.98）　［東京地裁　1968.7.15］

❷⓪ 45 堀木訴訟 （➡p.98, 280）　［最高裁　1982.7.7］

46 生活保護費預貯金訴訟 （➡p.98, 279）［秋田地裁　1993.4.23］

F 社会権—教育を受ける権利

❷⓪ 47 家永教科書検定違憲訴訟 （➡p.100）

教科書検定制度の合憲性が，3次にわたる訴訟を通じ争われた。

48 旭川学力テスト訴訟 （➡p.101）　［最高裁　1976.5.21］

G 社会権—労働基本権

49 全逓東京中郵事件 （➡p.252）　［最高裁　1966.10.26］

50 全農林警職法事件 （➡p.252）　［最高裁　1973.4.25］

51 猿払事件　［最高裁　1974.11.6］

1967年の衆議院議員選挙に際して，北海道宗谷郡猿払村の郵便局勤務の労働組合の事務長が，所属する労働組合の決定に従い，ある政党の公認候補者の選挙ポスターを，勤務時間外に掲示場などに掲示したり配布した。この行為が，国家公務員法などで禁止されている「政治的行為」に該当するとして起訴された事件で一・二審は無罪となった。しかし最高裁は，「公務員の政治的中立性を損うおそれのある公務員の政治的行為を禁止することは，それが合理的で必要やむをえない限度にとどまるものである限り，憲法の許容するところである」として有罪（罰金5,000円）とした。

❶⑦ 52 全逓名古屋中郵事件　［最高裁　1977.5.4］

1958年の春闘で，名古屋中央郵便局勤務の全逓の組合員が，勤務時間内に食い込む職場内集会を行ったことが国家公務員法・郵便法違反，建造物侵入に問われた。判決は，公務員の労働基本権は，公務員の憲法上に地位の特殊性から重大な制約を受けているとして，公務員の争議行為の全面的禁止を支持した。

53 共産党機関紙配布事件　［最高裁　2012.12.7］

社会保険庁職員と厚生労働省課長補佐が東京都世田谷区の警視庁の職員官舎において日本共産党機関紙「しんぶん赤旗」の号外を配布したとして，国家公務員法違反に問われた。被告側は国家公務員が政治活動を行うことを禁止している国家公務員法自体が憲法違反であるとして無罪を主張した。判決は，政治活動が一律禁止されると解釈されてきた1974年の「猿払判決」の判例を事実上変更し，「禁止の対象となるのは，公務員の政治的中立性を損なうおそれが実質的に認められる行為に限られる」との初の判断を示し，職員については無罪，課長補佐に関しては「職員に影響を及ぼすことのできる地位にあった」として有罪とした。

H 参政権・請求権

54 戸別訪問禁止違憲判決 （➡p.102）［松江地裁　1979.1.24］

55 戸別訪問禁止合憲判決 （➡p.102）　［最高裁　1981.6.15］

56 多摩川水害訴訟 （➡p.103）　［最高裁　1990.12.13］

57 違憲判決 郵便法違憲訴訟 （➡p.137）　［最高裁　2002.9.11］

郵便物の損害賠償を免責もしくは制限する郵便法の規定が，損害賠償請求権を定めた憲法第17条に違反するかどうかが争点。判決は，損害賠償に一定の制限があることは正当なものとする一方で，郵便局側の過失により損害が生じた場合には，郵便法の賠償責任を免除し，または制限している部分は憲法第17条に違反するとした。判決を受けて国会は同法の規定を改正した。

58 違憲判決 在外選挙権制限違憲訴訟 （➡p.137）［最高裁　2005.9.14］

在外邦人（海外に住む日本人）の国政選挙への選挙権を，比例代表選挙に限定している公職選挙法の規定が争点。判決は，通信手段の地球規模での発達を受けて，もはや在外邦人に候補者個人に関する情報を適正に伝達することが著しく困難であるとは言えなくなったとして，衆議院小選挙区選挙および参議院選挙区選挙について，在外邦人が投票することを認めない公職選挙法の規定は憲法に違反するとした。判決を受けて国会は公職選挙法を改正し，現在は在外邦人もすべての国政選挙に投票できる。

59 違憲判決 在外邦人国民審査制限違憲訴訟 （➡p.137）［最高裁　2022.5.25］

最高裁判所裁判官の国民審査 （➡p.133）の投票権を在外邦人に認めていない制度の合憲性が争点。判決は15人の裁判官全員の一致で，在外邦人の投票を認めないのは憲法違反だと判断するとともに，必要な法律の整備をしてこなかった国会の「立法の不作為」の責任も認めた。判決を受けて，2022年に国会は最高裁判所裁判官国民審査法を改正した。

I 新しい人権

60 『宴のあと』事件 （➡p.105）　［東京地裁　1964.9.28］

61 肖像権事件（京都府学連事件）　［最高裁　1969.12.24］

1962年，大学管理制度反対のデモ隊が，行進の許可条件に違反したために，コースを変更させようとした機動隊ともみあった。この様子を京都府警の警察官が写真撮影したため，デモの参加者がそれをとがめ，警察官にケガを負わせて逮捕，起訴された。裁判では，警察官が許可なく個人の容貌等を撮影することが許されるかが争点の1つとなったが，判決は，「何人も，その承諾なしに，みだりにその容貌，姿態を撮影されない自由を有する」として，個人の私生活上の自由の1つとして，肖像権を認めた。

62 外務省秘密電文漏洩事件 （➡p.105）［最高裁　1978.5.31］

日米密約文書の存在を記事にした毎日新聞の西山太吉記者が，親しい外務省女性事務官から密約電文を入手したことが国家公務員法違反だとして，最高裁で有罪が確定。後に，西山氏は密約文書の情報公開を求め提訴。2010年東京地裁は密約文書があったと認定し，文書破棄ならば「外務省や大蔵省（現財務省）の相当高位の立場の者が関与したと解するほかない」と，組織的な廃棄の疑いにも言及（2014年，最高裁で不開示が確定）。

➡西山太吉氏

憲法

ゼミナール

63 大阪空港騒音公害訴訟 （➡p.105） ［最高裁　1981.12.16］

64 名古屋新幹線騒音公害訴訟 ［最高裁で係争中に和解　1986.4.21］

1974年3月，名古屋市南区・熱田区・中川区内の東海道新幹線沿線の住民575人が，日本国有鉄道（国鉄）を相手取り，新幹線列車の走行に際して一定値以上の騒音・振動を出してはならないとの差止請求と，原告ら各人に慰謝料100万円の支払いを求める損害賠償請求を提訴。一・二審とも被害の損害を認めて住民への慰謝料の支払いを命じたが，交通機関としての新幹線の高い公共性を理由に騒音・振動の差止は認めなかった。上告審の係争中に住民と国鉄との間で，国鉄は新幹線の騒音を当面75ホン以下とするのをはじめ，騒音・振動の軽減をはかること，国鉄は住民に対し和解金を支払うこと，移転補償や家屋に対する防音・防振工事を誠実に実施することなどを内容とする和解協定が成立した。

65 嫌煙権訴訟 ［東京地裁　1987.3.27］

国鉄を利用している非喫煙者らが，国鉄に対して全客車の半数以上を禁煙車両とすることと，タバコの煙による健康被害について，国鉄・国・専売公社に損害賠償を求めた訴訟。1978年に弁護士・学者らが結成した「嫌煙権確立を目指す法律家の会」所属の弁護士12人が弁護団となった。判決は，列車以外の交通手段が存在すること，国鉄車内における受動喫煙は一過性であり受忍限度の範囲内であること，日本社会が喫煙に対して寛容であることを理由として訴えを退けた。原告側は，訴訟以降に国鉄車両の禁煙車・席が増加したことなどを判断し，実質的な勝訴とし控訴せず判決は確定した。

66 サンケイ新聞意見広告訴訟 （➡p.105）［最高裁　1987.4.24］

67 レペタ事件（法廷メモ訴訟）（➡p.136）［最高裁　1989.3.8］

法廷でメモを取ることの許可を求めたが認められなかったアメリカの弁護士レペタ氏が，**知る権利の侵害を主張**して，国家賠償法に基づく損害賠償を求めた裁判。判決は，損害賠償請求は認めなかったが，メモを取る行為自体については，「故なく妨げられてはならない」，「メモを取る行為が法廷における公正かつ円滑な訴訟の運営を妨げる場合には，それを制限又は禁止することも許されるが，そのような事態は通常はあり得ないから，特段の事由がない限り傍聴人の自由に任せるべき」と判示し，以来，**傍聴人のメモが事実上解禁されている。**

⬆レペタ氏（右）の勝訴を祝福する作家の佐木隆三氏（1989.3.8）

68 『逆転』事件 ［最高裁　1994.2.8］

1964年，米の統治下の沖縄で傷害事件を起こし，実刑判決を受けた人物が，妻にも前科を秘匿して生活していた。陪審員の1人がその体験に基づいて『逆転』というノンフィクション作品を執筆し，その作品中にこの元被告人が実名で登場。さらにはテレビ化の話も。元被告人が執筆者に対して，プライバシーの侵害と慰謝料を求めて提訴した。**判決は，前科は法的保護に値する価値を有するとして，元被告人の訴えを認めた。**

69 東海大学安楽死事件 ［横浜地裁　1995.3.28］

1991年，東海大学附属病院の医師が，末期がん患者の家族からの強い要望を受けて，昏睡状態の患者に塩化カリウムを投与して死亡させたとして殺人罪に問われた事件。判決は医師による**安楽死の4つの要件**（➡p.107）を挙げ，そのすべてを満たしていないので，安楽死に当たらず有罪（懲役2年執行猶予2年）とした。

70 パーマ禁止校則事件 ［最高裁　1996.7.18］

私立高校3年の女生徒が自動車の無断免許取得で謹慎に。さらに謹慎期間中に校則で禁止されていたパーマをかけ自主退学を勧告

され，結局退学したが，納得できずに退学願い取り下げと卒業の認定などを求めて提訴。判決は，**憲法の人権規定は私人相互の関係には直接適用されず，私立高校の校則が直接に憲法の人権規定に違反はしない**とされ，パーマの禁止は高校生にふさわしい髪型を維持し，非行を防止するためのものであり，社会通念上不合理とは言えないとして，女生徒の訴えを退けた。

71 「エホバの証人」訴訟 （➡p.107）［最高裁　2000.2.29］

72 尼崎公害訴訟 ［大阪高裁で和解　2000.9.21］

自動車の排気ガスを中心とした大気汚染の結果，気管支ぜんそくなどの健康被害を受けたとして，兵庫県尼崎市の住民が，国と道路公団に対し自動車の排気ガスの排出差し止めと健康被害に対する損害賠償を請求して1988年に提訴。2000年に国・道路公団が交通量削減対策，測定地点の増設，健康調査実施などを約束し，原告が一審で認められた損害賠償請求を放棄して，和解が成立。

73 名古屋南部公害訴訟 ［名古屋地裁で和解　2000.11.27］

高度経済成長期に，鉄鋼コンビナートの一大工業地帯となった愛知県名古屋市南区や港区では工場や道路網が発達し，ぜんそくなど公害病被害が広がった。1989年に患者や遺族らが環境基準を超える排出ガスの差し止めと損害賠償を求めて，国と企業10社を相手取って提訴した。訴訟では損害賠償や国道23号の車線減少などが認められ，企業も謝罪し，2001年に和解した。

74 那覇市情報公開取り消し訴訟 ［最高裁　2001.7.13］

沖縄県那覇市内に建設予定の海上自衛隊の対潜水艦作戦センターの建設設計図の，那覇市民からの公開請求に対して，那覇市長は公開を認める決定をした。これに対して，**国は防衛上の秘密の漏洩のおそれがある**として，公開決定の取り消しを求めて提訴した。最高裁は，公開対象となる資料が防衛上の秘密に当たるかどうかの判断を避け，「那覇市の情報公開条例の条文には国側が非公開を求める利益を保護する趣旨が含まれているとは解せない」として，**国の訴えそのものを不適法と判断**し，上告を棄却した。

75 指導要録開示請求訴訟 ［最高裁　2003.11.11］

東京都大田区の中学生が，区の公文書公開条例に基づき小学校時の指導要録の開示を求めたが，裏面の指導に関する部分が非開示とされたので，処分の取り消しを求めた。**判決は，最高裁が指導要録の本人開示について判断した初の判決である**が，「学習状況・評定」欄は評価者の主観的要素が入りにくいので開示できるが，「所見・特別活動の記録・行動及び性格の記録」は評価者の主観的要素に左右され，これらの情報開示は児童等の誤解や不信感，無用の反発を招くおそれがあり開示すべきでないと判断した。

76 鞆の浦景観訴訟 ［広島地裁　2009.10.1］

⮞18 16

鞆の浦（広島県）の埋め立て・架橋計画に対して地域住民が「歴史的町並みや文化的景観が破壊され損失は重大」として，埋め立て免許の交付の差し止めを求めて2007年に提訴。判決で広島地裁は，鞆の浦は「国民の財産」であり「その恩沢を日常的に享受する住民の景観利益は法律保護に値する」として，埋め立て免許の交付の差し止めを認めた。2016年2月に広島県が埋め立て免許の申請を取り下げることを決定し，住民側が訴えを取り下げて，9年にわたった訴訟が終結した。

⬆鞆の浦（広島県福山市　2020.10）　鞆の浦は，宮崎駿監督の映画『崖の上のポニョ』（2008年公開）の舞台としても知られている。

77 ピンクレディー事件（パブリシティ権事件） ［最高裁 2012.2.2］

パブリシティ権とは芸能人やスポーツ選手などの著名人が，自分の名前や写真が持つ商品的価値を第三者に不当に使用されない権利で，財産権の１つに位置づけられる。1970年代末にアイドルとして爆発的な人気を博したピンクレディーが，2007年にアイドル時代の写真を，ピンクレディーの楽曲の振り付けを利用したダイエット法を紹介する雑誌に無断で掲載されたことに関して，損害賠償請求訴訟を起こした。最高裁は，判決で損害賠償請求は認めなかったものの，**パブリシティ権を法的権利として初めて認めた**。

78 インターネット検索結果削除請求事件 ［最高裁 2017.1.31］

児童買春・ポルノ禁止法違反の容疑で逮捕され，略式命令により罰金を完納した原告が，事件から３年余りを経過しても，インターネット検索で自分の住所の県名と氏名を入力して検索すると，49件の本件逮捕事実が検索結果として表示されることに対し，Googleに対し，検索結果の削除を求めて提訴した。一審は犯罪に対する**忘れられる権利**（➡p.104）に言及して原告の請求を認めたが，二審は認めなかった。最高裁は，検索結果の削除は，プライバシーの保護という法的利益と，検索事業者の表現の自由や検索結果が表示される理由や必要性を比較して，プライバシーの保護という法的利益の方が優越することが明らかな場合にのみに認められるとして，検索結果の削除の条件についての判断基準を初めて示した。また，原告の犯罪に関する事実は，この事実を公表されない法的利益が明らかに優越するとはいえないとして，原告の訴えを退けた。

79 GPS捜査事件 ［最高裁 2017.3.15］

2006年以降，警察が複数の衛星からの電波を受信し，その時間差を計算することによって対象者の位置を特定できるGPS（全地球測位システム）装置を，令状なしに車両などに取り付けて犯罪捜査に利用していたことの是非が争われた。判決で最高裁は，「GPS捜査は，対象車両の時々刻々の位置情報を検索し，把握すべく行われるものであるが，その性質上，公道上のもののみならず，個人のプライバシーが強く保護されるべき場所や空間に関わるものも含めて，対象車両及びその使用者の所在と移動状況を逐一把握することを可能にする。このような捜査手法は，個人の行動を継続的，網羅的に把握することを必然的にともなうから，個人のプライバシーを侵害し得る」として，GPS捜査を適法とすることはできないと判断した。

J 外国人の人権 （➡p.110, 111）

80 マクリーン事件 ［最高裁 1978.10.4］

1969年，英語教師として来日したアメリカ人マクリーンが，翌70年に在留期間の更新を申請したところ，在留中にベトナム反戦運動に参加していたことを理由に更新を不許可にされたため提訴。**判決は，憲法の保障する基本的人権**（本件の場合には政治活動の自由）**は在留外国人にも等しく及ぶが，外国人在留制度の枠内で与えられているに過ぎず，在留期間中の行為が，在留期間の更新にあたって不利な事情として考慮されないことまで保障するものではないとして，不許可処分を認めた。**

81 国籍確認訴訟 ［最高裁 1995.1.27］

出稼ぎの東南アジア女性が1991年に男児を出産。退院直後に，出産入院の際の保証人であるアメリカ人牧師夫婦にその子を預けたまま行方不明となった。父親も分からず，翌年この牧師夫婦が，男児の法定代理人として日本国籍を有することの確認を求めた。**判決は，日本で生まれて，ある者が父または母である可能性が高くても，これを特定するに至らない時にも，国籍法の「日本で生まれ，父母がともに知れない場合」という「国籍取得要件」にあたる**として，この男児に日本国籍を認めた。

⑳ 82 定住外国人地方参政権訴訟 ［最高裁 1995.2.28］

日本生まれで永住資格を有する在日韓国人が，地方公共団体の選挙に対する選挙人名簿への登録を求めたが，却下されたため処分の取り消しを求めて提訴。判決は，憲法のいう「国民」は「日本国籍を有する者」を意味し，憲法第93条のいう「住民」も「地方公共団体の区域内に住所を有する日本国民」を意味するとして訴えを退けた。しかし**傍論**で，日本に定住する外国人に対し，「**地方公共団体の長や，その議会の議員等に対する選挙権を与えることは，憲法上禁止されていない**」とした。

83 永住外国人生活保護訴訟 ［最高裁 2014.7.18］

永住資格を有する外国人が，日本人と同様に生活保護の対象となるかどうかが争点。対象となることを認めた二審判決に対して最高裁は，**永住外国人は行政措置によって事実上，生活保護の対象となりうるにとどまり，生活保護法に基づく保護の対象となるものではなく，生活保護法に基づく受給権は有しないとして請求を退け，生活保護法が適用対象と定めた「国民」に永住外国人は含まれないとの初めての判断を示した。**

K 憲法第９条 判決は，警察予備隊の合憲性には一切言及していない。

84 警察予備隊違憲訴訟 ［最高裁 1952.10.8］

1950年に創設された**警察予備隊は憲法第９条に違反する**として，日本社会党の鈴木茂三郎が党を代表して，直接最高裁に出訴した。最高裁は，出訴そのものを不適格とした上で，裁判所は具体的な事件が提起されていないので，憲法およびその他の法律命令等の解釈に関して抽象的な判断はできないとして，具体的な事件を離れて，抽象的に法律等の違憲審査をする権限を有しないとした。

85 砂川事件 （➡p.64）	［最高裁 1959.12.16］
86 恵庭事件 （➡p.64）	［札幌地裁 1967.3.29］
87 長沼ナイキ基地訴訟 （➡p.64）	［最高裁 1982.9.9］
88 百里基地訴訟 （➡p.64）	［最高裁 1989.6.20］
89 自衛隊イラク派兵差止訴訟 （➡p.64）	［名古屋高裁 2008.4.17］

◆航空自衛隊の長沼ナイキ基地 地対空ミサイル「ナイキJ」。
（北海道長沼町 1973.9.6）

◆航空自衛隊のC130輸送機と搭乗を待つ多国籍軍の兵士 ［米軍提供］
（イラク・バグダッド 2006.7）

L その他

90 苫米地事件 ［最高裁 1960.6.8］

1952年８月の吉田内閣による衆議院の解散（通称「抜き打ち解散」）が憲法第７条のみによったものであるとして，議員であった苫米地義三が議員資格の確認などを求めた訴訟。**衆議院の解散が違憲審査の対象となるかが争点**となった。判決は，衆議院の解散に高度の政治性を認めて，違法の審査は裁判所の権限の外にあるとする「統治行為論」（判決ではこの用語を用いてはいない）を採用して違法性の判断を回避して上告を棄却した。

91 志賀原発２号機訴訟 （➡p.376） ［金沢地裁 2006.3.24］

北陸電力・志賀原発２号機の耐震性に問題があるとして，住民らが運転差し止めを求めた。金沢地裁は，**地震による事故で被曝の恐れがある**として請求を認めた（初の原発運転差し止め判決）。2009年名古屋高裁で原告逆転敗訴。2010年最高裁上告棄却。

92 大飯原発訴訟 （➡p.376, 378） ［福井地裁 2014.5.21］

住民らが関西電力・大飯原発３・４号機の運転差し止めを求めた訴訟。福井地裁は，電力会社の地震の想定の甘さを指摘し，重大な事故が起こる恐れがあるとして原発の再稼働を認めない判決を下した（**東京電力福島原発事故後初の運転差し止め判決**）が，関西電力の控訴に対し，名古屋高裁金沢支部は運転差し止めを命じた一審判決を取り消し，住民側の請求を棄却した（2018年７月）。

憲法

ゼミナール

項目	学　習　の　内　容　〈 〉内の数字は憲法の条数	項目	学　習　の　内　容　〈 〉内の数字は憲法の条数
基本的人権の本質（P.82・83・112・113）	(1)　人権の性質 人権の根拠…「**個人の尊重**」〈13〉 <table><tr><td>固有性</td><td>国家や憲法によって与えられるものでなく，人間であることに基づいて有する権利</td></tr><tr><td>不可侵性</td><td>公権力によって侵されない権利</td></tr><tr><td>普遍性</td><td>人種・性などの区別に関係なく共有する権利</td></tr></table>(2)　基本的人権の限界 ①　**公共の福祉**…人権相互の矛盾や対立を調整する原理 <table><tr><td>自由国家的公共の福祉</td><td>すべての人権に内在する制約原理</td></tr><tr><td>社会国家的公共の福祉</td><td>経済の自由に対する政策的制約原理</td></tr></table>②二重の基準…違憲審査基準の準別→厳しい基準と緩やかな基準	**社会権的基本権**（P.98〜101）	**社会権的基本権**…国家に対し人間らしい生活の保障を要求する権利（作為請求権），「**国家による自由**」，20世紀的人権 (1)　**生存権**〈25〉…**健康で文化的な最低限度の生活**を営む権利 <table><tr><td>朝日訴訟</td><td>「人間裁判」，生存権訴訟の原点→**プログラム規定説**を採用</td></tr><tr><td>堀木訴訟</td><td>プログラム規定説を踏襲</td></tr></table>(2)　教育を受ける権利〈26〉…経済面での教育条件の整備 　→子どもの学習権の保障へ <table><tr><td>家永教科書検定違憲訴訟</td><td>教科書検定の合憲性，**国民の教育権**説</td></tr><tr><td>旭川学力テスト訴訟</td><td>**国家の教育権**説</td></tr></table>(3)　労働基本権〈27・28〉…勤労の権利／労働三権─団結権／団体交渉権／団体行動権
平等権（P.84〜87）	**平等権**…国家による不平等な取り扱いを許さない (1)　**法の下の平等**…法の内容と適用の平等 ①同和問題…部落解放の歴史，国の同和対策事業 ②民族差別…在日朝鮮人・韓国人問題，アイヌ民族問題 ③女性差別…両性の本質的平等，両性の合意のみによる婚姻〈24〉，民法改正問題 <table><tr><td>尊属殺人事件</td><td>法令違憲では，最高裁判所初の**違憲法令審査権**の行使</td></tr><tr><td>日立訴訟</td><td>国籍による就職差別</td></tr></table>	**参政権・請求権**（P.102・103）	(1)　**参政権**…国民が政治に参加する権利，「**国家への自由**」 ①　選挙権〈15〉・被選挙権〈43・44〉 ②　**最高裁判所裁判官の国民審査**〈79〉｝**直接民主制的制度** ③　**特別法制定のための住民投票**〈95〉 ④　憲法改正のための国民投票〈96〉 (2)　**請願権**…国（地方自治体を含む）に希望を述べる権利 (3)　**請求権**…権利や自由の侵害の救済を国に要求する権利 ①国家賠償請求権〈17〉…公務員の不法行為による損害の賠償請求権 ②裁判を受ける権利〈32〉…裁判費用や時間の長さの問題も ③刑事補償請求権〈40〉…誤判に対する補償
自由権的基本権（P.88〜97）	**自由権的基本権**…国家の不当な介入を排除する権利，「**国家からの自由**」，18世紀的人権 (1)　**精神の自由**…心の中はしばられない ①　思想及び良心の自由〈19〉…心の中で考えることの自由 ②　信教の自由〈20〉…国（自治体も含む）が宗教活動を行うことを禁じた**政教分離原則** ③　集会・結社・表現の自由〈21〉…政治に関する自由な意見表明を保障，民主主義の基礎，優越的な地位にある ④学問の自由〈23〉…大学の自治を含む <table><tr><td>三菱樹脂事件</td><td>思想・信条による差別</td></tr><tr><td>津地鎮祭訴訟</td><td>政教分離をめぐる前例→**目的効果基準採用**</td></tr><tr><td>愛媛玉ぐし料訴訟</td><td>政教分離をめぐる最高裁初の違憲判決</td></tr><tr><td>東京都公安条例事件</td><td>デモ行進の事前規制</td></tr><tr><td>チャタレイ事件</td><td>文学作品と公共の福祉</td></tr><tr><td>東大ポポロ事件</td><td>**大学の自治**の範囲</td></tr></table>(2)　**人身の自由**…無実の人間を罰しない ①　奴隷的拘束及び苦役からの自由〈18〉 ②法定手続きの保障〈31〉…**罪刑法定主義**の考え方 ③**令状主義**〈31〉〈35〉…逮捕・住居の侵入・捜索・押収に適用 ④不当な抑留・拘禁の禁止〈34〉 ⑤拷問及び残虐な刑罰の禁止〈36〉 ⑥刑事被告人の諸権利〈37〉…証人喚問権，証人審問権，**国選弁護人制度**など ⑦自白の強要の禁止・**黙秘権**〈38〉 ⑧遡及処罰の禁止・**一事不再理**〈39〉 (3)　**経済活動の自由**…**公共の福祉**による制限 ①居住・移転及び職業選択の自由〈22〉 ②外国移住の自由及び国籍離脱の自由〈22〉 ③　**財産権**〈29〉…公共の福祉による制限，**正当な補償**が必要 <table><tr><td>薬事法距離制限違憲訴訟</td><td>法令違憲では最高裁判所2度目の違憲法令審査権行使</td></tr><tr><td>共有林分割制限違憲訴訟</td><td>共有林の分割請求に対する制限に違憲判決</td></tr></table>	**新しい人権をめぐる動き**（P.104〜107）	(1)　**新しい人権**…憲法には明文化されていない。憲法第13条を根拠に主張されるものが多い。 ①　**環境権**…快適な環境の維持→環境破壊の事前抑制 ②　**知る権利**…取材・報道の自由→行政情報の公開請求権 ③　**プライバシー権**…私生活をみだりに公開されない権利→自己に関する情報をコントロールする権利 ④　**アクセス権**…個人がマスメディアを通じて自己の意見を表明する権利 ⑤　**平和的生存権**…平和のうちに生存する権利 ⑥自己決定権…自己の人格にかかわることを，自分で自律的に決定できる権利 <table><tr><td>大阪空港騒音公害訴訟</td><td>大阪空港の夜間飛行差し止めと損害賠償を請求〔環境権〕</td></tr><tr><td>外務省秘密電文漏洩訴訟</td><td>外務省事務官から新聞記者に秘密電文が漏洩〔知る権利〕</td></tr><tr><td>『宴のあと』事件</td><td>三島由紀夫の小説がプライバシー権の侵害を問われる→プライバシー権を法的に承認</td></tr></table>
		人権の国際的保障（P.108〜111）	(1)　人権条約に対する日本の対応 ①人権条約批准による国内への影響 ・**難民条約**批准…社会保障関係法改正→「内外人平等」の実現へ ・**女性（女子）差別撤廃条約**批准…**男女雇用機会均等法**，国籍法改正，家庭科の男女共修 ②未批准の人権条約…**ジェノサイド条約**，国際人権規約B規約選択議定書，死刑廃止条約 (2)　在日外国人 ・権利と義務…納税の義務は果たしながらも，参政権のように認められない権利もある ・外国人労働者問題…入国審査の緩和により，日系人急増

1 国会の地位と組織

視点 ●日本の政治機構で国会はどのような地位を占めるか？

民主主義　権力分立

前文　……そもそも国政は，国民の厳粛な信託によるものであつて，その権威は国民に由来し，その権力は国民の代表者がこれを行使し，その福利は国民がこれを享受する。……

第41条[国会の地位・立法権]　国会は，国権の最高機関であつて，国の唯一の立法機関である。

第42条[両院制]　国会は，衆議院及び参議院の両議院でこれを構成する。

第43条[両議院の組織]①　両議院は，全国民を代表する選挙された議員でこれを組織する。
②　両議院の議員の定数は，法律でこれを定める。

1 日本国憲法の政治機構

A 議会制民主主義

前文に「日本国民は，正当に選挙された国会における代表者を通じて行動し」とあり，「権力は国民の代表者がこれを行使し」とあるように，日本国憲法は代表民主制（**議会制民主主義**）を採用し，主権者から直接選ばれる国会を「**国権の最高機関**」として国政の中心に位置づけている。

B 三権分立

日本国憲法は**立法権を国会に**（第41条），**行政権を内閣に**（第65条），**司法権を裁判所に**（第76条）属させている。また，イギリス型の**議院内閣制**を採用し，国民を直接代表する国会に内閣を統制させる一方で，アメリカ型の**違憲法令（立法）審査制**を採用し，人権保障の強化をはかっている。

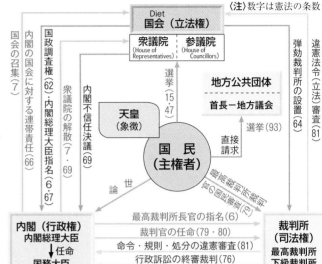

〈注〉数字は憲法の条数

2 国会の組織・構成 —二院制（両院制）

（2023年9月現在。職員数等は2022年7月現在）

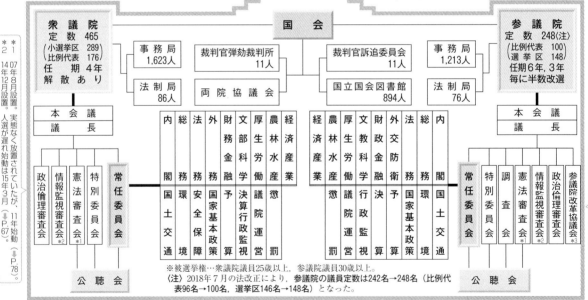

※被選挙権…衆議院議員25歳以上，参議院議員30歳以上。
〈注〉2018年7月の法改正により，参議院の議員定数は242名→248名（比例代表96名→100名，選挙区146名→148名）となった。

*1 07年8月設置。14年12月設置。
*2 11年始動。実態なく放置されていたが，人選が遅れ始動は15年3月（↓P.67）。（↓P.78）。
*3 を踏まえ改善策を答申する。最新の協議会は22年設置。

TRY　①憲法は三権分立を規定しているが，では三権の長の給料（歳費）は平等だろうか。調べてみよう。②二院制（両院制）の長所を2つあげなさい。（解答➡p.416）

←衆議院本会議場　議長席の上には，天皇・皇后が傍聴する「御座所」が設けられているが使われたことがない。

→参議院本会議場　参議院本会議場には，天皇が開会式に臨席される「御座（玉座）」が設けられている。

プラスα　日本の国会はダイエット　日本の国会は英語ではNational Dietと訳される。Dietは日本の国会とリヒテンシュタインの議会などで使用されるのみで少数派。英議会はParliament，アメリカではCongressを使用。

言の葉

人生の本舞台は常に将来に在り。（『人生の本舞台』）

尾崎 行雄 ［日：1858～1954］　政治家。1890年，第1回総選挙で当選し，以後63年間連続25回当選という記録を持つ。「憲政の神様」「議会政治の父」と呼ばれた。この処世訓は，国会議事堂のある永田町の憲政記念館の記念碑に刻まれている。

18

3 国会の種類

17年，憲法第53条に基づき野党が臨時国会の召集を求めたが，安倍内閣は3か月間応じず。20年，那覇地裁は，内閣は合理的期間内に臨時国会を召集する法的義務ありと判断。

種類	回数	会期と召集	主な議題
通常国会（常会）(52)	毎年1回	150日。毎年1月中に召集(52)。会期は1回だけ延長できる（国2・10・12）。	来年度予算の審議
臨時国会（臨時会）(53) 17	不定	会期は両議院一致の議決による（国11）。内閣又はいずれかの院の総議員の4分の1以上の要求で召集(53)。衆院の任期満了選挙または参院の通常選挙後任期が始まる日から30日以内（国2のⅢ）。	緊急に必要な議事
特別国会（特別会）(54) 17	不定	会期は臨時会に同じ。衆院の解散総選挙後30日以内に召集(54)。	内閣総理大臣の指名
参議院の緊急集会(54)* 23	不定	不定。衆議院の解散中に緊急の必要がある場合に集会。	緊急に必要な議事

臨時会と特別会は2回まで延長できる(国12)。

〈注〉　数字は憲法の条数。（国　）数字は，国会法の条数。

* 　参院の緊急集会は，過去に1952.8，次総選挙の中央選挙管理会の委員の承認などのため，また1953.3，暫定予算審議などのための2回のみ行われている。

4 国会議員の特権と身分保障

議員の特権	歳費特権(49)	一般職国家公務員の最高額以上の歳費（給料）を保障（国会法35）
	不逮捕特権(50)	会期中は逮捕されない〔例外：①議院外で現行犯の場合　②議院が許可を与えた場合(国会法33)〕会期前逮捕の議員は，議院要求により釈放可
	免責特権(51) 18	院内での発言・表決について院外で責任（刑罰や損害賠償など）を問われない〔例外：院内での懲罰（戒告・陳謝・登院禁止・除名）を受けることがある(58)〕
身分保障	議席を失う場合	①任期が満期となったとき（45・46）②衆議院の解散〔衆議院議員のみ〕(45)③資格争訟裁判により議席を失った場合(55)④除名決議(58)　⑤被選挙資格を失った場合（国会法109）　⑥当選無効の判決

〈注〉　数字は憲法の条数。

B 議席を失う場合の例

③**資格争訟裁判**（第55条）…議員の資格（公職選挙法上の被選挙権がある，兼職を禁止の公職についていない）に関する争いは議院が裁判する。前例はない。

④**除名決議**（第58条）…3分の2以上の賛成必要。過去3例－1950（参）小川友三議員，1951（衆）川上貫一議員，2023（参）東谷義和（ガーシー）議員。 ル

⑤**被選挙資格を失った場合**（国会法第109条）…当選後に選挙権・被選挙権を有しない者（公職選挙法第11条）に該当した場合。最近の例－2003（衆）中村喜四郎議員（ゼネコン汚職事件であっせん収賄罪），2010（衆）鈴木宗男議員（やまりん事件）。

⑥**当選無効の判決**…本人や運動員の選挙犯罪で裁判の結果公職選挙法第251条により当選無効となった場合。最近の例－1994（参）新間正次議員（学歴詐称事件），1998（衆）野田実議員（拡大連座制の適用），2021（参）河井案里議員（公職選挙法違反（買収））。

5 国会改革

23 国会における審議を活性化するため政府委員制度を廃止したこと。

1999 政府委員制度廃止 23 19 ル 13 14

官僚が閣僚に代わって答弁する政府委員制度を原則廃止。ただし，技術的・専門的質問については，政府参考人として官僚が答弁できる。

2000 党首定例討論 14

衆参合同で**国家基本政策委員会**を設置し，与野党の党首が国家の基本政策を週1回討論する。単なる質疑でなく，首相に反論権も認める。

2001 副大臣・政務官導入 21 ル

中央省庁再編に合わせ従来の政務次官を廃止し，副大臣22人，政務官26人を新設。省庁の政策の企画・立案に参加するとともに，国会の本会議・委員会で答弁や討論も担う。

3つとも，1999年成立の国会審議活性化法により決められた。

解説 官僚支配からの脱却 「重要な問題なので政府委員に答えさせます」と答弁した閣僚がいたほど，国会質疑は官僚頼りだった。そこで政治家主導をめざし，英国議会をモデルに改革が行われた。英国の**党首討論（クエスチョン・タイム**, ➡p.31）は言葉の決闘と言われるほど激しく，首相は質問に答弁する積み重ねをへて政府きっての政策通になるといわれる。

米大統領側近が「米国に導入したら，大統領は死んでしまう」と恐れをなしたという本家英国を目標に，政治家も勉強を重ねてもらいたいものだ。

➡党首定例討論

A 議員の待遇

（2022年4月1日現在）

現金支給	歳費	月額	約129万円（年間約1,550万円）
		期末手当	約640万円（約5か月分）
		歳費計	約2,200万円
	調査研究広報滞在費		月額100万円（年間1,200万円）
	立法事務費		月額65万円（年間780万円）
	一年間の総収入		約4,180万円
その他	秘書		公設秘書2人，政策秘書1人（1994年から）の給与を国費で支給
	議員会館		1室100平方メートル（無料）
	議員宿舎		都心の一等地（使用料3～15万円）
	JR・航空機		①JR無料パス支給，②JR無料パス＋選挙区との往復航空券引換証3回分，③選挙区との往復航空券引換証（1カ月あたり4回分）のいずれかを選べる。
廃止されたもの（廃止年）			憲政功労年金（03年）…在職50年以上　国会議員互助年金（06年）…在職10年以上　私鉄・バスの無料パスポート（12年）

立法事務費は議員が所属する会派に支払われる。

解説 自由な討論を保障 国会議員は国民の代表であるから，その任務に専念でき，外部の圧力に屈せず信念に従った自由な討論ができなければならない。議員の特権や身分保障はその意味で議会政治に不可欠である。

衆議院　参議院

解説 「文通費」法改正 2021年10月の衆院選後1日の在職で1か月分100万円が支給され問題となった**文通費**。在職日数に応じた日割り支給に法改正されたが，同時に名称も**調査研究広報滞在費**と改め事実上使途を拡大し，一方で使途公開と未使用分の国庫返納は先送りとなり，「お手盛り改正」に終わった。

用語 議員辞職勧告決議…院外の問題は懲罰対象外のため，院外で不祥事を起こした議員に辞職を迫る決議。

廃案になることが多く過去4例のみ。法的拘束力はなく辞職者はなし。

↑国会議員の議員バッジ

日本政治

●国会および両議院はどのような権限をもつか？ 民主主義 権力分立

視点

1 国会および両議院の権能

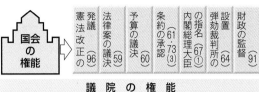

国会の権能 ➡ 憲法改正の発議（96）／法律案の議決（59）／予算の議決（60）／条約の承認（61・73③）／内閣総理大臣の指名（67①）／弾劾裁判所の設置（64）／財政の監督（91）

議院の権能

両院共通の権能

❶法律案の提出
❷議院規則の制定
❸国政の調査（→ 5）
❹請願の受理
❺議員の資格争訟裁判
❻議員の逮捕の許諾,釈放の要求
❼議員の懲罰
❽会議公開の停止
❾役員の選任
❿大臣出席の要求
⓫決議（祝賀・弔意の決議）

衆議院のみ

❶内閣の信任・不信任の決議（69）⓲
❷緊急集会に対する同意
❸法律（59②）・予算（60②）・条約承認（61）・総理指名（67②）における優越

参議院のみ

参議院の緊急集会

〈注〉数字は憲法の条数。 （有倉遼吉ほか『口語憲法』自由国民社）

解説 国会の権限行使 国会としての権限行使には衆参両院の意思の一致が必要であるが，衆参各院が別個に行使する権限については意思の一致は必要ない。

⑰⑲㉓ 2 衆議院の優越

(1) 権限で優越

● 予算先議権（第60条） ● 内閣不信任決議（第69条）⓰

(2) 議決で優越

〈注〉（ ）の数字は憲法の条数

議決事項 ➡	議 決 結 果	➡衆院の優越
㉑ **Ⓐ法律案の議決 (59)**	❶衆・参議院で異なった議決をした場合 ❷衆議院が可決した法案を参議院が60日以内に議決をしない場合	衆議院で出席議員の3分の2以上の賛成で，再可決
Ⓑ予算の議決 (60・86) ⓰⓲ **Ⓒ条約の承認 (61・73)** **Ⓓ内閣総理大臣の指名(67)**	❶衆・参議院で異なった議決をし，両院協議会でも不一致の場合 ❷衆議院が可決した議案を参議院で30日（首相指名は10日）以内に議決しない場合	衆議院の議決がそのまま国会の議決となる

(3) 両院対等

● 憲法改正の発議（第96条） ● 決算の審査（第90条）など

解説 国会の意思決定 二院制をとる国会の意思は両院の意思が一致したとき成立する。そこで両院の意思が一致せず国政が停滞するのを防ぐため，衆議院に優越的地位を認めている。

⑭ 法律案が衆議院では可決され，参議院では否決された場合，衆議院で再可決されるためには，出席議員の3分の2以上の賛成が必要であること。

⑲ 3 立法過程図 （衆議院先議の場合）

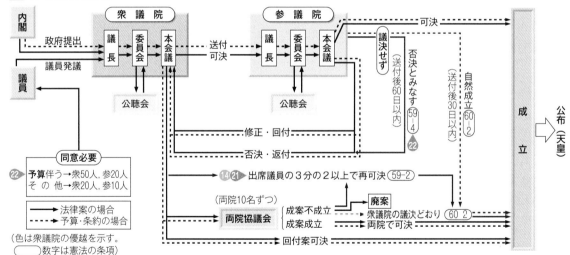

（色は衆議院の優越を示す。）
⎯⎯ 数字は憲法の条項

㉒ 予算伴う→衆50人，参20人
その 他→衆20人，参10人

⎯⎯ 法律案の場合
---- 予算・条約の場合

（色は衆議院の優越を示す。）
◯ 数字は憲法の条項

	議 案	定 足 数	表 決
定足数と表決	通常議案	総議員の1/3以上	出席議員の過半数
	特別議案	総議員の1/3以上	出席議員の2/3以上
	（秘密会・議員除名・資格争訟・衆議院再議決）		
	憲法改正発議	（総議員の2/3以上）	総議員の2/3以上

用語 本会議…衆参両院の最終的な意思決定機関。総議員の3分の1以上の出席で開会され，公開を原則とするが，出席議員の3分の2以上の賛成で秘密会とすることができる。

解説 法律の制定 提出された法律案を議長は担当の**委員会**に付託する。㉒ 委員会では趣旨説明ののち質疑となり，**公聴会**が開かれたり修正が出るなどして実質審議がなされる。委員会採決をへて法律案は**本会議**で採決され，もう一方の議院に送られる。両院の議決が一致しない場合，**両院協議会**を開くか否かは衆議院が決める。

なお，法律案はどちらの議院に先に提出してもよいが，議員が発議する場合は所属議院に先に提出する。

TRY ①参議院より衆議院に優越的地位が認められているのはなぜか。②法案審議の場合と異なり，必ず両院協議会を開かなければならない場合はどのような場合か。（解答→p.416）

プラスα 野党が法案の時間切れ・廃案を狙って行う「牛歩戦術」や「長時間演説」（フィリバスター）。前者の最高記録はPKO協力法時に参院で特別委員会委員長問責決議案の採決にかかった13時間8分（1992年）。後者の記録は5時間半（1928年）。米では24時間18分。

日本政治

4 衆議院再議決

⑲ **A 衆議院再議決**——「補給支援特措法(➡p.75)」成立過程

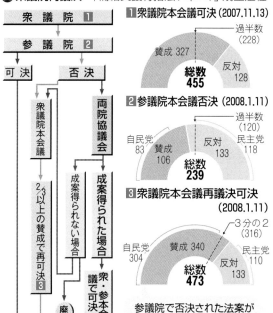

衆 議 院 1
↓
参 議 院 2
↓
可 決 ／ 否 決

可決→衆・参本会議議で・可決→**成立**

否決→両院協議会→成案得られない場合→衆議院本会議→2/3以上の賛成で再可決 3→成立／廃案

成案得られた場合→衆・参本会議で・可決→**成立**

1 衆議院本会議可決 (2007.11.13)
- 過半数 (228)
- 賛成 327
- 反対 128
- 総数 455

2 参議院本会議否決 (2008.1.11)
- 過半数 (120)
- 自民党 83 / 賛成 106
- 反対 133 / 民主党 118
- 総数 239

3 衆議院本会議再議決可決 (2008.1.11)
- 3分の2 (316)
- 自民党 304 / 賛成 340
- 反対 133 / 民主党 110
- 総数 473

参議院で否決された法案が衆議院の再可決で成立したのは57年ぶり。

用語 ねじれ国会…衆議院と参議院で与野党の議席数が逆転した国会。自民党政権は2007年の参院選で民主党に敗れ「ねじれ国会」に。2008年度予算は衆議院で可決、参議院で否決となり、首相指名では衆議院が麻生太郎(自民党)、参議院が小沢一郎(民主党)を指名するなど、ねじれが続いた。

5 委員会

⑰ 委員会において公聴会の開催が義務づけられているのは予算案の場合。法律案は義務づけられていないこと。

役割：一括質疑で議院の意思を最終決定する**本会議**に対し、議案を事前審議する場。質疑に回数の制限がなく十分な討論が可能。国会閉会中も審議できる。

種類：
- **常任委員会**…国会法で定められた常設機関。衆参とも17ある。〈例〉**予算委員会**(国政全般の審議も行う最も重要な委員会)
- **特別委員会**…各院で必要に応じ設置、期間は1会期限り。

公聴会：委員会の審議で、議案の利害関係者や専門の学識経験者の意見を聞くため開かれる(予算の場合は必ず開かれる)。

解説 モデルは？ **イギリス議会**では審議の中心は**本会議**だが、**アメリカ議会**では**委員会**が中心。日本の国会はイギリス議会がモデルだが、戦後アメリカの委員会中心主義を取り入れた。

Focus フォーカス オンライン国会

憲法第56条	■総議員の3分の1以上の出席がなければ、議事を開き議決することができない ■議事は出席議員の過半数で決す
衆議院憲法審査会	■出席にはオンライン出席も含まれる ■憲法改正は不要

国会議員にも新型コロナウイルスの感染者が出る中、オンライン国会について衆議院憲法審査会が報告書をまとめた。「緊急事態の場合、オンライン出席を認めるべき」との内容で、具体化はこれからだ。

6 国政調査権 ⑲⑱

類 第62条[議院の国政調査権] 両議院は、各々国政に関する調査を行ひ、これに関して、証人の出頭及び証言並びに記録の提出を要求することができる。

A 国政調査権の概要

目的	①法律の作成、予算審議、行政府の監視のため ②国政の情報を提供し、国民の知る権利に奉仕する
主体	衆議院と参議院。それぞれが別個に独立して行使する。
権能	国政に関して調査を行える。法律関連、財政、行政など、国の政治に関することなら、ほぼすべて調査できる。とくに政治家の汚職事件について、国政調査が行われることが多い。

⑰

証人喚問：国政調査権行使の一つ。呼び出しに強制力あり。

	出頭拒否・証言拒否	偽 証
罰則	1年以下の禁錮または10万円以下の罰金	3か月以上10年以下の懲役

〈注〉参考人招致は呼び出しに強制力はない。応じるかは任意。証言拒否や偽証に法的責任もない。

B 議院証言法 [1947.12.23法225 最終改正 2022.6.17法68]

第1条[証人の出頭・書類提出義務] 各議院から、議案その他の審査又は国政に関する調査のため、証人として出頭及び証言又は書類の提出を求められたときは、この法律に別段の定めのある場合を除いて、何人でも、これに応じなければならない。

第5条の7[宣誓・証言中の撮影・録音の許可] ①委員会又は両議院の合同審査会における証人の宣誓及び証言中の撮影及び録音については、委員長又は両議院の合同審査会の会長が、証人の意見を聴いた上で、委員会又は両議院の合同審査会に諮り、これを許可する。

第6条[偽証の罪、自白による刑の減免] ①この法律により宣誓した証人が虚偽の陳述をしたときは、3月以上10年以下の懲役に処する。

解説 両院対等 各議院の権限として国政全般を調査する国政調査権が認められており、**証人喚問**、証言・記録の提出、議員派遣などの手段がある。その手続きを規定したのが**議院証言法**。これまでに喚問された証人は衆議院だけで1,000人以上。

証人
→衆議院国土交通委員会での証人喚問(2006.1.17)

7 国会の1年

A 2013年の国会の主な動き

1月	・**常会**召集(150日間)天皇臨席の開会式 ・安倍首相の所信表明演説・各会派の代表質問 2013年度予算の閣議決定
2月	・衆参両院で施政方針演説(政府4演説)
4月	衆院で2013年度予算案の可決、参院送付 (衆法)改正公職選挙法の成立(➡p.158)
5月	参院で2013年度予算案の可決、成立 (条約)ハーグ条約の承認
6月	・**常会**閉会→70法案成立 7条約承認
7月	(参議院議員通常選挙の投開票、ねじれ解消)
10月	・**臨時会**召集(55日間)
12月	(閣法)特定秘密保護法の成立(➡p.67) ・**臨時会**閉会→37法案成立 11条約承認

政府4演説：内閣総理大臣の施政方針演説、財務大臣の財政演説、経済財政政策担当大臣の経済演説、外務大臣の外交演説の4演説。

予算・法案等審議

法案等審議

日本政治

プラスα 1976年のロッキード事件の証人喚問テレビ中継は視聴率が30%を超え「記憶にございません」の流行語を生んだが、人権への配慮の名目で88年から静止画像と音声だけの中継となっていた。しかし1998年再び議院証言法が改正され、中継が復活した。

視点 ●議院内閣制のしくみと特徴は何か？

民主主義　権力分立

内閣（Cabinet）の地位と組織

国会に対する連帯責任

第65条[行政権]　行政権は，内閣に属する。

第66条[内閣の組織，国会に対する連帯責任]①　内閣は，法律の定めるところにより，その首長たる内閣総理大臣及びその他の国務大臣でこれを組織する。

②　内閣総理大臣その他の国務大臣は，文民でなければならない。

③　内閣は，行政権の行使について，国会に対し連帯して責任を負ふ。

頻 **第67条[内閣総理大臣の指名，衆議院の優越]**①　内閣総理大臣は，国会議員の中から国会の議決で，これを指名する。この指名は，他のすべての案件に先だつて，これを行ふ。

第68条[国務大臣の任命・罷免]①　内閣総理大臣は，国務大臣を任命する。但し，その過半数は，国会議員の中から選ばれなければならない。

②　内閣総理大臣は，任意に国務大臣を罷免することができる。

頻 **第69条[衆議院の内閣不信任と解散又は総辞職]**　内閣は，衆議院で不信任の決議案を可決し，又は信任の決議案を否決したときは，10日以内に衆議院が解散されない限り，総辞職をしなければならない。

日本政治

1 議院内閣制

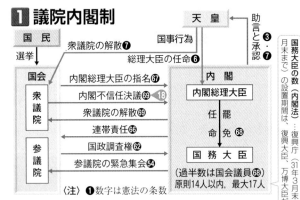

〈注〉❶数字は憲法の条数

解説 **議院内閣制**　内閣の存立が国会の信任に基づいているしくみを議院内閣制という。日本国憲法では，**衆議院に内閣不信任決議権**があり，国民を代表して内閣の行政権行使につき責任を追及する権限を認めている。一方内閣は不信任決議が可決された場合，**衆議院を解散**して国民の意思を問うことができる。このように，間接的にではあるが国会を通して行政を民意の統制下に置くことを**議院内閣制**はめざしている。

Focus フォーカス 首相官邸

　正式には内閣総理大臣官邸。ホワイトハウス（米）やクレムリン（露）のような愛称はない。地上５階，地下１階で，2002年小泉内閣の時に完成。機能強化をはかり地下１階には危機管理センターが置かれている。建設費は435億円，総工費は約700億円。

南側庭園　西出入口　正面玄関

5F	総理大臣の執務室 等
4F	閣議をする部屋・会議室 等
3F	玄関ホール 等
2F	レセプションホール 等
1F	記者会見室 等
B1F	危機管理センター 等

2 衆議院の解散と内閣総辞職 ◀20 ク 17

```
内閣の解散権    内閣不信任決議     内閣総理大臣が欠けたとき
行使（第7条）     （第69条）              （第70条）
 7条解散        69条解散        内閣が自ら判断したとき
```

（10日以内）

*不信任決議案可決を受けて解散した53・80・93年の解散は，事実上憲法第69条に基づくものだが，閣議決定により解散詔書には「第7条により解散する」と書かれた。

衆議院の解散
↓（40日以内）
総選挙
↓（30日以内）
特別国会召集

→ 内閣総辞職

内閣総理大臣指名

3 日本国憲法下の衆議院解散

*は内閣不信任決議にともなう解散。（→ p.156）

回	年月	内閣	解散にいたった経過
*①	1948.12	吉　田(2)	**なれあい解散**　総司令部の示唆で69条解散の形をとるため野党の不信任案を可決し解散
②	1952. 8	吉　田(3)	**抜き打ち解散**　初の７条解散
*③	1953. 3	吉　田(4)	**バカヤロウ解散**　野党議員質問中に吉田首相が「バカヤロウ」発言。不信任案可決で解散
④	1955. 1	鳩　山(1)	**天の声解散**　野党に早期解散を約束して解散
⑤	1958. 4	岸　(1)	**話し合い解散**　岸・鈴木党首会談で解散決定
⑥	1960.10	池　田(1)	**安保解散**　新安保条約批准の混乱後の解散
⑦	1963.10	池　田(2)	**所得倍増解散**　池田内閣の実績を背に解散
⑧	1966.12	佐　藤(1)	**黒い霧解散**　政界の「黒い霧」事件で解散
⑨	1969.12	佐　藤(2)	**沖縄解散**　佐藤訪米で沖縄返還決定し解散
⑩	1972.11	田　中(1)	**日中解散**　日中国交正常化をバックに解散
⑪	1976.12	三　木	**（任期満了）**　新憲法下唯一の任期満了による
⑫	1979. 9	大　平(1)	**増税解散**　大平首相が安定多数めざし解散
*⑬	1980. 5	大　平(2)	**ハプニング解散**　党内抗争から不信任案可決
⑭	1983.11	中曽根(1)	**田中判決解散**　田中元首相の有罪判決で解散
⑮	1986. 6	中曽根(2)	**死んだふり解散**　議員定数是正を機に解散
⑯	1990. 2	海　部(1)	**巻き返し解散**　劣勢をはね返そうと解散
*⑰	1993. 6	宮　沢(1)	**ウソつき解散**　党内対立から不信任案可決
⑱	1996. 9	橋　本(1)	**名無しの解散**　いまひとつぼやけた解散
⑲	2000. 6	森	**神の国解散**　森首相の失言が問題となり解散
⑳	2003.10	小　泉(1)	**マニフェスト解散**　マニフェストが争点
㉑	2005. 8	小　泉(2)	**郵政解散**　参議院の郵政民営化法案否決で解散
㉒	2009. 7	麻　生	**がけっぷち解散**　時機を逸し低支持率の中で解散
㉓	2012.11	野　田	**近いうち解散**　消費税増税法成立と引き替えに自民党・公明党と約束していた解散を決定
㉔	2014.11	安　倍(2)	**アベノミクス解散**　経済政策が争点
㉕	2017. 9	安　倍(3)	**大義なき解散**　大きな争点がない中での解散
㉖	2021.10	岸　田	**任期満了解散**　任期満了直前に解散

国務大臣の数（内閣法）…復興庁（31年3月末まで）の設置期間は，復興大臣，万博大臣が置かれ，原則16人以内（最大19人）。国際博覧会推進本部（26年3月末まで）の設置期間は，原則14人以内，最大17人

4 内閣の権限

〈注〉数字は憲法条数。

	権限	解説
第73条に関係するもの	法律の執行と国務の総理(73(1))	国会で制定された法律を誠実に執行し，広く，行政事務一般を統括(とうかつ)・管理する。
第73条に関係するもの	19 外交関係の処理権　(73(2))	国を代表して重要な外交関係を処理する。日常の外交事務は，外務大臣に主管させることができる。
第73条に関係するもの	19 条約締結権　(73(3))	事前または事後に，国会の承認を得ることが必要。
第73条に関係するもの	官吏に関する事務の掌握権　(73(4))	官吏とは，行政権の行使に携わる公務員のことであるが，国会議員，地方議会議員等は除かれる。
第73条に関係するもの	20 16 予算の作成権　(73(5))	予算を作成して国会へ提出し，審議を受ける。
第73条に関係するもの	20 政令の制定権　(73(6))	憲法・法律の規定を実施するためには細部の規定が必要。法律を実施するための執行命令と法律の委任を受けた委任命令とがある。
第73条に関係するもの	19 恩赦の決定権　(73(7))	訴訟法上の正規の手続によらず，刑罰の減免を決定できる。天皇が認証する。
20 天皇の国事行為に対する助言と承認　(3・7)		天皇の国事行為に関して助言と承認を与え，その責任を負う。
臨時国会の召集の決定権　(53)		内閣が必要と判断したとき，臨時国会の召集を決定する。
参議院の緊急集会の要求権　(54②)		衆議院解散時は参議院も閉会する。だが，国に緊急の必要があるときは，参議院の緊急集会を求めることができる。
最高裁判所長官の指名権　(6②)		最高裁判所の長官は，内閣が指名し天皇が任命する。
最高裁判所長官以外の裁判官の任命権　(79①，80①)		最高裁判所の裁判官は，長官以外は内閣が任命する。下級裁判所の裁判官は，最高裁判所の指名した者の名簿によって内閣が任命する。

解説 権限を強化 明治憲法下では，内閣そのものに関する規定はなく，各国務大臣が天皇を「輔弼(ほひつ)」するとされていた。また総理大臣も「同輩中の首席」に過ぎず，他の国務大臣を罷免(ひめん)する権限もなかった。日本国憲法では「行政権は内閣に属す」と明示され，総理大臣は他の国務大臣を自由に任免できるようになった。

TRY 閣議はなぜ全員一致なのか考えよう。(解答➡p.416)

用語 **内閣法**…日本国憲法第66条に基づき，内閣の職権や組織，各大臣の権限や行政事務管理の分担，行政各部に対する指揮監督権を規定した法律。1947年に制定され，明治憲法における「内閣官制」に相当するものと位置づけられる。

5 内閣総理大臣の権限

〈注〉数字は憲法条数。

A 憲法上の権限

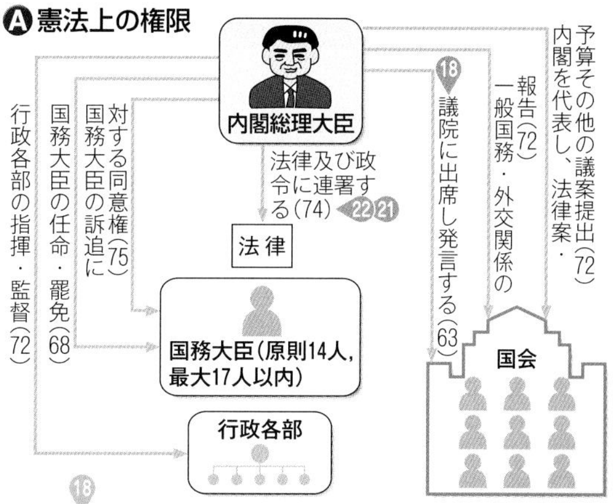

内閣総理大臣
法律及び政令に連署する(74) 22 21
法律
行政各部の指揮・監督(72)
国務大臣の任命・罷免(68)
国務大臣の訴追に対する同意権(75)
国務大臣(原則14人，最大17人以内)
行政各部
18 議院に出席し発言する(63)
一般国務・外交関係の報告(72)
内閣を代表し、法律案・予算その他の議案提出(72)
国会

内閣法上の権限	●18 閣議の主宰(しゅさい)権。重要政策の発議権*（第4条第2項） ●主任の大臣間の権限疑義の裁定（第7条） ●行政各部の処分又は命令の中止権（第8条） ●内閣総理大臣の臨時代理者の指定権（第9条） ●主任の国務大臣の臨時代理者の指定権（第10条）
その他法律上の権限	●自衛隊に対する最高指揮監督権（自衛隊法第7条） ●緊急事態の布告（警察法第71条・第72条） ●災害緊急事態の布告（災害対策基本法第105条） ●行政処分等の執行停止に対する異議の申述（行政事件訴訟法第27条）など

＊2001年の内閣法改正により認められた。

Focus(フォーカス) 閣議 21

閣議とは，内閣総理大臣とその他の国務大臣で組織される会議のこと。

運営	内閣総理大臣（主宰者）の意を受け，内閣官房長官が司会をし，国務大臣の間で審議され，全員一致で決定される。これを「**閣議決定**」という。
開催	定例の閣議は，毎週火曜日と金曜日の午前10時から首相官邸閣議室で開かれる（国会開会中は，午前9時から国会議事堂の閣議室で）。

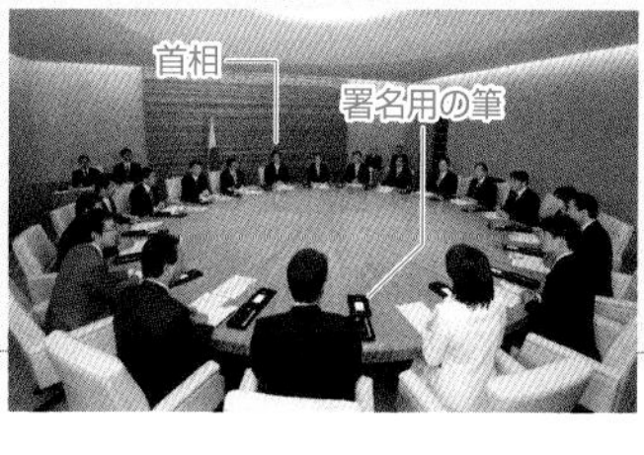

首相
署名用の筆

➲**閣議**…閣議の議事は非公開だが，2014年から議事録が公開されるようになった。(2013.1.8)

6 日本政治の動向―首相一強政治の背景

A 政治改革と自民党の変化

1994年より以前	政治改革（1994年）	自民党総裁（首相）への権力集中
・自民党一党優位政党制による長期政権（55年体制） ・派閥抗争による擬似(ぎじ)的政権交代 ・利益誘導と金権政治	①衆議院の選挙制度改革…中選挙区→**小選挙区比例代表並立制** ②**政党助成法**…公費から政党助成金を提供 ③**政治資金規正法の強化**…政治家個人への献金規正	・党執行部への集権化…小選挙区での公認権，政治資金の集中 ・総裁（首相）支持率が政党支持，小選挙区での当落を左右

B 官邸主導と政官関係の変化

以前	政治主導（官邸主導）の強化	官邸主導の弊害（忖度(そんたく)の政治）
・官僚が政策立案を主導 ・自律した官僚人事	・中央省庁再編と内閣府の新設(2001) ・副大臣・政務官設置，経済財政諮問会議等の活用 ・**内閣人事局による官僚人事**(2014)	・自衛隊日報問題，森友・加計学園問題 ・官僚による公文書隠蔽(いんぺい)，廃棄，改ざん問題

プラスα 首相が**通常国会**のはじめに行う**施政方針演説**は，予算に関わり国政全般について政府の方針を述べるもの。一方臨時国会冒頭で行う**所信表明演説**は当面の課題が中心。その後各大臣の演説，各会派の代表質問と続き国会の幕が開く。

視点 ●行政国家化によりどのような弊害が生まれているか？

 民主主義 権力分立

行政機能の拡大

肥大化する行政

1 行政機構

（2023年5月現在）

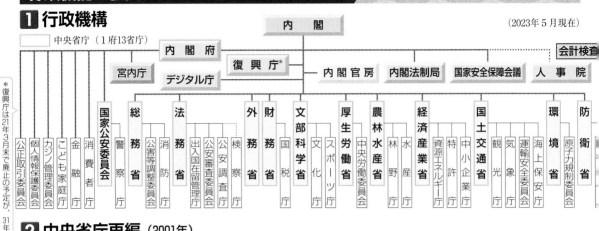

中央省庁（1府13省庁）

内 閣

内閣府 ― 復興庁* ― 内閣官房・内閣法制局・国家安全保障会議・人事院 ― 会計検査

宮内庁／デジタル庁

*3月末に延長された。
* 復興庁は21年3月末で廃止の予定が、31年

国家公安委員会／総務省／法務省／外務省／財務省／文部科学省／厚生労働省／農林水産省／経済産業省／国土交通省／環境省／防衛省

公正取引委員会／個人情報保護委員会／カジノ管理委員会／こども家庭庁／金融庁／消費者庁／警察庁／消防庁／公害等調整委員会／出入国在留管理庁／公安審査委員会／公安調査庁／検察庁／国税庁／文化庁／スポーツ庁／中央労働委員会／林野庁／水産庁／資源エネルギー庁／特許庁／中小企業庁／観光庁／気象庁／運輸安全委員会／海上保安庁／原子力規制委員会

2 中央省庁再編 （2001年）

A 中央省庁再編のねらいと内容

①縦割り行政の排除

・省庁の枠組み再編…1府22省庁→1府12省庁に

②政治家主導の行政運営―内閣機能の強化

・内閣府の新設と首相スタッフの強化 ⑱
・経済財政諮問会議や各種審議会を設置
・副大臣（計22人），政務官（計26人）の設置 ⑭

③行政のスリム化

・国家公務員や組織の削減…国家公務員の数を10年間で25%削減

④行政サービスの向上

・業務運営の効率化…90機関の独立行政法人化，特殊法人の民営化

⑱ B 中央省庁再編以降の省庁の主な動向〈注〉細字は外局。

新設	2007 **防衛省**	15 スポーツ庁，防衛装備庁
	08 観光庁，運輸安全委員会	19 出入国在留管理庁
	09 消費者庁	21 デジタル庁
	12 復興庁，原子力規制委員会	23 こども家庭庁
廃止	2003 郵政事業庁，食糧庁	08 海難審判庁
	07 **防衛庁**，防衛施設庁	09 社会保険庁

用語 復興庁…2011年の東日本大震災からの復興を目的に，翌年設置。内閣総理大臣を長とし，復興大臣が置かれている。省よりも格上で，内閣を補助し，復興に関する国の施策の企画・調整・実施，地方公共団体への窓口・支援を行う。

3 行政国家現象

㉑ 法律による委任に基づき，行政機関がその法律の具体的な内容を政令や省令などによって定めることを委任立法ということ。

人権保障の実質化の要請（社会権など）＝福祉国家

❶専門技術性の高まり（官僚制の発達）
❷迅速円滑な行政対応の必要

行政の積極的活動

❶行政の権限増大（予算を事実上決定など）
❷委任立法増大（法律で細目を行政の裁量に委任）㉑
❸内閣の法案提出増（実質は官僚が法案を作成）

行政国家現象の弊害	❶行政権による人権侵害の危険（規制による経済的自由の制約など） ❷行政官僚による国家政策の決定（選挙を経ない官僚の決定は国民主権に反する）

歯止め
❶国会：**議会主義の復権**（政治家が官僚をコントロール）
❷裁判所：**違憲審査権**の活用
❸地方自治：団体自治の強化（中央集権から地方分権へ）
❹国民：**情報公開請求**，**オンブズマン制度**などによる監視
（伊藤真『憲法』弘文堂による）

解説 **現代国家は行政国家** 19世紀の夜警国家は議会が優越する**立法国家**であったが，20世紀の福祉国家では官僚制が発達し行政権が優越する**行政国家化**が進んだ。日本でも補助金，許認可権，行政指導などにより行政機関が民間活動を業界ごと誘導する「護送船団方式」で高度経済成長が達成されてきたが，反面，官僚主義の様々な弊害が表面化し，規制緩和や行政改革が進められている。

4 肥大化する行政

A 国家公務員（分野別）数 （2023年度末定員）

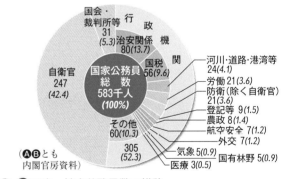

国会・裁判所等 31 (5.3)
行 政
治安関係 80 (13.7)
機 関
国税 56 (9.6)
国家公務員総数 **583千人** (100%)
自衛官 247 (42.4)
河川・道路・港湾等 24 (4.1)
労働 21 (3.6)
防衛（除く自衛官） 21 (3.6)
登記等 9 (1.5)
農政 8 (1.4)
航空安全 7 (1.2)
外交 7 (1.2)
その他 60 (10.3)
気象 5 (0.9)
国有林野 5 (0.9)
医療 3 (0.5)
305 (52.3)

（AB とも内閣官房資料）

㉓ B 国家・地方公務員数の推移

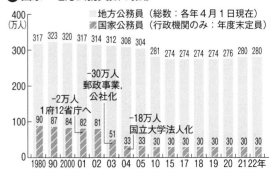

■地方公務員（総数：各年4月1日現在）
■国家公務員（行政機関のみ：年度末定員）

317 323 320 317 314 312 308 304 281 274 274 274 274 276 280 280

90 87 84 82 81 51 33 33 33 30 30 30 30 30 30 30

-2万人 1府12省庁へ
-30万人 郵政事業，公社化
-18万人 国立大学法人化

1980 90 2000 01 02 03 04 05 15 16 17 18 19 20 21 22年

プラスα 科学技術の発展は政府の政策決定においても高度な専門知識と政策能力を要求するようになったため，例えば経済・軍事・医学などの分野でテクノクラート（technocrat）と呼ばれる高級技術官僚の役割が高まっている。

日本政治

5 委任立法の事例

国会	生活保護法	1950年法律144号

・憲法第25条の理念に基づき，最低限度の生活の保障などを目的に制定

内閣	生活保護法施行令	1950年政令148号

・事務の委託や監査人の資格などを規定

厚生省	生活保護法施行規則	1950年厚生省令21号

・告示，申請，様式などを規定

厚生省	生活保護の基準	1963年厚生省告示158号

・具体的な金額や地域指定などを規定

〈注〉厚生省は現在の厚生労働省　　　　　　（➡p.278参照）

6 行政の許認可権

Ⓐ 許認可等の省庁別内訳（2017年4月1日）

15,475件

国土交通省 2,805件 18.1%
厚生労働省 2,451件 15.8%
金融庁 2,353件 15.2%
経済産業省 2,261件 14.6%
農林水産省 1,770件 11.4%
環境省 1,075件 6.9%
財務省 842件 5.4%
その他 1,918件 12.4%

Ⓑ 許認可等の"規制力"別内訳（2017年4月1日）

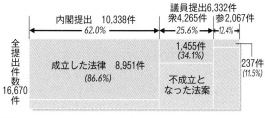

認定・検査・登録など　　その他 774(5.0)
許可・認可・承認など 4,937件(31.9%)　1,886(12.2)
届け出・報告など 7,878(50.9)

強 ◀――――― "規制力" ―――――▶ 弱

（Ⓐ・Ⓑともに総務省資料による）

7 議員立法と内閣提出立法 [14]

全提出件数 16,670件

内閣提出 10,338件 62.0%
議員提出6,332件　衆4,265件 25.6%　参2,067件 12.4%
成立した法律 8,951件（86.6%）
1,455件（34.1%）
不成立となった法案
237件（11.5%）

〈注〉1～211国会における成立率の中には，継続審査法律案で成立したものも含む。（　）内は各提出数に対する成立割合。
（衆議院・参議院資料により作成）

[14] 法律を制定する権限は国会のみが有するのではなく，内閣からも法律案が提出されること。

解説 強い行政官庁の力　法律では抽象的なことしか定めず，実施の細則は政令（内閣），省令・規則（省庁）に委任する**委任立法**が現代国家の特徴となっている（**5**）。また行政官庁は多くの**許認可権**をもち（**6**），さらに法的根拠のない助言・勧告という形で企業等を**行政指導**してきた。こうした構造が行政と特定業界の癒着と腐敗を生み，規制緩和が叫ばれる背景となっている。

一方，国会への法案提出権は内閣と議員にあるが，提出数，成立率共に内閣提出が優越している（**7**）。情報を独占的に握る行政官庁の官僚が内閣法案の原案を作成していることにその原因がある。

8 官僚制の特質―M.ウェーバーによる

権限の分配	規則により各部局の権限が明確に分けられている。—ナワバリ意識やセクショナリズムが生じる
官職階層制	官庁間や役職間に職務による階級秩序がある。—タテの人間関係が生じやすい
文書主義	決定・合意事項などはすべて文書化し，全員の共通理解を得る。—ハンコ行政の可能性
公私の分離	役所と私宅，職務上の金銭と私的財産の完全分離が行われる。—公私混同は前近代的
職務の専門性	職務執行は規則化され，その習得には法律や経済などの学問的知識を必要とする。—行政のプロ

（M.ウェーバー，世良晃志郎訳『支配の社会学』河出書房などによる）➡M.ウェーバー（1864～1920）

解説 近代社会は官僚社会　ウェーバーのいう官僚制は官庁組織だけではない。それは近代社会のあらゆる組織をつらぬく原理である。組織が近代化するということは官僚化するという意味である。

9 汚職事件とその背景

Ⓐ 政・官・財「鉄のトライアングル」

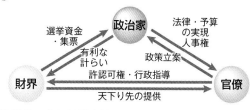

政治家
選挙資金・集票
法律・予算の実現 人事権
有利な計らい
政策立案
財界
許認可権・行政指導
官僚
天下り先の提供

Ⓑ 戦後の主な汚職事件

事件名	事件の主な内容
昭電疑獄事件（1948年）	復興金融金庫から昭和電工への融資にからむ贈収賄事件で，芦田均内閣が倒れた。
造船疑獄事件（1954年）	朝鮮特需後の不況に苦しむ海運業界による政官財に及ぶ汚職事件。佐藤栄作自由党幹事長逮捕請求では，犬養健法相の**指揮権発動**（➡p.135）で捜査挫折。
ロッキード事件（1976年）	米国ロッキード社が，旅客機の全日空売り込みをめぐり対日工作資金を政府高官らにばらまいた汚職事件。受託収賄罪に問われた元首相・田中角栄被告を頂点とする**戦後最大の疑獄**。
リクルート事件（1989年）	江副浩正リクルート会長らが政官財界の有力者に，不動産会社リクルートコスモスの**未公開株を譲渡**した贈収賄事件で，竹下登内閣が倒れた。
東京佐川急便事件（1992年）	東京佐川急便から金丸信自民党副総裁への５億円の**ヤミ献金**などが明らかとなった。
ゼネコン汚職事件（1993年）	金丸信前自民党副総裁の脱税事件をきっかけに，大手建設業界（ゼネコン）から中央・地方政界への**ヤミ献金**が明らかとなった。
日歯連ヤミ献金事件（2004年）	日本歯科医師連盟から自民党旧橋本派への１億円裏献金（ヤミ献金）が表面化した事件。
事務所費問題（2006～07年）	政治家が**報告義務のない事務所費**として巨額の経費を計上している問題。現職大臣の自殺にまで発展した。

犬養健法相➡

プラスα ポリティカル・アポイントメント（政治任用制）　政治家が，個人の能力等を基準に公職に任用すること。米国では大統領選で勝った政党が，政治的背景に基づき任用することが多く，**スポイルズ・システム（猟官制）**だとの批判もある。日本の官僚制は**メリット・システム（資格任用制）**。

🔟 高級官僚と天下り（⇒p.131）

Ａキャリア官僚の一生

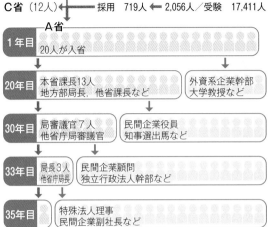

B省（31人）← 国家公務員採用総合職試験合格者（2021年度）
C省（12人）← 採用　719人 ← 2,056人／受験　17,411人
← A省

1年目	20人が入省	
20年目	本省課長13人 地方部局長，他省課長など	外資系企業幹部 大学教授など
30年目	局審議官7人 他省庁局審議官	民間企業役員 知事選出馬など
33年目	局長3人 他省庁局長	民間企業顧問 独立行政法人幹部など
35年目	事務次官1人	特殊法人理事 民間企業副社長など

（『読売新聞』2007.4.7などによる）

用語 **国家公務員採用総合職（旧Ⅰ種）試験**…国家公務員のうち各省庁の幹部候補を採用するための試験。本省勤務と自治体や他省庁への出向を繰り返し事務次官へと昇進していく。
事務次官…省庁内で大臣，副大臣，政務官に次ぐ職位であり，職業公務員が就くことのできる一般職の最高位。

解説 肩たたきと天下り　キャリア公務員とはそれを職業とする生涯職の公務員を意味するが，わが国では国家公務員採用総合職（旧Ⅰ種）試験に合格した幹部候補（キャリア官僚）を指す。しかしキャリア官僚も，最後の次官に到達するのは1人だけで，同期は順次退職していく。この**肩たたき**の際，出身省庁が民間企業や特殊法人への再就職を斡旋する。これが**天下り**だが，業界との癒着や官製談合の温床と批判をあびてきた。

Ｂ国家公務員の「天下り」総数と内訳

（内閣官房資料による）

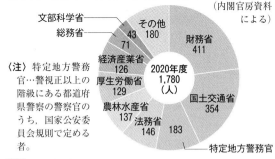

文部科学省
総務省
その他 180
経済産業省 126
厚生労働省 129
農林水産省 137
法務省 146
43
71
財務省 411
2020年度 1,780（人）
国土交通省 354
183
特定地方警務官

〈注〉特定地方警務官…警視正以上の階級にある都道府県警察の警察官のうち，国家公安委員会規則で定める者。

🔟🔟 公文書問題

2017年	■自衛隊の日報隠蔽 南スーダンやイラク派遣時の日報があるにもかかわらず「ない」と隠蔽
2018年	■財務省の公文書改ざん 森友学園への国有地値引き問題で首相夫人等の記載がある公文書を改ざん
2022年	■国交省の基幹統計書き換え 建設工事受注動態統計で2013年以降，二重計上を行い，年数兆円が過大と判明

解説 公文書は誰のものか　公文書を作らない，隠す，改ざんするなどの事例が近年頻発しており，背景には官僚の政権への忖度も見え隠れする。また，2019年には厚労省の毎月勤労統計不正も表面化しており，政府統計への信頼も揺らいでいる。

> 赤木ファイルの中で　夫は　改ざんや書き換えをやるべきではないと　本省に訴えています。それにどのように返事があったのかもまだわかっていません。夫が正しいことをしたこと

🔟 首相宛の手紙　森友学園問題で，自殺した赤木俊夫さんの妻雅子さんが，岸田首相に送った手紙の一部。（2021.10）[代理人提供]

行政の民主化
行政機構を民主的に統制するために

🔟🔟 行政委員会制度

🔟 行政委員会には，①準立法的機能があるもの，②政治的な中立性が求められる分野のものがあること。

行政委員会の例	仕事の内容	役割
🔟 **人事院**※1	・公務員の給与などの勧告	不当な政治勢力の介入と官僚統制の排除をめざすもの
🔟 **国家公安委員会**	・警察行政を統括し調整する	
🔟 **中央労働委員会** **船員中央労働委員会**※2（2008.10廃止）	・労働争議の調停・仲裁 ・不当労働行為の審査など	利害の対立する労使関係の利益を調整するもの
公害等調整委員会	・公害の紛争について調停・仲裁・裁定	行政上とくに専門知識が要求されるもの
🔟 **公正取引委員会** （⇒p.187）	・独占禁止法のお目付役	特殊な事件について行政上の不備を補い決定をなすもの
公安審査委員会	・破壊活動防止法の運用を審査	

★**教育委員会**は都道府県，市町村にはあるが国にはない。ほかに，都道府県には公安・人事・選挙管理委員会など，市町村には農業・選挙管理委員会などがある。
〈注〉※1は内閣，※2は国土交通大臣，他は内閣総理大臣が任命

解説 行政の民主化を確保　政治からの圧力を回避するため一般の行政機関から独立して職務を行うのが行政委員会である。裁決・審決などの**準司法作用**，規則制定など**準立法作用**，人事・警察など**政治的中立性が高度に要求される行政作用**を担っている。

🔟🔟 行政指導と行政手続法

行政指導	行政機関が**法律に基づかず**，勧告・助言などの指導方法を用い，**自発的な同意を得ようと働きかける**こと。
行政指導の例	［行政官庁］産業界への介入，［地方自治体］環境保全のための宅地造成や建築に対する指導など。 〈例〉大蔵省（現財務省）が銀行の店舗開設の認可に際し，事前に基準を示して銀行間を調整，内示という形で店舗を銀行に割り振っていた（1994年廃止）。
行政手続法のルール 🔟	❶許認可の審査基準，標準的な処理期間などを公表し，申請の「握りつぶし」や「棚ざらし」を防止。行政当局が申請を拒否する場合，理由を明示。 ❷営業免許の取り消しなど**不利益処分**は，事前に聴聞・弁明の機会が与えられる。処分の理由も明示。 ❸行政指導の一般原則…相手方の協力によってのみ実現されること，相手方の意思に反した指導の禁止，処分権限に基づく事実上の強制の禁止など。また，目的・内容・責任者の3点を明示し，請求された場合は書面を交付することを義務付ける。

解説 公正・透明な行政をめざして　行政指導や許認可など，不透明だった日本の行政に**行政手続法**（1994年施行）が初めてルールを導入した。国民に行政の「手の内」を公開することで，公正さや透明性を高めるのがねらい。許認可に影響力を持ってきた**族議員**の介入を間接的に封じる効果も期待されている。

プラスα　天下り後，別の企業・団体に就職しなおすことを「**わたり**」という。「渡り鳥」が語源で，再就職を繰り返し数億円もの退職金を受け取る例もある。わたり先は財団法人・社団法人などの公益法人が多く，税金のムダづかいと批判される。

日本政治

14 行政改革

Ⓐ 行政改革のあゆみ

内閣	年	内　　　容
池田	1962	第一次臨調（第一次臨時行政調査会）
鈴木	81	第二次臨調（土光臨調）三公社民営化を提言
中曽根	83	第一次行革審（～第三次1993年まで）
村山	94	行政改革委員会
橋本	96	行政改革会議「１府12省庁の中央省庁再編，独立行政法人導入」などを提言
橋本	98	中央省庁等改革基本法成立
森	2001	中央省庁が１府12省庁へ移行
小泉	05	道路公団民営化
小泉	06	行政改革推進法成立
小泉	07	郵政民営化
鳩山	09	行政刷新会議設置，事業仕分け

→ 土光敏夫第二次臨調会長

Ⓑ 第二次臨時行政調査会（土光臨調）

　行政組織の肥大化や財政悪化に対応するため，行政改革がたびたび提言され，特に中曽根内閣時代（1982〜87）の三公社民営化は大きな成果をあげた。

年	公　社	民営化後
1985	日本電信電話公社	日本電信電話株式会社（NTT）
1985	日本専売公社	日本たばこ産業株式会社（JT）
87	日本国有鉄道	日本旅客鉄道など（JR）

→ **国鉄民営化** 多額の債務を抱えていた国鉄は，1987年民営化され，６つの旅客鉄道株式会社などに生まれ変わった。（東京都1987.3.31）

Ⓒ 行政改革推進法（2006年成立）

①公務員人件費	国家公務員５％以上純減など
②政府系金融機関	６機関を統廃合，２機関を民営化
③独立行政法人	組織・業務のあり方を検討
④特別会計	統廃合で20兆円捻出など
⑤国の資産・債務	国の資産のGDP比を10年で半減

15 国営企業の民営化

3公社
- 電電公社 → 民営化　NTT（1985年），分割・再編（1999）
- 国　鉄 → 分割・民営化　JR（1987）
- 専売公社 → 民営化　JT（1985）

5現業
- 郵　政 → 郵政省廃止　郵政事業庁（2001）
  - ⇒ 公社化　日本郵政公社（2003）
  - ⇒ 分割・民営化　ゆうちょ銀行，かんぽ生命保険など（2007）（⇒p.130）
- 造　幣 → 独立行政法人造幣局（2003）
- 印　刷 → 独立行政法人国立印刷局（2003）
- 国有林野 → 2013年に企業的運営を廃止，国の一般事業となる。
- アルコール専売 → 新エネルギー・産業技術総合開発機構（1982，製造部門を移管）
  - ⇒ 独立行政法人化（2003），民営化（2006）

特殊法人
- 日本道路公団 → 民営化（2005）（⇒p.130）

16 官から民へ

⑲ 特殊法人改革と，2001年の独立行政法人の制度導入が問われた。

Ⓐ 特殊法人

【特殊法人等改革】　（2009.4現在，行政改革推進本部資料）

改革方針	対　　象
廃　止	［17法人］石油公団，日本育英会など
統　合	［４法人］国民生活金融公庫，国際協力銀行など
民営化等	［43法人］JR３社，道路関係４公団など
独立行政法人化	［39法人］国民生活センター，国際協力事業団，国際協力基金など
現状維持	［６法人］NHK，JRA，日本銀行，日本赤十字社など

【政府系金融機関の統廃合】　（『朝日新聞』2007.3.16などによる）

- 国民生活金融公庫（9兆円）
- 中小企業金融公庫（7.1兆円）
- 農林漁業金融公庫（3.1兆円）
- 沖縄振興開発金融公庫（1.4兆円）
→ **㈱日本政策金融公庫**（政府が100％株式保有）（2008.10統合，沖縄は2012以降合流）

- 国際協力銀行 ―国際金融業務（19兆円）
- ―海外経済協力業務
→ **国際協力機構（JICA）**（2008.10統合）

- 日本政策投資銀行（12.9兆円）→ **株式会社化**（2008.10）
- 商工組合中央金庫（9.4兆円）→ **株式会社化**（2008.10）
- 公営企業金融公庫（24.8兆円）→ **廃止，地方へ移管**（2008.10）

※金額は2006末の貸出残高。

解説 特殊法人　民間ではできない事業を行う公団や事業団で，法人税の免除や国の財投資金を調達できるなどの特典を与えられている。天下り問題や採算性の悪さを批判され，統廃合や独立行政法人化，民営化などの改革が進んだ。

㉓ Ⓑ 独立行政法人

（2023.4.1現在，総務省資料）

行政執行法人（7法人：職員は国家公務員）	造幣局，国立印刷局，国立公文書館，統計センターなど
国立研究開発法人（27法人）	理化学研究所，国立環境研究所，国立がん研究センターなど
中期目標管理法人（53法人）	大学入試センター，国立美術館，日本学生支援機構，国際協力機構など

解説 独立行政法人　中央省庁から現業・サービス部門を切り離す目的で2001年中央省庁再編時に発足。資金調達に国の保証が得られないことや，法人税などがかかる点で特殊法人とは異なる。2015年４月から分類が大きく変更された。

Ⓒ 特別会計の統廃合（→p.210）

2006年度	31特別会計
統合	17特別会計を7に統合
一般会計化	国営土地改良事業，登記，特定国有財産整備
独立行政法人化	国立高度専門医療センター
2011年度	17特別会計
2014年度以降	さらなる特別会計の廃止・一般会計化へ
2023年度	13特別会計

Ⓓ 事業仕分け

事業仕分け	対　象	仕　分　け
第一弾 2009.11	2010年度予算要求のムダ洗い出し	「廃止」約50事業 →2010年度予算約0.7兆円削減
第二弾 2010.4	独立行政法人・公益法人のムダ洗い出し	独法の「廃止」事業42，公益法人の「廃止」事業38など
第三弾 2010.10	特別会計，第一・第二弾の再仕分け	特別会計の「廃止」4，「統合」3など

縦書き右欄： 日本政治　以前は特定独立行政法人　以前は非特定独立行政法人

プラスα 2000年に成立した**あっせん利得処罰法**は，国会議員や自治体の議員・首長が，国や自治体の契約や行政処分に関し公務員に口利きして利益を得た場合処罰するというもの。従来の収賄罪と違い職務権限がなくても処罰の対象となる。

129

17 改革の背景は国の借金問題

Ａ 国の借金（2023年度末見込み，➡p.215）

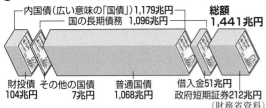

- 内国債（広い意味の「国債」）1,179兆円
- 国の長期債務 1,096兆円
- 総額 1,441兆円

財投債 104兆円　その他の国債 7兆円　普通国債 1,068兆円　借入金51兆円　政府短期証券212兆円
（財務省資料）

用語 **普通国債**…様々な歳出需要に応じるための資金を調達。
財政投融資特別会計国債（財投債）…特殊法人などの融資資金の調達のため，特別会計法に基づき発行。金融商品としては普通国債と同じ。
その他の国債…旧国鉄の債務をひきついだ国債など。
政府短期証券…円高ドル安対策費用など。
借入金…地方自治体への支援資金など。

解説 **増えた借金**　1990年代にバブル経済が崩壊し税収が減る一方，景気回復を狙って公共投資を増やし，国債は増大した。高齢化で社会保障費が増えていることも響いている。さらに，90年代以降，米国債を買い支え，保有残高を大きく増やしたことも一因となっている（➡p.215プラスα, 337）。

Ⓑ 財政投融資改革（2001年）（➡p.211）

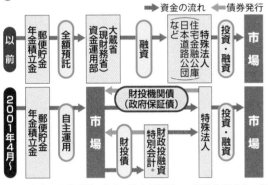

➡資金の流れ　⬅債券発行

※2001年度から①郵貯，年金の資金運用部への預託義務廃止。②特殊法人は政府保証のない財投機関債を発行し市場から資金を調達。③政府は財投債で市場から資金を調達。
＊2008年3月までは，財政融資資金特別会計。

解説 **財政投融資の果たした役割**　郵便貯金，簡易保険，年金等を原資とし，政府関係法人に貸し付け，**社会的基盤の整備を進める財政投融資計画**は1953年に始まった。同時に公団（公共事業）・公庫（金融機関）等の特殊法人が設立され，**日本版ケインズ政策**として戦後復興と高度経済成長を担ってきた。だが国・地方の財政赤字の深刻化を背景に，採算性が厳しく問われ，官僚の天下りや談合に見られる利権構造も批判された。民間でできることは民間でということで，**財政投融資改革，道路公団などの特殊法人改革，郵政民営化**などが取り組まれた。

Ⓒ 道路公団民営化

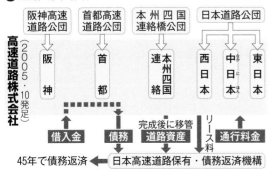

高速道路株式会社（2005.10発足）

阪神高速道路公団 → 阪神
首都高速道路公団 → 首都
本州四国連絡橋公団 → 連本州四国絡
日本道路公団 → 西日本・中日本・東日本

完成後に移管　借入金　債務　道路資産　リース料　通行料金

45年で債務返済 ⬅ 日本高速道路保有・債務返済機構

Ⓓ 郵政民営化 ⑲⑯⑭

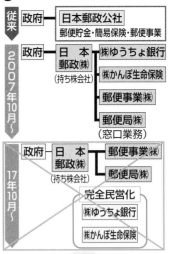

従来　政府 → 日本郵政公社（郵便貯金・簡易保険・郵便事業）

2007年10月～　政府 → 日本郵政(株)（持ち株会社）→ (株)ゆうちょ銀行／(株)かんぽ生命保険／郵便事業(株)／郵便局(株)（窓口業務）

17年10月～　政府 → 日本郵政(株)（持ち株会社）→ 郵便事業(株)／郵便局(株)
完全民営化 → (株)ゆうちょ銀行／(株)かんぽ生命保険

見直し

12年10月～　政府 → 日本郵政(株)（持ち株会社）→ 日本郵便(株)（郵便2社が統合）／(株)ゆうちょ銀行／(株)かんぽ生命保険

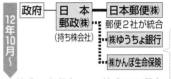

— 株式1/3超保有　― 株式100%保有
┄ 株式全株売却を目指す（努力目標）

解説 **迷走した郵政**　小泉内閣が，2005年総選挙で圧勝して実現した郵政完全民営化方針。しかし，09年の政権交代をへて，12年4月に民主・自民・公明3党の共同提出による**郵政民営化見直し法**が成立した。金融2社の売却は努力目標になり完全民営化は事実上撤回されることとなった。また，郵便2社は統合され，「日本郵便」が発足した。
　なお「日本郵政」は，海外の物流会社を買収したものの買収した会社の業績が低迷し，2016年度に民営化後初の赤字決算となった。

ゆうちょ銀行，かんぽ生命保険の総資産は合わせて約294兆円。日本の個人金融資産約1,946兆円（2021年3月末，➡p.201, 209）の約15%に及ぶ。

18 政府の役割

Ａ 政府の役割をめぐる論点（➡p.18, 176）

大きな政府	・政府が経済活動（市場）に積極的に介入し，国民の生活の保障・福祉の向上をはかる。 【政策：ケインズ経済学的】社会保障の充実，直接税を重視し高所得者からより多く税を徴収，公共事業による景気調整，主要産業の国有化など。
小さな政府	・政府の経済活動（市場）への介入を最小限にとどめ，規制緩和を推進し，市場の自由な競争を重視する。 【政策：新自由主義的】社会保障縮小で基本は国民の自己責任，間接税重視で所得に関わらない税負担を指向，公共事業は最小限，国営企業の民営化など。

Ⓑ 公的部門職員数と政府支出・人件費の国際比較

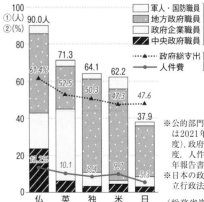

①(人) ②(%)

凡例：軍人・国防職員／地方政府職員／政府企業職員／中央政府職員
‥‥政府総支出　—人件費

①公的部門における職員数は人口千人当たり
②政府総支出・人件費はGDPに占める割合

	仏	英	独	米	日
職員数(人)	90.0	71.3	64.1	62.2	37.9
政府総支出(%)	61.4%	52.5	50.3	47.3	47.6
中央政府職員	13.2%	10.1	8.4	9.7	5.3

※公的部門における職員数は2021年度（仏2020年度），政府総支出は2020年度，人件費はOECD2021年報告書の値。
※日本の政府企業職員は独立行政法人職員等を含む。

（総務省資料などによる）

TRY　大きな政府か否かの判断で国際比較に用いられるのは，①国内総生産に占める政府支出の割合，②租税＋社会保険料（国民負担率），③人口当たりの公務員数が一般的。日本は大きな政府か小さな政府か，考えてみよう。（解答略）

プラスα 郵政民営化は，保険市場への参入を目指す米国の要求であった（**年次改革要望書**，➡p.361）。米国の要求に応えたものであることを当時の小泉首相と竹中郵政民営化担当大臣は否定していたが，実は郵政民営化に関して米国と18回の会合を重ねていた（内5回は米保険会社との会合）。

19 国家公務員倫理法（1999年制定）21

報告公開	課長補佐級以上	1回5,000円を超える接待・贈与・報酬（20,000円を超える部分は閲覧可能）
報告	審議官級以上	株取引・所得
国家公務員倫理規程（政令）		利害関係者からの接待・贈与の禁止，10,000円を超える飲食の事前届出

〈注〉国家公務員倫理審査会（人事院）が審査や検査を行う。

解説 ねらいは汚職防止 旧大蔵省接待汚職（1998年）を機に国家公務員倫理法が制定された。しかし菅首相の長男も関与した総務省の接待事件（2021年）では，利害関係のある放送事業者からの接待が常態化して倫理規定が形骸化していたことが明らかとなり，多くの処分者を出した。

▲国会で答弁する東北新社の中島信也社長と武田良太総務相
（2021.3.16）

20 国家公務員制度改革

A 国家公務員制度改革基本法（2008年制定）の内容 15

①**幹部人事の一元化**…内閣人事局を設置。官房長官が幹部候補名簿を作成。各大臣が首相らと協議して任免。
②**キャリア制度廃止**…試験区分を超えて能力に応じ処遇。
③**政治主導の確保**…内閣官房に国家戦略スタッフ，省庁に大臣補佐官をおく。

B 官僚の幹部人事と再就職の斡旋（あっせん）

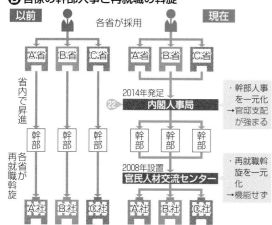

22 一般職の国家公務員の幹部人事を一元管理しているのは，内閣人事局であること。

解説 官邸支配が強まる結果に 2008年，国家公務員制度改革基本法が制定され，省庁ごと縦割りだった公務員の人事や退職後の再就職斡旋を内閣に一元化する改革方針が示された。これにより官僚の幹部人事は，内閣人事局を通して首相や首相周辺の意向が強く反映され，官僚への官邸支配が強まった。一方，官民人材交流センターによる再就職斡旋は2010年に中止され，現在は早期退職者への斡旋などに限定されている。

用語 スーパーシティ構想…自動走行，ドローン配達，AIホスピタル等の最先端技術を用い，幅広く生活全般をカバーした住みやすい都市（「まるごと未来都市」）をつくる構想。
IR（統合型リゾート）推進法…自治体のIR（カジノやレクリエーション，民泊等の一体型施設）整備を推進する法律（2016年成立）。2018年にはIR実施法が制定され，刑法の賭博罪に問われるカジノが解禁された。

21 規制改革

A 規制改革の歩み

内閣	年	規 制 改 革
橋本	1998	規制緩和委員会を設置
小泉	2002	構造改革特別区域法成立
菅	2011	総合特別区域法成立
安倍	2007	規制改革会議を内閣府に設置
	2013	国家戦略特別区域法成立

解説 構造改革論 バブル経済崩壊後，ムダを省き政府をスリム化，規制緩和で市場の力を生かすという構造改革論が台頭した。

B 規制緩和の例 22

米 の 流 通	スーパーやコンビニにも参入へ
一般医薬品	医薬部外品への移行でコンビニでも販売可
労働者派遣	製造業への派遣可能で非正規雇用労働者が急増
タクシー事業	競争激化から運転手の所得減や事故の増加→再度の規制が話題に

C 特区制度→A　（2023年3月現在。首相官邸資料）

制度	構造改革特区	総合特区	国家戦略特区
年	2002年	2011年	2013年
内閣	小泉内閣	菅内閣	安倍内閣
目的	地域の規制緩和による構造改革の推進と地域活性化	①国際戦略総合特区：経済成長の推進拠点形成②地域活性化総合特区：地域資源を活用した地域活性化	経済社会の構造改革による産業競争力の強化
数	1,402件	①7，②41地域	12？地域（437事業）
運用	地域主導	地域主導	国主導

D 構造改革特区—規制緩和の突破口 16 17 14

構造改革特区の例	主な内容
地方競馬（愛知県競馬組合）	ミニ場外馬券発売所の設置
IT人材育成（神奈川県厚木市）	情報処理関連の講座開講
どぶろく（宮城県大河原町）	自家製のどぶろく製造

E 国家戦略特区 16　（内閣府地方創生推進事務局資料による）

2014年，第2次安倍内閣が成長戦略の柱として導入。地域限定で規制緩和を進めたが，今治市（いまばり）の獣医学部新設では加計学園（かけ）の指定過程が疑惑を招いた。

● 1次指定
● 2次指定（地方創生特区第1弾）
● 3次指定（地方創生特区第2弾）

関西圏
大阪府，兵庫県，京都府
養父市（やぶ）
広島県・今治市
福岡市・北九州市
愛知県
新潟市
仙北市
仙台市
東京圏
東京都，神奈川県，千葉県，成田市
沖縄県
ドローンによる宅配の実証実験

解説 広がる規制緩和 都市公園法等の改正による規制緩和で，公園内に保育園，こども園，学童クラブなども作れることになった。待機児童対策として国家戦略特区では認められていた緩和策を改めて拡大したものだ。また，従来の旅館業法で規制されていた個人住宅での民泊サービスを認める住宅宿泊事業法（民泊新法）22も2018年に施行された。2020年には国家戦略特区法が改正され，スーパーシティ構想が実現可能になった。

日本政治
首相主導ともいわれている。

プラスα 政府は電子マネーによる給与支払いを解禁する方針で，キャッシュレス化の推進や改正出入国管理法を受け外国人労働者の受け入れを進めるのが狙いだ。しかし管理企業が破綻した場合，入金済み給与がどうなるか，外国人の銀行口座開設を後押しする方が先，といった声もある。

⑤ 裁判所の地位

視点　●司法権の独立とは何か？

民主主義　法の支配　権力分立

第76条[司法権と裁判所，特別裁判所の禁止，裁判官の独立]
① すべて司法権は，最高裁判所及び法律の定めるところにより設置する下級裁判所に属する。
② 特別裁判所は，これを設置することができない。行政機関は，終審として裁判を行ふことができない。
③ すべて裁判官は，その良心に従ひ独立してその職権を行ひ，この憲法及び法律にのみ拘束される。
瀕**第78条[裁判官の身分の保障]** 裁判官は，裁判により，心身の故障のために職務を執ることができないと決定された場合を除いては，公の弾劾によらなければ罷免されない。裁判官の懲戒処分は，行政機関がこれを行ふことはできない。

第79条[最高裁判所の裁判官，国民審査，定年，報酬]
① 最高裁判所は，その長たる裁判官及び法律の定める員数のその他の裁判官でこれを構成し，その長たる裁判官以外の裁判官は，内閣でこれを任命する。
瀕② 最高裁判所の裁判官の任命は，その任命後初めて行はれる衆議院議員総選挙の際国民の審査に付し，その後10年を経過した後初めて行はれる衆議院議員総選挙の際更に審査に付し，その後も同様とする。
③ 前項の場合において，投票者の多数が裁判官の罷免を可とするときは，その裁判官は，罷免される。
（④～⑥ 略）

日本政治

１ 司法権の独立 〈注〉（ ）内の数字は憲法の条数。

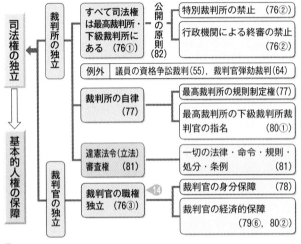

司法権の独立
→ 基本的人権の保障

- 裁判所の独立
  - すべて司法権は最高裁判所・下級裁判所にある（76①）
    - 公開の原則（82）
      - 特別裁判所の禁止（76②）
      - 行政機関による終審の禁止（76②）
    - 例外 議員の資格争訟裁判（55），裁判官弾劾裁判（64）
  - 裁判所の自律（77）
    - 最高裁判所の規則制定権（77）
    - 最高裁判所の下級裁判所裁判官の指名（80①）
  - 違憲法令（立法）審査権（81）
    - 一切の法律・命令・規則・処分・条例（81）
- 裁判官の職権独立（76③）
  - 裁判官の身分保障（78）
  - 裁判官の経済的保障（79⑥，80②）

⑭ 日本国憲法の規定によると，裁判所とともに裁判官の独立も保障されているということ。

TRY 明治憲法においては，司法権はどこにあったのだろうか。（解答➡p.416）

ル **用語 特別裁判所**…一般の裁判所体系から独立し，特定の身分の者や特定の事件に関し取り扱う裁判所。明治憲法下では軍法会議・行政裁判所・皇室裁判所があった。
終審裁判所…審級制度のうえで最終的な裁判を行う裁判所。違憲審査については必ず最高裁が終審裁判所となる。また行政機関は終審裁判を禁じられているが，前審として裁決や決定を行うことはできる。
最高裁の規則制定権…最高裁は，訴訟に関する手続き，弁護士，裁判所の内部規律及び司法事務処理に関する事項について，規則を定めることができる。
裁判公開の原則…裁判の対審および判決は原則として公開されるが，裁判所が裁判官の全員一致で公の秩序などを乱すおそれがあるとした場合，一部を除き対審は公開せず行われる。

解説 司法権の独立の意義 外部からの圧力を排除し，公正な裁判を保障するためのしくみが司法権の独立だ。日本国憲法は，裁判官の職権の独立や裁判所の自律権など広範な権限を認めることで司法権の独立を保障している。

２ 司法権の独立をめぐる事件

事件	事件の内容
大津事件	**行政権からの独立** 明治憲法が制定されてまもない明治24（1891）年，ロシア皇太子ニコライ（後の皇帝ニコライ２世）が訪日したとき，大津の地で護衛の巡査津田三蔵がサーベルで斬りつけるという事件があった。この場合，日本の皇族に危害を加えた罪に準じれば死刑であるが，一般の殺人未遂であれば無期徒刑が最高刑になる。刑法にてらして，外国の皇太子は一般人にあたるとして，大審院長児島惟謙は内閣等の圧力に抵抗し，裁判長や判事に勧告を行った。その結果，津田は無期徒刑の判決を受けることになった。（中川剛『憲法を読む』講談社現代新書）
浦和事件	**立法権からの独立** 1949年，参議院法務委員会は，生活苦の中で子どもを殺し，自首してきた母親に対して，執行猶予付きの温情判決を下した刑事事件判決に対し，憲法第62条の国政調査権を使って調査し，事実認定と量刑の軽さを批判する結論を出した。これに対し最高裁は，個々の具体的裁判の結論を審査し，批判するのは，司法権の独立を侵し，国政調査権の範囲を超えるものと申し入れた。
平賀書簡問題	**司法権内部での裁判官の独立** 1969年，自衛隊の違憲性などが争われていた長沼ナイキ基地訴訟（➡p.64）を担当する札幌地裁の福島裁判長に対して，平賀同地裁所長が国側の主張を支持する見解をしたためた書簡を送った。これが明らかになると，最高裁も裁判官の独立が侵されかねないものと重要視し，最高裁としての所信を発表するとともに，平賀所長を注意処分とし，東京高裁に異動させた。（『現代憲法入門』一橋出版による）

➡大審院長 児島惟謙

➡札幌地裁の平賀健太所長

裁判独立に疑惑
最高裁，平賀書簡で処分
平賀所長を異動

解説 公平な裁判のために 憲法第76条が規定するように，裁判官の活動を拘束するのは良心と憲法及びそれに基づく法律のみであり，外部からの干渉は許されない。大津事件は司法権の独立を護った古典的事例で，そのため大審院長児島惟謙は「護法の神」といわれているが，児島の裁判官らに対する行動により裁判官の独立が守られなかったことも忘れてはならない。

プラスα **大津事件重要人物のその後？** 津田三蔵は北海道の監獄に収容されて数か月後に病没。ロシア皇太子，後のニコライ２世は，ロシア革命により銃殺。「護法の神」児島惟謙は，1892年，大審院判事の花札あそびでの責任をとり辞職。

言の葉	生命は尊貴である。一人の生命は，全地球よりも重い。（1948年3月12日，死刑制度合憲判決事件にて）	**最高裁判所大法廷**〔日〕　死刑制度が，憲法第36条の禁じる残虐な刑罰であるかが争われた裁判で，最高裁は死刑制度を合憲と判断し，現在もこの解釈が死刑制度存置の根拠とされている。これはその判決文に記された言葉。サミュエル・スマイルズの『自助論』にも同様の記述がある。

3 司法権に関する新旧憲法比較

		大日本帝国憲法	日本国憲法
司法権の	所属	天皇（57）	最高裁判所と下級裁判所（76）
	範囲	民事・刑事裁判のみ	民事・刑事・行政裁判
	行使	天皇の名において行使（57）	裁判官が独立して職権を行使（76）
特別裁判所		設置可（60），行政裁判所（61）・軍法会議など	設置を禁止（76）※例外
違憲法令審査権		規定なし	終審は最高裁（81）
裁判官の身分保障		刑法違反・懲戒処分以外は罷免されない（58）	心身の故障，公の弾劾によらなければ罷免されない（78）
国民審査		規定なし	最高裁裁判官を国民が直接罷免できる（79）
人権尊重		公開が原則だが非公開も許容（59）	原則公開（82），他に三審制，拷問禁止など

〈注〉（ ）内の数字は各憲法の条数。
※両議院の議員資格争訟裁判（55条），国会の裁判官弾劾裁判（64条）

14 裁判官の罷免について裁判する弾劾裁判所は，国会に設けられること。

4 裁判官の任免と身分保障

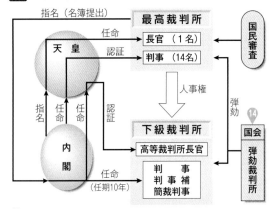

A 裁判官の身分保障　〈注〉（ ）内の数字は憲法の条数。

保障	内　容
報酬	在任中は減額されない（79，80） →公務員給与全体の改定による減額は該当しない
懲戒	裁判により行われる（78）→分限裁判による
免職	①定年［最高裁・簡裁⋯70歳，他⋯65歳］（裁判所法） ②心身の故障のため職務が行えないと判断されたとき（78）→分限裁判による ③弾劾裁判で罷免の宣告を受けたとき（78） ④［最高裁のみ］国民審査で罷免されたとき（79） ⑤［下級裁のみ］10年の任期の終了（再任可）（80）

用語　分限裁判⋯心身の故障または本人の希望により免職を決定する場合，懲戒処分（戒告・過料）を下す場合に開かれる。地裁・家裁・簡裁裁判官は高裁が，高裁・最高裁裁判官は最高裁が裁判する。

解説　司法権の独立の前提　司法権の独立を守るため，裁判官は特別の身分保障を与えられている（4）。裁判官の罷免は国会の弾劾裁判所が行う（5）。また国民審査で罷免された裁判官は一人もいない。十分な資料が国民に与えられず，罷免の場合のみ×をつける（無記入は信任とみなす）投票方法であることもあり，形骸化しているとの批判もある（6）。

プラスα　寺西判事補事件　仙台地裁の寺西判事補は，通信傍受反対集会に参加し発言したことが裁判所法の禁ずる政治運動に当たるとして，仙台高裁の分限裁判で戒告処分を受けた（1998年）。

5 裁判官の弾劾 18 15

A 裁判官弾劾法（抄）［1947.11.20法137 **最終改正** 2022法68］

第2条［弾劾による罷免の事由］　弾劾により裁判官を罷免するのは，左の場合とする。
（1）　職務上の義務に著しく違反し，又は職務を甚だしく怠つたとき。
（2）　その他職務の内外を問わず，裁判官としての威信を著しく失うべき非行があつたとき。

B 弾劾の過程

21

訴追請求（だれでも可）→ 訴追委員会（衆院10名 参院10名）→（訴追）弾劾裁判所（衆・参各7名 合議制 公開法廷）→（裁判）裁判官罷免

C これまでの主な弾劾裁判

判決日・裁判官	訴追事由・判決	資格回復
1956.4.6 帯広簡裁判事	白紙令状に署名押印し，書記官に発行させたり，略式事件395件を失効させた。　罷免判決	請求棄却 1956
1957.9.30 厚木簡裁判事	調停事件の申立人から酒食の供応をうけ発覚するとモミ消しを図った。　罷免判決	資格回復 1963
1977.3.23 京都地裁判事補	ロッキード事件に関し，検事総長の名をかたった三木首相への謀略電話の録音テープを新聞記者に聞かせた。　罷免判決	資格回復 1985
1981.11.6 東京地裁判事補	担当する破産事件の管財人から，背広2着，ゴルフセット，キャディバッグを受け取った。　罷免判決	資格回復 1986
2001.11.28 東京高裁判事	「出会い系サイト」で知り合った女子中学生に対する買春。　罷免判決	
2008.12.24 宇都宮地裁判事	部下の女性にメールを送り続けるなどのストーカー行為。　罷免判決	資格回復 2016
2013.4.10 大阪地裁判事補	電車内で女性のスカートの中を盗撮　罷免判決	

〈注〉罷免により法曹資格も失うが，罷免から5年以上経てば，本人の請求により弾劾裁判所で資格回復の裁判ができる。

6 国民審査 14 20　20 国民審査で罷免された例はないこと。

A 最高裁判所裁判官国民審査法（抄）［1947.11.20法136 **最終改正** 2022法68］

第15条［投票の方式］①　審査人は，投票所において，罷免を可とする裁判官については投票用紙の当該裁判官に対する記載欄に自ら×の記号を記載し，罷免を可としない裁判官については，投票用紙の当該裁判官に対する記載欄に何らの記載をしないで，これを投票箱に入れなければならない。

第32条［罷免を可とされた裁判官］　罷免を可とする投票の数が罷免を可としない投票の数より多い裁判官は，罷免を可とされたものとする。……

B 最近の国民審査結果

第25回（2021.10.31）　　（ ）内%

氏　名	罷免を可とする総数
深山卓也	4,490,554 （7.85）
林　道晴	4,415,123 （7.72）
岡村和美	4,169,205 （7.29）
長嶺安政	4,157,731 （7.27）
宇賀克也	3,936,444 （6.88）
草野耕一	3,846,600 （6.72）
三浦　守	3,838,385 （6.71）
岡　正晶	3,570,629 （6.24）
堺　徹	3,565,907 （6.23）
渡辺恵理子	3,495,810 （6.11）
安浪亮介	3,411,965 （5.96）

6 裁判制度

●裁判のしくみはどうなっているか？

視点　民主主義　法の支配　権力分立

1 裁判の種類

21 日本には行政裁判を扱う特別な裁判所はなく，行政裁判も最高裁判所と下級裁判所で扱われること。

刑事裁判

刑法等が規定する犯罪（殺人・強盗など）を行った者を，**国家（検察官）**が原告となって訴え**（起訴）**，刑罰を科すことを裁判所に求める裁判。

民事裁判 17 15

私的な人間同士の紛争（借金の返済など）を法律的・強制的に解決するための裁判。判決によって権利義務関係を確定する方法〔**判決手続**〕と，履行を強制する方法〔**強制執行手段**〕に大きく分けられる。

行政裁判

行政官庁の行った処分等で不利益を受けた当事者が，その適法性を争い，取消や変更等を求める裁判。その手続は**行政事件訴訟法**に定められているが，同法にない事柄は民事訴訟法による。

A 法曹三者のバッジ

▶裁判官のバッジ

外縁は三種の神器の1つであり，「公明正大，破邪顕正」をあらわす八咫の鏡を型どり，中心には「裁」の字。

▶検察官のバッジ

菊の葉と花弁の中に赤で朝日がデザインされている。「秋霜烈日」の秋の霜の冷たさと夏の太陽の激しさを意味し，刑罰をめぐる厳しい姿勢を示す。

▶弁護士のバッジ

太陽の方向に向かって明るく花開くヒマワリの花の中央に，「公正」と「平等」の象徴である秤をデザイン。

2 日本の裁判制度と三審制

日本政治

TRY 下級裁判所をすべてあげてみよう。（解答➡p.416）

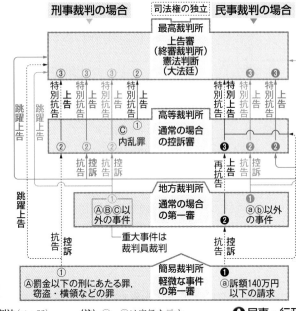

●2012年衆院選の1票の格差問題をめぐる最高裁大法廷（2013.11）（➡p.157）

裁判所の構成

（最高裁）
東京（合議制）
大法廷15人
全員
小法廷3人
以上

（高　裁）
札幌・仙台・東京・名古屋・大阪・広島・高松・福岡
（合議制）
重要5人制
通常3人制

知的財産高等裁判所（➡p.139）

（地　裁）
各都道府県1か所
北海道4か所
重要3人合議制
通常1人制

（簡　裁）
全国438か所
（1人制）
（2023.6.1現在）

刑事裁判の場合　司法権の独立　**民事裁判の場合**

最高裁判所
上告審
（終審裁判所）
憲法判断
（大法廷）

高等裁判所
通常の場合の控訴審
Ⓒ内乱罪

地方裁判所
通常の場合の第一審
ⒶⒷⒸ以外の事件
ⓐⓑ以外の事件
重大事件は裁判員裁判

簡易裁判所
軽微な事件の第一審
Ⓐ罰金以下の刑にあたる罪，窃盗・横領などの罪
ⓐ訴額140万円以下の請求

家庭裁判所
家庭・少年関係事件の第一審 19
Ⓑ少年の保護事件の審判
ⓑ家庭に関する事件の審判・調停

（1人制・合議制（3人），所在地は地裁に同じ）

上告審の判決（➡p.82）
(1)上告棄却，一審どおり確定
(2)原判決破棄・自判
(3)原判決破棄・差戻し

〈注〉①～③は審級を示す
・・・▶は第一審が簡裁
━━▶は　〃　が地裁
━━▶は　〃　が家裁
━━▶は　〃　が高裁

A 民事・行政事件の新受事件数の推移【最高裁判所】

年　次	総　数	訴　訟	抗　告	その他
1995	4,219	3,027	918	274
2000	6,476	4,557	1,302	617
2010	7,410	5,577	1,728	105
2020	6,191	4,068	1,802	321
2021	6,502	4,457	1,586	204

（最高裁判所資料）

用語 **控訴**…第一審の判決に対して，上級の裁判所に不服を申し立て審査を求めること。

上告…第二審の判決に対して，上級の裁判所に不服を申し立て審査を求めること。上告審は，憲法違反・判例違反など法律の適用の誤りについての判断が中心で，口頭弁論を開かず，書面審査だけで審理を行うことができる。

跳躍上告…第一審が違憲判決などを下したとき，控訴審を飛びこえ上告すること（➡p.64）。（民事では飛躍上告）

抗告…裁判所の決定・命令（判決以外の裁判）に対し上級の裁判所に不服を申し立て審査を求めること。

特別上告・特別抗告…高裁の判決（決定・命令）に対して，憲法違反などを理由に最高裁に不服を申し立てること。

解説 **三審制** 裁判には，刑事・民事・行政裁判があり，すべて最高裁判所と下級裁判所（高裁・地裁・家裁・簡裁）で扱われる 14（明治憲法下では特別の行政裁判所が行政裁判を担当した）。また，公正で誤りのない裁判を行うため，被告や原告は判決に不服がある場合，**控訴審・上告審**に裁判のやり直しを求めることができる（**三審制**）。

TRY 今まで学習してきた中で，跳躍上告が行われた裁判事例にはどんなものがあるか。（解答➡p.416）

プラスα 正当な理由があれば本名を改名できる（戸籍法第107条）。15歳以上なら自分で家庭裁判所に申請でき，審判を受けられる。職業に関わる襲名や難読な名前の改名などがあるが，中には高校生がキラキラネームの「王子様」を改名した例も。

言の葉

死刑の存廃は一国の文化水準を占う目安である。（『死刑廃止論』）

団藤 重光 [日：1913～2012] 法学者。東京大学を退官後，最高裁判所判事を務めた。刑事法学の第一人者で，死刑廃止論を代表する人物。刑事被告人の権利確立のため活動した。

③ 検察制度

Ⓐ 検察庁の構成

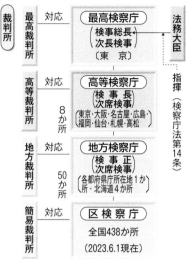

裁判所			法務大臣
最高裁判所	対応	**最高検察庁**（検事総長・次長検事）〔東京〕	指揮（検察庁法第14条）
高等裁判所	対応	**高等検察庁**（検事長・次席検事）（東京・大阪・名古屋・広島・福岡・仙台・札幌・高松）8か所	
地方裁判所	対応	**地方検察庁**（検事正・次席検事）（各都府県所在地1か所・北海道4か所）50か所	
簡易裁判所	対応	**区検察庁** 全国438か所（2023.6.1現在）	

用語 法務大臣の指揮権発動…検察庁法第14条は「検察官の事務に関し，検察官を一般に指揮監督することができ」，個々の事件の取り調べや処分については「検事総長のみを指揮することができる」として，法務大臣（法相）の指揮権を規定。

Ⓑ 検察の権限

（野村二郎『日本の検察』講談社現代新書による）

権限	検察の権限の内容
検察権（行政権の一つ）	検察は，国家の行政行為の一つで，検察庁法に基づき検察権は行使される。**職務上は法務大臣の権限に従う義務があるが**，一般行政官庁とは異なり準司法的機能をもつため，法相は検察を一般的には指揮できるが，個々の事件については，検事総長しか指揮できない。
起訴権	**起訴する権限は検察が独占** 起訴するか，起訴猶予にするか，不起訴にするかの処分を，犯罪の性格，被疑者の立場などを総合して決定する権限をもっている（**起訴便宜主義**。一方，こうした裁量権を認めないのは**起訴法定主義**という）。起訴する権限を検察が独占していることは国家訴追主義（**起訴独占主義**）という。
刑罰執行権	**検察が刑を執行** 刑事裁判の判決で有罪，実刑が確定すると，被告の身柄は検察官の収容状により刑務所に収容される。死刑判決が確定すれば，その執行にも検察官が立ち会う。服役者の刑期が終われば検察官が釈放指揮書を書き，それにより釈放される。
捜査権	第一次捜査権は警察にあるが，検察にも捜査の権限がある。

④ 検察審査会

Ⓐ 検察審査会（1948年導入）

＊満20歳以上→満18歳以上に，2022年4月から法適用。2023年2月から運用開始。

全国の地方裁判所，同支部165か所に設置されている。**審査員は11人，18歳以上*の有権者からくじで選ばれ**，任期は6か月。従来は検察審査会の議決に拘束力はなかったが，国民の司法参加の一貫で，2009年裁判員制度と同時に改革が行われ，**強制起訴**のしくみが導入された。

審査の開始…犯罪被害者などが検察官の不起訴処分が不服である場合，検察審査会に申し立てをすることができる。

審査の方法…起訴相当あるいは不起訴不当の議決があった場合，検察官は起訴すべきか再検討しなければならない。

起訴議決制度…検察官が再び不起訴とした場合でも，検察審査会の2次審査で**起訴議決**されたときは，裁判所が指定した弁護士により**強制起訴**がなされ公判が開かれることになった（2009年）。公判でも弁護士が検察官役を務める。

⑲ 検察官が不起訴処分を行った場合，その処分の適否を民意に基づいて判断する検察審査会制度がある。

Ⓒ 検察審査会の「強制起訴」制度への賛否

賛成	・被害者や遺族が意見を言える唯一の場である。 ・被害者や遺族が事件の真相を知るチャンスになる。 ・法律の専門家の前例主義を正す意味でも意義がある。
反対	・特定人物の排除を目的にした恣意的告発が行われる。 ・法律の素人による起訴は，冤罪の可能性が高まる。 ・冤罪の場合，起訴した責任を誰が負うのか不明確。

Ⓓ 検察審査会による起訴議決（強制起訴）の事例

事故・事件（発生年）	起訴議決対象（議決年）
明石花火大会歩道橋事故（2001年）	兵庫県警明石警察署副署長（2010年）⇒**免訴**

11人死亡の事故で，明石警察署副署長にも責任があるとして強制起訴。だが過失責任はなく5年の公訴時効が過ぎているとして，2013年に免訴。

東京電力福島第一原子力発電所事故（2011年）	東京電力の元会長ら幹部3名（2016年）⇒**無罪**

原発事故で病院からの避難患者44人を死亡させたなど，業務上過失致死傷罪で東電幹部3名が強制起訴された。2019年東京地裁が無罪判決後，控訴。

Ⓑ 検察審査会の流れ

（『毎日新聞』2010.4.28による）

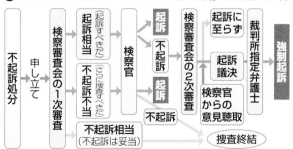

【審査結果の種類】

審査結果	内容	起訴賛成数（11人中）
不起訴相当	不起訴は正当	6人未満
不起訴不当	不起訴は不当。検察官は再捜査して起訴・不起訴を決めるべき	6～7人
起訴相当・起訴議決	検察官は起訴すべき	8人以上

Focus 「拘禁刑」導入!?（→🅰）

従来の「懲役刑」（刑務作業が義務）と「禁錮刑」（刑務作業なし）を廃止し，新たに「拘禁刑」の導入が決まった。刑務作業を義務とするのではなく，矯正教育を充実させ出所後の再犯者を減らすのが目的だ。背景には再犯者率の上昇があり，約20年前は30％余りだったのが，近年は50％に迫る勢いだ。現在のしくみは1907年に制定された刑法で決まり，当時「懲役刑」は受刑者を懲らしめる発想だった。「拘禁刑」では改善更生を図り，刑務作業と立ち直るための教育を組み合わせられるようになる。

プラスα 刑は重い順に死刑，懲役，禁錮，罰金，拘留，科料の6種と付け加えの没収がある。死刑は生命刑，懲役・禁錮・拘留は自由刑，罰金・科料・没収は財産刑という。ただし懲役と禁錮は改正法が施行されれば拘禁に一本化される。なお，拘禁刑は2025年6月に施行される。

日本政治

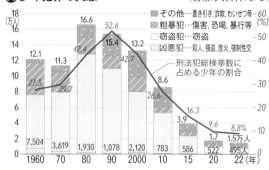
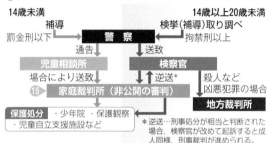

㉑ 5 裁判の公開

第82条[裁判の公開]① 裁判の対審及び判決は，公開法廷でこれを行ふ。

憲法第82条は，**裁判の対審と判決を公開法廷で行う**と規定している（少年審判は非公開。政治犯罪・出版犯罪は必ず公開）。最高裁は「『裁判の公開』は制度として保障しているが，一人ひとりが傍聴を権利として要求できることまで認めたものではない」（1989年，法廷メモ訴訟，➡p.117）としている。

米国では，連邦裁判所と一部の州を除き，テレビを含め法廷でカメラ使用が認められている。しかし，日本の最高裁は①訴訟関係人が審理に集中できなくなる，②被告人や証人のプライバシーを守る必要がある—との理由から，テレビ中継を含め開廷中の撮影を認めていない。1987年に開廷前の2分間だけ，刑事裁判の場合は被告の入廷前に限定して法廷内の写真撮影が許可されるようになった。傍聴席でのメモが自由化されたのは1989年。

Ⓐ 法廷のようす（刑事事件の場合）

裁判官（右陪席）／裁判長／裁判官（左陪席）／書記官／速記官／検察官／証人／被告人／傍聴人／弁護人／廷吏

◆**オウム事件判決公判**（東京地裁，2004年2月27日）メディア席以外に一般公開された38枚の傍聴券を求めて，4,658人が抽選に並んだ。だが，実はそのほとんどがマスコミのアルバイト。「当選」すると傍聴券は作家やリポーターに渡される。

6 裁判費用の支援制度

国 被告人国選弁護制度（刑事事件）

被告人が貧困などで弁護人を依頼できない場合，裁判所が弁護人を選任する制度。**憲法第37条で保障**されている。

⑲ **国 被疑者国選弁護制度（刑事事件）** （➡p.92）

被疑者（起訴前） が貧困などで弁護人を依頼できない場合，裁判所が弁護人を選任する制度。弁護士会などの要請で，2006年に開始されたが，対象は一定の事件に限られていた。だが，2016年成立の刑事司法改革関連法により，**被疑者が勾留された全事件へと対象が拡大**された。

弁護士会 当番弁護士制度（刑事事件） （➡p.92）

各弁護士会が行う制度。家族の電話1つで警察・拘置所に接見に出向いてくれる。1回目は無料（以後は有料）。

国 法律扶助制度（民事事件）

裁判の費用が負担できないが勝訴の見込みがある場合，訴訟・弁護士費用を**日本司法支援センター**（法テラス，➡p.138）が立て替えてくれるしくみ。返済は必要。

解説 裁判の費用 700万円を請求する訴訟で，裁判所に払う訴訟手数料が42,600円，弁護士に払う着手料が44万円，報奨金が88万円（増減額あり）。その他に実費費用もかかる。

7 少年犯罪と少年法

Ⓐ 少年犯罪の実態 （警察庁資料による）

凡例：
- その他…置き引き，詐欺，わいせつ等
- 粗暴犯…傷害，恐喝，暴行等
- 窃盗犯…窃盗
- 凶悪犯…殺人，強盗，放火，強制性交
- 刑法犯総検挙数に占める少年の割合

年	検挙数	割合(%)
1960	7,504	27.5
70	3,619	29.7
80	1,930	42.4
90	1,078	52.6
2000	2,120	42.7
10	783	26.6
15	586	16.3
20	522	9.6
22	495人	8.8%

（12.1／11.3／16.6／15.4／13.2／8.6／3.9／1.7／1.5万人）

㉓ **Ⓑ 少年事件の手続きの流れ** 〈注〉18歳未満には死刑なし。

14歳未満：補導（罰金刑以下）
14歳以上20歳未満：検挙（補導）取り調べ（拘禁刑以上）

警察
↓通告 ↓送致
児童相談所（場合により送致）／**検察官**（逆送*）／殺人など凶悪犯罪の場合
⑮ **家庭裁判所（非公開の審判）** ↔ **地方裁判所**
保護処分・少年院・保護観察・児童自立支援施設など

＊逆送…刑事処分が相当と判断された場合，検察官が改めて起訴すると成人同様，刑事裁判が進められる。

Ⓒ 少年法と改正の経緯

- ●**少年とは**…20歳未満の者（18・19歳は特定少年）㉓
- ●**保護主義**…非行ある少年に対し矯正や保護処分を行い，少年の健全なる育成をめざす
- ●**報道規制**…家裁の審判に付された場合，氏名・年齢・職業・住居・容貌など，本人を特定できる記事・写真を掲載してはならない（特定少年は起訴された段階で実名などの報道が可能に）

2000	①刑事罰の対象年齢を16歳から14歳に引き下げ ②16歳以上の殺人事件等は検察に逆送致（原則逆送）し刑事裁判を受ける
2007	少年院送致の下限を14歳からおおむね12歳以上に引き下げ
2021	特定少年（18・19歳）を新設。刑事裁判にかける対象犯罪を拡大（法定刑の下限が1年以上の罪は逆送）して厳罰化をはかり，起訴後は実名報道も可能に

解説 進む厳罰化 少年犯罪減少の一方で，凶悪化・低年齢化が言われ，少年法改正による厳罰化や犯罪被害者の権利保障が進められた。18歳成年に合わせた改正では特定少年が新設された。

8 公訴時効の廃止

Ⓐ 公訴時効の廃止・延長（2010年4月実施）

罪名	旧規定	新規定
殺人，強盗殺人，強盗致死	25年	なし
強姦致死	15年	30年
傷害致死	10年	20年
自動車運転過失致死	3・5年	10年

Ⓑ 公訴時効廃止の問題点

時間の経過とともにアリバイの証明など無罪を立証するのが困難になり，冤罪の危険性が高まる。

改正時に時効未成立の事件にも新規定適用で，憲法第39条「遡及処罰の禁止」（➡p.92）に違反するのではないか。

解説 経緯 殺人罪などの公訴時効の廃止は，犯罪被害者の権利拡大の流れの一貫で，厳罰化を求める遺族の強い声に応えたものだ。だが問題点も指摘されており，公正な裁判をどう実現するか，刑罰のあり方をどう考えるかなど課題は多い。

日本政治

プラスα 元裁判官である瀬木比呂志氏の『ニッポンの裁判』（講談社）は，最高裁判所事務総局による裁判官の言論統制の実態や，2001年の最高裁判所事務総局による名誉毀損訴訟の基準変更が，当時の自公政権（森首相）の圧力によるものだったことを暴露している。司法の独立は幻想なのか？

❾ 最高裁の違憲判決

第81条[最高裁判所の法令審査権]　最高裁判所は，一切の法律，命令，規則又は処分が憲法に適合するかしないかを決定する権限を有する終審裁判所である。

Ⓐ 法令違憲の判決—法令の全部・一部を違憲とする判決

	違憲判決 [判決年月日]	違憲とされた条文	根拠となる憲法条文	違憲理由	判決後の取扱い
⑳	尊属殺重罰規定違憲判決 [1973.4.4]（➡p.84）	刑法200条　自己又ハ配偶者ノ直系尊属ヲ殺シタル者ハ死刑又ハ無期懲役ニ処ス	14条（法の下の平等）	尊属に対する尊重報恩は社会生活上の基本的道義だが，尊属殺の法定刑は普通殺に比べ著しく重く，不合理な差別的取扱いである。	1995年7月の刑法大改正で，200条削除。
⑳	薬事法距離制限違憲判決 [1975.4.30]（➡p.96）	薬事法6条2・4項（薬局開設の許可基準として距離制限を設ける）	22条①（職業選択の自由➡職業活動の自由も意味する）	不良医薬品から国民の健康と安全を守るための薬局開設の許可自体は合憲。距離制限は，必要かつ合理的な規制とは認められない。	1975年，国会は同条項を廃止。
⑱	衆議院議員定数違憲判決 [1976.4.14/1985.7.17]（➡p.157）	公職選挙法別表第1，附則7～9項（選挙区と議員定数配分を定める）	14条，44条（議員・選挙人の資格と差別の禁止）	議員1人あたりの選挙人数（有権者）の格差が4～5倍となり，合理的に許される程度を超え，投票価値の不平等を招いている。（選挙無効請求は棄却）	1986年，格差を3倍以内に改正。
	共有林分割制限違憲判決 [1987.4.22]（➡p.116）	森林法186条（森林の共有者は総価値の過半数の持ち分がなければ分割請求できない）	29条①　財産権は，これを侵してはならない。	共有林分割請求に対する制限は，立法目的（森林の保護）を達成するために，必要な限度を超えた不必要な規制で，合理性もない。（高裁に差し戻し）	1987年，国会は同条項を廃止。
	郵便法違憲判決 [2002.9.11]（➡p.116）	郵便法68条・73条（郵便局側の過失による損害の賠償責任を制限）	17条（国の賠償責任）	書留郵便で，郵便局側の過失により生じた損害は，過失の内容などにより賠償責任を負う必要があり，制限規定の一部は違憲である。	2002年，国会は同法を改正。
	在外選挙権制限違憲判決 [2005.9.14]（➡p.116）	公職選挙法附則8項（在外邦人の選挙権を衆参の比例のみに制限）	15条，43条，44条（選挙権・選挙人の資格など）	情報を伝える困難さを理由とする在外投票（在外邦人の選挙権）の制限規定は，通信手段が発達した現在，やむを得ない制限とは言えず違憲。	2006年，国会は同法を改正し制限を廃止。
⑲	国籍法違憲判決 [2008.6.4]（➡p.84）	国籍法3条1項（日本人父と外国人母の非嫡出子の国籍取得には，父の出生後認知と両親の結婚の両方が必要）	14条（法の下の平等）	婚姻の有無で国籍取得を区別するのは，遅くとも2003年当時には合理的な理由のない差別として憲法に反する。両親の結婚以外の要件が満たされれば国籍を取得できる。	2008年，国会は同法を改正し結婚要件を廃止。
⑲	婚外子相続差別違憲判決 [2013.9.4]（➡p.87, 115）	民法900条4号の但書（婚外子の相続分は嫡出子の半分とする）	14条（法の下の平等）	婚外子（非嫡出子）という自ら選択できない事情で不利益を受けることは許されない。（ただし，今回の判断は解決済みの相続には影響を及ぼさない）	2013年，国会は同法を改正。
⑲	女性再婚禁止期間100日超違憲判決（➡p.87）[2015.12.16]	民法733条1項（離婚した女性は6か月間再婚できない）	14条，24条（結婚における男女の平等）	父子関係の確定のための女性の再婚禁止規定は，医療や科学技術の発達から100日を超えて禁止するのは結婚の自由への過剰な制約であり違憲。	2016年，国会は民法を改正。
	在外邦人国民審査制限違憲判決 [2022.5.25]	国民審査法（在外邦人の国民審査権行使の規定を欠く）	15条，79条（公務員の選定・罷免権など）	最高裁判所裁判官の国民審査について在外邦人の投票規定がない国民審査法は公務員の選定・罷免権を保障した憲法15条に違反する。	
	性別変更の手術要件違憲判決 [2023.10.25]	性同一性障害特例法（性別変更5要件のうち生殖機能をなくす手術を求める要件）	13条（幸福追求権）	性同一性障害の人が戸籍上の性別を変更する際の要件の，生殖機能をなくす手術は，憲法13条が保障する「自己の意思に反して身体への侵襲を受けない自由」を過剰に制約し，違憲。	

Ⓑ 適用違憲の判決（主なもの）—法令自体は合憲であるが，当該事件に適用される限りにおいて違憲とする判決

	違憲判決 [判決年月日]	違憲とされた条文や措置	根拠となる憲法条文	違憲理由
㉒	愛媛玉ぐし料違憲判決 [1997.4.2]（➡p.89）	愛媛県の公費による靖国神社への玉ぐし料支出	20条③，89条（政教分離など）	県の措置は，憲法が禁止する公的機関の宗教的活動に当たる。
㉒	砂川政教分離違憲判決（空知太神社訴訟）[2010.1.20]（➡p.115）	北海道砂川市が市有地を神社敷地として無償で提供	20条①，89条（政教分離など）	市の提供は公の財産の利用提供に当たり，特定の宗教に対する特別の便宜の供与に当たる。
	孔子廟政教分離違憲判決 [2021.2.24]（➡p.115）	沖縄県那覇市が公有地を孔子廟に無償で提供	20条③，89条（政教分離など）	公有地の無償提供は，特定の宗教を援助したと見られてもやむを得ず，宗教的活動に当たる。

⑰Ⓒ 2つの違憲審査制—日本は司法審査制

司法審査制（付随的違憲審査制）	アメリカが代表例。個々の訴訟の過程で，その解決に必要な限りで違憲審査権を行使する。日本もこの制度で，すべての裁判所が個々の訴訟事件を裁判する過程で違憲審査を行う。**違憲判決は個々の訴訟に限り効力をもつ**ので，法律ならば改めて国会の改廃の手続きを必要とする。
憲法裁判所制（抽象的違憲審査制）	ドイツが代表例。特別の**憲法裁判所**で具体的訴訟を離れて法令などの合憲性を審査する。

解説 **司法消極主義**　最高裁は憲法第81条にあるように違憲審査を行う終審裁判所であることから，「憲法の番人」と呼ばれる。法令違憲の判決は今までに11種12件あり，また適用違憲の判決がⒷに3件示されている。砂川事件（日米安保条約），苫米地事件（憲法第7条による衆議院解散）では，**統治行為論**（➡p.64）により憲法判断を回避した。これは，選挙を経ない司法部門が政治部門（立法・行政）にむやみに介入すべきではないとする最高裁の**司法消極主義**を示している。

用語 **統治行為論**…砂川事件の最高裁判決（1959年，➡p.64）の「国家の存立にかかわるような**高度の政治性**をもつ問題については，裁判所は憲法判断ができない」という統治行為論が示されたことで，以後，**違憲法令審査権は機能不全**となっている。憲法学者の長谷部恭男早稲田大学教授は「統治行為論がある限り政府の権限をコントロールすることは不可能」だと批判している。 ⑰

日本政治

プラスα 10年の任期を終えた判事補が最高裁に再任を拒否された**宮本判事補再任拒否事件**（1971年）。「青年法律家協会」に入っていたことが原因と言われたが，最高裁は拒否の理由を明らかにしなかった。

●司法制度改革で何がどう変わったのか？

視点 | 民主主義 | 法の支配 | 権力分立

1 司法制度改革

改革の背景	・裁判に時間がかかりすぎる ・先進国の中でも法曹人口が少なすぎる ・市民の司法参加がほとんどない

2001年　司法制度改革推進法が成立
2002年　司法制度改革推進計画が閣議決定

裁判制度の改革

①裁判のスピードアップ
・刑事裁判に公判前整理手続きを導入（05年，⇒2）
・即決裁判を導入（06年）
・裁判外紛争解決手続き（ADR）の拡充（⇒5）
②高度な専門知識を要する裁判への対応
・知的財産高等裁判所を東京高裁に設置（05年，⇒p.139）
③人権擁護の充実
・日本司法支援センター（法テラス）開設（06年，⇒3）
・被疑者段階での国選弁護制度の導入（06年）

法曹人口の拡大
・法科大学院の開設（04年，⇒4）

国民の司法参加
・裁判員裁判の導入（09年，⇒p.140）
・検察審査会の起訴議決制度の導入（09年，⇒p.135）

用語 **即決裁判**…殺人，放火などの重大事件を除く，争いのない明白軽微な事件について，検察官が起訴と同時に申立てを行い，裁判所の決定によって開始され，即日判決が言い渡される。

2 刑事裁判の迅速化—「公判前整理手続き」

殺人や放火等の重大事件（裁判員制度で評議する事件）に適用

①裁判所が適用を決定
②検察・弁護人・裁判所の3者で争点と証拠を確認し，日程を調整

裁判の流れ　例：ライブドア裁判

捜査	・2006.1.23　証券取引法違反で堀江貴文氏逮捕
起訴	・2.13　東京地検が起訴
公判前整理手続き	スピードアップ
公判	・9.4　初公判。11.28までに計26回の公判
判決	・2007.3.16　懲役2年6か月の実刑判決。→控訴

約6か月

解説 **速い裁判**　裁判員制度導入で市民が裁判に参加しやすくするため，公判前にスケジュールを決めて裁判のスピードアップをはかる**公判前整理手続き**が始まった。

3 日本司法支援センター「法テラス」

目的	全国どこでも簡単に法律サービスが利用可能に
運営	総合法律支援法に基づく独立行政法人「日本司法支援センター」を拠点とし，全国50か所に事務所設置
業務	①情報提供　相談内容に応じ情報を無料提供 ②民事法律扶助　裁判関連費用の立て替え等 ③司法過疎対策　弁護士不足地域の法律サービス ④犯罪被害者支援　弁護士などを紹介 ⑤国選弁護業務　容疑者段階からの国選弁護人確保

4 法科大学院と法曹養成

A 各国の弁護士数比較（2022年）

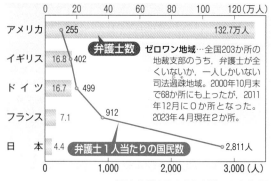

ゼロワン地域…全国203か所の地裁支部のうち，弁護士が全くいないか，一人しかいない司法過疎地域。2000年10月末で68か所にも上ったが，2011年12月に0か所となった。2023年4月現在2か所。

弁護士1人当たりの国民数

（日本弁護士連合会資料等により作成）

B 法曹養成制度

C 法科大学院の志願者・入学者と入試実施校数の推移

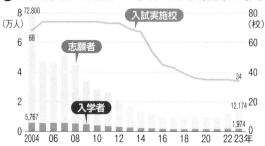

解説 **法曹資格取っても職がない**　欧米に比べ少ない法曹人口を増やすため，司法試験合格者を年3,000人，大学院修了者の7〜8割が合格する計画を立てた。しかし法曹需要は増えず，予備試験導入もあり，志願者は激減。そこで政府は法学部入学から最短5年目で司法試験を受けられる「法曹コース」を設置（2020年），在学中の司法試験受験（2023年）などの改革を行った。

5 裁判外紛争解決手続き—ADR（Alternative Dispute Resolution）

A 自転車ADRセンターの手続き

自転車事故のトラブルを専門家による調停で解決する取り組みが注目されている。自転車ADRセンターでは，一方の当事者が申し立て，相手が応じれば弁護士らでつくる調停委員会が双方の主張を聞くなどして和解をめざしている。

当事者申し立て
↓
相手への通知　相手が拒否
↓
調停委員会による調査
↓
調停案の提示　折り合わず
↓
和解が成立　手続き打ち切り

（『朝日新聞』2013.6.2による）

解説 **広がるADR**　裁判によらず，専門知識を持つ第三者が中立の立場で当事者間に入りトラブルの解決を図る仕組み。弁護士会や行政書士会など認証を受けたADR機関が，民事全般のトラブルに加え，スポーツやペット，土地の境界，敷金返還など多様な問題に取り組んでいる。

プラスα **日本にもあった陪審制**　日本でも大正12年（1923）に陪審法が制定され，刑事の審理陪審を設けたが，次第に利用件数が乏しくなり，昭和18年（1943）に施行が停止されたまま現在に至っている。

日本政治

6 知的財産高等裁判所（2005年設置）

設置	東京高裁の特別の支部として2005年に設置
特徴	知的財産に関する事件を専門に取り扱う
担当する主な裁判	・特許権訴訟の第二審 ・特許庁の審決を不服とする訴訟の第一審

解説 国内初の専門裁判所 知的財産権（⇒p.97）とは，著作権や特許権など，人間の精神的創作や産業活動での発明などに対する権利。2002年に小泉首相が「知財立国」推進を掲げ，**知的財産高等裁判所（知財高裁）を2005年に設置した。**

7 損害賠償命令制度（2008年導入）

①対象となる犯罪	殺人，傷害，強制わいせつ，強制性交等法律に定められている一定の重い犯罪
②申し立ての方法	・刑事裁判の結審までに，裁判所に申し立て。 ・有罪判決が出た場合，同じ裁判官が同日中に民事上の損害賠償請求の審理に入る。 ・原則4回以内の審理で結論を出す。

解説 被害者の負担軽減 殺人，傷害等の刑事事件を担当した裁判所が，引き続き犯罪被害者などによる損害賠償請求という民事上の請求についても，刑事損害賠償命令事件として審理をするという制度。従来は改めて民事裁判を起こすしかなく，被害者の負担や時間がかかりすぎることが問題となっていた。

⑰ 8 被害者参加制度（2008年導入）

①対象となる犯罪	・殺人・傷害等により人を死傷させた犯罪 ・強制わいせつ・強制性交等の犯罪 ・過失運転致死傷等の犯罪 ・逮捕及び監禁の犯罪 ・略取・誘拐・人身売買の犯罪　　など
②被害者参加人のできること	・公判に出席し，法廷で検察官の横に着席。 ・被告の生活態度など情状にからむ証人尋問で直接証人を尋問できる。 ・意見陳述を行うために必要な場合に，被告人に直接質問できる。 ・事実または法律の適用について意見を述べることができる。例えば量刑に関する意見陳述もできる。
③犯罪被害者の権利拡大の経緯	・1999年　被害者等通知制度開始 ・2000年　犯罪被害者保護法施行 ・2004年　犯罪被害者等基本法成立 ・2008年　被害者参加制度導入

（②の行に㉑のマーク）

解説 被害者の感情の尊重 殺人，傷害など一定の刑事事件の被害者や遺族が，裁判所の許可の下，被害者参加人として刑事裁判に参加する制度。これにより，被害者としての意見を，直接裁判所に伝えることができるようになった。

刑事司法改革

書面中心から公判中心の裁判へ

9 刑事司法改革関連法（2016年成立）

⑳ **Ⓐ取調べの可視化（録音・録画）**─2019年開始

裁判員裁判の対象事件と検察の独自捜査について，逮捕後の全過程で**取調べの可視化（録音・録画）**が義務化された。供述調書偏重と批判されてきた日本の刑事司法において，大きな一歩となった。

しかし，義務化された事件は**全体の3%程度。**多くの冤罪を生む痴漢や選挙違反は含まれていない。**対象も「逮捕または勾留されている容疑者」に限定されており，逮捕前や起訴後の任意の取調べは除かれている。**冤罪事件には，任意という名の下に厳しい取調べを受け，逮捕後に虚偽の自白をしてしまうケースもある。全事件を対象とし，任意の取調べにも広げることが課題となる。

集音マイク／ドーム型カメラ

◀「可視化」専用取調室（2016.3.28）

Ⓑ司法取引─2018年開始

内容	①協議・合意制度…容疑者や被告人が他人の犯罪を明らかにするのと引き換えに，検察官が求刑を減免する。 ②刑事免責制度…自身も関わった犯罪について，罪に問われないことを約束され，共犯者の裁判で証言する。
長所	・巧妙化する組織犯罪に有効。暴力団犯罪で首謀者である組長の関与について供述を得やすくなる。 ・贈収賄や脱税等の企業犯罪の摘発に有効。
短所	・自分の罪を軽くするためのうその供述をする可能性があり，冤罪を生む危険がある。
法務省の冤罪対策	①うその供述には罰則を設ける。 ②司法取引の場に弁護士が立ち会う。 ③供述について客観的な裏付けを行う。

Ⓒ そのほかの改正内容

通信傍受の対象犯罪拡大（⇒p.106）	●犯罪類型を4から13に拡大。 ●通信事業者の立ち会い不要に。
容疑者・被告人の権利	●国選弁護制度拡大（⇒p.136）…国費で弁護人がつく対象をすべての勾留事件に拡大。 ●証拠リスト開示制度…被告人側からの求めで，検察官は証拠の一覧表を示すことを義務化。
公判での被害者や証人の保護	●証人尋問の「ビデオリンク方式」…被告人が出廷した裁判所とは別の裁判所で，モニターを通じた証人尋問を可能に。 ●証人らの情報を伏せる…被告人から危害を加えられるおそれがある場合，裁判所は証人の氏名などを伏せることを可能に。

Focus 日産自動車で司法取引

東京地検特捜部が日産自動車会長のゴーン容疑者らを逮捕・起訴した役員報酬隠蔽事件（2018年）で，日産幹部と検察側で司法取引が行われた。この事件では，日産の経営上の主導権争いに司法取引が用いられたのではないかとの指摘もある。

東京地検特捜部　刑事処分の軽減　日産幹部
司法取引
操作に協力
捜査→ゴーン容疑者

米国では1970年代に司法取引を導入。刑事事件の95%が司法取引で処理され，裁判が開かれるのは5%といわれる。一方，冤罪の温床とも批判され，73年以降死刑判決後に冤罪と判明した111人の45.9%が，他の犯罪者による虚偽の密告が原因との報告もある。

プラスα 経済的に余裕がない場合，被害者参加人は裁判所に対し，**日本司法支援センター（法テラス）**を経由して**被害者参加弁護士**の選定を求めることができる。裁判所が被害者参加弁護士を選定し，国がその費用を負担する。

↑裁判員裁判を終え，会見する裁判員経験者ら（神戸地方裁判所 2009.9.9）

時事特集

裁判員制度
開始から14年

2009年に始まった裁判員制度。裁判に市民感覚が反映されて量刑などにも変化が見られ，プロの裁判官からも評価されている。しかし裁判員となるのは一般市民には大きな負担にもなる。死刑判決に関わった裁判員が急性ストレス障害となり，賠償を求めて国を提訴した事例も起きた。諸君は裁判員に選ばれたらどうする？

日本政治

1 裁判員制度—2009年5月から実施

⑭	構　成	裁判官3人，裁判員6人（同1人と4人の場合も有）
㉑㉓	対象事件	**地方裁判所で行われる刑事裁判のうち，殺人や傷害致死などの重大事件**（年間約3,100件）
	裁 判 員	満18歳以上*からくじ引きで選出
	辞　退	病気や介護・育児・仕事など一定の理由で可能
㉑	守秘義務	違反すれば懲役・罰金刑（最高で懲役6か月）

＊満20歳以上→満18歳以上に，23年1月から運用開始。22年4月から法適用。

A 裁判員裁判の流れ

1 捜査・起訴 → **2** 準備手続き・裁判員選任 → **3** 公判前整理手続き（➡p.138）

↓

6 任務完了 ← **5** 評議・評決（事実認定・量刑判断） ← **4** 公判・審理

㉑ 生涯続く守秘義務（違反は最高で懲役6か月）

裁判官と裁判員が，有罪か無罪かを判断（事実認定）し，有罪の場合は刑罰を決める（量刑判断）。

B 裁判員選任手続き

①裁判員候補者名簿作成・通知（前年の秋ごろ）

地裁ごとに満18歳以上の人の中からくじ引きで翌年の裁判員候補者名簿を作成→辞退理由などの調査票を送付

裁判員になれない人	裁判員を辞退できる人
・事件の関係者 ・国会議員 ・知事　　・市町村長 ・検察官　・弁護士 ・警察官　・自衛官など	・70歳以上の人　・学生 ・5年以内に裁判員を務めた人 ・介護，育児などやむを得ない理由がある人など

②事件ごとに裁判員候補者を選任（公判6週間前）

名簿からくじで裁判員候補者を選出→約50人に呼出状・質問状を送付｜辞退が認められた人は呼出しを取り消す

③裁判員の選任（公判初日の午前中）非公開

裁判所で裁判長が候補者に質問｜検察官・弁護士が同席し，除外したい候補者を原則
・不公平な裁判をするおそれの有無｜各4人まで指名可能
・辞退希望者の有無・理由など

↓

裁判員6人を選任

被告人が起訴事実を認めているなど，争いがない場合は裁判官1人，裁判員4人の審理もある。必要であれば補充裁判員も選ぶ。

（ＡＢともに最高裁資料による）

時事特集

C 各国の裁判制度比較

比較項目	［日］裁判員制	［独］参審制	［米］陪審制
参 加 数	6（4）人	2人	12人
選出方法	無作為抽出	政党等の推薦	無作為抽出
任 期	1事件	5年（再任可）	1事件
事実認定	有：裁判官と合議	有：裁判官と合議	有：裁判官から独立
量刑判断	有：裁判官と合議	有：裁判官と合議	無
評決方法	＊条件付き多数	3分の2以上	全員一致

㉑ ⑮

2 裁判員制度の現状と課題

D 14年で約11.8万人が裁判員に（2023年3月末）

裁判員（補充含む）	11万8,428人
裁判員候補者	161万3,711人
辞退が認められた候補者	102万8,319人
判決を受けた被告	15,644人 ｜ 死刑判決 44人 ／ 無罪判決 147人

多数決で有罪判決をする場合は，裁判官と裁判員の各1人以上を含む過半数の賛成が必要。無罪判決には条件はなく，過半数で決まる。

E 裁判員の声（2022年度）

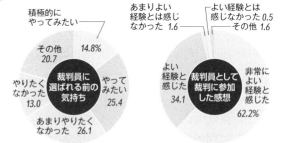

裁判員に選ばれる前の気持ち
積極的にやってみたい 14.8%
やってみたい 25.4
あまりやりたくなかった 26.1
やりたくなかった 13.0
その他 20.7

裁判員として裁判に参加した感想
非常によい経験と感じた 62.2%
よい経験と感じた 34.1
あまりよい経験とは感じなかった 1.6
よい経験とは感じなかった 0.5
その他 1.6

F 平均審理期間と辞退率・欠席率の推移

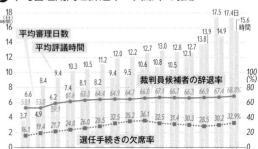

平均審理日数
平均評議時間
裁判員候補者の辞退率
選任手続きの欠席率

2009 10 11 12 13 14 15 16 17 18 19 20 21 22 23年
〈注〉2023年は速報値。　（ＤＥＦともに最高裁資料などによる）

G 裁判員制度の課題

①市民感覚か先例か—覆った死刑判決（2023年6月20日現在）

裁判員裁判で死刑判決は45件，そのうち8件が控訴審で破棄され無期懲役と判決された。殺害された被害者の人数など，死刑判決は先例を踏まえるべきとの判断だ。しかし，「裁判に市民感覚を取り入れるために制度ができたはずで，先例で決めるなら裁判員制度はいらない」と被害者遺族は強く批判している。

②遺体写真でストレス障害—裁判員が国を提訴

強盗殺人事件の裁判員の女性は，裁判に当たり遺体のカラー写真や悲鳴が入った録音テープを聞かされるなどして，急性ストレス障害と診断された。そこで，賠償を求めて国を提訴し，裁判員制度が「憲法の禁ずる意に反する苦役にあたる」と主張。最高裁は女性の訴えを退けたが，写真をイラストにするなどの工夫を促した。

解説 裁判員制度の今後 定着したと言われる一方で，辞退率・欠席率の上昇が気になる裁判員制度。背景には審理期間が長くなっていることや，精神的負担の問題がいま見え，裁判員の負担軽減がこれからの課題と言えそうだ。

項目	学　習　の　内　容　〈　〉内の数字は憲法の条数

国会の地位と組織（P.120・121）

(1) 国会の地位
　国権の最高機関〈41〉，唯一の立法機関〈41〉
(2) 国会の組織
　① 二院制（両院制）…抑制と均衡による独走の防止，より多様な民意を反映させる

	議員定数	任期	解散	被選挙権
衆議院	465人	4年	あり	満25歳以上
参議院	248人	6年	なし	満30歳以上

　② 委員会制（常任委員会，特別委員会）…審議の中心，公聴会の開催も
(3) 国会の種類…会期制のため閉会期間がある
　① 通常国会（常会）　② 臨時国会（臨時会）
　③ 特別国会（特別会）　④ 参議院の緊急集会
(4) 国会議員の特権
　① 歳費特権　② 不逮捕特権　③ 免責特権
(5) 国会改革
　① 政府委員制度の廃止　② 党首定例討論（国家基本政策委員会）　③ 副大臣・政務官の導入

国会の権限（P.122・123）

(1) 国会の権限
　① 法律の制定　② 予算の議決　③ 条約の承認　④ 内閣総理大臣の指名　⑤ 弾劾裁判所の設置　⑥ 憲法改正の発議
(2) 各議院の権限…① 国政調査権　②議院規則制定権
(3) 衆議院の優越　←任期も短く解散もあり民意を反映しやすい
　・衆議院の予算の先議権　・内閣不信任決議権
　・法律案…異なる議決（又は参院が60日以内に議決しない）→両院協議会or衆議院が出席議員の3分の2以上で再可決→成立
　・予算，条約承認，内閣総理大臣指名…異なる議決で両院協議会（必ず開く）でも一致せず（又は参議院が30日以内あるいは内閣総理大臣指名は10日以内に議決しない）→衆議院の議決が国会の議決に

内閣の地位と組織（P.124・125）

(1) 内閣の地位…「行政権は内閣に属する」〈65〉
(2) 議院内閣制…内閣は国会に連帯して責任を負う
　① 内閣総理大臣は国会が指名〈67〉
　② 国務大臣の過半数は国会議員でなければならない〈68〉
　③ 衆議院の内閣不信任決議権と，内閣の衆議院解散権
(3) 内閣の組織
　・文民であること→自衛隊の文民統制
　・内閣総理大臣…国会議員の中から国会が指名（天皇が任命）
　・国務大臣…内閣総理大臣が任免
　・国務大臣の数（内閣法）…原則14人以内（最大17人）
　→復興庁（31年3月末まで），国際博覧会推進本部（26年3月末まで）が設置されている間は，復興大臣，万博大臣が置かれ，原則16人以内（最大19人）。

内閣の権限（P.125）

(1) 内閣の権限…全会一致制の閣議で行政権を行使
　① 法律の執行，外交関係の処理，条約の締結，予算の作成，政令の制定など〈73〉
　② 天皇の国事行為に対する助言と承認，最高裁判所長官の指名，その他の裁判官の任命等
(2) 内閣総理大臣の権限
　① 国務大臣の任免　② 閣議の主宰　③ 行政各部の指揮・監督　④一般国務及び外交関係について国会に報告　⑤自衛隊の最高指揮権
(3) 内閣による衆議院の解散
　① 憲法第69条解散（衆議院の内閣不信任決議）
　② 憲法第7条解散（天皇の国事行為）

項目	学　習　の　内　容　〈　〉内の数字は憲法の条数

行政機能の拡大と民主化（P.126〜131）

(1) 夜警国家（19世紀）→資本主義の発展と社会問題
　→福祉国家（20世紀）行政機能の拡大で行政国家化
(2) 行政国家の弊害
　① 官僚制（ビューロクラシー）の肥大化
　② 官僚政治…委任立法の増加，内閣提出法案は官僚が作成，許認可権・行政指導・補助金で業界・自治体を統制
　③ 行政官庁のセクショナリズム，縦割り行政
　④ 政官財の癒着　→ロッキード事件などの汚職
(3) 行政の民主化
　・行政委員会…独立した合議制の行政機関
　・行政手続法…許認可や行政指導を規制
　・行政改革…中央省庁再編，独立行政法人，道路公団民営化
(4) 行政の統制・監視
　・国会の国政調査権　　・裁判所の違憲審査権
　・国民…オンブズマン制度，情報公開法の活用

裁判所の地位（P.132・133）

(1) 司法の独立

司法権の独立	司法権はすべて最高裁判所・下級裁判所に属す〈76〉→特別裁判所の禁止
裁判官の独立	良心に従い独立して職権を行使，憲法・法律にのみ拘束される

(2) 裁判官の身分保障（罷免される場合の限定）
　① 心身の故障（分限裁判）
　② 弾劾裁判
　③ 最高裁判所裁判官の国民審査

裁判制度（P.134〜137）

(1) 最高裁判所
　・長官と14人の判事←内閣が長官を指名，判事を任命
　・権限　終審裁判所，裁判所規則制定権
(2) 下級裁判所…裁判官は最高裁が指名，内閣が任命
　・高等裁判所，地方裁判所，家庭裁判所，簡易裁判所
(3) 三審制…上級裁に控訴・上告し，3回裁判が受けられる
　→再審…冤罪を防ぐため確定判決の後再び裁判を行うこと
(4) 裁判の種類
　① 刑事裁判　② 民事裁判　③ 行政裁判
(5) 違憲法令審査権　←終審である最高裁は「憲法の番人」
　①一切の法律，命令，規則又は処分が憲法に適合するか，しないかを決定する権限
　②アメリカ型の審査制を採用…具体的事件に付随して行使
　③違憲判例

法令違憲（10種11件）	適用違憲（主なもの）
① 尊属殺重罰規定違憲判決	
②薬事法距離制限違憲判決	
③④衆議院議員定数違憲判決	
⑤ 共有林分割制限違憲判決	・愛媛玉ぐし料違憲判決
⑥郵便法違憲判決	・砂川政教分離違憲判決
⑦在外選挙権制限違憲判決	・孔子廟政教分離違憲判決
⑧国籍法違憲判決	
⑨婚外子相続差別違憲判決	
⑩女性再婚禁止期間違憲判決	
⑪在外邦人国民審査制限違憲判決	

　④司法消極主義…統治行為論で憲法判断を避ける傾向

司法制度改革（P.138〜140）

(1) 司法制度改革
　・裁判員制度（2009実施）…重大な刑事事件の第一審で，裁判員と裁判官が事実認定・量刑判断
　　→独仏の参審制，英米の陪審制とは異なる
　・法科大学院の開設（2004）…法曹人口の拡大
　・知的財産高等裁判所を東京高裁に設置（2005）
　・公判前整理手続き，即決裁判でスピードアップ
　・日本司法支援センター（法テラス）開設（2006）

●地方自治の意義としくみは？ 視点

民主主義 権力分立 11 住み続けられるまちづくりを

頻第92条［地方自治の基本原則］ 地方公共団体の組織及び運営に関する事項は，地方自治の本旨（ほんし）に基いて，法律でこれを定める。

第93条［地方公共団体の機関・直接選挙］① 地方公共団体には，法律の定めるところにより，その議事機関として議会を設置する。

② 地方公共団体の長，その議会の議員及び法律の定めるその他の吏員は，その地方公共団体の住民が，直接これを選挙する。

頻第94条［地方公共団体の権能］ 地方公共団体は，その財産を管理し，事務を処理し，及び行政を執行する権能を有し，法律の範囲内で条例を制定することができる。

頻第95条［特別法と住民投票］ 一の地方公共団体のみに適用される特別法は，法律の定めるところにより，その地方公共団体の住民の投票においてその過半数の同意を得なければ，国会は，これを制定することができない。

〈注〉条例は，自治事務・法定受託事務（➡p.144）に関して法律の範囲内で制定することができる（憲法第94条）。憲法が法律事項と規定する財産権の制限（29条➡p.47, 97），罰則の規定（31条➡p.47），租税（84条➡p.51）に関しても，条例で規定することも可能というのが通説である。また，公害規制などで国の法令より厳しい基準を定める「上乗せ条例」，法令の規制対象以外も規制する「横出し条例」も，法令と条例の間に矛盾抵触がなければ適法と解されている。

日本政治

1 日本国憲法の地方自治

22

地方自治の本旨 第92条

団体自治	住民自治
地方公共団体が国（中央政府）から独立し，自らの意思と責任で決定できること。	地域の政治が地域住民の意思により自主的に行われること。

20 第94条 財産管理・事務処理・行政執行・条例制定

第93条 首長，議員，その他吏員（りいん）の直接選挙

第95条 地方自治特別法の住民投票

特別法 住民投票 国会

14 地方自治法の直接請求権
- 条例の制定・改廃請求
- 監査の請求
- 議会の解散請求
- 議員，首長などの解職請求

ブライス［英1838～1922］

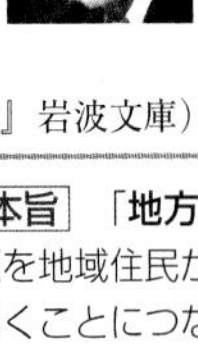

…地方自治は民主政治の最良の学校，その成功の最良の保証人なり…

（『近代民主政治』岩波文庫）

トクヴィル［仏1805～1859］

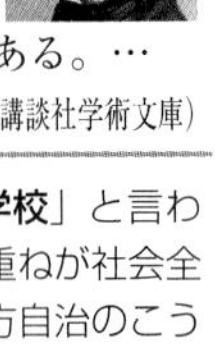

…自治的な制度の自由に対する関係は小学校が学問に対して持つ関係と同じである。…

（『アメリカの民主政治』講談社学術文庫）

解説 地方自治の本旨 「**地方自治は民主主義の学校**」と言われる。身近な問題を地域住民が自ら解決する積み重ねが社会全体を民主化していくことにつながるのであり，地方自治のこうした**民主主義的要素を「住民自治」**という。その前提として，中央政府から独立し自主的に地方政治に取り組める団体が存在しなければならない。この**地方分権的（自由主義的）要素を「団体自治」**といい，2つの要素が両立して初めて地方自治は実現するのである。

23 2 地方公共団体の種類（2023年4月現在）

普通地方公共団体…**都道府県**（47）・**市町村**（1,718）
- **政令指定都市**（20）…県から福祉，衛生など18の事務が委譲され，区（行政区）を置くことができる。
- **中核市**（62）…政令市の約7割の権限をもつ。
- **施行時特例市**（23）…中核市に準ずる市。

中核市に統合されることが決まっている。

特別地方公共団体（➡ プラスα）
- **特別区**…東京23区。市に準ずる地方公共団体。
- **地方公共団体の組合**　・**地方開発事業団**　・**財産区**

3 新旧憲法下での地方自治

17 Ⓐ日本国憲法下の地方自治のしくみ

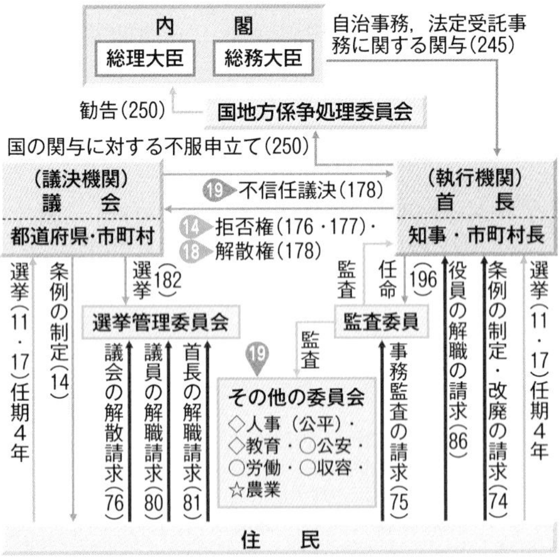

〈注〉➡は直接請求権。（ ）内の数字は地方自治法の条数。「その他の委員会」…○は都道府県のみ，☆は市町村のみ，◇は共通。

解説 首長と議会の関係は 首長と議会が不信任議決と解散で相互に抑制と均衡を保つ点に議院内閣制的側面も見られるが，首長は住民の直接選挙で選ばれ，議会議決に拒否権をもつなど，全体的には大統領制的である。

Ⓑ明治憲法下の地方行政

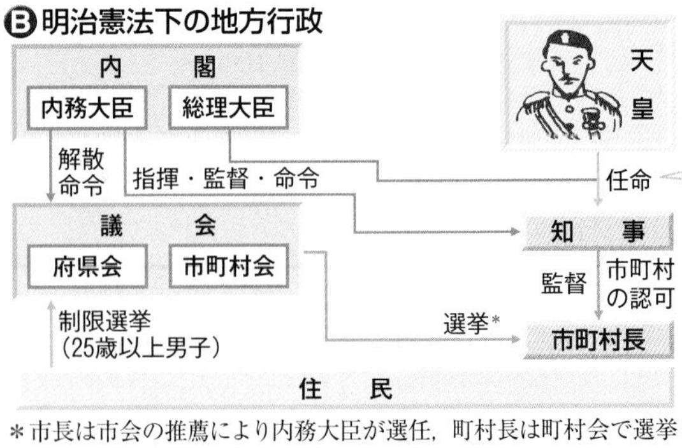

省官僚が中央から派遣された。

＊市長は市会の推薦により内務大臣が選任，町村長は町村会で選挙

解説 日本国憲法で初めて保障 **明治憲法に地方自治の規定はなかった。**地方制度は存在したが，中央集権体制のもとで中央の決定を地方に徹底させるためのものであった。これに対し日本国憲法は1章をさいて地方自治を保障し，条例制定権や長・議員の直接選挙などを明記している。また1947年には地方自治法が制定され，さまざまな直接請求権を認めることで住民が地方政治に参加する道を開いた（➡4）。

プラスα **地方公共団体の組合**には一部事務組合と広域連合があり，主にごみやし尿処理，消防や救急医療，火葬場などの運営を行っている。**地方開発事業団**は，住宅や道路・港湾などの開発を複数の地方公共団体が共同して進めるため設置される。**財産区**は，土地や財産を管理・処分する組織。

言の葉

板垣死すとも自由は死せず。
（1882年，遊説中に暴漢に襲われた際の一言）

板垣 退助 [日：1837～1919]　明治時代の政治家。1874年，民撰議院設立の建白書を提出し自由民権運動をおこした。自由党総理となった1882年，岐阜で遊説中に暴漢に襲われ負傷した際，この名言を発したとされている。

4 直接請求の制度

（注）このほか，教育委員などの解職請求の制度もある。（ ）内は地方自治法の条数

種　類	必要署名数	受理機関	取扱い
条例の制定・改廃の請求 (74)	その地域の有権者の50分の1以上	地方公共団体の長	首長が議会にかけ，その結果を公表する。←イニシアティブ
監査の請求 (75)	同50分の1以上	監査委員	監査結果を公表し，議会・首長等にも報告。
議会の解散請求 (76)	同3分の1以上	選挙管理委員会	住民投票にかけ，過半数の同意があれば解散。
議員の解職請求 (80)	所属選挙区の有権者の3分の1以上	選挙管理委員会	住民投票にかけ，過半数の同意で職を失う。
首長の解職請求 (81)	その地域の有権者の3分の1以上	選挙管理委員会	リコール
主要公務員の解職請求（副知事・副市町村長など）(86)	同3分の1以上	地方公共団体の長	議会にかけ，3分の2以上の議員の出席でその4分の3以上の同意があれば職を失う。

$$40万人以上 = (40万 \times \frac{1}{3}) + (40万を超える数 \times \frac{1}{6})$$

$$80万人以上 = (40万 \times \frac{1}{3}) + (40万 \times \frac{1}{6}) + (80万を超える数 \times \frac{1}{8})$$

A 地方自治における直接民主制的制度（→p.20）

イニシアティブ 国民（住民）発案	レファレンダム 国民（住民）投票	リコール 国民（住民）解職
条例の制定・改廃請求（地方自治法74条）	地方自治特別法に対する住民投票（日本国憲法95条）	首長等の解職請求 議会の解散請求（地方自治法76，81条等）

5 地方自治法

1947.4.17法67
改正　2023.5.19法31

第1条[目的]　この法律は，地方自治の本旨に基いて，地方公共団体の区分並びに地方公共団体の組織及び運営に関する事項の大綱を定め，併せて国と地方公共団体との間の基本的関係を確立することにより，…地方公共団体の健全な発達を保障することを目的とする。

第1条の3[地方公共団体の種類]①　地方公共団体は，普通地方公共団体及び特別地方公共団体とする。

②　普通地方公共団体は，都道府県及び市町村とする。

③　特別地方公共団体は，特別区，地方公共団体の組合及び財産区とする。

第14条[条例制定権]①　普通地方公共団体は，法令に違反しない限りにおいて…条例を制定することができる。

③　普通地方公共団体は，法令に特別の定めがあるものを除くほか，その条例中に，条例に違反した者に対し，2年以下の懲役若しくは禁錮，100万円以下の罰金，拘留，科料若しくは没収の刑又は5万円以下の過料を科する旨の規定を設けることができる。

第96条[議会の議決事件]　普通地方公共団体の議会は，次に掲げる事件を議決しなければならない。

(1)　条例を設け又は改廃すること。

(2)　予算を定めること。

(3)　決算を認定すること。

(4)　法律又はこれに基づく政令に規定するものを除くほか，地方税の賦課徴収又は分担金，使用料，加入金若しくは手数料の徴収に関すること。

6 住民投票

A 住民投票の種類

型		争点	法的拘束力
❶特別法の同意	憲法95条。一の自治体のみに適用の特別法制定時。広島平和記念都市建設法など15例		○
❷解散・解職の同意	地方自治法76～85条。議会の解散，議員・首長の解職請求があった時		○
❸地域の争点	住民の条例制定直接請求（同74条）か首長（議員）の条例提案で議会が住民投票条例を可決した時		×
❹合併協議会設置の同意	市町村合併特例法4，5条		○
❺特別区設置の同意	大都市地域特別区設置法7条		○

TRY　憲法第95条により地方自治特別法が制定されたのは1949～51年の15法律だけである。調べてみよう。（解答→p.52）

B 住民投票の主な例（類型は A 参照）

型	自治体	争点	多数派	実施
❸	新潟県巻町	原子力発電所の建設	反対	96. 8
❸	沖縄県	米軍基地縮小	賛成	96. 9
❸	岐阜県御嵩町	産業廃棄物処理場の建設	反対	97. 6
❸	沖縄県名護市	米軍ヘリポート基地の建設	反対	97.12
❸	徳島県徳島市	吉野川可動堰の建設	反対	00. 1
❸	新潟県刈羽村	プルサーマル計画の実施	反対	01. 5
❸	埼玉県上尾市	合併を問う住民投票を初めて実施	反対	01. 7
❸	滋賀県米原町	合併の選択…永住外国人が初投票	反対	02. 3
❸	秋田県岩城町	合併の選択…18歳が初投票	反対	02. 9
❸	長野県平谷村	合併の是非…中学生が投票	賛成	03. 5
❸	山口県岩国市	米空母艦載機移転受け入れ	反対	06. 3
❸	鹿児島県阿久根市	市長の解職請求	賛成	10.12
❸	埼玉県所沢市	校舎へのエアコン設置	賛成	15. 2
❸	沖縄県与那町	自衛隊の部隊配備	賛成	15. 2
❸	大阪府大阪市	「大阪都」構想の是非	反対	15. 5
❸	沖縄県	辺野古米軍基地建設のための埋立て	反対	19. 2
❺	大阪府大阪市	「大阪都」構想の是非	反対	20.11

解説 [急増する住民投票]　新潟県巻町での実施後，産廃処理場など地域の争点をめぐる**条例を制定して住民投票を行う**例が増えている。ただし投票結果に法的拘束力はない。また，愛知県高浜市が**常設型住民投票条例**を制定（2000年）して以来，常設型も増えている。その後，「平成の大合併」で合併の是非が急増し，近年は市庁舎整備，小中学校のエアコン設置なども対象となっている。

➡投票する中学生（長野県平谷村 2003.3）

Focus 「大阪都」構想

　府市の二重行政のムダを省くことを目指す「大阪都」構想。2020年11月の住民投票で，大阪市を廃止して4つの特別区に再編することの是非が問われたが，賛成49.4%，反対50.6%の僅差で否決された。否決は2015年に続き2度目。都構想を掲げ旗揚げされた大阪維新の会だが，前回は当時の橋下市長が，今回は松井市長が政界引退を表明することになった。

➡住民投票否決を受けて会見する吉村洋文大阪府知事（左）と松井一郎大阪市長（右）

プラスα　**百条委員会**　地方自治法第100条に基づき，地方議会が設置する調査特別委員会。自治体の事務に疑惑や不祥事があった際真相究明のため開かれ，関係者の出頭や証言，記録提出を請求でき，拒否すると罰則を科される。

日本政治

条例に基づく住民投票を全国で初めて実施。

7 地方分権一括法 ㉓㉒⑱⑰⑯⑮

以前　　　　　　**地方分権一括法施行（2000年）**

以前	地方分権一括法施行（2000年）
公共事務	**自治事務**…地方公共団体が処理する事務のうち，法定受託事務以外のもの。法律の範囲内ならば自治体はそれぞれの判断で仕事ができる。
行政事務	（例）都市計画，学級編制基準，就学校の指定，病院・薬局の開設許可
団体委任事務	**法定受託事務**…国が本来果たすべき役割に係るもので，国において適正な処理を確保する必要があるとして，法律，政令に定めるもの等。
⑭**機関委任事務**★地方公共団体の長その他の機関に対し，法律またはこれに基づく政令により委任された事務（例）国政選挙，都市計画，学級編制基準	（例）国政選挙，パスポートの交付，生活保護の決定，戸籍事務
	国の直接執行事務（例）駐留軍用地特別措置法の代理署名
	事務自体の廃止

解説 めざすは対等な政府間関係　2000年の改正地方自治法など475本の法律からなる地方分権一括法の施行で，国が地方自治体を下部組織として仕事を代行させていた **機関委任事務（都⑱道府県の仕事の8割，市町村の4割を占めていた）** が廃止 ⑱ され，国と地方の関係が**上下関係から対等な関係**に移行した。
　自治体が国の是正要求や許可の拒否等に不服の際，**国地方係**⑱**争処理委員会**に訴え，高裁へ提訴するしくみも作られた。

Ⓐ国地方係争処理委員会の主な事例
- **横浜市**…場外馬券売場へ課税の「勝馬投票券発売税」新設に国が不同意→2000年審査申出→01年 委員会 は国に再協議勧告→04年横浜市条例廃止
- **新潟県**…北陸新幹線追加工事で県負担金増額→09年説明不足として工事差止の審査申出→同年 委員会 は申出却下
- **沖縄県**…県が辺野古の埋立承認撤回→国交相が県の撤回を執行停止→15年審査申出→同年 委員会 は申出却下（➡p.71）
- ㉒**泉佐野市**…ふるさと納税新制度から除外→19年審査申出→ 委員会 は総務省に再検討勧告→総務省従わず→市提訴→大阪高裁棄却→市上告→20年最高裁は除外決定を取り消し

8 オンブズマン制度—行政監察官制度
⑱ル⑯

Ⓐ川崎市市民オンブズマンのしくみ（1990年，全国初導入）

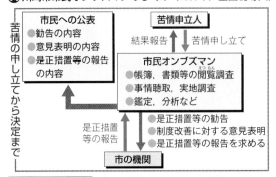

解説 外部からの目　「オンブズマン」（オンブズパーソン）はもともとスウェーデン語で，代表者，代理人という意味だが，**行政監察官制度**と訳す。行政に関する市民や国民の苦情を受け調査，是正させるのが主な役割。1809年，スウェーデンで初めて法制化された（1810年初のオンブズマン任命）。日本では川崎市の「市民オンブズマン条例」（1990年）が初。それによると，**3人のオンブズマンは苦情を解決するため必要な調査権をもち**，首長に対し是正勧告や意見表明を行う。

9 地方自治体でも官から民へ

ⒶPFI制度（Private Finance Initiative）
民間資金を活用した公的施設の建設や維持管理。

自治体国		民間		サービス	住民
●企画立案●契約料の支払い●監視	➡	●設計●建設●維持管理			

1987	英国で初めて導入	2005	国内初のPFI病院開設
1999	日本でPFI法公布	2007	国内初のPFI刑務所開設

Ⓑ市場化テスト
　公共サービスの官民競争入札。行政サービスの提供主体を民間にも開放し，官業を競争にさらすことで効率を高めるのが狙い。2006年，**市場化テスト（公共サービス改革）法**成立で，国ではハローワークの一部事業，自治体では和歌山の県庁舎管理などで導入が始まった。

Ⓒパブリックコメント
ル㉒
　行政が政策・制度等を決める際，国民・住民の意見を聞き，それを考慮しながら最終決定を行う仕組み。**行政手続法**（1993年）で**意見公募手続**として制度化。

Ⓓ指定管理者制度
　地方自治体の公共施設を，指定を受けた民間企業・NPO等が管理・運営する。2003年導入。対象は公民館・図書館・道路・水道など。大手チェーンTSUTAYAが佐賀県武雄市図書館の指定管理者となり話題に。

TSUTAYAが管理する佐賀県武雄市図書館

Ⓔ水道の民営化—水道法改正（2018.12）
コンセッション方式の導入（PFI制度の一種）
　➡自治体が施設を保有，運営権を企業に売却

パリ，ベルリンなどでは失敗で再公営化

期待 人口減と施設老朽化に対し経営の効率化が期待できる
不安 料金高騰や水質悪化の心配
不安 災害や経営破綻した場合の給水確保に懸念

2022年4月から，宮城県の上下水道の運営が民営化された。上水道の民営化は国内初。

10 地方創生

　人口減少と超少子高齢化への対応，東京一極集中の是正を目的に，2014年安倍内閣が**地方創生**を提唱。
　第1期（2015〜19）は，首都機能移転，東京23区の大学の定員抑制，子ども農山漁村交流プロジェクト，移住定住・起業・就業支援の促進支援などが行われた。しかしこの間，東京圏への転入超過数は増加し，目標の転入超過ゼロは達成できなかった。第2期（2020〜24）では地方創生テレワークの推進，企業の地方移転の促進などが進められている。

➡**築90年の古民家のサテライトオフィス**　徳島県の神山町は，多くのICT企業のサテライトオフィス誘致に成功し，地方創生のモデルとして注目されている。（2014.2.13）

プラスα 憲法や法令では，一般に呼ばれる「自治体」のことを「地方公共団体」と称している。指している対象は変わらないが，後者には国家の構成要素とか単なる行政区分というイメージを感じないだろうか？

11 市町村合併

Ⓐ「平成の大合併」による市町村減少率

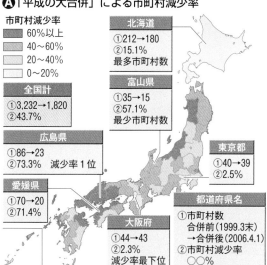

市町村減少率
- 60%以上
- 40～60%
- 20～40%
- 0～20%

全国計
①3,232→1,820
②43.7%

北海道
①212→180
②15.1%
最多市町村数

富山県
①35→15
②57.1%
最少市町村数

広島県
①86→23
②73.3% 減少率1位

東京都
①40→39
②2.5%

愛媛県
①70→20
②71.4%

大阪府
①44→43
②2.3%
減少率最下位

都道府県名
①市町村数
合併前(1999.3末)
→合併後(2006.4.1)
②市町村減少率
○○%

*合併後の市町村数

Ⓑ 市町村合併の推移

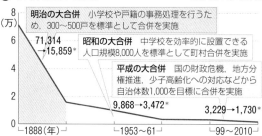

明治の大合併 小学校や戸籍の事務処理を行うため、300～500戸を標準として合併を実施
71,314→15,859*

昭和の大合併 中学校を効率的に設置できる人口規模8,000人を標準として町村合併を実施
9,868→3,472*

平成の大合併 国の財政危機、地方分権推進、少子高齢化への対応などから自治体数1,000を目標に合併を実施
3,229→1,730*

Ⓒ 合併のメリット・デメリット

メリット	デメリット
●住民サービスの高度化・多様化が可能に ●行財政の効率化により人件費などの歳出削減 ●広域的視点に立ったまちづくりを推進	●サービス水準が低下し、役所が遠くなり不便になる ●中心部と周辺部の格差が拡大し、周辺部が衰退する ●各地域の歴史、文化、伝統が失われる

(ⒶⒷとも総務省資料による)

13 進む過疎化

Ⓐ 過疎地域

〈注〉2022年4月1日現在。（地図・表ともに全国過疎地域連盟資料による）

解説 半数は過疎!? 過疎地域は、人口減少率や財政力指数（⇒p.147）によって定められているが、市町村数や面積はすでに全国の半数を超えた。とくに65歳以上の高齢者が集落人口の半数を超え、冠婚葬祭や生活道路の管理など、社会的な共同生活の管理が困難な状況にある集落を**限界集落**と呼び、過疎問題の象徴として注目されている。

	過疎市町村	全国	割合
市町村数	885市町村	1,718市町村	51.5%
人口	1,165万人	1億2,615万人	9.2%
面積	238,762km²	377,976km²	63.2%

12 道州制

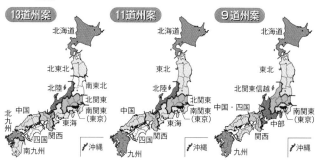

13道州案
北海道 / 北東北 / 南東北 / 北陸 / 北関東 / 中国 / 南関東（東京）/ 東海 / 関西 / 四国 / 北九州 / 南九州 / 沖縄

11道州案
北海道 / 東北 / 北陸 / 北関東 / 中国 / 南関東（東京）/ 東海 / 関西 / 四国 / 九州 / 沖縄

9道州案
北海道 / 東北 / 北関東信越 / 中国・四国 / 南関東（東京）/ 中部 / 関西 / 九州 / 沖縄

道州の仕事		市町村の仕事	
国から権限移譲	都道府県から引き継ぐ	都道府県から権限移譲	現行のまま
●国道・河川の管理 ●大気汚染対策 ●中小企業対策 ●ハローワーク	●地方空港・地方道の管理 ●高度医療・学校法人の認可	●高齢者福祉 ●建築基準 ●教員人事 ●NPO政策	●介護保険 ●上下水道 ●ごみ処理

解説 廃藩置県以来の大改革 地方制度調査会は2006年、都道府県を廃止し、道州制の導入を提言した（上の3案）。国から道州、市町村へと権限の移譲を進める。2004年には地方自治法改正で、関係する都道府県議会の議決があれば都道府県合併が可能となった。国と地方の権限の再配分、組織の再編へと議論が広がると、1871年の廃藩置県に匹敵するような大改革になる。

Focus コンパクトシティ 23 19

人口減少と高齢化が進む地方都市では、市街地中心部に医療・福祉・商業等の機能を集めるコンパクトなまちづくりが注目されている。

富山市では、郊外への人口拡散で自動車依存度が高く、公共交通の衰退で高齢社会への不安が高まっていた。そこで廃線になるJR線を使ってライトレール（路面電車）を導入。環状線化や接続バス路線を充実させ利便性の高い公共交通が使えるようにした。結果、通勤以外の利用者が大幅に増え、自動車依存が減りCO₂排出が減ったことで、環境モデル都市に指定された。

→富山駅の高架下を走る。富山市のライトレール

Ⓑ 若年女性（20～39歳）の減少率

市町村	2040年の総人口（人）*	若年女性数（人）
（群馬）南牧村	−74.2% 626	10
（奈良）川上村	−72.2% 457	8
（青森）今別町	−62.4% 1,211	20
中核市	**2040年の総人口（人）***	**若年女性数（人）**
（北海道）函館市	−42.2% 16万1,469	1万2,115
（青森）青森市	−35.9% 19万2,113	1万4,760
（秋田）秋田市	−30.3% 22万5,596	1万7,236

＊％は2010年からの減少率　（『朝日新聞』2014.5.9など）

解説 女性が消える 2040年に出産世代の若年女性人口が50%以上減る自治体（**消滅可能性都市**）が1,800中896にのぼるとの試算を民間の日本創成会議が発表した。その結果、人口減が加速し、なかには行政機能の維持が困難になる自治体もあるという。「子育て支援はあっても働く場所がない」といった理由で若い女性が流出してしまうことも大きな要因だ。

日本政治

プラスα 青森市はコンパクトシティ構想の一つとして、中心部に図書館などの公共施設とテナントが同居する複合商業施設「アウガ」を建設し、2001年に開業した。しかし「アウガ」は、売上高が計画を大幅に下回り、2017年に経営破綻してしまった。現在は市の施設が入っている。

● 地方財政の
しくみと課題
は？

視点

民主主義　権力分立

11 住み続けられる
まちづくりを

1 地方財政の現状 （財務省，総務省資料による）

A 国・地方公共団体の租税配分 （2022年度）

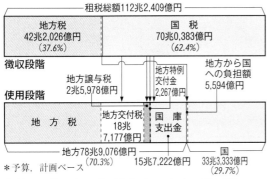

租税総額112兆2,409億円

| 地方税 42兆2,026億円 （37.6%） | 国　税 70兆0,383億円 （62.4%） |

徴収段階

使用段階

地方譲与税 2兆5,978億円

地方特例交付金 2,267億円

地方から国への負担額 5,594億円

| 地 方 税 | 地方交付税 18兆7,177億円 | 国庫支出金 |

地方78兆9,076億円（70.3%）
15兆7,222億円
国 33兆3,333億円（29.7%）

＊予算，計画ベース

⑲ B 地方公共団体の財源構成 （2022年度・計画額）

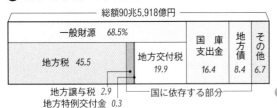

総額90兆5,918億円

| 一般財源　68.5% | | 国庫支出金 16.4 | 地方債 8.4 | その他 6.7 |
| 地方税 45.5 | 地方交付税 19.9 | | | |

地方譲与税 2.9
地方特例交付金 0.3
国に依存する部分

解説 仕事と税収の不均衡 地方公共団体が財政支出の約７割を支出するにもかかわらず，地方税などの**自主財源**は約４割しかない。そこで地方交付税，国庫支出金（補助金）や地方債などの**依存財源**に頼ることとなり，国の統制が行われやすい実態を「三割自治」とよんできた。

2 地方財政の主な財源

一般財源（地方議会で使途を決定できる）		
㉒	地 方 税	地方公共団体が課税し徴収する税。住民税，固定資産税，事業税などがある。
⑭㉒㉓	地方交付税	地方公共団体間の租税収入の格差是正のため，財政力の貧弱な自治体に国から交付。国税のうち，①所得税・法人税の33.1%，②酒税の50%，③消費税の19.5%（地方消費税は別），④地方法人税の全額が充てられる。（①②は2015年度，③は20年度から，④は14年度から）
	地方譲与税	形式上国税として徴収し，国が地方公共団体に譲与するもの。地方道路譲与税，自動車重量譲与税など。
特定財源（国から使途が特定されている）		
⑳㉒⑭⑱	国庫支出金	国が地方公共団体に交付する負担金，補助金，委託金の総称。「補助金」とよばれ，公共事業，社会保障，義務教育などについて使途を特定して交付される。国の基準で交付されるため，交付額が不十分で地方公共団体が**超過負担**を強いられることもある。
㉓	地 方 債	地方公共団体が財政収入の不足を補うため，あるいは特定事業の資金調達のため行う借入金のうち，会計年度を越えて返済される長期借入金。普通は国の機関や市中銀行から借り入れる。原則として起債には，①議会の議決と，②都道府県・指定都市は総務大臣，市町村は知事との協議が必要（財政状況によっては許可制）。

3 借金漬けの地方財政

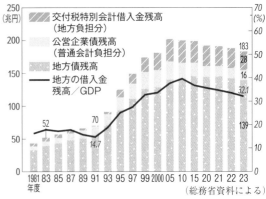

凡例：
- 交付税特別会計借入金残高（地方負担分）
- 公営企業債残高（普通会計負担分）
- 地方債残高
- 地方の借入金残高／GDP

（兆円）250 200 150 100 50 0
（%）70 60 50 40 30 20 10 0

52　70　14.7

183　28　16　32.1　139

1981 83 85 87 89 91 93 95 97 99 2000 05 10 15 20 21 22 23 年度

（総務省資料による）

解説 危機の背景 バブル崩壊後の景気対策で，国は補助金がつかない単独事業を奨励し，その際，地方債で調達できる割合を増やしたり地方交付税で借金返済の一部肩代わりをするようにした。国が返済の手伝いをするからと自治体に借金を奨励し，いわゆる箱物行政を続けさせた結果，地方の借金は急激に膨らんでしまった。

㉑ ふるさと納税制度の運用について，国は地方公共団体が寄付者に対し提供している返礼品のあり方の見直しを求めたこと。

⑲㉓ 4 ふるさと納税

自治体に寄付すると，その額から2,000円を引いた額が所得税や住民税から控除され，さらに特産品などが受け取れる「**ふるさと納税**」。過度な返礼品競争に国が「寄付額の３割以下の地場産品」と制限を設けたが，制度から除外された泉佐野市が国を訴え最高裁で勝訴する（2020年）など混乱も生じている。

A 「ふるさと納税」受入額の推移 （総務省資料による）

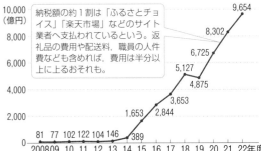

納税額の約１割は「ふるさとチョイス」「楽天市場」などのサイト業者へ支払われているという。返礼品の費用や配送料，職員の人件費なども含めれば，費用は半分以上に上るおそれも。

（億円）10,000 8,000 6,000 4,000 2,000 0

9,654
8,302
6,725
5,127
4,875
3,653
2,844
1,653
389
81 77 102 122 104 146

2008 09 10 11 12 13 14 15 16 17 18 19 20 21 22年度

B ふるさと納税の問題点

自治体の収支は…	赤字は横浜市の272億円が１位で，名古屋市や大阪市がこれに続く（2023年度課税）。東京都世田谷区の赤字は約98億円だが，待機児童数が全国屈指で，６億円あれば120人規模の保育所を新設し，１年運営できるという。
高所得者ほど…	寄付の上限（目安）は，年収500万円で6.1万円，年収2,000万円で56.4万円。後者が50万円を寄付すると減税額は49.8万円で，15万円相当の返礼を受け取ると差額の14.8万円の黒字，高所得者ほど「もうけ」は大きくなる。

解説 税制優遇から除外 大阪府泉佐野市，静岡県小山町，和歌山県高野町，佐賀県みやき町が，2019年に制度から除外された。**国地方係争処理委員会**は総務省に除外の再検討を勧告したが覆らなかったため，泉佐野市が提訴。最高裁は高額な返礼品で寄付を集めていた過去の姿勢を理由に除外するのは違法と判決したが，泉佐野市に対しても節度を欠いたとくぎを刺した。

決を受けて，20年にすべて復帰した。

プラスα 人口減少にともない小規模町村で議会を廃止して有権者全員で行う**町村総会**を置くことを検討する動きがある。地方自治法第94条に基づくもので，過去にも２つの村で行われた記録があるとのことだ。

日本政治

⑤ 三位一体改革—拡大した自治体間格差

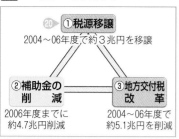

⑳ ①税源移譲
2004～06年度で約3兆円を移譲

②補助金の削減
2006年度までに約4.7兆円削減

③地方交付税改革
2004～06年度で約5.1兆円を削減

2006年度までの3年間で、①所得税（国税）を減らし住民税（地方税）を増やすことで3兆円の税源を政府から自治体に移す、②4.7兆円の補助金を削減する、③地方交付税を見直す、という3つの改革を同時に進めた。しかし目的の地方分権は進まず、国の財政再建の手段にされただけで、交付税の削減で自治体格差が広がったとの批判も強い。自主財源の乏しい小自治体ほど事態は深刻だ。

⑲ ⑥ 地方独自課税

Ａ 主な法定外税（2023年4月現在）

法定外税		法定外税設置の自治体	税収
都道府県 法定外普通税	核燃料税	福井県、愛媛県、佐賀県、島根県、静岡県など10道県	257億円
	核燃料物質等取扱税	青森県	194
	核燃料等取扱税	茨城県	12
	石油価格調整税	沖縄県	9
市町村	使用済核燃料税	薩摩川内市(鹿児島県)、伊方町(愛媛県)、柏崎市(新潟県)	16
	狭小住戸集合住宅税	豊島区（東京都）	5
	別荘等所有税	熱海市（静岡県）	5
都道府県 法定外目的税	産業廃棄物税等	三重県、鳥取県など27道府県	69
	宿泊税	東京都、大阪府、福岡県	15
市町村	環境未来税	北九州市（福岡県）	9
	使用済核燃料税	玄海町（佐賀県）	4

〈注〉 税収は2021年度決算額。全国合計は634億円で、地方税収額の0.15%を占める。 （総務省資料）

解説 背景は財政危機 地方税法に定められていない法定外税を新設する自治体が増えている。使途を特定しない法定外普通税に加え、地方分権一括法で法定外目的税も認められた。新設には総務大臣の同意が必要だが、横浜市の勝馬投票券発売税は同意を得られなかった（➡p.144⑦）。また東京都の外形標準課税は銀行業界から訴えられ敗訴している。

⑱ ⑦ 財政健全化法（2007年）

Ａ 健全化判断比率の4指標

自治体	一般会計等	①実質赤字比率
	特別会計	②連結実質赤字比率
一部事務組合・広域連合等		③実質公債費比率
地方公社・第三セクター等		④将来負担比率

解説 財政健全化へ 自治体の財政破綻を防ぐため、2007年に健全化判断比率としてＡの4指標が定められた。いずれか1つが基準を超えると早期健全化団体として財政健全化計画の策定が義務づけられる。また、①～③のいずれかが財政再生基準を超えると財政再生団体として財政再生計画の策定を求められる。2007年の赤字市町村数は①24、②64だった。その後改善が進み、2019年度は①・②とも基準超えなし、③・④で基準超えは、財政再生団体に指定されている夕張市のみだった。

㉓ ⑧ 財政破綻—夕張市の場合

北海道夕張市が2007年3月、民間企業の倒産にあたる**財政再建団体**（2008年度決算からは**財政再生団体**）となった。かつては有数の「石炭の街」として栄え、その後は観光に活路を見い出そうとしたが、バブル経済の崩壊もあり、市の財政がついに破綻したのだ。夕張市の財政は国の管理下におかれ、18年間の再建期間で約353億円を返済する計画だ。

Ａ 夕張市10年の変化

借金残高	349億円（2006年度）→259億円（15年度末見込み）
高齢化率	39.7%（05年度）→48.9%（15年度）
行政	市長給与86万円→26万円（07年度以降）市職員253人→97人（15年度末）市議会定数18人→9人（07年度以降）
学校	小学校7→1、児童414人→220人（15年度）中学校4→1、生徒242人→119人（15年度）

（『朝日新聞』2016.2.28による）

Ｂ 夕張市のあゆみ

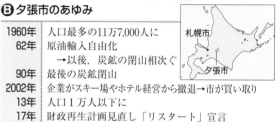

1960年	人口最多の11万7,000人に
62年	原油輸入自由化→以後、炭鉱の閉山相次ぐ
90年	最後の炭鉱閉山
2002年	企業がスキー場やホテル経営から撤退→市が買い取り
13年	人口1万人以下に
17年	財政再生計画見直し「リスタート」宣言

Ｃ 地方財政の比較—夕張市と軽井沢町（2023年度当初予算）

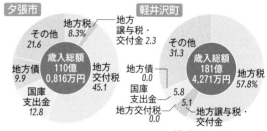

夕張市
歳入総額 110億0,816万円
地方税 8.3%
地方譲与税・交付金 2.3
地方交付税 45.1
国庫支出金 12.8
地方債 9.9
その他 21.6

軽井沢町
歳入総額 181億4,271万円
地方税 57.8%
地方譲与税・交付金 5.1
地方交付税 0.0
国庫支出金 5.8
地方債 0.0
その他 31.3

（各市町村HPなどによる）

Ｄ 市町村別主要財政指標（2021年度）

財政力指数0.50*			実質公債費比率5.5*			将来負担比率15.4*		
愛知	飛島村	2.10	高知	津野町	-7.2	奈良	三宅町	0.1
青森	六ヶ所村	1.69	東京	江戸川区	-5.7	高知	安田町	0.2
沖縄	渡名喜村	0.07	高知	土佐清水市	17.4	山形	長井市	225.0
鹿児島	三島村	0.06	北海道	夕張市	68.3	北海道	夕張市	274.0

*全国平均の数値。 （総務省資料による）

※将来負担比率がマイナスの場合は統計対象外。半数近くの市町村が該当する。

● **財政力指数** 地方自治体の財政力を示す指標。基準財政収入額を基準財政需要額で除した数値で、財政力指数が1.0を上回れば地方交付税交付金が支給されない不交付団体となる（➡α）

● **実質公債費比率** 自治体の収入に対する負債返済の割合を示す。18%以上だと、新たな借金をするために国や都道府県の許可が必要。25%以上だと借金を制限される。

● **将来負担比率** 地方公社や出資法人等も含め、地方自治体の一般会計等が将来負担すべき実質的な負債の標準財政規模に対する比率のこと。市町村で350%、都道府県で400%を超えると早期健全化団体となる。

日本政治

プラスα 財政力指数が2を超え日本一の愛知県飛島村。人口は4,500人程だが、名古屋市に隣接し、中部電力、三菱重工、トヨタなど600余りの事業所で約1万人もの人が働いている。そのため事業所からの固定資産税などが多く、財政力指数が高いとのこと。

地域の活性化
地域社会の自立をめざして

高齢化と人口減少，産業の空洞化などで地域社会の疲弊が進んでいる。こうした状況を打開するには，企業誘致など従来型の外来型開発だけでなく，地域内の資源を生かし地域経済の内発的発展を進める必要がある。また国や県による政策とともに，地域住民の積極的な参加が重要だろう。日本における取り組みだけでなく，世界での取り組みも参考に，地域社会の一員として自分にできることを考えてみよう。

1 ウォーカブルなまちづくり—福島県須賀川市の取り組み

A 行政の取り組み

↑軒行灯　松尾芭蕉の俳句が書かれている。

須賀川南部地区の都市再生整備計画は，国の**地方再生コンパクトシティ**に選ばれ2018年から3年間実施された。その間に，石畳舗装整備，風流のはじめ館（地域交流・観光交流センター）整備，軒行灯などによる景観の整備などが進められた。その後，須賀川市は「**ウォーカブル推進都市**」となり，南部地区の都市再生整備計画を「まちなかウォーカブル推進事業」に移行，まちづくりを推進中だ。

①公有地
②民有地

↑広場の整備　写真の①は行政が整備した広場。②は，隣接する民有地を，公共空間の①と一体的に利用できるよう，民間と行政が協働で整備した広場。景観の形成やにぎわいの創出に一役買っている。

用語　地方再生コンパクトシティ…国が都市のコンパクト化と地域の稼ぐ力の向上を目的に，ハード・ソフト両面から総合的に取り組む地方再生のモデル都市を選定した（2018年32都市）。
ウォーカブル推進都市…「居心地が良く歩きたくなるまちなか」づくりの事業推進に取り組む自治体。車中心からの転換を目指す。
都市再生推進法人…都市再生特別措置法に基づき，まちづくりの新たな担い手として行政の補完的機能を担いうる団体を，市町村が指定する制度。

B 地域住民や団体の取り組み

●まちのリノベーション計画を進める「**株式会社テダソチマ**」が2019年福島県内初の**都市再生推進法人**に指定され，市の魅力向上や観光誘客を期待されている。　↓空き店舗をリノベーションした「観光物産館flatto」

●「すかがわの路地deマーケット（Rojima）」は，広場や路地を生かしたマーケットイベントで，2015年から毎月開催され，100を超える店舗が出店してにぎわいをみせている。

←Rojimaの立ち上げから関わっている有馬毅さん　「職業は市役所職員ですが，Rojimaは地域住民の一人として仲間たちと共に運営しています。様々な立場の人が，各自のスキルを活かしながら当事者として関わることが重要だと思います」

2 ドイツ「社会都市」プログラム—都市再生をめざして

C 「社会都市」プログラムとは？

ドイツでは老朽化した住宅・市街地のリノベーションと，コミュニティの強化，就労促進，障がい者・高齢者や移民への支援，青少年教育などを連携させることで，持続可能な地域コミュニティの再生や地域経済の活性化を図っている。この政策は「**社会都市**」プログラムと呼ばれ1999年に始まった。

例えば移民の多い地区なら，住環境やコミュニティ拠点の整備と，ドイツ語の訓練を子どもや親にも提供して社会統合を図り，地域との交流や就労を促す活動が連携して行われている。要となったのは，行政と住民の間に立って住民の相談業務にあたる**地区マネージャー**で，その多くを各種NPOが担った。**NPOの分厚い存在が社会都市プログラムを支えた**ともいえる。

D ミュンヘン市ハーゼンベルクル地区の取り組み

市郊外のこの地区は外国人居住者が多く若者の失業率が高い。また貧困率が高く治安が悪い地区だった。市は1999年プログラム導入を決定，地区事務所（コミュニティハウス）に地区マネージャーを置き，9領域36事業に5.6億円（当初5年間）の予算を付け事業を開始した。住民が提案した事業を行う自由裁量資金もあり，高齢者からのベンチの設置，子どもたちからのサッカーゴールの設置などが実現した。住民参加とコミュニティ再生を重視し，若者の就業支援，高齢者・子どもなどを包摂する取り組みが特徴的だ。

E 「社会都市」プログラムの目的

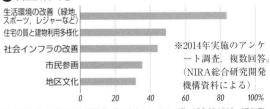

生活環境の改善（緑地，スポーツ，レジャーなど）	
住宅の質と建物利用の多様化	
社会インフラの改善	
市民参画	
地区文化	

※2014年実施のアンケート調査，複数回答。（NIRA総合研究開発機構資料による）

プラスα　**インソーシング**　内製化のこと。外部委託を示すアウトソーシングの対義語。行政サービスでは民営化（アウトソーシング）が主流だが，近年欧州で再公営化の動きがあり，インソーシングと呼ばれている。地域で雇用をつくり地域経済を活性化する形で，内需拡大が模索されている。

防災
「いつか」に備えて

近年，異常気象などによる大規模災害が増え，首都直下型地震や南海トラフ地震など，超巨大地震の発生も危惧されている。国や自治体は災害に対しさまざまな活動を行っている（公助）が，その活動にも限界がある。自分で判断し行動すること（自助）や，地域で助けあうこと（共助）が今後ますます重要になるだろう。

●30年以内の地震発生率
千島海溝沿い
発生率80%（M7.9前後）
首都圏直下
発生率70%（M7.0前後）
南海トラフ沿い
発生率70〜80%（M8〜9）
（地震調査研究推進本部）

1 主な災害と被害状況

年	災害	被害状況
1995	阪神・淡路大震災	50,229人　249,180棟
2004	新潟県中越地震	4,873人　16,985棟
2011	東日本大震災	28,554人　406,656棟
2016	熊本地震	3,082人　43,386棟
2018	平成30年7月豪雨（西日本中心）	720人　25,107棟
2019	令和元年東日本台風（台風19号，東日本中心）	483人　38,860棟

〈注〉被害状況は，人数が人的被害（死者・行方不明者・負傷者），棟数が住家被害（全壊・半壊・床上浸水）の総数。
（『防災白書　令和4年版』より作成）

2 防災情報——警戒レベル4までに避難所へ

警戒レベル	避難情報	住民の行動	防災・気象情報
5	緊急安全確保	すでに災害発生の可能性。命を守る最善の行動を	氾濫発生情報，大雨特別警報
4	避難指示	速やかに避難所や安全な場所へ避難	氾濫危険情報，土砂災害警戒情報
3	高齢者等避難	高齢者や障がいをもつ人たちが避難	氾濫警戒情報，洪水警報，大雨警報
2	—	避難先や避難経路などを確認	洪水注意報，大雨注意報
1	—	災害への心構えを高める	早期注意情報

防災情報は自治体の防災行政無線のスピーカーや緊急速報メールなどで伝えられる。土砂災害や洪水・浸水の危険度がリアルタイムで分かる，省庁のサイトなどでチェックすることも重要だ。

◀キキクル　大雨警報・洪水警報の危険度分布［気象庁］

3 私たちに出来ること

Ⓐ ハザードマップを確認

国は自治体に災害の場所などを予測した**ハザードマップ**の作成を求めている。マップには洪水・内水・高潮・津波・土砂災害・火山などの種類がある。地元のハザードマップから，自宅や学校周辺を確認し，実際に歩いたり，避難場所や家族で落ち合う場所を確認してみたりすることも大切だ。

◀▶**重ねるハザードマップ**［国土交通省］　洪水や土砂災害などの情報を地図上に重ねて表示できる。

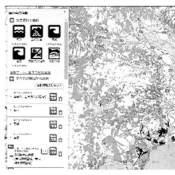

Ⓑ SNSは確かな発信元を

2019年の東日本台風では，長野県では以前よりあった防災情報発信の公式ツイッターアカウントに救助要請の投稿が相次ぎ，急遽，情報提供を呼びかけた。その結果，約50件の投稿が救助につながった。災害時は根拠が不確かな伝聞情報が飛び交いがちだ。発信元が確実な情報を選ぼう。

Ⓒ ボランティア

家屋の片付け，避難所での手伝いなど出来ることは多い。現地のボランティアセンターと連絡を取り，被災地のニーズに合った活動をしよう。

4 社会資本の危機

▶**巨大防潮堤**　2023年に完成予定（宮城県）。

東日本大震災からの復興で，国は約1兆円を投じ東北地方に400kmの防潮堤を建設する計画だが，効果に対し環境や景観を含めたコストへの疑問の声もある。

日本の公的機関が所管する**社会資本ストック**は約930兆円。しかし老朽化が進み，道路橋では建設後50年以上経過した橋梁が2023年で約36%，2033年で約61%と見込まれている。一方，少子高齢化で財政がひっ迫していくことも明らかで，すべての社会資本を更新することは難しい。これからは社会資本の縮小をどう進めるかが課題となるだろう。

社会資本の老朽化
社会資本の危機
財政のひっ迫
人口減少高齢化

（森裕之「社会資本の危機と「賢い縮小社会」」『住民と自治』2018年4月号を参照）

視点 ●日本の政党と政党政治について知ろう。 民主主義 対立 協調

政党

民主政治の基礎

1 政党とは

A E.バーク（英1729～97）「政党は，自分たちの共同の努力によって，そのすべてが同意しているなんらかの特定の原理のうえに立って，国民的利益を増進するために結合した人々の組織体である」　　　　　　（『現在の不満の原因に関する考察』）

B J.ブライス（英1838～1922）「第1に，政党は不可避である。いままでに，大規模な自由主義国で政党をもたない国はなかったし，政党なしに代議政治が運営可能であることを示したものは，ひとりもいない」　　　　　　　　　（『近代民主政治』）

TRY ①名望家政党から大衆政党へ発展していく契機は何？ ②世界で最初の政党は何か。（解答➡p.416）

C 政党の発展

名望家政党	19世紀の制限選挙の下では，教養と財産をもつ有力者（名望家）に政党メンバーは限られていた。
大衆政党	20世紀に普通選挙が実現し大衆民主主義の時代に入ると，政党も大衆の支持を得るため全国的な組織をもつ組織政党へと発展した。
包括政党 [catch-all party]	大衆民主主義の下では，特定の階級を支持基盤とするより，多岐にわたる政策を掲げて幅広い階層からの支持を得ることが政権獲得につながる。

解説 政党の役割 社会の諸利益を集約して政策に反映させる上で政党は重要な役割を果たしている。また政党抜きで選挙を実施したり，議会を効率的に運営することは難しいだろうし，内閣・大統領も政党基盤を持つことで政権運営が可能になっているといえよう。

2 政党政治の形態と特徴

	長　所	短　所	代表的な国
二大政党制	①政局が安定しやすい。②有権者による政党の選択が容易。③政党間の競争により，与党の失政や腐敗を追及し浄化することができる。	①種々雑多な国民の意思や利害を，きめこまかく吸収することができない。②政策のへだたりが大きいと，政権交代により，政策の連続性が失われる。	アメリカ（民主党と共和党）イギリス（保守党と労働党）→イギリスは現在多党化
小党分立制	①国民の様々な要求や利害を政治に反映することができる。②世論の小さな変化が政権に影響する。③連立政権により，権力の腐敗を防止。	①連立政権なので常に政局不安定。②政治責任が不明確になり，政策も総花的になりやすい。③国難に当たり大胆な政策遂行が困難。	フランスイタリアスウェーデン
一党制	①政権が安定し，政策の連続性が保てる。②国民に対して強力な指導ができる。	①独裁政治による国民の人権無視の可能性。個人崇拝も行われやすい。②腐敗政治になりやすい。	中国，北朝鮮，キューバなどの社会主義国

日本の政党

政界再編の行方は？

3 戦後の主な政党の移り変わり（55年体制以降）

TRY 55年体制とはどういうことか。（解答➡p.416）

（数字は結党（解党）年月。2023.11.15現在）

［政党系統図。左から右へ時系列。主な政党と結党年月を記載］

- 15 55年体制
- 自由党
- 日本民主党 → 保守合同 → 自由民主党 55.11
- 76.6 新自由クラブ
- 新党さきがけ 93.6 → さきがけ 98.10 → × 01.3
- みんなの党 09.8 → 結いの党 13.12 → 14.11 ×
- 日本を元気にする会 15.1 → 18.12 ×
- みんなでつくる党 19.7 → **大津綾香（党首）**
- **岸田文雄（総裁）**
- 民主党 96.9
- 国民新党 05.8
- 新党日本 05.8
- 太陽党 96.12 → 民政党 → 民主党 98・4
- 国民の声 → 新党友愛
- 自由党 97.12
- たちあがれ日本 10.4 → 太陽の党 → 次世代の党 14.8 → 日本のこころ 15.12
- 日本維新の会 → 維新の党 14.8 → おおさか維新の会 15.11 → 日本維新の会 16.8 → **馬場伸幸（代表）**
- 参政党 20.4 → **神谷宗幣（代表）**
- 社民連 78.3
- 日本新党 92.5
- 民社党 70.4
- 公明党 64.11 → 94.12 公明
- 新進党 94 → 解党 97.12
- 新生党 93.6
- 94, 12
- みどりの風 12.7 → 12.11 ×13.12
- 減税日本 12.11
- 国民の生活が第一 12.7 → 日本未来の党 12.12 → 生活の党 → 自由党 16.10
- 新党きづな 11.12
- 新党大地 11.12
- 改革クラブ → ×02
- 新党平和 → 改革クラブ 08.8 → 新党改革 10.4 → 16.7 ×
- 黎明クラブ
- 民主党 → 民進党 16.3 → 国民民主党 18.5 → **玉木雄一郎（代表）**
- 希望の党 17.9 → 21.10 ×
- れいわ新選組 19.7 → **山本太郎（代表）**
- 立憲民主党 17.10 → **泉健太（代表）**
- 公明 → 公明党 98.11 → **山口那津男（代表）**
- 右派 左右統一 / 左派 → 日本社会党 55.10 → 社会民主党 96.1 → 福島瑞穂（党首）
- 日本共産党 45.10* → **志位和夫（委員長）**

*日本共産党の結党は1922年7月。1945年10月は日本共産党が合法化された年月。

プラスα 政治学者サルトーリは「複数政党間で競合が展開されているが，1つの政党が長期にわたって圧倒的な力をもっているシステム」を**一党優位政党制**と呼び，55年体制下の自民党政権がこれにあたるとしている。

4 主な政党

〈注〉2023.11.15現在，議員数は2023.10.31現在，党員数は2018〜23年の数値。
※ ▨▨▨は政治団体。政党助成法の政党要件（➡6）を満たしていない。

	党　勢（党員数）	沿革・方針など		党　勢（党員数）	沿革・方針など
与党 自由民主党	総裁 岸田 文雄 衆263人 参118人 （112万人）	1955年，**自由党**と**日本民主党**の保守合同で成立。一時期を除き一貫し政権維持。保守政党だが政策は幅広く，派閥実力者による総裁交代が政権交代の役割を果たしてきた。2012年12月与党に復帰。	立憲民主党	代表 泉 健太 衆95人 参38人 （10万人）	2017年**民進党**解党後，希望の党への合流拒否に反発し枝野幸男が一人で結党。2020年**立憲民主党**と**国民民主党**が解党し，合流賛成派議員らが再結成。「政権の選択肢」を目指し立憲主義の徹底等を主張。
与党 公明党	代表 山口那津男 衆32人 参27人 （45万人）	1964年宗教団体である創価学会を支持母体として結党。1994年**新進党**結党で分裂したが，1998年再合流。1999〜2009年と2012年以降は**自民党**と連立政権をつくり，政局の中心的存在となった。	日本共産党	委員長 志位 和夫 衆10人 参11人 （27万人）	1922年結党。戦前は天皇制廃止を掲げたため，非合法政党とされた。戦後は，憲法9条堅持，日米安保体制反対等を主張。2015年戦争法制（安保法制）成立後，野党共闘による政権奪取を主張している。
日本維新の会	代表 馬場 伸幸 衆41人 参20人 （2.0万人）	**維新の党**を離脱した安倍政権に近い橋下徹・松井一郎らが2015年**おおさか維新の会**を結党。翌年現在の党名に変更。道州制など地方分権，規制緩和，小さな政府などを主張。	国民民主党	代表 玉木雄一郎 衆10人 参11人 （7.7万人）	2009年に政権交代を果たした民主党の流れをつぐ政党。離合集散を繰り返し，2020年**立憲民主党**との合流にともないいったん解党。その後，合流に参加しなかった旧**国民民主党**議員が再結成した。
みんなでつくる党	党首 大津 綾香 衆0人 参2人	2013年発足，2019年参院選でネット動画などの選挙活動で比例1議席を獲得し国政政党に。NHK問題に特化したシングルイシュー政党から始まったが，現在は総合政党を目指し様々な改革を主張。	れいわ新選組	代表 山本 太郎 衆3人 参5人	**自由党**の山本太郎が旗揚げし，2019年参院選で比例2議席を獲得し，特定枠2名の重度障がい者が当選。消費税廃止と法人税への累進制導入を訴え，日々の生活に困窮しない社会の構築を目指す。
参政党	代表 神谷 宗幣 衆0人 参1人 （9.4万人）	コロナ禍において，反ワクチンや脱マスクを訴えネットを中心に支持を拡大。2022年参院選で比例1議席を獲得し国政政党に。天皇制の維持，自尊史観の教育，外国人労働者の抑制等を主張。	社会民主党	党首 福島 瑞穂 衆1人 参2人 （0.7万人）	1945年結党の**日本社会党**が1996年に党名変更。1994年，**自民・さきがけ**と連立政権を組み，委員長の村山富市が首相に。2020年，**立憲民主党**への合流問題で，党が二分された。
			沖縄社会大衆党	代表：高良鉄美 衆0人 参1人	沖縄地域政党。1950年結成。米軍基地撤廃，日米安保破棄を訴える。

---

5 単独政権と連合政権 （➡p.162）

単独政権	一つの政党で政権をつくる場合	
	単独・過半数政権	1党で議席の過半数を占有し内閣をつくる場合
	単独・少数党政権	1党では過半数の議席がなく，閣外協力などが必要になる場合

連合政権	一つの政党だけでは議席の過半数を得られず，複数の政党で政権をつくる場合	
	連立政権	政権に参加した政党から閣僚がでて内閣をつくる場合
	閣外協力	一部の政党が政策協定や首相指名では協力するが，内閣には加わらない場合

用語 **与党と野党**…政権に与する政党を**与党**，政権から離れた在野の政党を**野党**という。議院内閣制の日本では，内閣を組織している政党が与党だが，閣外協力の場合もある。

保守と革新…**保守**（conservative）は，伝統的制度や考え方を尊重し，急進的改革に反対する政治上の立場のこと。バーク（➡1）は『フランス革命についての省察』で恐怖政治を批判し近代保守思想の祖と呼ばれる。これに対し改革派を**革新**（reform）と呼び，55年体制下の日本では自民党を保守，社会党や共産党を革新と呼んできた。

右翼と左翼…政治的立場や政党を位置づける呼称で，一般的に保守勢力を**右翼**，革新勢力を**左翼**と呼ぶ。フランス革命で急進派が議長席から見て左側を占めたことに由来（➡p.48）。戦後日本では社会党や共産党，平和・市民運動が左翼と呼ばれ，一部の急進派は特に新左翼と呼ばれた。一方自民党は保守と呼ばれ，右翼は街宣活動を行う特定の団体を指すことが一般的だった。

---

6 政党と会派

Ⓐ 政党と会派

政党	・憲法や国会法では規定されていない。 ・政党助成法は，政党要件（➡p.153 10Ⓑ）を満たす政治団体を政党と定めている。
会派	・国会法で定められた，議院（国会）内で活動を共にする議員の集まり（2人以上）。 ・政党と会派が同一のものが多い。 ・委員会の委員数，質問時間・順序，立法事務費の配分等は会派の所属議員数で決まる。
	統一会派…複数の政党・グループが形成する会派。

Ⓑ 両院の会派 （衆議院2023.10.24，参議院2023.11.1現在）

	衆　議　院		参　議　院	
与党	自由民主党・無所属の会	263	自由民主党	117
	公明党	32	公明党	27
野党	立憲民主党・無所属	96	立憲民主・社民	40
	日本維新の会	41	日本維新の会	20
	日本共産党	10	国民民主党・新緑風会	13
	国民民主党・無所属クラブ	10	日本共産党	11
	有志の会	4	れいわ新選組	5
	れいわ新選組	3	沖縄の風	2
			NHKから国民を守る党	2
	計 465人（無所属6人）		計248人（無所属10人・欠員1人）	

解説 **憲法にない「政党」** 国会内で活動を共にする議員団体のことを国会法上は「会派」という。連立政権時代を迎え，国会内での活動を有利にしようと，いくつかの政党が結んで「統一会派」を作る動きが活発である。

プラスα 二大政党制の英国では安定した単独政権が普通。独（西独）は戦後ずっと連立政権だが安定しており，コール政権は16年間続いた。一方伊は連立政権が短命なことで有名。国ごとの伝統や事情で政党政治も異なるわけだ。

日本政治

日本の政治過程

政治を動かす様々な力

7 政治過程図

〈注〉2023.10.31現在。

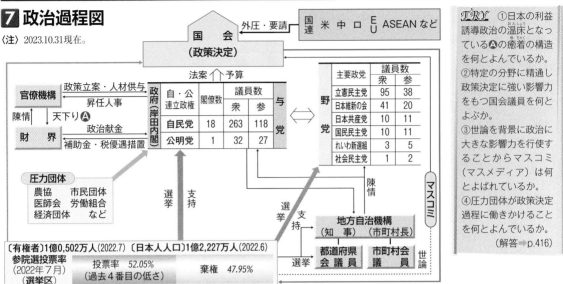

〔有権者〕1億0,502万人（2022.7）〔日本人口〕1億2,227万人（2022.6）

参院選投票率（2022年7月）（選挙区）　投票率 52.05%（過去4番目の低さ）　棄権 47.95%

主要政党	議員数	
	衆	参
立憲民主党	95	38
日本維新の会	41	20
日本共産党	10	11
国民民主党	10	11
れいわ新選組	3	5
社会民主党	1	2

自・公連立政権

	閣僚数	議員数	
		衆	参
自民党	18	263	118
公明党	1	32	27

TRY ①日本の利益誘導政治の温床となっている④の癒着の構造を何とよんでいるか。②特定の分野に精通し政策決定に強い影響力をもつ国会議員を何とよぶか。③世論を背景に政治に大きな影響力を行使することからマスコミ（マスメディア）は何とよばれているか。④圧力団体が政策決定過程に働きかけることを何とよんでいるか。（解答➡p.416）

8 圧力団体（利益集団）

圧力団体とその内容

経営者団体

日本経済団体連合会（日本経団連） 会員総数1,650団体
経営者団体の総合団体で，大企業を中心に団体・法人・個人の会員からなる。経済政策，税制のほか医療・年金など社会保障，雇用対策などについて経済界の考えを反映させる総合的な提言団体になることをめざす。2002年に，それまでの**経済団体連合会（経団連）**と日本経営者団体連盟（日経連）が合併して誕生。

経済同友会 会員総数1,537人
経営者個人を会員とした財界団体。

日本商工会議所（日商） 全国515商工会議所
全国各地にある商工会議所の総合団体。

国民生活産業・消費者団体連合会（生団連） 会員総数571団体 2011年に発足。消費者と関わりの深い団体（百貨店，スーパー，食品メーカー，消費者団体など）で構成。消費税増税に賛成の経団連に対し，デフレ時の増税に反対の立場を取る。

労働団体

日本労働組合総連合会（連合） 約699万人
全国労働組合総連合（全労連） 約72万人
全国労働組合連絡協議会（全労協） 約10万人

農林水産関係

全国農業協同組合中央会（JA全中） 約425万人
全国漁業協同組合連合会 中小漁業民 約30万人
大日本水産会 水産会社・漁民団体 約578団体
全国森林組合連合会（全森連） 約152万人

その他

日本医師会 約17万人　**宗教関係団体**
日本遺族会 約46万人
戦没遺族家族の団体。靖国神社国家護持運動を推進。
主婦連合会（主婦連） 約150団体

〈注〉各団体の勢力は，2021年5月時点の資料による。

解説 政治に大きな影響力 圧力団体（利益集団）とは，選挙の時の候補者の推薦，選挙資金の提供などを背景に政治的圧力を加え，その団体の利益を実現しようとする組織のことで，その働きかけを**ロビイング**という。

9 市民運動と住民運動

　選挙のときだけでなく，住民たちが組織的に直接，役所や議員たちに自分たちの要求を突きつけ，政策を変えさせたり新しい政策をつくらせたりする運動を起こすことがしばしば見られます。これが住民（市民）運動です。

　住民運動は，身近な問題についての切実な要求から始まるので，自治体政治に対する運動の形をとることが多くなります。日本での初期の成功例は，1963〜64年に静岡県三島・沼津・清水の二市一町で起きた石油コンビナート誘致反対運動でしょう。住民たちはすでに三重県四日市で有名になった大気汚染公害が持ち込まれることに反対し，徹底した調査と300回もの学習会で世論を盛り上げ，最後は地元の議会と首長に「開発反対」を決議させました。……

　はじめのうちは政府や自治体，巨大企業に対する抵抗運動が多かったのですが，だんだん学校や公園，福祉施設などの整備を要求したり，消費者保護を訴える運動なども多くなっていきました。これらに対しては「地域エゴ」「物取り主義」などの非難が浴びせられることもありましたが，自治体首長たちもこれらの運動を無視できなくなり，自治体政治に運動団体が参加する機会も増えました。

（石川真澄『日本の政治のしくみ』岩波ジュニア新書）

解説 新たな政治の担い手に 住民運動が生活者による地域型の抵抗運動であるとすれば，市民運動は自由意識の強い都市型の権利要求運動といえるが，担い手が個人であり，非党派的運動である点では共通する。1960年代に主に公害反対運動として登場したこれらの運動は，今日では日常的なものとなり，活動の分野はますます広がっている。

プラスα **党議拘束**とは国会の法律案採択等で議員が自分の党の賛否決定を守らなければならないこと。しかし国会審議前に党の対応が決まっていると国会審議を空洞化させることに。臓器移植法（1997年）では各党が党議拘束を外し注目された。

言の葉	善からは善のみが，悪からは悪のみが生まれるというのは，人間の行為にとって決して真実ではなく，しばしばその逆が真実であること。…これが見抜けないような人間は，政治のイロハもわきまえない未熟児である。　（『職業としての政治』）	ウェーバー［独：1864～1920］　社会学者，経済学者（⇒p.19）。「政治」の本質は，暴力に裏打ちされた権力であるとし，「倫理」ではないと分析している。

政治資金　　　　　　　　　　　　　　　　政治にはカネがかかるというけれど…

🔟 政治資金規正　19　政治家個人に対する企業団体献金は，禁じられていること。

Ⓐ 政治資金規正法改正（1994年）による政治資金の流れ

受領者 寄附者	金額の制限		政党・政治資金団体	資金管理団体など	政治家個人
個　人	総枠		2,000万円	1,000万円*	
	個別		無制限	150万円	150万円*
企業・労働組合	総枠		750万円～1億円	14 19 23 禁止	
	個別（なし）				
政　党	無制限		無制限		
政治資金団体	無制限		無制限		無制限*
資金管理団体など	総枠		無制限		無制限*
	個別		無制限	5,000万円	

〈注〉数字は年間限度額。＊政治家個人に対するものは金銭等に限り禁止。ただし，選挙運動に関するものは金銭等の寄附ができる。

> **用語** 政治資金団体…政党のための資金援助を目的とする，政党が指定した団体。
> 資金管理団体…政治家個人のための政治資金を受け取る団体。政治家は，自らが代表である政治団体から1団体まで指定できる。

Ⓑ 政党助成法　20 19 16

助 成 金	総額約320億円＝総人口×250円	
受け取れる政　党 **政党要件**	①所属国会議員5人以上 ②所属国会議員がおり，直近の国政選挙の全国得票率が2%以上	いずれかを満たす政党 14
配　分	1／2を議席数，1／2を得票数で配分	
使　途	制限なし（収支報告の提出・公表義務あり）	

参院選は前々回も含む

Ⓒ 主な政党の交付金交付決定額

年 （百万円／%）	2022年		2023年		増減額
	交付額	配分率	交付決定額	配分率	
自由民主党	16,036	50.8	15,910	50.4	−126
立憲民主党	6,787	21.5	6,833	21.7	46
日本維新の会	3,027	9.6	3,351	10.6	324
公　明　党	3,009	9.5	2,870	9.1	−139
国民民主党	1,774	5.6	1,173	3.7	−601
れいわ新選組	413	1.3	620	2.0	207
政治女子48党	279	0.9	334	1.1	55
社会民主党	211	0.7	260	0.8	49
参　政　党			185	0.6	185
合　　計	31,537	100.0	31,537	100.0	0

Ⓓ 主な政党の本部収入の内訳（2021年分）　（億円）

	自民	公明	維新	立民	国民	共産
政治交付金	169.5	30.1	19.2	68.8	23.5	—
事業収入	5.1	73.6	0.0	0.0	0.0	169.7
党　費	10.1	6.0	1.9	1.1	0.0	5.4
寄　附	27.9	0.1	0.5	2.4	0.0	11.7
借入金	4.5	—	—	—	—	0.0
その他	270.6	74.0	20.3	55.9	15.4	29.1
収入総額	487.7	183.8	41.9	128.6	38.9	215.9

〈注〉日本共産党は政党交付金を受けていない。
（ⒸⒹとも総務省資料による）

🔟🔟 政治資金の実態

政党支部で受け取った企業・団体献金を資金管理団体や後援会に移すことなど，団体間での資金移動は可能。

Ⓐ 政治家の3つの財布

資金管理団体	政党支部	後援会組織
政治家ごと1つに限られる	数に制限はない	政治資金パーティーも開催できる

Ⓑ 政治資金規正法のあゆみ（⇒p.127）

年	🅴事件・不祥事／🅻政治資金規正法
1948	🅻政治資金規正法制定
66	🅴黒い霧事件
75	🅻企業献金を1企業当たり最高計1.5億円に
76	🅴ロッキード事件
78	🅴ダグラス・グラマン事件
80	🅻政治家個人への献金の収支報告を義務づけ
88	🅴リクルート事件
92	🅴東京佐川急便事件
94	🅻企業・団体献金を政党と政治家個人の資金管理団体に限定。上限は1企業（団体）50万円
99	🅻政治家個人の資金管理団体への企業・団体献金の禁止
2004	🅴日歯連ヤミ献金事件
05	🅻政治団体間の寄附に年間5,000万円の上限規制
07.6	🅻資金管理団体の5万円以上支出に領収書添付
07.12	🅻国会議員の政治団体の1円以上支出について領収書を原則公開
09	🅴鳩山由紀夫首相の資金管理団体虚偽記載事件
10	🅴小沢一郎民主党代表の資金管理団体虚偽記載事件
15	🅴小渕優子経産相の政治団体虚偽記載事件
21	🅴安倍晋三首相後援会の「桜を見る会」夕食会費用補填不記載事件

← ロッキード事件，実刑判決後の田中角栄元首相

> **解説** 政治とカネを規正　政治資金規正法は，政党や政治家をめぐるカネの流れの透明度を高めることが狙いで，政党・政治団体に収支報告書提出を義務づけ，公開するよう定めている。鳩山首相，小沢代表，小渕大臣，安倍首相の事件はいずれも秘書が起訴され有罪となった。一方検察審査会により強制起訴された小沢代表（無罪が確定）以外は，政治家は不起訴だった。

Focus（フォーカス） 活性化する政治資金パーティー

	寄付	パーティー券購入
個人	○	○
企業・団体	政党のみ	○
補助金法人・外国法人等	×	○
氏名等の公表	5万円超	20万円超

政治資金パーティーは政治家の政治団体が資金を集めるために開き，政治資金規正法でも認められている。資金を集める方法には寄付もあるが，パーティーによる収入報告の方が名前や金額の公表基準が緩いため，パーティー収入の9割近くは購入者が不明だという。また，パーティー券購入への規制も寄付ほど厳しくない。そのため自民党では派閥や政治家のパーティー依存が高まっているというが，政治とカネをめぐり法の抜け穴となっているとの批判も根強い。

日本政治

> **プラスα** 政治家が公務員への口利きの見返りに報酬を受け取ることを禁止する**あっせん利得処罰法**。刑法のあっせん収賄罪は公務員に職務上不正な行為をさせることが前提だが，行為が不正でなくとも見返りを受け取れば摘発できるのが特徴だ。

11 選挙制度

●日本の選挙制度のしくみと課題は何か？

視点

公正 民主主義

1 選挙の基本原則と選挙制度

[19] 比例代表制とは，各政党が獲得した票数に応じて議席が配分される制度であること。

Ⓐ 選挙の基本原則

普通選挙
納税・性別などで制限せず一定年齢で選挙権を与える。

平等選挙
1人1票同一価値として投票の効果を平等にする。

秘密選挙
誰に投票したかの秘密が保障される。

直接選挙
有権者が直接代表者を選出する。

世界で最初に女性の参政権が認められたのは，ニュージーランド（1893年）。

Ⓑ 選挙区制度の種類と特色 [19][18][17][15][14]

	[14][20] 小選挙区制（1選挙区1人選出）	大選挙区制（1選挙区複数選出）	中選挙区制	[20] 比例代表制
長所	①小党分立を防ぎ，政局が安定。②選挙費用が比較的少額ですむ。③選挙違反の取締りがしやすい。④有権者が候補者をよく知ることができる。	①死票が少なくなる。②少数党に有利である。③有能な人物・新人が進出しやすい。④選挙の公正を期しやすい。	①理論的には大選挙区制の部類に入る。②定員3～5人の旧衆議院議員選挙区。1994年，公職選挙法改正により廃止。[14]	政党の得票数に比例して議席を配分。長所・短所とも大選挙区制のそれが一層明確化。また，特定の政党に属さない，いわゆる「無所属」候補が事実上不可能になるという，大きな問題点もある。
短所	①死票が多くなる。②ゲリマンダーの危険性が大きい。③国民の代表としての適格性を欠く地方的小人物が輩出する。④不正選挙の可能性が高く，新人・女性の進出が困難（現役有利）。	①小党分立を生じ，政治が不安定になる。②選挙費用が多くなる。③有権者が候補者の人格や識見をよく知ることができない。		

用語 死票…選挙で落選した候補者に投じられ，選出に反映されない票のこと。小選挙区制では得票率と獲得議席率に大きな差が生じるため，2012年の衆院選では，共産党が7.9%の票（470万票）を得たが，議席がゼロのためすべて死票となった。

ゲリマンダー

2 主な国の選挙制度 [20] (→p.31～36)

＊第13期選出時。 ＊＊制度として確立した年

国名	制度	任期	定員	選挙権	被選挙権	選出方法	普選の確立年（上段男/下段女）
イギリス	上院（貴族院）	原則終身	不定	国王の任命	21歳以上	多数は一代貴族，ほかに一部の世襲貴族と高位聖職者	1918年
	下院（庶民院）	5年	650	18歳以上	18歳以上	1区1人の小選挙区制	1928年
アメリカ	大統領	4年	1	18歳以上	35歳以上	大統領選挙人を有権者が選出。選挙人が大統領候補に投票	1870年
	上院（元老院）	6年	100	同上	30歳以上	各州より2名。2年ごとに1/3ずつ改選	1920年
	下院（代議院）	2年	435	〃	25歳以上	各州より人口比例で選出。小選挙区制	
ドイツ	大統領	5年	1	—	—	連邦大会議（連邦議会議員と各州代表で構成）で選出	1871年
	連邦参議院（上院）	—	69	—	—	各州代表として州政府により任命。選挙はない	1919年
	連邦議会（下院）	4年	598	18歳以上	18歳以上	比例代表制と小選挙区制を併用	
フランス	大統領	5年	1	18歳以上	18歳以上	直接選挙で投票総数の過半数で選出	1848年
	元老院（上院）	6年	348	同上	24歳以上	3年ごとに半数改選。元老院選挙人団（国民が選挙）による間接選挙。2004年改選から，任期が9年から6年に。	＊＊1944年
	国民議会（下院）	5年	577	〃	18歳以上	小選挙区2回投票制（1986年改正）	
中国	全国人民代表大会	5年	＊2,980	18歳以上	—	地方の人民代表大会で選出された代表と軍隊などの選んだ代表で構成（定員は，その時によって変わる）	1953年
							1953年

被選挙権年齢は2011年の法改正により引き下げられた。

3 日本の選挙制度の変遷と有権者数の増加

公職選挙法公布は1950年。

法律改正年	有権者の資格	被選挙者の資格	選挙区制	法改正直後の総選挙年	有権者数（万人）
1889年（明22）	直接国税15円以上 満25歳以上の男子	直接国税15円以上 満30歳以上の男子	小選挙区	第1回 1890.7	45.1
1900年（明33）	直接国税10円以上 満25歳以上の男子	満30歳以上の男子（納税資格要件撤廃）	大選挙区	第7回 1902.8	98.3
1919年（大8）	直接国税3円以上 満25歳以上の男子	同上	小選挙区	第14回 1920.5	306.5
1925年（大14）	満25歳以上の男子（納税資格要件撤廃）	同上	中選挙区	第16回 1928.2	1,240.9
1945年（昭20）	満20歳以上の男女（男女普通選挙）	満25歳以上の男女（参議院は30歳以上）	大選挙区	第22回 1946.4	3,687.8
1947年（昭22）	同上	同上 [16]	中選挙区	第23回 1947.4	4,090.7
1994年（平6）	同上	同上	小選挙区 比例代表	第41回 1996.10	9,768.1
2015年（平27）	満18歳以上の男女（選挙権年齢引下げ）	同上	小選挙区 比例代表	第48回 2017.10	10,609.1

Ⓐ 有権者数の全人口に対する割合の推移と投票率

(%)
0　20　40　60　80　100

	割合	投票率
	1.13	93.91
	2.18	88.39
	5.50	86.73
	19.98	80.33
	48.65	72.08
	52.38	67.95
	59.65	77.61
	53.68	83.72

投票率

プラスα **ゲリマンダー** 自分の政党に有利なように不自然に選挙区の境界を定めることをいう。アメリカのゲリーという人がつくった選挙区が，サラマンダー（火蛇）に似ていたことから生じた言葉。

日本政治

言の葉

権力は腐敗する。絶対的な権力は絶対的に腐敗する。Power tends to corrupt, and absolute power corrupts absolutely.

ジョン・アクトン［英：1834～1902］歴史家。ケンブリッジ大学近代史教授。強力な権力ほど必ず腐敗するという意味で、選挙における多選批判などの際に引用される。

4 国政選挙の実際

〈注〉①2016年衆議院「0増10減」➡**B** ②2018年参議院6増（埼玉選挙区2増、比例代表4増、比例に**特定枠**導入）➡**D E**

3年ごとに半数改選

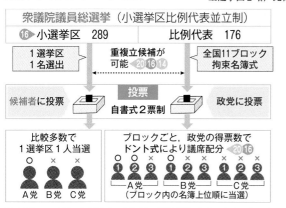

衆議院議員総選挙（小選挙区比例代表並立制）

- 小選挙区 289
  - 1選挙区 1名選出
  - 候補者に投票 — 投票 自書式2票制 — 政党に投票
  - 比較多数で 1選挙区1人当選 ○○× A党 B党 C党
- 重複立候補が可能
- 比例代表 176
  - 全国11ブロック 拘束名簿式
  - ブロックごと、政党の得票数でドント式により議席配分 ①②③（ブロック内の名簿上位順に当選）A党 B党 C党

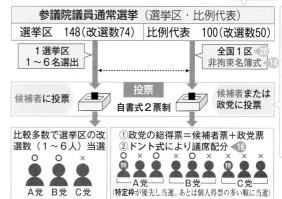

参議院議員通常選挙（選挙区・比例代表）

- 選挙区 148（改選数74）
  - 1選挙区 1～6名選出
  - 候補者に投票 — 投票 自書式2票制 — 候補者または政党に投票
  - 比較多数で選挙区の改選数（1～6人）当選 ○○× A党 B党 C党
- 比例代表 100（改選数50）
  - 全国1区 非拘束名簿式
  - ①政党の総得票＝候補者票＋政党票 ②ドント式により議席配分（特定枠が優先し当選。あとは個人得票の多い順に当選）特 A党 B党 C党

候補者：政党の届け出名簿に登載の人。

用語 拘束名簿式…衆議院の比例代表選挙の方式。政党はあらかじめ候補者の順位を決定し名簿を届け出る。獲得した議席の数だけ、名簿順位に従って当選者を決定する。

非拘束名簿式…参議院の比例代表選挙の方式。候補者に順位をつけず名簿を届け出る。得票数の多い順に、当選が決まる。

A 重複立候補制度（衆議院議員総選挙）

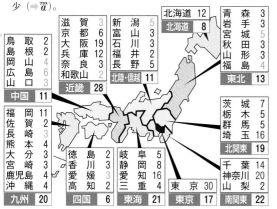

小選挙区

X選挙区			Y選挙区			
○○党 比例代表で当選			○○党 比例代表でも落選			
当	A		当	B		
10,000	9,000	6,000	9,000	7,200	6,300	1,000

惜敗率→A＝90%　B＝80%

$$惜敗率(\%)＝\frac{落選者の得票数}{当選者の得票数}×100$$

比例代表（ブロック）

名簿順位 ○○党
- 1位
- 2位
- A B
- 5位

〈注1〉 点線内は○○党の比例代表での得票数によって配分された議席。X区のA候補とY区のB候補が、○○党比例代表名簿の5位に同一順位で並び、1人が当選の場合、惜敗率の高いA候補が当選となる。

〈注2〉 小選挙区で供託金没収ライン（有効投票総数の1/10）に達せず落選した場合、比例代表で復活当選できない。比例区で当選の場合は政党を変わることができない（2000年法改正）。

（『朝日新聞』1994.3.5による）

B 2022年衆議院「10増10減」法—小選挙区289・比例代表176

〈注〉都道府県の数字は小選挙区の定数、青枠は比例代表のブロックとその定数。2022年改正の新定数：赤字…増加、青字…減少（➡**α**）。

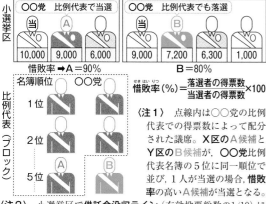

滋賀 3 京都 6 大阪 19 兵庫 12 奈良 3 和歌山 3	新潟 5 富山 3 石川 3 福井 2 長野 5
近畿 28	**北陸・信越 11**
鳥取 2 島根 2 岡山 4 広島 6 山口 3	北海道 12 **北海道 8**
中国 11	
福岡 11 佐賀 2 長崎 3 熊本 4 大分 3 宮崎 3 鹿児島 4 沖縄 4	青森 3 岩手 3 宮城 5 秋田 3 山形 3 福島 4
九州 20	**東北 13**
徳島 2 香川 3 愛媛 4 高知 2	茨城 7 栃木 5 群馬 5 埼玉 16
四国 6	**北関東 19**
岐阜 5 静岡 8 愛知 16 三重 4	千葉 14 神奈川 20 山梨 2
東海 21	**南関東 22**
東京 30	
東京 17	

近年の定数是正は…①02年5増5減。②12年0

〈注〉──・──…合区。15・18年の定数変更…青字2増、赤字2減。

C 比例代表制—ドント式のしくみ

ドント式の計算例（定員7名）	A 党 1,500票	B 党 900票	C 党 720票
1で割る	1,500 ①	900 ②	720 ④
2で割る	750 ③	450 ⑥	360
3で割る	500 ⑤	300	240
4で割る	375 ⑦	225	180
5で割る	300	180	144

〈注〉各党の得票数を整数で割り、商の大きい順に当選が決まる。各党の1議席当たり得票数をより公平にするための方式。

TRY 次の場合、ドント式で各党の獲得議席数を求めなさい。定員6名、有効投票数は1,900票とする。（解答→p.416）

	D党	E党	F党
得 票 数	1,000	550	350

D 参議院選挙区定数148（選挙は定数の半数が改選）

定数	選 挙 区	定数	選 挙 区
12	東京	8	神奈川、埼玉、大阪、愛知
6	北海道、千葉、兵庫、福岡	4	茨城、静岡、京都、広島
2	青森、岩手、宮城、秋田、山形、福島、栃木、群馬、山梨、新潟、富山、石川、福井、長野、岐阜、三重、滋賀、奈良、和歌山、鳥取・島根、岡山、山口、徳島・高知、香川、愛媛、佐賀、長崎、熊本、大分、宮崎、鹿児島、沖縄		

〈注〉 ──・── …合区。15・18年の定数変更…青字2増、赤字2減。

E 参議院比例代表「特定枠」（2018年導入）

- 政党は候補者に順位をつけ優先的に当選させる**特定枠**を自由に設定できる。
- 特定枠の候補者の票は政党への票とみなす。
- 特定枠候補者は**選挙運動**ができない。

解説 参議院では 2015年、初めて県を越えて鳥取・島根と徳島・高知が**合区**とされた。18年には比例代表に**特定枠**が導入されたが、合区で外れた候補者の救済策との批判もある。

解説 衆議院では リクルート事件（➡p.127）後の政治改革で、衆議院の**中選挙区制**は、同一政党の候補者が同じ選挙区で争い、政党本位の選挙になりにくく、カネもかかるとの理由から、1994年**小選挙区比例代表並立制**に改められた。

96年総選挙では、重複立候補制による小選挙区落選候補の比例区復活当選や、政党に投票する比例区当選議員が政党を変わることが問題となり、2000年に**A**〈注2〉の法改正が行われた。また、**B**のように定数是正が繰り返されているが、議員定数不均衡問題の抜本解決は先送りされている。

日本政治

②18年6増（埼玉2増、比例4増、特定枠導入。）①15年10増10減で合区導入。

α アダムズ方式が初適用 2022年の衆議院定数是正で、アダムズ方式（➡p.159）が初めて適用された。増減した都県は**B**の通りだが、東京都が5増、神奈川県が2増で、ほかは1増または1減となった。一票の格差を2倍未満とするため、人口の多い都市部の議席が増え、地方は減少した。

言の葉

愚民の上に苛き政府あれば，良民の上には良き政府あるの理なり。故に今，我日本国においてもこの人民ありてこの政府あるなり。　（『学問のすゝめ』）

福沢　諭吉 [日：1834〜1901]　啓蒙思想家・教育家。愚かな国民の上には厳しい政府ができ，優れた国民の上には良い政府ができる。すなわち，その国の政治の程度は国民の民度が決める，という意味。

選挙制度の課題　　　　　　　　選挙結果を左右しているのは？

16 5 総選挙の推移—衆議院の政党別議席数（➡p.124）

＊第22回総選挙の当選人数が定数に満たないのは，東京2区と福井において当選人が定数に満たなかったため。

日本政治 20

55年体制

83年第37回総選挙後，自民党は新自由クラブと連立し，55年から28年間続いた自民党単独政権がいったん途絶えた。

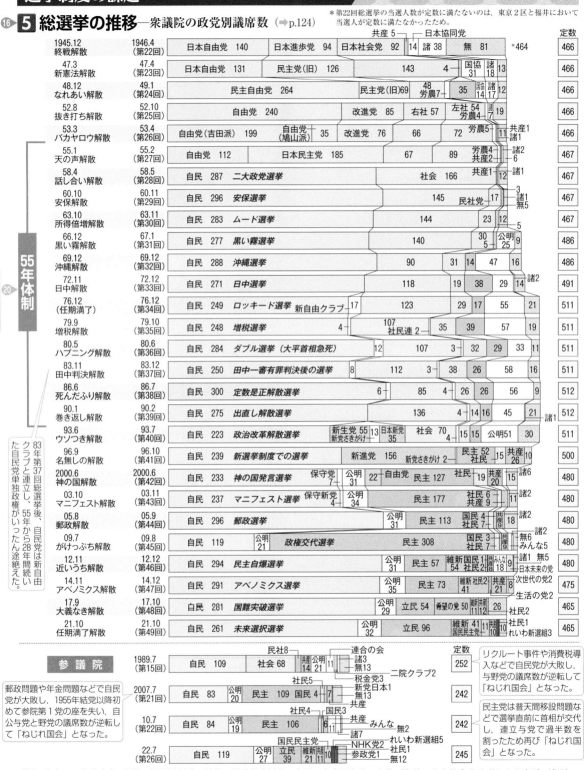

解散	回	政党別議席数	定数
1945.12 終戦解散	1946.4（第22回）	共産5　日本協同党　日本自由党 140　日本進歩党 94　日本社会党 92　14　諸 38　無 81　*464	466
47.3 新憲法解散	47.4（第23回）	日本自由党 131　民主党（旧）126　143　4　国協 31　諸 18　13	466
48.12 なれあい解散	49.1（第24回）	民主自由党 264　民主党（旧）69　48 労農7　35　国協14　諸17	466
52.8 抜き打ち解散	52.10（第25回）	自由党 240　改進党 85　右社 57　左社 54 労農4　19	466
53.3 バカヤロウ解散	53.4（第26回）	自由党（吉田派）199　自由党（鳩山派）35　改進党 76　66　72　労農5　11　共産1 諸1	466
55.1 天の声解散	55.2（第27回）	自由党 112　日本民主党 185　67　89　労農4 共産2　諸2 6	467
58.4 話し合い解散	58.5（第28回）	自民 287　二大政党選挙　社会 166　共産1　12　諸1	467
60.10 安保解散	60.11（第29回）	自民 296　安保選挙　145　民社党 17　3 諸2 無5	467
63.10 所得倍増解散	63.11（第30回）	自民 283　ムード選挙　144　23　12　5	467
66.12 黒い霧解散	67.1（第31回）	自民 277　黒い霧選挙　140　30 5　公明 25	486
69.12 沖縄解散	69.12（第32回）	自民 288　沖縄選挙　90　31　14　47　16	486
72.11 日中解散	72.12（第33回）	自民 271　日中選挙　118　19　38　14　諸2	491
76.12 （任期満了）	76.12（第34回）	自民 249　ロッキード選挙　新自由クラブ 17　123　29　17　55　21	511
79.9 増税解散	79.10（第35回）	自民 248　増税選挙　4　107 社民連2　35　39　17　19	511
80.5 ハプニング解散	80.6（第36回）	自民 284　ダブル選挙（大平首相急死）12　107　3　32　29　33　11	511
83.11 田中判決解散	83.12（第37回）	自民 250　田中一審有罪判決後の選挙　8　112　8　26　58　26	511
86.6 死んだふり解散	86.7（第38回）	自民 300　定数是正解散選挙　6　85　4　26　26　56　9	512
90.1 巻き返し解散	90.2（第39回）	自民 275　出直し解散選挙　136　4　14　45　21　諸1	512
93.6 ウソつき解散	93.7（第40回）	自民 223　政治改革解散選挙　新生党 55　13　日本新党 35　新党さきがけ　社会 70　4　15　15　公明51　30	511
96.9 名無しの解散	96.10（第41回）	自民 239　新選挙制度での選挙　新進党 156　新党さきがけ2　民主 52 社民　15　共産 26　10	500
2000.6 神の国解散	2000.6（第42回）	自民 233　神の国発言選挙　保守党 31　公明 22　自由党　民主 127　社民 19　共産 20　15　諸6	480
03.10 マニフェスト解散	03.11（第43回）	自民 237　マニフェスト選挙　保守新党4　公明 34　民主 177　社民6 共産9　諸2	480
05.8 郵政解散	05.9（第44回）	自民 296　郵政選挙　公明 31　民主 113　国民4 社民7　共産 18　諸2	480
09.7 がけっぷち解散	09.8（第45回）	自民 119　公明 21　政権交代選挙　民主 308　国民 3 社民7　共産9 無6 みんな5　諸2	480
12.11 近いうち解散	12.12（第46回）	自民 294　民主自爆選挙　公明 31　民主 57　維新 54　国民1 社民2　みんな9　諸1 無5 日本未来の党9	480
14.11 アベノミクス解散	14.12（第47回）	自民 291　アベノミクス選挙　公明 35　民主 73　維新 41　社民2 共産 21　次世代の党2 生活の党2	475
17.9 大義なき解散	17.10（第48回）	自民 281　国難突破選挙　公明 29　立民 54　希望の党 50　共産 11 12　26　社民2	465
21.10 任期満了解散	21.10（第49回）	自民 261　未来選択選挙　公明 32　立民 96　維新11 国民民主党　共産10　11　れいわ新選組3 社民1	465

参議院

	回		定数
	1989.7（第15回）	民社8　自民 109　社会 68　共産14　公明21　11　連合の会　諸3 無11 二院クラブ2	252
	2007.7（第21回）	社民5　自民 83　公明 20　民主 109　国民4　7　税金党3 新党日本1 無13 共産	242
	10.7（第22回）	社民4　国民3　自民 84　公明 19　民主 106　6　11　共産 みんな 無2	242
	22.7（第26回）	国民民主党　自民 119　公明 27　立民 39　維新21　社民10　諸7 NHK党2 れいわ新選組5 参政党1 無12	245

リクルート事件や消費税導入などで自民党が大敗し，与野党の議席数が逆転して「ねじれ国会」となった。

民主党は普天間移設問題などで選挙直前に首相が交代し，連立与党で過半数を割ったため再び「ねじれ国会」となった。

郵政問題や年金問題などで自民党が大敗し，1955年結党以降初めて参議院第1党の座を失い，自公与党と野党の議席数が逆転して「ねじれ国会」となった。

〈注〉共産＝日本共産党，国協＝国民協同党，労農＝労働者農民党，自民＝自由民主党，右社／左社＝日本社会党分裂による右派／左派，公明＝公明党，社民＝社会民主党，民主＝民主党，国民＝国民新党，みんな＝みんなの党，維新＝日本維新の会，立民＝立憲民主党

プラスα　電子投票　2002年岡山県新見市（にいみし）で初めて実施された電子投票。しかし機器のトラブルから高裁で無効判決が出た岐阜県可児市（かにし）の例などもあり，国政選挙への導入は見送られたままだ。

6 衆・参両院の投票率と得票率の推移

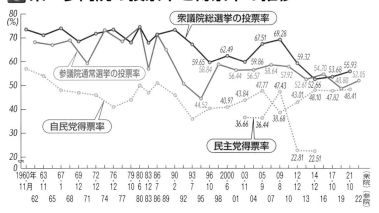

解説 **風が選挙を左右** 国政選挙の最低投票率は1995年参院選の44.52%。公職選挙法の1998年改正で投票時間を午後8時まで2時間延長し，2003年改正で期日前投票を創設するなど，投票率の回復が図られた。2005年の郵政選挙，2009年政権交代選挙と投票率は回復傾向にあった。しかし**2014年総選挙は52.66%**と衆議院の最低投票率を記録した。

　近年は無党派層の投票行動，すなわち「**風**」がどちらに吹くかが選挙結果を左右する。自民党小泉首相は郵政選挙で無党派層の「**風**」にのって大勝したが，2009年総選挙では「**風**」は民主党に吹き**政権交代**が実現した。2012年総選挙では今度は民主党に「**逆風**」が吹き，投票率が下がった結果，自民党が勝利したと考えられている。

7 議員定数不均衡問題 ―1票の格差

Ａ「1票の格差」の推移と定数訴訟の最高裁判決

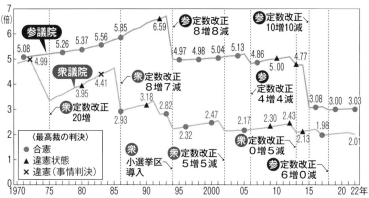

〈注〉選挙結果以外の格差は，選挙人名簿登録者数の格差。（総務省，経済同友会資料を参考）

Ｂ 議員1人当たりの有権者と格差

[衆院小選挙区] 〈注〉有権者は2022.9現在の選挙人名簿登録者数。

選 挙 区	1人当たり有権者	格差
①北海道第2区	461,188	2.01
②北海道第3区	460,101	2.01
③京都府第6区	459,643	2.00
④宮城県第2区	456,564	1.99
⑤福岡県第5区	456,331	1.99

格差は鳥取県第1区（229,371人）に対する倍数。

[参院選挙区] 〈注〉有権者は2022.9現在の選挙人名簿登録者数。

選 挙 区	1人当たり有権者	格差
①神 奈 川	966,659	3.05
②宮 城	961,928	3.03
③東 京	961,643	3.03
④新 潟	931,601	2.94
⑤大 阪	915,275	2.88

格差は福井県（317,281人）に対する倍数。
（総務省資料による）

Ｃ 議員定数不均衡訴訟の最高裁判決の流れ

	選 挙	格差	判決（評決）	判 決 理 由
衆議院総選挙	1972.12 第33回	4.99倍	1976.4大法廷 違憲・事情判決	格差が一般的に合理性を有すると考えられない程度に達し，合理的期間内に是正が行われない場合違憲。約5倍の格差は合理性を有するとは考えられない。
	1980.6 第36回	3.94倍	1983.11大法廷 合憲（格差は違憲状態）	選挙時に格差は違憲の程度に達した。しかし選挙は改正から約5年後で格差是正の合理的期間内。
	1983.12 第37回	4.40倍	1985.7大法廷 違憲・事情判決	1983年の大法廷判決ですでに違憲状態が指摘されていた定数で選挙を行ったことは，国会に認められた合理的期間内に是正が行われなかった。
	1990.2 第39回	3.18倍	1993.1大法廷 合憲（格差は違憲状態）	選挙時に格差は違憲の程度に達した。しかし改正から選挙まで3年余りで格差是正の合理的期間内。
	1996.10 第41回	2.31倍	1999.11大法廷 合憲（現行制度初の判断）	不平等が合理性を有しない程度に至っていたとは認められない（重複立候補制度は憲法に反しない）。
	2009.8 第45回	2.30倍	2011.3大法廷 合憲（格差は違憲状態）	各都道府県にあらかじめ1議席を配分する「1人別枠方式」が違憲状態の理由として廃止を求める。
	2012.12 第46回	2.43倍	2013.11大法廷 合憲（格差は違憲状態）	「1人別枠方式」の是正なく各高裁で違憲判決や選挙無効判決。最高裁は定数是正を評価し違憲状態判決。
	2014.12 第47回	2.13倍	2015.11大法廷 合憲（格差は違憲状態）	違憲状態だが，合理的期間内に是正されなかったとはいえない。定数是正も評価。
参議院通常選挙	1992.7 第16回	6.59倍	1996.9大法廷 合憲（格差は違憲状態）	格差6.59倍は違憲状態だが，立法裁量権を超えるまでには至らず合憲（違憲の裁判官は15人中7人）。
	2013.7 第22回	4.77倍	2014.11大法廷 合憲（格差は違憲状態）	違憲の問題が生ずる程度の著しい不平等状態にあったが，立法裁量権を超えるまでには至らず合憲。

〈注〉選挙の効力に関する訴訟（選挙訴訟）は公職選挙法第204条の定めに従い，高等裁判所に提訴する。

解説 **衆議院では** 法の下の平等（憲法14条）に照らすと格差は**2倍未満が原則**。最高裁は3倍以上の格差を違憲としつつ，選挙は有効としてきた（**事情判決**）。

　国会は「8増7減」（1986年），「9増10減」（1992年）の定数是正で対応。1994年小選挙区比例代表並立制を導入し，2002年「5増5減」を行った。

　しかし2011年最高裁は初めて格差3倍未満（小選挙区2.3倍）を違憲状態とし，国会に小選挙区の1人別枠方式の是正を迫った。2012年「0増5減」が間に合わず違憲状態のまま総選挙となり，高裁では違憲・選挙無効判決まで出たが，最高裁は是正を評価して違憲状態に判決をとどめた。

解説 **参議院でも** 選挙制度の違いもあり，参院では格差6倍がめどとされ，1996年最高裁は格差6.59倍を違憲状態と判決した。しかし2010年の参院選（格差5.0倍）について2012年最高裁は違憲状態との新判断を示し，「10増10減」が行われた。

プラスα **事情判決** 行政訴訟で「違法」判決が下された場合，通常はその処分を取り消すが，それによって公共の利益に著しい障害（例：議員資格喪失）がある場合は違法を宣言しつつ処分取消請求は却下するというもの。

日本政治

8 公職選挙法の概要 ［1950.4.15法100　最終改正2022法52］

項目		内容と特徴
総則	範囲（2条）	衆議院議員，参議院議員，地方公共団体の議会の議員と首長の選挙。
	選挙権（9条）	日本国民で年齢満18歳以上の者。 〔2015年改正で20歳から引き下げ〕
	被選挙権（10条）	衆議院議員，都道府県・市町村の議会の議員，市町村長は満25歳以上の者。参議院議員，都道府県知事は満30歳以上の者。
選挙運動	期間（129条）	衆議院で12日，参議院で17日間。事前運動は禁止。米では期間制限はなく，欧でも原則自由。
⑱㉓	戸別訪問の禁止（138条）	買収の温床になりやすく，選挙人の生活の平穏を害するとして最高裁も合憲としている（1981年➡p.102）。欧米では自由。⑭
⑯	文書・図画の頒布制限（142条）	衆議院小選挙区で候補者1人について通常葉書3万5千枚，選挙管理委員会に届け出た2種類以内のビラ7万枚など。
	共通投票所（39条の2）	自治体の判断により，駅や大型商業施設に共通の投票所を設置可能に。有権者は住民票のない地域でも投票が行えるようになった。
投票	投票時間（40条）	午前7時から午後8時まで。1997年に2時間延長。
⑲㉒	期日前投票（48条の2）	仕事，事故，妊娠等で投票日に投票所に行けない人が，選挙人名簿の属する市区町村の期日前投票所で投票日前に投票できる。2003年に新設，2016年に午前6時半から午後10時まで時間延長可能に。
	不在者投票（49条）	投票日に投票所に行けない人が，期日前投票所以外の場所であらかじめ投票日前に投票できる。出先の市町村，指定病院，老人ホームなどがある。2006年国外における不在者投票が設けられた。
	洋上投票（49条）	国政選挙において国外区域を航行する指定船舶の乗船者がファクシミリで行う。1999年に新設。
㉓	在外投票（49条の2）	海外居住者が在外公館で申請すれば国政選挙で投票できる。1998年比例区に限り導入されたが，2005年最高裁の違憲判決（➡p.137）により2006年選挙区でも導入された。国内で最後に住民票を置いていた選挙区で投票できる。
連座制 ⑳㉓ ⑯⑱	当選無効及び立候補の禁止（251条の2〜3）	選挙の総括主宰者，出納責任者，地域主宰者が罰金刑以上の有罪判決を受けた場合，候補者の親族，秘書，組織的選挙運動管理者が禁錮刑以上の有罪判決を受けた場合は当選が無効となり，同一選挙区で5年間は立候補ができない。

解説 公職選挙法 欧米に比べ規制が厳しいといわれる日本の選挙制度だが，時代に合わせた「ネット選挙」の解禁をはじめ，**20歳から18歳への選挙権年齢の引き下げ**など，見直しも進んでいる。

Ⓐ 公職選挙法改正の流れ ★投票方法が拡大されたもの

年	改正内容
1950	公職選挙法制定
94	衆議院で小選挙区比例代表並立制導入 連座制の適用範囲拡大（拡大連座制）と立候補5年間禁止導入
97	★投票時間2時間延長，不在者投票の要件緩和
98	★在外投票制度導入（国政選挙の比例のみ）
2000	衆議院の定数480に（比例20削減） 参議院の定数242に（10削減）
01	参議院比例代表制に非拘束名簿式導入
03	★期日前投票導入 マニフェスト（政権公約）配布の解禁
06	★在外投票制度を選挙区にも導入
13	★「ネット選挙」解禁（➡ 9） 衆議院の定数475に（小選挙区5削減）
15	選挙権年齢20歳から18歳に引き下げ 参議院選挙区に2つの合区を導入
16	衆議院の定数465に（小選挙区6，比例4削減） ★共通投票所導入，期日前投票の時間延長

Ⓑ 選挙運動

選挙運動のできる期間

選挙の公示・告示日から投票日前日の午後12時まで（129条）
※ただし，街頭演説，車上での連呼は午前8時〜午後8時の間のみ

各選挙の選挙運動期間	
17日間	参議院議員選挙 県知事選挙
12日間	衆議院議員選挙
9日間	県議会議員選挙
7日間	市長選挙 市議会議員選挙

違反すると…
・1年以下の禁錮又は30万円以下の罰金（239条）
・選挙権及び被選挙権の停止（252条）

寄付行為の禁止

政治家，後援団体ともに以下のような寄付は禁止
×お中元・お歳暮　×祝儀・花輪　×挨拶状　など
※ただし，政治家本人が出席する結婚式の祝儀や葬式の香典は例外

してよいこと	してはいけないこと
○街頭演説　○政見放送 ○個人演説会　○電話 ○政党演説会　など ※ただし，葉書・ビラ・マニフェストなどの頒布は枚数などに制限がある	×戸別訪問　×署名運動 ×18歳未満者の選挙運動 ×飲食物の提供 ×人気投票の公表 ×買収・供応　など

文書・図画頒布の規制

違反すると…
・2年以下の禁錮又は50万円以下の罰金（243条）
・選挙権及び被選挙権の停止（252条）

9 ネット選挙でできること，できないこと （×は不可）

（『読売新聞』2013.4.20）

解説 ネット選挙 公職選挙法は選挙運動でのネット利用を，違法な文書図画の配布に当たるとして禁じていたが，2013年の参院選から解禁された。政党や候補者による選挙期間中のホームページやブログの更新，投票依頼などの選挙運動が可能となった。電子メールを使った投票依頼も政党と候補者に限り認められた。ツイッター，フェイスブックなどの**ソーシャル・ネットワーキング・サービス（SNS）**を利用した選挙運動が，有権者を含めて解禁されたのも大きな特徴だ。ただし，候補者の落選を狙った中傷や，候補者本人を装う「なりすまし」をどう防ぐかなどの課題も残った。

プラスα 公職選挙法第139条では「何人も，選挙運動に関し，……飲食物（湯茶及びこれに伴い通常用いられる程度の菓子を除く。）を提供することができない。」としている。2017年の衆院選では，おにぎりを有権者に配った福島市の市議会議員が書類送検された（2019年，不起訴決定）。

選挙のしくみ
18歳から投票！

選挙権年齢が満18歳以上に引き下げられて初めて実施された2017年の衆議院議員総選挙で，10歳代の投票率は40.5％（18歳47.9％，19歳33.3％）と20歳代の33.9％を上回った。しかし全体平均の53.7％よりは大幅に低い。2022年の参議院議員通常選挙では，10歳代34.5％（18歳38.7％，19歳30.3％）と減少した（全体52.1％）。2014年の推計では20歳代の投票数が約420万票，60歳代は約1,240万票だという。これでは若者の声はなかなか政治に反映されないかもしれない。まずは諸君が自分なりに考え，一票を投じることが大事だろう。

1 選挙の種類を知ろう （⇒p.155）

	選挙の種類	選挙期日	選挙運動	被選挙権	任期
国	衆議院議員総選挙	満了㉚ 解散㊵	公示日から12日間	満25歳以上	4年
	参議院議員通常選挙	満了㉚	公示日から17日間	満30歳以上	6年
地方	都道府県知事選挙	満了㉚	告示日から17日間		4年
	都道府県議会議員選挙	満了㉚ 解散㊵	告示日から9日間	満25歳以上 ★	
	市区町村長選挙	満了㉚	告示日から市区7日間 町村5日間	満25歳以上	
	市区町村議会議員選挙	満了㉚ 解散㊵		満25歳以上 ★	㉒

〈注〉「選挙期日」満了㉚…任期満了日前30日以内。解散㊵…解散の日から40日以内。　「被選挙権」★…住所要件あり（⇒プラスα）。「選挙運動」政令指定都市の市長選挙は告示日から14日間，市議会議員選挙は9日間。

2 候補者や政党の情報を集めよう

㉓
● 公約集（マニフェスト）…政党や候補者が政策を挙げ有権者に示した文書。

● 街頭演説…駅前等で候補者が政策を訴える。

● インターネット…ネット選挙解禁でホームページやブログ，SNS等を利用した選挙運動が可能に。

● 選挙公報…候補者の氏名，所属政党，経歴，政策等を掲載したもので，選挙管理委員会が発行・配布する。

● 演説会…候補者や政党が開催する。

● 政見放送…衆参両院と知事選の候補者がテレビ・ラジオで政策を訴える放送。

3 18歳で選挙運動も可能に （⇒p.158）

● 友人・知人に直接投票や応援を依頼する。

● 選挙運動メッセージを掲示板・ブログなどに書き込む。

● 選挙運動のようすを動画サイトに投稿する。

× 18歳未満は一切の選挙運動ができない。

リツイートもダメ！

● 電話で投票や応援を依頼する。

● 選挙運動メッセージをFacebookやLINEなどのSNSで広める。

× 電子メールでの運動は候補者等を除き18歳以上の有権者もできない。

4 私の一票をどうする

Ⓐ 18歳・19歳の投票率は… （総務省資料）

2017年衆院選	全体 53.7％ 19歳 32.3 18歳 50.7	
2021年衆院選	55.9 35.0（速報値） 51.1（速報値）	
2022年参院選	52.1（速報値） 30.3 38.7（速報値）	

Ⓑ 棄権・無効票について考えよう

投票前

憲法改正します！ 候補者A

憲法改正は反対！ 候補者B

無党派層 700人　支持団体 500人　支持団体 300人

棄権・無効票 計700　500票 当選！　300票 落選

投票結果　当　落

解説 棄権・無効票は誰が得をする？　政治不信から白票や「×」印などの無効票を投じる人もいる。しかしこうした投票行動がどんな結果につながるかをこの図を参考に考えてみよう。

Ⓒ こんな投票の仕方もある―「戦略的投票」

誠実投票　候補者 A 接戦 B C 一票　勝ち負けに関係なく，信念に従ってCを選ぶわ　C候補の支持者

戦略的投票　候補者 A 接戦 B C 一票　本当はCだけど自分の考えにより近いからあえてBを選ぶわ　C候補の支持者

解説 当選しそうな候補に…　一票を無駄にしないため，当選の可能性の高い候補者に投票する「戦略的投票」。賛成できない公約はあるかも知れないが，より自分の考えに近い政治家を送り出せるかもしれない。　（図は『朝日新聞』2017.10.22による）

アダムズ方式

アメリカ第6代大統領が考案したとされ，一票の格差の是正が期待されている。2020年の国勢調査を基準に衆議院の議席配分に導入され，2022年11月の10増10減の定数是正で初めて適用された（⇒p.155）。各都道府県の人口をある数Xで割り，商の小数点以下を切り上げ，各県の議員定数とする。Xは総定数と合うように調整して決める。次の例は，人口600万人の国の議員の総定数10を，3県に配分するケース。Xが65万や75万だと合計数が11や9となってしまう。

	人口	÷	×	商		定数	
A県	250万人	÷		= 3.57	切り上げ	4	総定数10
B県	200万人	÷	70万人	= 2.85		3	
C県	150万人	÷		= 2.14		3	

プラスα 住所要件　地方議員の選挙権・被選挙権を得るためには，その自治体での3か月以上の在住が必要であること（公職選挙法第9条）。地方議員には地域社会の代表としての役割が期待されるため住所要件がある。首長は広く社会から登用することを優先して住所要件は不要とされる。

159

日本政治

時事特集

公示日・告示日…選挙が始まる日。公示は天皇の国事行為

視点 ●世論と政治はどうかかわっているか？
公正　寛容　民主主義

世論と政治
民主政治の基礎

1 世論調査——集団的自衛権の行使

[集団的自衛権の行使について]

毎日新聞 2014.5.19
| 賛成 39% | 反対 54 | 無回答 7 |

朝日新聞 2014.5.26
| 29 | 55 | その他 16 |

読売新聞 2014.5.12
その他・答えない ／ 使えるようにする必要はない
| 8 | 必要最小限の範囲で使えるようにするべき 63 | 25 | 4 |
全面的に使えるようにするべき

解説 質問の仕方でも変わる？ 質問の仕方が二択の毎日・朝日両紙に対し，三択なのが読売新聞。「必要最小限」という言葉が入った選択肢を選んだ人が多いことがうかがえる。世論調査は質問の仕方によって回答が違ってくると言えそうだ（→p.166）。

2 権力によるマスメディア統制

方法		形態及び事例
消極的統制	フォーマル	法律の制定・改廃など 「放送法」以外，直接メディアに関する法律は現在ない。ただし，他の法が援用されることがある
	インフォーマル	(1) 政府などによる直接・間接の介入や干渉など 特にテレビに多い (2) 利益誘導・便宜供与と特権の付与など 放送免許権，事業税免除，郵便料金・JR運賃の低料金制度，各種の懇談，記者クラブ　その他 (3) 自主規制の強要など
積極的統制		(1) 政府による直接的宣伝・ＰＲ 広報番組の制作，意見広告，リーフレットなど (2) 半官的組織による宣伝・ＰＲ 「日本広報センター」「放送番組センター」を通じての番組提供，広告によるＰＲなど
「イベント」の造出		政策的に「イベント」をつくりだし，マスメディアに増幅させて国民を操作 「ミッチー・ブーム」「東京オリンピック」「万博」「海洋博」「天皇訪米」など

（塚本三夫『法学セミナー増刊，言論とマスコミ』日本評論社）

用語 便宜供与と特権…権力側にとって有利になるように，特定の企業を優遇する特権を与えること。通常は，労働組合法における不当労働行為として，使用者が労働組合のために経費を援助することや，組合費を給与天引きにするチェック・オフ制度などが挙げられる。

解説 ナチスのメディア統制
大衆社会の到来に，ラジオや映画などのメディアをいち早く用いて巧妙な情報操作を行い成功したのがナチス。権力の側にとって情報管理と世論操作は常に重要な政治課題である。

3 選挙予測報道

Ⓐ アナウンスメント効果
マスメディアが選挙結果の予測報道することにより，選挙の結果が変化すること。「バンドワゴン効果」と「アンダードッグ効果」の２種類があるが，どちらが生じるかは選挙や有権者の特性によりかわる。

Ⓑ アナウンスメント効果の例

報道表現	アナウンスメント効果
優勢 あと一息	得票が伸びる →〔バンドワゴン効果〕投票者が勝ち馬に乗ろうとして，優勢だと報じられた候補に投票すること。
トップ当選は確実	ほかの候補者に票が流れる →〔アンダードッグ効果〕負けそうな候補を助けてやろうという気持ちから，劣勢だと報じられた候補に投票すること。いわゆる「判官びいき」の心理。

4 政治的無関心
現代の投票率の変化の背景として，政治的無関心が関係しているといわれていること。

伝統型無関心	近代以前においては，政治は少数の支配層だけのものであり，民衆は参加の機会がなかったことから生じた無関心
素朴型無関心	近代以降選挙権の拡大で政治参加は保障されるが，生活のための職業などが重要な関心事のため，政治は周辺的な事柄でしかないことからくる無関心
屈折型無関心	政治への関心や知識もあり，政治参加の市民的義務感もあるが，大衆社会の中で政治に影響力を及ぼせないという無力感，巨大化した官僚組織や政治制度への不信感から政治に背を向ける**現代型無関心**

（川人貞史『政治的無関心』平凡社大百科事典による）

解説 政治的無関心（アパシー） 政治はエリートのすることとする前近代の**伝統型無関心**に対し，**現代型無関心**は社会の複雑化や官僚政治の肥大化，絶えない政治腐敗などに対する無力感や失望が原因となっている。これに対し**無党派層**とは特定の支持政党を持たない人たちを指すが，政治に無関心というわけではなく，その投票行動が選挙結果や投票率を左右するといわれる。

Ⓐ 民意は政治にどの程度反映しているか？

1973年4
かなり反映している 18 ／ 十分反映している
| かなり反映している 18 | 少しは反映している 52% | まったく反映していない 19 | 7 |
わからない・無回答

1998年2
| 9 | 53 | 33 | 4 |

2023年2
かなり反映している ／ ほとんど反映していない ／ わからない
ある程度反映している
| ある程度反映している 24 | あまり反映していない 52 | 20 | 2 |

（『現代日本人の意識構造［第5版］』日本放送出版協会，内閣府資料による）

プラスα 政府や大企業などの外的組織が，メディアに圧力をかけて世論を誘導する**メディア・コントロール**。イラク戦争が代表例だが，総選挙前に政権批判を控えるよう自民党からテレビ各局へ送られた通達や，政権批判のキャスターの降板，原発報道の隠蔽など，日本でも事例には事欠かない。

言の葉　（官房機密費を）返してきたのは田原総一朗氏だけだった。

野中 広務〔日：1925〜2018〕　自民党小渕内閣の元官房長官。2010年，用途を公表せずに官房長官の判断で支出できる「内閣官房報償費」（官房機密費）を，政治家だけでなく政治評論家らにも配っていたことを暴露。民意の反映であるはずのテレビ局や新聞社の報道が，内閣に買収されている疑惑が浮上した。

5 NPO（非営利組織）Non-Profit Organization 23 22 17 15 14

　NPOとは，ボランティア活動などの社会貢献活動を行う，営利を目的としない団体のこと。役所や企業の手が届かない課題に対応する，市民社会の新たな担い手である。1998年に**NPO法（特定非営利活動促進法）**が制定され，認定を受けると**特定非営利活動法人（NPO法人）**として法人格をもてるようになった。保健・医療・福祉など，様々な分野で活動している。

A NPO法人数の推移　（内閣府資料）

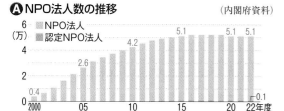

解説 企業・国家との違いは　非営利組織という点で企業とも，民間組織という点で政府とも異なるのがNPO。NPO法人になると，税制上の優遇も受けられる。法人数は増えたが，財政基盤が弱かったり，より手厚い優遇税制がある**認定NPO法人**の条件が厳しすぎるなど，課題もある。

B NPOの概念図　（千葉県資料）

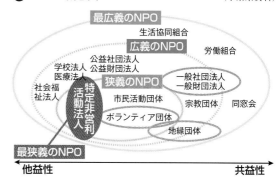

16 用語 認定NPO法人…NPO法人の収益事業は非課税。さらに認定NPO法人には，寄付が集まりやすいよう，個人や法人の寄付に対して課税上の特典が設けられている。だが認定基準が厳しく，数は少ない。

労働者協同組合（ワーカーズ・コレクティブ）…2020年に労働者協同組合法が成立，2022年10月から非営利の**労働者協同組合**が設立可能になる。NPOと異なり出資が可能で，設立が簡単。一般的な企業は出資・経営・労働が分離しているが，労働者協同組合は組合員が出資・経営・労働すべてに関わる。

日本政治

日本の政治風土　　　　　集団主義と甘えの構造

6 「ムラ」社会日本

　農耕的定住集落的共同社会（ムラ）においては，生存のために食糧生産という大前提の前にはいかなる個人の恣意も許されなかった。集団（ムラ）の成員は，共同の作業に，共同の祭式，儀礼にお互いの連帯感を深めながら相互依存的に生きていかざるをえなかったのである。個人の恣意の許されない世界を動かすものは，当然集団の論理であった。そして，集団の論理が絶対的に支配する世界は，すなわち他律の世界に他ならない。そして，日本人が常に集団の論理に従って行動し，本音すなわち個の論理を常に抑圧していることを意味している。日本における美談というものは，常にこういった個の圧し潰しの上に立っている。

（荒木博之『日本人の行動様式』講談社現代新書）

解説 日本人の「集団主義」形成　日本人は弥生時代以来，水稲耕作中心の生活をしてきた。狭い土地の中で食糧を生産するためには個人の恣意は許されず，集団（ムラ）の構成員は，共同作業によって相互依存的に生きていかざるをえなかった。そこで集団を優先し，個の主張を「わがまま」として排除する，集団主義ができあがったというのである。

7 「気配り」の政治—集団の和を尊ぶ日本人

↑竹下登元首相

　竹下流政治は何よりもまず，人と人との関係，つまり「和」を重視した。「気配り」とはこの人と人との間，主体と客体，意識と対象との間にある，「気」を重視することだとされるが，**竹下流「気配り」の政治**もまた，そうした意味での「雰囲気＝気」を最重要視する政治なのである。……「竹下政治とは，出来る限り自分を表にあらわさない政治だ」と，竹下首相周辺が解説すると，いかにも能動性がありそうに聞こえたが，むしろ，「政治調整の結果，そうなってしまった」という表現が，いわゆる，竹下流「和」「自然流」「熟柿主義」「気配り」「調整」「バランス」型政治の真骨頂であったように思う。

（久保紘之『田中角栄とその弟子たち』文藝春秋）

解説 竹下流政治　日本人は集団の和を尊重する。国会においても論争は表向きのことで，実質的には裏での「根回し」「気配り」などによって決着がはかられてきた。いわゆる**国対政治**（与野党の国会対策委員会（国対）の間の取引で国会運営が決まり，国政が動くこと）である。その典型であったのが竹下元首相だったというわけである。

Focus フォーカス 腐敗する「第四の権力」—報道とカネ

　2014年5月，安倍首相は集団的自衛権容認の検討に向けて行われた記者会見の後，自民党石原派の政治資金パーティーに出席，集団的自衛権容認派の大手新聞各社の解説員や政治部長など，マスコミ幹部と接触した。このほかにも，2013年12月の特定秘密保護法の制定をはじめ，靖国神社参拝，消費税増税など，世論から反対多数の声が上がっている問題について動きがあるたび，メディア幹部との会食などが行われてきた。本来，「**第四の権力**」と呼ばれ，政治権力を監視する役割をもつマスコミだが，こうした実態から，その責任を放棄しているという指摘がある。

→集団的自衛権について見守する安倍首相　集団的自衛権について記者会

プラスα　日本の政治風土を知るための参考図書　土居健郎『甘えの構造』弘文堂，中根千枝『適応の条件』講談社現代新書，室伏哲郎『贈る論理と贈られる論理』ちくま文庫，R.ホワイティング『和をもって日本となす』角川書店

戦後内閣のあゆみ

⤵ 首相を中心に，戦後の内閣をまとめてみよう。

◀第22回総選挙…日本国憲法公布前，男女普通選挙で戦後初の総選挙が行われ，女性が39人当選。(1946.4.10)

参▶自由民主党結成大会…1955年，日本民主党と自由党が合同して自由民主党が結成された。(1955.11.15)

視点 1. 政権交代が少ない日本
2. 55年体制以降は連立政権が中心
3. 世襲議員，出身省庁にも注目しよう

㊸ 代数	首相 （就任時年齢／前職等）	所属政党 （連立の場合は[ ]内）
	ねじれ国会の期間	通算在任日数
	在任期間	
	出来事 世…世襲議員（親が国会議員）。「 」…ニックネーム。	

〈政権発足時の与党〉 □自民党　■非自民党　□55年体制以前
〈注〉ねじれ国会は，石橋内閣以後について反映。

1945年　第二次世界大戦敗北

㊸ 東久邇宮　稔彦　57歳／皇族

1945.8～45.10　　　　　54日（歴代最短）

45. 9　降伏文書調印

「一億総ざんげが再建の第一歩」　連合軍が上陸した時の談話。責任を国民全体にかぶせるものと批判された。

㊹ 幣原　喜重郎　73歳／外務省

1945.10～46.5　　　　　226日

46. 1　天皇の人間宣言

「平和憲法を起草」　後に衆議院議長に就任。

㊺ 世 吉田　茂　67歳／外務省　日本自由党,日本進歩党［日本自由党］

1946.5～47.5　　　　　368日

47. 1　GHQ，2・1ゼネスト中止指令　47. 5　日本国憲法施行

「かかる不逞の輩がわが国民中に多数あるものとは信じませぬ」　労働組合結成が許可され，国に労働組合が誕生してストが続出した。これら労働者に対して年頭の辞で。2・1ゼネスト中止指令へと続く。

㊻ 片山　哲　59歳／弁護士　日本社会党,民主党,国民協同党［日本社会党］

1947.5～48.3　　　　　292日

「初の社会党首班の内閣」　第2回総選挙で社会党が第1党となり，連立内閣を組閣。

㊼ 世 芦田　均　60歳／外務省　民主党,日本社会党,国民協同党［民主党］

1948.3～48.10　　　　　220日

HQ of Nippon Liberal Party

48. 7　政令201号公布

「昭和電工疑獄事件」　閣僚からも逮捕者が出て総辞職。
➡日本自由党本部前の芦田均（左）と鳩山一郎

㊽ 世 吉田　茂　70歳／外務省　民主自由党→自由党
㊱

1948.10～54.12　　　　　2,248日

※2,616日（戦後在任日数3位，1946.5～47.5の368日含む）

48.11　極東国際軍事裁判判決
50. 6　朝鮮戦争
51. 9　サンフランシスコ平和条約・日米安全保障条約
54. 4　造船疑獄で指揮権発動
54. 7　自衛隊発足

ワンマン宰相

「無礼者，馬鹿野郎……」　衆院予算委員会で，右派社会党西村栄一の質問に対して連発。自由党鳩山派との対立も加わって衆議院解散。いわゆる「バカヤロウ解散」。

1955年　55年体制成立

㊿ 世 鳩山　一郎　71歳／弁護士　日本民主党→自由民主党
㊼

1954.12～56.12　　　　　745日

55.11　保守合同で自由民主党結成
56.10　日ソ共同宣言　56.12　国際連合加盟

「悲運の政治家」　自由党総裁として幣原内閣後の組閣直前にGHQから公職追放。解除直前に病に倒れ政界復帰が遅れた。

55 石橋　湛山　72歳／東洋経済新報社　自由民主党

1956.12～57.2　　　　　65日

「病気のため内閣総辞職」　その潔い進退は政治家の引き際の範として今も語られる。

56 岸　信介　60歳／商工省　自由民主党
57

1957.2～60.7　　　　　1,241日（戦後在任日数7位）

60. 1　新安保条約調印　　　昭和の妖怪
60. 5　新安保条約強行採決→安保闘争激化

「声なき声を聞く」　新安保条約反対の運動が高揚するなか，首相の政治責任を問われてのことば。いま騒いでいるのは一部の「声ある声」であるという。

58 池田　勇人　60歳／大蔵省　自由民主党
60

1960.7～64.11　　　　　1,575日（戦後在任日数6位）

60.12　「所得倍増計画」決定
64. 4　IMF8条国へ移行，OECD加盟
64.10　東海道新幹線開通,オリンピック東京大会開催

「私は嘘を申しません」「経済のことは池田におまかせください」　1960年総選挙でテレビCMに使われた。以前は「貧乏人は麦を食え」など暴言が多かったが，「寛容と忍耐」をスローガンに低姿勢で高度経済成長を推進。

61 佐藤　栄作　63歳／運輸省　自由民主党
63

1964.11～72.7　　　　　2,798日（戦後在任日数2位）

65. 6　日韓基本条約調印　　　政界の団十郎
66. 1　戦後初の赤字国債（歳入補塡債）発行
68. 4　小笠原返還協定調印
70. 6　日米安保自動延長
71. 8　ドル・ショック　72. 5　沖縄復帰

「人事の佐藤」　ライバルが亡くなったり，情報を的確につかんだ巧妙な派閥操縦により，長期政権を実現。沖縄返還でノーベル平和賞受賞。

日本政治

ゼミナール

<table>
<tr><td>

64
65

田中　角栄 54歳／田中土建工業社社長　**自由民主党**

1972.7〜74.12　　　　　　　　　　　　　　　　886日

田中角栄(右)と田中真紀子

72. 9	日中共同声明発表
72.12	列島改造政策を閣議決定
73. 2	変動相場制移行
73.10	第4次中東戦争 →第1次石油危機
74.12	戦後初のマイナス経済成長

「**今太閤**」　高等小学校卒の庶民性から。『日本列島改造論』で全国に開発の夢をばらまき「**コンピュータ付きブルドーザー**」とも。ところが石油危機，狂乱物価，金脈問題（後のロッキード事件）と続き退陣へ。退陣後も「闇将軍」として政界に君臨。

66

三木　武夫 67歳／明治大学学生　**自由民主党**

1974.12〜76.12　　　　　　　　　　　　　　　747日

三木武夫(右)と石原慎太郎

76. 7	ロッキード事件で 田中前首相逮捕
76.12	任期満了総選挙に 敗北し退陣

「**クリーン三木**」　党では傍流だったが清潔なイメージを買われ総裁に。

67

福田　赳夫 71歳／大蔵省　**自由民主党**

1976.12〜78.12　　　　　　　　　　　　　　　714日

78. 8	日中平和友好条約調印

「**天の声にも，たまには変な声もある**」　総裁予備選で予想に反し大平に敗れた時の名文句。他にも「昭和元禄」「狂乱物価」などを命名。

68
69

大平　正芳 68歳／大蔵省　**自由民主党**

1978.12〜80.6　　　　　　　　　　　　　　　554日

79. 6	東京サミット
80. 6	史上初の衆参同日選挙中， 大平首相急死

「**三角大福中**」　政権を競った自民党の派閥名。この時は福田派との抗争で不信任案可決，解散総選挙，大平首相急死，自民圧勝のドラマとなった。

</td><td>

70

鈴木　善幸 69歳／中央水産業会　**自由民主党**

1980.7〜82.11　　　　　　　　　　　　　　　864日

「**ゼンコー・フー（WHO）？**」　大平の急死で派閥の大番頭が急遽首相に。アメリカからも「誰？」の声があがった。

71
73

中曽根　康弘 64歳／内務省　**自→自，新自由クラブ**［自民党］

1982.11〜87.11　　1,806日（戦後在任日数5位）

83.12	自民党過半数割れ，連立政権へ
85. 4	電電公社，専売公社民営化
85. 8	戦後初，首相が靖国神社公式参拝
85. 9	G5，プラザ合意
87. 1	防衛費GNP1％を突破
87. 4	国鉄分割民営化

「**戦後政治の総決算**」「**大統領的首相になりたい**」　経済大国日本を背景に，日米同盟強化，行財政改革に取り組んだ。その手法や，「風見鶏」といわれた変わり身の早さに批判も強かった。

74

竹下　登 63歳／島根県議　**自由民主党**

1987.11〜89.6　　　　　　　　　　　　　　　576日

89. 1	昭和天皇崩御，平成改元
89. 4	消費税3％実施
89. 5	リクルート事件捜査終わる

「**言語明瞭，意味不明**」　調整上手で「気配り」の政治と言われるも，リクルート事件で退陣。以後も最大派閥を率い「院政」を敷いた。

75

宇野　宗佑 66歳／滋賀県議　**自由民主党**

1989.6〜89.8　　　　　　　　　　　　　　　　69日

89. 7	参院選で自民党歴史的大敗

「**史上初女性スキャンダルで辞任**」　スキャンダル・参院選大敗で辞任に追い込まれた。

76
77

海部　俊樹 58歳／政治家秘書　**自由民主党**

1989.8〜91.11　　　　　　　　　　　　　　　818日

91. 4	自衛隊掃海艇のペルシア湾派遣

「**初の昭和生まれの首相**」　参院選惨敗を受け，クリーンでソフトなイメージを売りに最大派閥竹下派に押され首相に。

78

宮沢　喜一 72歳／大蔵省　**自由民主党**

1991.11〜93.8　　　　　　　　　　　　　　　644日

92. 6	PKO協力法成立
93. 7	衆院総選挙で自民党大敗→93.8　総辞職

「**自民党の徳川慶喜**」　自民党15代総裁で，自民党一党支配の最後の首相となったから。

</td></tr>
</table>

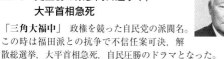

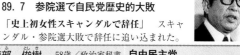

Ⓐ 占領下の日本

　敗戦で政党が復活し，戦後初の衆議院総選挙以降，自由党吉田内閣，社会党片山内閣，民主党芦田内閣と続いたが，これらはすべて連立内閣であった。その後，吉田内閣が長期政権を築き，サンフランシスコ平和条約調印などを果たした。

Ⓑ 55年体制

　1955年左右の社会党が統一されると，保守合同によって自由民主党が結成され，鳩山内閣が成立した。この保守・革新の二大政党制を「**55年体制**」と呼ぶが，議席数でいうと「1と2分の1政党制」にすぎず，「**一党優位体制**」の下で自民党の長期政権が続き，日本は高度経済成長を遂げた。

　一方，1960年代以降は，野党で中道政党が台頭し，多党化が進んだ。また1970年代以降の自民党長期政権では，派閥政治や利益誘導政治が顕著となり，**ロッキード事件**や**リクルート事件**などの汚職事件（⇒p.153）が国民の政治不信を招くことになった。

❶ロッキード事件で田中前首相の逮捕を伝える号外…アメリカのロッキード社が航空機を売り込む際に，日本の政府高官に巨額の賄賂が渡っていたことが明らかとなった。（1976.7.27）

❷リクルート事件で答弁する竹下首相…リクルート社が政治家や官僚に未公開株を賄賂として渡したことが明らかとなり，竹下内閣は総辞職に追い込まれた。（1989.4.11）

1993年　55年体制崩壊

⑦⑨ 細川　護熙　55歳／熊本県知事　**8党派連立**　［日本新党］

1993.8～94.4　　　　　　　　　　263日

93. 8　非自民の8党派連立政権樹立
94. 1　政治改革法案成立
　　　　中選挙区制から小選挙区制に

「**非自民連立の顔，お殿様首相**」　旧熊本藩主細川家の18代目当主。「政治は帆であり，国民は風であり，国家は船であり，時代は海である」これは所信表明演説での一節。

⑧⑩ 世 羽田　孜　58歳／小田急バス　**少数連立**　［新生党］

1994.4～94.6　　　　　　　　　　64日

「**少数与党内閣**」　統一会派問題で社会党が非自民連立から離脱，少数与党となり短命内閣に終わる。

⑧① 村山　富市　70歳／大分県議　**自，日本社会党，新党さきがけ**　［日本社会党］

1994.6～96.1　　　　　　　　　　561日

94. 7　社会党，安保・自衛隊を容認

「**なんでこんなところに座ることになったんじゃろ**」　片山内閣以来の社会党からの首相に。党の安保政策を転換。

⑧② 世 橋本　龍太郎　58歳／呉羽紡織　**自，社，さ→自（単独政権）**　［自民党］
⑧③

1996.1～98.7　　　　　　　　　　932日

96. 4　日米安保共同宣言
97. 4　消費税税率を5％に引き上げ

「**政治，行政，経済，社会の抜本的な構造改革をしなければならない時期にきている**」　行政改革など六大改革を掲げる。

「**1997年の財政改革を実行したために，経済に大混乱を引き起こした。国民に深くお詫びしたい**」　2001年の総裁選出馬候補時の発言。「（財政改革は）**大蔵省に騙されたよ**」

⑧④ 世 小渕　恵三　61歳／早大大学院生　**自→自，自由党→自，自由党，公明党**　［自民党］

1998.7～00.4　　　　　　　　　　616日

99. 5　ガイドライン関連法成立
99. 8　国旗・国歌法成立

「**人柄の小渕**」と呼ばれる一方，「**冷めたピザ**」「**凡人**」「**真空総理**」などとも。

⑧⑤ 森　喜朗　62歳／産経新聞社　**自，公明党，保守党**　［自民党］

2000.4～01.4　　　　　　　　　　387日

01. 1　中央省庁が1府12省庁に

小渕首相の入院，密室の協議で急遽首相に。「**日本は神の国**」などの発言で支持率が低下。

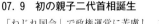

⑧⑦ 世 小泉　純一郎　59歳／細田越夫の薫陶　**自，公，保（保守新党）→自，公**　［自民党］
⑧⑨

2001.4～06.9　　　　　1,980日（戦後在任日数4位）

02. 9　首相の北朝鮮訪問
03. 6　有事法制成立
03.12　イラク特措法で自衛隊派遣
05. 9　郵政選挙で自民党大勝
05.10　郵政民営化法成立

「**永田町の変人**」が「**自民党を変える**」と訴え，世論の圧倒的支持で首相に。「**聖域なき構造改革**」を表明し道路公団改革，郵政民営化などを実現。

⑨⓪ 世 安倍　晋三　52歳／神戸製鋼所　**自，公**　［自民党］

2006.9～07.9　　　　　　　　　　366日

06.12　教育基本法改正
07. 1　防衛庁，防衛省に昇格
07. 5　国民投票法成立

「**美しい国，日本**」「**戦後レジームからの脱却**」を掲げるも，参院選大敗後に突然辞任。

⑨① 世 福田　康夫　71歳／丸善石油　**自，公**　［自民党］

2007.9～08.9　　　　　　　　　　365日

07. 9　初の親子二代首相誕生

「**ねじれ国会**」で政権運営に苦慮し，前政権の安倍内閣同様，就任1年で突然の総辞職。

⑨② 世 麻生　太郎　68歳／麻生セメント社長　**自，公**　［自民党］

2008.9～09.9　　　　　　　　　　358日

09. 8　衆院総選挙で自民党大敗，下野

麻生財閥の御曹司で，元オリンピック選手（射撃）。祖父は吉田茂。高祖父は大久保利通。

ⓒ 55年体制崩壊

　1989年，参院選で自民党宇野内閣は過半数を割り総辞職，衆参で第一党が異なる「**ねじれ国会**」となった。

　政治改革が焦点となった1993年には，自民党宮沢内閣の不信任案が可決され，解散総選挙で分裂した自民党は敗れ，政権を失った。また社会党も統一以来最低の議席数となり，55年体制は終わった。

ⓓ 政界再編と連立政権

　1993年，非自民連立の細川内閣が誕生。焦点だった政治改革で**小選挙区比例代表並立制**導入，政治資金規正法改正，政党助成法制定を行った。

　1994年には，社会党村山内閣に連立で参加する形で自民党は政権に復帰した。その後は自民党首班の連立内閣が続いたが，バブル経済崩壊後の経済停滞が続き，自民党小泉内閣は構造改革を唱え，2005年の郵政選挙で圧勝した。しかし格差拡大の批判もあり，2007年参院選では自民党が敗れて「**ねじれ国会**」となった。

ⓒ細川護熙・日本新党代表に当確のワッペンを付けるスタッフ…日本新党・日本社会党・新生党・公明党・民社党・新党さきがけ・社会民主連合・民主改革連合の8党派が連立して細川内閣が誕生し，自民党は政権を失った。なお，この衆院選で当選した日本新党のメンバーには，前原誠司，枝野幸男，野田佳彦，茂木敏充，小池百合子，中村時広，河村たかし，石井紘基（→p.211）らがいた。
（1993.7.18）

➡小渕前首相の合同葬儀…首相在職中に脳梗塞で倒れた小渕前首相の内閣・自民党の合同葬（組織と遺族の両者が喪主となる葬儀）。（2000.6.8）
➡衆院選の大勝を喜ぶ小泉首相ら…「聖域なき構造改革」を掲げた小泉内閣は，「郵政民営化」をテーマに2005年の総選挙で圧勝した。（2005.9.11）

再挑戦！　**第44回　衆議院議員総**

2009年　政権交代実現

93 世 鳩山 由紀夫　62歳/大学助教授　民主党,社会民主党,国民新党→民,国　[民主党]

2009.9～10.6　　　　　　　　266日

09. 9　民主党中心の連立政権樹立

祖父は初代自民党総裁で首相の鳩山一郎。政権交代を実現するも「政治とカネ」「普天間移設」で小沢一郎党幹事長と共に辞任。

94 菅 直人　64歳/弁理士　民,国　[民主党]

2010.6～11.9　　　　　　　　452日

11. 3　東日本大震災・東京電力福島原発事故

市民運動出身。民主党の初代代表。政治家二世でない首相は村山首相以来。大震災・原発事故への対応の遅れに批判も。ニックネームは「イラ菅」。

95 野田 佳彦　54歳/千葉県議　民,国　[民主党]

2011.9～12.12　　　　　　　　482日

12. 8　消費税増税法案可決

12.12　衆院総選挙で民主党惨敗，下野

民自公党首会談で「近いうちに」と約束した衆院解散総選挙に敗れ退陣。

2012年　政権交代で自公政権へ

96 ～98 世 安倍 晋三　58歳/神戸製鋼所　自,公　[自民党]

2012.12～20.9　　　2,822日（戦後在任日数1位）

※3,188日（2006.9～07.9の366日含む）　戦前も含め歴代1位

13.12　特定秘密保護法成立

14. 4　消費税8％に引き上げ

14. 7　集団的自衛権行使容認を閣議決定

15. 9　安全保障関連法案可決

17. 6　組織犯罪処罰法改正で共謀罪成立

19.10　消費税10％に

祖父に岸信介，大叔父に佐藤栄作。戦後では吉田茂以来となる首相再登板を果たし，アベノミクスなどを推進。

99 菅 義偉　71歳/横浜市議　自,公　[自民党]

2020.9～21.10　　　　　　　　384日

21. 7　東京オリンピック・パラリンピック開催

安倍首相の辞任を受け政権を継承。自民党で無派閥の首相は初めて。

100 世 岸田 文雄　64歳/日本長期信用銀行　自,公　[自民党]

101 2021.10～　　　789日（2023.12.1現在）

21.10　9月の総裁選で勝利し首相に就任

22. 7　安倍元首相が銃撃され死亡→国葬開催

22.12　防衛政策を大転換，防衛費増額へ

祖父・父ともに元衆議院議員。78代首相の宮沢喜一は親戚（父方の叔母の夫の兄）。

日本政治

E 政権交代

2009年，民主党が総選挙で勝ち，政権交代を実現して鳩山内閣が成立した。しかし2010年の参院選で敗れたため，再び「ねじれ国会」となった。「マニフェスト」の実現失敗や東日本大震災・原発事故への対応で民主党政権は批判を浴び，野田内閣は2012年の総選挙で敗北し政権を失った。

政権に返り咲いた自民党安倍内閣は2013年の参院選でも勝ち，「ねじれ国会」も解消した。以後自民党と公明党の連立政権が続き，安倍内閣は歴代最長の長期政権となった。

Focus（フォーカス）自民党本流と保守本流

1955年の保守合同で誕生した自民党には，日本民主党を系譜とする**自民党本流**（保守傍流）と，日本自由党を系譜とする**保守本流**という異質な2つの流れがある。自民党本流は，岸信介の思想に代表され，近年では憲法改正を目指し，日米同盟の深化を進めた安倍晋三が代表的である。保守本流は，石橋湛山の思想に代表され，憲法尊重・自主独立外交などを旨とするが，2000年代以降，力を弱めている。

	自民党本流（保守傍流）	保守本流
系譜	岸信介 [日本民主党]	石橋湛山・吉田茂 [日本自由党]
思想	・自主憲法の制定 ・反共産主義の姿勢 ・日米一体化路線	・現行憲法の尊重 ・敗戦は国策の誤り ・自主独立外交
主な首相	岸信介，佐藤栄作，福田赳夫，小泉純一郎，安倍晋三	吉田茂，鳩山一郎，石橋湛山，池田勇人，田中角栄，竹下登，宮澤喜一，橋本龍太郎，小渕恵三

（田中秀征『自民党本流と保守本流』講談社を参考）

→民主党大勝の衆院選結果を伝える香港紙… 2009年の総選挙で自民党が敗北し，3党連立の民主党鳩山内閣が成立した。写真は，民主党大勝を大きく報じた香港主要各紙。「日本の天下が変わる」などと伝えている。
（香港　2009.8.31）

←衆院選当確の花を付ける安倍総裁… 2012年の総選挙で民主党は敗北し，自民党の安倍晋三（写真右）が2度目の内閣を組織した。
（2012.12.16）

F 安倍元首相，暗殺される

2022年7月8日，安倍元首相が参院選の街頭演説中に撃たれ死亡した。容疑者は，韓国発祥の世界平和統一家庭連合（旧統一教会）に恨みを持っており，「母親が破産するきっかけとなった宗教団体を国内で広めたのが安倍氏だったと考え，安倍氏を狙った」などと供述している。

政治的な動機ではなかったが，首相経験者が襲われ死亡したのは第2次世界大戦後初めてで大きな衝撃を与えた。戦前では伊藤博文，原敬，犬養毅などがテロの犠牲になっている。
（毎日新聞HP資料等を参考）

ゼミナール

メディア・リテラシー
メディアをとりまく環境

情報化社会の今日，国民がメディア・リテラシー（メディアを批判的に読み解く能力）を高め，情報の単なる受け手から能動的な読み手になることが，民主主義をより確かなものにしていく上でも重要だ。戦前，日本の新聞の多くは御用新聞と呼ばれ，記事は政府の施策を賛美するものばかりだった。これは戦争の一因と批判されており，報道機関が独立していることの重要性が指摘されている。そこで今日のメディアをとりまく環境や実態を知っておくこともリテラシーを高める上では重要だろう。

1 マスメディアをめぐるシステム―癒着と圧力の構図

Ⓐ不自由な日本のマスメディア

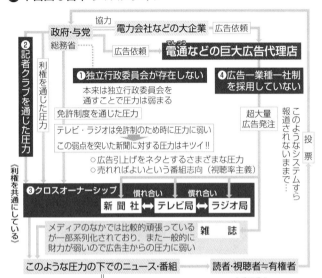

Ⓑマスメディアの独立・自由を奪うしくみ

①総務省（政府）の免許交付

他の先進国では独立した**独立行政委員会**がテレビ局の免許交付を行う。

②記者クラブ

国会，中央省庁，裁判所，地方自治体などでは記者クラブを通じて情報を提供するため，大手メディアが情報を独占し，フリーのジャーナリストや海外メディアが排除される。

③クロスオーナーシップ

同一資本が新聞社やテレビ局の持ち主になること。言論の多様性を阻害することになるので，他の先進国では禁止されている。

④広告一業種一社制の不採用

1つの広告代理店が同時に2つ以上の競合会社（同業種他社）の広告を担当しないという原則。他の先進国では主流。

（ⒶⒷは日隅一雄『マスコミはなぜ「マスゴミ」と呼ばれるのか』現代人文社により作成）

2 バイアスとスピン

情報の発信者には立場があり，何かしらの意図があって発信する。つまり情報には必ず**バイアス（偏り）**がかかっている。「新聞・テレビの情報は中立公正だ」と思い込むのと，「どんなバイアスがかかっているか」意識しながら情報に接するのとでは大きな違いがある。**スピンとは情報操作**のことで，アメリカ大統領府の記者会見場は「スピンルーム」と呼ばれている。政府によるバイアスを意識しているからこそその呼び方だ。

Ⓒスピン（情報操作）の手法の例

報じない	政府・大企業やマスメディアに都合の悪い問題を報じない。
捏造	なかったことを事実のように報道する。
意図的な翻訳	海外メディアの記事を部分的に翻訳するなど，本来の記事の趣旨を変えて報道する。
他の報道で隠す	芸能スキャンダルなど他の報道を大々的に行い，重要な報道を隠す。
情報の信用性の操作	信用の高いメディアや人から情報を流し，情報自体の信用性を高める（逆も）。
世論調査のデータを誘導	意図的な質問で世論調査の結果を誘導し，その調査結果を論拠として報道する。
やらせ（行き過ぎた演出）	事前に打ち合わせしておきながら，打ち合わせがなかったかのように行うこと。
都合の良いものだけ引用	不都合な証拠は取り上げず，都合のいいものだけ報道する。

（窪田順生『スピンドクター』講談社などを参考）

3 ポスト=トゥルースの政治

2017年のトランプ大統領の就任式の観客数がオバマ大統領の時より少なかったとの報道に「過去最高だった」とトランプ政権の報道官が応じ，他の大統領顧問は「オルタナティブ・ファクトだ」と述べた。事実でないことを「もう一つの事実」だと言い張ったのだ。また大統領選挙中にローマ教皇がトランプ支持を表明したなどの「フェイクニュース」がネットなどを通じて広がり，作り話と事実の区別がつかないまま情報が拡散した。オックスフォード辞典は2016年度の単語に「post-truth」を選んだ。客観的な事実が重視されず，感情的な訴えが政治的に影響を与える状況を指すとのことで，イギリスではEU離脱の国民投票で虚偽の数字がばらまかれ結果に影響を与えたといわれている。

日本でも首相が福島第一原発は完全にコントロールされていると胸をはったり，南スーダンでのPKOをめぐり，銃撃戦がおきていても防衛大臣は法的意味の戦闘行為は発生していないと答弁した。各国でポスト=トゥルースの政治が進んでいる。もちろん多くの支持者がいるからである。その背景には，情報がSNSを通じて拡散することが増えていることや，そうした媒体は客観性より感情や信条を伝える特性が強いといった実態がある。**しかし事実に基づかない政治は危うい。**新聞など既成メディアは，内容が本当かを点検する「ファクトチェック」に力を入れることが重要だろう。

日本政治

時事特集

項目	学　習　の　内　容　〈 〉内の数字は憲法の条数

左カラム

地方自治のしくみ（P.142・143）

(1) 意義…「地方自治は民主主義の学校」（ブライス）
(2) 「地方自治の本旨」〈92〉→ 地方自治法 で具体化
　①団体自治…地方公共団体の国からの独立性
　②住民自治…住民の意思に基づく地方公共団体の運営
(3) 地方公共団体（地方自治体）

議　会	一院制　条例制定権，予算議決権，首長の不信任決議権
首　長	条例執行権，議会への拒否権・解散権
行政委員会	教育委員会，選挙管理委員会など

(4) 直接請求権…① 条例の制定・改廃請求（イニシアティブ）② 監査請求　③議会の解散請求　④ 首長・議員の解職請求（リコール）⑤主要公務員の解職請求
(5) 住民投票
　①拘束的住民投票（法的拘束力：有り）
　　・地方自治特別法の同意〈95〉
　　・議会の解散，公務員の解職の同意（地方自治法）
　②諮問的住民投票（法的拘束力：無し）
　　・議会が住民投票条例を制定（議会や首長が住民の多数意見を知るために行う）

地方自治の課題・地方財政（P.144〜147）

(1) 地方分権一括法（1999）
　・機関委任事務 廃止…国が地方公共団体を下請化していた
　・自治事務…地方公共団体固有の事務
　・法定受託事務…法令で国から委託された事務
(2) 草の根民主主義の成長… 市民オンブズマン など
(3) 国に先行… 情報公開条例，オンブズマン制度 など
(4) 地方財政…①自主財源… 地方税 など　②依存財源… 地方交付税，国庫支出金，地方債 など
　・「三割自治」…乏しい自主財源，多い委任事務を指して
　・三位一体改革…税源移譲と補助金・地方交付税削減
　・地方財政危機… 財政再生団体 も

政党政治（P.150・151）

(1) 政党…政策を実現するため政権獲得をめざす政治団体

制限選挙（19c）	名望家政党
普通選挙（20c）	大衆政党，組織政党

(2) 政党政治

二大政党制	政権安定，少数意見は吸収しづらい →米（民主党・共和党），英（保守党・労働党）
多　党　制	多様な意見を反映，連立政権になりがち →仏，伊，独，日本（一党優位政党制）
一　党　制	社会主義国→中国，北朝鮮，キューバ

(3) 日本の政党政治
　① 55年体制…1955年，左右 社会党 が再統一，保守合同で 自由民主党 結成→保守・革新の二大政党制
　②自民党長期政権と野党の多党化（民社党・公明党など）
　　…族議員，政官財の癒着，利益誘導政治
　　→汚職事件多発（ロッキード事件，リクルート事件など）
　　→政治腐敗・自民党批判の高まり→政治改革問題
　③55年体制崩壊…1993年自民党分裂→1993〜94年非自民連立政権（細川内閣・羽田内閣）
　④連立政権…1994年社会党村山内閣で自民党政権復帰→自民党の連立政権（橋本内閣〜）
　⑤民主党の台頭→2009年総選挙で大勝し政権交代実現（鳩山内閣）
　⑥無党派層の増加と投票行動（「風」）が選挙を左右
　⑦自民党政権復活…2012年総選挙で大勝し再び政権交代（安倍内閣）

右カラム

日本の政治過程と政治資金（P.152・153）

(1) 圧力団体…特定の利益実現のため，政府・政党・官庁などに働きかけ（ロビイング）を行う（政権の獲得はめざさない点で政党とは異なる）
(2) 市民運動・住民運動…非党派的な運動
　・1960年代の反公害運動→消費者運動，環境保護運動へ拡大・成長
　・自治体の政策決定にも影響力
(3) 日本の政党…少ない党員，政治資金・集票を企業・団体に依存→利益誘導政治（金権政治），汚職の温床に
(4) 1994年政治改革
　① 政治資金規正法 改正…政治家個人への企業・団体献金禁止
　② 政党助成法 …公費で政党に助成（国民1人当たり250円）

選挙制度（P.154・155）

(1) 選挙の原則…普通・平等・直接・秘密選挙
(2) 選挙区制

小選挙区制	1選挙区から1人選出 →二大政党になりやすいが死票多い
大選挙区制	1選挙区から複数選出 →死票少ないが小党分立になる
比例代表制	政党の得票に比例して議席配分 →死票少ないが小党分立になる

(3) 衆議院… 小選挙区比例代表並立制
　・小選挙区289議席，比例代表との重複立候補も可
　・比例代表176議席を11ブロックの拘束名簿式比例代表制で，ドント式で配分
(4) 参議院…3年ごと半数改選
　・選挙区148議席，原則都道府県単位の選挙区から
　・比例代表100議席を全国単位の非拘束名簿式比例代表制で，ドント式で配分

選挙制度の課題（P.156〜159）

(1) 議員定数不均衡問題 …1票の価値の不平等（平等選挙に反する）
　・議員定数と有権者数の比率に格差
　・大都市に比べ地方の1票の価値が重い＝保守政党に有利
　・最高裁…衆議院について2度の違憲判決（1976，85）→ただし選挙は有効（事情判決）
　・裁判所は衆議院3倍，参議院5倍以内なら合憲の目安を示す
(2) 公職選挙法 の諸問題
　① 戸別訪問 ・事前運動禁止・文書配布制限など欧米に比べ選挙運動を厳しく制限（「べからず選挙」）
　②連座制強化…対象拡大，当選無効と5年間立候補禁止
　③在外投票の実現…2000年総選挙から実施。衆参の比例区のみだったが，2006年改正で選挙区も対象
　④投票時間2時間延長，期日前投票→投票率の回復

世論と現代政治（P.160・161）

(1) マスメディア …「第四の権力」とも
　・テレビ，新聞など…国民の知る権利に奉仕（社会の公器）
　・世論形成の役割→世論操作の危険も
　・商業主義→誤報やプライバシー侵害の危険
　・政治権力の統制，情報操作…ナチス党の成功例も
　・アナウンスメント効果…選挙の事前報道が結果を左右
(2) 世論 …公共の問題で社会的に支持されている意見
　・民主政治は世論政治→世論調査で把握
(3) 政治的無関心（アパシー）
　・伝統型無関心と現代型無関心（リースマンの分類）
(4) 無党派層…政治に関心はあるが支持政党をもたない層

1 資本主義経済の成立と変容

視点
● 資本主義はどう発達してきたのか？
● どんな経済思想が現れたか？

効率性　公平性

資本主義の発展と経済思想のあゆみ　　　　　産業革命で大きく発展

1 経済思想と歴史的事象

縦書き見出し：現代経済

年代		その時代の歴史的背景	経済思想の歴史（→p.174, 175）
1500年〜1700年代前半　資本主義の萌芽	商業資本主義	1453年　オスマン帝国によりビザンツ（東ローマ）帝国滅亡 1498年　ヴァスコ=ダ=ガマ，海路インド到達 1517年　宗教改革始まる 1600年　**イギリス東インド会社**設立 1642〜49年　清教徒革命（イギリス市民革命） **大航海時代**後の商業革命は資本の蓄積を促し，問屋制工業やマニュファクチュアの発達につながった。イギリスでは第一次囲い込みが進行。	
1700年代後半〜1800年代前半　資本主義の成立　—自由な競争—	産業資本主義	1770年代　イギリスで**産業革命**進展 1776年　アメリカ独立宣言 1789年　フランス人権宣言 1830年代　**欧米に産業革命** 1840年　アヘン戦争 1848年　3月革命（ウィーン，ベルリン）←2月革命（仏） **工場制機械工業**の出現。市場での激しい競争。自由な市場に信頼をおき，国家の統制や保護は排除。	
1800年代後半〜1900年代前半　資本主義の変容　—独占資本の形成—	独占資本主義	1868年　明治維新 1890年代　日本の産業革命始まる 1890年　米，**反トラスト法**（独禁法）施行 1914年　第一次世界大戦おこる（〜1918） 1917年　ロシア革命おこる 自由な市場で，強い企業は生産規模を拡大し，弱い競争相手を倒し，市場を支配するようになっていった。**独占資本**が成立し，強固な生産力を背景に原料と市場を求めて**帝国主義政策**を実施した。	
1900年代前半〜現代　資本主義の成熟	修正資本主義	1929年　**世界恐慌**始まる 1933年　ヒトラーが政権を握る（独） 　　　　　**ニューディール政策**始まる（米） 1939年　第二次世界大戦おこる（〜1945） 1973年　第一次石油危機	
	新自由主義	1991年　ソ連の解体。バブル後の不況（日本） 1992年　ECがEU（欧州連合，1993年発足）に発展 1999年　欧州通貨統合 2003年　イラク戦争 2007年　サブプライムローン問題発生 2008年　リーマンショック 世界恐慌は，ニューディールをとおして，**政府の市場への積極介入**の端緒となった。また，世界恐慌後の不況対策としてのブロック経済や軍事産業の発達は，第二次世界大戦の要因のひとつともなった。このため戦後は，国内的にケインズ政策を採りつつ，自由貿易というスタイルになったが，1970年代以降には，それらの限界も見えてきている。	

経済思想の歴史（図）：

→ 強い影響を与えた
◀▥▶ 対立関係

重商主義
トマス=マン
『外国貿易におけるイギリスの財宝』(1664)

重農主義
ケネー
『経済表』(1758)
—自由放任レッセフェール

見えざる手／分業

古典派経済学
アダム=スミス
『国富論』(1776)
—自由貿易論—

保護貿易論

マルサス
リカード
『経済学および課税の原理』(1817)
◀▥▶
歴史学派
リスト
『経済学の国民的体系』(1841)

社会主義思想

マルクス経済学
マルクス
『共産党宣言』(1848)
『資本論』(1867)
エンゲルス

ロシア革命
レーニン
『帝国主義論』(1917)

近代経済学…限界革命以降の，マルクス経済学以外の経済学の総称。

新古典派経済学
限界革命—限界効用を発見
ジェヴォンズ
ワルラス
オーストリア学派
メンガー

イノベーション
シュンペーター
『経済発展の理論』(1912)

ハイエク

依存効果

制度学派
ガルブレイス

ケインズ経済学
ケインズ
—有効需要・乗数効果—
『雇用・利子および貨幣の一般理論』(1936)

シカゴ学派
フリードマン
『資本主義と自由』(1962)

新自由主義
マネタリズム

厚生経済学
セン

ニューケインジアン
トービン

スティグリッツ
クルーグマン

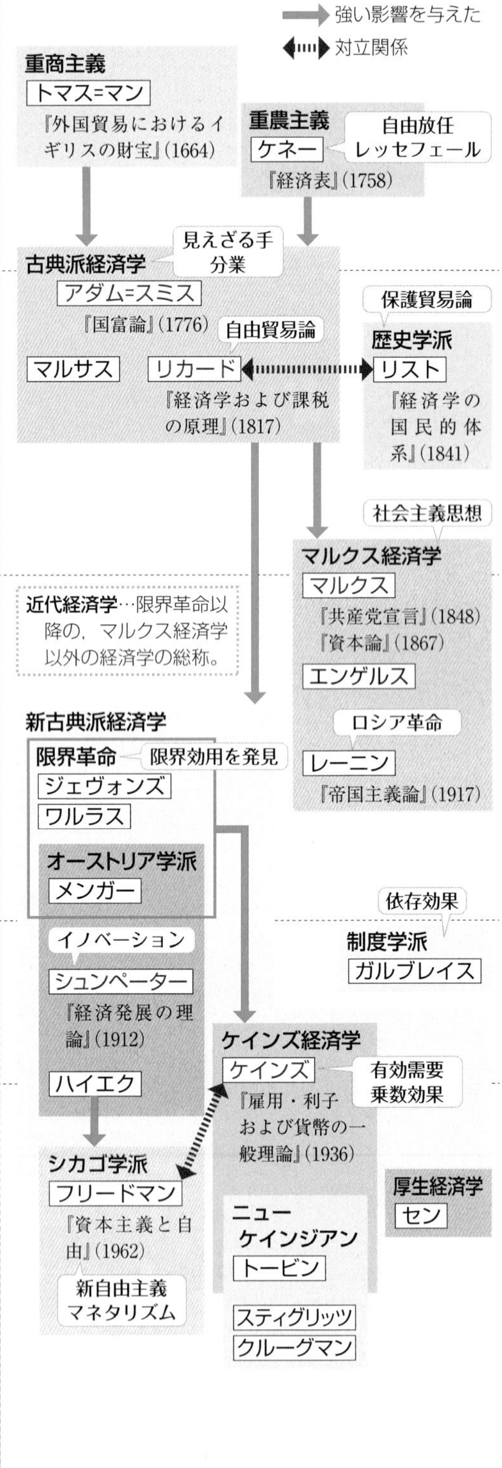

プラスα　**重商主義**は，16〜18世紀のヨーロッパ（西欧）で展開された絶対王政時代に，国家が積極的に経済活動に介入した経済政策。金銀などの鉱山開発（や貴金属の輸出制限）を通じて貨幣獲得を重視する**重金主義**と，輸出入の差額による貨幣獲得を重視する**貿易差額主義**などの形がある。

2 資本主義のあゆみと古典史料 ―商業・産業・独占資本主義

		古 典 史 料	解 説
資本主義成立の準備	土地囲い込み	他でもありません。**イギリスの羊**です。以前は大変におとなしい小食の動物だったそうですが、この頃では、何でも途方もない大食いで、その上荒々しくなったそうで、そのため**人間さえも盛んに食殺している**とのことです。おかげで、国内いたるところの田地も家屋も都会も、みな食いつぶされて、見るもむざんな荒廃ぶりです。 （トマス＝モア、平井正穂訳『ユートピア』岩波文庫）	**解説 資本の本源的蓄積** 第一次囲い込み（15世紀～）は、非合法に農地を奪い、羊の放牧地を作り出すものだった。**土地を資本として再編**し、資本の本源的蓄積を進め、後の資本主義の原動力を準備した。また、土地を奪われた農民は新しい労働者の予備軍となっていった。
	重商主義	「商品貿易における貨幣（金銀）の輸出は、我々の財宝（国富）を増やす手段である」 この、有望な鉱山とてないわが国の富は、要するに**貿易を上手にやって得た**ものなのである。毎年輸出された商品が、我々の消費する外国製品よりも価値の上で上回るように行われたのである。 （トマス＝マン、編者訳『外国貿易におけるイギリスの財宝』）	**解説 重金主義批判** 著者は、イギリス東インド会社重役。金銀を輸出することは、国富を減らすという批判に応えた。輸出銀を元本ととらえ、貿易差額によって増やして戻せばよいと説く。**産業資本の成長に、国の富の増大がかかっている**ことに気づいていた。
資本主義の成立	自由放任主義	かれが一般に公共の利益を促進することを意図するのでもなく、かれがどれだけそれを促進しているのかを知りもしない。……かれは自分自身のもうけを意図するにすぎないのであって、かれは多くのばあいに、他のおおくのばあいと同様に、**見えない手にみちびかれて**、かれの意図のどこにもなかったひとつの目的を促進するようになるのである。 （アダム＝スミス、水田洋訳『国富論』河出書房）	**解説 見えざる手** 国家の重商主義的保護政策を批判したのは、ケネーなどの重農主義者だった。それを受け継いだスミスは、富とは労働の生産物で、その生産力を高める鍵は分業にあり、都市・個人の**自由な利益追求行動こそが「見えざる手」に導かれて社会全体の富を増大させる**と説いた。これは当時の産業資本家の思想を代弁する考えだった。
自由競争の病変	独占の形成	**シャーマン反トラスト法（1890年）** 第1条 州間もしくは国際間の貿易もしくは商取引を阻害する目的でのトラストその他の方法による契約、企業結合、もしくはその謀議は、これを禁止する。 第2条 州間もしくは国際間の貿易もしくは商取引の一部もしくはすべてを独占し、独占しようと試み、結合もしくは謀議した者は、重罪とされる。（シャーマンは当時の上院議員）	**解説 競争の阻害** 自由競争によって強者は弱者を圧倒し、吸収して大きく成長した。競争相手のいなくなったとき巨大企業は、**市場を自由に占領し**、価格を高く維持することができた。そのため富の公平な分配は不可能となり、大衆の生活を直撃した。国がこうした動きを取り締まるべきとの思いが、初めて生まれたのである。

大恐慌とニューディール　　　　混合経済の始まり

3 ニューディール政策

A 1929年以降の実質GDP （アメリカ大統領府資料）

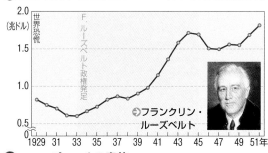

→ フランクリン・ルーズベルト

B ニューディールの意義

福祉国家化したこと	社会保障制度の確立 「富裕税法」による累進課税 雇用促進局による公共事業
積極国家化したこと	農業調整法による生産調整開始 **ワグナー法**による労働基本権確立
財政の役割を確立 （混合経済）	**TVA**（テネシー川流域開発公社）推進などケインズ理論に基づく、有効需要喚起策を採用

解説 底は1933年 1929年10月24日、ニューヨーク・ウォール街で発生した株価大暴落の影響は世界に及んだ。1933年の失業率は、アメリカで約25%、ドイツでは約26%にも及び、ファシズムを準備することになる。各国が、自国国民経済の防衛に走る中、1933年に米大統領に就任したフランクリン・ルーズベルトのニューディールは、異彩を放った（➡p.176）。

C 大恐慌以後の米国の歳入歳出 （アメリカ大統領府資料）

年	歳入	歳出	差し引き	年	歳入	歳出	差し引き
1929	3,862	3,127	734	1932	1,924	4,659	-2,735
1930	4,058	3,320	738	1933	1,997	4,598	-2,602
1931	3,116	3,577	-462	1934	2,955	6,541	-3,586
				1935	3,609	6,412	-2,803

〈注〉単位：10億ドル

アメリカでは赤字財政は戦時のみだった。この後、均衡財政が例外となる。

D 「混合経済」 ―政府の役割（日本の場合）

問題点	政策	具体例
貧富の差の拡大	財政政策	ビルトイン・スタビライザー、所得の再分配
	福祉政策	年金保険、健康保険、生活保護
	労働政策	最低賃金制、労働基本権保障
インフレ	財政政策	景気抑制
	金融政策	金融引締め ｝日本銀行の方策
	金融政策	金融緩和
失業	労働政策	労働基本権保障、男女雇用機会均等法
	福祉政策	雇用保険、障害者雇用促進法、育児・介護休業法
公共財・サービス供給	財政政策	社会資本整備
	教育政策	義務教育制度、教育助成金

解説 拡大した「公共」 19世紀までの自由放任の結果、資本主義は貧富の差の拡大、景気変動に伴う大量失業、そしてこれを修正することにより発生したインフレなどの弊害に悩まされた。これを改善するため、政府の諸政策が拡大してきたのが20世紀だった。

プラスα 独占の成立と景気変動に伴う失業の増加は、資本主義各国に危機感を与えた。不介入のはずの経済に政府が関与するようになったのは、こうした不都合を是正するためだった。

4 資本主義と改革以前の社会主義との違い

	㉓ 資本主義経済	改革以前の社会主義経済	改革後の社会主義経済
生産手段の所有	機械・土地・工場などの生産手段は**私的に所有**され，私企業は利潤を目的に生産を行う。公営企業も世界恐慌以降増大してきたが，最近は逆に民営化が進んでいる。	生産手段の私有は原則として廃止され共同所有となり，**国営企業**や**協同組合**が生産活動の中心となる。	土地の個人所有や自由な売買が認められ始め，国営企業の**民営化**も進んでいる。
階級	生産手段を所有する**資本家**と，生産手段をもたず，労働力を売って生活する**労働者**とに分かれる。ただし，現代は**資本と経営の分離**や**新中間層**の誕生によって両者の区分が曖昧になっている。	生産手段の私的所有の廃止によって，階級は廃絶され，資本家・地主は存在しなくなったが，党幹部に多くの特権が与えられることになった。	経済活動の自由が認められ始め，資本家ともいえる人々が登場している。
生産と市場	生産は利潤を目的にした私企業が商品生産として行い，市場の価格変動によって需給が調整される。ただし，商品によっては品質，価格決定などに政府が介入することがある。	国民の需要を予測し，国家の計画の下で生産量が決定（**計画経済**）され，価格も国家の統制下に決定される。	国家による企業への補助や介入を無くし，その独立性を大幅に認め，生産量や価格を自由決定させる方向（**市場原理の導入**）へと変わりつつある。
分配と投資	財貨の所有は自由であり，経済的余剰は利潤や地代として私有される。企業はその中から，より大きな利潤を求めて**技術革新**を進め，投資を行う。一方，利潤の見込めない生活関連の投資は政府が行う。	生産されたもののうち，一定部分が賃金として支給され，残りの経済的余剰は社会的に管理され，計画的に投資される。賃金の格差は小さい。	企業は独自の裁量で投資が可能となり，また，働きに応じて賃金格差を大きく付ける能力給制度を導入し始めている。

◁**トラバント**　東ドイツ製自動車。1958年発売当時からほとんど改良されず，東西ドイツ統一後は西側の自動車に淘汰された。綿や紙を混ぜたプラスチックのボディの見た目から「段ボールカー」と揶揄された。（ドイツ・ベルリン　1990）

解説 社会主義経済体制の崩壊の背景 ①**生産手段の国有化**：民間企業の自由競争に伴う「利潤」の概念がない→新技術開発・消費者の需要に合う商品の開発等の「意欲」「インセンティブ（誘因）」の喪失。②**計画経済の非効率性**：消費者が欲しない商品の増加（欲する商品少ない→行列社会，インフレ発生）→資源配分の非効率性。③**官僚主義**：計画経済に関わる共産党幹部がテクノクラート（高級技術官僚）となり，特権階級を形成。④**言論統制**：社会の硬直化・自由な言論の抑圧。

ソ連（ロシア）・中国のあゆみ　　　主として経済関係

5 社会主義「ソ連」～「ロシア」のあゆみ

年	主な出来事
1917	ロシア革命
22	ソビエト社会主義共和国連邦成立
28	第一次五か年計画
56	スターリン批判
62	リーベルマン理論発表
79	アフガニスタン侵攻
85	**ゴルバチョフ書記長**就任→**ペレストロイカ・グラスノスチ**を進める
86	チョルノービリ（チェルノブイリ）原発事故*
89	ベルリンの壁崩壊
	マルタ会談→**冷戦終結**
90	計画市場経済を導入
91	**ソ連解体**，独立国家共同体（CIS）成立
97	サミットのメンバー（G8）になる
98	**ロシア金融危機**→ルーブル切り下げ
99	国際石油価格高騰→経済成長へ転換
2000	プーチン大統領就任
01	個人所得税一律13%，輸入関税の引き下げなど法制度改革
03	石油大手ユコス社長を脱税で逮捕
04	**京都議定書に批准**→これにより翌年，京都議定書発効
06	ソ連時代の主要な対外債務を解消
08	メドベージェフ大統領就任，プーチンは首相に就任
12	プーチン大統領就任，メドベージェフは首相に就任
	WTO（世界貿易機関）加盟（⇒p.345）

コンビナート方式，コルホーズ，ソフホーズ

報奨金により労働意欲を向上させ，経済効率の向上を図ろうというもの。

バルト3国を除く旧ソ連12か国が加盟。現在9か国（脱退：トルクメニスタン2005→準加盟国，ジョージア（グルジア）2009，ウクライナ2014脱退表明）。

＊22年日本政府は，ロシアへの連帯を示すため，ウクライナ語に基づく読みに変更した。

6 社会主義「中国」のあゆみ（⇒p.358）

年	主な出来事
1949	中華人民共和国建国宣言
53	第一次五か年計画
56	中ソ経済援助協定
58	人民公社制開始
64	中ソ公開論争
66	プロレタリア文化大革命始まる
71	北京政府に国連代表権
72	米・日と相次いで国交樹立
75	周恩来，第4期全人代で「**四つの現代化**」提起
76	毛沢東死去
77	鄧小平復権・文化大革命終結宣言
79	鄧小平，**改革開放経済**着手，人民公社解体
	「四つの原則」・「**経済特区**」設置
89	**天安門事件**
93	全人代で憲法修正「計画経済」改め「**社会主義市場経済**」⑲
97	鄧小平死去・**香港返還**
99	マカオ返還
2001	**WTO加盟**（⇒p.345）
04	第10期全人代の憲法改定で「**私有財産権**」確立
05	**人民元切り上げ**（1ドル＝約8.28元から管理フロート制へ）
06	外貨準備高が世界1位に
08	北京オリンピック開催，GDP世界3位に
10	人民元切り上げ，GDPが世界第2位に
14	**アジアインフラ投資銀行（AIIB）**設立合意

中国経済を先進国なみに発展させるため，農業・工業・国防・科学技術の四つを現代化すること。

通貨当局の判断で市場に介入し，相場を調整する制度（⇒p.343）

プラスα 旧ソ連時代，冷戦を背景に武器が盛んに輸出された。ソ連崩壊後，冷戦解消とともに武器輸出は，下火になったが，最近これが復活している。旧設備を利用できるし，外貨獲得と失業対策には手っ取り早いということのようだ。

年代整理
資本主義経済関連

① **17世紀後半** 重商主義国の下で保護貿易が普及…絶対王政下のオランダ，イギリス，フランス中心。
② **18世紀後半** 軽工業中心の産業革命でイギリスが「世界の工場」に…1769年ワットが蒸気機関を改良。
③ **19世紀後半** 欧州列強が帝国主義政策…欧州列強が植民地を拡大。
④ **20世紀後半** 石油危機で世界的インフレーション発生…原油などの資源価格が高騰。

7 中国・ロシアの経済力

Ⓐ 世界貿易に占める各国シェア（2020年）

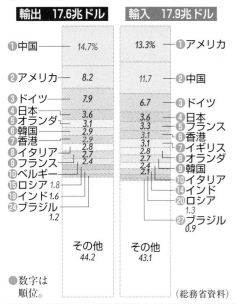

輸出 17.6兆ドル
- ①中国 14.7%
- ②アメリカ 8.2
- ③ドイツ 7.9
- ④日本 3.6
- ⑤オランダ 3.1
- ⑥韓国 2.9
- ⑦香港 2.9
- ⑧イタリア 2.8
- ⑨フランス 2.7
- ⑩ベルギー 2.4
- ⑮ロシア 1.8
- ⑲インド 1.6
- ㉔ブラジル 1.2
- その他 44.2

輸入 17.9兆ドル
- ①アメリカ 13.3%
- ②中国 11.7
- ③ドイツ 6.7
- ④日本 3.6
- ⑤フランス 3.3
- ⑥香港 3.1
- ⑦イギリス 3.1
- ⑧オランダ 2.8
- ⑨韓国 2.7
- ⑩イタリア 2.4
- ⑭インド 2.1
- ⑳ロシア 1.3
- ㉗ブラジル 0.9
- その他 43.1

●数字は順位。
（総務省資料）

⑲ Ⓑ 名目GDPの推移

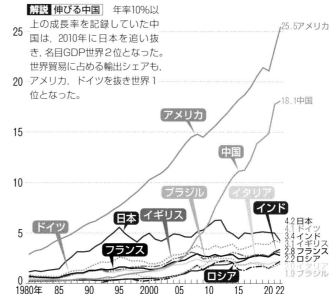

30（兆ドル）（IMF資料。一人当たりGDP➡p.368）

解説 伸びる中国 年率10%以上の成長率を記録していた中国は，2010年に日本を追い抜き，名目GDP世界2位となった。世界貿易に占める輸出シェアも，アメリカ，ドイツを抜き世界1位となった。

- 25.5アメリカ
- 18.1中国
- 4.2日本
- 4.1ドイツ
- 3.4インド
- 3.1イギリス
- 2.8フランス
- 2.2ロシア
- 2.2イタリア
- 1.9ブラジル

（グラフ：アメリカ，中国，ブラジル，イタリア，インド，ドイツ，日本，イギリス，フランス，ロシア）

1980年 85 90 95 2000 05 10 15 20 22

---

8 中国の企業形態と就業構造

Ⓐ 中国の企業形態

国有企業	市場経済の導入を図る中国では，所有関係のみ国有とし，経営面は民間事項とする方針に転換した。これによって「国営企業」から「国有企業」に表現が変えられた。
郷鎮企業	郷（町村）や鎮（市）の名をかぶせた小規模農村企業。政策的に農村での余剰労働力を吸収している。
外資企業 華僑資本企業 合弁企業	開放政策によって中国市場に進出する企業。「三資企業」と総称する。

Ⓑ 中国の就業構造

年	都市就業者	農村就業者
1980年 総就業者数 4億2,361万人	都市就業者 24.8%	農村就業者 75.2
1990年 6億4,749万人	26.3	73.7
2000年 7億2,085万人	32.1	67.9
2010年 7億6,105万人	45.6	54.4
2020年 7億5,064万人	61.6	38.4

（8Ⓑ・9は『中国年鑑』2022などによる）

解説 進む経済発展 中国では2001年に約1億人だった中産階級が，2018年には4億人を超えたと試算されている。平均所得は7～8倍になり，都市就業者の数も倍増した。都市と農村の格差は依然大きいが，貧困層の割合は確実に減少している。

また，中国経済発展のために貢献した経済特区は，2001年のWTO（世界貿易機関）加盟により，外国からの資本や技術を呼び込むための優遇措置は徐々に廃止されていくこととなる。

9 都市と農村の格差

年	都市	農村
①平均所得 2000	6,280元	2,253元
①平均所得 2020	43,833元	17,131元
②エンゲル係数 2000	39.4%	49.1%
②エンゲル係数 2020	29.2%	32.7%
③国内旅行支出（1人当たり）2000	679元	227元
③国内旅行支出（1人当たり）2012	915元	491元
④テレビ普及度（100世帯当たり）2000	116.6台	48.7台
④テレビ普及度（100世帯当たり）2014	122.0台	115.6台
⑤パソコン普及度（100世帯当たり）2000	9.7台	0.5台
⑤パソコン普及度（100世帯当たり）2014	76.2台	23.5台

〈注〉①2000年の農村は平均純収入。それ以外は平均可処分所得。

Focus 経済特区の現在 ㉓㉑⑳

中国の経済特区は，1979年に深圳，珠海，汕頭，厦門，1988年に海南島（海南省）の計5地域が指定された。経済特区内では，市場経済が導入され，進出する外国企業に対し，さまざまな優遇措置がとられた。中国全域に開放経済が広がるにつれ，経済特区の重要性は薄れつつある。

（地図：厦門，汕頭，深圳，珠海，海南島）

プラスα 中国と同様，ベトナムも1986年以降，市場原理を取り入れた政策を採用している。これを「**ドイモイ（刷新政策）**」というが，長い社会主義体制のもとでの官僚制の悪弊から，思うような進展がない。進出外資にとっての障害は，膨大な提出書類と根回しといわれる。

経済学の十大原理 ㉒

そもそも「経済」とは？

⚠️経済とは「**人間が自然に働きかけて，有限（希少）な資源から生活に必要な商品**（財：形のある商品，サービス：用役＝形の無い商品）**を生産し，それを流通・消費する過程**」と定義でき，企業・家計（生活の単位である家族）・政府の3主体により営まれる。

家計は，労働・土地・資本などの生産要素を販売して得た所得で，財・サービスを購入し消費する。**企業**は，生産要素で財・サービスを生産・販売し，獲得した付加価値を生産要素提供者に分配する。**政府**は，家計・企業から租税を徴収し，所得の再分配や公共財・公共サービスの提供などを通じて，市場に一定の影響を与え，調整する（→p.178）。

人間の欲望は無限だが，生産要素，財・サービス，所得は有限だ。なので，希少な「経済資源」をどう効率的に利用して生産を行うか，どう公平に（ある場合

視点 1．経済学は選択の学問である。
　　　2．経済学にはミクロ分析とマクロ分析がある。

人間　自然　商品（財・サービス）　消費
働きかけ　加工
資源は有限（希少）
生産（労働）　流通

は有効に）分配するかという選択の問題に直面する。ある選択は別の選択を捨てることになるので（**トレード・オフの関係**），そういう意味で経済学は「**選択の学問**」「**資源の最適配分を目指す学問**」と考えてよいだろう。

「経済学の十大原理」

経済学の考え方は，時代や学派によって様々だ。しかし，ほとんどの経済学者が，反論の余地はないと認めている考え方がある。それをマンキューは「経済学の十大原理」として整理している。

➡**マンキュー**　ハーバード大学経済学部教授で代表的ニューケインジアン。マクロ経済学が専攻分野。彼の著作である『マンキュー経済学』などは，米国のみならず世界各国の大学，特にマクロ経済学の授業で使用されている。

Ⓐ「原理①〜④」―人々はどのように意思決定を行うか

⑱㉒ **①人々はトレード・オフ（相反する関係）に直面している**

自分の好きな何かを得るためには，別の何かを手放さなければならない。

食料 or 衣服　仕事 or 余暇　効率重視 or 公平な分配

㉒ **②あるものの費用はそれを得るために放棄したものの価値である**

意思決定においては，選択したものから得られる**便益**と，あきらめたものの価値（機会費用）を比較する。

大学進学 or 高卒で就職
3億円　生涯賃金　2.5億円
500万円　進学の費用　0円

③合理的な人は限界的な部分で考える

よく似た選択肢（微小な変化・違い＝「**限界的**」）での意思決定においては，限界的な変化に伴う費用と便益を比べる。

りんご 1個100円　バナナ 1本100円
・所持金は1,500円。りんご10個バナナ5本買おうと思ったが，りんごを1個増やし，バナナを1本減らしたほうがより得？

1つ食べたときの満足（限界効用）はどっちが大きいかな？

⑰ **④人々は様々なインセンティブ（誘因）に反応する**

便益や費用が変われば，人々の意思決定も変わる。

りんごの味（便益）は変わらないのに価格（費用）が上昇したら，りんごを選択せず梨を買おう！

Ⓑ「原理⑤〜⑦」―人々はどのように影響しあうのか

⑤交易（取引）は全ての人々をより豊かにする

各人が得意分野に専門化して財やサービスを取引することで相互に利益が得られる。競争は，取引からの利益をもたらす。

e-コマースの取引拡大で，欲しい商品を多くの選択肢から選べ，手軽に入手可能になっている。

⑥通常，市場は経済活動を組織する良策である

「**市場経済**」とは，多くの企業と家計が市場において影響しあいながらもそれぞれの立場で意思決定を行う中で，資源の配分が決定される経済である。**アダム＝スミス**によれば，市場における価格は，（「見えざる手」に導かれるように）社会全体の厚生（福祉）を最大化するような結果に導く。

利潤を最大化したい売り手どうしの自由な競争によって，消費者にとって価格が下落し，入手可能になる。

⑦政府は市場のもたらす成果を改善できることもある

「**市場の失敗**」（→p.190）に対しては，政府は効率と衡平を推進するために介入することができる。ただし，政府の介入は全てうまくいくわけではない。

Ⓒ「原理⑧〜⑩」―経済は全体としてどのように動いているか

⑧一国の生活水準は財・サービスの生産能力に依存している

基本的に，生活水準（生活の豊かさ）を決めるのは**生産性**である。生活水準を高めるための公共政策を行う場合は，生産性を高めることを目的にするのが良い。

⑨政府が紙幣を印刷しすぎると物価が上昇する

貨幣量の成長（増大）は貨幣の希少性を薄れさせ，貨幣価値を減じさせるため，**インフレーション**の一因となる。

⑩社会はインフレーションと失業率の短期的トレード・オフに直面している

短期的には，インフレが進行すると失業率は低下，インフレ率が下がると失業率は上昇するという**トレード・オフ関係**を示す（フィリップス曲線，→p.199）。

合成の誤謬…個人が合理的な行動をとっても，大勢が同じ行動を取ることによって，全体（マクロ）として悪い事態になること。

政府の失敗…政府が裁量的な経済政策を採った場合，意図したような成果が上げられず，経済活動を非効率にしてしまうこと。

生産性（労働生産性）…労働者1人が1時間の労働によって生産される財・サービスの量。

⑰ **用語** **減価償却費**…固定資本（工場・機械等）の磨耗分を，将来買い換えるために積み立てる費用（固定資本減耗，→p.195）。
費用対効果（コストパフォーマンス）…費用と比較し，どの程度の効果（便益）が得られたかを示す指標。式は「効果÷費用」。

「経済学の父」―アダム=スミス

左ページの原理⑤⑥は18世紀英国の経済学者であるアダム=スミスが『国富論』で説いた原理でもある。

スミスは，富とは必需品や利便品など労働生産物であり，分業によってより効率的に生産され，それを相互に交換すれば双方に利益をもたらして社会全体の利益を増やすと説いた（「仕立屋は靴を靴屋で買う。靴屋は服を仕立屋に注文する。農民は靴も服も自分では作らずそれぞれの職人に注文する。みな優位に立っている仕事に専念し，必要とするものを買うのが自分の利益になることを知っている」）。**個人がそれぞれ利己心を追求すれば，「見えざる手」に導かれ自分の意図にはなかった「社会の利益」が実現される**と考えた（「我々が食事できるのは，肉屋や魚屋やパン屋が自分自身の利害を考えているからである」）。〈注〉青字は『国富論』から。

したがって，欧州絶対主義時代に支配的であった重商主義における国家の経済活動への介入を批判し，経済的「自由」を主張したのである。**その後の経済学はスミスのいう「見えざる手」の解明や，その限界を探求する学問として発展した**といってもよいだろう。

ミクロとマクロ

経済学は，ミクロ経済学とマクロ経済学に分類できるが，**原理①～⑦はミクロ経済学，原理⑧～⑩はマクロ経済学**といってよいだろう。

マクロ経済学は，175ページの**ケインズ**の『雇用・利子および貨幣の一般理論』に始まるとされる。ケインズは，各経済主体の合理的な行動のメカニズムとは異なるメカニズムで，マクロ経済は変動すると考えた（ミクロ経済学では，人は「最適化行動」を取る，つまり「合理的」であるというのが前提➡原理③）。そしてその短期的な乖離（かいり）を埋めるための，裁量的な財政政策「有効需要調整政策」を訴えたのである。

一方，1970年代末，「ケインズ経済学にはミクロ的な基礎がない」と批判して台頭したのが，**新しい古典派の経済学者**である。彼らは，各経済主体は選択に必要な情報を持っており合理的に行動するので，長期的には経済全体もやがて最適化すると考える。例えば，不況も景気循環の一過程なので，問題はないと考える。

新しい古典派は，ミクロの詳細な行動分析を拡大してマクロにあてはめる発想であった。当然，政府のマクロ的な財政・金融政策は無効であると主張し，それが80年代の「小さな政府」路線の根拠になった。

「資本主義」の現在

成長や経済発展による豊かさを享受して，私たちは生きている。その基本概念は，工業化（産業化）と資本主義，市場経済である。そのうち**資本主義は「市場経済プラス拡大成長」が本質**と考えてよい。マルクスがG―W―G'（Gはお金，Wは商品），つまりお金を投資して商品に変え，最後に得られるのが最初のお金よりも大きくなったお金になると定式化した通りだ。

この「拡大成長」達成のために，**地球資源の大量消費**を利用し，さらに**グローバルな格差（格安な労働力＝人的資源）**を成長エンジンとしてきた。先進資本主義諸国の繁栄は，その周縁である途上国との不等価交換の上に成り立っているのであり，正に「資本主義は外部があってはじめて成立する」（ローザ=ルクセンブルク，➡p.91）だった。しかし新興国の急速な工業化で「外部」は喪失（そうしつ）されつつあり，グローバル格差の利用という成長エンジンは消滅しつつある。

一方，**シュンペーター**が強調した**イノベーション（技術革新，➡p.197）**も「拡大成長」の大きなエンジンだった。だが，その進展が生産性の著しい向上をもたらし，少ない労働者で総需要を満たせるようになったので，過剰生産と失業の慢性化（まんせいか）に陥ってしまった。いわば「過剰による貧困」「雇用なき成長」が生じている（1997年発表のローマ・クラブ『雇用のジレンマと労働の未来』では「楽園のパラドックス」と表現）。

1970年代ローマ・クラブが指摘した「成長の限界」（➡p.374）は金融工学で乗り切った。だが，リーマンショック，先進国共通の若年層失業の慢性化・格差拡大で，将来への楽観的な見通しがつかない。資本主義は行き詰まりの局面を迎えており，**定常型で持続可能な資本主義経済のあり方**を模索する論者も増えている（➡p.283）。

(岩波書店『世界』2014.3を参考に)

用語 **ミクロ経済学**…ミクロとは「微視的（びしてき）」という意味。経済の個別部分に焦点をあて，**家計や企業がどのように意思決定を行い，市場においてどう相互に作用しあっているか分析する**。価格を中心とした分析から，経済全体の分析を行う経済学。

マクロ経済学…マクロとは「巨視的」という意味で，国全体の経済をあつかう経済学。インフレーション，失業，国民所得やその成長などの**経済全体の現象に焦点をあて，適切な経済政策の考察**などを行う。

マネタリズム…シカゴ学派の一派で，フリードマンが構築した，貨幣数量説を精緻化した考え方（➡p.175）。

ニューケインジアン…新しい古典派やマネタリズムに対抗して発展した学派で，ミクロ的視点を取り入れ，裁量的な財政・金融政策の有効性を示そうとする考え方。

現代経済

Ⓓ 経済学派による経済政策の見解の相違

(クルーグマン『マクロ経済学』による)

政策	代表的人物	拡張的金融政策は不況克服に有効？	財政政策は不況克服に有効？	金融・財政政策は長期の失業削減に有効？	財政政策は裁量的に運用すべきか？	金融政策は裁量的に運用すべきか？
古典派	アダム=スミス	×	×	×	×	×
ケインズ経済学	ケインズ	ほぼ×	○	○	○	○
マネタリズム	フリードマン	○	×	×	×	×
現代マクロ経済学（新しい古典派・ニューケインジアン）		特別の状況（流動性の罠（わな））を除き○	○	×	特別の状況を除き×	論争中

ゼミナール

173

経済学者とその主張をつかもう！

〈注〉プロフィールは，出身国：生没年，学派や職業，主著。🎖はノーベル経済学賞（1968年設立）受賞者。

168ページの経済思想の歴史を見ながら学習しよう！

	経済学者	プロフィール	主 な 主 張 ・ 影 響 な ど
重商	トマス＝マン	英：1571〜1641 重商主義・実業家 『外国貿易におけるイギリスの財宝』（1664）	・**富とは金銀**でありその蓄積は国力増大につながる。貴金属の対外取引を規制し鉱山開発や略奪の推進で貴金属蓄積を説く**重金主義を批判**し，国内産業保護育成による貿易拡大，特に**輸出奨励に伴う貿易差額で国富の蓄積**を増大する政策を説いた。 [影響] 16〜18世紀の欧州絶対主義時代の経済思想。
重農 ⑲	F.ケネー	仏：1694〜1774 重農主義・医師 『経済表』（1758）	・**農業こそが富と剰余を生み出す**とし，フランス農業再建のために穀物輸出自由の必要性を説いた。 ・重商主義の保護貿易政策を批判し**自由貿易・自由放任主義（レッセフェール）**を主張。 ・『経済表』で経済循環と再生産の分析を初めて行った。 [影響] アダム＝スミス，マルクスに大きな影響。
古典 ⑱⑲⑳ ⑭⑰	アダム＝スミス	英：1723〜1790 古典派・哲学者 『国富論』（1776） （→p.176, 333）	・**重商主義批判**…重商主義のように国家が金銀を貯めることではなく，人々が満足を得られる商品こそが富である。 ・**分業**…市場社会の分業のシステムこそ，限られた資源から多くの商品を産みだす。 🎖・「個人の利己的な利益の追求こそが「**見えざる手**」に導かれ，国家の富を推進する」のであり，自由放任が重要。一方，市場経済は人々の同感を得ることが重要なので，文化・慣習が異なり同感を得ることが難しい外国人との自由貿易はうまくいくとは限らない。 [影響] 現代の経済学の原点
⑰⑱⑲ 現代経済	T.R.マルサス	英：1766〜1834 古典派 『人口論』（1798）	・人口は幾何級数的に増加するのに対し食料生産は算術級数的にしか増加しないので，飢餓・貧困が生じる。したがって**人口抑制策と消費増大**を図る政策が必要である。 [影響] ケインズの有効需要理論に影響。
⑱⑳ ⑰	D.リカード	英：1772〜1823 古典派 『経済学および課税の原理』（1817） （→p.333, 334）	・商品（富）の価値は，①資本家への利潤，②地主への地代，③労働者への賃金に分配される。 ・**比較生産費説**（→p.334）…ある2国が得意分野に特化して商品の生産を行い，適正な比率で交換すれば，より多くの利益を得られる。**➡自由貿易論を主張** [影響] 比較生産費説は国際分業の基本的理論となった。
歴史 ⑲⑳ ⑱ル	F.リスト	独：1789〜1846 歴史学派の祖 『経済学の国民的体系』（1841） （→p.333, 335）	・**経済発展段階説**（→p.335）…経済発展には，①未開状態，②牧畜状態，③農業状態，④農工業状態，⑤農工商業状態の5段階があり，段階に応じた経済政策が必要。先進国が工業，後進国が農業に特化したら，先進国と後進国の格差は広がる一方だとリカードの**自由貿易論を批判**した。 ・**保護貿易論**…幼稚産業（国際的に未発達な産業）は，関税などで保護することが必要。
マルクス ⑳㉓ ⑰⑱	K.マルクス	独：1818〜1883 マルクス経済学の祖・哲学者 『共産党宣言』（1848） 『資本論』（1867）	・**社会主義**（→p.170）…古典派経済学を批判的に継承。資本主義を歴史的発展段階と位置づけ，その分析を通じて社会主義への移行を理論づけた。 ・**剰余価値**…「商品の価値－労働者の賃金＝剰余価値」であり，剰余価値が「資本家の利潤」の源泉。剰余価値は労働者が作り出したものにもかかわらず，資本家が搾取している。
	F.エンゲルス	独：1820〜1895，マルクス経済学・実業家 『空想から科学へ』（1880） （→p.18）	・マルクスの友人であり，パトロンでもあった。マルクスの『資本論』の第2巻，第3巻は，マルクスの遺稿を元にエンゲルスが編集。
	V.レーニン	露：1870〜1924，マルクス経済学・革命家 『帝国主義論』（1917） （→p.28）	・ロシア革命の理論的支柱となった。帝国主義は資本主義の最高発展段階であり，社会主義への移行の前段階であるとした。
限界	限界革命		・限界革命…個々人の主観的価値－効用により財の価値は決定されるとし，スミス以来の労働価値説を越えた新たな価値論を展開。以下の3人の学者が，同時期に限界効用理論を発見した。 ・限界効用…消費者が，財を1単位追加して消費するときの効用（欲望満足の度合い）の増加分のこと。
	L.ワルラス	仏：1834〜1910，ローザンヌ学派の祖 『純粋経済学要論』（1874）	・**一般均衡理論**（需要・供給曲線，完全競争市場における価格決定理論（→p.184）など）を定式化した。
	W.S.ジェヴォンズ	英：1835〜1882，ケンブリッジ学派 『経済学の理論』（1871）	・太陽黒点説を唱え，景気循環と太陽の活動との関連性を主張。他のケンブリッジ学派にはケインズの師である**マーシャル**（『経済学原理』）がいる。
	C.メンガー	墺：1840〜1921，オーストリア学派の祖 『国民経済原理』（1871）	・限界効用理論・近代経済学の創始者の一人。貨幣理論に関する著作も多い。
墺 ⑰⑱⑲	J.シュンペーター	墺：1883〜1950 オーストリア学派 『経済発展の理論』（1912） （→p.197）	・**イノベーション（技術革新）**…アイデアと新しい方式を導入することで，市場の均衡を打破すること。企業家によるイノベーションが経済発展・景気循環の原動力である（「**創造的破壊**」）。資本主義の動態的分析。

経済学者	プロフィール	主 な 主 張 ・ 影 響 な ど

ケインズ

J.M.ケインズ

20 18 14

英：1883〜1946
ケインズ経済学の祖・ジャーナリスト・投資家
『雇用・利子および貨幣の一般理論』(1936)
(➡p.176)

- **有効需要**…金銭的な裏付けのある需要。ケインズは，有効需要の大きさが生産量（供給）・雇用量を決定するとした。また，公共事業（政府支出）などで市場に投下した資金が，回り回ることで数倍の経済効果を生む（**乗数効果**）とした。
- 利子率は市場における資金の需要量・供給量で決まる。だが，不安が広がると貨幣需要は無際限となり，通貨供給量を増やしても貨幣で保有されてしまい，債券（株式など）が売れず，利子率が変動しなくなる。この状態をケインズは「**流動性の罠**」と呼んだ。
- [影響] ニューディール政策を理論的に正当化。戦後資本主義諸国の財政金融政策に影響。

墺

F.A.ハイエク

墺：1899〜1992
オーストリア学派・哲学者
『隷従への道』(1944)
『自由の条件』(1960)

- **社会主義を批判**…社会主義経済は理論にとらわれすぎた考え方であり，現実の経済の運営方法としてはうまくいかない。計画経済など，国家の介入は最小限にすべき。
- **自生的秩序を前提とした自由主義**…市場参加者たちが，長い間取引する中で作り出した秩序が「**自生的秩序**」。ハイエクは自生的秩序がしっかりと存在する限りにおいて，市場の自由化を支持した。
- [影響] 冷戦終結・社会主義崩壊後，再評価される。

制度

J.K.ガルブレイス

19

カナダ：1908〜2006
制度学派
『ゆたかな社会』(1958)

- 生産者の宣伝により消費者の欲望が喚起され（**依存効果**，➡p.238），私的財が大量に供給される大量消費社会を批判。一方公共財は不足するとし，公共投資の必要性を説いた。
- [影響] ケネディ・ジョンソン民主党政権下の公共投資政策に影響。

シカゴ

M.フリードマン

23 17

米：1912〜2006
シカゴ学派
『資本主義と自由』(1962)
『選択の自由』(1980)

- **新自由主義**…市場原理を重視し，低福祉・低負担，自己責任を基本とし，政府の役割を最小限にする考え方（ケインズ理論による裁量的な財政政策の有効性を否定）。詐欺などの取り締まり以外の，市場に対する規制はすべて排除すべき。
- **マネタリズム**…貨幣数量説を精緻化した，通貨供給量が短期の景気変動に大きな影響を与えるとする考え方。不況を防ぐため一定のルールに基づき，通貨供給量の調整を主張。
- [影響] 80年代以降の米英日の新保守主義政権で政策として採用。

ニュー

J.トービン

米：1918〜2002
ニューケインジアン
『経済学小論集』(1975)

- **「見えざる手にも手が必要」**…ケインズのマクロ経済学・金融理論を精密化した，ケインズ経済学の正当な後継者。マネタリストと財政金融政策を巡り激論を展開。
- **トービン税**…国際金融市場における投機的取引にブレーキをかける税（➡p.350右α）。17
- **ポートフォリオ**…投資は収益率の最大化のみではなく，様々な投資を組み合わせて投資に伴う収益と損失リスクのバランスを最適化するよう行われる。
- [影響] ケネディ政権に影響。90年代の投機マネー暴走下，トービン税が注目を浴びる。

ゲーム

ゲーム理論

- ノイマン（ハンガリーの数学者）が数学的手法で作った戦略ゲームを，経済行動などの関係性がある人間どうしの振る舞いを分析するのに応用した理論。複雑な社会事象の中に存在する基本的原理を見出す。

J.ナッシュ

米：1928〜2015
数学者・経済学者
『非協力ゲーム』(1950)

- **非協力ゲーム**…ゲーム理論を現実社会に反映させ発展。参加者全員が相互の戦略を予測し，自身最良の選択（支配戦略）をした場合，安定的な均衡状態－支配戦略の組合せ（ナッシュ均衡）が生じるとした。市場経済の諸問題分析や政治学に応用されている。

16

〈例〉「**囚人のジレンマ**」…共犯者２人の別室での取り調べ。「非協力」状況なので，司法取引の条件から，相手は利得が最大となる「黙秘」を選ぶと予測し，自分は刑期１年ですむ「自白」を選択する。結果ＡもＢも自白し，２人とも５年となる。ABそれぞれが合理的な最適戦略をとっても最大の利得を得られず，どちらも「自白」以上の戦略がない均衡状態が生じる。個人の合理性の追求による選択の組合せ（自白・自白）と，社会的な合理性（黙秘・黙秘）の間にジレンマが生じる。

Ａ 司法取引の条件

		容疑者B	
		自白	黙秘
容疑者A	自白	Ａ5年 Ｂ5年	Ａ1年 Ｂ8年
	黙秘	Ａ8年 Ｂ1年	Ａ2年 Ｂ2年

※年数は懲役刑の刑期

厚生

A.セン

インド：1933〜
厚生経済学
『貧困と飢饉』(1981)
『不平等の経済論』(1992)

- **潜在能力（ケイパビリティ）**…ある人が選択できる「機能（健康・教育環境などの様々な状況に影響される可能性）」の集合。貧困や不平等の基準は，所得ではなく潜在能力の有無にあるとし，潜在能力を高めるために，国による公的サービスの拡充・「人間的発展」が大切だとした。不公正な分配といった社会的不平等に着目する厚生経済学を深化させた。
- [影響] 国連開発計画（UNDP）の人間開発指数，人間の安全保障（➡p.329）に反映。

ニュー

J.E.スティグリッツ

米：1943〜
ニューケインジアン
『世界を不幸にしたグローバリズムの正体』(2002)

- **情報の非対称性**（➡p.190）…各経済主体間に大きな情報格差があると，取引の不公正が生じ，市場取引が破綻する場合がある。こうした市場の複雑性の結果，市場における「見えざる手」が存在しなくなると説く。グローバリゼーションについては必要性を認めた上で，それが資本市場の自由化に顕著であったがゆえにグローバルな経済の安定につながらなかったと，IMF批判を展開している。

その他

R.H.セイラー

米：1945〜
行動経済学
『実践行動経済学』(2008)

- 伝統的な経済学は各経済主体の合理的行動を前提としていたが，現実はそうとは限らない。**行動経済学**は，心理学的要素をモデル化し，現実に合うよう経済学の適用範囲を広げた。
- **ナッジ理論**…ナッジとは，ひじで軽く突くの意。人々の意思決定の癖や特性を利用し，低コストのきっかけを与えることで行動を誘導できるとする理論。人間は，選択の自由があっても，初期設定から変更するのを心理的負担・損失ととらえる特性がある。また，オランダの空港の小便器に，ハエの的を描いたことで清掃費が80%減少した事例は有名。

T.ピケティ

仏：1971〜
公共経済学
『21世紀の資本』(2013)

- **資本主義は基本的に富の格差を拡大させ続ける**…税務統計をもとに過去200年の先進諸国の富の分配の変遷を分析し，第一次世界大戦〜1970年代初めを除き格差拡大傾向を実証。
- **資本収益率（r）は経済成長率（g）を常に上回り続ける**…特に1970年代末から21世紀にかけ経済成長率は低位で推移し労働収入は増えず，一方資本収入のみが増殖して格差が拡大。その是正政策としてグローバルな累進資産課税を提言している。

ケインズ再考

⚠2008年のリーマンショックに端を発した世界金融危機は，1929年の世界恐慌の再現ともいわれている。世界恐慌前も不動産・住宅ブーム，株投機のブームがあり，今回のサブプライムローンに代表される住宅バブル，債権の証券化による金融バブルとよく似た状況があった。世界恐慌ではニューディール政策が実施され，政府の経済への積極的介入が行われた。

第二次世界大戦後は，ケインズ政策の採用により

視点	1. ケインズの政策とは何か？
	2. ケインズ政策はなぜうまくいかなくなった？
	3. 大きな政府と小さな政府，長所・短所は？

「福祉国家・大きな政府」へ転換したが，1980年代以降「小さな政府」へと経済の流れが引き戻された。しかし，2008年以降の金融危機では，再び積極的介入を余儀なくされている。繰り返される歴史に，経済学は有効な答えを見出せるのだろうか。

❶「大」「小」政府論

アダム=スミス（小さな政府論）
vs

ケインズ（大きな政府論）

> 「見えざる手」（市場メカニズム）に任せて自由放任でよい。

> 市場の足りない点を補うため，政府は積極的に介入すべきだ！

政府は治安・国防など，最小限の役割を果たせばいいと提唱

不況時に公共事業などの財政出動により新たな需要を政府が創るべきだと主張

↓

↓

19世紀の「夜警国家」。しかし失業問題，都市問題など資本主義の弊害が深刻化

1930年代の世界恐慌を機に政府の役割が拡大し「福祉国家」をめざすことに

❷政府の役割をめぐる論点

	大きな政府	小さな政府
原則	政府が国民の経済活動（市場）に介入し，国民の福祉の向上をはかる。	政府は国民の経済活動に介入せず，市場競争を重視。福祉は自己責任。
税制	所得の再分配機能を重視。直接税の比率を高くし，累進課税を行う。	直接税より間接税の比率を高める。受益者負担の徹底をはかる。
社会保障	高負担・高福祉の原則で，高い税金で社会保障の充実をはかる。「国民皆保険・皆年金」など。	社会保障は国民の自助努力を基本とする。行きすぎた社会保障の見直しをはかる。
公共財	教育や道路・上下水道などの公共財は政府が供給する。	教育や道路などは民営化した方が，サービスも向上し財政赤字も防げる。

現代経済
ゼミナール

ケインズの理論

⓪▶

ケインズ（英，1883~1946）（➡p.175）の第一の功績は，経済学誕生以来の神話である「財やサービスの売れる水準と作る水準が一致する（均衡する）ときに完全雇用が達成される」ということを明確に否定したことだろう。

Ⓐケインズの発見

古典派経済学の常識	➡	ケインズの発見
財・サービスに対する総需要が総供給能力に一致		財・サービスに対する総需要が，総供給能力未満でも均衡することがある

Ⓐの「総供給能力」に当たる部分が，完全雇用が達成されたときの生産能力だと考えるとよい。ケインズによれば，与えられた条件の下で，必ずしも全ての労役や財の供給がなくても，安定した均衡価格と供給が決まってしまうことが，むしろ普通だということになる。それまでの経済学が，「セーの法則」といって，「供給はそれ自体需要を生む」と真剣に考えられていたことからすると，実に画期的だ。

ケインズが前提にした不況の原因は，潜在的な供給能力に対する実際の総需要が少ないことだった。特に，金銭的な支払いの可能性を伴った需要のことを「有効

需要」と呼び，有効需要の創出こそ，供給能力の実現，つまり完全雇用への道なのだと説いた点が注目される。

彼は，有効需要の創出，拡大について，「乗数理論」を用いた。乗数理論とは，簡単にいえば，投資に注目し，その増加によって所得や消費を刺激して，初期投資の何倍もの効果を期そうというものだ。

Ⓑケインズの乗数理論

> 投資を増減させることで，有効需要を変化させ，再び投資や消費に変化が出ると考えたのね。

ケインズの考え方は，1930年代の世界恐慌に際して，特に米国のF.ルーズベルト大統領の政策に応用され（ニューディール），一定の成果を挙げたとされている。いくつかの憲法訴訟を生みつつ，消極国家から積極国家（福祉国家）への転換点となった出来事だが，その後，各国政府の経済政策の手本となった。

↑ケインズ

政府の失敗とケインズ批判

その後のケインズ的政策は，多くがうまくいっていない。日本だけを例にとっても，1970年代前半のオイルショック以降については，コスト・プッシュが，不況の陰にあったため，ケインズ的政策はインフレを悪化させただけで，景気の改善には直接つながらなかった（スタグフレーション）。

第二次世界大戦後，先進国では福祉国家が実現する一方で，「私の町に道路を」「私の村に橋を」と，国民が何でも政府に要求する傾向を生んだ。大衆民主主義とケインズ政策の組み合わせが，非効率な「大きな政府」を肥大化させ，政府は慢性的な財政赤字に悩まされることになったのだ。

そこで1980年代から，規制緩和を進め市場原理を活用する「小さな政府」をめざす改革が英・米などで始まり，大きな成功をおさめている。これはサプライサイド経済学に根ざした政策で，F.ルーズベルトのニューディール政策以来採用されてきた需要重視政策に対するアンチテーゼとなっていた。

ケインズ政策に対して，古典派の立場から活発に批判がなされてきた。特に有力であったのが，**フリードマン**らに代表される**マネタリスト**の批判だ。その批判のポイントは，インフレーションを制御すべく貨幣量を一定の率で安定的に増加させるべきだとし，景気変動に対応して雇用の安定をめざす財政政策は無効であると主張した。そしてマネーサプライ（通貨供給量）の伸び率を一定にコントロールする（K％ルール）以外に，一切の政府の市場介入を有害無益であると否定した。また，大衆民主主義と粗悪なケインズ主義が結びつき財政赤字が累積的に増加したとし，やはり古典派の均衡財政の原則に戻るべきだとの批判もなされた。このような主張は，**新自由主義**，「**小さな政府**」へと経済の流れを引き戻した。

> **用語** **コスト・プッシュ**…原材料の値上げなどによる生産費用の上昇。
> **マネタリスト**…通貨供給・金利操作など，金融政策を重視する経済学者。

80年代以降，小さな政府へ

サッチャー英首相

財政の赤字をなんとかしないと

「サッチャリズム」
・電話・ガス・航空等の国有企業の民営化，公務員の削減
・社会保障制度の見直し

レーガン米大統領

やっぱり政府はもっと小さくしよう

「レーガノミクス」
・財政支出の削減
・大幅減税
・政府の規制緩和

中曽根首相

スローガンは「戦後政治の総決算」。

・行財政改革…第二次臨調→国鉄など三公社民営化（➡p.129）
・税制改革…シャウプ税制（➡p.212）を転換し間接税重視。

90年代からの日本の構造改革

❻ 橋本政権（96〜98）から小泉政権（01〜06）の構造改革

行政　民営化と地方への分権（➡ p.129, 130, 147）
① 特殊法人の見直し…財政支出削減が目的。経営効率の悪い**特殊法人**を極力なくす。日本道路公団の民営化。
② 郵政三事業の公社化・民営化…郵政事業庁を**日本郵政公社**に（2007年に民営化）。
③ 地方分権の積極的推進…三位一体の改革の推進。

経済・財政　簡素で効率的な政府（➡ p.131, 208）
① 財政赤字の改善…国債発行の削減。
② 不良債権処理…早急な処理を進める。
③ 競争的な経済システム構築…競争力のある産業社会。構造改革特区などの規制緩和。公正取引委員会の強化。

社会　「自助と自律」を基本（➡ p.271）
① 将来にわたって持続可能な制度を再構築

「たとえ火だるまになっても行政改革を断行する」（橋本首相）

「聖域なき構造改革」「官から民へ」「中央から地方へ」（小泉首相）

　行財政改革，規制改革，構造改革は，いずれも「小さな政府」路線の政策だが，世界的なこの流れは，各国内の貧富の差を拡大させている。また，政治と癒着した大企業が，自社に都合の良い規制の撤廃・作り直しをするケースも目立っている（➡p.260）。

共通テスト対策

修正資本主義に関連して，修正資本主義的政策およびその批判をめぐる記述として**誤っているもの**を，次の①〜④のうちから一つ選べ。

① イギリスでは，大きな政府による社会保障支出の増大と下方硬直的な賃金に批判が高まり，1970年代にサッチャー政権が成立した。

② 1970年代には，インフレーションと景気の停滞が並存するというスタグフレーションが，先進諸国において広くみられた。

③ アメリカでは，1960年代末から1970年代にかけて裁量的な財政・金融政策への批判が高まり，マネタリストの主張がその後の政策に影響を与えた。

④ アメリカのレーガン政権は，規制緩和を中心とした一連の経済の自由化政策を行い，これにより1980年代後半には連邦財政が黒字化した。

（2004年度 センター試験追試験）

考え方

　1980年代はイギリスにおいてサッチャーが，アメリカにおいてレーガンが指導者になった時期である。ともに新古典派に立脚した経済政策を採り，自由化を実行した。イギリスでは，①にあるような賃金構造に対してメスが入れられ，今日，平均的な賃金水準は大幅に下がっている。また，アメリカでは，④にあるような自由化政策を実行し，財政赤字と経常赤字の並存する，いわゆる「双子の赤字」解消に努めたが，財政均衡を達成したのは，ずっと遅れて1998年まで待たなければならなかった。したがってこの点に誤りがあり，本問の正解となる。なお，②のスタグフレーションは，ここにあるとおり，日本のみならず先進諸国にある程度共通した課題であったし，本文中に説明のあるように，マネタリストの政策打ち出しが活発だったのは1960〜70年代を通じてであり（③），記述は正しい。

解答 正解…④

177

〈視点〉
●経済の三主体の役割を把握する。
●企業の形態と特徴を知る。

効率性　分業

経済取引の主体

取引を通じた三主体のつながり

1 経済の三主体

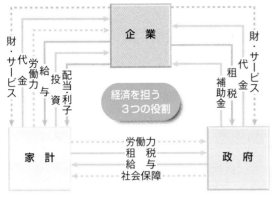

経済を担う3つの役割

財・サービス / 代金
労働力 / 給与
投資 / 配当・利子
財・サービス / 代金
租税 / 補助金
労働力 / 租税 / 給与 / 社会保障

用語 **財・サービス**…有形の商品を**財**，無形の商品を**サービス**という。これら売買の対象になる商品を**経済財**といい，希少性がなく売買の対象にならない空気などを**自由財**という。また，市場の利潤追求では充たされない公共的な財・サービスを**公共財**という（➡p.190，393）。

解説 国民経済の循環　複雑に見える国民経済も，大きく企業・家計・政府による財・サービスの交換に分類することができる。これに金銭の流れを媒介する金融機関の役割を合わせれば，国民経済の大まかな流れがつかめる。

2 家計の比重

A 名目GDEに占める「政府」「企業」「家計」の支出

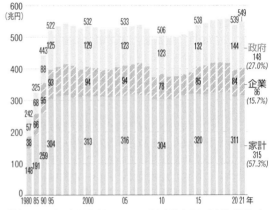

政府 148 (27.0%)
企業 86 (15.7%)
家計 315 (57.3%)

〈注〉GDE（国内総支出）はGDP（国内総生産）と同じ数値（三面等価，➡p.192）。
（『国民経済計算年報』2021年度による）

解説 家計が経済の土台　支出から見た，三主体の国民経済への寄与を示す。家計が，経済を引っ張っている様子がよく分かる一方，景気の影響も微妙に読みとれるだろう。

さまざまな企業

多彩な企業のあり方

3 企業の形態

A 企業形態の種類と役割

企業形態			種類や例
私企業	個人企業		個人商店，農家，零細工場など
	共同企業	会社企業	❶株式会社…会社企業の9割以上を占める ❷合同会社…大学・研究機関等のベンチャー企業，米国企業の日本法人など ❸合資会社・❹合名会社…酒造・醸造会社など （※有限会社…小規模企業。新設不可）
		組合企業	消費者協同組合…生協など 生産者協同組合…農協など
公企業	国	国営企業	なし
		独立行政法人	造幣局，国立印刷局，国民生活センター，大学入試センターなど
		その他	国立大学法人など
	地方		市バス，水道，ガスなど
公私合同企業	国	特殊法人	NHK，JT，NTTなど
		認可法人	日本銀行，日本赤十字社など
	地方	第三セクター	地方公共団体が25%以上出資している法人

*13年に「国有林野事業」の企業的運営が廃止され，国の一般事業となり，国営企業はなくなった（➡p.128）。

解説 企業には様々な種類がある　企業は純粋な私企業のほか，一定の公共目的や事業の公共性ゆえに国や地方公共団体が関与するものがある。いずれも法的な根拠をもって設立・運営される。このほかに鉄道や都市開発など本来国や地方公共団体が行うべき事業を，民間資本と共同出資で設立される株式会社もあり**第三セクター方式**と呼ばれる。

B 会社企業の特徴
*社員…出資者（株主）のこと。

会社		特徴	出資者
❶	株式	**公開会社**…出資は細分化された持分（株式）をとり，大量発行による大資本を予定。譲渡は自由。	有限責任の株主で経営権は制限（**所有と経営の分離**）
		譲渡制限会社…旧法の有限会社の仕組みを受け継ぎ，全株式に譲渡制限。	有限責任。一人役員も可。
❷	合同	新設。定款で経営ルールを自由に設定できる（定款自治）。創意などの貢献を配当に反映できる。	有限責任。出資比率と配当比率の不一致もOK。
❸	合資	小規模。有限責任社員*にはリスクが少ない分，経営権を認めない。	有限責任と無限責任の二種
❹	合名	小規模で，組合としての色彩が大きい（持分譲渡には，全社員*の承認を要する）。	無限責任のみ
※	有限	会社法により2006年以降**新設不可**。以前からあるものは株式会社の中の特例有限会社として存続可能。	

家族経営が多い。

会社が負債を抱えて倒産した場合，株主が会社の債権者に対して出資額を超えて責任を負わないことは，有限責任と呼ばれること。

C 資本の循環

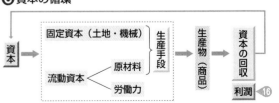

資本 → 固定資本（土地・機械） / 流動資本 → 原材料 / 労働力 → 生産手段 → 生産物（商品） → 資本の回収 → 利潤

解説 再生産　資本は，さまざまに形を変え，再度回収される。当初の規模より大きくなって回収される場合を**拡大再生産**，同規模での回収を**単純再生産**という。

プラスα **法人企業**　法律的に人と同じような権利や義務（**法人格**）を持つ企業のこと。共同企業は法人企業と非法人企業に分類され，法人企業は会社企業や組合企業である。非法人企業は，民法上の組合，匿名組合，投資事業有限責任組合などが該当する。❸Ⓐの資料は法人企業のみ掲載している。

4 株式会社のしくみと特徴

A 株式会社のしくみ

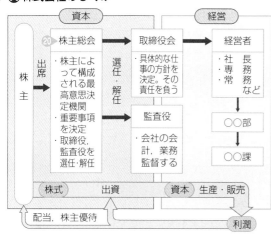

B 所有（資本）と経営の分離

出資者＝会社が発行する小額単位の株式に出資
➡有限責任の株主となり株主総会に参加。
しかし，経営には直接関与しない

分離

経営者＝株主総会で選任された取締役を中心に経営の専門家が行う

解説 分離が特徴 「所有（資本）と経営の分離」により，出資者である**株主**は経営に関わることなく**配当**や株主優待を目的に出資できる。

5 監査役設置会社と委員会設置会社

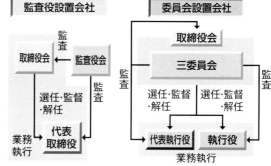

解説 多様化する株式会社 外国では取締役と業務執行担当を切り離し，後者をCEOと呼ぶことが多い。これは，**取締役会を，株主を代表する経営監督機関と位置付け**，経営に対する選任・監督を期待する**コーポレート・ガバナンス**（➡p.189）の思想に基づく。だが日本では，「取締役会こそ経営主体」との伝統があり，監査・監督は監査役や会計監査人に委ねる傾向が強い。

なお2021年の改正会社法で，上場企業に対し**社外取締役**の選任が義務付けられた。取引や資本関係などの利害関係なしに，第三者の視点で経営状況に意見することが期待されている。

用語 CEO（chief executive officer：最高経営責任者）…会長，社長のような職位呼称とは別に，企業経営のトップという，実質的な立場を表す呼称。**COO（最高執行責任者）**は，CEOの下で実務を担う責任者。
三委員会…監査委員会（取締役・執行役の監査，会計監査人の選任・解任案を決定），報酬委員会（取締役・執行役の報酬を決定），指名委員会（取締役の選任・解任案を決定）のこと。

6 企業集団 （2023年6月現在） （注）HD…ホールディングス

グループ	旧六大企業集団	主な企業
三菱UFJ	三菱系金曜会	三菱重工業・三菱商事・キリンHD・AGC・三菱電機・ENEOS HD・三菱マテリアル・ニコン
	旧三和系三水会	積水ハウス・積水化学工業・帝人・関西ペイント・コスモエネルギーHD・日立造船・TOYO TIRE
三井住友	三井系二木会	三井物産・三井不動産・東芝・トヨタ・東レ・三越伊勢丹HD・IHI・三井E&S・三井住友建設・三井金属鉱業
	住友系白水会	住友化学・住友商事・住友電機工業・住友金属鉱山・NEC・住友重機・日本板硝子・三井住友建設
みずほ	旧芙蓉系芙蓉会	丸紅・JFE HD・サッポロビール・日産自動車・大成建設・日油・日立製作所・沖電気・日清紡HD
	旧一勧系三金会	伊藤忠商事・双日・日立製作所・JFE HD・神戸製鋼所・旭化成・資生堂・IHI・清水建設

解説 企業集団 かつては，大企業は，住友・三菱・三井など旧財閥系（➡p.220）を中心に6つの企業グループ（系列）に固まって，資金関係や取引関係で密接な関係を形成していた。しかし，長引く不況は，生き残りのために系列を越えた企業統合を促し，六大企業グループは過去のものとなった。

7 株式の持ち合い

A 住友系企業の株式持ち合い （2012年3月末）

住友金属工業*		住友商事	
株主名	持株比率	株主名	持株比率
住友商事	*9.9%*	三井住友海上	*2.7%*
三井住友銀行	*2.6*	住友生命	*2.5*
住友信託銀行	*1.6*	住友金属工業	*1.5*
総発行株式 4,806百万株		総発行株式 1,251百万株	

*2012年10月から新日鐵住金。 （各社資料による）

B 投資部門別株式保有比率の推移

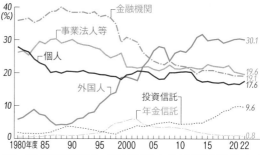

〈注〉金融機関は投資信託，年金信託を除く。（全国証券取引所資料による）

解説 増える外国人投資家 金融機関や企業等との間での株式の持ち合いは企業集団を形成していたが，バブル崩壊後の経済のグローバル化で**金融機関や事業法人等の持株比率は低下し，外国人投資家や投資信託の比率が増加している。**

プラスα 一時は液晶事業で世界的ブランドにまでなったシャープが，電子機器受託生産で世界最大手の鴻海（ホンハイ）精密工業に2016年買収された（➡p.183）。激しい国際的価格競争で技術力を利益に結びつけられなかった結果だ。

株式会社のしくみ⑰

株のレッスン

 会社が事業を始めるには大変な額のお金がいる。そのお金を調達するにはどうしたらいい？

 え〜っと……，銀行からお金を借りればいいんじゃないかしら。

 正解。銀行などからお金を借りることを借入といい，会社の資金調達の１つじゃ。だが，株の発行は出資といって借入とは違う。どこが違うかな？

 借入ということは，借りたお金だから返さなければいけないのよね。じゃあ出資は……

 そう，返す必要がないんじゃよ。

 視点 1. 株式会社とは何か？
2. 株主のメリットは？
3. 株価はなぜ変動するのか？

❶企業の資金調達─借入と出資⑰

❓企業が集めた資金はそれぞれ何と呼ばれるかな。A，Bの（　　）を埋めてみよう。（答えは次ページ下）

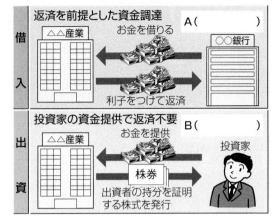

（本文・ⓒともに東京大学Agents『東大生が書いたやさしい株の教科書』インデックス・コミュニケーションズを参考に作成）

株式会社の発展

　株式（株）を発行して資金を集める会社が**株式会社**である。株式会社が発展した第一の理由は，大勢の人たちから大量の資金を集められる点だ。株式会社の起こりは17世紀初め，オランダで設立された**東インド会社**だと言われている。当時ヨーロッパでは，インドや東南アジアでとれる胡椒などの香辛料が高値で取引された。しかしそれらを入手するための航海には莫大な費用と危険がともなっていた。まさに**ハイリスク・ハイリターン**である。そのリスクを下げるための工夫が**株式**であった。大勢から資金を募るため，航海が失敗しても一人の損失は少なくて済む。成功すれば大きな利益を得られるローリスク・ハイリターンである。この方式は，その後の産業革命においても，巨額の資金が必要とされる設備投資で威力を発揮する。株式会社の誕生が，資本主義発達の原動力となったのだ。

　株式会社発展の第二の理由は，**有限責任**の原則である。個人の財産からも弁済（例：倒産時の借金返済など）

Ⓐ証券取引所─時価総額順（2023年２月末）

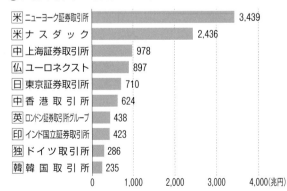

米 ニューヨーク証券取引所	3,439	
米 ナスダック	2,436	
中 上海証券取引所	978	
仏 ユーロネクスト	897	
日 東京証券取引所	710	
中 香港取引所	624	
英 ロンドン証券取引所グループ	438	
印 インド国立証券取引所	423	
独 ドイツ取引所	286	
韓 韓国取引所	235	

0　　　1,000　　2,000　　3,000　　4,000(兆円)

※時価総額＝株価×発行済株式数。（野村資本市場研究所資料）

が求められる**無限責任**と違い，有限責任は出資額の範囲内で弁済すればよく，株券が紙くずになる危険性はあるが，それ以上に責任を問われることはない。この安心感が株式会社の発展を助けた。また株主は，株式を他人と売買することも自由（**株式譲渡自由の原則**）なので，株式の売買が一般的となり，**株式を売買する場所（証券市場）＝証券取引所**が発達した。それとともに株の取引も活発になり，株式制度がさらに発展を遂げたのである。

株式の上場のメリット・デメリット

　株式の上場とは，証券取引所で売買されるようになることである。ここでの取引は，**証券会社**を仲介して行われている。企業の社会的信用を失墜するような行為（➡p.189）をなくし，積極的な情報公開を行い，株式市場の透明性を確保することが重要である。しかし近年，短期的な利益を求め経営に介入する株主（モノをいう株主）や，投資目的で企業を買収する投資会社（ハゲタカファンド）の動きを受けて，敵対的な買収に対する防衛策の導入や，株式を非公開化する企業も増えている。

Ⓑ企業が上場するメリット・デメリット

メリット	・証券市場での，株式の公正な価格形成 ・低コストで資金調達が可能 ・株式売買の活発化 ・会社の知名度と信用度の向上
デメリット	・株の買い占めや敵対的TOBによるM&Aのリスク（➡p.183） ・株主の意向や株価優先の経営体質 ・上場のための厳しい審査 ・情報公開（ディスクロージャー）の義務に伴う作業

※株の売買には，証券取引所を介さず，証券会社が売りたい人と買いたい人の間を取り持って行う取引（店頭市場）もある。

ⓒ 投資家が株を持つメリット

配 当 （インカムゲイン）	株式を発行した企業が利益を上げると株主にそれを分配する。利益が増えると配当は増額され（増配），減ると減額される（減配）。
キャピタルゲイン	株式の売買による差益のこと。投資家が株式を購入する上で最も期待するものの一つ。
優 待	株主に対して配当の他にサービスや製品を提供する制度。
経営参画	株主総会で，企業の事業方針決定の際，議決権を行使できる。**一単元株**（株の最少売買単位）＝**一票**で，保有株が多ければ発言力は強くなる。

用語 **資産効果**…株・不動産などの資産の価格が，個人消費に与える影響のこと。資産価格が上昇（下落）すると，個人消費は増加（減少）する傾向がある。

ⓓ 株主と株式会社の関係

種類	表決数	決定事項	株保有数による影響力
普通決議	過半数	役員の選任・解任	全株式の**過半数**保有で**子会社化**
特別決議	3分の2以上	合併，株式交換，組織変更	全株式の**3分の1以上**保有で**拒否権**

〈注〉表決数は出席した株主の議決権に対する数。

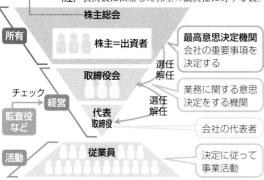

株価はどうやって決まる？

　株価も一般的には需要と供給の関係で決まるが，その動きは複雑だ。株価を「美人コンテスト」に例えたのが経済学者**ケインズ**で，審査員は自分が「美人だ」と思う人に投票するのではなく，「みんなが美人だと思うだろう」という人に投票するという。株価も自分以外の人たちの行動を予測しながら売買をするので，複雑な動きをするというのだ。つまり「株価が上がるか下がるかは誰にも分からない」のが本当のところである…。

Ⓖケインズ

ⓔ 東証株価指数（TOPIX）の動き （1989.4.1〜1990.3.31）

（東京証券取引所資料による）

用語 **東証株価指数**（TOPIX：Tokyo Stock Price Index）…東京証券取引所（東証）が算出する，日本の代表的な株価指数。東証一部に上場している企業の時価総額を指数で表したもの。基準年を「100」として示している。
日経平均株価…日本経済新聞社が算出する，日本の代表的な株価指数。東証一部上場銘柄の内，代表的な225銘柄の平均株価。
ダウ平均株価…ダウ・ジョーンズ社が算出する，米国の代表的な株価指数。ダウ平均，ニューヨーク平均株価とも呼ばれる。

マネーゲームは悪なのか？

　規制緩和で株取引が個人でも行いやすくなった。少ない資本で始められる信用取引やデイトレードなど，個人投資家も激増。株で何億円も儲けたという話も飛び交う。しかし，儲ける人がいれば損する人もいるのが株の世界。株の基本的知識を身につけ，実践するとしても自分で稼ぐようになってから自己責任で行うことが大原則だ。その際も，賭博，投機，投資の区別を知っておく必要がある。株はあくまでも投資が本筋であり，株価の変動による利益（**キャピタルゲイン**）のみを追求するのでなく，投資を通じて社会に貢献する会社を育てることも株をもつ目的の1つである。

用語 **デイトレーダー**（day trader）…ネットを通じ随時株式や証券を売買して細かく利益を上げていく個人投資家。
賭博（ギャンブル：Gambling）…ハイリスクの中，まったくの勘でハイリターンを狙う行動。競馬，競輪，パチンコなど。
投機（スペキュレーション：Speculation）…分析に基づかなかったり，元本の安全性が確保されない状況でも，リスクを無視して高い収益を狙う行動。信用取引の株，デイトレードなど。
投資（インベストメント：Investment）…極力リスクを避け，分析に基づいて長期的な見通しで行う，元本の安全性を確保しつつ収益（リターン）を得るような行動。株，債券，預金など。

共通テスト対策

　株式と社債に関連する記述として正しいものを次の①〜④のうちから一つ選べ。
　① 株式を発行して資金調達した企業は，その経営状態にかかわりなく，発行時に決めた金利を株主に払い続けなければならない。
　② ある企業の株式を購入した者は，その企業が倒産したとき，その債務について，自らが出資した金額を超えて返済の義務を負う。
　③ 社債を発行して資金調達した企業は，株式の発行による場合とは異なり，期限が到来すれば社債の償還をしなければならない。
　④ ある企業の社債を購入した者は，その企業の経営状態にかかわりなく，発行時に決めた配当を受け取ることができる。
（2002年度センター試験本試験）

考え方

　①について，株式はそうした制度ではない。②は，株主の有限責任に反する。④については，社債については株式と異なり，配当の制度はない。発行時に決められた利子が付けられるだけである。ちなみに社債とは，会社が発行する債券であり，要するに借金のこと。したがって③は会社の当然の義務ということになろう。

解答 正解…③

答え Ａ—他人資本，Ｂ—自己資本

会社は誰のものか？

会社をめぐる利害はさまざま

1 株式

A 株式の制度

以前	額面株式と無額面株式 (2001年まで)	①額面株式…株式の金額を表示。額面総額は5万円に定められていた。例額面50円ならば1株、1,000株。②無額面株式…株数のみで、金額表示なし。
現在	単元株制度 (2001年の改正商法施行以降)	2001年、額面株式廃止で無額面株式に統一され、企業が売買単位を自由に決定可能となった。しかし1単元1株、50株、100株、500株、1,000株など種類が増えて不便になり、2018年10月に売買単位は1単元100株に統一された。なお、証券取引所で表示される株価は1株価格なので、1単元100株では株価×100倍の資金が必要。1単元未満の「単位未満株」の取引もある。
	株券電子化 (2009年以降)	株券をすべて廃止し、電子的な管理に統一された（**株式のペーパーレス化**）。

B 株式の所有単元数別分布　(『日本国勢図会』2023/24)

(2021年度現在)

	1〜4単元	5〜49単元	50〜999単元	1,000単元以上
株主数 6,614万人	69.3%	27.0	3.4	0.3

株式数 32.9億単元	6.8	9.7	81.3

（2.2%）

解説 **小単元株主が約7割**　1〜4の小単元の株式を保有する株主が圧倒的に多い。これは企業規模の拡大にともない、**株式の分散と大衆化**が進んでいることを表している。また、IT企業が大量の株式分割を行った結果、株式数が大幅に増加している。

C 紙時代の株券　(パナソニック株式会社提供)

松下電器産業は約24億5,000万の株式を発行しているので、千株券は全体の245万分の1の権利を示している。

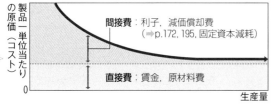

発行会社名
設立登記の年月日
1株の金額 50円

〈注〉松下電器産業は2008年10月、パナソニックに社名変更。

2 規模の利益（スケール・メリット）

A シルバーストン曲線

の原価（コスト）　製品一単位当たり

間接費：利子、減価償却費
（→p.172, 195, 固定資本減耗）

直接費：賃金、原材料費

0　　　　　　　　　　　　生産量

生産量が増えれば、新工場建設の必要が生じるなど間接費が一時的に増えることもある。

解説 **生産規模とコスト**　賃金や原材料費などは生産量に比例して増減するから、製品1単位当たりの費用はほぼ一定。利子や減価償却費などは、生産量が増えるほど1単位当たりの費用としては低下する。莫大な設備資金を必要とする産業ではこの傾向が強く、企業規模の拡大が進められる。

3 会社法で会社はどうなったか？

A 会社法（2006年施行）による主な変更点

主な変更点	内　容
①会社の分類の変化 (→p.178)	有限会社を株式会社に統合、存続はできるが新設不可。合同会社を新設。
②最低資本金制度を撤廃	必要経費を除き、資本金1円で会社を設立できる。
③株式会社のしくみを柔軟化	〔例〕取締役1名でも株式会社ができることなど。
④監査制度を簡便化	〔例〕監査役の権限を会計監査のみに限定できることなど。
⑤株主代表訴訟の制限規定	株主や第三者への不正な利益を図る訴訟や、会社に損害を与える訴訟は、提訴ができなくなった。
⑥第三者による訴訟が企業有利に	過失による損害賠償が、無過失責任から過失責任に変更された。

会社法施行前
株式会社	→	株式会社（有限会社を含む）	会社法施行後
有限会社	→	合同会社（新設）
合資会社	→	合資会社
合名会社	→	合名会社

4 株主代表訴訟

A 株主代表訴訟とは

取締役・監査役等の会社役員が会社に損害を与えた場合、株主が代表して提訴し、会社への損害賠償を求める制度。会社のための訴訟なので、高額な賠償金額（→C）も提訴した株主ではなく、会社に支払われる。

B 株主代表訴訟の訴訟係属件数の推移（地裁）

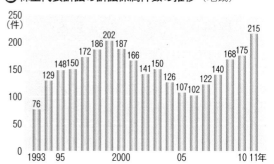

年	件数
1993	76
	129
95	148
	150
	172
	186
	202
	187
2000	166
	141
	150
	126
05	107
	102
	122
	140
	168
	175
10	215
11年	

C 高額な賠償判決

判決日	内　容	賠償金額
最高裁 2008.2.12	無認可添加物入り肉まん販売による損害	前社長らに→53億4,350万円
東京高裁 2008.5.21	デリバティブ取引による損失の損害賠償請求	元会長らに→67億540万円

（BCともインターリスク総研資料により作成）

解説 **訴訟急増**　1993年商法改正で訴訟手数料が引き下げられ件数は急増。だが、巨額の賠償判決や悪意ある不当な訴訟（嫌がらせ）に経済界が強く反発したため、取締役の責任軽減などの改正がなされ、2000年以降は減少した。2006年会社法施行で再び増加に転じたが、背景には相次ぐ不祥事（→p.189）、コーポレート・ガバナンス重視の風潮などがある。

プラスα **集積の利益**　他業種・複数の企業が一定の地域（都市）に集中して立地することで、生産・流通・コミュニケーションにかかる費用を節約できることをいう。**規模の利益**と似た概念であるが、**集積の利益**は一定の地域という空間に着目した概念である。

5 会社の利益の行方

A 労働者の給与額と会社の利益処分の推移

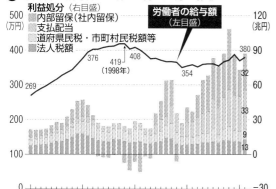

〈注〉労働者の給与額は平均年収・税引前。(国税庁資料により作成)

B 内部留保額上位3社

(国公労連資料などによる)

	企業名	内部留保額	うち現金・現金同等物(割合)
2013年3月期	トヨタ自動車	15.2兆円	1.7兆円 (11.3%)
	本田技研工業	8.4兆円	1.2兆円 (14.3%)
	NTTドコモ	5.2兆円	0.5兆円 (9.5%)
2021年3月期	トヨタ自動車	24.1兆円	5.1兆円 (21.2%)
	本田技研工業	8.9兆円	2.8兆円 (31.0%)
	ソフトバンクグループ	8.8兆円	4.7兆円 (52.9%)

解説 内部留保 企業内部に蓄積される利益を**内部留保(社内留保)**と呼ぶ。設備投資や借入金返済等にまわす資本(**自己資本**)で、現金だけでなく土地、建物、機械設備、原材料等の資産の形で存在する。これらはリスクへの備えであり、将来の投資の原資でもあるため、簡単に取り崩せるものではない。しかし、**日本企業の内部留保の総額は約516兆円(2021年度末)**といわれ、ため込むだけでは内需減退の一因ともなりうる。

C 法人税率と利益計上法人の推移 (国税庁、財務省資料)

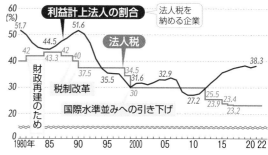

D 法人実効税率の国際比較 (2023年1月現在)

ドイツ	29.93%
日本	29.74
アメリカ(カリフォルニア州)	27.98
フランス	25.00
中国(2018年度)	25.00
イギリス	19.00

(財務省資料)

解説 企業の税負担 **法人税**は利益への課税なので、赤字企業は支払う必要がない。バブル期は企業の5割が納税していたが、現在は3割程度で、資本金1億円超の大企業も半分以上が納税していない。また、企業は労働者の社会保険料も負担している(→p.273)。**法人実効税率**は国際的に高いとされるが、社会保険料を含む企業の負担はそれほど高くないといわれる。諸外国には、日本より企業の社会保険料負担が大きい場合があるのだ。

用語 法人実効税率(法定実効税率)…企業の所得にかかる国税(法人税)、地方税(法人住民税や法人事業税)の税率の合計で、実質的な企業の税負担率を示す。それぞれの税率を単純に合算した合計値よりも小さくなる。

6 加速するM&A

A M&A件数の推移 (レコフデータ資料による)

近年の大型M&Aの例	
16年	鴻海精密工業(台湾)がシャープを買収(→p.179α)
11年	武田薬品工業がナイコメッド(スイスの医薬大手)を買収
08年	パナソニックが三洋電機を買収

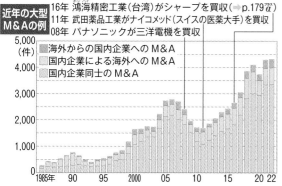

解説 浸透するM&A M&Aは経営戦略の一つとして日本でも浸透してきた。利点は、規模の拡大、互いの補完性から得られる相乗効果(シナジー効果)、コスト削減などによる競争力強化が挙げられる。また、投資会社などが売却益を得るため、企業を買収し価値を高めた上で、市場で売却することもある。

用語 M&A [Mergers and Acquisitions]…企業の合併と買収。
IPO(株式公開)[Initial Public Offering]…株式未公開会社が証券取引所へ上場し、株式の売買が可能となること。

B 敵対的買収に対する主な防衛策・対抗策

ポイズンピル(毒薬条項) 既存株主に市場価格よりも安く株式を買える新株予約権を与える。敵対的買収が起こった際には、新株(毒薬)を発行し、買収者の持ち株比率を低下させたり、買収コストを増加させたりして買収を困難にする。

ホワイトナイト(白馬の騎士) 第三者の友好的買収企業(白馬の騎士)に株式を購入してもらい、敵対的買収者を避ける。

スコーチド・アース・ディフェンス(焦土作戦) 優良資産・収益性の高い事業を売却し、買収の動機を削ぐ。

解説 敵対的買収とは 買収したい会社の経営陣や関連会社の同意を得ずに行う買収をさす。買収したい会社が協力的な場合は友好的買収という。敵対的買収から企業を守るための防衛策として**B**以外にも、複数の会社がお互いの株式を保有する**株式持ち合い**や、役員や従業員が決められた価格で自社株を購入できる権利である**ストックオプション**などがある。

TOB(株式公開買い付け)[Take Over Bid/Tender Offer Bid]…買収したい企業の大量の株式を取得する際、買い付ける株数や価格、買い付け期間などを公表し、株式市場外で不特定多数の株主から株式を買い集める制度のこと。

三角合併…会社を合併する際、買収される会社(消滅会社)の株主に対し、存続会社の株式ではなく、親会社の株式を対価として交付し合併する方法。2007年施行の会社法で解禁。

プラスα 会社には多くの**ステークホルダー(利害関係人)**がいるが、誰の利益を最重視すべきかは難しい問題だ。利益をあげることは大事だが、かといって公共の利益をないがしろにしてよいことにはならない(例:公害)。従業員の幸福も無視すると転職されてしまい、企業は立ちゆかない。

現代経済

市場メカニズム ㉓㉒㉑⑳⑲ル⑱⑰⑯⑮⑭

価格はどのように決まるのか？

❶買い手（需要者）と売り手（供給者）との間で，財やサービスが取引される場を市場という。生産者も消費者も小規模で完全（自由）競争が成立する市場では，需要と供給によって価格が上下し，また価格の変動によって需要量と供給量が決まる。資本主義経済は市場経済であり，市場経済の最大の特徴は価格メカニズムである。

❶市場の形態◀⑰

売り手＼買い手	1 人	少 数	多 数
1 人	双方独占		買い手独占市場
少 数		双方寡占	買い手寡占市場
多 数	売り手独占市場	売り手寡占市場	完全競争（自由）市場

視点 1. 価格は需要と供給の関係で決まる
2. 需要・供給曲線は，左右に動く
3. 価格の安いものの方が売れないこともある

❷次の場合はどうなるだろうか（ただし，他の条件は考えない）。（ ）内の適当な方に○をつけよう！

（答えは次ページ下）

A. マグロが世界的に不漁で，供給が減った。

価格は（上がるor下がる）
需要量は（増加or減少）

B. この冬は白菜が豊作で，供給が増えた。

価格は（上がるor下がる）
需要量は（増加or減少）

⑰ **用語 完全競争市場は夢の市場？**…完全競争市場の条件は，①買い手と売り手が多数存在すること，②売買する財に関するあらゆる情報を共有していること，③売買される同じ商品は同質であること，④市場への参入・退出が自由であり，それらの動向が市場へ影響を与えないこと，など。実際にそのような市場は存在しえない。

需要曲線

①需要曲線は右下がり

需要とは，財やサービスに対する「購買力の裏付けのある欲望」であり，モノを欲しがる人が増えれば需要は増え，逆に欲しがる人が少なくなると需要は

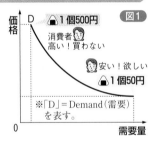

図1
🔒1個500円
消費者
高い！買わない
安い！欲しい
🔒1個50円
※「D」＝Demand（需要）を表す。

減る。「価格が安くなれば買う（需要量は増える）」「高いならやめておく（需要量は減る）」という消費者の一般的行動から，価格を縦軸に，需要量を横軸にとると図1のように**右下がりの曲線**になる。

②商品の持つ性格 →需要の価格弾力性

価格の変化に需要がどの程度反応するかは，その商品の持つ性格によって異なる。価格が1％上昇（低下）したとき，需要量が何％減少（増加）するかを示すのが，**需要の価格弾力性**という。

Ａ需要の価格弾力性⑰

大きい	・価格のわずかな変化で需要量が大きく動く。 [例]代替品（バターとマーガリンのように代わりとなる商品），ぜいたく品，高級品。	需要曲線の傾きが緩やか
小さい	・価格の変化に対し需要量がそれほど動かない。 [例]生活必需品，緊急性がなく購入量に限界がある商品（ガソリンなど）。	 需要曲線の傾きが急

供給曲線

①供給曲線は右上がり

供給とは，財やサービスを提供しようとする経済活動で，作り手が同じモノを多く作れば供給量は増え，逆に作る量が減れば供給量も減る。生産者は常に

図2
もっと作ろう 利益大
生産者
生産しない
安くてもうけなし
※「S」＝Supply（供給）を表す。

利潤の最大化を考えており，価格が上がれば生産量を増やすことで利潤を高められる。逆に価格が下がると，多く作っても利益が減るので生産量を減らす。したがって供給曲線は図2のような**右上がりの曲線**となる。

②価格に対する感応度 →供給の価格弾力性

需要と同様，価格の変化に対する供給の反応は，商品によって異なる。これは供給側の価格に対する感応度ともいえる。価格が1％上昇（低下）したとき，供給量が何％増加（減少）するかを，**供給の価格弾力性**という。

Ｂ供給の価格弾力性

大きい	・価格のわずかな変化で供給量が大きく動く。 [例]供給に余裕のある商品，大量生産が可能な商品。	供給曲線の傾きが緩やか
小さい	・価格の変化に対し供給量がそれほど動かない。 [例]供給に限りのある商品，代替品のない商品（土地，天然資源など）。	供給曲線の傾きが急

現代経済

ゼミナール

価格の自動調節作用（プライス・メカニズム）

図3で価格がP₁の時は，超過供給（Q₁－Q₂）が発生するので価格は下落し，需要量と供給量の均衡する価格Pに近づく。また逆に，価格がP₂の時は，超過需要（Q₁－Q₂）が発生するので価格は上昇し，需要量と供給量の均衡する価格Pに近づく。この需給が一致する価格を**均衡価格**という。この均衡価格では売れ残りがなく品不足もない。これを**資源の最適配分**と呼ぶ。

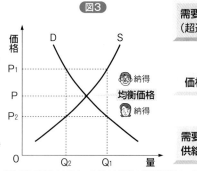

図3

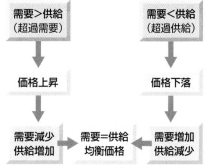

●市場メカニズム＝価格の自動調節作用 ⑲

23 ▶ 政府による価格への介入によって，均衡価格よりも価格が安く固定されると，取引される財の数量が減少し，超過需要が発生すること。

需要曲線・供給曲線のシフト（移動）

今までは価格以外の条件を一定としてきたが，もし価格以外の条件が変わったとすればどうなるか。長期的に見た間接的・派生的な影響は考慮しない，あくまでも短期的な直接的影響を考える。

この場合，発生した条件の変化が需要か供給のいずれかによって，その曲線が左方または右方に**シフト（移動）**し，均衡価格も変化する。

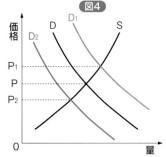

図4

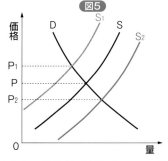

図5

①需要曲線のシフト（図4）

D→D₂: 左方へシフト（需要の減少）	要因	D→D₁: 右方へシフト（需要の増加）
減　少	所得・人口	増　加
下　降	代替品の価格	上　昇
減　少	嗜好（流行など）	増　加
引き上げ	所　得　税	引き下げ
P→P₂に下がる	均衡価格＊	P→P₁に上がる

＊供給曲線が変化しない場合の均衡価格への影響。

22 ②供給曲線のシフト（図5）

S→S₁: 左方へシフト（生産費増,供給の減少）	要因	S→S₂: 右方へシフト（生産費減,供給の増加）
減少（天候不順など）	生　産　力	増　加
上　昇	原材料価格・賃金	下　降
引き上げ	法人税・消費税	引き下げ
	そ　の　他	技術革新による大量生産
P→P₁に上がる	均衡価格＊	P→P₂に下がる

＊需要曲線が変化しない場合の均衡価格への影響。

現代経済

共通テスト対策

ある商品の需要・供給と価格との間に右の図のような関係が成り立っており，価格がP₀，取引量がQ₀にあるときに均衡状態にあるものとする。いま，技術の進歩により生産性が上昇したため供給曲線が移動（シフト）し，同時に，人々の好みが変わってこの商品の人気が高まったため需要曲線が移動したものとしよう。その場合，新たな均衡状態に達したときの，価格と取引量の変化についての記述として正しいものを下の①～⑧から一つ選べ。

① 価格は上昇し，取引量は増加する。
② 価格は上昇し，取引量は減少する。
③ 価格は下落し，取引量は増加する。
④ 価格は下落し，取引量は減少する。
⑤ 価格は上昇し，取引量の変化はいずれともいえない。
⑥ 価格は下落し，取引量の変化はいずれともいえない。
⑦ 取引量は増加し，価格の変化はいずれともいえない。
⑧ 取引量は減少し，価格の変化はいずれともいえない。

（2003年度センター試験追試験）

考え方

問題によれば，技術が進歩して生産性が高まったとある。

そうだとすると，コストを抑えて同じ量（そして質も）の製品ができるようになったと考えてよい。同じ質・量の製品であれば，安く生産できるわけだ。したがって同じものであれば供給曲線は右にシフトする。つまり，価格が低下し同時に供給量も増加できる。

これに対して，この製品に対する人気が高まったとあるから，需要曲線も右にシフトする。つまり多少高くても買おうという動きになる。そこで，同じ供給曲線上なら価格は上昇し，しかも購買量も増加する。

以上をまとめると間違いなく取引量は増加している一方，価格については需給で相殺もあり得，いずれが勝っているかは，本問では不明である。したがって⑦が正解となる。

解答 正解…⑦

ゼミナール

答え A—上がる・減少，B—下がる・増加

市場とは何か
売り手と買い手が出会う場（market）

1 自由競争による価格の変化

Ⓐ 果実の取扱数量と価格（みかん類）

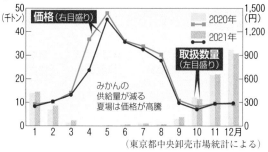

（東京都中央卸売市場統計による）

みかんの供給量が減る夏場は価格が高騰

Ⓑ 国内航空運賃（平均運賃）の推移（大手3社）

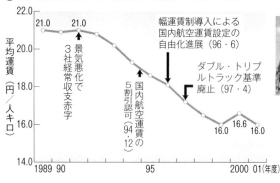

（『観光白書』2003による）

幅運賃制導入による国内航空運賃設定の自由化進展（96・6）

ダブル・トリプルトラック基準廃止（97・4）

解説 競争で低下する価格 景気の後退とあいまって，国内航空運賃に関わる規制緩和がなされた。一定の価格幅の中で自由に価格を決定できる幅運賃制の導入や，競争促進のためのダブル・トリプルトラック（同一路線複数社化）基準廃止が，価格低下に効果を上げた。

2 市場の成り立つ交換関係

↓東京証券取引所

財貨市場	通常の財やサービスの取引に成立する市場。売り手が企業，買い手が家計となることが多いが，中間生産物などは，企業同士の取引となる。
株式市場（➡p.180）	株式の売買について成立。株式投資家は株式の買い値と売り値との差額での儲けを狙い売買を行う。ここでの株価は株式会社の信用力を表すため，資金調達などで大きな意味をもつ。
証券取引所⑮	実際の株式の売買は，主に証券取引所で行われる。**日本取引所グループ**…2013年に，東証と大阪証券取引所（大阪取引所に名称変更）が合併し発足した持株会社。株式市場を東証へ，デリバティブ（➡p.347）市場を大阪取引所へ統合。**東京証券取引所（東証）**…大企業向けの**プライム**，中小企業向けの**スタンダード**，ベンチャー企業（新興企業）向けの**グロース**の3市場。市場区分の見直しで，2022年4月に大企業中心の**一部**，中堅企業中心の**二部**，ベンチャー企業向けの**マザーズ**，JASDAQから再編された。⑰ **大阪取引所**…デリバティブ中心。
外国為替市場（➡p.336）	外国通貨の売買について成立する。2当事国についてみると，両国の輸出入という経常取引の実態のみならず，資本の出入りとその見込みがレートに影響する。したがって，両国の金融政策などによって，大きく変動する。
金融市場	貸付資金の需要・供給について成立。金融の利子率の高低によって調整される。1年未満の貸付資金の市場を**短期金融市場**，1年以上のものを**長期金融市場**と呼ぶ（➡p.202）。
労働市場⑰	労働力について成立する。実質賃金（ケインズ派は名目賃金と考える）の高低を決定し，非自発的失業率を調整する。

価格とは何か
財やサービスの価値（price）

3 価格の種類

用語 価格の下方硬直性…需要が減っても，価格が下がりにくくなること。

市場価格	商品が市場で実際に売買される価格。短期的には需要量と供給量の変動で上下するが，長期的には生産価格に一致する傾向にある。
生産価格	商品の平均生産費に平均利潤を加えたマルクス経済学の概念。スミスやリカードの**自然価格**に相当する。
均衡価格	**自由価格**とも呼ばれる。完全競争市場を前提に需要量と供給量の均衡する点で成立するとされる価格。この価格のもとで資源の最適な配分もなされる（➡p.185）。
独占価格	商品の需要・供給のどちらかで競争が制限された場合に成立する。狭義では，単独の供給者（または需要者）の場合をいうが，広く**寡占価格や管理価格**を含む概念にもなる。

寡占価格⑳	市場が少数の大企業に支配されている場合における価格。協定（カルテル）による価格や，管理価格などがこれに含まれる。
管理価格⑳⑯⑮	寡占を背景に，企業側が比較的自由に設定する価格。**プライス・リーダー（価格先導者）**への追従などで，下方硬直性をもつ価格を形成する（**価格の下方硬直性**）⑮
統制価格	一定の政策目的によって，国家によって統制されている価格。電気料金・郵便・ガス料金などの**公共料金**がこれにあたる。

TRY 右ページの資料**4**から，乗用車におけるプライス・リーダーとなっている企業はどこか。（解答➡p.416）

解説 実際の経済現象がもと 価格についての名称は，実際の経済現象をもとに，さまざまな立場で決められてきた。したがって，ある程度幅をもった概念が多く，またその意味も重複していたりする点に注意しよう。

プラスα ダイナミックプライシング 需要と供給の変化に合わせ，価格を柔軟に変化させること。需要の多い時期に価格を上げて収益を拡大し，需要の少ない時期に価格を下げて利用増加を図る。ホテル宿泊代や航空券のように，供給量に制限のあるサービス業を中心に有効な手段とされている。

左余白：現代経済

4 市場占有率（マーケット・シェア）—生産の集中の程度

ビール類（出荷量）
- アサヒ 36.5%
- キリン 35.7
- サントリー 16.2
- サッポロ 11.6
（2022年）

携帯電話（契約数）
- NTTドコモ 41.6%
- KDDIグループ 30.5
- ソフトバンク 25.8
- 楽天モバイル 2.2
（2023年3月末）

乗用車（販売台数）
- トヨタ 48.7%
- 日産 10.7
- ホンダ 12.1
- マツダ 3.7
- スバル 5.7
- その他 19.2
（2022年）

パソコン（出荷台数）
- NEC レノボ 24.4%
- 日本HP 16.8
- デル 15.0
- 富士通 14.5
- 東芝 8.0
- アップル 5.9
- その他 15.4
（2023年）

（各業界資料により作成）

⑯ **用語** **非価格競争**…価格以外の点で，他社の商品との差別化を図り，付加価値を高めること。ブランド，デザイン，宣伝，アフターサービスなど。寡占市場においてより重視される。

非価格競争の内容	
製造業者	商品を中心とした差別化…新しいデザイン，他社にない新機能等。
小売業者	売り方を中心とした差別化…広告，接客，店舗設備による差別化，購入商品の無料交換等。

デファクト・スタンダード…公的な標準化団体による認証ではなく，市場での企業の競争によって，事実上業界の標準と見なされるようになった規格のこと。例として，DVDの光ディスク規格におけるBlu-ray Discなどがある。

5 独占の形態—競争回避の裏技

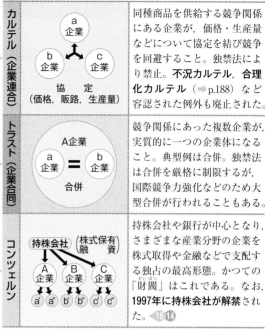

カルテル（企業連合）⑮⑯㉒	a企業 ← b企業／c企業　協定（価格，販路，生産量）	同種商品を供給する競争関係にある企業が，価格・生産量などについて協定を結び競争を回避すること。独禁法により禁止。**不況カルテル**，**合理化カルテル**（➡p.188）など容認された例外も廃止された。
トラスト（企業合同）⑮⑰㉒	A企業　a企業＝b企業　合併	競争関係にあった複数企業が，実質的に一つの企業体になること。典型例は合併。独禁法は合併を厳格に制限するが，国際競争力強化などのため大型合併が行われることもある。
コンツェルン⑰	持株会社（株式保有・融資）　A企業　B企業　C企業　a' a" b' b" c' c"	持株会社や銀行が中心となり，さまざまな産業分野の企業を株式取得や金融などで支配する独占の最高形態。かつての「財閥（ざいばつ）」はこれである。なお，**1997年に持株会社が解禁**された。⑬⑭

解説 **現代の巨大企業**　こうした独占形態は，景気浮揚や中小企業保護などの観点から，一定の要件のもとに認められることもある。（➡p.188）

⑰　GHQの指示による解体の対象となった日本の財閥は，一般的にコンツェルンの形態をとっていたと言われていること。

6 独占禁止法 ㉓⑯

A 独占禁止法の内容
1947.4.14法54
最終改正 2022.6.17法68

公正取引委員会（第8章）→独占禁止法

私的独占の禁止（3条前段）
- 独占・寡占対策—独占的状態の規制（8条の4）
- 集中規制
  - 事業支配が過度に集中することとなる会社設立等の制限（9条）
  - 会社による株式保有規制（10条）
  - 合併の制限（15条）

不当な取引制限の禁止（3条後段）
- カルテル対策
  - 国際カルテルへの参加禁止（6条）
  - 事業者団体の行為制限（8条）
- 課徴金納付命令—違反事業者等に対して課徴金の納付を命令（7条の2）
- 適用除外制度
  - 独禁法に基づく一定の組合行為（22条）
  - 道路運送法に基づく運輸カルテルなど

不公正な取引方法の禁止（19条）
- 経済力濫用規制
  - ●公正取引委員会による指定
  - ●補助立法
- 違反に対する排除措置
  - 排除措置命令（20条，➡p.188）
  - 無過失賠償責任（25・26条）
- 課徴金納付命令—違反事業者等に対して課徴金の納付を命令（20条の2～6）
- 適用除外制度—再販売価格維持行為（23条，➡p.188）

B 独占禁止法の補完法

下請法	下請事業者に対する不当な取扱いを規制。
景品表示法	不当表示など一般消費者を不当に誘引する行為を規制。

7 公正取引委員会 ⑮⑰㉓ （➡p.128）

公正取引委員会は，委員長と4名の委員の全5名から構成される行政委員会。この5名は，**国会の同意を得て内閣総理大臣が任命**（**独立行政委員会**として他から指揮監督を受けることなく，独立して職務を遂行）。

公正取引委員会の下に，事件調査や事業者の活動を監視する事務総局（職員約920名）が置かれる。

A 公正取引委員会の活動

① 端緒	違反の疑いの発見→調査の開始
② 行政調査	違反に関連する資料や証拠品の調査
③ 事前通知	違反行為が認められた場合，必要な命令をする前に，その内容を企業等に知らせる。企業等は，処分内容に対して，意見申述・証拠提出ができる。
④ 命令	・**排除措置命令**…違反企業等に，違反行為をなくし，競争を回復するために必要な措置を命令。　・**課徴金納付命令**…違反企業等に，課徴金を国庫に納めることを命令。

↓命令に不服の場合

不服審査手続	[第一審] 東京地方裁判所　[第二審] 東京高等裁判所　[最終審] 最高裁判所	2013年法改正以前は，第一審は公正取引委員会で行われていた（**審判制度**）。

㉒ **用語** **課徴金**…行政上の措置として，違反者に課される金銭的負担。

現代経済

年代整理 独占禁止法関連

① **1947年** 独占禁止法制定…第二次世界大戦敗戦後のGHQ占領下で制定される。
② **1953年** 不況・合理化カルテル，再販売価格維持行為の禁止の適用除外…特需後の不況対策で緩和的改正。
③ **1977年** 課徴金納付命令制度創設…石油危機による物価狂乱の際に横行した，値上げカルテルへの対策。
④ **1997年** 持株会社解禁…バブル崩壊後の経済再建のための経済構造改革，金融の自由化の一環。

独占禁止政策の歴史　　　　　自由競争の進展の果てに

8 放任の結果の不公正

19世紀を通じて資本主義経済の大原則は「**自由競争**」を保障することであった。このため，価格や景気調整，労働市場への政策介入は控えられてきた。イギリスでは政府が経済に介入することは厳しく戒められ（**消極国家・夜警国家観**），「自由競争」を保障することが強く求められた。アメリカでは，世界恐慌後のニューディール政策（➡p.169）の一部が，政府による経済への不当な介入だとして憲法違反の判決が下された。

しかし政府の介入を嫌う「自由競争」の保障は，独占や寡占，カルテルの成立という問題を生みだした。**レッセフェール（自由放任）**のもとで，強者は弱者を呑み込んで強大化し，弱者は呑み込まれまいとカルテル的結合体の一翼を担うようになった。

その結果，古典派経済学者が信頼したような**価格の自動調整機能**はその働きをやめ，富の分配は阻害され，国民は高い買い物を強いられるようになった。「自由競争」の保障（夜警国家観，国家の経済への不介入）が独占（自由競争の阻害）を進行させるという皮肉な結果となったのである。

9 反トラスト法に始まる国家介入

独占の成立が早く，その程度が著しかった米国では，1890年にシャーマン反トラスト法（➡p.169）が成立し，国家による一部介入・取り締まりが始まる。これが，遅くとも第二次世界大戦後に各国が採用する独占対策の原型となるものだ。

注意を要するのは，一般には規制を緩和すると，市場は自由競争的になり，規制を強化すると統制的になるのだが，こと独占政策に関しては，この点がねじれていることだ。つまり，独占禁止政策がきちんと行われない状況では，市場は独占が進行して，自由競争が阻害され，反対に，独占禁止政策が採られると，市場は自由競争的になる。

A 規制と自由市場の関係

19世紀		20世紀	
19世紀的原則 国は市場に不介入（夜警国家） →	独占の進展 → 自由競争の阻害（福祉の阻害）	**20世紀的原則** 独占禁止政策の実施（積極国家） →	独占の緩和 → 自由競争的（福祉の達成）

日本の独占禁止政策　　　　　社会的な公正を求めて

10 独占禁止法改正による政策の移り変わり

時期	方向性	効果	主な変更点
1949年	緩和的改正	非競争的	・合併・営業譲渡の事前許可制を届出制に ・事業会社による株式・社債の保有禁止を緩和
1953年	緩和的改正	非競争的	・**不況カルテル・合理化カルテルについて禁止の適用除外** ・**再販売価格維持行為禁止の適用除外**
1960〜65年	適用強化	競争的	・再販売価格維持行為の適用除外縮小 ・価格カルテル規制強化
1977年	強化的改正	競争的	・カルテル対策に**課徴金納付命令制度**創設 ・大規模事業会社の株式保有の総額規制
1991年	強化的改正	競争的	・課徴金の大幅引き上げ
1997〜99年	双方向的改正	双方向	・適用除外立法の廃止・縮小◀ ・**持株会社解禁（1997年）**
2005年	強化的改正	競争的	・課徴金引き上げ　・減免制度の導入 ・公正取引委員会の強制調査権の強化
2009年	強化的改正	競争的	・課徴金制度等の見直し ・不当な取引制限等の罪に対する懲役刑の引き上げ
	双方向的改正	双方向	・企業結合規制の見直しと審査効率化
2013年	双方向的改正	双方向	・公正取引委員会が行う**審判制度廃止**
2016年	双方向的改正	双方向	・**確約手続**を導入…独禁法違反の疑いを公取委・事業者間の合意で解決する仕組み
2019年	双方向的改正	双方向	・課徴金の減算方法の見直し

導入の背景はTPP締結

用語 不況カルテル・合理化カルテル…独占禁止法では，カルテルは禁止されるのが原則だが，1999年改正まで，不況克服目的や企業経営の合理化に必要な範囲で，一定の要件のもとに法の適用除外とされていた。

再販売価格維持行為…卸売・小売業者に販売する価格をメーカーが指定する制度。認められているのは，書籍・新聞・雑誌・音楽用ソフト（CD・レコード・テープ）。

企業結合…複数の企業が結びつくこと。株式保有，合併，役員兼任等による企業連携，事業譲り受けなど。

事前相談制度…事業者が行おうとする行為や合併が，独禁法に違反しないかどうか，公取委が相談に応じる制度。

排除措置命令…独禁法違反行為を除くため，公取委が必要な措置をとることを事業者に命じること。

緊急停止命令…違反が疑われる行為を一時的に取りやめさせる措置。排除措置命令よりも緊急性が高く，公取委が申し立て，裁判所が命令を出すかどうか決める。

解説 緩和派と強化派の綱引き　経済界だけでなく，市場の働きに深い信頼を寄せる学者の中にも，独占禁止政策に対して批判的な人々もいる。しかし，行きすぎた緩和は，中小企業や消費者に不利益をもたらすことになる。

TRY 次のケースは独占禁止法に違反するだろうか？（解答➡p.416）
①「必ずやせる薬」という広告を見て購入し，継続して飲んだがやせなかった。
②ゲームメーカーが小売店に対し販売価格を設定。従わないと取引を停止した。
③公共事業の入札に参加する企業同士が，あらかじめ発注企業と発注金額を決めた。
④競争企業が多い分野で，生き残りをかけてA社とB社が合併した。

プラスα 通販サイト「楽天市場」に緊急停止命令　公取委は2020年2月，購入代金を「送料込み」と表示する方針が出店者に不利益を与えるとして，楽天への緊急停止命令を東京地裁に申し立てた。楽天は「出店者一律」から「導入可能店舗のみ」に方針変更。申し立ては3月に取り下げられた。

現代経済

企業の社会的責任
社会の中で果たすべき役割

2002年，輸入牛を国産牛と表示した牛肉偽装問題で，半世紀の歴史を持つ雪印食品が廃業・解散に追い込まれた。不正は，信用・ブランドに傷をつけ，ときには会社を潰すことにもなる。

一方で，メセナやフィランソロピーなど，企業によるPR（パブリッククリレーションズ，戦略広報）を重視した活動も活発だ。

利益を追求するだけではなく，社会の中で事業を継続する上で重要性が指摘されている「企業の社会的責任」について考えてみよう。

1 ステークホルダー（利害関係人）
A 企業のステークホルダー

企業／環境・経済・社会／トリプルボトムライン

主体	会社に求める利益
株主	金銭的収益（配当・株価）
役員	役員報酬・信任
取引業者	仕事・代金
地域社会	環境への配慮
金融業者	貸金への利息・円滑な返済
従業員	給与・やりがい
顧客	高品質な商品・サービス

企業の活動は，利潤を追求する経済的側面，環境負荷軽減などの環境的側面，社会的貢献などの社会的側面で構成されるトリプルボトムラインが重視され，そのバランスが問われている。各ステークホルダーが企業に求めるものは必ずしも一致しないが，企業はそのバランスを保ちつつ，健全化を進める必要がある。

2 企業の社会的責任（CSR）
B 拡大するCSR（Corporate Social Responsibility）

企業の社会的責任（CSR）		
● 社会活動（メセナ，フィランソロピー）	社会貢献／経済活動	● 有用な製品・サービスの提供 ● 技術革新 ● 雇用の創出と納税
	コンプライアンス（法令遵守）	
● CO$_2$削減 ● 環境に配慮した商品開発	環境対策／株主利益	● 株主利益の保護 ● ディスクロージャー（情報開示）

監視 →→→ アカウンタビリティ（説明責任）

コーポレート・ガバナンス（企業統治）…株主総会，監査役など

用語 コンプライアンス（法令遵守）…法律や規則にしたがって企業活動をすること。社会的規範の遵守や企業倫理を含む場合もある。

メセナ…「芸術支援」を意味するフランス語。芸術・文化だけでなく，教育，福祉なども含めた企業の行う社会貢献。被支援者との契約で成立し，企業はスポンサー（出資者）的立場となる。

フィランソロピー…寄付，ボランティア活動，サービスの提供など，個人や企業が行う社会貢献。メセナと共通する部分が多いが，被支援者との契約を必要としない貢献である点が特徴。

ディスクロージャー（情報開示）…企業による情報公開。投資判断に必要な，経営・財務状況などを情報公開する。情報開示制度は，金融商品取引法，商法によって定められている。

コーポレート・ガバナンス（企業統治）…企業の意思決定や，経営監視のしくみ。監視の仕組みとしては，株主総会や監査，委員会設置会社（➡p.179）などがある。

3 企業の不祥事
C 企業の不祥事の事例と法整備

年	企業の不祥事事件／法法整備
2000	三菱自動車リコール隠し，雪印乳業食中毒事件
02	雪印食品牛肉偽装事件
05	松下電器*FF式石油温風器欠陥事故，カネボウ粉飾決算事件，JR西日本福知山線脱線事故
06	ライブドア証券取引法違反事件（堀江社長逮捕）
	法公益通報者保護法施行…企業等の法令違反を公益のために通報した（内部告発を行った）労働者に対する解雇等の不利益な取扱いを禁止。
07	パロマガス湯沸かし器欠損事故
	法会社法施行…内部統制をルール化（コンプライアンス推進）
	法金融商品取引法制定…内部統制をルール化（財務報告の開示の適正さの確保）
09	日本漢字能力検定協会理事長親子が背任容疑で逮捕
11	東京電力不十分な地震・津波対策による原発事故
13	東京ディズニーランド・阪急阪神ホテルズ食品偽装
19	かんぽ生命保険の不適切販売問題
21	LINEの利用者間トークが技術者に閲覧可能な状態に
22	日野自動車エンジン認証不正問題
23	ビッグモーター保険金不正請求問題

＊08年，社名をパナソニックに変更。

2000年代に不祥事が相次ぎ，**公益通報者保護法**の施行や，会社法などに**内部統制**（従業員が法令遵守する体制を整え不祥事を未然に防ぎ，リスク管理するシステム）が盛り込まれた。不祥事続発の背景には，日本的雇用慣行（➡p.262）などの日本型経済システムの崩壊で，利益偏重の企業が増えたことが指摘される。

また，現代では企業が高度専門化し，細分化（企業のサイロ化〔たこつぼ化〕）した結果，同一企業内で所属部署が異なるとお互いに何をしているか分からず，そのことが重大なエラーの見落としや見過ごしにつながっているという指摘もある。

4 企業の社会的責任の重要性の高まり

企業に投資する際に，従来の企業の財務情報以外に環境や社会貢献などを考慮する**ESG投資**や，企業が社会的責任を積極的に果たしているかどうかを投資の判断の一つとする**社会的責任投資（SRI）**がある。

また，従来の一般企業と異なり，社会問題の解決を目的とした収益事業（**ソーシャルビジネス**）を行う**社会的企業**が増えてきた。慈善事業やNPOと異なり，資金を株式の発行で調達し，事業収益を出資者などに配分（利益配分）することが可能だ。日本の社会的企業では，「ユーグレナ」や「LITALICO」が有名である。

プラスα スクリーニング 投資先の企業を選ぶ条件を設定して選別すること。ESG投資やSRIは，利益重視だけでなく，倫理的側面に配慮した投資を行う。環境や社会への貢献を評価する**ポジティブ・スクリーニング**と，武器やタバコなどを扱う企業を排除する**ネガティブ・スクリーニング**がある。

市場の失敗 ㉓⑲⑮⑭

こんな状況を想像してみよう

視点
1. 「市場の失敗」とは何だろうか？
2. 政府の役割が求められるのはなぜだろうか？
3. 身近な「市場の失敗」を見つけてみよう。

❶ケースⅠ

もし携帯電話販売が独占市場だったら…

デザインや性能があまりよくないけどほかにないから仕方ないなぁ…

高いけどここで買うしかないか。

うちから買うしかないから価格を高くして，改良もしなくていいだろう。

新機種入荷！

❷ケースⅡ

もし消防を民間でやったら…

もしもし火事です！早く来て下さい！！

お客様の登録番号を…えっ！登録されてない……。

またのご利用をお待ちしております。

○○消火株式会社

❸ケースⅢ

もし新しい駅ができたら…

○×駅
八百屋
△○商店

駅ができて売上がUPした！

通勤が便利になった。

商店街が活性化した。

❹ケースⅣ

もしきれいな中古車が，実は故障しやすかったら…

新しいし，きれいなのでこの車に決めた！

また故障か…

「市場の失敗」とは

市場メカニズムとは，市場において買い手（需要者）と売り手（供給者）の双方が自由に経済活動を行い，結果的に資源の最適配分が実現されるしくみである。しかし万能ではなく，欠点や限界があることが指摘されている。市場メカニズムの最大の欠点は，経済の効率性をもたらす代わりに，結果的な公平性が達成されないかもしれないという点だ。また，市場経済が効力を発揮する範囲には限界があり，ある特徴を持った財・サービス市場では，市場メカニズムの原理が有効に働かないときもある。その場合，各経済主体の自由に任せていては（**自由放任**）望ましくない結果ももたらされる。これを「**市場の失敗**」と呼んでいる。

政府の役割

「市場の失敗」の克服のためには，政府が経済に対して一定の役割を果たさなくてはならない。道路，公園，警察，消防などの公共財や公共サービスは，国民生活に必要不可欠なものであるし，独占や公害，経済問題に政府が適切な規制を行うことも必要である。⑭

また，公害等にかかる費用を企業に負担させることによって，**外部不経済の内部化**を図り，外部不経済の実質的是正を行うことも方法の一つである。

市場経済に任せておいては，所得の格差が広がる可能性が多分にあるので，**政府が税金の徴収と社会保障制度を通じて，所得の格差を和らげる役割**も重要である。

Ⓐ市場の失敗

独占・寡占	・市場による競争原理が働かず，高い価格のものを買わなくてはならなくなり，消費者に不利益になる（ケースⅠ）。 ➡**独占禁止法**などで規制。	**外部経済**	・ある経済主体の行動が，市場を通さずに他の経済主体に**プラスの影響**を及ぼすこと。 ➡例：駅ができて便利になったこと（**ケースⅢ**）。
公共財の必要性，公共サービス ㉓	・公園，道路など複数の人が無料で利用できる**公共財** ⑯ ➡費用を払わない人（**フリーライダー**）を排除できない。⑲ ・警察・消防などの公共サービス ➡料金を払わない人でも受けられる必要がある（**ケースⅡ**）。	**外部不経済**	・ある経済主体の行動が，市場を通さずに他の経済主体に**マイナスの影響**を及ぼすこと。 ➡⑯ **公害，環境問題**など。例えば上流にある工場からの排水によって，下流の農業生産者の収穫や養魚場に被害が出るというような場合。
公益事業	・電気・ガス・水道等の装置産業（初期投資が莫大な産業）は自然独占の形態になりやすい。 ➡生活に直結するライフラインなので**公共料金**として規制の必要がある。	**情報の非対称性** ⑯	・市場において各経済主体の保有する情報に偏りがあり，情報格差が生じている状況。 ➡買い手が十分な情報を持たないため，割高な商品を買わされる（**逆選択**）などの不利益が生じる。情報の非対称性が大きいと取引の不公正さが生じ，市場での取引が破綻する場合がある（**ケースⅣ**）。

⑯ 公共財の性質である非競合性（他の人々の消費を減らすことなく複数の人々が同時に消費できる）と，非排除性（対価を支払わない人によっても消費される）が問われた。

B 水産資源にみる外部不経済

マグロ	シラスウナギ
2011年の世界のマグロ漁獲量は約190万トンで、そのうち5分の1ほどを日本が消費している。適正な資源管理のため、全世界の海洋で漁獲枠の設定や漁獲量の制限などが実施されている。	ウナギの値段が高騰している。養殖用のウナギに用いられるシラスウナギ（ウナギの稚魚）の漁獲量は2013年に5.2トンまで落ち込んだ。最盛期232トン（1963年）の2.2%にすぎない。漁獲量減少の原因は乱獲のほか、海洋・河川環境の変化が挙げられるが、いずれにしても高級魚になったウナギ。日本の食卓から消えないことを願うばかりだ。

C 外部不経済の内部化

これまで市場経済の外部にあって、「費用」とされなかった。

公害対策費	これ全体を費用とする（価格も押し上げる）
諸費用 原材料費・人件費・特許費・光熱費など	

コモンズの悲劇(commons)…「共有地の悲劇」ともいわれ、多数者が利用できる共有資源が乱獲されることによって、資源の枯渇を招いてしまうことをいう。

地球環境問題も「コモンズの悲劇」として例えることができる。地球はみんなのものであるからこそ、好き勝手に利用すれば環境悪化を招いてしまう。環境悪化などの外部不経済は、政府が適切な規制をすることが必要である。また、近年は排出量取引や環境税の導入など、市場原理を活用する方法（外部不経済の内部化）も用いられる。

「政府の失敗」の危険も

しかし、政府主導の経済政策がかえって経済活動の非効率化を招く場合がある（**政府の失敗**）。ムダな公共投資、許認可行政、財政赤字の拡大などが問題となり、近年の「小さな政府」「規制緩和」は政府の介入に批判的な立場から提起されたものである。政府が経済活動にどの程度介入することが望ましいか、これは効率的な資源配分を実現する上でも非常に重要な問題である。

共通テスト対策

(1) 「市場の失敗」を修正する政策の中に、近年の技術革新などによってかえって不適切になり、新たな政策が採られることがある。その例として最も適当なものを次の①〜④のうちから一つ選べ。
① 高速道路や空港の建設を政府が行う。
② 都市ガスを地域ごとに独占的に供給させる。
③ 通信産業や電力産業で新規参入を促す。
④ 工場に廃棄物の浄化装置を設置させる。
（2002年度センター試験追試験）

(2) 現代は、「私企業みずからが営利活動を公共の福祉に調和させていくような『企業倫理』の確立が求められている」と指摘されるが、この趣旨にあった企業活動の例とは言えないものを、次の①〜④のうちから一つ選びなさい。
① A社は、フロンガスがオゾン層を破壊するという科学的報告を受け入れ自発的に他の代替物質へ切り替えている。
② B社は、利益の一定部分を、自然環境を保護するための基金として毎年積み立て、地域社会に提供している。
③ C社は、消費者が自社製品の使用によって損害を受けた場合、法的責任の有無を問わず、その救済に当たっている。
④ D社は、自社製品の市場占有率を維持・拡大するために、製品のモデルチェンジを短期で繰り返している。
（1995年度センター試験本試験）

考え方

(1) ①と②は、社会資本・公共財の提供という、典型的な政府の役割であり、「新たな政策」とは呼べない。④も、要するに公害対策であり、外部不経済の減少を目指した、やはり原則どおりの政策である。
　これに対して、③はどうだろうか。通信部門はかつては日本電信電話公社（現NTT）が、電力部門は各地域の独占的電力会社が政策的に独占供給を担当してきた。

しかし、近年、コンピュータネットの発達（通信産業）によって、国際的な競争の観点から通信コストの削減が求められ、また、太陽電池パネルの実用化（電力産業）により、各家庭や事業所で個別に発電した電力の余剰分を、電力会社に買い取らせる方法（売電）が求められてきた。現在は通信部門では多くの接続会社が誕生しているし、電力部門では売電が、現実化している。

(2) まず、設問にいう「企業倫理」とは、近年わが国の企業でもその必要性が意識されてきた、「社会への貢献」の一角を指す。私企業といえども、社会的存在であり、しかもそこにおいて営利活動をする限り、社会の一員としての責務を果たさなければならないという考えだ。そのため、大企業を中心に**メセナ**（もともとはメディチ家の文芸支援活動を言ったが、これが転じて企業の文化活動支援活動を指す）や、環境問題への取り組みが、活発化してきた。特に後者の場合、それはストレートに「外部不経済」を中心とした「市場の失敗」に対する企業サイドの努力と見ることができよう。
　選択肢④のD社の活動が、いわゆる「非価格競争」にあたることは、明らかだろう。こうした活動は、価格の下方硬直性を生みだし、消費者の福祉に反する効果を持つ。寡占状況が背景にある証左といえる。
　これに対して①〜③の各企業の行動はどうだろうか。まず、①・②はいわゆる「外部不経済」に対して、自主的に対応している例と言えよう。その意味で、設問「企業倫理」の一態様と言いうる。
　また、選択肢③は、1995年施行の「**製造物責任法（PL法）**」の責任を、自発的かつ積極的に果たしている例と言える。製造物責任も、企業活動（市場内部）から生じた製品が、思いがけず消費者に害悪を及ぼす（市場外部において）場合であり、「外部不経済」の例ととれないこともない。

解答 (1) 正解…③　　(2) 正解…④

ゼミナール

フローの指標

国民経済の1年間の血と汗の成果

1 国民所得 (→p.194)

A 国民所得の定義

広義	GNP, GDP, NNP, NIなど一国の**フロー（一定期間内の貨幣の流れ）**を示す指標すべてを指す。
狭義	NI（国民所得）を指す。

B 国民所得の諸概念

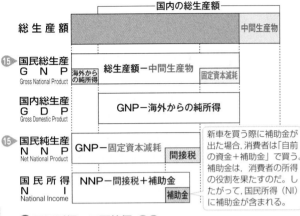

新車を買う際に補助金が出た場合、消費者は「自前の資金＋補助金」で買う。補助金は、消費者の所得の役割を果たすのだ。したがって、国民所得（NI）に補助金が含まれる。

C 国民所得の三面等価

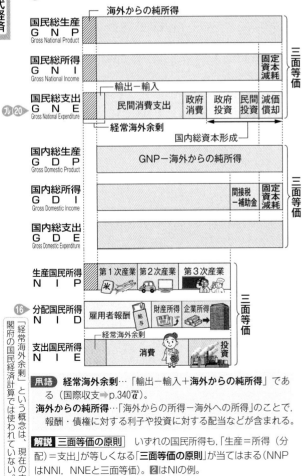

用語 **経常海外余剰**…「輸出－輸入＋**海外からの純所得**」である（国際収支→p.340 *a*）。

海外からの純所得…「海外からの所得－海外への所得」のことで、報酬・債権に対する利子や投資に対する配当などが含まれる。

解説 **三面等価の原則** いずれの国民所得も、「生産＝所得（分配）＝支出」が等しくなる**三面等価の原則**が当てはまる（NNPはNNI、NNEと三面等価）。**2**はNIの例。

（縦書き）「経常海外余剰」という概念は、現在の内閣府の国民経済計算では使われていない。

D GDPとGNPに含まれる対象（日本の場合）

	GDP (Domestic:国内)		GNP (National:国民)	
	日本国内	国外	日本国内	国外
日本人・日本企業	○	×	○	○（2年以上滞在は×）
外国人・外国企業	○	×	×（6か月以上居住は○）	×

解説 **GDPとGNP** GDPは国内における生産活動が対象。例えば外国企業が日本国内で行った生産活動はGDPに含まれるが、日本企業が外国で行った生産活動は含まれない。

GNPは国内に所在・居住する企業や個人などが国内外で行った生産活動が対象。国民とは国籍でなく国内居住者を意味する（外国籍の者でも6か月以上日本に居住していればGNPに計上、日本国籍でも海外に2年以上滞在する者は含まれない）。

2 NIの三面 (『国民経済計算年報』2021年度)

[暦年・93SNA方式・名目・要素費用表示]

	項目	1970年（百億円, %）		2021年（百億円, %）	
生産国民所得	第1次産業（農林水）	384	*6.5*	367	*0.9*
	第 2 次 産 業	2,604	*44.0*	8,748	*22.3*
	鉱 業	48	*0.8*	15	*0.0*
	製 造 業	2,069	*35.0*	6,290	*16.1*
	建 設 業	487	*8.2*	2,443	*6.2*
	第 3 次 産 業	3,225	*54.5*	27,407	*69.9*
	電気・ガス・水道業	101	*1.7*	611	*1.6*
	卸 売・小 売 業	943	*15.9*	5,811	*14.8*
	金 融・保 険 業	298	*5.0*	2,048	*5.2*
	不 動 産 業	433	*7.3*	3,123	*8.0*
	運 輸・郵 便 業	370	*6.3*	1,220	*3.1*
	情 報 通 信 業			1,820	*4.6*
	サ ー ビ ス 業	835	*14.1*	11,161	*28.5*
	公 務	244	*4.1*	1,614	*4.1*
	帰 属 利 子	−282	*−4.8*	—	
	海外からの純所得	−16	*−0.3*	2,667	*6.8*
	合 計	5,915	*100.0*	39,189	*100.0*
分配国民所得	雇 用 者 報 酬	3,194	*54.0*	28,875	*73.7*
	財 産 所 得	489	*8.3*	2,708	*6.9*
	企 業 所 得	2,232	*37.7*	7,606	*19.4*
	合 計	5,915	*100.0*	39,189	*100.0*
支出国民所得	民間最終消費支出*	3,833	*52.4*	29,399	*51.0*
	政府最終消費支出	546	*7.5*	11,771	*20.4*
	総 資 本 形 成	2,862	*39.1*	14,063	*24.4*
	総固定資本形成	2,604	*35.6*	14,061	*24.4*
	民 間	2,015	*27.5*	11,010	*19.1*
	公 的	589	*8.0*	3,051	*5.3*
	在 庫 変 動	257	*3.5*	3	*0.0*
	経 常 海 外 余 剰	78	*1.1*	2,372	*4.1*
	国 民 総 支 出	7,319	*100.0*	57,605	*100.0*
控除	固 定 資 本 減 耗	973		13,870	
	間接税－補助金＋統計上の不突合	431		4,546	
	合 計	5,915		39,189	

＊消費統計には直接表れない、農家の自家消費、持ち家の架空の賃貸料、企業からの現物支給がみなしの数値で含まれる（→p.194）。

解説 **国民所得をとらえる3つの側面** NIを例にみてみると、**生産国民所得**は、価値を誰が（どの産業部門が）生みだしたか、**分配国民所得**は、生みだされた価値がどのような名目で誰のものになったか、そして**支出国民所得**は、生みだされた価値を誰がどのように使ったかの観点からみたものであり、三者は等価値となる（三面等価の原則）。

プラスα 政府の発行する2000年7～9月期の国民経済統計速報から、GNPに代わってGNI（国民総所得）の概念が用いられている。GNPとGNIの関係は、生産国民所得と分配国民所得の関係と同じ。理論的に同じ数値となる。世界銀行も2002年度から、同様の変更を行った。

言の葉

目的と手段を混同してはいけない。経済成長自体が国家の目標であってはならない。目標はただひとつ。国民の幸せに尽きる。…そして、富の増加が幸福に直接つながると考えるのは間違いである。

（『選択』2004.5）

ジグミ・シンゲ・ワンチュク［ブータン：1955〜］
第4代ブータン国王。民主化政策を推進し、国民総幸福量（GNH）を提唱するなど、名君として知られる。2006年、国王の座を長男に譲った。⑰

日本人の「豊かさ」　　豊かさの質

3 各国のGDP（名目）と1人当たりGDP

	国　名	GDP（億ドル）	順位	1人当たりGDP（ドル）	順位
1970年	アメリカ	10,733	1	5,358	2
	旧　ソ　連	4,334	2	1,804	38
	ド　イ　ツ	2,158	3	2,757	24
	日　本	**2,126**	**4**	**2,017**	**35**
	フランス	1,485	5	2,870	22
	中　国	926	8	113	166
1995年	アメリカ	76,397	1	28,758	15
	日　本	**55,456**	**2**	**44,211**	**6**
	ド　イ　ツ	25,856	3	31,873	11
	フランス	16,010	4	27,029	18
	中　国	7,345	8	603	159
	ロ　シ　ア	4,023	13	2,708	93
2021年	アメリカ	233,151	1	69,185	9
	中　国	177,341	2	12,437	75
	日　本	**49,409**	**3**	**39,650**	**33**
	ド　イ　ツ	42,599	4	51,073	23
	フランス	29,579	7	44,229	29
	ロ　シ　ア	17,788	11	12,259	77

〈注〉1人当たりGDPの2021年上位国は、①モナコ、②リヒテンシュタイン、③ルクセンブルク。　（国連資料による）

4 貨幣外の生活の「豊かさ」推移

年	豊かさの指標	発表機関
1973	NNW（国民純福祉）…福祉や環境悪化などを数値化しGNPに加減。プラス要因：余暇時間、家事労働等。マイナス要因：公害防止費用、交通事故の増大等。	経済審議会
86	NSI（国民生活指標）	国民生活審議会
92	PLI（新国民生活指標）…非貨幣的観点から豊かさを測定。	
2002	LRI（暮らしの改革指数）…非貨幣的な面も含め、構造改革の目指す社会を9分類で指標化。	

⑯⑳

解説 豊かさ指標の限界　NNWは計算が複雑な上、GNPとそれほど差異はなく、その後定着していない。また、PLIも実態と一致する指標とはなっていない。

⑭⑳ **用語　グリーンGDP**…1993年、国連が従来のGDPに「環境・経済統合勘定（グリーンGDP）」の新設を提唱。日本はじめ各国で導入が検討されているが、環境破壊による経済的損失を貨幣換算することは難しいという指摘もある。

グリーンGDP＝GDP−（環境破壊による経済的損失）

ジェニュイン・セイビング（GS）…世界銀行が開発した指標。「国民総貯蓄−固定資本分の消費＋教育支出（人的資本への投資として考慮）−環境損害額（天然資源の枯渇やCO$_2$排出等によるもの）」。GSのマイナスは、総体として富の減少を示し、現在の消費水準を持続できないことを意味する。

ストックの指標　　国民の蓄え

5 フローとストックの概念 ㉒⑳⑲⑱⑯ ⑭⑰

A フローとストック

	フロー	ストック
概念	一定期間内の経済活動を、生産・分配・支出の観点から貨幣の流れでとらえる。	ある時点における、家計・企業・政府などが保有する資産・負債の合計。生産の元手となる。⑭
例	企業の売上げ　勤労者の給料所得　商品の購入代金	住宅（固定資産）　土地（有形非生産資産）　株式、預貯金（金融資産）
主な指標	国民総生産（GNP）　国民純生産（NNP）　国民所得（NI）	国富*（在庫＋固定資産＋有形非生産資産＋対外純資産）

*国内の金融資産もストックだが、国内に借り手と貸し手が存在し、債権（資産）と債務（負債）が相殺されるため国富の統計には含まない。対外純資産とは、国全体として保有する外国での資産（外貨準備、対外直接投資など）から負債（対日投資など）を差し引いたもの。

B フローとストックのイメージ

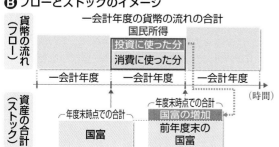

6 日本の国富

解説 国富の構成　日本の国富の構成で最も大きいのは土地。バブル崩壊後、土地価格が下がり国富も減少した。
（『国民経済計算年報』2021年度）

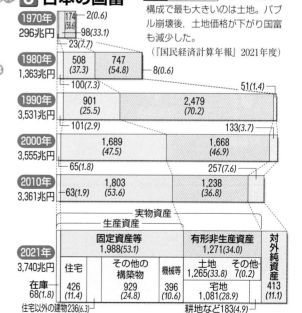

〈注〉（　）内は％。四捨五入のため合計は合致しない。

TRY　長野県の個人農家Aさんは、作った米を産地直売米として、東京の会社員Bさんに売った。この米の生産・取引は次のどの項目に、それぞれ計上されるか。ただし、生産・売却に要した費用は無視してよい。（解答→p.416）
Ⓐ生産国民所得　Ⓑ分配国民所得　Ⓒ支出国民所得

プラスα 人間開発指数（HDI）　UNDP（国連開発計画）による指数で、0〜1の数値をとる。保健水準・教育水準・所得水準の3つの指標を用いて算出。各国の福祉や生活の質（QOL）を測る目安となる。2022年版の日本の順位は19位で韓国と同順位。スイス1位、米国21位、中国79位。

GDPと国民所得 ㉑⑲⑯

(→p.192)

新しく生産された付加価値

❶GDPへの計上

❓次のものはGDPに含まれるか，含まれないか？
含まれるものには○，含まれないものには×を書こう。

A．日本企業の海外支店の売上げ　B．日本にある外国企業子会社の売上げ　C．中古品の売買　D．家事労働，ボランティア活動　E．農家の自家消費

国内総生産（GDP）とは？

　国内総生産（GDP）は，「一定期間内に国内で生産された付加価値の合計」と定義される。付加価値とは，生産の過程で新たに生み出された価値であり，売上額からすべての経費を差し引いたものである。

【例題】

　下図を見ながら，単純化した次の場合を考えてみよう。「農家が小麦を作り（原材料費はゼロとする），それを製粉業者に売り，製粉業者がその小麦を使い小麦粉を作ってパン屋に売り，パン屋がその小麦粉を使いパンを作って一般の人に売る」この場合のGDPは？

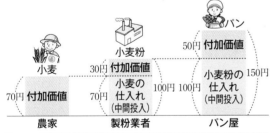

【解答】

商　　品	商品の価格－仕入額	付加価値
小麦（農家）	70円－　0円＝	70円
小麦粉（製粉業者）	100円－ 70円＝	30円
パン（パン屋）	150円－100円＝	50円
GDP（付加価値の合計）	70＋30＋50＝150円	

　GDPは国内で新たに生み出された，**中間生産物を除いた最終生産物**の価額を表す。中間生産物とは，途中で原材料として使われるもので，上図のパンの場合では小麦（70円）や小麦粉（100円）に当たる。そして最終的にできあがるパン（150円）が**最終生産物**である。これを式に表すと次のようになる。

GDP＝総生産額－中間生産物の価額＝最終生産物の価額
　上図のGDP＝（70＋100＋150）－（70＋100）＝150

GDPに含まれるもの，含まれないもの

①新しい財・サービスだけ

　GDPには**1年間に新たに生産されたすべての財・サービス**しか含まれない。すでに生産された商品（中古品）や土地・金などの資産の売買は，新たに富が創造されているわけではないのでGDPには含まれない（ただし手数料はGDPに計上される）。

⑲②市場を通すものだけ

　GDPには**市場で取引されないものは含まない**。例えば，家庭菜園での収穫物やボランティア活動が挙げられるが，最大のものは家庭内で行われる**家事**や**育児**である。

❹主な無給労働の評価額（2001年）

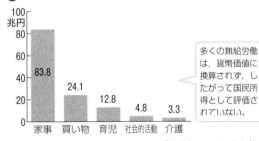

多くの無給労働は，貨幣価値に換算されず，したがって国民所得として評価されていない。

（『統計』2006.7により作成）

③例外的な「みなし数値」

　農家の自家消費，持ち家の架空の賃貸料（帰属家賃），企業からの現物支給等が「みなし数値」で含まれる。
　例えば，自分が所有する持ち家に住む人は，自分で自分に家賃を支払っているとみなされ，その家賃の額はGDP統計に含まれる（2021年の帰属家賃総額は約49兆円，対GDP比約8.4％）。こうした「みなし計算」を**帰属計算**という。これは，持ち家に住んでいる人がそこを他人に賃貸したとたん家賃収入がGDPに計上され，実質的に経済の規模が変化しないのにGDPが増えることになるのを防ぐための処理である。

現代経済

ゼミナール

国民所得に関する諸指標

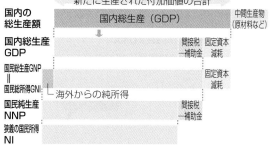

1年間に国内で生産された財とサービスの合計
新たに生産された付加価値の合計

国内の総生産額	国内総生産（GDP）		中間生産物（原料など）
国内総生産GDP		間接税－補助金　固定資本減耗	
国民総生産GNP＝国民総所得GNI	海外からの純所得	固定資本減耗	
国民純生産NNP		間接税－補助金	
狭義の国民所得NI			

①GDPとGNP…国内総生産と国民総生産の違い

⑱

統計の対象は一定の地域	GDP（国内総生産）…「国内（主権の及ぶ範囲）」で生み出された付加価値。外国人が日本国内で生産した分を含む。一方，日本国民が海外で生産した分は除く。
統計の対象は一定の条件を満たす人	GNP（国民総生産）…「国民」が生み出した付加価値。GNP上の「国民」は，6か月以上日本国内に居住する外国人を含み，2年以上海外に滞在する日本国民を除く。

※「日本国民」「外国人」には法人も含む。企業の国際的活動が活発になり，近年はGDP重視。また2000年，国民経済計算からGNPの概念はなくなり，GNI（国民総所得）が導入された。

GDP＝GNP－海外からの純所得

⑮

②GNPとNNP…国民総生産と国民純生産の違い

GNP（国民総生産）には**固定資本減耗**が含まれ，NNP（国民純生産）には含まれない。

NNP＝GNP－固定資本減耗

⑮ **用語** **固定資本減耗**…機械や設備は使われるうちに古くなり，その価値が失われていく。例えば10年間使える機械は，毎年10分の1ずつ価値が失われていく。生産者は買い替えのための必要な資金を，一定期間で各期に割り振り，コスト（企業会計では減価償却費）として計算する。

③国民所得（NI）

国の経済を見るとき，GDPのほかに狭義の**国民所得（NI）**がある。これは生産に携わった者が，成果として実際に受け取った額を測る指標で，間接税や補助金など政府の活動による価格の影響を取り除いた部分。

NI＝NNP－間接税＋補助金

三面等価とそこから見えてくるもの

GDPなどの国民所得は，生産・所得（分配）・支出の3つの面からとらえることができ，これらの額は同じになる。これを**三面等価の原則**という。

三面等価の原則　「総生産＝総所得＝総支出」

①**「総生産＝総所得」** **例題**の図を見てみよう。パンの生産で発生した付加価値50円は誰のフトコロに入るか？それはパン屋（パンの生産に携わった人）が受け取る（所得になる）。同様に農家の付加価値70円，製粉業者の付加価値30円も，それぞれの所得になる。付加価値と所得は一致するので，付加価値の合計であるGDPは総所得と一致する。

生産活動を行う際には，労働・資本・土地の3つの生産要素が不可欠だ。付加価値は生産要素を提供・負担した人が得る所得として，生産活動に携わった人に分配される（例：労働－賃金，資本－利潤，土地－地代）。

②**「総生産＝総支出」**　経済の中では生産されたものは消費（支出）されるので，総生産は総支出と一致する（国内総支出をGDEと呼ぶ。**例題**の図で，この国ではパンしか生産せず，パンだけ食べて生活しているとすれば，得られた所得はすべてパンの購入にあてられる。つまり，支出の総額は生産の総額と一致する）。

生産されたものは民間（家計や企業）・政府・海外の3つの経済主体のいずれかに需要され支出される。つまり民間や政府において消費されるか，次の期の生産活動に役立てるため投資に回されるか*，海外へ輸出される。これを関係式で表すと，

「総生産＝総支出」の式　$Y＝C＋I＋G＋EX－IM$

※Y＝国内総生産，C＝消費（Consumption），I＝投資（Investment），G＝政府支出（Government），EX＝輸出（Export），IM＝輸入（Import）

この関係式からいえることは，Y（つまりGDP）を上げるには，C，I，G，EXのいずれかを増やすということだ。ニュースで「消費の落ち込みがGDPのマイナス要因となった」「設備投資の増加がGDPを押し上げた」という言い方をするが，これはGDPを支出の合計としてとらえているからだ。この，「総生産＝総支出」は，マクロ経済学（→p.173）の最重要公式でもある。

*パンに売れ残りが出ると「総生産＝総支出」の関係が崩れてしまうので，経済学は売れ残りを在庫投資として計上する。

共通テスト対策

GDPについての記述として正しいものを，次の①～④のうちから一つ選びなさい。

① GDPとは，国内で活動する経済主体が供給した財やサービスの総額から，中間生産物の価額を差し引いたものである。

② GDPとは，ある国の国民が一定期間に生み出した最終生産物の価額を合計したものである。

③ GDPとは，ある国の一定期間におけるGNPに，同じ期間における海外からの純所得を加えたものである。

④ GDPとは，NNP（国民純生産）に，機械設備や建物など固定資本の減価償却分を加えたものである。

（2004年度センター試験本試験）

考え方

GDPは，「国内総生産」のことであり，その国の内側で生産される限り，外国人の仕事も含まれる。算定にあたっては，まず，最終価額を出し，ここから中間生産物の価額分を差し引く。この部分が，二重，三重に算入されているからである。したがって，①が正解。ちなみに②は，GDPの基礎になる数値に近いが，「ある国の国民」の生産になっている点，GDPではなく，GNPの計算の元になる数値である。③，④のような概念は，あり得ない。

解答　正解…①

答え A－×，B－○，C－×，D－×，E－○

195

⑥ 経済成長と景気変動

● 経済成長率とはどういうものか？
● 景気循環にはどんな種類があるか？

視点

経済成長の概念　　　　　　　　　その国の経済の1年間の伸び

② ① ❶ 経済成長とは　　　受験対策 → p.412

経済成長とは		経済規模（生産と消費）の拡大のこと。

GDP（国内総生産）	種類	**名目GDP**：その期間の「市場価格×財・サービスの数量」で計算。物価変動を考慮しないGDP値。
		実質GDP：物価変動を考慮し，GDPデフレーター（物価指数）によって修正されたGDP値。
	計算式	$$実質GDP＝\frac{名目GDP}{GDPデフレーター}×100$$ ⑭
		GDPデフレーター：名目GDPから実質GDPを計算するための物価指数。GDPを構成する消費・投資の個々の数値から，計算によって求める。
経済成長率	定義	本年度のGDP（GNP）が，前年度のGDP（GNP）に比べて，どれだけ増加したかを示す割合（％）のこと。
	種類	**名目経済成長率**：名目GDP（GNP）に基づく。
		実質経済成長率：実質GDP（GNP）に基づく。経済の成長をより正確に測ることができる。 ⑳⑱⑯
	計算式	$$経済成長率＝\frac{本年度GDP－前年度GDP}{前年度GDP}×100$$

TRY 2021年の名目GDPは549.5兆円，実質GDPは540.3兆円，2022年の名目GDPは556.6兆円だった。
①この1年間の名目経済成長率を求めよ。
②2022年のGDPデフレーターが102（2015年＝100.0）のとき，実質経済成長率を求めよ。
答えはいずれも小数第2位を四捨五入。（解答→p.416）

❷ 日米経済成長比較

Ⓐ 実質GDPの対前年同期比増減率（四半期）

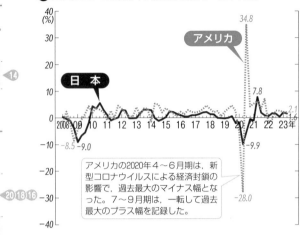

アメリカの2020年4〜6月期は，新型コロナウイルスによる経済封鎖の影響で，過去最大のマイナス幅となった。7〜9月期は，一転して過去最大のプラス幅を記録した。

〈注〉アメリカは年率換算の実質季節調整系列。日本は実質原系列。
（内閣府，アメリカ商務省資料）

解説 アメリカ頼みの日本経済 アメリカ経済の状況に日本が遅れて反応しているのがよく分かる。少なくともこれまでは，アメリカ市場への輸出が，日本の経済成長を支えてきた。2008年以降，アメリカで始まった金融危機の影響を大きく受けている様子がみてとれる。

景気の循環　　　　　　　　　資本主義に内在する景気の動き

⑰ ❸ 景気循環の四局面 （景気変動→p.416,419）

Ⓐ 景気循環のイメージ

例　円高不況　バブル景気
山（ピーク）
好況（拡張）
山（ピーク）　　　（回復時点）
不況（収縮）
後退（リセッション）　回復
恐慌　　　谷（ボトム）
下降期　　　　上昇期
回復期　　拡張期
沈滞期

Ⓑ 景気循環の四局面―経済の状態

	後　退	不　況	回　復	好　況
経済活動	減　退	最　小	増　大	最　大
賃　金	下　降	低水準	上　昇	高水準
倒産・失業者	増　大	激　増	減　少	わずか
物　価	下　降	最　低	上　昇	最　高
利子率	下　降	低水準	上　昇	高水準

⑮ **用語 恐慌**…景気循環の中で，好況時に突如，急速かつ深刻な後退局面に陥ること。

❹ 景気循環の諸形態 ⑳

	景気循環	発見者と循環の起こる主な要因
⑮⑯	**キチンの波** [周期]約40か月 ←キチン	最短期の波で，**在庫循環**ともよばれる。**キチン**（J.Kitchin，1861〜1932，アメリカの経済学者）が発見した波。在庫の一時的過剰によって主循環の景気上昇局面の一時的中断という形であらわれる。
⑱㉑ ⑮⑯	**ジュグラーの波** [周期]約7〜10年 ←ジュグラー	中期循環ともよばれる。**ジュグラー**（C.Juglar，1819〜1905，フランスの経済学者）が発見。**設備投資**の過不足の調整過程から生ずる。古くはマルクスが，設備の平均耐用年数がほぼ10か年であることから，設備更新期が10年おきに集中してやってくる事実に注目した。
⑮	**クズネッツの波** [周期]約15〜25年 ←クズネッツ	**クズネッツ**（S.S.Kuznets，1901〜1985，アメリカの経済学者）が発見。アメリカの**住宅建設**の循環に波があることを指摘。原因は，アメリカへの人口移動の循環現象による。
⑱㉑ ⑮	**コンドラチェフの波** （→p.308） [周期]約40〜50年 ←コンドラチェフ	**コンドラチェフ**（N.D.Kondratief，1892〜1938，ソ連の経済学者）が発見。第1波1790年代〜1840年代（紡績），第2波1840〜90（製鉄・鉄道），第3波1890〜1930（フォーディズム・電気工学），第4波1930〜80（電子工学・石油化学）第5波1980〜2030（IT・バイオ）。**技術革新**や資源の大規模な開発などで起こる。

現代経済

プラスα シュンペーターは『景気循環論』（1939年）で，景気循環を発見者の名前から「キチンの波」「ジュグラーの波」「コンドラチェフの波」と名付けた。特に，「コンドラチェフの波」の要因として**技術革新（イノベーション）**をあげ，これが起爆剤となって長期的な変動を生み出すと考えた。

196

言の葉　馬車の技術革新が鉄道を生み出す訳ではない。

シュンペーター［オーストリア：1883〜1950］　経済学者（➡p.174）。技術革新（イノベーション）は，既存の価値の発展ではなく，破壊の上に成り立つということを表した言葉。これを創造的破壊と呼び，経済発展の基軸になると説いた。◀18

5 物価と国民生活の変化

Ⓐ 物価と物価指数

物価とは	一定範囲での複数の商品（財・サービス）価格を総合化・平均化したもの。
物価指数 企業物価指数	【発表：日本銀行】　2003年に**卸売物価指数**から衣替え。企業間で取引される**生産財**価格の動向を示す。2008年8月は106.4で，原材料費高から深刻なインフレ傾向を示した。
消費者物価指数	【発表：総務省】　小売段階での**消費財**（食品・日常生活品等）・**サービス**の価格動向を示す。5年ごとに基準改定。
GDPデフレーター	【発表：内閣府】　国民経済計算統計で，名目から実質を算出するための指数（➡🖝1）。中間財，輸入品の価格変化は含まず，上記2指数とは違う動向を示すことも。

TRY Ⓑの資料を見て，①〜④の国内企業・消費者両物価指数の変化の原因を，ア〜エから選ぼう。（解答➡p.416）
①1960〜72年の国内企業物価の安定
②1960〜72年の消費者物価の緩やかな上昇
③1973〜75，79〜80年の国内企業物価の急上昇
④1985年〜両物価指数の安定
ア　石油危機（輸入・資源インフレ）
イ　製造業，特に大企業の生産性向上
ウ　急激な円高
エ　イに比べての中小企業・サービス業の生産性相対的下降（生産性格差インフレ）

Ⓑ 消費者物価指数・国内企業物価指数の推移

〈注〉消費支出に占める割合が1万分の1以下の品は廃止。それを超えるものについては，生活様式の変化ほかを考慮し追加品目にするかを決定。

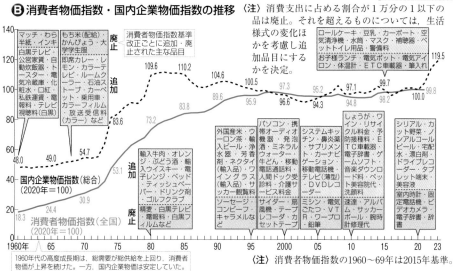

〈注〉消費者物価指数の1960〜69年は2015年基準。

1960年代の高度成長期は，総需要が総供給を上回り，消費者物価が上昇を続けた。一方，国内企業物価は安定していた。

Ⓒ 30年間の物価変動
（1970年と2002年）

[商品全体では2.5倍に]

うるち米	2.5
鶏卵	1.3
テレビ	0.14
婦人スーツ・冬物	4.4

[サービス全体では4.0倍に]

中華そば（外食）	5.3
理髪料	6.7
通話料	1.2
私立大学授業料	9.1

（Ⓑは総務省・日本銀行，Ⓒは総務省資料による）

現代経済

6 物価の国際比較

Ⓐ 海外との物価を比較する指標

	購買力平価（PPP：Purchasing Power Parity）
定義	それぞれの通貨の**購買力（商品を購入する力）**が等しくなるように計算した，各国通貨の交換比率のこと。1ドル当たりで表すのが一般的。
例	2023年3月（購買力平価は消費者物価。IIMA資料）・購買力平価　1ドル＝108.25円　購買力平価に比べ為替レートは円安・為替レート　1ドル＝133.86円

	内外価格差（＝購買力平価÷為替レート）
定義	同一商品における国内と海外の価格差。この差が海外に比べて大きいほど，国内の物価は割高になる。
例	2023年3月「0.81」→国内の物価は割安

Ⓑ 内外価格差の比較 （各都市を1とした場合の東京での価格）

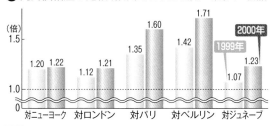

Ⓒ 内外価格差の計算例

前提	・為替レート…1ドル＝100円・ビッグマックの価格…米国2ドル，日本320円→1ドル160円がビッグマックの購買力平価
計算式	内外価格差は次の①または②の計算式で求められる。① $\dfrac{320円}{2ドル×100円}=1.6$ ➡ つまり $\dfrac{日本の物価}{米国の物価（ドル）×為替レート}$ ② $\dfrac{320円／2ドル}{100円}=1.6$ ➡ つまり $\dfrac{購買力平価}{為替レート}$
説明	上の式から，同一商品のビッグマックが，日本では米国の1.6倍高いということが求められる。また，式の分母から，円高になると内外価格差が拡大することに気づくであろう。円とドルが購買力平価と同じレート（上では1ドル160円）なら，日米どちらで購入しても同額で済む。購買力平価と為替レートの差が内外価格差となる。

解説 なぜ高い？日本の物価　　土地・人件費・通信などの**日本の高コスト構造**，日本人のブランド志向が挙げられる。**政府の規制**により市場が非競争的であること，**系列取引**など流通の系列下，流通機構の非効率性も大きな要因だ。以上は，1989年の**日米構造協議**以来問題にされ続けている（➡p.361）。

プラスα　ビッグマック指数　マクドナルドが販売するビッグマック1個の価格で，各国の経済力や物価水準を比較する指標。イギリスの経済専門誌『エコノミスト』が1986年に考案した。ビッグマックは世界中でほぼ同品質なので，原材料費や人件費などの比較がしやすいとされる。

インフレ・デフレ 22 プ 17

インフレーションとは何か？

視点
1. インフレはなぜ起こるか？
2. インフレは生活にどんな影響を与えるか？
3. デフレはインフレと全く逆の現象！

❶ 100円のパンが1,000億円！？

1923年，第一次大戦後のドイツは空前のインフレに見舞われた。1年間だけで10億倍，1919年からの5年間では1兆倍以上の急激な物価上昇であった。パンを買うのにリュックサックや乳母車一杯に札束を積んでいくといった状況。この事例でわかるように急激なインフレーションは，経済を大きく混乱させる。

❷ インフレーションの影響

❓A〜Dの（　）に適切な語句を入れてみよう。（答えは次ページ下）

A（　）ラッキー
インフレ
損失発生
B（　）ガックリ
利得発生
C（　）者
D（　）者

語群
・貸し手　・債　権
・借り手　・債　務

インフレーションの定義と原因

物価水準が，**全般的・持続的に上昇する**経済状態をインフレーションという。なぜ持続的上昇が起こるのか，**貨幣数量説**の数式から考えてみよう。$P \times Q = M \times V$（P：価格，Q：商品量，M：通貨供給量，V：通貨の回転数），変形して $P = \dfrac{M \times V}{Q}$ となる。Vが一定とすれば，$P = \dfrac{M}{Q}$。つまり，商品量の増加（分母）に比べ通貨供給量（分子）がそれ以上に増加すれば，価格は上昇するのである。**流通通貨量の増加→通貨価値の下落→物価全体の上昇**ということになる（1923年のドイツでは1年間で通貨の発行・流通高は10億倍に増加）。

用語 **貨幣数量説**…マネタリスト（物価・所得の変動要因を通貨供給量の変動とし，通貨供給量の調整のみに経済政策を限定しようという経済学者の一派）がよく用いる考え方。上式はフィッシャーの交換方程式ともいわれる。

インフレは，先進資本主義国にとって避けがたい病理かもしれない。なぜなら，**管理通貨制度**の下，恒常的に通貨発行量が増え続ける構造を備えているからだ。では，もっと具体的にインフレを見てみよう。

Ⓐ 程度による分類

ハイパー・インフレ	（超インフレ）短期間の急激な上昇 ⇨例：上記のドイツ，終戦直後の日本（➡p.221）
ギャロッピング・インフレ	（かけ足のインフレ）年率10％以上の上昇 ⇨例：石油危機後の日本の狂乱物価（➡p.223）
クリーピング・インフレ	（しのびよるインフレ）年率約3〜6％の上昇 ⇨例：高度成長期の消費者物価

Ⓑ 原因による分類

①ディマンド・プル・インフレ（需要インフレ）

前述の貨幣数量説から考えてみよう。Q：商品量はS：供給量とほぼ一致するし，M：通貨供給量は，実際に支出されればD：需要量となるので $P = \dfrac{M}{Q}$ は $P = \dfrac{D}{S}$ と変形できる。つまりD↑＞S↑＝P↑となる。この需要が供給を上回る部分を超過需要（インフレ・ギャップ）と呼ぶ。まとめると，インフレは超過需要によって起こるということになる。まさに需要が物価をプル（PULL）するわけだ。

財　政インフレ	財政支出が大幅に増加するため，有効需要が増加し，インフレとなる。
信　用インフレ	銀行が過度の貸付けをしたり信用創造により預金通貨が急膨張した場合に有効需要が急増，インフレとなる。
輸　出インフレ	輸出が増加すると，それだけ外貨が流入し，国内の通貨量が増えるのでインフレとなる。

②コスト・プッシュ・インフレ（費用インフレ）—供給側に原因

生産費用（コスト）が上昇し，生産性の上昇を上回ったとき，企業は同程度の利潤を確保するために，価格にその分を転嫁し物価が上昇する。

賃　金インフレ	賃金上昇によるコスト増が価格に転嫁され生じる。高度成長期の賃金と物価のイタチゴッコがクリーピング・インフレの主要因ともなった。
輸　入インフレ	輸入原材料の価格上昇によるコスト増を価格に転嫁。石油危機のインフレはその典型。**円安**による輸入品円建て価格上昇によっても生じる。 ⇨例：2022年の日本のインフレーション
管理価格インフレ	寡占市場で管理価格が成立している場合，企業は超過利潤が得られる価格を設定するため，物価は常に上昇傾向になる。
生産性格差インフレ	生産性の高い産業での賃金上昇が，生産性の低い産業（中小企業など）の賃金上昇を促す。賃上げ分を生産性の向上で吸収できないと価格に転嫁される。

インフレーションの影響と対策

適度なインフレーションは，経済成長や雇用の安定に役立つという経済学者もいる。インフレはD：需要量＞S：供給量の場合に起こることも多く，ということは好況につながるというわけだ。また，インフレーションと失業との関係では，失業率が低くなるほどインフレ率は高く（失業率が高くなるほどインフレ率は低く）なる（フィリップス曲線➡p.199）。つまり，**完全雇用**と**物価安定**という2大経済課題は**トレード・オフ**の関係にあり，一般的には完全雇用→好況→物価上昇が選択されるだろう。

では，なぜインフレは「悪」なのか。

現代経済

ゼミナール

ⓒ 所得分配の不平等拡大

インフレになると通貨価値が下がるので，賃金・年金・生活保護等定額所得者の所得の価値も下がる。つまり購買力が下落してしまうのだ。一方，土地・株等の資産価値は上がり「持てる者」はますます有利となり，いわば「強きを助け，弱きを挫く」ことになりかねない。

ⓓ 預貯金への影響

通貨価値が下がれば貸し手・預貯金者（債権者）の預貯金価値も下がり，損失が発生する。一方，借り手（債務者）は，返済するのが楽になり，利得が発生する。したがって，年金と退職金を預貯金して生活している高齢者世帯にとっては，インフレはダブルパンチということになる。逆に大企業や大資産家は大変有利だ。だから，国民生活安定のためにはインフレ対策が重要になるのである。

①需要インフレ対策	総需要抑制対策─財政支出削減・金融引締め政策（公開市場操作の売りオペ）
②費用インフレ対策	競争促進政策─独占禁止法適正運用・規制緩和・中小企業の近代化政策 賃金上昇抑制政策─輸入促進・円高誘導

デフレーションから「悪いインフレ」へ

デフレはインフレと逆の現象で，**生産量の減少を伴いながら物価が持続的に下落し，景気が悪化すること**。2001年３月，内閣府は99・00年２年連続で消費者物価指数が下落したのを受け，「緩やかなデフレ」と戦後初めて認定。価格低下が企業収益の低下，賃金・雇用の縮小，需要の減少によるさらなる物価下落という悪循環（**デフレスパイラル**）に陥る危惧も指摘された。

02年２月～07年10月の「戦後最長の景気拡大」期には消費者物価指数プラスの年度もあったが，サブプライム危機で再びデフレ傾向となり，09年11月「緩やかなデフレ状況」と認定。デフレ脱却に向け日銀も，10年にゼロ金利政策を復活，「物価上昇目標１％」と明確化し12年に資産買入額を10兆円増額した。さらに第２次安倍内閣は13年，アベノミクス第１の矢である「大胆な金融政策」で日銀と政策協定を結び，**消費者物価上昇率２％を物価安定目標**とした（➡p.207）。黒田日銀総裁の下，マネタリーベースを倍増する緩和政策*を採り，16年１月には**マイナス金利政策**を導入。同年９月から長期金利ゼロ％誘導へと転換したが，国債大量買入れによるマネタリーベース増加を物価上昇率２％まで継続する方針。しかし目標達成期限は撤回，物価上昇率見通しは19年度で1.4%，完全失業率2.3%の水準にもかかわらず実質賃金は伸びず消費増大につながらなかった。40年ぶりの物価高騰の中，22年３月から米FRBが金融緩和政策を転換しゼロ金利解除・金利引き上げを決定。金融緩和政策継続の日本との金利格差が拡大し，円安が進行した。ロシアのウクライナ侵攻に伴う資源・農産物価格高騰も重なり消費者物価上昇率は２％台後半に（1991年以来31年ぶりの上昇）。図らずも日銀目標を超えたが，賃金上昇が伴わず，実質賃金は下降し続けている。価格転嫁が難しい中小企業の収益や，家計を冷やす悪循環が現実になりつつある。

*国債・投資信託の大量買入れにより，12年末138兆円から14年末270兆円へ。

スタグフレーションとは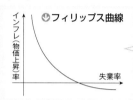

インフレとデフレは物価が持続的に上がるか下がるかという点で，またその主要な原因が需要の過大にあるか過小にあるかという点で逆の現象であるといえる。

しかし，現代では「**インフレと景気後退（失業率の上昇）が同時に存在**」する現象がみられることがある。これが**スタグフレーション**だ（stagnation─景気後退とinflationの合成語）。インフレと失業はトレード・オフの関係であったはずが，併存してしまったという意味で，現代資本主義の危機を示す言葉として登場した。

例えば，第一次石油危機直後の1974～76年の日本経済の状況である（1974年戦後初のマイナス成長，狂乱物価）。石油価格高騰→生産コスト増加＋賃上げ→コスト・プッシュ・インフレ→総需要抑制政策→実質購買力低下・生産の停滞→不況とインフレの併存……という悪循環に陥ったというわけだ。

用語 **トレード・オフ**…インフレ（物価上昇）率と失業率の負の相関関係。失業率を低下させようとすればインフレになり，インフレを抑制しようとすれば失業率が高まる（➡p.172）。

デフレスパイラル…デフレ状況が繰り返されていく現象。

調整インフレ論…通貨供給量を増加させ実質金利を低下させることにより，消費・投資を刺激してデフレから脱却させる政策論。たとえば，中央銀行が１～３％程度の物価上昇率を目標（インフレターゲット）に金融緩和政策を行うこと。

▶フィリップス曲線

縦軸にインフレ（物価上昇）率，横軸に失業率をとったとき，その関係が右下がりになる曲線。

共通テスト対策

インフレについての記述として正しいものを次の①～④のうちから一つ選べ。　（1997年度センター試験本試験）

① 原油などの特定の商品の価格の上昇を意味する
② 通貨の購買力を低下させる
③ 在庫が過剰なときに起こる
④ 為替相場を円高にする要因となる

考え方

インフレーションとは，物価の全般的・持続的な上昇のことであり，したがって①のように特定商品価格だけが上昇する現象ではないので①は誤り。②の通貨の購買力とは同一単位の通貨で購入できる財・サービスの量をさすから，**同一単位の通貨÷財・サービスの価格**　で示される。例えば，1,000円÷100円の商品＝10単位購入可能性があるとき，インフレが起こりその商品価格が200円となると1,000円÷200円の商品（同一商品）＝５単位しか購入できない。つまり，インフレによって通貨の購買力は半分になってしまったのである。前述したようにインフレーションは通貨価値を下落させるのである。よって②は正しい。③の「在庫過剰」の状態とは，不況期ということになり，物価は下落することにつながるだろう。④は，インフレになると日本の輸出商品価格も上昇し，輸出が減少，相対的に安くなった外国製品輸入が増加する。つまり輸入に必要なドル（外貨）の需要が高まりドル高円安となる。

解答 正解…②

答え A─借り手，B─貸し手，C─債務，D─債権

現代経済

ゼミナール

貨幣の種類と機能

さまざまな貨幣

1 貨幣の種類と機能

A 貨幣の種類

↑貝貨[中国古代] 貝を使った物品貨幣。

実物貨幣	商品貨幣	物品貨幣	誰もが好んで受け取る物品（穀物・家畜・貝類・石・金属など）が貨幣となっている一般的な形	現金通貨
		秤量貨幣	物品貨幣のうち金属を秤にかけて交換に用いたもの（重量貨幣）	
		鋳造貨幣	金属を鋳造して品質・形状・重量を統一して用いたもの（計数貨幣）	
信用貨幣	名目貨幣	紙幣	実物貨幣との兌換約束や国による強制通用力の付与によって流通する紙の通貨	
		手形・小切手	信用取引の発達で、当座預金や普通預金をもとに主として企業間取引で支払に用いられる支払手段としての有価証券	預金通貨

↑刀銭[中国春秋戦国期・青銅製] 鋳造貨幣。

↑丁銀[日本江戸期] 秤量貨幣。

22 価値貯蔵手段の事例。

B 貨幣の機能

現代経済

本源的機能	価値尺度	財・サービスなどの商品価値を測定（評価）する役割	
	交換手段	財・サービスなどの交換を仲立ちする役割	公的機能 お金が動くこと（流動性）が重要
派生的機能	支払手段	債務決済・納税など一般的支払に用いる	
	価値貯蔵の手段	貨幣を貯蔵することで等価値の商品貯蔵と同じ役割を果たす	私的機能 お金がとどまることで利益増大
	資本	金利の獲得や価値増殖の手段として投資に用いる	
	価値輸送	国内外に価値を輸送・移転する手段	

↕矛盾

2 通貨制度

A 通貨制度の種類

金兌換制度		「金本位制」ともいう。中央銀行の保有する金との交換を約束した紙幣が流通する。	
	長所	通貨価値＝金の価値であるため、物価が安定しやすい。	
	短所	貿易の赤字により金が国外に流出する。	
管理通貨制度		金との交換を約束せず、法により強制通用力を持たせた紙幣（不換紙幣）を流通させる。	
	長所	通貨量管理による金融政策が行いやすい。	
	短所	通貨の過剰な発行でインフレを招きやすい。	

B 金兌換制度の歴史

		第一次世界大戦	世界恐慌	
英国		1844 導入 ── 1914 停止	1925 復帰 ── 1931 停止	管理通貨制度へ
日本	ポンド表示の兌換紙幣発行	1897 導入 ── 1917 停止	1930 復帰 ─ 1931 停止	
米国		1900 導入 ── 1917 停止	1919 復帰 ── 1934 停止	

解説 金本位制の限界　金兌換制は、金価値に信用の基礎を置くもので、安定した制度と考えられたが、1930年代の大不況を前に、投資から金への資産逃避が起こったり、通貨当局が思い切った金融政策をとれないなどの理由により、各国で相次いで停止された。

↓1899（明治32）年の兌換紙幣（10円券）

此券引換ニ金貨拾圓相渡可申候也

新しい通貨

電子マネー

3 電子マネー

A 電子マネーのしくみ

電子マネー利用者
ICチップに金額を示す電子データが記録される
カード
インターネットなど
コンピューター
コンピューターに金額を示す電子データが記録される。
スーパー

電子マネー業者
利用者の預金など
スーパーの預金など

07年は、首都圏の私鉄などで利用できる「PASMO」や、セブンイレブンなどで利用できる「nanaco」の参入で、「電子マネー元年」と呼ばれた。

解説 電子マネー拡大　電子マネーとは、カードや携帯電話に埋め込まれたICチップ上に、金額を示す電子データが記録される電子的な決済手段であり、駅の改札やスーパーなどで利用が広がっている。

用語 フィンテック…ファイナンス（金融）とテクノロジー（技術）を合わせた造語で、ITを使った新しい金融サービスのこと。決済・融資・資産運用などの金融サービスを電子化することで、利用者・金融機関の費用は大きく削減でき、金融サービスのあり方を変える可能性がある。

Focus フォーカス キャッシュレス決済浸透

　クレジットカード・交通系ICカードの電子マネーや、スマホでのQRコード決済など、キャッシュレス決済が日本でも浸透してきた。LINEや楽天などIT企業がQRコード決済に進出、現金コスト削減・キャッシュレス化が進む韓国や中国からの訪日客の消費増、購買データ利用の新市場開拓などのメリットを期待し、経産省も2019年約27％の同決済比率を2025年には40％に高めるとしている。一方、「Alipay」などスマホ決済が加速する中国では、個人の信用度診断や生活・購買の監視に利用されている面もあり、格差拡大・プライバシー侵害など人権抑圧の懸念もある。

プラスα IoTと金融　車や洋服にもセンサーが付きインターネットでつながるIoTの技術革新で、個人や企業の財務・信用データのみならず経済活動の生のデータまで得られるようになった。保険契約や融資の内容が効率的に決定できるなど、金融のあり方を大きく変える可能性が指摘されている。

4 資金調達の方法

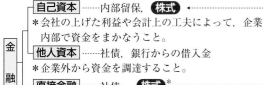

金融
- 自己資本……内部留保，**株式**
  - ＊会社の上げた利益や会計上の工夫によって，企業内部で資金をまかなうこと。
- 他人資本……社債，銀行からの借入金
  - ＊企業外から資金を調達すること。
- 直接金融……社債・**株式**＊
  - ＊株式や社債の発行などによって，直接に個人などの資金供給者から資金をまかなう。
- 間接金融……銀行からの借入金[20]
  - ＊資金調達を受ける企業が，金融機関を介して，最終的な資金供給者（預金者等）から，資金をまかなう。

＊**株式**は，金融機関を介さない資金調達という観点からは直接金融だが，株式発行によって払い込まれた資金は，会社の資本になり，返済の必要がない点では自己資本に分類される。

5 手形・小切手を使った取引 ——約束手形の場合

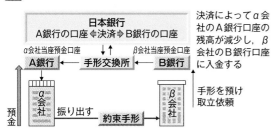

決済によってα会社のA銀行口座の残高が減少し，β会社のB銀行口座に入金する

用語 **約束手形**…振出人（発行者）が，受取人（正当な所持人）に対して，**満期（支払期日）**に一定金額を支払うことを約束する証券。発行時点では，お金がなくても問題ない。

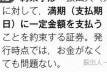

6 主な銀行業務と預金の種類

業務分類		業務の内容
預金業務	当座預金	企業・個人の出納事務を代行する営業性預金。支払は小切手が用いられる。無利子。
	普通預金	常時引出し可能な要求払いの預金。預金の出し入れは通帳が用いられる。預金には小切手や満期手形も受け付ける。
	通知預金	7日間以上据え置いて払戻しの2日前に預金者が引出しの通知をする預金。
	定期預金	預金期間を定めた貯蓄性の高い預金。
貸出業務	手形割引	手形の受取人から，支払期日前に支払期日までの利子を引いて買い取る。
	手形貸付	借り手に銀行あての約束手形を振り出させて資金を貸し付ける。
	証書貸付	借用証書を取って資金を貸し付ける。
	当座貸越	当座預金の残高を超えて一定限度まで小切手の振出しを認める。
	コールローン	一時的に同業の金融機関に貸し付ける。
為替業務	内国為替	送金，手形・小切手による支払，電気・ガスなど公共料金の自動支払，給料・年金・配当金などの自動受取など。
	外国為替	貿易などによる国際間の決済，送金など。
証券業務		2006年の**金融商品取引法**に基づいて，一定の証券業務や証券仲介業務を行う。
保険業務		保険商品の窓口販売も開始。

小切手…受取人（正当な所持人）に対して，**請求（提示）の日**に一定金額を支払うことを，振出人が支払人（通常は銀行）に委託する証券。いつでも支払えるお金があることが前提。

7 日本の資金調達の特徴

A 日米欧の個人金融資産の内訳 （2023年3月末）

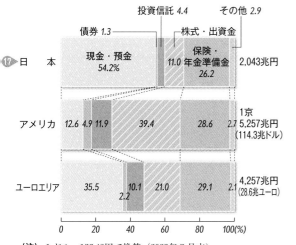

日本	現金・預金 54.2%／債券 1.3／投資信託 4.4／株式・出資金 11.0／保険・年金準備金 26.2／その他 2.9	2,043兆円
アメリカ	12.6／4.9／11.9／39.4／28.6／2.7	1京5,257兆円（114.3兆ドル）
ユーロエリア	35.5／2.2／10.1／21.0／29.1／2.1	4,257兆円（28.6兆ユーロ）

〈注〉 1ドル＝133.48円で換算（2023年3月末）。
1ユーロ＝148.84円で換算（2023年3月末）。

（**A** **B**とも，日本銀行資料により作成）

B 法人企業の外部資金調達の割合

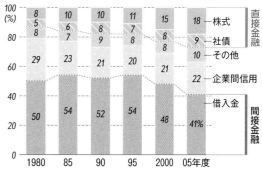

	1980	85	90	95	2000	05年度	
株式	8	10	10	11	15	18	直接金融
社債	5	6	8	7	8	9	
その他	8	7	8	7	8	10	
企業間信用	29	23	21	20	21	22	
借入金	50	54	52	54	48	41	間接金融

〈注〉 民間非金融法人，各年度末残高の割合。

解説 **間接金融中心から直接金融へ** 日本は，個人の預貯金（間接金融に振り分けられる部分が多い）の合計が直接金融に比べて圧倒的に多い。しかし，80年代後半以降，証券市場の整備が進んだことから，大企業を中心に資本市場からの直接調達（株式）が増加している。

用語 **企業間信用**…手形や未払金などの，企業どうしのお金の貸し借り。

プラスα 銀行には，「銀行法」によって免許を取得した都市・地方銀行のほか，主に信託業務によって集めた資金を元に長期金融に従事する信託銀行（「信託銀行法」），「長期信用銀行法」に基づく長期信用銀行などの種類がある。

この世は銀行家のものだ。彼らの財産を取り去っても，彼らに信用を創造する力を残しておけば，ペンを動かすだけで，買い戻すのに十分な貨幣を創りだしてしまうだろう。…銀行家の奴隷であることを望み，あなた自身が奴隷制度のコストを負担しようとするなら，銀行家に貨幣と信用をコントロールさせなさい。

サー・ヨシア・スタンプ［英：1880～1941］英国の中央銀行であるイングランド銀行の総裁。

資金の循環と金融

8 金融循環図

（金融機関の分類➡p.209）

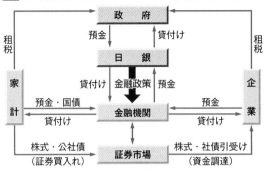

解説 資金循環の司令塔「日本銀行」 金融循環図は，日銀が発表する「資金循環表」から作られる。図のように，各経済主体は，お金によって網の目のように結びついており，その要には各金融機関が仲立ちとして関与する。このため，日銀が金融機関への資金の供給を引き締めたり，弛めたりすることで，経済全体のお金の流れを調節することができるわけだ。

TRY 金融が引き締められることで，①企業は，銀行などから資金を借り入れやすくなるだろうか，借り入れにくくなるだろうか。②また，証券市場に証券の売り出しが増加するだろうか，あるいは減少するだろうか。205ページの **5** を参考に考えてみなさい。（解答➡p.416）

9 金融市場の種類

預金市場…金融機関に預金者が資金を預ける。

貸出市場…金融機関が資金を貸し出す。

短期金融市場（マネーマーケット）…資金の貸し借りの期間が1年未満。

インターバンク市場（銀行間市場）…取引参加者は金融機関に限定。支払準備金の過不足調整のため資金を貸し借りする。

コール市場…期間1か月未満の短期の資金の貸し借りをする。コール市場最短の1泊2日（翌日返済）のものを無担保コール翌日物といい，この金利＝無担保コールレート（翌日物）は，日銀の金融政策の対象（政策金利）である（➡p.204 **4**，205）。

手形売買市場…手形を担保として，資金を貸し借りする。期間は1週間～数か月。

オープン市場…一般の事業法人が自由に参加できる。

CD市場…譲渡性預金（CD：譲渡可能な自由金利の定期預金）の売買を行う。

CP市場…コマーシャルペーパー（CP：優良企業が発行する無担保の約束手形）の売買を行う。

債券現先市場…将来の売り戻し（買い戻し）をあらかじめ約束した債権等の取引。

長期金融市場（資本市場，証券市場）…資金の貸し借りの期間が1年以上。それぞれ発行市場と流通市場から成る。

公社債市場…国債，社債等の債権の取引が行われる。

株式市場…株式の取引が行われる。

解説 お金の貸し借りの場 金融市場とは，資金の貸し借りを行う場の総称。現在ではインターネットなどでつながった取引ネットワークをいう。資本市場も含むが，資本市場を除いたものを金融市場と呼ぶこともある。**短期金融市場は日本銀行が公開市場操作を行って金融を調節する場でもある。**

10 金利と利回り

A 金利

銀行等でお金を借りた場合，借りた額より多く返さなければならない。このように**お金の貸し借りに伴う一定の対価（利子），その対価を決める割合（利率）を「金利」**という。銀行にお金を預ける（預金）行為は，**銀行への貸付**と同等の意味を持ち，銀行は私たちからお金を借りていることになる。銀行は（預金）金利に基づき，私たちに対価（利子）を支払う。銀行は集めたお金を，さらに高い金利で企業や家計に貸し出す。この金利の差を**利鞘**といい，銀行の収益となる。

B 利回り

投資した資金に対し，一定期間に得られる収益（利子も含む）をパーセント（％）で示したものを利回りという。年率で表示する「**年利**」が一般的。

C 金利（利率）と利回りの違い（➡p.214）

債券［額面：100万円　満期：1年後　金利（利率）：5％］

債券価格の変動	価格上昇	額面通り	価格下落
投資資金（購入価格）	110万円	100万円	90万円

満期に受け取る金額［元本：100万円＋利子5万円＝105万円］

	価格上昇	額面通り	価格下落
満期に受け取る金額－投資資金＝収益	105－110＝－5万円	105－100＝5万円	105－90＝15万円
利回り	－4.55％	5.00％	16.67％

債券の購入価格が額面通りの場合，「金利＝利回り」となる。

解説 銀行の長期金利 銀行などの長期金利は，国債の利回りと連動している（➡p.214）。「①国債の利回り上昇→②国債による資金運用の増加→③銀行への預金者減少」となるので，銀行は預金者を集めるため，国債の利回りと同等まで金利をあげ，利子を多くつけている。

用語 利子と利息…「利率」「利回り」が割合（レート，％）を示すのに対し，「利子」「利息」は金額を示す。厳密には，借りた場合に支払うものを「利子」，貸した側が受け取るものが「利息」だが，同じ意味で使用することも多い。

Focus 金利は高いほどいいの？

「金利」や「利回り」が低すぎれば，投資家は投資に見合う収益が得られないため，投資をしなくなる。

では，高ければ高いほどよいのだろうか？2009年ギリシャ財政危機では，ギリシャ10年物国債の利回りが一時36％に達した。同国の財政状況と国債の信用（元本償還）に不安を抱き，国債保有者が一斉に売り出したためだ。国の保証がある国債も，国家財政が破綻すればただの紙クズ（デフォルト＝債務不履行）。そのため，安くても売ろうとする投資家が増え，国債価格は下落，結果的に利回りは上昇した。このように，**金利や利回りの数値は，リスクを表す数値でもある。**

プラスα 資金調達は，金融を受ける側の「信用」が，大きくものをいう。株式会社なら資産総額・営業実績そして株価だ。株価の下落が，会社の資金調達を困難にするのは，そのためだ。

現代経済

諸商品は老化し，錆つき，損なわれ，砕ける。われわれが商品について語る欠陥や損失に対応する物理的特質を，貨幣がもつようになるとき，ただそのとき，貨幣は確実で，迅速で安価な交換の用具となろう。

シルビオ・ゲゼル［独：1862～1930］　実業家，経済学者。主著『自然的経済秩序』。ケインズは「将来の人々はマルクスの精神よりもゲゼルの精神からより多くのものを学ぶであろう」と評した（→α）。

通貨供給量（マネーストック，マネーサプライ）　経済の血液循環

11 信用創造

受験対策 →p.412

新規通貨量 10,000万円　**預金（支払）準備率 10%**の場合

前提として銀行からの貸出は当座貸越，決済は小切手で行った場合。

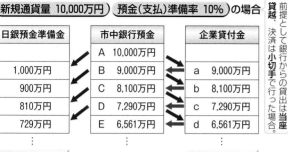

日銀預金準備金	市中銀行預金		企業貸付金	
	A	10,000万円		
1,000万円	B	9,000万円	a	9,000万円
900万円	C	8,100万円	b	8,100万円
810万円	D	7,290万円	c	7,290万円
729万円	E	6,561万円	d	6,561万円
⋮	⋮		⋮	
計 10,000万円			計 90,000万円	

総預金額＝原預金額÷預金準備率
信用創造総額＝総預金額－原預金額

上図では

総預金額＝10,000万円÷0.1＝100,000万円
信用創造総額＝100,000万円－10,000万円＝90,000万円

解説 **お金が増殖する**　新規の通貨供給があると，市中銀行はその一部を預金準備金（支払準備金）として日銀に預けなければならない。しかし，その残りは，貸付に回せる。貸付を受けた企業は，これを支払にあてるが，手形・小切手で行われるので金は銀行間を動くのみだ。その金に対して新たに預金準備がなされ，残りは貸付に回る。こうして，**当初の通貨供給の何倍もの資金供給が発生するしくみを「信用創造」**という。
（参考：大手金融機関の総資産は→p.209）

TRY　信用創造に関する次の文章が正しければ○，間違っていれば×で答えなさい（解答→p.416）
①信用創造とは，金融機関が貸付けを通して預金通貨をつくることである。
②預金準備率とは，市中銀行における預金量に対する自己資本の比率のことである。
③銀行による信用創造で創出される預金額は，資金の需要が一定であるならば，支払準備率が小さいほど大きくすることができる。（センター試験2011年度追試験，2013年度本試験）

12 通貨供給量

A 通貨供給量の新旧指標の違い

(旧)マネーサプライ統計	新マネーストック統計 22 17 16 14

(旧)マネーサプライ統計	新マネーストック統計
M₁ ●現金　●普通預金・当座預金	**M₁** ●郵便貯金（流動性）　●農協などの預貯金（流動性） ●現金　●普通預金・当座預金
M₂+CD ●定期預金　●譲渡性預金(CD)	**M₂** ●定期預金　●譲渡性預金(CD)
M₃+CD ●郵便貯金　●農協などの預貯金　●金銭信託	**M₃** ●郵便貯金（定期性）　●農協などの預貯金（定期性）

〈注〉マネーストックの対象金融機関は，銀行だけでなく，ゆうちょ銀行，信用組合，農協，労働金庫なども含まれる。

B 通貨供給量の推移（平均残高・前年比）（日本銀行資料により作成）

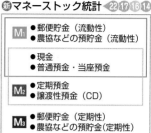

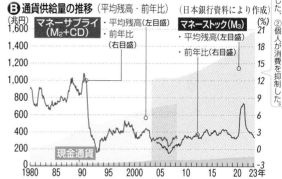

マネーサプライ（M₂+CD）・平均残高（左目盛）・前年比（右目盛）　マネーストック(M₃)・平均残高（左目盛）・前年比（右目盛）

現金通貨

解説 **新統計の代表的指標はM₃**　通貨供給量は現金だけではない。流動性（譲渡や引出しがしやすい）預金なども通貨同様の働きをするので，通貨に数えられる。中央銀行の金融政策は，通貨供給量の調整を行うことで，市中の投資や取引を間接的にコントロールすることにある。日銀は従来通貨供給量を**マネーサプライ**統計と呼び，M₂+CDが代表的指標だったが，2008年6月，ゆうちょ銀行や農協なども加えたM₃を代表的指標とし，名称も**マネーストック**（通貨残高）統計に改めた。

20年のマネーストック急増の原因…新型コロナウイルスの影響で，①企業が手元資金の確保や借り入れを増やした，②個人が消費資金を抑制した。

現代経済

Focus　「暗号資産（仮想通貨）」は既存通貨に取って代わるか？

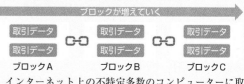

国家の通貨発行権を行使するのが中央銀行であり，国家の信用を背景に通貨は使用されている。しかし，リーマンショックなどの世界金融危機やユーロの信認にかかわるギリシャ危機などが，国家等が発行する通貨に対する不安感を高めている。これに対し，フィンテックの1つである「暗号資産」が広がりをみせている。暗号資産とは，ネット上でやりとりできる通貨の機能をもった電子データ。ブロックチェーン技術で通貨という経済的な価値が送れるようになり，ネット上の共通通貨として世界中の誰とでもやりとりができる。一方，価値が安定しないため（2018年には，暗号資産「Bitcoin」は半値に暴落。また，取引所からの不正引き出しも相次いだ），現段階では決済（支払い）や送金には不向きで，投資目的の所有が多い。しかし，そうした危険性があっても拡大する流れは止まらない。価値の不安定性，マネーロンダリングや脱税への悪用などのリスクの一方，発行流通コスト削減や取引の利便性向上などのメリットがあるからだ。

Facebookは暗号資産「Libra」（後に「Diem」に改称）の発行とそれに伴うサービスを開始すると発表，それに対抗し中国の中央銀行（人民銀行）が独自のデジタル通貨発行を検討すると2019年発表した。暗号資産が投機対象の金融商品の1つで終わるか，国際通貨としての役割を果たすのか，注目だ。

●ブロックチェーン（分散型台帳）技術とは？

ブロックが増えていく →

取引データ　取引データ　取引データ
取引データ　取引データ　取引データ
ブロックA　　ブロックB　　ブロックC

インターネット上の不特定多数のコンピューターに取引履歴が暗号形式で分散し保管される。ブロックに一定期間の取引履歴が入っており，内容は削除できず，ネット上で相互に監視される。データ改ざんはほぼ不可能。

暗号は一定回数の取引ごとに作られ，低コストで運用できる。

プラスα　経済学者ゲゼルの「お金も老化しなければならない」との考え方をもとに，1932年，オーストリアの町ヴェルグルで毎月1％ずつ価値が減るお金「労働証明書」が発行された。町は負債を抱え失業も多かったが，労働証明書は減価するので，皆がすぐに使うようになり経済が活性化した。

日本銀行とは？　　　　　　　　　　発券銀行・政府の銀行・銀行の銀行

❶ 日本銀行の位置

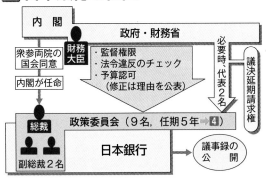

```
内閣
　│衆参両院の国会同意
　│内閣が任命
　↓
総裁
副総裁2名

政府・財務省
財務大臣
・監督権限
・法令違反のチェック
・予算認可
（修正は理由を公表）

必要時、代表2名
議決延期請求権

政策委員会（9名，任期5年→④）
日本銀行

議事録の公開
```

⑰ **解説** **日銀にも株券がある**　日本銀行とは，日本銀行法に基づいて設置された認可法人。**資本金は1億円**で，政府が55%，それ以外を個人や金融機関などが出資している。株式会社同様，一般の人も出資できる。1998年4月，日銀法が改正されて，政府からの独立性が強まった。

❷ 日本銀行の役割

発券銀行	わが国で唯一不換紙幣の発行を行う。
政府の銀行	政府の口座を持ち，国庫金の出納や政府への貸付などを行う。
銀行の銀行	市中金融機関のみが取引対象。貸出，当座預金の受け払い，国債・手形等の売買などに当たる。

※個人や企業は取り引きできない。

解説 **通貨供給調節が仕事**　日本銀行はこれらの役割を通じて，物価の安定のために金融政策を決定・実行している。また，決済システムの円滑かつ安定的な運行を確保し，金融システムの安定を図っている（**最後の貸し手機能**）。

⬆日本橋にある日本銀行本店

用語 **公定歩合**（現在，基準割引率および基準貸付利率）…中央銀行（日銀）の金利（市中金融機関への貸出利率）のこと。かつてはその上下に市中金利も連動していた（→❺・❻）。

❸ 金融政策とは？

㉒ 金融政策は，マネーストックを直接的に増減するものではないこと。
（吉野薫『これだけは知っておきたい「経済」の基本と常識』フォレスト出版）

金融政策		金利					
金融緩和	下げる	高まる 企業の投資意欲	増加 企業による資金の借り入れ	増加 財・サービスへの企業への需要	増加傾向 マネーストック	上昇傾向 物価	金融緩和は景気を上向かせる可能性もある
金融引き締め	上げる	減退する 企業の投資意欲	減退	減退	減少傾向	下落傾向	金融引き締めは景気を減退させる可能性もある

解説 **緩和と引き締め**　中央銀行の金融政策のうち，金利を下げるようなものを**金融緩和**といい，デフレや不況時に行われる。反対に，金利を上げるようなものを**金融引き締め**といい，インフレや好況時に行われる。公開市場操作を例に取ろう。日銀が

債券類を市中銀行に売却すると，通貨が代金として日銀に吸い上げられ，市中銀行はこれを貸付に回すことができない。つまり資金量が減少して，その分金利が上昇する。金利の上下動を通じて通貨供給量を調節することが金融政策のポイントだ。

❹ 日本銀行政策委員会

❹ 政策委員会のしくみ

メンバー [定員9名] （2023.5現在）	日銀総裁	植田和男（学者）
	日銀副総裁	内田眞一（日銀出身），氷見野良三（財務省出身）
	審議委員	6名（学者1，民間5）
日銀の政策金利	無担保コールレート（翌日物）	

政策金利とは，日銀（中央銀行）が金融市場の調節を行うために用いる金利のこと。

会 合	**金融政策決定会合**…年8回開催。金融政策の基本方針＝金融市場調節方針の決定を行う。方針は，政策金利である「無担保コールレート（翌日物）を，0.5%程度で推移するように促す」といった形で金利の誘導水準を示し，**公開市場操作**を通じて金利を誘導水準に近づけるように金融調節を行う。
	通常会合…週2回開催。金融政策以外の重要事項を審議。

用語 **コールレート**…コール市場（→p.202）の金利（レート）。**無担保コールレート（翌日物）**…コールレートの一つで，無担保コールレート（オーバーナイト物）ともいう。**金融機関同士が当日の資金の過不足を調整するために行う**，当日から翌日にかけての資金の貸し借り＝**無担保コール翌日物**（無担保コールオーバーナイト物）の金利のこと。日銀の政策金利に位置付けられている。

❸ 公開市場操作による金融調節　（日本銀行資料を参考）

```
日本銀行
政策委員会
（金融政策決定会合
→写真）

【金融政策運営の基本方針】
＝金融市場調節方針の決定

同方針に基づき金融調節を実施するよう指示
↓
金融市場局
```

```
買いオペ　公開市場操作　売りオペ
　　　公開市場操作による資金の供給・吸収
　　　金融市場調節方針に沿った金利誘導

短期金融市場
金融機関同士が資金を融通

金融機関　今すぐ貸して！
コール市場
公開市場操作を通じてコールレートを誘導する
はいどうぞ！
金融機関　　　金融機関
```

解説 **日銀総裁の人事**　日銀の総裁・副総裁・審議委員の9名は，衆参両院議院の同意を得て内閣が任命する（国会同意人事）。

2008年3月，福井俊彦日銀総裁の退任後，福田内閣は後任人事を示したが，野党が過半数を占める参議院で不同意となり（ねじれ国会→p.123,162），戦後初めて日銀総裁空席の状態に陥った（4月に白川方明副総裁が総裁に昇格）。

2012年3月には，安倍首相に考え方が近いとされる財務省出身で前アジア開発銀行総裁の黒田東彦氏が日銀総裁となった。

プラスα 米国には，日銀に相当するものとして，**FRB（連邦準備制度理事会）**というものが置かれている。また，英国の発券業務は，中央銀行であるイングランド銀行の他，スコットランド銀行，北アイルランドのノーザン銀行なども行っており，英国内部では通用力が認められる。

現代経済

⑯ 5 日銀の金融政策の手段

> 金利の完全自由化（1994年）…市中銀行の金利が完全自由化され，公定歩合との連動性がなくなった。

※政策金利➡4Ａ

	以　前	現　在
公開市場操作 ㉑⑮	有価証券を売買する。金融市場で日銀が行う取引をオペレーションといい，売る場合を**売り（資金吸収）オペレーション**，買う場合を**買い（資金供給）オペレーション**と呼ぶ。 売りオペレーション（好況時）：日本銀行→〔公・社債，手形売却〕／通貨←市中銀行／通貨吸収←企業 買いオペレーション（不況時）：日本銀行←〔公・社債，手形買上げ〕／通貨→市中銀行／通貨放出→企業	**金融政策の中心**。売りオペ・買いオペで**無担保コールレート（翌日物）**の金利を誘導する。この日銀の誘導目標金利である無担保コールレート（翌日物）が，**政策金利**に位置付けられている。 売りオペレーション（好況時）：日本銀行→〔公・社債，手形売却〕→コール市場 通貨減少 コールレート上昇／市中金利上昇 貸出減少 通貨吸収→企業 買いオペレーション（不況時）：日本銀行→〔公・社債，手形買上げ〕→コール市場 通貨増加 コールレート下落／市中金利下落 貸出増加 通貨放出→企業
預金準備率操作 ⑯	**預金準備率を上下する。市中銀行は預金の一定率（預金準備）を日銀に預けることが義務付けられている。** 日本銀行（好況時）：準備率引上げ 貸出能力減少→市中銀行→貸出減少→企業 日本銀行（不況時）：準備率引下げ 貸出能力増加→市中銀行→貸出増加→企業	1991年を最後に**実施されていない**。預金準備率操作は強力な政策手段であるが，短期金融市場（コール市場等）の発達した主要国では金融政策の手段として利用されていない。むしろ準備率の引き下げなどにより，準備預金制度自体を縮小する傾向にある（中国などでは使われている）。
公定歩合操作	**政策金利である公定歩合を上下する。** 公定歩合は預金金利等の市中銀行の金利（**市中金利**）と連動しており，金融政策の基本的スタンスを示す代表的な政策金利だった。 日本銀行（好況時）：公定歩合引上げ 貸出減少→市中銀行→市中金利引上げ 貸出減少→企業 日本銀行（不況時）：公定歩合引下げ 貸出増加→市中銀行→市中金利引下げ 貸出増加→企業	金利の完全自由化で，市中金利との直接的な連動性がなくなったことから，**公定歩合は政策金利としての役割を終えた**。2001年，公定歩合は補完貸付制度（➡α）の適用金利となり，新たな政策金利である無担保コールレート（翌日物）の上限を設定する役割になった（➡6Ｂ）。日銀は，政策金利としての役割を終えた公定歩合を，2006年に「**基準割引率および基準貸付利率**」に名称変更した。◀⑭

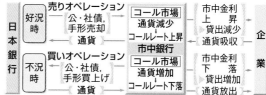

現代経済

6 金融政策の統計 （日銀短観，景気動向指数➡p.419）

Ａ 預金準備率

〈注〉全国預金残高が最高額を超える定期性預金の場合。

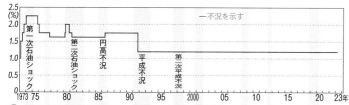

第一次石油ショック／第二次石油ショック／円高不況／平成不況／第二次平成不況　──不況を示す

1973 75　80　85　90　95　2000　05　10　15　20　23年

Ｂ 公定歩合・無担保コールレート（翌日物）

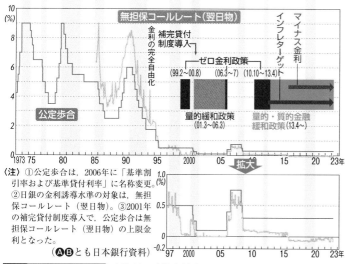

無担保コールレート（翌日物）
金利の完全自由化
補完貸付制度導入
ゼロ金利政策（99.2～00.8）（06.3～7）（10.10～13.4）
マイナス金利
インフレターゲット
公定歩合
量的緩和政策（01.3～06.3）
量的・質的金融緩和政策（13.4～）

1973 75　80　85　90　95　2000　05　10　15　20　23年

拡大

1.0
0.5
0
-0.2
97　2000　05　10　15　20　23年

〈注〉①公定歩合は，2006年に「基準割引率および基準貸付利率」に名称変更。②日銀の金利誘導水準の対象は，無担保コールレート（翌日物）。③2001年の補完貸付制度導入で，公定歩合は無担保コールレート（翌日物）の上限金利となった。

（ＡＢとも日本銀行資料）

解説 非伝統的金融政策　近年は，政策金利だけでは，マネーストック（通貨供給量）を十分に調整できなくなっている。そこで，信用創造の元となる**マネタリーベース（現金通貨＋日銀当座預金）**㉒を調節する政策が採られるようになっている。

7 非伝統的金融政策 （➡p.207）

ゼロ金利政策〔誘導目標：政策金利〕
政策金利である無担保コールレート（翌日物）をおおむねゼロ水準に誘導する政策。景気悪化と金融システム不安を収めるため1999年2月に初めて導入された。

量的緩和政策〔誘導目標：日銀当座預金残高〕㉑⑲⑭ 誘導目標を日銀当座預金残高の「量」に置いた政策。「残高○兆円程度」となるよう金融調節を行う。ITバブル崩壊とデフレの強まりの中で2001年3月導入。規模は当初5兆円から30～35兆円に拡大された。その後景気が回復に転じ，2006年3月に解除。

量的・質的金融緩和政策〔誘導目標：マネタリーベース〕 誘導目標をマネタリーベース（現金通貨と日銀当座預金の総量）に置いた政策。年間増加量「○兆円」となるよう金融調節を行う。2013年4月に導入され，「**異次元金融緩和**」と呼ばれた。

マイナス金利〔対象：日銀当座預金の一部〕
日銀当座預金の一部の金利をマイナスにする政策。2016年2月から−0.1％を実施。この影響で無担保コールレート（翌日物）や10年国債の長期金利もマイナスになった。

インフレターゲット〔対象：消費者物価の前年比上昇率〕 物価の安定を司る中央銀行が**物価の上昇（インフレ）を金融政策目標として掲げる**こと。日銀は2012年2月に1％のインフレ目途を初めて掲げた。2013年1月には金融政策決定会合を受け，政府と日銀が2％のインフレ目標を発表した。

01～06年は実質ゼロ金利だったが，通常の金利下でも量的緩和政策は実施可能。

16年9月，長期金利水準を0％に誘導する政策に転換された。

日銀は12年の1％はインフレターゲットではないとしている。

プラスα 補完貸付制度（ロンバート型貸出制度）　金融機関が希望する時に，担保の範囲内で希望する金額を日銀から借りることができる制度。金利は「基準割引率および基準貸付利率」（公定歩合）が適用される。2001年に導入。

私は意見の一致を求める政治家ではない。信念の政治家だ。
（1979年　ロイター通信）

マーガレット＝サッチャー ［英：1925〜2013］　英国で初の保守党・女性党首であり、同じく女性初の第71代首相。「鉄の女」と呼ばれ、強い意志と信念で新自由主義的な経済改革（サッチャリズム）を進めた。

金融の自由化

国際競争力の獲得

8 「金融の自由化」関連年表

年	出　来　事
1979	自由金利の**CD（譲渡性預金）**の導入
84	**日米円ドル委員会報告**…金融の自由化，外国銀行への市場開放
85	MMC（市場金利連動型預金）の自由化
	大口定期預金（1,000万円以上）金利の自由化
86	「**前川レポート**」発表（➡p.224）…国際協調，内需拡大
93	**定期預金金利の自由化**
	金融制度改革法施行…銀行・証券会社の「業態的子会社方式」による相互参入
⑭ 94	**普通預金金利自由化**，住宅ローン金利自由化 →金利の完全自由化（➡p.205）
96	生命保険・損害保険の子会社による相互参入
⑮⑱⑲㉑	**日本版金融ビッグバン構想**

日本版金融ビッグバンの内容		実施
フリー	銀行での投資信託・保険商品の販売	97.12
	銀行等を子会社とする**金融持株会社解禁**	98. 3
	損害保険料率の自由化	98. 7
	証券・信託銀行子会社の業務制限撤廃	99.10
	株式売買委託手数料の完全自由化	99.10
フェア	銀行等に対し早期是正措置導入（➡p.209）	98. 4
	ディスクロージャー（情報開示，➡p.189）の充実	98.12
グローバル	内外資本取引の自由化➡**外為法改正**（➡p.336）	98. 4 ⑭
	証券デリバティブの全面解禁（➡p.347）	98.12
	会計制度の整備（国際会計基準導入）	99. 4

2001	**金庫株**（企業が，市場に流通している自社の株式を買い戻し［自社株買い］，保存すること）解禁。
06	**金融商品取引法**成立

9 日本版金融ビッグバンのねらい

ねらい	改革3原則
・高齢化社会での活力維持 ・世界への貢献	**Free**：市場原理が自由に働く市場 **Fair**：透明で信頼できる市場 **Global**：国際的で時代を先取りする市場

解説 **不況と高齢化**　1996年に橋本首相が「2001年までにわが国の金融市場をニューヨークやロンドンなみの国際市場に復権させる」との方針を打ち出した。バブル崩壊後の金融市場の停滞改善が目的だが，1,200兆円にのぼる個人金融資産の流動化を推進することで，国内産業の育成を図る思惑もあった。

10 会計制度の整備—会計ビッグバン

会計ビッグバン…グローバル化の時代にふさわしいように，日本の会計基準を国際標準に適合させる改革。

2000年度	**連結決算の実施**…子会社へ損失を押しつけ親会社の決算を良くする等の操作ができなくなる。
	キャッシュフロー計算書の公表…期間損益だけでなく，より多様な企業収益の評価が可能。
2001	**退職給付会計の導入**…隠れ損失を明らかにする。
2002	**資産株式の時価会計**…株式等の損益を経営業績に含む，「含み依存経営」ができなくなる。

解説 **米国基準!?**　会計ビッグバンは実質的には米国の会計基準の国際化だった。米国を中心とする多国籍企業が，自由に企業展開するために必要とされたともいえる。だが，世界的な金融危機で時価会計制度が損失を大きくさせたと批判された。

11 対日投資の推移

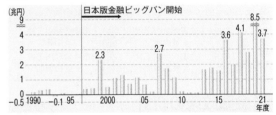

（財務省資料による）

解説 **日本市場が復活**　金融の自由化は，日本市場での物価の低下とともに，対日投資を誘引したといえる。日本版金融ビッグバン開始後，**外国からの対日投資は急速に増加した**。

12 金融商品取引法（2006年6月成立）

	金融商品	以前の法律	
デリバティブ取引	金融先物取引	金融先物取引法	金融商品取引法
	多様なデリバティブ取引	な　　し	
	有価証券デリバティブ取引	証券取引法	
有価証券	投資信託，国債・地方債，社債		
	ファンド・組合	な　　し	
	商品ファンド	商品ファンド法	
	抵当証券	抵当証券法	
	信託受益法	信託法	

解説 **金融商品取引法成立**　従来の証券取引法を抜本改正し名前を変え，併せて93の法律も改廃した。この法律では，各種金融商品の規制横断化によって投資家保護を図ることと，証券市場の公正性の確保が重要なねらいとなっている。

Focus 地方銀行が苦境

　地域経済や雇用を支えてきた地方銀行の経営環境が悪化している。その背景には，人口減少や日銀の金融政策に伴う超低金利がある。地方銀行は地域の顧客からの預金を地域の企業や個人に融資し，その金利差「利鞘」が収益の中心であったが，金融緩和政策に伴う貸出金利急落で「利鞘」が一気に縮小している。2017年度では過半数の地銀が本業の収益で赤字となり，店舗や人員削減の収益改善策でも抜本的改革とならず，経営統合の動きが急速に進行している。また，口座維持手数料や紙の通帳の有料化，デジタル通帳への移行の動きも広がっている。

Ⓐ地方銀行存続の可否

■2行でも競争が可能
■1行単独なら存続可能
■1行単独でも不採算

ふくおかFG
十八
親和
19年4月統合へ

第四
北越
第四北越FG
18年10月発足

関西アーバン
近畿大阪
みなと
関西みらいFG
18年4月発足

三重
第三
三十三FG
18年4月発足

東京は判定不可能

プラスα 本家「**ビッグバン**」　「日本版」という枕詞が，常につくことでわかるとおり，「ビッグバン」にはモデルがある。1986年サッチャー政権下で実施されたイギリスのビッグバンがそれだ。「自由化」は成功したが，その陰で，合理化が進められ，弱小証券会社は，文字どおり淘汰された。

現代経済

日銀の出口戦略
大規模金融緩和政策をどう転換するか？

2013年からの日銀の異次元金融緩和政策でも消費・投資は拡大せず，消費税増税を2度も延期。16年1月に「マイナス金利付き量的・質的金融緩和政策」を導入決定するが，金融機関の収益悪化・預金金利減少等の副作用で9月には政策変更した。国債買い入れによる長期金利0～1％誘導（イールドカーブコントロール：YCC）と民間銀行が日銀に預ける当座預金の一部に－1％の金利を課し短期金利を操作する「マイナス金利政策」の組み合わせだ。だが日米金利差拡大につながり，急速な円安進行，インフレ進行が生じた。異次元金融緩和からの出口は？

1 異次元金融緩和 (2013～15年, ➡p.226)

安倍内閣の意向を受けて，日銀はデフレ脱却（物価上昇目標2％）を掲げ，2013年から**異次元金融緩和政策**を採った（長期国債買い増し等で市場のお金の「量」を急増）。マネタリーベースは激増したが，**民間企業の借入れ意欲の低さ・銀行の貸し渋り継続（余剰資金は国債購入に回る）等を背景にマネーストックはさほど増えておらず**（増えても投資に向かわず投機に向かう），民間需要増加につながっていない。一方の長期金利は，欧米が上昇する中，比較的安定している。

A 金融緩和に関する諸指標

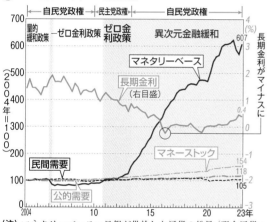

〈注〉マネタリーベース…日銀が供給した通貨の総量（現金通貨＋日銀当座預金）。マネーストックはM3。長期金利は10年国債。
（日本銀行資料等により作成。）

2 マイナス金利政策とYCC

異次元金融緩和は金融市場のお金の「量」を増やすことで物価上昇を目指したが，消費者物価上昇率0％近くの横ばいが続く。そこで「金利」を上下する政策も同時に導入し緩和効果を高めるのが日銀初となる「**マイナス金利政策**」の狙い。2016年2月16日から，銀行が日銀に預けた一定以上のお金に**年0.1％の手数料**が課された（マイナス金利）。手数料を避けるため銀行が日銀から預金を引き出す→銀行が企業・個人への貸し出しを増やす→設備投資・消費が拡大→景気回復・デフレ脱却（**消費者物価上昇率2％のインフレ目標達成**）というのが，日銀が期待する効果だ。

しかし結果は，長期金利が想定以上に低下して**イールドカーブが平坦**になり，短期で資金を低利で借り長期で貸し出すことで利ざやを稼ぐ金融機関の収益が悪化。年金や保険の資金運用も困難になった。そこで長期金利をゼロ程度の目標に誘導しつつ短期金利をマイ

ナス金利に操作し，長短の金利差を確保（イールドカーブを望ましい形に調節）する政策へ，16年9月に変更。日銀は，**「量」を重視する政策から「金利」を重視する政策へと転換**したのだ。さらに，22年3月以降長期金利を抑えるため，新発国債を利回り0.25％で無制限に買い入れる「指値オペ」を実施。日米の金利差が拡大，急速な円安と物価上昇につながった。

3 金融緩和政策修正へ？

植田総裁は23年7月，消費者物価見通し＋2.8％にもかかわらず，金融緩和政策が必要として，長期金利上限の修正にとどめた。10月には，物価高の要因となる過度な円安を是正したい政府の思惑もあり，長期金利上限1.0％を超えることを容認した。円安と金利上昇で，金融緩和政策修正の包囲網は狭まりつつある。しかし，1995年以来の超低金利政策で，大幅な金利上昇に日本経済は耐えられない体質になっている（**B**）。少しずつ段階を踏んで修正を図っていくことになろう。

B「マイナス金利政策」修正にともなうリスク

- 住宅ローン金利上昇，企業の借り入れコスト増→景気抑制
- 日銀の財務悪化（日銀の債務超過の可能性）
  →円安進行やハイパーインフレーションのリスク増
- 財政状況悪化…国債価格下落・国債利払い増大で，歳出圧迫・新規国債発行額削減・増税？

C 日銀の主な政策変更

2013. 4	**物価上昇率2％**を2年程度で実現する。MBを年60～70兆円ペースで増やす。長期国債を年50兆円，ETFを年1兆円ペースで買い増す。
2016. 1	**マイナス金利政策**導入決定…金融機関から預かるお金の一部にマイナス0.1％の金利設定。
. 9	**長期金利が0％程度**で推移するよう国債を買う。
2020. 5	国債買い入れ額上限撤廃。新型コロナウイルス対策で資金繰り特別プログラム総枠140兆円。
2023. 4	**植田和男**日銀総裁就任。
. 7	**YCCは維持しつつ運用柔軟化**…長期金利＋0.5％を維持しつつ＋1.0％まで許容。
.10	長期金利上限1％超えを容認。
2024～(予測)	マイナス金利政策修正か？（例「日銀当座預－0.1％」→「無担保コールレート翌日物金利0％」に誘導。

（注）マイナス金利政策はECBやスウェーデン、スイスなどが導入。

〈注〉MB…マネタリーベース，ETF…上場投資信託。

用語 **リフレーション（リフレ：Reflation）**…デフレを脱したがインフレまでには至らない状態のこと。
イールドカーブ…短期金利から長期金利の利回りを結んだ曲線（横軸：償還までの期間，縦軸：利回り）。残存期間が長いほど金利は高くなるので一般的には右肩上がりになる。

プラスα **トリクルダウン理論** 富裕層がより富むことで富裕層の消費が活発になり，雫が滴たるように庶民もおこぼれに与かれるという考え方。レーガノミクスや小泉・竹中改革，アベノミクス（➡p.226）の理論となった。だが，富裕層の富は投機資金に回り，庶民まで届かなかった。

視点 ●金融危機とはどのようなものだったのか？ ルール グローバル化

金融危機の足跡

地価の低下は信用の低下

1 「金融危機・金融再編」関連年表

年	出来事
1991	バブル経済の崩壊→不良債権の増加
93	BIS規制（自己資本比率８％）の適用
94	東京の２つの信用組合破綻→護送船団方式崩壊
95	住専（住宅金融専門会社）の不良債権処理，公的資金導入（6,850億円）決定
96	三菱銀行と東京銀行が合併→東京三菱銀行発足
	ペイオフ凍結
	整理回収銀行発足→99年，整理回収機構へ
97	アジア通貨危機（➡p.348）
	北海道拓殖銀行，山一證券破綻
⑰	銀行の貸し渋り問題（➡4）
⑯ 98	大手銀行に公的資金注入（２兆円，➡p.225）
	金融監督庁発足→2000年，金融庁へ
⑰	金融再生関連法，金融機能早期健全化法成立
	日本長期信用銀行，日本債券信用銀行の一時国有化
99	大手銀行に公的資金注入（7兆円）⇨金融再編の動き本格化
	日銀，ゼロ金利政策導入（➡p.205）
2001	日銀，量的緩和政策導入（➡p.205）
02	銀行等保有株式取得機構設立
	ペイオフ一部解禁（定期性預金）
	日銀，銀行保有株式の購入方針を発表
	金融庁，不良債権処理加速等を発表
03	日本郵政公社発足→07年，郵政民営化
	りそな銀行に公的資金注入（２兆円）
	産業再生機構設立→07年３月，解散
04	金融機能強化法成立
05	ペイオフ全面解禁
	大手銀行，不良債権比率の半減目標達成
	三菱UFJ発足（➡3）→三大メガバンク体制へ
06	日銀，量的緩和政策・ゼロ金利政策を解除
07	新BIS規制の実施
	サブプライムローン問題（➡p.349）
08	米大手証券リーマン・ブラザーズ破綻（リーマンショック）
	金融サミット（G20）開催
2010	日銀，金融緩和実施→ゼロ金利政策再導入
12	日銀，インフレターゲット1％を目指し，金融緩和推進
13	日銀，インフレターゲット2％設定で異次元金融緩和実施
14	日銀，追加金融緩和実施
16	日銀，マイナス金利政策導入

㉒ 用語 **不良債権**…返済不能・困難になった債権（➡p.399）。

⑯⑰⑲ **護送船団方式**…戦後の大蔵省（現財務省）が行ってきた金融行政（落伍者を出さないような保護行政）を指す。

貸し渋り…金融機関が，経営に問題のない企業への新規融資を断ったり（貸し渋り），融資を引きあげたり（貸し剝がし）すること。1990年代後半には，金融機関が，不良債権処理で減少した自己資本比率を上げるために行った。

産業再生機構…過大な債務を負い経営破綻した企業の債権を期間限定で買い取り，企業再生することが業務目的。支援した企業は，カネボウ，ダイエー，ミサワホームなど。

⑮ **ペイオフ（payoff）**…金融機関の破綻時に，預金者に保険金を預金保険機構から直接支払う方式（1971年導入）。1996年からの預金全額保護の特例措置（ペイオフ凍結）が終了し，金融機関が破綻した際，元本１千万円とその利息しか保護されない。2005年４月全面解禁。

フィナンシャルグループ（FG：Financial Group）…金融持株会社。

ホールディングス（HD：Holdings）…持株会社。

2 バブル経済の足跡（➡p.224）

A 銀行貸出残高と地価公示の前年比推移

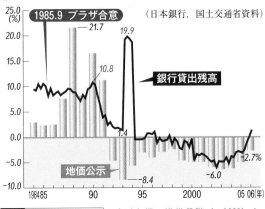

（日本銀行，国土交通省資料）

1985.9 プラザ合意
21.7
19.9
10.8
銀行貸出残高
1.4
地価公示
-8.4
-6.0
-2.7%

解説 バブルの原因は？ 金融危機の準備段階（〜1991）とその後の金融危機の足取りが分かる。過剰なドル高に頭を痛めていた米国を救済するための日米英独仏の蔵相（現財務相）によるプラザ合意で，為替相場への協調介入を約束した後，日本のみがドル売りを履行した。急激な円高により，競争力の落ちた輸出産業・製造業を救済するため，日銀は公定歩合を引き下げた（2.5％，➡p.205）。その結果，多量の市中資金の蓄積が進行し，株式や土地などへの過度な投機につながった。これがバブル景気である。

3 銀行合併の変遷

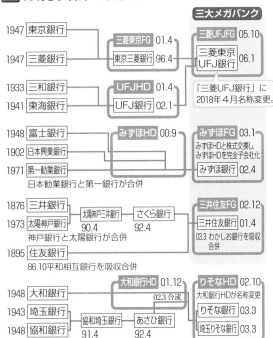

三大メガバンク

1947 東京銀行	三菱東京FG 01.4	三菱UFJFG 05.10	
1947 三菱銀行	東京三菱銀行 96.4	三菱東京UFJ銀行 06.1	
1933 三和銀行	UFJHD 01.4	「三菱UFJ銀行」に2018年4月名称変更。	
1941 東海銀行	UFJ銀行 02.1		
1948 富士銀行	みずほHD 00.9	みずほFG 03.1	
1902 日本興業銀行		みずほHDと株式交換し，みずほHDを完全子会社化	
1971 第一勧業銀行		みずほ銀行 02.4	

日本勧業銀行と第一銀行が合併

1876 三井銀行	太陽神戸三井銀行 さくら銀行 92.4	三井住友FG 02.12	
1973 太陽神戸銀行		三井住友銀行 01.4 03.3 わかしお銀行を吸収合併	
1895 住友銀行			

神戸銀行と太陽銀行が合併
86.10平和相互銀行を吸収合併

1948 大和銀行	大和銀行HD 01.12	りそなHD 02.10	
	02.3 合流	大和銀行HDが名称変更	
1943 埼玉銀行	あさひ銀行	りそな銀行 03.3	
1948 協和銀行	協和埼玉銀行 91.4 92.4	埼玉りそな銀行 03.3	

解説 合併のメリット 以前は，①支店数増による営業エリア拡大（1990.4太陽神戸三井銀行），②不得意分野を合併して業務拡張（1996.4東京三菱銀行，外国為替に強い東京銀行との合併）であったが，近年は，③企業規模を整理してコスト削減が中心。いわゆる本来の意味でのリストラ（再構築）だ。

現代経済

プラスα 地価に対する絶対的な信頼は，バブルの崩壊とともに崩れたが，その意味するところは何か。金融を受ける企業にとって，地価の低下は多くの場合，金融機関に対する担保価値の低下を意味し，これが，銀行の信用にも悪影響を与えたといえる。

言の葉

富者と銀行には国家社会主義で臨むが，中間層と貧者には新自由主義で臨む。

（『ユーロ消滅？』岩波書店）

ウルリッヒ・ベック［独：1944～2015］　ドイツの社会学者。現代は，①核を含めた環境問題，②経済変動，③テロの大きなリスクに直面しているとし，「リスク社会」という分析概念を提示した。

---

④ BIS規制

Ⓐ 国際取引のための自己資本比率（BIS規制：バーゼルⅠ・Ⅱ）

$$自己資本比率 = \frac{自己資本}{総資産額} ≧ 8\%$$

自己資本比率が高いほど負債（借金）が少ない。

Ⓑ 金融庁による金融機関への早期是正措置（1998年導入）

営業	国際取引の銀行	国内のみの銀行	金融庁の対応	
自己資本比率	8％以上	4％以上	経営健全	
	8％未満～4％以上	4％未満～2％以上	改善計画策定・実行	業務改善命令
	4％未満～0％超	2％未満～0％超	リストラ・合併など資本導入	
	0％	0％	業務停止命令	

用語 **国際決済銀行（BIS）**…中央銀行の国際協力を推進する機関（国連とは別組織）。1930年，第一次世界大戦敗戦国ドイツの賠償金を取り扱うため設立（本部はスイスのバーゼル）。**BIS規制**…BISが示した，国際取引を行う銀行が保有すべき自己資本比率の指針。日本では，1993年にバーゼルⅠ，2007年にリスク計算をより精緻にしたバーゼルⅡ（**新BIS規制**）を適用。なお，世界的金融危機をふまえ，レバレッジ規制等を導入したバーゼルⅢが2011年に発表された。

解説 **貸し渋り加速の一因**　自己資本比率の分母「総資産額」には貸付（債権）も含まれるが，返済リスクが低ければ減額される。国債は安全なので全額減額され，総資産額は増えない。一方，**危ない債権は総資産額を増やし，自己資本比率が下がる**。これが，バブル崩壊後の**貸し渋り・貸し剥がし**につながった。

---

⑤ ペイオフ発動！

Ⓐ 初のペイオフ発動（2010年9月）─日本振興銀行破綻

預金保険機構…預金者保護を目的とする特殊法人。政府，日本銀行，民間金融機関が共同出資し1971年に設立。

預金保護…1金融機関につき，預金者1人当たり「1,000万円＋利息」を保護。

保険料支払い（義務）

●2010.9.13　日本振興銀行の店頭営業再開

保護される預金	全額払い戻し開始
保護されない預金	

・預金者の2.7％，約110億円
・払い戻し凍結→財務状況に応じ預金を一部カット→残額を2回に分けて支払い（数か月後・1年以上後）

預金者　─預金→　銀行などの金融機関

✕

←預金払い戻し停止

日本振興銀行
破綻　●2010.9.10　業務停止命令

解説 **ペイオフが不況を助長!?**　銀行の預金には，大きく2種類の預金がある。利息のつく定期預金と，利息がつかない決済用預金だ。流動的で不安定な資金である決済用預金は従来通り全額保護されるが，定期預金はペイオフの対象，つまり**1,000万円＋利息のみの保護**となった。その結果，銀行にとって安定した資金であった定期預金の割合が減り，銀行は積極的な貸し出しができなくなって，貸し渋りが増える原因となった。

現代経済

金融機関

金融再編・郵政民営化後の金融機関

⑥ 日本の金融機関の分類

分類	内容
中央銀行	国の金融機構の中心。通貨を発行し，国や市中銀行に資金を貸し出す。日本では日本銀行。
政府系金融機関	国の政策として資金を貸し付ける。日本政策金融公庫など。
銀行（市中銀行）	企業や個人から預金を引き受け，貸付を行う。都市銀行，地方銀行，信託銀行，ネット銀行など。
信用金庫	営業地域が一定の地域に限定され，中小企業・個人を対象とする。
信用（協同）組合	小企業，零細企業，勤労者を対象とする。信用金庫よりも営業地域が小さい。
労働金庫	労働組合，生活協同組合，勤労者などを対象とする。
農林漁業金融機関	農林水産業に従事する組合員らを対象とする。農業協同組合，漁業協同組合，農林中央金庫など。
保険会社	民間の保険を引き受ける。生命保険会社，損害保険会社に分類される。
証券会社	株式の売買を引き受ける。
ノンバンク	預金を受けず，貸出中心に金融を行う。消費者金融会社，信用販売会社（クレジットカード），リース会社など。

⑦ 日本の大手金融機関（2023年6月現在）

銀行

| 三大メガバンク | 三菱UFJFG 387兆円 | 三井住友FG 265兆円 | みずほFG 254兆円 |

| ゆうちょ銀行 230兆円（郵政民営化で誕生⇒p.130） | りそなHD 75兆円 | 三井住友トラストHD 69兆円 |（金額は2023年3月期の総資産）

生命保険

| 日本生命 88兆円 | 第一生命HD 62兆円 |
| 明治安田生命 44兆円 | かんぽ生命 63兆円（郵政民営化で誕生） |

外資系

| メットライフ 15兆円 | アフラック 13兆円 |

（金額は2023年3月期の総資産）

損害保険

東京海上HD 28兆円	三メガ損保
MS&ADインシュアランスグループHD 25兆円	2010年4月合併─三井住友海上・あいおい損保・ニッセイ同和損保
SOMPO HD 14兆円	2010年4月合併─損保ジャパン・日本興亜損保

（金額は2023年3月期の総資産）

証券会社

| 野村HD 122兆円 | 大和証券グループ本社 75兆円 | SMBC日興証券 68兆円 |（金額は2023年3月期の預かり資産）

ノンバンク

オリックス	三井住友FG	イオンフィナンシャルサービス
三井住友ファイナンス&リース	アコム	クレディセゾン
三菱HCキャピタル	アイフル	トヨタファイナンス
リース	消費者金融	クレジットカード

プラスα　ネット銀行の宣伝文句の1つは，ネットオークションやネットショッピングの支払・受領に便利だということ。自宅にいながらにして支払えるのだから，確かに，最近のネット取引の普及を側面から支えているだろう。

財政の役割としくみ
増大する政府の役割

1 財政とは何か

23 政府支出や税収の増減などを通じて，民間部門の需要を刺激あるいは抑制し，景気の安定化を図る手法をフィスカル・ポリシーと呼ぶこと。

A 財政の３つの機能

歳入（Government revenue）—会計年度の政府の収入

財政（Public finance）政府が行う経済活動（地方公共団体を含む）

14 15 19 **資源配分の調整**	市場の利潤追求では充たされない，公共的な財・サービス（**公共財**）を供給し，地域間の偏りを調整する機能。道路，上下水道，治安，教育など。
14 16 19 **所得の再分配**	自由競争社会で生じる所得格差を是正する機能。 ［歳入］**累進課税制度**…高所得者ほど高率の税負担。 ［歳出］**社会保障制度**…低所得者への補助等。
21 23 15 16 **経済の安定化**	景気変動を調整し，経済の安定を図る機能。 ①**ビルトイン・スタビライザー（自動安定化装置）** …財政に組み込まれている機能。累進課税制度と社会保障制度により自動的に景気を調節。 ②**フィスカル・ポリシー（裁量的財政政策）**…政策による機能。公共投資の増減，増減税など。

歳出（Government spending）—会計年度の政府の支出

解説 **財政法で規定** 予算作成は憲法第73条第５号で内閣の権限とされる。具体的には財政法第21条により，財務大臣が各省庁の予定経費要求書等に基づき作成，閣議を経て決定される。

B 日本の財政のしくみ

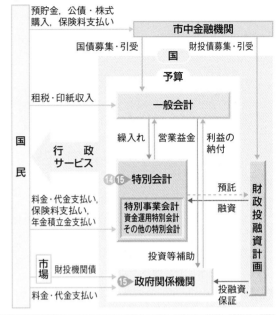

現代経済

一般会計・特別会計予算の実際
増大する国債費

2 2023年度一般会計予算—114.4兆円（当初予算）

19 国の一般会計予算に占める防衛関係費の割合は，２パーセントを超えていること。

A 一般会計歳入総額

（Ⓐ～Ⓒは財務省資料）

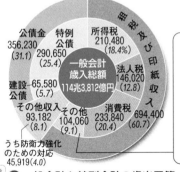

公債金 356,230（31.1）
特例公債 290,650（25.4）
建設公債 65,580（5.7）
その他収入 93,182（8.1）
その他 104,060（9.1）
うち防衛力強化のための対応 45,919（4.0）

一般会計歳入総額 114兆3,812億円

所得税 210,480（18.4%）
法人税 146,020（12.8）
消費税 233,840（20.4）

租税及び印紙収入 694,400（60.7）

相続税	27,760	(2.4)
揮発油税	19,990	(1.7)
酒税	11,800	(1.0)
関税	11,220	(1.0)
たばこ税	9,350	(0.8)
石油石炭税	6,470	(0.6)
自動車重量税	3,780	(0.3)
電源開発促進税	3,240	(0.3)
その他の税収	690	(0.1)
印紙収入	9,760	(0.9)

14 19 B 一般会計歳出総額

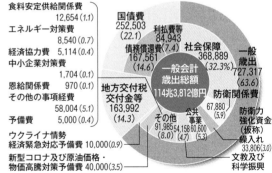

食料安定供給関係費 12,654（1.1）
エネルギー対策費 8,540（0.7）
経済協力費 5,114（0.4）
中小企業対策費 1,704（0.1）
恩給関係費 970（0.1）
その他の事項経費 58,004（5.1）
予備費 5,000（0.4）
ウクライナ情勢経済緊急対応予備費 10,000（0.9）
新型コロナ及び原油価格・物価高騰対策予備費 40,000（3.5）

一般会計歳出総額 114兆3,812億円

国債費 252,503（22.1）
　利払費等 84,943
　債務償還費 167,561（14.6）
社会保障 368,889（32.3%）
地方交付税交付金等 163,992（14.3）
防衛関係費 67,880（5.9）
　防衛力強化資金（仮称）繰入れ 33,806（3.0）
文教及び科学振興
公共事業 60,600（5.3）
その他 91,985（8.0）54,158（4.7）
一般歳出 727,317（63.6）

C 一般会計と特別会計の歳出予算（2023年度）20

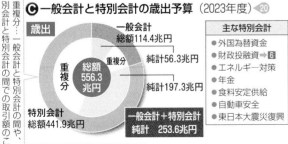

別会計分…一般会計と特別会計の間の取引額のこと。
重複分…一般会計と特別会計の間や，特別会計の間での取引額のこと。

歳出
一般会計 総額114.4兆円
純計56.3兆円
総額 556.3兆円 重複分
純計197.3兆円
特別会計 総額441.9兆円
一般会計＋特別会計 純計 253.6兆円

主な特別会計
●外国為替資金
●財政投融資 →6
●エネルギー対策
●年金
●食料安定供給
●自動車安全
●東日本大震災復興

解説 **隠れた予算，特別会計** 一般会計歳入における公債金収入の割合は高く，今後も国債費は大きな負担となる（→p.214）。また，2023年度特別会計の歳出予算額を単純合計すると441.9兆円で，一般会計の約3.9倍の額となる。特別会計間の資金の出入りなどの重複分を除いた実質規模でも197.3兆円と巨額だ。特別会計はムダ遣いが多いとの批判を受け，大幅な統廃合を進めた結果，2023年度は13特別会計になっている（06年度31，→p.129）。

3 過去の一般会計（決算）

戦後初の国債発行（赤字国債）は，1966年1月に特例法成立で発行決定。補正予算に盛り込まれ，1966年1月に特例法成立で発行決定。※

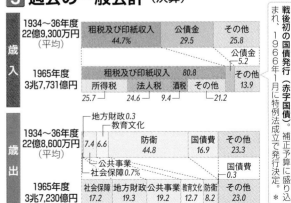

歳入

1934～36年度 22億9,300万円（平均）
租税及び印紙収入 44.7%
公債金 29.5
その他 25.8

1965年度 3兆7,731億円
租税及び印紙収入 80.8
所得税 25.7
法人税 24.6
酒税 9.4
その他 21.2
公債金 5.2
その他 13.9

歳出

1934～36年度 22億8,600万円（平均）
地方財政 0.3
教育文化 7.4
防衛 44.8
6.6
国債費 16.9
その他 23.3

1965年度 3兆7,230億円
公共事業 社会保障0.7%
社会保障 17.2
地方財政 19.3
公共事業 19.2
教育文化 12.7
防衛 8.2
国債費 0.3
その他 23.0

＊ 「歳入補填債」と呼ばれた（→p.214）。 （財務省資料等による）

プラスα 年度当初に国会の審議・議決を経て成立するのが**本予算（当初予算）**。本予算成立が遅れた際，つなぎとして組まれるのが**暫定予算**。予算執行中の過不足を補うものが**補正予算**。いずれも，本予算同様の手続きで成立する。

15

財政の経済に占める比重
重い財政の役割

4 国民負担率の国際比較 —名目は小さいが

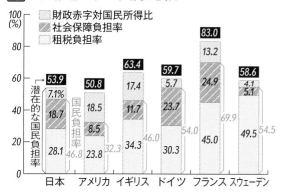

- 財政赤字対国民所得比
- 社会保障負担率
- 租税負担率

〈注〉日本は2023年度見通しで，他は2020年暫定値。
（4・5とも財務省資料による）

解説 **負担は低い!?**　年間の働きに対して，その費用をどの程度捻出するかは，そのときの財政政策とも関係し，難しい判断を要求される。諸外国に比べると，日本の国民負担率は低率だが，その数値は徐々に上昇してきている（➡5）。

5 国民負担率の推移 —「大きな政府」

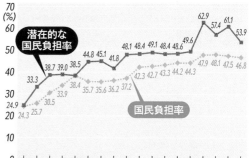

国民負担率＝租税負担率＋社会保障負担率（➡p.272）
潜在的な国民負担率＝国民負担率＋財政赤字対国民所得比

解説 **かくれた負担**　時代を経るに従って，潜在的な国民負担率は徐々に増加しているが，これは，財政赤字を積み残したまま，後世の国民に負担を先送りしていることになる。こうした事実も，国民の生活不安を加速させている。

財政投融資計画
「第二の予算」

現代経済

6 財政投融資とは
（財政投融資改革➡p.130）

A 財政投融資の制度

➡ お金の流れ
→ 債券の発行

（図解：金融市場、国、国民、年金特別会計（127.3兆円）、その他の特別会計（15.9兆円）、財政投融資特別会計（144.3兆円）、政府保証（29.4兆円）、財政投融資、財投機関（特殊法人，独立行政法人，地方公共団体）、財投債（国債の一種）、政府保証債、財投機関債）

〈注〉財政投融資特別会計・政府保証は2023年3月末現在高。特別会計は2021年度決算の積立金等の合計額。

用語 **財政投融資**…国の信用等で集められる公的資金を財源（原資）に，特定の事業等を政策的に支援する，政府の投資・融資の仕組み。
財政投融資特別会計…国債の一種である**財投債**の発行を通じて，金融市場から調達した資金を，国の特別会計への融資や，地方公共団体，特殊法人，独立行政法人などに投資・融資する。
政府保証…特殊法人・独立行政法人などが金融市場で債券を発行して資金調達する際，元本・金利の支払いを政府が保証する。この債券は**政府保証債**といい，国債に準ずる債券。
財投機関債…財投機関（特殊法人など）が，金融市場から資金を自己調達するために，自らの信用で個別に発行する債券。

B 一般財政投融資の規模の推移（当初ベース）

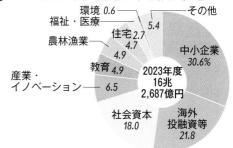

（対一般会計歳出比、一般財政投融資計画額、16.3兆円、14.2%）

C 財政投融資の使途別内訳（当初計画）⑯

（円グラフ：2023年度 16兆2,687億円　中小企業 30.6%、海外投融資等 21.8、社会資本 18.0、産業・イノベーション 6.5、教育 4.9、農林漁業 4.9、福祉・医療 4.7、住宅 2.7、環境 0.6、その他 5.4）

（A〜Cは財務省資料により作成）

解説 **新しい財投**　財政投融資とは，政府が国の信用に基づいて調達した資金などを用い，民間では困難な大規模・超長期プロジェクトの実施や，民間金融では困難な長期資金の供給を可能とするための投融資活動をいう。**2001年の改正で，郵貯や年金基金の全額預託義務を廃止**し，金融市場における自由な（自己責任による）資金調達の形に移行（➡p.130）。**各財投機関は財投機関債を発行し，資金調達を図る**ようになっている。

プラスα **財政投融資**は，一般予算の約3分の1に上る巨額の資金運営が行われ，また，国会の承認を経て実施に移されるなどの特徴から，「**第二の予算**」とも呼ばれている。進学時にお世話になるかもしれない学生支援機構。これも財投機関の一つで国からの出資を受けている。

11 租税のしくみ

視点 ●課税のもつメカニズムとは？

効率性　公平性

日本の税制
直接税中心の税制

1 日本の税体系（2022年度当初予算）

租税総額　111兆3,456億円

国税70兆0,383億円(62.9%)　地方税41兆3,073億円(37.1%)

所得課税 57兆6,268億円(51.8%)　消費課税 38兆5,025億円(34.6)　難課税 15兆2,163億円(13.7)

直所得税 (18.7%)

間消費税 (19.4)

直相続税 (2.4)
その他(0.8)

直法人税 (12.0)

直特別法人事業税 (1.8)
直地方法人税 (1.5)
直市町村民税 (8.9)
直道府県民税 (4.7)
直事業税 (4.1)

間揮発油税 (1.9)
間酒税 (1.0)
間たばこ税 (0.9)
その他 (2.5)
間地方消費税 (5.3)
間地方たばこ税(0.9)
その他 (2.6)

直固定資産税 (8.5)
直都市計画税 (1.2)
その他(0.8)

〈注〉（ ）…租税総額に占める割合，青字…累進課税の適用税，直…直接税，間…間接税。1997.4〜地方消費税実施。

解説 直接税中心主義　戦前の日本の国税は１：２で間接税の方が大きな比率を占めていた。戦後の出発に際して，**シャウプ勧告**が出され，課税の公平の観点から直接税中心主義を採用，その後も一貫して直接税の比率が高い。

用語 **租税法律主義**…議会が定める法律に基づいて，租税を賦課・徴収すること（➡p.26）。
担税者と納税者…税金を負担する人と，税金を納める人。
直接税…担税者と納税者が同じ税。
間接税…担税者と納税者が異なる税。例．父（**担税者**）が給油で払った代金の一部は，揮発油税としてガソリンスタンド（**納税者**）が国に納める。
国税と地方税…国に納める税と，都道府県や市区町村に納める税。
累進課税…課税対象となる額（**課税標準**）が大きいほど，高い税率となる税金のかけ方。日本では**所得税**，**相続税**，**贈与税**。

2 国税の戦前・戦後の比較

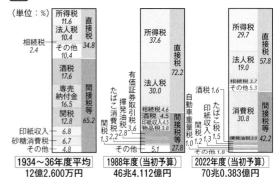

（単位：%）

所得税 11.6
法人税 10.4
その他 10.4
直接税 34.8
相続税 2.4
酒税 17.6
専売納付金 16.5
関税 12.8
間接税等 65.2
印紙収入 6.8
砂糖消費税 6.7
その他 4.8

1934〜36年度平均
12億2,600万円

所得税 37.6
直接税 72.2
法人税 30.0
有価証券取引税 2.8
たばこ消費税 4.6
酒税 4.5
印紙収入 4.5
物品税 3.8
関税 1.2
間接税等 27.8
その他 5.1

1988年度（当初予算）
46兆4,112億円

所得税 29.7
直接税 57.8
法人税 19.0
相続税 3.7
その他 5.3
酒税 1.6
自動車重量税
印紙収入
たばこ税
関税 1.2
揮発油税 3.0
間接税等 42.2
その他 1.8
消費税 30.8

2022年度（当初予算）
70兆0,383億円

3 シャウプ勧告（1949年8月，1950年9月の2報告書）

原則の転換（課税の民主化）	・間接税中心から直接税中心へ ・賦課課税方式から申告納税方式へ ・国・地方税の税目別課税へ
課税の公平	・脱税防止のため所得税の最高税率引下げ（最高85%⇨55%へ） ・富裕層には富裕税を創設 ・配当・利子の分離課税をやめ，所得税へ一本化
地方財政の充実	・地方税収入の不足分について，国が補填

➡シャウプ

解説 間接税から直接税へ　戦前の税制は戦費調達のため多くの間接税が新設され，間接税中心で経済統制色が強かった。マッカーサーに提出されたシャウプ勧告は，**間接税中心から直接税中心への転換**や**富裕税創設**等，ほとんどが実施された（**50年税制**）。後に富裕税廃止，配当・利子の分離課税復活など一部逆行したが，シャウプ勧告は今も税制の基本をなしている。

逆進性…所得に無関係に課税される間接税は，低所得者ほど税負担率が高くなり，格差を拡大する性質があること（累進課税の逆）。所得税で例えれば高所得者ほど税率が下がる状態。

直接税と間接税
課税と経済の活性化

4 直間比率—直接税と間接税の割合

A 国税の直間比率の比較（国税＝1の部分の比較）

日本は復興特別所得税を含む。

（単位：%）

	2022年度*	1988年度	2019年度	2020年度	2020年	2020年
	57.8	72.2	92.2	61.0	49.2	直接税 49.5
個人所得税	29.7	37.6		42.1	40.4	24.0
						16.1
法人税	19.0		80.7	11.1	3.8	9.4
その他の直接税	9.1	30.0		7.8	5.0	間接税等 50.8
	42.2	27.8		39.0	50.8	50.5
付加価値税（消費税）	30.8	4.6	10.6 0.9	22.1	33.3	43.4
その他の間接税	11.4	27.8	7.8 7.8	16.9	17.5	7.1
	日本		アメリカ	イギリス	ドイツ	**フランス**

* 当初予算。（1・4Aとも『財政金融統計月報』2022.5）

B 主要国の個人所得課税の比較（2023年度）

		日 本	アメリカ	イギリス	ドイツ	フランス
所得税	課税最低限	285.4（万円）	741.2	232.3	417.8	822.9
	税率 最低	5%	10	20	0	0
	税率 最高	45%	37	45	45	45

〈注〉課税最低限は，夫婦子2人（片働き，大学生・中学生）の世帯の場合。諸外国は2023年1月現在。（2・4・Bとも財務省資料による）

解説 直接税から間接税へ　1999年度の税制改正で所得税の最高税率が50%から37%へと大幅に引き下げられた（2006年の税制改革で，所得税から個人住民税への税源委譲に関し税率構造を修正し，現在は45%）。これは，不況に対処するという意味が大きい。減収分は，景気の影響を受けにくく安定財源となる消費税が着目され，近年の増税につながった。だが，消費税の税率上昇で逆進性の問題がより深刻になっている。

プラスα 自らの所得を税務当局に申告して，納税する申告納税方式は，シャウプ博士の母国アメリカで非常に盛ん。そのためのソフトウェアも充実しており，市民の納税者としての意識は高く税の使い道への目も厳しい。

われわれ富裕層に増税を。われわれはフランスの制度と欧州の環境から恩恵を受けていることを理解しており、その維持に一役買いたいと望む。
（『ロイター』2011.8.24）

リリアンヌ・ベタンクール［仏：1922～2017］ 女性の中で世界一金持ちといわれたフランス人。化粧品会社ロレアル創業者の娘。2011年、企業首脳やビジネスリーダーら16人の連名で、富裕層対象の「特別貢献税」創設を提唱した。

消費税の現状
「幅広い」課税だが……

5 付加価値税（消費税）

A 付加価値税と税収に占める間接税比率

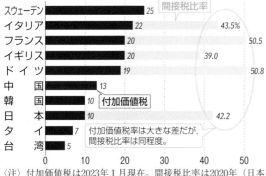

〈注〉 付加価値税は2023年1月現在。間接税比率は2020年（日本 2022年度当初予算）。 （財務省資料）

解説 付加価値税と間接税 消費税の問題点は、逆進性による不公正（所得の再分配効果の減少）と、制度的欠陥に由来する徴税の取りこぼしである。上のグラフには、4Aの国などの間接税比率を組み合わせている。付加価値税率が高い国は間接税比率も高い傾向にある。だが、**日本は消費税率が低いのに間接税比率が高い。**理由は①諸外国の消費税は生活必需品が課税対象外だったり軽減税率が導入されている割合が大きい、②隠れ消費税（酒税・たばこ税等）の存在がある。消費税は2014年4月に8％に、2019年10月に標準税率が10％に引き上げられた。増税により逆進性がますます進むことになる。

用語 インボイス（適格請求書）…売り手が買い手に正確な適用税率や消費税額を伝えるため、「課税事業者の登録番号、適用税率、消費税額等」を記載した請求書のこと。

6 消費税—1989年に税率3％で初導入

A 消費税のしくみ（2019年から税率10%、軽減税率有り）

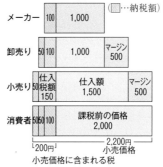

（▨…納税額）

解説 最終負担は消費者 消費税は幅広い財貨、サービスに課税される。税の最終負担者は消費者で、例えば2,000円（課税前）の商品は税率10%で2,200円になる。流通の全段階で、商品のマージン幅に応じ案分した税金を商品価格に上乗せし、納税するしくみ。

B インボイス制度—2023年10月導入

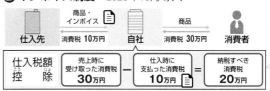

解説 零細事業者に負担 インボイスを用いて仕入税額控除を受ける**インボイス制度**だが、インボイスを発行ができない免税事業者（課税売上高1,000万円未満）から購入したものは、仕入額控除を受けられない。このため、**免税事業者は取引先として選ばれなくなる可能性がある。**インボイスを発行するには、発行事業者登録申請をし、課税事業者になる必要がある。しかし、消費税支払い義務が発生するため、どちらを選ぶにしろ、個人事業主・フリーランス・中小企業には影響がある。

仕入時に消費税を支払った証明（インボイス）がないと、控除を受けられない。

現代経済

所得の再分配とビルトイン・スタビライザー
課税に秘められたメカニズム

7 所得税と累進制

A 年収別の所得税の負担額（2024年）
・家族構成…夫婦（会社員と主婦）と子2人（大学生・中学生）の場合。
・復興特別所得税（2013～37年）を含む。「通常の所得税×2.1%」分が上乗せ。

18年改正で、20年分の所得税から、年収850万円以上世帯の負担が増加する〈子育て・介護のある世帯を除く〉。

B 所得税の所得再分配効果（2021年）

給与階級	100万円以下	100～200	200～500	500～1,000	1,000万円超
給 与 所得者数	5.2%	20.2	41.0	19.3	14.2
	-0.6				
給与総額	4.4	18.7	19.0	57.3	
	-0.1				
申 告 納税額	5.5	12.9	80.7		
	-0.8				

（国税庁資料による）

解説 所得格差の是正 政府は高所得者から高率の税を徴収（累進課税）し、それを社会保障によって低所得者に給付することで所得格差の是正をしている。

8 ビルトイン・スタビライザーとは

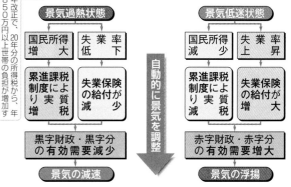

解説 景気の自動調節 累進課税と社会保険給付の存在で、景気自動調節作用が期待される。これを**ビルトイン・スタビライザー**という。間接税重視・逆進性の進行は、このメカニズムを働きにくくすることになろう。

用語 垂直的公平…高所得者ほど負担を大きくする。
水平的公平…同じ所得ならば同じ負担にする。
所得の捕捉率…課税対象となる所得を税務署が把握する割合。業種で異なるため、**クロヨン**（給与所得者9割、自営業者6割、農家4割）、**トーゴーサンピン**（給与所得者10割、自営業者5割、農家3割、政治家1割）などといわれる。

プラスα 租税3大原則 「公平」（垂直的公平と水平的公平）、「中立」（税制が経済活動での選択・資源配分を極力歪めない）、「簡素」（租税体系・しくみが理解しやすい）。

公債とは
国・地方の借金のうち債券発行をともなうもの

1 財政法（抄）
[1947.3.31法34
最終改正 2021法36]

第１条[目的] 国の予算その他財政の基本に関しては、この法律の定めるところによる。

第４条[歳出財源の制限]① 国の歳出は、公債又は借入金以外の歳入を以て、その財源としなければならない。但し、公共事業費、出資金及び貸付金の財源については、国会の議決を経た金額の範囲内で、公債を発行し又は借入金をなすことができる。

② 前項但書の規定により公債を発行し又は借入金をなす場合においては、その償還の計画を国会に提出しなければならない。

第５条[公債発行及び借入れの制限] すべて、公債の発行については、日本銀行にこれを引き受けさせ、又、借入金の借入については、日本銀行からこれを借り入れてはならない。但し、特別の事由がある場合において、国会の議決を経た金額の範囲内では、この限りでない。

市中消化の原則（→α、p.395）

16 解説 **第４条で赤字国債の発行を禁止** 財政法は第４条で公共事業などの資金調達を目的とする建設国債を除き、歳入不足を補うための赤字国債の発行を原則として禁止している。したがって赤字国債発行にはそのつど特例法を制定しなければならない。

現代経済

2 公債の種類と利回り

A 公債の種類

区分の根拠		公債の種類	区分の根拠		公債の種類
発行体	国	国　　債	発行目的	さまざまな歳出需要に応じるために	普通国債
	地方公共団体	地　方　債		国庫の日々の資金繰りを賄うために	融　通　債
発行地	国内	内　国　債		当座の支出に代えて発行して支出を繰り延べるために	繰　延　債
	国外	外　国　債	資金の使途	一般財源の一つとして	特例（赤字）国債
償還期間	20・30年	超長期国債		特定の事業資金として	建　設　国　債
	10・15年	長　期　国　債			
	2～6年	中　期　国　債			
	1年未満(3・6月)	短　期　国　債			

B 国債価格と利回りの例（→p.202）

国債価格

国債 [額面：100万円　償還：1年後　利率：2％]

価格上昇	額面通り	価格下落
101万円で購入	100万円で購入	99万円で購入

1年後 [元本100万円＋2万円＝102万円を受け取る]

101万円の投資で1万円の利益	100万円の投資で2万円の利益	99万円の投資で3万円の利益

利回り

0.99％	2.00％	3.03％

解説 **国債価格と長期金利** 長期国債（償還期間10・15年）の利回りと長期金利は連動している。利回りが上昇すれば国債購入で資金運用を考える人も増えるため、銀行にお金を預ける人が減る。銀行は預金者を集めるため、国債の利回りと同程度にまで金利を上げ、利息を多くつける。

3 国債発行額・国債依存度・長期国債の利回りの推移（普通国債）19 17

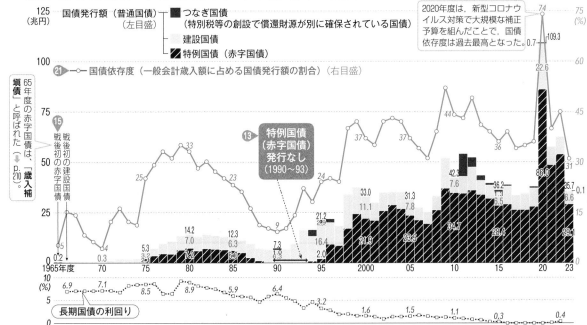

125(兆円) 国債発行額（普通国債）（左目盛）
■つなぎ国債（特別税等の創設で償還財源が別に確保されている国債）
建設国債
特例国債（赤字国債）

2020年度は、新型コロナウイルス対策で大規模な補正予算を組んだことで、国債依存度は過去最高となった。

21 国債依存度（一般会計歳入額に占める国債発行額の割合）（右目盛）

「墳債」と呼ばれた。（→p.210）

戦後初の建設国債

戦後初の赤字国債

13 特例国債（赤字国債）発行なし（1990～93）

長期国債の利回り

65年度の赤字国債は、「歳入補填債」と呼ばれた。（→p.210）

〈注〉**国債発行額**（収入金ベース）、2021まで実績、2022、2023年は国債発行計画（補正後）上の値。**国債依存度**（つなぎ国債を除いた数値）は、2021年まで実績、2022年は補正後予算、2023年は当初予算の値。**長期国債の利回り**は、長期国債(10年)新発債流通利回り、1997年以前は東証上場国債(10年)最長期利回り。（財務省資料等により作成）

16 解説 **財政赤字の原因は？** １つめは、石油危機やバブル経済崩壊後の景気停滞によって租税収入が伸び悩む一方で、景気回復のための積極的財政運営を行ってきたことが挙げられる。

２つめには、その後の比較的好景気の時期にも、公共投資の水準が下がらなかったことが挙げられる。このため良好な税収を赤字体質改善に振り向けきれなかった。

３つめに社会保障費の高水準化がある。老齢人口が増加する今後も、この背景は悪化こそすれ、好転の望みはない。

プラスα **国債の日銀引き受けの禁止（市中消化の原則→p.395）** 財政法第５条は、国債の日銀引き受け禁止を規定している。発行した国債を日銀に引き受けさせると、市中通貨の吸収を伴わないため、インフレ発生の危険性があるからだ。

負債が負債を生むという財政運営をこれ以上続けることはできません。膨大な負債をこれ以上後代に押し付けることも許されません。
（1979.12臨時国会における所信表明演説）

大平 正芳〔日：1910〜80〕 元首相。大蔵大臣時代に特例法による赤字国債の発行を単年度にするなど、国債の発行抑制を第一に考えた。一般消費税の導入をいち早く主張するなど、先見性を持った政治家であった。

日本の財政と公債
重くのしかかる国の借金

4 国の債務の種類と残高

A 国の債務の種類・残高（2023年度末見込）

国の債務			内　容	残高
国債・借入金 1,441兆円	内国債 1,179兆円	普通国債 1,068兆円 / 建設国債 ⑭	公共事業、出資金、貸付金の財源。財政法第4条第1項但し書きで認められている。	294兆円
		特例国債（赤字国債）⑱⑭	公共事業等以外の財源不足を補う国債。**財政法第4条で禁止**されているため、毎年特別の法律を制定し発行する。	774兆円
	財政投融資特別会計国債（財投債）		**財政投融資の財源。**「特別会計に関する法律」で認められている。（➡p.211）	104兆円
	その他の国債		交付国債、出資・拠出国債、石油債権承継国債。	7兆円
借入金			財源不足を補うため、財政投融資特別会計や民間金融機関から借り入れた資金。	51兆円
政府短期証券			日々の国の資金の受け払いで、一時的に不足したり、余裕が出たりする分を調整するもの。償還期間は原則3か月。	212兆円
政府保証債務（➡p.211）			財政機関（特殊法人など）が資金調達する際、国が元本・金利を保証したもの。**財政投融資の財源。**政府保証債という債券を発行し資金調達する。	29兆円

〈注〉政府保証債務は2023年3月末現在の数値。特例国債の残高はつなぎ国債【減税特例国債(0.2兆円)・復興債(4.9兆円)・年金特例国債(2.6兆円)・脱炭素成長型経済構造移行債(1.6兆円)】と各種借換国債(20兆円)を含む。

B 国債残高（普通国債）の推移

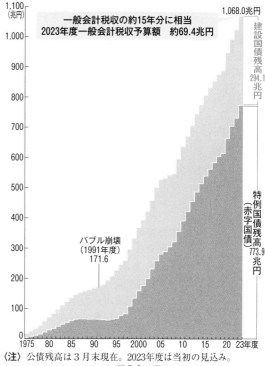

一般会計税収の約15年分に相当
2023年度一般会計税収予算額　約69.4兆円
1,068.0兆円
建設国債残高 294.1兆円
特例国債残高（赤字国債）773.9兆円
バブル崩壊（1991年度）171.6

〈注〉公債残高は3月末現在。2023年度は当初の見込み。
（4・A・B・5は財務省資料により作成）

解説 巨額の債務　財投債・政府保証債務は財政投融資の財源で、融資先の財政機関から資金を回収する。また、政府短期証券は一時的な資金調整なので、純粋な国の債務は財投債を除く内国債と借入金となる。

5 純債務残高対GDP比の推移

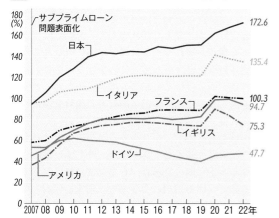

サブプライムローン問題表面化
日本 172.6
イタリア 135.4
フランス 100.3
94.7
イギリス 75.3
ドイツ 47.7
アメリカ

解説 悪化する財政状況　純債務残高とは4Aの「国債・借入金＋政府保証債務」から政府の金融資産額を引いたもの。純債務残高対GDP比が小さい方が健全な財政状況といえる。国の資産には金融資産と実物資産（金・銀・不動産等）があるが、**統計に実物資産は反映されない（日本は実物資産が多く、これを差し引くと約60%）。**この数値を下げるには、分母のGDPを大きくすることが重要だが、消費税増税により、「国内消費の減少→所得税や法人税の減収→GDP低下」が懸念される。

Focus 日本国債はデフォルトする？

デフォルト（債務不履行）とは、国債発行で集めたお金を返せなくなること。家計では、借金は銀行など家の外に返す。だが、日本の国債は9割以上日本国民・企業が所有しており、貸し手も借り手も日本国内だ。米国の経済学者アバ・ラーナー（1903-82）は、国債の買い手が自国民である場合は、国債の返済先も自国民なので、国外にお金は流出せず、「右ポケットの小銭を左ポケットに移しているようなもの」と述べている。また、財務省も2002年に外国格付け会社宛に提出した意見書で「日・米など先進国の自国通貨建て国債のデフォルトは考えられない」と説明している。

用語 MMT（現代金融理論・現代貨幣理論）…ニューヨーク州立大のステファニー・ケルトン教授（1969-）などが提唱する理論で、**自国通貨を持つ国は債務返済のための通貨をいくらでも発行できるため、インフレ率が抑制されているうちは財政赤字をいくら増やしても問題ない**と主張するもの。巨額の財政赤字を抱えながらも低金利が続き、深刻なインフレにもなっていない日本を好事例として取り上げる。一方、主流派の経済学者は、MMTが制御不能なインフレを引き起こし、経済的混乱を招くリスクがあると批判している。

p.202、①デフォルト（債務不履行）、②ハイパーインフレ（➡p.198）の状態を指すことが多い。財政破綻の定義は明確ではないが、

プラスα 借金して米国債購入？　例えば2003年度末の赤字国債残高30.2兆円増額に対し、同期間の米国債残高は22.7兆円増額で、日本の米国債購入によって米国のイラク戦争の費用を金銭的に支えた形になっている。08年のリーマンショック以降も同様の状況（日本保有の米国債残高急増）。

現代経済

財政赤字と税制
財政健全化への道筋は？

1991年のバブル崩壊から，公債残高（普通国債）は約３倍に増大。サブプライムローン問題と世界同時不況で景気は悪化，2008年度予算以降，国債の発行と公債依存度が上昇した（➡p.214）。これら財政赤字問題の解消や，少子高齢社会での財政資金の安定的確保を目的に，1989年消費税が導入された。2012年には消費税増税関連法案が成立し，14年４月に８％に引き上げられ，19年10月には10％に再増税された。ある意味では絶望的な国の借金累積額だが，今後財政健全化の道筋は示せるのだろうか。

1 国の家計簿の現状は？

Ⓐ 国の財政を家計に例えたら（2023年度当初予算）

	国の財政	1か月の家計（年収480万円の場合）	
収入	税　収　等	月　　　収	40万0,000円
	公 債 金 収 入	借　　　金	18万0,923円
支出	一 般 歳 出	生 活 費	36万9,392円
	地方交付税交付金	故郷へ仕送り	8万3,289円
	国　債　費	借金返済	12万8,242円
普通国債発行残高		借金残高	約6,509万円

　国の財政状況を家計に例えてみると，Ⓐのようになる。雪だるま式の借金であり，個人や企業ではもはや破産状況といえる。収入を賄うはずの税収が歳入全体の69％にすぎず，残りは借金（公債金収入）で補っている状況だ。また，支出（歳出）のうち２割以上が借金の返済・利払い（国債費）に充てられている。

　この家は月収（税収等）が40万円あるが，このうち約13万円は借金返済（国債費）に充てなければならない。実際に使えるお金は約27万円だが，生活費は約37万円必要で，故郷へ仕送りも約８万円送っている。不足分となる約18万円は新たに借金することになる。このように年々借金が増え続けた結果，借金残高は約6,509万円にまで達する状況となった。

2 財政赤字の原因

Ⓑ 不況時の財政政策

　第二次世界大戦後，**ケインズ政策**が採り入れられ，政府は景気の安定のために**財政政策**を行ってきた（**裁量的財政政策＝フィスカル・ポリシー**）。とくに不況の際は公債を発行してまで公共投資を増大し，有効需要の増大を図ることが行われてきた（➡p.176）。

　好況の際には公共投資を減らせばよいのだが，大衆民主主義とケインズ政策の結びつきが公共投資の水準を下げず，財政赤字の累積的な増加をもたらしたといえよう。また，少子高齢化に伴う社会保障費の高水準化（➡p.272）も財政支出を増やす後押しとなった。

現代経済

時事特集

3 国債の保有者は？

㉓　国債の日銀の保有率が高まったのは，日銀の金融緩和政策を反映しており，日銀が民間金融機関から国債を購入した結果であること。

㉓　**Ⓒ 国債の保有者別内訳**（国債は内国債から割引短期国債を除いた値）

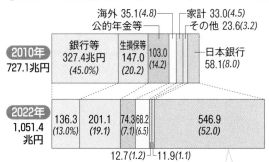

大量の国債発行でも低金利が続いた背景には，日銀の「異次元金融緩和」で量的金融緩和（買いオペの徹底）を行った結果，国債価格がある程度維持されたことがある（➡p.207，日銀の比率は上昇傾向）。

〈注〉12月末速報値。生損保等…生命保険・損害保険会社等。

　日本国国債保有者内訳を「家計」に例えてみれば，「1,074万円の借金（負債）は，隣近所（海外）から85万円借りているのみで，同居（国内）の祖父と子どもたちから残り989万円借りている。その家計の借金は，祖父と子どもたちの債権（資産）でもある」となる。

　たしかに国債が国内で消化されている限り，その負債は同時に国民一人ひとりの資産でもあるといえる。したがって将来世代の負担とはならないので，積極財政を展開すべきという論者もいる。

　しかし，大量の国債残高（負債）があり，利子が発生している状況は財務を圧迫するので，**デフォルト（債務不履行）** 状態に陥る危険性がある。その危険性から，政府への信認が薄れ，大量の国債が消化されなくなると，国債価格暴落・財政破綻につながるおそれもある。仮に日銀が引き受けても紙幣の増発につながりインフレが急進する。また，国内金融資産の限界を国債残高が超えれば，海外比率（外国人の国債保有）は上昇する可能性もあるので，ギリシャやラテン・アメリカで起きた状況になることもありうる（➡p.356, 365）。

　デフォルトに陥った場合，日本国債価格は著しく低下するので，円の信用は失墜する。国債を保有している銀行の経営悪化・預金引き出し不可，輸入の停滞などで国民生活は崩壊することが考えられる。

4 借金増大の問題点

　たしかに，国の借金は，企業や家計とは異なる側面も持つ。民間に期待できない社会資本整備をし，現在・将来の国民の福祉に役立てる重要な役目があるし，景気対策は国民生活安定のために不可欠だ。だが，累積する借金の増大はⒹのような問題点を持っている。

D 借金増大による弊害（→p.215，純債務残高の対GDP比）

19 **1．財政の硬直化**
膨大な借金とその返済が，今必要とされる事項への財政支出を困難にする。

2．財政負担の世代間格差
膨大な借金の支払いが将来の国民に回る。現役世代の恩恵のために，その恩恵にまったく（一部しか）浴さない将来の国民に回すことは倫理的にも問題。

3．クラウディングアウト効果（Crowding Out Effect）
①国債の発行→②政府の資金需要が民間と競合→③金利上昇圧力。国債を通じて政府が世の中から資金を吸収すると，事業を起こそうと考えていた民間企業などはその分資金を借りにくくなってしまう。それが金利の上昇につながり景気を抑制する。

5 財政健全化に向けて

自民党政権は2011年度までに**基礎的財政収支（プライマリー・バランス）**を黒字化する「財政健全化目標」の下，歳出削減と歳入増を進めたが，2009年の政権交代もあり達成できず。累積的な財政赤字を減らすには，安定的な歳入の確保と歳出の削減を同時に進める他ないが，消費税率10％引き上げも6兆円増収分の使途変更と増税対策で，プライマリー・バランス黒字化目標は25年度に5年間先延ばし，さらに新型コロナの影響で早くても29年度達成と試算されている。

しかし増税（特に消費税引上げ）や予算カット（社会保障や公共事業）は反発も強い。国や地方の非効率を放置したまま国民に負担増を求めるのは論外だが，現在及び将来に関わるこの問題に，国民は決して無関心ではいられないのだ。

E 国のプライマリー・バランスの推移（補正後予算ベース）

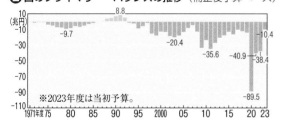

※2023年度は当初予算。

F プライマリー・バランスの対GDP比

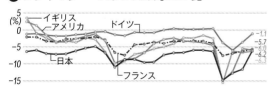

18 用語 **プライマリー・バランス**（PB，**基礎的財政収支**）…
政策にかかる経費を，その年の税収で賄えるかを見る指標。下の計算式がプラスであれば黒字，マイナスであれば赤字。

PB＝（歳入－新規国債発行額）－（歳出－国債費） 21

下の図のように，⑦はPBの「均衡」，⑦はPBの「赤字」，⑦はPBの「黒字」を意味する。

歳入 ⑦	歳出	歳入 ⑦	歳出	歳入 ⑦	歳出
公債収入	公債費	公債収入	公債費	公債収入	公債費
税収	政策経費	税収	政策経費	税収	政策経費

G 財政赤字解消の方策

安定的な歳入確保	歳出の削減
・税制改革…消費税引上げなど。 ・特別会計の統廃合…余剰金の活用。	・不必要な歳出の見直し…公共投資の見直し，公務員削減。 ・社会保障制度改革…年金改革など。

6 消費税導入以降の税制改革

年度	税制改革の内容
15 1989	**消費税導入**，所得税の累進性の緩和，少額貯蓄非課税制度廃止など
95	所得税減税，**消費税引上げ（5％，97年度実施）**
99	所得税の最高税率引下げ，所得税定率減税（07年度廃止），法人税率引下げ
2002	酒税，たばこ税増税（たばこ税は06，10年度にも引上げ実施）
03	証券税制改革
04	所得税から個人住民税へ税源移譲（～08年度）
09	エコカー減税など
12	民自公の三党談合で**消費税増税関連法案可決**→14年度から8％，15年10月から10％に引上げ
14	法人実効税率（34.62％，→p.183）を15年度から数年で20％台に引下げ方針。消費税引き上げ（8％）
19	消費税引き上げ（10％，軽減税率8％→p.218）

（10％への引上げは2度にわたり延期され，19年10月から実施。）

消費税導入以後の直接税減税・間接税増税の税制改革の実施は，実質的に高所得者減税・低所得者増税といった結果をもたらし，所得格差を増大させた。また，消費税増税の度に実質消費を冷え込ませ，名目GDP成長が鈍化し税収は減少，財政を悪化させた。10％増税の増収分5.7兆円（うち軽減税率導入で1.1兆円目減り）も，財政再建への使途は2.9兆円に留まり，増税後の経済成長率（19年10～12月期）はマイナス成長の見込みで**財政健全化につながるかは不透明**だ。

H 法人税率・消費税率の推移

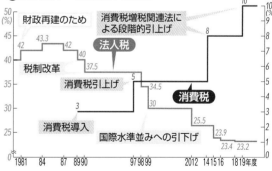

I 所得税率の推移

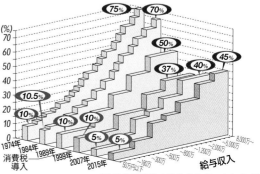

（**A**・**C**・**E**・**F**・**H**・**I**は財務省資料により作成）

現代経済

時事特集

7 消費税の「逆進性」

消費税などの間接税は，だれでも一律の税率なので，**所得の低い人ほど負担の割合が大きくなる**。そのため，**Ｊ**のように外国の消費税は，生活必需品が課税対象外だったり，特別に低い税率が導入されている。

1984年以降，直接税減税・間接税増税は，実質的に高所得者減税・低所得者増税の結果をもたらした。**Ｌ**のように，国民の所得格差は格段に広がっている。

Ｊ 主要国の付加価値税の概要 （2023年1月現在）

国名	税率	軽減税率
イギリス	20%	0%	食料品，水道水（家庭用），新聞，雑誌，書籍，国内旅客輸送，医薬品，居住用建物の建築，障がい者用機器等
		5%	家庭用燃料，電力等
フランス	20%	2.1%	新聞，雑誌，医薬品等
		5.5%	書籍，食料品，水道水，映画等
		10%	旅客輸送，宿泊施設の利用，外食等
ドイツ	19%	7%	食料品，水道水，新聞，雑誌，書籍，旅客輸送，宿泊施設の利用，映画等
スウェーデン	25%	6%	新聞，書籍，雑誌，旅客輸送等
		12%	食料品，宿泊施設の利用，外食等
日 本	10%	8%	飲食料品（酒類・外食等を除く），新聞の定期購読

Ｋ 消費税負担額の年収に占める割合 （2022年）

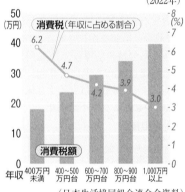

（日本生活協同組合連合会資料）

Ｌ 所得格差の拡大

所得の少ない下位20%と，所得の多い上位20%の当初所得の合計を比較すると…。

1984年
上位は下位の
13倍の所得

2002年
上位は下位の
168倍の所得

（厚生労働省資料）

Ｍ 所得税・法人税・消費税の税収の推移

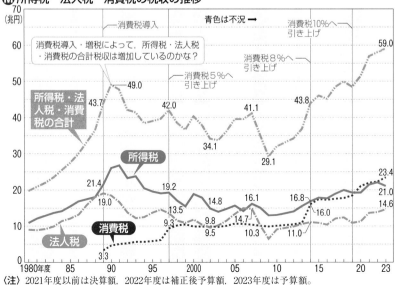

〈注〉2021年度以前は決算額，2022年度は補正後予算額，2023年度は予算額。

---

8 税制改革の視点

政府は，厳しい財政状況を踏まえつつ，社会保障関係費の増大に必要な財源を確保し，経済・社会の構造変化に適応した新たな税制を構築するとしている。

第一の課題は，税収をいかに上げるか。福祉目的のため消費税増税，所得税の控除制度見直しなどが検討されてきた中，2012年8月に民主・自民・公明の三党談合で**消費税増税関連法案が可決**された。所得税引下げ，規制緩和，法人減税，消費税引上げが，財界から繰り返し求められてきた経過を考えると，福祉目的というのは単なる口実とも取れる。**消費税などの間接税は逆進性がある**。租税の最大の基本原則は公平性であり，逆進性のある消費税は，諸外国では生活必需品が課税対象外または低税率の国も多い。また，所得分配機能が高い所得税や法人税についても「垂直的公平」の観点から再考する必要がある。

第二の課題は，税を経済の活性化や成長にどのように活用するか。租税特別措置の見直しも行われているが，それを既得権益化するのでなく，成長産業への投資といった本来の役割を果たすことが重要だ。産業の成長が将来の税収増をもたらすので，国家全体の戦略が必要となる。環境税や新エネルギーなど，地球環境を尊重する新しい経済成長の道も考えられている。

税収を増やし財政再建を果たすためには，何と言っても経済活性化，つまりデフレーションからの脱却が重要だ。198ページでも見たように，**適度なインフレーションは適度な経済成長・失業率の低下をもたらす**。それを目標にアベノミクスでは「日銀の金融緩和」と「大規模な財政出動」，そして企業の自由な活動に資する「成長戦略」，いわゆる三本の矢を展開した。法人税減税・消費税増税の税制改革，労働規制の緩和などの政策が，はたして総需要（輸出・消費・投資）を拡大し「適度なインフレーション」を作りだせるのか。財政再建にとっても国民生活にとっても重大な問題である。

Ｎ 各国の直間比率 （国税）

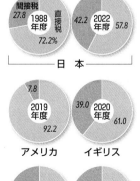

〈注〉日本の2022年度は当初予算。
（**ＪＭＮ**は財務省資料）

第３章 「現代経済」のまとめ Back up

項目	学習の内容

経済の三主体（P.178〜183）

(1) 経済の三主体
①**家計**…労働力，貯蓄，投資，消費　②**企業**…財・サービスの供給，投資　③**政府**…公共投資，社会保障
(2) 企業…私企業，第三セクター，公私合同企業，**公企業**
・会社企業の諸形態…**株式会社**，合同会社，合資会社，合名会社，有限会社（新設不可）
→経営参加権の違いによる**有限責任**と**無限責任**

独占と独占禁止政策（P.184〜188）

(1) **市場**…売り手と買い手の数と力関係（完全競争）
→公平と適正な価格の実現
(2) 価格の成立…①**均衡価格**（価格の決定と「**見えざる手**」）
②独占価格　③管理価格
(3) **独占・寡占**…**プライスリーダー**の形成と**価格の下方硬直性**

カルテル	価格や販路などの協定
トラスト	企業合同による競争回避
コンツェルン	金融・所有形態で他者を支配

・独占禁止政策…**独占禁止法**←**公正取引委員会**の監視

市場の失敗（P.190〜191）

(1) **市場の失敗**
①社会資本などの整備…市場に供給を期待できない
［対策］政府の積極的関与必要→公共事業の計画的運用
②**外部不経済**の存在…経済活動が生み出す弊害
［対策］外部不経済の内部化の努力→環境会計など
③独占・寡占…競争回避という市場の病変
［対策］独占禁止政策

国民所得と国富（P.192〜195）

(1) **フロー**の概念

国民総生産（GNP）	＝国民総支出（GNE）＝国民総所得（GNI）
国民純生産（NNP）	＝GNP－固定資本減耗分
国民所得（NI）	＝NNP－間接税＋補助金
国内総生産（GDP）	＝GNP－海外からの純所得

(2) **国民所得の三面等価性**
［例］生産国民所得（NIP）＝分配国民所得（NID）＝支出国民所得（NIE）
(3) 貨幣で計れない「豊かさ」…莫大な無休労働，LRI（暮らしの改革指数），**グリーンGDP**
(4) **ストック**の概念…国富（土地，住宅など）

経済成長と景気変動（P.196・197・419・420）

(1) **経済成長率**…年々のGDPの伸び率

名目GDP	物価上昇を考慮しない値
実質GDP	GDPデフレーターにより物価変動分を修正した値

(2) **景気循環**…好況・後退・不況・回復の４局面

景気循環	原因	周期
キチンの波	在庫循環	40か月前後
ジュグラーの波	設備投資	7〜10年
クズネッツの波	住宅建設	15〜25年
コンドラチェフの波	技術革新	40〜50年

(3) 物価と物価指数
・企業物価…企業間で取引される商品の価格の水準
・**消費者物価**…小売段階での財・サービスの価格の水準

	企業物価指数	消費者物価指数
高度成長期	安定	クリーピング・インフレ
石油危機	急上昇	急上昇（狂乱物価）
プラザ合意以降	安定	安定

・日本の物価

特徴	外国に比べて割高（**内外価格差**が大きい）
原因	日本経済の高コスト構造，ブランド志向，**公的規制**，**流通の系列化**，**複雑な流通機構**

インフレ・デフレ（P.198〜199）

(1) **インフレーション**…物価の持続的上昇・貨幣価値の下落
①**ディマンド・プル・インフレ**…超過需要による物価上昇
②**コスト・プッシュ・インフレ**…供給側の生産費用上昇による物価上昇
(2) **デフレーション**…物価の持続的下落・貨幣価値の上昇
→消費低迷・生産抑制が伴うと**デフレスパイラル**の危険
(3) **スタグフレーション**…不況下にインフレが進行する現象

貨幣と金融のしくみ・日銀と金融政策（P.200〜207）

(1) 通貨制度

制度	**金兌換制度**	**管理通貨制度**
紙幣の能力	兌換紙幣…金と交換可	不換紙幣…金と交換不可
長所	物価が安定	金融政策が行いやすい
短所	貿易赤字で金流出	インフレの可能性

・約束手形…満期に一定金額を支払う証券
・小切手…請求の日に一定金額を支払う証券
(2) 金融…資金調達の方法

自己資本	企業内で資金をまかなう。株式，内部留保
他人資本	企業外から資金調達。社債，銀行借り入れ
直接金融	社債・株式などで調達
間接金融	金融機関から借り入れ

・**信用創造**…銀行の信用に基づく価値の拡大，預金額の何倍もの預金通貨を創造→金融の緩和・引締め効果
(3) **日本銀行**…わが国の中央銀行
①働き…**発券銀行**，**政府の銀行**，**銀行の銀行**
②最高意思決定機関…**政策委員会**
③**金融政策**…**公開市場操作**を通じて金利を誘導
金融緩和：金利引き下げ→通貨供給量増加
金融引き締め：金利引き上げ→通貨供給量減少
(4) **日本版金融ビッグバン**…1997年に始まった金融自由化策

金融危機と金融再編（P.208・209）

(1) バブルを招いた金融緩和
・**プラザ合意**（1985）…円高ドル安誘導
・**ルーブル合意**（1987）…ドル安を止めるため協調介入
・金融緩和…ルーブル合意を受けて低金利政策実施
→ドル安止まらず
・資産インフレ…株価・地価が上昇→バブル景気
・バブル崩壊（1990）→平成不況へ
(2) 金融破綻の処理…**金融庁**主導，破綻金融機関増加
(3) 預金者自己責任の時代へ…**ペイオフ実施**（2005年4月から）
・銀行統合→三大メガバンク時代へ
(4) サブプライムローン問題
リーマンショック→世界的金融危機

財政政策の方法と課題（P.210〜218）

(1) **財政**…内閣が予算を作成し，国会が議決
①働き…資源配分の調整，所得の再分配，経済の安定化
②悪化する財政事情…税収の落ち込み，高水準の公共投資
→国債費の負担増加
③**財政投融資（第二の予算）**…政府による投資・融資の計画
(2) 租税
［戦後］**直接税**中心主義←**シャウプ勧告**による
↓**直間比率の見直し**
［現在］間接税の比率増加…消費税など
・消費税…消費税率引き上げをめぐる論議
→**1989年に消費税導入**（3％），1997年５％に引き上げ
→2004年**総額表示方式**開始→2014年８％→2019年10％
(3) 公債…債券発行をともなう国・地方自治体の借金
①財政法による制約…財政健全化とインフレ抑制のため
②国債の種類
- **特例（赤字）国債**…一般財源に使用
- **建設国債**…特定の事業に使用

③赤字国債の問題点…財政の硬直化，子孫への負担増加

1 戦後日本経済史

- 戦争を準備した日本経済をデータで確かめる。
- 財閥解体の意味を考える。

 公平性　 持続可能性

恐慌克服は軍国化とともに

突出した軍事費

1 世界恐慌の影響

Ａ 国家予算に占める軍事費の割合

> 膨大な戦費は増税と国債で賄われた。1945年末の国債残高1,439億円。

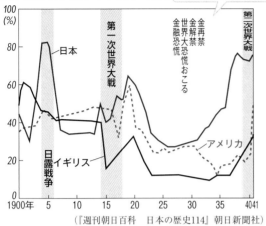

（『週刊朝日百科　日本の歴史114』朝日新聞社）

解説 回復要因は軍国主義　日本では，1927年にも金融恐慌が発生しており，その跡が見える。長く深い不況から脱却した要因は，軍事予算だった。

裏白紙幣　恐慌鎮静のために1927年に発行

2 工業の急速な発展——工業生産の長期的動き

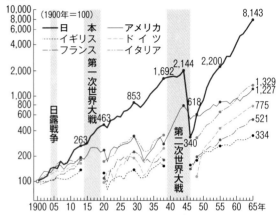

凡例：
- 日　本
- アメリカ
- イギリス
- ド イ ツ
- フランス
- イタリア

（1900年＝100）

日露戦争　263　463　853　1,692　2,144　2,200　8,143
第一次世界大戦
第二次世界大戦　618　340

1,329／1,227／775／521／334

（宮崎勇『日本経済図説』岩波新書）

解説 戦争とともに　日本の産業革命は日清戦争から日露戦争の時期とされ，1901年には八幡製鉄所が操業を開始している。第一次世界大戦による好景気で日本経済は帝国主義列強の仲間入りを果たす。大戦開始の1914年から終結翌年の19年の間に工業生産は5倍以上になり，債務国から債権国に変わった。しかしその後は戦後恐慌，震災恐慌，昭和に入っての**金融恐慌**，**世界恐慌**と相次ぐ不況の中で，そのはけ口を戦争に求めていった。

財閥の組織と解体

軍国の清算

3 財閥の組織——三菱の場合

→ 持株率50％以上
→ 50〜10％
→ 10％未満

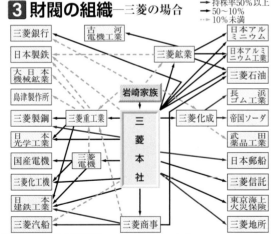

三菱銀行／古河電機工業／日本アルミニウム／日本製鉄／三菱鉱業／日本アルミニウム工業／大日本機械鉱業／三菱石油／島津製作所／長浜ゴム工業／岩崎家族／三菱製鋼／三菱重工業／三菱化成／帝国ソーダ／日本光学工業／三菱本社／武田薬品工業／国産電機／三菱電機／日本郵船／三菱化工機／三菱信託／日本建鉄工業／東京海上火災保険／三菱汽船／三菱商事／三菱地所

（持株会社整理委員会『日本財閥とその解体』）

解説 財閥の産業独占　明治初期に政府と結びつき，政商として活躍することでその基礎を築いた**財閥**は，第一次世界大戦前後には傘下の諸事業を独立の株式会社として自立させ，中心の本社が持株会社として支配するというコンツェルンの形を完成させた。三井・三菱・住友・安田の4大財閥は全国企業払込資本金で金融業49.7％，重工業32.4％，全体で24.5％を支配下におさめ，他の新興財閥を含めると35.2％をおさえた。

財閥解体　三井本店から運び出される株券（東京都1946.10.8）

4 経済民主化政策

Ａ GHQの指令による経済民主化政策（3大改革）

財閥解体	農地改革	労働関係民主化
持株会社整理委員会により財閥解体	1946年の自作農創設特別措置法により寄生地主制解体	治安警察法・治安維持法廃止（➡p.57），労働三法制定（➡p.252）

Ｂ 財閥解体の経緯

1945.11	**財閥解体**　GHQ，財閥解体と15財閥の資産凍結指令
1946. 4	**持株会社整理委員会**発足（財閥解体の執行機関）
. 9	財閥解体の指定開始
1947. 9	5次の指定

財閥本社（持株会社など42社）の解散と財閥本社を含む83社及び財閥家族個人（56人）の持株処分。大企業245社の幹部1,500人公職追放。財閥系1,600社の役員2,200人の追放。三井物産と三菱商事はそれぞれ170社，120社に分割（1947.7）。

1947.12	**過度経済力集中排除法**　公布—48.2　325社指定
1948.12 〜 1950.10	日本製鉄・三菱重工業・王子製紙・大日本麦酒など11社の分割。日立・東芝・日立造船など7社につき一部の工場や子会社の処分（325社中，適用企業18社）。
1947. 3	**独占禁止法**　制定（➡p.187,188）

解説 経済民主化　日本経済の非軍事化と民主化を進める占領政策により，**農地改革**，**労働関係民主化**とともに**財閥解体**がGHQの指導下で，持株会社整理委員会を中心に行われた。この結果，財閥系83社と財閥家族56人所有の株式が公開され，三井・三菱など財閥本社・商社は解散，人的支配網も切断された。

プラスα　戦後の経済民主化政策の一方で，良い意味でも悪い意味でも戦時体制が戦後の経済システムに継承されているものは多い。例えば，**中小企業下請制・年功序列型賃金・終身雇用・食糧管理制度・健康保険・年金保険**など。

パイの一切れの大きさは包丁の切り方によるばかりでなく、パイそれ自身の大きさに依存する。

高碕 達之助 [日：1885～1964] 政治家・実業家。この言葉は「もはや戦後ではない」と記された1956年の経済白書・前書きの一節。戦後10年で目ざましい復興を遂げた日本の、さらなる経済発展のために国民所得の拡大をうたっている。

敗戦直後の経済政策

⑱ 5 傾斜生産方式 （1946年末）

A 全金融機関の設備資金融資残高に占める復金融資の比率

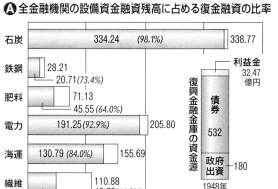

石炭 334.24 (98.1%) 338.77
鉄鋼 28.21 20.71(73.4%)
肥料 71.13 45.55 (64.0%)
電力 191.25(92.9%) 205.80
海運 130.79 (84.0%) 155.69
繊維 110.88 49.75 (44.9%)

利益金 32.47 億円
復興金融金庫の資金源
債券 532
政府出資 180
1948年

0億円 100 200 300 400

（宮下武平『国家資金』中央経済社）

解説 まず基幹産業の復興から 国富の4分の1を失った敗戦国日本。生産復興に重点傾斜をつける、傾斜生産方式が採られた。石炭・鉄鋼などの基幹産業部門は、物資や復興金融金庫融資の優先割当てなど、復興の手が集中された。この措置には復興金融債の発行による資金が充てられたため、**悪性インフレ**の一因となった（→ 6 , p.198）。

B ヤミ価格

品　目	基　準	ヤ　ミ
白米1升	0.53円	70円
ビール大	2.85円	20円
砂糖1貫目	3.79円	1,000円
菜種油1斗	26.80円	2,000円
醤油2リットル	1.32円	60円

（昭和20年10月警視庁調べ）

解説 闇市 圧倒的な物資不足は、闇市を栄えさせ、実勢価格をつり上げた。生活に必要なものほど、実勢価格の高いことがわかる。新円切り換えは、こうした中、行われた。

⑮ 6 悪性インフレと新円発行

A 日銀券発行残高推移

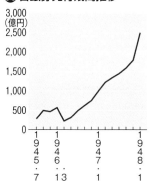

3,000 (億円)
2,500
2,000
1,500
1,000
500
0
1945・7 1946・1 3 1947・1 1948・1

証紙を貼った旧円

解説 復興とインフレ
高い通貨発行残高は、インフレを意味した。戦時中の強制預金の一斉引出し、1945（昭和20）年度臨時軍事費のうち266億円が、解約金として業者に支払われたこと、占領軍住宅建設に120億円余りを要したことなどが原因だ。
1946（昭和21）年2月、新円発行を断行、3月3日をもって旧円を失効させ、通貨の吸収を図ったが、復興資金需要から半年後には、より悪性のインフレに移行（→p.198）。
写真は、新円の印刷が間に合わず、証紙を貼って流通した旧百円札。

⑱ 7 経済安定9原則とドッジ・ライン

経済安定9原則 （1948.12GHQ指令）	ドッジ・ライン （1949.3実施） ⑯
①均衡予算	①単一為替レートの設定 ⑭ （1ドル＝360円）
②徴税促進	②超均衡財政
③融資の制限	③シャウプ勧告による課税合理 ⑳ 化と税収入確保（直接税中心へ）
④賃金安定の振興	
⑤物価統制	④価格差補給金の縮減
⑥貿易と為替統制の強化	⑤復金の活動停止と見返資金創設
⑦輸出の振興	⑥産業別傾斜生産方式から企業 別集中生産へ
⑧主要国産原材料と製品 の増産	⑦輸出第一主義
⑨食糧供出の効率化	

↓GHQ財政顧問のドッジ（右）と池田勇人大蔵大臣

用語 竹馬経済…ドッジの記者会見での言葉（1949.3）。「日本の経済は両足を地につけず竹馬に乗っている。竹馬の片足は米国の援助（**ガリオア・エロア**）、他方は国内の補助金であり、竹馬の足を高くし過ぎると転んで骨を折る危険がある」。1945～48年の輸入の3分の2は米国の対日援助輸入であった。

解説 デフレ政策 1948年、極東情勢の変化に伴い、日本の経済的安定と自立を図ろうとしたアメリカは**インフレ抑制と経済自立のため、経済安定9原則**を指令、1949年来日した**ドッジ**によって推進された。その中心になるのは、**超均衡財政**と**単一為替レート**設立であり、デフレ政策によって不況に陥った。

8 朝鮮特需

A 特需の動き

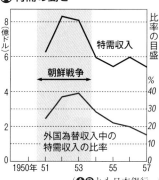

8 (億ドル)
6
4
2
特需収入
朝鮮戦争
比率の目盛 %
40
30
20
10
外国為替収入中の特需収入の比率
1950年 51 53 55 57

B 主要物資の契約高
（1950.7～55.6）

3億4,720万ドル
綿布
麻袋
石炭
兵器
物資

3億6,800万ドル
機械修理
電信・電話
荷役・倉庫
自動車修理
建物の建設
自動車部品
サービス

（AB とも日本銀行、経産省資料などより作成）

解説 戦争と特需 ドッジ・ラインによるインフレ収束は、安定恐慌を招き、中小企業が多く倒産した。**朝鮮戦争（1950～53）**とそれに伴う**特需**はこの状況を一変させた。さらに1954年に始まる神武景気（→p.416）によって、日本経済は戦前を上回る水準にまで回復し、1956年の経済白書には**「もはや戦後ではない」**と記された。しかし神武景気による国際収支の赤字化は外貨不足を招いたため（**国際収支の天井**）、日本銀行は強力な金融引き締め策をとった。これにより神武景気は後退し、「**なべ底不況**」が到来した。

↓朝鮮特需　照明弾の製造

プラスα 敗戦直後の食糧難の中、アメリカの宗教団体・労働団体からなるララ（LARA）が、1946年から1952年まで食料・衣服などの救援物資を送り、日本人の多くを飢えから救った。1947年に学校給食が始まるが、これもララ物資によるところ大であった。

統制は人の心を萎縮させてしまう。国民の活力をあふれさせることによってのみ、国は栄えるのだ。（1961年，東南アジア歴訪時）

池田 勇人［日：1899〜1965］　元首相。佐藤栄作とともに吉田茂の右腕として外交や安全保障問題に関与。1960年の首相就任後は、所得倍増計画を発表し、日本の高度経済成長を実現させた。

高度経済成長

9 わが国の経済成長率と主要国経済諸指標

A 経済成長率の推移（昭和40年＝1965年）

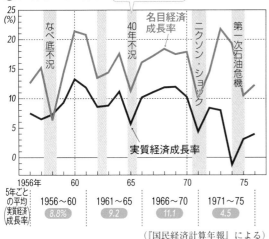

『国民経済計算年報』による

5年ごとの平均（実質経済成長率）	1956〜60	1961〜65	1966〜70	1971〜75
	8.8%	9.2	11.1	4.5

B 主要国の経済諸指標（1961〜70年平均増大）

区　分	実質経済成長率	鉱工業生産	設備投資	労働生産性	輸出	輸入
日　本	11.1	14.1	15.2	11.1	17.1	15.9
アメリカ	4.1	4.5	3.9	3.1	7.7	10.2
イギリス	2.8	2.8	4.7 *	3.2 *	6.7	5.7
旧西ドイツ	4.8	5.8	5.7 *	6.0 *	11.0 *	10.8 *
フランス	5.8	6.0	9.1 *	6.4 *	10.1	11.7
イタリア	5.6	7.1	5.2 *	6.4 *	13.8	12.6
カナダ	5.2	6.4 *	5.4 ※	4.3 *	11.1	9.6

〈注〉＊は1961〜69年平均，※は1961〜68年平均。単位は％。
（林直道『現代の日本経済』青木書店）

解説 突出した日本の成長　各国データを比べると明らかだが，なべ底不況脱却後の日本の成長は著しい。豊富な設備投資を支えたのは……（➡12）。

10 所得倍増計画 ─「国民所得倍増計画」（1960年12月閣議決定）

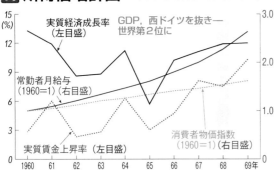

解説 公約は果たした　1960年（昭和35年）池田内閣は年率9％の経済成長と，これにより10年間で国民所得（NI）を倍にするという公約を発表した。積極的な公共投資を行い，活発な民間設備投資を誘導した結果，「単なるインフレに終わるのでは」とのおおかたの予想を裏切って，公約を達成した。

⬆池田勇人首相

Focus フォーカス 全国総合開発計画

政府は4回にわたり「全国総合開発計画」を策定した。その始まりは「高度経済成長」である。初期のころから大都市と地方との格差是正という課題が見られるが，これは現代にもあてはまる。

A 全国総合開発計画の概要

全国総合開発計画（全総）
- ・1962年閣議決定（池田内閣）
- ・目標：地域間の均衡ある発展
- ・拠点開発構想…開発拠点を配置し，東京等の大都市と関連性を強める。

新全国総合開発計画（新全総）
- ・1969年閣議決定（佐藤内閣）
- ・目標：豊かな環境の創造
- ・大規模プロジェクト構想…新幹線，高速の整備。過密過疎，地域格差解消。

第三次全国総合開発計画（三全総）
- ・1977年閣議決定（福田内閣）
- ・目標：人間居住の総合的環境の整備
- ・定住構想…大都市への集中を抑制。地方を振興し，過密過疎問題に対処。

第四次全国総合開発計画（四全総）
- ・1987年閣議決定（中曽根内閣）
- ・目標：多極分散型国土の構築
- ・交流ネットワーク構想…地域整備。基幹的交通，情報・通信体系の整備。

11 耐久消費財

A 耐久消費財普及率（一般世帯）

（内閣府資料）

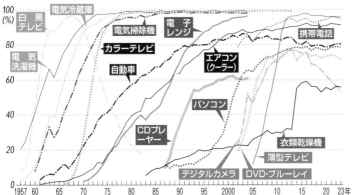

B 耐久消費財のキャッチコピー

キャッチコピー	三種の神器	3C	デジタル三種の神器
時代 18	1950年代後半	1960年代半ば	2003年頃
あこがれとなった商品	白黒テレビ，電気洗濯機，電気冷蔵庫	カラーテレビ，クーラー，自動車（英語の頭文字がすべてC）	デジタルカメラ，DVDプレーヤー，薄型テレビ（すべてデジタル家電）

プラスα　高成長率を維持した間，わが国の公定歩合は6％台と比較的高い水準で推移した。インフレ懸念からだ。しかし80年代後半のバブル景気の頃は，2〜3％台。バブル崩壊後，アップさせたが後の祭りだった。

12 高度経済成長の要因

A 高度経済成長の要因

要因		内　　容
国内的要因	政府	・港湾・道路等，インフラ整備への公共投資
	家計	・農村から都市への労働人口の移動 ⑬ ・ベビーブームを背景とした高い人口増加率 ・耐久消費財の消費 ・高い貯蓄率
	企業	・民間設備投資の拡大 ・安価で高品質の耐久消費財の大量生産 ・海外技術導入とその改良→生産性向上
海外的要因		・安い原油（１バレル＝２ドル） ・単一為替レート（１ドル＝360円）

（間接金融）

⑭

B 膨大な設備投資（1955年，70年の比較）

項　　目	構　成　比		B-A 構成比 の増減	55～70年 年平均 増加率	55～70年 増　加 寄与率
	Ⓐ1955年	Ⓑ1970年			
個人消費支出	62.5%	48.9%	- 13.6%	8.5%	44.8%
民間設備投資	**9.1**	**22.9**	**+13.8**	**17.3**	**27.1**
民間住宅建設	3.2	6.2	+3.0	15.1	7.0
政府経常支出	14.0	7.0	- 7.0	5.3	4.9
政府資本形成	5.7	8.5	+2.8	13.5	9.3
在庫投資	4.0	5.1	+1.1	12.1	5.4
輸出など	7.8	13.7	+5.9	14.5	15.5
輸入など（控除）	6.3	12.2	+5.9	15.3	13.8
国民総生産	100.0	100.0	±0.0	10.3	100.0

（三和良一『概説日本経済史近現代』東京大学出版会）

解説 高い貯蓄率 高度成長期の特徴は，膨大な民間設備投資にある。池田内閣以降の産業保護・育成策と高い貯蓄率を背景に，企業は積極的に設備投資を行い，空前の経済成長を達成した。わが国の産業構造は大きく変化し，先進国並に第二・第三次産業の比率が増大した。大量消費生活様式が国民に浸透し，耐久消費財普及など生活水準は向上したが，一方で農村の過疎化や都市問題，公害問題や社会資本不足などが徐々に深刻化した。

C 主要国の個人貯蓄率の推移　（『国際比較統計』1997）

年　次	日　本	西ドイツ	アメリカ	イギリス
1966～70	*16.6%*	*16.3%*	*7.5%*	*5.5%*
71～75	*20.6*	*15.3*	*8.2*	*7.4*
76～80	*20.1*	*12.6*	*8.7*	*8.3*
81～85	*16.6*	*11.9*	*8.2*	*6.9*

D 石油価格と実体経済の関係

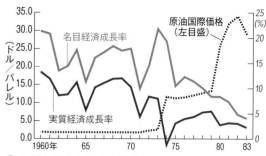

E 物価と賃金上昇率の推移

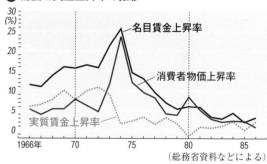

（総務省資料などによる）

解説 安かった石油 高度成長のもう一つの要因は石油の安定・低価格だ。石油は主力燃料・原料であり，1973年10月の**第四次中東戦争**を契機とした中東諸国の原油価格引上げが，高度成長を終わらせるきっかけとなった。この後，政府は民間に石油・電力の20%削減を呼びかけ，企業は生産の効率化に乗り出す。

石油危機を経て ・・・・・・ 進む省エネ・効率化

13 石油危機

→**第一次石油危機** トイレットペーパーの買いあさりパニック（東京都港区のスーパー　1973.11.21）

解説 狂乱物価 1973年の第一次石油危機により原油価格が高騰し，各地でトイレットペーパーの買い占め騒ぎが起こった。あらゆる商品が一斉に値上がりし，中には便乗値上げもあり，当時の福田赳夫（→p.163）蔵相が「**狂乱物価**」2018⑬⑰と呼んだ。1974年2月には卸売物価が37%，小売物価が25%も上昇した。

㉓ **用語 第一次石油危機**…1973年10月に勃発した第四次中東戦争を機に，OAPECが実施した石油戦略（原油生産の削減・イスラエルを支持する国への禁輸）や，翌1974年のOPECによる原油価格4倍へ引き上げなどによって，日本国内でもインフレ，石油売り惜しみなど，経済・社会に大きな影響が出た（→p.353，375）。

第二次石油危機…1979年のイラン革命の影響でイランの石油生産が中断，多くを輸入していた日本は石油不足となった。さらに原油価格も第一次石油危機なみに高騰した。

14 資源エネルギーの経済効率

A 石油原単位の推移

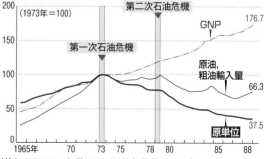

〈注〉（1）GNP：実質GNP（1980年価格，1973年＝100），88年は第3四半期までの平均　（2）原油・粗油輸入量（1973年＝100）（3）原単位＝(2)÷(1)（実質GNPを1単位ふやすための原油の要輸入量の比率）　　（『朝日ジャーナル』1989.5.5～12）

解説 変貌する日本経済 石油危機により，公共投資を拡大しても大きな効果は現れず，**スタグフレーション**（不況とインフレの同時進行）となった。1979年の第二次石油危機以降，産業界は生産の効率化を強め，堅実な経済成長に移行していく。

プラスα 減量経営 機械化により正社員の雇用数を減らし，パートや派遣社員などの非正規雇用の数を増やし景気変動に備えること。石油危機後の日本では，人員整理や新規採用の抑制などによって経済の「低成長」に対応した。

⑮ バブルの始まり―プラザ合意

Ⓐ プラザ合意からバブル経済への流れ

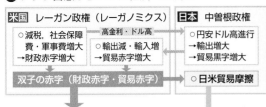

米国 レーガン政権（レーガノミクス）	日本 中曽根政権
○減税，社会保障費・軍事費増大→財政赤字増大　高金利・ドル高　○輸出減・輸入増→貿易赤字増大	○円安ドル高進行→輸出増大→貿易黒字増大
双子の赤字（財政赤字・貿易赤字）	日米貿易摩擦

1985年9月　プラザ合意（ドル高是正，円高誘導）⑯

日本への影響

○円高不況（1ドル240円台が2年で120円台へ）・輸出減少→企業の生産拠点の海外移転増加（産業の空洞化）・国内の設備投資・労働需要減少	○内需主導型経済へ・「前川レポート」…①外需主導から内需主導へ，②製造業からサービス業へ，③規制緩和推進

超低金利政策（公定歩合5.0%→2.5%へ）⑮

○金あまり現象・低調な国内の資金需要の下で，低金利によって通貨供給量が増大（過剰流動性）	○バブル景気（1986.11〜91.2）・過剰流動性が投機資金へ→不動産価格・株価高騰（資産インフレ発生）

Ⓑ 1980年以降の円相場と株価の推移

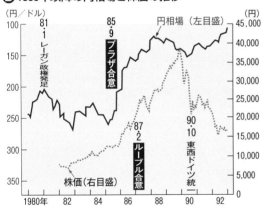

Ⓒ 1980年代の対外投資

（『経済白書』1990）

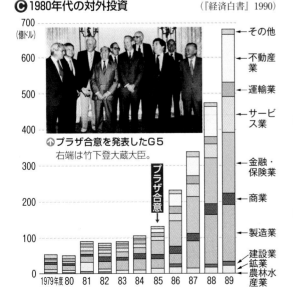

↑プラザ合意を発表したG5
右端は竹下登大蔵大臣。

Ⓓ 金融超緩和政策―公定歩合の推移（→p.205）

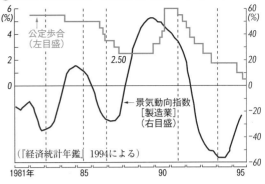

（『経済統計年鑑』1994による）

Ⓔ 日本の対外純資産の推移

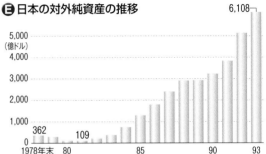

Ⓕ 対東アジア直接投資の推移（製造業）

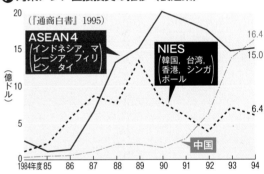

解説　通貨供給が増大　プラザ合意では，米・日・西独・仏・英が，「高すぎるドル」に対して協調介入，ドル安誘導することになった。その後のドル安は，**円高不況**と呼ばれる深刻な不況をもたらした。日本は円高に対し**円売り・ドル買い**を行うとともに，公定歩合を2.5%に引き下げる**超低金利政策**などの金融緩和政策を実施。その結果，**通貨供給量が増大**し過剰流動性を招いた。
　豊富な市中資金は，株式や土地などの資産に向かい，価格をつり上げた。ドル買いで得た外貨は，**海外直接投資**に振り向けられ，日本の対外資産も増加した。過度な投機熱による資産価格の高騰が，バブル経済の実態である。

⑯ **用語　プラザ合意**…1985年9月22日，ニューヨークのプラザホテルで開催されたG5（先進5か国財務相・中央銀行総裁会議）での，**ドル高是正・円高誘導**に関する合意。
　ルーブル合意…1987年2月22日，パリのルーブル宮殿で開催されたG7（先進7か国財務相・中央銀行総裁会議）での，プラザ合意によって進んだ**ドル安に歯止め**をかけるための合意。だが，ドル安の流れは止められなかった。

⑱ **前川レポート**…元日銀総裁の前川春雄氏ら財・学・官界のトップクラスで構成する研究会（日米貿易摩擦打開のために中曽根内閣が設置した諮問機関）が，1986年4月に発表した経済構造転換の提言。①輸出主導から内需主導へ，②製造業からサービス業へ，③規制緩和，④金融の自由化・国際化，⑤国際協調などが主な内容。その後の日本経済の基盤となった。

プラスα　内需主導型経済　国内需要の拡大を促して経済成長を目指す政策。日本では石油危機後の減量経営により，外需（輸出）の依存傾向が強まったが，プラザ合意後の円高不況で輸出が減少。そこで，1987年5月に公共投資拡大等の内需拡大政策が決定された。前川レポートもそれを後押しした。

貧すも親切，貸さぬも親切。

小原 鐵五郎〔日：1899〜1989〕　城南信用金庫3代目理事長。「貸すも親切，貸さぬも親切」「儲け主義の銀行に成り下がりたくない」などの経営哲学の下，バブル期には投機的融資を断っていたため，バブル崩壊後も取引先に損害をかけず，健全経営を維持したという。

はじけたバブルと平成不況　　失われた10年

16 バブルの終わり

Ⓐ バブル崩壊の流れ

1987年2月　ルーブル合意…プラザ合意後，歯止めがかからなくなったドル下落に対し，G7が協調して対応

米国	金利（公定歩合）引上げ…5.5%→6.0%（9月）
各国	金利（公定歩合）引下げ・西独3.5%→3.0%（1月）・日本3.0%→2.5%（2月）

しかし「双子の赤字」は改善どころか拡大傾向に → 各国 金利引上げ検討

さらなる金利引上げか？　市場の予想　ルーブル合意破綻か？

米国 ブラックマンデー（1987.10.19）…ニューヨーク株式市場で株価大暴落，1日で株価22.6%下落 →世界同時株安へ

日本	金利引上げ見送り→金あまり現象・バブル景気が加速	各国	金利引上げ・西独…1988年7月から段階的に引上げ

【不動産価格上昇の構図】

この借金でまた土地を買おう！
10億円の土地を担保に借金したい → 銀行
10億貸します

いつまでも値上がりし続けるという雰囲気。

○1989年5月　金利引上げへ転換（公定歩合2.5%→3.25%へ）→以後，段階的引上げで1990年8月には6.0%
○1989年12月　土地基本法成立…「第4条　土地は，投機的取引の対象とされてはならない。」
○1990年4月　土地関連融資の総量規制（大蔵省通達）

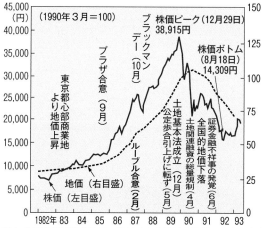

バブル崩壊　株価・不動産価格が暴落
売っても返せない → 不良債権化 銀行 貸し渋り（あまりお金を貸さない）経営悪化 企業 経営悪化
担保土地5億円　不動産価格下落
平成不況「失われた10年」へ

Ⓑ 株価・地価の動き

株価ピーク（12月29日）38,915円
株価ボトム（8月18日）14,309円
ブラックマンデー（10月）
プラザ合意（9月）
東京都心部商業地より地価上昇
ルーブル合意（2月）
地価（右目盛）
株価（左目盛）
土地基本法成立（12月）
土地関連融資の総量規制（4月）
公定歩合引上げに転ず（5月）
証券金融不祥事の発覚（6月）
全国の地価上昇（7月）

〈注〉株価は日経平均株価，地価は市街地価格指数の六大都市全用途平均。　　　　　　　　　『経済白書』1993

解説 **暗黒の月曜日後も低金利**　1987年2月，G7は，これ以上のドル安は好ましくないとして安定化協調で合意（**ルーブル合意**），米国は金利引上げに入った。しかし，日米欧の政策協調の足並みが乱れ，ドル安はその後も止まらなかった。ニューヨークでの株価が大暴落した**ブラックマンデー**はこうして訪れた。協調から離脱した他国と異なり，日本は低金利策を続け，資産インフレが進み，後の平成不況を長引かせてしまった。

17 平成不況における経済指標

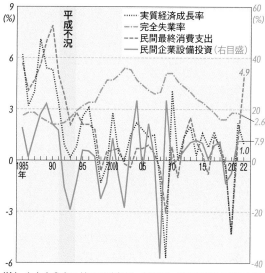

平成不況
…… 実質経済成長率
‑‑‑‑ 完全失業率
‑‑‑‑ 民間最終消費支出
―― 民間企業設備投資（右目盛）

4.9
2.6
7.9
1.0

〈注〉完全失業率以外は対前年比。（内閣府，総務省資料などによる）

解説 **低迷する景気**　1990年の日本は株価の暴落とそれに続く長い不況の幕開けだった。90年代は，企業が過剰な設備と人員を整理し（リストラ），適正な投資水準まで戻す過程だった。**金融機関も資産インフレ時代の後遺症で多額の不良債権を抱え，貸し渋りに走ったため，新規設備投資を呼び覚ますことは困難だった。** 将来への不安から，消費支出も漸減した。

18 「失われた10年」

Ⓐ 主要国との経済比較 （IMF資料）

	1981〜91年（%）			1992〜2001年（%）		
	実質成長率	インフレ率	失業率	実質成長率	インフレ率	失業率
日　本	3.9	2.2	2.5	0.9	0.4	3.6
フランス	2.3	6.1	9.3	2.1	1.6	10.6
ドイツ	2.6	2.7	7.1	1.7	2.1	7.3
イギリス	2.4	6.1	9.8	2.9	2.1	7.7
アメリカ	3.0	4.1	7.1	3.4	2.7	5.4

Ⓑ 公的資金の収支決算

不良債権問題への対処のため，金融機関に公的資金が注入されたこと。

目的	預金者保護	銀行への資本注入	破綻銀行などからの資産買い取り	一時国有化銀行など	合計
投入額	18.6兆円	34行に12.4兆円	9.7兆円	5.9兆円	46.7兆円
回収状況	10.4兆円の損失確定	実回収額10.5兆円（額面9.2兆円）	回収額9.5兆円（簿価7.4兆円）	回収額4.8兆円	—
最終的な収支は？	残額は預金保険料で穴埋めして−10.4兆円	残る資産（額面3.2兆円）の売値次第で+1〜2兆円？	残る資産（簿価2.1兆円）の売値次第で+1〜2兆円？	−1兆円？	−8兆〜−9兆円？

（『失われた〈20年〉』岩波書店）

解説 **バブル崩壊後**　バブルの崩壊以降，日本は「**失われた10年**」と呼ばれる長期経済停滞に陥った。多くの金融機関が破綻し，そこには多額の公的資金（税金）が投入された。また，財政出動によって国の借金も増加した。

プラスα　「土地の価値は減じない」という「土地神話」。これがバブルの余剰資金を吸収した。企業は「安全な」保有資産として土地に投資したし，銀行も担保として絶大な信頼を寄せた。そのしっぺ返しは大きかった。米のサブプライムローン問題（→p.349）も，「住宅神話」が原因だった。

日本経済

19 構造改革 （→p.177）

A 構造改革—小泉内閣2001〜06年

目 標	「小さな政府」「官から民へ」「中央から地方へ」	
主な施策	・金融分野等の規制緩和（→p.206） ・郵政事業などの民営化（→p.130） ・社会保障の抑制（→p.274,276） ・三位一体改革など（→p.147）	
結 果	**プラス** 戦後最長の景気…いざなみ景気（→p.416）	
	マイナス 格差の拡大（→p.268）	

解説「聖域なき構造改革」 **構造改革**とは，自由な経済活動と市場機能が十分に機能するために，妨げとなる規制や制度の見直し・廃止を行うこと。小泉内閣のもと，バブル崩壊後の不況とデフレ脱却のため，郵政事業の民営化，特殊法人改革，不良債権処理といった**公共サービスの民営化**や**規制緩和**などの政策が実行された。いわゆる「痛み」をともなう改革であり，大企業を中心に業績が回復したが，国民に「格差」が拡大した。

20 アベノミクス （→p.207）

A アベノミクス—第二次安倍内閣2012〜20年

目 標	デフレからの脱却めざす，2%程度のインフレ目標	
主な施策	「3本の矢」…金融政策＋財政政策＋成長戦略	
結 果	**プラス** 大企業中心の業績回復（→p.183,230）	
	マイナス 格差の拡大（→p.268）	

B アベノミクスの内容と消費税増税

①第1の矢「金融政策」	ねらい
日銀の異次元金融緩和（2013.4〜） ・長期国債・リスク資産等の市場からの買入れを大幅増 ・2年間でマネタリーベースを2倍 ・2年以内に消費者物価上昇率2%（インフレ目標）	資産インフレ・国債価格上昇（→p.214） ↓ 長期金利低下 ↓ 企業の設備投資拡大

②第2の矢「財政政策」	ねらい
10年で200兆円の財政出動	景気の下支え

③第3の矢「成長戦略」	ねらい
・法人税率引下げ案（2015年度〜） ・TPP交渉の早期妥結 ・産業競争力会議の規制改革案…国家戦略特区での解雇規制緩和，残業代ゼロ制度など	企業・産業の競争力強化 ↓ 業績回復

＋

消費税増税	5%→8%（2014.4実施） 8%→10%（2019.10実施）	→	消費冷え込み

C アベノミクスの成果—2012年から約7年での変化

	経済指標	アベノミクス開始	アベノミクス終了
国	実質GDP	518兆円（2012年）	553兆円（2019年）
	国・地方の長期債務残高[対GDP比]	932兆円[187%]（2012年度末実績）	1,106兆円[199%]（2019年度末実績）
	日銀の国債保有比率	11.5%（2012年12月末）	47.2%（2020年3月末）
生活	労働者の給与額（平均年収・税引前）	352.1万円（2012年）	387.9万円（2019年）
	完全失業率	4.1%（2012年11月）	2.8%（2020年6月）
	女性の就業者数	2,657万人（2012年平均）	3,007万人（2019年平均）
企業・市場	企業の内部留保の総額	304兆円（2012年度末）	475兆円（2019年度末）
	日経平均株価	10,080円（2012年12月25日）	22,882円（2020年8月28日）
	円相場（東京市場）	1ドル=84円80銭（2012年12月25日）	1ドル=106円08銭（2020年8月28日）

（『中日新聞』2020.8.29，財務省・国税庁資料などにより作成）

D 一人当たり実質賃金の推移

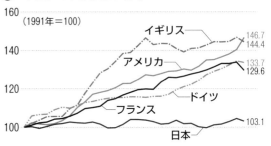

（1991年=100）　イギリス 146.7　144.4　アメリカ 133.7　129.6　ドイツ　フランス　日本 103.1

（内閣府『令和4年度　年次経済財政報告』により作成）

解説 3つの政策をミックス　**アベノミクス**とは，2012年から2020年まで続いた第二次安倍内閣が実施した経済政策の俗称。第1の矢：金融政策，第2の矢：財政政策，第3の矢：成長戦略を柱とした，「3本の矢」と呼ばれる経済政策を中心に，デフレ脱却と円高是正を目指した。**C**のようにアベノミクスで経済は浮揚したが，一方で批判もある。例えば，「労働者の給与額」は上昇したが，**D**の「一人当たり実質賃金」は1991年から2020年まで日本はほぼ横ばい。実質賃金は，消費税も含めた消費者物価指数から算出されるため，**消費税増税の影響で実質賃金は抑制されている**。結局，「賃上げ」が「所得増加」になっていないという批判がある。

---

21 「新しい資本主義」とは？

A 「新しい資本主義」—岸田内閣2021年〜

目 標	官民が連携し「成長」と「分配」の好循環を実現	
主な施策	・脱炭素社会の実現（GX）…20兆円のGX経済移行債の発行。CO_2排出に課金する「カーボンプライシング」。 ・原発活用…運転期間原則40年規定を廃止し，60年超の原発も稼働可能に（→p.376）。 ・人への投資…成長分野に労働移動支援。NISA拡充。 ・スタートアップ…創業支援拡充。 ・科学技術…量子・AI・バイオ・再生医療を重点支援。	

解説 定義は曖昧だが進む軍産学複合体化　**新しい資本主義**とは，2021年に岸田首相が発表した経済政策。「成長と分配の好循環」「コロナ後の新しい社会の開拓」を目指すとしている。自民党のホームページによれば，「新自由主義的な資本主義によって，行き過ぎた部分を是正していく」とある。しかし，岸田首相が具体的な政策を述べなかったことで定義は曖昧だ。

一方，2023〜27年度で43兆円の防衛費計上（→p.67）を閣議決定したり，2023年成立の**防衛産業基盤強化法**で防衛産業の「**国有化**」を可能にしたりするなど，軍事面が拡充されている。また，2022年成立の**経済安全保障推進法**では，先端技術開発の官民協力で，大学などの研究機関で軍事研究が加速すると懸念されている。

プラスα 軍産学複合体　民間企業，軍隊および政府機関，大学などの研究機関が，軍需産業を中心に結びついたもの。軍産複合体（→p.313）と呼ばれていたものに研究機関の「学」が加わり，近年こう呼ばれることが増えてきた。

起業
株式会社のつくりかた

2006年に会社法（→p.182）が施行され，株式会社設立の際の最低資本金が撤廃されたことで，株式会社の設立がしやすくなったといわれている。また，岸田内閣はスタートアップ企業（新たな市場を開拓する企業）支援に重点を置いている。しかし，2017年の調査では，日本の起業無関心者の割合は75.8%であり，アメリカの21.6%，イギリスの23.6%に比べて起業への関心が低いというのが現状だ（『中小企業白書』2019）。ここでは，社会における起業の意味を考えてみよう。

1 起業とは何か？

　……現在は「いい商品をつくったから，勝手に売れる」という時代ではなくなってきています。だからこそ，「**お客様の困りごとを見つけて，そこからきちんと需要のある商品をつくる**」ということの方に勝算が生まれてきます。では，その困りごとをどこから見つけるかと言うと，会話の中から見つけるのですが，その**問題発見力**こそが肝となるものです。

　……お客さま自身は意外とその深層の部分を自覚されていないケースが多々あります。ですから，お客さまと会話を繰り返すことによって，その部分をこちらが深掘りできればいい商品やいいサービスのアイデアというのは拾えるのです。これは，自分1人で机の上でいい商品，いいサービスを唸りながら考えるよりもはるかに近道ではないでしょうか？

（福山敦士『ゼロからの起業術』大和書房）

2 株式会社のつくりかた

A 起業への流れ

事業計画をつくる	資金を集める	開業に必要なものを準備する	株式会社設立の手続きをする
誰に，どんな商品を，どのように提供するのか，ビジネスの計画を立てる。	自己資金だけで足りない場合は，金融機関の融資や出資者を募る。	資金を投入し，店舗，工場や機械など，事業に必要なものを調達する。	法務局で会社の登記をする。税務署や自治体に開業届を出す。

B 株式会社設立の手続き

 ①定款の作成

定款とは，法人の組織活動の根本規則で，発起人が作成。記載事項は会社法に定められており，「①目的，②商号，③本店の所在地，④資本金の額，⑤発起人の氏名または名称及び住所」は必須。定款は公証人による認証を受ける。

 ②定款の認証手続き

発起人が出資した金銭を払い込む。

 ③資本金の払い込み

「機関」とは取締役会が代表例だが，必ずしも設置する必要はない。ただし**取締役**は選任しなければならない。

 ④機関の設置・取締役の選任

会社の本店所在地を管轄する法務局に必要書類を提出し，会社の「登記申請」を行う。会社設立の登記が終われば，株式会社の設立は完了。

 ⑤会社設立の登記

税務署，労働基準監督署，年金事務所などへの必要な手続きを行う。

 ⑥開業手続き

〈注〉発起人…会社設立に際し資本金を出資し，会社設立手続きを行う人のこと。1名以上で人数制限はなく，未成年も法人もなれる。

C クラウドファンディング—新しい資金調達の手段

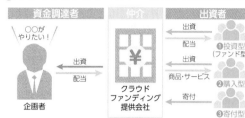

クラウドファンディングは，インターネットで不特定多数の人々に資金提供を呼びかけ，賛同者から資金を集める方法。投資型，購入型，寄付型などがある。金融機関からの借入と違い，プロジェクトに賛同した人たちから，直接資金を調達することができる。

D 財務諸表—企業の経営状況を把握

● 損益計算書（PL）
（▲年4月1日～●年3月31日）

ある期間に企業がどれだけの利益・損失を出したかを示す。基本的に「収益－費用」で構成。

科目	金額
収 売上高	100億円
費 売上原価	30億円
費 販売費及び一般管理費	30億円
【営業利益】	40億円
収 営業外収益	15億円
費 営業外費用	20億円
【経常利益】	35億円
収 特別利益	3億円
費 特別損失	3億円
費 法人税等	15億円
【当期純利益】	20億円

● 貸借対照表（BS）
（●年3月31日）

資産		負債	
現金預金	10億円	買掛金	30億円
売掛金	20億円	借入金	30億円
商品	10億円	純資産	
土地	50億円	資本金	30億円
建物	30億円	資本剰余金	10億円
		利益剰余金	20億円

ある時点の企業の**財政状態**を示すもので，「資産」と「負債＋純資産」は必ず一致する。資産が多くても，すぐに換金できない資産もあるので，資金不足になる可能性はある。このような観点から企業の健全性を判断できる。**バランスシート**とも呼ばれる。

3 高校生で会社設立!!

伊藤瑛加さん

　株式会社 Sunshine Delightの代表，伊藤瑛加さんは，2019年，高校3年生の時に同社を設立した。実家が農家だった伊藤さんは，紫外線の影響による家族の肌の健康状態を気にするようになった。この問題意識を出発点に，「お肌の健康を保つには，幼少期から日焼け止めをこまめに塗ることが重要」だが，「日本国内の日焼け止めは少量販売が主であり，紫外線対策自体が軽視される現状に課題を感じ」同社を設立したという。

　同社では，大手化粧品メーカーと協業し，子どもでも安心安全に使用でき，地球環境に配慮した日焼け止めを研究・開発した。現在は，日焼け止めの販売以外に，紫外線対策教材の作成やイベント・講演・セミナーも実施している。

→500gの大容量「SunDひやけどめ」

日本経済

時事特集

プラスα ベンチャー・キャピタル 将来成長が見込まれる未上場のベンチャー企業に対し，投資を行う企業のこと。投資により買収した株式や事業を，ベンチャー企業が成長してから売却することで利益を得ている。ベンチャー・キャピタルの運営母体は，金融機関や大企業，政府，大学などさまざま。

② 産業構造の転換

産業構造の変化

経済成長と各産業比重の変化

1 ペティ=クラークの法則

↑ペティ

「1人当たりの所得は農業よりも製造業において，製造業よりも商業においてより高い」これはウィリアム・ペティが著した『政治算術』（1682年）の一節である。彼は17世紀後半のオランダの繁栄を分析し，その原因を製造業・商業に産業の重心があることに求めたのである。

一方，20世紀コーリン・クラーク（英）は，産業を第1次産業・第2次産業・第3次産業と分類し，「**経済発展に伴い1人当たり国民所得が増大するに従い，第1次産業から第2次産業，第3次産業へと労働の比重が移動する**」と『経済進歩の諸条件』の中で実証した。つまり，経済発展につれて就業人口・産業の中心は，有利な産業に移行していく——産業構造の高度化。これが，ペティ=クラークの法則である。

2 重化学工業化——ホフマンの法則

Ⓐ日本の重化学工業化率（出荷額の割合）

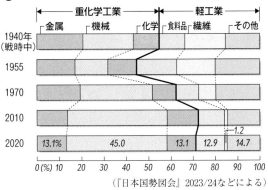

（『日本国勢図会』2023/24などによる）

解説 軽から重へ　経済発展につれ，製造業のうち軽工業から重化学工業へと比重が移っていく（1955～2010年の変化に注目）。まさにこの統計でも**ホフマンの法則**があてはまる。

日本の産業構造の変化

石油危機，サービス化・ソフト化，空洞化

3 日本の就業人口割合の変化

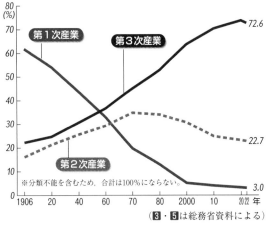

※分類不能を含むため，合計は100％にならない。

（3・5は総務省資料による）

4 日本の国民所得割合の変化（名目）

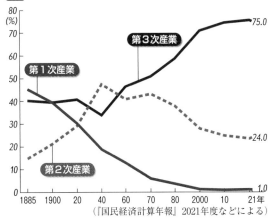

（『国民経済計算年報』2021年度などによる）

5 産業別就業者数構成比の推移

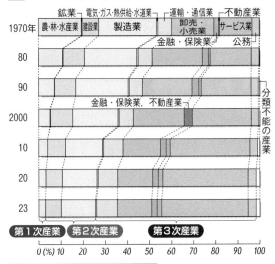

解説 急成長するサービス関連産業　1960年代を中心とする高度成長期は，産業構造が急変した時代だった。3のグラフで50年代後半～60年代初めにかけて第1次産業の就業人口が第2次・第3次産業のそれとクロスしているのに注目してほしい。

技術革新と重化学工業化が進展するのに伴い，第1次産業の割合は，就業者・所得割合ともに減少。第2次産業内部も繊維・雑貨などの軽工業から，金属・機械・化学などの重化学工業に重心は移り，さらに石油危機，低成長，円高という新しい経済の動きの中で，技術集約型の加工組立産業が鉄鋼・化学などの素材産業や造船業に代わって中心産業になった。第3次産業部門はこの間，就業者・所得割合とも増大し，特にサービス関連産業の成長が著しい。経済の**サービス化・ソフト化・情報化**（経済の中でモノ〔ハードウェア〕をつくるよりも，知識・サービス〔ソフトウェア〕の比重が増大し，情報・通信の果たす役割が大きくなっていくこと）が一層進むものと考えられている。

プラスα　インドのベンガルール（2014年，バンガロールから改称）は，「インドのシリコンバレー」として有名になっている。数十の大学・研究所そしてコンピュータソフトの関連会社が立ち並ぶ。今や，活気あるインド経済の象徴といえ，先進国の大企業も多数進出している。

6 石油危機と日本の経済構造変化
―知識集約型（軽薄短小）産業へ

②⑧ A 日本経済の変化―石油危機を契機として

		石油危機前	石油危機後
経済全体の総称		「量」経済	「質」経済
時 代 区 分		高度成長時代	情報経済時代
経 済 目 標		量的拡大（モノ中心）	質の充実（サービス化・ソフト化）
産業構造	産 業 の 特 徴	重厚長大 資源多消費型	軽薄短小 省資源型 ②③
	主 力 産 業	鉄鋼・石油化学 ＝資本集約型 素材産業	エレクトロニクス・通信・バイオテクノロジー・自動車 ＝知識集約型 加工組立産業
	貿 易 姿 勢	輸出重視 外需主導型	輸入重視 内需主導型
財政・金融	政 府 の 性 格	大きな政府	小さな政府
	公共投資の対象	道路・橋など全国ベース	大都市再開発，住宅の質の充実
	税 体 系	直接税重視	間接税重視
	金 利 体 系	規制金利	自由金利
	企業の資金調達	間接金融中心	直接金融増大
国民生活	生 活 観	同質化	多様化，差別化
	年 齢	若者社会	老人社会
	ライフスタイル	オトコ型社会	オンナ型社会
国際環境	国 際 感 覚	内指向	外指向
	通 貨 制 度	固定相場制	変動相場制
	世界GNPに占める割合	5％	10％
	経 済 圏	大西洋の時代	太平洋の時代

B 企業の売上高ランキング（製造業）

1972年（高度成長期） ⇒			2021年		
社 名	業種	売上高 (百万ドル)	社 名	業種	売上高 (百万ドル)
新日本製鉄	鉄 鋼	5,364	トヨタ自動車	自動車	256,722
日立製作所	電 機	4,354	本田技研工業	自動車	124,241
トヨタ自動車	自動車	4,188	ソ ニ ー	電 機	84,893
三菱重工業	造 船	3,981	日立製作所	電 機	82,345
日産自動車	自動車	3,958	日産自動車	自動車	74,170
松下電器産業	電 機	3,434	パナソニック	電 機	63,191
東京芝浦電気	電 機	2,922	ENEOSホールディングス	石 油	59,540
日 本 鋼 管	鉄 鋼	2,628	デ ン ソ ー	自動車	46,569
住友金属工業	鉄 鋼	2,062	日 本 製 鉄	鉄 鋼	45,556
神戸製鋼所	鉄 鋼	1,901	三 菱 電 機	電 機	39,539

〈注〉▨▨…鉄鋼・造船業。 　　　　　（CNN資料による）

解説 変貌する日本経済の体質 70年代後半，世界経済は，世界的なスタグフレーションの進行，1978年末からの第二次石油危機で低迷の度を深めた。日本は省エネ・省資源化の技術革新，特にIC関連産業に代表される産業の**軽薄短小化，知識集約化，ソフト化**という体質転換と輸出攻勢によって対応したが，他方で**対外経済摩擦**を引き起こした。その間，高度成長期を支えた鉄鋼・造船などの重厚長大型，素材産業の相対的な地盤沈下が急速に進んだ。

用語 内需…国内の需要。民間需要（個人消費，民間企業の設備投資や在庫増加など）と，公的需要（政府の最終消費支出，公的固定資本形成，公的在庫の増加）がある。
外需…海外からの需要。一般的に，輸出から輸入を引いたもの。

㉑ IT（Information Technology：情報技術）／**ICT**（Information and Communication Technology：情報通信技術）…コンピュータやインターネットに関連する技術のこと。
e-コマース（電子商取引）…インターネットを用いた商取引。企業対企業（business）の取引をBtoB，企業対消費者

7 サービス化・ソフト化

特に80年代以降，家計消費支出においてもサービスへの支出が増加し続けており，経済のサービス化・ソフト化進行がうかがえる。モノ，つまり「ハード」よりも，知識・情報・サービスを中心とする「ソフト」分野が相対的に高まっていくのが，**経済のサービス化・ソフト化**だ。例えば娯楽サービス・飲食サービスや，広告・コンサルティング，人材派遣，リース，デザイン，情報処理サービスなどのサービス業が伸びている。

A 家計消費支出の内訳の推移 　　（総務省資料による）

年	財		サービス
1970年	食料品 34.1%	その他 38.9	27.0
1980年	29.0	38.3	32.7
1990年	25.4	37.6	37.0
2000年	23.3	35.7	41.0
2010年	21.9	35.8	42.3
2020年	27.2	34.1	38.7

0　　20　　40　　60　　80　　100(%)

8 IT革命と経済・企業

IT（情報技術）の発達・普及は，着実に経済・企業，社会生活のあり方を変えている。その典型例が「**ユビ⑱キタス社会**」の現実化と「**e-コマース**」の拡大だ。⑮
ユビキタスとは，どこからでもインターネットなどのネットワークに接続できる状態のこと（ラテン語であらゆるところに存在するという意味）。ICタグやバーコード等を利用し，家電の遠隔操作ができたりする。
e-コマースは，インターネットを用いた商取引のこと。**BtoC**（企業対消費者の取引）の市場規模は9兆円を超え，IT関連企業のビジネスチャンスが拡大し，ベンチャー企業が勃興している。また，働き方も変えつつあり，**SOHO**（IT技術を用いて自宅や小規模な事務所で働く形態，➡p.263）が急拡大している。

A IT革命の光と影

未来は良くなる		未来は混乱する
新産業発展による好景気→1990年代の米国	景気	1990年代米国の好景気はIT革命以外の要素が大きい？
BtoBで部品調達コスト低下→問屋・販売代理店が不要，店舗なしで販売可能	流通構造	IT失業（小売店廃業など）対策が必要。直接会うことによる信頼構築も重要では？
テレビ会議等で労働生産性向上→中間管理層不要	企業	IT失業の発生。IT機器で私生活にも仕事が侵入する
ベンチャー企業の躍進→超大企業の衰退	産業構造	ポスト産業社会では所得格差が拡大する
インターネットによる地域間格差・情報格差の是正	地域社会	Eメールの増加による人間関係の希薄化→地域社会崩壊
SOHOの発展で「職住近接」が実現	その他	ネット詐欺，サイバーテロなどの犯罪増加

（consumer）の取引をBtoCと呼ぶ。
デジタルディバイド（digital divide）…パソコンやインターネット⑳トの操作能力の有無にともなう，情報収集や生活能力に関する格差のこと（➡p.269α）。

3 中小企業問題

視点
●日本経済全体の中で，中小企業はどのような地位を占めているのか？
●中小企業のかかえる問題点は何か？

持続可能性

中小企業の地位と役割　　99%は中小企業

1 中小企業の定義と地位

A 中小企業の定義—中小企業基本法第2条　[1999法146]

次の表の「従業員規模」又は「資本金規模」のいずれか一方に該当すれば中小企業に該当する。

業　種	従業員規模	資本金規模
製造業・建設業・運輸業その他	300人以下	3億円以下
卸売業	100人以下	1億円以下
サービス業	100人以下	5,000万円以下
小売業	50人以下	5,000万円以下

B 中小企業の地位

企業数 (2016年)	中小企業 99.7%	大企業 0.3
製造業の従業者数 (2016年)	65.3	34.7
製造業の売上高 (2015年)	37.8	62.2
卸売業の売上高 (2015年)	46.9	53.1
小売業の売上高 (2015年)	46.7	53.3

0 (%) 20 40 60 80 100

＊非1次産業計。製造業は従業者300人以下，卸売業は100人以下，小売業は50人以下を中小企業とする。　（中小企業庁資料）

TRY 次の企業のうち，中小企業基本法による中小企業に該当するのはどれだろうか。（解答→p.416）
Ⓐ㈱歌舞伎座（資本金23.7億円，従業員13人，2023.2現在）
Ⓑ吉本興業HD㈱（資本金1億円，従業員868人，2020.7現在）
Ⓒ㈱メルカリ（資本金446.3億円，従業員1,232人，2022.6現在）

C 中小法人の業種別構成比（資本金1,000万円以下）

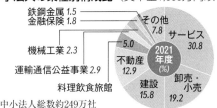

鉄鋼金属 1.5
金融保険 1.8
機械工業 2.3
運輸通信公益事業 2.9
料理飲食旅館 5.0
その他 7.8
サービス 30.8
2021年度(%)
不動産 12.9
卸売・小売 19.2
建設 15.8

〈注〉中小法人総数約249万社

（ⒸⒺともに国税庁資料により作成）

D 中小企業の形態

独立企業	下請企業	系列企業
特殊技術を生かしている企業やベンチャー・ビジネス，地域の特性を生かした地場産業など。	大企業の注文をうけ生産工程の一部を分担。	大企業が，資金面や経営面まで参加し，その支配下にある企業。

E 資本金別の赤字・黒字法人数と納税・利益分配

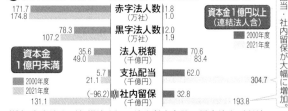

	2000年度	2021年度		2000年度	2021年度
赤字法人数（万社）	171.7	174.8		1.8	1.0
黒字法人数（万社）	78.3	107.2		2.0	1.9
法人税額（千億円）	35.6	49.0		70.6	83.4
支払配当（千億円）	5.7	21.1		62.0	304.7
社内留保（千億円）	(-96.2)	131.1		32.8 / 193.8	

資本金1億円未満 / 資本金1億円以上（連結法人含）

配当・社内留保が大幅に増加。

〈注〉赤字法人（欠損法人）は法人税を免除，黒字法人（利益計上法人）は納税。支払配当，社内留保は全法人合計。

解説 大企業は1%未満　中小企業の事業所数，従業者数，出荷額等の割合は，高度成長期以来ほとんど変化がない。不況のたびに景気調節の弁とされながら，生産性向上，品質改善，新製品の開発等により日本経済を支えている。

大企業との格差　　二重構造（dual economy）

2 さまざまな格差

A 賃金・生産性・設備投資率の規模別格差（製造業・従業員1人当たり）

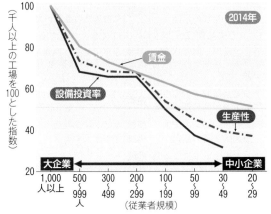

（千人以上の工場を100とした指数）

2014年

賃金
設備投資率
生産性

大企業←→中小企業

1,000人以上　500〜999人　300〜499　200〜299　100〜199　50〜99　30〜49　20〜29
（従業者規模）

〈注〉設備投資率とは，従業者1人当たりの有形固定資産投資総額。重工業で高く，軽工業では低い。　『日本国勢図会』2017/18

解説 二重構造とは　日本経済において，中小企業は近代化が遅れ，大企業と比較して，設備投資率・生産性・賃金などの面で大きな格差がある。これを二重構造という。

3 自動車産業の下請構造

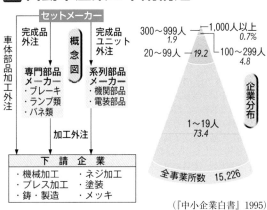

概念図

セットメーカー

完成品外注　完成品ユニット外注

車体部品加工外注

専門部品メーカー
・ブレーキ
・ランプ類
・バネ類

系列部品メーカー
・機関部品
・電装部品

加工外注

下請企業
・機械加工　・ネジ加工
・プレス加工　・塗装
・鋳・製造　・メッキ

企業分布

1,000人以上 0.7%
300〜999人 1.9
100〜299人 4.8
20〜99人 19.2
1〜19人 73.4

全事業所数 15,226

（『中小企業白書』1995）

解説 系列化とは？　日本を代表する産業に成長した自動車産業は，下請制を最大限利用している典型的な業界である。

特に優秀な下請企業に対しては，株式所有・融資・技術指導，さらに人員派遣などを通して親企業の経営の中に組み込んできている。ただし，ここ数年，親企業の中国などへの生産拠点移転にともない，系列化から離れる中小企業もでてきている。

日本経済

プラスα 大企業が，資本金を1億円以下に減らして中小企業になる事例がある。2020年には，スカイマークやJTBが資本金を減らし「中小企業」に分類された。資本金が1億円以下になると，法人税などの税制優遇が受けられる。

中小企業が〝巨人〟に鵜呑みにされて消滅されるなんていうのは全くのナンセンスである。

ピーター・ドラッカー［オーストリア：1909～2005］「マネジメント」という考え方を発明した経営学者。企業はたとえ小規模であっても，明確に限定された分野において，自らの主導権を確立することで，確固たる地位を占めることができると主張した。

4 景気変動と下請企業

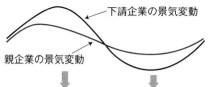

	好況時の対応	不況時の対応
親企業	正規従業員数増加せず 臨時・パートの増加 下請への注文を急増	正規従業員数減少せず 臨時・パートの減少 下請への注文を急減
下請	従業員数を急増させる 時間外労働の急増	従業員数を急減させる 時間外労働の急減

解説 下請は景気の調節弁 大企業は，従業員数を景気に連動することが少ない。好況時の生産急増は下請に依存し，不況時には下請を減らす。そのため，下請企業は好況時には仕事量が激増し，不況時には激減しやすい。

5 中小企業を保護する政策

立法による保護		内　容
⑯	中小企業基本法	1963年「中小企業構造の高度化」と「中小企業の事業活動の不利の是正」を柱に制定。具体的な施策は個別立法により実行。
構造高度化	中小企業近代化促進法	1963年中小企業構造の高度化，設備の近代化等を目的に制定（1999年廃止）。
金融機関	中小企業金融公庫法 国民金融公庫法	中小企業のための金融機関として，中小企業金融公庫と国民金融公庫（後に国民生活金融公庫）を設立。どちらも2008年10月に解散し，㈱日本政策金融公庫に統合（⇒ p.129）。
事業規制	大規模小売店舗法（⇒6）	1973年大規模小売店舗での小売の事業活動を調整することで，周辺の中小小売業の事業活動を適正に確保することを目的に制定。2000年より大規模小売店舗立地法へ。
	中小企業分野調整法	1977年大企業と中小企業の分野調整を図り両者共存をめざすことを目的に制定。

中小企業の現状と今後

6 大店法から大店立地法へ（規制緩和）

	大規模小売店舗法 （大店法）（⇒ p.361）	大規模小売店舗立地法（大店立地法）
施　行	1974年	2000年
目　的	中小商店保護	生活環境保全
運用主体	国，都道府県	都道府県，政令指定都市
対象規模	売り場面積500㎡超	売り場面積1,000㎡超
主な規制内容	店舗面積，開店日，閉店時刻，年間休業日数などを出店地の商業実態に合わせ調整	駐車場台数，騒音対策，廃棄物処理について数値基準を設定
出店の届け出から手続き終了までの期間	1 年	8 か月

解説 中心街地の空洞化 大店立地法と地方経済の疲弊により，地方都市の商店街は「シャッター通り」と呼ばれ衰退・空洞化が加速した。その背景には，郊外立地の大型店舗への消費者の流れもあった。政府は対策として，2006年に**都市計画法改正**（郊外出店規制強化），**中心市街地活性化法改正**（商業施設・公益施設の中心部立地の助成），**大店立地法改正**の改正まちづくり3法を制定。床面積1万㎡超の**大型商業施設の郊外進出を原則禁止**し，中心部商店街の活性化を図った。しかし，近年のオンライン・ショッピングの浸透もあり，商店街の活性化は進んでいない。

Focus 中小企業淘汰論

菅義偉内閣が設けた成長戦略会議のメンバーである，デービッド=アトキンソン小西美術工藝社社長は「日本全体の生産性向上のためには，**中小企業の生産性を向上しなければならない**。そのためには，**中小企業は統合などによって数を減らし適正規模にする政策を実施すべき**」と主張する。しかし，中小企業の統廃合を進める上で懸念されることの一つに雇用問題がある。**生産性の向上とは，労働者一人当たりの生産額を上げること**。中小企業の統廃合が行われれば確実に現在の雇用者数は維持されない。また，統廃合後の雇用者は非正規雇用に置き換わる可能性もある。さらに「適正」とは何を基準とするのか，明確な説明が望まれる。

7 中小企業の事業承継問題

Ⓐ 中小企業の経営者年齢の分布（法人）

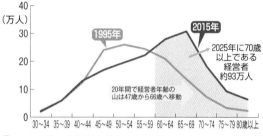

Ⓑ 中小企業・小規模事業者の経営者の2025年における年齢

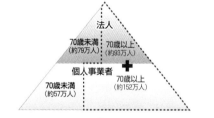

Ⓒ 休廃業・解散企業における経常利益

赤字50.9％　2016年度　黒字49.1％

Ⓓ 産地における倒産・廃業理由（複数回答）

1位	70.6%	国内需要低迷による業況の悪化
2位	65.4%	後継者不足
3位	13.2%	輸入品との競合による業況の悪化
4位	7.4%	熟練技術・技能工確保の困難

（Ⓐ～Ⓓは経済産業省資料による）

解説 黒字でも廃業？ 2017年に経済産業省と中小企業庁が出した試算では，「現状のまま手を打たなければ，**中小企業廃業の急増により，2025年頃までの10年間累計で約650万人の雇用，約22兆円のGDPが失われる可能性がある**」としている。また，休廃業・解散企業の約5割が黒字であることにも触れ，地方経済の再生・持続的発展には**事業承継問題**の解消が必要だとしている。

02～08年ではショッピングセンターが

日本経済

プラスα 1999年の中小企業基本法改正により，❶Ⓐのように中小企業の範囲が拡大され，また目的も「大企業との格差是正」のための中小企業保護から，起業・創業（ベンチャーの立ち上げ）や経営革新など，中小企業の「自助努力」への支援へと改められた。

231

戦後の農業構造の変化　　二重構造の定着化，兼業化・高齢化

1 農地改革

Ⓐ 農地改革による変化

自作・小作別農家数

改革前 1941年	自作 30.6%	自小作 40.9%	小作 28.5%
改革後 1949年	57.1		7.8 / 35.1

自作・小作別耕地面積

改革前	自作地 53.8%	小作地 46.2%
改革後	87.0	13.0

（『日本国勢図会』1971,1972）

解説 土地は耕作者の手に 戦後の農地改革は，戦前の寄生地主的土地所有を解体し，農民を現物高率の小作料から解放した（農地改革は第2次案で1947〜50に実施されたが，例えば第1次案では，在村地主保有は5町歩まで，譲渡方法も地主・小作人間の協議など不徹底な面もあり，2次案では前者は**1町歩**まで，後者は国家による買収・売却とされた）。農民の生活水準向上は**国内市場を拡大**させ高度成長を生み出す要因となった。しかし，**零細規模経営の改善にはつながらなかった**こと，山林の解放には手を触れなかったこと等の限界が指摘されている。

2 農業経営規模　　零細経営

Ⓐ 販売農家（個人経営体）の経営耕地面積別割合

1941年 8月	0.5ha未満 32.9%	0.5〜1ha 30.0	1〜2ha 27.0	2〜5ha 8.4 / 5ha以上その他 1.7
2022年 12月	1ha未満 52.9%	1〜5ha 38.3	5〜10ha 4.5 / 10ha以上 4.2	

Ⓑ 国土面積・農地面積等の国際比較（日本を1とした場合）

（年）	日本 2022	アメリカ 2020	ドイツ 2020	フランス 2020	イギリス 2020
国土面積	1	25.9	0.9	1.4	0.6
農地面積	1	101.5	4.3	7.3	4.3
農家1戸当たりの農地*	1	54.6	18.3	18.5	27.3
国土面積に占める農地	11.6%	41.3%	46.4%	52.0%	70.9%

＊日本は2022年，アメリカは2021年，ほかは2016年。

（**2**〜**6**とも農林水産省資料などによる）

3 農業技術の発展　　生産性は向上したが…

Ⓐ 米の生産費・労働時間・生産量（10a当たり）

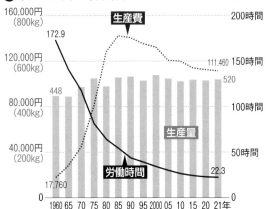

4 農業の比較生産性　　二重構造

年度	就業者1人当たり純生産〔名目〕（千円）			比較生産性（％）	
	農業	製造業	非農業	農業/製造業	農業/非農業
1960	97.9	473.6	377.5	**20.7**	25.9
75	933.7	2,682.1	2,547.3	**34.8**	36.7
85	1,431.6	4,907.2	4,713.1	**29.2**	30.4
90	1,737.2	6,094.4	5,756.3	**28.5**	30.2
97	1,616.0	6,137.8	6,172.5	**26.3**	26.2

〈注〉生産性の格差が直ちに所得格差を示すものではない。

解説 めざましい技術発達 戦後から今日に至るまでのわが国の農業技術の発達は農業革命ともいえるほどめざましいものであった。機械化・農薬・化学肥料などの導入により，労働生産性の上昇（10a当たり投下労働時間の減少），土地生産性の上昇（10a当たり水稲収量の増加）を実現した。しかし，他産業との格差は大きい。

5 日本経済における低下する農業の地位

	1960年	1970	1980	1990	2020	2022
国内総生産(10億円)	16,681	73,345	242,839	442,781	539,082	549,379
うち農業総生産	1,501	3,215	6,377	8,379	4,678	4,324
シェア（％）	9.0	4.4	2.6	1.9	0.9	**0.8**
輸入総額(10億円)	1,617	6,797	31,995	33,855	68,011	118,141
うち農産物輸入	622	1,511	4,007	4,190	6,213	9,240
シェア（％）	38.5	22.2	12.5	12.4	9.1	7.8
総就業者（万人）	4,465	5,109	5,552	6,280	6,710	6,723
うち農業就業者	1,196	811	506	392	194	185
シェア（％）	26.8	15.9	9.1	6.2	2.9	2.8
一般会計国家予算(10億円)	1,765	8,213	43,681	69,651	102,658	107,596
うち農業関係予算	139	885	3,108	2,519	1,729	1,773
シェア（％）	7.9	10.8	7.1	3.6	1.7	1.6

〈注〉2022年の国内総生産は2021年の値。

6 農業の人口構成の推移　　三ちゃん農業

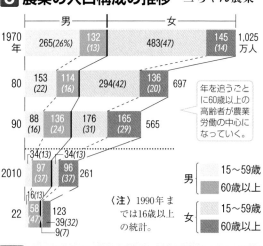

年を追うごとに60歳以上の高齢者が農業労働の中心になっていく。

〈注〉1990年までは16歳以上の統計。

用語 アール（a）／ヘクタール（ha）…面積の単位。1a＝100㎡。1ha＝10,000㎡。1ha＝100a。
歩／畝／反／町（町歩）…尺貫法の面積の単位。歩（1坪）＝3.3㎡，畝（30坪）＝99㎡≒1a，反（300坪）＝990㎡≒10a，町（3,000坪）＝9,900㎡≒1ha。

日本経済

が中心となっている農業のこと。

プラスα 1985〜90年の5年間で，21万haの耕地が減少しているが（1960〜2000年では130万ha＝約2割の農地の減少），その半分は**農外転用**，4割は**耕作放棄地**である。放棄地は，約1.7倍と著増し，特に0.3ha未満の小規模農家では約30％の面積が耕作放棄されている。

| 言の葉 | 当時の野菜の流通は，農家が作った野菜を農協が出荷して市場に流通する流れが9割を占めていました。しかし，消費者の目から見れば これは当たり前じゃありません。…受注して生産するのが当たり前。我々は当然のことをやりだしたのです。 | 木内 博一 [日：1967～]　千葉県の農業経営者。農業組合法人を設立し，産直事業を開始。8年で売上高15億円に成長させ，組合員年収を全国平均の2倍にした。 |

7 農家戸数の推移

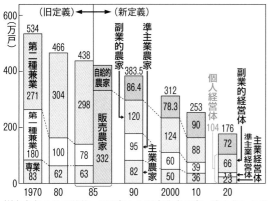

〈注〉各年2月の数値。2020年から販売農家の内，法人化した世帯を除く数値に変更（個人経営体）。　（農林水産省資料）

用語 **農家**…経営耕地面積が10a以上または1年間の農産物販売金額が15万円以上の世帯。

農家人口…農家で普段生活している人。幼児も含まれる。

販売農家…経営耕地面積30a以上または農産物販売金額50万円以上の農家。

自給的農家…経営耕地面積30a未満でかつ農産物販売金額15万円以上50万円未満の飯米自給等を主たる目的としている農家。

個人経営体…販売農家の内，法人化した世帯を除いた農家。その内，65歳未満の農業従事60日以上の世帯員がいて，農業所得が世帯所得の50％以上である農家を**主業経営体**，50％未満である農家を**準主業経営体**という。また，65歳未満の農業従事60日以上の世帯員がいない農家は**副業的経営体**という。

8 耕作放棄地

16 中山間地域を含めて耕作放棄地は増加傾向にあること。

Ⓐ 耕作放棄地「ゼロ計画」

「耕作放棄地」とは農作物が過去1年以上作付けされず，農家が数年間のうちに作付けをする予定がないと回答した田畑や果樹園と定義されている。高齢化などの理由で増加傾向が続いており，2005年調査では38万6千ヘクタールだった（全耕地面積の9.7％にあたる）。

国は2007年6月に示した経済財政政策の基本方針で「5年程度をめどに**農業上重要な地域を中心に耕作放棄地ゼロを目指す**」と明記。民主党政権も，耕作放棄地約39万ヘクタールのうち10万ヘクタールを目標に飼料用や燃料用といった新規需要米の生産拡大に充てる考えを示した。　（『信濃毎日新聞』2009.11.1などによる）

Ⓑ 農家の形態別の耕作放棄地面積

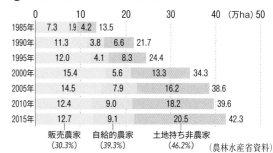

	販売農家 (30.3%)	自給的農家 (39.3%)	土地持ち非農家 (46.2%)	計
1985年	7.3	1.9	4.2	13.5
1990年	11.3	3.8	6.6	21.7
1995年	12.0	4.1	8.3	24.4
2000年	15.4	5.6	13.3	34.3
2005年	14.5	7.9	16.2	38.6
2010年	12.4	9.0	18.2	39.6
2015年	12.7	9.1	20.5	42.3

（農林水産省資料）

〈注〉2015年の（　）の数値は農家形態別の耕作放棄地面積率。

農業の活性化をめざして

地産地消・第6次産業

9 地産地消—食料自給率向上の切り札？

地産地消とは，地域で生産されたものをその地域で消費すること。国は，①農業者と消費者を結びつけ，②「顔が見え，話ができる」関係で地域の農産物・食品を購入する機会を提供し，③地域の農業と関連企業の活性化を図ることと位置づけている。地産地消が拡大し，地場農産物の消費が増えると地元農業者の営業意欲が高まり，農地の荒廃を防ぐことにつながる。

解説 **食育との連携**　農業・農産物（食べ方，旬，栄養・機能性等）の消費者への普及・啓発を進める必要や，食に関する知識や健全な食生活への関心が高まる中，2005年に**食育基本法**が施行。食育の取り組みと連携し地産地消の推進を図ることが求められている。

16 ## 10 第6次産業—1次+2次+3次＝6次

第6次産業は，農畜産物，水産物の生産（**第1次産業**）だけでなく，食品加工（**第2次産業**），流通，販売（**第3次産業**）にも農業者が主体的かつ総合的に関わることによって，今まで第2次，第3次産業の事業者が得てきた付加価値を，農業者自身が得ることによって農業を活性化させようというもの。

解説 **進む6次化**　農業のブランド化，消費者への直接販売，レストランの経営などがある。2011年に**6次産業化法**，12年に**6次化ファンド法**が施行され，法制度の整備も進んでいる。

11 改正種苗法が成立（2020年12月）

●国内育成品種の海外への流出が頻発…ブドウのシャインマスカット，イチゴのあまおうなど。

　↓

改正種苗法成立…ブランド農作物の海外流出防止

改正種苗法の内容　←懸念→ 自家増殖を行っている農家は，許諾料などで種苗の費用が高騰するおそれ。

①新品種を開発した育成者が栽培地を指定できる。原則自由であった**自家増殖**を，育成者の許諾なしには行えなくし，種苗の管理を徹底する。

②農家が収穫物から種を取り出して収穫を繰り返す自家増殖を制限。

解説 **海外流出を防ぐ？**　種苗法は，植物の新品種を開発した人が権利を独占できる法律。改正種苗法は「自家増殖の制限」により種苗の海外流出を防ぎ，日本産ブランド農作物の栽培農家の利益保護が目的である。一方で，日本の農家が海外の**穀物メジャー**に種苗を販売譲渡すると，それ以降，日本の農家がその企業に多額の使用料を払う状況に陥る危険性が指摘されている。

用語 **種子法廃止（2018年）**…種子法は，コメ，麦，大豆の種子を，国が管理する法律。種子生産への民間企業の参入促進のため廃止されたが，競争力の強い外国企業の参入が増え，遺伝子組み換え農作物が増えるとの指摘もある。

地域支援型農業（CSA）…生産者である農家と，消費者が連携する新しい農業経営方法。消費者は，農家と契約を結び代金前払いで農産物を定期購入する。農家が抱える天候や病害虫の多発など経営上のリスクを消費者が共有する点がポイント。

プラスα **中核農家**　60歳未満で年間150日以上農業に従事する**基幹男子農業専従者**がいる農家（2001年度34万戸，販売農家の14.8％）。農業基本法は農業所得だけで都市勤労者並みの生活ができる自立経営農家育成を目指したが挫折（1985年度5.3％）。1970年代から中核農家育成方針がとられた。

4大穀物メジャー…米のADM，カーギル，蘭のブンゲ，仏のドレフュス。

日本経済

233

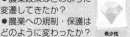

視点
●農業政策はどのように変遷してきたか？
●農業への規制・保護はどのように変わったか？

希少性　持続可能性

農業政策
農業基本法（1961）から新農業基本法（1999）へ

1 農業政策の大きな流れ

展開	年	事項	主な内容	展開	年	事項	主な内容
農業保護（規制）	1942	食糧管理法	政府による食糧需給・流通管理（食糧管理制度）	攻めの農業へ（農家・農業の自立）	09	農地法改正 ㉒	一般企業の農地賃貸借原則自由化・賃貸借期間延長など
	52	農地法 ㉒㉒	農地の貸借・売買規制		18年度のコメ減反廃止決定		18年度をめどに生産数量配分・減反農家への補助金廃止
	61	農業基本法 ㉒㉒	①生産の選択的拡大・経営規模拡大などによる自立経営農家育成、②他産業との所得などの格差是正		13	「攻めの農林水産業」政策	①内外に日本の農産物需要を拡大、②第6次産業化で生産から消費までの価値連鎖構築、③農業の構造改革
政策の転換（規制緩和）	70	総合農政開始	コメの作付面積制限による生産調整開始・自主流通米創設		15	農協法改正	農協グループの司令塔全国農業協同組合中央会（ＪＡ全中）を一般社団法人化し指導・監査権限を廃止。地域農協や農業者の活動の自由化を図る
	91	牛肉・オレンジ輸入自由化	日米交渉で輸入数量制限撤廃				
	93	ウルグアイ・ラウンド決着	95年度からコメ市場部分開放（ミニマム・アクセス）				
	95	新食糧法施行	食糧管理制度廃止				
〜	99	食料・農業・農村基本法（新農業基本法）㉒⑭	食料安定供給・農業の多面的機能重視・農業経営法人化など				
		コメの関税化受入 ⑭	778%の関税で外国米受入				

2 日本の農業政策

㉒ Ａ 農業基本法（1961施行）─基本法農政

目的	第1条[国の農業に関する政策の目標]　国の農業に関する政策の目標は、…他産業との生産性の格差が是正されるように農業の生産性が向上すること及び農業従事者が所得を増大して他産業従事者と均衡する生活を営むことを期することができることを目途として、農業の発展と農業従事者の地位の向上を図ることにあるものとする。
施策	第2条　[国の施策]　…… (1)　需要が増加する農産物の生産の増進、需要が減少する農産物の生産の転換、外国産農産物と競争関係にある農産物の生産の合理化等農業生産の選択的拡大を図ること。 (3)　農業経営の規模の拡大、農地の集団化、家畜の導入、機械化その他農地保有の合理化及び農業経営の近代化（…「農業構造の改善」…）を図ること。 (5)　農業の生産条件、交易条件等に関する不利を補正するように農産物の価格の安定及び農業所得の確保を図ること。
具体策	❶米・麦中心の農業生産から畜産・果樹・園芸など成長農産物への拡大 ❷経営の零細性・低所得解決のため自立経営農家の育成 ⑳ ❸食糧管理制度による米・麦の価格安定維持と所得保障

米作偏重・食管赤字（逆ざや:生産者米価＞消費者米価）

失敗　兼業化の進行

Ｂ コメの需給動向─米作の生産過剰　（農林水産省資料）

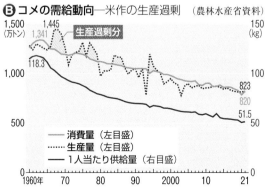

凡例：
── 消費量（左目盛）
…… 生産量（左目盛）
── 1人当たり供給量（右目盛）

Ｃ 総合農政（1970〜実施）─基本法農政の一部修正

目的	・食糧管理特別会計赤字の解決 ・自立経営農家のさらなる育成→離農促進
施策	・生産調整（減反）による米作生産過剰対策、他作物への作付け転換 ⑰ ・自主流通米（生産者から消費者への直接流通）の創設

農業人口の高齢化・農産物輸入自由化の進行
失敗　都市近郊の農地宅地化　など

⑭㉒ Ｄ 新農業基本法（食料・農業・農村基本法）─1999成立

目的	第2条[食料の安定供給の確保]　…… ④　国民が最低限度必要とする食料は、……国内における需給が……ひっ迫するおそれがある場合においても、国民生活の安定及び国民経済の円滑な運営に著しい支障を生じないよう、供給の確保が図られなければならない。 第3条[多面的機能の発揮]　国土や自然環境の保全など農産物供給以外の多面的機能は、将来にわたり十分発揮されなければならない。
施策とその問題点	第15条　政府は、施策の基本方針、食料自給率の目標などを定めた食料・農業・農村基本計画を定め、遅滞なく国会に報告し、公表しなければならない。（2000年には2010年度にカロリー換算で自給率を45％に引き上げる目標を決定した。しかし、仮に大豆の増産で自給率を1ポイント向上させるには、現在の国内生産量14万トンを3倍にしなければならない。増産できても、品質や価格が輸入品に劣れば、買い手はつかない。市場経済の下では自給率を確実に向上させることは難しい。 ・中山間地農業への公的支援 　日本の農地の41％、農家数では42％が、平野の外縁部から、山間部に入り込んだ傾斜地の中山間地農業である。市場原理の舞台で生き残ることは容易ではない。新農業法調査会では、中山間地農業の持つ国土保全、環境保護などの多面的機能を背景に、公的支援を講じる必要性が強調され、農家への「直接支払い」という方策が打ち出された（ヨーロッパではすでに実施されている）。

解説　新農基法農政の役割　新農基法は農政の領域を広げ、食料安全保障（食料自給率向上目標設定、→p.237）・環境保全など多面的機能の重視・農業経営の法人化推進（→ 5 6 ）・中山間地域への支援など、農業を国民全体の問題としてとらえ直し総合的な政策を示した。

プラスα　❷Ｂを見ると、2021年の国民1人当たりのコメ年間供給量は51.5kgで、1960年に比べると半減した。1970年から始まった生産調整（減反）でも米価を維持できず、また、コメ農家平均年齢も68.4歳（基幹的農業従事者、2022年）と高齢化も進んだ。減反廃止の決定には以上のような背景もある。

3 食糧管理制度から新食糧法（1994年成立）へ

A コメ流通の変更ポイント

旧 法	新食糧法
政府米…流通の中心。	政府米…「たくわえくん」輸入米…ミニマムアクセス分など。政府が運用。
自主流通米…政府米を補完。	自主流通米…コメ流通の中心。価格形成センターでの入札で価格決定。コメ余りで価格は下落傾向。
自由米…ヤミ米として禁止。	計画外流通米…届け出あれば販売可能。

B 新食糧法でのコメ流通

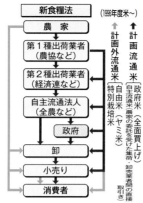

新食糧法（1996年度米～）

新食糧法 → 農家 → 第1種出荷業者（農協など）→ 第2種出荷業者（経済連など）→ 自主流通法人（全農など）→ 政府 → 卸 → 小売り → 消費者

計画流通米：自主流通米／政府米（全面買上げ　農家の委託を受けた集荷）
計画外流通米：自由米／特別栽培米（ヤミ米）
政府米・卸売業者間の運搬・卸売業者間の取引を支援

C 食管法と新食糧法の違い

	旧 食糧管理法（運用含む）	新 新食糧法（主要食糧の需給と価格安定法）[20]
基本	制度上，主体は政府米。自主米は例外（全量管理）厳格な管理	民間流通による自主米主体　最小限の流通規制（政府の部分管理─輸入米運用，減反実施者からの政府米買い入れ・備蓄管理等）
生産調整	法的位置付けなし　割当的生産調整	生産者の自主的判断を尊重（2008年度までに政府による義務的減反の面積配分方式を廃止し，地域ごとに売れ行きを考慮した生産目標数量設定方式に転換）→「地域ごと売れる分を作る」
輸出入	必要と認める時，政府だけが可能（国家貿易）	基本計画に輸入数量を明記　政府が輸出入（国家貿易）
政府米価格	生産者価格は再生産確保　消費者価格は家計安定が目的（二重価格制）	備蓄米等の政府米は審議会の意見を聴き決定
自主米価格	明確な規定なし　指標価格を自主米価格形成機構による入札で決定（運用）相対取引は指標価格を基準	コメ価格センター（自主米価格形成センター廃止）で政府米以外のすべてのコメの価格を週1回の入札。→より需給動向を反映した「市場価格」に。先物取引も開始（価格変動リスク回避の可能性も）
集荷販売	許可制　指定法人	登録制　年20トン以上扱う業者であれば「届け出」のみで販売自由
流通	政府米，自主米以外は認めず（流通ルートの特定）特別栽培米	自主流通米主体の計画流通　計画外流通を認める→計画流通制度廃止＝（流通規制撤廃）（政府米以外は農家は自由に米販売）

※黒い太字は新食糧法改正（2003）関連

4 2018年度，コメ減反廃止

A 減反のしくみと見直し案

2014年度コメの農協買い取り価格は最低水準を記録した。

時期	これまでのしくみ	見直し案
2013.11	国が翌年産米の需給見通し発表	国が地域別需要，在庫状況を提供
2013.11～14.6	国が都道府県ごとに生産数量目標を配分（減反）→市町村が各農家の割当分を確定	18年度をめどに生産数量の配分（減反）を廃止
2014春	各農家が割当分生産	農家が自主的に生産量を決定
2014.11以降	減反に応じた農家に補助金1万5,000円/10a（農業者戸別所得補償制度）	14年度から7,500円/10aに半減（経営所得安定対策）→18年度に廃止

コメ農家支援策
（2014年度から）
①転作支援
飼料米，米粉用米の収穫量に応じ5.5～10.5万円
②農道等補修支援
田2,400円/10a（2,000円減）
③農地維持支援（新設）田3,000円/10a

（『朝日キーワード』2015を参考）

解説　農業改革の一環　1970年導入の減反とは，国が農家のコメ生産量を抑制的に調整する制度。2018年度廃止で，農家は自由に作物・生産量を決められるようになった。政府は，経営力のある生産者を育てる方針だというが，補助金による転作奨励という形で国の関与は続く。農業改革はうまくいくのだろうか？

5 その他の法整備

牛肉トレーサビリティ法（2003年）[23][15]

トレーサビリティー（履歴管理）とは，食品の生産，処理・加工，流通・販売の各段階で履歴をたどれるシステム。食品に問題が起きた場合，素早い原因究明，速やかな回収などの措置がとれ，偽装表示の防止にも役立つ。同法により2004年末から牛肉の履歴管理が義務づけられた。青果物，米，鶏・豚肉などの畜産物，養殖水産物にも導入が進んでいる。

山形牛（4等級）カレーシチュー用【山形県産】
個体識別番号　1025443544
消費期限　04.9.2
加工日　04.8.30
480　106
(株)○○ストア　横浜市△△
9 231120 005092

中央部の10ケタの数字が個体識別番号。この番号からインターネットで生産地などが確認できる。

一方，食品の原産地表示の義務化も強化されている。2004年に生鮮食品，2005年に加工食品原料が義務化された。

改正農地法（2009年）[22][16]

農地の有効活用を進める改正農地法では，耕作者主義（農地を耕作者が所有）から，一般企業にも農地利用を開放する方向に改めた。賃貸借など農地の利用権を原則自由化し，農地の賃貸借の期間も最大50年に延ばした。

解説　平成の農地改革　従来，企業の農業参入は，①農地借用，②農業生産法人設立のいずれかで，耕作地は市町村が指定するなど，実質市町村に決定権があった。改正農地法で，全農地に一般企業が進出可能となり，野菜での参入が急増した。JA・家族農業経営等の農業陣営と一般企業が優良農地をめぐって囲い込み競争を展開する「日本的エンクロージャー」の幕が切って落とされたことになる。

6 「攻めの農林水産業」3戦略

（産業競争力会議で提示）

①需要フロンティア拡大（食文化市場創造）
日本の農林水産物・食品が評価される環境を整備。食文化・食産業の海外展開・第6次産業化企業体の輸出促進。（例：和食のユネスコ無形文化遺産登録）

②バリューチェーン構築
農林漁業成長産業化ファンドを活用し，食品・福祉・医療・観光等の多様な業種との結合・連携（第6次産業化）で，第1次産業の価値を高めていく。

③生産現場（担い手・農地）の強化
企業の農業参入自由化（農地法改正）による，法人経営・大規模家族経営推進・青年就労促進，農地集積の推進，耕作放棄地解消で「農業の構造改革」加速化。

プラスα　食品安全基本法　食品への信頼を損ねる事態が相次いだ反省から，食品安全行政の再構築を目指した法律。2003年5月に成立した。「国民の健康の保護が最も重要」との考え方を基本理念に位置づける。

輸入自由化の推移

牛肉・オレンジ（1991年）　コメ部分開放（1994年）

① 農林水産物輸入自由化の推移

年	輸入制限品目数	自由化品目数	主要自由化品目
1962以前	103	…	コーヒー豆，ココア豆，ラワン丸太（1960年），ダイズ，羊毛，油粕（1961年）
62	81	22	羊，タマネギ，鯨肉，真珠，クルミ，鶏卵
63	76	5	蜂蜜，ナタネの粉・ミール
	（部分自由化）		バナナ，粗糖
64	72	4	ラワン材，合板用単板，合板，イグサ
	（部分自由化）		レモン
66	73	1	ココア粉
70	58	15	豚の脂身，果実の粉，マーガリン
71	28	30	ブドウ，マカロニ・スパゲティー，リンゴ，紅茶，牛
	（部分自由化）		グレープフルーツ，豚肉
72	24	4	ハム・ベーコン，精製糖，配合飼料
74	22	1	麦芽
78	22		ハム，ベーコン缶，モンゴウイカ，麦芽糖
85	22		豚肉調整品（牛肉をふくまないもの）
86	22		グレープフルーツジュース
89	20	2	プロセスチーズ，トマトケチャップ・ソース
90	17	3	牛肉調整品，フルーツピューレ・ペースト，パイン缶
	（部分自由化）		ジュース（リンゴ，ブドウ，パイン）
91	14	3	**牛肉，オレンジ（生鮮のものおよび一時貯蔵したもの）**
92	12	1	オレンジジュース
95	…	…	小麦，大麦，乳製品，でん粉，雑豆，落花生，こんにゃく芋，生糸・繭（ウルグアイ・ラウンド合意実施）
99	…	…	米（関税化）◀14

② ウルグアイ・ラウンド農業合意（1993年）

農産物の原則関税化「例外なき関税化」	輸入数量制限を原則撤廃。日本は乳製品，でん粉，小麦等を関税化。
日本のコメへの特例措置	6年間関税化が猶予されるが国内消費量の4～8％をミニマム・アクセス（最低輸入義務）として輸入する。
農業補助金削減	基盤整備，研究・普及などのサービス，備蓄，生産と直接結びつかない所得支持，災害対策，環境保全などの農業補助金を20％削減。
農産物関税引き下げ	平均36％，最低15％引き下げる。
実施期間	1995年から6年間。

解説 コメ関税化合意　ウルグアイ・ラウンドの農業交渉は，7年間の討議の末，1993年に最終合意文書を採択して閉幕した。長い間，関税化に抵抗してきた日本は，コメを特例措置にしたものの，基本的に関税化に合意した。

用語 食料安全保障…気候変動や戦争などの突発的要因で，食料の供給が影響を受ける場合のために，対策を講じておくこと。
フード・マイレージ（＝食料輸入量×輸送距離）…日本は8,669億 t・kmで世界1位（2010年）。遠隔地からの食料輸入が多く，食料安全保障が貧弱で，環境負荷も大きいことを示す。

③ 米の市場開放—部分開放から関税化へ

　関税化の最大の狙いは，ウルグアイ・ラウンド農業合意で受け入れた**ミニマム・アクセス（最低輸入義務）を最小限に抑える**ことだ。99年4月以降もミニマム・アクセスは継続されるが，関税化拒否の代償としての上乗せ措置がなくなるため，関税化に踏み切れば，その年からミニマム・アクセスの増加率を年0.4％分に半減でき，1999年4月関税化なら2000年度の輸入量を68万2,200トンに抑えることができる。

　政府は，輸入米1キロ当たりの関税額を，1999年度**351円17銭**，2000年度341円の従量税とした。食糧庁（現農水省）試算では，輸入米は輸入価格（1キロ当たり60～100円）にこの関税が上乗せされるため，最高級米として飛び抜けて高い新潟・魚沼産コシヒカリを除き，すべての国産米の価格を上回る。つまり輸入制限という名を捨て，輸入抑制という実を取ったわけだ。

A 日本のコメ市場開放をめぐる動き

1986. 9	ウルグアイ・ラウンド開始
93. 9	記録的な大凶作。コメ緊急輸入発表
12	ウルグアイ・ラウンド最終合意—部分開放受け入れ
95. 1	世界貿易機関（WTO）発足　（➡2）
11	**食糧管理法廃止，新食糧法施行**
99. 4	**コメ関税化スタート**（輸入米に778％の関税）
2008. 9	事故米不正流通問題
11. 8	コメ先物取引72年ぶり復活

B コメ輸入を関税化した場合のミニマム・アクセス（最低輸入義務量）の抑制効果

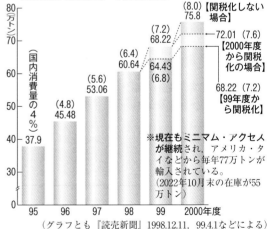

（グラフとも『読売新聞』1998.12.11，99.4.1などによる）

BSE（牛海綿状脳症，狂牛病）…1986年に英国で初めて感染牛確認。病原体は異常プリオンというたんぱく質。感染牛を食べると，致死性の難病の発症リスクがあると考えられている。
遺伝子組み換え作物（GMO, GM：genetically modified organism）…遺伝子組み換え技術によって，新しい特徴を付与した農作物。日持ちするトマト，害虫耐性ナタネなどが有名。
カルタヘナ議定書…GMOの貿易に関する国際協定書。栽培用種子が遺伝子組み換え品種の場合，輸出入双方の事前通告・同意を義務化。2000年採択，2003年発効。日本は同年批准。

プラスα ウルグアイ・ラウンドの合意で，日本が関税化に転換した農産物の関税率は，小麦210％，バター330％，でん粉290％，こんにゃく芋990％，落花生500％と，たしかに国際水準に比べ高かった。しかし日本の農産物の平均関税率は12％（EU20％，韓国62％，米国6％）とかなり低い。

日本経済

4 食料自給率

A 食用農水産物の自給率の推移
（単位：％）

年度		70	80	90	2000	10	20	22
総合食料自給率	供給熱量ベース	60	53	48	40	39	37	38
	生産額ベース	85	77	75	71	69	67	58
穀物自給率		46	33	30	28	27	28	29
品目別自給率	米	106	100	100	95	97	97	99
	小麦	9	10	15	11	9	15	15
	豆類	13	7	8	7	8	8	7
	野菜	99	97	91	82	81	80	79
	果実	84	81	63	44	38	38	39
	肉類	89	80	70	52	56	53	53
	鶏卵	97	98	98	95	96	97	97
	牛乳・乳製品	89	82	78	68	67	61	62
	魚介類	102	97	79	53	55	55	54
	砂糖類	22	27	32	29	26	36	34

B 主要先進国の食料自給率の推移（カロリーベース）

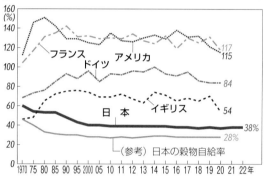

〈注〉日本は年度。　　　（AＢとも農林水産省資料）

C 総合食料自給率の数式

量ベース	① カロリー（供給熱）ベース	$=\dfrac{1人1日当たり国産供給カロリー}{1人1日当たり供給カロリー}\times100$
		$=\dfrac{国内で生産された農作物のカロリー（国産＋輸出）供給カロリー÷人口}{（国産＋輸入－輸出）供給カロリー÷人口}\times100$
		└─ 我々が実際に摂取している農産物のカロリーではない
	② 生産額ベース	$=\dfrac{国内で生産された農作物の金額（食料の国内生産額）}{食料の国内消費仕向額（国内生産額＋輸入額－輸出額）}\times100$
		└─ 国内で消費するために生産・輸入された農産物の金額

　一部の識者からは「公式な自給率はカロリーベースではなく生産額ベースにすべき」との声がある。2007年で見ると，分子が10兆37億円，分母が15兆941億円で，**自給率は66％**となる。減少傾向にあるものの，カロリーベースに比べてずいぶんと高い。**日本の66％は主要先進国のなかで米仏に次いで3位**である。さらには，農業生産額に占める国内販売シェアは1位。これは，日本の輸入依存度がもっとも低いことを表している。

　「自給率41％」は，カロリーベースの数字だ。これは国民1人1日当たりの国産供給カロリーを，1人1日当たりの全供給カロリーで割って算出する。計算式で表すと①のようになる。

　ここで注意すべきは，**分母となる供給カロリーは，我々が実際に摂取しているカロリーではない**という点だ。毎日大量に処分されるコンビニ食品工場での廃棄分や，一般家庭での食べ残しなど誰の胃袋にも納まらなかった食料，つまり誰にも供給されなかったカロリー分も，分母に入れて計算されているのだ。
（浅川芳裕『日本は世界5位の農業大国』講談社などによる）

解説 **目標は45％**　2020年に農林水産省は，**2030年度の食料自給率の目標**を，供給熱量ベースで45％，生産額ベースで75％を掲げた。ちなみに2010年策定の基本計画では，2020年度目標が50％だった。

食料の輸入に関する問題　　　食の安全性・国内産業への影響

5 輸入農産物・食品は安全か？

米国BSE問題	遺伝子組み換え食品
2003年のBSE確認以来停止されていた日本の米国産牛肉輸入。2005年末再開するも，特定危険部位が見つかりすぐに再停止。その後，全頭検査実施を求める日本と，拒否する米国間で協議が続き，月齢20か月以下という制限付きで2006年に再開した。日本と並ぶ米国産牛肉輸入大国である韓国は，30か月以上の輸入牛肉解禁を発表したことで批判が噴出し，李大統領の支持率急落にもつながった。	特定の除草剤や害虫に抵抗性のある微生物の遺伝子を，DNA技術により組み込んだ農作物などの食品。農水省は2001年から大豆・トウモロコシなどの作物とその加工食品（豆腐・みそなど）について「遺伝子組み換え」「不分別」「組み換えでない」の3段階表示を義務づけた。2023年度からは遺伝子組換えの混入がないと認められるもののみ「組み換えでない」の表示が可能となる（表示の厳格化）。

ポストハーベスト	中国ギョーザ事件
穀物の貯蔵・輸送に際し，害虫やカビの発生を防ぐため収穫後，農産物に農薬のシャワーを浴びせ，2年間くらい病害虫がつかないようにして輸出する。特に，アメリカの農薬残留基準の甘さ，日本で禁止されている農薬の利用やフリーパス状態の輸入など，安全性が問題。	中国からの輸入食品は仕入れ値で1兆円。特に冷凍食品市場では15％を占める。2008年，官民の検査体制整備も進んできた中で起きた冷凍ギョーザ中毒事件（有機リン系殺虫剤の混入）。当初は責任を否定していた中国だが，北京オリンピック直前に中国国内での混入を認めた。

6 TPP参加と日本の農業（→p.362）

A 農林水産業への影響（政府統一試算2013年3月公表）

TPP交渉参加11か国を対象に関税を撤廃した場合（関税率10％以上，生産額10億円以上の19品目）		
年間生産額	7.1兆円→4.1兆円（3.0兆円の減少）	
主な品目の生産量減少率	米 32%　小麦 99%　砂糖 100%　牛肉 68%　豚肉 70%　牛乳乳製品 45%　あじ 47%　さば 30%　たら 52%	
食料自給率	・供給熱量ベース：39％→27％程度　・生産額ベース　：68％→55％程度	
農業の多面的機能の喪失額	1.6兆円程度（水田や畑の作付面積の減少等による機能の喪失額）	

B 農林水産物への影響の再試算（2017年12月）

農林水産物の生産減少額	約900〜1,500億円の減少
食料自給率	ほぼ影響なし
主な品目の生産量減少率	全品目について現在の生産量を維持する見込み

解説 **農林水産業半減**　TPPは原則全品目関税撤廃で，聖域はない。2013年政府統一試算の19品目は，生産額が約4割減少する。2017年12月の再試算では，生産コストの低減・品質向上や経営安定対策などの国内対策により，農林水産業への影響は約900〜1,500億円の減少にとどまるとの試算が発表された。しかし，国内対策の効果を疑問視する声も大きい。

プラスα TPPの「衛生植物検疫（SPS）」では，食品安全分野等の非関税障壁の撤廃が目指されている。遺伝子組み換え食品，ポストハーベスト使用の農産物などに対する輸入規制・制限が撤廃・緩和され，食の安全が脅かされることが懸念されている。

消費者問題の発生とあゆみ

消費者主権の侵害➡被害

1 消費者問題年表

1948	主婦連合会（主婦連）結成
51	日本生活協同組合連合会結成
55	森永ヒ素ミルク事件
64	サリドマイド訴訟
68	カネミ油症事件
	地婦連100円化粧品「ちふれ」発売
	消費者保護基本法制定（2004年消費者基本法に改称）
69	欠陥車問題。人工甘味料チクロ使用禁止
70	カラーＴＶ二重価格問題
	スモン病問題（キノホルム販売中止）
	国民生活センター発足
73	石油危機➡狂乱物価…各地でトイレットペーパーなど物不足騒ぎおこる（➡p.223）
	サッカリン使用禁止
74	日本消費者連盟発足
	灯油訴訟
78	カネミ油症事件原告勝訴
	一般消費税反対高まる
80	石油ヤミカルテル裁判で元売り各社に有罪判決
94	松下電器，欠陥TV訴訟で製造物責任を初めて認める
	抗ウイルス剤「ソリブジン」の薬害で16人死亡
95	製造物責任（PL）法施行
96	HIV訴訟（薬害エイズ事件）和解
2000	消費者契約法成立
01	BSE（狂牛病）問題・国産牛偽装表示問題
02	Ｃ型肝炎訴訟提訴
04	三菱自動車欠陥隠し問題
	消費者基本法成立
06	金融商品取引法（➡p.206）
08	薬害肝炎救済法成立
09	消費者庁設立（➡3）
11	Ｂ型肝炎訴訟和解（3.2兆円の和解金）
	生肉（ユッケ・レバー）規制←食中毒事件頻発
12	茶のしずく石鹸PL法訴訟
14	マクドナルド異物混入
16	三菱自動車の燃費試験のデータ不正（➡p.189）

解説 消費者問題発生の背景 商品の大量生産・大量販売の進行に伴い，消費者の自主的選択・合理的選択の条件が失われ（**依存効果・デモンストレーション効果**も加わり）**消費者主権**が生産者主権へと移行してしまった。また，不十分な知識のまま購入せざるを得なくなった結果，欠陥商品による大量被害も発生した。

森永ヒ素ミルク中毒事件
概要 1955年，岡山県など西日本各地で原因不明の発熱や貧血，腹部が極度に膨れ上がる乳児の奇病が発生した。原因は森永ドライミルク中に使用した第二リン酸ソーダに多量のヒ素が混入していたための中毒と判明。
被害者 中毒被害児12,131人。死亡児131人。
訴訟 森永の不買運動も展開されたが，1974年に企業側が責任を認め和解成立。被害者救済基金「ひかり協会」が設立。

サリドマイド事件
概要 1960年頃より睡眠剤・つわりどめのサリドマイド剤を妊娠初期に服用した母親から，あざらし状の四肢奇形児が出生。西独での警告がありながら政府の対応が遅れ被害が増加した。日本の「薬害の原点」。
被害者 認定被害者（生存）309人。
訴訟 国と製薬会社はともに責任はないと主張したが，1974年に責任を認め和解。

カネミ油症事件
概要 1968年，西日本各地で米ぬか油の製造工程で，ダイオキシン類・PCB類が混入したことが原因による中毒事件。
被害者 約14,000人。認定患者1,858人。死亡者126人。
訴訟 1978年福岡カネミ訴訟で患者側勝訴，1984年食品公害として初めて国の責任を認めた。1987年企業側と和解。

スモン薬害事件
概要 1955年頃，全国各地で整腸剤キノホルムを服用した人から，下半身マヒやしびれなどのスモン病が発生。1971年キノホルムの販売・使用中止。患者数11,007人。
訴訟 全国各地で訴訟が提訴されたが，1978年に北陸スモン訴訟（金沢地裁）で国と製薬会社の責任を認め患者側勝訴。その後各地で勝訴・和解。

薬害エイズ事件
概要 1985，86年にエイズウイルス（HIV）に汚染された非加熱の輸入血液製剤を投与された血友病患者が，エイズを発症して死亡したり重軽症を負った事件。
訴訟 国と製薬会社5社の責任を問う民事訴訟は提訴から7年後の1996年に和解。刑事訴訟では，2000年に製薬会社の3人に実刑，2008年に元厚生省課長に執行猶予付きの有罪判決が下った。
➡**遺族に謝罪する菅直人厚生大臣**（1996.2.16）

Ｃ型薬害肝炎
概要 1987年，青森県で初の集団感染発覚。肝炎ウイルスが混入したフィブリノゲン等の血液製剤（主に止血剤として利用）投与・輸血で感染し，慢性肝炎，肝硬変，肝ガンに進行する。推定患者・感染者数は240万人。
訴訟 国と製薬会社を訴えた訴訟は，2008年和解。薬害肝炎救済法も成立した。
➡**Ｃ型薬害肝炎の元原告代表の福田衣里子衆議院議員（民主党）** 肝炎対策基本法成立で一礼する福田議員（2009.11.26）

2 消費者運動

	内 容	欧 米	日 本
消費生活協同組合運動	消費者が資金を出し合い，安価・安全な日常物資を共同購入し，供給する。	19世紀前半からイギリスで設立開始	1948年の消費生活協同組合法に基づき設立，運営
告発型運動	有害・欠陥商品の摘発・ボイコットなど。	60年代の米・ラルフネーダーが中心になった欠陥自動車追及	70年代，初のテレビ不買運動，1974年発足の日本消費者連盟

※その他の日本の消費者団体—主婦連合会・地婦連など。

用語 依存効果…個人の消費行動は，広告宣伝・流行・生活環境などの影響を受けること。
デモンストレーション効果…個人の消費行動は，他人の消費行動の影響を受けること。
消費者主権…より良い商品をより安く買うという消費者の行動に応えて生産者間の競争が行われ，商品や企業が淘汰されるというように，生産と消費の最終的決定権が消費者になければならないということ。コンシューマリズム。
消費者の4つの権利…1962年アメリカのケネディ大統領が，消費者特別教書の中で消費者主権を具体的に示した4つの権利。①**安全の権利**，②**知らされる権利**，③**選ぶ権利**，④**意見を聞いてもらう権利**，を挙げた。

プラスα 東京電力福島原発事故後，日本最大の信用金庫である城南信用金庫（東京都品川区に本店）は，「原発に頼らない安心できる社会へ」という文書を出し，脱原発を表明した。これを受けて，城南信用金庫を利用しようという声が広がったが，これも消費者運動の一つの形である。

日本経済

3 消費者行政

A 消費者行政の推進体制

```
　　　　　　　内閣総理大臣　　　　　　消費者
　　　　　　　　　　　　　　　　　　　政策会議
内閣府・特命担当大臣（消費者）

　　　　　　　　消費者委員会

　　　　　　　　　　　　勧告・命令・
消費生活センター（地方自治体）　指導啓発など
相談・　　　　　　　消費者庁
苦情　　情報　　　　措置要求・　処分・
　　　　　　　　　　勧告など　　指導
消　助言・　　　　　各省庁
費　あっせん　支援　　　　　情報
者　など
　　　　　　　　　　　　　　　　事業者
公表・注意喚起　　　　重大事故の報告
　　国民生活センター
```

（消費者庁資料により作成）

解説 消費者行政の司令塔 2009年に消費者庁が発足。これまで関係省庁による個別対応だった消費者行政を一元化し，迅速な対応が可能となった。**消費生活センター**に寄せられた悪質商法や食品被害の情報を分析し，事業者への行政処分や，所管省庁への勧告も可能となった。一方，消費者庁を監視する**消費者委員会**は，人選の透明性確保が求められている。

C 消費者行政に関する法律

法　律	内　容
消費者基本法（1968年 **消費者保護基本法→2004年改正で改称**）	消費者の権利尊重，利益擁護・増進，自立支援のため，国・自治体・事業者の責務を明らかにし，消費生活の安定・向上を図る。具体的には，消費者基本計画の策定，広告・規格などの適正化，契約の適正化，苦情処理体制整備，厳守すべき基準の作成など。
特定商取引法（1976年 **訪問販売法→2000年改正で改称**）	訪問販売・電話勧誘販売・マルチ商法などを対象に，消費者による契約の解除（**クーリング・オフ**）を認めることにより消費者救済を図る法律。16年改正で，悪質事業者への刑事罰が大幅に強化された。
	クーリング・オフ：「頭を冷やす」の意。訪問販売・分割払いの割賦販売（原則すべての商品），マルチ商法（すべての商品）などで，一定期間内（前者8日間，後者20日間）は違約金なしの契約解除ができる制度。**契約自由の原則**と契約成立後の契約を守る義務という市民社会の原則に修正を加えるものと考えられる。なお，**通信販売には適用されない**が，2008年改正で通信販売にはクーリング・オフに類似した**法定解除制度**が新設された。
消費者契約法（2001年）	悪質な契約の取り消しや，条項の無効を主張できる権利を消費者に与え，保護するための法律。取消権の行使は「だまされた」などと気づいてから1年間（2016年改正で6か月から伸長），契約の成立後は最長で5年間。ただし，罰則規定はない。
公益通報者保護法（2006年）	事業者内部から，国民生活の安全・安心を損なうような法令違反行為を通報しても，通報者が解雇等不利益な取り扱いを受けない。
消費者安全法（2009年）	消費者の消費生活における被害の防止と安全の確保。消費生活センターの設置（都道府県は必置，市町村は努力目標）など。

B 消費者行政の組織

組　織	内　容
消費者政策会議	消費者基本計画をはじめ，消費者政策を推進・評価・監視する最高決定機関。内閣総理大臣を長とする。
消費者庁	内閣府の外局（200人規模）。消費者行政の司令塔として2009年発足。情報を一元化して調査・分析を行い，国民に情報発信・注意喚起を実施。各省庁に対し措置要求をしたり，省庁横断的な制度を企画立案する。また，消費者に身近な諸法律を所管・執行する。
消費者委員会	内閣府の第三者機関。民間の有識者10人以内で構成。消費者問題について調査審議し，消費者庁や関係省庁に建議・勧告等を行う。
国民生活センター	消費者庁所管の独立行政法人。消費者への情報提供・苦情相談・商品テストなどを実施する国の機関。←消費者庁への一元化を検討中
消費生活センター	都道府県・市町村によって設置される機関（業務内容は国民生活センターと同じ）

4 製造物責任（PL）法

　PLとは，「PRODUCT LIABILITY」の略語で，「**製造物責任**」と呼ぶ。すでにアメリカで1960年代，欧州でも85年以後導入されている。ポイントは，「**メーカーは商品の製造過程で過失（ミス）がなくても賠償責任を負う**」，つまり，**メーカーの無過失責任**を定める点だ。

　従来は法が人の「**過失**」を問うのに対し，PL法はモノの「**欠陥**」を問う。モノの欠陥の認定は容易なので，被害者は救済されやすくなる。一方で「**欠陥や因果関係を推定し消費者を保護する規定（欠陥の推定規定）が法案に盛り込まれなかったのは残念。法を柔軟に運用し事実上の推定をしてほしい**」とPL法消費者全国連絡会は主張する。　（『入門PL法』日科技連などによる）

A 商品の欠陥で被害を受けた場合のPL法と旧制度の違い

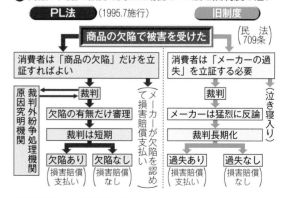

B PL法による訴訟の例

事件名	相　手	訴訟額	事件概要	
こんにゃくゼリー死亡事件	食品製造販売会社	5,945万円	ゼリーをノドにつまらせ，男児が死亡	1998年提訴，2001年和解。
エアバッグ破裂手指骨折事件	自動車輸入業者	2億1,096万円	停車して点検中，エアバッグが噴出，破裂して手指を骨折	1998年提訴，2000年和解。

日本経済

プラスα **消費者基本法制定** 2004年，消費者保護基本法が改正され，消費者基本法となった。前者が，消費者を保護する対象としてとらえてきたのに対し，同法では，**消費者を権利を持つ自立した主体として位置づけている**。

239

一般消費者の声は，彼等が組織されていないが故に，彼等より少数ではあるが効果的に組織された団体の声程に強くワシントンまで届かないことがある。そして彼等の意見は明確に伝達されるとは限らないのである。

ジョン・F・ケネディ［米：1917～63］　元大統領。この言葉は1962年の『消費者利益保護に関する特別教書』の一節。世界各国の消費者行政の基本理念になったといわれる。

自らを守るために

悪徳商法・自己破産

5 さまざまな悪徳商法

マルチ・マルチまがい商法	アポイントメントセールス	デート商法
商品を買わせると同時に，商品を販売しながら新たな会員を勧誘すると「もうかる」と称して，消費者を販売員にして，会員を増やしていく。	電話などで「あなたが選ばれた」「景品が当たった」など「特別である」ことを強調して呼び出し，商品やサービスの契約をさせる。	異性から「一度会ってみないか」などと誘いの電話がかかり，デートをしているうちに高価な和服，アクセサリーなどの契約をさせられる。

キャッチセールス	ネガティブ・オプション	資格（士）商法
駅前などの路上で，アンケート調査を装って近づき喫茶店や営業所に誘い，長時間にわたり高額な商品を販売する。	注文していない本など，勝手に商品を送りつけ，断らなければ買ったものとみなして代金を請求する。最近は，代金引換郵便を利用する例も。	「○○士」と呼ばれる資格について，「就職に有利」「近く国家資格になる」などと言って高額な資格取得講座や通信教材を契約させる。

振り込め詐欺	開運（霊感）商法	インターネット・トラブル
息子や孫を装い電話で「交通事故を起こしてしまい示談金がいる」などと金を振り込ませるオレオレ詐欺，架空の請求書をはがきや電子メールで送って金を要求する架空請求。2020年で13,550件，285億円の被害。	「先祖のたたりで不幸になる」などと不安感をあおり，印鑑や数珠，アクセサリーなどをあたかも超自然的な力があるかのように思わせ高額で買わせる。	代金を払ったのに商品が届かないオークションのトラブル，「出会い系サイト」などの広告メールにうっかり接続したことなどによる高額料金請求。

A 最近の悪質商法の例―ターゲットになる高齢者

ひとり暮らしの高齢者は悪質商法の標的となりやすい。高齢者が抱える孤独，健康，お金という３つの不安をあおるような手口で，不要なものを売りつけたりする悪質な業者の被害に遭う例が増えている。

訪問販売	電話会社の関係者と名乗り「電話機の交換をしないと電話ができなくなる」などと不安をあおり旧型の電話機を売りつける。
	床下の点検を勧め「水漏れで柱が腐るから修理が必要だ」などと不要な工事を行う。（点検商法）
電話勧誘	「流行ですぐ売り切れる」などと電話で勧誘し新型インフルエンザ薬を売りつける。

国民生活センター広報担当者は，このような被害に遭わないために「どんな被害例があるのか知っておくことが効果的」と話している。

6 自己破産

A クレジットカード発行枚数と自己破産件数

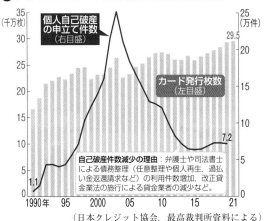

個人自己破産の申立て件数（右目盛）

カード発行枚数（左目盛）

自己破産件数減少の理由：弁護士や司法書士による債務整理（任意整理や個人再生，過払い金返還請求など）の利用件数増加，改正貸金業法の施行による貸金業者の減少など。

（日本クレジット協会，最高裁判所資料による）

B 自己破産後の制限・義務

① 自己の財産を自由に処分・管理できない。
② 破産管財人などの請求があれば必要な情報について説明する義務を負う。
③ 引っ越しや長期の旅行には裁判所の許可が必要。
④ 裁判所が必要と認めた場合は身柄を拘束される。
⑤ 郵便物などは破産管財人に対して配達される。
⑥ 弁護士・公認会計士・司法書士・税理士などの資格は停止。
⑦ ローン・クレジットカードが使えなくなる。

解説 自己破産すると 気軽に借りたお金がいつの間にか返せないほど多額に。そうして迎えた自己破産の申立て件数は，近年減少しているものの，いまだ高水準だ。自己破産すると，借金は免責されるが，同時に多くの制限がつけられる。

Focus フォーカス 大学受験の前納入学金・授業料返還問題

第１志望の大学の合格発表前に，先に合格した大学の入学金・授業料などの納付期限が来た。募集要項には，一度納めたものは返還しないとある。せっかくの合格を無駄にはできないので，納めてしまった。その後，第１志望の大学に合格。そうなると，前に納めた入学金等を返さないというのが癪になってしまう。……

消費者契約法は，消費者契約の解除に伴い違約金として平均的損害額を取るのはいいが，それを超えたら無効という，いわば「ぼったくり禁止」を定めている。入学辞退は，「受験＋合格＋入学金等の納付」により成立した大学の在学契約を，受験生側から一方的に解除すること。募集要項などで，一度納付したものは返還しないと定めているのは，入学辞退（契約解除）に対し，「損害賠償の額を予定し，又は違約金を定め」ていることになる。したがって，入学辞退によって大学に生ずる平均的な損害額を超える部分は無効で，受験生に返還しなくてはならないことになる。

（東京都消費生活総合センター資料による）

A 前納金返還訴訟の最高裁判決（2006.11.27）

前納金	返還	理　由
入学金	×	入学金は在学契約予約上の地位を取得する対価であり，法律上の理由がある。
授業料	○	４月１日前に入学辞退をした場合，返還請求を認める。前納授業料等を違約金として取るのは平均的損害を超えている。

プラスα 2010年，改正貸金業法施行で，それまで黙認されてきたグレーゾーン金利（最高年利29.2%）が廃止され，元本が100万円以上の場合の金利の上限は年15%となった。また，個人の借入額を，原則として年収の３分の１に制限する「総量規制」制度も導入された。

契約とは
消費者と法

契約といっても，契約した意識がないままに，契約が成立している事例もある。例えば鉄道やバスなどに運賃を支払って乗る旅客運送契約。本来は運送事業者と利用者の間で何らかの契約書を取り交わすが，毎回契約することは不可能なため，運送事業者が公示する運送条件を，利用者が了解したとして契約が成立している。契約が成立しているため，利用者が不正を行った場合は厳しく罰せられる。JRでは期限切れの定期券を使った高校生に120万円の反則金を請求した例もある。

1 双方の同意で成立 ㉑㉒⑱

契約には様々なかたちが存在するが，原則は**双方（複数）の意思表示の合致**によって成立する。

しかし，その原則を悪用する契約も存在する。**ワンクリック契約（詐欺）**などがそれだ。インターネット上の特定サイトで画像や入り口をクリックしたり，勝手に送られてきたURLをクリックしたときに，一方的に契約成立の表示をし，多額の支払いを求めるものである。

当然ながら，この契約は法的に成立しておらず無効である。契約は，双方の同意を得なければ成立しないのが原則であるからだ。また，たとえ契約しても，契約の方法や内容によっては，契約の申し込みや承諾の意思表示を取り消すことが可能である（➡p.239）。

ご入会ありがとうございます
あなたの個体識別番号
216lsd-yghr-tnk
を登録させて頂き入会手続き完了しました。
ご利用期間
［60日間］
ご利用料金 ¥24000-

A 売買契約の場合

お客（消費者） ── 契約成立 = おたがいの意思が合意 ── お店（販売者）

このゲームソフト下さい（申し込み）

はい。ありがとうございます（受諾）

お客の義務：代金を支払う
お客の権利：商品を受け取る

お店の義務：商品を渡す
お店の権利：代金を受け取る

契約自由の原則
①契約を結ぶかどうかは自由
②だれと契約を結ぶかは自由
③契約内容は自由
④どのような方法で結ぶかは自由

「契約については，当事者は，合意によって自由に決定することができる」ことを，**契約自由の原則**という。なかでも③の**内容自由の原則**は，柔軟な内容の契約を結ぶために重要だが，場合によっては制限されることがある。

「契約自由の原則」は，「私的自治の原則（➡p.24α）」から派生した考え。

B 取り消し・無効になる契約（消費者契約法➡p.239）

お得ですよ
本当は掛け金が割高なのよね
事故について当社は責任を負いかねます
NO！
治療代！

①契約の重要事項について，うそをついた（不利益になることを言わない）
②消費者が一方的に不利な内容
③押し売りが家や職場などから帰らない
④勧誘を受けた場所から帰してもらえない

2 民法の改正 ──契約ルール，約120年ぶりに変更

2017年5月26日，企業や消費者の契約ルールを定める債権関係規定（債券法）に関する民法の改正が行われた。改正は約200項目に及び公布から3年以内に施行する。今回の改正は民法の制定以来約120年ぶりの大幅改正となる。インターネット通販，携帯電話や各種保険の契約時に起こるトラブルなど，現在の社会問題を念頭に置いた改正となっている。

消費者保護を重視した改正といえるが，現在の日本は契約社会でもある。安易な契約が大きなトラブルに発展する例も少なくない。契約が持つ重みを今一度考える契機としたい。

約款とは、事業者が不特定多数の利用者と契約をする際の契約条項。契約内容を画一的に定めることを目的として使用するものを指す。

◉ 民法改正の主なポイント

改正点	ポイント
約款のルールを作成	約款に書かれている内容は法律で明確に認められる。ただし，買い手が著しく不利益を被る項目は無効。
欠陥商品の売り手の責任を明確化	破損した商品や契約とは異なる商品が届いた場合，買い手は，修理・交換・代金減額を売り手に求めることができる。
お金の貸し借りの時効を原則5年に統一	飲食代の「ツケ」は1年，弁護士費用は2年，診療報酬は3年など，バラバラだった時効を統一。
法定利率5%→3%	法定利率は，利率を決めずにお金を貸し借りした際に自動的に適用されるもの。
賃貸住宅の敷金は返金される	部屋の年月に応じた自然な劣化の修繕費は貸し主が負担。敷金からは借り主が壊した修繕費のみが差し引かれる。
認知症の高齢者等が交わした契約は無効	判断力が弱い人が結んだ契約は無効とすることを法律に明記。

日本経済

3 民法改正による課題と懸念 ㉑⑳

これまで未成年者は，高価な契約をするときは原則として法定代理人（親など）の同意を必要とし，同意がなければ契約を取り消すことのできる**未成年者取消権**が適用されていた。しかし，今回の法改正で18・19歳は対象外となる。政府は民法とは別に，消費者契約法を改正。「就職セミナー商法」や「デート商法」などの契約を取り消せるよう，若年者に限らず消費者保護の強化をはかっているが，消費者被害の拡大が懸念されている。（➡p.240）

18・19歳が陥る可能性がある危険

自己破産
クレジットカード
消費者金融
銀行カードローン
多重債務

デート商法
恋愛感情につけ込む

マルチ商法
会員を勧誘して販売組織を拡大する

時事特集

●公害とは何で，どのような種類があるのか？
●日本の公害はどのような歴史を歩んできたか？

視点

持続可能性

公害問題の発生と現状

足尾鉱毒事件から四大公害へ

1 公害関係年表

↑田中正造（佐野市郷土博物館）

⑮

1878	**足尾銅山（栃木県）の鉱毒**で渡良瀬川流域に被害
91	田中正造が衆議院で足尾鉱毒事件を追及
1956	**水俣病**の存在が社会問題化
65	阿賀野川（新潟県）流域で**新潟水俣病**発生
67	阿賀野川水銀中毒被害者，昭和電工に対し損害賠償請求訴訟をおこす（四大公害訴訟第1号）
	「**公害対策基本法**」「海水汚濁防止法」制定
68	「**大気汚染防止法**」「騒音規制法」制定
70	「**公害国会**」（第64臨時国会）で公害関係14法案が成立。公害対策基本法から「経済調和」条項削除
71	環境庁設置。**新潟水俣病裁判，患者側勝訴，判決確定**
72	**四日市公害訴訟，患者側勝訴，判決確定**
	イタイイタイ病訴訟控訴審，患者側勝訴，判決確定
	大気汚染防止法・水質汚濁防止法に**無過失責任**規定導入
	国連人間環境会議―「**かけがえのない地球**」
	OECD環境委員会　**PPPのルール化**提唱
73	**水俣病公害訴訟，患者側勝訴，判決確定**
	汚染者負担の原則に基づく公害健康被害補償法公布
74	大阪空港公害裁判「**環境権**」を主張
78	水質汚濁防止法改正（濃度規制から**総量規制**へ）
87	モントリオール議定書（オゾン層破壊物質対策）
92	地球サミット―「**持続可能な開発**」
93	**環境基本法**（公害対策基本法廃止）
95	水俣病訴訟終結へ（政府最終解決策決定）
97	環境アセスメント法（99年施行）
99	ダイオキシン類等対策特別措置法（2000年施行）
2008	生物多様性基本法
09	水俣病被害者救済法
11	東京電力福島原発事故による放射能汚染
12	地球温暖化対策税（環境税）の導入
13	水銀に関する水俣条約の採択→2017年8月発効

⑯ **用語** **公害の定義**…「事業活動その他の人の活動に伴って生ずる相当範囲にわたる**大気の汚染，水質の汚濁，土壌の汚染，騒音，振動，地盤の沈下及び悪臭**によって，人の健康又は生活環境に係る被害が生ずることをいう」（**環境基本法第2条**）。発生原因別では，企業の事業活動に伴う産業公害，下水・ゴミ・排気ガスなどによる都市・生活型公害，交通手段などによる騒音などその他の公害と分けることもできる。

日本経済

2 田中正造と足尾鉱毒事件

↑明治時代の足尾銅山

　渡良瀬川上流の足尾銅山は，350年前，江戸幕府の銅山として開発。その流れは，豊かな穀倉地帯や織物の町を生み，うるおしていた。しかし，古河鉱業が操業を開始した明治10年，川は鉱毒の流れに一変した。明治23年の洪水のあと，流域の鉱毒被害を報じた新聞には「千数百町歩の良田は忽然として一基生ぜず，一穂実らざる不毛の地と化しおわれり。……」と書かれている。

　明治24年，改進党代議士田中正造は足尾鉱業の操業停止を叫び，議会で政府に迫った。政府が鉱毒防止工事を古河に命令したのは，それから6年後であった。

　流域被害農民は，くりかえし陳情団を上京させた。上京途上，陳情団はいつも武装した警官隊に襲撃された。

　同34年12月10日，田中は明治天皇の馬車に向かって直訴状をかかげてかけよった。この直訴事件は，がぜん世論をわかした。……が，政府は強権を発動した。「鉱毒が流出するのは渡良瀬川の洪水によるもの」として，鉱毒問題を治水問題にすりかえ，同川の利根川合流点に近い栃木県都賀郡谷中村をとりつぶし，遊水池をつくることをきめた。

　「谷中村一村の犠牲で鉱毒から解放されるなら……」。長年の鉱毒との戦いに疲れ果てていた農民は，権力の恐ろしさに驚き，いつまた自分たちの上にふりかかるかもしれない廃村の不安におびえた。戸数450戸，父祖伝来480年の谷中村は，孤立無援の中で滅びていった。（『朝日新聞』1980.9.8）

↑渡良瀬遊水池

3 四大公害訴訟（損害賠償請求訴訟）

2015年3月，四日市市立博物館がリニューアルオープンし，館内2階に「四日市公害と環境未来館」が開館。四日市公害に関する映像や写真など，貴重な資料が展示されている。

	新潟水俣病	四日市ぜんそく	イタイイタイ病	水俣病（熊本県）
発生状況	1964年から70年にかけて新潟県阿賀野川流域で発生	1961年ごろから四日市市の石油コンビナート周辺で発生	富山県神通川流域で発生	1953年から60年にかけて熊本県水俣湾周辺で発生
症　状	手足がしびれ，目や耳が不自由になり，狂い死ぬ	気管支など呼吸器がおかされ，ぜんそく発作が襲う	骨がもろくなり「痛い痛い」と叫んで死ぬ	手足がしびれ，目や耳が不自由になり，狂い死ぬ
原　因	工場廃水中のメチル水銀	亜硫酸ガス	カドミウム	工場廃水中のメチル水銀
被　告	昭和電工	四日市コンビナート6社	三井金属	チッソ
提訴と判決	1967年6月提訴 1971年9月原告勝訴	1967年9月提訴 1972年7月原告勝訴	1968年3月提訴 1971年6月原告勝訴 1972年8月控訴審被告敗訴	1969年6月提訴 1973年3月原告勝訴
原告数／主な争点	76人／因果関係，故意・過失責任	12人／複合公害における因果関係，故意・過失責任	33人／因果関係	138人／故意・過失責任
請求額	5億2,267万円	2億58万円	6,200万円　（一審） 1億5,120万円（控訴審）	15億8,825万円
判決額	2億7,779万円	8,821万円	5,700万円　（一審） 1億4,820万円（控訴審）	9億3,730万円

⑮

プラスα 1970年代に入ると，光化学スモッグ・ヒートアイランド現象など都市公害が拡大した。現在，窒素酸化物排出の増大で，光化学オキシダントが高濃度化し，光化学スモッグが再び増えている（2021年，12都府県で注意報発令，被害届出人数は4人）。

言の葉

「うちは、こげん体になってしもうてから、いっそうじいちゃん（夫のこと）のことがもぞか（いとしい）とばい。…嫁に来て三年もたたんうちに、こげん奇病になってしもた。残念か。」

石牟礼 道子〔日：1927～2018〕　作家。熊本県天草出身、後に水俣に移り住んだ。結婚後、主婦業のかたわらに水俣病の被害者や家族の姿を書きため、『苦海浄土　わが水俣病』を1969年に出版。左は第3章「ゆき女きき書」からの抜粋。

④ 水俣病

Ａ ミナマタは終わらない
（『朝日新聞』1996.4.28）

「頭を割ってみんと，わからん」。病院の３人の医師は首をかしげた。胎児性患者の亮子さんは未熟児として生まれ，保育器でぐったりして成長も遅かった。38年前の夏のことだった。胎盤を通して母親の水銀を吸い取って発症したのが胎児性患者である。現在身長140cm，体重はわずか23kg。今も覚えていることがある。亮子さんが20歳近くになり，生理が始まったときである。「どうせ嫁にはいけん。こぎゃんつらいことは，なかほうがええ」。心の中でそう思うと，涙が出てきた。

母親も，手足の先にしびれが残っている。「こげん心やさしい娘に，私は何もしてやれん。悔しか。だから，この子より先に，私は死ねん。それまで，うちの水俣病は決して終わらんとです」。胎児性患者は，流産で死んだケースも多く，その実数は今もわからない。

→判決後の集会で涙にむせぶ患者たち　熊本地裁は水俣病裁判で患者側の主張を全面的に認める判決を下した。（1973・3・20）

主催／水俣病患者・市

Ｂ ミナマタが問いかけるもの

水俣の悲劇は，企業・行政・科学が一体となって「水俣病隠し」を続けたため，被害は一層深刻になりました。

昭和34年７月，熊本大学奇病研究班がチッソの工場排水から突き止めた「有機水銀説」を黙殺し，同年10月，工場付属病院長の細川一博士が工場排水で実験した「猫発症」をもひた隠し，水俣病が発生すると知りながらなお10年近くにもわたって，毎時500トンもの有毒排水を不知火海へ流しつづけたという事実です。

その背景には，人間よりも経済を優先する高度成長の増産体制がありました。また，漁獲禁止措置・排水差し止めなどの政府の対策の遅れも大きな背景となりました。当時年商150億円，塩化ビニル生産「日本一」に酔うチッソにとっては，水俣病患者などわずらわしい存在でしかなく，出来るだけ安上がりで黙らせたかったのです。
（『朝日新聞』1981.4.20）

用語　**水俣病被害者救済法（2009年成立）**…従来の救済基準の枠外にいた人に一時金や医療費を支給。1977年制定の救済基準に満たない被害者の提訴を背景に，1995年一時金支給でいったん「政治決着」が図られたが，継続された訴訟の2004年最高裁判決で国の基準より広い救済を認めたのを受け，救済法が成立。2012年の申請期限までに6.5万人が申請したが，潜在的被害者の存在から，申請締め切りへの反発も根強い。

㉑　水銀に関する水俣条約…水銀・水銀化合物から人の健康・環境を保護することが目的。日本の提案で，水俣病の教訓として，水銀汚染の深刻な影響，公害の再発防止を前文に記載している。2013年，熊本県熊本市で採択・署名（2017年８月発効）。

⑤ 公害関係の主な法律

Ａ 公害対策基本法（1967年制定，93年廃止）（⇒p.245環境基本法）

第１条[目的]　この法律は，国民の健康で文化的な生活を確保するうえにおいて公害の防止がきわめて重要であることにかんがみ，事業者，国及び地方公共団体の公害の防止に関する責務を明らかにし，並びに公害の防止に関する施策の基本となる事項を定めることにより，公害対策の総合的推進を図り，もつて国民の健康を保護するとともに，生活環境を保全することを目的とする。

Ｂ 公害対策行政関連の省庁・法律

SO_x…硫黄酸化物　NO_2…二酸化窒素

省庁	●環境庁（1971年設置）⇒環境省（2001年１月省へ格上げ発足）
公害規制	●**大気汚染防止法**…主にSO_x・NO_2の環境基準制定。1972年に**無過失責任制度**導入。1974年濃度規制に加え**総量規制【一定地域ごとに有害物質の総排出量設定】**導入。 ●**水質汚濁防止法**…1972年に**無過失責任制度**導入。1978年濃度規制に加え**総量規制**導入。 ●騒音規制法　●廃棄物処理法　●海洋汚染防止法
紛争処理	●公害紛争処理法
賠償・被害者救済・負担	●**無過失賠償責任法**…1972年成立。公害発生源企業に賠償責任を負わせ，被害者救済を図るのが目的。故意・過失の有無を問わない**無過失責任制度**を導入し，損害を賠償する責任を認めたもの。上記の大気汚染防止法や水質汚濁防止法にも導入。 ●**公害健康被害補償法**…民事責任の考えと**汚染者負担の原則（PPP）**に基づき，公害企業が損害を補償する制度として1974年施行。「著しい大気汚染を生じ，その影響による疾病が多発している」地域を「指定地域」とし，慢性気管支炎などの疾病にかかった住民を公害病患者に認定，医療費や障害補償費などが支払われた。1988年で新規患者認定打切りなど大幅縮小された。しかし2007年，東京大気汚染訴訟一審判決は未認定患者を救済対象とした。 ●**公害防止事業事業者負担法**…国・地方公共団体が公害防止事業実施の際，発生源企業からも事業費を一定割合負担させる法。最高時で事業費３兆円の約半分1.5兆円負担。これは**汚染者負担の原則（PPP）**を適用したもの。PPPは1972年OECDの環境委員会で国際ルール化が提唱された。例えば1977～90年の水俣湾ヘドロ除去工事では，485億円のうち307億円をチッソが負担した。

⑥ 公害防止設備投資の推移—PPPの効果

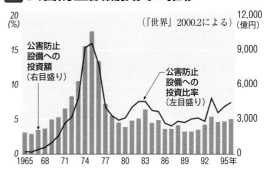

公害防止設備への投資額（右目盛り）

公害防止設備への投資比率（左目盛り）

（『世界』2000.2による）

解説　**1975年には世界１位の設備投資**　70年代前半の環境行政の推進で75年には約１兆円と世界１位となったが，70年代末以降不況などで環境行政から後退，投資額も減少。

日本経済

プラスα　**汚染者負担の原則（PPP：polluter pays principle）**　環境に関わる負担は，まず汚染者が負担すべきであるとする考え。⑤Ｂにあるように，水俣湾ヘドロ除去工事費用は汚染者のチッソが約６割を負担した。東京電力福島原発事故による放射能汚染では，東京電力の責任が問われている。

環境問題
生活型公害・地球規模の環境問題

1 主な環境問題

問題	具体的な事例	課題
環境ホルモン	耐熱性プラスチックの一種であるポリカーボネート（PC）は食器や容器包装に使われているが、その原料料であるビスフェノールAは内分泌撹乱物質（環境ホルモン）の疑いが指摘されている。カナダ政府はポリカーボネート製哺乳びんの輸入及び販売等を禁止する方針を発表し、有毒物質として指定した。 またソフトビニール人形などの塩ビ（ポリ塩化ビニル）製品に含まれているフタル酸エステル類も、ヨーロッパやアメリカなどで規制の対象となっている。	カップめん容器にも、容易に環境ホルモンに変化するスチレンが使われている。**環境ホルモン**は1兆分の1レベルでも生殖機能に影響を与えるとの研究もある。
ダイオキシン	ダイオキシンとは、プラスチックや紙等の燃焼で発生する有機塩素化合物。強烈な急性毒性を有し、ガンや免疫障害の原因といわれるが、人への影響は諸説ある。1999年、**ダイオキシン類等対策特別措置法**が成立。**耐容1日摂取量を体重1kg当たり4pg以下**[*]とする環境基準や違反者への刑罰強化を盛り込んだ結果、ダイオキシン類の排出量は年々減少。2013年は、03年比66％減少、1997年比98％減少した。問題は自然界に蓄積するダイオキシン類だ。食物連鎖を通じ取り込まれるため、生態系の高次捕食者や魚が主食の動物で蓄積濃度が高い。	生活から出るゴミの焼却で発生するだけに、正に**生活型公害**といえる。日本の取組は遅く、設定された基準も欧米に比べると非常に緩いものでしかない。 ＊耐容1日摂取量とは、生涯にわたり継続的に摂取しても、健康への影響がない1日当たりの摂取量のこと。1pg＝1兆分の1g。

● 日本のダイオキシン類濃度の変化　（環境省資料）

（注）TEQ（毒性等量）…毒性の強さ（濃度）。

不法投棄された産廃処理が問題となった豊島（香川県）

問題	具体的な事例	課題
産業廃棄物処理	**廃棄物処理法**の改正が度々なされ、各都道府県レベルでは産廃税も導入されている。しかし不法投棄等の不適正処理は依然として減らないのが現状だ。2011年の法改正では、①排出事業者への罰金を1億円以下から3億円以下まで引き上げる、②循環型社会形成推進基本法の原則を踏まえ、**3R**（→p.246）を図りつつ、廃棄物焼却時の熱回収を徹底する、③廃棄物処理に対する不信感から廃棄物処理施設の立地が進まないといった悪循環が依然として根強く残っていることから、最終処分場の長期的な維持管理対策を強化するなど、様々な方策を打ち出している。 なお、**放射性廃棄物は廃棄物処理法の対象外**である。	**ダイオキシン問題**等産廃処理の安全性への不安が各地の住民反対運動につながっている。産廃が増え続ける中、産廃の不正輸出・投棄、産廃違法操業、処理認可を巡る問題が頻発している。
酸性雨	飲料で酸性のものといえばトマトジュースはpH4.3〜4.5位、オレンジジュースは100％でpH3.5〜3.7である。温泉もpH4以下になると、いわゆる強酸性泉である。ところが**酸性雨**の多くはpH4.5位だが、オレンジジュース同様のpH3.5台もあり、ひどいのはpH2に近いものも観測されているから驚く。 東本州に広く、特に北陸から日本アルプス、関東北部の三国山脈山地などに被害が大きい。被害林は誰が見ても分かる。枝葉が枯れ、幹が枯れ、樹肌が剥げて白骨のごとくなり、やがて枯死し、森林が墓地化する。（『森林破壊と地球環境』丸善）	pH5.6以下の雨を酸性雨と定義。**酸性雨**被害の原因は、国内工業都市の排気ガスとともに国際的遠距離被害（中国やロシアが発生源という学者も）による。 　　　酸性　　中性　　　アルカリ性 pH 0　　　5.6　7　　　　　14 ←酸性雨→
公害輸出	カラーテレビをきれいに見せるために必要なものに希土類金属というものがあります。日本の化学系の大企業はマレーシアの地元資本と合弁企業（ARE）をつくって、マレーシアでその希土類金属を採取・精錬して日本に輸出していました。 希土類金属を採り出す過程で、残りは廃棄物になってしまいます。その中に放射性廃棄物がずいぶん含まれていて、放置されていたのです。その放射性廃棄物が周辺に住んでいる人たちの健康障害を引き起こしたということで、マレーシアで裁判に訴えられました。高等裁判所ではAREに操業停止処分の判決が下りました。 では、その日本企業は、マレーシアでも日本国内と同じように操業をしていたのかというと、廃棄物処理も含めてそうではないのです。企業にとって**先進国でのスタンダード（基準）と途上国とでは違っている**のです。（『環境と経済を考える』岩波書店）	グローバル経済の下、特に発展途上国へ進出している企業では、緩い環境基準を利用してコスト削減を図るケースが多々見られる。

問題	具体的な事例	課題
熱帯雨林破壊	1964年ラワン材輸入自由化後、日本は世界一の熱帯材輸入国となった。ラワン丸太は合板として利用されるが、大半は数回で使い捨て。「魚は減った。猪も減った。川もここ数年で激しく汚れた。伐採前のすべての毎日。それが俺にとって一番の思い出だ」マレーシアのサラワクでは1時間平均東京ドーム8個分の森が切られ、その半分以上が日本へと向かう。（『どうして郵貯がいけないの』北斗出版） その後、輸出国の丸太輸出規制等で、日本のラワン丸太の輸入は激減。ロシア産針葉樹や国産材が原料の合板が増えた。一方サラワクではパーム油（ヤシ油）のプランテーション拡大が著しい。洗剤・石鹸・化粧品、スナック菓子やマーガリンなど幅広く利用されるパーム油の世界的需要が拡大し、森林伐採がより進んでいる。	かつて日本の木材大量輸入が**熱帯雨林破壊**の一因となった（エビ養殖のための**マングローブ林破壊**も同じ構造）。また、マレーシアのパーム油の輸出量は、1970年約50万トンが2000年には約850万トンにも増えている。

プラス**α** **ハイテク公害（汚染）** 一見公害とは無縁に思えるハイテク産業の工場だが、ICやLSI等の電子部品の洗浄に使われるトリクロロエチレンなどの化学物質の排水による汚染が問題になっている。

日本経済

言の葉

いくら家の周りや田畑を「除染」したところで，雨が降るたびに「除染」していない山から放射能が流れ出してきて，いつまで経っても放射能汚染はなくならない――。そうなるような気がしてなりません。

長谷川 健一 [日：1954～] 福島県飯舘村の酪農家。東京電力福島原発事故で，酪農を廃業。言葉は，著書『原発に「ふるさと」を奪われて』（宝島社）の一節。

2 日本の降水中のpH分布図（酸性雨）

1995年度／2017～21年度平均
[ ]は参考値
… は未測定

札幌 4.6／4.93
利尻 [5.3]／4.88
新潟巻 4.89
越前岬 4.5／4.72＊
尼崎 4.8／4.96
竜飛岬 4.82＊
隠岐 4.8／4.85
筬岳 4.8／5.10
橋原…／5.01
赤城…／5.05
対馬4.9／4.94
東京…／5.02
筑後小郡4.8／4.81
大分久住4.7／4.55＊
屋久島4.6／4.69
小笠原 5.3／5.15

| pH 酸性 0 | 中性 7 | アルカリ性 14 |

＊…2014～18年度平均。
（環境省資料より作成）

3 放射線汚染

東京電力福島原発事故直後に放出された**ヨウ素131**（甲状腺に蓄積し放射線を集中的に放つ）による**初期被曝**が深刻な不安を引き起こしている。チョルノービリ（チェルノブイリ）原発事故後，**子どもの甲状腺癌**多発で国際的にも危険性が認められた。放射性物質は未知のものだが，確実なことは一定量集まった場所に近づくだけで死ぬか，遺伝子に傷をつけ癌の発症率が高まることだ。年間積算放射線量が20 mSv 以下なら安全か，飯舘村の除染目標5 mSv（チョルノービリでは移住義務が課される。日本では放射線管理区域に該当）なら帰村可能か。放射線リスクは除染して放射線が低減すればなくなるものではない。

（岩波書店『世界』2013.4による）

環境保全に向けて
環境基本法・環境アセスメント

4 環境基本法
1993.11法91
最終改正 2021.5法36

第1条[目的] この法律は，環境の保全について，基本理念を定め，並びに国，地方公共団体，事業者及び国民の責務を明らかにするとともに，環境の保全に関する施策の基本となる事項を定めることにより，環境の保全に関する施策を総合的かつ計画的に推進し，もって現在及び将来の国民の健康で文化的な生活の確保に寄与するとともに人類の福祉に貢献することを目的とする。

第2条[定義]② ……「地球環境保全」とは，人の活動による地球全体の温暖化又はオゾン層の破壊の進行，海洋の汚染，野生生物の種の減少その他の地球の全体又はその広範な部分の環境に影響を及ぼす事態に係る環境の保全であって，人類の福祉に貢献するとともに国民の健康で文化的な生活の確保に寄与するものをいう。

第4条[環境への負荷の少ない持続的発展が可能な社会の構築等] ……環境への負荷の少ない健全な経済の発展を図りながら持続的に発展することができる社会が構築されることを旨として，行われなければならない。

解説 理念のみ？環境基本法 環境基本法は，それまでの環境行政の基本法であった**公害対策基本法**（1967制定），**自然環境保全法**（1972制定）が，地球環境問題や生活型公害・社会全体としての環境保全に対応しきれなくなっている状況下で作られたもの（公害対策基本法は廃止）。前年（1992年）に地球サミットが開催されたことに留意しよう。しかし**環境アセスメント法**制化，**環境税の導入明示**，**環境権の明記**は避けられ，具体性・実効性に欠けるとの批判も強かった。

用語 ラムサール条約（⇒p.372）…主として水鳥を保護するために，重要な湿地を登録し，その豊かな生産力や自然の機能の「賢明な利用（Wise Use）」を主な目的に掲げ保全していこうという条約。正式名称は「特に水鳥の生息地として国際的に重要な湿地に関する条約」。1971年にイランのラムサールで開かれた国際会議で採択された。加盟すると1か所以上の湿地を条約事務局に登録し，保全の義務が生じる。環境省は，「釧路湿原」（北海道），「クッチャロ湖」（同）などを登録湿地としている。

5 環境アセスメント法

A 環境アセスメントの流れ

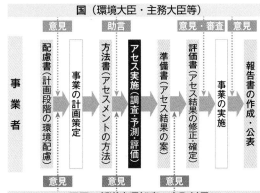

国（環境大臣・主務大臣等）

事業者

配慮書（計画段階の環境配慮）→ 事業の計画策定 → 方法書（アセスメントの方法）→ アセス実施（調査・予測評価）→ 準備書（アセス結果の案）→ 評価書（アセス結果の修正・確定）→ 事業の実施 → 報告書の作成・公表

意見／助言／意見・審査／意見
意見／意見／意見

国民・都道府県知事・市町村長

解説 環境アセスメント（環境影響評価）とは 大規模公共事業を行う際に，自然環境への影響を調査すること。**環境アセスメント法（環境影響評価法）**は，財界などの反対で7回も国会で見送られたが，先進国では最後となる1997年にようやく成立（1999年施行）。導入当初は計画がある程度固まった段階で実施される制度（事業アセスメント）だったが，2011年改正で，計画立案段階から実施できる**配慮書手続**の導入（戦略的環境アセスメント）や，環境保全措置等の結果を報告・公表する**報告書手続**が追加された（2013年施行）。

用語 時のアセスメント…予算化されても長期間未着工の公共事業や工事が10年間継続中の事業について，必要性や社会情勢の変化などの観点から再評価し，中止も含めた見直しをする制度。1998年「無駄な公共事業を再評価するシステム」として建設・運輸省庁が導入。

アスベスト…繊維が非常に細かい天然鉱物で石綿とも呼ばれる。主に建築用に使用されてきたが，発ガン性（潜伏期間が長い「中皮腫」発症）から使用禁止となった。2006年に**石綿健康被害救済法**が制定された。

ナショナル・トラスト運動…開発から自然環境・史跡などを守るため，住民が資金を出して購入・保護・管理する運動。19世紀末イギリスに始まった。日本でも1960年代から始まり全国で数十展開されている。例えば「しれとこ100㎡運動（北海道）」「トトロの森運動（埼玉県狭山）」が有名。

プラスα グリーン・コンシューマー（緑の消費者） 環境を大切にする観点から，環境に「やさしい」商品を購入したり，環境保全に配慮している企業かどうかをチェックしたりする消費者のこと。なお，そういった活動・運動を**グリーン・コンシューマリズム**と呼ぶ。

循環型社会の実現へ
ゴミ・リサイクル

6 ゴミ問題の現実

Ⓐ 一般廃棄物の排出量と最終処分場の残りの量

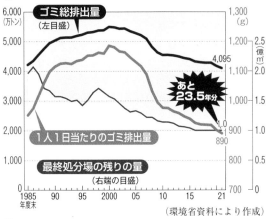

（環境省資料により作成）

Ⓑ 主な廃棄物の区分と処理責任の所在

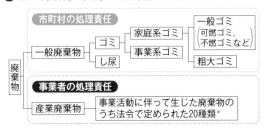

＊燃えがら、汚泥、廃油、廃酸、廃アルカリ、廃プラスチック類、紙くず、木くず、繊維くず、動植物性残さ、動物系固形不要物、ゴムくず、金属くず、ガラスくず・コンクリートくず及び陶磁器くず、鉱さい、がれき類、動物のふん尿、動物の死体、ばいじん、上記20種類の産業廃棄物を処分するために処理したもの。

（『リサイクルのことがわかる事典』）

Ⓒ リサイクル率の推移

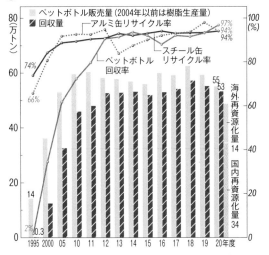

（PETボトルリサイクル推進協議会資料等による）

解説 揺らぐ国内循環　ペットボトルの回収率は上がっているが、原油価格高騰による資源としての価値の高まり、日本国内での割高な再生コストなどもあり、使用済みペットボトルが中国などの国外へ流出している。

7 循環型社会をめざして

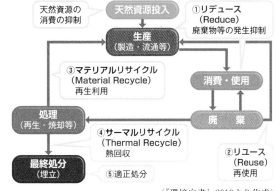

（『環境白書』2010より作成）

解説 循環型社会の具体的な姿　３Rとは、一般にリデュース（廃棄物等の発生抑制）、リユース（再使用）、リサイクル（再生利用あるいは再資源化）の３つのR。**循環型社会形成推進基本法**（2001年完全施行）で法制化され、廃棄物・リサイクル政策の基盤が確立された。これにより、「リデュース（発生抑制）」、「リユース（再使用）」、「マテリアルリサイクル（再生利用）」、「サーマルリサイクル（熱回収）」、「適正処分」の順に処理の優先順位が定められ、循環型社会の具体的な姿が示された。

8 循環型社会形成のための法体系

	法律［制定/施行］	内容
基本法	環境基本法 ［1993.1/94.8］	自然・地球環境を保全するための基本となる考えを示す
	循環型社会形成推進基本法 ［2000/01］	循環型社会を作るための基本的しくみを示す
しくみ確立	廃棄物処理法 ［2000/01］	ゴミの捨て方や、捨てられたゴミの処理方法を示す
	資源有効利用促進法 ［2000/01］	ゴミを出さなくするしくみ、リサイクルするしくみを示す
	容器包装リサイクル法 ［1995/97］	ビン・ペットボトル・紙製容器包装・プラスチック製容器包装の分別収集・再資源化
個別物品の特性に応じた規制	家電リサイクル法 ［1998/2001］	テレビ（ブラウン管、液晶、プラズマ）・冷蔵庫・冷凍庫・洗濯機・衣類乾燥機・エアコンの再資源化
	食品リサイクル法 ［2000/01］	食品の製造・加工・販売業者が食品廃棄物を再資源化
	建設リサイクル法 ［2000/02］	コンクリート・木材等建築物廃材の再資源化
	自動車リサイクル法 ［2000/05］	自動車のエアバッグやシュレッダーダスト等の再資源化
	小型家電リサイクル法 ［2012/13］	ゲーム機、携帯電話等に含まれるアルミ、貴金属、レアメタルを再資源化
	プラスチック資源循環法 ［2021/22］	製造者・販売者・消費者にプラスチック製品の「３Rと再生」を促進させる
	グリーン購入法 ［2000/01］	公的機関での再生品調達を推進

同法の関係省令が改正され、「レジ袋有料化」が2020年7月施行された。しかし、憲法で定める「営業の自由」に抵触するおそれも指摘されている（➡プラα）。

解説 ３R実現に向けて　**循環型社会形成推進基本法**に基づき、廃棄物処理法・資源有効利用促進法を廃棄物・リサイクル政策の核として、個別のリサイクル法が施行されている。

プラスα　レジ袋有料は義務でない？　実施当時「レジ袋有料義務化」と報道されていたが、2022年4月環境省は「法令上は義務化されていない」と発言。有料化の省令は憲法違反を避けるため、紙袋や環境に配慮したレジ袋は無料OKの例外規定を設け、レジ袋の有料化を強く推奨する形だった。

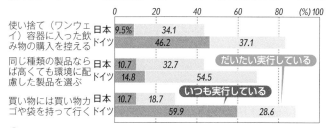

言の葉

MOTTAINAIを世界の普遍的なコンセプトにすることで，私たちはお互いを尊重し，無駄遣いせず，限りある資源に感謝することができるようになるのです。

ワンガリ・マータイ［ケニア：1940～2011］ 女性環境活動家。2004年，アフリカ人女性として初のノーベル平和賞を受賞。2005年の来日時に知った「もったいない」という日本語に感銘を受け，世界共通の言葉として「MOTTAINAI」を広めようと紹介した。

9 ドイツのゴミ政策

A ドイツのゴミ処理—拡大生産者責任の厳格化

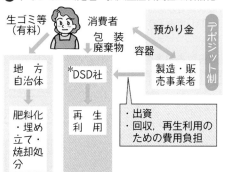

＊…Duales System Deutschland社
（『リサイクル社会への道』岩波新書による）

解説 環境優等生ドイツ ドイツでは，1990年代以降国内外の容器包装の製造，利用，販売事業者に一定率のリサイクル義務を課した。①関連事業者が共同で設立したDSD社に委託料を払って回収，再生するか，②デポジット制によって自ら容器を回収するかを選択する。家庭ゴミの回収も有料である（一家庭の1か月平均約3,000円）。

B 日本とドイツの環境意識の違い （国立環境研究所資料により作成）

使い捨て（ワンウェイ）容器に入った飲み物の購入を控える
- 日本 9.5% 34.1
- ドイツ 46.2 37.1

同じ種類の製品ならば高くても環境に配慮した製品を選ぶ
- 日本 10.7 32.7
- ドイツ 14.8 54.5 だいたい実行している

買い物には買い物カゴや袋を持って行く
- 日本 10.7 18.7 いつも実行している
- ドイツ 59.9 28.6

C リサイクルよりリユース重視でデポジット制を導入したが…

2003年，ドイツでは，ガラス瓶などのリターナブル（再利用可能）容器の比率が下がったため，ペットボトルなどのワンウェイ容器にデポジットを課した（1個当たり約34円，容器返却時に返金）。導入当初こそ，目的であるリターナブル容器の利用も増加したが，現在はワンウェイ容器が増加している。理由は，ワンウェイ容器の回収・清算システムが整備され返却が容易になったこと（容器を集めて小遣い稼ぎをする人も！），ガラス瓶に比べ軽くて扱いやすいことなど。業界の多くはデポジットに反対しており，批判も多い。

飲料の容器構成	リターナブル	ワンウェイ
2002年（導入前）	51.5%	48.5%
2003年（導入当初）	55.4%	44.6%
2008年	26.6%	73.4%

循環型社会の可能性

リサイクルが強みに変わる

10 ゼロ・エミッションを実現した工場

1990年代にアサヒビール茨城工場ではゴミゼロを達成したが，目標達成まで半年かかった。「何でこんな仕事をするんだ」と疑問，不満の声が上がった。

会社がゴミゼロ工場を実現したとの広告を流すと，消費者から賞賛の声が寄せられた。それから社員の意識が変わったという。社会にさらされ，消費者に見られたことで，社員の意識が変化したのだ。

（武末高裕『環境リサイクル技術のしくみ』日本実業出版社を参考）

11 処理後の下水が巨大輸出産業に！

下水を高度処理し，工業用水としてオーストラリアなどへ輸出することが検討されている。降水量が少ないオーストラリアでは，海水を飲料水レベルまで淡水化した水で，1トン当たり4～5豪ドル（300～400円）もするという。日本国内の下水は処理済みベースで年間約140億トン。その2割は公園の水遊び場でも使えるレベルまで高度に処理しているが，再利用率は2007年度で1.5%，ほとんどが海や川に流されている。

17 用語 ゼロ・エミッション（zero emission）…生産工程の管理などで工場などの汚染排出物をゼロにする試み。

ワンウェイ容器…ペットボトルのように1回のみ使用される容器のこと。反対語はリターナブル容器，リユース容器。

エコデザイン（環境設計）…製品の開発段階で，リサイクルしやすいリユース可能な部分を増やすなどの配慮をすること。

拡大生産者責任（EPR，extended producer responsibility）…製品の製造・流通・消費時のみならず，廃棄後の処理・リサイクル段階まで，自治体でなく生産者に責任を課そうとする考え方。1990年代半ば以降OECDが推進している。

12 国内に眠る宝の山「都市鉱山」

独立行政法人物質・材料研究機構は，危惧されている将来の金属資源の利用に対して，「都市鉱山」と呼ばれ，国内に蓄積されリサイクルの対象となる金属の量を算定し，日本の都市鉱山は世界有数の資源国に匹敵する規模になっていることを明らかにした。

都市鉱山を利用する計画は数十年前からあったが，コスト面から実用化されていなかった。しかし，新興国の工業化などで近年レアメタルの価格が高騰しており，環境省は2011年8月に家電45品目回収制度の骨子をまとめている。

A 携帯電話内のレアメタルなど

ネオジム／小型モーター（振動を起こすモーター）／インジウム・スズ／液晶パネル／コバルト・リチウム／金／小型電池／コネクタ・キー接点

B 世界のレアメタルの天然埋蔵量に占める日本の都市鉱山の実力

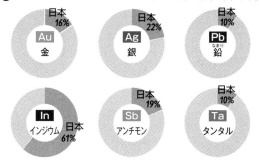

- Au 金 日本16%
- Ag 銀 日本22%
- Pb 鉛 日本10%
- In インジウム 日本61%
- Sb アンチモン 日本19%
- Ta タンタル 日本10%

（独立行政法人物質・材料研究機構資料などを参考に作成）

日本経済

次世代自動車
日本の産業構造の大転換

1769年，フランスで世界初の自動車が発明された。1885～86年にかけてドイツでガソリン自動車が発明，実用化した。そして，1908年のT型フォードの登場により，自動車は一気に大衆化した。現在，日本を含めた先進各国では，EV（電気自動車）や自動運転の開発や研究が行われている。こうした次世代自動車の技術開発は，既存の自動車産業を中心とした日本の産業構造が大きく変化する可能性がある。その可能性とは，どのようなことなのか。次の事柄から予想してみよう。

1 現在の自動車産業

自動車は約3万点の部品で組み立てられているが，一つの自動車メーカーがそれらすべての部品を製造・生産しているわけではない。バッテリーやエアコンなど完成した部品を外部調達したり，関連会社で部品を生産したりしている。また，自動車製造で使用される材料や部品は多種多様にわたり，部品や製品の生産以外に研究費や膨大な設備投資が行われている。製造品出荷額等では日本全体の2割を占め，自動車産業が日本経済を支える基幹産業だとわかる。

A 自動車製造業製造品出荷額等の推移

（一般財団法人日本自動車工業会資料による）

2 参入障壁の低い次世代自動車開発

ガソリン車を生産・開発するため，時間と費用をかけて大きな産業構造を形成してきた現在の自動車産業に対し，電気・電子系の部品を中心とする次世代自動車の開発は，関連部品の規格の標準化などにより，他業種や新興産業が参入しやすくなった。また，近年の自動運転の研究により，AIや高精度地図，カメラといった最新テクノロジーが集約され，自動車産業とは無縁だった半導体やデータ産業がEVの開発に携わるようになった。

B ガソリン車とEVの主な違い

	ガソリン車	EV
特徴	自動車	自動車×IT×電機・電子
中心部品	機械系部品中心	電機・電子系部品中心
車体重量	重い	軽い
部品提供社との関係	系列企業から提供→高い参入障壁	標準化→参入障壁をなくす？
動力源	エンジン＋ガソリンなどの燃料	電気モーター＋リチウムイオン電池などの車載用電池
吸排気	バルブ・クリーナー排ガス浄化装置など	不要

C 転換を迫られる日本の自動車産業ピラミッド

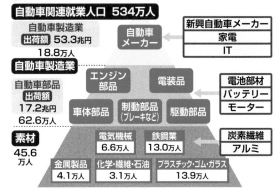

（東洋経済オンラインHP資料［2017年］による）

3 先端テクノロジーの集約の先に

自動車に共通のプラットフォーム（オープンプラットフォーム*）を設け，ユーザーが必要な部品やデータを搭載して自分で自動車の機能をデザインすることが，技術的に可能となっている。

米国では，Google，Appleといった企業が次世代自動車開発を進めている。ドイツのBMW社は，2020年までにGoogleやAppleのアプリを採用し，スマートフォンと自動車を連携し，カーナビやカーオーディオとの連携やカスタマイズを行えるようにした。

日本では，2020年にトヨタがスマートシティ建設に向けてドコモと資本提携し，2021年に静岡県裾野市に「TOYOTA WOVEN CITY」の建設を開始した。このスマートシティは，次世代自動車の実用実験だけでなく，日清といった「食」のサービスを提供する企業や，ENEOSといったエネルギー企業など，多くの他業種企業と提携して，都市全体を再構築していくスマートシティの実証都市を目指している。Cのようなピラミッド型の自動車産業が再構築され，他業種との提携や国境を越えた製品・技術・サービス開発が繰り広げられるだろう。

D 次世代自動車産業—主な「登場人物」

（BDは田中道昭『2022年の次世代自動車産業』を参照）

*ための技術や仕様を公開しているもの

日本経済

時事特集

プラスα　自動運転　自動運転は搭載される技術に応じて，レベル1・2が運転支援，レベル3・4が部分的な自動運転，レベル5が完全自動運転とされる。レベル3以上の自動車が走行するためには，新たな法整備が必要となる。なお，2件の死亡事故を起こしたテスラ車の自動運転はレベル2だった。

項目	学 習 の 内 容

戦後復興と高度経済成長（P.220～223）

(1) 軍国主義の清算…**財閥解体**，**農地改革**
(2) 戦後復興への取り組み
　① **傾斜生産方式**…基幹産業の優先的復興政策
　② **経済安定９原則**…経済安定とインフレ収束策
　③ **ドッジ・ライン**…インフレ抑制と財政建て直し策
(3) 朝鮮特需…**朝鮮戦争**（1950～53）勃発と **特需** の発生
(4) **所得倍増計画**（1960）…**池田勇人内閣** の積極的経済政策
(5) **高度経済成長**（1955～73）…毎年２ケタの経済成長
(6) 高度成長の終焉
　・**ドル・ショック**（1971）→円高，輸出不調→**過剰生産**
　・第四次中東戦争（1973）→ **第一次石油危機** **石油価格高騰**
(7) 低成長時代の到来…２度の石油危機
　　→資源エネルギーの効率化（**省エネルギー**）

バブル景気と平成不況（P.224～227）

(1) 貿易摩擦…日本の輸出拡大（1980年代）

日 本	アメリカ	
貿易黒字増	**双子の赤字**	→ **日米貿易摩擦** …米・オレンジ・牛肉の輸入自由化圧力

(2) バブルの開始
　・**プラザ合意**（1985.9）…G5がドル安(円高)協調介入
　・**ルーブル合意**（1987.2）…G7が行き過ぎたドル安(円高)是正合意→日本の**低金利政策**（円安ドル高誘導）
　　→過剰な **金融緩和** →土地や株式，対米投資の増大
　　→**資産インフレ**→ **バブル経済**
(3) バブル崩壊
　・1987年10月，ニューヨーク株価暴落→1990年10月,東京株価暴落
　→バブル崩壊…資産インフレの急速な収束，地価も下落
(4) 平成不況
　・銀行の **貸し渋り** → リストラ や企業倒産の増加
　・景気回復宣言（1994）…経済企画庁が宣言
　・消費税率引き上げ(1997) →再度の景気後退
　・健康保険自己負担増加(1997) →**デフレスパイラル**

対策	・**規制緩和**…**持株会社** 解禁　・金利政策…ゼロ金利・財政出動…地域振興券，公共事業の前倒し実施

(5) いざなみ景気…景気拡大期間は「いざなぎ景気」を超える
(6) 再び不況へ「サブプライムローン問題後の金融危機　原油価格乱高下，食糧高
(7) **アベノミクス**（2012～20）
　・「３本の矢」…「金融政策」「財政政策」「成長戦略」
　　→［評価］経済浮揚の成果がある一方で，批判もある。

産業構造の転換（P.228 229）

(1) 日本の産業構造の変化(高度化…ペティ・クラークの法則)
　①高度成長期…第１次産業の衰退と第２次産業の拡大→資本集約型産業（重厚長大）
　②低成長期(石油危機以降)
　　… 知識集約型産業(軽薄短小) へ
　・第３次産業の優位…**経済のサービス化・ソフト化**　**ハイテク化**

項目	学 習 の 内 容

中小企業問題（P.230・231）

(1) **中小企業** の地位と役割
　①定義…中小企業基本法第2条(業種,従業員数,資本金で規定)
　②地位…事業所99%，従業員数８割，製造品出荷額５割
　③形態…地場産業，**下請や系列**，ベンチャービジネス
(2) **二重構造**…中小と大企業の設備投資率・生産性・賃金の格差

原因	・下請企業の原料高・製品安　・景気変動の調節弁・資本不足による機械化の遅れ
対策	・構造改善…**中小企業基本法**，中小企業近代化促進法・規制による保護…中小企業分野調整法

(3) 中小企業の現状と今後
　・経営悪化…大企業の景気の調節弁・銀行の **貸し渋り**
　・国際化 | 親会社の海外進出→ **産業の空洞化** / **規制緩和** →大型店との競合

農業問題（P.232・233）

(1) 戦後の農業構造の変化
　① **農地改革** …寄生地主制を廃し自作農を創設
　②二重構造の定着化
　　・所得・生産性の相対的低下←他産業との格差拡大
　　・農業の兼業化・高齢化→ **三ちゃん農業**

農業政策（P.234～237）

(1) 農業政策の変遷
　・**農業基本法**（1961）…米以外の農作物への転換奨励，自立経営農家育成→失敗，離農進行
　・**食糧管理制度** …米価維持政策→**逆ざや現象**→食管赤字
　・総合農政(1969)…**米の生産調整**（**減反**），農業の合理化←農産物輸入本格化
　・新食糧法（1995）…生産・流通の政府規制緩和→米取引の自由化
　・新農業基本法（1999）…食料安定供給，多面的機能維持
(2) 輸入自由化→食料自給率の低下
　・1991年　**牛肉・オレンジの輸入自由化**
　・1993年　ウルグアイ・ラウンド 合意→米市場部分開放（ミニマム・アクセス）
　・1999年　米の関税化受け入れ

消費者保護（P.238～241）

(1) **消費者主権** と消費者保護
　① **消費者の４つの権利** （ ケネディ大統領 ，1962年提唱）
　② 消費者保護

官庁	消費者庁（2009年9月発足）		
機関	国	国民生活センター	地方　消費生活センター
法律	1968	消費者保護基本法(2004年に消費者基本法へ)	
	94	製造物責任法(PL法)	
	2000	消費者契約法	
制度	**クーリング・オフ制度**		

公害問題・循環型社会（P.242～247）

(1) **公害** 問題…典型７公害(環境基本法第2条)
　①戦前…足尾銅山鉱毒事件→殖産興業政策
　②高度成長期…**四大公害訴訟**→企業責任の追及
(2) 公害対策から環境保全へ
　① **公害対策基本法**（1967）→ 大気汚染防止法（**無過失責任**），水質汚濁防止法(無過失責任，**総量規制** ）
　　・PPP(汚染者負担の原則)適用→ **外部不経済** の内部化
　　→ **環境庁** 発足(1971)→2001年，環境省に格上げ
　② **環境基本法**（1993）…環境保全の理念を提示
　③ **環境アセスメント法**（1997）
(3) **リサイクル** の推進
　・1997年　容器包装リサイクル法
　・2000年　循環型社会形成推進基本法
　・2001年　**家電リサイクル法**，食品リサイクル法

世界の労働運動のあゆみ

人間らしい生活のために

1 世界の労働運動関係年表

年	主な出来事（●年は日本批准年）
1802	[英]**工場法（徒弟法）**制定…年少労働時間を12時間に制限したが，実効性なし
	産業革命の進展による機械化で，職を奪われた熟練労働者たちが起こした機械打ちこわし運動。
11	[英]**ラッダイト運動**おこる
33	[英]**工場法（一般工場法）**制定…最初の実効性を伴った労働者保護立法
	9歳未満の児童労働の禁止，9歳以上18歳未満の若年者の労働時間を週69時間以内に制限，工場監督官の任命など。
38	[英]**チャーチスト運動**おこる
	1830年代から50年代にかけて，普通選挙を要求してイギリスで展開された労働運動。男子普通選挙，腐敗選挙区の廃止などの6項目を要求する人民憲章を掲げた。
48	共産党宣言発表…労働者の国際的団結を訴える
64	**第1インターナショナル**成立（～76年に解散） 内部対立が原因
	マルクスの指導のもと結成された最初の国際労働者組織。
71	[英]労働組合法成立
86	[米]8時間労働制要求スト…メーデーの起源
	86年5月1日の8時間労働制要求ストが起源。第2インターナショナルが，89年に労働者の祭典と決議し定着。
89	**第2インターナショナル**成立（→α）
1917	ロシア革命
19	**国際労働機関（ILO）**発足（本部：ジュネーブ）●原加盟国
	第一次世界大戦の講和条約である，ベルサイユ条約に基づいて設立。関係諸国の労働問題の改善を主目的にし，国際連盟に属してはいたが，自治的な地位にあった。
	第3インターナショナル（コミンテルン）発足（～43）
35	[米]**ワグナー法**成立…労働者の団結権などを保障
	労働者の団結権，団体交渉権を保障するとともに，使用者の不当労働行為（→p.254）を禁止した。
38	産業別労働組合会議（CIO）成立
45	世界労働組合連盟（WFTU）成立
46	**国際労働機関憲章（ILO憲章）**採択（3）
47	[米]**タフト・ハートレー法**…労働運動を規制
	ワグナー法を修正して，クローズド・ショップ（→p.254）や，公務員の争議権禁止など，労働運動に大きな規制をかけた。
48	ILO87号条約…結社の自由と団結権の保障 ●1965
49	ILO98号条約…団結権と団体交渉権の適用 ●1953
	国際自由労連（ICFTU）成立
51	ILO第100号条約…同　価値労働同　報酬 ●1967
57	ILO第105号条約…強制労働の廃止 ●2022
77	[米]ILO脱退（81年に復帰）
79	[国連]**女性差別撤廃条約**を採択（→p.28）●1985
83	ILO第159号条約…障がい者の職業リハビリ及び雇用 ●1992
89	[国連]**子どもの権利条約**を採択（→p.29）●1994
99	ILO第182号条約…最悪の形態の児童労働の禁止 ●2001
2019	ILO第190号条約…仕事での暴力及びハラスメント撤廃

（左側縦書き）
44・47・50・53年改正で，労働時間の短縮が進んだ。

第二次世界大戦後の1946年，初の国連専門機関となる。

日本経済

解説 労働条件の改善を求めて　機械化の進展で，労働者の立場はますます弱くなった。そこで労働者たちは団結して労働組合を結成し，労働条件の改善や労働者の権利の確立を求める労働運動を起こした。

TRY　①ILO（国際労働機関）は，何を契機に何という国際機関の一機関として設立されたか。②ワグナー法は，どのような政策の一環として規定されたか。（解答→p.416）

2 産業革命期の児童労働の実態
（1830年イギリス議会での工場労働者の証言）

〔問〕　活況の時期には，少女たちは朝のなん時に工場に行ったか。

〔答〕　……朝の3時には工場に行き，仕事を終えるのは夜の10時か10時半近くでした。

〔問〕　**19時間の労働**の間に……どれだけの休憩時間が与えられたか。

〔答〕　朝食に15分間，昼食に30分間，そして飲料をとる時間に15分間です。

〔問〕　その休憩時間のうちいくらかが機械の掃除にとられたか。

〔答〕　ときにはこの仕事が朝食の時間，あるいは飲料をとる時間をまるまるとってしまいました。……

〔問〕　普通の労働時間は朝の6時から夜の8時半までだったのだね。

〔答〕　そうです。　（『西洋史料集成』平凡社）

解説 過酷な労働条件　産業革命期のイギリスでは，安価な労働力として女性や児童が雇用され，資料に見るようなきわめて劣悪な条件の下で労働を強いられた。

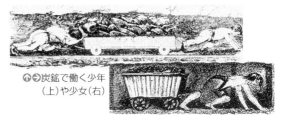

↑炭鉱で働く少年（上）や少女（右）

TRY　イギリスの産業革命期において，ロンドンの労働者の平均寿命は何歳くらいだったか？（解答→p.416）

3 国際労働機関憲章（抄）1946年採択

前文……世界の平和及び協調が危くされるほど大きな社会不安を起すような不正，困苦及び窮乏を多数の人民にもたらす労働条件が存在し，且つ，これらの労働条件を，たとえば，1日及び1週の最長労働時間の設定を含む労働時間の規制，労働力供給の調整，失業の防止，妥当な生活賃金の支給，雇用から生ずる疾病・疾患・負傷に対する労働者の保護，児童・年少者・婦人の保護，老年及び廃疾に対する給付，……職業的及び技術的教育の組織並びに他の措置によって改善することが急務であるから，また，いずれかの国が人道的な労働条件を採用しないことは，自国における労働条件の改善を希望する他の国の障害となるから，締約国は，……国際労働機関憲章に同意する。

解説 諸国民の労働条件の向上　国際労働機関（ILO）は労働条件の改善により社会正義を実現し，世界平和に貢献することを目的としている。戦前からILOの基本文書となっていたベルサイユ講和条約13編労働が，1945年の第27回総会で改正が加えられ，正式に国際労働機関憲章となった。

プラスα 第2インターナショナル　1889年，フランス革命100年祭に集まった，各国の社会主義政党の代表によって結成された，国際労働者組織。フリードリッヒ＝エンゲルス（1820～95）が指導的役割を果たした。第一次世界大戦勃発後，祖国防衛戦争の可否をめぐって決裂した。

4 日本の労働運動関係年表

戦前		
1886	日本初のストライキ…甲府雨宮生糸紡績場(雨宮製糸場)	
97	**労働組合期成会**結成…高野房太郎，片山潜らによって結成された労働運動の宣伝・啓蒙団体。日本初の労働組合である**鉄工組合**の組織母体。	
1900	**治安警察法**制定…集会・結社の自由を制限（➡p.57）	
03	『**職工事情**』刊行	
11	**工場法**制定（実施は16年）…1903年の『職工事情』などによって，工場労働の深刻さが認識され，児童の雇用禁止，年少者・婦人の就業時間制限などを規定。	
12	鈴木文治ら，友愛会を結成	
20	第1回メーデー（上野公園にて）	
21	日本労働総同盟発足（友愛会が発展）	
25	**治安維持法**制定（➡p.57） 『**女工哀史**』刊行…細井和喜蔵（1897〜1925）の著。	
27	金融恐慌…労働争議激化	
38	**国家総動員法**制定	
40	**大日本産業報国会**発足…労働組合解散，戦時体制へ	

戦後		
1945	敗戦，GHQは労働関係の民主化を指令 **労働組合法**制定（➡p.254）	
46	日本国憲法公布，**労働関係調整法**制定（➡p.255）	
47	GHQ，2.1ゼネストに中止命令 **労働基準法**制定（➡p.253）	
48	政令201号公布…公務員の争議権剥奪	
55	春季賃上げ共闘会議設置…**春闘**の始まり	
59	最低賃金法制定…三井・三池争議おこる	
66	全逓東京中郵事件最高裁判決（➡p.252）…刑事免責を適用	
73	全農林警職法事件最高裁判決（➡p.252）…刑事罰復活	
75	公労協，スト権奪還スト	
77	全逓名古屋中郵事件最高裁判決	
85	男女雇用機会均等法・労働者派遣法成立（➡p.263, 264）	
91	育児休業法成立（➡p.264）	
93	パートタイム労働法成立（➡p.262）	
95	育児・介護休業法成立（➡p.264）	
97	男女雇用機会均等法改正（➡p.264） 労働基準法女子保護規定撤廃（➡p.264）	
2004	労働審判法成立（06年，労働審判制度開始➡p.267）	
07	労働契約法成立（➡p.257, 263）	
15	女性活躍推進法成立（➡p.265）	
18	働き方改革関連法成立（➡p.263）	

> 大正後期の紡績女工の労働条件や生活状態の記録。女工側からの視点である点が特徴。

TRY 労働三法の制定にともない，1945年に廃止された法律は何か。（解答 ➡p.416）

Ⓐ『職工事情』（1903年刊）

農商務省から刊行された工場労働者の実態に関する調査報告書。当時の工場労働の実態を知る古典的文献。

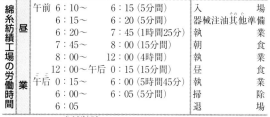

<table>
<tr><td rowspan="11" style="writing-mode:vertical">綿糸紡績工場の労働時間</td><td rowspan="5">昼業</td><td>午前 6：10〜</td><td>6：15（5分間）</td><td>入　　　　場</td></tr>
<tr><td>6：15〜</td><td>6：20（5分間）</td><td>器械注油其他準備</td></tr>
<tr><td>6：20〜</td><td>7：45（1時間25分）</td><td>執　　　　業</td></tr>
<tr><td>7：45〜</td><td>8：00（15分間）</td><td>朝　　　　食</td></tr>
<tr><td>8：00〜</td><td>12：00（4時間）</td><td>執　　　　業</td></tr>
<tr><td rowspan="6">夜業</td><td>12：00〜午后 0：15（15分間）</td><td></td><td>昼　　　　食</td></tr>
<tr><td>午后 0：15〜</td><td>6：00（5時間45分）</td><td>執　　　　業</td></tr>
<tr><td>6：00〜</td><td>6：05（5分間）</td><td>掃　　　　除</td></tr>
<tr><td>6：05</td><td></td><td>退　　　　場</td></tr>
</table>

〈注〉1900年，尾張紡績の事例。　　　（農商務省『職工事情』）

Ⓑ 2.1ゼネスト（1947年）

ゼネストとは多くの産業分野の労働者が，全国的な規模で一斉にストを行うこと。GHQは日本における社会主義勢力の伸長を恐れて，約600万人が参加する予定であった，官公庁共同闘争委員会のゼネストに中止命令を下した。

Ⓒ 戦後日本の労働組合（ナショナルセンター）の変遷

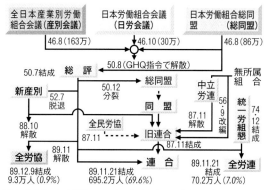

〈注〉連合等の組合員数は，2022年6月末現在。％は組合員総数に対する割合。

用語 **ナショナルセンター**…労働組合の全国中央組織。各地の労働組合が加盟している。現在は連合，全労連，全労協の3つ。
連合（日本労働組合総連合会）…日本最大のナショナルセンター。立憲民主党・国民民主党の最大の支持基盤。労働組合と資本家が協調して利益を求める労使協調型の組合。
全労連（全国労働組合総連合）…労使対立型の組合。共産党系。
全労協（全国労働組合連絡協議会）…社民党支持の組合。

Ⓓ 労働組合関連統計

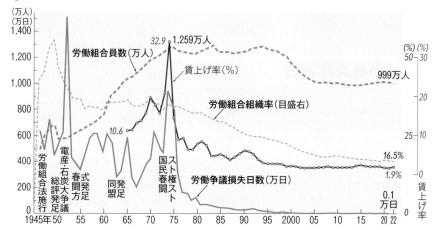

解説 存在問われる労働組合

経済のサービス化・ソフト化に伴い労働形態も多様化する中で，組合の組織率は低下の一途をたどっている。また春闘も，賃上げを目指した1960年代，反公害など国民生活要求を掲げた1970年代の「国民春闘」から，石油危機以後，経営者主導の「管理春闘」的傾向に変わってきた。連合を中心とする労働界再編成も，低迷する労働組合運動の再生につながっていない。

（ⒸⒹとも厚生労働省資料）

プラスα 日本の産業革命進行期の労働者の実態を知る上で重要な著作には，4の年表中にあげたもののほか，日清戦争後の職人や小作人の生活を記した横山源之助『日本之下層社会』や，製糸工場での女工の労働を描いた山本茂美『ああ野麦峠』がある。

●労働基本権の意義は？
●労働条件の原則は何か？

視点　公正　個人の尊重

労働基本権の体系
労働者の人間らしい生活の保障

第27条[勤労の権利と義務，勤労条件の基準，児童酷使の禁止]① すべて国民は，勤労の権利を有し，義務を負ふ。

② 賃金，就業時間，休息その他の勤労条件に関する基準は，法律でこれを定める。

③ 児童は，これを酷使してはならない。

第28条[勤労者の団結権・団体交渉権] 勤労者の団結する権利及び団体交渉その他の団体行動をする権利は，これを保障する。

1 労働基本権の意義と内容

意義 国に職業の保障を求める権利

- 労働の機会を国から妨害されないよう保障
- 失業者に労働の機会を保障するよう国に義務づけ
- 厳しい労働条件により生存権が侵害されることを防ぐ

内容 労働者の立場を守る

- 労働条件の基準を法律で定める（第27条2項）
  →労働基準法，最低賃金法，男女雇用機会均等法など
- 労働三権を保障（第28条）
  →団結権・団体交渉権・団体行動権（争議権）

（杉原康雄『新版憲法読本』岩波ジュニア新書による）

用語 **労働基本権**…憲法第27条の勤労権と第28条の労働三権を一括した呼び方。

団結権…労働者が労働組合を結成したり加入したりする権利。使用者に対し弱い立場にある労働者が，団結することによって使用者に対抗できるよう保障されたもの。

団体交渉権…労働者が労働組合を通して使用者と交渉する権利。労働者が団結の力を背景に労働条件の改善を使用者に要求できるような保障されたもの。

団体行動権（争議権）…労働組合が労働条件の改善等についての要求を使用者に認めさせるため，争議行為を行う権利。弱い立場にある労働者が使用者との交渉において対等の立場に立てるよう保障されたもの。

解説 **労働者の生存権** 自らの労働力を売り，賃金を得て生活する労働者にとって，労働条件はまさに毎日の生活に直結する事柄である。日本国憲法は，1人ではどうしても弱い立場に置かれがちな労働者に対して，団結して，労働条件の改善を要求する権利を認めている。

TRY 次の各文は正しいかどうか考えよう。（解答➡p.416）
Ⓐ夏休みのアルバイト学生も労基法上の労働者に当たる。
Ⓑ主婦のパートタイマーも労基法上の労働者に当たる。
Ⓒ日雇い労働者も最低賃金法の適用を受ける。

2 労働三権一覧

15 一般職の国家・地方公務員も，労働組合を結成して国や地方公共団体と労働条件を交渉することができること。

20 **Ⓐ日本の労働三権一覧**

区　分		団結権	団体交渉権	団体行動権	備　考
民間企業の労働者	一般労働者	○	○	○	工場等の安全保持の施設停廃等禁止
	船員	○	○	○	船舶が外国の港にあるとき争議行為は禁止
	公益事業労働者	○	○	○	争議行為は10日以上の予告期間を要す
	電気石炭鉱業の労働者	○	○	○	電気の供給停止，鉱山の保安停廃行為は禁止
国家公務員	公共企業体職員等	○	▲	×	特定独立行政法人（印刷・造幣）
	一般職	○	△	×	**22 19** 　　　**15**
	警察職員等	×	×	×	警察・防衛省・海上保安庁・刑務所の職員，自衛隊員
地方公務員	地方営企業体の職員	○	▲	×	地方鉄道・自動車運送・電気・ガス・水道などの事業
	一般職	○	△	×	**15**
	警察職員等	×	×	×	警察職員・消防職員

14

〈注〉○……あり　×……なし　△……団体協約締結権がない
▲……管理運営事項は，団体交渉の対象外。

用語 **管理運営事項**…国・地方自治体の事務の管理・運営に関する事項。個別の人事，予算，政策等が該当するとされる。

Ⓑ各国の公務員の労働三権

	団結権	団体交渉権	団体行動権
アメリカ	○ 軍人は除く	○	×
ドイツ	○	○ 上級公務員には協約締結権なし	○ 上級公務員を除く
イギリス	○	○	○ 警察官・軍人を除く
フランス	○	○ 労働協約に法的拘束力なし	○ 警察官・看守などを除く

3 公務員の争議権をめぐる最高裁判決

（その他の判例➡p.116）

	全逓東京中郵事件	全農林警職法事件
概要	1958年，全逓信労働組合の幹部であった被告8名が，東京中央郵便局で勤務時間に食い込む職場集会に参加するように呼びかけ，職場を離れさせたとして起訴された。	1958年，全農林労働組合幹部が，政府が国会に提出した警職法改正案に反対するため，勤務時間内の抗議行動をそそのかしたとして起訴された。
判決	[最高裁]（1966.10.26） 「全体の奉仕者」という公務員の地位を根拠に，労働基本権をすべて否定するようなことは許されない。 →公務員の争議行為は限定的合憲	[最高裁]（1973.4.25） 公務員の労働基本権に対して，必要やむをえない限度の制限を加えることには十分合理的な理由がある（合憲）。 →公務員の争議行為は一律禁止

解説 **大きく変化した最高裁判決**

公務員の労働基本権は，諸外国と比較しても**労働三権**を強く制限しており，最高裁も争議行為の一律禁止を合憲とする立場に移行し，現在に至っているが，労働者として当然保障されるべき労働基本権の全面的禁止を認める，最高裁の判断には批判も強い。

プラスα **人事院勧告** 行政委員会（➡p.128）の1つである人事院が国会や内閣に対して行う，国家公務員の給与改定等に関する勧告。公務員の労働基本権に対する制約の代償措置であり，法的拘束力はないが，事実上の拘束力は強いといわれる。

日本経済

4 労働基準法ってどんな法律？ （→p.256）　＊2018年改正，新設。

TRY あなたの生活する地域の1日の最低賃金はどのくらい？（解答略）

章		主な条項	主な内容
総則	1条	労働条件の原則	人たるに値する生活を営むための必要を満たす**最低基準**であり，向上に努める
	2条	労働条件の決定	労働者と使用者が**対等の立場**において決定すべきものである
	3条	均等待遇	**国籍・信条・社会的身分**を理由とする差別的取扱いの禁止 ⑯
	4条	男女同一賃金の原則	**女性**であることを理由として，男性と賃金に差をつけてはならない ⑲⑭
	5条	強制労働の禁止	暴行，脅迫などを手段として，労働者の意思に反する強制労働の禁止
	6条	中間搾取の排除	法の許可以外に，他人の就業に介入して利益をあげてはならない
	7条	公民権行使の保障	使用者は，労働者が労働時間中に公民としての権利の行使（選挙権など）を請求した場合，拒むことはできない
労働契約	13条	労基法違反の労働契約	労基法の基準に達しない労働条件を定める労働契約は無効とし，本法を適用
	15条	**労働条件の明示**	労働契約の締結の際，使用者は**賃金・労働時間**などの労働条件を明示する義務 ⑮
	16条	賠償予定の禁止	労働契約の不履行について，違約金，損害賠償を予定する契約の禁止
	19条	解雇制限	業務上の負傷・疾病および女性の産前産後の休業期間とその後30日間の解雇禁止
	20条	**解雇の予告**	最低30日前に予告，または30日分以上の平均賃金の支払い義務
賃金	24条	賃金の支払い	**通貨**で，**全額**を**直接**労働者に，**毎月1回以上**，**一定の支払い日**を決めて支払う
	26条	休業手当	使用者の責任による休業の場合，平均賃金の60%以上の手当を支給
	28条	最低賃金	賃金の最低基準を，**最低賃金法**で定める ⑳⑲
労働時間・休日	32条	**労働時間**	1週につき**40時間**，1日につき**8時間**以内。1週間・1か月・1年単位の変型労働時間制を適用した場合は，特定期間については労働時間の超過可能 ㉒
	34条	休憩	労働時間6時間超で最低45分，8時間超で最低**1時間以上**の休憩時間を労働時間の途中に原則として一斉に与える義務
	35条	休日	**毎週少なくとも1日**，4週間で4日以上の休日を与える義務 ㉒　〈上限規制あり。＊〉
	36条	**時間外及び休日労働**	労働組合，または労働者の過半数の代表者との書面による協定（**36協定**）が必要
	37条	**割増賃金**	時間外・休日・深夜労働について，通常の場合**25%以上50%以下**の割増賃金を支払う（**法定休日労働は35%以上，時間外労働が深夜までの場合50%以上**）
	38条の4	**（新たな）裁量労働制** （　）内は附則・政令	企画・立案・調査・分析の業務に従事する者（ホワイトカラー）で，その業務遂行の手段や時間配分の決定の指示が困難な者を対象に，新たな裁量労働制を定める
	39条	年次有給休暇	**6か月**以上継続勤務し，全労働日の**8割以上**の出勤者に**10日以上**の休日。うち**5日**については毎年，時季を指定して与える。＊以後，2年6か月を超える継続勤務年数1年につき2日加算。最高20日 ㉒
	41条の2	**労働時間等の適用除外**	高度の専門的知識等を必要とし，労働時間と成果の関連性が高くない業務に就く者に対して労働時間・休憩と割増賃金（時間外・休日・深夜労働）について規定の適用を除外できる。（**高度プロフェッショナル制度**→プラスα）＊
年少者	56条	**最低年齢**	**満15歳未満の児童**を労働者として雇用することを禁止（ただし例外あり）
	58条	未成年者の労働契約	親権者・後見人であっても，未成年者に代わって労働契約締結は禁止
	61条	深夜業の禁止	**満18歳未満**の労働者の**深夜労働**（午後10時〜午前5時）は禁止 ⑳
妊産婦等	65条	**産前産後**	産前は申請により**6週間**（多胎は14週間），産後は**8週間**の休業を与える
	67条	育児時間	生後満1年未満の生児を育てる女性は，1日2回各々少なくとも30分の育児時間を請求できる
	68条	生理休暇	生理日の就業が困難な女性の請求により認める
補償	75条	**療養補償**	業務上の負傷，疾病の場合，使用者が療養費を負担する義務
	76条	休業補償	前条の規定による療養期間中は，平均賃金の60%を補償
就業規則	89条	作成及び届出の義務	常時10人以上の労働者を雇用する使用者に義務。内容は，始業・終業の時刻，休息，休日，休暇，賃金決定・支払い方法，昇給など
	90条	作成の手続	規則の作成・変更について，労働組合，または労働者の過半数の代表者の意見を聴く義務
監督機関	97条	監督機関の職員等	厚生労働省に**労働基準局**，各都道府県に都道府県労働局，各都道府県管内に**労働基準監督署**を置く（労基法上，労働基準局は労働基準主管局とされている）㉑⑱
	104条	監督機関に対する申告	労働者は，労基法違反の事実を行政官庁に申告することができる。その申告したことを理由とした解雇，その他の不利益な取扱いの禁止

縦書き右欄：該当する「高度な専門職」は，厚生労働省の省令で定める。

⑳ Ⓐ 最低賃金改定状況—地域別最低賃金（2023年度）

上位	都道府県	時間額	下位	都道府県	時間額
❶	東　京	1,113	❶	岩手	893
❷	神 奈 川	1,112	❷	徳島・沖縄	896
❸	大　阪	1,064	❹	秋田・愛媛・高知・宮崎・鹿児島	897
❹	埼　玉	1,028			
❺	愛　知	1,027	❾	青森・長崎・熊本	898
❻	千　葉	1,026	⓬	大分	899
❼	京　都	1,008	⓭	山形・福島・鳥取・佐賀	900

※全国加重平均額：1,004円。　　　　　　　（厚生労働省資料による）

解説 労働条件の最低基準　労働基準法は，日本国憲法第27条2項の「勤務条件の決定」に基づき1947年4月に制定・公布されたものである。賃金や労働時間，休日といった労働条件の中心となる項目のほか，年少者や女性の労働条件についても規定があり，法の実効性を確保するための措置として，各都道府県管内に**労働基準監督署**を置くこと，などが定められている。㉓

　しかし，この法律で定める労働条件は，あくまでも，「**人たるに値する生活を営むための最低基準**」であり，使用者（会社側）は，より良い労働条件のための努力を怠ってはならない。（→p.256）

プラスα **高度プロフェッショナル制度**（特定高度専門業務・成果型労働制）は，年収1,075万円以上の高度な専門職で，本人の同意等の要件を満たす労働者を，労働基準法の労働時間・休憩と割増賃金（時間外・休日・深夜労働）の規定から適用除外できる。使用者に適用者の労働時間の把握義務はない。

縦書き右欄：日本経済

言の葉

労働組合とは，賃金労働者がその労働生活の諸条件を維持または改善するための恒常的な団体である。

ウェッブ夫妻〔英：シドニー・ウェッブ（右）1859～1947，ビアトリス・ウェッブ1858～1943〕 イギリスの労働運動研究家。労働組合を左の言葉で定義づけた。これは，労働組合法第2条に受け継がれている。

労働組合法の要点と現状（→p.257）　　　　労働者の地位向上のため

5 労働組合とは

	労働組合って何？	労働者が経済的地位の向上をめざして結成する団体
労働組合法の組合の要件	①団体である	2人以上なら団体
	②メンバーの大部分が労働者	失業者も労働者（もちろん非正規労働者も 21 16）
	③自主性をもつ	労働者が自主的に作り，会社からの干渉を受けない
	④経済的地位向上が主目的	政治運動や福利事業が主目的ではダメ（付随目的なら可）
	⑤会社の利益代表者の不参加	利益代表者とは，役員，人事権や施策決定権をもつ管理職など
	⑥組合運営費について会社から援助をうけない 21	援助になる場合…組合用備品を会社が負担・組合専従者給料を会社が負担 援助にならない場合…最小限の組合事務所の供与・組合の福利厚生資金への会社の寄付
	⑦必要事項を定めた規約をつくること	
14	労働組合法で保護されることは？	①不当労働行為からの保護 ②ストによる刑事上，民事上の責任は追及されない（刑事免責，民事免責）
	会社と組合の間で決まったことは？	労働協約として，文書化し，お互いに署名捺印しておく

（『フリーターでも大丈夫？』有斐閣選書より）

6 不当労働行為の種類（労働組合法第7条）

18 日本経済

不当労働行為	使用者が労働者の労働三権を侵害したり，正当な組合活動を妨害すること。

救済申請等を理由にする不利益取扱	経費援助	組合の結成・運営に対する支配・介入 21 15	団体交渉の拒否	黄犬契約	不利益取扱
労働者が 7条4号	使用者が 7条3号	使用者が 7条3号	使用者が 7条2号	使用者が 7条1号	労働者が 7条1号 20
③労働委員会に対して不当労働行為の救済の申立をしたこと ②その命令に対する再審査の申立をしたこと ①その場合に，及び労働争議の調査の場合に証拠を提出し発言をしたこと	①労働組合の運営に要する費用を援助すること	①労働組合を結成することや労働組合を運営すること	団体交渉の申入をした	①労働組合に加入しないこと ②労働組合から脱退すること	③労働組合の正当な行為をした ②労働組合に加入したり組合を結成しようとしたこと ①労働組合であること
を理由に	に対して	に対して	にも拘らず	を条件に	を理由に
使用者が	使用者が	使用者が	使用者が	使用者が	使用者が
②不利益のその他の扱いをすること ①解雇	援助すること	①介入すること ②支配し	正当な理由なしに拒否すること	労働者を採用すること	②不利益のその他の扱いをすること ①解雇

（『口語労働法』自由国民社）

解説 労働組合運動の助長 使用者が労働組合の行為を妨害する行為は，憲法第28条に保障された団結権・団体交渉権・争議権を侵害するものとして裁判所に対して救済を求めることができるが，労働組合法は労働組合運動を助長するため，これらの行為を不当労働行為として禁止し，**労働委員会**（ **9** ）による特別の救済手続を定めている。

7 ショップ制─組合員と従業員の資格の関係

オープン・ショップ 労働組合への加入が，労働者の意思に任されているもの。労働者は組合に加入・不加入の自由を有し，組合を脱退しても除名されても解雇されない。使用者は，非組合員を採用することもできる。

ユニオン・ショップ 採用される場合は組合員でなくてもよいが，採用後は一定期間後に労働組合に加入しなければならず，組合から脱退または除名された場合は解雇されるとするもの。この後段の解雇に関しての規定がなかったりあいまいなものを「尻ぬけユニオン」と称し，わが国には特に多い。

クローズド・ショップ 使用者が従業員を雇う場合には組合員だけを雇うことができ，逆に**組合を脱退または除名された者は解雇される**とするもの。労働者の組合不加入の自由，組合選択の自由を害するなどの問題があり，**タフト・ハートレー法**（米）や日本の公務員法で禁止している。

用語 タフト・ハートレー法…1947年制定の米国の労使関係を定めた法。1935年制定の**ワグナー法**で認められた労働者の権利を大きく制限・修正し，クローズド・ショップの禁止，ストライキの部分的禁止などを定めている。

8 労働条件に関する契約の種類と効力

A 労働協約，就業規則，労働契約の効力の優先関係

効力 ＼ 適用範囲	全国の労働者	労働組合の労働者	事業所内の労働者	労働者個人
上位　↑　優先	日本国憲法 法令	労働協約 19	就業規則	労働契約

※上位の規定に反する契約は無効となる。

B 就業規則に記載する内容（労働基準法第89条）

項目	細目	詳細
採用	▽採用手続き ▽試用	採用については2つとも任意的記載事項になる
労働時間休暇等	◎始終業時刻，休憩，休日，休暇，交替勤務の要領	労働時間，休暇等はすべて絶対的記載事項になる
賃金関係	◎賃金の決定，計算，支払方法，締切日，支払時期，昇給 ○退職金 ○賞与 ▽旅費	賃金関係については複雑で，退職金と賞与は相対的記載事項，旅費は任意的記載事項，そのほかは絶対的記載事項とされる
服務規律	▽就業上の遵守事項 ▽従業員たる身分にともなう遵守事項	服務規律はすべて任意的記載事項になる
人事	▽配置，異動，昇進 ▽休職，●退職 ▽解雇 ○表彰・制裁	人事も賃金関係と同様，それぞれで違う。退職は絶対的記載事項，表彰・制裁は相対的記載事項，配置・異動・昇進・休職・解雇は任意的記載事項
安全	○安全衛生 ○労災，私傷病扶助	安全，教育，福利厚生については，すべて相対的記載事項となっている
教育	○職業訓練	
福利厚生	○食費，作業用品の労働者負担	

◎絶対的記載事項　○相対的　▽任意的　（『図解労働法がわかる本』日本実業出版）

プラスα ショップ制には **7** の他に，**エージェンシー・ショップ**というものもある。労働組合への加入は労働者の意思に委ねられるが，組合員でなくても，団体交渉にかかる経費などは組合員として支払うことが求められる制度である。

言の葉	万国の労働者よ，団結せよ！ （1848年，エンゲルスとの共著 『共産党宣言』にて）	**カール＝マルクス**［独：1818〜83］　経済学者・思想家。エンゲルス（→p.18）とともに，資本主義社会の発展から共産主義社会への移行の必然性を説いた。左記の言葉は，共産主義に関する最も有名なスローガンであると同時に，ソビエト連邦の国是でもあった。

⑨ 労働委員会の機能と種類

Ⓐ 労働委員会の機能

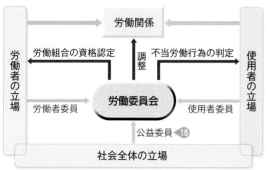

Ⓑ 労働委員会の種類

＊2008年10月廃止。

委員会名	所　轄	所轄内容
中央労働委員会	厚生労働大臣	2つ以上の都道府県にまたがる問題や全国的に重要な問題
都道府県労働委員会	都道府県知事	各都道府県内でおこった問題
船員中央労働委員会＊	国土交通大臣	全国的な船員に関する問題
船員地方労働委員会＊	国土交通大臣	各地方運輸局内の船員問題

解説 争議行為の調整や不当労働行為の審査　労働委員会とは争議行為の調整や不当労働行為の審査を行う**行政委員会**（→p.128）で，使用者を代表する使用者委員，労働者を代表する労働者委員及び公益を代表する公益委員各同数をもって，組織される。

⑩ 労働組合組織率の低下⑭

労働組合組織率が低下していること。

　全雇用労働者に占める組合員の比率である労働組合組織率は，2022年に戦後最低の16.5％を記録。労働組合員数も長年減少してきたが，近年，非正規雇用者の労働組合加入が進み，組合員数・労働組合組織率は横ばいだ。

Ⓐ 雇用労働者数，労働組合員数，組織率の推移⑭

〈注〉欧米の組織率…米10.7％（2017年），英23.2％（2017年），独17.0％（2016年）（厚生労働省資料などによる）

解説 組合離れ　日本経済の産業構造の急速な転換，特に第2次産業からサービス業中心の第3次産業にウエートが移ったこと，**ベンチャー企業などの小規模企業集団が増えたこと，パート・派遣労働者の急増**等を背景に労働組合が組織しづらくなってきている。また，労働者の要求が多様化しているのに労働組合がその声を十分吸収しているとはいえず，**終身雇用制**を背景とした**企業別労組**の「企業内組合」としてのあり方（実質上会社の労務管理機能を握っていることや，急増するパートタイマーや臨時工などを排除した本工主義）が問題とされている。

労働関係調整法の要点と現状（→p.257）

労働争議の解決

日本経済

⑪ 労働争議の種類と件数

Ⓐ 労働争議の種類

労働者	**ストライキ** （同盟罷業）	労働組合の統制のもとで作業を停止すること。単一組合によるストのほか，ゼネスト（各産業の労働者が一斉に行うスト），部分スト（組合の指令に基づき一部組合員のみが行うスト）などがある。
	サボタージュ （怠業）	組合の指示に基づき，作業能率を低下させること。
	ピケッティング	労働者の側が，スト破り防止のためのピケを張る（座り込みで出入口を封鎖する）こと。
使用者	**（作業所閉鎖）** **ロックアウト**	使用者が労働者の争議行為に対抗して行う争議行為。労働者を職場から締め出すもので，使用者は賃金支払い義務を免れることができる。ただし労働者の争議行為が労使対等の力関係を確保するために認められていることから，使用者によるロックアウトは防衛的な場合に限られる。

Ⓑ 日本の形態別労働争議　（参加人員は単位千人，他は件数）

形態 年	争議行為を伴う争議＊ 件数	参加人員	半日以上の 同盟罷業	半日未満の 同盟罷業	作業所 閉鎖	怠　業
1970	3,783	2,357	2,256	2,356	32	101
1980	3,737	1,768	1,128	3,038	10	37
1990	1,698	699	283	1,533	2	7
2000	305	85	117	216	1	2
2010	85	21	38	56		
2020	57	6	35	34		＊2010年以降は作業所閉鎖と怠業も含む。
2022	65	6	33	48		

⑫ 労働争議の調整

労働争議 → 労使間の自主的交渉 ⇨解決／交渉決裂⇨ 労働委員会の調整

	❶斡旋	❷調停	❸仲裁
開始事由	・労使双方か一方の申請 ・労働委員会会長の職権による斡旋	・労使双方の申請 ・労働委員会の職権 ・厚労相・知事の請求 ・労働協約による労使双方または一方の申請	・労使双方の申請 ・労働協約による労使双方または一方の申請
調整者	**斡旋員**→斡旋員候補者名簿から指名（原則）	**調停委員会**→使用者，労働者，公益を代表する委員から選出	**仲裁委員会**→公益を代表する委員3名で構成
内容	あくまで労使双方の話し合いを促すため，助言・仲介を行う。	労使双方の意見聴取などをし，調停案を作成，労使へ受諾勧告する。当事者への**拘束力はない**。	労使双方の意見聴取などをし，**仲裁裁定**が出される。これは労働協約と同一の効力をもち**拘束力がある**。
解決数	66件	2件	―

〈注〉解決数は2022年の数値　（⑪⑫とも厚生労働省資料による）

解説 労働委員会による争議の調整　労働関係調整法は労働争議につき自主的解決を強調し，当事者が合意又は労働協約によって自主的解決の方法を定めることを期待するとともに，国の機関である労働委員会による調整をも定めている。調整の方法としては，❶斡旋，❷調停，❸仲裁の3つがある。

プラスα　ストライキにも様態や目的によっていろいろな種類がある。ゼネスト・部分スト（⑪Ⓐ）の他，政治的目的のために行う「政治スト」，他企業での労働争議を応援して行う「同情スト」，労働組合員の一部が，組合全体の意思とは無関係に独自の要求を掲げて行う「山猫スト」というものもある。

1 労働基準法（抄）

【1947.4.7法49】
【最終改正 2022.6.17法68】

労基法は労働者の権利を保護する目的から制定されている。また近代市民法の個人の契約自由の原則に任せておくと，経済的に優位な地位にある使用者に対し，労働者が劣勢になることから，労働契約の内容（労働条件）を法定し，それを下回るものは無効とすることを定めている。そして，その最低基準を使用者に守らせるために刑事罰（労基法第13章，117条〜120条）を規定している。本資料の条文の（　）内は，当該条項に反した場合の罰則で，（6か月，30万）は「6箇月以下の懲役又は30万円以下の罰金」を意味する。

第1章　総　則

[労働条件の原則]
第1条① 労働条件は，労働者が人たるに値する生活を営むための必要を充たすべきものでなければならない。
② この法律で定める労働条件の基準は最低のものであるから，労働関係の当事者は，この基準を理由として労働条件を低下させてはならないことはもとより，その向上を図るように努めなければならない。

[労働条件の決定]
第2条① 労働条件は，労働者と使用者が，対等の立場において決定すべきものである。
（※労働組合法1条）
② 労働者及び使用者は，労働協約，就業規則及び労働契約を遵守し，誠実に各々その義務を履行しなければならない。

[均等待遇]　　　　　　　　（6か月，30万）
❷**第3条** 使用者は，労働者の国籍，信条又は社会的身分を理由として，賃金，労働時間その他の労働条件について，差別的取扱をしてはならない。

[男女同一賃金の原則]　　　（6か月，30万）
❶**第4条** 使用者は，労働者が女性であることを理由として，賃金について，男性と差別的取扱いをしてはならない。

[強制労働の禁止]（1年〜10年，20万〜300万）
第5条 使用者は，暴行，脅迫，監禁その他精神又は身体の自由を不当に拘束する手段によつて，労働者の意思に反して労働を強制してはならない。

[中間搾取の排除]　　　　　（1年，50万円）
第6条 何人も，法律に基いて許される場合の外，業として他人の就業に介入して利益を得てはならない。

第2章　労働契約

[この法律違反の契約]
第13条 この法律で定める基準に達しない労働条件を定める労働契約は，その部分については無効とする。この場合において，無効となつた部分は，この法律で定める基準による。

[解雇制限]　　　　　　　　（6か月，30万）
第19条① 使用者は，労働者が業務上負傷し，又は疾病にかかり療養のために休業する期間及びその後30日間並びに産前産後の女性が第65条〔産前産後〕の規定によつて休業する期間及びその後30日間は，解雇してはならない。……

[解雇の予告]　　　　　　　（6か月，30万）
❶**第20条**① 使用者は，労働者を解雇しようとする場合においては，少くとも30日前にその予告をしなければならない。30日前に予告をしない使用者は，30日分以上の平均賃金を支払わなければならない。但し，天災事変その他やむを得ない事由のために事業の継続が不可能となつた場合又は労働者の責に帰すべき事由に基いて解雇する場合においては，この限りでない。

第3章　賃　金

[賃金の支払]　　　　　　　　　（30万）
第24条① 賃金は，通貨で，直接労働者に，その全額を支払わなければならない。
② 賃金は，毎月1回以上，一定の期日を定めて支払わなければならない。ただし，臨時に支払われる賃金，賞与その他これに準ずるもので厚生労働省令で定める賃金については，この限りでない。

[最低賃金]
❶**第28条** 賃金の最低基準に関しては，最低賃金法（昭和34年法律第137号）の定めるところによる。

第4章　労働時間，休憩，休日及び年次有給休暇

[労働時間]　　　　　　　　（6か月，30万）
第32条① 使用者は，労働者に，休憩時間を除き1週間について40時間を超えて，労働させてはならない。
❶② 使用者は，1週間の各日については，労働者に，休憩時間を除き1日について8時間を超えて，労働させてはならない。

[休憩]　　　　　　　　　　（6か月，30万）
第34条① 使用者は，労働時間が6時間を超える場合においては少くとも45分，8時間を超える場合においては少くとも1時間の休憩時間を労働時間の途中に与えなければならない。

[時間外及び休日の労働]　（6か月，30万）
第36条① 使用者は，当該事業場に，労働者の過半数で組織する労働組合がある場合においてはその労働組合，労働者の過半数で組織する労働組合がない場合においては労働者の過半数を代表する者との書面による協定をし，厚生労働省令で定めるところによりこれを行政官庁に届け出た場合においては，第32条から第32条の5まで若しくは第40条の労働時間又は前条の休日に関する規定にかかわらず，その協定で定めるところによつて労働時間を延長し，又は休日に労働させることができる。
③ ……労働時間を延長して労働させることができる時間は，当該事業場の業務量，時間外労働の動向その他の事情を考慮して通常予見される時間外労働の範囲内において，限度時間を超えない時間に限る。
④ 前項の限度時間は，1箇月について45時間及び1年について360時間とする。
⑤ ……当該事業場における通常予見することのできない業務量の大幅な増加等に伴い臨時的に第3項の限度時間を超えて労働させる必要がある場合において，1箇月について労働時間を延長して労働させ，及び休日において労働させることができる時間（……100時間未満の範囲内に限る。）並びに1年について労働時間を延長して労働させることができる時間（……720時間を超えない範囲内に限る。）を定めることができる。この場合において，……1箇月について45時間を超えることができる月数（1年について6箇月以内に限る。）

を定めなければならない。
⑥ 使用者は，……当該各号に定める要件を満たすものとしなければならない。
(2)　1箇月について労働時間を延長して労働させ，又は休日において労働させた時間100時間未満であること。
(3)　対象期間の初日から1箇月ごとに区分した各期間に当該各期間の直前の1箇月，2箇月，3箇月，4箇月及び5箇月の期間を加えたそれぞれの期間における労働時間を延長して労働させ，及び休日において労働させた時間の1箇月当たりの平均時間　80時間を超えないこと。

[時間外，休日及び深夜の割増賃金]
　　　　　　　　　　　　　（6か月，30万）
❶**第37条**① 使用者が，第33条又は前条第1項の規定により労働時間を延長し，又は休日に労働させた場合においては，その時間又はその日の労働については，通常の労働時間又は労働日の賃金の計算額の2割5分以上5割以下の範囲内でそれぞれ政令で定める率以上の率で計算した割増賃金を支払わなければならない。……
〈注〉 1か月に60時間を超えた時間外労働は5割以上の割増。午後10時から午前5時までの深夜労働は，2割5分以上の割増。休日労働は3割5分以上。

[年次有給休暇]　（6か月，30万／⑦30万）
❶**第39条**① 使用者は，その雇入れの日から起算して6箇月間継続勤務し全労働日の8割以上出勤した労働者に対して，継続し，又は分割した10労働日の有給休暇を与えなければならない。
⑦ 使用者は，……有給休暇の日数のうち5日については，基準日から1年以内の期間に，労働者ごとにその時季を定めることにより与えなければならない。

[高度プロフェッショナル制度]
第41条の2 ……第1号に掲げる業務に就かせたときは，この章で定める労働時間，休憩，休日及び深夜の割増賃金に関する規定は，対象労働者については適用しない。……
(1)　高度の専門的知識等を必要とし，その性質上従事した時間と従事して得た成果との関連性が通常高くないと認められるものとして厚生労働省令で定める業務のうち，労働者に就かせることとする業務

第6章　年　少　者

[最低年齢]　　　　　　　　（1年，50万）
第56条① 使用者は，児童が満15歳に達した日以後の最初の3月31日が終了するまで，これを使用してはならない。

[未成年者の労働契約]　　　　　（30万）
第58条① 親権者又は後見人は，未成年者に代つて労働契約を締結してはならない。

[深夜業]　　　　　　　　　（6か月，30万）
❶**第61条**① 使用者は，満18才に満たない者を午後10時から午前5時までの間において使用してはならない。ただし，交替制によつて使用する満16才以上の男性については，この限りでない。

第6章の2　妊産婦等

[危険有害業務の就業制限]　（6か月，30万）
第64条の3① 使用者は，妊娠中の女性及び産後1年を経過しない女性（以下「妊産婦」という。）を，重量物を取り扱う業務，有害ガスを発散する場所における業務その他妊産婦の妊娠，出産，哺育等に有害な業務に就かせてはならない。

[産前産後]　　　　　　　　（6か月，30万）

第65条① 使用者は，6週間（多胎妊娠の場合にあつては，14週間）以内に出産する予定の女性が休業を請求した場合においては，その者を就業させてはならない。

② 使用者は，産後8週間を経過しない女性を就業させてはならない。ただし，産後6週間を経過した女性が請求した場合において，その者について医師が支障がないと認めた業務に就かせることは，差し支えない。

③ 使用者は，妊娠中の女性が請求した場合においては，他の軽易な業務に転換させなければならない。

[育児時間]　　　　　　　　（6か月，30万）

第67条① 生後満1年に達しない生児を育てる女性は，第34条の休憩時間のほか，1日2回各々少なくとも30分，その生児を育てるための時間を請求することができる。

② 使用者は，前項の育児時間中は，その女性を使用してはならない。

第8章　災害補償

[療養補償]　　　　　　　　（6か月，30万）

❶**第75条**① 労働者が業務上負傷し，又は疾病にかかつた場合においては，使用者は，その費用で必要な療養を行い，又は必要な療養の費用を負担しなければならない。

第9章　就業規則

[法令及び労働協約との関係]

第92条① 就業規則は，法令又は当該事業場について適用される労働協約に反してはならない。

第11章　監督機関

[監督機関の職員等]

第97条① 労働基準主管局（※厚生労働省の内部部局として置かれる局），都道府県労働局及び労働基準監督署に労働基準監督官を置くほか，厚生労働省令で定める必要な職員を置くことができる。

[監督機関に対する申告]　　　（6か月，30万）

第104条① 事業場に，この法律又はこの法律に基いて発する命令に違反する事実がある場合においては，労働者は，その事実を行政官庁又は労働基準監督官に申告することができる。

② 使用者は，前項の申告をしたことを理由として，労働者に対して解雇その他不利益な取扱をしてはならない。

② 労働組合法（抄）

[1949.6.1法174
最終改正　2022.6.17法68]

第1章　総　　則

[目的]

第1条① この法律は，労働者が使用者との交渉において対等の立場に立つことを促進することにより労働者の地位を向上させること，労働者がその労働条件について交渉するために自ら代表者を選出することその他の団体行動を行うために自主的に労働組合を組織し，団結することを擁護すること並びに使用者と労働者との関係を規制する労働協約を締結するための団体交渉をすること及びその手続を助成することを目的とする。

② 刑法（明治40年法律第45号）第35条の規定は，労働組合の団体交渉その他の行為であつて前項に掲げる目的を達成するためにした正当なものについて適用があるものとする。但し，いかなる場合においても，暴力の行使は，労働組合の正当な行為と解釈されてはならな

い。（※刑法第35条は法令又は正当な業務による行為を処罰しないことを定めている。）

[労働組合]

第2条 この法律で「労働組合」とは，労働者が主体となつて自主的に労働条件の維持改善その他経済的地位の向上を図ることを主たる目的として組織する団体又はその連合団体をいう。……

[労働者]

第3条 この法律で「労働者」とは，職業の種類を問わず，賃金，給料その他これに準ずる収入によつて生活する者をいう。

第2章　労働組合

[交渉権限]

第6条 労働組合の代表者又は労働組合の委任を受けた者は，労働組合又は組合員のために使用者又はその団体と労働協約の締結その他の事項に関して交渉する権限を有する。

[不当労働行為]

第7条 使用者は，次の各号に掲げる行為をしてはならない。

❷(1) 労働者が労働組合の組合員であること，労働組合に加入し，若しくはこれを結成しようとしたこと若しくは労働組合の正当な行為をしたことの故をもつて，その労働者を解雇し，その他これに対して不利益な取扱いをすること又は労働者が労働組合に加入せず，若しくは労働組合から脱退することを雇用条件とすること。ただし，労働組合が特定の工場事業場に雇用される労働者の過半数を代表する場合において，その労働者がその労働組合の組合員であることを雇用条件とする労働協約を締結することを妨げるものではない。

❶(2) 使用者が雇用する労働者の代表者と団体交渉をすることを正当な理由がなくて拒むこと。

(3) 労働者が労働組合を結成し，若しくは運営することを支配し，若しくはこれに介入すること，又は労働組合の運営のための経費の支払につき経理上の援助を与えること。ただし，労働者が労働時間中に時間又は賃金を失うことなく使用者と協議し，又は交渉することを使用者が許すことを妨げるものではなく，かつ，厚生資金又は経済上の不幸若しくは災厄を防止し，若しくは救済するための支出に実際に用いられる福利その他の基金に対する使用者の寄附及び最小限の広さの事務所の供与を除くものとする。

(4) 労働者が労働委員会に対し使用者がこの条の規定に違反した旨の申立てをしたこと若しくは中央労働委員会に対し第27条の12第1項の規定による命令に対する再審査の申立てをしたこと又は労働委員会がこれらの申立てに係る調査若しくは審問をし，若しくは当事者に和解を勧め，若しくは労働関係調整法（昭和21年法律第25号）による労働争議の調整をする場合に労働者が証拠を提示し，若しくは発言をしたことを理由として，その労働者を解雇し，その他これに対して不利益な取扱いをすること。

[損害賠償]

第8条 使用者は，同盟罷業その他の争議行為であつて正当なものによつて損害を受けたことの故をもつて，労働組合又はその組合員に対し賠償を請求することができない。

第3章　労働協約

[労働協約の効力の発生]

❶**第14条** 労働組合と使用者又はその団体との間の労働条件その他に関する労働協約は，書面に作成し，両当事者が署名し，又は記名押印することによつてその効力を生ずる。

第4章　労働委員会

[労働委員会]

第19条① 労働委員会は，使用者を代表する者（以下「使用者委員」という。），労働者を代表する者（以下「労働者委員」という。）及び公益を代表する者（以下「公益委員」という。）各同数をもつて組織する。

② 労働委員会は，中央労働委員会及び都道府県労働委員会とする。

[労働委員会の権限]

第20条 労働委員会は，第5条［労働組合として設立されたものの取扱］，第11条［法人である労働組合］及び第18条［地域的の一般的拘束力］の規定によるもののほか，不当労働行為事件の審査等並びに労働争議のあつせん，調停及び仲裁をする権限を有する。

③ 労働関係調整法（抄）

[1946.9.27法25
最終改正　2014.6.13法69]

[法の目的]

第1条 この法律は，労働組合法と相俟つて，労働関係の公正な調整を図り，労働争議を予防し，又は解決して，産業の平和を維持し，もつて経済の興隆に寄与することを目的とする。

[自主的解決の努力]

第4条 この法律は，労働関係の当事者が，直接の協議又は団体交渉によつて，労働条件その他労働関係に関する事項を定め，又は労働関係に関する主張の不一致を調整することを妨げるものでないとともに，又，労働関係の当事者が，かかる努力をする責務を免除するものではない。

[争議行為]

第7条 この法律において争議行為とは，同盟罷業，怠業，作業所閉鎖その他労働関係の当事者が，その主張を貫徹することを目的として行ふ行為及びこれに対抗する行為であつて，業務の正常な運営を阻害するものをいふ。

[公益事業，その指定，公表]

第8条① この法律において公益事業とは，次に掲げる事業であつて，公衆の日常生活に欠くことのできないものをいう。

(1) 運輸事業

(2) 郵便，信書便又は電気通信の事業

(3) 水道，電気又はガスの供給の事業

(4) 医療又は公衆衛生の事業

[公益事業の争議行為の予告]

第37条① 公益事業に関する事件につき関係当事者が争議行為をするには，その争議行為をしようとする日の少なくとも10日前までに，労働委員会及び厚生労働大臣又は都道府県知事にその旨を通知しなければならない。

④ 労働契約法（抄）

[2007.12.5法128
最終改正　2020.3.31法14]

[就業規則違反の労働契約]

第12条 就業規則で定める基準に達しない労働条件を定める労働契約は，その部分については，無効とする。この場合において，無効となった部分は，就業規則で定める基準による。

[解雇]

第16条 解雇は，客観的に合理的な理由を欠き，社会通念上相当であると認められない場合は，その権利を濫用したものとして，無効とする。

雇用をめぐる情勢

厳しい雇用情勢

1 労働力と雇用情勢

A 労働力人口の推移

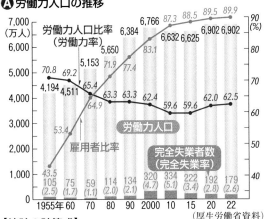

（厚生労働省資料）

【統計の計算式】

労 働 力 人 口＝就業者数＋完全失業者数
労働力人口比率(%)＝労働力人口÷15歳以上人口×100
雇 用 者 比 率(%)＝雇用者数÷就業者数×100
完 全 失 業 率(%)＝完全失業者数÷労働力人口×100

B 完全失業率・有効求人倍率の推移（季節調整値）

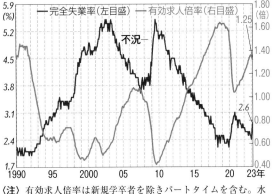

〈注〉有効求人倍率は新規学卒者を除きパートタイムを含む。水色の部分は不況。　（総務省，厚生労働省資料）

C 年齢層別完全失業率の推移（男性）

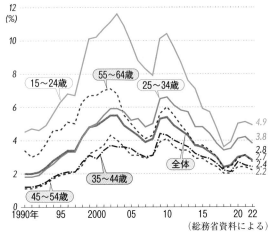

（総務省資料による）

D 主要国の完全失業率の推移（調整失業率）

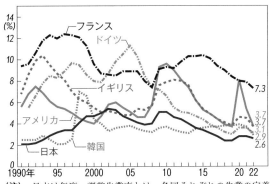

〈注〉日本は年度。調整失業率とは，各国それぞれの失業の定義の違いを，比較可能なように調整した値。　（OECD資料）

E 日本の失業の特徴

新規採用抑制…終身雇用維持のため，新規採用者を抑える

雇用調整…年功序列制維持のため，若年層から雇用調整をする

⬇

若年層の失業率が高い

リストラ…年功序列制のため，高賃金となった高年齢層がリストラの対象となる

ミスマッチ失業…企業が求める労働需要に見合う能力を持たない高年齢層が職に就けない

⬇

高年齢層の失業率が高い

解説 失業率改善　2008年のリーマンショックの影響で，09・10年度の完全失業率は2年連続5.1%。これは，02・03年度の5.4・5.3%に次ぐ高さ。リストラ・新卒者数削減による**正社員の削減，低賃金のパートの増加**など，各年齢層とも厳しい雇用情勢が続いていた。しかし，その後，景気の回復傾向を背景とした人手不足で，2017年度の完全失業率は2.8%にまで改善した。ちなみに，**日本では，月末1週間で収入がある仕事を1時間でもすれば従業者と見なされるので，欧米諸国より失業率は低く計算される。**

用語 労働力人口…満15歳以上の人口のうち，学生・主婦・病人など職を持たずかつ職を求めていない人を除いた人口。逆に考えれば，現在仕事をしている就業者と職を求めている人の合計ということである。

完全失業者…何らかの就職活動を行ったが，調査月末の1週間に全く仕事がなかった者。日本の場合にはアルバイトを1時間しただけでも，完全失業者ではなく就業者と計算されるので，失業率は欧米諸国より低めに算出される。

完全失業率…労働力人口（15歳以上人口のうち，働く意志・能力を有する人口。つまり，就業者＋休業者＋完全失業者）に占める完全失業者の割合。不況で求職をあきらめた人は失業率には算入されない。

有効求人倍率…「有効求人数÷有効求職者数」で求められる数値。1より大きければ，求人の方が多く，経済が活性化していると考えられる。なお，公共職業安定所（ハローワーク）を通じた求人・求職だけの統計で，新規学卒者は含まれない。

プラスα ミスマッチ 人口高齢化，産業構造の変化，ME化，OA化などの技術革新から企業に求められる人材の質が変化し，地域間，年齢間，職種間で労働需給に不適合が生じている状況をいう。例えば，中高年の求職者の再就職は年齢が壁になり難しいなど。

2 大学卒業者の就職状況

A 大卒求人倍率の推移

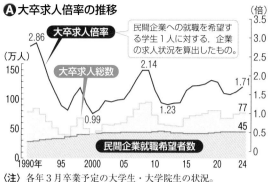

民間企業への就職を希望する学生1人に対する，企業の求人状況を算出したもの。

〈注〉各年3月卒業予定の大学生・大学院生の状況。
（株式会社リクルート　ワークス研究所資料により作成）

用語　**就職氷河期**…バブル崩壊後の就職が困難だった時期（1993〜2005年）。同時に就職活動を行った世代を「氷河期世代」「ロストジェネレーション」などと呼ぶ。安定した職に就けず派遣労働者やフリーターなどの非正規雇用になった者が多い。

B 大学卒業者数，就職者数及び就職率の推移

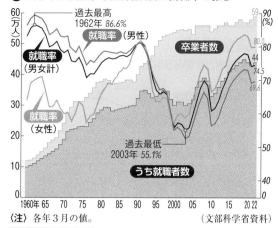

〈注〉各年3月の値。　　　　　　　　　（文部科学省資料）

解説　**就職状況は？**　大卒求人倍率，就職率とも2000年代前半に大きく落ち込み就職氷河期となった。2008年の世界同時不況や2011年の東日本大震災でも下落した。

---

3 労働時間とは

労働時間＝拘束時間－休憩時間

労働時間である	労働時間ではない
・使用者の指揮監督下にある時間 ・実際に精神や肉体を働かせている時間 ・客待ち，電話待ちの時間 ・所定時間外の義務的な教育・研修への参加時間 ・労働に不可欠な準備・整理時間 ・作業衣等の着用が義務づけられている場合の着替えの時間	・使用者の指揮監督下にない，自由に使える時間（休憩時間など） ・所定時間外の自由意志による教育・研修への参加時間 ・その他の準備・整理時間 ・通勤時間

4 労働時間の実態

A 年間労働時間の国際比較（推計値，就業者）

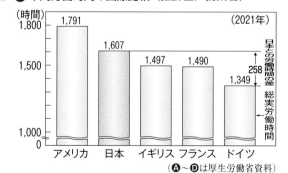

（A〜Dは厚生労働省資料）

B 実労働時間数の推移（調査産業計，事業所規模30人以上）

年度	総実労働時間			所定内労働時間		
	1か月	1　日	年　間	1か月	1　日	年　間
1980	175.7	8.02	2,108	162.2	7.41	1,946
90	171.0	8.14	2,052	155.5	7.40	1,866
2000	154.9	7.86	1,859	143.3	7.27	1,720
05	152.4	7.86	1,829	140.0	7.22	1,680
10	149.8	7.89	1,798	137.8	7.25	1,654
15	148.7	7.91	1,784	135.8	7.23	1,630
20	140.4	7.84	1,685	129.6	7.24	1,555

C 日本企業の規模別にみた労働時間の実態（2021年度）

企 業 規 模区　　　分	平均年間休日総数（日）		週休制（％，労働者数の割合）			
			1日・1日半制	何らかの週休2日制		
	企業	労働者		計	完全	その他
計	110.5	116.1	3.9	84.8	60.7	24.1
1,000人以上	116.8	119.7	1.9	84.7	72.9	11.8
300〜999人	115.2	117.4	2.5	86.5	61.5	25.0
100〜299人	112.9	114.3	4.5	83.8	54.4	29.4
30〜99人	109.0	110.4	7.9	84.5	45.1	39.4

D 週休制の国際比較（2020年，日本は2021年）

年　　　間	日　本	イギリス	ドイツ	フランス	イタリア
週　休　日	104	104	104	104	104
週休日以外の休日	15	8	9	9	9
年次有給休暇*	17.6	20	30	25	25
年 間 休 日 数	136.6	132	143	138	138

＊平均付与日数。日本の取得日数平均は10.3日で約半分。

E 実質無制限の時間外労働—36協定の影（→ p.253）

順位	東証1部上場企業	残業上限時間（月）
1	大日本印刷	200
2	関西電力	193
3	日本たばこ産業（JT）	180
4	三菱自動車	160

労働基準法第36条に基づき，労使間の合意により設定されている時間数。実働時間とは異なる。

（『中日新聞』2012.7.25などによる）

解説　**まだ多い労働時間**　総実労働時間は減少しているが，サービス残業等の実態は相変わらずで，数字との違いは大きい。
　年休は原則本人の請求で取得できるが，消化率は低い。労働基準法改正で次の5点が変更された。❶最低付与日数が6日→10日。❷継続勤務1年間→6か月から付与。❸パートタイム労働者等について比例付与を認める。例えば週3日の労働の場合，通常の労働者（週6日）の3／6の割合で取得可能。❹5日超の部分は労使協定による計画的付与を認める。❺育休期間を出勤日として計算し付与。しかし，先進諸国に比べるとまだ少ない。

調査対象100社中70社が過労死ライン以上，うち半数が100時間以上。

プラスα　**名ばかり管理職**　残業代の支払い対象にしないため社員を名前だけの管理職にすること。日本マクドナルドのある店長は，月100時間超の残業があるも管理職なので残業代はなく，長時間労働から脳梗塞を発症。残業代支払いを求めた訴えに対し，2008年東京地裁は750万円の支払いを命じた。

日本経済

●賃金格差の現状は？
●さまざまな労働形態を知ろう！

8 働きがいも経済成長も

視点　自由　正義

賃金をめぐる問題

企業規模・男女格差

1 賃金格差

A 企業規模と年齢層別にみた賃金格差（2021年）

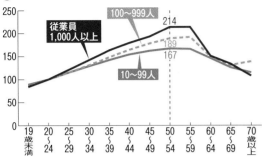

〈注〉20〜24歳を100とした場合の指数。産業計，男性労働者，所定内給与額の比較。

C 主要国の男女間賃金格差（男性を100とした場合の女性の賃金）

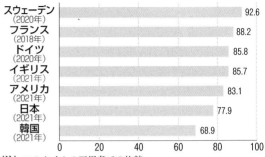

スウェーデン（2020年）	92.6
フランス（2018年）	88.2
ドイツ（2020年）	85.8
イギリス（2021年）	85.7
アメリカ（2021年）	83.1
日本（2021年）	77.9
韓国（2021年）	68.9

〈注〉フルタイムの雇用者での比較。

B 日本を100とした主要国の賃金比較

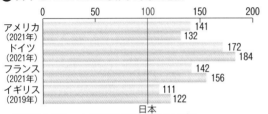

アメリカ（2021年）	141	132
ドイツ（2021年）	172	184
フランス（2021年）	142	156
イギリス（2019年）	111	122

為替レート換算実労働時間当たり賃金
消費購買力平価換算実労働時間当たり賃金

〈注〉製造業労働者における賃金。　（Ａ〜Ｃは厚生労働省資料）

D 労働分配率

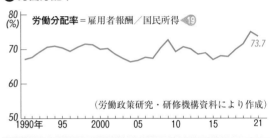

労働分配率＝雇用者報酬／国民所得 19

73.7

（労働政策研究・研修機構資料により作成）

用語 労働分配率…生産活動によって得られた付加価値のうち，労働者がどれだけ受け取ったのかを示す指標。

多様化する労働形態

雇用形態・勤務形態

2 雇用形態

A さまざまな雇用形態

雇用形態		定　義	特　徴
正規雇用者（正社員）		非正規雇用者に該当しない，通常の社員	期間を定めず定年まで雇われることが多く（**終身雇用**），年齢や勤続年数に応じ賃金が上がる形態（**年功序列型賃金**）が多い。労災・雇用・健康・厚生年金などの保険はすべて適用。
非正規雇用者	パートタイマー	正社員より労働時間が短い社員	家事や育児などを担っており，フルタイムで働けない主婦層に多い。1993年に**パートタイム労働法**（➡p.262）が施行された。
	アルバイト	臨時的に雇される社員	10〜20代前半の若者に多く，学業や本業のかたわらに働くものが一般的。
	契約社員	雇用期間が有期である社員	臨時工，期間工などとも呼ばれ，高度な技術を有した専門職の人に多い。
	派遣社員	契約した派遣会社から仕事の紹介を受けて就労する社員であり，他社へ派遣される社員	企業が派遣会社と契約し，派遣会社で雇っている社員を企業に派遣するしくみ。派遣会社が自ら雇用する常用社員を派遣する**常用型派遣**と，仕事のあるときのみ派遣する**日雇い派遣**などの**登録型派遣**があるが，**約7割は登録型**。1986年の**労働者派遣法**（➡p.263）制定時は業種制限があったが，1999，2003年の改正で業種が拡大し派遣社員は急増した。
	委託・請負社員	委託（請負）により就労する者	雇用契約ではなく委託（請負）契約で働く労働者を指すので，厳密には「社員」ではない。
	嘱託社員	主に定年退職者を，引き続き別条件で雇用した社員	

B 派遣労働の形態

人材派遣会社

特定労働者派遣事業
…常用型派遣のみ。技術者・専門職の派遣中心。届出制。

一般労働者派遣事業
…登録型派遣も可能。許可制。

派遣契約

派遣先企業

雇用関係　賃金　指揮命令　派遣

派遣労働者

常用型派遣…普段は人材派遣会社の社員。

登録型派遣…登録しておいて仕事がある時だけ働く。

解説 派遣の規制緩和　労働基準法第6条は，法律の許可なく，他人の就業に介入して利益をあげることを禁じている。労働者の賃金の中間搾取を防ぐ目的だ。しかし，小泉政権の竹中平蔵経済財政政策担当大臣の下，総合規制改革会議で派遣労働の拡大が検討，**2003年に労働者派遣法が大改正された**（➡p.263）。同会議委員には人材派遣会社の経営者が複数在籍しており，人材派遣会社に甘く，派遣労働者保護の観点が乏しかったと批判されている。なお竹中氏は2009〜22年，人材派遣会社大手のパソナグループ会長に就任していた。

プラスα 同一労働同一賃金　同一の仕事（職種）に従事する労働者には，性別や雇用形態，人種，宗教，国籍等に関係なく，同一水準の賃金が支払われるべきという考え（➡p.250，ILO第100号条約）。安倍内閣はこの実現を掲げ，正社員と非正規社員の賃金格差の是正を目指していた。

日本経済

3 勤務形態

A 変形労働時間制 [19]

定義	一定条件を満たしていれば，1日8時間を超えて労働させる日を設けることができる →平均して週40時間以内の労働時間にする ※満18歳未満と請求のあった妊産婦には適用されない

1か月単位の変形労働時間制（4週型）

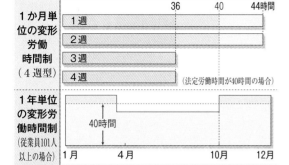

（法定労働時間が40時間の場合）

1年単位の変形労働時間制（従業員101人以上の場合）

40時間

B フレックスタイム制 [21]

定義	出勤・退社時間を働く人が自由に決められる制度

コアタイム付きの例

必ず出勤しなければならない時間帯。遅刻や早退の対象となる。

選択できる時間帯。遅刻や早退の対象とならない。

標準労働時間帯

フレックス制適用時間帯

```
[ 7：00～10：00の間に出社→9時出社
  15：00～19：00の間に退社→18時退社 ]  8時間
```

・割増賃金…清算期間の総労働時間がその期間の法定労働時間を超えた部分について支払われる。

C 裁量労働制 [21][20][19]

定義	何日・何時間働くかを自分の裁量で決定する制度
概要	仕事の仕方や時間配分などについて使用者が細かく指示するのではなく労働者本人の裁量に任せるというもので，労使協定で定めた対象労働者を協定で定めた業務に就かせたときは実際の労働時間にかかわらず，**協定で定めた時間労働したものとみなされる制度**。
対象業務	・1988年4月　労働基準法改正で導入。研究開発，情報処理システムの設計，記事の取材・編集，ディレクター等，専門職のみの適用。 ・1997年4月～　弁護士，コピーライター等追加。 ・2000年4月～　ホワイトカラー（研究開発職等の頭脳労働者）全般に拡大。[14]

D テレワーク（Telework）

定義	情報通信技術（ICT）を活用した，場所や時間にとらわれない柔軟な働き方のこと。2019年末からのコロナ禍で急速に広がった。
主な種類	・在宅勤務…自宅を就業場所とする働き方。 ・モバイルワーク…電車や飛行機など移動の合間の労働。 ・サテライトオフィス勤務…本拠地から離れた場所に設置されたワーキングスペース（➡p.144）。 ・ワーケーション…リゾートなど，休暇（バケーション）も楽しめる地域でテレワークを行う。

4 フリーランス（Freelance）

フリーランスとは，組織に属さず独立して仕事を請け負う人の総称。仕事を請け負う個人事業主（カフェや商店などを経営し仕事を請け負わない個人事業主は除く），SOHO，ギグワーカーなども含む。

企業・団体などの組織に雇用されていないので，労働基準法や最低賃金法などの労働法規は適用されないが，自由な働き方が可能。税務署に開業届を提出すると，税法上は個人事業主となる。

A SOHO（Small Office Home Office）[16]

定義	パソコンなどの情報通信機器を利用して，自宅や小規模な事務所で行われる労働形態
メリット	・ネットがあれば場所と時間に関係なく仕事ができる。 ・組織特有の人間関係や派閥に気を遣う必要がなく，これらに起因するストレスは大幅に軽減される。
デメリット	・収入が安定しにくいこと。SOHOで起業した人のほとんどは単発の仕事を請け負う形で，仕事のすべては自分の責任で行われる。 ・急病や家庭の事情等が収入に大きく影響する可能性も。

B ギグワーカー（Gig worker）

定義	インターネット上のプラットフォームサービスを介して，単発（gig）の仕事を請け負う人のこと。
特徴	専門的なスキルを必要としない仕事が多いのが特徴。UberEats（ウーバーイーツ），出前館などのフードデリバリー配達員が有名。

解説　フリーランス保護　フリーランスは，個人対企業の取引が多いため立場が弱く，報酬の支払いの遅れや，一方的な仕事の取り消しなどのトラブルも多い。そこで，フリーランスとの取引を適正化するため，2023年に**フリーランス保護新法**が制定された。内容は，①契約時に業務内容や報酬額を文書で明示することを発注者に義務づける。②報酬を相場よりも著しく低く定めること，契約後に不当に減額することを禁止。③納品日から60日以内に報酬を支払うことを義務づけるなど。

Focus（フォーカス）　ワークシェアリング

ワークシェアリング（work sharing）とは，欧州諸国で行われてきた失業対策。1人当たりの労働時間を減らして多くの人に仕事を分配し，雇用調整（解雇）することなく乗り切ろうとするものである。

オランダでは政府・労働組合・企業の三者で1982年に**ワッセナー合意**を結んだ。その内容は「労働者は企業業績向上のために賃金の削減に協力する」「企業と労働者は雇用の確保・創出のために労働時間の短縮を認める」「政府は労働者の所得減少を補うため，減税と社会保障負担の削減を行う」というものである。これにより，ワークシェアリングが進み，失業率の抑制と景気の回復を達成した。

なお，ワークシェアリングは，雇用維持型・雇用創出型・多様就業対応型（正社員について短時間勤務を導入）のタイプに類型化できる。

70人×8時間労働
労働時間560時間

ワークシェアリング

70人×7時間労働
労働時間490時間

＋新しい雇用

10人×7時間労働
労働時間70時間

プラスα　ジョブ・シェアリング　通常は1人の労働者で担当する職務を2人以上が組になって分担する。仕事と育児，介護などとの両立を可能にするワークシェアリングの一形態であるが，日本では一部の外資系企業以外，ほとんど導入されていない。

日本的雇用慣行の現状
終身雇用・ロスジェネ

1 日本的雇用慣行とその崩壊

Ⓐ日本的雇用慣行（日本的経営方式）とは

①終身雇用制 新規学校卒業者（新卒）のみを，正規の従業員として採用し，定年まで雇用する制度。

②年功序列型賃金 従業員の勤続年数や年齢を重視し，組織内の役職や賃金が上がっていく制度。①と結びついて職務や能力よりも勤続年数の長さが重視される。

③企業別労働組合 企業ごとに，その企業で働く労働者で組織された労働組合のこと。欧米では**産業別労働組合**（職種に関係なく一定産業に従事する労働者によって組織）が多く，日本の労働組合の特徴。

Ⓑさまざまな賃金制度

職務給	従事する仕事の内容や価値によって賃金が決定する。仕事に値が付くと考えればよい。諸外国では一般的。
職能給	従業員の能力に応じて賃金が支払われる。勤続年数が長ければ，それだけ能力も高まるという前提のもと，実質的に**年齢給**（年齢に応じ賃金上昇）となっている。
年俸制	従業員の実績に応じて毎年契約を更改し，年間の賃金が決定する。成果を出せば賃金は上昇し，出さなければ低下するので**成果主義**ともいわれる。

（プロ野球やJリーグの選手と同じ。）

解説 崩壊する日本的雇用慣行 高度成長期には，賃金が毎年上昇し生涯設計も立てやすかった。企業も毎年賃金の低い新卒を採用して人件費を抑えることができ，Ⓐのシステムはうまく機能した。しかしバブル崩壊後の不況で，人件費が重荷となり，企業は**解雇・配置転換・出向・早期退職優遇制度**などで中高年を削減。さらに，新卒の採用控え，中途採用，非正規労働者活用による正社員削減など，**終身雇用制**は崩れつつある。

また**年功序列型賃金**に代わり，Ⓑのような**個人の能力と成果に基づく賃金制度**に大きく変化している。企業と労働者の一体感を強め，企業への忠誠心を高めていた**企業別労働組合も組織率が低下**し続け，労働組合のない企業が圧倒的多数となった。

2 整理解雇の4要件—日本の解雇規制

①人員整理の必要性 余剰人員削減をしなければ経営維持不可能と認められることが不可欠。	**③被解雇者選定の合理性**
	④手続きの妥当性 説明・協議・納得の手続き等。
②解雇回避努力義務の履行	

解説 難しい解雇 ①〜④の4要件は判例の積み重ねとして最高裁が下したもの。この要件に適合しないと不当解雇とされ，解雇は無効となる。2003年，労働基準法18条に解雇は「客観的に合理的な理由」と「社会通念上相当」でなければ無効と明記され（2008年施行の労働契約法16条に移動。→p.257），89条で就業規則に解雇事由記載を義務付けた。

Focus ジョブ型雇用とは？

ジョブ（職務）とは担当する仕事と役割のこと。ジョブ型雇用は，細分化した職務に専門の労働者を採用し配置する雇用形態のことで，近年増加している。

とはいえ，日本的雇用慣行に基づいた**メンバーシップ型雇用**もまだまだ多い。職務単位ではなく，会社のメンバーとして新卒一括採用をし，入社後に職務を割り当てている。また，職務の異動も多い。

メンバーシップ型雇用	特徴	ジョブ型雇用
主に新卒一括採用	採用	主に中途採用
終身雇用が多く，解雇されることは少ない	雇用期間	対象業務が終わると雇用契約も終わる場合がある
限定されない	職務	明確に限定
年功序列・職位による	給与	対象業務・成果による

用語 新卒一括採用主義…戦後復興期の人手不足下に高卒者を大量採用したことで雇用慣行として定着。就職活動過熱化による学業への悪影響，既卒者と新卒者の機会不均等，卒業時に不景気だとその年齢層が正規雇用から外されるなどの問題がある。

非正規労働者
パート・派遣

3 パートタイマー（短時間労働者）

（18年改正でパートタイム労働法から改称。）

Ⓐパートタイム・有期雇用労働法（1993年制定）

趣旨	短時間・有期雇用労働者について，雇用管理の改善，職業能力の開発・向上等に関する措置等を講じ，正社員との均衡のとれた待遇を確保し，能力の有効発揮の促進と福祉の増進を図る。
定義	**①短時間労働者**…同一事業所の正社員に比べ1週間の所定労働時間が短い労働者。**②有期雇用労働者**…事業主と期間の定めのある労働契約を締結している労働者。〈例〉パートタイマー，アルバイト，嘱託，契約社員など。
主な内容	①時間外労働の原則禁止（15条に基づく指針） ②職務内容，転勤等の人材活用が同じ場合は**正社員との均等待遇義務化**（賃金，賞与，退職金，福利厚生等） ③通常労働者への転換推進措置義務化 ④契約内容の文書化を義務化 ⑤苦情処理解決・紛争解決・援助の仕組み整備
罰則	・厚労相の勧告に従わない事業主名の公表制度 ・報告拒否，虚偽報告は20万円以下の過料（行政罰）

（18年改正で有期雇用労働者も対象に含まれた。）

（年齢別賃金カーブは50〜54歳でピークになる。）

Ⓑパートタイマーの割合の推移

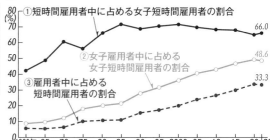

①短時間雇用者中に占める女子短時間雇用者の割合 … 66.0
②女子雇用者中に占める女子短時間雇用者の割合 … 48.6
③雇用者中に占める短時間雇用者の割合 … 33.3

〈注〉短時間雇用者…週の就業時間が35時間未満の者。
（総務省資料）

解説 パートタイマーの現状 総務省「労働力調査」の短時間雇用者（パートタイマー）の定義は，平均週就業時間が35時間未満の雇用者のこと。女性比率が高いことが特徴だ。また，正社員との賃金や昇進などでの格差が問題となっている。

プラスα **JAL整理解雇訴訟** 更生計画に基づく事業再生中の整理解雇の是非を巡る初の裁判。東京地裁は，更生計画中でも**整理解雇4要件**は適用されるとしたが，更生計画の要請として必要性を認め解雇は適法とした。解雇時点で営業利益1,500億円だったことから判決には批判も多い。

（左側縦書き）日本経済

言の葉

松下電器は人をつくる会社です。あわせて電気製品をつくっています。

松下 幸之助［日：1894〜1989］　電球のソケットを発明し，松下電器産業（現在のパナソニック）を一代で築いた実業家・発明家。「経営の神様」の異名を持つ。1979年には私費で松下政経塾を創設し，各界に多数の人材を輩出している。

4 派遣労働者

[16] 労働者派遣法の対象業務は拡大の方向で改正されてきていること。

[18] A 労働者派遣法（1985年制定）（➡p.260）

1986年	・労働者派遣法施行…派遣業務を専門性の高い16業務に限定（秘書，通訳，ソフトウェア開発等）
96	・派遣業務を16→26業務に拡大（政令26業務）
99	・対象業務の原則自由化（禁止職種を医師・港湾運送・建設・警備・製造に限定）→**派遣労働の自由化** ・自由化業務について派遣期間最長1年
2004	2003年大改正（規制緩和）→翌2004年施行 ・自由化業務の派遣期間を原則1年・最長3年，政令業務は派遣期間制限なしに ・**製造業の派遣解禁**（派遣期間最長1年）[21][17] ・派遣先企業の派遣労働者への雇用申込義務の創設
07	・製造業の派遣期間を原則1年・最長3年
08	・日雇派遣指針の制定
12	・**日雇派遣の禁止** ・派遣労働者の処遇改善（無期雇用への転換，正社員との均衡処遇，派遣料金と賃金の差額の情報公開）
15	・企業の派遣受け入れ期間制限の撤廃 ・専門業務（政令26業務）と一般業務の区分廃止
20	・「**同一労働同一賃金**」制度開始（2018年改正，➡p.260プラスα）…不合理な待遇差の解消へ

[14] B 派遣労働者数と派遣先件数の推移

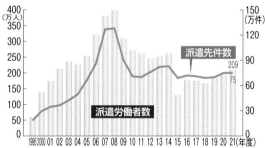

〈注〉改正労働者派遣法により，2015年9月から一般労働者派遣事業の登録者数は含まなくなった。（厚生労働省資料）

C 労働契約法改正（2012年）─雇い止めを助長？

法改正の目的	非正規労働者の多くは1年契約などの有期契約。雇い止め（企業が労働契約の更新をせず，雇用が終了すること）の不安を解消し安定雇用を確保。
無期労働契約への転換	契約更新で通算労働期間が5年を超えた場合，労働者は無期労働契約への転換を申し入れ可能に。
労働条件の差別禁止	有期労働契約と無期労働契約の**不合理な労働条件**差別の禁止。

解説 雇い止めを助長？ 2012年改正は雇用安定がねらいだが，企業側が通算5年を超えないような雇い方をすることで，かえって不安定になるとの指摘もある。事実，全国の私立高校で働く有期雇用教員のうち，2018年3月末までの「雇い止め」通告を204人が受けたという事例も生じている。

D 労働者派遣法改正（2015年）─派遣拡大へ

改正前	一般業務 （製造業など）	A	最長3年	これ以降はA以外の人でも派遣受け入れ不可
	専門業務 （政令26業務）	A	専門職が中心，無期限に派遣受け入れ可能	
改正後	業務による区分廃止	A	人を替えれば，無期限に派遣受け入れ継続可能 最長3年	
		B	最長3年	

02年に派遣受け入れ期間の制限を撤廃したドイツでは，10年間で派遣社員数が倍増した。

解説 2015年の大転換 2015年改正で，一般業務の最長3年という企業の派遣受け入れ期間制限が撤廃。かわりに個人単位の期間制限が設けられた（同じ部署に上限3年）。**企業は，人さえ入れ替えれば，派遣社員を採用し続けることが可能になった。** 派遣の固定化，正社員から派遣への置き換えが進むと指摘されている。さらに，専門業務（政令26業務）と一般業務の区分も廃止。専門性の高い政令26業務の派遣社員は，これまで無期限に雇用されていた人であっても，3年で職を失うことになる。

用語 フレクシキュリティ…雇用の柔軟性（フレクシビリティ）と安全性（セキュリティ）を合わせた語。解雇規制を緩和し企業に自由な解雇を認める一方，失業者に手厚い失業給付・職業訓練・再就職支援を官民で行う雇用政策のこと。日本の非正規雇用拡大は，解雇は容易になる一方で，失業者への保障は十分でない。

日本経済

働き方改革

一億総活躍社会の実現に向けて

5 働き方改革関連法（2018年成立）

規制緩和

高度プロフェッショナル制度の導入（➡p.253プラス）
→年収1,075万円以上の一部専門職を労働時間規制から外す

規制強化

[20] ①**残業時間の罰則付き上限規制**…残業時間に「繁忙月でも月100時間未満」などの上限を設け，違反したら罰則
②**勤務間インターバル制度の促進**…終業から始業まで一定の休息時間を確保するよう企業に努力義務
③**年次有給休暇の消化義務**…年10日以上の年休が与えられた労働者に，5日は消化させることを企業に義務付け
④**中小企業の残業代割増率の引き上げ**…月60時間超残業代の割増率を今の25%から大企業と同じ50%に

その他

①**同一労働同一賃金の促進**…正社員と非正社員の不合理な待遇格差を是正するため関係法を整備
②**フレックスタイム制の清算期間延長**…残業代などの基準となる「清算期間」を最長1か月から3か月に延長

解説 働き方改革とは 2015年に安倍内閣が打ち出した「アベノミクス新3本の矢」のうち，最大の目標とされた**一億総活躍社会**の実現に向け，最重要課題とされた政策が「**働き方改革**」。2018年「働き方改革関連法」成立（大企業は2019年，中小企業は2020年施行）で，働き過ぎを防ぐための残業時間の罰則付き上限規制，年間5日の有給休暇消化義務などが導入された。建前では先進国で一番低い有給休暇取得率（➡p.259）の向上が目的だが，実際には生産性の向上が目的と指摘されている。

Focus フォーカス **電通女性社員が過労自殺**─残業月100時間超

2015年12月に，広告業界大手の電通の女性社員（当時24歳）が自殺した事件に対し，2016年9月に三田労働基準監督署は「自殺は直前に残業時間が大幅に増えたことが原因」として労災認定した。女性は2015年に電通に入社，本採用となった同年10月以降業務が増加し，11月にはうつ病を発症。12月に都内の社宅から投身自殺した。三田労働基準監督署は，発症1か月前の残業時間は，月105時間に達したと認定した。

プラスα コンビニ24時間営業問題 2019年2月，東大阪市のセブンイレブン店主が人手不足を理由に時短営業を開始し，セブン本部との対立が表面化した。公正取引委員会（➡p.187）は，店主が営業時間の見直しを求め，本部が一方的に拒んだ場合，独占禁止法違反とする方向で検討に入った。

15 女性と労働

視点
- M型雇用とは何か？
- 女性労働に関する法律の規定は？

女性の労働をめぐる現状　　　　　　働く男女の平等

1 女性労働者の現状
A 雇用者数の推移（全産業）

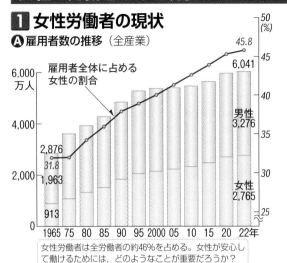

女性労働者は全労働者の約46％を占める。女性が安心して働けるためには、どのようなことが重要だろうか？

B 年齢階級別の労働力人口比率（労働力率）—M型雇用

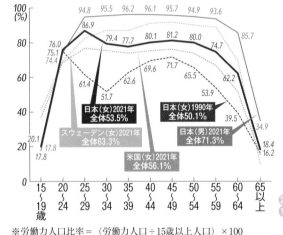

※労働力人口比率＝（労働力人口÷15歳以上人口）×100
労働力人口は、15歳以上人口の内の就業者と完全失業者の数。
〈注〉米国（女）は16歳からの数値。（ABとも厚生労働省資料）

解説 M型雇用　1990年の女性の年齢別労働力をみると、20代後半から30代にかけて大きく落ち込んでいるのが分かる。これは、女性にとって、出産や育児と仕事の両立が大きな課題であることを示している。近年は緩和されてきたが、このような女性労働の実態は、グラフの形からM型雇用と呼ばれている。

2 労働基準法女子保護規定撤廃（1997年）

	改正前	改正後
時間外労働の上限	製造業など工業的事業は週6時間、年150時間	規制を廃止。労使協定による。協定の目安は年360時間
休日労働	原則禁止。林業、商業などは4週につき1日	規制を廃止
深夜業	午後10時から午前5時まで原則禁止。保健衛生業、接客娯楽業などを除く	規制を廃止。育児や介護で無理な場合、一定の要件にあえば免除を請求できる

3 男女雇用機会均等法改正（1997年）
A 1997年改正のポイント（1999年施行、2006年改正）

	旧法	改正法
定年・退職・解雇・教育訓練	男性との差別禁止規定（罰則規定なし）	同左
募集・採用・配置・昇進	事業主が女性に均等な機会を与えるよう努める努力義務規定	男性との差別禁止規定（罰則規定なし）
制裁措置	なし	禁止規定違反の事業主が是正勧告に従わない場合、厚労相は企業名を公表できる
セクハラ	事業主に防止の配慮義務	事業主に防止の措置義務

B 2006年改正の主な内容

①間接差別の禁止…女性が働き続けられないような基準の設定を禁止。
②セクハラ防止の強化
例：募集・採用で一定の身長・体重を要件とする。合理的理由がないのに総合職の募集・採用で全国転勤を要件とする。昇進要件に転勤要件を入れる。
③妊娠・出産を理由とした不利益取り扱い禁止
④男性差別禁止

解説 改正男女雇用機会均等法　1985年の制定当初から、募集・採用などにおける平等規定が、単なる事業主の努力義務規定であったり、「ざる法」との指摘のあった男女雇用機会均等法が1997年改正され、1999年4月から施行された。労働の分野における男女差別の禁止は一歩前進したといえよう。ただし、労働基準法の女子保護規定の撤廃とセットで行われたもので、男女共通の残業強化など、かえって女性が働きにくくなったとの指摘も強い（2）。2006年改正（2007年施行）は、従来の女性を男性並みにする方向から、女性が働きやすい仕組みへと、働く場の基準そのものを変えていく発想が根本にある。

4 育児・介護休業法
[1991.5.15法76 最終改正 2022法68]

項目	内容
育児休業（第5条）	男女労働者は、1歳未満の子の養育で、1年間の休業を取得可（保育所入所不可の場合は最長2年まで延長可能）。
介護休業（第11条）	男女労働者は、要介護状態の家族の介護のため、通算93日間の休業を取得可。
事業主の義務（第6、12条）	事業主は、労働者からの育児・介護休業の申し出を拒否できない。
不利益取扱い禁止（第10、16条）	育児・介護休業を理由とする解雇・降格・減給の禁止。
パート・派遣社員（第5、11条）	育児・介護休業取得可（休業後も雇用の場合）。
短時間勤務（第23条）	事業主は、3歳未満の子がある労働者を対象に短時間勤務制度を設置する義務がある。

（雇用保険より休業開始前賃金の67％相当額の**育児休業給付金**（181日目以降は50％）、同67％相当額の**介護休業給付金**支給（→p.275）。2002年4月から公務員は育休3年間へ延長）
〈注〉1991年に育児休業法制定。1995年介護休業も加えられ育児・介護休業法となった。（2009年改正で小学校就学前の子の看護休暇、介護のための短期休暇一年5日—も取得可。「パパママ育休プラス」父親も育休取得の場合、育休期間2か月延長可）

日本経済

育休創設（子の出生後8週間以内に4週間まで取得可能）。

得要件緩和。「1年以上の雇用期間」が撤廃。

プラスα　変わった求人広告　1997年改正男女雇用機会均等法施行で、一方の性のみ示す職種名での募集が原則禁止となり、例えば男性幹部社員→幹部社員、保母→保育士、スチュワーデス→客室乗務員、セールスレディー→セールススタッフというような表記に変わった。

5 育休の現状

A 育児休業取得率の推移

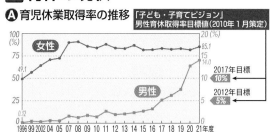

「子ども・子育てビジョン」
男性育休取得率目標値(2010年1月策定)

2017年目標 **10%**
2012年目標 **5%**

85.1
14.0
49.1
0.12

1996 99 2002 04 05 07 08 09 10 11 12 13 14 15 16 17 18 19 20 21年度

〈注〉2011年度は岩手・宮城・福島を除く。 (厚生労働省資料)

B 第1子出産による女性の就業状況の変化

出生1年前	有職 74.1		無職 25.9

出生1年半後
就業継続 23.0 / 13.0 / 出産前離職 52.5 / 8.6 / その他 2.9
出産後離職
一時離職

(『男女共同参画白書』2006)

16 用語 ワーク・ライフ・バランス…少子高齢化の中で子育てや介護をしながら働き続けることのできる組織や社会を形成するために,仕事と生活の調和を図ろうという考え方。政府は2007年,「ワーク・ライフ・バランス憲章」と具体的な数値目標を示した行動指針を策定。行動指針では,達成すべき目標として,①週労働時間60時間以上の雇用者の割合の半減,②年次有給休暇の完全取得,③第一子出産前後の女性の継続就業55%,④男性の育児休業取得率13%などが挙げられたが,その達成にはまだまだ程遠いのが現状である。

C 育児・介護支援制度の強化

企業が育児や介護の支援制度を拡充する背景には,人手不足や優秀な人材の流出への根強い懸念がある。

日本総合研究所の山田久マクロ経済研究センター所長は,「人手が足りない中で,仕事の経験を積んだ女性が結婚や育児で退職することは企業にとって大きな損失だ。……」と指摘している。

大手企業が始めた主な支援策	
松下電器産業(現パナソニック)	育児休職の対象期間を小学1年生の4月末までに延長。この間で合計2年取得可能に
東芝	1時間単位で育児のための有給休暇取得可能に
三菱電機	育児短時間勤務の期間を小学3年生までに延長
シャープ	育児で退職した後,子どもが小学生になるまで再雇用を保障する制度を新設
トヨタ自動車	愛知県内に3か所目の社員向け託児所を新設
川崎重工業	育児・介護休業期間を勤続年数に算入

(『読売新聞』2006.4.17)

解説 増やせイクメン 近年,自ら育休を取得する自治体の首長なども現れ,イクメンが話題になっている。育児休業取得率も男女ともに上昇傾向にはあるが,実際には男性は依然として低い状況にある。働き盛りと子育てが重なる30代の男性自身が**ワーク・ライフ・バランス**の視点から子育てに参加するよう意識を変えていく必要がある。同時に,男性も育休を取得しやすい労働環境を制度として整えていく必要があろう。なお,男性が育児に参加したことにより,不測の事態に柔軟に対応できるようになった,忍耐強く待つことができるようになったなど,仕事上でプラスに働く効果があったとの報告もある。

6 非正規雇用の多い女性労働者

A 女性の社会進出 (1985～2005年)

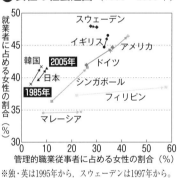

※独・英は1995年から,スウェーデンは1997年から。

B 正規雇用・非正規雇用の推移

C 1時間当たり平均給与格差

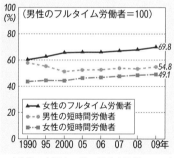

(男性のフルタイム労働者=100)

69.8
54.8
49.1

1990 95 2000 05 06 07 08 09年

凡例:
— 女性のフルタイム労働者
- - - 男性の短時間労働者
- ■ - 女性の短時間労働者

(AⒸは内閣府,Ⓑは総務省資料による)

D 安倍政権「成長戦略」(2013年)でも

安倍首相は2013年に発表した成長戦略の中核に,女性・子育て政策を掲げた。①3年育休の導入促進,②5年で待機児童ゼロに,③子育て後の再就職支援,④2020年までに指導的地位登用の3割を女性へ,などが柱。しかし,長い育休よりも復職後の柔軟で多様な働き方(短時間勤務・在宅勤務など)の導入の方が重要といった批判もある。

少子高齢化で女性の社会進出はさらに必要となってきているが,国際比較で目に付くのは,管理職への登用状況の低さだ(➡A)。日本の就業者に女性が占める割合は約4割であるが,管理職に女性が占める割合は韓国を除く欧米・アジア諸国と比較して極端に低い。さらに,女性の労働力人口比率(➡p.264)と出生率には相関関係がみられる。スウェーデン,英仏など労働力人口比率の高い国は出生率も比較的高い。一方,イタリアやスペインは日本と同じ傾向だ。少子化対策の面でも仕事と出産育児との両立支援・就労環境のさらなる整備が不可欠である。

7 女性活躍推進法 (2015年成立)

義務項目	内容
現状把握と課題分析	①採用者に占める女性比率 ②勤続年数の男女差 ③労働時間の状況 ④管理職に占める女性比率
行動計画の策定・公表	女性の活躍推進に向けた行動計画を策定し,都道府県労働局へ届出をし,社内外に公表する。

〈注〉従業員101人以上の企業が対象。100人以下の企業は努力義務。2025年度までの時限立法。

解説 女性の活躍を後押し 女性活躍推進法は,従業員101人以上の企業に女性の採用比率,管理職比率など数値目標設定と行動計画の公表を義務づけている。虚偽報告に罰則はあるが,取組実施・目標達成は努力義務だ。また,取り組み状況が優良な企業は,厚生労働大臣の認定を受けることができる。

プラスα EU労働者派遣指令 2008年にEU議会で可決された指令(EU各国は指令に基づき国内法を整備しなければならない)。派遣労働者について,待遇は派遣先の同一職務の正規労働者と平等であること,男女の平等待遇,妊娠中・育児中の女性保護などを義務づけている。

日本経済

外国人労働者
労働力不足対策のため受け入れ拡大

1 増える外国人労働者

A 入国管理政策関連年表 （→p.108, 111）

年	出来事
1952	外国人登録法（外登法）施行…指紋押捺制度導入
81	難民条約批准
82	出入国管理及び難民認定法（入管法）施行（就労に制限なし，日系人の入国容易に。）
90	入管法改正…在留資格「定住者」創設
91	特別永住制度実施…戦前から日本に住む朝鮮半島・台湾出身の人やその子孫を「特別永住者」
92	外登法改正…永住者・特別永住者の指紋押捺制度廃止
93	外国人技能実習制度導入（在留資格「技能実習」）
99	外登法改正…指紋押捺制度全廃
2006	入管法改正…入国審査時の指紋採取・顔写真撮影が義務化
08	インドネシア，フィリピンとのEPA（経済連携協定）発効→看護師・介護福祉士候補者の受け入れ開始（インドネシアは2008年度，フィリピンは2009年度から）
12	ベトナムとのEPA発効→看護師・介護福祉士候補者の受け入れ開始（2014年度から）
	外国人登録制度廃止→在留管理制度へ…中長期滞在者に在留カード（常時携帯義務あり），特別永住者に特別永住者証明書（携帯義務なし）交付
16	外国人技能実習生法成立(17年施行)…受け入れ期間延長（3年→5年），人権侵害に対し罰則規定導入　入管法改正…在留資格「介護」新設決定
18	入管法改正…特定技能制度導入(在留資格「特定技能」)
19	出入国在留管理庁発足…法務省の入国管理局から格上げ
21	ウィシュマさん名古屋入管死亡事件 （→p.108）
23	入管法改正…外国人の収容・送還のルール見直し

日本経済

B 我が国における外国人労働者数の推移

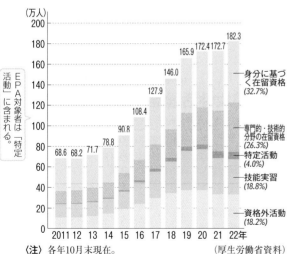

EPA対象者は「特定活動」に含まれる。

（万人）
- 2011: 68.6
- 12: 68.2
- 13: 71.7
- 14: 78.8
- 15: 90.8
- 16: 108.4
- 17: 127.9
- 18: 146.0
- 19: 165.9
- 20: 172.4
- 21: 172.7
- 22年: 182.3

- 身分に基づく在留資格(32.7%)
- 専門的・技術的分野の在留資格(26.3%)
- 特定活動(4.0%)
- 技能実習(18.8%)
- 資格外活動(18.2%)

〈注〉各年10月末現在。　（厚生労働省資料）

解説 労働力不足対策　日本の総人口は2006年の1.28億人をピークに減少している。労働力人口減少は年金制度崩壊，経済規模縮小を招く。このため，外国人労働者受け入れの議論が活発化している。OECDは労働力人口維持には年間50万人の外国人労働者受け入れが必要と指摘する。一方で，外国人労働者の割合が高い一部の国では，外国人排斥運動が過激化するなど，課題も指摘されている。

2 在留資格と課題

A 在留資格とその在留外国人数 （2022年末）

就労可能 （カッコ内は千人）		就労不可
外交，公用(-)	教育(13.4)	文化活動(2.4)
教授(7.3)	技術・人文知識・国際業務(312.0)	留学(300.6)
芸術(0.5)		研修(0.5)
宗教(4.0)	企業内転勤(13.0)	家族滞在(227.9)
報道(0.2)	介護(6.3)	短期滞在(-)
高度専門職(18.3)	興行(2.2)	〈注〉留学生がアルバイトをしたい場合などは，就労に際し資格外活動許可が必要。
経営・管理(31.8)	技能(39.8)	
法律・会計業務(0.2)	特定技能(130.9)	
医療(2.5)	技能実習(324.9)	
研究(1.3)	特定活動(83.4)	

（活動資格）

（居住資格）永住者(863.9)，特別永住者(289.0)，日本人の配偶者等(145.0)，永住者の配偶者等(47.0)，定住者(206.9)

　は単純労働者が多い

※在留外国人総数3,075.2千人。不法残留者70.5千人。(法務省資料)

解説 抜け道的に拡大する単純労働　日本の外国人労働者は，以前は，Aの在留資格である「外交」「教授」「報道」「医療」など，高度で専門的な活動のみ就労が認められていた。

　だが人手不足を背景に，政府は単純労働者受け入れ政策として，1990年に在留資格「定住者」を新設。これにより日系人は就労目的に制限がなくなり，外国人労働者は急増した。さらに，1993年には外国人技能実習制度導入で在留資格「技能実習」，2018年には特定技能制度導入で在留資格「特定技能」を新設。抜け道的に単純労働が認められ，拡大している。

B EPAによる受け入れ

　インドネシア，フィリピン，ベトナムとのEPA発効で，2008年以降，在留資格「特定活動」として看護師・介護福祉士候補者を受け入れている。

→患者と話すフィリピン，インドネシアの看護助手。(2009.12.2)

解説 進まない受け入れ　2021年度の外国人合格率は看護師15%（日本人含めた全体91%），介護福祉士37%（同72%）と大変低い。介護福祉士は最長5年，看護師は最長4年以内に合格しないと強制帰国となる。合格しても，日本語研修・斡旋手数料等の費用負担から医療機関の受け入れも進んでいない。

C 外国人労働者の受け入れと課題

①外国人の家族の受け入れ体制の整備
日系ブラジル人を労働者として受け入れている地域では，日本語もポルトガル語も十分に話せない「ダブルリミテッド」の子どもたちが増えているという。教育の問題は，地方自治体だけでなく国の問題でもある。

②社会保障面での整備
外国人労働者を単なる低賃金労働者として捉えることは誤りだ。少子高齢化の今，外国人労働者への依存度上昇は不可避なので，短期的には財政面で教育費・失業手当・医療費・生活保護などの負担増はやむをえない。だが，長期的には税収が増え，日本の経済成長率を押し上げてくれることも期待できるからである。

（『週刊エコノミスト』2018.12.25を参考）

プラスα　在留資格「特定技能」のうち，最大規模の受け入れが想定される「介護」は，高齢者への安全配慮や職員間の情報共有のため，より高い日本語能力が求められる。さらに介護現場では「筋肉，関節，吐き気，たん」などの言葉も使われるため，他分野と別の日本語試験が追加される。

③ 外国人技能実習制度と特定技能制度—進む移民国家化

ⓐ 外国人技能実習制度と特定技能制度の比較

	外国人技能実習制度	特定技能制度	
在留資格	技能実習1〜3号 （1993年導入）	特定技能1・2号 （2018年導入）	介護のみ、在留資格「介護」があるため特定技能1号のみ。
制度の目的	国際貢献のため，発展途上国の外国人を日本で受け入れ，労働を通して身につけた日本の技術・技能を母国に移転すること。	国内の人材確保が困難な産業分野において，一定の専門性・技能を有する外国人を受け入れ，人手不足に対応すること。	
就業可能な分野	技能実習1号…単純労働以外すべての職種。 技能実習2・3号…農業，漁業，建設，食品製造，繊維・衣服，機械・金属，印刷・製本，溶接，自動車整備，ビルクリーニング，介護，鉄道車両整備など。	特定技能1・2号…介護（1号のみ），ビルクリーニング，素形材・産業機械・電気電子情報関連製造業，建設，造船・舶用工業，自動車整備，航空，宿泊，農業，漁業，飲食料品製造業，外食の12分野。	
最長の在留期間	1号…1年，2号…3年，3号…5年	1号…最長5年 2号…上限なし	
家族帯同	不可	1号は不可，2号は可能	

ⓑ 新在留資格「特定技能」のイメージ

解説 永住も可能に 先進国として技能や技術，知識を発展途上国などへ伝える目的で行われてきた**外国人技能実習制度**に加え，2018年に入管法を改正し**特定技能制度**が導入された。人手不足解消のため，外国人労働力を獲得することが目的である。

　特定技能制度は，事実上の単純労働でも外国人労働者の受け入れを認め，在留資格「特定技能1号」「特定技能2号」が創設された。「1号」は，相当程度の技能と日常会話レベルの日本語能力が必要で，各業種の試験合格が必要。「2号」は，熟練した技能が必要で，より高い水準の試験に合格する必要がある。

　外国人技能実習制度では日本に在留できる期間は最長5年だったが，特定技能制度では永住も可能になった。技能実習生が日本の技術・技能を身につけたあと，特定技能制度により日本に永住することになれば，**技術移転を通じた国際貢献が目的の外国人技能実習制度が形骸化する**との指摘もある。

外国人労働者の人権を守るために　　　国際的には奴隷制度との批判も

④ 技能実習生への人権侵害

ⓐ 技能実習生に対する暴力

　41歳男性のベトナム人技能実習生は，2019年に来日し岡山県の建設会社で働いていたが，日本人従業員数名から，殴る蹴るの暴力を受けていた。左胸を蹴られて肋骨3本を骨折した時には，会社から「階段から落ちたことにしておけ」と指示されたという。実習生は，監理団体に訴えたが，暴力が収まったのは一時的だった。その後労働組合に相談し，2021年に保護されることになった。実習生は「日本は安全で優しい国だと思っていたのに。ベトナムに残してきた妻や娘のことなどを考え，ずっと我慢してきた」と話した。

ⓑ 外国人技能実習制度のしくみと問題点

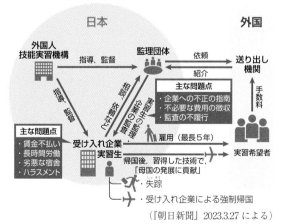

（『朝日新聞』2023.3.27による）

解説 現代の奴隷制度？ 外国人技能実習制度は就労先を変える「**転籍**」が禁止されており，受け入れ企業が**ブラック企業**であっても逃げられない状況がある。さらに，技能実習生は来日にあたって，母国の送り出し機関に派遣手数料など数十万円を支払うため，借金を背負っている人が8割を超えるという。借金返済が足かせになり余計身動きが取れないケースも多い。

ⓒ 外国人技能実習制度廃止が検討される

　政府有識者会議が2023年4月にまとめた中間報告では，外国人技能実習制度を廃止し，人材育成に加えて「人材確保」を目的とする新制度を創設する提案がなされた。外国人技能実習制度の元々の目的は国際貢献だが，実態は人手不足対策で，受け入れ企業の賃金不払いやハラスメントが問題になっており，国際的にも批判されていた。外国人労働者の人権を守り，持続可能な受け入れ体制を再構築する必要がある。

解説 日本が選ばれなくなる？ 外国人技能実習制度廃止後は，永住が可能な特定技能制度を中心に再構築が検討されている。給料水準が上がらず円安も進むなかで，今後どれだけの外国人が，人権侵害が問題視されている日本を選択するのかという懸念もある。

Focus フォーカス 労働審判制度

　2006年から開始された**労働審判制度**は，個人レベルの労使間のトラブルを取り扱い，従来の裁判より格段に早い3〜4か月での決着をめざす。

　労働審判を行う労働審判委員会は，1名の労働審判官（裁判官），2名の労働審判員（労働者側と経営者側各1名）から構成され，決議は多数決による。

　申し立てに基づき，地方裁判所で3回以内の期日で審理を行い，調停による解決を試みる。調停が成立しない場合は，紛争解決案を定めた労働審判を下す。

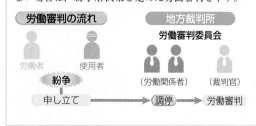

プラスα ブラック企業 一般に従業員に過度の心身の負担や極端な長時間労働など，劣悪な労働環境での勤務をさせ，改善しない企業のこと。①違法な労働環境の結果，②労働者が長く勤めることができず，③勤め続ければ労働者の生存権が脅かされる企業といえる。

17 格差社会と雇用対策

●格差の拡大の要因は何か？
●フリーターやニートの現状は？

広がる格差

一億総中流は過去の話

1 格差の現状

A 主なOECD加盟国のジニ係数と貧困率（2018〜21年）

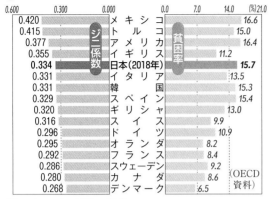

国	ジニ係数	貧困率(%)
メキシコ	0.420	16.6
トルコ	0.415	15.0
アメリカ	0.377	16.4
イギリス	0.355	11.2
日本(2018年)	0.334	15.7
イタリア	0.331	13.5
韓国	0.331	15.3
スペイン	0.329	15.4
ギリシャ	0.320	13.0
スイス	0.316	9.9
ドイツ	0.296	10.9
オランダ	0.295	8.2
フランス	0.292	8.4
スウェーデン	0.286	9.2
カナダ	0.280	8.6
デンマーク	0.268	6.5

（OECD資料）

B 日本のジニ係数の推移

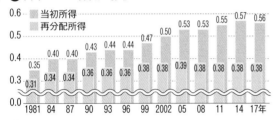

当初所得・再分配所得の推移。1981年 当初0.35/再分配0.31、84年 0.40/0.34、87年 0.40/0.34、90年 0.43/0.36、93年 0.44/0.36、96年 0.44/0.36、99年 0.47/0.38、2002年 0.50/0.38、05年 0.53/0.39、08年 0.53/0.38、11年 0.55/0.38、14年 0.57/0.38、17年 0.56/0.38

C 生活保護世帯数と貯蓄ゼロ世帯の割合の推移

生活保護世帯数（万世帯）：1985年 78、90年 62、95年 60、2000年 75、05年 105、10年 141、15年 160、16年 164、17年 162、18年 162、19年 162、20年 164、21年 162、22年 164

貯蓄ゼロ世帯の割合（2人以上世帯）(%)：4.5、9.0、7.9、12.4、22.8、22.3、30.9、30.9、31.2、22.7、23.6、16.1、22.0、23.1

算出方法の変更により18年の貯蓄ゼロ世帯の割合は下がっている。

（BCとも厚生労働省などによる）

2 格差の要因

A 年収200万円以下の給与所得者数と平均年収の推移

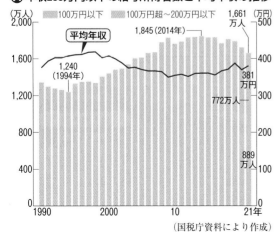

100万円以下／100万円超〜200万円以下

1,661万円、1,845（2014年）、平均年収、1,240（1994年）、381万円、772万人、889万人

1990、2000、10、21年

（国税庁資料により作成）

---

[19] **用語** **ジニ係数**…所得配分の格差を，「0〜1」の数値で表したもの。「0」は所得がみな同じ状態。「1」は1人の者が所得を独り占めしている状態。「1」に近い方がより不平等になる。

ジニ係数の目安		
	0.2〜0.3	通常の所得配分が見られる社会。
	0.3〜0.4	少し格差がある社会。市場経済では通常の値。
	0.4〜0.5	格差がきつい社会。
	0.5〜	格差が大きい社会。政策等で是正が必要。

ジニ係数の注意点…①算出に公的年金は含まれず，年金以外の収入のない高齢世帯が増えれば，ジニ係数は上昇する。②核家族化で世帯が分散されれば，所得の少ない世帯（1人暮らしの大学生世帯等）が増加し，統計上格差は拡大する。③中国のような社会主義国家の発表するジニ係数は，すべての人民の平等を掲げる国家理念から過小に算出されやすい。

[15] **貧困率**…年収が，全国民の年収の中央値の半分に満たない国民の割合。国内の経済格差を表す。その国の経済規模によって「貧困」のレベルが大きく異なるので，国家間の比較には適さない。

[18] **D ローレンツ曲線**

世帯を低所得順に並べ，横軸に世帯の累積比，縦軸に所得の累積比をとり世帯間の所得分布をグラフ化したもの。

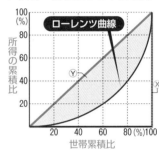

図中Ⓧの三角形の面積に対する，45度線とローレンツ曲線とで作るⓎの面積の割合が**ジニ係数**。全世帯の所得が同額ならば，曲線は45度線と一致する（ジニ係数＝0）。

解説 **拡大する格差** 2017年の「当初所得」の**ジニ係数**は0.56で1999年に比べて0.09上昇しているが，税金や年金などを加味した「再分配所得」のジニ係数は変わっていない。しかし，2022年の生活保護世帯数は約164万世帯で，**貯蓄ゼロ世帯**も23％に上り，所得格差は拡大している。OECDはこの主な原因を「**労働市場の二極化の拡大**」にあるとしている。

B 雇用者（役員を除く）中の非正規社員の割合の推移

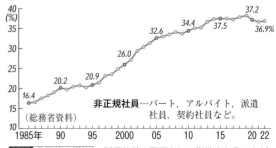

1985年 16.4、90年 20.2、95年 20.9、2000年 26.0、05年 32.6、10年 34.4、15年 37.5、20年 37.2、22年 36.9%

非正規社員…パート，アルバイト，派遣社員，契約社員など。

（総務省資料）

解説 **非正規の増加** 所得格差の要因として指摘されることが多いのが「非正規社員の増加」である。日本では1990年代から景気の低迷が長く続き，企業はリストラを進めて経営の効率化を図った。その後，正社員に比べて賃金の安い派遣社員やパート社員の増加が続いている。正社員と非正規社員との賃金格差は「**ワーキングプア**」（働く貧困層）を生んでいる。

日本経済

プラスα **ワーキングプア** 「働く貧困層」と呼ばれる，正社員並みにフルタイムで働いても（またはその意思があっても）生活保護の支給額にも満たない収入しか得られない就業者のこと。後藤道夫都留文科大学教授の研究では，日本全国で700万世帯がこれに該当すると推定された（2007年）。

言の葉

飢餓による貧困への恐怖というムチを復活させようというのが，新自由主義の経済思想である。機械のリズムに従属した非人間的労働に耐えなければ，職を失い，人間としての生存が保障されない。そのような状態を復活させれば，生産性が向上するはずだというのである。

（『人間回復の経済学』）

神野 直彦 [日：1946〜] 財政学を専門とする経済学者。地方財政審議会会長，国土審議会委員を務める。

③ 格差社会の是非

Ⓐ 格差社会の是非

	格差拡大を肯定	格差拡大を否定
努力の結果？	格差は，がんばった人が報われた結果生じるもの。	がんばった人が必ず報われるとは限らない。社会の構造に問題がある。
能力の差？	格差は，個人の能力の差による。能力の高いものが評価されるのは当然。	「親が高収入→子どもに高水準の教育→子どもも高所得者」の傾向が強まり階層が固定化。
社会を活性化？	大事なのは格差のあり方。格差がやる気につながり人々に希望をもたらすのであれば社会は活性化する。	低所得者が勤労意欲を失う。所得者が自暴自棄になったり，犯罪者が増加して社会が不安となるおそれもある。
政治は？	グローバル化で外国企業に負けないためにも，競争力をつけるために格差は必要。	いつの時代も格差はあるが，それを是正し，低所得者を保護するのが政治の役割。

④ フリーターの仕事・生活の実態は？

Ⓐ フリーター経験期間と正社員就職との関係（2001年）

	1〜6か月	7〜12か月	13〜24か月	25か月以上
フリーター経験後正社員として就職	29.2%	22.5	25.0	23.3
正社員就職をめざすがフリーター継続中	9.0	20.0	21.2	49.8
フリーター継続中	8.3	23.0	23.2	45.6

☐ 1〜6か月　☐ 7〜12か月　☐ 13〜24か月　☐ 25か月以上

Ⓑ 就業形態別の労働時間と年収

性別	現在の状況	①最近1週間の労働時間（時間）	②昨年の収入（万円）	②/①単位時間当たりの収入（万円）	正社員を100としたときの指数
男性	正社員	50.8	343.9	6.8	100
	アルバイト・パート	40.6	175.0	4.3	64
	派遣・契約	46.2	263.6	5.7	84
	自営・家業従事	52.5	240.4	4.6	68
女性	正社員	44.8	285.0	6.4	100
	アルバイト・パート	34.8	138.6	4.0	63
	派遣・契約	38.0	219.2	5.8	91
	自営・家業従事	34.8	197.1	5.7	89

（ⒶⒷともに日本労働研究機構資料による）

解説 フリーターは低賃金　フリーター期間が長くなればなるほど，正社員としての就職は難しくなる。また，アルバイトやパート男性の場合，正社員や派遣・契約社員に比べ労働時間は短く，年収は格段に少ない。女性の場合もほぼ同じだ。単位時間当たりの収入で比較すると，一層はっきりと分かる。フリーターは低賃金なのだ。

用語 ネットカフェ難民…自宅（実家やアパート）や寮をさまざまな事情（家賃滞納や家庭の事情など）で退去，24時間営業のインターネットカフェやマンガ喫茶で夜を明かし，日雇い派遣労働などで生活を維持している若年者などを指す。

用語 フリーター…15〜34歳で学生でも主ふでもない人のうち，パートタイマーやアルバイトとして雇用されているか，現在無業でそうした形態で就業したい人。

ニート（NEET）…「Not in Employment, Education or Training」の略で，フリーターと異なり就職する意思がなく職業訓練もしていない若者を指す。政府統計の若年無業者の15〜34歳を指す。

プレカリアート…不安定な雇用・労働状況における非正規雇用者および失業者を総称する言葉。イタリア語のprecario（プレカリオ＝不安定な）と Proletariato（プロレタリアート＝賃金労働者）をあわせた造語で，イタリアの落書きが最初といわれている。

Ⓑ フリーター・ニートの推移

（単位：万人）

フリーター: 1992年 101, 97年 151, 2002年 208, 05年 201, 10年 183, 11年 176, 12年 180, 13年 182, 14年 178, 16年 166, 17年 154, 18年 152, 19年 144, 20年 139, 21年 137, 22年 138, (22年)132

ニート: 1992年 42, 97年 64, 2002年 64, 05年 64, 10年 60, 11年 62, 12年 60, 13年 56, 14年 56, 16年 53, 17年 53, 18年 56, 19年 56, 20年 69, 21年 58

〈注〉 2011年は岩手・宮城・福島県を除く数値。　（厚生労働省資料）

⑤ 有効な雇用対策はあるのか？

Ⓐ 新規開業率のアップ　➡ 社会全体に新たな雇用創出

新規開業率アップの対策
・新規開業が期待できるサービス産業などでのベンチャー・ビジネスへの支援
・資金調達や人材確保，経営のノウハウなどの面での開業促進を援助

Ⓑ 「雇用のセーフティネット」の整備

セーフティネットとは「安全網」，つまり，サーカスの空中ブランコや綱渡りで，万が一の落下に備えて張られている網のこと。

臨時公務員	・学校への教員補助者や警察支援要員等，緊急・臨時的な雇用創出推進➡特別交付金の交付
事業主支援	・新たに高年齢者等を雇い入れた事業主へ助成 ・事業規模の縮小等に伴う離職者の再就職を援助する事業主への助成
相談機関	・大量に離職者が発生する企業における，臨時の相談支援コーナーの設置

Ⓒ 若年者雇用対策（2012年3月厚生労働省発表）

ジョブサポーター	ジョブサポーター（就職支援相談員）を抜本的に増員し，ハローワーク（公共職業安定所）・新卒応援ハローワークで学校と連携したきめ細かな支援を行う。
新卒応援ハローワーク	全都道府県に就職活動中の学生・既卒者が利用しやすい専門のハローワークを設置。
3年以内の既卒者の新卒扱い	学校等を卒業後少なくとも3年間は新卒として応募できるようにし，労働局・ハローワークにおいて事業主への周知を進める。

解説 格差是正のために　こうした格差社会を少しでも是正するための方策として，ワークシェアリング（➡p.261）の導入や派遣労働の規制の強化（➡p.260,263），育児・介護休業制度の拡充（➡p.264）といった考え方のほか，Ⓐ〜Ⓒのような指摘や具体的な対策が講じられている。

日本経済

プラスα デジタルディバイド（digital divide） パソコンやインターネットの操作能力の有無にともなう情報収集や生活能力に関する格差。携帯電話への過度の依存から，パソコンを使わないために情報格差に陥り，キャリアアップの意欲や余裕を喪失していく**デジタルプア**も指摘されている。

●社会保障の理念はどのように発展してきたか？
●戦後日本の社会保障制度の整備はどのように進んだか？

視点

世界の社会保障のあゆみ

恩恵から権利へ

1 社会保障関係年表（世界）

16	1601	（英）**エリザベス救貧法**（世界最初の公的扶助制度） 囲い込み運動により発生した貧民・浮浪者対策として制定。無産者に資材を与えて懲罰的に仕事を与え，病人・老人・障がい者の教会地区ごとの保護などを定めた。
	18C後半	産業革命
14	1883	（独）**疾病保険法**（世界最初の社会保険制度）
	84	（独）労働者災害保険法
	89	（独）老齢・疾病保険法（90・ビスマルク辞任）
	1911	（独）ドイツ国保険法（各種社会保険の統一）
		（英）国民保険法（失業保険制度の始まり）
	17	（ソ連）国家社会保険制度開始
	19	ILO（国際労働機関）設立
	29	世界恐慌始まる
14 16 19	35	（米）**社会保障法**（社会保障という言葉の最初の使用）
14 16	42	（英）ベバリッジ報告
18	44	ILO第26回総会，「フィラデルフィア宣言」を採択
	48	（国連）世界人権宣言採択（➡p.29）
	52	ILO第35回総会，「社会保障の最低基準に関する条約」（102号条約）を採択
	53	国際社会保障会議，社会保障の原則と基準を決定
	64	ヨーロッパ8か国，ヨーロッパ社会保障法典採択

ニューディール政策（➡p.169）の一環

解説 アメリカの社会保障制度 生活自助の理念が強く，私的保険が原則のアメリカでは，国民の6人に1人が医療保険に加入できない状態であった。オバマ民主党政権は，国民皆保険制度の導入を目指し，医療保険制度改革（通称オバマケア）を推進，2014年1月から改革法が実施されたが，保険料の値上がりや医療費の捻出など問題も多い。

19 ①イギリスでは，第二次世界大戦中に発表されたベバリッジ報告により，社会保障制度の整備が進められたこと。②アメリカでは，世界恐慌に対処するためのニューディール政策の一環として，1935年に社会保障法が制定されたこと。

22 **用語** ナショナル・ミニマム（national minimum）…国家が保障する最低限度の国民生活水準。ウェッブ夫妻（➡p.254）が1897年に提起したもの。日本では，日本国憲法第25条がこれを保障している（➡p.271α）。

2 社会保障の性格

Ⓐ慈善

キリスト教倫理と伝統的な弱者保護の理想から，もっぱら篤志家による慈善が行われたが，貧困については，根本的解決にならないばかりか，慈善の重複によって，不平等と勤労意欲の低下を招いた。

COS（Charity Organization Society）運動は，そうした状況の整理のために各都市単位で成立した。社会保障の「自助」との本質的矛盾を示す歴史的事象といえる。

18 19 Ⓑビスマルクの社会保険（ドイツ）

後発資本主義国としてのドイツが，急速な官製の産業革命を推進した結果，その矛盾が，労働者階級に現れた。増加する賃労働者と，失業の深刻化に伴って，社会主義運動も活発化した。これに対処するための懐柔（「アメとムチ」のアメ）として，宰相ビスマルクが採った方策である。

19 Ⓒベバリッジ報告（イギリス）

1942年チャーチル政権下で公表された，英国の社会保険に関する報告。社会権としての社会保障が明確化されている。その後「ゆりかごから墓場まで」18という言葉がスローガンとなり，戦後の社会保障制度が整備された。
【ベバリッジ報告の6基本原則】
①給付は均一かつナショナル・ミニマムを実現できる，②所得の多寡に関わりない均一な保険料，③運営機関の責任を統一する，④適正な保険給付（給付額と支払い期間），⑤全ての国民・全ての事故を対象とする，⑥全国民を6区分する（生活条件に応じた保障が必要）

↑ベバリッジ

18 Ⓓフィラデルフィア宣言

1944年ILO総会で採択された宣言。社会保障の国際的な基準を定義したものとして画期的。これをもとに1952年，社会保障の最低基準に関する条約が締結された。

3 社会保障の考え方とその移り変わり

性　格	時　期	背　景		参　考
正義の源泉（王位）の恩恵	16世紀半ば〜[英]	第一次囲い込みによる貧農の増加。	1601年	・エリザベス救貧法（英）
篤志家の慈善	〜19世紀半ば[英など]	貧困は，個人の資質の問題であると考えられた。	1843年	・ディケンズ『クリスマス・キャロル』（英）
私的慈善の整理	19世紀後半[英など]	貧困・無知・疾病・犯罪の増加と，私的慈善の重複。→乱救の防止	1870年代以降	・COS（慈善組織協会）（英）
社会主義革命の回避・労働者懐柔	19世紀末[独など]	社会主義思想の発展により，貧困の構造的な性格が暴かれ，階級の対立が激化し，社会主義革命の危険が高まった。	1880年代	・ビスマルクの「アメとムチ」（独） ・疾病保険法（独） ・労働者災害保険法（独）
恐慌からの回復・財政政策	20世紀初頭〜[英など]	資本主義経済の成熟と恐慌の影響による，非自発的失業の救済，有効需要の創出の必要が唱えられた。	1930年代	・ニューディール政策「社会保障法」（米）
社会権の実現	20世紀半ば〜[英・独など]	ナショナル・ミニマムの達成は，国民の基本的人権の一部であると自覚されだした。	1942年 1944年	・ベバリッジ報告（英） ・ILOフィラデルフィア宣言

日本経済

ビスマルク

プラスα ベバリッジ（1879〜1963）　イギリスの経済学者。失業問題の権威。オックスフォード大学卒業後商務省に入り，失業保険制度の導入に努力した。イギリス社会保険制度のもとになる「社会保険および関連事業に関する報告書」を作成。

① 1961年 **国民皆保険・皆年金**…国民健康保険法・国民年金法改正。医療費の負担軽減、医療診療の機会平等を実現。
② 1985年 **国民年金法の改正**…基礎年金制度を導入。以降94年に支給開始年齢を、04年に保険料を段階的に引き上げ。
③ 1997年 **介護保険法の制定**…介護保険料の徴収や給付条件など、介護保険の詳細を規定。
④ 2008年 **後期高齢者医療制度の開始**…従来の老人保健制度の代わりに実施。75歳以上の高齢者を対象とする。

日本の社会保障制度のあゆみ　　　　　　　　　　　遅れる整備

4 日本の社会保障関係年表

1874	**恤救規則**（わが国最初の国家的救貧政策、恤救とは助け哀れんで恵むという意味で権利ではなく、恩恵的なものにすぎなかった）
1905	鐘紡共済組合設立（民間共済組合のはじまり）
07	帝国鉄道庁職員共済組合設立（官業共済組合のはじまり）
⑭ 22	**健康保険法**（最初の社会保険制度、実施は27年から）
23	恩給法
29	救護法（実施は32年から）
31	労働者災害扶助法、労働者災害扶助責任保険法
36	退職積立金及び退職手当法
38	国民健康保険法
41	労働者年金保険法（従業員10人以上の事業所の男子のみが対象）
44	厚生年金保険法（従業員5人以上の事業所の男女が対象）

戦後

1946	**生活保護法**（旧法）
	日本国憲法制定（第25条で生存権を規定）
	政府、社会保険制度調査会を設置
47	**労働者災害補償保険法、失業保険法**制定
⑮	児童福祉法
49	身体障害者福祉法　　■は福祉六法
50	社会保険制度調査会、「社会保障制度に関する勧告」
	生活保護法（新法）（➡p.278）
54	厚生年金法（全面改正）
⑲ 58	**国民健康保険法**（全面改正）➡国民皆保険実現（61年）へ
⑲ 59	**国民年金法**➡国民皆年金実現（61年）へ
60	精神薄弱者福祉法（98年に知的障害者福祉法に改称）
63	老人福祉法
64	母子福祉法（81年に母子及び寡婦福祉法に改称）
71	児童手当法（社会保障全部門が出そろう）
73	健康保険法改正（家族給付が5割から7割へ）
	70歳以上の老人医療費無料化
	年金の物価スライド制実施　➡「福祉元年」
74	雇用保険法制定（失業保険法は廃止）
82	堀木訴訟最高裁判決（➡p.98, 280）
	老人保健法（老人医療費有料化）
84	健康保険法改正（被保険者本人1割負担に）
85	国民年金法改正（基礎年金制度導入、➡p.277）
⑱ 86	老人保健法改正（患者の自己負担増加）
94	国民年金法改正（支給開始年齢の段階的引き上げ）
97	健康保険法改正（被保険者本人2割負担に）
	介護保険法制定（➡p.275）
2003	医療費本人負担3割負担に引き上げ
04	国民年金法改正（保険料の段階的引き上げなど）
06	医療制度改革関連法制定（高齢者の負担増）
07	社会保険庁の年金記録漏れ事件（約5,000万件）
08	**後期高齢者医療制度**（長寿医療制度）開始
	社保庁の健康保険事業を全国健康保険協会が引き継ぐ
10	社保庁の公的年金運営を日本年金機構が引き継ぐ ➡**社会保険庁廃止**
2012	社会保障制度改革国民会議設置
13	**社会保障・税一体改革関連法案**が成立（➡p.277）
16	マイナンバー制度の利用開始
18	2040年を展望した社会保障・働き方改革本部の設置

Ⓐ 恤救規則前文—済貧恤救ハ人民ノ情誼ニ因テ

　この前文に表現されているのは、元来貧困者の救済は国家や社会が行うのでなく、人民の情誼（義理・人情）によって行われるべきだということである。そして義理人情で及ばない場合にはじめて国家が救済の措置を行うとした。救済の対象は、重度の障がい者、70歳以上の老人、重病者、13歳以下の身寄りのない者などの極貧者に限られていた。　（坂寄俊雄『社会保障』岩波新書より要約）

Ⓑ 健康保険法

　鉱業法・工場法の適用事業場の常用労働者と特定職員本人のみを対象としたため、零細企業の労働者や臨時工などは除外された。

Ⓒ 救護法

　恤救規則に代わるものとして制定。労働能力のない貧困者に対する、生活・医療・助産・生業の4種類の国家扶助を規定したが、国民の救護に対する国家の責任などは規定されていない。

解説 恩恵として　戦前の日本には権利としての社会保障という理念はなく、あくまでも国家からの恩恵であり、したがって適用範囲や給付も不十分であった。

Ⓓ 生活保護法(旧法)制定—戦後社会保障の出発点

　敗戦直後、政府発表でさえ1,324万人の復員者・失業者があるとされ、当時生活困窮者がどのくらいあったか見当もつかない状態の中でGHQの強い要請で、政府は生活保護法を立法化した。これは、生活困窮者を無差別平等に保護し、費用の8割を国が負担するなど、貧困要保護者を国家と社会の責任にしたことで評価されることであった。　（吉田秀夫『社会保障』労働旬報社より要約）

Ⓔ 国民皆保険・皆年金

　国民全員が何らかの医療保険に加入し、何らかの年金保険に加入すること。

Ⓕ 戦後日本の社会保障

高度経済成長期まで	戦後日本の社会保障制度は、敗戦による生活困窮者や戦災孤児、障がい者の福祉のための生活保護法、児童福祉法、身体障害者福祉法などの整備から始まった。1961年には国民皆保険・皆年金が達成された。 　その後、高度経済成長期に医療・年金保険の引き上げ、雇用保険・労働者災害補償保険の拡充、児童手当制度を創設した。1973年は「福祉元年」とされ、70歳以上の老人医療費の無料化などが実現したが、石油危機によって、その理想は大きく後退することとなった。
石油危機以後	低成長期に入って財政再建のために、歳出の削減が急務とされた。そのような中で社会保障費も削減され、「受益者負担」「高福祉・高負担」の掛け声の下で各種保険料は引き上げられ、日本の社会保障制度は後退した。さらに、少子・高齢社会の進展の中で、今、日本の社会保障制度は大きな転換期を迎えている。

日本経済

プラスα　日本国憲法と社会保障　憲法第25条第1項「すべて国民は、健康で文化的な最低限度の生活を営む権利を有する。」、第2項「国は、すべての生活部面について、社会福祉、社会保障及び公衆衛生の向上及び増進に努めなければならない。」

19 日本の社会保障制度

視点 ●日本の社会保障の4分野とは何か？ ●少子高齢化の現状は？

幸福　連帯　3 すべての人に健康と福祉を

社会保障制度の類型　いろいろなタイプがある

「その他」には、失業や労働政策が含まれ、コロナ禍で支出が拡大した。

1 社会保障の受益と負担

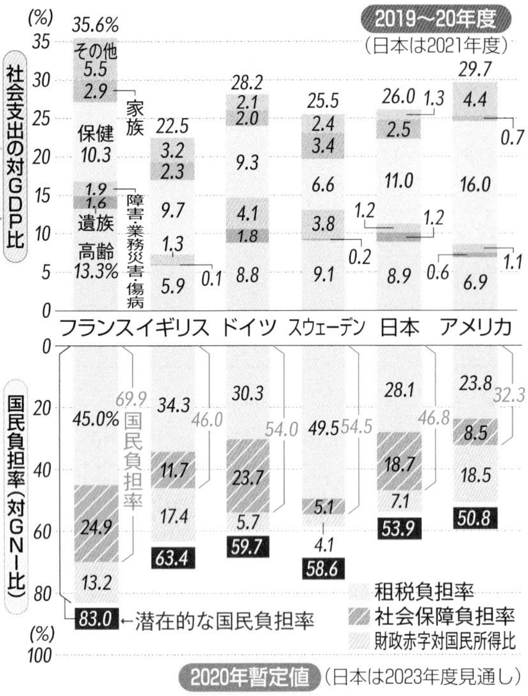

2019～20年度
(日本は2021年度)
(%)
社会支出の対GDP比
35.6%
その他 5.5
2.9 家族
保健 10.3
1.9 障害・業務災害・傷病
1.6 遺族
高齢 13.3%
22.5 3.2 2.3 9.7 1.3 5.9 0.1
28.2 2.1 2.0 9.3 4.1 1.8 8.8
25.5 2.4 3.4 6.6 3.8 0.2 9.1
26.0 1.3 2.5 11.0 1.2 1.2 8.9 0.6
29.7 4.4 0.7 16.0 1.1 6.9
フランス イギリス ドイツ スウェーデン 日本 アメリカ
国民負担率(対GNI比)
45.0% 24.9 13.2 69.9 国民負担率 83.0 ←潜在的な国民負担率
34.3 11.7 17.4 46.0 63.4
30.3 23.7 5.7 54.0 59.7
49.5 5.1 4.1 54.5 58.6
28.1 18.7 7.1 46.8 53.9
23.8 8.5 18.5 32.3 50.8
租税負担率
社会保障負担率
財政赤字対国民所得比
2020年暫定値 (日本は2023年度見通し)

国民負担率＝租税負担率＋社会保障負担率
潜在的な国民負担率＝**国民負担率**＋財政赤字対国民所得比

（財務省資料などによる）

2 社会保障給付費の推移

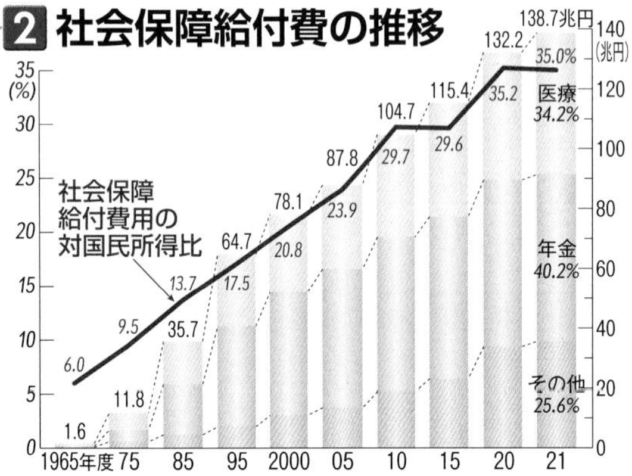

138.7兆円
(兆円)
(%)
社会保障給付費用の対国民所得比
6.0 9.5 13.7 17.5 20.8 23.9 29.7 29.6 35.2 35.0%
1.6 11.8 35.7 64.7 78.1 87.8 104.7 115.4 132.2
医療 34.2%
年金 40.2%
その他 25.6%
1965年度 75 85 95 2000 05 10 15 20 21

解説 日本の社会保障関係費　日本の社会保障額は年々増額を続けている。近年では高齢化の進展のため，年金の給付割合が急増している（**2**）。国民負担率とは，簡単にいえば，税金と健康保険料・年金などの社会保険料が，国民所得に占める比率のことである。日本の国民負担率は，アメリカより高く，ヨーロッパ各国よりも低い（**1**）。また，国民１人当たりの社会保障費や，社会支出の対GDP比は先進諸国中でも低く（**1**），**日本の社会保障制度は国際的には低水準**にある。

用語 **社会保障給付費**…ILO基準の統計。高齢，遺族，障がい，労働災害，保健医療，家族，失業，住宅，生活保護等の８分野について，公的責任で生活を支える給付を行うもの。
社会支出…OECD基準の統計。社会保障給付費に比べ，範囲が広く，施設整備費など直接個人には移転されない費用も計上。

3 社会保障の２つの型―大陸型と北欧型

「大陸型」はいわば職業グループ別の制度だ。だから，ひとつの制度の中では，所得の形態が同じなので，能力に応じた保険料も決めやすいし，年金額についても，大体同じような期待を持つ人の集まりだから，まとまりがよい。しかし，グループごとの経済力の差がそのまま年金の格差になりやすいし，また産業の盛衰(せいすい)が年金制度にそのまま反映して，加入者と受給者の数のバランスが崩れ，運営困難に陥(おちい)る危険性がある。……

「北欧型」の基礎年金の部分は，全国民を対象とするので，グループごとの格差の問題はないし，財政的にも，小グループの財政難のようなことはない。しかし，上積みの報酬(ほうしゅう)比例部分には，どうしても格差ができるだろう。もうひとつの問題は，所得形態の全く違う給料生活者も，農民，自営業者もひとまとめにするので，保険料をどうするかだ。

（文・**A**とも橋本司郎『年金・あなたの老後』朝日新聞社）

A 年金制度の立て方

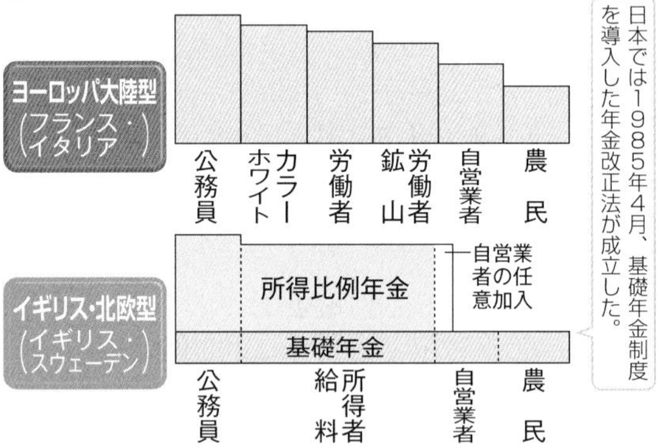

ヨーロッパ大陸型 (フランス・イタリア)
公務員
ホワイトカラー
労働者
鉱山労働者
自営業者
農民
イギリス・北欧型 (イギリス・スウェーデン)
所得比例年金
自営業者の任意加入
基礎年金
公務員
給料所得者
自営業者
農民
日本では1985年4月，基礎年金制度を導入した年金改正法が成立した。

B 社会保障財源構成の国際比較（➡p.211）

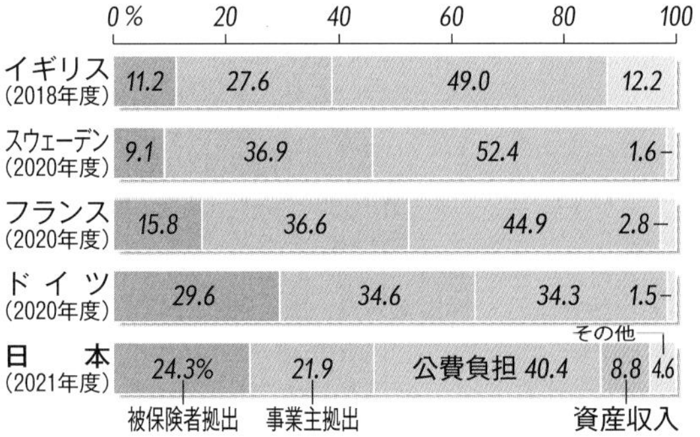

0% 20 40 60 80 100
イギリス (2018年度) 11.2 27.6 49.0 12.2
スウェーデン (2020年度) 9.1 36.9 52.4 1.6
フランス (2020年度) 15.8 36.6 44.9 2.8
ドイツ (2020年度) 29.6 34.6 34.3 1.5
日本 (2021年度) 24.3% 21.9 公費負担 40.4 8.8 4.6
その他
被保険者拠出 事業主拠出 資産収入

（**2 3 B**ともに国立社会保障・人口問題研究所資料）

解説 3タイプ　各国の社会保障制度は財源負担や年金給付の型から，**❶イギリス・北欧型（イギリス・スウェーデン）**…年金の均一給付が原則で，国の財源負担が大きい，**❷ヨーロッパ大陸型（フランス・イタリア）**…所得比例の年金給付を行い，事業主の負担割合が大きい，**❸三者均一型（日本）**…事業主・被保険者・国や自治体の財源負担がほぼ均一，に区分できる。なお，日本の2020年度財源は資産収入の割合が23.8%と大きかったが，安定的な財源ではない（例：2010年度は0.8%）。

プラスα **北欧の手厚い公的介護**　「介護を支えるのは社会」というコンセンサス（合意）ができあがった背景には，女性の社会進出と，高齢者の強い自立意識がある。日本でも女性・家族のあり方は，急速に変化してきているが…。

4 社会保障制度の体系

		保険の種類	費用負担		
			本人	事業主	国
❶社会保険*	医療保険	すべての人がどれかの医療保険に入り，病気やけがのとき，安く治療が受けられる。	健康保険（会社員・日雇労働者）	●●●	
			船員保険（船員）	●●●	
			共済組合（公務員）	●●	
			国民健康保険（一般）	●　●	
	年金保険	すべての人がどれかの年金保険に入る。老人になったとき，障がいを有したとき，扶養者が死亡したときに年金が受けられる。	厚生年金＋国民年金（会社員・船員・公務員）	●●●	
			国民年金（自営業者等）	●　●	
	雇用保険	雇われて働く人が雇用保険に入り，失業したときに一定期間給付金がもらえる。	雇用保険（会社員）	●●●	
			船員保険（船員）	●●●	
	労災保険	雇われて働く人が全額会社負担で労災保険に入り，仕事でけがをしたり病気になったとき保険金が出る。	労働者災害補償保険（会社員）	●	
			船員保険（船員）	●	
	介護保険	40歳以上のすべての人から保険料を徴収し，介護が必要となった時，必要度に応じサービスを受ける。2000年度から実施された。	介護保険（第1号被保険者…65歳以上の者）（第2号被保険者…40〜65歳未満の各医療保険加入者）	●	＋国＋県＋市町村

*社会保険については，一定の期間を超えて適法に在留する外国人も被保険者となり，日本人と同様の扱いとなる（一部例外あり）。

❷公的扶助	生活保護	現金給付 一家の働き手が死んだり，病気などで働けなくなると，収入がなくなり，自分たちだけでは生活できなくなる。こういう人たちに，国が最低限度の保障をする。生活・教育・住宅・医療・出産・介護・生業・葬祭の8項目について扶助が行われる。
❸社会福祉	児童福祉 母子福祉 老人福祉 障害者福祉	サービス提供 国や地方自治体が，児童・母子・老人・障がい者のための施設をつくったり，サービスを提供する。都道府県や大都市には，社会福祉主事，母子相談員などが，また市町村には社会福祉協議会のほか，民生委員などがいて，困った人の相談にのっている。
❹公衆衛生など	公衆衛生	国や地方自治体が，国民の健康増進や感染症対策などをすすめる。
	環境政策	国や地方自治体が，生活環境の整備や公害対策，自然保護をすすめる。

解説 生存権の保障　社会保障制度は，日本国憲法第25条の保障する生存権を根拠とし，日本の場合には4分野から成る。

❶社会保険　日本の社会保障制度の中核的制度で，国民の疾病・老齢・失業・労働災害などの事故につき，現金・サービス給付を行う。加入者が保険料の一部を負担する，拠出型である。1997年から介護保険が加わった。

❷公的扶助　最低限度の生活を維持できない困窮者に，不足分を公費から給付する無拠出型である。都道府県や市町村・特別区に設置される福祉事務所が実施機関である。なお，公的扶助の適正さをめぐって争われた朝日訴訟（➡p.99）は重要である。

❸社会福祉　福祉六法に基づいて，児童や障がい者，母子家庭などの生活不安を抱える社会的弱者に対して，施設の提供やサービスの提供を全額公費で行う。

❹公衆衛生　公費で全国民に予防接種などの医療や，上下水道などの環境整備を提供する。

日本経済

5 急速に進む少子高齢化

Ⓐ主要国の老年人口（65歳以上）の対全人口比率の推移

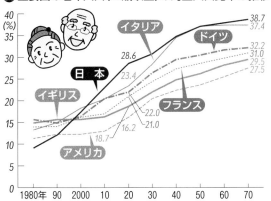

〈注〉2023年は推計。　（国立社会保障・人口問題研究所資料）

解説 少子高齢化と社会保障制度　今日の日本では，出生率の低下が進み，年少者の人口は年々減少して少子化が進展し，1人の女性が一生の間に産む子供の数を示す合計特殊出生率も，人口の現状維持が可能だとされる人口置換水準の2.07人（2021年）を大きく下回っている。一方で，人口の高齢化は急速に進展し，君たちが40歳を超え，社会の中心として活躍しなければならない頃には全人口の3人に1人が高齢者という社会になっている（➡p.276, 282）。

6 自助・共助・公助

Ⓐ社会保障における自助・共助・公助

	内　容	サービス・制度等
自助	本人・家族。自分でリスクに備える。サービスの購入も含まれる。	・預貯金 ・民間保険…生命保険，損害保険など。
共助	集団。共にリスクに備える。リスクを共有する人々が負担。	・国の制度 社会保険…労働者等から集める社会保険料で運営。
公助	国家。国がリスクに備えてくれる。租税による公の負担。	・国の制度 公的扶助・社会福祉・公衆衛生…国民から集める租税で運営。

解説 救貧・防貧　日本の社会保障制度では，公助である公的扶助等が貧困にある者を救済する救貧の役割を担い，共助である社会保険が貧困に陥ることを防ぐ防貧の役割を担っている。自助である民間保険は，社会保険を補完する形になっている。

アメリカでは，「所得の再分配は個人の所有する財産権を侵害する」という考え方のリバタリアニズム（自由至上主義）が強い。そのため，伝統的に自己責任・自助が重視されており，日本の国民皆保険のような医療保険制度がなく，無保険者の存在が問題になっている。日本でも少子高齢化が進む中，自助・共助・公助のバランスが議論されているが，社会制度の影響で貧困に陥った人々に対し自助を求めすぎる点には注意が必要だ。

プラスα 合計特殊出生率　1人の女性が一生のうちに何人の子供を産むかという平均値。2004年6月10日，年金関連法案の強行採決の5日後に，政府は1.29（2003年）という数値を発表した。政治的にも重大な意味を持つ数字になっている。

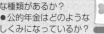

●医療保険にはどのような種類があるか？
●公的年金はどのようなしくみになっているか？

視点 幸福 公正

医療保険
疾病・傷害事故に対する給付

1 医療保険制度の概要 (2023年4月現在)

制度名		保険者(2022.3末)	被保険者	加入者数(万人,2022.3末)	財源 (※は2017年度)			保険給付	
					保険料率		国庫負担	医療給付の自己負担	現金給付
					本人	事業主			
被用者保険	健康保険 一般被用者 協会けんぽ 管掌健康保険	全国健康保険協会[*1]	健康保険組合のない事業所の被用者	4,027	5.00%(全国平均)	5.00%(全国平均)	給付費の16.4%	●本人・家族 3割 ●義務教育就学前 2割 ●70歳以上75歳未満 2割(現役並み所得者→3割)	・傷病手当金 ・出産育児一時金 など
	組合管掌健康保険	健康保険組合 1,388	健康保険組合設立事業所の被用者	2,838	4.23%(平均,2021年度)	5.03%(平均,2021年度)	定額補助		
	日雇特例被保険者(日雇健康保険)	全国健康保険協会[*1]	日雇や数か月の臨時労働者	2	1～11級日額150～1,235円	1～11級日額240～1,995円	給付費の16.4%		
	船員保険	全国健康保険協会	船員	11	4.75%(2023.3)	5.05%(2023.3)	定額補助		
各種共済	国家公務員共済組合	共済組合 20	国家公務員	869	3.81～5.38%※	3.81～5.38%※	なし		・出産育児一時金 ・葬祭費 など
	地方公務員等共済組合	共済組合 64	地方公務員 など		3.94～6.14%※	3.94～6.14%※			
	私立学校教職員共済組合	事業団 1	私立学校の教職員		4.28%	4.28%			
国民健康保険		市町村 1,716	被用者保険の対象外の者(農業従事者,自営業者など)	市町村 2,537 国保組合 268	1世帯当たり平均保険料13.8万円(2021年度)		給付費等の41%		・出産育児一時金 ・葬祭費 など
		国保組合 160					給付費等の28.4～47.4%		
		市町村 1,716	被用者保険の退職者				なし		
後期高齢者医療制度(長寿医療制度)		[運営主体]後期高齢者医療広域連合[*2]	75歳以上(65歳以上75歳未満の一定の障がい者を含む)	1,843	・保険料 10%(公費の内訳 国4:都道府県1:市町村1) ・各医療保険からの支援金 約40%		・公費 約50%	1割(現役並み所得者→3割)	葬祭費 など

(注) *1 社会保険庁の解体後，2008年から公法人「全国健康保険協会（協会けんぽ）」が引き継いだ。*2 都道府県単位で全市町村が加入する広域連合。(『厚生労働白書』2023などによる)

用語 **後期高齢者医療制度(長寿医療制度)**…2006年の医療改革法(小泉政権)で創設を決定。老人保健と退職者医療制度を廃止し，新制度として2008年4月に発足した。それまでは国による一律の運営だったが，75歳以上の高齢者を一般の健康保険から分離し，都道府県単位の**後期高齢者医療広域連合**が運営主体となるため，県単位で格差が生じる制度となっている。こういったことから，国が主体となって全国一律に実施するという**国民皆保険**の精神に逆行する制度だとの批判がある。

解説 さらなる負担増へ 1961年に国民皆保険が実現し，国民全員がいずれかの社会保険に加入している。だが，必要に応じて断片的な改正を積み重ねた結果，保険料・給付内容等に格差が生じた。また，**国民医療費の急増**で財源確保も緊急の課題だ(➡**2**)。

2006年の医療制度改革では，次の制度改正が行われた。①75歳以上が全員加入し保険料を1割負担する**後期高齢者医療制度**を新設(08年開始)，②70歳以上の高額所得者の保険料自己負担を2割から3割に引き上げ，③乳幼児に対する自己負担軽減(2割負担)の対象年齢を3歳未満から義務教育就学前まで拡大。

なお，2018年8月から，70歳以上の**高額療養費制度**の上限額が一部の個人や世帯で引き上げられた。医療費が高額になった場合，上限額を超えた分が払い戻される制度。

（左余白縦書き）
⑰ 後期高齢者医療制度の保険料負担について，各広域連合のWebサイトから試算できる。
⑭⑳ 日本経済
（右余白縦書き）24年度には「1割2割3割」に。（このうち「2割」は22年10月から。）後期高齢者医療，負担2割新設。

2 国民医療費と老人医療費の動向

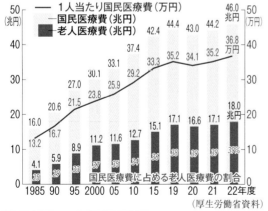

1人当たり国民医療費(万円) / 国民医療費(兆円) / 老人医療費(兆円)

年度	国民医療費(兆円)	1人当たり(万円)	老人医療費(兆円)	割合
1985	16.0	13.2	4.1	25
90	20.6	16.7	5.9	33
95	27.0	21.5	8.9	33
2000	30.1	23.8	11.2	37
05	33.1	25.9	11.6	35
10	37.4	29.2	12.7	34
15	42.4	33.3	15.1	36
19	44.4	35.2	17.1	38
20	43.0	34.1	16.6	39
21	44.2	35.2	17.1	39
22年度	46.0	36.8	18.0	39%

国民医療費に占める老人医療費の割合

(厚生労働省資料)

解説 **国民1人当たり年間36.8万円** 国民医療費は，医療保険・労災・生活保護の医療扶助などの医療費の合計で，毎年わが国で医療にどれだけの費用が使われたかを示す。2022年度で**46.0兆円，1人当たり36.8万円**となっている。国民医療費の増加要因のひとつとして，人口の高齢化による老人医療費の割合増加の著しいことがあげられる。

3 保険診療のしくみ

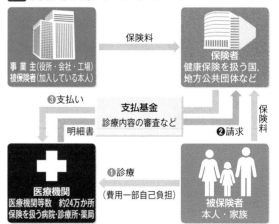

❶患者は，病院などで診療を受け，その一部を自己負担する。
❷病院は，診療報酬の明細書を作り，保険者（国・自治体・保険組合など）に請求する。
❸保険者は，被保険者の保険料をもとに，病院に診療報酬の支払いをする。

プラスα 医薬品の余剰や過剰医療 日本の医療制度では，医療機関が医療行為を重ねるほど収入も増える診療報酬体系となっている。医療機関が増収を目的として，必要のない医療行為を行ったり，必要以上の医薬品を患者に購入させたりすることが，医療費の増大につながっているという指摘もある。

4 雇用保険法

1974.12.28法116　最終改正　2022法12

項　目	主な内容	
失業手当（基本手当）の受給資格（第13条）	通常の離職の場合	離職前2年間に通算12か月以上働いていたもの。
	倒産・解雇等の場合	離職前1年間に通算6か月以上働いていたもの。
失業手当の額（第16～18条）	離職前6か月の平均日額（ボーナス除く）の50～80％。年齢ごとに上限あり。	
支給日数（第22・23条）	通常の離職の場合	90日～150日
	倒産・解雇等の場合	90日～330日
	就職困難者（障害者等）	150日～360日
失業の認定（第15条）	公共職業安定所（ハローワーク）で求職の申込みをし，失業の認定後に給付。	
育児休業給付（第61条の6～8）	休業前賃金の67％（181日目以降は50％，育児休業期間中に給付される）（➡ p.264）	
保険料率（第68条，告示等）	事業主と労働者が負担。事業所ごとに毎月賃金の1.55％を納める（一部国庫補助）。1.55％＝事業主0.95％＋労働者0.6％	

5 労働者災害補償保険法

1947.4.7法50　最終改正　2020法68

項　目	主な内容	
対象事業（第3条）	原則，業種・規模に関わらず，労働者を使用する事業すべて。対象となる労働者は，雇用形態に関わらない（アルバイト，パートタイマー，派遣労働者等も保険の対象）。	
保険給付対象（第7条）	業務災害	労働者の業務上の **負傷，疾病，障害，死亡**
	通勤災害	労働者の通勤による
給付種類（第12条の8～28条）	療養（補償）給付…療養費用の給付	
	休業（補償）給付…給付基礎日額の60％相当額	
	障害（補償）給付…障がいの程度に応じた給付	
	遺族（補償）給付…遺族への給付	
費用負担（第31・32条）	原則，**全額，事業主が負担する**労災保険料でまかなわれる（一部国庫補助）。	

6 介護保険制度

A 介護保険制度のしくみ

＊一定以上所得者は，**2割負担**（15年施行）または**3割負担**（18年施行）。

B 介護保険制度をめぐる経過

年	内容
2000	介護保険法施行
03	保険料引き上げ，介護報酬引き下げ（－2.3％）
05	介護保険法改正…**予防重視型への転換**
06	保険料引き上げ，介護報酬引き下げ（－2.4％）
08	介護保険法改正…介護サービス業者の不正再発の防止　アジアからの介護士受け入れ（EPAによる）
09	保険料引き上げ，介護報酬引き上げ（＋3.0％）
11	介護保険法改正…介護サービスの基盤強化

C 介護保険制度の現状

	2000年度	2020年度	増減率
65歳以上被保険者	2,165万人	3,558万人	＋64％
保険料（65歳以上）	2,911円	月額 5,869円	＋102％
サービス受給者	149万人	494万人	＋231％
総費用	3.6兆円	12.4兆円	＋244％

〈注〉被保険者は4月末，保険料は2018～20年度の全国平均，サービス受給者は4月の1か月平均，総費用は年度累計。（●C とも厚労省資料）

解説　増大する費用　2000年4月に介護保険制度が発足してから，在宅サービスを中心に利用は急速に拡大してきた。それとともに介護保険の総費用も急速に増大し，制度自体の維持に関わる問題となっている。

日本経済

Focus TPPと医療保険制度

　TPP（環太平洋パートナーシップ協定，➡ p.362）では医療分野も対象になっている。日本医師会などは，TPPに参加すれば「国民皆保険制度」が崩壊し，経済格差による医療格差が生じると主張していた。アメリカが**混合診療の全面解禁**を求めてくる可能性があったからだ。

　混合診療とは，健康保険が使える**保険診療**と，保険が使えない新薬や最新の治療法を使った**自由診療**を組み合わせたもので，現在日本では禁止されている。禁止理由は，①保険診療で十分なのに，医師が患者に自由診療を求めるようになる，②安全性や有効性が確認されていない医療が行われる可能性がある，といったものだ。

　混合診療が解禁されれば，より高い報酬を求めて自由診療を行う医師が増えることも予想される。そうなれば，私たちが負担する医療費の額が大幅に増えることになる。ま

た，経済力のある人間だけが高額医療を受けられ，そうでない人間は保険診療しか受けることができずに，すべての国民に同水準の医療を実現するという，日本の国民皆保険制度の理念が崩壊するおそれも出てくるのだ。

　アメリカは，トランプ大統領の方針によりTPPを離脱したが，今後は日米二国間交渉の中で，混合診療の全面解禁を求める圧力が増していくことが予想される。

A 現行制度と混合診療解禁後の医療費の自己負担額

プラスα **65歳までの雇用の実態**　2004年の厚生労働省調査では，希望者全員が65歳まで働ける企業は再雇用含め24.8％。年金受給との空白問題解決のため，政府は2004年に**高年齢者雇用安定法**を改正し雇用対策に乗り出した。2012年改正では，希望者全員の65歳までの再雇用を義務化（➡ p.283）。

275

年金制度問題
再生か？破綻か？

少子高齢化の進行で，年金受給者は1985～2010年の25年間で約1.8倍に，年金支払総額も約3.5倍に増大した。このまま進むと，君たちが65歳になるころには，全人口の約4割が老年人口（65歳以上）になる予測だ。「年金は本当にもらえるのか」という不安が広がり，「年金はあてにならないから保険料を払わない」という若者も増えている。不況下にあっても，毎年増額されている保険料の家計への負担も大きい。将来を見こした年金制度のあり方が大きな課題だ。

1 年金はいくらもらえる？

年金はいくら受け取れるのか。2022年3月末の平均受給額は，基礎年金いわゆる国民年金で5.6万円，厚生年金で14.9万円である。

国民年金は自営業者や会社員の配偶者，厚生年金は会社員や公務員が対象の年金制度だが，これを先進諸国と比較してみると，厚生年金に関しては遜色ないが，国民年金については確かに少ない。

ここからいえる問題点は2つある。1つは，厚生年金と国民年金との格差が大きいこと。このことが高齢者の所得格差にもつながっており，年金制度への不信感の大きな要因ともなっている。2つめは，少子高齢化の急激な進展で「今後の給付水準や保険料の負担はどうなっていくのか」ということである。現在の日本の年金制度は賦課方式（➡F）に近い制度であり，今の給付水準を維持しようとすれば現役世代の支払う保険料を引上げざるをえない。保険料の引上げを抑制すれば給付を減らすしかない。少子高齢化が進めば，給付と負担の世代間格差は拡大せざるをえない面があるが，拡大しすぎれば現役世代や若い世代の年金制度への信頼感が大きく揺らいでしまう。

A 公的年金制度のしくみ （2022年3月末現在）⟨17⟩

制度	区分	被保険者	被保険者数	基礎年金受給権者数	保険料・率（2024現在）	老齢基礎年金等平均年金月額
国民年金	第1号被保険者	20歳以上60歳未満の自営業者等	1,431（万人）	3,466（万人）	16,590円	5.6（万円）
	第2号被保険者等	会社員・公務員	4,535		—	
	第3号被保険者	会社員・公務員の被扶養配偶者	763			
厚生年金	第1号（旧厚生年金）	会社員	4,065	1,905	18.3%（2022.9）	14.9 ※第2～4号は職域加算部分を除く推計値。
	第2号（国家公務員共済組合）	国家公務員	109			
	第3号（地方公務員共済組合）	地方公務員	304			
	第4号（私立学校教職員共済組合）	私立学校教職員	59		16.83%（2022.9）	

左欄外：15年10月、共済年金が厚生年金に統合された（第2～4号の部分。）

国庫負担	平均年金月額（基本受給額）	支給開始年齢

⟨19⟩ 基礎年金に係わる費用の2分の1 → [3分の1から2009年度に引上げ]

平均年金月額（基本受給額）：
- 5.6万円 自営業者等（国民年金）— 基礎年金（定額）
- 14.9 会社員等（厚生年金）— 報酬比例部分
（公務員等は職域加算が追加される）

支給開始年齢：
65歳 ［段階的に65歳に引上げ］
男63歳・女62歳（基礎年金部分は65歳）

⟨17⟩〈注〉「保険料・率」の赤字部分は本人と事業主が半分ずつ負担。

B 年金制度の体系 （2022年3月末現在）

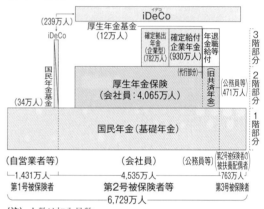

（注）人数は加入員数。

〈用語〉⟨14⟩ **二階建て年金**…会社員・公務員は，基礎年金（定額）に加え，厚生年金保険（報酬比例）の上乗せ支給があることからこう呼ばれる。厚生年金基金などの企業年金や，個人年金を含めて「三階建て」と呼ぶ場合もある。1985年の公的年金の一元化で導入。

C 公的年金制度の状況 （国民年金，厚生年金保険）

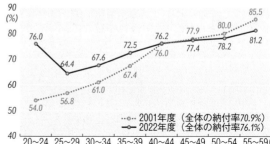

年度	1985	95	2000	05	10	15	20	21年度
⟨14⟩ 年間1人当たり平均支給額	71万円	98万円	138万円	139万円	135万円	136万円	138万円	138万円

※2000年以降の「受給者数」は重複（例：厚生年金保険と基礎年金（国民年金）の併給）を除いた数。（A～Eは厚生労働省資料により作成）

D 主な先進諸国の年金受給額

国（年度）	平均受給額
アメリカ(20)	単身177,560円，夫婦269,215円
ドイツ(20)	男性143,600円，女性93,200円
イギリス(22)	一層型年金＝122,900円（個人単位）
スウェーデン(20)	男性194,000円，女性154,400円

（年金シニアプラン総合研究機構資料などによる）

⟨14⟩ E 国民年金納付率の状況

	20～24	25～29	30～34	35～39	40～44	45～49	50～54	55～59（歳）
2001年度（全体の納付率70.9%）	54.0	56.8	61.0	67.4	76.0	77.4	78.2	81.2
2022年度（全体の納付率76.1%）	76.0	64.4	67.6	72.5	76.2	77.9	80.0	85.5

左欄外：日本経済　時事特集

2 年金制度改革

1985年　国民年金法の改正（公的年金の一元化）

年金制度の一元化のため，1985年，国民年金法を改正して，1986年から新しい年金制度が発足した。

[17] ①**基礎年金制度の導入**…日本国内に居住する20～60歳未満のすべての人に，国民年金加入義務付け。
- 会社員の配偶者も独自に国民年金に加入
- 20歳以上の学生も加入（1991年4月～）

②**二階建て年金**…会社員・公務員は，基礎年金部分に加え，報酬比例の厚生年金や共済年金が上乗せされて支給されることになった。[14]

2000年　年金制度改正

厚生年金の報酬比例部分についての給付額の引下げや支給開始年齢の引上げが行われた。（2013年から2025年にかけて65歳に引上げ，基礎年金にあたる部分は2001年から2013年にかけて実施）

[20] 2001年　確定拠出型年金の導入（日本版401K）

従来の年金のように決まった額の「給付」を約束する（確定給付型）のでなく，事前に集める拠出金を一定にし（確定拠出型），年金給付額は本人の運用結果次第となる。アメリカ内国歳入法401条K項に基づく年金を手本にし，**日本版401K**とも呼ばれる。自己責任型の年金といえる。

2004年　年金制度改革
- 国民年金・厚生年金の**2017年までの段階的保険料アップ**（国民年金：毎年280円，厚生年金：毎年0.354%）
- 厚生年金…給付水準引下げ，離婚時の年金分割導入

2010年　社会保険庁解体　←2007年の年金記録漏れ事件
年金業務は**日本年金機構**（特殊法人）に移行。

2012年　社会保障・税一体改革　←消費税増税とセット
- 被用者年金一元化法…**共済年金が厚生年金に統一**される（2015.10～）。共済年金の職域加算部分は廃止。
- 年金機能強化法…基礎年金の受給資格期間（保険料を納めた期間）が25年→**10年に短縮**（2015.10～）。**短時間労働者の厚生年金適用拡大**（2016.10～）。

3 年金制度への不信感の増大

年金制度への不信感の増大の背景には，「現役世代の負担増」と「年金保険料の滞納」という問題が指摘されている。背景には，財源方式の問題がある。現在の日本は，ある程度の積立金を有し**積立方式**の要素があるが，**賦課方式**を基本とした財源方式になっている。少子高齢化の進展で，現役世代の負担が増加している。また，年金保険料の滞納も増加し，とくに若年層が著しい。これは「払い込んだ保険料の分だけ年金が受け取れなくなる」と考える人が増えているからだ。また，2004年の政治家の国民年金未加入問題，2006年の国民年金不正免除問題，2007年の年金記録漏れ問題など，不祥事が年金制度への不信感をあおった。

このような中，2006年に**年金積立金管理運用独立行政法人（GPIF）**が設立された。この組織の目的は，「国民年金と厚生年金保険の積立金を債券や株式に投資し，運用して生まれた利益を国庫に繰り入れることで，年金の運営を安定させること」である。運用実績は，2001～16年度までの通期で53.4兆円の増益を生んだ*。しかし減収している年度もあり，減収が長期にわたって続いた場合，年金制度への不信感を増幅しかねない。

*2001年運用開始。2006年からGPIFが運用を引き継ぐ。

F 積立方式と賦課方式—年金の財源 [20][19][18][16]

	積立方式	賦課方式
しくみ	各人が積み立てた保険料に，利息がついて老後に支給される。貯蓄と同じ。	その年に納められた保険料で，その年の高齢者への年金給付を行う。
長所	給付額は安定しているので，安心できる。	インフレなどによる目減りがない。
短所	インフレ等により目減りし，実質減額のおそれがある。	老齢人口の増大により，若年層の負担が増大する。

4 将来を見越した年金制度に向けて

年金制度について，基礎年金の財源をめぐり，現行の「保険料＋税方式」か「全額税方式」に変更するか，2つの意見に分かれている。

年金の保険料・税の負担や給付水準は客観的・絶対的に決まるものではなく，国民がどの水準を選択するかの問題である。この水準をどうするかについては，国民一人一人に開かれた議論が必要である。今の君たちにとってこそ，これからの年金制度は重要な課題である。

G 年金制度のイメージ

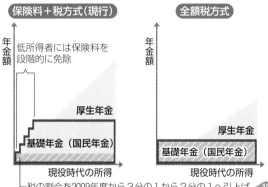

保険料＋税方式（現行）　　全額税方式

低所得者には保険料を段階的に免除

厚生年金
基礎年金（国民年金）
現役時代の所得

厚生年金
基礎年金（国民年金）
現役時代の所得

└税の割合を2009年度から3分の1から2分の1へ引上げ。[19]
財源は　■保険料，▨税　（『朝日新聞』2008.2.19を参考に作成）

H 「保険料＋税方式」と「全額税方式」の比較

	保険料＋税方式	全額税方式
国民年金制度のありよう	国民の自助努力を前提とし，国民相互の助け合いで，ある程度の水準を維持	国家が自らの財源により，国の責任で基礎的な部分に限定した保障を行う
保険料未納問題	解消できない	解決可能
無年金・低年金対策	・救済には不公平感が伴う	公平さを保つには多額の費用が必要
給付の安定	比較的安定	政府の財政難で給付制限の可能性あり
導入時に必要な税財源	消費税（増加分）6%（＋1%*）	消費税（増加分）9.5%（＋4.5%*）
その後の財源不足への対応	保険料率のアップ（2017年度までに月額16,900円）	消費税のさらなる引上げ（2050年度には12%）
企業負担（厚生年金の基礎年金部分）	保険料を企業と労働者が折半し負担	**企業負担なくなる→その分は消費税でまかなわれるので国民負担増**

*消費税の上昇分には，2009年度に国庫負担率を3分の1から2分の1に引上げた際に必要となった1%を含む。

（『朝日新聞』2008.6.13などを参考に作成）

日本経済

時事特集

生活保護行政の現状

最低限度の生活の基準は？

1 生活保護法（抄）

[1950.5.4法144
最終改正 2022法76]

第1条[この法律の目的] この法律は，日本国憲法第25条に規定する理念に基き，国が生活に困窮するすべての国民に対し，その困窮の程度に応じ，必要な保護を行い，その最低限度の生活を保障するとともに，その自立を助長することを目的とする。

第3条[最低生活] この法律により保障される最低限度の生活は，健康で文化的な生活水準を維持することができるものでなければならない。

第4条[保護の補足性]① 保護は，生活に困窮する者が，その利用し得る資産，能力その他あらゆるものを，その最低限度の生活の維持のために活用することを要件として行われる。

第8条[基準及び程度の原則]① 保護は，厚生労働大臣の定める基準により測定した要保護者の需要を基とし，そのうち，その者の金銭又は物品で満たすことのできない不足分を補う程度において行うものとする。

第11条[種類]① 保護の種類は，次のとおりとする。
1 生活扶助 2 教育扶助 3 住宅扶助 4 医療扶助 5 介護扶助 6 出産扶助 7 生業扶助 8 葬祭扶助

第75条[国の負担及び補助]① 国は，政令で定めるところにより，次に掲げる費用を負担しなければならない。
1 市町村及び都道府県が支弁した保護費，保護施設事務費及び委託事務費の4分の3
② 国は，政令の定めるところにより，都道府県が第74条第1項の規定により保護施設の設置者に対して補助した金額の3分の2以内を補助することができる。

3 生活保護基準

（1級地―政令指定都市など）

標準3人世帯 [33歳男・29歳女・4歳子]

		2000年度	2023年度
合 計	（世帯あたり）	176,970円	190,330円
	（1人あたり）	58,990	63,443
生活扶助		163,970	167,140
児童養育加算*		–	10,190
住宅扶助（家賃・間代）		13,000	13,000
医療扶助		国民健康保険に準ずる	
移送費		移送に必要な最小限度の額	
出産扶助		149,000以内	311,000以内
葬祭扶助（大 人）		179,000以内	212,000以内

＊児童養育加算の対象は，2000年度は3歳未満の児童。2023年度は高等学校等修了前の児童（3歳未満は14,520円）。

〈注〉 就労収入のある場合は，収入に応じた額が勤労控除として控除される。 （厚生労働省調べ）

解説 これがナショナル・ミニマム 生活保護基準は，生活保護の最低生活保障水準を具体的に示すものであり，厚生労働大臣によって決定され，毎年改定される。生活保護は，都道府県等に設置されている福祉事務所に申請して行われるが，その際には収入や資産などの生活実態が調査され，その結果に基づいて不足分が給付される。

健康で文化的な最低限度の生活がどのようなものであるかという基準を，具体的に確立するのは，**朝日訴訟**（⇒p.99）の例をみるまでもなく，極めて困難であるが，国には，その向上に常に努める責務があることは間違いなく，国民にもそれを監視する姿勢が必要である。

2 生活保護の実施状況

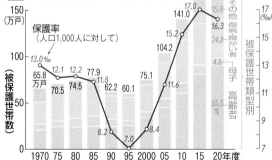

保護率（人口1,000人に対して）

※「‰（パーミル）」…1,000分の1を表す。千分率。（厚生労働省資料）

解説 厳しい審査基準へ 生活に困窮する国民に，最低限度の生活を保障する生活保護の人口に対する比率は，経済発展とともに減少してきたが，核家族化の進行による高齢者世帯の増加を背景に，保護世帯数は増加傾向をたどっていた。しかし，1980年代半ばからは世帯数も減少してきている。これには，厚生省（当時）が1981年に**生活保護適正化政策**を打ち出し，生活保護の受給審査を厳しくしたという背景がある。

「生活保護適正化政策」とは，本来，生活保護が必要ないのに，生活保護を受けている者がいないように，生活保護の審査を厳格に行うというもので，4は，このように厳格になった生活保護のあり方を問い直すきっかけとなった事例でもある。

Focus フォーカス 貧困のカゲで横行する不正受給

生活保護を2007年4月に停止された福岡県北九州市の男性（52歳）が，日記に「おにぎりが食べたい」「働けないのに働くように言われた」と書き残し，同年7月に孤独死しているのが発見された。

その一方で，2006年3月～08年9月までに暴力団組員による生活保護費の不正受給が発覚したケースで，組員の総受給額は4億円にも上ったという（『読売新聞』2009.1.19）。しかも返還されたのはたったの1,500万円。政府は「組員への生活保護は廃止」としているが，偽装申請の巧妙化・困難な裏づけ・組員による脅迫などを背景に不正受給は後を絶たない。その上，近年はびこるのが「**貧困ビジネス**」だ。生活保護受給者をアパートに囲い込んで"家賃代"として保護費を巻き上げたり，医療費のかからない受給者に向精神薬を入手させて転売するなどして不正に利益を得ている。

1995年以降，年間餓死者数は20人台から100人近くに急増し，近年も40～100人前後で推移している。憲法第25条が保障する最低限度の生活を守る「**最後のセーフティネット＝生活保護**」は，正しく機能しているとは言いがたい現状だ。

プラスα **生活水準** 一定の社会集団（世間や国家）の生活内容や生活状況を，総合的かつ量的にとらえようとする概念。通常は，平均的消費支出金額を指標とする消費水準が利用されるが，その他にも所得水準，福祉水準などいろいろな指標がある。

4 [判例] 生活保護費預貯金訴訟 (→p.98)

概要

加藤鉄男さん（当時68歳）は，両膝と両肩のリューマチと胃潰瘍のため働けなくなり，貯金も使い果たしたので1979年6月から生活保護を受け始めた。加藤さんの妻が身の回りの世話をしていたが，その妻も高齢で病弱のため，介護は相当の負担であった。そのため加藤さんは，将来入院した際に，付き添う看護師を依頼するための費用その他の非常の出費に備える必要を感じ，生活費をできるだけ切り詰めて，生活保護費と障害年金の一部を貯蓄していた（預貯金額は1984年12月末で約81万円）。加藤さん夫婦は，生活費を浮かすために，食卓も自分で作り，ポリバケツを簡易便器とし，肉食を控え，散髪や入浴を極力控えていた。

ところが「生活保護適正化政策」（→**2**の解説）に基づいて被保護者の資産調査が行われ，福祉事務所が加藤さんの口座を調べた結果，預貯金の存在が知られることになった。福祉事務所はこの預貯金を加藤さんの収入と認定し，生活保護の廃止を決定した。その後加藤さんの抗議を受けた福祉事務所は，81万円余りのうち約27万円を収入と認定し，その分をそれ以降の生活保護費から差し引くことにした。

加藤さんは福祉事務所の処分を不服として，訴えを起こした。

地裁の判決要旨

[秋田地裁]（1993.4.23）　国によって支給された生活保護費は，国が憲法や生活保護法に基づき，**健康で文化的な最低限度の生活**を維持するために被保護者に保有を許したものであって，こうしたものを元にした預貯金は，被保護者が最低限度の生活を下回る生活をすることにより蓄えたものということになるから，本来，被保護者の現在の生活を，生活保護法により保障された最低限度の生活水準にまで回復させるためにこそ使用されるべきものである。したがって，このような預貯金を収入と認定して，その分の生活保護費を減額すべきではない。

（棟居快行ほか著『基本的人権の事件簿』有斐閣選書などによる）

[解説] 常識的に判断すれば　最高裁判所は朝日訴訟の判決で，日本国憲法第25条の生存権規定を「**プログラム規定**」（→p.99）と判示したが，本件判決は，生活保護の実施に関して，被保護者の生活実態や生活保護制度の運用実態に目を向けたもので，行政側の生活保護審査のあり方に一石を投じた。

A その他の生活保護行政をめぐる近年の事例や訴訟

① クーラーと生活保護

（1994年）生活保護を申請し受給し始めた，埼玉県桶川市の79歳の女性が，市福祉課から「生活保護世帯には，クーラーはぜいたく品」「クーラーを取り外さなければ生活保護を打ち切る」といわれ，クーラーを取り外した。その結果，日中の室温が40度以上になり，脱水症状を起こして倒れ40日余りも入院した。

その後　桶川市は，世帯に高齢者や障がい者，病弱者がいて，健康管理の面や，住宅環境から必要と認められる場合には**クーラーの設置を認めるようになった**。

② 学資保険訴訟

[福岡高裁]（1998.10.9）　生活保護の受給者が積み立てた学資保険を「資産」とみなし，生活保護費を減額した処分の是非が争われた訴訟。

判決は「一度支給された保護費の使途は，原則自由で，保護費からの蓄えは，目的や金額に照らして法の趣旨から逸脱せず，国民感情に違和感を覚えるものでない限り，減額の理由にならない」と述べ，幼い姉妹の高校進学のために，両親（2人ともに提訴前後に死亡）が，生活保護費を切り詰めて蓄えてきた学資保険を理由とする，生活保護費の減額処分を取り消した。

その後　本件訴訟は福岡市が上告したが，2004年3月に最高裁がこれを棄却し，**福岡市側の敗訴が確定**した。

③ 共済年金訴訟

[金沢地裁]（1999.6.11）　重度障がい者の共済年金を，「収入」とみなして生活保護費を減額した処分の是非が争われた訴訟。

判決は「原告のような重度障がい者にとって（任意加入の）共済年金を収入と認定すべきではなく，共済年金は，生活保護費の上乗せ的性格をもつ」として，共済年金を所得保障が目的で収入と見るべきとする，金沢市の主張を退けた。

その後　本件訴訟は金沢市が控訴し，2000年9月，名古屋高裁も一審判決を支持，控訴を棄却した。その後，金沢市社会福祉事務所が最高裁に上告したが，2003年7月に最高裁は一，二審支持の判決を下し，**受給者側の勝訴が確定した**。

[解説] 権利として　日本国憲法の保障する国民の生存権は，生活保護制度によって裏付けられているが，近年，「受給の適正化」を目名に，生活保護の締めつけや切り捨てが行われて，自殺や衰弱死といった悲惨な事態も生じている（→p.278 Focus）。権利としての社会保障を根づかせるのは，国民の意識や行動である。

日本経済

Focus 貧困の社会的コスト

米国のジョブ・コープ制度は，1964年導入の若者向け職業訓練制度だ。高校を中退した16〜24歳の若者を対象とし，全寮制で職業訓練を行う。2006年までに200万人の若者が参加し，費用対効果は10.5％の投資率だという。

この制度を参考に，日本に導入した場合の試算が2010年になされた（→**A**）。それによると，20〜64歳まで生活保護を受け続けると，国が支払う金額は約6千万円を超える。一方，就労支援2年間の，職業訓練と生活保護の費用は約460万円。これにより就労できた場合，社会保険料や税金の納付，払わずに済んだ生活保護費で，最大1.1億円の社会的便益になるという。

（阿部彩『子どもの貧困Ⅱ』岩波書店を参考）

A 2年間の就労支援の費用対効果

			男性	女性
18〜19歳	①就労支援の費用（職業訓練＋生活保護）		458万円	458万円
20〜64歳	②生活保護を受けた場合の総費用		6,347万円	6,214万円
	③就労した場合の社会保険料・税金の納付総額	正規	5,115万円	2,966万円
		非正規	2,691万円	1,534万円
就労支援により生活保護を受けずに済んだ場合の社会的便益（②＋③−①）		正規	11,004万円	8,722万円
		非正規	8,580万円	7,290万円

〈注〉2010年価格。②は被保護者の平均的な家族形態。③は国民生活基礎調査の稼働所得による推計。（厚生労働省資料）

プラスα　公的扶助の中心法規は生活保護法だが，同法は生活保護の目的や種類を定めるのみで，実際の運用は，内閣の生活保護法施行令や厚生労働省の生活保護法施行規則に基づいて行われ，実際の生活保護基準も厚生労働大臣の決定による。委任立法（→p.126）の好例。

22 社会福祉と公衆衛生

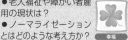

視点
- 老人福祉や障がい者雇用の現状は？
- ノーマライゼーションとはどのような考え方か？

社会福祉の現状

1 老人福祉をめぐる現状

A 65歳以上の高齢者のいる世帯数の推移

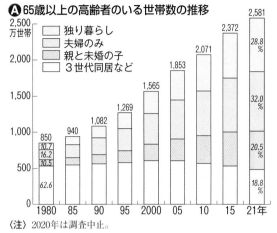

凡例：
- 独り暮らし
- 夫婦のみ
- 親と未婚の子
- 3世代同居など

〈注〉2020年は調査中止。

(単位：万世帯)
1980:850, 85:940, 90:1,082, 95:1,269, 2000:1,565, 05:1,853, 10:2,071, 15:2,372, 21年:2,581

1980年の内訳：10.7／16.2／10.5／62.6
21年の内訳：28.8%／32.0%／20.5%／18.8%

B 高齢者の介護は誰がするのか？ (2019年)

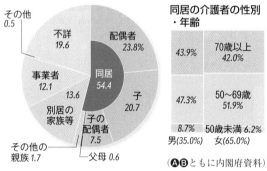

その他 0.5
不詳 19.6
配偶者 23.8%
同居 54.4
子 20.7
事業者 12.1
別居の家族等 13.6
子の配偶者 7.5
その他の親族 1.7
父母 0.6

同居の介護者の性別・年齢
43.9%／70歳以上 42.0%
47.3%／50〜69歳 51.9%
8.7%／50歳未満 6.2%
男(35.0%) 女(65.0%)

(**A**Bともに内閣府資料)

C 介護サービス請求事業所数の推移

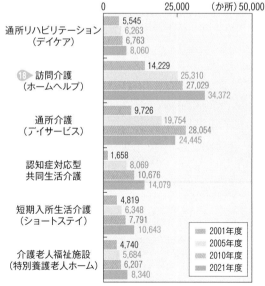

通所リハビリテーション(デイケア)：5,545／6,263／6,763／8,060
⑱訪問介護(ホームヘルプ)：14,229／25,310／27,029／34,372
通所介護(デイサービス)：9,726／19,754／28,054／24,445
認知症対応型共同生活介護：1,658／8,069／10,676／14,079
短期入所生活介護(ショートステイ)：4,819／6,348／7,791／10,643
介護老人福祉施設(特別養護老人ホーム)：4,740／5,684／6,207／8,340

凡例：2001年度／2005年度／2010年度／2021年度

(**1**C・**2**ABとも厚生労働省資料)

解説 営利企業が中心 2000年の介護保険制度発足以来，介護サービス基盤の整備が急ピッチで進んだ。その中心となったのは民間の営利企業。しかし，2007年にはコムスンが不正請求で事業停止となった。

2 障害者福祉の現状

A 身体障がい者数の推移

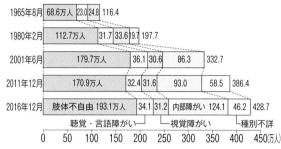

1965年8月：68.6万人 23.0 24.8 116.4
1980年2月：112.7万人 31.7 33.6 19.7 197.7
2001年6月：179.7万人 36.1 30.6 86.3 332.7
2011年12月：170.9万人 32.4 31.6 93.0 58.5 386.4
2016年12月：肢体不自由 193.1万人 34.1 31.2 内部障がい 124.1 46.2 428.7

聴覚・言語障がい／視覚障がい／種別不詳

(0 50 100 150 200 250 300 350 400 450万人)

B 民間企業の障がい者雇用数の推移

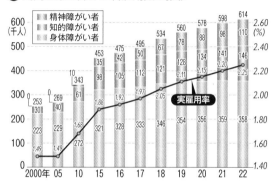

凡例：
- 精神障がい者
- 知的障がい者
- 身体障がい者
- 実雇用率

2000年：253 (30／223／1.49)
05：269 (40／229／1.49)
10：343 (10／61／272／1.68)
15：453 (35／98／321／1.88)
16：475 (42／105／328／1.92)
17：495 (50／112／333／1.97)
18：534 (67／121／346／2.05)
19：560 (78／128／354／2.11)
20：578 (88／134／356／2.15)
21：598 (98／141／359／2.20)
22：614 (110／146／358／2.25)

解説 伸びだした障がい者雇用 1960年制定の身体障害者雇用促進法は，1987年に改正され**障害者雇用促進法**と名称を変えた。従来の身体障がい者から精神障がい者などを含む障がい者全般に法の対象が拡大した。**法定雇用率2.2%**は，2021年3月に2.3%引き上げられ，対象となる民間企業も常用雇用者45.5人以上→43.5人以上へと範囲が拡大された。近年は，障がい者雇用者数が増えており，民間企業の法定雇用率達成企業の割合は48.3%（2022年6月現在）である。

20 21 障害者雇用促進法は，企業に対して，一定の割合以上の障がい者を雇用することを義務づけていること。

19 20 3 判例 堀木訴訟—児童扶養手当法と生存権の保障

概要	全盲と母子世帯という二重の負担を負った堀木文子さんは，障害福祉年金と児童扶養手当の併給を禁止した児童扶養手当法（改正前）の規定は憲法25条（生存権の保障）などに違反するとして訴えを起こした。
裁判の経過	[第一審]（1972.9.20）併給禁止は違憲。 [第二審]（1975.11.10）国の政策は立法の裁量が認められるので違憲ではない（合憲判決）。 [最高裁]（1982.7.7）上告棄却，合憲判決。
⑭ 判決要旨	[最高裁] 憲法25条の規定は国の責務を宣言したにすぎず，具体的な福祉政策は立法府の裁量に委ねられるとし，堀木さんの上告を棄却した。（⇒p.98）

解説 社会保障は国民の権利でなく国の政策か？ 最高裁は初めて車イス，盲導犬の入廷を認めた。しかし判決は，人間らしい生活とは何かを12年も問い続けてきた堀木さんに冷酷なものであった。一審判決後，法改正により併給が認められるようになったが，最高裁合憲判決後，再度法改正され元に戻された。

日本経済

プラスα 待機児童 保育園に入園を希望しながら入れないでいる児童のこと。共働きの増加で入園希望者が急増し，2017年4月には26,081人の待機児童が発生した。その後，受け皿の拡大，就学前人口の減少，コロナ禍を懸念した利用控え等で，2022年4月には2,944人まで減少した。

4 公衆衛生—疾病の予防

　「公衆衛生」は，社会保障の重要な取り組みの一つ。憲法（第25条）で保障された健康な暮らしを達成するため，疾病の予防や健康管理を行政面から行う（対人保健）。また，食品衛生を管理することで間接的に健康増進を図るのも大事な仕事だ（環境保健）。

Ⓐ 20世紀以降の感染症のパンデミック（世界的大流行）

発生年	名　称	主　な　被　害
1918〜19	スペインインフルエンザ	感染…世界人口の25〜30%（約6億人），日本2,300万人　死者…世界4,000万人，日本39万人
1957〜58	アジアインフルエンザ	死者…世界200万人以上
1968〜69	香港インフルエンザ	死者…世界100万人
2019.11〜	新型コロナウイルス	死者…世界691万人以上（2023年4月現在）

解説　新型コロナウイルス　2019年末からパンデミックを引き起こした**新型コロナウイルス**。日本では，感染者数の急増による医療崩壊を起こさないよう，Ⓑに加えて一斉休校や産業界への休業要請などが実施された。

Ⓑ 新型コロナウイルス感染症への政府の主な対策

●**帰国者等への支援**…健康管理，感染拡大防止の支援
●**国内感染対策の強化**…検査体制の強化，医療機関等の治療体制・機能の強化，ワクチン等の研究開発の促進，マスク・医薬品等の供給体制の確保
●**水際対策の強化**…検疫所等の検査体制・機能の強化

Focus　新型コロナワクチンで死亡!?

　新型コロナワクチン接種後の死亡報告は約2,054件（2023.3現在）で，うち明確に国がワクチンとの因果関係を認めたのは40代女性の1件のみ。因果関係が否定できないと国が認定した場合，死亡一時金などが支給されるが，これも53人にとどまる（2023.4現在）。
　徳島大法医学教室は，徳島県警の依頼で接種2日後に死亡した女子中学生を司法解剖し，ワクチン接種と死亡の因果関係を認定した。徳島大の准教授は，「**接種後に死亡した人のほとんどが司法解剖されず，因果関係が不明になっている**」と指摘している。

---

5 障害者福祉政策—応能負担と応益負担

Ⓐ 障害者自立支援法（2006年施行，13年廃止）

	従　来	障害者自立支援法
事業主体	施設サービス…児童・精神は都道府県，それ以外は市町村　在宅サービス…すべて市町村	市町村に一元化。都道府県は障害者計画の作成などのバックアップに回る。
財源	国の負担（費用の1/2）のうち，施設分は義務的負担。在宅分は補助金（義務ではない）。	施設・在宅ともに1/2負担義務づけ。サービス費・医療費に原則1割の自己負担導入。
サービス支給方法	共通ルールがなく，人口1万人当たりサービス利用者は都道府県で最大7.8倍の格差（介護保険では最大1.7倍）。	全国統一の「障害程度区分」創設，市町村の審査会が客観的にサービスの必要性を判断。
サービス体系	障害種別ごとに複雑な制度。制度ごとに施設の設置・運営には厳格な基準がある。	施設・事業を6つに再編。定員緩和，NPO法人による施設開設など，施設基準も緩和。

（『朝日キーワード』2006による）

解説　相次いだ違憲訴訟　障害者自立支援法は，自民党政権時代の2006年から施行されたが，障がい者に重い負担を強いるとの批判が強かった。最も問題となったのは，これまでの**応能負担**（支払い能力に応じて負担）から，同法で導入された**原則1割の自己負担**（サービス量に応じた支払いの**応益負担**）。お金に余裕のない障がい者にとっては生存権を脅かされる問題になりかねない。全国各地で，同法の違憲訴訟が相次いだ。

Ⓑ 障害者総合支援法（2012年成立，13年施行）

　2009年，政権交代で民主党は障害者自立支援法の廃止と応益負担廃止を約束し，違憲訴訟は和解した。だが，12年6月成立の**障害者総合支援法**は，原則1割の自己負担も残り，旧法の枠組みが維持された。内閣府の障がい者制度改革推進会議の提言も採用されず，違憲訴訟の和解の合意内容を無視する形になった。
　なお同法では障がい者の範囲に難病等を加えたほか，障害程度区分を障害支援区分に名称・定義変更した。

6 ノーマライゼーションを目指して

Ⓐ バリアフリー，ユニバーサルデザインの目標

（板橋区役所HP資料による）

Ⓑ 歩行空間のユニバーサルデザイン化の現状

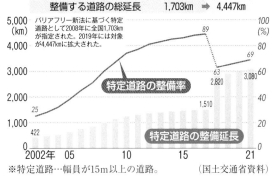

整備する道路の総延長　1,703km　➡　4,447km

※特定道路…幅員が15m以上の道路。　　（国土交通省資料）

用語　**ノーマライゼーション**…高齢者や障がい者を特別扱いせず「たとえ障がいがあっても，年をとっても普通（ノーマル）の場所で普通に暮らせるように環境を整えよう」という理念。
　バリアフリー…高齢者や障がい者が生活していく上での障害（バリアー）のない（フリー）社会をつくろうという考え方。
　バリアフリー新法…ハートビル法と交通バリアフリー法が統合され2006年成立・施行。旧2法は身体障がい者が主対象だったが，新法は身体障がい者だけでなく高齢者・障がい者全般に建築物・交通機関の移動円滑化を図る。また道路・路外駐車場・都市公園が追加対象となり，建築物・旅客施設及び車両等とともに新設・改良時のバリアフリー化が義務付けられた。

プラスα　新型コロナウイルスやインフルエンザなどのウイルスは，感染拡大の中で突然変異が一定の確率で起こる。より致死性の高い強毒性のウイルスの発生が危惧されており，継続的な調査・研究，ワクチン開発の体制強化など，世界的な対策が求められている。

日本経済

少子高齢社会
定常型社会に向けて

少子高齢化が進み，2005年に日本の人口はついに減少した。このまま減少が続けば，次のような事態が起きると懸念されている。
- ①年金や医療保険の支出増→社会保障制度の維持困難
- ②労働人口の減少→経済規模縮小，「日本」の国際的地位低下
- ③産業や文化の継承困難→日本の伝統産業・文化，日本社会の崩壊
- ④都市への人口流入→地方と都市の格差拡大，自治体の行政機能喪失

現状や政府の対策，少子高齢化に対応した社会構築を考えてみよう。

1 少子高齢化の状況

Ⓐ 総人口と高齢化率の推移（2023年推計）

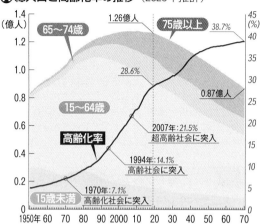

（ⒶⒸⒺⒼⒾは国立社会保障・人口問題研究所資料）

Ⓑ 出生数および合計特殊出生率の推移

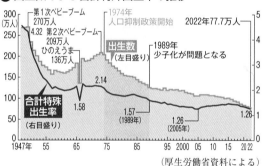

（厚生労働省資料による）

　総人口は減少に転じたが，高齢者人口の割合は増加し続け，2070年には高齢化率が38.7％に達する。しかも2018年3月には75歳以上の後期高齢者が，前期高齢者を上回った。

　わが国の出生数は，第1次ベビーブーム（1947～49年），第2次ベビーブーム（1971～74年）をピークに，以後は減少を続け，1人の女性が一生の間に産む子どもの数を示す合計特殊出生率も低迷している。

用語 **高齢化社会**…高齢化率（全人口に対する65歳以上人口の比率）が7％以上の社会をいう。日本は1970年から。
高齢社会…高齢化率が14％以上の社会。日本は1994年から。
超高齢社会…高齢化率が21％以上の社会をいう。日本は2007年に超高齢社会に入った。
老年人口…65歳以上の人口。
生産年齢人口…15～64歳の人口。
年少人口…14歳以下の人口。
合計特殊出生率…平均して1人の女性が何人の子どもを産むかを示す数値。人口が増減しない状態となる合計特殊出生率の水準を「**人口置換水準**」といい，日本は「2.07（2021年）」とされる。

　15歳以上人口と生産年齢人口は一致しないこと。

2 社会保障費への影響

Ⓒ 社会保障給付費の推移

Ⓓ 世帯主の年間収入，金融資産・負債残高（総世帯）

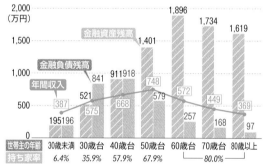

〈注〉2019年調査（持ち家率は2018年）。（総務省資料により作成）

世帯主の年齢	30歳未満	30歳台	40歳台	50歳台	60歳台	70歳台	80歳以上
持ち家率	6.4%	35.9%	57.9%	67.9%	80.0%		

Ⓔ 高齢者を何人で支えるか

1990年	2020年	2050年
5.8人	2.1人	1.4人

〈注〉数値は，（15歳～64歳人口）÷（65歳以上人口）で算出。

　国立社会保障・人口問題研究所の2023年推計で，日本の総人口は，2056年に1億人を割り9,965万人（高齢化率37.7％），2070年には8,700万人（38.7％）になるとされる。若者と高齢者のバランスが崩れることは深刻な問題だ。年金や医療，介護といった社会保障制度を支える，現役世代への負担は増える一方だ。

人口抑制政策…1973年の石油危機を受け，1974年の人口白書や日本人口会議では，人口の増減がない「静止人口」を目指す提言がなされた。同年から，少子化が始まっている。
1.57ショック…1990年に，1989年の合計特殊出生率が「1.57」だったと発表があり，少子化が大きな問題となった。政府はそれまでの人口抑制政策の転換を迫られ，1991年に育児休業法が制定されたが，少子化は現在も続いている。

プラスα **ひのえうま** 丙午（ひのえうま）生まれの女性は，気性が激しいという迷信が，農村部を中心に強く残っていたため，1966年の出生数が下がった。次の丙午である2026年はどうなるのだろうか？

3 少子高齢化への対策

F 少子化の原因

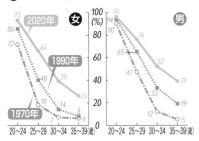

- ●**格差社会の拡大**
  - ・非正規雇用増加→年収低下，結婚資金なし
- ●**核家族化の進展**
  - ・育児の孤立
  - ・母親の負担増大
- ●**女性の就業率増加**
  - ・女性の結婚のメリット減少
  - ・婚期の高齢化
- ●**育児・教育コストの増大**
  - ・共働きの増加→仕事と子育て両立の困難

未婚化 → 晩婚化 → 出生数低下

少子化

G 年齢別未婚率

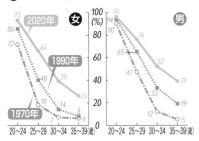

女
2020年 93, 86
1990年
1970年

男
96, 94, 90

20～24 25～29 30～34 35～39(歳)

H 少子高齢化への国や地域の対応

施 策	内 容
少子化対策	
エンゼルプラン（1994）	子育て支援社会・環境の構築。
新エンゼルプラン（1999）	数値目標・計画の見直し。
新新エンゼルプラン（2004）（子ども・子育て応援プラン）	子育て世代の働き方と若者自立策に対策を拡大。
育児・介護休業法（1995）→改正（2001，2005）	子の養育または家族の介護を行う労働者等の雇用の継続を図り，職業生活と家庭生活の両立を目指す。
少子化対策基本法（2003）	国・地方自治体の責務を明確にし，子育ての環境を整える。
子ども手当法（2010）	中学生までの子ども1人当たり月額1万3千円を支給→2012年に廃止され，従来の児童手当制度に戻った。
高齢社会対策	
高齢社会対策基本法（1995）	高齢社会対策の基本理念と施策，国と地方公共団体の責務。
介護保険法（2000）→改正（2005）	加齢に伴う要介護者の看護・医療・福祉サービスの整備。
ゴールドプラン（1989）	高齢者の保健・医療・福祉サービスの整備。1994年に新ゴールドプラン，1999年にゴールドプラン21が示された。
高年齢者雇用安定法改正（2012，➡p.275 α）	厚生年金支給開始年齢の65歳への段階的引き上げに伴い，定年を65歳まで延長または60歳定年後も希望者を再雇用する制度整備のどちらかを企業に義務付ける。2013年施行。

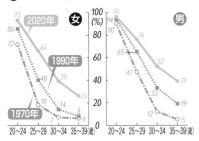 21年4月改正で，70歳までの就業確保措置を講じることが努力義務となった。

政府は少子化対策として「保育育児」「仕事と家庭の両立支援」などの対策をしてきたが，少子化の進行を食い止める決め手にはなっていない。

安倍政権は，「50年後1億人維持」を目標とし，少子化対策や女性，高齢者の活躍を促す「一億総活躍社会」の実現をめざした（➡p.263）。

4 低い子育て支援

I 主要国の合計特殊出生率の推移

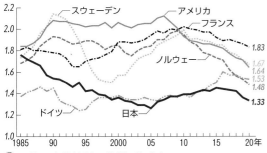

スウェーデン，アメリカ，フランス，ノルウェー，ドイツ，日本

1.83
1.67
1.64
1.53
1.48
1.33

1985 90 95 2000 05 10 15 20年

J 日仏の家族給付の比較（年額）

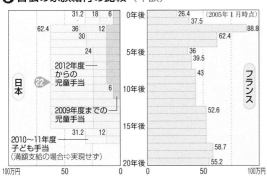

日本		フランス
31.2 18 6	0年後	26.4 37.5 88.8（2005年1月時点）
62.4 36 12 30	5年後	62.4 36 39.5
24		43
2012年度からの児童手当 6	10年後	52.6
2009年度までの児童手当 31.2 12	15年後	58.7
2010～11年度子ども手当（満額支給の場合は実現せず）	20年後	55.2

100万円 50 0 0 50 100万円

〈注〉第1子誕生の2年後に第2子誕生の場合。（内閣府資料等）

日本の子育て世帯への政府支出は先進国の約半分。**子ども手当**の満額支給（2010～11年度実施，実際は半額支給）でようやく先進国並だ。子育て向けサービスも低水準で，子育て支援の低さが少子化の一因だ。

5 人口減少にどう対応するのか？

人口減少で市場が縮小し，働き手も減っていく。その結果，2020～30年代には経済のマイナス成長が恒常化してしまう。歯止めをかけるには，働き手の割合を増やさなければならない。そこで，①**女性の雇用拡大**（➡p.264），②**高齢者の雇用・継続雇用の拡大**，③**外国人労働者・移民の受け入れ**などが議論されている。

一方，環境問題と少子高齢化により，200年以上続いてきた経済の成長・拡大を前提とした社会のあり方（**資本主義社会**）が限界に達し，経済成長を前提としなくとも豊かさが実現できる社会（**定常型社会**）を構想することが急務だとする提言が注目されている。

K 定常型社会—広井良典・京都大学教授

定常型社会とは	経済成長を絶対的な目標とせずとも，十分な豊かさが実現される社会（**ゼロ成長社会**）
背景	・市場経済における需要が成熟・飽和状態。 ・少子高齢化に伴い，日本の人口が減少に転じた。 ・資源や自然環境の有限性が自覚され，経済規模の「定常性」が求められるようになった。
失業対策	・現在…「失業→政府の需要拡大政策→経済成長→失業解消→労働生産性向上→失業」のサイクル。 ・**定常型社会**…失業との共存。失業に関する社会保障強化。労働時間短縮，ワークシェアリング。
経済の発展	市場経済的な物質的欲求から，コミュニティ，自然，ケア，公共性などのより高次のニーズ・欲求が拡大しつつある。**定常型社会**では，市場経済の領域は定常化するが，非営利・非貨幣経済の領域が発展していく。

（『会計検査研究第32号』『持続可能な福祉社会』の構想）参考）

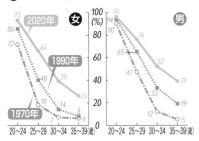 **シルバー民主主義** 少子高齢化の進行で有権者に占める高齢者（シルバー）の割合が増し，高齢者層の政治への影響力が増大すること。このため，年金，医療，介護など高齢者向け政策が優先される一方，教育や子育てなどに充てられる費用が縮小されがちになるという弊害が指摘されている。

日本経済

時事特集

ベーシックインカム
新しい社会保障制度

日本の社会保障制度は，多くの問題を抱えている。年金保険は，高齢者の年金を確保するため保険料が毎年値上げされているにもかかわらず，現在の勤労世代は将来，今の水準の年金を受け取ることが絶望的なため，未納率が上昇し問題となっている。また，フルタイムで働いても生活保護以下の給料しか手に入らないワーキングプアが増え，むしろ働かずに生活保護を受けたいというモラルハザードを引き起こしている。そんな中，新たな社会保障制度，ベーシックインカムが注目を集めている。

⑱ 1 ベーシックインカムとは？

ベーシックインカム（BI）は，元はトマス・ペインが『農民の正義』（1796年）で提唱したもので，すべての個人に，無条件で，毎月政府から渡される最低生活費のこと。夫婦と子2人の家庭でBIが5万円であれば，毎月4人それぞれに5万円，合計20万円が渡される。

Ⓐ生活保護とBIの違い

生活保護　　ベーシックインカム

BI導入で，社会保障制度のうち，所得保障（失業保険，生活保護，基礎的年金）などは廃止される。各種制度がBI一つになり，給付額も一律なため，管理が容易になり，行政コスト削減につながる。障がいなどの福祉関連手当や，医療などのサービス給付は残る。

2 国家で実験——BI導入の背景

BI議論の高まりの背景には，伝統的な社会保障制度では救いきれない人々の増大がある。そのため北欧フィンランドで，BIの実証実験が進んでいる。政府は，2017年1月から2年間，25〜58歳の失業者2千人を対象として，失業保険の代わりに，無条件で月560ユーロ（約75,000円）のお金を給付する実験を始めた。BIが失業者の働く意欲を高め，雇用増につながるかを調べるのが目的である。従来の失業保険では，一定以上の所得があれば，失業保険の受取額は段階的に減らされてしまう。起業した実験参加者の1人によると，所得に関係なく毎月安定して入るBIのため，売上げの多寡を気にせず，会社経営に意気込めるという。また，別の参加者は，BIだけで生活するのは難しいため，「職探しに前向きになれた」と答えている。

ちなみに，フィンランドの失業率は8％台と高い。社会保障に手厚い国で，失業保険も複数に分かれているが，現行の制度では蚊帳の外に置かれている人々のリスクを減らす制度になり得るという前向きな指摘もなされている。　　　　　（『朝日新聞』2018.1.25）

3 子供の貧困対策に

厚労省公表の2012年の子供の貧困率は16.3％で，子供の6人に1人が貧困状態であるという数字だ。1985年10.9％，2009年14.2％と，状況は悪化している。2015年には子供の貧困率は13.9％へ改善したが，依然として厳しい状況である（2021年は11.5％）。

子供の貧困が増えた原因は，子育て世代の非正規労働者の割合の増加が指摘されている。日本の児童手当は先進国の中では低水準であり，子育て世代の経済的な厳しさが少子高齢化を加速させている面もある。

社会的弱者を守るセーフティーネットを構築する視点からも，BI導入を真剣に検討する時期が来ているといえる。

㉓ **用語 子供の貧困率**…世帯所得の中央値の半分（貧困線）以下の家庭の割合を**相対的貧困率**といい，これに該当する世帯の子供（18歳未満）の割合を，**子供の貧困率**という。

4 経済への好影響

日本の長期的不況の原因は，「生産力＞消費量」という需給ギャップにある。消費を上回る生産力は，企業の活動縮小→失業者・倒産増大という形で現れる。これに対し，政府は公共投資を中心にケインズ政策で対応してきたが，1980〜90年代の公共投資は箱物行政（公的施設・設備の建設）が多く，建設時には消費が喚起されるが，維持に経費がかかるだけで，その後の消費には結びつかなかった。これに対し，BIは直接家計に資金を投入し，消費を喚起でき，需給ギャップの解消が期待できる。

5 財源はどうするのか

月5万円のBIであれば，人口1.2億人として年間72兆円。一番問題になるこの財源に対しては，次のような案が考えられている。

Ⓑ BIの財源案（月5万円の場合）

現行の税制で対応	所得控除廃止による20兆円と，基礎年金・児童手当・生活保護・失業給付廃止で70兆円確保可能。
無利子の公共通貨の発行	日本銀行券ではなく，無利子の公共通貨（政府紙幣）を発行する。
減価する公共通貨の発行	毎月1％価値が減っていく，電子マネー型の公共通貨（政府紙幣）を発行する。

（『海外社会保障研究』157号，古山明男「ベーシック・インカムのある社会」ベーシックインカム・実現を探る会などの資料を参考）

←**ポスター「収入が保障されたらあなたはどうする？」**…スイスでBI導入の是非を問う国民投票が2016年6月5日に実施され，賛成23.1％，反対76.9％で否決された。オランダでは，2016年1月から第4の都市ユトレヒトで，BIが実験的に導入・実施されている。（スイス・ジュネーブ　2016.5.14）

プラスα 菅政権の経済ブレーンで，小泉政権時代に新自由主義的政策の推進役だった竹中平蔵・東洋大教授が，BI導入を唱えた。銀行口座とひも付いたマイナンバー義務づけ，毎月5〜7万円支給，生活保護・年金廃止，所得制限あり（高額所得者は後から返金）という内容で，議論を巻き起こした。

（左余白）日本経済　時事特集

第４章　「日本経済」のまとめ(2)　Back up

項目	学習の内容　〈　〉内の数字は憲法の条数

世界・日本の労働運動のあゆみ（P.250・251）

(1) 世界の **労働運動**

英国	19c頭 1838〜	**ラッダイト運動** **チャーチスト運動**…普通選挙権獲得運動
米国	1886 1935 47	アメリカ労働総同盟（AFL） **ワグナー法** **タフト・ハートレー法**
国際化	1864 89 1919	第１インターナショナル 第２インターナショナル **国際労働機関（ILO）**→1946国連専門機関に

(2) 日本の労働運動

①戦前
- 1897年　**労働組合期成会**
- 1912年　**友愛会**
- 1921年　**日本労働総同盟**

[弾圧]	
1925年	治安維持法
1937年	国家総動員法
1940年	大日本産業報国会

②戦後
- 1945年　**労働三法**制定←GHQによる民主化政策
- 1955年　**春闘** のはじまり
- 1987年　連合（全日本民間労働組合連合会）
←総評＋同盟＋中立労連＋新産別
- 1989年　新連合（日本労働組合総連合）←官民労組統一
全労連，全労協発足

労働基本権と労働三法（P.252〜257）

(1) **労働基本権** …労働者の生存権
勤労権〈27〉，団結権〈28〉，団体交渉権〈28〉，団体行動権（争議権）〈28〉
- 公務員の「労働三権」の制限→人事院勧告で対応

(2) **労働基準法** …労働条件の最低基準→賃金は**最低賃金法**

労働時間	１日８時間，週40時間，毎週少なくとも１日の休日
時間外・休日労働	書面による協定（**36協定**） 25〜50％の割増賃金
賃　金	現金・全額・直接・毎月・一定期日払いの原則
監督機関	**労働基準監督署**（各都道府県ごと）

(3) **労働組合法**
- **不当労働行為**（不利益取扱，黄犬契約，団交拒否など）禁止
- **ショップ制**…オープン・**ユニオン**・クローズドショップ

(4) **労働関係調整法**
- 労働争議の種類…**ストライキ**，**サボタージュ** など
- **労働委員会** の調整方法…**斡旋**，**調停**，**仲裁**

労働の現状と課題（P.258〜269）

(1) 雇用…第１次産業減少，第３次産業増加，失業率４〜５％
- 雇用形態…**パートタイマー**（労働者の４分の１），**派遣労働者**（2003年改正）→非正規雇用約４割

(2) 労働時間・賃金
- 長い労働時間…不況で短縮も，国際的にはまだ長い
- **年次有給休暇**…少ない付与日数と低取得率
- 賃金格差…大企業ほど格差大
- 労働形態…変形労働時間制，フレックスタイム制，裁量労働制

(3) 女性労働者…男性との賃金格差，M型雇用
① **男女雇用機会均等法** 改正（1997）…募集・採用時の差別禁止，事業主のセクハラ防止義務
②労基法女子保護規定撤廃（1997）…深夜・休日労働解禁
③ **育児・介護休業法** 改正（1999施行）…１年間の育児休業，通算93日の介護休業

(4) その他
- **過労死** …長時間労働や過重労働が原因で死に至る
- 日本的雇用慣行の崩壊
終身雇用制，**年功序列型賃金**，**企業別組合**
→リストラ，年俸制，労働組合の低迷

項目	学習の内容　〈　〉内の数字は憲法の条数

社会保障のあゆみ（P.270・271）

(1) 世界の社会保障の歩み…恩恵から権利へ

1601年	（英）**エリザベス救貧法**…公的扶助の始まり
1883年	（独）**ビスマルク疾病保険法**…社会保険の始まり →アメとムチの政策
1935年	（米）**社会保障法**…社会保障という用語の初使用
1942年	（英）ベバリッジ報告…社会保障制度化 →「**ゆりかごから墓場まで**」
1944年	（ILO）**フィラデルフィア宣言**…社会保障の定義
1948年	（国連）世界人権宣言…社会保障を受ける権利

(2) 日本の社会保障の歩み

①戦前…国家の恩恵として
- 1874年　**恤救規則**…貧困者の救済
- 1922年　健康保険法…最初の社会保険制度

②戦後…権利としての社会保障
- 1946年　日本国憲法…生存権〈25〉規定→福祉六法整備
- 1961年　**国民皆保険・国民皆年金** の実現
- 1973年　「福祉元年」

日本の社会保障制度（P.272・273）

(1) **社会保障制度** の３類型
①**イギリス・北欧型**…年金の均一給付が原則，国家の財政負担が中心
②**ヨーロッパ大陸型**…所得比例の年金給付，事業主負担割合が大きい
③三者均一型（日本）…事業主，被保険者，国の財源負担がほぼ同じ

(2) 日本の社会保障制度
① **社会保険** …病気，高齢，失業，労働災害に対する保険給付
② **公的扶助** …生活困窮者に対する生活保護
③ **社会福祉** …児童，母子家庭，障がい者などの生活援護
④ **公衆衛生** …疾病の予防や環境衛生

社会保険（P.274〜277）

(1) **医療保険** …被保険者やその扶養者に対する医療サービス
①健康保険（会社員）　②船員保険（船員）
③共済組合保険（公務員）　④国民健康保険（農業，自営業）
⑤後期高齢者医療制度（75歳以上，一部自己負担）

(2) **年金保険** …在職中に保険料を支払い，老後に給付
①厚生年金（会社員，公務員）　②国民年金（農業，自営業）
※2015.10〜共済年金が厚生年金に統合された。

(3) **公的年金** の一元化… **国民年金法** 改正（1985）
① **基礎年金** 制度の導入…すべての人が国民年金に加入
②二階建て年金…会社員や公務員は基礎年金部分に上乗せ

年金改革法（2000）	・厚生年金５％減額支給 ・支給開始年齢の段階的引上げ
年金改革法（2004）	・厚生年金保険料率，国民年金保険料の段階的引上げ
社会保障・税一体改革（2012）	・共済年金を厚生年金に統合（2015.10〜） ・基礎年金の受給資格期間が25→10年間（2015.10〜）

その他の社会保障制度（P.278〜281）

(1) 公的扶助
- **生活保護法** …生存権〈25〉の規定をうけ，健康で文化的な最低限度の生活を保障→具体的な保護基準は国が策定

(2) 社会福祉
①老人福祉
- **ゴールドプラン21**
- **介護保険制度**（2000年）…介護認定度に応じたサービス，40歳以上のすべての人から保険料徴収

②障害者福祉… **ノーマライゼーション** の理念
→**バリアフリー**社会の実現

1 国際関係の基本的要因

●国際政治と国内政治はどう違うのか？
●国民国家中心の国際政治の枠組みの揺らぎ。

国際社会とは？ ――歴史的背景と，その冷徹な現実

1 国際政治の特質

　17世紀以降のヨーロッパで成立した国際政治の諸特徴は，国内政治との比較によりいっそう明白となる。すなわち，近代的国家は，国内的には，権力とりわけ武力行使の集中化・独占化を達成し，私的暴力の行使を禁止している。これに対して，国際社会においては，主権平等の名のもとに多数の**主権国家**が並存し，自己の上位にいかなる権威も認めず，各々がみずからの意思，みずからの国家利益に基づき，武力の行使を含む行動の自由を有する。すなわち，国際社会においては権力は水平的であり，国際的諸価値を権威的に配分する中心的権力は存在しないのである。

　このような国際政治の保有する本質的性格からして国際政治の歴史は，戦争と平和の交錯する弱肉強食の世界，**権力政治**の歴史となった。

（松本三郎他編『テキストブック国際政治』有斐閣）

Ⓐ 国内政治

政府　個人・団体

Ⓑ 国際政治

国際機関　主権国家

2 権力政治 パワーポリティクス ――マキァベリの『君主論』

　君主にとって，信義を守り，奸策を弄せず，公明正大に生きることがいかに称賛に値することかは，だれでも知っている。だが，現代の経験の教えるところによると，信義などまるで意に介さず，奸策を用いて人々の頭脳を混乱させた君主が，かえって大事業（戦争）をなしとげている。しかも，結局は，彼らのほうが信義に基づく君主たちを圧倒してきていることがわかる。

　ところで，戦いに打ち勝つには，二つの方法があることを知らなくてはならない。その一つは法律によるものであり，他は力によるものである。前者は人間本来のものであり，後者は本来野獣のものである。だが多くのばあい，最初のものだけでは不十分であって，後者の助けを求めなくてはならない。つまり，君主は，野獣と人間とをたくみに使いわけることが必要である。（マキァベリ，池田廉訳『君主論』中公文庫）

マキァベリ

解説 非情な国際社会？　政治を権力関係としてとらえ，個人の野心や利害が渦巻く政治の世界においては，キレイゴトばかりではなく，力や悪知恵，さらには目的のためには手段を選ばない非情さが必要だ，というのがマキァベリの主張。

　彼の政治論は，主権国家が対立し，最終的には軍事力による力の政治＝**権力政治（power politics）**が支配した国際政治においていっそうよくあてはまった。

解説 主権国家体制とは？　「国連があるじゃないか」と思った人も多いのでは？しかし，PKO活動などで国連が関与しても解決の見通しが立っていない民族紛争や国家間の対立が，今日でも数多く存在するし，そもそも国連に加盟していない国もある。こうした**主権国家**を単位とする国際政治の基本構造は，**三十年戦争（1618～1648）**後のウェストファリア条約（1648）によって，ヨーロッパで確立された。◀13 14

Ⓒ 三十年戦争以前　　**Ⓓ ウェストファリア条約後**

三十年戦争

皇帝　支配

同盟　対立　皇帝

〈注〉 ◯領邦君主，□皇帝の主権の及ぶ領域，━同盟関係，◀▶対立関係。

領邦君主の主権の及ぶ領域ができてくる。

用語 三十年戦争…宗教改革後の1618年，新旧両派の争いから神聖ローマ帝国（≒ドイツ）で勃発し，西欧のほぼ全諸国を巻き込んだ。

ウェストファリア条約…1648年に締結され，三十年戦争を終結させた条約。戦後神聖ローマ帝国においては各領邦君主に宗派選択権以外にも同盟締結権が認められ，中世ヨーロッパにおいて絶対的だった神聖ローマ帝国皇帝やローマ教皇の権威は失墜した。会議には延べ66か国が参加し，「最初の国際会議」とも呼ばれた。

3 米国とビンラディン ――国際政治の現実

　米国が「9.11テロ」の首謀者として行方を追い続けてきたウサマ＝ビンラディン（1957～2011）は，本来サウジアラビアの大建設会社の御曹司。最初の「外征」はソ連の**アフガニスタン侵攻**（1979～89，➡p.300）時の反ソゲリラ支援。無神論を唱えるソ連の行為は，**イスラーム原理主義**（➡p.300）の影響を受けた青年にとって許し難いものだったが，「反ソ連なら何でもあり」の米国の外交路線と一致。彼の活動はCIA（アメリカ中央情報局）の支援を受

ウサマ＝ビンラディン

けた。しかし，ソ連撤退後の**湾岸戦争**（1991，➡p.301）後も聖地メッカに駐留を続ける米軍への反発を強めた彼は，自ら組織した「アル＝カーイダ」を率いて1990年代末から反米テロ活動を本格化させた。

2011年，潜伏先のパキスタンで米軍の銃撃により死亡。

解説 昨日の敵は今日の友　国際政治はしばしば権力政治の相貌をみせる。思えば，ソ連のアフガニスタン侵攻の同年に，米国は**イラン革命**（➡p.300）によって中東の重要拠点イランを失っている。本来そこで**イスラーム原理主義**の論理に気づかねばならなかったのだ。米国のアフガニスタン侵攻（2001～），イラク戦争（2003）と，いかに多くのムダな血が流されたことか。米国は自らの中東政策を点検する必要があるだろう。

プラスα マキァベリ（1469～1527）は，イタリアの政治家兼思想家。マキァベリズムとは権謀術数を意味し，悪い意味で用いられることが多いが，政治を宗教や倫理から切り離した点で，近代政治学の祖とされる。

対人地雷禁止の活動も，初めは小さな運動でした。声を上げ続けることによって，支援者が増え，大きな輪ができました。（『マイECO』2012年8月　福島県訪問時のインタビュー）

ジョディ・ウィリアムズ［米：1950〜］　アメリカの平和活動家。地雷禁止国際キャンペーン（米国のNGO）のコーディネーターとして，対人地雷の禁止および除去について活動している。1997年に同組織とともにノーベル平和賞を受賞。

ナショナリズム（nationalism）をめぐって　　歴史的概念と国内政治への「応用」

4 ナショナリズムのあらわれ方

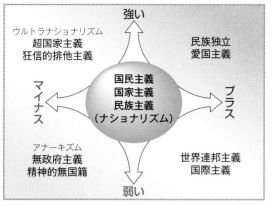

解説 さまざまな語義　国際政治の最大の変動要因のひとつ，"nationalism"は世界史のなかでさまざまな意義付けをされてきた。まず，フランス革命の際には市民革命で成立した国民国家を他国の干渉から守り抜くスローガンとして（**国民主義**），第二に，ファシズム期には国内の全ての価値を国家に奉仕させるイデオロギーとして（**国家主義**），第三に，第二次世界大戦後のアジア・アフリカでの独立運動高揚期にはその推進力として（**民族主義**）。

もちろん，よい意味にも悪い意味にも使われるとともに，支配者によって操作されやすい概念でもある。

5 ナショナリズムの国内政治への利用
Ａ陸奥宗光外相の青木周蔵駐英公使宛書簡（1894.3.27抄）

内国の形勢は日又一日と切迫し，政府は到底何か人目を驚かし候程の事業を，成敗に拘らずなしつつあることを明言するにあらざれば，此騒擾の人心を挽回すべからず。偖人目を驚かす事業とて，故もなきに戦争を起す訳にも不参候事故，唯一の目的は条約改正の一事なり……。内政の関係より強て外交の成功を促し候は，稍本末相違の嫌なきにしもあらざれども，時勢が時勢故，実に不得已の次第に御座候

（遠山茂樹『日本近代史Ⅰ』岩波書店）

陸奥宗光

解説 人目を驚かす事業を起こす！　ナショナリズムは時として，支配層によって国内統合に利用される。資料は日清戦争勃発直前に記されたもの。当時の政府は，1890年に開設したばかりの帝国議会で藩閥政治・軍事優先予算・条約改正の遅れなどを相次いで野党に糾弾され，苦境に立たされていた。こうした中，1894年の6月2日に朝鮮での内乱（甲午農民戦争）に清が介入するとの情報を得た。日本は同月，軍を朝鮮に上陸させると，8月には日清戦争に突入，10月の議会では膨大な軍事予算を満場一致で可決させたのである。また，7月にはロシアの南下を恐れたイギリスを説得，治外法権撤廃にも成功した。

国際政治の新しい流れ　　「国際関係」から「民際関係」へ

6 国民国家（nation state）の機能低下

NGOは，国家間もしくは国民間関係を基礎にしているという意味での「**国際**」組織ではなく，その実体は国境を越えた民間レベルの交流組織とみることができ，その点では「**民際**」を意味する組織であろう。しかも，そうした民際組織の活動を**国際連合**が支援していこうということは，東西冷戦の終結と重ね合わせてみるとき，国際社会の構成基盤に大きな変動が起こりつつあることを予感させるものなのである。

近年，国際関係の規定要因としての国家の機能は相対的に低下している。

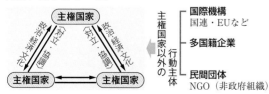

（有賀弘他『政治』東京大学出版会による）

解説 国家の枠組みは超えられるか？　従来，主権国家単位で考えられてきた国際政治の枠組みは，近年の経済面での相互依存の深化，情報化のなかで，平和維持，人権問題などの分野で民間や国連の果たすべき役割が大きくなっている。また，事業規模が小国のGDPを超える多国籍企業の活動も見逃せない。さらに，人々の移動が活発化する中で，「一民族一国家」という発想に基づく「**国民国家（nation state）**」の概念も過去のものになってきている。

7 NGOが動かす国際政治

主権国家システムにおいては，しばしば国民国家（単一民族による国家形成）が理想とされた。しかし，近年はマイノリティ抑圧や，国家利害の衝突による紛争発生の危険性が指摘される。こうした中で重要性が増しているのが「超国家」「脱国家」としての**国際機構**と，国境を越えて活動する**NGO（非政府組織）**である。Ａを見ると，NGO関係者の国際会議への出席者数は，時として政府代表団を上回る。**対人地雷全面禁止条約**や**クラスター弾禁止条約**（➡p.313），**核兵器禁止条約**（➡p.312）は，推進派の国家連合が，軍縮NGOなどと連携しつつ政府間交渉を進め，調印に至った。

Ａ国際会議への出席者数（『国際政治経済資料集』有信堂など）

会議名（開催年）	政府代表団	NGO関係
国連環境開発会議（1992）	30,000	18,000
世界人権会議（1993）	7,000	25,000
COP21（2015，➡p.373）	23,000	7,000

用語 国民国家（nation state）…市民革命を経て「国民的一体性」という建前の上に形成された近代国家。対外的閉鎖性や国内での異文化抑圧などの負の側面もある。

NGO（non-governmental organization：非政府組織）…公的な政府組織に対し，民間団体や民間人によって組織され，軍縮・人権・開発・環境などの分野で公益的活動をする団体。

NPO（non-profit organization：非営利組織）…NGOと重なる部分も多いが，NPOはより非営利という性格を強調している。

国際政治

プラスα　EU（➡p.354）に関しては，ユーロ通貨の導入など，経済面のニュースが強調されがちだが，政治面についても注目。その目指すものは，「主権の共有」を通じてパワー・ポリティクスを乗り越え，「戦争の非制度化」を実現しようというもの。

2 国際法

視点
●国際法と国内法はどう違うのか？
●国際司法機構にはどの程度の拘束力があるか？

法の支配　16 平和と公正をすべての人に

国際法と国際司法機関　より公正な国際社会実現のために

1 グロティウス『戦争と平和の法』

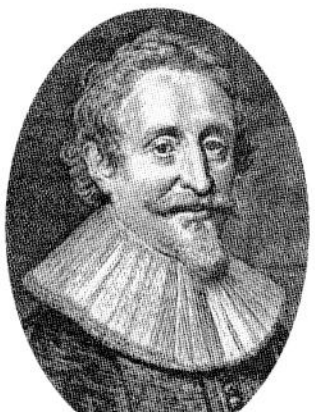

↑グロティウス

戦争を行なうためにも，また戦争中においても，同じように守らなければならない諸国間に共通な法が存在することは，きわめて確実である。……ひとたび武器がとられるや，もはや，神の法も人の法もまったく無視され，あたかも，どのような犯罪を犯しても差支えない錯乱状態が公然と法令によって許されたかのような有様を呈している。（グロティウス『戦争と平和の法』酒井書店）

解説「国際法の父」グロティウス　オランダの法学者グロティウス（1583～1645）は三十年戦争の最中に『戦争と平和の法』を著し，国家相互の間で激しく展開された権力闘争を規制する国際法の必要性を主張した。それが近代国際法の基礎を作る上で重要な役割を演じることとなり，彼は「国際法の父」と呼ばれるようになった。

2 国際法の分類

形式による分類	国際慣習法	国家間に一定の行為が繰り返し行われ，その慣行が国際社会の法的義務だという認識が形成されたもの。国際法上，大きなウエートを占める。政治犯不引渡しの原則，公海の自由などがこれに当たる。
	条約	国家間，又は国際機構を当事者として創設・文書化された規範。憲章・協定・規約なども条約である。合意に加わらない第三者には効力は及ばない。
適用時による分類	平時国際法	平常時における国家間の法的関係を規定したもの。
	戦時国際法	戦争発生の際，可能な限り人道を維持し，武力による惨害を緩和するため形成されたもの。最近は戦争法規の再構成が試みられ「**国際人道法**」として体系化されようとしている。

3 国際法と国内法の違い

	国際法	国内法
法の主体	国家が原則	個人が原則
立法機関	**統一的立法機関はなし**。条約が拘束するのは批准国のみ	あり。議会で制定された法律は全国民を拘束
行政機関	なし	政府
司法機関	**国際司法裁判所は，当事国が合意した場合のみ裁判を実施**。出訴権は国家のみ	裁判所。当事者一方のみの訴えによっても裁判は成立
法の執行	国連安保理への依頼は可能だが，強制執行力は必ずしもない	警察などの強制執行機関あり

解説 国連があっても…　多くの価値観の異なる主権国家が並立する国際社会では統一的価値体系を作るのが難しい。国連未加盟国もあるし，条約ごとに加盟国は異なる。近年は，条約違反国（批准国であることが前提）に対する制裁措置を規定した国際法も出てきてはいる。また，国情に応じて部分的に批准しないことも認められており（＝**留保**，➡p.29），国際法が不徹底となる理由の一つとなっている。

Focus（フォーカス） プーチンに逮捕状出る！しかし…

2022年のロシア・ウクライナ戦争における戦争犯罪として，①侵略犯罪（国連憲章違反➡p.296），②民間人殺害や病院攻撃などの戦争犯罪（戦時国際法違反➡5），③クラスター弾や対人地雷使用の犯罪（➡p.313）等が考えられる。①は侵攻開始直後ウクライナが提訴，同年ICJはロシアに対してウクライナでの軍事行動を即時停止するよう命じたが，ICJへの提訴は両国の合意が前提だからこれは無理。②の裁判は締約国の国内で実施が原則で，③はロシアが関連条約に未調印。

こうした中，23年3月ICCはウクライナから多くの子どもを連れ去った疑いで，プーチン大統領に逮捕状を発行。ロシアは同条約未批准だが，ICC規程は重大な戦争犯罪の場合，たとえ国家元首でも「重大な例外」として逮捕・訴追可。されどプーチンを逮捕するのは至難の技。可能性としては，プーチンがICCに協力的な加盟国を訪問した際に逮捕状が執行される程度だが，その行動に対しては無言の圧力となる。

4 条約発効までのプロセス（大半の条約の場合）

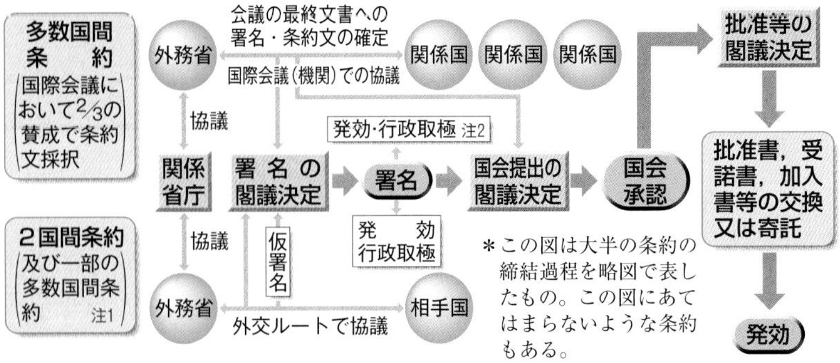
多数国間条約
国際会議において2/3の賛成で条約文採択
外務省
会議の最終文書への署名・条約文の確定
関係国
関係国
関係国
国際会議(機関)での協議
協議
発効・行政取極 注2
関係省庁
署名の閣議決定
署名
国会提出の閣議決定
国会承認
批准等の閣議決定
批准書，受諾書，加入書等の交換又は寄託
発効
2国間条約及び一部の多数国間条約 注1
協議
仮署名
発効 行政取極
外務省
相手国
外交ルートで協議

＊この図は大半の条約の締結過程を略図で表したもの。この図にあてはまらないような条約もある。

〈注1〉2国間条約の中には双方が書簡を交換することにより，合意を構成する簡便な形式の条約（交換公文）もある。
〈注2〉国会の承認を必要としない，行政府の権限の範囲内で締結される条約を一般的に行政取極と呼んでいる。

解説「サイン＝発効」にあらず　条約案文にサイン（署名）するところがクローズアップされがちだが，一般的な2国間条約は，批准書交換（寄託）の日に発効するのが原則。ただし，条約それぞれにつき，手続きは微妙に異なる。

用語 外交特権…国際慣習法上認められてきた外交官とその家族及び公館に与えられる特権・免除のこと。1961年に外交関係に関するウィーン条約として法典化された（➡6A）。
ペルソナ・ノン・グラータ（Persona non grata）…外交特権により接受国は外交官の身柄拘束や強制送還はできないが，法令違反や接受国批判等に対抗し，派遣国に該当人物のペルソナ・ノン・グラータを通告する。この結果，派遣国は対象者の外交官任務終了または本国への召還を選択しなければならない。

外交官が罪を犯した場合，派遣国は裁判権の免除を放棄することもできる。

「からざる人物」の意。

プラスα　一般法よりも上位に位置する点で憲法と条約は同じだが，この両者のどちらが上位かは，法学者の間でも見解が異なる。ちなみに，1999年10月，静岡地裁浜松支部は，国内関連法が未整備ともいわれる人種差別撤廃条約（➡p.28）を根拠として，民族差別に関する判決を下している。

5 主な戦時国際法（国際人道法）

採択年	日本発効	主な条約
1899	1900	第1回ハーグ平和会議—ダムダム弾禁止宣言
1907	1912	第2回ハーグ平和会議 開戦に関する条約
1907	1912	第2回ハーグ平和会議 陸戦の法規慣例に関する条約（毒または毒を施した兵器，不必要な苦痛を与える兵器等の使用禁止・無防備都市攻撃の禁止等）
1925	1970	毒ガス・細菌等の禁止に関する議定書
1949	1953	ジュネーブ諸条約 捕虜の待遇に関する条約
1949	1953	ジュネーブ諸条約 戦時における文民の保護に関する条約
1980	1983	特定通常兵器使用禁止制限条約
1992	1997	化学兵器禁止条約（➡p.310）

A 戦時国際法の条約条文の実例

開戦に関する条約（抄） 第1条[宣戦] 締約国ハ，理由ヲ附シタル開戦宣言ノ形式又ハ条件附開戦宣言ヲ含ム最後通牒ノ形式ヲ有スル明瞭且事前ノ通告ナクシテ，其ノ相互間ニ，戦争ヲ開始スヘカラサルコトヲ承認ス

捕虜の待遇に関する条約（抄） 第13条[人道的待遇，報復の禁止] 捕虜は，常に人道的に待遇しなければならない。……抑留している捕虜を死に至らしめ，又はその健康に重大な危険を及ぼすものは，禁止し，且つ，この条約の重大な違反と認める。……捕虜に対する報復措置は，禁止する。

解説 戦争にもルール 国連憲章では国際紛争を解決する手段としての武力行使は一般的に禁止されている（戦争の違法化）。戦争発生に際しても，可能な限り人道を維持し，被害を緩和させるために一定のルールを定めたのが**戦時国際法**である。

6 主な平時国際法
（締約国数は2023.1現在。『国際条約集2023』による）

採択年	日本発効	主な条約	当事国数
1948	未	ジェノサイド条約（➡p.110）	154
1951	1982	難民の地位に関する条約（➡p.28）	146
1959	1961	南極条約（南極地域の平和利用・領土主権の凍結）	55
1961	1964	外交関係に関するウィーン条約	194
1963	1983	領事関係に関するウィーン条約	182
1966	1979	国際人権規約（➡p.29）	A171 B173
1966	1967	宇宙条約（天体・宇宙空間の平和利用）	113
1969	1981	条約法に関するウィーン条約	116
1982	1996	国際連合海洋法条約（➡p.19）	167

A 平時国際法の条約条文の実例

宇宙条約（抄） 第2条[領有権の否定] 月その他の天体を含む宇宙空間は，主権の主張，使用若しくは占拠又はその他のいかなる手段によっても国家による取得の対象とはならない。

ウィーン条約（外交関係に関する）（抄） 第22条[公館の不可侵]① 使節団の公館は，不可侵とする。
② 接受国は，侵入又は損壊に対し使節団の公館を保護するため及び公館の安寧の妨害又は公館の威厳の侵害を防止するため適当なすべての措置を執る特別の責務を有する。
第29条[身体の不可侵] 外交官の身体は，不可侵とする。外交官は，いかなる方法によっても抑留し又は拘禁することができない。……

日本政府が在韓公館前に設置された慰安婦像撤去を韓国に求める根拠は22条の②。

解説 人権擁護と秩序作り 平時国際法は時代の動きにつれ増大している。宇宙条約も宇宙開発の進展という時代に対応して生まれ，国連海洋法条約は資源問題の重要性が高まるにつれ，新しい海洋秩序を求める動きの中で採択された。

7 国際司法裁判所（ICJ）と国際刑事裁判所（ICC）

↑小和田恆氏 元ICJ所長。 誰の父親かな？

↑調査捕鯨裁判 2014年，ICJは日本の南極海での調査捕鯨中止を求める豪州の訴えを認める判決を下した。（オランダ 2014.3.31）

国際政治

	国際司法裁判所（ICJ）(International Court of Justice)	国際刑事裁判所（ICC）(International Criminal Court)
設立	1946年（国連憲章第92条*1）	2003年（ICC設立条約2002年発効*2）
本部	ハーグ（オランダ）	ハーグ（オランダ）
判事	国籍異なる15名，国連総会と安保理による選挙，任期9年，5名ずつ3年ごとに改選	国籍異なる18名，締約国会議で条約批准国出身者から選出，任期9年，6名ずつ3年ごとに改選
裁判の対象	国家間の紛争 ※国連の総会や安保理などの諮問に応じ，法律問題につき勧告的意見を与えることもある。（➡p.312）	国際社会の懸念となる4重大犯罪（大量虐殺・戦争犯罪・人道に対する罪・侵略）に対する個人の責任を問う。条約発効以前の犯罪については審理できず。
訴訟開始	当事国間の合意に基づく提訴	加盟国または国連安保理の要請，検察官（1名）の独自捜査による起訴
上訴	一審制，原則的に再審なし	二審制
日本人の貢献	小和田恆…日本人初の所長（2009.2～12.2）。2018判事を退任。岩沢雄司（2018.6～）	齋賀富美子…日本人初の裁判官（2008.1～09.4在職中に没）。赤根智子…日本人3人目の裁判官（2018.3～）。元検事。
国際問題の解決例	1997年にマレーシアとインドネシアとの間の2島の領有権を巡って両国が提訴，2002年にマレーシア領との裁定が下った。最大の根拠は同国の実効的支配。	コンゴ民主共和国（旧ザイール）の武装勢力指導者に，内戦で子どもを徴兵，戦闘行為をさせたとして2012年に禁錮14年の判決が下った（ICCが下した初の判決）。

＊1 ICJは国際連盟下で設置された常設国際司法裁判所を引き継ぐ。
＊2 ICC設立条約（1998年採択）批准が60か国に達して発効（2023.1現在123か国批准）。**日本は国内法未整備を理由に署名しなかったが，2007.7に批准。**米国，ロシアは調印したものの未批准。中国は未署名。

17年，ブルンジがICC脱退。加盟国初の脱退。

外交官出身 / 法務省出身

解説 領土問題解決の例も ICJ当事国は国連加盟国だが，ICJの管轄権受諾宣言国は，全体の約3分の1で，国際紛争解決の切り札とはいえない。一方，大規模犯罪に対し，常設裁判所を設置する構想が国際連盟時代からあったが，国家エゴや冷戦下の東西対立で実現しなかった。だが冷戦終結後，旧ユーゴスラビア紛争に際して臨時国際法廷設置を契機に，常設裁判所設置の気運が高揚，ICC発足となった。**ICJが国家間の紛争を扱う**のと異なり，**ICCは個人の責任を追及でき**，裁判制度が十分機能していない地域の非人道的犯罪を裁くことが期待される。

用語 常設仲裁裁判所（Permanent Court of Arbitration, PCA）…1901年設立。本部はハーグ（オランダ）。国家，国際機構，私人間の紛争を対象とし，個々の紛争ごとに裁判官名簿の中から紛争当事国の合意によって裁判官を選任する。紛争発生時にPCAに仲裁を付託する旨の規定が条約・協定等にある場合，管轄権を持つ。中比間の南沙諸島領有権をめぐる（➡p.19）裁判で，16年に中国の主張を斥けた**仲裁裁判所**も国連海洋法条約の規定に基づきPCA内に設置された。判決は当事者を法的に拘束するが，その内容を強制執行する権限はなし。

プラスα 国連から独立した機関「ICC」 2015年にパレスチナが加盟して注目を浴びた。19年4月には，米兵がアフガニスタンでの戦争で拷問などを行っていた疑いに関して，米国の圧力に屈したかたちで，検事が要求していた正式捜査の請求を却下した。

視点

● 国際連盟と国際連合はどのように成立したか？
● 集団安全保障の考え方を理解する。

16 平和と公正をすべての人に
国際化

League of Nations　United Nations

国際連盟から国際連合へ

両者の比較一覧表　p.296

→カント

1 国際連合成立までのあゆみ

18世紀の「超政府」構想
• サン＝ピエール『ヨーロッパ恒久平和』
…「諸国民の最高法廷」設置を主張
• カント『永久平和のために』

1914.7～18.11　第一次世界大戦
1918.1　ウィルソンの平和原則
　　　　14か条
→ウィルソン

1919.1～.6　パリ講和会議
→ヴェルサイユ条約
（このうちの第1編が国際連盟規約）

1920.1　国際連盟が成立
軍縮・集団安全保障を基本理念に国際平和追求
→国際連盟準公式旗

LEAGUE OF NATIONS
SOCIETE DES NATIONS

（独1933・日1933・伊1937の脱退）
1935年10月，エチオピアへの侵攻を開始したイタリアのムッソリーニ政権に対して国際連盟は経済制裁を発動，しかしあまりイタリアを刺激したくない英仏は消極的で，石油・鉄鋼などの重要戦略物資が除かれ，制裁は骨抜きになった。

チャーチル→

1939.9～45.8　第二次世界大戦

1941.8　大西洋憲章
F.ルーズベルト（米）とチャーチル（英）が新たな国際平和維持機構を展望

国際政治

1942.1　連合国共同宣言
F.ルーズベルト（米）が 'United Nations'（連合国）という言葉を初めて使用

1943.10　モスクワ宣言
米，英，ソ，中の4か国代表が，戦後早期の新平和維持機構設立を提唱

↑F.ルーズベルト

1944.8～.10　ダンバートン・オークス会談
上記の4か国代表が，国連憲章の原案作成

1945.2　ヤルタ会談
米，英，ソの3か国首脳が5大国の拒否権などについて合意（→p.302）

1945.4～.6　サンフランシスコ会議
国際連合憲章採択

1945.10.24　国際連合が正式発足
国際連合は英語で
'The United Nations'
（→ プラスα ）
→国際連合旗

A カント『永久平和のために』（1795年）16

永久の平和のための第2確定条項　国際法は自由な諸国家の連合に基礎をおかねばならない。

　国家としてのそれぞれの民族については，個々の人間と同じように考えてもよい。すなわち，自然状態では…たがいに並立していることですでに傷つけ合っているのである。したがって，各国家は自分の安全のために，他国に対して，おのおのの権利が保証されるような，公民的体制に似た体制にいっしょに入るよう要求することができるし，また要求すべきなのである。これは国際連合となるであろう。（土岐邦夫『世界の大思想（11）』河出書房）

解説 永久平和のための条件は？　カントは，哲学の立場から『永久平和のために』を著し，国際的な組織や国際法の確立こそ，永久平和の道と説いた。

B ウィルソンの平和原則14か条（抄）（1918年1月）

14　大国小国ともにひとしく政治的独立および領土保全との相互保障を与える目的のために，一般的国際連合が特別の協約のもとに組織されなければならない。

解説 国際連盟結成の呼び掛け　アメリカ大統領ウィルソンが発表した第一次世界大戦の戦後処理の構想である。ほかに秘密外交の禁止や，東欧やオスマン帝国内での民族自決などが盛り込まれた。しかし国内では19世紀以来の孤立主義が優勢の上院（→p.32）の反対により，国際連盟加盟はならなかった。19

C 国際連盟規約（抄）　　　[署名1919.6.28　発効1920.1.10]

第5条[総会と理事会の議事]①　……別段ノ明文アル場合ヲ除クノ外，聯盟総会又ハ聯盟理事会ノ会議ノ決ハ，其ノ会議ニ代表セラルル聯盟国全部ノ同意ヲ要ス。

第8条[軍備縮小]①　聯盟国ハ，平和維持ノ為ニハ，其ノ軍備ヲ国ノ安全及国際義務ヲ協同動作ヲ以テ実ス強制ニ支障ナキ最低限度迄縮少スルノ必要アルコトヲ承認ス。

第16条[制裁]①　第12条，第13条又ハ第15条ニ依ル約束ヲ無視シテ戦争ニ訴ヘタル聯盟国ハ，当然他ノ総テノ聯盟国ニ対シ戦争行為ヲ為シタルモノト看做ス。他ノ総テノ聯盟国ハ，之ニ対シ直ニ一切ノ通商上又ハ金融上ノ関係ヲ断絶シ，自国民ト違約国国民トノ一切ノ交通ヲ禁止シ，且聯盟国タルト否トヲ問ハス他ノ総テノ国ノ国民ト違約国国民トノ間ノ一切ノ金融上，通商上又ハ個人的交通ヲ防遏スヘキコトヲ約ス。

23 D 勢力均衡❶（balance of power）と集団安全保障❷（collective security）

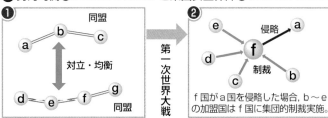

第一次世界大戦

f国がa国を侵略した場合，b～eの加盟国はf国に集団的制裁実施。

解説 いかにして平和を維持するか？　主権国家体制が確立した近代ヨーロッパでは，一国の強大化を周辺諸国が結束して阻止したり，軍備拡張の一方で周辺諸国への警戒感から結成された軍事同盟が対峙しつつ表面的平和を維持する事態が生じた（勢力均衡）。その結果生じた最大の悲劇が第一次世界大戦であり，国際連盟ではこれを防止するため，防衛に関する国家主権を制限し，戦争や侵略を起こした国には加盟国全体で制裁を加えようという考えが採用された。これが集団安全保障で，国際連合にも継承されている。湾岸戦争（1990年→p.301）は集団安全保障体制が初めて機能した例として有名。

23 用語

国連人権理事会…2006年，経済社会理事会の下部組織だった人権委員会を総会の補助機関としての理事会に格上げ。総会で選出された47の理事国が年に3回以上集まって各国の人権状況を定期的に検証し，勧告を出す。国連で作成された諸人権条約（→p.28, 29）の監視委員会の元締め的存在である。

専門機関…経済，社会等の分野で，政府間協定により設立された国際組織のうち国連総会の承認を受け，経済社会理事会と連携関係の協定を結んだもの。

プラスα　国連憲章前文の最初と最後に注目！　「連合国」も「国際連合」も英語ではThe United Nations（→p.296）。国連は連合国なのだ。日本加盟時（1956年）に世論への配慮から外務省が「国際連合」と訳したとか。中国語では国連を「聯合国」という。韓国語では유엔（ユエン＝UN）。

② 国際連合機構図 （→p.421）

安全保障理事会	任務	①国連の最重要機関。国際平和の安全と維持のために主要な責任を負う。②全加盟国に代わり任務を遂行。その決定は各加盟国に対し拘束力を持つ。
	常任理事国（5か国）	ロシア（旧ソ連）・米国・仏国・英国の5か国。任期，改選なし。拒否権を持つ。
	非常任理事国（10か国）	総会の投票で3分の2の多数を得た国を選出。任期2年。引き続きの再選なし。毎年半数を改選。〈2023-24年末〉日本，モザンビーク，エクアドル，マルタ，スイス〈2024-25年末〉アルジェリア，ガイアナ，シエラレオネ，スロベニア，韓国
	構成と決議	投票権は各理事国1票。●手続事項（議長選出や議題の決定等）…15分の9か国の賛成で決議成立。●実質事項（侵略国への制裁，PKO設置，事務総長選出，新加盟に関する勧告等）…全常任理事国を含む15分の9か国の賛成で決議成立（憲章第27条）。常任理事国が1か国でも反対すれば決議は不成立で，この特権を拒否権と呼ぶ（棄権，欠席は拒否権行使にならない）。
事務局	任務	国際連合運営に関する全ての事務を行う。
	事務総長	事務局の総責任者として国連の事務一般を担当。国際平和を脅かす事項について安保理に勧告，総会に年次報告を行う。任期5年。第9代グテーレス（ポルトガル・2017～）
国連総会	任務	あらゆる問題を取り上げる。国連憲章の規定により安保理が討議中の場合は，安保理の要請がない限り国際平和と安全に関する問題につき勧告できない。
	構成と決議	全加盟国代表で構成。投票権は各加盟国1票。●通常問題…出席投票国の過半数の賛成で決議成立。●重要問題（国際平和と安全の維持に関する勧告，加盟国の承認と除名等）…出席投票国の3分の2の賛成が必要。
	総会 通常総会	年1回（9月の第3火曜日～12月中旬）
	特別総会	安保理の要請，加盟国の過半数の要請などで招集される。
	緊急特別総会	安保理のいずれか9か国の要請，加盟国の過半数の要請などで24時間以内に招集。侵略防止の勧告ができる。
経済社会理事会	任務	非政治的分野での国際協力を目的とし，国際的問題を研究して総会及び加盟国や専門機関に報告・勧告する。
	構成	54の理事国（任期3年，毎年3分の1を総会で改選）

解説 6つの主要機関で構成 国連憲章上の主要機関は，**総会，安全保障理事会，経済社会理事会，信託統治理事会，国際司法裁判所，事務局**の6つ。このうち**安全保障理事会**が，平和維持に関する問題では全加盟国に代わって行動でき大きな力を持っている。また国連教育科学文化機関（ユネスコ）では政治的偏向を理由にアメリカ（'84～'03再加入）などが脱退し，不協和音も生じた。2011年には国連未加盟のパレスチナの同機関への加盟が実現した（→p.317）。

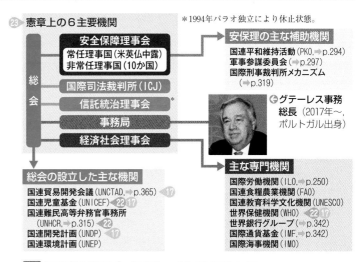

⑳ 憲章上の6主要機関　　＊1994年パラオ独立により休止状態。

総会
- 安全保障理事会（常任理事国（米英仏中露）・非常任理事国（10か国））
- 国際司法裁判所（ICJ）
- 信託統治理事会 ＊
- 事務局
- 経済社会理事会

安保理の主な補助機関
- 国連平和維持活動（PKO，→p.294）
- 軍事参謀委員会（→p.297）
- 国際刑事裁判所メカニズム（→p.319）

グテーレス事務総長（2017年～，ポルトガル出身）

総会の設立した主な機関
- 国連貿易開発会議（UNCTAD，→p.365）⑰
- 国連児童基金（UNICEF）㉒⑰
- 国連難民高等弁務官事務所（UNHCR，→p.315）㉒
- 国連開発計画（UNDP）⑰
- 国連環境計画（UNEP）

主な専門機関
- 国際労働機関（ILO，→p.250）
- 国連食糧農業機関（FAO）
- 国連教育科学文化機関（UNESCO）
- 世界保健機関（WHO）㉒⑰
- 世界銀行グループ（→p.342）
- 国際通貨基金（IMF，→p.342）
- 国際海事機関（IMO）

③ 国連が日本を見つめる目は？

ヘイトスピーチ…特定の民族や人種を標的に差別をあおる発言等。

Ⓐ 取り組み甘い日本のヘイトスピーチ対策

　ヘイトスピーチ解消のため，公的機関に対し相談体制の整備や人権教育の充実等を求める**ヘイトスピーチ対策法**が2016年成立・施行。同法の施行直前，ヘイトスピーチを繰り返す団体の川崎市でのデモ計画に対し，横浜地裁川崎支部が実施を事前に差し止める決定を下した。なお，同法には罰則規定がないため取締りはできないが，**川崎市は19年に50万円以下の罰金措置を規定した独自の「川崎市差別のない人権尊重のまちづくり条例」を制定**。また，国連の人種差別撤廃委員会も同法の強化を日本政府に勧告している。

Ⓑ 国連人権理事会も問題視した「ジャニーズ問題」

　2023年夏に来日した**国連人権理事会**（→p.421）の「ビジネスと人権」作業部会のメンバーが日本政府と企業内の人権状況について調査し，記者会見で以下のような点を指摘した。作業部会は報告書を作成し，24年6月に人権理事会に提出する予定。報告書には，日本政府に対する勧告が含まれる。　　（『朝日新聞』2023.8.5による）

項目	作業部会が指摘した内容
政府による透明な捜査と被害者救済	ジャニーズ事務所（旧称）の創業者，故ジャニー喜多川氏の性加害問題に関して，政府は責任ある主体として透明な捜査を確保し，謝罪や金銭的な補償など被害者の実効的救済を確保する必要あり。
日本のマスメディアの加担	日本のメディア企業は数十年間，この不祥事のもみ消しに加担したと伝えられている。
虐待への対処	日本の全企業は虐待に対処すべく強く求める。

TRY 次の表の3か国・地域は国際連合未加盟である。国家承認・不承認に関する主な国・地域と関連ページをみて，それぞれの背景にあるものを考え（①～③），国連加盟のために必要な手続きを国連憲章で確認しよう。また，日本はいずれの立場に立っているか調べてみよう（④）。（解答→p.416）

●3か国・地域に対する主な国家承認・不承認の国・地域

	承認【国・地域数】	不承認【国・地域数】
①パレスチナ（→p.317）	【140】アラブ諸国，中，印，露，イラン，ブラジル，インドネシア，スウェーデンなど	【56】イスラエル，米，英，仏，独，伊，蘭，加，豪，韓，スイス，EUなど
②コソボ（→p.319）	【100】米，英，仏，独，台湾，クロアチア，アルバニア，モンテネグロ，北マケドニアなど	【104】セルビア，ボスニア・ヘルツェゴビナ，露，中，スペイン，キプロス，EUなど
③台湾（中華民国）（→p.298）	【13】バチカン市国，パラグアイ，ツバル，エスワティニ，グアテマラ，ハイチなど	【182】（中華人民共和国の承認国）米，韓国，英，仏，独，伊，蘭，韓，EUなど

（パレスチナ2023年6月，コソボ2020年9月，台湾2023年6月現在）

プラスα 国連とは異なるけれど，毎年世界経済フォーラムが発表する「ジェンダーの格差に関する調査」結果も深刻。2023年版では日本は146か国中125位で，OECD諸国内では最下位でとりわけ「政治参加」と「経済」の分野での評価が極めて低い。やはり人権後進国？

視点
- 戦後世界で国連が果たした役割を理解する。
- 国連軍とPKOはどう違うのか？

戦後の国際政治経済と国連

世界平和への貢献と多様な活動

1 国連の動き（ □ は加盟国数の推移）

赤字…主な特別総会　緊急①…緊急特別総会，数字はその会数

事務総長	年	主な出来事
リー（ノルウェー）	1945	国連憲章採択→国際連合発足　←第二次世界大戦終結
	46	安保理ソ連が最初の拒否権を行使
	47	総会パレスチナ分割案を採択
	48	総会世界人権宣言を採択　←第一次中東戦争
	50	「国連軍」朝鮮へ派遣（安保理をソ連が欠席）
		平和のための結集決議採択　←朝鮮戦争（～53）
ハマーショルド（スウェーデン）	1956	緊急①②スエズ事件・ハンガリー事件←初の緊急特別総会開催
		日本が国連に加盟←第二次中東戦争
	58	緊急③レバノン・ヨルダン問題←米英がレバノン等に出兵
	60	「国連軍」（実際はPKF）コンゴのカタンガ州に進駐
		総会植民地独立付与宣言採択　緊急④コンゴ問題
ウ・タント（ビルマ）	1965	総会全面核実験禁止など3軍縮決議案を採択
		総会人種差別撤廃条約採択　←ベトナム戦争（～75）
	66	安保理米の北爆で開催。国際人権規約採択（76年発効）
	67	緊急⑤中東問題　←第三次中東戦争
	68	安保理チェコ事件で開催　←チェコ事件
	71	中国が国連に加盟→国府（台湾）追放
ワルトハイム（オーストリア）	1972	国連人間環境会議開催（人間環境宣言採択）
	73	安保理中東戦争で国連緊急軍（PKF）の派遣を決定
		東西ドイツ同時加盟　←第四次中東戦争，石油危機
	74	国連資源特別総会（NIEO【新国際経済秩序】樹立宣言）
	75	国際婦人年世界会議（メキシコシティ）
	78	第1回国連軍縮特別総会
	79	←ベトナムがカンボジアに侵攻，ソ連がアフガニスタンに侵攻
	80	インドシナ難民会議開催
		緊急⑥アフガニスタン問題　緊急⑦パレスチナ問題
	81	緊急⑧ナミビア問題（南アの不当支配を非難）
デクエヤル（ペルー）	1982	第2回国連軍縮特別総会
		緊急⑨イスラエル制裁問題（ゴラン高原併合を非難）
	84	国際人口会議（メキシコシティ）
	88	第3回国連軍縮特別総会。国連平和維持軍がノーベル平和賞受賞
	89	←マルタ会談，冷戦終結（89）
	90	安保理イラクへの武力行使容認←イラクがクウェート併合
	91	韓国・北朝鮮など7か国が加盟　←湾岸戦争
ガリ（エジプト）	1992	国連環境開発会議（地球サミット）開催
	93	ソマリアPKO失敗→撤退
	95	総会敵国条項削除を決議。国連世界女性会議（北京）
アナン（ガーナ）	1997	国連環境特別総会。緊急⑩エルサレム問題（イスラエル非難）
	2000	国連ミレニアム・サミット…ミレニアム開発目標（MDGs）採択（→p.365）
	01	ノーベル平和賞受賞（事務総長アナンとともに）
	02	スイス，東ティモール加盟
	05	安保理改組論議沸騰　←2003年，イラク戦争
	06	モンテネグロ加盟
潘基文（韓国）	11	南スーダン加盟
	12	国連持続可能な開発会議（リオ＋20）開催
	15	国連持続可能な開発サミット…SDGs採択（→p.365）
		COP21…温暖化防止のためのパリ協定採択（→p.373）
グテーレス（ポルトガル）	17	国連事務総長にグテーレス元ポルトガル首相が就任
	20	SDGs「行動の10年」スタート
	22	緊急⑪ロシア・ウクライナ戦争（ロシア非難）　193

加盟国数　0　50　100　150　200（か国）

〈注〉主な未加盟国・地域はバチカン，台湾，パレスチナ，コソボ，クック，ニウエ。**オブザーバー**（総会での議決権はないが，国連内で活動可能）はバチカン，パレスチナの他，EU，アフリカ連合などの政府間国際機構，赤十字国際委員会，ICC，IOC等の国際機関からなる。

2 国連の諸活動

❶ 国際平和の維持	・安全保障理事会による勧告・制裁（→p.294） ・緊急特別総会による勧告・制裁（→Ⓐ） ・平和維持活動（PKO）（→p.294）
❷ 軍縮	ジュネーブ軍縮会議（CD：Conference on Disarmament）が，唯一の多数国間の軍縮交渉機関。国連等の他の国際機関からは独立しているが，事務局機能は国連軍縮部が担当。総会補助機関として，第1委員会，軍縮委員会もある。 ・国連軍縮特別総会（SSD, 1978, 82, 88） ・軍縮条約締結の推進（→p.310）…化学兵器禁止条約（1992），包括的核実験禁止条約（1996）
❸ 南北問題	・UNCTAD（国連貿易開発会議）…1964年設立，数年ごとに総会（→p.365） ・資源問題に関する特別総会（1974） ⇒新国際経済秩序（NIEO）樹立宣言…資源に関する産出国の恒久主権・多国籍企業への監視など
❹ 環境・人口問題	・国連人間環境会議（1972） ⇒「かけがえのない地球」 ・地球サミット（1992）　・世界人口会議（1974）
❺ 人権	平和の基礎として「世界人権宣言」（1948→p.29）・「国際人権規約」（1966→p.29）を中核に世界規模での基本的人権の確立，普及を推進 ・多くの人権条約を締結（→p.28） ・国連人権理事会（2006新設）の監視・勧告 ・国連人権理事会の事務局としての国連人権高等弁務官事務所 ➡アウン・サン・スー・チー　ミャンマー民主化運動の指導者。1991年のノーベル平和賞受賞後も独裁政権と闘い続けてきた。
❻ 難民救済（→p.315）	国連難民高等弁務官事務所（UNHCR, 1951設置）が中核となり難民救済に尽力 ・総会で難民条約採択（1951→p.28）
❼ 国際法の整備・発展	・国際法委員会（1947設置）による，さまざまな国際条約案の起草 ・国際司法裁判所（ICJ→p.289）の活動

Ⓐ「平和のための結集」決議（1950年採択）

総会閉会中に安全保障理事会が拒否権により機能しなくなったとき，安保理事国9か国または過半数の加盟国の要請により，24時間以内に緊急特別総会を開き，2/3以上の賛成があれば総会が集団的措置を勧告することができるという決議。

Ⓑ 緊急特別総会の要請別分類（過去11回開催→1）

要請	緊急特別総会の会数と原因となった拒否権行使国
安保理	①英仏，②ソ，③米ソ，④ソ，⑥ソ，⑨米，⑪ロ
加盟国（主導国）	⑤なし（ソ），⑦米（セネガル），⑧米英仏（ジンバブエ），⑩米（カタール）

TRY 国連加盟国は193だが，日本の国家承認数は195で日本を入れれば196。①日本が国家承認しているけれど国連未加盟の4か国はどこ？②国連加盟国だが日本未承認の国1か国はどこ？（解答→p.416）

プラスα 国連事務総長の任期は5年。中立を重視して，小国から選ばれ，2期務めるのが慣例。第2代のハマーショルドは任期途中，アフリカで飛行機事故のため死去した。なお，墜落原因についての国連調査委員会報告書（2017年発表の再調査）では，暗殺の可能性が示唆されている。

言の葉
平和憲法は世界の範たる理想である。これを教えて壊つはタリバンに百倍する蛮行に他ならない。

中村 哲［日：1946～2019］　医師、ペシャワール会現地代表。パキスタン、アフガニスタンで30年以上、医療・農業支援活動を続けた。ペシャワール会は中村氏を支援するため1983年に発足したNGO。2000年、大干ばつに見舞われた村々で水源確保事業を開始し、1600を超える井戸を掘削した。

19年12月、アフガニスタンで支援活動中に、武装勢力に襲撃され死亡した。

活躍するNGO（➡p.287）

公的機関ではないが(non-governmental)国連の重要なパートナー

❸ 国連NGOとは？

国連と協力関係にある国際的な非政府組織。国連憲章第71条（➡p.297）に基づき経済社会理事会（ECOSOC）に認証されたNGOは、Ⓐのレベルに応じて国連内の会議で発言したり、活動に参加する。世界全体で約4,000、日本に本部を置くものでは45団体がその地位を持つ。

Ⓐ 国連NGOとECOSOCとの関係

総合諮問資格	ECOSOCの大部分の活動に関係
特殊諮問資格	ECOSOCの特定活動分野に関係
ロスター	必要に応じて随時貢献

Ⓑ 代表的な国連NGO（Non-Governmental Organizations：非政府組織）

アムネスティ・インターナショナル（Amnesty International）…言論・思想・人種等を理由に不当に捕らわれた非暴力の人々（良心の囚人）の釈放が目的。政治犯の公正な裁判、拷問・死刑廃止を求める。1961年、英国の弁護士らが結成。会員等は700万人(200か国)。1977年ノーベル平和賞受賞。❶❻❶❹

国境なき医師団（Medecins Sans Frontieres）…1971年、ナイジェリア内戦で救援活動を行った仏人医師らが結成。政治的中立を保ち、80超の国で活躍。1999年ノーベル平和賞受賞。

オックスファム・インターナショナル（Oxfam International）…1942年、英国で国境を越えた戦災救済団体として発足。飢餓・開発教育に取り組む。

ヒューマン・ライツ・ウォッチ（Human Rights Watch）…1988年創立。ヘルシンキ宣言（➡p.303）の人権条項履行監視で設立の「ヘルシンキ・ウォッチ」が前身。世界各地の人権や国際人道法の遵守状況を監視し、HP等で発信。本部ニューヨーク。

日本に主要活動拠点を置く代表的国連NGO…アジア刑政財団、アムダ（AMDA）、国連支援交流協会、オイスカ（OISCA）等。

大国に翻弄される国連

日本の存在意義は？

❹ 国連の歩みと大国の専横

Ⓐ 国連の趨勢と大国の動向

	国連の趨勢	大国の動向
1945年～60年代	**安全保障理事会中心主義**…第二次世界大戦戦勝国としての正統性発揮	冷戦下、ソ連の拒否権発動はあれど、米国はブレトン・ウッズ体制（➡p.342）の要として世界規模の開発推進
1970年～80年代	**総会中心主義**…1960年代に加盟した新興独立国の発言力増大	米国は国連に反発し、ILO脱退（1977～80）、UNESCO脱退（1984～2003）、**分担金滞納**（1985～）（➡❺）
1990年代～2000年代	**国連システムの再生？**…冷戦終結で安保理やPKO（➡p.294）を通じ、紛争処理に一定の成果	米国の唯一の超大国化…単独行動主義（➡p.305）、安保理無視の武力行使、アフガニスタン攻撃（2001～21）、イラク攻撃（2003）
2010年代～	**国連の危機**…安保理改革議論（➡❾）の行き詰まり	新冷戦的構図（米vs中ロ）と非同盟主義の分裂、南南問題（➡p.365）

Ⓑ 安保理における拒否権発動回数の推移（2023年8月現在）

年代	1940	50	60	70	80	90	2000	10	20	合計
ロシア	46	45	18	7	4	2	4	19	8	153
フランス	2	2	1	7	4					18
イギリス	0	2	1	14	15	0	0	0	0	32
中　国	0	1*	0	2	0	2	3	9	2	19
アメリカ	0	0	0	21	46	6	9	3	1	87
合　計	48	50	19	51	72	10	16	31	12	309

〈注〉ロシアは旧ソ連含む。＊は中華民国。（GPF資料などにより作成）

解説 「金を出す以上は…」 ❺Ⓑで明らかなように最大の滞納国はなんと経済超大国アメリカ。その財政規模からすれば分担金は決して巨額ではないが、特に共和党内には「自国民の税金の使途を国連に指示されたくない」との思惑がある。滞納は1980年代のレーガン共和党政権に始まり、現在に至る。近年では安保理などでの米・中ロ対立が深刻だ。

❺ 国連財政の現状（➡p.328分担金拠出比率推移）

Ⓐ 通常予算分担率（2023年）とGNI世界比（2018～22年平均）

日本の分担率は19年に中国に抜かれ3位となった。

順位	国　名	分担率	GNI比	順位	国　名	分担率	GNI比
①	アメリカ	22.0	24.7	⑦	イタリア	3.2	2.3
②	中　国	15.3	17.0	⑧	カナダ	2.6	2.0
③	日　本	8.0	5.8	⑨	韓　国	2.6	1.9
④	ドイツ	6.1	4.5	⑩	スペイン	2.1	1.5
⑤	イギリス	4.4	3.2	⑪	オーストラリア	2.1	1.6
⑥	フランス	4.3	3.1	⑫	ブラジル	2.0	2.0

〈注〉順位は分担率。単位は％。　（外務省、世界銀行資料による）

Ⓑ 国連分担金の未払い状況（2012年10月現在）

（国連広報センター資料による）

（米国の分担金滞納問題➡❹）

約8.6億ドル
その他 13.0
米国 87.0%

TRY 国連への分担金を滞納するとどうなるか、国連憲章で調べよう。（解答➡p.416）

Ⓒ 国連予算の規模（外務省、国連資料による）

日本の外務省の予算(2023年度)　約55億1,825万ドル（7,560億円、1ドル＝137円）

国連PKO予算（2022年度）　約64億5,200万ドル

国連通常予算（2023年）　約29億8,970万ドル

解説 日本は出しすぎ？ 国連予算は「通常予算」「PKO予算」からなり、拠出額の根拠となるのは直近3年間の世界総GNIに占める比率。安保理常任理事国のロシアや中国の分担率が意外と低いのもそのせいで、中国は「発展途上国割引」などの恩恵も受ける。分担率の上限は22％（＝アメリカ）で、その「不足分」は他国が経済力に応じて負担するため日本は割高になる。下限は0.001％。ちなみに年度内に分担金を払っている国は約半数しかない。国連予算の規模が意外に小さいことにも注目。

プラスα 安保理での拒否権発動で目立つのは、1940・50年代は冷戦下でのソ連、70・80年代は発展途上国台頭に反発した米英。ここ10年は、ロシア・中国はシリア内戦への批判封じ、そして米国はパレスチナ問題へのこだわり。中ロ蜜月は、新たな冷戦を感じさせるのに十分だ。

国際政治

6 国際紛争解決へのプロセス

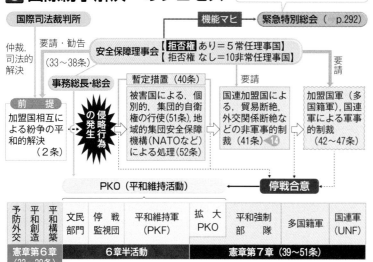

総会ができるのはあくまで「勧告」。国際紛争に関しては安保理決議が拘束力を持つ（➡p.297, 国連憲章第12条1，第25条）。

Ａ 例外的な武力行使の例

1950年の朝鮮戦争時の「国連軍」

ソ連が中国代表権問題で安保理を欠席していた（出席していれば当然拒否権を行使したはず）ほか，軍事参謀委員会も設置されなかったため，正規のものではない。

1991年の湾岸戦争時の「多国籍軍」

安保理は多国籍軍の武力行使を容認したが，憲章第42～47条が規定する形態ではなかった。（➡p.301, 316）

解説 国連版勝利の方程式は？ 国連の紛争処理の大前提は平和的解決だが，現実に侵略行為が発生した場合，集団安全保障（➡p.290）の考え方に基づき，安保理が主体となって対応する。冷戦下では東西間の軍事同盟が対立，米ソの拒否権行使でこのシステムは十分に機能しなかったが，90年代以降，次第にその存在感を増している。

7 国連の平和維持活動 （PKO＝Peace Keeping Operations）（自衛隊の派遣問題➡p.76）

Ａ PKOの諸原則

- 派遣の前提＝受入れ国の要請や同意
- 指揮系統面での国際的・中立的性格
- 自衛のため以外に武力を用いず
  （近年，避難民ら文民保護任務のために武器使用を認めるPKOが増えている）
- 紛争当事国の国内問題に介入しない
- 加盟国の自発的な兵力提供

用語 平和強制（執行）部隊（Peace Enforcement Units） …停戦合意が守られない場合にそれを回復ないし維持させるために国連から派遣される部隊。必ずしも受入れ国側の同意を必要としないなどの点で7章活動に近いPKO。1992年ガリ事務総長が「平和への課題」（UNOSOM II，1993～95）の中で提唱。**第2次国連ソマリア活動**（UNOSOM II，1993～95），**旧ユーゴ国連保護軍**（UNPROFOR，1992～95）と実施したが受入れ国側を敵に回す形となって事実上失敗，その後は実施されていない。

⑲ Ｂ 国連軍（UNF），PKO，平和強制部隊の比較

	国連憲章上の国連軍	平和維持活動(PKO)	平和強制部隊
目 的	侵略の鎮圧・平和の回復	武力衝突再発の防止	停戦違反への対応
主要任務	侵略者に対し軍事的強制力を行使し撃退。平和を回復	停戦の監視，兵力の引き離し監視，現地の治安維持，市民の保護など	停戦の回復，維持
設立根拠	憲章43条・特別協定	憲章22・29条 ⑮	（憲章29条）
活動根拠	憲章39・42条	明示規定なし（第6章半）	憲章40条
設立主体	安全保障理事会	安保理・総会	安全保障理事会
指 揮	未定（憲章47条3）	国連事務総長	国連事務総長
編 成	安保理常任理事国を中心とした大国の軍隊を中心に編成	大国や利害関係国を除く諸国の部隊・将校を中心に編成	国連加盟国の部隊で編成
武 装	重武装	平和維持軍(PKF)＝軽武装　停戦監視団＝非武装	平和維持軍よりも重装備
武器使用	原則として無制限	自衛の場合に限定	停戦回復のため使用

Ｃ 現在活動中の国連PKO （2023年5月末現在）

名 称 （● …日本が協力中）	派遣場所	設置時期
❶国連休戦監視機構	エジプト，イスラエル等	1948. 6
❷国連インド・パキスタン軍事監視団	インド・パキスタン国境	1949. 1
❸国連キプロス平和維持隊	キプロス	1964. 3
⑭ ❹国連兵力引き離し監視隊	シリアのゴラン高原	1974. 5
❺国連レバノン暫定隊	南部レバノン	1978. 3
❻国連西サハラ住民投票監視団	西サハラ	1991. 4
❼国連コソボ暫定行政ミッション	コソボ	1999. 6
❽国連コンゴ民主共和国安定化ミッション	コンゴ民主共和国	2010. 7
❾国連アビエ暫定治安部隊	スーダン・南スーダン	2011. 6
❿ ● 国連南スーダン共和国ミッション	南スーダン	2011. 7
⓫国連マリ多面的統合安定化ミッション	マリ	2013. 4
⓬国連中央アフリカ多面的統合安定化ミッション	中央アフリカ共和国	2014. 4

Ｄ 国連PKOの活動地点 （❶の数字は❶のPKO）

解説 存在感増すPKO活動 冷戦構造や加盟国間の価値観の相違から，国連の想定した集団安全保障体制（➡6）はほとんど機能しなかった。また，地域紛争において明らかな侵略と判断される行為はさほどない。こうした中で注目されてきたのがPKO。国連憲章第6章（平和的解決）と第7章（強制行動）の中間に位置することから，「**6章半活動**」とも呼ばれる。冷戦終結後の1990年代に入って民族紛争が相次ぎ，PKOの存在感が増すとともに，平和維持や停戦監視以外に以下の2つの方向が模索されている。①**多機能型**＝紛争解決時の包括的政治合意に基づく難民帰還，選挙監視などの広範な活動を展開。国連カンボジア暫定機構（UNTAC，➡p.74）が典型。②**平和強制型**（➡ **用語** 「平和強制部隊」参照）。

プラスα 多国籍軍 憲章第43条以降の規定に基づく正規の国連軍は今までに一度も結成されたことはなく，侵略行為に対して武力制裁を実施する場合，第42条に基づき複数国の連合軍による行動を安保理が認可する形をとっている。湾岸戦争（1991年）が典型的。

8 「人道的介入」か「内政干渉」か?

Ⓐ リビアのカダフィ政権崩壊過程 (➡p.38, 39)

年	事　項
1969	カダフィ大佐が政権掌握，次第に独裁体制確立
2011	1月，隣国チュニジアでジャスミン革命
	2月，「アラブの春」波及，内戦状態に
	3月，安保理決議で「市民を守るため」の人道的介入として対リビア空爆容認(賛成10，棄権5＝中・ロ・印・独・ブラジル)→NATO軍(米英仏中心)が空爆・新政府軍へ武器供与
	8月，カダフィ政権崩壊→10月，カダフィ殺害

カダフィ大佐

Ⓑ 「平和強制」「人道的介入」の事例 (➡ 7 用語)

平和強制	第2次国連ソマリア活動 (1993〜95)	軍事勢力分立の混乱を収拾するために派遣された米軍中心のPKO部隊が，現地勢力を敵に回す形となり撤退。
	旧ユーゴ国連保護軍 (1992〜95)	旧ユーゴ分裂と内戦激化の中，十分なPKO活動ができず，NATO空爆後の停戦合意に伴い撤退。
人道的介入	コソボ紛争 (1998〜99)	中ロの反対で安保理決議なきままNATO軍がセルビア軍を攻撃→セルビア軍撤退。しかしこの間，セルビアによるコソボ内での抑圧激化。
	イラク戦争 (2003)	仏独の反対で安保理決議なきまま米英軍がイラクを攻撃→フセイン政権崩壊。しかし混乱の中2011年まで米軍駐留。大量破壊兵器発見されず。

解説 求められる正当性 人道的介入(humanitarian intervention)は，大規模な人権侵害が相次ぐ中で，緊急時にとりわけ軍事面で他国がこれに介入し，解決することを是とする理論で，近年国際政治において議論される。2005年国連総会の特別首脳会議が採択した「成果文書」に「保護する責任」としてその理念が記された。しかし，その行使に当たっては国連憲章で定めた武力行使と威嚇の禁止原則との整合性や国際的な合意の有無が問われることになる。

安全保障理事会改革問題
国連改革の焦点，されど遠い道のり

9 安保理改革諸案 (2005年，15年総会)

	常任理事国	非常任理事国	計	拒否権
G4(日・独・印・ブラジル)案	11か国 現5＋6 (ア枠2)	14〜15か国 現10＋4〜5 (ア枠2)	25〜26	新常任理事国は15年間凍結
コンセンサス連合(※2)案	5か国 現状維持	20か国 現10＋10 (ア枠3)	25	現常任理事国も行使抑制
米国案	7か国程度 現5＋2 (日本含む)	12〜13か国 現10＋2〜3 (任期更新可能)	19〜20	新常任理事国には与えない

※1…「ア枠」はアフリカ枠。※2…韓国，イタリア，パキスタン，メキシコなどが構成。 (『朝日新聞』2015.5.9などによる)

解説 総論賛成だが… 財政問題とともに，安保理改革は国連の最重要課題。1990年代以降，安保理改革論議が沸騰した背景には，①第二次世界大戦の戦勝国(特に欧米)中心の国連運営に対する発展途上国の不満，②経済大国日独の発言力向上(➡p.328)がある。改革の争点となるのは，①理事国数の増加，②常任理事国の拒否権の扱い。総論賛成でも，各論になると既得権喪失を恐れたり，「なぜあの国がよくてわが国がダメなのか?」といった調子で議論は進まない(2023年7月現在)。

Focus 拒否権を乗り越える試み

↑安全保障理事会

2022年2月以降のウクライナ侵攻をめぐってロシアを非難する国際世論は高まったが，安保理ではロシアの拒否権行使で決議はできず，総会にかけても拘束力はなし。そこで，小国リヒテンシュタインが一計を案じた。「安保理で拒否権を行使した国に，10日以内に総会の場で説明を求める」というもので，4月の総会で採決を取らず総意の形で採択された。そしてその初のケースとして6月，北朝鮮への制裁強化に拒否権を行使した中ロが説明する総会が開かれた。説明に義務はないが，拒否権の一定の抑止効果が見込まれる。

拒否権の存在理由としては「大国間の新たな大戦を招かないためにあると考える」というのがグテーレス事務総長の見解。残念ながら，大国を国連につなぎとめ，安保理決議の有効性を担保している側面もあるというのだが…。

TRY 安保理の構造を変更するには，どのような手続きが必要か，国連憲章で調べてみよう。(解答➡p.416)

---

10 どうする，日本の常任理事国入り?

賛　成　論	慎　重　論
❶安全保障理事会の議題は紛争後の社会の再建，エイズ対策など非軍事部門にも拡大しており，平和憲法をもつ日本の活躍できる可能性が広がっている。	❶常任理事国になることで，平和憲法を改正して軍事大国になっていく可能性がある。
❷非核保有国，アジアの民主主義国といった視点で国際紛争解決に貢献できる。	❷常任理事国入りすれば，「日本だけは憲法の制約があって軍事的解決に協力不可能」という理屈は通らないのでは?
❸紛争に関する情報を早期に入手できる。	❸「拒否権＝自国の軍事的特権保持」という図式で近隣国家から警戒されないか?
❹これまでの発展途上国支援の経験が，紛争後の経済復興に生かせる。	❹軍事面でなく，環境，人権，薬物などの地球規模の問題群を最重要課題としていくような，国連改革が先決。

Ⓐ 内閣府世論調査 [常任理事国入りについて] (2022年10月)

| 賛　成　46.8% | どちらかといえば賛成 42.9 | 7.7 |

どちらかといえば反対
反対 1.3
無回答 1.3

解説 ここにも9条の影響 非常任理事国を12回も経験するなど，日本の「実績」は十分だが，常任理事国入り問題に関しては国内に慎重論も少なくない。その背景には憲法観の相違もありそう。ちなみに政府は1993年以降，「憲法が禁ずる武力行使は行わないという基本的な考え方で，多くの国々の賛同を得て，責任を果たす用意がある」という方針。

日本は23年から2年間，12回目の非常任理事国。国連加盟国中最多。

プラスα PKO活動は，意外にも国連憲章には明文化されていない。総会と安保理の権限として「その任務の遂行に必要と認める補助機関を設けることができる」(憲章第22・29条)とされているのに基づく。

国際政治

295

1 国際連盟と国際連合の比較

＊1971年までは「中華民国」（台湾）

	国際連盟（The League of Nations）	国際連合（The United Nations）
成立経過	・第一次世界大戦の悲惨な経験への反省 ・ウィルソンが「平和原則14か条」（1918）を提唱 ・ヴェルサイユ条約（1919）に基づき1920年に成立 　➡国際連盟規約はヴェルサイユ条約の一部	・国際連盟が第二次世界大戦を防げなかった反省から成立 ・**国際連合憲章**…大西洋憲章（1941）が基本構想 　➡ダンバートン・オークス会議（1944）で骨子作成 　➡サンフランシスコ会議（1945）で採択
規約・憲章	国際連盟規約…前文及び26か条（➡p.290）	国際連合憲章…前文及び19章111か条
加盟国	**原加盟国　42か国**　米…不参加。ソ…1934年加盟。 **最大時(1934年)60か国** 日独(1933)・伊(1937)…脱退。	**原加盟国　51か国** 米・英・露(旧ソ)・仏・中＊の5大国が常任理 **2023年　193か国** 事国として最初から参加。日本1956.12加盟
本部と組織	本部 ジュネーブ （スイス）	総会・理事会・事務局 自治的機関　常設国際司法裁判所 　　　　　国際労働機関	本部 ニューヨーク （アメリカ）	総会・安全保障理事会（拒否権をもつ5常任理 事国と10非常任理事国）・経済社会理事会・信 託統治理事会・国際司法裁判所・事務局
表決方法	総会・理事会とも**全会一致主義**を採用。⑲	総会は**多数決主義**。安保理は**5大国一致主義**（拒否権あり）。
制裁措置	経済的制裁…通商・金融・交通の関係断絶など	経済的制裁に加えて**軍事的強制措置**（安全保障理事会による）
問題点	・全会一致主義の表決方法で，意思決定が困難 ・アメリカの不参加，ソ連と独を除外して発足 ・制裁措置が経済的制裁のみで不十分	・安保理の権限が大きく，5大国の拒否権により，大国間の 　対立には効果を上げ得ない ・財政難

用語 **敵国条項（旧敵国条項）**…第二次世界大戦中に連合国の敵であった国（enemy state）を対象とし，武力行使や安全保障に関する国連憲章の条項で，第53条，第107条を指す。第77条の一部にも敵国の記載があり，敵国条項に含まれる。敵国に該当する国は，日本，ドイツ，イタリア，ブルガリア，ハンガリー，ルーマニア，フィンランドと解釈されている。

敵国条項の削除…日本，ドイツなどの要求で，敵国条項を削除することが1995年の国連総会で決定している。だが，現在もまだ実行されないのは，両国に対するメッセージ？
敵国条項の危険性…旧敵国が侵略行動や国際秩序の現状を破壊する場合，加盟国は安保理の許可なく軍事行動できることを定めており，中国がこれを援用して対日武力行使を正当化した場合，日米安保が無効化される可能性が指摘されている。

2 国際連合憲章（抄）

［署名 1945.6.26　発効 1945.10.24］

章	章名	該当条文
1	目的及び原則	第1・2条
2	加盟国の地位	第3～6条
3	機関	第7・8条
4	総会	第9～22条
5	安全保障理事会	第23～32条
6	紛争の平和的解決	第33～38条
7	平和に対する脅威，平和の破壊及び侵略行為に関する行動	第39～51条
8	地域的取極	第52～54条　敵国条項第53条
9	経済的及び社会的国際協力	第55～60条
10	経済社会理事会	第61～72条
11	非自治地域に関する宣言	第73・74条
12	国際信託統治制度	第75～85条
13	信託統治理事会	第86～91条
14	国際司法裁判所	第92～96条
15	事務局	第97～101条
16	雑則	第102～105条
17	安全保障の過渡的規定	第106・107条　敵国条項第107条
18	改正	第108・109条
19	批准及び署名	第110・111条

〈注〉　国連憲章は前文以下19章111か条。国際連盟規約の26か条よりはるかに詳細である。日本の加盟は1956年12月。

共通テスト 知っていれば解けた!!

政治・経済 15年分 ❶は本試15回分のデータのうち，出題のあった試験回数。

前文

われら**連合国**（The United Nations）の人民は，

われらの一生のうちに二度まで言語に絶する悲哀を人類に与えた戦争の惨害から将来の世代を救い，

基本的人権と人間の尊厳及び価値と男女及び大小各国の同権とに関する信念をあらためて確認し，……

国際の平和及び安全を維持するためにわれらの力を合わせ，

共同の利益の場合を除く外は武力を用いないことを原則の受諾と方法の設定によつて確保し，

すべての人民の経済的及び社会的発達を促進するために国際機構を用いることを決意して，

これらの目的を達成するために，われらの努力を結集することに決定した。

よつて，……この国際連合憲章に同意したので，ここに**国際連合**（The United Nations）という国際機構を設ける。

第1章　目的及び原則

第1条[目的]　国際連合の目的は，次のとおりである。

1　国際の平和及び安全を維持すること。そのために，平和に対する脅威の防止及び除去と侵略行為その他の平和の破壊の鎮圧とのため有効な集団的措置をとること並びに平和を破壊するに至る

虞のある国際的の紛争又は事態の調整又は解決を平和的手段によつて且つ正義及び国際法の原則に従つて実現すること。

2　人民の同権及び自決の原則の尊重に基礎をおく諸国間の友好関係を発展させること並びに世界平和を強化するために他の適当な措置をとること。

❶3　経済的，社会的，文化的又は人道的性質を有する国際問題を解決することについて，並びに人種，性，言語又は宗教による差別なくすべての者のために人権及び基本的自由を尊重するように助長奨励することについて，国際協力を達成すること。

第2条[原則]　この機構及びその加盟国は，第1条に掲げる目的を達成するに当つては，次の原則に従つて行動しなければならない。

1　この機構は，そのすべての加盟国の主権平等の原則に基礎をおいている。

3　すべての加盟国は，その国際紛争を平和的手段によつて国際の平和及び安全並びに正義を危くしないように解決しなければならない。

❶4　すべての加盟国は，その国際関係において，武力による威嚇又は武力の行使を，いかなる国の領土保全又は政治的独立に対するものも，また，国際連合の目的と両立しない他のいかなる方法によるものも慎まなければならない。

第4条[加盟] 2　前記の国が国際連合加

国際政治

法令資料

盟国となることの承認は，安全保障理事会の勧告に基いて，総会の決定によつて行われる。

第6条[除名]　この憲章に掲げる原則に執ように違反した国際連合加盟国は，総会が，安全保障理事会の勧告に基いて，この機構から除名することができる。

第4章　総　会

第10条[総則]　総会は，この憲章の範囲内にある問題若しくは事項又はこの憲章に規定する機関の権限及び任務に関する問題若しくは事項を討議し，並びに，……国際連合加盟国若しくは安全保障理事会又はこの両者に対して勧告をすることができる。

第12条[安全保障理事会との関係]1　安全保障理事会がこの憲章によつて与えられた任務をいずれかの紛争又は事態について遂行している間は，総会は，安全保障理事会が要請しない限り，この紛争又は事態について，いかなる勧告もしてはならない。

第18条[表決手続]1　総会の各構成国は，一個の投票権を有する。

2　重要問題に関する総会の決定は，出席し且つ投票する構成国の3分の2の多数によつて行われる。……

3　その他の問題に関する決定は，……出席し且つ投票する構成国の過半数によつて行われる。

第19条[分担金の支払遅滞]　この機構に対する分担金の支払が延滞している国際連合加盟国は，その延滞金の額がその時までの満2年間にその国から支払われるべきであつた分担金の額に等しいか又はこれをこえるときは，**総会で投票権を有しない**。但し，総会は，支払いの不履行がこのような加盟国にとつてやむを得ない事情によると認めるときは，その加盟国に投票を許すことができる。

第5章　安全保障理事会

第23条[構成]1　安全保障理事会は，15の国際連合加盟国で構成する。中華民国*，フランス，ソヴィエト社会主義共和国連邦*，グレート・ブリテン及び北部アイルランド連合王国及びアメリカ合衆国は，安全保障理事会の常任理事国となる。総会は，……安全保障理事会の非常任理事国となる他の10の国際連合加盟国を選挙する。

2　安全保障理事会の非常任理事国は，2年の任期で選挙される。……

❶第24条[平和と安全の維持]1　国際連合の迅速且つ有効な行動を確保するために，国際連合加盟国は，国際の平和及び安全の維持に関する主要な責任を安全保障理事会に負わせるものとし，且つ，安全保障理事会がその責任に基く義務を果すに当つて加盟国に代つて行動することに同意する。

第25条[決定の拘束力]　国際連合加盟国は，安全保障理事会の決定をこの憲章に従つて受諾し且つ履行することに同意する。

❶第27条[表決手続]2　手続事項に関する安全保障理事会の決定は，9理事国の賛成投票によつて行われる。

❸3　その他のすべての事項に関する安全

保障理事会の決定は，**常任理事国の同意投票を含む9理事国の賛成投票**によつて行われる。……

第6章　紛争の平和的解決

第33条[平和的解決の義務]1　いかなる紛争でもその継続が国際の平和及び安全の維持を危くする虞のあるものについては，その当事者は，まず第一に，交渉，審査，仲介，調停，仲裁裁判，司法的解決，地域的機関又は地域的取極の利用その他当事者が選ぶ平和的手段による解決を求めなければならない。

第7章　平和に対する脅威，平和の破壊及び侵略行為に関する行動

第39条[安全保障理事会の一般的権能]　安全保障理事会は，平和に対する脅威，平和の破壊又は侵略行為の存在を決定し，並びに，国際の平和及び安全を維持し又は回復するために，勧告をし，又は第41条及び第42条に従つていかなる措置をとるかを決定する。

第40条[暫定措置]　事態の悪化を防ぐため，第39条の規定により勧告をし，又は措置を決定する前に，安全保障理事会は，必要又は望ましいと認める暫定措置に従うように関係当事者に要請することができる。……

❶第41条[非軍事的措置]　安全保障理事会は，その決定を実施するために，兵力の使用を伴わないいかなる措置を使用すべきかを決定することができ，且つ，この措置を適用するように国際連合加盟国に要請することができる。この措置は，経済関係及び鉄道，航海，航空，郵便，電信，無線通信その他の運輸通信の手段の全部又は一部の中断並びに外交関係の断絶を含むことができる。

第42条[軍事的措置]　安全保障理事会は，第41条に定める措置では不充分であろうと認め，又は不充分なことが判明したと認めるときは，国際の平和及び安全の維持又は回復に必要な**空軍，海軍又は陸軍の行動**をとることができる。この行動は，国際連合加盟国の空軍，海軍又は陸軍による示威，封鎖その他の行動を含むことができる。

❶第43条[特別協定]1　国際の平和及び安全の維持に貢献するため，すべての国際連合加盟国は，安全保障理事会の要請に基き且つ一又は二以上の特別協定に従つて，国際の平和及び安全の維持に必要な兵力，援助及び便益を安全保障理事会に利用させることを約束する。

第46条[兵力の使用計画]　兵力使用の計画は，軍事参謀委員会の援助を得て安全保障理事会が作成する。

第47条[軍事参謀委員会]1　……理事会の自由に任された兵力の使用及び指揮（等の）ために，……軍事参謀委員会を設ける。

❶第51条[自衛権]　この憲章のいかなる規定も，国際連合加盟国に対して武力攻撃が発生した場合には，安全保障理事会が国際の平和及び安全の維持に必要な措置をとるまでの間，**個別的又は集団的自衛の固有の権利**を害するものではない。この**自衛権**の行使に当つて加盟国がとつた措置は，直ちに安全保障

理事会に報告しなければならない。また，この措置は，安全保障理事会が国際の平和及び安全の維持又は回復のために必要と認める行動をいつでもとるこの憲章に基く権能及び責任に対しては，いかなる影響も及ぼすものではない。

第8章　地域的取極(とりきめ)

第52条[地域的取極，地方的紛争の解決]1　この憲章のいかなる規定も，国際の平和及び安全の維持に関する事項で地域的行動に適当なものを処理するための地域的取極又は地域的機関が存在することを妨げるものではない。……

第53条 敵国条項[強制行動]1　安全保障理事会は，その権威の下における強制行動のために，適当な場合には，前記の地域的取極又は地域的機関を利用する。但し，いかなる強制行動も，安全保障理事会の許可がなければ，地域的取極に基いて又は地域的機関によつてとられてはならない。もつとも，**本条2に定める敵国のいずれかに対する措置で，第107条に従つて規定されるもの又はこの敵国における侵略政策の再現に備える地域的取極において規定されるものは，関係政府の要請に基いてこの機構がこの敵国による新たな侵略を防止する責任を負うときまで例外とする。**

2　本条1で用いる敵国という語は，第二次世界大戦中にこの憲章のいずれかの署名国の**敵国**であつた国に適用される。

第10章　経済社会理事会

第71条[民間団体]　経済社会理事会は，その権限内にある事項に関係のある**民間団体**（non-governmental organizations）と協議するために，適当な取極を行うことができる。……

第14章　国際司法裁判所

第92条[裁判所の地位]　国際司法裁判所は，国際連合の主要な司法機関である。この裁判所は，附属の規程に従つて任務を行う。……

第15章　事　務　局

第97条[構成]　事務局は，一人の事務総長及びこの機構が必要とする職員からなる。事務総長は，安全保障理事会の勧告に基いて総会が任命する。事務総長は，この機構の行政職員の長である。

第17章　安全保障の過渡的規定

第107条 敵国条項[敵国に関する行動]　この憲章のいかなる規定も，第二次世界大戦中にこの憲章の署名国の敵であつた国に関する行動でその行動について責任を有する政府がこの戦争の結果としてとり又は許可したものを無効にし，又は排除するものではない。

第18章　改　正

第108条[改正]　この憲章の改正は，総会の構成国の3分の2の多数で採択され，且つ，安全保障理事会のすべての常任理事国を含む国際連合加盟国の3分の2によつて各自の憲法上の手続に従つて批准された時に，すべての国際連合加盟国に対して効力を生ずる。

297

戦後国際政治のあゆみ

❶戦後国際政治年表（1945〜74年）

〈注〉米大統領…白文字＝民主党，黒文字＝共和党。

米大統領	年	自由主義（西側）陣営	社会主義（東側）陣営	ソ連書記長	中国最高指導者	年	第三世界・地域紛争
トルーマン❶（冷戦の激化・米ソの対立）	1945	米国原爆保有　ヤルタ会談・ポツダム会談・国連発足		スターリン❶		46	インドシナ戦争（〜54）中国国共内戦再開
	46	チャーチル「鉄のカーテン」演説				47	インド・パキスタン独立宣言 国連，パレスチナ分割・ユダヤ民族独立案可決
	47	トルーマン・ドクトリン→	コミンフォルム結成（〜56）			48	イスラエル建国宣言 ⇒第一次中東戦争（〜49）
		マーシャル・プラン発表	48 ソ連，ベルリン封鎖（〜49）			49	インドネシア共和国成立 →中国国民党政権が台湾へ脱出
	48	大韓民国成立（8月）→	朝鮮民主主義人民共和国成立（9月）コミンフォルム，ユーゴを除名				
	49	北大西洋条約機構（NATO）成立	経済相互援助会議（COMECON）成立 ドイツ民主共和国成立（10月） 中華人民共和国成立				
	50	ドイツ連邦共和国成立（9月） 対共産圏輸出統制委員会（COCOM）成立 シューマン・プラン提唱	中ソ友好同盟相互援助条約成立				
		朝鮮戦争（〜53）					
アイゼンハワー❷（緊張緩和（デタント））	1951	欧州石炭鉄鋼共同体（ECSC）条約調印 太平洋安全保障条約（ANZUS）調印 サンフランシスコ講和条約調印		マレンコフ❷		51	イラン石油国有化法（⇒54挫折）
	52	トルコ，NATOに加盟				52	エジプト革命
	53	朝鮮休戦協定調印	スターリン没，東ベルリンで反ソ暴動			54	コロンボ会議 周・ネルー会談（平和五原則）声明 東南アジア条約機構（SEATO）結成（〜77）
	54	ジュネーブ休戦協定調印（インドシナ戦争停戦）				55	バグダード条約調印→中東条約機構（METO）結成 アジア・アフリカ会議開催（平和十原則）
	55	ジュネーブ四巨頭会談⇒雪どけ 西独，NATOに加盟→	ワルシャワ条約機構（WTO）成立 スターリン批判	フルシチョフ❸		56	ナセル，スエズ運河国有化宣言 スエズ戦争（第二次中東戦争）
	56		ポーランド政変，ハンガリー動乱			58	アルジェリア独立戦争激化
	58	ヨーロッパ経済共同体（EEC）発足 仏でド＝ゴール政権				59	キューバ革命 METOを中央条約機構（CENTO）に改称
	59	米ソ首脳会談　フルシチョフ訪米			毛沢東❶	60	アフリカで17か国が独立（アフリカの年） コンゴ動乱（〜63） 石油輸出国機構（OPEC）結成
	60	OECD（経済協力開発機構）調印	中国軍，チベット占領 ソ連，U2型機撃墜 中ソ論争始まる				
ケネディ❸（多極化）	1961		ベルリンの壁建設			61	キューバ社会主義宣言 第1回非同盟諸国首脳会議
	62	キューバ危機　中印国境紛争				62	アルジェリア，仏から独立
	63	黒人差別撤廃を求めるワシントン大行進 ケネディ，ダラスで暗殺	中ソ対立激化			63	アフリカ統一機構（OAU）結成
		部分的核実験停止条約（PTBT）調印（米・英・ソ）				64	第1回国連貿易開発会議（UNCTAD）
ジョンソン❹	64	仏が中華人民共和国を承認					
	65	米，北爆開始　ベトナム戦争（〜75）				67	第三次中東戦争 東南アジア諸国連合（ASEAN）成立
	66	仏，NATO軍事機構を脱退（〜2009）	中国，文化大革命始まる	ブレジネフ❹		68	OAPEC結成
	67	EC（欧州共同体）発足					
	68	核拡散防止条約（NPT）調印（62か国）	プラハの春・チェコ事件				
ニクソン❺	69		中ソ武力衝突（珍宝島事件）				
	70	米ソSALT（戦略兵器制限交渉）開始					
	1971	ニクソン・ショック	中国，国連加盟			72	南北朝鮮共同声明
	72	ニクソン，中国訪問　米中共同声明	東西ドイツ基本条約			73	ベトナム和平協定調印⇒米軍撤退
	73	日中共同声明　米ソSALTI（戦略兵器制限条約）調印 第一次石油危機　東西ドイツ，国連加盟					第四次中東戦争（OPEC石油戦略発動）

右欄（地域区分）：アジア諸国の独立　A・A諸国の台頭　アフリカ諸国独立

（左端）国際政治

Ⓐ世界終末時計
Doomsday clock

　核戦争による人類滅亡を，午前零時（核爆発）までの残り時間で表す。米国の原子物理学者団体が考案し，広島・長崎への原爆投下から2年後の1947年，「原子力科学者会報」の表紙に初めて掲載された。

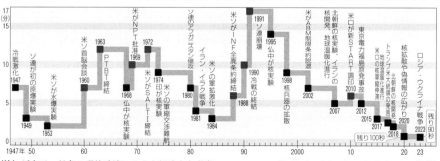

〈注〉近年は，紛争や環境破壊による人類滅亡も考慮。

（Bulletin of the Atomic Scientists資料）

⑮ **B ベルリン封鎖** (1948〜49)・**ベルリンの壁** (1961)

第二次世界大戦後, ベルリンはドイツ同様に米英仏ソの分割占領を受けた。冷戦状況深化の中, 1948年にソ連が西ベルリンへの交通を遮断（〜49年）したため「陸の孤島」化し, **東西ドイツ成立**（1949年）の契機となった。西ベルリンを覆う「ベルリンの壁」は1961年8月に東独が建設した。

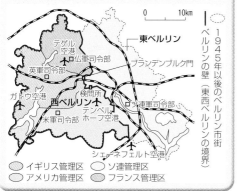

ベルリン空輸　封鎖された西ベルリンに食料を

```
0        10km
```

1945年以後のベルリン市街（東ベルリンの境界）

- テゲル空港
- 東ベルリン
- 英仏軍司令部
- ブランデンブルク門
- ベルリンの壁
- ガトウ空港
- 検問所
- 西ベルリン
- ソ連軍司令部
- 米軍司令部
- テンペル ホーフ空港
- シェーネフェルト空港

- ○ イギリス管理区　○ ソ連管理区
- ○ アメリカ管理区　○ フランス管理区

C インドシナ戦争 (1946〜54)・**ベトナム戦争** (1965〜75)

第二次世界大戦前からフランスの支配と戦ってきたホー=チ=ミン率いるベトナム民主共和国（北ベトナム）が1945年に成立。だが, 宗主国フランスはこれを認めず**インドシナ戦争**に。これに北側が勝利すると, 1965年以降, 米国が介入し**ベトナム戦争**となった。南側政権の腐敗や米国の残虐な攻撃は世界的非難を受け, 1973年のパリ和平協定により米軍撤退, 1975年に戦争は終結した。翌年統一一国家, **ベトナム社会主義共和国**が成立。米ソの代理戦争, 民族解放闘争の典型的事例。

↑枯葉剤をまく米軍機 (1965.9)

インドシナ戦争	ベトナム戦争
ホー=チ=ミン指導	
ソ連＝中国	ソ連＝中国
‖	‖
ベトナム民主共和国	ベトナム民主共和国
✕	✕
ベトナム国	ベトナム共和国
フランス	米国　日韓など西側諸国

- ベトナム民主共和国
  - ハノイ
- ラオス王国
  - ビエンチャン
  - ドンホイ
- 北緯17度線
  - フエ
- タイ王国
  - バンコク
  - アンコール・ワット
  - 民主カンボジア
- プノンペン
  - ベトナム共和国サイゴン（現ホーチミン）

（縦書き）オバマ米大統領は現職大統領3人目となるベトナム訪問時（16年5月23日）に, 対ベトナム武器禁輸の解禁を発表した。

（縦書き）重なる悲惨さ。スパンは913

ワルシャワ条約機構 WTO 1955(1991解体)

ソ連・ポーランド・東ドイツ・チェコスロヴァキア・ハンガリー・ルーマニア・ブルガリア・アルバニア (1968脱退)

Quad（日米豪印戦略対話）…日米豪印4か国の安全保障や経済を協議する枠組み。2007年発足。

AUKUS…米英豪3か国の軍事パートナーシップ。2021年9月発足。

米州機構 OAS 1948
アメリカと中南米21か国。現在, アメリカ・カナダと中南米35か国 (2023年4月)

北大西洋条約機構 NATO 1949
アメリカ・カナダ・イギリス・イタリア・フランス・ベルギー・オランダ・ルクセンブルク・ノルウェー・デンマーク・アイスランド・ポルトガル（のち, ギリシア・トルコ・西ドイツ・スペインが加盟）。さらに東欧諸国も加盟し, 現在31か国 (2023年4月)

中ソ友好同盟相互援助条約 1950(1980解消)

日米安全保障条約 1951
米韓相互防衛条約 1953
米華（台湾）相互防衛条約 1954(1979解消)
米比相互防衛条約 1951

ベルリン／西ドイツ／東ドイツ

アメリカ

中東条約機構 METO→中央条約機構 CENTO
1955(1958崩壊)　1959(1979崩壊)
イギリス・イラン・トルコ・パキスタン・イラク(1959脱退)

東南アジア条約機構 SEATO 1954(1977解消)
アメリカ・イギリス・フランス・オーストラリア・ニュージーランド・タイ・フィリピン・パキスタン (1972脱退)

東ティモール

太平洋安全保障条約 ANZUS 1951

国際政治（縦書き）

---

⑮ル **D キューバ危機** (1962)

1959年に親米独裁政権を打倒した**カストロ**ら革命派は, 米国による経済封鎖の中で次第にソ連に接近, ソ連はキューバに核ミサイル基地を極秘裏に建設した。1962年10月, 偵察機でこれを察知した**米国・ケネディ政権**は基地撤去を要求してキューバを海上封鎖, 世界は核戦争の恐怖に直面した。**ソ連・フルシチョフ政権**が間もなくこれに応じ, 全面戦争は回避された。以後, 米ソ対話は着実に進展する。1961年の断交以来, 両国間の国交が回復したのは2015年。

↑キューバに建設されたソ連のミサイル基地 (1962.10)

↓ソ連のフルシチョフ（右）とキューバのカストロ (1963)

E アパルトヘイト ㉑㉑⑮

南アフリカ共和国での白人による有色人種に対する**人種隔離・差別政策**。白人労働者の地位保護に起源を持つ。20世紀初頭から続いたが, 国内外の批判を受けて1991年に**デ=クラーク**大統領が終結宣言。1994年5月に差別反対闘争で約30年服役した**マンデラ**が初の黒人大統領となった。

→デ=クラーク大統領（左）とマンデラ・アフリカ民族会議議長 (1994.1.20)

⑲ **F 東ティモール問題** (1975〜2002)

400年来ポルトガルの植民地だったティモール島東部は1975年に独立を宣言するも, インドネシア（スハルト政権）に併合された。その後も粘り強い闘争が続き, 2002年に国連PKO監視下で**東ティモール民主共和国**として独立を達成。国民の大多数はカトリック。→初代大統領グスマン

ゼミナール（縦書き）

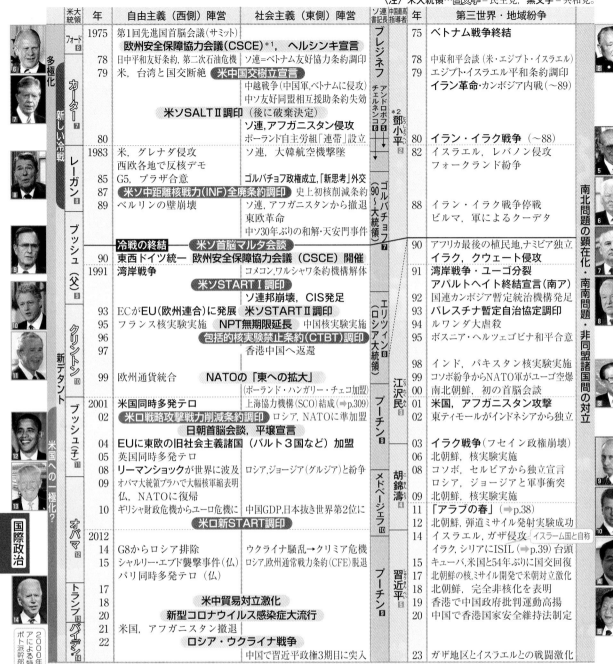

❷ 戦後国際政治年表（1975年～現在）

*1　1995年に常設化され，OSCE（欧州安全保障協力機構）と改称された。
*2　鄧小平は最高指導者ポストには就かず，「陰の実力者」だった。
〈注〉米大統領…白文字＝民主党，黒文字＝共和党。

米大統領	年	自由主義（西側）陣営	社会主義（東側）陣営	ソ連書記長／中国最高指導者	年	第三世界・地域紛争
フォード⑥	1975	第1回先進国首脳会議（サミット）／欧州安全保障協力会議（CSCE）*1，ヘルシンキ宣言		ブレジネフ	75	ベトナム戦争終結
カーター⑦	78	日中平和友好条約，第二次石油危機	ソ連＝ベトナム友好協力条約調印		78	中東和平会談（米・エジプト・イスラエル）
	79	米，台湾と国交断絶　米中国交樹立宣言		アンドロポフ⑥ チェルネンコ⑥	79	エジプト・イスラエル平和条約調印
			中越戦争（中国軍，ベトナムに侵攻）／中ソ友好同盟相互援助条約失効	鄧小平②		イラン革命・カンボジア内戦（～89）
		米ソSALTⅡ調印（後に破棄決定）	ソ連，アフガニスタン侵攻			
	80		ポーランド自主労組「連帯」設立		80	イラン・イラク戦争（～88）
レーガン⑧	1983	米，グレナダ侵攻／西欧各地で反核デモ	ソ連，大韓航空機撃墜		82	イスラエル，レバノン侵攻／フォークランド紛争
	85	G5，プラザ合意	ゴルバチョフ政権成立，「新思考」外交	ゴルバチョフ⑦（90～大統領）		
	87	米ソ中距離核戦力（INF）全廃条約調印				史上初核削減条約
	89	ベルリンの壁崩壊	ソ連，アフガニスタンから撤退／東欧革命		88	イラン・イラク戦争停戦／ビルマ，軍によるクーデタ
			中ソ30年ぶりの和解・天安門事件			
ブッシュ（父）⑨		冷戦の終結　米ソ首脳マルタ会談			90	アフリカ最後の植民地，ナミビア独立
	90	東西ドイツ統一　欧州安全保障協力会議（CSCE）開催				イラク，クウェート侵攻
	1991	湾岸戦争	コメコン，ワルシャワ条約機構解体		91	湾岸戦争・ユーゴ分裂
		米ソSTARTⅠ調印		エリツィン⑧（ロシア大統領）		アパルトヘイト終結宣言（南ア）
			ソ連邦崩壊，CIS発足		92	国連カンボジア暫定統治機構発足
クリントン⑩	93	ECがEU（欧州連合）に発展　米ソSTARTⅡ調印			93	パレスチナ暫定自治協定調印
	95	フランス核実験実施　NPT無期限延長	中国核実験実施		94	ルワンダ大虐殺
	96	包括的核実験禁止条約（CTBT）調印			95	ボスニア・ヘルツェゴビナ和平合意
	97		香港中国へ返還	江沢民③		
					98	インド，パキスタン核実験実施
	99	欧州通貨統合　NATOの「東への拡大」（ポーランド・ハンガリー・チェコ加盟）			99	コソボ紛争からNATO軍がユーゴ空爆
					00	南北朝鮮，初の首脳会談
ブッシュ（子）⑪	2001	米国同時多発テロ	上海協力機構（SCO）結成（→p.309）	プーチン⑨	01	米国，アフガニスタン攻撃
	02	米ロ戦略攻撃戦力削減条約調印	ロシア，NATOに準加盟		02	東ティモールがインドネシアから独立
		日朝首脳会談，平壌宣言			03	イラク戦争（フセイン政権崩壊）
	04	EUに東欧の旧社会主義諸国（バルト3国など）加盟			06	北朝鮮，核実験実施
	05	英国同時多発テロ		胡錦濤④	08	コソボ，セルビアから独立宣言／ロシア，ジョージアと軍事衝突
オバマ⑫	08	リーマンショックが世界に波及	ロシア，ジョージア（グルジア）と紛争		09	北朝鮮，核実験実施
	09	オバマ大統領プラハで大幅核軍縮表明／仏，NATOに復帰		メドベージェフ⑩	11	「アラブの春」（→p.38）
	10	ギリシャ財政危機からユーロ危機に	中国GDP，日本抜き世界第2位に		12	北朝鮮，弾道ミサイル発射実験成功
		米ロ新START調印				
	2012			プーチン⑨	14	イスラエル，ガザ侵攻／イラク，シリアにISIL（→p.39）台頭
	14	G8からロシア排除	ウクライナ騒乱→クリミア危機	習近平⑤	15	キューバ，米国と54年ぶりに国交回復
	15	シャルリー・エブド襲撃事件（仏）／パリ同時多発テロ（仏）	ロシア，欧州通常戦力条約（CFE）脱退		17	北朝鮮の核，ミサイル開発で米朝対立激化
トランプ⑬	17				18	北朝鮮，完全非核化を表明
	18	米中貿易対立激化			19	香港で中国政府批判運動高揚
	20	新型コロナウイルス感染症大流行			20	中国で香港国家安全維持法制定
バイデン⑭	21	米国，アフガニスタン撤退				
	22	ロシア・ウクライナ戦争				
			中国で習近平政権3期目に突入		23	ガザ地区とイスラエルとの戦闘激化

A カンボジア内戦（1979～89）
　米国撤退後，カンボジアの**ボル＝ポト政権**は強引な農村社会主義化で数百万人の国民を虐殺。これを批判するベトナム軍が侵攻し**ヘン＝サムリン政権**を樹立。その後，米中ソ越が介入する内戦となったが，中ソ対立と冷戦終結で和解に向かい，国連PKO監視下で1993年**カンボジア王国**が成立。

B イラン革命（1979）
　親米近代化路線の**開発独裁**体制をとった国王が，**ホメイニ師**率いるイスラーム教（シーア派）の伝統的価値を重視する勢力によって打倒された革命（→p.38）。その弱体化のため，米国はイラン＝イラク戦争（1980～88）でイラクのフセイン政権を支援した。
　→ 米国の失敗

C ソ連のアフガニスタン侵攻⑮（アフガン侵攻，1979～89）
　米中国交樹立等に危機感を抱いたソ連が，要請を受けたとして1979年12月に中立国アフガニスタンに侵攻した。泥沼化するとともに，ソ連の国際的威信は大きく揺らぎ，その崩壊につながる。
　→ ソ連の失敗

D イスラーム原理主義（イスラーム復興運動）
　信仰の原点に帰り，西欧型社会・政治様式の導入を批判する社会運動。1979年のイラン革命，ソ連のアフガン侵攻への抵抗の過程で台頭した。行動形態は，日常の互助活動（エジプト等のムスリム同胞団が代表的）からテロリズムまで様々。
　→2001年にタリバンに破壊される前のバーミヤンの石仏（2003年世界遺産登録）

❺ 湾岸戦争（1991，➡p.294, 316）

1990年に武力でクウェートを併合したイラク（フセイン大統領）を，**国連安保理決議に基づいて**米英仏サウジ等の多国籍軍が攻撃し，クウェートを奪回。

❻ 米国同時多発テロ（2001.9.11）・アフガニスタン紛争

米国内便旅客機4機がイスラーム系テロ集団**アル=カーイダ**（➡p.286）勢力にハイジャックされ世界貿易センタービル等に激突，約3,000人の犠牲者を出した。ブッシュ米大統領は「テロとの戦い」を宣言，容疑者引き渡しを拒んだアフガニスタンを10月以降米軍中心のNATO軍が攻撃（国連安保理も支持）。この結果イスラーム原理主義の**タリバン政権**が崩壊，NATOの後ろ盾を得た新政権が成立したが，国内情勢は不安定。21年にはアフガニスタンからの駐留米軍が撤退を完了，01年以来の「**米国史上最長期間の戦争**」が終結したが，この戦争は何だったのか。

❼ ❿ イラク戦争（2003）

湾岸戦争後も米国批判を続けたフセイン政権を，米英等が「大量破壊兵器隠匿」（後になかったことが判明）を理由に**安保理決議のないまま攻撃**。フセイン政権を崩壊させ，占領下で親米政権を樹立（2010年まで占領は継続。21年末には米国の戦闘部隊撤退予定）。

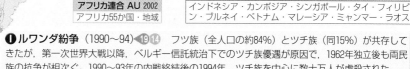

1979年～
79年イラン革命で親米政権を倒し，反米政権樹立
ソ連 → アフガン侵攻（79～89）→ アフガニスタン／反ソ組織ムジャヒディンを育成／支援 ← 米国 → 支援 → イラク（フセイン政権）／イラン ← 対立 → イラン・イラク戦争（80～88）

湾岸戦争（1991）
武力行使容認の安保理決議90.11／クウェート ← 侵攻90.8 ← イラク（フセイン政権）／多国籍軍（集団安保）英 仏／国連・日本 資金援助／他に欧米・中東諸国など／米国 米軍駐留90.8 サウジアラビア／湾岸戦争91.1／アル=カーイダ（ムジャヒディンの一部が結成）…異教徒の米軍による，聖地のあるサウジアラビア駐留に激怒→反米へ

2001年
米国同時多発テロ（2001.9.11）／アル=カーイダ ← 擁護 → アフガニスタン（タリバン政権）／集団的自衛権 英 仏 加 独 米国／アフガン攻撃01.10／後方支援 日本／インド洋での給油活動（01～10）

イラク戦争（2003）
仏 独／露 中 開戦反対／先制的自衛権 英 豪 米国 → イラク（フセイン政権）／支持 自衛隊派兵／EU・中東諸国など 非難 スペイン 日本／イラク戦争03.3／米軍兵士空輸←名古屋高裁で違憲判決08.4

東部2州／ウクライナ／ロシア／南オセチア チェチェン／アブハジア／クリミア ジョージア・アルメニア・アゼルバイジャン・トルコ／黒海／イラン／カスピ海 ❿❻❼

ロシアが主導する旧ソ連圏の軍事同盟。受けた際に集団的自衛権を行使。平和維持軍も持つ。加盟国が攻撃を

治

94年，安保理決議によりルワンダ国際刑事裁判所設置。

ゼミナール

⓮

欧州連合 EU 1993

| アイルランド・オーストリア・スウェーデン・キプロス・マルタ |
| ベルギー・ブルガリア・チェコ・デンマーク・ドイツ・エストニア・ギリシャ・スペイン・フランス・クロアチア・イタリア・ラトビア・リトアニア・ルクセンブルク・ハンガリー・オランダ・ポーランド・ポルトガル・ルーマニア・スロベニア・スロバキア・フィンランド |
| アメリカ・イギリス・カナダ・トルコ・ノルウェー・アイスランド・アルバニア・モンテネグロ・北マケドニア |

北大西洋条約機構 NATO 1949

23年7月，イランが正式加盟した。

上海協力機構 SCO 2001（➡p.309）
ロシア・中国・カザフスタン・キルギス・タジキスタン・ウズベキスタン・インド・パキスタン・イラン 〈オブザーバー〉アフガニスタン・モンゴル・ベラルーシ

集団安全保障条約機構 CSTO 1992
ロシア・アルメニア・ベラルーシ・カザフスタン・キルギス・タジキスタン

南米発展フォーラム PROSUR 2019
チリ・アルゼンチン・ブラジル・コロンビア・エクアドル・パラグアイ・ペルー・ウルグアイ・コスタリカ・ニカラグア・パナマ・ドミニカ共和国
（加盟国は2023年4月現在）

❻ ❼ Ⓖ Ⓑ Ⓒ Ⓕ Ⓔ Ⓐ
ケニア Ⓘ／ルワンダ／ブルンジ／タンザニア

アフリカ連合 AU 2002
アフリカ55か国・地域

東南アジア諸国連合 ASEAN 1967
インドネシア・カンボジア・シンガポール・タイ・フィリピン・ブルネイ・ベトナム・マレーシア・ミャンマー・ラオス

❽ 冷戦後の欧州の安全保障機構

欧州安全保障協力機構 OSCE 1995

欧州自由貿易連合 EFTA 1960
スイス・リヒテンシュタイン
アイスランド・ノルウェー

NATO

////EU////

独立国家共同体 CIS 1991
ロシア・ベラルーシ・モルドバ・アルメニア・アゼルバイジャン・カザフスタン・ウズベキスタン・タジキスタン・キルギス

サンマリノ・アンドラ・モナコ・バチカン・セルビア・ボスニアヘルツェゴビナ・トルクメニスタン・ウクライナ・ジョージア*・モンゴル

＊15年4月，同国の要請により日本政府は日本語における国名表記をグルジアからジョージアに変更した。

Ⓘ ルワンダ紛争（1990～94）⓲⓮

フツ族（全人口の約84%）とツチ族（同15%）が共存してきたが，第一次世界大戦以降，ベルギー信託統治下でのツチ族優遇が原因で，1962年独立後も両民族の抗争が相次ぐ。1990～93年の内戦終結後の1994年，ツチ族を中心に数十万人が虐殺された。

Ⓙ チェチェン紛争（1994～96，99～2009）

ロシア南部のチェチェン共和国は，石油も産する。多くの住民はイスラーム教徒で，18世紀以降のロシアの南下政策に抵抗してきた。1991年のソ連崩壊と前後してロシアからの独立を宣言したが，90年代後半以降，ロシアは武力で弾圧している。

Ⓚ グルジア紛争（2008）

ジョージア*内でロシアに隣接する**アブハジア**，**南オセチア**の両自治共和国が2008年にジョージアからの独立を宣言。ロシアは軍事介入後，これを直ちに承認した（編入の意思は未表示）が，ジョージアはもちろん世界の主要国でこれを承認している国はない。

Ⓛ ウクライナ紛争（2014～）・クリミア併合（2014）

ソ連崩壊で独立したウクライナ内で，EU加盟問題から親ロ派の大統領が失脚し，親西欧・親米政権が成立。混乱に乗じてロシア系住民の多いクリミア半島とウクライナ東部に武装勢力が登場，前者は「クリミア共和国」独立を宣言し，ロシアとの合併条約を締結。2022年にはロシア・ウクライナ戦争に発展。

チェチェン紛争
ソ連崩壊直前にロシア共和国から独立宣言（91）／ロシア ← 独立宣言 → チェチェン／侵攻／支援 アル=カーイダ／第一次 94～96／第二次 99～2009

グルジア紛争
ロシア → ジョージア 独立求める自治国に侵攻 08.8.7／侵攻08.8.8／2自治国の独立承認08.8.26／政権転覆工作で親米政権樹立（バラ革命03）／南オセチア アブハジア 米国

ウクライナ紛争
欧州 米国 ← 対立 → ロシア／政権転覆工作で親米政権樹立（14.2）／支援／支援／併合14.3／ウクライナ／東部2州 クリミア

5 戦後国際政治の動向

視点
●冷戦体制の形成と崩壊の過程をつかむ。
●戦後世界戦争の危機に直面したのはいつか？

対立 協調

1940年代後半〜50年代

➡第二次世界大戦が終結、されど世界規模での冷戦が始まった
➡1955・56年が大きな分かれ目—緊張緩和・非同盟主義の台頭

1 冷戦体制の形成

◆ヤルタ会談（1945年2月）右から、スターリン（ソ）、F.ルーズベルト（米）、チャーチル（英）

※鉄のカーテン地図➡p.305

A 「鉄のカーテン」演説（英：チャーチル）

　いまやバルチック海のシュテッティンからアドリア海のトリエステまで，一つの鉄のカーテンがヨーロッパ大陸を横切っておろされている。このカーテンの背後には，中部及び東部ヨーロッパの古くからの首都がある。……これらすべての有名な都市とその周辺の住民たちは，……何らかのかたちでソ連の影響をうけているのみならず，モスクワからのきわめて強力でかつ増大しつつある支配に服している。……　（『世界の歴史16』中央公論社）

B トルーマン・ドクトリン（「封じ込め政策」）

　全体主義体制を強制しようとする侵略的な運動に対抗して，自由な制度と国家の保全を維持しようとする自由国民を進んで援助しなければ，われわれの目的は実現しないでありましょう。　（『西洋史料集成』平凡社）

↑トルーマン

解説 **二極化された世界**　Aはチャーチルが首相引退後、1946年訪米中に行った演説。Bはトルーマン米国大統領が1947年にギリシャ・トルコへの軍事援助を議会に要請した特別教書である。こうした米国の世界戦略は「封じ込め政策」と呼ばれ、1953年以降のアイゼンハワー政権はこれを発展させた「巻き返し政策」をとった。北極を中心としたDにも注目。地域的集団安全保障機構を利用し、社会主義国を囲い込んでいる様子が確認できる。

C ヨーロッパにおける冷戦体制の形成（ヤルタ体制）

自由主義諸国（西側）	⇔	社会主義諸国（東側）
トルーマン・ドクトリン（1947）事実上の冷戦の宣戦布告	政治	コミンフォルム（1947〜56）東西欧の共産党連絡組織
北大西洋条約機構（NATO）（1949〜）	軍事	ワルシャワ条約機構（WTO）（1955〜91）
マーシャル・プラン（1947〜51）米国による西欧経済支援	経済	経済相互援助会議（COMECON）（1949〜91）ソ連中心の経済協力機構

D 世界規模での冷戦（地域的集団安全保障機構）

WTO（ワルシャワ条約機構）ソ連・東欧7か国で発足（1955〜91）

（高野孟『最新・世界地図の読み方』講談社）

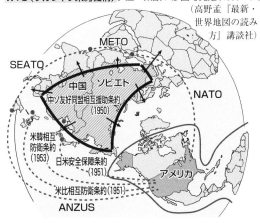

NATO（北大西洋条約機構）　英・仏・米など12か国で発足（1949〜）。55年までにギリシャ・トルコ・西独が加盟。
ANZUS（太平洋安全保障条約）　豪・ニュージーランド・米（51〜）。84年ニュージーランドが脱退
SEATO（東南アジア条約機構）　ANZUS・英・仏・比・タイ・パキスタン（54〜77）。73年仏が脱退
METO（中東条約機構）　英・トルコ・イラン・イラク・パキスタン（55〜59）。58年イラクが脱退⇨CENTO（中央条約機構）（59〜79）

2 緊張緩和（デタント）の始まり—戦後国際政治の劇的な変化球は、しばしばソ連から投げられた

A スターリン批判（1956年）

　1937年から38年にかけて「敵」の烙印（らくいん）を押された党，ソヴィエト，経済分野の多くの活動家が，実はけっして敵でもスパイでも害虫でもなく，常に誠実な党員でした。彼らはただ中傷されただけであり，しばしば残酷な拷問（ごうもん）に耐え切れずにあらゆる種類の最も恐ろしい，本当とも思えぬ犯罪を犯したと自供したに過ぎないのです。（『フルシチョフ秘密報告「スターリン批判」』講談社）

◆スターリン批判を行ったフルシチョフ第一書記（後に首相兼任）

B 冷戦下東欧の民主化運動

ポズナニ暴動ハンガリー事件（1956年）	スターリン批判に呼応し、ポーランドのポズナニでは反ソ暴動が発生したほか、民主化推進・WTO脱退を宣言したハンガリーにソ連軍が出兵、ナジ首相は処刑される。
プラハの春（1968年）	「人間の顔をした社会主義」を合言葉に共産党第一書記ドゥプチェクが中心となってチェコスロバキアで進められた民主化運動。WTO軍の介入（チェコ事件）で終息。ドゥプチェクは失脚。
「連帯」運動（1980〜81年）	ポーランドで共産党から自立した自主管理労働組合「連帯」が台頭。民主化は進んだが、1981年に戒厳令が出され、「連帯」は非合法化。代表ワレサは冷戦終結後大統領に。

用語 **ブレジネフ・ドクトリン（制限主権論）**…社会主義圏内での反体制活動に対しては、同盟国軍による武力行使も許されるという、ソ連の理論。「プラハの春」の際のソ連共産党書記長ブレジネフの名に由来する。

解説 **雪どけへ**　1955年の四巨頭会談（米英仏ソ首脳）により国際問題の平和的解決が確認され、翌年2月のソ連共産党大会でスターリン批判が行われると、非同盟主義の台頭とともに国際政治は緊張緩和・「雪どけ」（1954年にこの題名の小説がソ連で出版された）平和共存に向けて、大きく動き出した。

国際政治

プラスα　ソ連軍の力を借りずに自力でナチスからの解放を勝ち取った旧ユーゴスラビア。その英雄、チトー大統領（➡p.318）は地方分権型の独自の社会主義路線をとったため、1948年にコミンフォルムは同国を除名した。彼は1980年に没するまで、非同盟運動に尽力する。

3 非同盟主義の台頭

方針	平和五原則（1954年）㉑	平和十原則（1955年）
発表	ネルー・周恩来会談	アジア・アフリカ会議（AA会議，バンドン会議）⑯
内容	①領土・主権に対する相互の尊重 ②相互不可侵 ③相互の内政不干渉 ④平等と互恵 ⑤平和共存（平和的共存）	①基本的人権・国連憲章の原則を尊重 ②全ての国家の主権と領土保全の尊重 ③全ての人種・全ての国家の平等 ④内政不干渉 ⑤自衛権（単独・集団的）の尊重 ⑥大国による集団的防衛の利用と他国 　への圧力行使の阻止 ⑦侵略行為・侵略の威嚇の回避 ⑧国際紛争の平和的解決 ⑨互恵・協力の増進 ⑩正義と国際義務の尊重

→ネルー（インド）

周恩来（中国）

解説 緊張緩和への貢献　冷戦の激化の中，戦後独立を果たしたアジア・アフリカ（AA）諸国は，反植民地・反帝国主義の立場から，いずれの同盟にも属さず連帯を強めようという非同盟主義運動を展開した。「平和五原則」は本来は両国間の懸案処理の基本方針だったが，次第に国際政治の原則となっていく。1954年のインド，パキスタン，インドネシア等5か国首相によるコロンボ会議での提唱をうけて，インドネシアのバンドンで開かれたAA会議ではそれが発展した形で「平和十原則」として確認された。

AA会議の「バンドン精神」は，60年代以降非同盟諸国首脳会議に継承され，第1回ベオグラード会議（1961年）以来ほぼ3年に1回のペースで開催されているが，近年は加盟国の足並みの乱れが指摘される。

4 国際政治の多極化

Ⓐ多極化の主な事例

フランス　独自外交展開
・1960年：原爆実験
・1964年：中華人民共和国承認
・1966年：NATOの軍事機構より脱退（2009年復帰）

EC　経済発展
・1958年：EEC発足
・1967年：EC発足
・西独の経済大国化

ソ連　平和共存路線
・1956年：スターリン批判・平和共存路線
・1979年：ソ連軍，アフガニスタン侵攻

デタント進展（1955年〜）
・1955年：四巨頭会議
・1956年：スターリン批判

中ソ対立（1960年頃〜）
・1969年：珍宝島事件

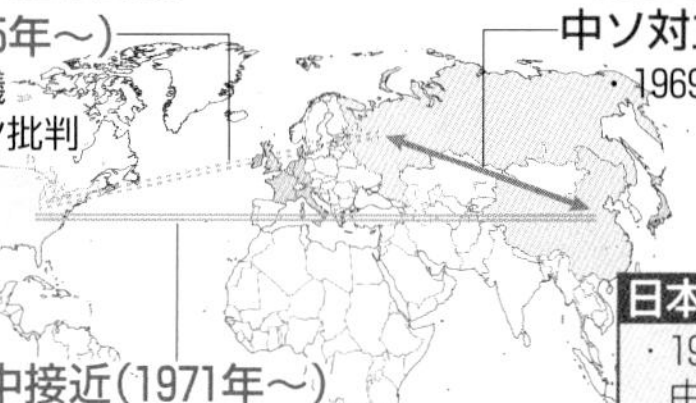

米国　威信低下
・1962年：キューバ危機
・1965年：ベトナム戦争本格介入→1973年撤退

米中接近（1971年〜）
・1972年：ニクソン訪中
・1979年：米中国交正常化

日本　経済発展
・1968年：GNPが自由世界第2位に

中国　米国と接近・ソ連と対立
・1950年代後半〜：ソ連の平和共存路線批判→中ソ対立
・1964年：原爆実験
・1972年：ニクソン訪中→米中接近

第三世界　非同盟運動
・1955年：アジア・アフリカ会議→1961年以降，非同盟諸国首脳会議へ

解説 二極から多極へ　米ソ間の緊張緩和進展，世界経済の復興，非同盟主義運動の台頭などを背景に，1960年代以降世界は多極化の時代に入り（Ⓐ），米ソの国際政治における比重は相対的に下がった。とりわけ，社会主義の両雄による「中ソ対立」は深刻で，「権力政治」（➡p.286）の力学は，この過程で「米中接近」という意外な副産物を生み出した（Ⓑ）。これを「米中による対ソ包囲網」と誤解したソ連は，1979年にアフガニスタンに侵攻する。冷戦終結・ソ連解体後，国内に民族問題を抱える中国とロシアは，再び接近度を増している。

Ⓑ中ソ関係―蜜月⇨対立⇨和解へのあゆみ

年	中ソ関係のあゆみ
1949	国共内戦終結。中華人民共和国成立
50	中ソ友好同盟相互援助条約締結
56	ソ連，スターリン批判
60	ソ連，中国へ派遣の経済専門家を引揚げ（中ソ論争開始）
69	中ソ国境で武力衝突（珍宝島事件）
72	ニクソン米大統領訪中＝米中接近
75	中国，憲法改正→ソ連を「社会帝国主義」と規定
79	米中国交正常化 ソ連軍，アフガニスタン侵攻
80	中ソ友好同盟相互援助条約が満期で失効
86	ソ連のゴルバチョフ書記長「ウラジボストク演説」（対中正常化提案）
89	ゴルバチョフ訪中，中ソ首脳会談（中ソ対立解消）

5 欧州安全保障協力会議（CSCE）とヘルシンキ宣言―緊張緩和の到達点・冷戦終結への地下水脈

Ⓐ欧州安全保障協力会議最終議定書（ヘルシンキ宣言）要旨（1975.8.1）

第1議題　欧州の安全保障に関する諸問題
国境不可侵・紛争の平和的解決・内政不干渉・人権と基本的自由の擁護・信頼醸成措置（CBM，➡p.313）の拡大・軍縮の推進

第2議題　経済，科学技術及び環境の分野における協力
東西間の経済・科学技術協力の推進

第3議題　人道及びその他の分野における協力
人間の接触（結婚・旅行など）の拡大・情報交換の奨励・ジャーナリストの活動条件の改善

解説 甘かったブレジネフ　35か国（ほぼすべての欧州諸国と米・加）の首脳が調印した歴史的文書である。国境不可侵などの基本原則が盛り込まれ，西側からの経済援助も確保した点で，欧州現状固定化を目指すソ連ブレジネフ政権の勝利かと思われた。しかし西側陣営は見返りに人権の重要性や情報交流の拡大を盛り込むことに成功，数年後から東欧の反体制派が宣言文書中の人権条項の遵守を要求し始め，経済協力にともなう西側からの資本や情報の流入の中で，社会主義体制は静かに揺らいでいくことになる。

→ブレジネフ

用語　欧州安全保障協力会議（CSCE：Conference on Security and Cooperation in Europe）…欧州全体の安全保障を討議する会議。アルバニアを除く全欧州諸国（ソ連も）と米・加の35か国が参加し1975年設立（➡p.391）。

欧州安全保障協力機構（OSCE：Organization for Security and Cooperation in Europe）…1995年，CSCEが改称・常設機構化され発足。欧州，中央アジア，北米の57か国（2023.4現在）から成る世界最大の地域安全保障機構。日本は協力国。

プラスα　米中接近を演出したキッシンジャー米大統領特別補佐官は，1971年7月8日，訪問先のパキスタンで腹痛を訴え静養，11日にはパリへ旅立ったが，この間密かに北京を訪問したことが後に明らかになった。このことから，「隠密外交」と言われている。

縦書き：国際政治

1980年代〜現代

➡1979年の大変動⇨一気に新冷戦へ，核戦争の恐怖
➡1985年，ソ連にゴルバチョフ登場，「新思考」が冷戦を終結させた

6 冷戦の終結—両陣営の対立から和解，欧州統合へ

1979年の大変動
米中国交樹立・ベトナム軍がカンボジアに侵攻・中越戦争
イラン革命（➡p.300）
イスラエル＝エジプト和解
ソ連のアフガニスタン侵攻（〜1989，➡p.300）

⬇

新冷戦（1980年代前半）
西側各国でタカ派政権成立
米ソ，軍拡競争
反核運動高揚

⬇

1985年ソ連にゴルバチョフ政権
ペレストロイカ（改革）
「新思考」外交
米ソ核軍縮交渉➡INF全廃条約（1987）

⬇

1989年冷戦終結
東欧革命，ベルリンの壁崩壊
マルタ会談
中ソ和解

⬇

欧州統合へ
1990	東西ドイツ統一
91	COMECON，WTO解体
	ソ連共産党，ソ連解体
	➡CIS（独立国家共同体，➡p.170）成立⑲
93	EU発足（←EC）
95	OSCE（➡5）常設機構化
99	NATOに旧WTO諸国加盟
2002	NATOにロシア準加盟
04	EUに東欧諸国加盟

Ⓐ 中曽根首相，レーガン米大統領（1983）
・「全日本列島を不沈空母のようにし，ソ連のバックファイアー爆撃機の侵入に対する巨大な防壁を築く」（1983.1中曽根日本首相）
・「ソ連は悪の帝国だ」（1983.3レーガン米大統領）

Ⓑ ゴルバチョフの「新思考」（1986.11）
核時代において，われわれは新政治思考，人類の平和を確実に保証する，平和に関する新たな概念を策定しなければならない。人間の生命を最高の価値として認めなければならない。……「恐怖の均衡」に代わって，包括的国際安全保障体制を実現しなければならない。　（『ゴルバチョフ回想録』新潮社）

解説 激動の1980年代　1979年の大変動の中でも，最大のものはソ連のアフガニスタン侵攻。中立国に侵攻したことは世界的な反ソ意識をあおり，戦線は膠着，「ソ連版ベトナム戦争」ともいわれた。苦況を打開したのは**ゴルバチョフ**共産党書記長。ペレストロイカ，グラスノスチ（情報公開），「新思考」（Ⓑ）を掲げ，平和的に冷戦終結を達成した。柔軟な思考とユーモアで内外に鮮烈な印象を与え，1990年にはノーベル平和賞も受賞したが，改革は自らの基盤を崩すことにもなり，1991年に共産党とソ連は解体，自らも引退に追い込まれる。その後，東欧旧社会主義諸国はNATOやEUに加盟，ヨーロッパでは歴史的和解と統合が進んでいる。

Ⓒ ベルリンの壁崩壊（1989.11）⑲

Ⓓ マルタ会談（1989.12）⑲

米 ブッシュ（父）　ソ ゴルバチョフ

解説 ヤルタからマルタへ　1989年，東欧諸国で相次いで社会主義の一党独裁体制が崩壊，11月にはヨーロッパ分断の象徴だったベルリンの壁が崩壊するなか，12月2，3日の両日，ブッシュ（父）米大統領とゴルバチョフ・ソ連最高会議議長は地中海の島国マルタで首脳会談を開いた。両首脳は初めて共同で記者会見に臨み「冷戦の時代は終わり，東西関係が新しい時代に入った」ことを宣言し，戦略核兵器と欧州通常戦力の削減への決意を示した（前者はSTARTに，後者はCFEとして実現。➡p.310）。二大陣営による軍事的対立のもととなったヤルタ体制は44年目に終焉を迎えた。

7 なぜ冷戦は終結したか

1 軍事費が民生圧迫　→米ソの覇権後退

アメリカ
・冷戦体制下，世界中に軍隊配備
・ベトナム戦争への無謀な介入（1965〜72）
　➡ドル危機（➡p.343），威信の低下
・レーガン政権下の軍事費増大（1980年代前半）
　➡双子の赤字

ソ連
・同盟国の自由化抑圧（➡p.302 2Ⓑ）➡威信の低下
・共産党の一党独裁に対する民衆の不満
・技術革新の遅れ　➡経済停滞
・アフガニスタン侵攻（1979〜89）
　➡「ペレストロイカ」「新思考外交」（ゴルバチョフ）

2 多極化，非同盟運動の台頭
➡EC（特に西独），日本の台頭，中ソ対立（➡4）

3 経済，情報のグローバル化の進行
➡ヘルシンキ宣言（5）による相互浸透の進展

Focus　ベルリンの壁崩壊！プーチンが東独で見たもの

ロシア大統領プーチン（1952〜）は旧ソ連の国家保安委員会（KGB＝秘密警察）出身。意外と知られていないのが，1980年代に，東独ドレスデンに5年間派遣され，同国の秘密警察（シュタージ）と交流しつつ，NATO（北大西洋条約機構）関連の情報収集を担当していたこと。そこに1989年の東欧民主化の波が波及，ベルリンの壁も東独政府も崩壊する。「壁」崩壊直後の12月5日，ドレスデンの秘密警察ビルを占拠した群衆はKGB支部にも押し寄せた。機密文書の焼却に没頭していたプーチンは，この際に「ここはソ連の管轄地域なので立ち退くように」とドイツ語で説得，ただならぬ雰囲気を感じた群衆は引き下がっていったとか。社会主義体制崩壊の屈辱感は，その後の彼の政治家としての行動に大きな影響を与えたことだろう。

プラスα　1979年に勃発し，「新冷戦」を決定づけた**ソ連のアフガニスタン侵攻**。国際世論を敵に回し，1万人以上の兵士の命を失った「ソ連版ベトナム戦争」でもあった。イスラーム諸国から反ソ勢力の支援に訪れた20万人の義勇兵のなかには，あのウサマ＝ビンラディンも含まれていた。

8 NATO，EUの東方拡大が意味するものは？

A ヤルタ体制下 (→p.299, 302)

NATO加盟国
- 原加盟国12か国
- その後の加盟国4か国
— 鉄のカーテン（→p.302）

アイスランド
スウェーデン
フィンランド
ノルウェー
ソ連
デンマーク
アイルランド
イギリス
オランダ
西ドイツ
東ドイツ
シュテッティン
ポーランド
ベルギー
ルクセンブルク
チェコスロバキア（55年）
オーストリア
ハンガリー
ルーマニア
フランス
トリエステ
ユーゴスラビア
ブルガリア
イタリア
ポルトガル
スペイン（82年）
ギリシャ（52年）
トルコ（52年）
アルバニア（68年脱退）

WTO発足時原加盟国（8か国）

WTO (Warsaw Treaty Organization) ＝ワルシャワ条約機構（1991年解散）

⑲ B 冷戦終結後 (→p.354, 355)

スウェーデンがNATO加盟予定（23年6月現在）

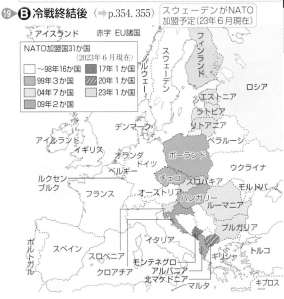

赤字 EU諸国

NATO加盟国31か国（2023年6月現在）
- ～98年16か国
- 99年3か国
- 04年7か国
- 09年2か国
- 17年1か国
- 20年1か国
- 23年1か国

アイスランド
フィンランド
スウェーデン
ノルウェー
ロシア
エストニア
ラトビア
リトアニア
デンマーク
ベラルーシ
アイルランド
イギリス
オランダ
ドイツ
ポーランド
ベルギー
ルクセンブルク
チェコ
スロバキア
ウクライナ
オーストリア
ハンガリー
モルドバ
フランス
ルーマニア
スイス
スロベニア
クロアチア
イタリア
ブルガリア
ポルトガル
スペイン
モンテネグロ
アルバニア
北マケドニア
ギリシャ
トルコ
マルタ
キプロス

解説 統合疲れとロシアの対抗心 冷戦終結後，西側の組織だったNATO，EUに旧東欧社会主義国が相次いで加盟。2004年にはEUが加盟国を10か国増やし，GDPで米国とほぼ対等，人口は1.5倍となる一大経済圏が誕生した。こうした「東方拡大」の背景には，旧EUのアジアNIESへの対抗心と，旧東欧地域のロシアへの嫌悪感。2009年には欧州理事会常任議長（事実上の大統領）などの設置を盛りこんだ**リスボン条約**が発効した。もっとも近年は「統合疲れ」も目立つ（→p.307, 356）。

その一方で注目すべきは，多くの同盟国を喪失した**ロシアの動向**。00年代以来プーチン大統領の下で資源大国，軍事大国として復活を遂げてきたが，その背景にあるのは**欧米への対抗心**と，西側との**緩衝地帯**を確保しようという意志。**権威主義**と，西欧と異なる価値観は，19世紀的状況を彷彿させる。

⑯ 用語 単独行動主義（ユニラテラリズム：unilateralism）…米国ブッシュ政権（2001.1～09.1）の外交姿勢。多国間協調主義（multilateralism）を無視し，自国の国益のみを追求しようとする。大量破壊兵器使用のおそれのある国に対する先制攻撃も自衛権の範囲内とする（ブッシュ＝ドクトリン）。

9 冷戦終結後の国際政治のトレンドは？

A 超大国米国の覇権後退と冷戦構造復活，「内向き」化の進展

米国 唯一の超大国化→地域紛争への介入
- ソ連崩壊(91)
- 米国経済繁栄(90年代)
- イラクのクウェート併合→湾岸戦争(91)

欧州 統合，多国間協調システムの進展
- EU成立(93)
- 安保理決議に基づく湾岸戦争(91)

2001.9.11 米国同時多発テロ

米国 国内で単独行動主義台頭
- アフガニスタンタリバン政権への軍事制裁(01)
- 国連無視のイラク戦争(03)（→p.301）

諸地域 米国覇権への反発 → 文明間の衝突？
- イスラーム過激派によるテロ・北朝鮮などで核開発の動き

欧州 米欧対立
- 京都議定書批准問題（→p.372）・イラク戦争への対応

米国は世界の警察官ではない。

2009.1 オバマ大統領（米）誕生

米国 多国間協調主義
- 核軍縮の推進・対話の重視
- 地球環境問題への積極的取り組み→パリ協定(15)

中国 台頭→米中対決？（→p.308）
- 2010年，GDP日本抜き世界2位・軍事大国化，海洋進出

ロシア 復活→中ロ接近
- **欧州** 統合の危機・難民危機(15),英国EU離脱決定(16)

2017.1 トランプ大統領（米）誕生

米国 "America First" 自国第一主義
- 反グローバリズム・同盟国の「米国依存」非難
- UNESCO,国連人権理事会,パリ協定脱退,WHO脱退通告

中国・ロシア 連携強化→新々冷戦？

欧州 米欧対立，反EU勢力の台頭

2021.1 バイデン大統領（米）誕生

米国 "America is Back" 多国間協調主義へ
- 同盟国との連携重視・パリ協定復帰
- イラン核合意への復帰意欲

中国・ロシア 連携強化→新々冷戦継続
- シリア内戦（→p.307）・北朝鮮への対応

欧州 米欧協調するも，統合の危機
- 英，EUから完全離脱・各国で「内向き」勢力台頭

国際政治

B バイデン外交の特徴は？

「脱トランプ路線」を目指すバイデン大統領の外交政策の特徴は，**国際秩序形成への参与意志**（自国第一主義からの脱却），**民主主義理念，同盟関係の重視，中東からアジアへのシフト**など。背景には，トランプ外交で生じた同盟国との軋轢や，今世紀初頭以来明らかになってきた米国の相対的な地位の低下があろう。それは，中国との対峙とともに，同盟国との責任分担を慎重に探っていくことにつながる。

バイデンの外交スタイルは，交渉の重視。専門家チームによる交渉の積上げを重んじる。首脳間の「ディール（取引）」ではなく，ここに注目したい。

解説 注目は米国と中国！ 冷戦後目立ったのは「唯一の超大国」米国の突出。それは「9.11テロ」後，**ネオコン（新保守主義**→p.399），**単独行動主義**として顕在化した。しかしその後のリーマンショック，中ロの台頭と提携強化で，その地位低下は否めない。オバマ路線に反発したトランプ外交の基本は「内向き」でイスラエル寄り（→p.317）。EU内での反グローバリズム台頭も深刻だ。バイデン外交は世界の「内向き」化を阻止できるだろうか。

プラスα ユーロ危機やEUのきしみが指摘される（→p.356）なか，2013年7月，旧ユーゴスラビアのクロアチアがEU28番目の加盟国となった。今後の焦点は，親ロシア路線のセルビアや，イスラーム教徒の多いトルコの加盟問題と，英国のEU離脱後の問題への対応となろう。

10 「Gゼロ世界」が到来

A 弱肉強食の帝国主義時代再来か

2021年に米軍が混乱を解決できないまま，20年ぶりにアフガニスタンから撤収。現在の米国にとっての最重要地域は，中東や内陸アジアでなく，台頭著しい中国が存在する東アジア。しかし，見方を変えれば，これは明らかな米国の覇権後退だ。

ロシアのプーチン大統領はこれを見逃さなかった。22年ウクライナに侵攻し，世界に衝撃を与えた。そして，途上国内では地域覇権を目指すインド，イラン，トルコなどが台頭。国連も十分に機能せず，大国間の利害が激突する帝国主義時代の再来か。

B 中国内ウイグル人の人権問題で，米欧日グループが敗北

22年10月，国連人権理事会で中国新疆ウイグル自治区の人権問題に関する討議を求めた米英などの提案が，47理事国による投票の末，反対多数で否決された。

決議への対応		
賛成17	日，米，英，仏，独，韓，ポーランドなど	
反対19	中国，インドネシア，パキスタン，ネパールなど	
棄権11	ブラジル，インド，メキシコ，リビアなど	

バイデン米大統領「他国を作り替えるための軍事作戦の時代は終わった」「我々はテロとの戦いを続けていくが，もはや地上戦を行う必要はない」（2021年）

Focus 「Gゼロ世界」とは？

「Gゼロ」とは，米国の政治学者イアン＝ブレマーが2011年に唱えたもの。Gはグループの意味。国際政治経済のリーダー国を指す言葉としてG1（米国一極），G2（米中共同覇権），G7，G20などの表現があるが，「Gゼロ」は圧倒的なパワーを持つ国が存在しない現代世界の状態を指す。

Gゼロ世界では，核の拡散を抑制する究極の力を持つ国が存在せず，各地域で力を持つ国が増加。各地で力の拮抗する状態が出現するなか，核戦力は究極の防御力を持つとブレマーは指摘する。

11 冷戦終結後30年間の国際政治構造の変容と，Gゼロ時代の国際政治の動向は？

❶ 冷戦勝利のおごり？グローバリズムの反動に苦しむ米欧

30年前，冷戦に勝利した米国と西欧は自信に満ちていた。独統一，EU結成，NATOの東方拡大等々（➡p.305）。一方で安保理を無視したイラク戦争やアフガン介入の最終失敗の過程を見るにつけ，そこにおごりはなかったか。

この間，各国で新自由主義的政策による格差拡大により中間層が没落した（➡p.23）。08年のリーマンショックの記憶もまだ残る内向き米国には，かつての「世界の警察官」の気概はない。欧州内ではグローバル化による経済活性化の一方で移民が流入，その結果ポピュリズム（➡p.23）が台頭し，民主主義そのものが危機に直面している。

❷ 国際秩序に挑戦する中国とロシア

「改革開放」政策，グローバル化の恩恵で経済大国となった中国は，2010年にはGDPで日本を抜いた。「一帯一路」構想で，欧州やアフリカまでをも視野に入れた経済圏建設を目論む。ロシアは冷戦敗北の屈辱と混乱を経て，2000年代から資源大国，核大国として次第に台頭した。

中国は「途上国としての連帯」を唱え，ロシアは冷戦時代以来のパイプを生かした途上国への資源や武器輸出で影響力を誇示。両国はともに権威主義体制（➡p.25）国家。ただし，中国はロシア・ウクライナ戦争には中立の立場。意外と国家利益の対立がある。

❸ 存在感を増すグローバル・サウス（南の発展途上国）

グローバル・サウス諸国は，独立の際に旧宗主国側の都合で国境線を引かれた場合が多く，歴史的に安定が重視された。軍やポピュリズム的政党に立脚する権威主義体制指向もあり，人権問題に厳しい欧米よりも，中ロに接近する可能性が出てくる。その中でも，発言力を増す地域大国が次第に出てきた（印，ブラジル，トルコ，サウジなど）。ウクライナ問題では中立の国が多い。ロシアの侵攻を非難はしても，制裁にまで及ぶのは，世界の人口レベルで見れば半分にも満たないのだ。

習近平・中国共産党総書記「他国に対する偉そうな『教師づら』は不要。人権を口実に他国の内政に干渉してはならない」（2022年，国連人権高等弁務官に）

プーチン・ロシア大統領「8年間虐げられてきた（ドンバス地方の）人々を保護することが目的だ」「領土を奪還し，強固にすることは我々の任務だ」（2022年）

ルーラ・ブラジル大統領「アメリカは戦争を奨励するのをやめるべきだ」「欧米には和平こそがあるべき道だと説得しなくてはならない」（2023年）

岸田文雄首相「普遍的価値に立脚した国際的な規範や原則の維持・強化への取り組み，新時代リアリズム外交を推進します」（2022年）

A 31年間の主要国GDPの変化（名目値，世界銀行資料）

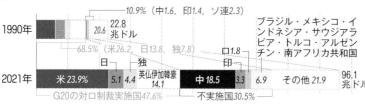

1990年 22.8兆ドル — 20.6，10.9%（中1.6，印1.4，ソ連2.3）
68.5%（米26.2，日13.8，独7.8）

2021年 96.1兆ドル — 米23.9%，5.1，4.4，英仏伊加韓豪14.1，中18.5，3.3，6.9，その他21.9，ロ1.8
印

ブラジル・メキシコ・インドネシア・サウジアラビア・トルコ・アルゼンチン・南アフリカ共和国

G20の対ロ制裁実施国47.6%
不実施国30.5%

B 対ロ制裁実施国と不実施国の比率

主要指標	実施国	不実施国
人口	14.9%	85.1%
GDP	42.2%	57.8%
軍事支出	61.4%	38.6%
天然ガス埋蔵量	10.4%	89.6%
石油埋蔵量	4.8%	95.2%

（2022年7月『論拠と事実』HP資料による）

解説 我々の「正義」は世界に通用しない？ 近年，世界の不安定化が進んでいる。国連も事態収拾に向け努力するが，解決につながらない。権力政治（➡p.286）が横行した第一次世界大戦前の帝国主義時代や，第二次世界大戦前との類似を指摘する識者もいる。そして「我々」の側は，マジョリティとはいえない。だが，当時と異なるのは，世界でグローバル化が進展し，経済面における相互依存が進んでいること。そして私たちはインターネットなどを通じて世界とつながり，その変革に参与することができる。

プラスα 2022年2月の国連安保理緊急会合で，ケニアのキマニ国連大使は，ロシアのウクライナ侵攻は正当化できないと非難した。一方で，アフリカに対し植民地支配，独立後も経済的搾取をしてきたアメリカや西欧諸国が，人権や非暴力の重要性を訴えることには偽善を感じると批判した。

国際政治

総人口の約3分の2を占める。G20は，世界で総GDPの約80%，

ロシア寄りの指標が多い。

時事特集

欧州の苦悩
右派台頭と分裂の危機

EUは2023年で結成30周年（➡p.305, 354）。冷戦終結後，「シェンゲン協定」などの「人，モノ，金，サービスの自由な移動」をうたい「異質との共存」を活力にしてきたが，近年はそのほころびや域内の地域間格差（➡α）も目立つ。2015年の難民危機以降，域内ではポピュリスト（➡p.23）や右派勢力が台頭し20年12月のイギリス完全離脱につながったほか，20年以降のコロナ禍では，独自の国境入国規制に踏み切らざるを得なかった。その克服が見え始めた矢先に，EUは東方から新たな挑戦を受けることになった。

1 近年の欧州難民受け入れ問題の展開

年	出来事
2012	2012年頃からシリア内戦激化
15	トルコ経由（バルカン・ルート）の欧州への難民流入激増
	欧州難民危機
	ロシアがシリア内戦で政府軍支援の介入開始
	10月，ハンガリーが国境封鎖（翌月オーストリアも）
	11月，パリ同時多発テロ事件…実行犯の1人はテロ直前にシリア難民を偽装しギリシャに入国
16	12月，ケルン（独）で難民申請者が女性に集団暴行
17	EU難民政策転換，密航者（難民含む）送還でトルコと合意
18	独総選挙で与党議席減，新興右翼政党「ドイツのための選択肢（AfD）」が第3党に
19	EU首脳会議，EU外の第三国に難民と移民の流入を減らす施設の設置を検討することで合意
20	欧州議会選挙で英独仏伊で反移民勢力が躍進→英仏伊で第一党に
	イギリスがEUを離脱（➡p.356）
21	米軍アフガン撤退にともなう政変で，多くの難民発生
22	ロシア・ウクライナ戦争で大量の難民受け入れ

（写真脇）独メルケル首相「保護すべき人を保護するのが欧州の伝統」（15年）

2 ロシア・ウクライナ戦争が煽るEU内の分断

2022年2月以来のロシアのウクライナ侵攻に対し，欧州は反ロシアで結束しているように見えるが，プーチンが大量のウクライナ難民を「送りつけ」たことで，混乱が深刻化する可能性もある。実際15年の「欧州難民危機」以降，少なからぬ国で「反移民」ポピュリズム（➡p.23）が台頭し，欧州を分断した。

「ハンガリー第一主義」を唱えて独裁色を強める同国のオルバン首相は，侵攻直前にプーチン大統領と会談，35年までの天然ガスの安定的な供給を確保した。

また，大量のウクライナ避難民を受け入れた隣国ポーランドでは，それ以前からの経済停滞も加わり，権威主義体制が強まってEU本部との対立が深まる。

経済制裁は「返り血」を浴びる可能性もある。インフレ進行，戦争の長期化のなかで，ロシア産エネルギー資源への依存率が高い国（ハンガリー以外にも独・伊など）は次第に足元を見られていく可能性がある。

そして，22年10月にはイタリアで，ネオファシスト政党の流れをくむ右翼政党「イタリアの同胞」のメローニ党首が新首相に就任した。23年10月にはスロバキアのフィツォ新首相がウクライナへの武器供与停止を表明するなど，EU内での「支援疲れ」も表面化してきた。

（写真脇縦書き）プーチンの脅しには屈しません。

⬆メローニ首相
（2022.10.29）

3 難民が弄ばれ，壁が築かれ…まさか新「鉄のカーテン」？

「ダブリン規則」ゆえに2015年に「難民危機」で多大な負担を強いられたギリシャでは，2021年に隣接するトルコとの国境に高さ5mの壁が完成。同様に，ベラルーシと接するリトアニアやポーランドでも壁や鉄条網，フェンスの設置が進む。

ところが，後者に関して新たな背景が判明してきた。人権弾圧でEUの制裁を受けるベラルーシが，イラク国内のクルド人（➡p.314）やトルコ国内の難民に闇業者を通じて観光ビザを発給し隣国のリトアニアやポーランドの国境までの移動を支援，EU側の混乱拡大を狙ったというもの。

これに対し，EUのフォンデアライエン欧州委員長は，11月「ベラルーシが政治目的で移民・難民を道具のように扱うのは受け入れられない」と同国への制裁を強化すると発表，するとベラルーシ・ルカシェンコ大統領は「今後ロシア産天然ガスを自国経由で欧州に送っているパイプラインを止める可能性がある」と応じた。

こうしたなかでメルケル独首相はルカシェンコ大統領やその背後にいるとされるロシア・プーチン大統領と電話会談。しかしその主張は受け入れ拒否のポーランドの擁護，国境に立往生する人々への人道支援と，自国へ帰る機会確保の要請にとどまった。

（右縦書き）その後，行き場を失った少なからぬ難民は，帰国した。

C 中東難民・移民をめぐる関係国の思惑

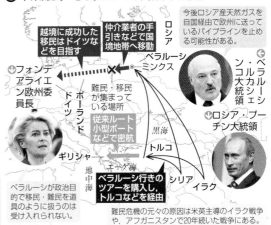

（吹き出し）越境に成功した移民はドイツなどを目指す
（吹き出し）仲介業者の手引きなどで国境地帯へ移動
（吹き出し）今後ロシア産天然ガスを自国経由で欧州に送っているパイプラインを止める可能性がある。
（ラベル）ロシア／ベラルーシ・ミンスク／⬆ベラルーシ・ルカシェンコ大統領
（ラベル）難民・移民が集まっている場所
（ラベル）⬆フォンデアライエン欧州委員長／ドイツ／ポーランド／ギリシャ
（ラベル）従来ルート小型ボートなどで密航
（ラベル）黒海／トルコ／エーゲ海／地中海／シリア／イラク／⬆ロシア・プーチン大統領
（吹き出し）ベラルーシが政治目的で移民・難民を道具のように扱うのは受け入れられない。
（吹き出し）ベラルーシ行きのツアーを購入し，トルコなどを経由
難民危機の元々の原因は米英主導のイラク戦争や，アフガニスタンで20年続いた戦争だ。ポーランドは難民を痛めつけている。西側諸国が政治の基本だと主張する人道主義に反する。

（『毎日新聞』2021.11.19などを参考に作成）

用語 ダブリン規則…難民申請者に対し，EU域内の最初に入国した国が難民であるか不法移民であるかの判断を下すとする規則。しかし15年の難民危機の過程で，受け入れ積極派のドイツと認定作業に追われる地中海沿岸諸国との間で齟齬が生じて事実上破綻，現在見直し作業が続く。

（右端縦書き）国際政治　時事特集

プラスα EU内には元来地域間対立あり。北西部は豊かで財政安定。人権を重視し，難民・移民に比較的寛容。南部では貧しく，国債への依存傾向が強い。難民受け入れ疲れでコロナ被害も大。東部も貧しく，エリート人材は欧州西部へ流出。権威主義体制志向が強く，そこに中ロがつけ入ってくる。

どうなる米中
激突か協調か？

それにしても何かと気になるのは，東シナ海対岸の中国の動向。すでにGDPでは2010年に日本を抜いて世界第2位につけ，軍事面でも空母の建造や戦略ミサイル原子力潜水艦を導入，太平洋への強い進出意欲を見せる。さらにBRICS諸国と連携して国際的発言力を着実につけているように思える。そして，2020年には米国が「関与政策」（➡5）の放棄を宣言，両国の対立はエスカレートするばかり。この勢いで，やがて21世紀は「中国の世紀」となるのだろうか。米国はこれにどう対応しようとしているのだろうか。

1 2020年代に大戦争が勃発する？ —今世紀の覇権国は　米国（パックス・アメリカーナ）か？　中国（パックス・シニカ）か？

景気循環の諸形態（➡p.196）の1つに，周期が約50年の「コンドラチェフの波」がある。その周期を生み出す原動力として，近年は技術革新が注目される（波の下降期に新技術が発明され，次の上昇期にそれが活用されて景気拡大の原動力となっていく）が，コンドラチェフは，ほかに金産出量，世界市場の拡大などにも注目している。

その中で国際政治学者が注目するのは「波の上昇期には戦争及び国内の社会的動揺が多発する」という部分で，その結果約50年周期で，世界秩序を揺るがす大戦争が起きることになる（➡A）。

ところが，さらに分析を深めると，波2つ分の「覇権波」が存在し，そのピークは世紀の初期に現れて，その際の大戦争の結果，しばしば覇権国の交代が起きるのだという（➡B）。たしかに100年前には帝国主義の世界分割戦争の最終段階としての第一次世界大戦が勃発し，その結果国際政治経済の覇権はイギリスから米国に移動した。もしその理論が正しいとすれば，そろそろ覇権の移動をともなう可能性のある，大戦争が起きることになる…?!

A 最近200年の「コンドラチェフの波」

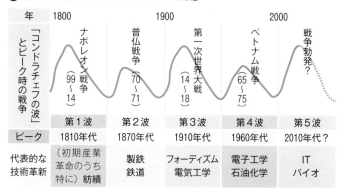

〈注〉細部に関しては，研究者により諸説ある。

用語 フォーディズム…米・フォード社のベルトコンベア等に象徴される，大量生産を可能にした生産システム。

B 過去500年の覇権国の推移

世紀	覇権国	世紀初期の覇権確立時の戦争
16	ポルトガル	イタリア戦争
17	オランダ	オランダ独立戦争
18	イギリス	スペイン継承戦争
19	イギリス	ナポレオン戦争
20	米国	第一次世界大戦
21	？	？

（加藤雅『歴史の波動』読売新聞社などによる）

C 2050年のGDP予測（2022年発表）

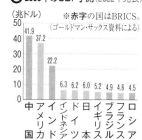

※赤字の国はBRICS。
（ゴールドマン・サックス資料による）

2 老覇権国「米国」のジレンマとは？

D 中国と米国，どちらが優位なのか？

		中 国	米 国
人口	2003年	13.0億人	2.9億人
	22年	14.1億人	3.3億人
GDP	2003年	1.8兆ドル	11.5兆ドル
	22年	18.1兆ドル	25.5兆ドル
軍事費	2003年	574億ドル	5,078億ドル
	22年	2,920億ドル	8,769億ドル
兵力	陸　軍	98万人	48万人
	海　軍	750隻	980隻
	空　母	1隻	11隻
	潜水艦（うち原潜）	70隻（14隻）	67隻（すべて）
	海兵隊	3万人	19万人
	空軍・作戦機（ヘリ含まず）	3,020機	3,560機
核戦力	ICBM（大陸間弾道ミサイル）	94基	400基
	SLBM（潜水艦発射弾道ミサイル）	72基	280基
	核弾頭数	320	1,357

〈注〉兵力は2020年末。　　　　（IMF, SIPRI資料等による）

Dからも分かるように，過去19年間で中国のGDPは約10倍，軍事費は約5倍となり，太平洋への進出を図っている。これに対するオバマの世界戦略は「リバランス（rebalance）政策」。2001年の同時多発テロ以来，イラク，アフガニスタン等に対する「テロとの戦い」（➡p.301）に国力を注ぎすぎた分を，アジア・太平洋地域に回していこうというもので，中国への対抗の意味もある。典型的なものは，14年のアジア歴訪の際に日本で「尖閣諸島は日米安保条約の適用範囲」を明言したり，フィリピンへの軍事協力を強化したこと。

しかし，深刻な財政難を背景に13年秋のAPEC首脳会議を欠席せざるをえなかったほか，ブッシュ時代の過介入に懲りた国内世論に配慮して，シリア内戦（➡p.314）やウクライナ問題では強い姿勢を見せられず，その結果同盟国の中には米国に対する不信感も一部にある。一方でアジア関与を強めると，中国には「封じ込め」と反発を受け，ジレンマが深まることになる。

プラスα 米国を代表する国際政治学者でハーバード大学教授のグレアム＝アリソン氏によれば，過去500年間の歴史の中で，支配勢力と新興勢力による15件のトラブルのうち，11件が戦争につながったという。

国際政治 / 時事特集

3 21世紀の覇権を争う両国の強みと弱みを分析すると…

	中 国	米 国
強み ⑳	・高い軍事予算の伸び率, 核軍縮への動きの欠如 ・**上海協力機構**（➡p.301）でロシア等と軍事的連携強化 ・高い経済成長率, 高貯蓄率と比較的健全な財政 ・近年の世界貿易における人民元での貿易決済急増 ・世界銀行・IMFに対抗し, **BRICS開発銀行**設立 ・**アジアインフラ投資銀行**（AIIB, ➡p.358）設立を主導 ・ハリウッド等の米国ソフトパワーへの買収攻勢	・圧倒的軍事力とソフトパワー ・安全保障理事会（➡p.291）, 世界銀行・IMF（➡p.342）における発言力の大きさ ・英語と**基軸通貨ドル**の汎用性　・民主制度と法の支配 ・太平洋と大西洋の２つの外堀に守られる地政学的位置 ・**シェールガス革命**（➡p.374）でエネルギー輸出の可能性 ・積極的移民の受け入れと, 将来的な人口増加見通し 〔2021年の合計特殊出生率1.66〕
弱み	・**共産党一党体制**→格差固定化, 崩壊時の混乱のリスク ・国営企業の効率の悪さ, 政府による規制の多さ ・少子高齢化社会の到来→生産年齢人口の減少開始 ・新興国の製造業の追い上げ 〔2021年の合計特殊出生率1.16〕 ・ソフトパワーの弱さ←市民社会の欠如	・巨額の債務　・格差の拡大と社会の二極化（➡p.40） ・移民の増加→国家への帰属意識の低下 ・教育の質のばらつきと, 特に下位層の学力低下（PISAデータの低さ） ・イラク, アフガニスタンでの介入失敗と, **リバランス政策**による欧州諸国・アジア内の不安の高まり

（眞淳平『21世紀はどんな世界になるのか』岩波書店等による）

用語 BRICS開発銀行（NDB：New Development Bank BRICS, 新開発銀行）…BRICSが2014年7月に設立, 2015年7月開業。世界銀行・IMFの代替を目指す国際銀行。本部は中国の上海, 資本金500億ドル。世銀・IMFは, 財政危機の新興国に対し融資条件に破滅的な緊縮財政を迫ってきたが（➡p.348）, 2008年世界金融危機では欧米諸国の金融・財政緩和を容認した。先進国に有利な世銀・IMF体制への新興国の不満が設立の背景にある。

4 意外と中国のことが気になる米国──米中共存（G2）, Chimerica（チャイメリカ）（＝China+America）の可能性

E 主な米国債保有国の保有残高の推移（各年12月現在）

> バイデン米大統領：私たちは競争が衝突へと転じないよう, 責任ある形で競争を管理していかなければならない。
> 習近平国家主席：この地球は中米両国を受け入れることができる。それぞれの成功は互いのチャンスだ。私は中米関係の将来は明るいとかたく信じている。　　（2023年11月の米中首脳会談）

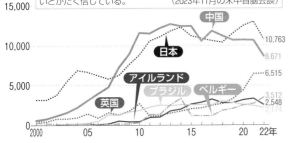

F 米国人が選ぶアジアにおけるパートナー国は？

●米国有識者が選ぶ, アジアにおける最も重要なパートナー

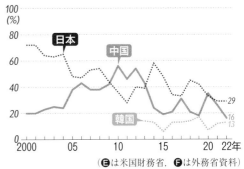

（Eは米国財務省, Fは外務省資料）

国際政治

5 いよいよ「米中冷戦」？──2020年, 米国は「関与政策」を転換

例：・01年中国のWTO加盟。

　2000年代に「Chimerica」なる言葉が注目された。米国は20世紀末から「中国の発展を支援し, 国際秩序に組み込めば, 改革や民主化も進む」と期待し, 対中「関与政策（engagement policy）」を重視してきた。4のグラフから, 意外なほどの両国の「相互浸透」ぶりが見えるだろう。

　しかし, 中国経済が急速に成長, 軍事面でも台頭著しい一方で, 政治の民主化や人権状況の改善は進まなかったことから, 米国内では関与政策を見直すべきとの声が出ていた。トランプ政権成立はこの動きを加速させ, 関税引き上げ合戦や香港をめぐる批判の応酬の末, 20年に「関与政策」の転換を宣言。バイデン大統領は外交方針の大転換を行い, 22年の「国家安全保障戦略」で中国を「**国際秩序を塗り替える意図と能力を持つ唯一の競争相手**」と位置づけるに至った。そして3期目に入った習近平政権は米国を念頭に「**一切の覇権主義や強権政治, 冷戦思考, 内政干渉, ダブルスタンダードに断固反対**」と息まく。ただし, 米国にとって中国は最大の輸入相手国。今回の「冷戦」は米ソ冷戦とは異なる様相を見せつつ当面続いていくだろう。

6 米中の狭間で日本の進路を考える！

　対立が目立つ米中だが, 4のように意外と太いパイプのあることに注目しよう。ちなみに日本の貿易相手国は, 輸出は米中ほぼ同額だが, 輸入は中国が米国をはるかに引き離す。中国は経済上の日本の最大のパートナーなのだ。しかし20世紀の日中関係は友好よりも対立が目立った。一方, 1950～60年代を除けば, 米中は意外に良好な関係で, しかもその潤滑油的な役割を果たしていたのが対日感情であったのでは？「日米同盟堅持」を謳う一方で, ハーバード大への日本からの留学生数は中国の数分の一と, 「内向き」は深刻だ。

　日本は米国との同盟関係がある一方, 中国との歴史的関係も深い。間違っても東・南シナ海の武力衝突から, 米中激突が始まらないよう（米国や東南アジアの知識人でこれを心配する人が多い）, 時には両国の間に割って入りつつ, 両国と良好な関係を持ち続けたいものだ。ウクライナ戦争中でも会談を行っている米中首脳を参考にしたい。

時事特集

プラスα 習近平は国家副主席だった2011年, 当時の副大統領バイデンを中国に迎え, 会談で「中国と米国は, 従来にも増して共通の利益を有している」と述べた。バイデンは「我々の個人的な関係が今後も継続して育っていくことを期待している」と応えた。

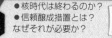

●核時代は終わるのか？
●信頼醸成措置とは？　なぜそれが必要か？

視点　対立　16

核時代は終わるのか？

核拡散と米ロ軍縮交渉

<table>
<tr><td colspan="2">平和擁護世界大会委員会による核兵器禁止の訴え</td></tr>
</table>

1 軍縮と核兵器をめぐるあゆみ

年	主な出来事（●年は日本批准年）
1928	**不戦条約**調印　● 1929
45	米，広島・長崎に原子爆弾を投下
50	ストックホルム宣言
55	ラッセル・アインシュタイン宣言（核戦争に伴う人類絶滅の危険性指摘）
	第1回**原水爆禁止世界大会**開催（広島）
57	第1回**パグウォッシュ会議**（原子物理学者の会議）
	米ソ，大陸間弾道ミサイル（ICBM）開発
59	南極条約調印（南極の平和利用，核爆発・核物質処理の禁止）● 1961
62	**キューバ危機**
63	**部分的核実験禁止条約（PTBT）**調印（米英ソ）● 1964
67	トラテロルコ条約調印（中南米を非核地帯）
68	**核拡散防止条約（NPT）**調印　● 1976
72	生物・毒素兵器使用禁止条約調印　● 1982
	戦略兵器制限条約（SALT I）調印（米ソ）
74	弾道弾迎撃ミサイル（ABM）制限議定書調印
75	欧州安全保障協力会議開催。**ヘルシンキ宣言**発表
77	環境破壊兵器禁止条約調印　● 1982
78	第1回**国連軍縮特別総会（SSD）**
79	SALT II調印（米ソ）【新冷戦で未批准】
83	米ソの中距離核兵器配備
85	ラロトンガ条約調印（南太平洋を非核地帯）
87	**中距離核戦力（INF）全廃条約**調印（米ソ）
89	マルタで米ソ首脳会談＝冷戦終結
91	**戦略兵器削減条約（START I）**調印（米ソ）（94発効）
93	START II調印（米ロ）
	化学兵器禁止条約調印　● 1997
95	NPTを無期限延長。東南アジア非核地帯条約調印
	パグウォッシュ会議，ノーベル平和賞受賞
96	**包括的核実験禁止条約（CTBT）**採択【未発効】● 1997
97	対人地雷全面禁止条約調印（99発効）● 1999
2002	戦略攻撃能力削減条約調印（米ロ）
06	北朝鮮，核実験強行（09,13,16年にも実施）
08	クラスター弾に関する条約（10発効）● 2009
09	オバマ米大統領，**プラハ演説**「核なき世界」
10	**新START**調印（米ロ）
13	武器貿易条約調印　● 2014
15	ロシア，欧州通常戦力条約（CFE）脱退
16	オバマ米大統領，広島訪問
17	**核兵器禁止条約**調印（➡p.312）
18	北朝鮮，**米朝首脳会談**で朝鮮半島の完全非核化を表明
19	中距離核戦力（INF）全廃条約失効（➡**3**）
21	核兵器禁止条約発効
	新START条約5年間延長決定
22	ロシア，ウクライナに侵攻，核兵器使用を示唆

16 16 18 18 18

A 各国最初の原爆・水爆実験実施年

年	原　爆	年	水　爆
1945	アメリカ	1952	アメリカ
49	ソ連	53	ソ連
52	イギリス	54	米の水爆実験で第五福竜丸が被ばく
60	フランス		
64	中国	57	イギリス
74	インド	67	中国
98	パキスタン	68	フランス
2006	北朝鮮		

戦争抛棄ニ関スル条約　（抄）[発効1929]

第1条[戦争放棄]　締約国ハ，国際紛争解決ノ為戦争ニ訴フルコトヲ非トシ，且其ノ相互関係ニ於テ国家ノ政策ノ手段トシテノ戦争ヲ抛棄スルコトヲ其ノ各自ノ人民ノ名ニ於テ厳粛ニ宣言ス。

第2条[紛争の平和的解決]　締約国ハ，相互間ニ起ルコトアルベキ一切ノ紛争又ハ紛議ハ，其ノ性質又ハ起因ノ如何ヲ問ハズ，平和的手段ニ依ルノ外之ガ処理又ハ解決ヲ求メザルコトヲ約ス。

部分的核実験禁止条約　（抄）[発効1963]

第1条[核爆発の禁止]1　この条約の各締約国は，その管轄又は管理の下にあるいかなる場所においても，次の環境における核兵器の実験的爆発及び他の核爆発を禁止すること，防止すること及び実施しないことを約束する。

a　大気圏内，宇宙空間を含む大気圏外並びに領水及び公海を含む水中　23ル

核拡散防止条約（NPT）　（要旨）[発効1970]

[Treaty on the Non-Proliferation of Nuclear Weapons]

・核保有国による非核保有国への核兵器・核爆発装置の供与禁止　21
・非核保有国の核兵器・核爆発装置の受領禁止　21ル
・非核保有国は国際原子力機関（IAEA）と協定を結び，原子力の平和利用に関し，同機関の現地査察を受ける

化学兵器禁止条約　（要旨）[発効1997]

・化学兵器の開発，所有，移譲，使用の禁止
・現有及びかつて他国の領域内に遺棄した化学兵器の廃棄

包括的核実験禁止条約（CTBT）
（要旨）[批准国177（2023年2月現在）]

・あらゆる核兵器の爆発実験とその他の核爆発の禁止　ル
・包括的核実験禁止条約（CTBT）機構（本部ウィーン）の設立
・国際監視システム，現地査察などによる検証体制の確立
・条約の遵守を確保するため，国際法に適合する集団的措置（制裁を含む）を勧告できる
・条約発効後10年目に再検討会議を開催
・核保有・保有疑惑国8か国を含む44か国の批准から180日後に発効

用語 **兵器用核物質生産禁止（カットオフ）条約**…兵器用の核物質（高濃縮ウラン，プルトニウム）の生産を禁止する条約。NPT体制下で核保有・非保有を問わず核物質に対する監視を強化する。現在準備作業が進行中。

解説 **結局守られなかったが……**
「パリ不戦条約」，「ケロッグ＝ブリアン条約」ともいわれる。国際連盟規約（➡p.290）下で戦争防止体制が不十分であったことを補おうとしたものだったが，違反国に対する制裁規定を欠くなど，その実効性には早くから疑問の声があった。結果的に第二次世界大戦を防げなかったが，戦争違法化・1920年代の軍縮に果たした歴史的役割は大きい。日本国憲法第9条に影響を与えたともいわれる。

解説 **「地下」の抜け道**　キューバ危機（➡p.299）を乗り越えた米ソが水面下で交渉，1963年に米英ソの署名・発効後，すべての国に署名が開放された。だが，地下核実験は認めたため，「抜け道」ができるとともに，技術面で後れていた中仏は反発，多極化にも影響した。これを乗り越えようとしたのがCTBTである。

解説 **不平等条約？**　核拡散防止のための条約だが，米ソ英仏中の核保有特権，核保持の可能性が指摘されるイスラエル，インド，パキスタンなどの未加盟など，多くの問題点がある。25年期限の条約だったが，1995年に無期限延長が決定。以後，5年ごとに再検討会議が開かれている。2000年の会議では，核兵器全面廃絶に向けた核保有国の明確な約束，CTBTの早期発効などが決議された。

解説 **日本の課題**　化学兵器の原材料となる物質の軍事転用に対する監視までをも定めた画期的条約。日本は戦時中，中国に遺棄した化学兵器の廃棄を義務付けられ，現在その協議が進行中。

解説 **44か国の「拒否権」**　圧倒的多数の賛成で国連総会で採択された画期的条約。しかし米ロ英仏中のほか，インド，パキスタン，イスラエルなどを含めた全核保有可能国（44か国）の批准が前提であり，当面発効の見通しは立っていない。とはいうものの，米ロ英仏中が大半の非核国とともに，条約案を支持したことの意義は大きい。インド，パキスタンは1998年の核実験終了後，CTBT調印を示唆している。北朝鮮も未署名。米中，イスラエル，イラン等が未批准。23年にはロシアが批准を撤回し，核実験再開を示唆した。

310　プラスα　不戦条約は，戦後の東京裁判やニュールンベルク裁判で戦犯を裁く根拠ともされた。ちなみに，同条約には有効期限の定めがないから，今日でも効力を有していることになる。

言の葉

およそ将来の世界戦争においてはかならず核兵器が使用されるであろうし、そしてそのような兵器が人類の存続をおびやかしているという事実からみて、私たちは世界の諸政府に、彼らの目的が世界戦争によっては促進されないことを自覚し、このことを公然とみとめるよう勧告する。

ラッセル [英：1872～1970] 哲学者。1955年の「ラッセル・アインシュタイン宣言」は第一級の科学者の連名で発表された（⇒p.101）。

2 核拡散の現状と非核地帯

＊イスラエルと1998年に相次いで核実験を実施したインドとパキスタンは、NPTに加盟していない。北朝鮮は2003年にNPT脱退を表明し核保有を宣言、2006,09,13,16,17年に核実験を実施（16年は年2回）。

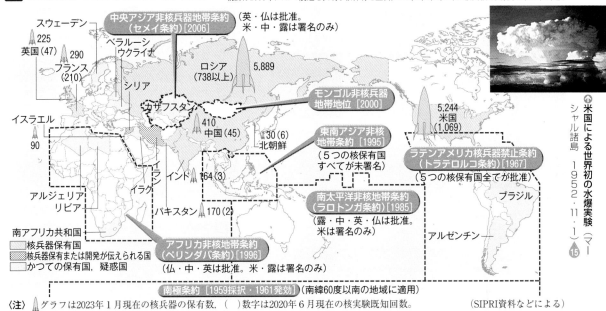

スウェーデン
英国(47) 225
フランス 290
(210)
ベラルーシ
ウクライナ
シリア
中央アジア非核兵器地帯条約（セメイ条約）[2006]（英・仏は批准。米・中・露は署名のみ）
イスラエル 90
アルジェリア
リビア
カザフスタン
ロシア（738以上） 5,889
イラン
イラク
インド 164(3)
パキスタン 170(2)
中国(45) 410
30(6) 北朝鮮
モンゴル非核兵器地帯地位 [2000]
東南アジア非核地帯条約 [1995]（5つの核保有国すべてが未署名）
5,244 米国(1,069)
ラテンアメリカ核兵器禁止条約（トラテロルコ条約）[1967]（5つの核保有国全てが批准）
南太平洋非核地帯条約（ラロトンガ条約）[1985]（露・中・英・仏は批准。米は署名のみ）
ブラジル
南アフリカ共和国
アフリカ非核地帯条約（ペリンダバ条約）[1996]（仏・中・英は批准。米・露は署名のみ）
アルゼンチン

▢ 核兵器保有国
▨ 核兵器保有または開発が伝えられる国
▢ かつての保有国，疑惑国

↑米国による世界初の水爆実験（マーシャル諸島 1952・11・1）⑮

南極条約 [1959採択・1961発効]（南緯60度以南の地域に適用）

〈注〉🚀 グラフは2023年1月現在の核兵器の保有数，（　）数字は2020年6月現在の核実験既知回数。　　（SIPRI資料などによる）

3 米・ソ（ロ）間の核軍縮

A 米ロの戦略核弾頭数の推移

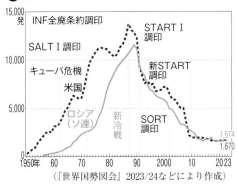

INF全廃条約調印
START I 調印
SALT I 調印
新START調印
キューバ危機
米国
ロシア（ソ連）
新冷戦
SORT調印
1,674
1,670
15,000発
10,000
5,000
0
1950年　60　70　80　90　2000　10　2023

『世界国勢図会』2023/24などにより作成

解説 史上初めて戦略核削減 70年代のSALTは制限に重点が置かれたが，80年代以降は削減を重視。INF全廃条約の画期的だった点もそこにある。START交渉は米・レーガン大統領の提案で1982年に開始し，9年後の1991年7月に調印。これにより，米ソ軍事対立時代を象徴した戦略核が史上初めて削減されることになった。その後1993年にはICBM全廃を盛り込んだSTART IIが調印されたものの，未発効。2003年には**戦略攻撃能力削減条約**が発効，2010年にはSTART Iの時限失効をうけて**新START**が調印されたが，核の削減が「解体」でなく「貯蔵」であること，戦術核弾頭が削減の対象外であることなどが問題点として指摘されている。

⑭ B 米ロ間の軍縮条約

条約名		調印／発効　失効	主な内容
戦略兵器制限交渉（SALT）	I	[交渉]1969～1972.5／1972.9　**1977.10**	第1次戦略兵器制限条約…ICBM，SLBM，SLBM装備潜水艦の保有 制限
	II	[交渉]1972～1979.6／未発効	第2次戦略兵器制限条約…戦略兵器の新保有 制限 枠，保有 制限 部門の拡大。
ABM（対弾道ミサイル）制限条約		1972.5/1972.10　**2002.6**	ABM設置数を 制限。2002.6，MD（ミサイル防衛）整備のため米が脱退し無効化。
INF（中距離核戦力）全廃条約		1987.12/1988.6　**2019.8**	射程距離が500～5,500kmの弾道ミサイル，巡航ミサイルの 全廃。
戦略兵器削減条約（START）	I	1991.7／1994.12　**2009.12**	①戦略核弾頭総数…6,000個に 削減 ㉓ ②戦略核運搬手段の上限…1,600基・機 ③7年間にわたり3段階に分けて 削減
	II	1993.1／未発効	①戦略核弾頭総数…3,000～3,500に 削減（ICBM全廃，SLBM1,700～1,750）②2003年までに 削減→2007年に延長
戦略攻撃能力削減条約（SORT, モスクワ条約）		2002.5／2003.6　**2011.2**	①戦略核弾頭総数…1,700～2,200に 削減 ②2012年末までに 削減 ③START Iの有効性を確認
START I 後継条約（新START）		2010.4／2011.2	①戦略核弾頭総数…1,550に 削減 ②削減は条約批准から7年以内に達成

TRY SALTとSTARTの，内容面での最大の違いは何か？キーになるLとRで始まる英単語を分析，比較してみよう。（解答⇒p.416）

18年10月，トランプ米大統領がINF全廃条約の破棄を表明。↓19年8月失効。

国際政治

23年，ロシアは「離脱はしないが履行を停止」と表明。

用語 **核抑止論**…対立する諸国家が壊滅的な破壊能力を持つ核兵器を互いに所有することによって，報復に対する恐怖ゆえに，結果的に核戦争が阻止されるという理論。核開発の正当化に用いられる。

⑱ **国際原子力機関（IAEA）**…原子力の平和利用の促進と軍事利用の防止を目指す国際機関（本部ウィーン）。1957年設立。NPT体制下において，非核保有国はIAEAと協定を結ぶことで原子力平和利用を保障されるとともに，査察を受ける。発展途上国の原子力関係の技術援助も行う。

戦略核…相手の領土を直接攻撃できる射程の長い核兵器の総称。

米ロ両国の本土間の距離は約5,500kmなので，それ以上の射程のものを一般にさす。具体的にはICBM（大陸間弾道ミサイル），SLBM（潜水艦発射弾道ミサイル）と戦略爆撃機から成り，アメリカはSLBMを主力とし，ソ連はICBMを主力としていた。射程500～5,500kmのINF（中距離核ミサイル）は戦域核，射程500km以下の短距離核ミサイルは**戦術核**ともいう。

臨界前核実験…臨界（核分裂が連鎖的に起きる状態）寸前の段階までを実施する核実験。1997年に米国が初めて実施後，ロシアも実施。核爆発をともなわないため，環境への影響はないとも言われるが，CTBTの精神と矛盾しているとの批判が強い。

プラスα 1996年に国連で採択されたCTBTにインドが反対した理由は，①核兵器廃絶時期の欠如と②核保有国が爆発なしの「核実験」を続ける可能性。しかしその背後には5か国の核独占を容認するNPT体制への不満と自国の核開発続行への意志があるようだ。

核拡散の構図 　　　　　　　　　　　　　　　　国際政治の力学が生みだしたもの

4 闇市場を通じての核拡散

A 核の闇市場をめぐる疑惑

パキスタン核実験の中心であると同時に「核の闇商人」でもあった。

←カーン博士

日本企業製のウラン転換プラント

解説 米国の影 1998年のパキスタンの核実験（➡p.310）で，開発の中心となったカーン博士。実は米国諜報機関は，彼の動きやパキスタンの核計画を把握していたとされる。だが1979年にアフガニスタンに侵攻した旧ソ連への対抗上，戦略上重要なパキスタンに多額の援助を注ぎ込み，核開発に目をつぶったのだ。米国の制裁措置は，98年のパキスタン核実験まで発動されなかった。**IAEAも，NPT未加盟のパキスタンには手が打てない**（➡p.310,311）。一時はパキスタン当局に拘束された博士自身も，その後の微妙な政治的事情のおかげで赦免された。それは同国が2000年代の対テロ戦争における米国の重要な同盟国であったから。ちなみにパキスタンは核保有を宣言した初のイスラーム国家。そこから西にはイスラーム国家が連なり，核保有が確実なイスラエルと対峙する。

B イランの核開発はなぜ危険か？

1979年	**イラン革命**による反欧米政権誕生（➡p.300）
2000年代	イランの核開発推進，中東の反米勢力支援（米オバマ政権の米欧協調路線）
↓	
2015.7	**イラン核合意**（米英独仏中ロとの合意）

①イランは今後15年間，核開発を大幅に制限
②イランはIAEAの査察を条件付きで受け入れ
③合意の履行確認後，欧米は，金融制裁や原油取引制限などの制裁を緩和
　　　（2017　米トランプ政権の反オバマ路線）

2018.5	トランプ政権，合意より離脱→緊張激化
2020.1	米，イラン革命防衛隊ソレイマニ司令官殺害 → イランは報復としてイラクの米軍拠点攻撃
2021.1	イラン核合意復帰が公約の米バイデン政権成立

解説 中東核ドミノの可能性 イラン核開発疑惑の背景には，安保理常任理事国のみならず，イスラエルやインド，パキスタンまでも事実上核保有を認められている核に関する「二重基準」への怨念。イラン革命以来の反米国家である同国の核武装は原油・天然ガスが集中する中東地域の不安定要因をさらに増す。10年来の交渉の結果，2015年の**イラン核合意**で当面の危機は回避された。

しかし制限付きでの核開発容認とも読めるほか，弾道ミサイル開発への制限が欠如。米トランプ大統領は「反オバマ」の立場からも，18年この合意からの離脱を宣言，イランへの圧迫を強化し両国間と米欧間の緊張が高まり，万一イラン（親中ロ）が核保有を宣言した場合，パキスタンの核開発を資金面で支援したサウジアラビア（親米）への核移転が行われるとの説があり，中東での核拡散と戦争の危機が一気に拡大する可能性がある。21年に成立した米，イラン両新政権の動向が注目される。

核時代は終わるのか？それとも… 　　　　国際世論に頼っているだけでいいのだろうか？

5 核兵器禁止条約発効 —被ばく国日本の対応は？

A 主な内容 ※批准68か国・地域（2023年1月現在）。

採択・発効	・2017年採択　・2021年発効（日本は未批准）
被害者	・核兵器使用による被害者（hibakusha）および核実験の被害者の苦難に留意
禁止	・核兵器の開発や実験，製造，保有，貯蔵 ・核兵器の管理を直接・間接に移転すること ・核兵器の移譲や開発支援 ・条約は50か国が批准し，90日後に発効

解説 国連とNGOの協働の成果！ 1996年に**国際司法裁判所**（ICJ➡p.289）が「**核兵器の使用・威嚇は紛争に関する国際法・人道に関する法律の原則に一般的に反する**」（国家存亡の危機における自衛権としての使用の合法性は言及せず）との見解を示し，核兵器違法化への気運が高まった。その後，核保有国が増加する中，日本の被爆者の訴えもあり，NGOの協力も得て2017年，国連本部で122か国賛成，反対1（蘭），棄権1（シンガポール）で採択。ただし核保有国や日本を含む米国の同盟国はNPT体制による核軍縮を優先させる立場から制定会議に参加せず（唯一の参加国蘭は反対），核廃絶の難しさを感じさせた。**21年には発効**，22年に第1回締約国会議をウィーンで開催。この会議には**NATO内の非批准国の独・蘭などがオブザーバー参加，広島・長崎市長も発言したが，日本政府はオブザーバー参加も見送った**。

6 「核共有」政策，ありか？

安倍元首相の発言の概要（2022.2.27）	NATO内の複数の国は，米国の核兵器を同盟国内で共有して運用する「核共有」を実施している。ウクライナがNATOに加盟していればロシアの侵攻はなかったはず。日本でも現実を直視しつつ検討すべきでは？（日本維新の会が支持）
岸田首相の発言の概要（2022.2.28）	非核三原則の重要性を認識しなければならない。ロシアによる核兵器使用の可能性が指摘されて，国内外で極端な議論がされている。原子力の平和利用を規定している原子力基本法などの法体系からも難しい。（公明党，立憲民主党などが支持）

解説 大きなリスク 現在NATO内で米国との「**核共有**」政策を行っているのはドイツ，イタリア，オランダ，ベルギー，トルコの5か国。注意すべきは，NPT（➡p.310）との整合性。実はこの制度，NPT発効以前の1950年代に発足したもので，核は共有国にあっても所有権はあくまで米国で，共有国は運搬に関与するのみ。仮に日本が「核共有」する場合，標的となる可能性や，周辺国との軋轢などのリスクを考慮すべきだろう。

プーチン露大統領「ロシアは領土を守るために利用可能なあらゆる武器を使う。われわれを核兵器で脅迫しようとする人々は，同じ目に遭う可能性があると知るべきだ」（2022年）

国際政治

言の葉

軍産複合体が，不当な影響力を獲得し，それを行使することに対して，政府も議会も特に用心をしなければならない。…軍産複合体が我々の自由と民主的政治過程を破壊するようなことを許してはならない。　（1961年の大統領退任演説）

アイゼンハワー［米：1890〜1969］　米国の軍人で，第二次世界大戦の連合軍遠征軍最高司令官。後に第34代米国大統領に就任する。退任演説で「軍産複合体」の存在を指摘した。

軍縮問題の行方　　　　　　　　　　今，何が求められているのか

7 冷戦後の武器輸出入の現状（主要国の軍事費➡p.67参照）

A 主要通常兵器の主な供給国と受領国（5年間合計）

（横軸目盛：0　300　600　900　1,200　1,500）

供給国

2018〜22年：米 555億ドル／ロシア224／仏149／中71／独57／英44／イタリア53／スペイン35／その他194　計1,382億ドル

1996〜2000年：米 604／ロシア169／仏112／英85／独82／ウクライナ26／オランダ23／中22／その他123　計1,246億ドル

受領国

2018〜22年：印154／サウジ133／カタール／エジプト89／豪64／中63／パキスタン62／韓51／日米49・38／その他628　計1,382億ドル

1996〜2000年：台湾125／サウジ92／トルコ86／韓77／中66／印54／日48／ギリシャ45／エジプト38／イスラエル30／その他585　計1,246億ドル

〈注〉1990年価格。「サウジ」…サウジアラビア。

B 世界の軍事支出（地域別）〔単位：10億ドル〕

年	1990	2000	2010	2022	増加率
北米	693	518	936	838	21%
ラテンアメリカ	27	32	49	53	99%
西欧	303	263	279	317	5%
東欧・ロシア	243	44	75	160	−34%
東アジア	96	126	235	415	332%
中央・南アジア・太平洋	61	79	127	181	198%
中東	88	98	147	180	105%
アフリカ	16	18	34	38	132%
世界計	1,527	1,177	1,882	2,182	43%

〈注〉2022年価格。「増加率」は1990年との比較。
（AＢともストックホルム国際平和研究所資料により作成）

解説　安保理常任理事国の重大な責任　冷戦終結後，米ソ両大国の圧力が及ばなくなった第三世界が軍備増強に走る一方で緊張緩和により得意先を失った軍需産業が第三世界に活路を見出す構造が顕在化した。中国の武器輸出大国化にも注目。武器輸入大国も産油国からNIES（新興工業経済地域）諸国へ，さらには近年経済の台頭著しいインドと中国が目立つ。

その一方で世界の軍事費大国ベスト5（➡p.67）は安保理常任理事国であり，それは同時に武器輸出大国でもある。軍縮問題を考えるとき，その責任は限りなく重い。日本の果たすべき役割とは？

8 近年の通常兵器軍縮に関する国連の取組み

国連通常兵器登録制度（国連軍備登録制度）［実施1992〜］	【日本の提案で開始】　ミサイルやその発射装置，戦車，軍用艦船など高レベル兵器の国際移転を毎年国連に報告することにより，兵器輸出や移転の透明性を高め，国際間の信頼醸成を図る制度。日本の提案で1992年以来実施され，現在約百数十か国が毎年登録している。
化学兵器禁止条約［発効1997］	【日本の批准：1995年】　化学兵器の開発・原材料物質の監視（➡p.310）。
対人地雷全面禁止条約（オタワ条約）［発効1999］	【日本の批准：1998年】　地雷の生産，使用，貯蔵などの禁止。既存地雷の廃棄。地雷禁止国際キャンペーン（ICBL）等のNGOの国際的連帯を背景に調印された（➡p.287）。米ロ中印などは未調印。

◀対人地雷　2020年の被害者は54か国・地域で7,073人。いまだ100万個以上が地面に眠っている。

クラスター弾禁止条約（オスロ条約）［発効2010］	【日本の批准：2009年】　クラスター弾は，親爆弾の中の子爆弾，さらには鉄片がまき散らされ，不発弾率も高いため，不発弾も含め多くの被害をもたらす。米ロ中印などは未調印。

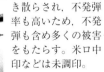

◀クラスター弾を投下する米爆撃機　これまでの被害者は5.6万人以上。

（縦書き欄）ロシア・ウクライナ戦争において両国による使用が指摘されている。

武器貿易条約［発効2014］	【日本の批准：2014年】　戦車や軍艦，銃など8種類の通常兵器と弾薬等に関する国連による貿易制限。日本は2014年に批准。米国は調印するも，2019年に撤回。ロ中印などは未調印。

⑯

9 信頼醸成措置（CBM）とは？　confidence-building measures

A CBMの具体例

- 一定規模以上の軍事演習時の，周辺諸国への事前通報・査察容認。
- 軍隊移動の事前通告。　・軍事情報の年次交換。
- 軍事担当大臣，軍幹部による定期協議，情報交換。
- 米ロ，日ロなどによる，PKO活動や遭難者救出を想定した共同演習の実施。

➡ 国家間の不安と懸念の解消

解説　冷戦終結の土台　東西両陣営の相互不信感から軍拡が進み，誤解に基づく偶発的核戦争の危険性も増したことへの反省から，双方が軍事情報をできるだけ透明化することが求められるようになった。こうしてCBMが登場する。その第一歩は，キューバ危機（1962年，➡p.299）直後の米ソ首脳間のホットライン設置ともいわれるが，本格的に進展するのはやはり70年代。CSCEのヘルシンキ宣言（➡p.303）はその一つの到達点だった。こうした努力があって冷戦は平和裏に終結したのである。日本でも近年周辺諸国との間で防衛関係閣僚や「制服組」などの各レベルで交流が進んでいる。

用語　軍産複合体（MIC：Military-industrial complex）…軍事・外交政策を軍拡に適合する方向に向けようとする，諸集団の連携構造。とりわけ失業の発生を恐れる軍需産業の影響力は大きく，「軍民転換」が求められている（➡p.226α）。

ホットライン…緊急時，首脳同士が直接会話をするために設けられた電話回線。キューバ危機後に米ソ首脳間に設置されたのが始まり（設置前は通信に6時間かかったという）。

安全保障のジレンマ…他国の脅威の認識や被害妄想から行われる軍備拡張や同盟強化などの措置が，その相手国にとっては自国に対する脅威として認識され，その結果双方のさらなる軍拡あるいは同盟の深化が進行していく状況。

国際政治

プラスα　死の商人　兵器製造業者やその売込み企業の総称。戦時のみならず，軍備拡張はそのビジネスチャンスとなるため，対立国双方に武器を売り込んだり，時には戦争気運を煽ったりもする。歴史的にはドイツのクルップ社などが有名。日本の死の商人については➡p.80参照。

現在も続く民族問題・地域紛争　要因は様々

1 現在の主な民族・地域紛争地図

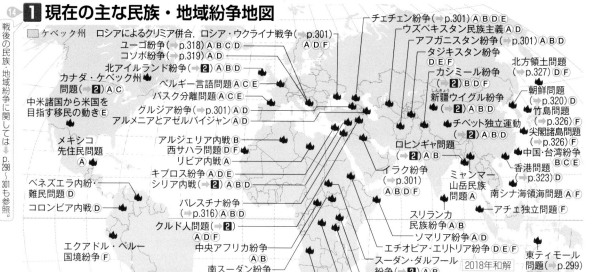

ケベック州　ロシアによるクリミア併合，ロシア・ウクライナ戦争（→p.301）
ユーゴ紛争（→p.318）ABCD
コソボ紛争（→p.319）AD
北アイルランド紛争（②）ABD
カナダ・ケベック州問題（②）AC
ベルギー言語問題ACE
バスク分離問題ACE
グルジア紛争（→p.301）AD
アルメニアとアゼルバイジャンAD
チェチェン紛争（→p.301）ABDE
ウズベキスタン民族主義AD
アフガニスタン紛争（→p.301）ABD
タジキスタン紛争DEF
カシミール紛争（②）BDF
新疆ウイグル紛争（②）ABD
北方領土問題（→p.327）DF
朝鮮問題（→p.320）D
竹島問題（→p.326）D
尖閣諸島問題（→p.326）F
中国・台湾紛争BCE
香港問題（→p.323）D
チベット独立運動（②）ABD
中米諸国から米国を目指す移民の動きE
メキシコ先住民問題A
アルジェリア内戦B
西サハラ問題DF
リビア内戦D
キプロス紛争ADE
シリア内戦（②）ABD
パレスチナ紛争（→p.316）ABD
クルド人問題（②）ADF
中央アフリカ紛争AB
南スーダン紛争ABF
ロヒンギャ問題（②）AB
イラク紛争（→p.301）ABDF
ミャンマー山岳民族問題A
南シナ海領海問題AF
アチェ独立問題F
スリランカ民族紛争AB
ソマリア紛争AD
エチオピア・エリトリア紛争DEF
スーダン・ダルフール紛争（②）AD　2018年和解
ルワンダ内戦（→p.301）AD
ブルンジ内戦AD
コンゴ（旧ザイール）紛争AF
アンゴラ内戦AD
東ティモール問題（→p.299）BD
ベネズエラ内紛・難民問題D
コロンビア内戦D
エクアドル・ペルー国境紛争F

Ⓐ民族・部族・種族の対立　Ⓑ宗教・信仰上の対立　Ⓒ言語的な対立
Ⓓ大国・周辺諸国の介入　Ⓔ経済格差　Ⓕ領土・資源

2 現在の主な民族・地域紛争とその背景

チベット独立運動	チベット民族は中国内で「自治区」を形成していたが，1959年に共産党支配への反乱が発生。政治，宗教上の最高権力者ダライ・ラマ14世はインドに亡命し，中印対立の最大要因の一つとなっている。
新疆ウイグル紛争	ウイグル族は中央アジアの砂漠地帯で暮らすトルコ系民族で，多くがイスラーム教徒。新疆は中国北西部の呼称で「東トルキスタン」とも。中華人民共和国成立後その統治下に入ったが，石油・天然ガスを産し，中国の核実験場ともなったことから，共産党政権への反発が強い。
カシミール紛争	英からの独立の際，インドはヒンドゥー教徒を，パキスタンはイスラーム教徒を中心に建国されたが，北部のカシミール地方はイスラーム教徒が多数派なのに支配層がヒンドゥー教徒だったため，その帰属をめぐり両国が激しく対立している。
クルド人問題	トルコ，イラク，イラン，シリア，アルメニア，アゼルバイジャンの国境付近に居住する民族（スンニ派イスラーム教徒中心）。いずれの国においてもマイノリティーとなり自治を要求している。
北アイルランド紛争	カトリックが大多数のアイルランドは20世紀前半に英から独立したが，英系住民（プロテスタント）の多い北アイルランドは英統治下に残され，アイルランド系の過激派は爆弾テロ活動に走った。1990年代には和平合意に基づき自治政府が樹立された。
ダルフール紛争	スーダン西部，ダルフール地方に居住するザガワ族，フル族などが，アラブ系でイスラーム教徒中心の政府軍と対立，2003年以降の衝突で20万人が犠牲となり，200万人以上が避難民となった。
ケベック州問題（カナダ）	カナダは英国から独立したが18世紀半ばまでフランスの植民地で，特に東部のケベック州（人口は全土の約1/4）は，現在でもフランス語を話す人口が9割近くを占める。国全体としては二言語政策をとっているが，同州内ではフランス語志向が強く，国からの分離独立運動もある。
シリア内戦（2011〜）（→p.307）	「アラブの春」（→p.38）の過程で独裁的なアサド政権（露中，イラン等が支持）と反政府勢力（欧米が支持）との間で内戦化。政府軍の化学兵器使用への批判が高まり，ISIL（イスラーム国，→p.39α）も一時台頭。政府軍優勢の中，19年にトランプ政権は米軍撤退を表明したが，実現すればイランと露の勢力が台頭することになる。多数の難民が発生，市民の死者は30数万人にも及ぶ。
先住民問題	コロンブスのアメリカ到達500周年（1992年）を契機に，世界の先住民の権利運動が高揚。国連は翌93年に「国際先住民年」，95〜04年を「世界の先住民の国際10年」，05〜14年を「第2次世界の先住民の国際10年」としている。日本のアイヌ民族（→p.86），アメリカ大陸のアメリカ先住民*（＝Native Americans），オーストラリアのアボリジニー等に関心を持ち続けたい。　*インディアン，エスキモーは蔑称。
ロヒンギャ問題	多民族国家ミャンマーの国民の多くは仏教徒だが，西部には，イギリスからの独立以前からロヒンギャと呼ばれるイスラーム教徒が居住してきた。法律によってミャンマー国籍が与えられず，しばしば政府と衝突，2010年代の民主化政権の時代も含め，多くの人々が隣国バングラデシュなどに逃げ込んだ。

解説 **解決への遠い道のり**　冷戦後も地域紛争・民族紛争が続く背景として以下の点があげられる。①冷戦という「たが」が外れ，少数民族が権利を主張（例：旧ソ連の崩壊）。②アジア・アフリカ地域の独立の際に，旧宗主国が民族分布を無視して引いた勢力範囲のラインが国境として存続（例：中東のクルド人）。③一国内での文化，経済的利益の不均衡性（例：旧ユーゴスラビア戦の分裂）。④新冷戦的状況下での大国の介入（例：シリア内戦）。⑤権威主義的国家体制の国内における「スケープゴート」的要素（例：ロヒンギャ）。

プラスα　150もの言語が存在した多民族国家，旧ソ連では，建国当初民族自決の大原則の下，各民族が母語で教育を受ける権利を保障したが，間もなく新しい民族「ソヴィエト人」のための国際語ならぬ「族際語」として，ロシア語が強制されるようになった。

（左端欄外）⑭ 戦後の民族・地域紛争に関しては→p.298〜301も参照。

国際政治

③ 民族憎悪の克服に向けて

民族紛争解決の方策

- ・基本的人権の保障
- ・法の支配の確立
- ・国際機関や周辺諸国活動の活発化
- ・予防外交

- ・民族主義（ナショナリズム）の健全化，抑制
- ・信頼醸成措置（CBM，➡p.313）の構築

解説 言うは易いが…　地域紛争・民族紛争は過去の歴史的経緯があるから，そう簡単には解決しない。ただ，紛争発生地域が，かつての植民地独立の際の国境線付近や，独裁体制国家の周辺・内部であることが比較的多いことに注目しよう。独裁国同士が戦争をすることが多いのは有名だが，強引な支配は往々にして人々の心を荒ませて，「民族」という魔法の言葉に向かわせる。本来は，国境も「民族」も存在しなかったのだ。

用語 エスニック・グループ（ethnic group）・民族…言語，信仰，歴史などの文化的絆で一体感を確認しようとする集団で，外見で人類を分類する**人種**概念とは異なる。ほぼ同義だが，民族（nation）という概念が近代国民国家の基本理念となっているのに対し，前者は国民国家に限定されないマイノリティや複数国家にまたがる集団を指す際に使用されることが多い。

民族浄化（ethnic cleansing：エスニッククレンジング）…複数のエスニック・グループの混在地域において，支配的グループが他のグループに対して行う迫害，追放，殺害行為。

エスノセントリズム（ethnocentrism）…自民族中心主義のこと。

アファーマティブ・アクション（affirmative action：積極的改善措置）…社会的構造的差別によって不利益を被っている集団に一定範囲内で特別な機会を提供し，実質的機会均等を実現する措置。クォータ制（割当制）もその１つ（➡p.85プラスα）。

④ 一国内での多民族共存のためのキーワード

⑯ **①多文化主義（multiculturalism）**…カナダやオーストラリアで国是として提唱されている概念。国内の各民族集団の言語的・文化的権利を保障しようとしている。両国とも先住民の人権擁護が大きな課題。

②相違への権利…フランスで発達。周辺地域や移民集団の言語や文化に対して一定の配慮がなされている。

③サラダボウル（salad bowl）…米国ではかつて「**人種のるつぼ（melting pot）**」という考え方が強調され，ヨーロッパ系白人中心社会への同化が強調された。近年は人種・民族集団の文化的多様性を肯定するこの表現が好んで使用される。

▶**ブルカ禁止に反対する女性**　フランスで2010年に公共の場での着用禁止が法制化されたイスラーム女性のブルカ。「政教分離原則」「相違への権利」との矛盾はないだろうか？（フランス　2010.2.6）

解説 同化政策を超えて　第二次世界大戦後の欧米諸国では，国内のさまざまな民族の存在を前提とした社会の建設が共通認識となってきて，教育現場でも生徒の母語教育の権利を認めたり，マイノリティに対する**アファーマティブ・アクション**（積極的改善措置）がとられたりもしてきた。

しかしこうした措置は多数派の側から「逆差別」と指摘されることもある。その一方で，1980年代以降，世界的な不況もあって，先進国では移民排斥を唱える極右勢力（ドイツの「ネオ・ナチ」やフランスの「国民戦線」など）が台頭した。

難民を救おう（➡p.28, 110）　　　　　　　　　豊かな世界に生きる私たちの義務

⑤ 主な難民発生国（2022年末現在）

難民発生国	万人	難民発生国	万人
シリア	1,380	コロンビア	765
ウクライナ	1,218	パレスチナ	664
ベネズエラ	998	エチオピア	489
アフガニスタン	954	イエメン	460
コンゴ民主共和国	785	ソマリア	451

↑東京五輪に出場した難民選手。「ROT」は難民選手団の意味。（2021.7.23）

〈注〉庇護申請者，国内避難民などを含む。パレスチナは国連パレスチナ難民救済事業機関（UNRWA）が担当する約652万人（2021.12）を含む。（UNHCR資料など）

←**緒方貞子**　国連難民高等弁務官（1991〜2000）を務めた。

解説 難民の救済　冷戦終結後の民族紛争の多発で90年代に難民が増加。第一義的には発生国が責任を持つべきだが，その救済は国際的な義務であり，とりわけ先進国の協力が欠かせない。国連でこの業務にあたるのが**UNHCR（国連難民高等弁務官事務所**➡p.291）である。2022年にはウクライナ情勢悪化もあり，世界の難民・避難民総数が１億人を突破した。

用語 難民…戦争や政治的宗教的迫害などの危険を逃れるために，居住国を離れざるを得なかった人。**難民条約**（➡p.28）では，こうした人々を迫害されるおそれのある国に追放・送還してはならないことなどが規定されている（**ノン・ルフールマン原則**）。近年は迫害などにより土地を離れたものの国内にとどまっている人々を**国内避難民**と呼び，広義の難民としてとらえる。なお，**経済困窮**にともなう国外出国者は同条約の規定する「難民」ではない。

⑥ 難民問題の新たな展開

Ⓐ 主な国の難民認定申請者数と認定者数（2022年）

	新規申請者数	認定者数	認定率	総決定数	取り下げ数
ドイツ	217,759	46,787	20.9%	326,216	102,610
アメリカ	730,399	46,629	45.7%	225,665	127,719
イギリス	89,393	18,551	68.6%	32,904	5,877
日本	3,772	203	1.7%	12,096	0

〈注〉認定率はその年の「認定者数÷（総決定数－取り下げ数）」で算出。　　（UNHCR資料による）

解説 庇護が大前提だが…　1990年代以降の世界的な難民の増加傾向の中で，国連も外交面で早期介入などの予防策を講じてきたが，先進国内部では「受け入れ疲れ」現象が見られ始めた。だからといって，**難民条約**（➡p.28）批准国が受け入れを拒否する論理は通用しない。日本の難民認定のあり方を規定しているのが**出入国管理及び難民認定法**で，認定業務を担当するのが**出入国在留管理庁（入管）**。その本来業務は不法入国などの防止で，ゆえに申請者への対応も厳しくなりがち。多くの国は行政から独立した機関や裁判所が判断する。日本の難民認定数の少なさに注目しよう。23年には同法が改正され，難民申請中の送還一律停止規定が見直され，２回の不認定で３回目以降の送還が可能となった。ちなみに日本は，UNHCRの活動への拠出金は米国，ドイツ，EUに次ぐ世界第４位（2021年）。

⑳ **用語 第三国定住**…祖国から近隣国へ避難したものの，自発的帰還，第一庇護国への定住も不可と判断された難民を第三国が受け入れ，定住させる制度。

日本は2010年度からミャンマー難民をこの方式で受け入れた。

プラスα 日本で2022年に難民認定を申請した外国人は3,772人，そのうち難民と認められた人は202人（前年より128人増）。その国籍はアフガニスタン147人，ミャンマー26人，中国９人，エリトリア５人，カメルーン４人など。

視点 ●なぜイスラエルとアラブ諸国は対立するのか？ 対立 協調

16 ❶ 中東問題の歴史

❹ パレスチナ問題への視角

戦後国際政治上最大の懸案の1つ。

焦点：「ユダヤ人」（ユダヤ教徒）と「パレスチナ人」（イスラーム教徒のアラブ人）の，領土争い

★1948年に民族の「悲願」が実現してユダヤ人国家イスラエルが建国されたが，先住の「パレスチナ人（アラブ系）」や周辺諸国との間で何度も大規模な戦争が発生した。

	イスラエル	パレスチナ自治区
面積	22,072km² （四国の約1.2倍）	6,020km² （茨城県程度）
人口	955万人 （2022年）	504万人 （2022年）

❸ 中東問題年表

年	事項
1897	第1回シオニスト会議でバーゼル綱領 →シオニズム高揚
1915	フサイン・マクマホン協定
17	バルフォア宣言
22	イギリスが委任統治開始（～48）
39 ～ 45	第二次世界大戦（ナチスによるユダヤ人大虐殺）
45	アラブ諸国，アラブ連盟結成
47	国連総会で，パレスチナ分割決議181採択
48	イスラエル国樹立宣言。アラブ諸国侵入。 第一次中東戦争（パレスチナ戦争，～49）
56	ナセル，スエズ運河国有化宣言 イスラエル・英・仏，エジプト侵入 第二次中東戦争（スエズ戦争）
64	PLO（パレスチナ解放機構）結成
67	第三次中東戦争（六日戦争） 国連安保理決議242採択
73	第四次中東戦争（十月戦争）
74	国連，PLOにオブザーバー資格
77	サダト（エジプト大統領），イスラエル訪問
78	キャンプデービッド合意（米国の仲介で，イスラエルは82年に，シナイ半島返還）
79	エジプト・イスラエル平和条約
81	イスラエル，イラクの原子炉爆撃。サダト暗殺
82	イスラエル，レバノン侵攻。PLO撤退
87	イスラエル占領地区で住民蜂起（インティファーダ）
88	PLO，パレスチナ国家樹立宣言
91	湾岸戦争，中東和平会議開催
23 93	パレスチナ暫定自治協定調印（オスロ合意） →イスラエルとPLO相互承認 ➡オスロ合意
94	パレスチナ暫定自治政府発足，ガザ・エリコでの暫定自治開始
95	ラビン首相（イスラエル）暗殺
96	パレスチナ評議会選挙，アラファト氏が自治政府議長に
99	パレスチナ暫定自治協定，期限切れ，最終期限を延長するも交渉まとまらず
2000	イスラエル軍，レバノン南部から18年ぶりに撤退 イスラエル・PLO間でパレスチナの最終地位交渉開始するも両者間の武力衝突激化し中断
2001	米国同時多発テロ

クリントン

国際政治

用語 **シオニズム**…シオンはエルサレムの雅称。古代に流浪の民となったユダヤ人が，故郷のパレスチナに自分たちの国を作ろうとする運動。ヨーロッパ各地でユダヤ人弾圧が深刻化した19世紀末に本格化し，同地への移住も始まった。

イギリスの「二枚舌」…イギリスは，フサイン・マクマホン協定で，アラブ人を第一次世界大戦での反トルコの戦いに参加させるために，アラブ人の独立を認め，一方，**バルフォア宣言**で，ユダヤ人の協力を得るために，パレスチナでのユダヤ人国家創設を支持した。

PLO（パレスチナ解放機構）…イスラエルによりそれまでの居住地を追われた**パレスチナ人**を代表する政治組織であると同時に，穏健派から過激派までのゲリラ組織をもその傘下に収める。国会にあたる機関が**パレスチナ民族評議会（PNC）**で，この議長が首相に相当する。

国連安保理決議242…1967年の第三次中東戦争の戦後処理に関して同年11月採択。中東の公正かつ永続的平和を確立するため，①イスラエルの占領地からの撤退。②同地域のすべての国が平和に生存する権利の尊重を確認。③難民問題の公正な解決などを規定。アラブ諸国によるイスラエル承認と「土地と平和の交換」をめざしたもの。

23 **オスロ合意**…オスロ（ノルウェー）で秘密裏に準備交渉が重ねられ，1993年，米国の仲介の下でイスラエル・ラビン首相，PLO・アラファト議長の間で署名された文書。「パレスチナ暫定自治協定」ともいう。イスラエル・PLO間の歴史的な相互承認が行われ，ヨルダン川西岸・ガザ地区での自治の順次拡大，イスラエル軍の撤退などで合意したが，その後事実上失効。

❸ イスラエル（領土 ▨，占領地 ▧），パレスチナ（■）の変遷

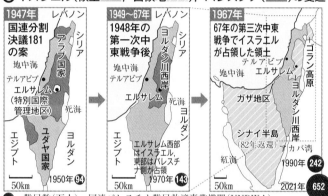

| 1947年 国連分割決議181の案 | 1949～67年 1948年の第一次中東戦争後 | 1967年 67年の第三次中東戦争でイスラエルが占領した領土 |

●…難民数（万人）。国連パレスチナ難民救済事業機関（UNRWA）の登録難民数。（UNRWA資料による）

❹ パレスチナをめぐる主な戦争

		原因	結果と影響
中東戦争	〈第一次〉パレスチナ戦争 1948	イスラエル建国に対するアラブ諸国の攻撃	1949年停戦➡イスラエルの勝利・建国・領土拡大（分割案の1.5倍） **パレスチナ難民の発生**
	〈第二次〉スエズ戦争 1956	ナセルの**スエズ運河国有化**に反対の英・仏・イスラエルの攻撃	英仏への国際的非難の高まり・地位低下 米ソの戦争反対➡影響力の拡大 **国連緊急軍の創設**
	〈第三次〉六日戦争 1967	アラブ民族主義の高揚に対する危機感➡エジプトのアカバ湾封鎖を口実にイスラエルの奇襲攻撃	イスラエル圧勝➡領土約5倍に拡大（シナイ半島・ガザ地区・ゴラン高原など） 新しいパレスチナ難民発生 国連撤退決議。アラブ団結の強化
	〈第四次〉十月戦争 1973	第三次中東戦争の失地奪回のためのエジプト・シリアの先制攻撃	アラブ初の緒戦勝利➡米ソ仲介で停戦 エジプトがスエズ運河奪回 アラブ産油国の**石油戦略**➡第一次石油危機➡アラブ側の発言力増大
湾岸戦争 1991 （➡p.294, 301）		イスラエルを批判し，アラブの盟主を目指すイラク（フセイン大統領）によるクウェート占領	フセイン大統領はクウェート撤退の条件として，イスラエルのパレスチナ占領地からの撤退を要求したが，米軍中心の多国籍軍の攻撃によりイラク敗北➡クウェート解放 イラクを支持したPLOの威信の低下 イラクのフセイン政権存続，アラブの分裂

プラスα 米国の仲介の下でアラブ諸国とイスラエルが相互に互いを承認するという今日の中東和平構想の基礎作りに貢献したのが，エジプト大統領サダト。ただし，PLOやほかのアラブ諸国の猛反発を受け，1981年に暗殺された。

2 パレスチナに平和は訪れるか （パレスチナに対する主な国家承認・不承認の国・地域➡p.291）

A 近年の展開 イイスラエル，パ自パレスチナ自治政府

年・月	内容
2003.4	パ自首相にアッバス氏就任
	米ロEU国連，中東和平構想ロードマップ提示
04.11	アラファトPLO議長兼パ自議長没，後継アッバス氏 [38年ぶり]
05.8〜9	イスラエル軍と入植者，ガザ地区から撤退
06.3	パ自にイスラーム過激派のハマス政権発足（〜07.6）
07.7	ガザ地区をハマスが制圧，パ自と対立 →イガザ地区周囲に分離壁建設「天井のない監獄」化
14.7	イスラエル軍，ガザ地区に本格的に侵攻
17.10	パ自とハマスが和解
18.5	トランプ米大統領，在イスラエル米大使館をテルアビブからエルサレムに移転
20.1	トランプ米大統領，イスラエル寄りの中東和平案提示，パレスチナ・アラブ側反発
20.秋	イアラブ側のUAE，バーレーンなどと国交樹立（アブラハム合意）
21.5	ガザ地区でイスラエル軍との軍事衝突
22.12	イ強硬派ネタニヤフ内閣成立
23.10	ガザ地区のハマスとイとの戦闘激化（➡E）

解説 トランプ政権のイスラエル寄り政策の背景は？ ユダヤ人勢力の影響が強い米政界は，1995年に商業都市テルアビブからエルサレムへの大使館移転を定めた「エルサレム大使館法」を制定。しかし歴代大統領は混乱を恐れ施行を延期していた。2017年のトランプ大統領の移転決断に当然パレスチナ側は猛反発，各地で衝突が起きた。実はトランプの娘婿クシュナーはユダヤ人，娘イバンカも結婚前にユダヤ教に改宗している。

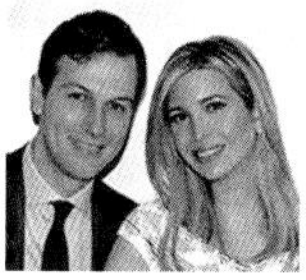

B 現在のパレスチナ問題の主要争点

	イスラエル	パレスチナ
境界線	ヨルダン川渓谷をはじめ戦略要地等はイスラエルの管理下に残し，占領地から全面撤退するつもりはない。	イスラエルは，1967年（第三次中東戦争時）に占領したガザ，ヨルダン川西岸をすべて返還すべきだ。
エルサレム	イスラエルの首都として不可分であり，東部分の分割は認められない。	イスラエルが1967年（第三次中東戦争時）に占領した東エルサレムは，将来パレスチナ国家の首都にする。

C 近年の中東紛争の構図

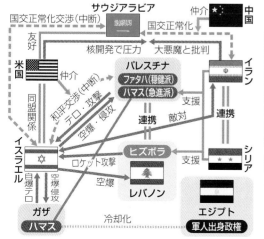

サウジアラビア
中国
米国
イラン
パレスチナ
 ファタハ（穏健派）
 ハマス（急進派）
ヒズボラ
レバノン
イスラエル
ガザ ハマス
エジプト 軍人出身政権

国交正常化交渉（中断）／仲介／国交正常化／核開発で圧力／大悪魔と批判／友好／同盟関係／和平交渉（中断）／テロ・攻撃／空爆・侵攻／支援／連携／敵対／連携／支援／ロケット攻撃／空爆／自爆テロ／空爆・侵攻／冷却化

D パレスチナの現状

イスラエル（領土■ 占領地▨） パレスチナ■

ゴラン高原／シリア／PKO活動中（UNDOF）／テルアビブ／エルサレム／ガザ地区／ヨルダン／ヨルダン川西岸／死海／エジプト／地中海

エルサレム
N 2km
67年以前の国境
分離壁ルート
東エルサレム
エルサレム市界
西エルサレム
イスラエル
ベツレヘム（イエス=キリスト生誕の地）

ヨルダン川西岸地区

ヨルダン川西岸のパレスチナ自治区
▨ ユダヤ人入植地
■ パレスチナ自治区
ヨルダン川西岸
エルサレム
死海

↑嘆きの壁（ユダヤ教）と岩のドーム（イスラム教）

E どう見る，ハマス・イスラエルの衝突とガザの人道危機？

2023年10月以降の軍事衝突の背景

①封鎖状態にともなうガザ地区住民の不満の鬱積
②イスラエル・サウジアラビア間の国交樹立に向けた動きのなかでの，ハマスの「置いてけぼり」感
③イスラエル国内での司法制度改革をめぐる国内対立

解説 民間人に大きな犠牲… ジェノサイドを彷彿させるイスラエル軍によるガザ各地の病院や学校などへの攻撃時の凄惨な光景は，私たちの記憶に生々しい。ちなみに「戦時における文民の保護に関する条約」（➡p.289）には「文民病院はいかなる場合にも攻撃してはならず…保護を受ける」とある（第18条）。その一方で，「病院がその人道的任務から逸脱して敵に有害な行為を行うために使用された場合」で「合理的な期限を定めた警告が発せられ…警告が無視された」ならば保護は消滅する（同19条）。イスラエルや米国はハマス側の「人間の盾」作戦や「病院地下の軍事拠点」を批判するが，それでどれほど攻撃を正当化できるのだろうか。

近年の米国外交の「成果」でアラブ陣営は徐々にイスラエルに接近，「第五次中東戦争」が勃発する可能性は低いが，同国批判とガザ市民への共感が欧米諸国内では高揚している。最終的にはイスラエルを擁護するバイデン政権への批判は24年の米国大統領選挙にも影響する可能性もある。また，ハマスの第一撃と住民拉致を予見，阻止できなかったネタニヤフ政権の責任追及も今後国内で表面化するだろう。（2023年11月現在）

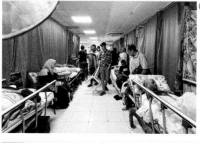

↑**ガザ地区最大のシファ病院** けが人や避難している人々。この写真が撮影された5日後，イスラエル軍は病院の地下にハマスの司令部があるとして地上部隊が突入，多数の死傷者が出た。（ガザ地区 2023.11.10）

用語 **ファタハ**…パレスチナ独立を目指し，アラファトが1957年に結成。後にPLOに加入し最大派閥となる。1980年代以降，穏健派に転換。
ハマス…1987年に結成。パレスチナ独立を目指すイスラーム原理主義の組織。過激派だが，積極的な福祉活動などで住民からの支持が厚い。
ヒズボラ…1982年に結成された，レバノンのイスラム教シーア派住民を基盤とする急進派組織。反欧米・反イスラエルの傾向が強い。

右側縦書き: 国際政治

プラスα 2011年，パレスチナは国連加盟を申請したが，安保理では米国が拒否権を行使する動きを見せており，加盟の目処は立たず，その地位はいまだに「オブザーバー国家」（➡p.292）。ただしユネスコやICC，さらにはIOCやFIFAには加盟済み。五輪にも出場している。

317

視点 ●旧ユーゴスラビアは1990年代になぜ分裂したか？ 対立 協調

⑲ ■ 旧ユーゴスラビアの分裂とボスニア・ヘルツェゴビナ問題

Ａ 旧ユーゴスラビア問題への視角

★分裂前は「1つの国家，2つの文字，3つの宗教，4つの言語，5つ（実際は6つ）の民族，6つの共和国，7つの国境」

文字：ラテン文字（西部）・キリル文字（東部）

宗教：カトリック（西部）・ギリシア正教（東部）・イスラーム教（中部・東南部）

言語：スロベニア語・クロアチア語・セルビア語・マケドニア語

民族：セルビア人・クロアチア人・ムスリム人（ボシュニャク人，イスラーム教徒）・スロベニア人・マケドニア人・モンテネグロ人等

Ｂ 旧ユーゴスラビア分裂までの経緯

19世紀初頭まで	中東部に対するオスマン帝国の支配➡イスラーム教の定着
1918	セルビア人・クロアチア人・スロベニア人王国成立（1929年「ユーゴスラビア王国」と改称）
41	ドイツ軍による占領，「クロアチア独立国」成立➡親ナチス組織「ウスタシャ」による「セルビア人狩り」
45	ユーゴスラビア連邦人民共和国成立（大統領チトー→p.302⑦α）（1963年「ユーゴスラビア社会主義連邦共和国」と改称）
48	コミンフォルム，ユーゴを除名（以後非同盟主義運動の中心勢力に）
80	チトー没
91	スロベニア，クロアチアが独立宣言
92	ボスニア・ヘルツェゴビナが独立宣言
95	NATOが，ボスニアのセルビア人勢力に大規模空爆実施 ボスニア・ヘルツェゴビナ，クロアチア，新ユーゴの首相がボスニア和平協定調印
99	NATOがユーゴのセルビア人勢力に空爆実施

チトー→

国際政治

用語 **ユーゴ空爆（コソボ空爆）**プ …1999年のNATOによる78日間，1万回を超えるユーゴへの空爆（米英主導）。死者は民間人1,200人，兵士5,000人。国連安保理決議なし，NATO域外の国家への攻撃だったため，国際的な批判が大きかった。

Ｃ 分裂前の旧ユーゴスラビア連邦―モザイク模様の民族分布

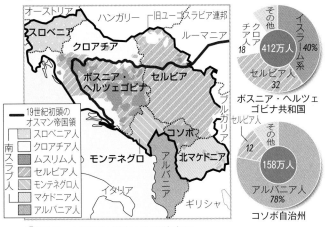

凡例
― 19世紀初頭のオスマン帝国領

南スラブ人
- スロベニア人
- クロアチア人
- ムスリム人
- セルビア人
- モンテネグロ人
- マケドニア人
- アルバニア人

ボスニア・ヘルツェゴビナ共和国（412万人）
- イスラーム系 40%
- セルビア人 32
- クロアチア人 18
- その他

コソボ自治州（158万人）
- アルバニア人 78%
- セルビア人 12
- その他

Ｄ 旧ユーゴスラビアからの独立国

ユーゴスラビア連邦	独立国（主な民族）	独立宣言
→1992年，**新ユーゴスラビア連邦**（セルビア人・モンテネグロ人中心）	スロベニア（スロベニア人）	1991.6
	クロアチア（クロアチア人）	91.6
	北マケドニア（マケドニア人）	91.9
→2003年，**セルビア・モンテネグロ**	ボスニア・ヘルツェゴビナ（ムスリム人，セルビア人，クロアチア人）	92.3
→2006年，**セルビア**（セルビア人）	モンテネグロ（モンテネグロ人）	2006.6
	コソボ（アルバニア人）	08.2

解説 なぜ分裂したのか カリスマ的指導者チトーの死後（1980年）統制がとれなくなっていたユーゴに，東欧での体制転換の波が1989年ごろから訪れ，1991年6月にはスロベニアとクロアチアが連邦からの独立を宣言した。前者は国民所得が6共和国の中でも格段に高かったことによる不公平感，後者はトゥジマン大統領の民族主義的政策による。しかし，セルビアを中心とする連邦軍はこれ（特にクロアチアでのセルビア人抑圧）を許さず内戦に突入した。EC（特にドイツ）が両国の独立に好意的だったこともあり，1992年には独立が実現した。そしてこの年3月，ボスニア・ヘルツェゴビナの住民投票（ただしセルビア人はボイコット）の結果，同共和国が独立を宣言する。

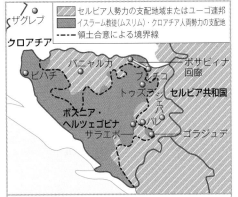

凡例
- セルビア人勢力の支配地域またはユーゴ連邦
- イスラーム教徒（ムスリム）・クロアチア人両勢力の支配地
- --- 領土合意による境界線

ザグレブ
クロアチア
バニャルカ
ビハチ
ブルチコ
トゥズラ
ポサビィナ回廊
ゴラジデ
セルビア共和国
ボスニア・ヘルツェゴビナ
サラエボ
パレ

1995年の和平協定の結果，ボスニア連邦（ムスリム人・クロアチア人勢力）とセルビア人共和国の領土配分がそれぞれ51%，49%とされた。EU加盟国を中心とした平和安定化部隊（EUFOR，2004年にNATOのSFORより業務引き継ぎ）が平和維持活動にあたっている。

Focus なぜセルビアが悪玉になったのか？

ボスニア・ヘルツェゴビナのムスリム人，セルビア人，クロアチア人は極めて近い存在だった。第二次世界大戦期の「クロアチア独立国」のような歴史的経験はあったものの，三者の共存期間の方が対立した期間よりずっと長かった。しかし，政治的立場の相違から衝突が生じて戦闘が展開されると，言語を同じくする類似性が強いため，相互の違いが政治的に強調されるようになる。さらに近隣諸国からの武器の密輸と「義勇軍」の参戦，有事に備えて組織されていた全人民防衛体制がこれに輪をかけた。しかし最大の要素は民族主義に基礎を置く各勢力指導者の政治戦略とマスメディアのプロパガンダである。欧米系メディアはセルビアによる「強制収容所」の設置や集団レイプ等を大々的に報道したが，こうした残虐行為は三者とも行っていた。そして，旧共産党指導部の生き残りで容易に妥協しないミロシェヴィッチ・セルビア大統領のイメージとともに，「セルビア悪玉論」が国際社会で形成された。 （柴宜弘『ユーゴスラヴィア現代史』岩波新書による）

プラスα 「5つ（6つ）の民族」というけれど，本来は「南スラブ」（ユーゴスラビアもこの意味）という概念でくくられる語族だ。宿敵セルビア・クロアチアにしても言語面での意思疎通には全く問題はない。やはり宗教や文字の違い，経済格差がポイントだ。

サッカーは人と人を結びつける。（NHKスペシャル内での発言）

イビチャ・オシム［ボスニア・ヘルツェゴビナ　1941〜2022］旧ユーゴスラビアのサッカー選手。サッカー指導者。元日本代表チーム監督（2006〜07）。ボスニア内の3民族対立が同国サッカー連盟組織にも影響。FIFAは11年に同国の国際試合参加停止の処分を下したが，オシム等の努力で組織内の和解が成立，2014年のW杯にも出場を果たした。

⑯

❷ コソボ紛争──「独立」はしたけれど…（コソボに対する主な国家承認・不承認の国・地域➡p.291）

Ⓐ コソボ紛争への視角

面積：約10,908㎢（岐阜県程度）
人口：約212万人（独立前の2007年）
民族：アルバニア人（約92%）
　　　セルビア人（約5%）など（2006年）
宗教：イスラーム教（アルバニア人）
　　　ギリシア正教（セルビア人）など
紛争の背景：コソボは14世紀まで繁栄した中世セルビア王国の政治・宗教（ギリシア正教）の中心地。しかし14世紀以降この地を支配したオスマン帝国の下でイスラーム教徒のアルバニア人が入植。1939年のイタリアによる隣国アルバニア併合がこれを加速した。第二次世界大戦後のチトー体制下で，この地はセルビア共和国内の「コソボ自治州」であり，アルバニア人は広範な自治を保障された。しかし，連邦崩壊前後にミロシェビッチ・セルビア共和国大統領（新ユーゴスラビア連邦大統領）がセルビア民族主義政策を強化したため，アルバニア人が多数派を占めるコソボ地域ではセルビア人による抑圧がエスカレートした。

Ⓑ ユーゴ・コソボ関連年表

年	事　項
1963	コソボ，自治州となる
90	ミロシェビッチ，セルビア共和国大統領に就任
92	セルビアとモンテネグロが新ユーゴスラビア連邦を形成

ユーゴスラビア連邦
　┣ モンテネグロ共和国
　┗ セルビア共和国
　　　┣ ヴォイヴォディナ自治州
　　　┗ コソボ自治州

⬆ミロシェビッチ

年	事　項
93	旧ユーゴ国際刑事裁判所設置
98	セルビア治安部隊とコソボ解放軍（KLA）が本格的戦闘開始
99	NATOが国連安保理の承認を経ずにユーゴへ空爆開始（ユーゴ空爆）
	国連の旧ユーゴ戦犯法廷がミロシェビッチを戦犯として起訴
	ユーゴが和平案受諾，NATO空爆停止，ユーゴ連邦軍のコソボからの撤退開始
	国連コソボ暫定行政ミッション（UNMIK）がコソボへの展開開始
2000	ミロシェビッチ大統領退陣
01	ミロシェビッチを旧ユーゴ国際刑事裁判所に引き渡し➡02.2　審理開始
03	ユーゴスラビア連邦を改編し，「セルビア・モンテネグロ」として新国家発足
06	ミロシェビッチ，拘置所で死去
	モンテネグロ独立
07	国連事務総長特使，コソボ独立を国連に勧告
08	コソボ議会が「コソボ共和国」の独立を宣言
10	国際司法裁判所，「コソボ独立宣言は，国際法を侵害していない」との勧告的意見
13	セルビアとコソボ，関係改善に向け合意
14	セルビア，EUと加盟交渉開始
17	旧ユーゴ国際刑事裁判所が閉所
21	国際刑事裁判所メカニズム，セルビアのムラジッチ被告にジェノサイド罪などを認め，終身刑判決

コソボ共和国

[面　積] 10,908㎢（岐阜県程度）
[人　口] 約181万人（2021年）
[通　貨] ユーロ
[失業率] 20.7%（2021年）

その他 4.0%
セルビア人 1.5%
ムスリム人 1.6%
アルバニア人 92.9%

Ⓒ コソボ独立をめぐる周辺諸国の思惑

ハンガリー
ルーマニア
クロアチア
ヴォイヴォディナ自治州
コソボ独立前の国境
ベオグラード
ボスニア・ヘルツェゴビナ
セルビア共和国
モンテネグロ共和国
プリシュティナ
コソボ共和国
アルバニア
北マケドニア
□ 南スラブ人
□ アルバニア人

⬅セルビア・ブチッチ大統領
経済問題を考えるとEU加盟もやむをえない…

⬅ロシア・プーチン大統領
昔も今も「パン・スラブ主義」。安易に独立させるとわが国内にも飛び火する…

でも，これって，ジョージアやウクライナへの介入の際に使えるかも…

独立後にセルビア，コソボのEU同時加盟でバルカン半島は安定！

⬅アメリカ・EU

〈注〉パン・スラブ（汎スラブ）主義…スラブ民族の結束を目指す思想や運動のこと。

Ⓓ プーチンの南オセチア，クリミアなどの併合はコソボ独立への意趣返し

Ⓑを見れば，セルビア共和国の「圧政」に耐えかねたコソボ自治州の民衆が，「国際社会」の支援を受けて独立を勝ち取った，という構図が見えてくる。ただしこの過程でNATOや米国の軍事力行使は，国連安保理の了承を得ていない。さらに，「自治州」の独立は，旧ユーゴスラビア連邦内の共和国の独立とはレベルが異なり，国際社会も「共和国」内での境界線の引き直しまでは容認しようとしなかった。しかし，ロシアの友好国セルビアを「悪玉」としたことによって，ソ連崩壊後のロシアの国力低下に付込む形で欧米諸国は国際社会の理解を得ることに成功した。

実は，プーチンがその後の南オセチアなどのジョージアからの独立，クリミアのウクライナからの独立を承認していく過程（➡p.301）では，欧米勢力に対する意趣返しとでもいうように「コソボ独立」がしばしば言及された（ロシアのジョージア侵攻はコソボ独立宣言の半年後）。ただし，その承認国数は，コソボに比べて圧倒的に少ない。

用語 旧ユーゴ国際刑事裁判所…1991年以降の旧ユーゴ紛争に伴う非人道的犯罪を裁く国際法廷。1993年に安保理決議により設置が決まった。ジェノサイド罪，人道に対する罪，ジュネーブ条約違反，戦争法規・慣習違反の4つが訴追対象。2017年12月に閉所した。その管轄権，権利，義務，基本的機能は，やはり閉所したルワンダ国際刑事裁判所と同様に，安保理によって新たに設立された国際刑事裁判所メカニズム（➡p.291）に継承された。
ジェノサイド罪（集団殺害罪）…大量虐殺を防止する目的で，ジェノサイド条約（1951年発効）で明文化された。

プラスα セルビアの「大セルビア主義」（汎セルビア主義）を批判するのはたやすいが，アルバニア人内部にも，同民族が多く住むコソボとマケドニアを本国と合体させようという「大アルバニア主義」がある。民族紛争における正邪の判定は難しい。

国際政治

10 南北朝鮮問題

視点 ●南北朝鮮問題の解決はなぜ難しいのか？ 対立 協調 16 平和と公正をすべての人に

1 南北朝鮮の対立の歴史 （➡p.37）

A 南北朝鮮問題への視角

焦点：民族・文化は共通だが冷戦体制残存

★1970年代以降，南は外国資本導入で工業化・民主化が進展するも，北は閉鎖的な社会主義体制下で経済危機に直面中。悲願の統一はなるか？

B 南北朝鮮関係年表

年	事項
1945	朝鮮独立回復。米ソが北緯38度線を境に南北分割占領
48	[韓]**大韓民国**（李承晩大統領）成立 [朝]**朝鮮民主主義人民共和国**（金日成首相）成立
50	[韓][朝]**朝鮮戦争**が勃発
53	[韓][朝]休戦協定成立（板門店）
60	[韓]4.19革命，李承晩大統領失脚
61	[韓]5.16軍事クーデター，朴正煕政権成立 [朝]北朝鮮，中・ソと相互援助条約
65	[日][韓]日韓基本条約（➡p.324）
72	[韓][朝]**南北共同声明**。[韓]朴大統領独裁体制確立（～79）
73	[韓]金大中事件（元大統領候補，金大中氏の日本から韓国への拉致）　韓国で外資導入による重化学工業進展
79	[韓]朴正煕大統領射殺事件
80	[韓]**光州事件**（➡プラスα）。全斗煥 大統領就任 [朝]金正日，北朝鮮のNo.2のポストに就任
87	[韓]**盧泰愚民主正義党代表委員，6.29民主化宣言**。
88	[韓]盧泰愚大統領就任。ソウル・オリンピック開催（中・ソ参加，北朝鮮不参加）
90	[韓]韓国，ソ連と国交樹立（北方外交）
91	[日][朝]日朝国交正常化交渉開始。[韓][朝]**南北朝鮮，国連同時加盟。南北朝鮮不可侵合意。非核化宣言**
92	[韓]韓国，中国と国交樹立
93	[韓]金泳三大統領就任 [朝]NPT（➡p.310）脱退宣言（翌年撤回）
94	[朝]**金日成主席没**→97年に金正日が朝鮮労働党総書記に就任
98	[韓]金大中大統領就任，北への「太陽政策」 [朝]金正日，**国防委員長**に就任，ミサイル発射
2000	[韓][朝]**南北首脳会談で共同宣言発表** [韓]金大中大統領，ノーベル平和賞受賞
02	[日][朝]小泉首相訪朝，**日朝平壌宣言**（➡p.322）
03	[朝]NPT脱退宣言 [韓]盧武鉉大統領就任　南北朝鮮・日・米・中・ロ 北朝鮮非核化のための6か国協議（➡p.322）開始
06	[朝]**ミリイル発射実験・核実験実施**
07	[韓][朝]南北首脳会談
08	[韓]李明博大統領就任（10年ぶり保守政権）
09	[朝]ミサイル発射実験・核実験実施
10	[韓][朝]韓国哨戒艦沈没事件，北朝鮮による韓国延坪島砲撃事件で南北対立激化
11	[朝]金正日死去，翌年までに金正恩権力継承
12	[朝]弾道ミサイル発射実験成功
13	[韓]朴槿恵大統領就任。[朝]核実験実施
16	[朝]核実験，弾道ミサイル発射実験
17	[韓]文在寅大統領就任（9年ぶり進歩派政権）
18	[韓][朝]南北首脳会談(10年半ぶり)で**板門店宣言**発表 [米][朝]史上初の米朝首脳会談（➡p.322）
19	[米][韓][朝]史上初の米韓朝首脳会談（➡p.322）
20	[朝]開城の南北共同連絡事務所を爆破
22	[韓]尹錫悦大統領就任（5年ぶり保守政権）

90年代、北朝鮮経済の行き詰まり、食糧危機

朝鮮戦争　1950年6月～1953年7月

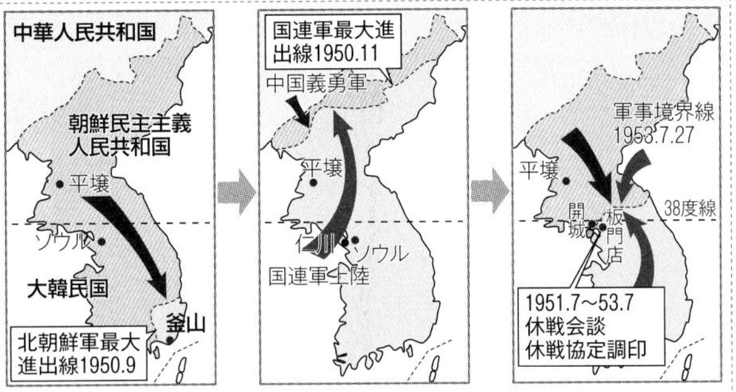

中華人民共和国
朝鮮民主主義人民共和国
平壌
ソウル
大韓民国
釜山
北朝鮮軍最大進出線1950.9
国連軍最大進出線1950.11
中国義勇軍
平壌
仁川
ソウル
国連軍上陸
軍事境界線1953.7.27
平壌
開城
板門店
38度線
1951.7～53.7
休戦会談
休戦協定調印

1950年6月25日，北朝鮮人民軍が北緯38度線を越えて南下し，韓国軍は後退を続けた。ソ連の欠席した国連安保理は7月,「国連軍」の派遣を決定，9月には米軍主体の「国連軍」が仁川に上陸して北上，北朝鮮の敗色が濃くなったが，10月には中華人民共和国義勇軍が参戦し，ソウルを奪回。その後は一進一退の攻防が続く一方で，1951年7月から休戦交渉が始まり，1953年7月には板門店で，休戦協定が調印された（米朝中間，韓国政府は調印を拒否）。

1972年7月南北共同声明　（要旨）

1．双方は次のような祖国統一に関する原則で合意した。
①統一は外国勢力の干渉を受けることなく**自主的**に解決すべき
②統一は互いに武力行使によらず，**平和的**方法で実現すべき
③思想や制度の差違を超越してまず**民族的大団結**をはかるべき

1991年12月合意文書　（要旨）

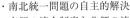

〔南北間の和解と不可侵及び交流・協力に関する合意書〕
・南北は，相手側の体制を尊重し，相手方の内部問題に干渉しない
・南北は，意見対立と紛争問題を対話と協商を通じて平和的に解決する

〔朝鮮半島の非核化に関する南北共同宣言〕
・南北は，核兵器の実験，製造，搬入，保有，貯蔵，使用をしない
・南北は，核エネルギーを平和的目的にだけ利用する

2000年6月南北首脳会談共同宣言　（要旨）

・南北統一問題の自主的解決
・南側の連合制案と北側の連邦制案を土台として統一を志向する
・離散家族面会，非転向長期囚問題解決等の人道的問題の早期解決
・経済協力，社会，文化，スポーツ，環境などの交流の活性化
・金正日国防委員長の適切な時期のソウル訪問

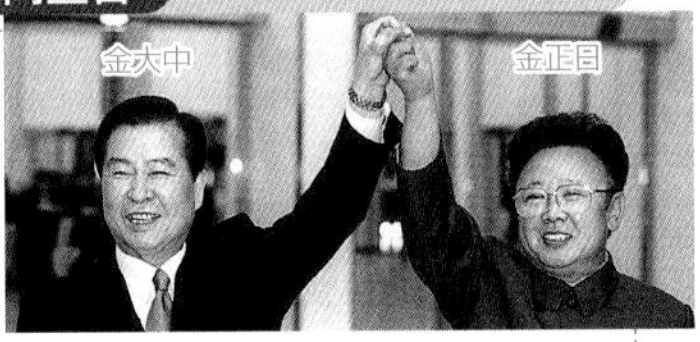

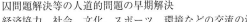

金大中
金正日

2018年4月南北首脳による板門店宣言　（要旨）

・**完全な非核化**を通じて，**核のない朝鮮半島**を実現する共同の目標を確認
・18年中に**朝鮮戦争終戦を宣言**し，休戦協定を平和協定に転換すべく南北米の3者または南北米中の4者会談の開催を推進
・文在寅韓国大統領は18年秋に平壌を訪問
・8月15日を契機に離散家族，親戚の対面を推進
・軍事的緊張と衝突の根源となる一切の敵対行為を全面中止
・当局者が常駐する南北共同連絡事務所を開城に設置

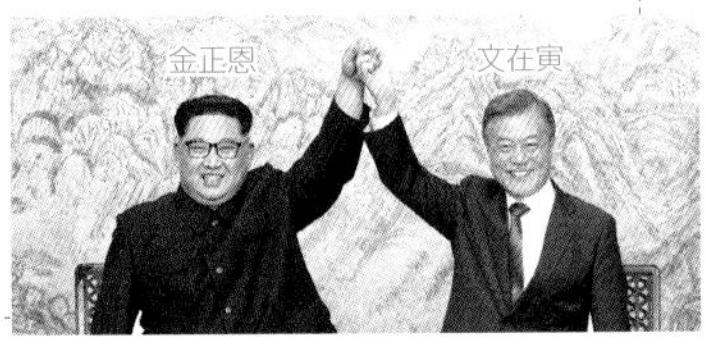

金正恩
文在寅

プラスα 光州事件　韓国南部，光州で1980年5月，民主化運動の高まりの中，学生・市民らのデモ隊と戒厳軍（軍の指揮は全斗煥，のち大統領）が衝突。数百名ともいわれる犠牲者を出した。民主化後，政府は謝罪し，補償も進んでいる。文在寅はこの際に「予備検束」で逮捕された。

言の葉

私の力は軍力から生まれる。外国とうまくいくにも、軍力がなければどうしようもない。外国との関係では、力は軍力から生まれる。私の力も軍力から生まれている。（韓国新聞社とのインタビュー）

金正日［北朝鮮：1941〜2011］　北朝鮮の第2代最高指導者。1994年の父日成没後、事実上その地位を継承した。この言葉は、「先軍政治」を要約したものともいえる。

2 韓国に5年ぶり保守政権誕生！南北関係の行方は？

　韓国では2022年の大統領選挙で「国民の力」所属の尹錫悦が、進歩系「共に民主党」の李在明との激戦を制し、5年ぶりに保守系政権が誕生した。一般的には「保守系は反北」、「進歩系は親北」といわれる。

　なお、国民の北朝鮮に対する意識は意外に冷めている。Ｂの南北統一に関する意識調査を見ると、21年調査では必要派が不要派を15ポイント上回るが、この数字は約10年前の半分。また若い世代ほど不要派が増える。安全保障や災害支援関連等での「親北」はあれど、統一となると二の足を踏む意識が見えてくる。尹大統領が北への対決姿勢を強め、米国との連携を深める中、22・23年には北朝鮮のミサイル発射実験が多発した。

◆尹錫悦大統領（任2022〜）
◆軍事境界線を越える文在寅大統領と金正恩（韓国・板門店　2018.4.27）

Ａ 南北朝鮮・日本の経済比較（2022年）

	1人当たりの国民総所得	国内総生産に占める軍事費
日 本	42,440ドル	1.1%
韓 国	35,990	2.5
北朝鮮	1,243（2021年）	19.0（2005年）

（世界銀行資料などにより作成）

Ｂ 南北統一に関する意識調査（ソウル大統一平和研究院資料）

	統一は必要	何ともいえない	統一は不要
全体（2010年）	59	20.4	20.6
全体（2021年）	44.6	26	29.4
20代	27.8	29.2	42.9
60代以上	57	21	22

解説 韓国政治における対立軸　保守対進歩（革新）が激しく対立するのが、韓国政治の伝統。保守は富裕層を基盤とし、反北朝鮮の立場。進歩は労働組合を基盤とし、北朝鮮との対話を重視する。進歩派の文在寅前大統領は、11年ぶりの南北首脳会談を実現させた。その反面、進歩派政権下では民族ナショナリズムが高まり、対日感情は悪化する。保守と進歩の間でしばしば劇的な政権交代が発生するが、保守派の尹大統領が誕生した今が、日韓の交渉を進めるチャンスではある。

3 北朝鮮はどのような国家なのか？

Ａ 党規約、憲法に記された「金王朝」「白頭血統」*

　2011年末の金正日死去、翌年4月15日の金日成生誕100年を機に北朝鮮は労働党規約と憲法を改正、3代の一族をＣのように位置づけ、金正恩が党と国家の最高ポストに就任（正恩の役職名はその後変更）。10年に党の規約序文から「共産主義社会の建設」が外された一方、13年には「全社会の金日成・金正日主義化」が最高綱領となった。2016年改正憲法序文には「金日成同志及び金正日同志は…気高い仁徳政治をもって人民を見守り…社会を一団結した一つの大家庭に転変させられた」と書かれ、金日成一族を中心とした「家族国家」観が垣間見える。金正恩の演説スタイルが金日成を模倣していると指摘される背景もそこにある。
*金一族のことを、中朝国境の白頭山にちなんでこう呼ぶ。

Ｂ 民生重視を目指す金正恩だが…

　金正日は、1998年憲法改正で社会主義国の大原則「党の軍への優位」を「軍優位」に変更。廃止された国家主席に代わり、国防委員会の国防委員長が国家の最高ポストとなった。極端な食糧不足にともなう国家的危機を軍に依存して乗り切り、鎖国政策・核開発にひた走り、民生を軽視した（先軍政治）。

　金正恩は、2016年以降の党規約、憲法改正で、祖父と父が用いた総書記に、新設の国務委員長（国防委員長を改称）に就任した。国務委員会の任務からは「先軍」の文字が消え、メンバーも大幅に変更された。核開発と経済発展の両方を進める「並進路線」も18年に終了し、最近は民生重視路線を取ろうとしているというのだが…。ちなみに北朝鮮では、経済危機が深まると会議で「自力更生」、「艱苦奮闘」が連発される。

Ｃ 北朝鮮新体制における3代の位置づけ

金日成　永遠の国家主席
金正日　永遠の党総書記　永遠の国防委員長
金正恩　党総書記　国務委員長

Ｄ 北朝鮮の政治機構　＊2016年、国防委員会を改称。

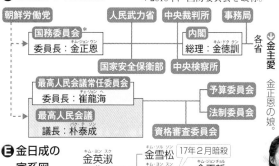

朝鮮労働党

人民武力省　中央裁判所　事務局

国務委員会*　委員長：金正恩

内閣　総理：金徳訓　各省

国家安全保衛部　中央検察所

最高人民会議常任委員会　委員長：崔龍海

予算委員会
法制委員会

最高人民会議　議長：朴泰成

資格審査委員会

Ｅ 金日成の家系図

金英淑
金雪松
金英順
金正哲（次男）
金正男（長男）
金正恩（三男）
金主愛
成恵琳
金日成
金正日
金恵敬
李雪主
金正淑
金敬姫
洪一茜
金与正
張成沢（13年12月粛清）
高英姫

〈注〉赤字は女性。　　は故人。
17年2月暗殺
金正男

解説 対外的孤立が生んだ独裁政治　北朝鮮の政治体制の根底にあるのは古典的社会主義の労働党一党独裁体制だが、同民族である韓国との戦争と対峙、中ソ対立による真の友好国不在という対外的危機感が、伝統的儒教的思考様式とミックスされ、「金王朝」とも言われる一族体制が形成された。近年、金正恩は民生を重視しようとするものの、コロナ禍で経済面での改革・開放政策はさらに遠く、国民生活の悪化が指摘される。外交面では「核」カードで相手国を交渉の場に誘導しようとする。

金与正　労働党中央委員会副部長、国務委員。

金正恩の娘。　金主愛

プラスα　北朝鮮では1997年以来、金日成生誕年（1912年）を元年とする独自の「主体（チュチェ）」なる元号を使う。2012年で「主体101年」だ。北朝鮮の国家目標は、この時点で「強盛大国」の土台を築くことだったのだが…。

国際政治

どうなる朝鮮半島情勢？
非核化と拉致問題の行方

2018年，歴史的な南北首脳会談（➡p.320），米朝首脳会談が実現したものの，北朝鮮の核問題の解決の兆しは見えない。この間，米国ではトランプが去り21年にバイデン民主党政権が成立，韓国では文在寅が去り22年保守派の尹錫悦政権が成立した。そして日朝間では，日朝平壌宣言と拉致被害者の一部帰国から，大きな進展のないまま，実に20年の歳月が経過した。21年に登場した岸田首相は拉致問題と北の核・ミサイル問題とどう取り組むのだろうか。

> トランプ　我々はとてもケミストリー（相性）が合った。

日朝平壌宣言（2002.9.17）骨子

①2002年10月中に国交正常化交渉を再開。

②日本は，過去の植民地支配に痛切な反省と心からのおわびを表明。正常化交渉で経済協力の具体的な規模と内容を協議。1945年8月15日以前に生じた事由に基づくすべての財産と請求権を相互に放棄。

③北朝鮮は，日本国民の生命と安全にかかわる懸案問題（拉致問題）が再び生じないよう適切に措置。

④朝鮮半島核問題の包括的解決のため，国際的合意を順守。北朝鮮はミサイル発射のモラトリアム（停止）を2003年以降も延長。

小泉首相　　金正日総書記

B 北朝鮮を取り巻く関係国の立場（2023年11月現在）

岸田文雄首相
金委員長と前提条件なしで会談したい
拉致問題解決への期待

バイデン米大統領
拉致問題解決へ協力
非核化費用への期待

米朝首脳会談

慰安婦，徴用工問題で対立あれど，安保意識共有し，対話路線

無条件対話要求　拉致問題解決要求　経済建設資金期待

無条件対話要求

非核化要求

体制保証要求

経済制裁緩和と体制保証要求

連携促す

緊密に連携

反米で協調

プーチン　ロシア大統領
連携強化

軍事的対立再燃
北との対話は拒まないが，融和の時代は終わった。

尹錫悦韓国大統領

朝鮮戦争時の義兄弟

金正恩朝鮮労働党委員長

習近平中国国家主席

1 相次ぐ北朝鮮のミサイル発射とバイデン政権の出方は？

前年の米朝間の一触即発の危機を乗り越え，2018年6月に実現したトランプ–金正恩会談では共同声明（➡C）も発表された。しかし同年の米国中間選挙を意識したトランプ大統領の詰めの甘さと「核カード」を手放したくない北朝鮮の思惑が交錯，その後「朝鮮半島の完全な非核化」定義をめぐって両国の解釈は対立し，交渉の進展はなかった。バイデン政権は，前政権のような首脳相互の「一括取引」でなく，北朝鮮の段階的な非核化を目指す「現実的なアプローチ」を標榜する。さりとてかつての「6か国協議」的な多国間協議では，中国の影響力が大きすぎるし，日韓の対立も気になるところ。やはり日米韓の連携を前提に北朝鮮の譲歩を迫っていくのが現実的なのだろうか。

C 米朝首脳会談（2018.6.12）の共同声明の主な内容

- トランプ米大統領は北朝鮮に安全の保証を与え，金正恩委員長は朝鮮半島の完全な非核化に向けた責務を再確認
- 朝鮮半島の永続的で安定的な平和体制の構築に尽力
- 北朝鮮と韓国による「板門店宣言」（➡p.320）を再確認

2 対話か？圧力か？日朝関係の打開の見通しは？

日朝交渉の最大の障害は拉致問題。小泉訪朝から約20年，被害者家族の高齢化，死去も相次ぐ。北朝鮮のミサイル発射は明らかに日朝平壌宣言違反で，弾道ミサイルの射程は日本列島全土に及ぶ。安倍政権が進めてきた圧力重視路線でこの難題は打開できるのか？14年には「ストックホルム合意」が成立，一歩前進したものの，16年の北朝鮮の核実験と日本の独自制裁発動で破綻した。実は安倍首相が核・ミサイル問題と切り離した「無条件での金正恩との会談」を模索し始めるのは18年の米朝首脳会談を受けてで，それを表明したのは19年。今後打開策として浮上するのが，「敵基地攻撃能力の保有」だが，同様に従来思考の枠組みを超えるものとして，「平壌への連絡機関設置」等も検討してもよいのでは？そして北朝鮮にアプローチするためにも，韓国とのさらなる関係改善に期待したいものだ。

> 用語　**6か国協議**…北朝鮮の核開発問題解決のために2003年に開始された，南北朝鮮に日米中露を加えた多国間協議。北京で開かれ，議長国は中国。

A 近年の北朝鮮と国際社会の動き

年	出来事
2002	日朝 日朝平壌宣言
	日 5人の拉致被害者帰国
03	朝 NPT脱退宣言
	・北京で初の6か国協議
06	朝 テポドン2発射実験と核実験
08	韓 李明博保守政権発足
09	米 オバマ政権発足
	朝 テポドン2改良型発射実験と核実験
	朝 6か国協議離脱を表明
10	韓朝 韓国哨戒艦沈没事件で南北対立激化
	朝 韓国延坪島を砲撃
11	朝 金正日死去（'11年末）
12	朝 金正恩権力継承，弾道ミサイル発射実験成功
13	朝 核実験，朝鮮戦争休戦協定白紙化宣言
	韓 朴槿恵保守政権発足
14	朝 日本人拉致に関する特別調査委員会設置
	→日 北朝鮮への制裁措置を一部緩和
16	朝 核実験，弾道ミサイル発射実験
17	朝 春以降弾道ミサイル発射実験多発，核実験
	国連安保理の北朝鮮制裁決議
18	韓朝 朝 南北，米朝首脳会談

〈注〉☆…北朝鮮の核実験実施。

国際政治

時事特集

ストックホルム合意

> プラスα　衝突寸前だった米朝が和解に向かい始めた契機は18年の平昌冬季オリンピック。1月に金正恩委員長が参加を表明。その後南北合同チームが実現。北朝鮮からは金正恩委員長の妹与正氏らが訪れ，韓国首脳と会談した。この後両国を訪問した韓国政府特使団が首脳会談を双方に働きかけた。

台湾海峡，波高し
どうなる香港・台湾？

中国の全人代常務委員会は2020年，香港での反体制的な言動を取り締まる**香港国家安全維持法（国安法）**を成立させた。1997年英国から中国への返還以来，「50年は不変」と約束された香港の一国二制度は事実上崩壊した。一方，国際社会における孤立感が漂っていた台湾（➡p.291）には追い風が吹き始めて来た。日本にも関係が深い「両岸関係」の行方は？2024年は台湾総統選の年。

➡**民主活動家・周庭さん**　国安法違反で逮捕され20年に7か月間の禁錮刑を受けた。23年カナダに亡命。（東京都　2019.6.10）

私はおそらく今後一生，香港に戻らない。（23年12月）

1 近現代史のなかの中国・香港・台湾

年	出来事
1842	アヘン戦争…英が香港島奪取→1898年までに全域を植民地化
1949	**中華人民共和国**建国，台湾に「**中華民国**」国民党政権
72	日本，中国と国交樹立，台湾と断交（米国は79年）
84	**中英共同声明**で，97年の香港返還決定。社会主義を適用せず「従来の資本主義体制や生活様式を返還後50年間維持」と明記（「**一国二制度**」）
87	台湾で，1949年以来継続した戒厳令撤廃
89	天安門事件（➡p.398）
90	**香港基本法**…香港政府に行政管理権，立法権，司法権，終審権など，外交と国防を除く高度な自治保障
96	台湾で初の総統直接選挙，国民党独裁体制終焉
97	**香港が英国から中国に返還**
2000	台湾で中国からの独立志向の陳水扁（民主進歩党）政権成立
14	香港で民主化求める「雨傘運動」
16	台湾で蔡英文（民主進歩党）政権成立
19	香港で逃亡犯条例改正反対の大規模デモ
20	中国全人代が**香港国家安全維持法**可決 香港立法会（議会）から，民主派がほぼ消滅
22	米国ペロシ下院議長訪台，中国台湾周辺で大規模軍事演習

太平洋戦争下は日本による占領・軍政

2 崩壊した「一国二制度」，消えた「三権分立」

2020年，民主化論調で知られる香港紙『リンゴ日報』創業者の黎智英氏が国安法違反で起訴された。容疑は国安法施行後もSNSや外国メディアを通じ，国際社会に香港の民主化運動への支援を呼びかけたことが「外国勢力との結託」とみなされたことといわれる。

香港国家安全維持法（国安法）の骨子

■国家安全に危害を加える4つの罪（国家分裂，政権転覆，テロ行為，外国勢力との結託）を規定

■中国政府が出先機関「香港国家安全維持公署」を新設

■香港政府が「国家安全維持委員会」を新設，中国政府が顧問を派遣

■香港行政長官が裁判官を任命

■「特別な状況」では中国政府の組織が香港で法執行

また，中国の全人代常務委員会の指示を受けた香港政府が20年，香港の立法会（議会）の民主派議員の資格を取り消すと，他の民主派議員も抗議のため辞職，立法会はほぼ親中派議員だけとなり，政府の動きをチェックする議会の役割は果たせず，三権分立は大きく後退した。学校教科書から三権分立の表記が削除されたほか，林鄭月娥行政長官も「**香港にはもともと三権分立は存在しなかった**」と公式に表明した。

3 「今日の香港は明日の台湾」

1970年代に改革開放路線を開始した中国は79年，中台の平和統一の実現を呼びかける「台湾同胞に告げる書」を公表。香港返還交渉の場で「一国二制度」が浮上したが，中国としては，香港の彼方に同方式での台湾との統一を模索する。習近平国家主席は2019年，「**一国二制度の台湾モデルを模索する**」とした一方で，「**武力の使用は放棄しない**」とも述べ，台湾に強く統一を迫った。しかし自らを「中華民国」と位置づけている台湾の蔡英文総統は，もちろんこれを拒否する。

Ａ 台湾人意識の推移

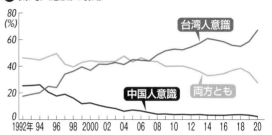

解説 **自分は台湾人**　台湾の政治大学の調査では「自分は台湾人」と答える人が，1996年の直接選挙の導入を節目に着実に増加，2020年には過去最高に達し，とりわけ若い世代の意識が高いという。背景には，香港での民主化運動弾圧に由来する危機感と，新型コロナウイルス感染者が少ないことなどから来る自信がある。

4 中国が台湾進攻？その時米国は？日本は？

米台間には軍事同盟は存在しない。ただし，米国は1979年の台湾断交の翌年，議会が一方的に**台湾関係法**を制定。台湾への武器輸出や，台湾を危険にさらす武力行使に抵抗する能力の維持を盛り込んでいる。

ロシア・ウクライナ戦争のなかで，2022年に話題となったのが中国の台湾武力併合の可能性。実際習近平主席は，同年の共産党大会で党規約に「『**台湾独立**』に断固反対し抑え込む」と盛り込んだ。米国は，従来台湾有事の際にその防衛に乗り出すか明らかにしない「あいまい戦略」を続けてきたが，バイデン大統領は米軍が台湾を守るのかと問われ，「イエス」としばしば言及する。もちろんポーズの可能性もあるが。

では実際のところ侵攻はあるのか？今回のウクライナ侵攻に比べて，地続きでないことや，侵攻後のロシアの外交的孤立を中国指導部が慎重に検討しているといわれる。もっとも，次の台湾総統選が24年，27年が中国人民解放軍創設100周年。そんな節目に悲劇が起きないよう米中日の外交に期待したい。

国際政治

時事特集

プラスα 万一尖閣諸島や台湾に中国が同時侵攻したら，日本はどうなるのか？前者に関しては「**武力攻撃事態**」，後者に対しては集団的自衛権を行使できる「**存立危機事態**」と認定され，日米両国が連携しての対応が始まる可能性がある（➡p.74）。もちろんそうした事態を避ける努力が大前提。

1 戦後日本外交のあゆみ

年・月	首相	主な出来事
1945. 8	鈴木	ポツダム宣言受諾・敗戦
46. 5	幣原	極東国際軍事裁判開廷（～48.12）
50. 6	吉田	朝鮮戦争始まる（～53.7）
51. 9	吉田	**サンフランシスコ平和条約**
		日米安保条約調印（52.4発効）
52. 4	吉田	**日華平和条約調印**（～72.9）
		（中国認めず，台湾との国交樹立）
53.12	吉田	奄美諸島返還協定調印
55. 4	鳩山	アジア・アフリカ会議（バンドン会議）に出席
56.10	鳩山	日ソ国交回復に関する共同宣言調印
.12	鳩山	国連総会，日本加盟承認
57. 7	岸	岸内閣，**外交活動の三原則**発表
		①国連中心外交
		②自由主義諸国との協調
		③アジアの一員としての立場堅持
.10	岸	安保理，非常任理事国初当選
60. 1	岸	日米新安保条約調印
65. 6	佐藤	**日韓基本条約調印**
68. 4	佐藤	小笠原返還協定調印
70. 6	佐藤	日米新安保条約，自動延長入り
71. 6	佐藤	沖縄返還協定調印（72.5返還）
72. 9	田中	**日中共同声明調印**
		（台湾と断交）
75.11	三木	第1回サミット出席（仏）
78. 8	福田	**日中平和友好条約調印**
82. 7	鈴木	教科書問題（アジア侵略記述にアジア諸国が不満を表明）
91. 1	海部	日朝国交正常化交渉開始
. 4	海部	ペルシャ湾へ海上自衛隊，掃海艇派遣
92. 9	宮沢	**自衛隊，カンボジアで初のPKO活動に参加**
93. 8	宮沢	**「河野談話」**発表
		河野官房長官，いわゆる従軍慰安婦問題について，慰安所の設置や管理等に旧日本軍による直接あるいは間接の関与があったことなどを認め，おわびと反省を表明
95. 8	村山	**「村山談話」**発表
		村山首相，戦後50年にあたり，国策の誤りと植民地支配・侵略を認め，反省とおわびを表明
97. 9	橋本	日米新ガイドライン策定
2000. 4	小渕	日朝国交正常化交渉再開
		（同年中に日本人拉致問題で中断）
02. 9	小泉	**日朝平壌宣言**（➡p.322）
15. 4	安倍	日米ガイドライン改定
. 8	安倍	戦後70年にあたり**「安倍談話」**発表
		①先の大戦に対する歴代内閣の「おわび」の立場を今後も継承，②植民地支配からの決別と民族自決権の尊重，③将来世代に謝罪を続ける責任を負わせてはならない，④「積極的平和主義」による世界の平和と繁栄への貢献
. 9	安倍	集団的自衛権行使前提の**安全保障関連法**成立（➡p.77）
.12	安倍	慰安婦問題で日韓最終合意（➡**3**）

日本国との平和条約 (抄・要旨)[署名1951.9.8 発効1952.4.28]

第2条[領土権の放棄](a) 日本国は，朝鮮の独立を承認して，済州島，巨文島及び鬱陵島を含む朝鮮に対するすべての権利，権原及び請求権を放棄する。

(b) 日本国は，台湾及び澎湖諸島に対するすべての権利，権原及び請求権を放棄する。

(c) 日本国は，千島列島並びに日本国が1905年9月5日のポーツマス条約の結果として主権を獲得した樺太の一部及びこれに近接する諸島に対するすべての権利，権原及び請求権を放棄する。

- 日本と連合国との戦争状態の終結
- 奄美，沖縄，小笠原諸島等は米国の信託統治下に
- 日本の主権承認・発効後の連合軍撤退
- 戦時中日本に占領された地域を除き，連合国は日本への請求権を放棄
- 日本の対連合国請求権放棄
- 連合国は日本が個別的・集団的自衛権を持つことを承認。

講和会議で演説する吉田茂首相

日ソ共同宣言 (抄・要旨)[署名1956.10.19 発効1956.12.12]

9 ソヴィエト社会主義共和国連邦は，日本国の要望にこたえかつ日本国の利益を考慮して，**歯舞群島及び色丹島を日本国に引き渡すことに同意する。**ただし，これらの諸島は，日本国とソヴィエト社会主義共和国連邦との間の**平和条約が締結された後に現実に引き渡されるものとする。**

- 戦争状態の終結
- 抑留日本人帰国
- 日本の国連加盟を支持
- 日本への賠償請求権放棄

日韓基本条約 (抄・要旨)[署名1965.6.22 発効1965.12.18]

第3条[韓国政府の地位] 大韓民国政府は，国際連合総会決議第195号（Ⅲ）に明らかに示されているとおりの朝鮮にある唯一の合法的な政府であることが確認される。

植民地支配に関する日本の謝罪の言葉はなし。

- 両国関係の正常化
- 植民化以前に締結した両国間条約は無効

日中共同声明 (抄・要旨)[署名1972.9.29]

2[政府承認] 日本国政府は，**中華人民共和国政府が中国唯一の合法政府**であることを承認する。

3[台湾] 中華人民共和国政府は，台湾が中華人民共和国の領土の不可分の一部であることを重ねて表明する。日本国政府は，この中華人民共和国政府の立場を十分理解し，尊重し，ポツダム宣言第8項に基づく立場を堅持する。

- 日本は戦争で与えた損害について深く反省
- 両国関係の正常化⑱
- 中国政府は日本国への戦争賠償請求権を放棄

用語 個人の戦争賠償請求権の存在は否定…「1972年の日中共同声明で中国政府が放棄したのは政府間の賠償であり，個人による戦争被害の請求権はこれとは別」として，1990年代に中国人徴用，中国人慰安婦などの訴訟が提起されたが，2007年，最高裁は個人の請求権の存在を否定，原告側はまとめて敗訴した。一方，救済に向けた関係者間の努力への期待も明記。

解説 戦後日本外交の出発点

1951年，日本と旧連合国との間に結ばれた講和条約である。会議には52か国が参加したが，当時冷戦により旧連合国が分裂していたため，ソ連・ポーランド・チェコスロバキアは署名拒否，さらに中国・南北朝鮮は招請されず，インド・ビルマは参加を拒否したため**全面講和**とはならなかった。

日本はこれにより主権を回復したが，米国は条約推進の中心となり，また**日米安保条約**も締結され，日本は西側陣営に組み込まれた。条約に調印しなかった諸国とは個別交渉が行われ，国交が樹立されたり，賠償問題の決着が図られた（**2**）。

解説 北方領土問題の浮上

ソ連は対日講和条約に参加しなかったので，日ソ間は法的には戦争状態が続いていた。国交回復のためには平和条約が必要であったが，**北方領土問題**が障害となり，共同宣言という形をとったものである。これにより**日本の国連加盟**が実現したほか，抑留日本人の帰還が促進された。

解説 韓国との国交正常化

日本は，北朝鮮を無視する形で国交正常化を図り条約を締結，同時に在日韓国人の法的地位など4つの協定が成立。このうち**「請求権および経済協力協定」**で，日本側が約8億ドルの経済協力を行うかわりに，韓国は日本政府に対する賠償請求を放棄することになった。

解説 遅かった国交樹立

国共内戦の結果，北京（共産党），台北（国民党）に事実上2つの政府が成立したが，日本は米国の中国封じ込め政策に同調して1952年に台北政府と**日華平和条約**を締結。しかし，**中国の国連加盟，ニクソン訪中**を受けて，田中首相が北京を訪問，この共同声明が発表された。1978年には**日中平和友好条約**が締結された。

国際政治

プラスα サンフランシスコ平和条約発効の4月28日（1952年）を，2013年安倍内閣は「主権回復の日」と定め，同年同日政府主催で盛んな式典を催したが，発効当時まだ米国統治下だった沖縄は猛反発，同時刻に「4・28『屈辱の日』沖縄大会」が持たれた。政府は翌年以降式典を行っていない。

2 サンフランシスコ平和条約の調印状況 —各国との国交樹立・賠償

条約	主な地域	主な国	補足
調印・批准	①西欧，南米，北米，アフリカ，西アジア	米，英，仏，蘭，ギリシャ，豪，ブラジル，アルゼンチン，エチオピア，イラン，イラク等	日本を含む49か国が調印，内46か国が批准。基本的に賠償はないが，捕虜虐待に関する補償は行う。
非批准・非調印・不参加	②東欧社会主義国	ソ連，ポーランド，チェコスロヴァキア	サンフランシスコ会議に出席するも調印は拒否。日ソ共同宣言（➡■）後に個別に日本と講和条約。
	③近隣アジア諸国	中華民国（台湾），フィリピン，インド，ビルマ，インドネシア，韓国，中華人民共和国等	東・東南アジア諸国は，後に個別に日本と講和条約を締結し，賠償または経済協力（含ODA）実施。
	④未国交樹立国	北朝鮮	日朝平壌宣言（➡p.322）履行により，国交樹立と賠償を実施予定。

解説 いびつなスタート 戦後日本の出発点となった**サンフランシスコ平和条約**（➡■）。連合国の占領終結と日本の主権回復，領土などを規定した，極めて重要な条約だが，調印・批准国は欧米中心だった。調印はまさに朝鮮戦争の最中で，冷戦体制が影を落としている。米国は日本を西側陣営に引き留めることに重点を置き，賠償を求める国際世論を抑え込んだ。一方，中国の参加を求めた東欧社会主義国は調印を拒否した。この結果，日本では「米国に負けた戦争」というイメージが定着した。

戦時中，日本が多大の被害を与えた③の国々とは，1952年以降，随時条約を調印。賠償やODAの形で日本から復興マネーや物資が投下され，それは日本の経済力が現地に拡大していく呼び水ともなった。

3 主な戦後補償問題

①韓国などの「慰安婦」

- 1990年代，韓国や在日韓国人等から日本の裁判所への賠償請求訴訟が相次ぐ。裁判所は事実認定するも，賠償請求権の消滅，日韓基本条約付属協定等を理由に請求却下。
- 95年，基金を基に**「女性のためのアジア平和国民基金」**が発足。民間からの募金を基に各国の元慰安婦に償い金や，総理からの手紙を渡した。
- 11年，韓国憲法裁判所は，日韓基本条約付属協定に基づき韓国政府が個人補償を求め日本政府と交渉すべきと判断。
- 15年，日本政府が責任を認め，「和解・癒やし財団」に10億円拠出し，「最終的不可逆的解決」で合意。韓国は，ソウルの日本大使館前の少女像問題の解決に努力する。（➡p.289⑥Ⓐ）
- 18年，文政権，朴政権への反発から「和解・癒やし」財団を解散。

少女像 日本大使館を見つめるように公道に設置。なお，その後日本大使館は解体され，現在は少女像からから離れたビルに入っている。（韓国 2013）

②戦時中の韓国人「徴用工」等に関する賃金未払い

- **日韓基本条約**の付属協定により，韓国政府が対処すべき，というのが日本政府の見解。
- 12年，韓国の大法院（最高裁）は「個人の請求権は消滅していない」と表明，18年には日本企業に支払いを命じた。
- 23年，尹政権は勝訴した原告への賠償金相当額を，韓国政府傘下の財団が寄付などを元手に肩代わりする形で支給した。

③韓国・台湾の元軍人・軍属

- 2000年に在日韓国人の元軍人400万円，遺族260万円の支給が決定。韓国在住者は対象外。韓国でも07年に強制動員被害者救済の法律制定。日本の裁判では，ほぼ原告敗訴。
- 台湾人は**日華平和条約**に関連条項がなく72年に断交したので，87年に法律を制定，遺族や傷病者に1人200万円が支給された。19年，在韓関係企業の資産が原告側に差し押さえられた。

④韓国・台湾のB・C級戦犯
1990年，在日韓国人から補償請求訴訟。最高裁は99年「立法府の責任」と判断し請求却下。

⑤在韓被爆者
●被爆者援護法により日本在住被爆者は，国籍に関係なく，公費で医療を受けられた。
- 1990年代以来，日本政府は在韓被爆者への医療支援を実施，08年から国外居住者にも被爆者手帳交付を開始した。

⑥中国人「徴用工」等
最高裁の個人の請求権に関する見解（2007年）は➡■。ただし，これに前後し，00年，08年に元徴用工らと建設会社との間で和解が成立。

解説 なぜまだ続く? 戦後補償裁判の多くは，1990年代以降に提起された。背景としては，戦後50年の節目と経済大国化した日本の存在，請求国の経済発展にともなう市民意識の高揚，世界規模での被害者個人の請求権（➡4）重視の風潮等がある。韓国では，日韓基本条約当時の開発独裁体制の下で，国内の補償制度が見えづらい側面もあった。近年は韓国の司法判断も「日本断罪」一色でなく様々な見解が見られる。日本側も最低限歴史に対する誠実さと人権感覚は忘れないようにしたい。

4 日独の戦後補償政策の違い

日本	国交回復時の賠償や経済協力協定等により，国家間の補償は決着したが，個人レベルの補償請求権は否定できない。これまでの賠償や在外資産喪失の総額は約1兆円。
ドイツ	ナチスの被害を被ったユダヤ人，ロマ人等の個人への一時金・年金支給が中心。1993年までに約6兆円が支払われ，21世紀も続く。戦時の兵士に対する補償の国籍差別はなし。

5 戦後日本に埋め込まれた親米DNA

Ⓐ「永続敗戦」とは？ （白井聡『永続敗戦論』太田出版による）

前提	本土決戦なしの降伏	米国中心の占領政策

米国
- 日本を「反共の砦」とするために…寛大な賠償，不徹底な戦争責任追及，沖縄の要塞化

日本
- 米国に対する卑屈な従属
- 「敗戦否認」│対 国 内＝戦前的価値の尊重／対アジア＝優越的態度
- 旧植民地は冷戦最前線に置かれて独裁化
  →独裁体制支持と自らの民主主義体制享受
- 順調だった戦後経済再建と高度経済成長

Ⓑ 近年の政界の主なハーバード大留学経験者

政治家	【自民党】塩崎恭久，茂木敏充，林芳正，寺田稔，上川陽子　【立憲民主党】岡田克也，江田憲司
民間	竹中平蔵，三木谷浩史，新浪剛史，原田泳幸

米国のエリートが集うハーバード大。中でもビジネススクールとケネディスクール（政治学・行政学専攻）への留学生は，帰国後は米国の尖兵として活動することもあるという。

（古村治彦『ハーヴァード大学の秘密』PHP研究所による）

Ⓒ 虎の尾を踏んだ鳩山由紀夫（2009年の民主党政権）

民主党政権のマニフェストに「日米地位協定改定」と「東アジア共同体の構築とアジア外交の強化」があり，鳩山由紀夫は選挙戦では普天間基地移転先を「最低でも県外」と訴えました。しかし米国，日本の多くの政治家，官僚，マスコミは「日米関係を壊す」などと猛反発，ある防衛官僚は米国務次官補に「米側が早期に柔軟な態度を見せるべきではない」とまで助言したことが，ウィキリークス＊によって明らかになりました。

（孫崎享『アメリカに潰された政治家たち』小学館による）

解説 修復可能? 戦後日本にとって米国がいかに大きな存在だったか再確認したい。Ⓐは近年話題の著作。Ⓑは民間人に注目。TPPに積極的な人が多い。Ⓒは「鳩山失脚」が笑い事ではないことを物語る。彼は唯一の犠牲者だったのか？

＊匿名で政府や企業の機密情報を公開するウェブサイト。07年にジュリアン・アサンジが創立。

国際政治

プラスα B級戦犯は戦争法規上の「通例の戦争犯罪」に該当する者，C級戦犯は「人道に対する罪」に該当する者で，捕虜の監視や虐待に関連した人が多かった。B・C級戦犯裁判の多くは外地の日本の占領地で行われ，少数だったが朝鮮人，台湾人もいた（A級戦犯➡p.89）。

日本の領土問題
海底資源をめぐって

近年日本周辺での領土問題が深刻化している。その契機となったのは，国連海洋法条約（1994年発効，96年日本批准，➡p.19）。沿岸から200カイリ内のEEZ（排他的経済水域）は資源確保の面からいずれの国にとっても大いに魅力的だ。日本の領土問題を考える際には，冷戦とその崩壊，米国の後退と中国や韓国の台頭（➡p.308，358），といった国際政治におけるパワーバランスの変化が前提となる。それは第二次世界大戦の戦後処理以来の我が国の来し方，行く末を考えることでもある。

（日本の防空識別圏➡p.80）

竹島問題
たけしま

Ⓐ竹島問題の流れ（韓国表記「独島」トクト）

17C〜	日 寄航しつつ漁業やアシカ猟に従事
1877	日 太政官決定，「鬱陵島外一島（＝竹島）は日本領でない」
1905	日 1月，**竹島日本所属の閣議決定** 2月，島根県が公示 ※閣議決定時は日露戦争中で，日本軍が韓国内に展開。11月，日本は第二次日韓協約で韓国を保護下に。10年に植民地化
46	日 GHQの訓令により，鬱陵島等とともに日本から分離
51	サンフランシスコ平和条約締結
52	韓 「李承晩ライン」を引き，竹島を韓国領と主張
54	韓 警備隊が常駐，以後実効支配 日 政府が竹島問題の国際司法裁判所への付託を韓国に提案（韓国応じず，その後3回同様の事態あり）
65	日韓 **日韓基本条約締結**（➡p.324）
99	日韓 日韓新漁業協定 竹島付近を暫定水域とし，共同で資源管理
12	韓 李明博元韓国大統領，竹島訪問➡

Ⓑ日韓双方の主張

日本	●17世紀以来，現島根県の漁民が幕府の許可を得て竹島（当時松島）周辺で漁業に従事してきた。韓国のいう「于山島」（うざんとう）は別の島 ●1905年，閣議で「竹島」と名付け，島根県に編入することを決定，これを島根県が告示した ●サンフランシスコ平和条約での放棄地には含まれていない
韓国	●12世紀以来の歴史書，地理書にある「于山島（于山国）」が現在の竹島（韓国名「独島」）であり，古来の正当な領土である ●1905年の閣議決定は，当時の日本の帝国主義的侵略政策によるもので，国際法上の効力なし ●1946年1月，GHQ訓令で，日本は鬱陵島などとともに放棄した ●竹島は韓国のもので，国際司法裁判所で争う余地はない

韓国旗がおかれた竹島

尖閣諸島問題
せんかくしょとう

Ⓒ尖閣諸島問題の流れ（中国表記「釣魚島及び其の付属島嶼」ちょうぎょ／台湾表記「釣魚台列嶼」）

1895	日 1月，**尖閣諸島の領土編入を閣議決定** ※当時は日清戦争中で，日本軍優勢のなか4月に下関条約調印。以後日本人が入植し漁業等に従事（1940〜無人島）
1951	サンフランシスコ平和条約で，尖閣諸島を含む南西諸島等が米国施政権下に
69	国連アジア極東経済委員会による**東シナ海の海底資源調査**
70	台 尖閣諸島の領有を公式に主張
72	日 沖縄返還，尖閣諸島も日本の施政権下に 日中 **日中国交回復**（➡p.324）
78	日中 **日中平和友好条約**（➡p.324）
92	中 領海法を公布して尖閣諸島の領有を法制化
2010	尖閣諸島沖で，違法操業の中国漁船が海上保安庁の巡視船に衝突→検察庁は3週間後に船長を処分保留で釈放
12	日 都が尖閣諸島購入を表明（石原知事）→**政府が尖閣諸島国有化を閣議決定** 中 政府の猛反発。日中関係の悪化が経済や民間交流にも波及
15	日 自衛隊が与那国島へのレーダー基地設置と宮古島への部隊常駐決定
20	中 中国海警法施行…定義曖昧な「管轄海域」で外国軍用船等に強制退去等が可能

巡視船に衝突する中国漁船

Ⓓ日中（台）の主張

日本	●日本は無主地であることを確認して1895年の閣議決定で沖縄県に編入した。台湾には含まれない ●1950，60年代の『人民日報』や中国・台湾の地図帳に，尖閣諸島を日本領で沖縄の一部とした記述がある ●**中国，台湾が領有権を主張し始めたのは，石油埋蔵の可能性が指摘された1970年以降**
中国（台湾）	●明代以来尖閣諸島を目印として沖縄へ航海した文献がある ●尖閣諸島は台湾の一部。日本は1895年に日清戦争の勢いに乗じて奪った ●日中共同声明（1972年），日中平和友好条約締結（1978年）の際に日中首脳間で領有権の棚上げ合意があった（日本側は大筋否定） ●尖閣諸島は，中国沿岸から延びる大陸棚（水深200m未満の海域）上にあり，中国大陸と不可分である

地図内表記：

中華人民共和国

日韓暫定措置水域
竹島付近の排他的経済水域（EEZ）はまだ確定しておらず，日韓が共同で管理する暫定水域が設定されている。

李承晩ライン（1952〜1965）

朝鮮民主主義人民共和国

平壌（ピョンヤン）

日本海

鬱陵島（ウルルンド）

竹島（島根県）

大韓民国

ソウル

日中暫定措置水域

平湖ガス田♯

日中中間線

春暁ガス田♯

東シナ海

尖閣諸島（沖縄県）

沖縄トラフ

中国が主張する日中経済主権の境界

与那国島（よなぐにじま）（沖縄県）

沖大東島（おきだいとうじま）（沖縄県）

台湾

日台取り決め適用水域

フィリピン海

沖ノ鳥島（東京都）

40°

30°

25°

125°　130°　135°

プラスα　**大陸棚条約**　二国間の大陸棚が重なった場合，両者の領海からの中間線が境界。一方，国連海洋法条約は大陸棚が長ければ200カイリ超でも国連大陸棚限界委員会が認定すれば沿岸国の管轄下に。現在中国は「沖縄トラフ」までを自らの大陸棚と主張。最後は当事者間の協議とICJで決める。

国際政治

時事特集

尖閣諸島について日本政府は，領土問題は存在しないとしている。

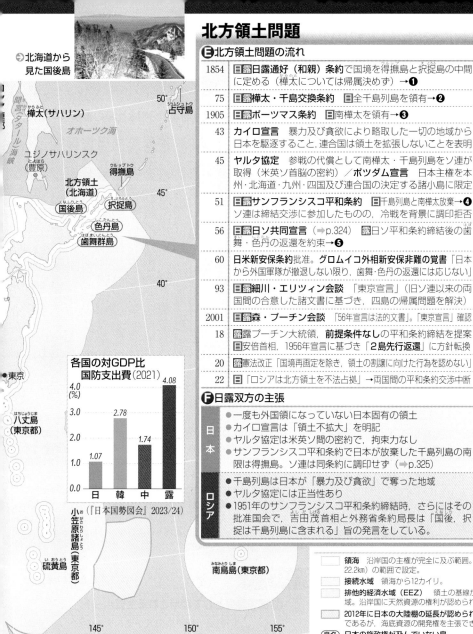

→北海道から見た国後島

北方領土問題

E 北方領土問題の流れ

1854	日露 日露通好（和親）条約で国境を得撫島と択捉島の中間に定める（樺太については帰属決めず）→❶
75	日露 樺太・千島交換条約 日 全千島列島を領有→❷
1905	日露 ポーツマス条約 日 南樺太を領有→❸
43	カイロ宣言 暴力及び貪欲により略取した一切の地域から日本を駆逐すること，連合国は領土を拡張しないことを表明
45	ヤルタ協定 参戦の代償として南樺太・千島列島をソ連が取得（米英ソ首脳の密約）／ポツダム宣言 日本主権を本州・北海道・九州・四国及び連合国の決定する諸小島に限定
51	日露 サンフランシスコ平和条約 日 千島列島と南樺太放棄→❹ ソ連は締結交渉に参加したものの，冷戦を背景に調印拒否
56	日露 日ソ共同宣言（→p.324） 日ソ平和条約締結後の歯舞・色丹の返還を約束→❺
60	日米新安保条約批准。グロムイコ外相新安保非難の覚書「日本から外国軍隊が撤退しない限り，歯舞・色丹の返還には応じない」
93	日露 細川・エリツィン会談 「東京宣言」（旧ソ連以来の両国間の合意した諸文書に基づき，四島の帰属問題を解決）
2001	日露 森・プーチン会談 「56年宣言は法的文書」「東京宣言」確認
18	露 プーチン大統領，前提条件なしの平和条約締結を提案 日 安倍首相，1956年宣言に基づき「2島先行返還」に方針転換
20	露 憲法改正「国境再画定を除き，領土の割譲に向けた行為を認めない」
22	日「ロシアが北方領土を不法占拠」→両国間の平和条約交渉中断

F 日露双方の主張

日本	●一度も外国領になっていない日本固有の領土 ●カイロ宣言は「領土不拡大」を明記 ●ヤルタ協定は米英ソ間の密約で，拘束力なし ●サンフランシスコ平和条約で日本が放棄した千島列島の南限は得撫島。ソ連は同条約に調印せず（→p.325）
ロシア	●千島列島は日本が「暴力及び貪欲」で奪った地域 ●ヤルタ協定には正当性あり ●1951年のサンフランシスコ平和条約締結時，さらにはその批准国会で，吉田茂首相と外務省条約局長は「国後，択捉は千島列島に含まれる」旨の発言をしている。

❶日露通好（和親）条約
樺太は日露混在の地

❷樺太・千島交換条約
占守島
得撫島
千島列島
樺太＝ロシア領
千島列島＝日本領

樺太千島交換条約の日本文では千島列島の範囲が得撫島〜占守島と読めなくはないが，条約正文の仏語文では，同列島が国後島・択捉島を含むことが明らかである。

❸ポーツマス条約
日露戦争により南樺太が日本領に

❹サンフランシスコ平和条約
日本が南樺太・千島列島を放棄
露に返還要求をしている部分
北方四島
色丹島
歯舞群島❺

各国の対GDP比国防支出費（2021）

	日	韓	中	露
(%)	1.07	2.78	1.74	4.08

『日本国勢図会』2023/24

☐	領海 沿岸国の主権が完全に及ぶ範囲。領土の基線から12カイリ（約22.2km）の範囲で設定。
☐	接続水域 領海から12カイリ。
☐	排他的経済水域（EEZ） 領土の基線から200カイリ（約370km）の海域。沿岸国に天然資源の権利が認められる範囲。
☐	2012年に日本の大陸棚の延長が認められた水域 これにより，EEZ外であるが，海底資源の開発権を主張できるようになった。
(島名)	日本の施政権が及んでいない島

⑲ 国際政治

領土問題を乗り越える試み

　領土問題への対応策として，しばしば「日米同盟の強化」が指摘される。しかし竹島，尖閣，さらに南沙群島問題でも，米国は領有権に関しては中立を貫く。頼みの日米安保条約第5条（→p.68）によれば，条約適用は「日本の施政下」で，「自国の憲法上の規定」に従って行われるから，北方領土と竹島はすでに管轄外。尖閣も万一中国に占領されればそれまでだ。実は米国の「あいまい」路線の背景には，日本と周辺国間に紛争の火種を残しつつ，米軍の駐留（思いやり予算→p.70）を正当化する戦略があるといわれる。

　領土問題解決に向けては，ICJや仲介国の活用等，もっと様々なアプローチがあってもよい。中露が今世紀初頭に長距離の国境問題を解決させた際には係争地の「棚上げ」から始め，「フィフティ・フィフティ」原則で河川の中間の島は等分した。「飽くなき領土への固執」を疑ってみてもよいのでは？　すでに漁業に関しては事実上領有権を棚上げにして2国間交渉で中間地帯での操業を認め合っている。また，20世紀の2度の大戦で広大な「固有の領土」を喪失したものの統一を果たし，EUの中核国として活動するドイツを想起してもよいのではないだろうか。

時事特集

沖ノ鳥島はなぜ大事？

↓工事前の東小島

　東京の南南西約1,700kmに位置する沖ノ鳥島は，東小島と北小島からなる。この島があるおかげで得られるEEZがいかに広大かを確認してほしい。一見ただの岩に過ぎず，波による浸食が懸念されることから，87年から300億円をかけて周囲をブロックとコンクリートで固める作業が行われた。ちなみに国連海洋法条約の規定によれば，「岩」だと領海は設定できるが，EEZは設定できない。ただし，中国，韓国は沖ノ鳥島を「島でなく岩」と主張する。

↑護岸工事後の沖ノ鳥島

プラスα　1961年の国会答弁で，池田勇人首相は，「千島列島（クリル諸島）は得撫島以北の18島」なる答弁をした。F内の吉田首相答弁と比較してみよう。1970年代から高校地図帳の千島列島の表記に池田首相見解に従って検定が行われた。様々な事典や地図帳で「千島列島」の範囲を調べてみよう。

● 日本にどんな「貢献」ができるのか？

されどわがJAPAN

ノーブレス・オブリージュ（豊かさゆえの義務）とは？

■1 国際社会における日本の位置

※単位：兆ドル，0.1兆ドル以上の国・地域。

Ⓐ 世界のGDP（2022年）

GDP世界計 100.6兆ドル

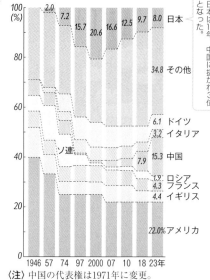

Ⓒ 国連の分担金比率の推移（➡p.293）

〈注〉中国の代表権は1971年に変更。
（ⒶⒷは世界銀行，Ⓒは外務省資料）

Ⓑ 世界のGDP（1990年）──冷戦終結直後と比べてみよう

GDP世界計 22.8兆ドル

解説 小さくなったけど… 日本の豊かさの背景にあったのは1980年代以降の急激な円高（➡p.343）と巨額の貿易黒字。だが2010年代には，陰りが見えてきた。バブル崩壊以来の経済停滞（➡p.225）と近年の円安がそれ。財政難からODAは伸びず（➡p.366），世界経済に占める比率低下は国際政治上の役割低下にもつながる（Ⓒ）。されど世界第3位の経済大国日本（2010年にGDPで中国に抜かれ，2020年代中にインドに抜かれるといわれるが）。日本独自の世界への貢献や，立ち居振る舞いのあり方を考えたいものだ。

不足する日本人の国際公務員

求められるその発信力

■2 国連職員数に見る日本の「貢献度」

Ⓐ 国連事務局の望ましい職員数と分担金比率

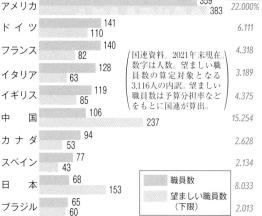

	職員数	分担率（2023年）
アメリカ	359 / 383	22.000%
ドイツ	141 / 110	6.111
フランス	140 / 82	4.318
イタリア	128 / 63	3.189
イギリス	119 / 85	4.375
中国	106 / 237	15.254
カナダ	94 / 53	2.628
スペイン	77 / 43	2.134
日本	68 / 153	8.033
ブラジル	65 / 60	2.013

国連資料。2021年末現在。数字は人数。望ましい職員数の算定対象となる3,116人の内訳。望ましい職員数は予算分担率などをもとに国連が算出。

■凡例：職員数／望ましい職員数（下限）

Ⓑ 国連職員として登用される主要ルート

空席公募	外務省国際機関人事センターのホームページに掲載されている，募集ポストを受験。
JPO派遣制度	国際公務員として2年間研修を積む制度で，給与は日本政府が負担する。終了後，正規職員に採用される可能性が高い。
国連事務局YPP	試験に合格するとロスター（合格者名簿）に掲載される。ロスターの中からさらに選考が行われ，国連職員が採用される。ロスターの有効期限は3年間。採用後の任期は2年で，勤務が優秀であれば引き続き雇用される。

〈注〉JPO…Junior Professional Officer，YPP…Young Professional Program

解説 君にもチャンスが… 日本人の国連職員の不足も指摘されて久しい。男女平等だが，女性が少なめだから有利。また，採用に際しては原則的に修士（できれば外国で）以上の学歴や高い語学力が要求される。なお給与は勤務地域により変動する。

➡目時政彦（左） 万国郵便連合（UPU）事務局長（2022〜）。

➡中満泉（右） 国連事務次長・軍縮担当上級代表（2017〜）。

用語 国連ボランティア…国連開発計画（UNDP，➡p.291）の要請に応じて派遣される開発や人道面での技術要員。ボランティアとはいえ，3年以上の実務経験を要するスペシャリストで，大卒の学歴や英検1級程度の語学力などが要求される。

プラスα ノーブレス・オブリージュ（nobless oblige）…フランス語で，社会的地位が高く経済的に恵まれたものは，社会的弱者を助けるなど，社会に貢献する義務を負う，といった意味内容の警句。

平和を「暴力がないこと」と定義する。

ヨハン・ガルトゥング〔ノルウェー：1930～〕「積極的平和」を提唱した平和学者。「積極的平和」とは戦争のみならず貧困や差別などの抑圧（構造的暴力）までをなくした状態。「国防軍」設置を目指す安倍首相が，戦後の防衛政策を変更していく際にこの言葉を使用することは「あべこべではないか？」との批判がある。

被爆経験を世界平和に活かせるか
最初で最後の被爆国となるために

3 被爆地広島の訴えは世界に通じたのか？―2023年のG7広島サミットを振り返る

A 核軍縮に関するG7首脳広島ビジョン（抄）

…我々は，…ロシアによる核兵器の使用の威嚇，ましてやロシアによる核兵器のいかなる使用も許されないとの我々の立場を改めて表明する。我々は，2022年1月3日に発出された核戦争の防止及び軍拡競争の回避に関する5核兵器国首脳の共同声明を想起し，核戦争に勝者はなく，また，核戦争は決して戦われてはならないことを確認する。…我々の安全保障政策は，核兵器は，それが存在する限りにおいて，防衛目的のために役割を果たし，侵略を抑止し，並びに戦争及び威圧を防止すべきとの理解に基づいている。…（G7首脳が2023年5月19日に発出。外務省資料）

G7広島サミット 平和記念公園で記念撮影するG7首脳。（広島県広島市 2023.5.19）

バイデン米大統領「世界から核兵器を最終的に，そして，永久になくせる日に向けて，共に進んでいきましょう。信念を貫きましょう！」（平和記念資料館訪問時に記帳したメッセージ）

松井一實広島市長「『広島ビジョン』では核兵器のない世界は核不拡散なくして達成できないと書かれてあり，一定の評価はできる。不十分ではあるが踏ん張ったものだ。」（『NHK NEWSWEB』2023.6.9）

秋葉忠利元広島市長「G7の首脳声明には，核兵器禁止条約も，核兵器の廃絶も，被爆者という言葉も出てきませんでした。核抑止論を容認してしまった。…核抑止力の必要性を説く『広島ビジョン』に「広島」とつけたのは冒瀆です。ロシアに核兵器を使わせないためには，G7も核の先制不使用を打ち出さなければ説得力はありません。」（『朝日新聞』2023.6.21）

解説 核保有とのジレンマ 2023年のG7広島サミットの際に発表された「広島ビジョン」は，何よりもロシアの核兵器使用に警告を発するとともに，核軍縮（→p.310）継続をうたう一方，引用の最終部分で自らの核抑止力維持の正当性を主張している。思えばG7のうちの3か国は安保理常任理事国にして核保有国。しかも日本はその内の1つの「核の傘」の下にある。世界唯一の被爆国（在韓被爆者も忘れてはならない→p.325）としての行動に疑問を覚えるのは被爆者だけなのだろうか。

日本が目指すべき国際貢献とは？
国際秩序の揺らぎのなかで

4 国際平和のために何ができるのか？―廃墟からの復興と平和主義は途上国の参考になる！

A 新時代の「西側」諸国の中核国として

日本と米国，そしてアジア太平洋の自由で民主的な諸国の間に安全保障と経済の幅広い連携・協力関係を築いていくこと。それをNATOやEUという環大西洋諸国の連携と接合していくこと。これらは日本の外交・安全保障政策の最重要課題である。積極的に新時代の「西側」陣営の再定義と再構築を行い，その結束を固める。これが日本の活路であり，「使命」であるとすら言えるだろう。しかし「西側」の外の，自由や民主主義，人権や法の支配を，自分たちのような形では認めていない諸国に「西側」の経済や社会は少なからず依存している。この外部の指導者たちに，日本と「西側」陣営はどう働きかけ，引き寄せるかが課題である。（池内恵東京大学教授『信濃毎日新聞』2023.7.9による）

用語 自由で開かれたインド太平洋（FOIP：Free and Open Indo-Pacific）…東アフリカから南・東南・東アジア地域の平和と繁栄を保障するため，とくにASEAN諸国との連携を重視し，考え方を共有する各国との協力を深めていこうとする日本政府の構想。その基礎として法の支配，航行の自由，経済連携の強化，海上法執行能力の構築，災害救援等を重視する。2016年に安倍首相が提起した。

（防衛省資料により作成）

B グローバル・ファシリテーターとして

まずは米国や中国にも主張すべきは主張し，軍事衝突を避けていくことが肝要。日本が第三世界での軍事紛争や地球温暖化，感染症といった「人間の安全保障」について，国際機関やNGOなどと協力しつつ，より主体的な役割を果たしていくことは，長い目で見れば日本の味方を増やすこと，すなわち国益につながる。日本には戦後平和主義を貫き民主主義も維持し，経済的に発展し，大災害からも復旧した経験がある。故中村哲医師（→p.293）のように途上国の人々に寄り添ったNGO活動家もいる。現場で汗を流し，世界的な対話の促進者，「グローバル・ファシリテーター」として味方を増やす外交をすることが重要だ。（東大作上智大学グローバル教育センター教授『ウクライナ戦争をどう終わらせるか』岩波新書による）

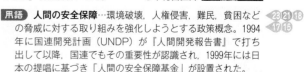

中村哲医師

用語 人間の安全保障…環境破壊，人権侵害，難民，貧困などの脅威に対する取り組みを強化しようとする政策概念。1994年に国連開発計画（UNDP）が『人間開発報告書』で打ち出して以降，国連でもその重要性が認識され，1999年には日本の提唱に基づき「人間の安全保障基金」が設置された。

解説 日本の強みを活かす！ 冷戦終結後30年。「日本の縮小」化は深刻だが，見方を変えれば日本ならではの「小技」を繰り出すチャンスでもある。何よりも日本の地理的位置と，様々な危機を乗り越えた歴史的経験。自分なりの構想を練ってみよう。

プラスα 中村哲医師は，1980年代以来，アフガニスタンで医療支援に取り組んだが，現地住民の健康と農業のための水の必要性に目覚め，井戸掘りや故郷福岡県の堰（せき）をモデルにした水路開発（決してODAによる巨大プロジェクトではない）に取り組み，砂漠を緑に変えていった。

国際政治

329

ハイブリッド戦争
プーチンの戦争術

「ハイブリッド（hybrid）」とは本来生物学上の「異種交配」の意味だが，転じて「異種のものを組み合わせたもの」とされ，テクノロジー分野でも用いられる。さらにここ数年は，軍事論で「ハイブリッド戦争」が注目を浴びている。政治的目的を達成するために軍事的脅迫とそれ以外のさまざまな手段，つまり，正規戦・非正規戦を組み合わせた戦争の手法で，コストも安くつく。発信源はロシアのプーチン政権。その中核となる民間軍事会社にも注目して，その現実に迫ってみよう。

1 ハイブリッド戦争とは？

軍事的な戦闘に加え，政治・経済・外交・プロパガンダを含む情報・心理戦などのツールのほか，テロや犯罪行為なども公式・非公式に組み合わせて展開される。コストが安いのが特徴で，ロシア・ウクライナ戦争では**民間軍事会社**が大きな役割を担っている。

用語 民間軍事会社（PMC：private military company）…兵員や警備，情報収集者などを雇い，国家や企業と契約してその構成員を派遣する企業。背景には冷戦終結後の各国の兵員削減がある。一方，湾岸戦争や「テロとの戦い」（→p.301）などで地域紛争は頻発，さらに戦争を仕掛けようとする国にとっては，正式な軍隊でないため軍の死者数には数えられず，国内外からの批判をかわしやすくなる。また，自己責任として片付けられる民間企業に委託すれば，コストも安くつく。国連では，戦闘行為がともなう「傭兵」の募集や使用などを禁じる条約が1989年に総会で採択された（日本は未調印）が，警備や護衛などはグレーゾーン。

A ハイブリッド戦争の具体例

年月日	2014年のクリミア併合時（→p.301）
	・かなり前から周到に政治技術者を現地に派遣 →親ロシア的プロパガンダ浸透
2014. 2.26	・覆面特殊部隊や民間軍事会社を現地に展開 →官庁など，要所を占拠
2014. 3. 1	・正規軍を国境付近に集積→圧力 ・フェイクニュース発信，サイバー攻撃
2014. 3.16	・住民投票による一方的な「民意」形成

（廣瀬陽子『ハイブリッド戦争』講談社現代新書などによる）

B ワグネルとプリゴジン

ロシア・ウクライナ戦争で注目を集めた民間軍事会社ワグネル（2014年創設）。ロシアでは傭兵は禁止されているが，プーチン政権がその存在を認めているのは公然の事実。発足時は元軍人が多かったが，同戦争勃発後，戦闘員招集に対する国民の反発もあり，受刑者の刑を免除する代わりに兵士とすることで，2023年には「社員」は5万人以上にまで膨れ上がった（8割が受刑者とも）。もっともその経歴上，最前線で大量に「捨て駒」として使用されているとの証言もある。

創設者プリゴジンは10代から強盗や詐欺罪などで9年間刑務所に服役。出所後飲食業で財を成し，権力に接近，「プーチンの料理人」とも呼ばれた。インターネット上の情報を攪乱する情報戦部隊も創設した。

（『朝日新聞』2023.6.28などによる）

▶プリゴジンとワグネルの兵士たち　バフムトの占領を宣言。中央がプリゴジン。（ウクライナ／バフムト　2023.5.20）

プリゴジンは23年5月以降，公然と軍を批判，8月に搭乗機が墜落，死亡した（プーチンによる暗殺説もある）。

C ロシアの情報戦に対する考え方とその事例

①情報空間を使った情報戦	・サイバー攻撃で内部情報や個人データを詐取 ・SNSや官製メディアでフェイクニュースを発信
②情報空間以外の間接的・非対称的な情報戦	・政治技術者や民間軍事会社による世論工作 ・相手国内の特定勢力支援，誹謗による政治的混乱誘発（例：2016年米大統領戦でのクリントン陣営への妨害。→p.40）

2 アフリカでロシアが人気！―その背景は？

米国戦略国際問題研究所（CSIS）などによると，ワグネルは近年，リビア，スーダン，中央アフリカなどのべ10か国以上に戦闘員を派遣，政府軍などを支援しロシアの存在感を高めてきた。反政府勢力と内戦状態にある中央アフリカは，2016年に旧宗主国フランスが兵士の大半を引き揚げたことでロシアに急接近，18年からロシアの元軍人やワグネルの戦闘員を軍事顧問として受け入れた。体制安定への貢献が評価される一方，ワグネルによる深刻な人権侵害の報告も。米NGO「武力紛争発生地・事件データプロジェクト」によると，20年12月以降，中央アフリカでワグネルが関与した民間人を標的とした事件は180件。

さらにCSISは，ロシアが軍事支援の見返りとして，「金，ウラン，ダイヤモンドへのアクセスを得た」と指摘する。23年6月の反乱後は解体すら取りざたされているワグネルに関して，ロシア政府はアフリカへの軍事支援に変わりはないと表明し，影響力の維持に動いている。　（『朝日新聞』2023.7.4などによる）

3 日本にもあるハイブリッド戦争

防衛省が人工知能（AI）技術を駆使し，国内世論を誘導する工作の研究に着手した*。自衛隊への支持や理解を広げようと，これまで強化してきたツイッターなど交流サイト（SNS）での発信から踏み込む形だ。

防衛省は情報操作もためらわない中国やロシアの活動を引き合いに必要だとするが，実行されれば，インターネット空間に都合のいい情報が拡散され，国民が知らぬ間に影響を受けるおそれがある。政府関係者からも「ソフトな思想統制につながりかねない」との批判が出ている。戦前の反省から「個人の尊重」や「思想・良心の自由」を掲げる憲法の下で許容されるのか，厳しく問われるべきだ。一方，日本企業はサイバー攻撃の検知能力が先進国内でも最低レベルとの指摘がある。さらに日本人の情報リテラシーは低く，それに関する教育も遅れていて，フェイクニュースに踊らされる可能性も高い。　（『信濃毎日新聞』2022.12.10などによる）

＊政府はこの報道を否定している。

国際政治

時事特集

プラスα 欧州随一のIT大国エストニア（旧ソ連）では2007年にロシアからと見られるサイバー攻撃で首都タリンの行政機能が麻痺した。しかし翌年にはタリンにNATOサイバー防衛協力センターが設立され，毎年国際会議が開催されるほか，国内でもサイバー教育が熱心に行われている。

項目	学 習 の 内 容
国際関係の基本的要因 (P.286・287)	**(1) 国際政治の特質** ・平等な主権国家群の併存・対立・協調 ・国際的中心権力の欠如→**権力政治**(power politics)の可能性 **(2) 国際政治を動かすもの** ①政治要因…ナショナリズム・軍事力 ②経済要因…発展途上国の**資源ナショナリズム**・資源獲得競争 ③文化要因…宗教・慣習・思想・人種的偏見
国際法 (P.288・289)	**(1) 国際法の誕生** ・**グロティウス**(蘭)…国際法の父、『海洋自由論』(1609)、『戦争と平和の法』(1625)→戦争時の国際間のルールを主張 **(2) 国際法の分類**

形式別	**条　約**	二国間・多国間で締結
	国際慣習法	外交特権など
適用時別	戦時国際法	開戦に関する条約、捕虜の待遇に関する条約など
	平時国際法	難民条約、外交関係に関するウィーン条約など

項目	学 習 の 内 容
国連の原理としくみ (P.290・291)	**(1) 国際連合の成立**

1914~18	第一次世界大戦(**勢力均衡**政策による軍拡競争)→集団安全保障体制の必要性→**ウィルソン提唱「14か条」**
1920	**国際連盟**成立
1939	第二次世界大戦勃発→国際連盟解散
⬇	ダンバートン・オークス会議、**サンフランシスコ会議**
1945	国際連合成立

(2) 国際連合
①国際連合中心主義…国連が国際活動の中心となること
　・国際平和の維持　・諸国間の友好促進
　・経済・社会・文化的国際問題の解決
②6つの主要機関(**信託統治理事会**は休止状態)

総　会	国連の最高機関、多数決主義、一国一票
安全保障理事会	平和維持に関する最高機関 米英仏中ロの5 **常任理事国**(**拒否権**あり) 任期2年の10 **非常任理事国**
経済社会理事会	経済社会問題担当、**NGO**との連携
国際司法裁判所	国際法に基づく紛争解決
事　務　局	国連運営上の業務(総責任者が**事務総長**)

項目	学 習 の 内 容
国連のはたらき (P.292~295)	**(1) 国連の主な活動** ①平和の前提課題への取組み…**軍縮**、**南北間格差**、環境、食料、人権、**国際法**など ②世界平和の維持…紛争の平和的解決が前提 **集団安全保障体制** ・冷戦時代5常任理事国の拒否権で機能マヒ、正式な**国連軍**は一度も組織されず ・「**平和のための結集会議**」(1950) 　…24時間以内に**緊急特別総会**→侵略国へ勧告 **平和維持活動(PKO)** ・受け入れ国の同意、自衛以外の武力不行使、中立などの原則 ・活動…**平和維持軍**・**停戦監視団**・選挙監視・人道的救護など
戦後国際政治の動向	**(1) 冷戦体制の形成(1946~55)**

西　側		東　側	
1947	**トルーマン・ドクトリン**	1947	コミンフォルム
	マーシャル・プラン	49	**COMECON**
49	**北大西洋条約機構**	55	**ワルシャワ条約機構**

項目	学 習 の 内 容
戦後国際政治の動向 (P.298~306)	**(2) 両陣営の対立** ・1948~49 ソ連が**ベルリン封鎖**→東西ドイツ成立 ・1950~53 **朝鮮戦争** **(3) 緊張緩和(デタント)と多極化(1955頃~70年代)**

緊張緩和	**スターリン批判**、SALTⅠ・Ⅱ
多極化	**中ソ対立**、米中接近、EC発定
非同盟運動	平和五原則、**バンドン会議**、**アフリカの年**(1960)
代理戦争	**キューバ危機**、**ベトナム戦争**

(4) 新冷戦(1979~80年代)と新デタント(1980年代~)
①新冷戦…ソ連の**アフガニスタン侵攻**(1979)
　→米ソが軍拡競争、世界で反核運動高揚
②新デタント…ソ連に**ゴルバチョフ**政権成立(1985)
　→「新思考」外交→**マルタ会談**で冷戦終結宣言(1989)

項目	学 習 の 内 容
核兵器・軍縮問題 (P.310~313)	**(1) 軍拡から軍縮へ** **軍拡** 東西両陣営の相互不信と核抑止論 軍拡と相次ぐ核実験→核拡散 　・米ソ間の**緊張緩和**・**信頼醸成措置(CBM)** 　・ソ連**ゴルバチョフ**政権の「新思考」外交 　・国連の活動…ジュネーブ軍縮会議や軍縮特別総会 **軍縮** マルタ会談で冷戦終結、先進国間の軍縮が大幅に進展 **(2) 主な軍縮・核軍縮条約**

1963	**部分的核実験停止条約(PTBT)**
68	**核拡散防止条約(NPT)**
72,79	**戦略兵器制限条約(SALTⅠ)、(SALTⅡ)**
87	**中距離核戦力(INF)全廃条約**
91,93	**戦略兵器削減条約(STARTⅠ)、(STARTⅡ)**
93	**化学兵器禁止条約**
96	**包括的核実験禁止条約(CTBT)**
97	**対人地雷全面禁止条約**
2002	戦略攻撃戦力削減条約(モスクワ条約、SORT)
10	STARTⅠ後継条約(新START)
17	**核兵器禁止条約**

(3) 軍縮の諸問題
①核拡散防止…ロシアの核管理のずさんさ(予算不足)→中東等への拡散の危険性
②NPT体制の矛盾…既存の核保有国の核所有容認
③武器輸出入問題…発展途上国の軍拡進展←地域紛争の多発、先進国の軍需産業の要請

項目	学 習 の 内 容
民族問題と地域紛争 (P.314~323)	**(1) 現代の民族紛争の背景** ①冷戦後の民族主義の噴出　②脱植民地化の際の人為的国境線　③宗教問題の深刻化　④一国内での経済的利益の不均等性　⑤ソ連、ユーゴスラビアの崩壊 **② 難民問題** ・移住外国人労働者問題 地域紛争、経済の**グローバル化**→多くの難民・移民発生 ・**難民条約**(1951)による保護(内外人平等)
国際社会の中の日本 (P.324~329)	**(1) 戦後日本の外交政策…**①国連中心主義　②西側陣営との協調　③「**アジアの一員**」の立場堅持 **(2) 日本の直面する外交問題** ・領土問題…**北方領土**(対ロシア)、**竹島**(対韓国)、**尖閣諸島**(対中国) ・戦後補償問題…日本は国家中心的、ドイツは個人中心→戦後復興、震災復興、平和主義を世界にアピール

対西側	1951 **サンフランシスコ平和条約**、日米安全保障条約
対ソ連	1956 **日ソ共同宣言**→国連加盟実現 [課題]平和条約締結、領土問題解決
対韓国	1965 **日韓基本条約**　[課題]歴史認識問題、戦後補償
対北朝鮮	[課題]**国交正常化交渉・拉致問題解決**
対中国	1972 日中共同声明→日本は台湾政権と断交 [課題]歴史認識問題、戦後補償

1 国際分業と貿易

国際分業

利益と形態

1 国際分業の利益

A リカードの「比較生産費説」

リカードが，主著『経済学および課税の原理』で唱えた「**比較生産費説**」は，国際間では資本と労働が自由に移動しないという前提の下で，**自由貿易**と国際分業の重要性を強調するものだった。

各国は，他国に比べて相対的に優位な商品に特化して生産を行い，特化した商品をそれぞれ交換すること（貿易）で，同じ労働力でより多くの商品を得られるとした。この利益を最大化するためにも，**関税**等の政府の介入は避けるべき（自由貿易）と主張した。

解説 国際分業の利益　各国が，自国にない商品や自国商品より安い商品を輸入して，自国で安く生産できる商品を輸出すれば互いに利益が生じる。これを**国際分業の利益**という。リカードは比較生産費説（➡p.334）に立った自由貿易こそが，この利益をもたらすと説いているのである。

B 比較生産費説の例　受験対策 ➡p.414

	生産に必要な労働量（人）	
	ぶどう酒1単位	ラシャ1単位
ポルトガル	80人	90人
イギリス	120人	100人

ポルトガルの場合　ポルトガルは，ぶどう酒，ラシャのいずれも，イギリスに比べ少ない労働量で生産できる（**絶対優位**）。だが，相対的に考えると，ポルトガルはぶどう酒に特化した方が生産性が高い（**比較優位**）。ラシャ生産の労働量90人をぶどう酒生産に回すと，170/80＝2.125単位のぶどう酒を生産できる。そのうちぶどう酒1単位をイギリスへ輸出し，ラシャ1単位と交換する（貿易）。結果ポルトガルは，「ラシャ1単位＋ぶどう酒1.125単位」となり，ぶどう酒0.125単位の増産となる。

イギリスの場合　ポルトガルと比べて，ラシャの生産に特化（**比較優位**）すると，220/100＝2.2単位のラシャを生産できる。そのうち1単位をポルトガルのぶどう酒と交換する（貿易）。結果イギリスは，「ラシャ1.2単位＋ぶどう酒1単位」となり，ラシャ0.2単位の増産となる。

⬆18世紀イギリスのビリヤード　台にはラシャ（毛織物）が使われる。

全体（国際分業の利益）　ラシャ＋ぶどう酒：「2＋2」→2.2＋2.125（単位）

2 国際分業の形態

16 19 23

①**垂直分業**（垂直貿易）	先進国と発展途上国・植民地の間にみられる分業で，前者が工業製品を，後者が農産物・原燃料などの**一次産品**を主に生産し交換する。
②**水平分業**（水平貿易）	先進国相互間で行う分業。不足する同水準の工業製品を相互に補完しあう形で交換する。

A 主要工業国の輸出内容比較（2021年）

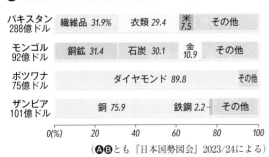

日本 (15.3%)　機械類 35.9%　自動車17.9　精密機械5.2　鉄鋼4.6　その他

アメリカ (7.5)　22.8　石油製品6.7　5.2　4.2　その他

ドイツ (38.3)　27.9　14.5　医薬品7.4　4.2　その他

フランス (19.8)　18.6　8.3　航空機6.9　5.3　その他

0(%)　20　40　60　80　100

〈注〉（ ）数字はその国の輸出貿易依存度（＝輸出額÷GDP×100）。

B 発展途上国の輸出品目割合（2021年）

パキスタン 288億ドル　繊維品 31.9%　衣類 29.4　米7.5　その他

モンゴル 92億ドル　銅鉱 31.4　石炭 30.1　金10.9　その他

ボツワナ 75億ドル　ダイヤモンド 89.8　その他

ザンビア 101億ドル　銅 75.9　鉄鋼2.2　その他

0(%)　20　40　60　80　100

（AＢとも『日本国勢図会』2023/24による）

3 アジアでの「水平分業」進む日本の製造業

A 品目別輸入額と製品輸入比率の推移（日本）

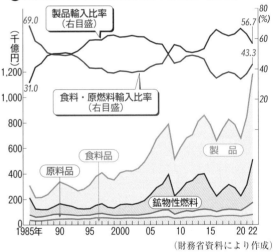

製品輸入比率（右目盛）　69.0　56.7　43.3

食料・原燃料輸入比率（右目盛）　31.0

（千億円）　1,200　1,000　800　600　400　200　0

製品
食料品
原料品
鉱物性燃料

1985年　90　95　2000　05　10　15　2022

（財務省資料により作成）

B 日本とアジアとの貿易の推移

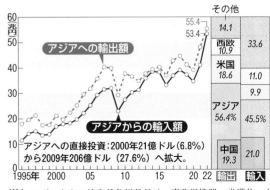

その他

アジアへの輸出額　55.4　53.4

アジアからの輸入額

アジアへの直接投資：2000年21億ドル（6.8%）から2009年206億ドル（27.6%）へ拡大。

	輸出	輸入
その他	14.1	33.6
西欧	10.9	
米国	18.6	11.0
		9.9
アジア	56.4%	45.5%
中国	19.3	21.0

60　50　40　30　20　10
（兆円）

1995年　2000　05　10　15　20　22

〈注〉アジアからの輸入急増品目は，事務用機器・半導体，中国からの衣類など。

（総務省資料による）

プラスα　**サプライチェーンが寸断**　2011年10月タイの大洪水で日本自動車メーカーの世界中の工場での生産が一時ストップした。**サプライチェーン**（部品供給網）が寸断され部品不足になったためだが，そこにはアジアを主要生産拠点とした日本企業の国際分業体制の現状が見て取れる。

4 貿易の形態

ⓐ 自由貿易と保護貿易

自由貿易	国際分業の利益を追求するには，貿易について国家が政策の介入をすべきではないとする。アダム＝スミスの自由貿易論を祖にしてリカードの比較生産費説で理論的に確立された。	⤒リカード
保護貿易	自国の発展途上の産業を守り育成するため輸入制限や関税などにより貿易を制限。19世紀，独の経済学者リストが，経済発展段階説から主張した。幼稚産業・発展途上国の理論ともいえる。	⤒リスト

ⓑ 保護貿易の手段

関税障壁	輸入品に関税を賦課し，輸入品価格を上昇させることで輸入量を制限する。
非関税障壁	輸入数量を直接的に制限したり，輸入許可手続・検疫基準などの強化により輸入しにくくする。

ⓒ 応用してみよう─関税の貿易・生産への影響

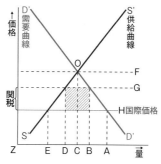

D'D'はある財の国内の需要曲線，S'S'は供給曲線とすると，価格はF，生産量（消費量）はCとなる（均衡価格・均衡数量）。国際価格をHとし，自由貿易が行われれば，国内生産量はEに減少し，輸入量はA−Eとなる。そこで，G−Hの関税を課したとするとその商品の輸入品価格はHからGに上昇するので，国内生産量はDに増加し輸入量はB−Dに減少する。ちなみに政府には斜線部分の関税収入が入ることになる。つまり保護関税を賦課することで国内生産量を増加させ，輸入数量を減少させたのである。

（高崎経済大学　入試問題による）

5 世界の貿易額の拡大とGATT

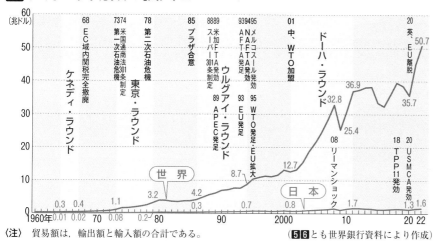

〈注〉　貿易額は，輸出額と輸入額の合計である。

（56とも世界銀行資料により作成）

解説 自由貿易が世界経済を発展させる

世界貿易の拡大発展に果たしてきたGATTの役割は，はかりしれない。WTO設立に至るまでEC成立をめぐる地域主義的な動き，米国通商法301条にみられる保護主義的な動き，2度にわたる石油危機等があったが，8回にわたる一般関税交渉・ラウンド交渉を通し，世界各国が粘り強い交渉努力を行い貿易の自由化が着実に合意され実行されてきた。その努力により，世界貿易は着実に拡大してきた。

6 世界の輸出貿易に占める主要国の割合

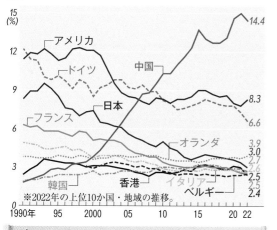

※2022年の上位10か国・地域の推移。

TRY 6を見て，2022年の世界の輸出貿易に占める割合が高い国を3位まで示せ。（解答➡p.416）

7 各国の1人当たり貿易額と貿易依存度

1人当たり貿易額（ドル）		（2021年）	貿易依存度（%）	
輸出	輸入		輸出	輸入
47,796	43,309	オランダ	82.6	74.8
46,961	43,940	ベルギー	91.8	85.9
19,566	17,026	ドイツ	38.3	33.3
13,304	13,210	カナダ	25.5	25.3
12,433	11,867	韓国	35.6	34.0
9,062	11,066	フランス	19.8	24.1
6,959	10,312	イギリス	15.0	22.2
5,206	8,710	アメリカ	7.5	12.6
6,067	6,171	日本	15.3	15.6
3,403	2,095	ロシア	27.8	17.1
2,359	1,886	中国	19.0	15.2
1,310	1,095	ブラジル	17.5	14.6
281	407	インド	12.4	17.9

（『日本国勢図会』2023/24）

用語 貿易依存度…「貿易依存度＝輸出入額÷GDP」。貿易額の国内総生産に対する比率で，国の経済的規模（GDP）や人口の小さい国ほど高くなる。例えばベルギーやオランダが高いのはそのため。逆に日・米の貿易依存度は低くなる。

プラスα 一次産品の多くは第1次産業の生産物である。食料や鉱産物などの原料のこと。発展途上国全体の輸出の半分は一次産品で占められ，アフリカは80%以上，ラテンアメリカは70%以上，アジアは40%以上。

333

わかる！とける！ 経済 ゼミナール 比較生産費説 ㉑⑲⑱

受験対策 → p.414

→リカード

貿易はお互いを豊かにする

❶ テレビとコンポの場合

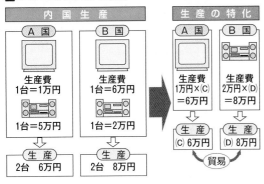

内国生産 → 生産の特化

視点
1. 比較優位の商品をみつけよう。
2. 自由貿易で有利になるのは誰か？
3. 保護貿易で有利になるのは誰か？

❓左の図を見て，下の（　）に適当な数字を入れよう。
（答えは次ページ下）

〈内国生産〉

総生産費14万円での総生産
・テレビ　　㋐（　）台
・コンポ　　㋑（　）台

〈生産の特化〉

総生産費14万円での総生産
・テレビ　　㋒（　）台
・コンポ　　㋓（　）台

用語 比較優位の原理…他国に比べ相対的に割安（生産費が安くつく）に生産できる財（比較優位）を輸出し，逆に他国に比べ相対的に割高につく財（比較劣位）を輸入する方が，相互に利益が生じるという考え方。

自由貿易の根拠は“比較優位の原理”

　世界貿易のめざすべき理想として「**自由貿易**」ということがいわれ，これは**GATT（関税貿易一般協定）**より**WTO（世界貿易機関）**へも引き継がれてきた原則だ。そもそも「自由貿易」とは，各国がより安く生産できる商品を生産して，それを関税などを設けずに，より自由な貿易によって他の国と交換するのがよいという考え方だ。

　ではどうして「自由貿易」の考え方がめざされるのだろうか。これは18～19世紀のイギリスの経済学者**リカード**の説いた「**比較生産費説（比較優位の原理）**」で説明できる。**国際分業**をすることによって貿易のメカニズムが十分に働けば，全体で見れば経済効率は高まるというのが「比較優位の原理」だ。各国には得意・不得意の分野があり，各国が得意なことも不得意なこともすべてやろうというのは極めて非効率だ。むしろ不得意なことは他国にまかせて，自国は得意なことだけをやり，あとはお互い貿易で補おうというわけだ。

【例題1】

　日米の車生産が下表のとき，正しいものを選べ。
(1) 日本が大型車に，アメリカがトラックにそれぞれ生産を特化して貿易をしても，貿易摩擦が起こるだけだ。
(2) 日本の方がトラック，大型車ともに生産効率が高いので，車の生産はすべて日本がうけおい，アメリカは輸入すればよい。
(3) アメリカがトラックに，日本が大型車に生産を特化し，互いに交換しあえば，両国に便益がもたらされる。

	大型車	トラック	
日　本	1万ドル	2万ドル	1台生産するのに必要なコスト
アメリカ	5万ドル	4万ドル	

【例題2】

　例題1の例で，もし日本が大型車に，アメリカがトラックに生産を特化するとすれば，両国が大型車とトラックを100台ずつ，合計400台生産するコスト1,200万ドルで，それぞれ何台ずつよけいに生産できるか。

	大型車	トラック	
日　本	100万ドル	200万ドル	100台生産するのに
アメリカ	500万ドル	400万ドル	必要なコスト
合計生産台数	200台	200台	合計コスト1,200万ドル

【解答1・2】

	大型車コスト／トラックコスト	トラックコスト／大型車コスト
日　本	1／2	2
アメリカ	5／4	4／5

（日本は大型車に比較優位，アメリカはトラックに比較優位）
　日本は大型車に比較優位を持ち（相対的により効率的に生産できる），アメリカはトラックに比較優位を持っている。なぜなら，日本にとって大型車1台のコストはトラックの1／2で済むが，アメリカで5／4倍必要だ。

　一方アメリカにとってトラック1台のコストは，大型車1台のコストの4／5で済むが，日本では2倍もコストがかかるからだ。そこでもし，日本が大型車生産に，アメリカがトラックに特化すれば，同じコストで，大型車生産は300台，トラックは225台の生産となり両者あわせて大型車100台，トラックは25台の生産増となる。

	大型車	トラック	
日　本	300台	0台	← 300万ドルで大型車生産
アメリカ	0台	225台	← 900万ドルでトラック生産
合計生産台数	300台	225台	合計コスト1,200万ドル

　したがって，例題1の答えは(3)，例題2の答えは，**大型車は100台，トラックは25台**。

国際経済

ゼミナール

A ウルグアイ・ラウンド妥結でこんなに関税率は下がった
APEC加盟国の鉱工業製品の関税率引き下げ

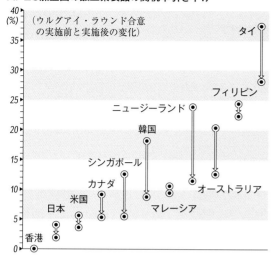

（ウルグアイ・ラウンド合意の実施前と実施後の変化）

タイ フィリピン ニュージーランド 韓国 シンガポール カナダ 日本 米国 香港 マレーシア オーストラリア

用語 ウルグアイ・ラウンド…GATT（関税貿易一般協定）の多角的交渉として，1986年９月に開始され，７年余りの長期交渉の末，1994年４月マラケシュ閣僚会議で合意，終結した。

なぜ保護貿易なのか？

ではなぜ世界には**保護貿易**に固執（こしつ）する国が存在するのだろうか。それは，自由貿易は確かにそれぞれの国の富は増大させるが，国の内部では富の分配を変えるからだ。例えばアメリカにおける日本車の販売で考えてみよう。日本車を選択して購入する消費者と，販売する日本メーカー双方は利益を享受できる。しかし，アメリカの自動車メーカーの株主や社員は，日本車の販売が増加する結果，貧しくなる可能性がある。**全体でみれば，消費者の得る利益の方が，メーカーが被る損失よりも大きいことは間違いない**。それにもかかわらず，日本車との競争を避けようとするメーカーや，「国内自動車産業を保護する」という主張の政治勢力が強く存在することで，貿易自由化が阻止されるわけである。

保護貿易の考え方は19世紀のドイツの経済学者リストによって展開された。当時ドイツはイギリスからの優秀な工業製品の流入に抗して，自国の工業を盛んにしようとしていた（幼稚（ようち）産業の保護育成）。このように**発展途上の国は先進国に対抗するために保護貿易政策をとろうとする**。もっとも，先進国であっても，大なり小なり自国に他国より弱小の，あるいは斜陽の産業分野―例えば日本では農業―を抱えているので，その分野に関しては政策的配慮で保護貿易的な政策を取らざるを得ない（➡p.236, 237）。

19 用語 リスト…1789～1846年，ドイツの経済学者で歴史学派の創始者。**経済発展段階説**―各国の経済発展には差異がありその段階に応じて経済・貿易政策が異なるのは必然とした。特に後進工業国であったドイツにおいては**幼稚産業保護のための保護貿易が必要**とし，比較生産費説は先進工業国イギリスにのみ有利であるとして，批判した。

答え ㋐―2，㋑―2，㋒―6，㋓―4

【 **例題３** 】

一般に関税の引き上げで誰が利得を得て，誰が損失を被ると考えられるか。（ここで「労働者」・「生産者」とは当該産業の労働者であり，当該産業の生産者である。）

(1) 国内の消費者と海外の生産者が利得を得て，国内の労働者と国内の生産者が損失を被る。

(2) 国内の生産者と海外の消費者が利得を得て，海外の生産者と国内の消費者が損失を被る。

(3) 国内の生産者と労働者が利得を得て，海外の生産者と国内の消費者が損失を被る。

【 **解答３** 】

関税は国内製品を保護するために，輸入品にかかる税金であるので，国内商品は輸入品との競争で極めて有利となる。その分，国内の消費者は高い商品を買わざるを得ず損を被る。　　　　　　　　答え　**(3)**

（大和総研『入門の入門・経済のしくみ』日本実業出版社，山岡道男『経済学部卒でない人のために経済がよくわかる本』明日香出版社などによる）

共通テスト対策

国際分業のメリットを説明する比較生産費説について考える。次の表はA，B各国で，工業製品と農産品をそれぞれ１単位生産するのに必要な労働者数をあらわす。これらの生産には労働しか用いられないとする。また，各国内の労働者は，この２つの産業で全員雇用されるとする。この表から読みとれる内容について，下の文章中の **ア** ， **イ** に入る語句の組合せとして正しいものを，下の①～④のうちから１つ選べ。
（2011年センター試験）

	工業製品	農産品
A国	2人	4人
B国	12人	6人

いずれの産業においてもA国はB国よりも労働生産性が **ア** 。ここで農産品生産をA国が１単位減らしB国が１単位増やすとする。すると生産量の両国の合計は，農産品では変わらないが工業製品については **イ** 増える。

① ア 高い イ 1.5単位　　② ア 低い イ 1.5単位
③ ア 高い イ 0.5単位　　④ ア 低い イ 0.5単位

考え方

労働生産性は，製品１単位当たりの必要労働者数で表現できる。表より，A国は工業製品・農産品ともにB国よりも少ない労働者で生産可能なので，「労働生産性が高い」と言える。よってアは「高い」。さらに，特化すべき比較優位生産物は，A国は工業製品，B国は農産品となる。A国内の農産品生産労働者４人を工業製品生産に回すと，生産単位は工業製品３単位（←(2+4)÷2）・農産品０単位となる。一方B国が農産品生産を１単位増やすには工業製品生産から６人の労働者を農産品生産に回すこととなり，B国内生産単位は工業製品0.5単位（←(12-6)÷12）・農産品２単位（←(6+6)÷6）である。結果，両国の合計生産単位は，工業製品3.5単位，農産品２単位となり，比較優位商品に特化前（両国合計両商品とも２単位）に比べ，農産品は変わらないが工業製品は1.5単位増えることとなり，国際分業のメリットが発揮される。よってイは「1.5単位」。

解答　正解…①

外国為替

対外取引の決済

23 1 外国為替のしくみ

外国為替とは，通貨の違う国々との貿易などの決済のために使われる為替手形のことである。外国為替の決済は両国の銀行間で行われる（残額は各銀行間・中央銀行で清算される）のだが，そのしくみを見てみよう。

23 外国為替は，貿易や資本取引などによって生じる国際間の支払と受取を，金融機関等を仲立とした為替手形による決済で行う方法であること。

用語 **並為替と逆為替**…外国為替を利用した代金決済で，債務者が債権者へ銀行を通じておカネを送ることを送金為替（並為替）と呼び，債権者が銀行を通じて債務者からおカネを取り立てることを取立為替（逆為替）と呼ぶ。

20 ❶送金決済（並為替）　日本のA社からアメリカのB社に送金

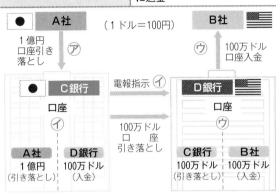

⑦A社は日本での取引銀行Cと，円を対価にドルを買う外国為替取引をする。⑦C銀行はA社の円口座から1億円引き落とし，アメリカにあるD銀行へB社に対して100万ドル支払えという指示の電報を打つ。⑦D銀行は自行にあるC銀行のドル口座から100万ドルを引き落としてB社に振り込む。

❷貿易取引決済（逆為替）　日本のA社からアメリカのB社に商品を輸出

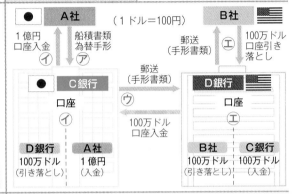

日本のA社がアメリカのB社と商品を100万ドル分輸出する契約をした。⑦A社はB社を支払人とし，C銀行を受取人とする額面100万ドルの外国為替手形を振り出す。これを船積書類とともにC銀行に持ち込む。⑦C銀行はこのドル建ての手形を買い取り，A社の口座に1億円振り込む。⑦C銀行はD銀行へ手形と船積書類を郵送し，B社からの代金の取り立てを依頼する。⑦D銀行はそれらをB社に呈示して，B社の口座から100万ドル引き落としてC銀行の口座に振り込む。

A 外国為替手形（Bill of Exchange）の例

```
For US$ 3,500.00 ⑦          TOKYO, Mar. 7, 1978
    At _____ sight of this FIRST of Exchange (Second of the same tenor
and date being unpaid) Pay to THE XYZ BANK, LTD.  or order the
sum of Dollars Three Thousand and Five Handred only in U.S. Currency ____
Value received _____
⑦
To AAA Co. Ltd.,                    THE NIPPON Co., Ltd. ⑦
  New York                             (signature)
                                         Manager
```

TRY 上の外国為替手形の例の⑦～⑦は，資料❶❷貿易取引決済（逆為替）の場合どうかわるか。（解答➡p.416）

B 外国為替市場

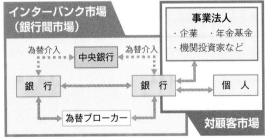

インターバンク市場（銀行間市場）
為替介入　中央銀行　為替介入
銀行　銀行　個人
為替ブローカー
対顧客市場

事業法人
- 企業・年金基金
- 機関投資家など

解説 **世界で1日7.5兆ドルもの取引！** 銀行が輸出入企業などに対して外国為替の取引をするのが**対顧客市場**，銀行同士の通貨の過不足の調整のために取引を行うのが**インターバンク市場**という。**為替ブローカー**は銀行間の取引を仲介する業者だが，近年は電子取引の浸透で役割は減少している。

（『入門の経済　外国為替のしくみ』日本実業出版による）

2 金融ビッグバンと改正外為法

1998年に**外国為替及び外国貿易管理法（外為法）**が大幅に改正された。橋本首相の**日本版金融ビッグバン**（日本の金融市場の活性化のための自由化・国際化，➡p.206）指示を受け，その幕を切って落としたのが，**内外資本取引の自由化**を目指した外為法の改正だった。旧規定では，国内銀行保護のため，外国為替を取り扱うのは許可を受けた銀行のみで，一般人は海外の預金口座や外国銀行との直接取引を自由にはできなかった。

改正により**ドルショップ（ドルで商品が買える）**やコンビニなどでの両替もできるようになった。

Focus フォーカス **国際収支天井**

高度経済成長期前半（➡p.337 5の（Ⅱ）の時期）に，景気拡大の制約要因になったのが**国際収支天井**だ。この時期はそれほど輸出力がなく，景気拡大にともない原材料などの輸入が増大すると，貿易赤字が拡大して外貨準備不足となった。したがって景気引き締め政策が採られ，景気が減速したのである。1960年代前半までの日本経済はこの国際収支天井が景気後退要因となった（➡p.222 9 A 参照）。

国際経済

プラスα **SWIFT（国際銀行間通信協会）** ロシアへの経済制裁で話題になったSWIFTは，銀行間の国際金融取引事務処理に関するメッセージを伝送するネットワークシステムで，200以上の国・地域の金融機関間を接続しメッセージにしたがって精算処理が行われている。

❸ 主要国の国際収支 （➡p.340）

Ⓐ 主要国の国際収支 （2022年） （単位：億ドル）

	経常収支	貿易・サービス収支	貿易収支	第一次所得収支	第二次所得収支	資本移転等収支	金融収支	外貨準備
日　本	910	-1,587	-1,174	2,687	-191	-9	541	-498
アメリカ	-9,438	-9,453	-11,910	1,774	-1,759	-46	-6,771	58
ドイツ	1,727	876	1,186	1,576	-725	-195	2,357	47
フランス	-595	-921	-1,435	779	-454	114	-1,096	17
中　国	4,019	5,763	6,686	-1,936	191	-3	3,142	1,031
インド	-804	-1,360	-2,685	-418	973	-1	-824	-306
韓　国	298	95	151	229	-26	0	388	-279

（ⒶⒷはIMF資料による）

Ⓑ 主要国の経常収支の推移

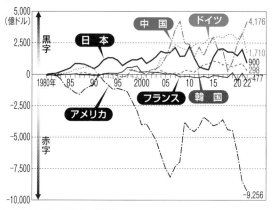

解説　国際収支の注目点は　Ⓐにおいて，貿易収支を中心とした経常収支黒字（赤字）と金融収支黒字（赤字）がほぼ同額になっていることに着目しよう（中国は対外投資よりも中国向け投資が上回っているので例外）。**貿易黒字は外国への投資に回る**のである。

また，Ⓑでは1980年代の日米の経常収支不均衡拡大，2000年代の米中の不均衡拡大に着目しよう。

❹ 国際収支と国家経済

Ⓐ 国際収支にみる発展段階

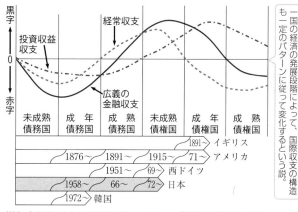

〈注〉　各収支の大きさは仮に図示したもの。　（『通商白書』1989による）

一国の経済の発展段階によって，国際収支の構造も一定のパターンに従って変化するという説。

Ⓑ 主要国の外貨準備高の推移

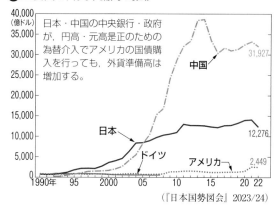

日本・中国の中央銀行・政府が，円高・元高是正のための為替介入でアメリカの国債購入を行っても，外貨準備高は増加する。

（『日本国勢図会』2023/24）

用語　外貨準備高…政府・中央銀行が保有する金や外貨の額のことで，その国の国際的信用力にもつながる。一般的には国際収支全体が黒字の場合に増加し，赤字の場合に減少する。

❺ 日本の国際収支構造の変化 （1990年代半ばまで➡1990年代後半以降はp.340, 341）

TRY　右表から考えてみよう。（解答➡p.416）
①黒字の原因，②大幅赤字の原因，③拡大の背景

運輸・旅行・投資収益など	
現サービス収支，第一次所得収支	

対価の伴わない贈与・援助	
現第二次所得収支，資本移転収支	

1年以上の資本収支	
現金融収支	

現…該当する現在の形式。

（単位：百万ドル）	（Ⅰ） 1946〜55	（Ⅱ） 56〜65	（Ⅲ） 66〜70	（Ⅳ） 71〜75		76〜80	81〜85	（Ⅴ） 86〜90	91〜95
Ⅰ 経常収支	125	▲125	1,240	1,382		2,326	23,318	69,082	112,296
貿易収支	▲290	242	2,725	5,382		11,153	33,949	84,934	131,534
（輸　　出）	951	4,504	13,454	39,415		93,792	154,992	247,981	360,030
（輸　　入）	1,241	4,262	10,729	34,033		82,639	121,043	③163,047 ➡	228,496
貿易外収支	187	▲315	▲1,310	▲3,665		▲8,015	▲9,088	▲11,943	▲11,199
移転収支	①228	▲53	▲175	▲335		▲812	1,543	▲3,909	8,039
Ⅱ 長期資本収支	▲26	42	▲721	▲3,894		▲5,356	▲31,307	②▲106,351	▲47,255

（Ⅰ）戦後〜50年代前半 （戦後復興期）	（Ⅱ）50年代後半〜60年代前半 （高度成長前半）	（Ⅲ）60年代後半 （高度成長後半）	（Ⅳ）70年代	（Ⅴ）80年代以降
貿易収支赤字（←物資不足による輸入超過）を移転収支黒字（ガリオア・エロアなどの米からの経済援助）と貿易外収支黒字（朝鮮戦争**特需**）で埋める。	1956・57・61・63年は貿易収支赤字だったが，他の年は貿易収支黒字。貿易収支黒字（←輸出増加）と貿易外収支赤字（←貿易輸送費支払い・特許使用料支払い）で総合収支はほぼ均衡。	貿易収支黒字拡大（64年以降，黒字続く）。一方，日本企業の海外進出に伴い長期資本収支赤字の構造がスタートする。	貿易収支黒字拡大続く（第一次・第二次石油危機間を除く）。また，長期資本収支赤字拡大も続く。	大幅な貿易収支黒字（経常収支黒字も）構造定着。特に，90年代前半，平成不況による輸入停滞・輸出ドライブで黒字急増。一方，特に1985年プラザ合意の円高を背景に，海外直接投資が急増し長期資本収支の大幅赤字が定着。

国際経済

プラスα　**中国の外貨準備高が急減**　2014年以降の外貨準備高の大幅減少の主因は，①米国の利上げ期待，②「元買いドル売り」の為替介入の継続的実施（国内居住者の海外預金増加・中国企業の対外債務返済など「その他投資」赤字拡大にともなって人民元が安くなる中，それを防止するため）。

337

円高・円安とは何だろう？

❶どちらが円高？円安？

❓A～Eの（　）に適当な数字や語句を入れてみよう！

1ドル＝200円　→　1円＝（A）ドル
1ドル＝100円　→　1円＝（B）ドル

したがって，1ドル＝100円のほうが円の価値はドルに対して，（C）倍（D）い。つまり，（E）である。

A.	B.
C.	D.　高 or 低
E.　円高 or 円安	F.
G.	H.　アップ or ダウン

視点 1. 円高とは，円の対外的価値が上がること。
2. 円高・円安はどのような要因で変動するか？
3. 貿易や物価にはどんな影響を与えるか？

❷円高になると帽子輸出業者はどうなる？

❓F～Hの（　）に適当な数字や語句を入れてみよう！
（答えは次ページ下）

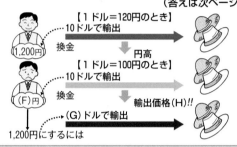

為替レートとは？

外国との貿易を行うと，何らかの形で外国の通貨と自国の通貨とを交換する必要が生ずる。日本の場合は，**円と外国の通貨とを交換**しなければならない。

このとき，外国の通貨をいくらで買えるか（例えば1ドルを何円でというように）を表すのが，**為替レート**だ。為替レートが例えば，1ドル＝200円から1ドル＝100円に変動したら円高，逆は円安だ。

為替レートと購買力平価

商品の組み合わせを考えて，両国でそれらを購入するのに必要な金額を比較すると，両国の物価水準を考慮した交換比率が計算できる。この両国の購買力を一致させる通貨の交換比率が「**購買力平価**」と呼ばれる（➡p.197）。購買力平価は，例えば円とドルの価値を相対的に表すので，為替レートは長期的にみれば購買力平価を反映して決定される―これが「**購買力平価説**」である。この説から考えると次の公式が成立する。

日本のインフレ率 ➯円安（逆は円高） ＞ 米のインフレ率 ＝ 円の購買力の相対的低下

為替レート変動の基本的な考え方

為替レート変動の原因も考えてみよう。為替レートは外国為替市場で決まっていくのだから他の商品と同様，**円・ドルの需要・供給関係で決まる**。

円の需要大＝円買いドル売り大→円高ドル安
円の需要小＝円売りドル買い大→円安ドル高

例えば，**日米間の金利に差がある場合**を考えてみよう。2022年，米FRBがゼロ金利を解除し金利引き上げを決定，一方，日銀は大規模な金融緩和維持を決定。日米の金利差が拡大する中で，米の債券に投資したり米銀に預金した方が多くの利息が得られる（為替リスクを除外した場合）のだから，円売りドル買いをして米

銀に預金する動きが多く出てくる。円売りドル買い―つまり円の需要小（＝ドルの需要大）なのだから，円安ドル高に向かっていく。まさに2022年の急速な円安は，日米の金利差が主因であると考えられる。

米の金利＞日本の金利→円売りドル買い→円安ドル高

円高・円安と輸入・輸出の関係

例えば，日本からアメリカへの輸出が輸入を上回ったとしよう（**出超**）。そのとき，アメリカから多くのドルが日本に流入する。業者はそのドルを売って，円に換えようとする。つまり**外国為替市場での，ドルの供給と円の需要が増大する**のである。当然，円は高くなりドルは安くなる。つまり「**円高ドル安**」。さらにその結果，円高ドル安は，逆に輸入品価格を下落させ，輸入が増大，輸出品価格は上昇し，輸出は減少へ向かうことになる。一方，日本の輸入額が輸出額を上回ったとき（**入超**），「**円安ドル高**」となり，その結果，輸入が減少し輸出は増大に向かう。

日本の経常収支黒字（主に貿易収支黒字＝輸出＞輸入）
➘円買いドル売り→円高ドル安

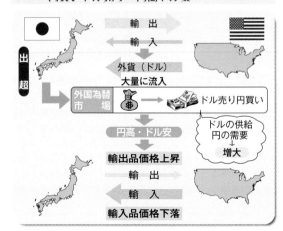

国際経済

ゼミナール

円高・円安の要因と経済への影響

このように物価・金利・経常収支・経済成長率など経済の基礎的条件，つまり各国経済力や景気動向を**ファンダメンタルズ**と呼び，これが安定・良好な国の通貨は需要が増し為替レートは上昇する。例えば2011年7月の急速な円高は，ギリシャ財政危機に端を発した欧州経済・ユーロへの信任低下，デフォルトまで懸念された米財政危機という状況下，保有資産として相対的に安心な「円」が選ばれていることが原因とされる。

現在の変動相場制の下では，ほかに政治・経済・国際情勢などが絡み，最近では**投機的要素**が大きい。

円高になると輸出品は値上がりし価格競争力が低下，結果として輸出数量も輸出売上も減る。反対に円高になると輸入は増える。円安の場合はこの逆だ。

円高・円安の影響で貿易動向が変化すれば当然貿易収支・経常収支も変動する。円高の場合，輸出減少・輸入増加となり，**貿易収支は長期的には黒字幅の縮小がさらに進んで，赤字進行の可能性が高くなる**（ただし，短期的には円高は，日本の貿易収支黒字を増大させる―逆Jカーブ効果）。また，景気は輸出産業等の減益・停滞により減速，**不況の進行の可能性**が高い。

では，円高は「悪」かといえばそうでもない。海外旅行に行くときは，多くの外貨を入手できるのだから恩恵に浴することができる。また，**円高は日本の物価を押し下げる効果**があるのだ。円高により輸入品価格が下落する（例：石油などの原材料価格が下落）と，それらを使った日本の製品価格も下落し，国内物価の低下をもたらすというわけだ（➡**B**）。**2022年の32年ぶりの円安は，逆に国内物価上昇の主因**となった。

急激な為替レートの変動は各国の経済・生活を不安定にさせる。そこで自由な変動に任せるのではなく適度なレートに調整・管理することが行われている。**G7**など先進国の**各中央銀行の協調介入で，ある程度調整している（管理フロート制）**。例えば円高ドル安の行き過ぎを是正する場合は，円の需要（ドルの供給）過剰を是正すればよいのだから，**円売りドル買いの介入**をするというわけである。最近では，急速な円安進行を受け，日銀は24年ぶりの円買いドル売り介入を22年9月2.8兆円・10月6.3兆円の過去最高規模で行った。

23 A 円相場をめぐる主な動き （➡p.343）

時 期	円相場動向と介入
1990. 8	1ドル＝151円台…バブル景気終盤
1995. 2〜 9	79円台の円高是正➡**介入** 円売りドル買い
1997.12 〜98. 6	金融システム不安による円安進行 ➡**介入** 円買いドル売り
2003. 5 〜04. 3	デフレーション・円高是正 ➡**介入** 33兆円の円売りドル買い
2011.10〜11	75円台で最高値➡**介入** 9.1兆円の円売りドル買い
2022. 9 〜. 10	米FRBの金利引き上げ決定（3月），日銀金融緩和維持決定（9月）を受け，**一時150円台で32年ぶりの円安**（2021年初は104円台） ➡**介入** 9.2兆円の円買いドル売り

B 円高の影響：メリットとデメリット（円安は逆）

メリット	・**輸入品円建て価格下落**　→国内物価押し下げ ・**輸入産業に円高差益発生**（例：円高還元セール） 　　→輸入産業株価上昇 ・**海外への旅行客増加** 　　←円をドルに換えるとドルの受取り額増える ・**日本企業の海外直接投資増加** 　　←少ない円で海外投資可能（投資コスト低下）
デメリット	・**日本商品ドル建て価格上昇** 　　→輸出減少・経常収支黒字減少 　　→国内景気悪化の可能性（例：1985〜86円高不況） ・**輸出企業に円高差損発生** ［トヨタ自動車は円高が1円進むにつれ年間約400億円の営業損失。］ 　　→輸出企業の株価下落 ・**海外からの旅行客減少** 　　←ドルを円に換えると円の受取り額減るため ・**生産拠点の海外移転進行**　→産業の空洞化進行 ・**外国企業の日本への投資減少** ・**日本人所有の外貨貯蓄・海外資産の円建てでの価値目減り**（為替差損）

用語 **ファンダメンタルズ**…経済の基礎的条件を示し，為替レートに大きな影響を与える。たとえば，GDP成長率，インフレ率，失業率，金利等の動きで判断される。

Jカーブ効果…円安（円高）が輸出入数量に影響を及ぼすには時間がかかり，短期的にはドル表示の輸出価格下落（上昇）で貿易収支黒字が縮小（拡大）する。その後，同黒字は拡大（縮小）していくので，同収支の動向はJ字型（逆J字型）になることからJカーブ効果（逆Jカーブ効果）と呼ぶ。

管理フロート制…「管理された変動相場制」のこと。外国為替相場の変動に介入しない自由変動相場制（フリーフロート）に対し，必要とあらば中央銀行等が市場に介入し相場の動きをある程度コントロールする制度。

共通テスト対策

為替レートの変動に関する記述として最も適当なものを，次の①〜④から一つ選べ。

① 円がドルに対して高くなると，アメリカ製品の円表示で見た価格も高くなるので，日本の対米輸入量は一般に減る。

② 円高は，日本の投資家が海外の株や国債，不動産などを積極的に買うために生ずる。

③ 円がドルに対して安くなると，日本製品のドル表示で見た価格も安くなるので，日本の対米輸出量は一般に増大する。

④ 円安は，外国為替市場で円が買われ，ドルが売られる傾向が強まるために生ずる。

（2004年度センター試験「現代社会」追試験）

考え方

① 円高になると輸入アメリカ製品の円表示（円建て）価格は安くなるので，日本の輸入は一般に増える。

② 日本の海外への証券投資が増えるということは，投資先の国の通貨の需要が増えることを意味する。つまり円売り当該国通貨買いが進行するので，当該国通貨の為替レートは上昇し，円の為替レートは下落する（円安）。

③ 円安が進むと日本の輸出製品のドル表示（ドル建て）価格は安くなるので，日本の輸出は一般に増大する。

④ 為替レートは外国為替市場での円・ドルなどの需要供給関係で決まるので，円買いドル売りが進めば円の為替レートは円の価値は上昇しドルの価値は下落する，つまり円高ドル安が進む。

［全体として，①③は円高円安の影響の問題，②④は円高円安の原因の問題である。］

解答 正解…③

国際経済

ゼミナール

答え A―0.005，B―0.01，C―2，D―高，E―円高，F―1,000，G―12，H―アップ

プラスα **2022年の円安がもたらした国内物価上昇** 2022年10月の消費者物価指数は前年同月比3.6%，企業物価指数は9.7%上昇。第二次石油危機最終盤の1982年以来の40年ぶりの伸び率。2022年度の消費者物価指数上昇率は2％台後半と日銀予想。

国際収支とは？ 21 19 ル 15

受験対策 ⇒p.414
（国民所得⇒p.192）

国際収支＝国の対外的「家計簿」！

1 国際収支の様々な項目

❓A～Eは貿易収支，サービス収支，第一次所得収支，第二次所得収支，資本移転等収支，金融収支のどれ？（答えは次ページ下）

視点 1. 新旧の国際収支を比べてみよう。
2. 各収支項目の具体例を把握しよう。
3. 日本の国際収支構造の特色は？

A．日本政府から北朝鮮へのコメ無償支援

B．保有している米国企業の株式による配当金

C．フランス人が京都で支払った宿泊代

D．日本企業がインドネシアから石油を買って支払った代金

E．米国企業が日本の株式を購入した代金

国際収支とは

国際収支とは，外国との全ての経済取引の体系的な記録。日本は日銀作成の**国際収支表**を使っていたが，1996年にIMF国際収支マニュアル第5版（1993年公表）形式に移行。背景には，サービス貿易増大，金融・資本取引の自由化・国際化で，従来の形式では正確な実態把握が難しくなった事情がある。2008年にはグローバル化，金融取引の高度化を受け，IMFが第6版を公表。日本も2014年から新形式に移行した。

B 新形式での符号表示（＋，－）の変更 各収支の全体の数字

	資金の動き	資産の符号表示	負債の符号表示	「純資産」の計算式
旧 投資収支・外貨準備増減	流出	－：資産増加	－：負債減少	資産＋負債
	流入	＋：資産減少	＋：負債増加	
新 金融収支	流出	＋：資産増加	－：負債減少	資産－負債
	流入	－：資産減少	＋：負債増加	

〈注〉**旧**形式は資金の流出入，**新**形式は資産・負債の増減で符号をそろえている。各収支の全体を表す「**純資産**」は，新旧で符号が逆になる。

C 国際収支統計全体で成立する式

旧 経常収支＋資本収支＋外貨準備増減＋誤差脱漏＝0
新 経常収支＋資本移転等収支－金融収支＋誤差脱漏＝0

A 新旧の国際収支表

2022年度速報（億円）

旧形式：1996～2013年	新形式：2014年～				説明	数値
経常収支	経常収支				経常取引（資本取引以外の国際間取引）の収支。	92,256
貿易・サービス収支	貿易・サービス収支				モノ（財貨）やサービスの収支。	-233,367
	貿易収支				モノ（財貨）の取引（輸出入）の収支。	-180,602
貿易収支 輸出		輸出			「輸出に伴う金銭の受け取り」－「輸入に伴う金銭の支払い」＝「貿易収支」。16	996,207
輸入		輸入				1,176,809
輸送	サービス収支				サービスの収支。	-52,765
サービス収支 旅行		輸送			居住者と非居住者との間の輸送サービス（海上・航空輸送）。	-9,271
その他サービス		旅行			「日本への外国人旅行者」－「海外への旅行者」	14,303
		その他サービス			委託加工，維持修理，建設，保険・年金，金融，知的財産権等使用料，通信・コンピュータ・情報，その他業務，個人・文化・娯楽，公的サービス等。	-57,797
所得収支	第一次所得収支				生産過程に関連した所得および財産所得の収支。	355,591
雇用者報酬	雇用者報酬				「居住者が海外で稼いだ報酬」－「非居住者への賃金等の報酬の支払」	-238
投資収益	投資収益				金融資産提供の対価である配当金や利子等の収支。	356,005
		直接投資収益			例日本企業への海外子会社からの収益金の送金。	233,694
経常移転収支		証券投資収益			例海外の株式・国債保有で得た配当・利子。	105,600
		その他投資収益			例海外銀行の預金から得た利息。	16,711
	その他第一次所得				鉱業権の使用料，石油・天然ガス等の採掘量等に課される税金等。	-176
資本収支	第二次所得収支				居住者と非居住者との間の対価を伴わない資産提供の収支。食料・医療費の無償資金援助，国際機関拠出金，外国人労働者の郷里送金等。	-29,968
投資収支	資本移転等収支				資本の移転や，金融・生産に関係ない資産の収支。	-1,724
直接投資	資本移転				資本形成のための無償資金援助，相続に伴う資産の移転等。	-2,058
証券投資	非金融非生産資産の取得処分				鉱業権，土地，排出権，移籍金，商標権等の取引。	334
金融派生商品						
その他投資	金融収支				投資や外国からの借入による資産と負債の収支。「＋」は純資産（資産－負債）の増加，「－」は減少を示す（符号変更）。	87,712
その他資本収支						
資本移転	直接投資				経営支配目的的の投資。原則出資比率10％以上。（海外投資⇒p.347）	183,316
その他資産	証券投資				配当金・利子を目的に，外国の株式・国債を購入したりする投資。	-86,365
外貨準備増減	金融派生商品				先物，オプションなどのデリバティブ取引（⇒p.347）など。	37,910
	その他投資				外国銀行への預金，外国人に金銭を貸すなど。	17,721
	外貨準備				資産のみ。財務省・日銀が持つ金・ドル・外国国債等の資産増減。	-64,870
誤差脱漏	誤差脱漏				統計上の不整合の処理。	-2,820

※1995年までの国際収支表の形式は⇒p.337参照。

新形式では符号が逆になった ⇓ B

340

プラスα p.192の**経常海外余剰**（輸出－輸入＋海外からの純所得）は，国際収支表では**「貿易・サービス収支＋第一次所得収支」**にほぼ相当する。内閣府の国民経済計算（経常海外余剰もその一つ）と，財務省・日銀の国際収支表では，統計上の不突合・為替変動等により数値は完全には一致しない。

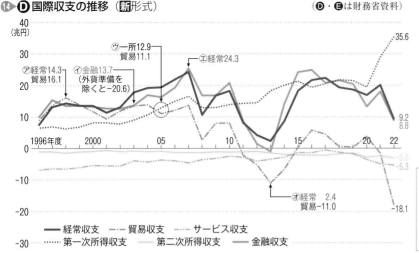

⑭ Ⓓ 国際収支の推移（新形式）　　　（Ⓓ・Ⓔは財務省資料）

凡例：
― 経常収支　　―・― 貿易収支　　―‥― サービス収支
‥‥‥ 第一次所得収支　　― 第二次所得収支　　― 金融収支

年度	出来事
1998	⑦国内不況で輸出増加→経常収支黒字増大
2003	⑦外国人の日本株買い増→外貨準備を除いた金融収支赤字
05	⑦第一次所得収支黒字額が貿易収支黒字額を初めて上回る
07	⑦経常収支黒字が最大に
13	⑦貿易収支大幅赤字で経常収支黒字が最小に

証券投資・直接投資の拡大の結果，日本の対外資産（日本の政府・企業・個人が海外にもつ資産）が2022年度末で1,338兆円となった。一方，資産から負債（海外の政府・企業・個人が日本国内に有する資産）を差し引いた対外純資産は419兆円で，世界最大の債権国（32年連続）となっている。

日本の経常収支黒字は減少傾向

①近年の経常収支の動向（新形式）

1983年度以降大幅な黒字で摩擦を引き起こしてきた日本の経常収支黒字（経常黒字）は，1997・98年度に黒字額が拡大し，2007年度に輸出回復と所得収支黒字拡大で過去最高の24兆円，2010年度も18兆円を記録した。

だが2011年度から減少し，2013年度には2.4兆円に落ち込んだ。原発停止に伴う化石燃料輸入急増も原因だった。その間，貿易収支赤字は2011年度2.2兆円→2012年度5.2兆円→2013年度11.0兆円と拡大したが，何とか経常収支を黒字化させたのは第一次所得収支黒字の拡大であった。

2005年度に初めて第一次所得収支黒字が貿易収支黒字を逆転，2015年度の黒字は直接投資収益・証券投資収益の増加により20.9兆円を記録し過去最大となった（2022年度も過去最大の35.6兆円で経常収支黒字の主因）。

2022年度は，過去最大の貿易収支赤字（18.1兆円）を記録。資源価格高騰・円安による輸入金額増加が原因で，当面この傾向は続く可能性が高い。貿易赤字が恒常化すると，経常収支全体の黒字を維持してきた構造（貿易黒字を海外直接投資に回すことによる第一次所得収支増加）も崩れ，円安進行傾向，ひいては経常収支を悪化させる負のスパイラルに陥るリスクもある。

2022年度経常黒字は前年度比54.2％減の9.2兆円で，2014年度以来10兆円を割り込んだ。**経常黒字は，東日本大震災前は輸出による貿易黒字が牽引してきたが，震災後は海外への投資収益が支える構造に変化している。**

②近年の金融収支の動向（新形式）

2011年度以降，資産減・負債増だったが，2014〜17年度の直接投資・証券投資は日本人・日本企業による対外投資が増加（資産増），2015年度は23.8兆円黒字（資産増）となった。2022年度は，証券投資の純資産減を直接投資の純資産増で補い，9.3兆円減少したものの，8.8兆円の黒字（純資産増）となった。**長期的な対外直接投資の増大に伴う純資産増（黒字化）の傾向が継続している。**

日本の経済発展段階が，「未成熟債権国（貿易収支黒字・所得収支黒字）」から「成年債権国（貿易収支赤字・所得収支黒字）」にさしかかったとの見方もある（→p.337）。

経常収支赤字の影響は？—金利上昇と円安？

市場での自由競争を前提とする**ミクロ経済学**では，経常収支赤字（経常赤字）は国内の資金不足を海外（資金余剰の国）からの資金調達で補った結果であり，貿易取引や国際金融では当たり前に起こることで，「経常収支赤字＝悪」「経常収支黒字＝善」という発想を取らない。しかし，経常収支赤字は様々な経路を通じて**マクロ経済**に影響を及ぼす。金利上昇と円安進行にともなう実質GDP減少・失業率の上昇につながる可能性が考えられる。

Ⓔ 日本の国際収支（新形式）　　（単位：億円）

新形式項目	1998年度	2003年度	2007年度	2022年度
経常収支	143,495	178,305	243,376	92,256
貿易・サービス収支	95,630	96,053	90,902	− 233,367
貿易収支	160,965	135,054	136,862	− 180,603
サービス収支	− 65,335	− 39,001	− 45,960	− 52,764
第一次所得収支	62,454	90,453	165,476	355,591
第二次所得収支	− 14,589	− 8,201	− 13,002	− 29,968
資本移転等収支	①	− 5,598	− 3,856	− 1,724
金融収支	②	137,128	255,221	87,713
外貨準備以外	138,997	− 205,642	214,382	152,583
外貨準備	− 3,610	342,770	40,839	− 64,870
誤差脱漏	12,978	− 35,579	15,701	− 2,819

〔例題〕

Ⓔの表の空欄①・②を，計算して埋めてみよう。

Ⓕ 経常収支赤字の影響

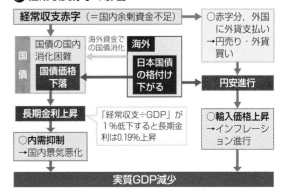

国際経済

ゼミナール

答え A第二次所得収支，B第一次所得収支，Cサービス収支，D貿易収支，E金融収支　**〔解答〕** ①−21,086　②135,387

●ブレトン・ウッズ体制はどう歩んできたか？

視点

ブレトン・ウッズ体制の成立
IMF・IBRD

㉑ ■1 国際金本位制とその崩壊 (→p.200)

　金本位制とは一国の通貨を一定量の金とリンクさせ，金の裏付けのもとでのみ国内通貨を発行するしくみである。この金本位制を，1816年イギリスが初めて採用した。その後，19世紀後半にかけ多くの国が金本位制に踏み切り，国際金本位制が成立，国際決済が金で行われ，各国は準備資金として金を保有した。

　このように成立した**国際金本位制は，金の流出入により経常収支を自動的に調整する機能（為替レート安定のメリット）がある**と期待された。

　しかし，金の供給量によって**国際流動性**（世界の通貨量）が規定されてしまうこと，国内経済の安定が対外均衡を図ることで犠牲にされること，そして何といっても，**1929年の世界恐慌後，各国が金本位制維持を断念し，離脱したことで完全に崩壊した**。その後，世界各国は，輸出拡大・輸入抑制のため**為替ダンピング競争**（切り下げ），**ブロック経済圏**の構築に向かっていった。

（『手にとるように国際金融がわかる本』かんき出版による）

Ａ 金本位制で期待された国際収支メカニズム

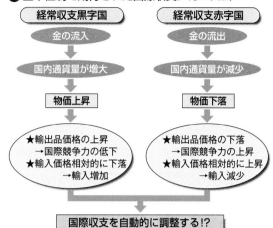

経常収支黒字国	経常収支赤字国
金の流入	金の流出
国内通貨量が増大	国内通貨量が減少
物価上昇	物価下落
★輸出品価格の上昇 →国際競争力の低下 ★輸入価格相対的に下落 →輸入増加	★輸出品価格の下落 →国際競争力の上昇 ★輸入価格相対的に上昇 →輸入減少

国際収支を自動的に調整する!?

用語 **国際流動性**…輸入の支払い等，対外決済手段の総量のこと。世界経済成長に伴い需要は増大する。60年代まではドルが中心であったが，現在はドル・ユーロ・円などの国際通貨，SDR（特別引出し権，→**3**），金などを指す。

⑲ ■2 ブレトン・ウッズ体制

ITO・WTOはいずれも「国際貿易機関」とも呼ばれる。

ブレトン・ウッズ体制		IMF・GATT体制
IBRD（1945発足） 国際復興開発銀行 （世界銀行）	IMF（1945発足） 国際通貨基金	GATT（1948発足） 関税及び貿易に関する 一般協定→WTOへ
目的 戦後の復興支援→70年代〜発展途上国・旧社会主義国への開発融資	為替の安定・為替制限の撤廃による世界貿易の拡大	自由貿易推進による世界貿易の拡大
機能 長期融資	国際収支赤字国への短期融資	関税軽減・非関税障壁撤廃

変遷

世界銀行
- 1946 IBRD 国際復興開発銀行
- 1960 IDA 国際開発協会
- 1956 IFC 国際金融公社
- 1988 MIGA 多数国間投資保証機関

世界銀行グループ

IMF
固定相場制／金兌換・ドル／金・本位制・ドル
1971 ニクソン・ショック
変動相場制／金・ドル本位制廃止
1997 増資決定

ITO（国際貿易機構）実現せず
- 1948 GATT
- 1960年代 ケネディ・ラウンド
- 1970年代 東京ラウンド
- 1986〜94 ウルグアイ・ラウンド
- 1995 WTO（世界貿易機関）

〈注〉IDAはIBRDに比べ低利などゆるやかな条件で途上国政府へ融資を行う。IFCは途上国の民間企業へ融資を行う。（『国際情勢早わかり2000』PHP）

用語 **基軸通貨（キーカレンシー）**…国際通貨の中で中心的支配的地位を占め，その時代の国際金融・為替システムの要の役割を果たす通貨。第一次大戦前はポンドであったが，第二次大戦後はドルが基軸通貨となった。

IMF８条国…国際収支の悪化を理由に為替制限ができない国。ただし，経済発展の過渡的措置として，第14条で為替制限を認めている（**IMF14条国**）。日本は1964年に，14条国から8条国に移行した（外国為替取引自由化）。

⚓**連合国通貨金融会議** 開会式であいさつする米財務長官。（アメリカ・ブレトン・ウッズ 1944.7.8）

Ａ 国際通貨基金（IMF）協定（抄）
［調印1944.7.22　発効1945.12.27］

第1条[目的] 国際通貨基金の目的は，次のとおりである。

2 　国際貿易の拡大及び均衡のとれた増大を助長し，もつて経済政策の第一義的目標である全加盟国の高水準の雇用及び実質所得の促進及び維持並びに生産資源の開発に寄与すること。

3 　**為替の安定を促進**し，加盟国間の秩序ある為替取極を維持し，及び競争的為替減価を防止すること。

4 　……**世界貿易の増大を妨げる外国為替制限の除去**を援助すること。

5 　適当な保障の下に基金の一般資金を一時的に加盟国に利用させ，……国際収支の失調を是正する機会を提供することにより，加盟国に安心感を与えること。

解説 **アメリカの経済力を背景に** 　1944年7月，アメリカのニューハンプシャー州ブレトン・ウッズで連合国通貨金融会議が開かれて**ブレトン・ウッズ協定**が結ばれ，翌年IMF・IBRDが発足した。これを**ブレトン・ウッズ体制**といい，アメリカの絶対的な経済力を前提としていた。この体制によって，**ドルを基軸通貨として世界に供給，国際流動性を確保する国際通貨体制**が確立した。日本はIBRDに1952年，IMFと同時に加入したが，IBRDの日本への有名な融資例として，東海道新幹線や名神高速道路建設があげられる。

プラスα バンコール 連合国通貨金融会議で，ケインズが提案したマイナス利子を持つ国際通貨のこと。ケインズは，マイナス利子があればお金を貯めこむ人が減り，世界経済が活性化し，多くの人々が経済成長の恩恵に浴すると考えた。だが，ドルを基軸通貨とする案に破れ，実現しなかった。

③ 国際通貨制度の変遷

旧IMF（ブレトン・ウッズ）体制 — 固定相場制

1944. 7	**ブレトン・ウッズ協定調印**
47. 3	**IMF業務開始**

①金とドル，ドルと各国通貨をリンク。金とドルの交換をアメリカが保証。
②国際収支困難国への一時的融資など。㉑

▶ **金1オンス＝35ドル，1ドル＝360円**（約31g）⑭

60年代	対外的な経済援助・軍事支出の増大による経常収支赤字，民間直接投資増大による長期資本収支赤字で過剰ドル→ドルの信用低下→ドルを金に交換→アメリカから金流出（ドル危機）㉑⑳⑲⑱
69. 7	IMFがドル危機対策にSDR創設
71. 8	**ニクソン・ショック（金・ドル交換停止）**⑮⑭
71.12	**スミソニアン協定調印**⑱

①ドル切り下げ。
②多国間通貨調整により固定相場制へ。

▶ **金1オンス＝38ドル，1ドル＝308円**

73. 2	主要国は**変動相場制**に移行
76. 1	**キングストン合意**⑲

①変動相場制の正式承認（固定相場制のほかに）
②金公定価格を廃し，SDRを中心的準備資産とする。

管理フロート制（先進国の協調介入などで為替レートを誘導するシステム）

85. 9	**プラザ合意**→ドル高是正，円高誘導⑲
87. 2	**ルーブル合意**→円高・ドル安行き過ぎ防止で協調介入

（崩壊）キングストン体制 — 変動相場制

Ⓐ「流動性のジレンマ」⑲㉓ —「金・ドル本位制」の本質的欠陥

	米国が世界にドル供給	米国が世界からドル回収
国際流動性	増大→世界経済活性化	減少→世界経済停滞
米国の経常収支	赤字（赤字継続→米国の金保有量＜ドル供給）	黒字
ドルの信認	低下	上昇

解説 ドルの信認 世界経済発展に必要な国際流動性を，すべてドルに依存しているにもかかわらず，米国の金保有量がほぼ一定のため，国際流動性の増大に伴ってドルの信認が低下するという欠陥を抱えていた。

Ⓑ「石油・ドル本位制」への移行

1970年代に米国はOPECと，「世界で石油（原油）を決済できる通貨はドルのみ」という協定を結んだ。これにより，金・ドル交換停止後も，ドルは基軸通貨として流通している。

解説 石油が背景 石油との唯一の決済通貨ということがドルの信認の背景にある。そのため，イラクやリビアが米国等に戦争をしかけられて崩壊した理由を，石油のドル決済からの転換を目指したこと（イラク：原油埋蔵量5位・ユーロ決済へ，リビア：同9位・ディナール決済へ）だと指摘する専門家もいる。

Ⓒ各国の為替相場（2023年3月末現在）

	為替相場の種類	主な国・地域
変動	**変動相場制（フロート制）**…レートを市場の需要と供給のバランスで決定。	日，米，英，ユーロ圏，インド，フィリピンなど
変動	**管理フロート制（管理変動相場制）**…変動相場制だが，国が介入しレートを管理。	*中国，*マレーシア，タイなど　*通貨バスケットを参考に管理する方式。
固定	**通貨バスケット制**…複数の外貨の平均（バスケット）に連動。	シンガポール，クウェートなど
固定	**固定相場制（ペッグ制）**…ある外貨とレートを固定（例：ドルと固定するドルペッグ制）。	カタール，ブルネイ，バハマ，バミューダ諸島，ジブラルタルなど

用語 SDR（Special Drawing Rights：特別引出し権）…IMFがドル危機対策に創設した，新しい国際流動性を生むシステム。通貨の提供請求権であり，外貨が必要になったとき，IMF加盟国からSDRを用いて外貨を得られる。変動相場制移行で必要性は減少した。

---

④ 円相場の軌跡（東京市場月中平均）

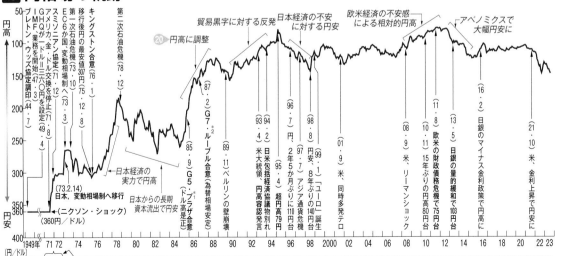

固定相場制	ブレトン・ウッズ体制の崩壊	変動相場制（キングストン体制）

＊1　**プラザ合意**　ニューヨークのプラザ・ホテルで開催された先進5か国財務相・中央銀行総裁会議（G5）での合意事項（ドル高の是正のため，各国が協調してドル安を誘導する）。その結果，1ドル＝240円台が2年間で約2倍の120円台へ。

＊2　**ルーブル合意**　パリのルーブル宮殿で開催された先進7か国財務相・中央銀行総裁会議（G7）での合意事項（急激な円高ドル安の動きを抑え，為替相場の安定をはかる）。

（日本銀行資料などにより作成）

プラスα　現在のIMF　キングストン合意で固定相場維持の目的を失ったIMFは，1997年アジア通貨危機を初めとする経済・通貨危機諸国への緊急融資など主導的役割を果たしている。その際，財政赤字削減，増税，規制緩和など経済再建の条件（コンディショナリティ）を課している（⇒p.348）。

国際経済

343

GATT（関税及び貿易に関する一般協定）

自由貿易の促進

1 国際経済機構とその役割

役割 〔○…主な任務 △…間接的関連〕	為替の安定	為替制限撤廃	貿易自由化	資本自由化	関税引下げ	発展途上国 援助	発展途上国 貿易拡大
ブレトン・ウッズ体制 IMF（国際通貨基金）	○						
GATT（関税及び貿易に関する一般協定，→1995〜WTO）			○		○		○
IBRD（世界銀行）						○	
国際連合 FAO（国連食糧農業機関）						△	△
UNIDO（国連工業開発機関）						△	
UNCTAD（国連貿易開発会議）			△		△		○
先進国 OECD（経済協力開発機構）			○	○			
DAC（開発援助委員会，OECDの下部機関）							

解説 戦後，国際経済機構の中心 国際金融面ではIMFとIBRD，貿易面ではITO（国際貿易機構）が国際経済の中心となる予定だった。しかし，ITO設立が難航したため**それに代わり暫定的に創設された組織がGATT**であった（1947.10調印時は23か国，本部ジュネーブ）。

1995年WTOに代わるまでGATTはIMFとともに西側世界経済の牽引車（けんいんしゃ）となり，**IMF・GATT体制**と呼ばれてきた。

2 関税及び貿易に関する一般協定（抄）

[調印1947.10.30　発効1948.1.1]

第1条[一般的最恵国（さいけいこく）待遇]① いずれかの種類の関税及び課徴金で，輸入若しくは輸出について若しくはそれらに関連して課され，又は輸入若しくは輸出のための支払手段の国際的移転について課せられるものに関し，……締約国が他国の原産の産品又は他国に仕向けられる産品に対して許与する利益，特典，特権又は免除は，他のすべての締約国の領域の原産の同種の産品又はそれらの領域に仕向けられる同種の産品に対して，即時かつ無条件に許与しなければならない。

第11条[数量制限の一般的廃止]① 締約国は，他の締約国の領域の産品の輸入について，又は他の締約国の領域に仕向けられる産品の輸出若しくは輸出のための販売について，……**関税その他の課徴金以外のいかなる禁止又は制限も新設し，又は維持してはならない。**

第12条[国際収支の擁護のための制限]① 前条①の規定にかかわらず，締約国は，**自国の対外資金状況及び国際収支を擁護するため，**この条の次の諸項の規定に従うことを条件として，**輸入を許可する商品の数量又は価額を制限することができる。**

解説 **日本の加盟は？** 日本は1955年に加盟。当初GATT12条国（国際収支上の理由による輸入制限ができる国）であったが，**1963年にGATT11条国（輸入制限不可の国）に移行**した。

3 GATTの三原則と例外

	三原則の内容	例外
①自由	・関税引下げ ・**非関税障壁の廃止**（輸出補助金・数量制限等の廃止）	・反ダンピング措置 ・**農産物特例制限** ・**国際収支擁護のための制限**（12条） ・**緊急輸入制限（セーフガード，**19条）
②無差別	・**最恵国待遇** ・数量制限の無差別待遇 ・内国民待遇	・一般特恵関税 ・**FTA**（自由貿易協定）
③多角	・ラウンド交渉（多国間交渉による関税引下げ）	・実際は二国間交渉も多かった。

用語 **最恵国待遇**…ある国に与えた関税の引き下げなど有利な貿易条件をすべてのGATT加盟国にも適用させる原則。

反（アンチ）ダンピング措置…ダンピング（国内よりも不当に低い価格で外国に販売すること）に対抗して，輸入国政府が当該輸入商品につき，関税を引き上げる等で国内産業を守る措置。

農産物特例制限…農産物などはGATTの枠外にあるものが多く，残存輸入制限を認められていた。例えば，日本の輸入制限など。

緊急輸入制限（セーフガード）…国内産業保護のため緊急避難措置としての輸入制限。

一般特恵関税…1968年の第2回UNCTAD総会で先進国が途上国からの輸入品についてだけ，特別に関税を引き下げる制度を決定した。

内国民待遇…国内産品と同種の外国産品には同様の待遇を与える原則（例えば国産品には安い国内税を課し，輸入品には高い国内税を課すなどの不利な扱いは禁止）。

Focus（フォーカス） 牛肉に特別セーフガード発動!!

2003年8月，生鮮・冷蔵牛肉に対し，関税の緊急措置が発動され，関税率が38.5%からWTO協定で認められた税率である50%まで引き上げられた。これは一般のセーフガード（SG）とは異なる特別セーフガード（SSG）で，牛肉の輸入量が前年同期平均の117%を超えると自動的に発動される。しかし，牛肉の輸入急増の原因は，BSE（狂牛病→p.236, 237）発生による輸入落ち込みの反動であるため，関税率上昇の影響を直接受ける流通・小売業界は反発を強めた。なお，日本は2001年，ネギ，生シイタケ，イグサへのセーフガードを，初めて暫定発動した。

	一般セーフガード	特別セーフガード
措置内容	関税引き上げまたは輸入数量制限	関税引き上げ
対象品目	全品目	ウルグアイ・ラウンド合意関税品目
発動要件	・輸入急増により国内産業に重大な損害を与えると認められるとき	・輸入基準数量を超える輸入の増大 ・基準価格を下回る輸入価格の低下
発動手続	調査により立証	自動発動

（農林水産省資料による）

① **1948年** GATT発足…物品の貿易に関して、加盟国間の最恵国待遇の原則を導入。
② **1964年** UNCTAD第1回総会…一次産品の価格安定、発展途上国製品に対する特恵関税供与が議題に。
③ **1994年** ウルグアイ・ラウンド合意…サービス貿易や知的財産権保護に関するルールが成立。
④ **2002年** 日本初のEPA（経済連携協定）…シンガポールと締結。

4 GATTからWTOへ

Ⓐ 各ラウンドの交渉テーマ

㉑ 日本がコメの輸入について、部分開放を初めて受け入れた多角的貿易交渉は、ウルグアイ・ラウンドであること。

〈注〉貿易額は世界の輸出総額。

貿易関連ルール整備・市場アクセス	第1～4回関税交渉 1947～56年	ディロン・ラウンド 60～61	ケネディ・ラウンド 64～67	東京ラウンド 73～79	ウルグアイ・ラウンド 86～94	ドーハ・ラウンド 2001～？	その他
その他					知的財産権 原産地規則	環境問題 投資ルール 競争ルール 電子商取引	
貿易関連ルール整備			反ダンピング 反ダンピング補助金	反ダンピング補助金	反ダンピング	反ダンピング	
市場アクセス	鉱工業品の関税	鉱工業品の関税	鉱工業品の関税引き下げ35%	非関税障壁のルール化 鉱工業品の関税引き下げ33%	鉱工業品の関税 農業 サービス	鉱工業品の関税 農業 サービス	
貿易額	5百億ドル（1947年）	12百億ドル（1960）	17百億ドル（1964）	56百億ドル（1973）	205百億ドル（1986）	582百億ドル（2001）	

解説 中国・ロシアWTO加盟　2001年11月中国のWTO加盟が台湾とともに承認された。⑮ 加盟により国際ルールの枠組みに入り、例えば工業製品関税率は平均16%以上が2010年までに8％に引き下げた。市場開放や対中国投資の環境改善が期待されている。また、**2012年7月、「資源大国」で名目GDP9位のロシア**も、申請から19年経てWTOに加盟した。

Ⓑ ドーハ・ラウンドとは？ ⑳

反ダンピング措置	農業の市場開放
米国など ↑乱用防止 日本・EU	日本など農業輸入国、EU ↑開放を要求 米国、ブラジルなど輸出国

農業の国内補助	鉱工品の関税＋サービス貿易
米国 ↑補助削減を要求 米国以外	途上国 ↑引き下げ・自由化を要求 先進国

2001年WTO閣僚会議で交渉開始が決定した、戦後9番目となるラウンド。投資ルール、労働移動ルール、環境問題などを含めた幅広い課題が取り上げられた。先進国主導の交渉見直しを途上国が訴え、交渉は難航。農産物・鉱工業製品の関税引き下げをめぐり決裂・再開を繰り返した。2011年末、途上国と先進国、米中の対立を克服できず、交渉は事実上停止状態となった。さらに19年末にはWTOの紛争処理機能（上級委員会担当）が停止される状態に陥った。

ウルグアイ・ラウンドとWTO　　新分野のルール作りと紛争処理

5 ウルグアイ・ラウンド交渉の主な内容 ⑭㉑

特色
①従来のラウンド交渉が「モノの貿易」だけであったのに対し、**サービス貿易・知的所有権・貿易関連投資の3つの新分野**のルール化に手をつけた。
②各国で保護措置がとられていた農業分野の輸入制限を禁止し「**例外なき関税化**」（関税による農業保護）と関税引き下げ努力というルールを作った。
③常設の多角的貿易紛争処理システムとしてWTO（世界貿易機関）の設置を決定した。

鉱工業製品	先進国鉱工業品の平均関税率40%引き下げ（月内平均関税率は1.5%に…先進国中最も低い）
農産品 ⑰	日本はコメを1995～2000年度までの6年間、国内消費量の4～8％を輸入（ミニマム・アクセス、→p.236）。
サービス	最恵国待遇と内国民待遇
知的所有権 ⑳	保護水準の引き上げ、紛争処理はWTOの紛争解決手続きに従う、最恵国待遇義務の明記。
貿易関連投資措置	ローカルコンテント要求（進出企業に現地部品購入を要求）、為替規制を禁止。

Ⓐ WTOの紛争処理手続き

手続き	［具体事例］
紛争発生	日本の焼酎にかかる酒税低税率問題（1995年）
2国間協議 →解決不可	（ウイスキー税率＞焼酎税率）
パネル（小委員会）設置	
パネルでの審理・報告書	パネルによるWTO違反の報告書（1996年）
報告書採決	
勧告の実施 →実施しない場合	日本が勧告を受けて是正実施
対抗（制裁）措置承認	（焼酎税率段階的引き上げ ウイスキー税率段階的引き下げ）

※ ▨ ネガティブ・コンセンサス方式。

6 WTO ㉓⑮

GATTを母体とするWTOは、世界のモノ・サービス（知的所有権含）双方の国際自由貿易機関。

Ⓐ WTOの組織

世界貿易機関（WTO）

閣僚会議（少なくとも2年に1度開催）

紛争処理機関 ── **全体理事会** ── 貿易政策審査機関

- 貿易開発委員会
- **商品貿易理事会**（モノの貿易に関する諸協定）
  - 繊維協定
  - 農業協定
  - セーフガード協定
  - スタンダード協定
  - アンチダンピング協定
  - 補助金協定
  - GATT 1994年（現行GATTを部分見直し）
  - など
- **サービス貿易理事会**
  - サービス貿易一般協定
- **知的財産権理事会** ⑮
  - 知的財産権協定
- **その他協定**（一部加盟国だけ参加）
  - 政府調達協定
  - 民間航空機協定
  - など

└── 全WTO加盟国の多国間貿易協定 ──┘

Ⓑ GATTとWTOの違い

	GATT（1948年発足）	WTO（1995年発足）
正式名称	関税及び貿易に関する一般協定	世界貿易機関
加盟国数	103か国（1993年5月時点）	164の国・地域（2023年5月時点）
紛争解決手続と対抗（制裁）措置	紛争処理委員会による裁定。加盟国中1か国でも反対があると対抗措置実施不可能（コンセンサス方式）。	常設の紛争処理機関が処理。パネル設置、パネル報告採択、勧告実施期間決定、勧告が履行されなかった場合の対抗措置承認においてネガティブ・コンセンサス方式 ⑳（全会一致で反対されなければ了承）採用。手続の自動化・迅速化。
強制力	極めて弱い	強い
問題点	影響力が弱く貿易の重要問題の話し合いが少ない。	主要加盟国の脱退が考えられるため弱体化する可能性がある。
共通点	3原則やセーフガード、一般特恵関税の適用	

プラスα 日本は2015年8月、放射能汚染を理由に日本水産物の輸入禁止をした韓国を、WTOに提訴した。第1審にあたるパネル（小委員会）は「不当な貿易差別」と判断したが、2019年4月、WTOの上級委員会の報告書は「分析不十分」と破棄、韓国による日本産水産物の一部禁輸は継続されている。

5 国際金融の課題

視点 ●世界的金融危機の構造的背景を理解する

グローバル化 協調

グローバル化が進む資本主義

国際金融システムの諸問題

1 資本主義の本質「利子」

A 1215年「ラテラノ公会議」―利子を容認

「利子が支払いの遅延にたいする代償，あるいは両替商や会計係の労働にたいする賃金，さらには，貸付資本の損失リスクの代価とみなされるときには，貨幣貸付けに報酬がなされてもよい，といささか偽善的に容認する。……教会は，西欧では33パーセントが貨幣の《正当な価格》の認可ぎりぎりの線だと認めた」

（ジャック・アタリ『所有の歴史』法政大学出版局）

解説 利子という罪 キリスト教世界では，時間は神のものであり，時間が生み出す「利子」を徴収することは禁じられていた。資本主義は資本の投下に対し，元本に加え利子を得ることを目的としており，利子が容認された1215年のラテラノ公会議を，**資本主義の起源**とする専門家もいる。

B 価格に占める利子の割合は25％？

モノの価格には，ほぼその25％，利子が含まれているといわれています。……資金を借り入れる際のコストは消費者が購入する最終生産物ばかりでなく，それに至るあらゆる中間生産物の価格に入り込んでいるからです。これに企業が生産活動をする際に負担する土地やビルなどの賃料が加わると，なんと価格の33％を占めるそうです。こうした請求額は純粋に，それを所有しているという事実だけから発生する請求権で，勤労や事業活動に対する明らかな負担です。

（河邑厚徳＋グループ現代『エンデの遺言』講談社）

解説 成長が前提 永続的に増え続ける利子の支払いのため，資本主義社会は成長し続けることが前提となる。成長できない場面では，戦争やバブル崩壊が繰り返されてきた。

2 資本主義の発展と国際金融

A 資本主義の発展の流れ（➡p.168）

重商主義（15〜17世紀）…国王と商業資本家が結託 | 産業革命 市民革命 | 産業資本主義（18〜19世紀）…産業資本家の台頭 ➡ 独占資本主義（19世紀）…帝国主義政策→国際金融発達

用語 グローバル化…ヒト・モノ・カネ・情報が，国境を越えて自由に移動するようになり，世界中の国や人の結びつきが，より緊密になること。

国際資本移動…資本の収益率の低いところから高いところへ，国境を越えて資本が移動すること。直接投資，証券投資，銀行融資などの形態がある。

B 国際金融システムの変遷―「国際金融のトリレンマ」を中心に

①〜③の3つを同時に確保することはできないという理論。

国際金融システム	金本位制（1870年代〜第二次世界大戦）	ブレトン・ウッズ体制（第二次世界大戦〜1970年代）	キングストン体制（1970年代〜現在）
資本主義の形態	独占資本主義（帝国主義）	修正資本主義（ケインズ政策）	新自由主義
①為替相場の安定化	○：金本位制の下，「金」との兌換比率に基づく固定相場制。	○：金・ドル本位制の下，固定相場制。	×：変動相場制。株，債券など，金融商品の価格変動も増大。
②国際資本移動の自由（金融の自由化）	○：高所得国から低所得国へ多額の資本流出。列強による植民地・新興国への投資が中心だった。第一次世界大戦後はブロック化。	×：IMF協定第6条で資本移動の規制を容認。高所得国から低所得国への国際資本移動が格段に減少した。	○：90年代にIMFが「資本勘定の自由化」を推進し，国際資本移動が急増，新興国への資本流入増大。
③各国の金融政策の自律性	×：紙幣発行量や為替相場が，保有する金準備量に基づくため，金融政策の自由度は低かった。	○：国際資本移動を規制していたため，為替が固定されていても国内金利を自由に操作できた。	○：変動相場制の下では，国際資本移動が増大しても，各国が金融政策の自律性を確保できる。
資本の形態	植民地・新興国の開発（鉄道建設等）のための債券購入や銀行融資。	国内の産業への投資中心→各国の輸出競争，貿易摩擦の過熱。	機関投資家による証券投資（株式・債券）中心。
バブルの起きやすさ	起きやすい（例：世界恐慌）	起きにくい	起きやすい（例：リーマンショック）
中心と周辺（富者と貧者）	列強と植民地…帝国主義による欧米列強諸国の植民地支配。	先進国（北）と発展途上国（南）…先進国の豊かさは発展途上国の貧しさの上に立脚。	所得上位1％と99％…先進国の中産階級が没落。所得上位1％に富が集中。
国家と資本の関係	国家と資本の利害が一致…中産階級の増大（労働者の賃金増大）は国力の増大（内需拡大）となり，資本の利益につながっていた。中産階級が支える民主主義と資本主義の相性も良かった。		資本が国家を超越…国際資本移動増大とITの進展による電子取引で，資本の利害は国家を超越。
解説	1870年代以降，金本位制の下，**金融の自由化（金融のグローバル化）が進展**したが，第一次世界大戦で途切れる。戦後，各国の金本位制復帰の努力も世界恐慌に対応できず失敗，第二次世界大戦へ突入した。戦間期の混乱は投機的な国際資本移動が原因とされ，ブレトン・ウッズ体制では，**固定相場制・国際資本移動の制限**がなされた。	固定相場制維持には「健全な財政政策，高い国内貯蓄率，外的ショックの懸念の少なさ」などが必要。これらが不安定になると，外国為替市場で当該国通貨が売られ，**海外資産への逃避（国際資本移動）**が拡大する。固定相場制維持には，大規模な為替市場介入が必要だが限界があり，変動相場制へ移行せざるを得なくなった。	IT技術の進展で，資本は瞬時に国境を越えることができるようになり，アメリカでは1980年代から金融業の利益が増大した。さらに，金融工学や証券化などの手法で，世界から資本を集め，**金融の自由化が世界的に進展**した。しかし，世界経済は不均衡が蔓延して不安定化し，周期的に**金融危機**に見舞われるようになった。

（植田和男「金融のグローバル化，その光と影」2009，岡部光明「金融市場の世界的統合と政策運営」2003，深尾京司「国際資本移動」1999などを参考）

346

プラスα グローバル・スタンダード 90年代以降，国際資本移動の自由化の一環で，米国の経営指標や国際会計基準（➡p.206）が日本にも導入された。これらの米国が世界に広めた基準などが，日本ではグローバル・スタンダードと呼ばれた（ちなみに和製英語）。

言の葉

重要なポイントはたとえばパン屋でパンを買う購入代金としてのお金と，株式取引所で扱われる資本としてのお金は，2つのまったく異なった種類のお金であるという認識です。

ミヒャエル・エンデ［独：1929〜95］ 児童文学作家。世界中で読まれている代表作『モモ』は，お金のあり方や金融システムへの問題意識が盛り込まれている。60歳の時に『はてしない物語』の訳者佐藤真理子氏と再婚。

金融の自由化

証券投資が急増

３ 金融の自由化—証券投資増大へ

A 直接投資と証券投資 （➡p.340）

	直接投資	証券投資（間接投資）
定義	海外子会社・支店設立，外国企業買収など**経営支配・参加**を目的とする投資	利子・配当やキャピタルゲインを得る目的での貸付，社債・株式の購入などの投資
目的	海外資源・市場確保，低コスト享受，貿易摩擦回避	短期的な運用による利益
影響等	受入れ国の生産・雇用・技術の改善➡公害輸出，多国籍企業による経済支配，産業の空洞化	金利差・配当差・為替レート変動により短期的に移動（「金が金を生む」—ヘッジファンドなど）。2022年時点で，1日7.5兆ドル（1日平均貿易額の125倍）が世界を駆け巡る。

B 米国が主導した「金融の自由化」

米国 1933年，グラス・スティーガル法成立…**銀行業務**（個人から預金を集め企業に貸す。安全性の高い商業銀行）**と証券業務**（株・債券など証券の売買を行う。リスクの大きい投資銀行＝証券会社）**を分離**（銀証分離）。

米国 1970年代，企業の利潤率低下➡労働者の所得伸び悩み➡信用創造によるマネー増加も伸び悩み

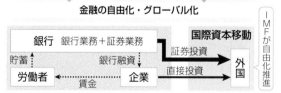

1999年 金融サービス近代化法成立でグラス・スティーガル法廃止 ◀ 新自由主義／ICT（情報通信技術）革命／国際資本移動の自由化

金融の自由化・グローバル化

解説 規制緩和の結果… 米国では，1929年の世界恐慌で保有している株の暴落により銀行1万行が倒産した反省を踏まえ，1933年に銀証分離を定めた**グラス・スティーガル法**が成立。だが，銀証分離は金融界の利益増大には弊害であり，規制排除を掲げる新自由主義などを背景に1999年に撤廃された。

撤廃後，金融機関の再編が進み，銀行・証券・保険業務を兼業する銀行が数多く誕生。その結果，金融機関の資金は，金利が高く利潤率の良い，証券化された複雑な金融商品や，新興国への証券投資などに向かっていった。

用語 金融工学…高度な金融取引の効率性・リスク計算等を研究する学問。企業価値の測定，資産担保証券の価格決定，デリバティブ取引などに活用されている。

資産担保証券（ABS：Asset Backed Security）…企業の資産を担保に発行される有価証券。資産を企業から分離し，その資産から生じる運用益を配当金とする証券。不動産を担保とする**不動産担保証券**（MBS：Mortgage Backed Security）もABSの一つ。

ファンド…運用会社が投資家から資金を集めて投資を行い，運用した成果を出資額に比例して分配する金融商品。

４ 証券化とは？

A 証券化（Securitization：セキュリタイゼーション）

証券化とは，債権・不動産などの資産を**有価証券（財産的価値のある紙）**の形にして，**市場で流通させる（流動化）**こと。資産保有者は，債権や不動産を有価証券にし，市場から資金調達ができる。

銀行を例に取れば，企業に資金を貸し付けた貸付債権を証券化し，市場で売却する。すると，銀行は売却代金を得て，貸付金の回収と同じ効果が得られる。投資家にとっては，少額から高利回りの金融商品に投資できるというメリットがある。ただし，借り手（企業）の債務不履行の際のリスクは投資家に移ることになる。

B 証券化のしくみ

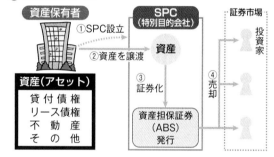

５ デリバティブとは？

A デリバティブ（Derivative：派生商品）

既存の金融商品（株式，債券，預貯金・ローン，外国為替）から派生してできた取引の総称。最近では，気温や降水量などの天候を元にしたデリバティブもある。

B デリバティブの種類

先物取引	価格と数量を決め，将来売買することをあらかじめ約束する取引。約束の日が来たら，その価格と数量で売買する。
オプション取引	先物取引で売買する権利だけを，あらかじめ売買する取引。約束の日に，権利を行使（売買する）しても，放棄してもよい。
スワップ取引	将来にわたって発生する利息を交換する取引。円とドル，円の変動金利と円の固定金利などで取引が行われる。

C 世界のデリバティブ取引の推移

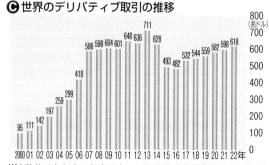

〈注〉数値は各年末の想定元本。 （国際決済銀行資料により作成）

プラスα 高頻度取引（HFT：High Frequency Trading） 金融・証券市場で，コンピュータが1千分の1秒単位で自動的に発注を繰り返す取引。東証全取引の注文ベースで7割を占める。2017年同取引を行う投資家に登録制を導入し取引に係る体制整備・リスク管理義務を課す法整備が行われた。

我々はIMFの内政干渉の奴隷になってはならない。さもなければ植民地に逆戻りする。

マハティール［マレーシア：1925〜］　マレーシア第4代・7代首相。アジア通貨危機時、IMFの支援と政策（自国通貨金利UP・財政支出削減）を拒否し、短期的な為替取引の禁止・公共事業増を実施。IMFに従ったアジア諸国が国内の格差拡大に苦しみ停滞する中、いち早く経済を立て直した。

任した（20年2月退任）。

6 証券市場を左右する投資家

A 巨大な投資家

機関投資家（institutional investors）

個人投資家のような個人ではなく、法人、つまり会社として投資を行っている投資家のこと。保険会社、投資顧問会社、年金基金が代表的な機関投資家。

15 19 20 ヘッジファンド（hedge fund）

世界中の資産家や機関投資家から資金を集め、世界中のデリバティブ・株式・債権・商品市場に投資し、巨額の利益獲得を目的としたファンド（投資信託）。サブプライムローンの証券化では、多額の損失を被るヘッジファンドも出た。実態について十分な情報開示ルールがないことから、規制強化を求める議論もある。

SWF（Sovereign Wealth Fund：ソブリン・ウェルス・ファンド）

国の資金でファンドを組成して運用する。このうち、中東の産油国が原油で得た資金を元に、世界中に投資する巨額の資金をオイル・マネーという。

B 主なSWFと運用資産

国	ファンド名	原資	運用資産（億ドル）
ノルウェー	政府年金基金	原油	13,718
中国	中国投資有限責任公司（CIC）	外貨準備	13,509
中国	中国華安投資有限公司	外貨準備	10,196
アラブ首長国連邦	アブダビ投資庁（ADIA）	原油	8,530
クウェート	クウェート投資庁（KIA）	原油	7,500
シンガポール	シンガポール政府投資公社	外貨準備	6,900

（Sovereign Wealth Fund Institute資料［2023年6月閲覧］による）

C 主な国の機関投資家運用資産 （日本証券経済研究所資料）

	1995年	2005年
ドイツ	106	215
日本	415	471
イギリス	176	401
アメリカ	1,055	2,181

（百億ドル）

金融危機を引き起こす投機資金　　　　アジア通貨危機・世界金融危機

7 アジア通貨危機 22 20 19 18 15

A アジア通貨危機の流れ

日本・台湾・フィリピン以外のアジア諸国の通貨は、ドル・ペッグ制（→p.343）でドル相場に連動。

アジア諸国 プラザ合意（1985）でドル安→**アジア通貨安**→アジア諸国の価格競争力UP（輸出増加・高度成長）

アジアへの投資増加→短期資金流入、資産インフレ（株・不動産・過剰流動性）→バブル経済に　　資金流入

ヘッジファンド アジア各国に大量に投資

↓1995年〜ドル高→アジア通貨高

アジア諸国 価格競争力DOWN、経常収支悪化（輸出減少・成長停滞）→バブル崩壊、短期資金大量流出　　資金流出

ヘッジファンド 資金を大量に引き揚げる

17

アジア通貨危機		
タイ	バーツ暴落（1997）→管理フロート制へ移行→アジア各国・地域に飛び火	融資
インドネシア	ルピア暴落→完全変動相場制へ移行	I M F
韓国	ウォン暴落→管理フロート制へ移行	
マレーシア	リンギの固定相場復帰を含む大規模な資本取引の規制を実施、IMF支援を拒否	✕

国際経済

B 東南アジア諸国の実質GDP成長率 （『世界の統計2011』）

		1996年	90	2000	02	07	09
アジアNIES	韓国	7.0%	-6.9	8.8	7.2	5.1	0.2
	台湾	6.3	4.5	5.8	5.3	6.0	-1.9
	香港	4.2	-5.5	8.0	1.8	6.4	-2.8
	シンガポール	7.8	-1.4	10.1	4.2	8.2	-2.0
ASEAN	インドネシア	7.8	-13.1	4.9	4.5	6.3	4.5
	タイ	5.9	-10.5	4.8	5.3	4.9	-2.3
	マレーシア	10.0	-7.4	8.9	5.4	6.2	-1.7

解説 アメリカの投資に左右されるアジア経済　1980年代から**外国資本の積極的導入で輸出指向工業化**を進め、アメリカからの投資と米国への輸出・日本との分業で、**アジアNIES**や**ASEAN**各国は急成長を遂げた。しかし、1997年の**タイ通貨危機**を発端とした**アジア通貨危機**で大きな挫折を味わい、また2008・09年はリーマンショックなどの金融危機でも経済的危機に陥った。2018年はFRBの利上げでアメリカからの投資資金が引き揚げられ、新興国の通貨安・株安といった状況も見られる。

8 グローバル・インバランスの発生

A グローバル・インバランスが生み出す投機資金

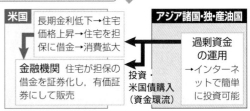

米国 1995年〜「強いドルへ」→ドル高	経常収支 輸出国の**黒字拡大**	**アジア諸国・独・産油国**
消費者 借金して消費→貯蓄不足	輸出→←支払　米国の**赤字拡大**	**外貨準備・貯蓄増大**→過剰資金が投資先求める

世界的に経常収支が不均衡な状態＝グローバル・インバランス

グローバル・インバランス拡大→投機資金増大

米国 長期金利低下→住宅価格上昇→住宅を担保に借金→消費拡大		**アジア諸国・独・産油国** 過剰資金の運用→インターネットで簡単に投資可能
金融機関 住宅が担保の借金を証券化し、有価証券にして販売	投資・米国債購入（資金環流）	

B 住宅価格上昇で増大したサブプライムローン

サブプライムローン（subprime loan）のプライムは「優良」、サブは「それ以下」という意味で、主に**信用度の低い低所得者向けの住宅融資**のこと。2000年代前半、住宅バブルに沸いていたアメリカでは、サブプライムローンは急増し、2006年末には利用者が600万人を超え、金額は1兆3,000億ドル（150兆円）に上った。

サブプライムローンを販売する住宅ローン会社は、返済金を受け取る権利を**証券化**で**MBS（不動産担保証券）**という有価証券にして、金融機関に販売した。

用語 グローバル・インバランス（世界経済の不均衡）…1990年代後半からの、巨額の経常赤字を拡大させた国々【米、英、伊、ギリシャ、ポルトガル、スペイン、中東欧】と、巨額の経常黒字を拡大させた国々【中、日、東アジア諸国、独、産油国】から成る世界経済の状態。

言の葉

西側世界の金融システムは急速に巨大なカジノ以外の何物でもなくなりつつある。
（『カジノ資本主義』1986年刊）

スーザン・ストレンジ［英：1923～98］ 国際政治経済学者。米国を非領土的帝国と捉え、国家から金融を中心とする市場へ権威がシフトしていると指摘。米国が推進する国際金融システムに基づく社会を、「カジノ資本主義」と呼び批判した。

⑨ 世界金融危機（2008年～）21 19 ル 15

A サブプライムローン問題（2007年）

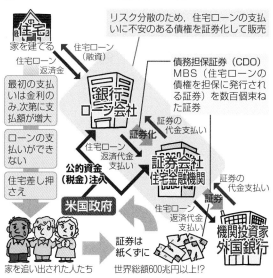

リスク分散のため、住宅ローンの支払いに不安のある債権を証券化して販売

家を建てる
住宅ローン（融資）
住宅ローン返済金

債務担保証券（CDO）MBS（住宅ローンの債権を担保に発行される証券）を数百個束ねた証券

最初の支払いは金利のみ、次第に支払額が増大

ローンの支払いができない

住宅差し押さえ

公的資金（税金）注入

米国政府

証券化

銀行・ローン会社

住宅ローン返済代金支払い

証券の代金支払い

証券会社・住宅金融機関

証券の代金支払い

住宅ローン返済代金支払い

証券

機関投資家・外国銀行

家を追い出された人たち

証券は紙くずに
世界総額600兆円以上!?

解説　住宅バブル崩壊　証券化されたサブプライムローンの一部は、モノライン（金融保証会社）が支払いを保証、格付け会社が最上位の格付けをし、優良証券として世界に広がった。

しかし2004年、FRBは政策金利1％という低金利政策を転換し、徐々に金利を引き上げた。これを受け、2005年8月をピークに住宅価格が下落に転じた。住宅価格上昇を見込んでいたサブプライムローン利用者には、返済できない人が続出した。

その結果、サブプライムローンが焦げつき、MBSなどの証券化商品の価格が暴落。ヘッジファンド破綻、金融機関で巨額の損失表面化等が続発し、世界の金融市場は大混乱に陥った。この金融部門の信用不安は、ドル安や世界株安を招いた。

用語　連邦準備制度理事会（FRB：Federal Reserve Board）…アメリカの中央銀行。連邦公開市場委員会（FOMC。日銀の金融政策決定会合に相当）を開き、政策金利であるFF金利の誘導水準決定などを行う。

⑰ B リーマンショック（2008年9月）とその影響

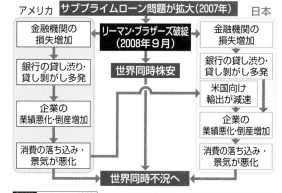

アメリカ
サブプライムローン問題が拡大（2007年）
日本

金融機関の損失増加

リーマン・ブラザーズ破綻（2008年9月）

世界同時株安

金融機関の損失増加

銀行の貸し渋り・貸し剥がし多発

銀行の貸し渋り・貸し剥がし多発

米国向け輸出が減速

企業の業績悪化・倒産増加

企業の業績悪化・倒産増加

消費の落ち込み・景気が悪化

消費の落ち込み・景気が悪化

世界同時不況へ

解説　まさかの破綻　リーマン・ブラザーズのような大手（当時、米国4位の証券会社。従業員約3万人、総資産76兆円。売上高6.5兆円）を、米政府とFRBがつぶすことはないと思われていたが、突然の破綻で金融界は大パニックに陥り、「100年に一度」と言われる世界的金融危機となった。業界大手の倒産は信用不安を一挙に高め、金融市場での資金供給が停滞し、銀行の貸し渋りや貸し剥がしが多発（**信用収縮**）。高いレバレッジで資産価格が膨張していた**デリバティブや証券化商品**も、これにより価格が急落した。

➡破綻したリーマン・ブラザーズの本社

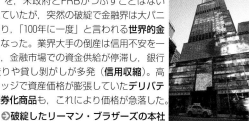

格付け会社（格付け機関）…国債、債券、企業等の投資リスクを格付けし、投資家に情報提供する企業。米のS&P、ムーディーズ、米英系のフィッチで世界シェア9割を占める。サブプライムローン関連証券を最上位格付けしていたことで、手数料目当てに甘く審査したのではと批判され、規制が強まった。

レバレッジ…信用創造の一種。元手（自己資本）に借金（他人資本）を加えて金融商品等を運用し、利益率を高める手法、またその倍率のこと。

信用収縮（クレジット・クランチ）…金融機関が貸出を抑制し、市場の資金が不足すること。

デレバレッジ…レバレッジの信用創造で膨張していた資産価格や他人資本が、信用収縮で一気に縮小・返済されること。

国際資本移動の自由化で日本は？

産業の空洞化

⑩ 増加した対外直接投資―産業の空洞化へ

A 日本の対外直接投資の推移

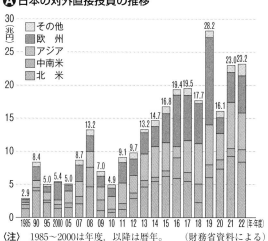

その他
欧州
アジア
中南米
北米

（兆円）

28.2
23.0　23.2
19.4　19.5
17.7
16.8
16.1
14.7
13.2　13.2
9.7
9.1
8.7
8.4
7.0
5.0　5.4　5.0
4.9
2.9

1985 90 95 2000 05 07 08 09 10 11 12 13 14 15 16 17 18 19 20 21 22（年度）

〈注〉1985～2000は年度、以降は暦年。（財務省資料による）

B 日本の海外生産比率（製造業）の推移　（経済産業省資料）

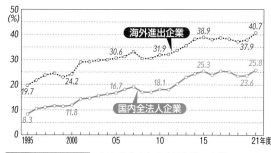

（％）

海外進出企業
38.9　40.7
37.9
31.9
30.6
25.3　25.8
24.2
23.6
19.7　18.1
16.7
11.8
国内全法人企業
8.3

1995　2000　05　10　15　21年度

解説　現地生産増加　80年代後半から直接投資は急増した。背景には**プラザ合意以降の急激な円高**と**日米貿易摩擦回避のための現地生産化**があった。その後、グローバル化の進展で、安価な労働力を求め、海外生産比率を高める企業が増加している。

用語　産業の空洞化…日本企業が現地生産化などで海外に拠点を移したり、海外との競争に負けて国内事業を縮小することで、国内の産業が小さくなる現象。18 21 15

プラスα　産業の空洞化の背景にはグローバル化の進展がある。グローバル化の下では、多国籍企業に投資・資本が集中しやすく、また低賃金を求めて工場を移転することで、捨てられた地域は失業に苦しむことになる。富が集中する多国籍企業は、いまや主権国家を上回る権力を手にしつつある。

GAFAM（ガファム）
経済のデジタル化の課題

経済のデジタル化にともない，急拡大しているグローバル企業（例えばGAFAM）に関する問題は様々指摘されている。その中でも課税上の問題は，グローバルな格差拡大の観点からもとくに重要視されてきた。1つ目は，支店・工場・在庫などの物理的拠点がない市場国は課税権を持てないという問題，2つ目は，軽課税国への利益の移転に関する問題（タックス・ヘイブンを利用した課税逃れ）である。OECDを中心に143か国・地域で，新たなしくみ「デジタル課税」導入の方向で検討が進んでいる。

1 GAFAMとは？

GAFAMとは，Ⓐの5社のグローバル企業の頭文字を取ったもの。米国ではBig Techと呼ばれている。2022年の売上高は5社合計で約1.5兆ドル，世界株式時価総額ランキングではいずれも上位だ。

Ⓐ GAFAM5社と主な事業

企業名	主な事業	売上高（億ドル）	時価総額（兆ドル）
Google（Alphabet）	検索エンジン，Gmail，YouTube，スマホ向けOS，量子コンピュータ開発	2,828	1.15（4位）
Amazon	世界最大通販サイト，音楽ストリーミング，PrimeVideo，AIと自動運転車開発	3,943	0.86（5位）
Facebook（現Meta）	世界最大のSNS，Instagram，VRヘッドセットとメタバース開発	1,166	0.32（23位）
Apple	iPhone，iPad，音楽ストリーミング，AppleWatch	5,140	2.07（1位）
Microsoft	OSシステムWindows，オフィスソフト，人工知能チャットボットのチャットGPT	1,983	1.79（3位）

Metaは22年に株価が暴落し，時価総額も半分以下になった。

〈注〉売上高は2022年。時価総額は2022年末，カッコ内は世界順位。AlphabetはGoogleの持株会社。Facebookは2021年にMetaに社名変更。

Ⓑ GAFAMに関わる問題点

❶ 莫大な利益に見合った納税がされていない。2015年OECD試算では24兆円の法人税納税を逃れているという。GAFAMのビジネスモデルは無形資産のプラットフォームで，同資産は権利移転が容易なため，軽課税国に移転が可能である。

❷ 巨大なユーザーデータ蓄積と個人情報保護の問題。

❸ 消費者市場・ビジネス市場への過大な影響力，市場独占による競争の阻害。

❹ 世界全体の依存性と影響力（Facebookユーザー40億人，YouTubeユーザー20億人・1日当たり視聴時間10億時間）。情報操作・偽情報の拡散の可能性も。

⑰ 用語 **タックス・ヘイブン（tax haven：租税回避地）**…外国資本を呼び込むため，優遇税制（無税または低率の税）を設けている国・地域。実態のないペーパー・カンパニーを介しての脱税や，資金隠し，テロ組織の預金などに使われるなど，犯罪の温床との批判が強く，2009年のG20で規制強化が検討された。

⑰ **パナマ文書問題**…世界の指導者・著名人・企業のタックス・ヘイブンの利用実態を記した（パナマの法律事務所が関連した）文書を，南ドイツ新聞と国際調査報道ジャーナリスト連合（ICIJ）が分析し公開。資金の国外流出に伴う特定企業などの課税逃れ（法人税収世界で最大29兆円喪失：OECD試算）により，税制への信頼失墜，財政悪化，資金洗浄の可能性などが指摘された。16年のG20では，外国企業・個人の銀行口座情報を各国税務当局が自動的に交換する枠組みの国際的拡大で合意。

国際経済

2 「GAFAM」対「国家」！

Ⓒ 独占禁止法改正の動き

米国では，GAFAMの巨大IT企業などが実施するM&A（➡p.183）が，米国の競争と消費者の選択を弱めていると批判されている。こういった世論を背景に米司法省は反トラスト法（独占禁止法，➡p.169）違反でGAFAMを相次いで提訴。また，規制強化（プラットフォーム上での自社製品・サービス優遇を禁止等）の反トラスト法改正案が審議されている。

EUでは，2023年に欧州委員会がAppleに対して支配的地位乱用による競争制限を指摘した。2018年にはGoogleに対して，EU競争法（独占禁止法）違反で5,700億円の制裁金の支払いも命じている。

Ⓓ 個人情報保護の動き

EUでは，個人情報とプライバシー保護の強化を目的に，2018年に**一般データ保護規則（GDPR）**の適用が開始された。これにより，EU域内に物理的拠点がない企業も適用を受けることがあり，個人情報の適切な保護が求められる。2019年には，フランスがGDPR違反でGoogleに対し62億円の制裁金を課した。

米国カリフォルニア州では，消費者プライバシー法が2020年に施行された。カリフォルニア州居住者が，自身の個人情報を保護・管理することが目的で，カリフォルニア州居住者の個人情報を扱う企業は，物理的拠点の有無にかかわらずすべて対象となる。

Ⓔ デジタル課税―グローバル企業への課税

国内に物理的拠点がない企業に対して，これまでの国際課税原則では商品・サービスが流通する市場国では課税ができなかった。つまりデジタル経済の実態に税制が追い付いていなかったが，2025年に143か国・地域で導入予定の**デジタル課税**制度では，一定の売り上げがあれば，超過利益（利益の内売上げの10％を超える部分）の25％が市場国に配分することができる。対象は，全世界売上高200億ユーロ以上・利益率10％超の多国籍企業で，世界で100社程度とされているが，各国が念頭に置いているのはGAFAMである。

Ⓕ グローバルミニマム課税―グローバル企業への課税

法人税率が低い**タックス・ヘイブン**に子会社を設立している企業への課税を強化する。各国の税率・税制度の相違を利用して税負担を軽減する多国籍企業が存在していたが，同課税は一定の効果が期待される。具体的には世界共通の法人税の最低税率を15％とし，実負担の法人税率がそれを下回っている場合，差額を本国の親会社に上乗せして課税する。

億ドル増えるとされている。

プラスα **トービン税（金融取引税）** 投機目的の短期的取引抑制のため，国際的な通貨取引（外国為替取引）にかける低率の税のこと（➡p.175）。1972年に経済学者のトービンが提唱した。2009年のG20で英国のブラウン首相が導入の検討を主張した。

項目	学　習　の　内　容	項目	学　習　の　内　容
国際分業と貿易 (P.332〜335)	(1) 国際分業 ・**垂直分業**…先進国と発展途上国との分業 　　　　　　　（工業製品vs一次産品） ・**水平分業**…先進工業国間の分業 〔日本の分業構造〕 ［昔］垂直分業型→［今］水平分業型（製品輸入比率６割に） ←アジアの急速な工業化・経済成長による (2) 貿易形態とその変遷 ①貿易形態	国際通貨体制 (P.342・343)	(1) **ブレトン・ウッズ体制**の成立 ①成立の流れ

（以下、内容を整理して記載）

国際分業と貿易（P.332〜335）

(1) 国際分業
- **垂直分業**…先進国と発展途上国との分業（工業製品vs一次産品）
- **水平分業**…先進工業国間の分業

〔日本の分業構造〕
［昔］垂直分業型→［今］水平分業型（製品輸入比率６割に）
←アジアの急速な工業化・経済成長による

(2) 貿易形態とその変遷
①貿易形態

比較生産費説［英，**リカード**］…各国が比較優位にある商品の生産に特化し国際分業の利益を実現
自由貿易論	┌先進工業国−先進産業・消費者に有利 └発展途上国−幼稚産業に不利
保護貿易論	経済発展段階説［独，**リスト**］…各国の産業発展には差異があり、途上国では**関税障壁**・**非関税障壁**による産業保護が必要

・貿易依存度（＝輸出入額÷GDP）…日・米は低い

②変遷
［20c前半］保護貿易（ブロック経済），貿易縮小，第二次世界大戦
［戦後］IMF・GATT体制下，貿易の自由化による先進国間を中心とした貿易拡大
［現状］FTA・EPAを中心に地域主義が活発化

外国為替と国際収支（P.336〜341）

(1) **外国為替**…国際的取引の決済に使用される為替手形
- **変動為替相場制**…外国為替市場で外国為替を取引→市場の需給で外国為替相場（異なる通貨の交換比率）が決定

(2) 外国為替相場…**円高**・**円安**
①為替相場の決定要因

要　因	例	結　果
購買力平価説	日本のインフレ率＞米国のインフレ率	円安ドル高
金利決定説	日本の金利＜米国の金利	円安ドル高
経常収支決定説	日本の経常収支黒字・米国の赤字	円高ドル安
ファンダメンタルズ	米国の経済状態指標良好	円安ドル高
管理フロート制	**G8**などによる中央銀行**協調介入** →1985年**プラザ合意**で円高（G5）	

②円高の影響
- **輸出不利，輸入有利**…ドル建て輸出価格上昇・円建て輸入価格下落
- インフレ抑制の可能性…円建て輸入価格下落
- 不況の可能性…1985〜86年の円高不況←輸出停滞

(3) **国際収支**…国際的な経済取引の収入（外国からの受け取り）と支出（支払い）をまとめたもの

経常収支	貿易・サービス収支	輸出入の貿易収支，輸送・旅行・通信・知的財産権などのサービス収支
	第一次所得収支	雇用者報酬，配当・利息などの投資収益（旧形式の「所得収支」）
	第二次所得収支	国際機関拠出資金，食糧・医療品のODA無償援助（旧形式の「経常移転収支」）
資本移転等収支		債務免除，資本形成のための無償資金援助，相続等による資産の移転（旧形式の「その他資本収支」）
金融収支	直接投資，証券投資など（外貨準備以外）	株，債券，デリバティブ取引，預金などの金融資産の取引（旧形式の「投資収支」）
	外貨準備	国の保有する対外支払い準備

国際通貨体制（P.342・343）

(1) **ブレトン・ウッズ体制**の成立
①成立の流れ

1930年代	**国際金本位制の崩壊**…為替ダンピング，ブロック経済化→世界貿易縮小
1944年	**ブレトン・ウッズ協定**
1945年	**IMF(国際通貨基金)**…為替相場の安定・為替取引の自由化のため国際収支赤字国などへ**短期融資** **IBRD(国際復興開発銀行)**…戦後復興支援のための**長期融資**

② **国際金本位制**…金の保有量に応じて貨幣発行
〔長所〕国際収支均衡メカニズム，為替相場の安定（**固定相場制**）〔短所〕世界恐慌に対応できない

③IMF体制
- **基軸通貨** ドルを世界に供給←**金・ドルの兌換保証**
- 固定相場制…西側，世界貿易安定拡大

(2) ブレトン・ウッズ体制の歩みと崩壊
①**ドル危機**(1960年代)…**流動性のジレンマ**（金ドル本位制の本質的欠陥）
② **ニクソン・ショック**(1971.8)…金・ドルの交換停止→一時的に変動相場制へ
③ **スミソニアン協定**(1971.12)…ドル切り下げの調整で固定相場制維持→1973年から主要国の変動相場制移行
④キングストン合意(1976年)…変動相場制容認，**SDR**(**特別引出し権**)の役割強化

世界の貿易体制（P.344・345）

(1) GATT（関税と貿易に関する一般協定）［1947年調印］
・目的…貿易自由化の促進
・原則　①自　由…関税引き下げ，**非関税障壁撤廃**
　　　　②無差別…**最恵国待遇**，内国民待遇
　　　　③多　角…ラウンド（多角的貿易交渉）
・例外…**一般特恵関税**，農産物特例制限

(2) ラウンド交渉と**WTO**（世界貿易機関）
①ケネディ・ラウンド(1960年代)…工業製品関税35%引き下げ
②東京ラウンド(1970年代)…工業製品・農産物関税引き下げ，非関税障壁ルール化
③ **ウルグアイ・ラウンド**(1986〜94年)…農産物貿易自由化（**例外なき関税化**），多角的紛争処理システム常設化→GATTを発展させWTO設立（1995年）

国際金融の課題（P.346〜350）

(1) 国際金融の課題
- **変動相場制，国際資本移動の自由化**
→資本の国家を越えた移動増大（**金融のグローバル化**）
- 国際的な金融自由化，金融工学の発展
- **グローバル・インバランス**（経常収支の世界的不均衡）
→証券投資の急増（投機資金の増大）
→1997年　アジア通貨危機
　2007年〜　世界金融危機（サブプライムローン問題・リーマンショックから）
- 日本の対外直接投資の増大→┌海外生産比率上昇
└産業の空洞化の懸念

地域的経済統合とは何か

自由貿易地域から完全経済同盟まで

1 地域的経済統合進展の背景

欧州，日本が経済復興とその後の継続的発展を遂げるにしたがい，米国の相対的経済力が低下していった。1970年代からまさに世界経済は多極化の時代に入り，管理貿易など「新しい保護主義」が台頭してきた。

90年代にはいると，世界経済の市場化の流れや通信情報革命に対する対応の巧拙によって，国ごとの経済パフォーマンスに差が出てきた。最もうまく対応したのはアングロ・サクソン諸国で，一方，アジア・中南米諸国は，金融・通貨危機に見舞われ，経済成長が一時的にしろ低下した。日本もこのグループに含まれる。これらの中間に位置するのが欧州諸国である。

地域的経済統合の進展は，このような経済パフォーマンスの格差，「新しい保護主義」を打開する動きとして特に90年代，急速化したのである。

（宮崎勇・田谷禎三『世界経済図説 第二版』岩波新書による）

A 地域統合の諸形態
（経済産業省資料による）

類型	内容	EU	USMCA	メルコスール	AFTA
❶自由貿易地域	域内関税撤廃		○		○
❷関税同盟	域内関税撤廃 域外共通関税	○		○	
❸共同市場	投資・サービスの自由化 労働市場の統合	○	○	○	
❹経済同盟	各種規制・経済 政策の共通化	○		○	
❺完全経済同盟	通貨統合	○			

ⓑ FTAとEPA
（TPP➡p.362）

FTA（自由貿易協定）
協定を結んだ国で，物やサービスの関税を撤廃し，貿易自由化を行う協定。2国間の場合と，地域的統合の場合がある。

EPA（経済連携協定）
FTAに加えて，貿易以外の分野，例えば投資の自由化，人的交流の拡大，特許などの知的財産など，幅広い分野を含む協定。

ⓒ 日本のFTA・EPA交渉の現状

分類	国・地域	署名／発効年月	国・地域	署名／発効年月
EPA	シンガポール	02. 1/02.11	スイス	09. 2/09. 9
	メキシコ	04. 9/05. 4	インド	11. 2/11. 8
	マレーシア	05.12/06. 7	ペルー	11. 5/12. 3
	チリ	07. 3/07. 9	オーストラリア	14. 7/15. 1
	タイ	07. 4/07.11	モンゴル	15. 2/16. 6
	ブルネイ	07. 6/08. 7	TPP（TPP12）	16. 2/
	インドネシア	07. 8/08. 7	TPP11	18. 3/18.12
	フィリピン	07. 9/08.12	EU	18. 7/19. 2
	ASEAN全体	08. 4/08.12	イギリス	20.10/21. 1
	ベトナム	08.12/09.10	RCEP（➡p.353α）	20.11/22. 1
（FTA）	アメリカ*	19.10/20. 1		
交渉中	コロンビア，日中韓，トルコ			

*日米貿易協定（➡p.363）…日本政府はFTA・EPAには該当しないと主張。しかし，2国間の関税引き下げなので実質的にFTA。

解説 簡単には進まない Aの資料のメルコスール・EUは❹から❺の段階に進んでいる途中。❶の段階はEFTA・EEA。APEC・USMCA・AFTAは❶に向かっている段階である。❷の域外共通関税は国家主権と抵触する問題でもあり，その段階まで進むにはかなりの時間を要する。

2 世界の主要な地域統合の配置及びその規模—人口，GDP，輸出貿易額（2022年）

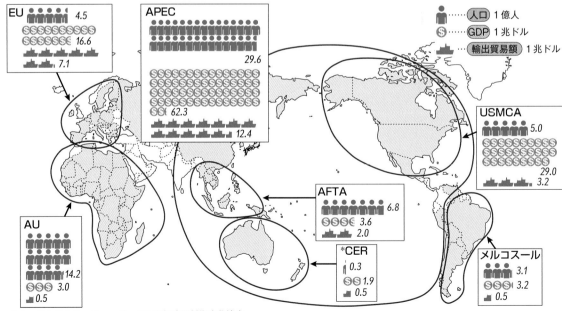

凡例:
人（👤）……人口 1億人
$……GDP 1兆ドル
船……輸出貿易額 1兆ドル

EU 4.5 / 16.6 / 7.1
APEC 29.6 / 62.3 / 12.4
USMCA 5.0 / 29.0 / 3.2
AFTA 6.8 / 3.6 / 2.0
*CER 0.3 / 1.9 / 0.5
メルコスール 3.1 / 3.2 / 0.5
AU 14.2 / 3.0 / 0.5

*オーストラリア・ニュージーランド経済関係緊密化協定

（2・4ともに世界銀行資料による）

プラスα **WTO最恵国待遇原則とFTA** WTOはFTA等の地域貿易協定を次の条件下，最恵国待遇の例外として認めている。①実質上すべての貿易を自由化，②域外諸国に対する関税などの貿易障壁を協定設立前より厳しくすることは禁止，③サービス貿易の相当な範囲の分野を対象に含める。

3 主な地域的経済組織と経済圏

〈注〉EU加盟国の ▨▨ はEURO導入不参加国（20か国がEURO導入）。EUと
EFTA加盟国の赤字の国は，OECD加盟国。

		組織名［発足年］	加盟国	説明
先進国間の地域連携	欧州	欧州連合 (EU) [1993.11]	フランス，ドイツ，イタリア，ベルギー，オランダ，ルクセンブルク，アイルランド，デンマーク，ギリシャ，スペイン，ポルトガル，オーストリア，スウェーデン，フィンランド，キプロス，チェコ，エストニア，ハンガリー，ラトビア，リトアニア，マルタ，ポーランド，スロバキア，スロベニア，ルーマニア，ブルガリア，クロアチア（27か国）	欧州共同体（EC）は，1952年に発足した欧州石炭鉄鋼共同体（ECSC）と，1957年のローマ条約（EC憲法）により設立された欧州経済共同体（EEC），欧州原子力共同体（EURATOM）の3つを合わせ，1967年に結成された。その後加盟国の拡大を経て，1992年2月に調印されたマーストリヒト条約が1993年11月に発効し欧州連合（EU）へ発展的に吸収された。EUは経済分野のみならず政治・社会全般にわたる欧州統合をめざす。拡大を続けてきたEUだが，2020年1月にイギリスがEUから離脱した。
		欧州自由貿易連合 (EFTA) [1960.5]	ノルウェー，スイス，アイスランド，リヒテンシュタイン（4か国）	EECに対抗し，工業製品の貿易制限撤廃を目的に結成。政治統合の性格や対外共通関税をもたないなどEUよりゆるやかな結合。
		欧州経済地域 (EEA) [1994.1]	スイスを除く，EU・EFTA諸国（30か国）	EU，EFTAの間で人，物，資本，サービスの移動を自由化。北米自由貿易協定と肩を並べる巨大統一市場が発足。
	北米	米国・メキシコ・カナダ協定 (USMCA) [2020.7]	米国，カナダ，メキシコ（3か国）	世界最大の統一市場。北米自由貿易協定（NAFTA，1994〜2020）を改定し，2020年7月に発効した。関税ゼロ，域内貿易・投資の自由化をめざしたNAFTAに比べて自由貿易は制限され，自動車関税をゼロにする基準が厳格化されるなどした。
先進国・途上国間の地域連携		アジア太平洋経済協力（APEC）❷❷ [1989.11]〈第1回会議〉	日本，米国，加，豪，ニュージーランド，韓国，ASEAN7か国（下の緑字の国を除く），中国，台湾，香港，メキシコ，パプアニューギニア，チリ，ロシア，ペルー（21か国・地域）	急速に進行する他地域の経済ブロック化に対抗するために，アジア・太平洋（環太平洋）地域の多国間経済協力関係の強化を図ったもの。1989年11月にオーストラリアのキャンベラで第1回会議を開催。1994年ボゴール宣言（インドネシア）で2010年までに先進国の域内関税撤廃（途上国は2020年まで）の期限が設定された。
発展途上国間の地域連携	アジア	ASEAN自由貿易地域 (AFTA) ⑲	先行加盟6か国：タイ，インドネシア，フィリピン，マレーシア，シンガポール，ブルネイ ベトナム，ラオス，ミャンマー，カンボジアのASEAN加盟国（10か国）	1992年ASEAN首脳会議で創設合意。1999年カンボジアが加盟し10か国に。共通関税制度により先行加盟6か国は2010年，残りの加盟国も2018年から原則すべての関税を撤廃。⑮ 2015年にはASEAN共同体も発足し，経済・政治・社会の連携を深めている。
	中南米 ⑲	ラテンアメリカ統合連合 (ALADI) [1981.3]	アルゼンチン，ブラジル，チリ，パラグアイ，ペルー，ウルグアイ，メキシコ，コロンビア，エクアドル，ベネズエラ，ボリビア，キューバ，パナマ（13か国）	中南米自由貿易連合（LAFTA）を改組して発足。加盟各国の経済開発を促進し，最終的に中南米共同市場を達成する。相互貿易の促進と経済協力活動を展開。
		南米共同市場 (MERCOSUR) [1995.1]	ブラジル，アルゼンチン，ウルグアイ，パラグアイ，ベネズエラ，ボリビア（6か国）	域内では90%の品目の関税を撤廃，域外では85%の品目に最高20%，平均14%の共通関税設定。⑮ 2006年ベネズエラ加盟（2017年に参加資格停止）。2012年，ボリビアが加盟議定書に署名し各国の批准待ち。
	アフリカ	アフリカ連合 (AU) [2002.7]	南アフリカ，エジプト，ナイジェリア，セネガル，ガーナ，ボツワナ，エチオピア，モロッコなど（55か国・地域）	1963年にアフリカ諸国独立支援のため発足したOAU（アフリカ統一機構）を解消し発足。EUをモデルに共通議会，裁判所，中央銀行設置を予定。将来の単一通貨発行を目指す。援助・投資の受け皿として独自の開発計画を策定。2017年モロッコ再加盟。
その他		経済協力開発機構 (OECD) [1961.9]	EUとEFTAの赤字国と，USMCA3か国，日本，英国，トルコ，オーストラリア，ニュージーランド，韓国，チリ，イスラエル，コロンビア，コスタリカ（38か国）	戦後ヨーロッパの経済復興をすすめた欧州経済協力開発機構（OEEC）がヨーロッパ経済の復興によって，発展途上国に対する経済協力を行い，資本主義国経済の安定と発展，世界貿易の拡大をめざして改組された。（下部組織としてDAC＝開発援助委員会）❷❷
主な生産国同盟		石油輸出国機構 (OPEC) [1960.9]	イラク，イラン，クウェート，サウジアラビア，アルジェリア，ベネズエラ，リビア，アラブ首長国連邦，ナイジェリア，アンゴラ，ガボン，赤道ギニア，コンゴ共和国（13か国）	原油価格の安定維持のため産油国の共通石油政策を立案，実施し，原油価格の安定を保証する方式として生産制限を検討，消費国への有効かつ安定した原油供給，石油会社との公平な利益配分を研究。2018年コンゴ共和国加盟。2019年カタール，2020年エクアドル脱退。
		アラブ石油輸出国機構 (OAPEC) [1968.1]	OPECの青字国に，カタール，バーレーン，エジプト，シリア（10か国*）	加盟国の利益を守り，石油産業における各種経済活動での協力方式を決定する。OPECの補完的役割を明示。

＊1986年に脱退を申請したが資格は留保中のチュニジアを含めると11か国。

（右欄 縦書き）
いまだ完全な撤廃にはいたっていない。

国際経済

4 主な経済圏の経済力比較 （2022年）

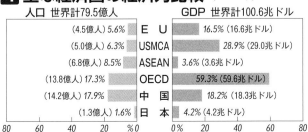

人口 世界計79.5億人

			GDP 世界計100.6兆ドル
(4.5億人) 5.6%	EU	16.5% (16.6兆ドル)	
(5.0億人) 6.3%	USMCA	28.9% (29.0兆ドル)	
(6.8億人) 8.5%	ASEAN	3.6% (3.6兆ドル)	
(13.8億人) 17.3%	OECD	59.3% (59.6兆ドル)	
(14.2億人) 17.9%	中国	18.2% (18.3兆ドル)	
(1.3億人) 1.6%	日本	4.2% (4.2兆ドル)	

80 60 40 20 ％ 0　　0％ 20 40 60 80

用語 BRICS…2001年ゴールドマン・サックス社レポートに「BRICs」としてブラジル，ロシア，インド，中国の新興4か国が紹介され広まった。近年は南アフリカを加え「BRICS」（Sが大文字）とされる。4か国は，2009年に初の首脳会議を開催し，2011年には南アフリカが加わった（BRICSサミット）。

VISTA…賃金が中国の3分の1のため先進国企業の生産拠点となり始めたベトナム，豊富な消費と労働力人口を持つインドネシア，そして南アフリカ，トルコ，アルゼンチンの新興5か国。

（右欄 縦書き）
06年頃から「BRICS」に続くグループとして注目されている。

プラスα RCEP（→p.363） ASEAN10か国と日中韓豪ニュージーランドの地域的な包括的経済連携（RCEP）協定。関税・サービス・投資の3分野の交渉が2013年開始，2020年署名，2022年1月発効。日本は，TPP・RCEP・日中韓FTAを進め，FTAAP（アジア太平洋自由貿易圏）完成を目指す。

353

ヨーロッパ経済統合のあゆみ

EEC➡EC➡EU（1993年）へ

ル 1 統合のあゆみ（各国の加盟年➡p.305）

加盟国数	年・月	事　項
㉓	1951. 4	**Ⅰ．1960年代の発展（関税同盟と共通農業政策の完成）** 50年のシューマン・プランを受け，**欧州石炭鉄鋼共同体（ECSC）**設立の**パリ条約**調印（仏，西独，伊，ベルギー，オランダ，ルクセンブルクの6か国）。52年7月に発足
		ECSC（52年）…復興のため基幹産業（石炭・鉄鋼）再建と共同管理
⑮	57. 3	**欧州経済共同体（EEC）**と**欧州原子力共同体（EURATOM）**設立の**ローマ条約**に調印。58年1月に発足
⑰		EEC（58年）…工業製品に対する**域内関税撤廃・域外共通関税**，共通農業政策，資本・労働の自由移動など共同市場目指す
6 か 国		EURATOM（58年）…原子力平和利用の共同開発
	59.11	**欧州自由貿易連合（EFTA）**設立の**ストックホルム条約**に調印。60年5月発足
EC 体制▶	67. 7	ECSC，EEC，EURATOMの3機関が統合され，**欧州共同体（EC）**発足
	68. 7	EEC**関税同盟（域内関税の撤廃と域外共通関税の設定）**が完成
	73. 1	**Ⅱ．1970年代の停滞（EMSの成立）** ECに**英，アイルランド，デンマーク**が加盟（**第1次拡大**）
	78.12	ブリュッセルのECサミットで**欧州通貨制度（EMS）**の導入と**欧州通貨単位ECU**の創出で最終合意
9	79. 3	EMSが発足。**為替レート・メカニズム（ERM）**が機能し始める（域内固定相場制）。英は不参加
	81. 1	**ギリシャ**，ECに加盟（**第2次拡大**）
10	85. 6	**Ⅲ．1980年代の再活性化（EC市場統合へ向けて）** EC委員会が「**域内市場統合白書**」発表 シェンゲン協定署名（ベルギー，仏，ルクセンブルク，蘭，西独）
	86. 1	**スペイン，ポルトガル**がECに加盟（**第3次拡大**）
	87. 7	**単一欧州議定書**発効（市場統合プログラム）
	91.10	EC，EFTA合同閣僚会議にて**欧州経済地域（EEA）**創設で合意（⇨94年EEA発足）
12	92. 2	**Ⅳ．1990年代の挑戦（ECからEUへ，単一通貨の導入）** **マーストリヒト条約**（欧州連合条約）に12か国調印
	. 6	**デンマークショック**…デンマーク国民投票で条約批准否決
	. 9	**欧州通貨危機**が発生。英，伊がERMを離脱
	93. 1	EC市場統合発足。人・物・資本・サービスの移動が自由に
EU 体制▶	.11	**マーストリヒト条約発効。EU発足** ㉓⑰⑮
	94. 1	EMUの第2段階が始動，**欧州通貨機構（EMI）**発足
	95. 1	**オーストリア，フィンランド，スウェーデン**がEUに加盟（**第4次拡大**）し，15か国体制
	.12	EU首脳会議で単一通貨の名称を「**ユーロ**」と決定
	97. 6	**アムステルダム条約**（新欧州連合条約）に合意
15	98. 5	EU首脳会議で99年より**11か国に単一通貨ユーロを導入**することを正式決定（**ECB設立**）ル⑰
	99. 1	ユーロの導入（2001年からギリシャを加え12か国）
	2000.12	首脳会議で**ニース条約**合意
⑮⑰ル	02. 1	「**ユーロ**」民間流通を開始
25	04. 5	10か国がEUに加盟し，25か国体制に
	04.10	EU首脳，欧州憲法案調印
	07. 1	ルーマニア，ブルガリアがEUに加盟し，27か国体制に
⑰ル	09.10	**ギリシャ危機**
	09.12	**リスボン条約**発効
27	10. 5	ユーロ導入国への融資制度創設
	11. 1	エストニア，ユーロ導入（17か国）
	12.10	EUノーベル平和賞受賞
	13. 7	クロアチアEU加盟，28か国体制に（23年ユーロ導入）
28	14. 1	ラトビア，ユーロ導入（18か国目）
	15. 1	リトアニア，ユーロ導入（19か国目）
ル	16. 6	**イギリス，EU離脱の国民投票で賛成多数**
27	20. 1	**イギリス，EUを離脱**（初の離脱国）

2 EUの市場統合—域内市場統合白書

⑭ **A 域内市場統合白書の対象項目**

物理的障壁の撤廃（95項目）	ヒト	共通券の発行・テロリズムや麻薬対策のため域内司法当局の協力体制確立
	モノ	商品取引の際の共通通関手続き・貿易データの共有化・農産物取引にかかる補助金や調整金の撤廃・動植物検疫の共通化・運輸規則の廃止
技術的障壁の撤廃（158項目）	ヒト	職業資格基準の相互承認等の実施
	モノ	共同体レベルでの基準となる「欧州基準」の制定，各国が他国の基準を相互に承認する仕組みの提案
	金融	銀行，証券，保険，投資などの分野ごとに共通基準作り・資本移動に段階的な国境規制の廃止
財政的障壁の撤廃（17項目）		付加価値税（VAT）の共通化（付加価値税はほとんどの欧州諸国が導入しているが，税率や対象商品の範囲が国によって異なるほか，商品の輸出入の通関の際に，国境税として作用し取引の迅速性を阻害）

（『EUの知識〈新版〉』日本経済新聞社などにより作成）

⑲㉓ 3 マーストリヒト条約（欧州連合条約）の要点

［採択1992.2.7（マーストリヒト）　発効1993.11.1］

通貨統合	1994年**欧州通貨機構（EMI）**を設立，各国の金融政策の協調を図り，1996年末までに過半数の加盟国が単一通貨採用の条件を満たせば，1997年にも**欧州中央銀行（ECB）**を設立，**単一通貨（ECU後にユーロ）**を導入。適格国が過半数に満たない場合も，1999年には自動的に導入（デンマーク，**イギリスは単一通貨に参加せず**）。
⑲ 共通外交	加盟国は共通外交・安全保障政策を策定し，共同行動を取る。将来の共通防衛は，**西欧同盟（WEU）**—英仏独などEC10か国で構成する防衛協議機関—の枠組みで検討する（デンマークは共通防衛に参加しない）。
司法協力・欧州市民権など	加盟国は移民対策や麻薬犯罪，テロ活動防止などで協力を強める。加盟国国民は，すべて欧州連合の市民となる。欧州市民は他の加盟国の国民と同じ条件でその国の地方選挙で投票，立候補できる（デンマークは市民権の限定的な扱いを許され，英国は共通社会政策に参加しない）。

解説 **マーストリヒト条約**　ECは1957年のローマ条約（EC憲法）で設立され，1987年に発効した単一欧州議定書で大改正が行われた。マーストリヒト条約はこれを超える抜本的な改正で，合意からほぼ2年ぶりに発効した。歴史的実験といわれている欧州統合は未知の領域に踏み込むことになった。

用語 **シェンゲン協定**…欧州諸国間で出入国審査なしで自由に越境移動することを認めた協定。EU加盟22か国と他4か国に適用（➡p.307，395）。

プラスα　**ECU（エキュ）**　欧州通貨制度（EMS）に基づき，1979〜98年まで使われた，EC・EUの単一通貨。1999年からはユーロがこれに代わった。

国際経済

われわれの時代に起きた悲劇の結果，われわれは前より賢明になった。しかし人は去り，別の世代と交代していく。新しい世代に残せるのは，われわれと消滅するわれわれの経験でなく，制度である。

ジャン・モネ［仏：1888～1979］　実業家・政治家。1919～23年の国際連盟事務次長。第2次世界大戦後，西欧の鉱工業共同化構想「モネプラン」を発表し，その構想は仏外相シューマンのプラン（ECSC設立）につながった。

EUの現状と課題

最大の経済圏

4 EUの主要機関

所：所在地。

解説 **リスボン条約下のEU機構**　EUの新基本条約である「リスボン条約」が2009年末発効し，EUの機構も上図のように変更された。「大統領」に相当する任期2年半（最長5年）の**欧州理事会常任議長**と「外相」に相当する**外交安全保障上級代表**の新設である。「EU大統領」が議長である欧州理事会とその下にある閣僚理事会は欧州議会と共同して議決に当たり（立法），欧州委員会が執行する（行政）。外交権限はもちろん各国が持つが，イラン核開発など重大な問題では同じ立場をとることを目指し，「外相」および「外務省」も新設されたのである。

　いわば「EUの顔」である大統領はミシェル氏（ベルギー，男性），外相はボレル氏（スペイン，男性）。もちろん，EU本部はベルギーの首都ブリュッセルにある。

用語 **欧州中央銀行（ECB：European Central Bank）** … ユーロに参加する欧州域内全体の「中央銀行」。単一通貨ユーロを発行し，通貨流通量を調節するなどの金融政策を担うことから「ユーロの番人」と呼ばれる。ドイツ・フランクフルトに設置されている（1998年発足）。

5 EU加盟国──27か国体制（→p.305）

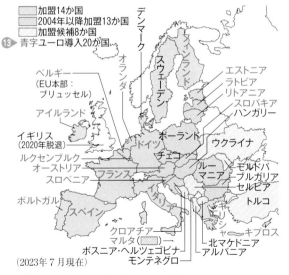

　■ 加盟14か国
　■ 2004年以降加盟13か国
　□ 加盟候補8か国
青字ユーロ導入20か国

デンマーク
フィンランド
スウェーデン
エストニア
ラトビア
リトアニア
スロバキア
ハンガリー
ベルギー
（EU本部：ブリュッセル）
アイルランド
イギリス（2020年脱退）
ルクセンブルク
オーストリア
スロベニア
ポルトガル
スペイン
ポーランド
ウクライナ
ドイツ
チェコ
モルドバ
ルーマニア
ブルガリア
セルビア
トルコ
キプロス
ギリシャ
クロアチア
マルタ
北マケドニア
ボスニア・ヘルツェゴビナ
アルバニア
モンテネグロ
（2023年7月現在）

用語 **EUの東方拡大**…2004年に10か国，2007年にルーマニア，ブルガリア，2013年にクロアチアがEUに加盟した。おもに中・東欧への拡大で，総人口5億人，総GDPは世界の1/4を占める「大欧州」が創設された。

6 EU新体制──マーストリヒト条約以降の条約

1993年発効 マーストリヒト条約

単一通貨（ECU→ユーロ）導入など。（→3）

1999年発効 アムステルダム条約（新欧州連合条約）

共通外交・安全保障政策の決定にマーストリヒト条約での全会一致制を改め，**多数決制**，建設的棄権制を導入。**一部加盟国による先行統合**を規定。

2003年発効 ニース条約

EUの東欧拡大に備えて，政策の決定や実施を効率化するための制度改革を定めた，アムステルダム条約に代わる新たなEUの基本条約。多数決の対象となる政策範囲の拡大，一部の加盟国で統合政策を進める先行統合範囲の拡大（例えば共通外交政策）などが主な内容。

2009年発効 リスボン条約（改革条約）

2004年，調印しながら未発効に終わったEU（欧州）憲法に代わる，EUの新基本条約。EU憲法に書かれていたEUの象徴規定（EU旗・EU歌など）やEU外相創設は削除したが，**EU大統領・外交安全保障上級代表の設置**を盛り込み，統合の深化と拡大を目指す。

←100ユーロ紙幣

7 ユーロ導入

A ユーロ導入のあゆみ

1978.12	EMS（欧州通貨制度）・ECU（欧州通貨単位）導入決定
95.12	単一通貨の名称を「ユーロ」と決定
96.12	ユーロ紙幣7種のデザインを発表
98.6	欧州中央銀行（ECB）発足
12	ユーロと参加国通貨の交換レート確定
99.1	ユーロ11か国で導入開始（資本取引など）
2002.1	ユーロ紙幣・硬貨の使用開始
6	参加国の旧通貨の回収完了（完全移行）

B ユーロ導入の現状（2023年7月現在）

参加（20か国）	ドイツ・フランス・イタリア・オーストリア・スペイン・ポルトガル・ベルギー・オランダ・ルクセンブルク・アイルランド・フィンランド・スロバキア・スロベニア・エストニア・ギリシャ・マルタ・キプロス・ラトビア・リトアニア・クロアチア
不参加（7か国）	デンマーク・スウェーデン・ポーランド・ブルガリア・チェコ・ハンガリー・ルーマニア

C ユーロ導入の明暗

利点	・両替手数料が不要，為替変動の差損なし（例えば，欧州15か国一周だと，両替手数料で1万円のうち5,000円消えていた。） ・価格競争，品質競争の促進，企業の活動範囲が全欧州に ・ドルと並ぶ「基軸通貨」としての役割
欠点	・**各国の景気対策がとりにくい**←金融政策はECBが統一的に決定，財政政策は「財政赤字のGDP比3％ルール…ユーロ参加条件」により柔軟性欠く。また，為替相場引き下げができない。 ・**企業間・参加国間での競争力格差拡大**

国際経済

クロアチアが23年1月に導入

プラスα **EU憲法頓挫**　2005年のフランス，オランダの国民投票での否決により，EU憲法（欧州憲法）の批准が停滞する中，2007年6月リスボンでの首脳会議で改定が決定された。呼称を「改革条約」へ，EU外相創設見送り，EU旗・EU歌に関する条項削除などがその内容。

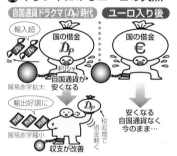

時事特集

EUの危機
英国がEU離脱

2016年6月，イギリスのEU離脱の是非を問う国民投票が可決され，紆余曲折の後，2020年1月31日にイギリスはEUを離脱した。イギリス経済はEU経済の17%を占め，ドイツに次ぐ経済力を誇る。イギリスの輸出45%はEU向け，EUの輸出16%がイギリス向けで，離脱は英・EU双方に大きな経済的損失になりかねない。イギリスのGDPを2.2～9.5%押し下げるという試算もある。ロンドンの世界金融センターの地位からの転落，英独の関税をめぐる争い，ポンド安にともなう物価上昇が予想されるにもかかわらず，なぜイギリス国民は離脱を選択したのだろうか。

1 財政危機，ユーロ圏に波及

PIIGS…ポルトガル・アイルランド・イタリア・ギリシャ・スペイン。

2009年からの**ギリシャ財政危機**（国債格下げ，デフォルトの危機）はPIIGSといった経済力が弱い国々にも波及し，イタリア・スペインの国債価格は急落し金利が急上昇した。これらの国は好況期の輸入増大に伴う経常収支赤字，不況期の税収減・財政赤字増大といった問題を抱える。一方，ドイツはユーロ圏内向け輸出で経常収支黒字を抱える。つまりEU内での経済力格差が構造化されているのだ。

さらにEUは，**財政政策について，GDPに対する赤字の割合限度枠設定はあるものの，基本的に各国主権**に任せてきた。リーマンショック後，度を越した財政出動が行われ，財政健全化に最も消極的と思われたギリシャが市場の標的になった（⇒α）。ギリシャ財政危機では共通通貨ユーロの構造的欠点も指摘されている（⇒Ⓐ）。ユーロは，通貨は共通だが，財政状況・財政政策はばらばらなゆえに，各国の財政問題が深刻化しやすい弱点を抱えている。

Ⓐ ギリシャにみるユーロの欠点

（『朝日新聞』2010.4.23により作成）

2 寛容な欧州社会の変貌

グローバリゼーション深化の中，職を奪われテロにおびえる大衆の難民・移民への警戒感・憎悪をすくい上げ，**右派ポピュリズム政党が勢力を拡大**している。

「鉄のカーテン」がなくなって東西欧州は融合，国家を越えた平和共存と協調の実験場となりえた。だが，欧州諸国は新たなカーテンを国境に巡らしているかのようだ。ジャン＝モネが国家主権を乗り越えた地域共同体を夢想してから70年余り，国境を無くすシェンゲン協定，共通通貨ユーロなど深化してきた欧州統合の動きに急ブレーキがかかり，EU分解・崩壊もありうる。それは域内5億人の単一市場の経済競争力の減退・壮大な実験の挫折にとどまらず，2度の世界大戦の戦場となった教訓から多様で寛容な価値に基づく相互理解と和解のプロセスを紡いできた欧州の民主主義が反転・逆流することでもある。未曽有のテロと難民流入，グローバリゼーション深化に揺れ歴史の曲がり角に立つ欧州から学ぶべきことは多い。（『世界』2016年7月号による）

3 英国はEU離脱を選択

exitの造語。英国のEU離脱の意。

なぜ，英国民はEU離脱（**ブレグジット**）を選択したのか。離脱支持派の主張は，①EU官僚の規制への反発，②移民難民の増加による雇用問題などへの反発，③国家主権喪失への危機感などで，政治的主権の復活を求めるものだった。それは，覇権国だった19世紀の英国の政治的主権を前提としていた。

2016年EU離脱決定の国民投票から，混迷が続いている。国民投票後に就任したメイ首相は，公約の離脱を実現できず辞任に追い込まれた。後任にはジョンソン前外相が選ばれ，2019年7月に首相に就任した。

ジョンソン首相は，英国に有利な内容を引き出すためEUと再交渉するが，交渉結果に関わらず10月末には離脱すると主張。しかし，英議会は離脱条件の承認採決を見送り，EUは離脱期限を2020年1月末まで延期した。議会承認で行き詰まったジョンソン首相は，下院議員総選挙を行い国民の信任を得て離脱を急ぐ考えに転じた。12月の総選挙では，与党である保守党が大勝，労働党は議席を大きく減らし惨敗。これが2020年1月31日のEU離脱の決め手となった。

英・EUは，新貿易協定を結び経済関係を再構築するため，2020年末までEU単一市場にとどまる移行期間を設けた。だが①英近海での漁業権，②企業への補助金適用ルールなど公正な競争条件，③合意破りへの対応で交渉は難航。期限ぎりぎりの12月25日にようやく**英欧FTA**が合意し，「合意なき離脱」は回避された。

Ⓑ 英国のEU離脱までの過程

16. 6.23	国民投票で離脱支持が過半数
18.11.14	英政府，①**離脱協定案**を閣議決定，EUと②**政治宣言**発表
11.25	EU臨時首脳会議で①・②を正式合意 →合意内容は英・EU双方の議会で承認必要
19. 3.29	英議会，離脱協定案否決（3回目）
4.11	EU臨時首脳会議，離脱期限を10月末まで延期
6. 7	メイ首相，保守党党首辞任
7.24	ジョンソン前外相，首相就任
10.17	英，EUと離脱条件で合意
10.19	英議会，離脱条件の承認採決を見送り
10.28	EU，離脱期限を2020年1月末までの延期で合意
12.12	英議会下院議員総選挙，保守党単独過半数を獲得
20. 1.31	英，EUを離脱→移行期間に入りEUと通商交渉
12.25	**英欧FTA**（貿易連携協定：TCA）が合意
12.31	英，移行期間が終了しEUを完全離脱

（本文・Ⓑは『朝日新聞』2020.12.15などによる）

3回目の延期

国際経済

時事特集

α　EU・IMFは2010年に財政危機国への緊急融資制度（**EFSF：欧州金融安定基金**）を設置し，7,500億ユーロの融資枠を設定，財政相互監視の仕組み創設を決定し，各国は歳出削減政策を展開するが，反対運動も激しく，欧州の財政不安・ユーロ安は終わりそうにない。

G20
新興国の台頭

世界経済の不安定要因に対応すべく，政策協調の場として始まったサミット。参加国は全て，日本を含む主に欧米先進国であった。しかし，BRICSなどの新興国勢の経済面での台頭により，従来の枠組みでは実効性が薄れてきている。そんな中，存在感を増してきているのが，1999年から開催されているG20だ。特に2008年秋，リーマンショックに始まった国際金融危機打開に向けたG20首脳会議（金融サミット）以降は定例会議となり，影響力を増している。16年にはパナマ文書問題を受け，タックス・ヘイブンの監視強化で改めて合意している（→p.350）。

1 サミット（主要国首脳会議）

サミットは1975年，石油危機後の世界経済問題を西側先進国の首脳たちで討議する非公式会議として，フランスのジスカールデスタン大統領の提唱で始まり，以後持ち回りで毎年開催されている。冷戦終結後はロシアも加わり，幅広く世界経済・政治の諸問題を取り扱うようになった。

2008年の北海道洞爺湖サミットでは，経済議題が中心となったが，主要国8か国（G8）と新興国（中国・インドなど）との意見の食い違いばかりが目立ち，「G8体制」の限界を露呈した。また，サミットは，たびたび反グローバリゼーション活動の標的になり，特に2001年ジェノバサミットでは大規模なデモに見舞われた。地球温暖化や途上国の貧困などの原因をG8参加国が作っているという批判があるのだ。

Ⓐ サミットのあゆみ

（外務省HPなどから作成）

第1回 (1975)	ランブイエ （フランス）	・石油危機による世界経済の混乱を共同で収拾させる目的でスタート ・米・英・仏・旧西独・伊・日が参加
第2回 (1976)	プエルトリコ （アメリカ）	・カナダが加わり7か国となる（G7）
第3回 (1977)	ロンドン （イギリス）	・ジェンキンズEC委員長が加わる（以後EC委員長が参加）
第6回 (1980)	ヴェネチア （イタリア）	・旧ソ連のアフガニスタン侵攻に関する声明（政治問題が初めて主要議題になる）
第12回 (1986)	東京	・G7（先進7か国財務相・中央銀行総裁会議）の創設
第23回 (1997)	デンバー （アメリカ）	・ロシアが正式にメンバーに（1998年→G8） →訳語が「先進国首脳会議」から「主要国首脳会議」へ（一部経済討議を除く）
第35回 (2009)	ラクイラ （イタリア）	・景気回復への取り組みを確認。核兵器のない世界を目指す決意を表明。途上国に農業開発投資・支援を行うことで合意。
第40回 (2014)	ブリュッセル （ベルギー）	・ロシアを除くG7で開催。ウクライナ問題（特に2014年のクリミア併合，→p.301）を受け，G7がロシアのG8参加停止決定。
第42回 (2016)	三重県志摩市	・安倍首相「リーマンショック級の危機」を強調し，消費税増税再延期に理解求める。
第44回 (2018)	シャルルボワ （カナダ）	・北朝鮮の非核化に向けた米朝首脳会談の成功を後押しすることで合意。 ・米国の高関税措置を各国が批判し対立。
第46回 (2020)	キャンプ・デービッド(アメリカ)	・新型コロナウイルスの影響で中止
第48回 (2022)	エルマウ （ドイツ）	・ロシアのウクライナ侵攻に対し，G7が結束して国際社会の秩序を守ることを確認。
第49回 (2023)	広島県広島市 （→p.329）	・ロシアの核兵器使用に警告，核軍縮継続 ・グローバル・サウスへ関与強化（→p.306）

（左欄外注）ロシアが方向転換するまでの留

2 主役はG20へ

Ⓑ G20参加国・地域

```
        ┌───── G20 ─────┐
        │ ┌── BRICS ──┐ │
        │ │ 中国  ブラジル │ │
        │ │ 南アフリカ    │ │
        │ │ ロシア  インド │ │
        │ └───────────┘ │
        │ 米国  ┌─ G8 ─┐  │
        │ 英国  │ フランス │ │
        │ ドイツ │ カナダ  │ │
        │ 日本  │ イタリア │ │
        │      └──────┘  │
        │ 韓国    メキシコ   │
        │ オーストラリア     │
        │ インドネシア      │
        │ サウジアラビア     │
        │ アルゼンチン      │
        │ トルコ          │
        │ EU（欧州連合）    │
        └────────────────┘
```

（図欄外注）14年以来，ロシアのG8参加資格停止。

Ⓒ G20のあゆみ

1997	アジア通貨危機
1999 (19)	20か国・地域（G20）の財務相・中央銀行総裁による初会合
2007	米サブプライムローン問題
2008	リーマンショック **金融危機打開のため，ワシントンでG20首脳による初会合（金融サミット）**
2009	英で第2回金融サミット 米で第3回金融サミット，定例化し経済問題の協議の核に
2010	カナダで開催，主要国（G8）首脳会議も開催
2011	フランスで開催，年1回に
2018	アルゼンチンで開催，米の保護主義
2019	大阪市で開催，米中貿易摩擦や気候変動での米国の孤立

ファーウェイ（華為）問題 米国は，高速通信規格「5G」で世界をリードするファーウェイ（華為）に，米製部品の輸出を禁止していた。独裁国家との取引関与疑惑があり，安全保障上問題視されていたからだ。しかし2019年，大阪市開催のG20で，トランプ大統領は輸出容認を示し，米中貿易摩擦の緊張緩和を演出した。

「21世紀の困難に対し，主要国（G8）会議という20世紀の手法で対処することはできない。**G20が新しい経済をリードする**」（オバマ米大統領）という共通意識から出発した議論の末にサミットがたどり着いたのは「世界経済の不均衡是正」。

G8は政治と国際的安全保障の討議の場として"当面"存続するが，「地球温暖化や貿易問題などの国際的な課題に対処するのにも現実的でない」とインドの経済専門家は指摘する。事実上の決定権はG20に移行すると多くの関係者はみている。（『信濃毎日新聞』2010.6.30などによる）

Ⓓ G20バリ・サミット—2022年開催

ロシア・ウクライナ戦争をめぐり欧米とロシアなどが激しく対立。首脳宣言は，戦争を非難する一方，「ほかの見解や異なる評価があった」として，双方の主張を盛り込み，一応の合意に至った。

⑬ 用語 G20…20か国・地域首脳会合（G20サミット）および20か国・地域財務相・中央銀行総裁会議の参加主要20か国・地域のこと。地域はEUを指し，仏・独・伊を除いたEU加盟国は国としては不参加。1999年から開催され，世界金融危機深刻化を受けて2008年からG20サミット（金融サミット）も開催。2010年カナダで開催されたG20サミットでは，欧州諸国の金融財政政策の健全化・途上国援助・地球温暖化問題などが主要議題となった。**G20のGDP合計は世界の約90%，貿易総額では世界の80%**，総人口では約3分の2を占める。

（右欄外）国際経済

（右欄外）時事特集

プラスα G5…先進5か国財務相・中央銀行総裁会議（米・英・仏・日・独）。85年9月のプラザ合意でドル高是正，円高誘導に向けた協調決定で有名。
G7…先進7か国財務相・中央銀行総裁会議（G5＋伊・加）。87年2月のルーブル合意で，急速な円高ドル安の安定化を図ったことで有名。

中国経済「国際化」
構造改革も急務

輸出額世界1位，石油消費1位，携帯電話加入者1位等々，中国の経済成長は目覚ましい（→p.171，308）。これまでの低賃金を武器にした世界の生産基地としての位置づけから，高付加価値製品の生産，所得向上による輸入増で「世界の市場」へと著しく発展している。さらにBRICS開発銀行・AIIB設立（→p.309）などの国際金融秩序へのアプローチなど国際化の動きも急である。しかし，世界金融危機以降の不良債権の膨張や製造業でのアジア新興国の追い上げなどで失速傾向も見え，構造改革が急務との指摘もされている。

1 中国経済「国際化」

中国は，国際的な貿易ルール導入による国内経済の構造改革を進め，さらなる貿易・投資の拡大を図ることを目的に，2001年にWTOに加盟。「中国はWTO加盟で成長の勢いが増した。規制緩和と市場の自由化を政府が宣言し，世界の信認を得て海外から直接投資が流入し，世界の工場となった。それによる所得拡大で，沿岸部中心に内需拡大が鮮明化し，世界の需要拠点と化した」との指摘もある。中国の経済発展段階の変化が，世界の素材の販路や供給の流れを変えた。

一方，著作権などの知的財産権侵害や食品安全基準問題など，国際社会との軋轢も多い。中国の通貨「人民元」の為替相場をめぐる論争も激しい。米国などは，中国が人民元の為替相場を意図的に低く抑えていると指摘，ドル建てで割安になる中国製品が流入し，結果，米国は対中貿易赤字が膨張したと批判している。

2010年，中国人民銀行が人民元を切り上げる方針を発表。しかし，人民元相場上昇は程度によっては世界経済のリスクになる。途上国の中国からの輸入が厳しくなる，米国財政のさらなる悪化（中国は対米貿易黒字で大量の米国債を購入し，米財政ひいてはドル暴落防止の支えになっている）などの影響が考えられる。それだけ中国経済，人民元の世界経済に占める地位・役割が大きくなった証でもある。

ちなみに2012年から，円と人民元の直接交換取引も開始（従来はドルを間にはさんでの交換だった）。「人民元の国際化」の動きも着実に進行している。

2 AIIB設立へ 23 20

アジアインフラ投資銀行（AIIB）は，英独仏など西欧諸国を含め57か国が参加。本部は北京に置かれ，当初資本金1,000億ドル（約12兆円）の出資比率はインド約10%，ロシア約6%に対し，中国約30%と圧倒的に大きく，中国主導の国際金融機関といえる。

設立の背景として見逃せない点が2つある。まず，米国主導の戦後国際金融秩序への新興国の挑戦。アジア地域で融資してきた既存国際機関は世界銀行（IBRD）・アジア開発銀行（ADB）。前者はIMFとともに米国中心の戦後国際金融秩序＝ブレトンウッズ体制の柱で（→p.342）。後者は日米主導の金融機関である。両機関において十分な発言権が得られなかったことや融資基準の厳しさに不満を持つアジア新興国の意向を受ける形で，中国が主導したと考えられる。

14年設立のBRICS開発銀行については→p.179参照。

国際経済

時事特集

AIIB発足1年の融資案件…タジキスタン・パキスタンの道路整備事業など。9事業約17億ドル。

A 日本の国別貿易額シェア

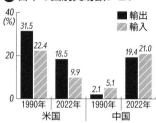

B 日中間貿易の品目変化

（A・BはJETRO資料）

もう1点は2014年に習近平が提唱した「一帯一路」構想の一環であること。東シナ海・南シナ海の緊張で中国の資源輸入のシーレーン「路＝海のシルクロード」が不安定になり，打開策として「帯＝陸のシルクロード」の確保を目指すものだ。中央アジア諸国からのパイプライン敷設とバーターにしたインフラ建設援助で，アジアでの経済的・政治的な影響力を強める。

インフラ投資を必要とするアジア諸国，低成長問題に直面する欧州各国は加盟を表明したが，日米は国際機関に不可欠な公正なガバナンス（統治）の確保などが欠けている点などを指摘し参加を見送っている。

3 「構造改革」必要？

しかし近年，中国経済は失速傾向にある。2010年代に入り経済成長率が7%台に下落，急増し続けた外貨準備高も2014年末から減少。08年の金融危機対応での巨額の財政支出と民間銀行の国営企業向け融資増大で，官民合計の負債額はGDP比282%と膨張，銀行の不良債権が膨らみ経済成長の妨げとなっている。株価だけは上昇しているが，不動産価格の下落・利下げの結果資金が株投資に回っただけで，過剰生産・過剰設備で収益が悪化している上場企業の実態と大きく乖離したバブルの呈をなしている。

製造業の人件費が5年で2倍に上昇，アジア新興国の追い上げもあり，中国製造業の世界的優位性が揺らぎつつある。従来の成長エンジンであった「投資と輸出（外需）」を，「消費と内需」中心の経済構造に転換する必要も出てきている。そのためにもサービス産業へのシフトは不可欠だが，なかなか進まない。

2015年中国政府は「製造大国から製造強国に」と訴え，25年までに労働集約型製造業から高付加価値生産を中心とする製造業への転換を目標に掲げ，情報技術・ロボット・バイオなどを重点産業に指定した。

経済構造改革が遅れ内需拡大が進まず成長鈍化が続けば，大きな社会混乱さえ生じる可能性もありうる。

（『世界』2015年6月号などを参考）

USMCA発効
新NAFTAどう変わった？

USMCA（新NAFTA）の前身，NAFTA（北米自由貿易協定）は，アメリカ共和党のブッシュ（父）政権が交渉を進め，民主党のクリントン大統領が署名して1994年1月に発効した。WTOの交渉が難航し，世界的な貿易の自由化が進まない中，地域的経済統合としてFTA（自由貿易協定）が積極的に結ばれている。物やサービスの関税を撤廃し，貿易の自由化の進展が目的である。NAFTAもその一つで，アメリカ・カナダ・メキシコの3国で関税ゼロを実現させ域内貿易および投資の自由化を図ってきた。NAFTAはUSMCAと改定されたが，その違いは何か，考えてみよう。

1 北米3国貿易協定，USMCAが発効

　1994年1月に発効したNAFTAは，関税撤廃を通じ20年余りで，加盟国のアメリカ・カナダ・メキシコ3国の貿易額を約4倍に拡大した。経済水準が大きく異なるアメリカ・カナダとメキシコとの経済統合の試みは画期的で，アメリカに多大な経済的利益をもたらした。

　しかし，貿易赤字が膨らみ，低賃金のメキシコへの工場移転が続き，労働者らの強い反発を招いていた。アメリカ第一主義を掲げるトランプ大統領は，2018年11月，NAFTAを改定した「米国・メキシコ・カナダ協定（USMCA）」に署名し，2020年7月1日に発効した。

　USMCAは，工場移転により空洞化したアメリカの産業を復活させるため，原材料等の調達先をUSMCA域内に限定したり，賃金に関する新たな取り決めを設けたりするなど，トランプ大統領主導のもと保護主義的な改定がなされた。米国通商代表部のライトハイザー代表は「USMCAは今後の規範となる貿易協定だ」としており，グローバル化を推進してきたアメリカにとって，地域的な保護主義への転換を象徴する改定となった。

◉米国議会でUSMCA実施法案が承認され笑顔のトランプ大統領（アメリカ　2020.1.29）

Ⓐ NAFTAの構造とUSMCAでの変更・追加項目

NAFTA協定
①目的　②一般定義　③内国民待遇・市場アクセス　④原産地規則　⑤税関手続き　⑥エネルギー　⑦農業・衛生植物検疫措置　⑧セーフガード　⑨貿易の技術的障害　⑩政府調達　⑪投資・紛争処理　⑫越境サービス取引　⑬電気通信　⑭金融サービス　⑮競争政策　⑯商用目的の一時入国　⑰知的財産権　⑱法の執行　⑲アンチダンピング税・相殺関税の審査等　⑳組織体制・紛争処理手続き　㉑例外　㉒最終条項

USMCA協定で追加された項目
●電子商取引　●腐敗の防止　●優れた規制慣行　●中小企業　●貿易円滑化　●ジェンダーの平等　●環境と労働の協定本体への編入　●サンセット条項　●先住民の権利

〈注〉NAFTA協定の○数字は章。赤字は再交渉で争点となった項目。（JETRO資料により作成）

Ⓑ USMCAの主な内容

項目	主な内容
自動車・同部品の原産地規則の強化	・自動車の関税免除に必要な北米での生産部品の割合を62.5%→75%に引き上げ ・完成車メーカーが購入する鉄鋼・アルミの域内調達率70%超を義務付け ・賃金条項…生産の約4割を時給16ドル以上の労働者が担うこと
対米輸出枠設定	カナダ・メキシコからの対米輸出枠（無関税）は260万台で，それ以上は課税対象
為替条項	各国が輸出競争力を高めるために，為替介入などで自国の通貨安誘導を図るのを防ぐ
サンセット条項	協定の期限は16年。発効後6年目に見直しを行い，16年延長可能

【解説】**保護主義的改定**　**賃金条項**は，要件を満たす米国・カナダに有利に働くと見られており，保護貿易への転換点の一つである。**為替条項**は，自由貿易協定に盛り込まれることは極めて異例である。他国の通貨政策や金融政策に干渉する理由にもなるので，金融市場の混乱要因になることが懸念されている。

2 「原産地規則の強化」の影響

　USMCAにおける**自動車・同部品に関する原産地規則の強化**により，USMCAの特恵関税（関税率ゼロ％）の適用を受けるためには，域内調達率を高めることが必要となる。域外国にとっては**貿易障壁**となるという点で，自由貿易の観点から後退した内容となっている。

　メキシコ・カナダからアメリカに輸出している日本の完成車・部品メーカーにも大きな影響を与えている。自動車メーカー各社は，自社の部品調達構造や原産割合の充足状況に応じて以下の選択肢がある。①米国産品を増やす。②進出先のメキシコないしカナダ産部品の割合を増やす。③調達構造を変えずに米国に輸入関税を払う。これらを天秤にかけた上で北米域内やグローバルに展開している**サプライチェーン（部品供給網）**の最適化を図ることが求められている。

Ⓒ 在米国の日系企業のUSMCAによる調達先変更

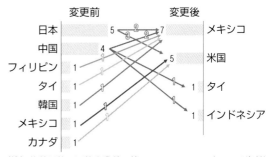

変更前　　　　　　　変更後

変更前		変更後
日本	5　2 7	メキシコ
中国	4	米国
フィリピン	1	5
タイ	1	1 タイ
韓国	1	
メキシコ	1	1 インドネシア
カナダ	1	

〈注〉複数回答。回答企業数10社。（JETRO資料）

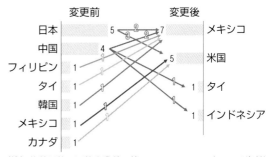

国際経済

時事特集

プラスα　USMCA締約国が非市場経済国と自由貿易協定を締結した場合，他の締約国はUSMCAを終了させることができるという条項が盛り込まれた。非市場経済国は中国を指すとされ，「米中貿易摩擦」が激化し，「米中冷戦」とまでいわれるようになった米中関係を象徴している。

日本経済の国際化と貿易　　　　　　自由化による貿易の拡大

1 日本経済の国際化のあゆみ―自由化

↑ドッジGHQ財政顧問

年	主な出来事
1949	ドッジ・ラインにより単一為替レート（1ドル＝360円）実施
50	外資法（外国資本の進出制限）施行
52	IMF加盟（IMF14条国），IBRD加盟
55	GATT（関税及び貿易に関する一般協定）加盟
60	貿易・為替自由化計画大綱
63	GATT11条国へ移行（貿易自由化へ）
64	IMF8条国へ移行（為替自由化へ），OECD加盟（先進国の仲間入り，資本自由化へ）
71	スミソニアン協定，円の切り上げ（1ドル＝308円）
73	変動為替相場制へ移行
84	日米，円・ドル委員会報告（金融自由化へ）
85	プラザ合意，G5ドル高是正の協調介入
89	日米構造協議開始（～90）
91	牛肉・オレンジ輸入自由化
93	日米包括経済協議開始（～96）
97	日本版金融ビッグバン
98	改正外国為替法施行（外貨両替・外貨預金自由化，➡p.336）
2000	大規模小売店舗立地法施行（➡p.231）
01	暫定セーフガード（ネギ・生シイタケ・イグサ，➡p.344）

2 日本の貿易額の推移

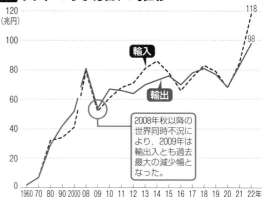

2008年秋以降の世界同時不況により，2009年は輸出入とも過去最大の減少幅となった。

（2・3・Aとも財務省資料などによる）

解説 自由化のあゆみ　1950年代前半，西側のIMF・GATT体制に加入し，1960年代高度成長期に先進国となり，その結果，国際化・市場の開放へ向かっていった。

貿易の自由化―モノ，資本・為替の自由化―カネ・企業である。これらの自由化は，短期的には痛みも伴ったが，資料2のように大きな恩恵ももたらしたのである。

日本の貿易の現状と日米貿易摩擦　　　　摩擦を起こしやすい構造

3 日本の産業構造

A 戦前・戦後の日本の輸出入品目の比較

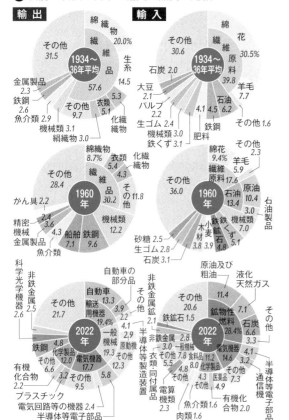

国際経済

B 日本の商品別輸出構造の変化　　　　（JETRO資料）

	繊維品	化学品	金属品	機械機器（自動車）	その他
1960年	30.2%	4.2	13.8	25.3 (2.6)	26.5
1970	12.5	6.4	19.7	46.3 (6.9)	15.1
1980	4.8 / 5.2	16.4		62.8 (17.9)	10.8
1990	2.5 / 5.5	6.8		75.0 (17.8)	10.2
2000	1.8 / 7.4	5.5		74.3 (14.9)	11.0
2010	0.9 / 10.3	8.9	19.8	18.8 ／ 22.6 (13.6)	18.8
2020	0.9 / 12.5	7.6	19.2	18.9 ／ 21.1 (14.0)	19.8
2022	0.8 / 11.9	8.7	19.1	17.5 ／ 19.2 (13.1)	22.9

一般機械　電気機器　輸送用機器（自動車）

4 日米貿易摩擦のあゆみ

年	摩擦製品・対米交渉等
1957	対米繊維製品
69	対米鉄鋼
77	対米カラーテレビ
81～94	対米自動車
88	米，包括通商法（スーパー301条）制定
89～90	日米構造協議
91	牛肉・オレンジ輸入自由化
93～96	日米包括経済協議
95	日米自動車交渉
96	日米半導体交渉

輸出自主規制
繊維製品摩擦（50年代-1971）
鉄鋼摩擦（60～80年代）
カラーテレビ摩擦（60～70年代）
自動車摩擦（70年代～）
半導体摩擦（80年代～）
経済構造の変革要求（90年代～）

解説 自主規制の歴史　是正に向けての大きな流れを追ってみると①1980年代半ばまで日本の対米輸出自主規制による対応（繊維・カラーテレビ・自動車1981～94年），②日本市場開放要求・半製品輸入割当数値目標化（自動車・オレンジ・牛肉・コメ，半導体は外国製半導体の輸入を日本のシェア20％と改定），③1980年代終わりから経済構造そのものの変革要求（1989～90年日米構造協議，1993～96年日米包括経済協議）である。

プラスα　1993年以降日本の代表的輸出商品であったカラーテレビ・冷蔵庫の輸入台数が，輸出台数を上回っている。80年代後半からの海外直接投資による海外生産の急増で，「逆輸入」が急増しているのだ。

年代整理 **日米貿易摩擦関連**	① **1960年代** 日米繊維製品貿易摩擦…繊維製品をめぐり日米間で貿易摩擦があった。 ② **1970年代** 日米鉄鋼貿易摩擦…鉄鋼製品をめぐって日米間で貿易摩擦があった。

③ **1989〜90年** 日米構造協議…日米構造協議では日本経済の制度・慣行が議論の対象になった。
④ **1993〜96年** 日米包括経済協議…日米包括経済協議では政府調達や規制緩和が議論の対象になった。

アメリカの日本改造計画
「アメリカ製品を売るためには根本から変えてしまえ！」

5 「協議」という名の変革要求

A 日米構造協議（SII・1989〜90年）

❶貯蓄・投資パターン
総額430兆円の**公共投資10か年計画**を策定

❷流通 （➡p.231）
大規模小売店舗の見直しの改正を行い，改正法成立後2年後にさらに大店法を見直す—米商品流通の円滑化

❸排他的取引慣行
独禁法の強化による**排他的取引慣行**を撤廃・**系列取引**の見直し—米商品の日本市場参入を促す

❹価格メカニズム
内外価格差の是正・公共料金のコスト構成を国際的な観点から検討し，適正化を図る—米商品との価格格差是正

B 日米包括経済協議（1993〜96年）⑭

Ⅰ マクロ経済政策
- 日本の経常収支黒字削減・アメリカの財政赤字削減

Ⅱ 分野・構造別政策
- ▶**政府調達** コンピュータ・スーパーコンピュータ・衛星・医療技術・電気通信
- ▶**規制緩和と競争** 金融サービス・保険・競争政策・透明な手続き・流通
- ▶**主要セクター** 自動車・自動車部品など
- ▶**経済的調和** 直接投資・知的所有権・技術移転・長期的な取り引き関係
- ▶**既存の合意** 日米構造協議など

Ⅲ 地球的展望にたった協力
- 環境・技術・人的資源の開発・人口問題・エイズ

★首脳会談を年2回開催し，進展を点検する

〈注〉分野・構造別協議では，市場開放に関する「客観的基準」の**数値目標設定**を求めるアメリカとこれを管理貿易として嫌う日本が対立。1995年までに保険，政府調達，自動車などの優先分野についての合意成立。 （『データパル』94/95による）

用語 スーパー301条…貿易赤字増大に悩む米国が，不公正取引慣行国の特定と制裁を行うことを認める「通商法301条」が，1974年制定されたが（例：1987年ダンピング認定をし日本のカラーテレビ・パソコンに100％制裁関税発動），1989年**日米構造協議**難航時，それをより強化した（単に個々の産業の障壁を対象にするだけでなく，相手国の組織的貿易慣行除去を目的とする）のが，**スーパー301条**。米国は日本の譲歩を引き出す「伝家の宝刀」として使用している。

```
米国内の団体・企業  ┄┄▶  米通商代表部（USTR）
       ▲                    │
   2国間協議・改善要求 ◀──  調査・不公正の認定
       │                    │
   シロの場合…市場監視   クロの場合…高率制裁関税発動
```

解説 経済構造の変革要求 1995年6月の自動車分野の決着で個別分野の交渉は終わったが，規制緩和や競争政策など継続協議も残された。アメリカには，不公正貿易国の特定と協定交渉，協定不成立の場合の対抗措置発動（制裁—高率関税）を定めた，保護主義的な**包括通商法（スーパー301条）**があり，対外交渉の武器として活用している。貿易摩擦をどう解決するかは保護貿易の復活を防ぐことにもつながるのだが……。

プラスα 1960年代初頭，日本からの輸出によって米国繊維産業が打撃を受け，日本に輸出規制を求めた。1972年の沖縄返還の見返りとして日本は輸出自主規制を決定。日本は「糸」を売って「縄」を買った，といわれた。

6 年次改革要望書—日米経済調和対話へ

日米包括経済協議を根拠に，1994年から相互に**年次改革要望書**が交換された。日本側要求は外務省HP，米国側要求は米国大使館HPで閲覧できる。米国側の要求で日本において実現した主なものは次の通り。

1998	建築基準法改正	05	道路公団民営化，新会社法成立
99	労働者派遣法改正		
2004	法科大学院設置	07	郵政民営化，三角合併解禁

これらは，米国のビジネスチャンスを拡大させる目的が主であり，例えば1998年の建築基準法改正では，米国の建材・工法の輸入規制が緩和された。小泉政権下で進められた「聖域なき構造改革」の柱，道路公団・郵政民営化や司法制度改革も米国の要望だった。
（関岡英之『拒否できない日本』文藝春秋を参考）

解説 効率化の裏に… 2009年の政権交代で誕生した民主党・鳩山由紀夫政権は，**年次改革要望書の交換を廃止**したが，対米関係の悪化などで鳩山首相は退陣に追い込まれた。
後を継いだ菅直人政権下で，年次改革要望書は，2011年2月に**日米経済調和対話**と名前を変えて復活している。菅直人首相は，同年1月に**TPP**（➡p.362）参加の方針を打ち出しており，アメリカの意向に沿う舵取りを行った。

Focus 「米中貿易摩擦」激化

2015年，米国の対中貿易赤字が約3,657億ドルを計上した。米中貿易不均衡は拡大，米国が貿易制裁を課し，中国がその報復措置を発動するという繰り返しは，「貿易戦争」の様相を呈している。米国は外国産の鉄鋼とアルミニウムに高関税を課していたが，2018年，中国の知的財産権侵害を理由に1,102品目の中国製品に25％の制裁関税を課すと発表した。これに対し中国も報復措置として米国から輸入する659品目に対して25％の関税を上乗せすることを決定した。

2019年になっても貿易摩擦は激化をたどっている。トランプ大統領は8月，中国からの輸入品3,000億ドル（約32兆円）相当に10％の追加関税を課すと表明した。第4弾となる対中制裁が発動されると，対象がほぼすべての中国製品に広がり，衣料品や靴，おもちゃなど生活に身近な製品を中心に約3,800品目が対象となる。また，スマートフォンやノートパソコンなどの電子機器も含まれており，企業の**サプライチェーン**（部品供給網）に混乱が及ぶ恐れがある。

A 米中の制裁

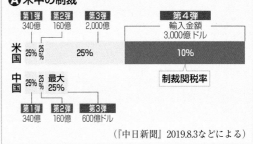

（『中日新聞』2019.8.3などによる）

国際経済

グローバル化する経済
国家主権が侵害される？

各国の基準・制度を一致させ，経済活動が地球規模で可能になるグローバル化は，人・商品・企業・資金が国境を越え，経済活動を活発にする。TPP推進論者は，その活力をてこに日本経済活性化を図る立場だ。

一方，グローバル化で規制がなくなり，自由に国境を越える企業・資金に対し，主権を有する各国のコントロールが効かず，通貨危機なども生じさせる。TPPも参加国の主権を害する分野があると指摘する論者もいる。グローバル化の功罪，TPPなどの是非について考えてみよう。

1 グローバル化の功罪

功 （FTA推進の論拠）	●国境を越えた投資の活発化，市場の拡大 ●発展途上国での経済発展 ●国際的分業と大量生産進展→コストの削減・製品価格の下落・安価で良質な商品の消費可能 ●世界各地の様々な人材，技術交流の活発化による技術・文化の発展
罪 （反対の論拠）	●投機的資金の短期流入・流出→金融危機頻発 ●多国籍企業の進出・安価な輸入品増加→先進国内での経済「空洞化」・失業者増加・国内産業構造の激変

「低所得国との貿易が，豊かな国の不平等化に与える影響はもはや小さくない」（クルーグマン）

2 グローバル化と国家主権

　自由貿易の推進，経済のグローバル化は，繁栄をもたらしてきたが，グローバル経済を支える確固とした柱は存在しない。グローバル経済には，市場の独占を防ぐ公正取引委員会も最後の貸し手も規制当局もセーフティネットも存在しない。もちろん，世界規模の民主主義も存在しない。**グローバル経済には，それを統治する制度に乏しいという欠点があり**，それゆえに，グローバル経済は不安定で非効率なものとなり，その正統性が支持されなくなることが多いのだ。

　政府の力が一国内に限定されているのに対し，市場経済は世界規模で広がっていることが，グローバリゼーションの欠点につながっている。健全なグローバル経済を築き上げるためには，政府と市場経済を絶妙なバランスで折衷することが必要だ。政府に力を与えすぎると，保護主義や自給自足経済に陥ってしまうし，市場に自由を与えすぎると，世界経済は本来必要な社会的ないし政治的な支持を受けることのない不安定なものとなってしまう。

　世界経済の政治的トリレンマ——民主主義と国家主権，グローバリゼーションを同時に追求することは不可能だ。グローバリゼーションをさらに推し進めたいのであれば，国民国家か民主政治のどちらかをあきらめなければならない。民主主義を維持しさらに進化させたいのであれば，国民国家か国際的な経済統合のどちらかを選ばなければならない。国民国家と国家主権を維持したいのであれば，民主主義とグローバリゼーションのどちらをさらに深化させるか選択しなければならない。われわれが現在抱えている困難は，これらの避けがたい選択に直面することから逃げていることにその根本の原因があるのだ。（ダニ・ロドリック『グローバリゼーション・パラドクス』白水社を要約）

3 TPP (環太平洋パートナーシップ) 協定とは？

Trans-Pacific Partnership

ⒶTPP

　TPPは，元々シンガポール・ブルネイ・チリ・ニュージーランド4国のFTAで，2009年米国の参加表明で参加国が拡大したもの。だが米国は，自国に有利な条件を引き出すため，17年1月にTPP離脱。各国に二国間交渉を迫り国益優先の姿勢を明らかにしている。

ⒷCPTPP発効（2018年12月30日）

　米国を除く**CPTPP**が発効した。トランプ米大統領が離脱を表明し，残った11か国で新協定を結んだ。11か国で域内人口5億人，世界GDPの13％に当たる10兆ドルの巨大経済圏が生まれた。24年後半にはイギリスが正式加入し，12か国体制となる予定だ。

4 TPPとFTA等の違い （⇒p.352）

削減交渉	**WTO（世界貿易機関）** ●加盟国共通のルールづくり…関税削減率，国内補助金の削減，輸出補助金の撤廃 ●農業交渉の理念は「多様な農業の共存」

↓ 例外的措置

関税撤廃交渉	**FTA（自由貿易協定）／EPA（経済連携協定）** ●2国間または複数国間の関税撤廃，ルール統一 ●90％以上の貿易について，10年以内に関税撤廃 ●重要品目について，対象外指定が可能

より過激な関税撤廃・制度統一

TPP　●11か国のFTA／EPA
●原則，全ての品目の関税撤廃
●様々な分野の制度・しくみを統一

矛盾

（TPPから日本の食と暮らし・いのちを守るネットワークHPを参考）

5 TPPへの賛否

賛成の立場	●貿易自由化は世界的潮流で日本にとっても必要 ●関税撤廃で日本企業の製品の**輸出競争力強化**可能 　→製造業の活性化・韓国企業などとの対抗可能 ●海外への投資，国内投資が増大 ●輸入品価格の低下 ●日米関係の強化による**安全保障強化**
反対の立場	●食料自給率低下，農業の多面的機能喪失 　→**食料安全保障の危機**につながる（⇒p.237） ●TPPは米国の雇用増進策で，**日本の雇用を奪う** ●現在でも日本の全輸入品目**関税率**は加重平均で2％であり，**世界でも最低レベルである** ●ISD条項により内国民待遇撤廃につながり，**国内法・制度の変更**を迫られる可能性がある ●医療保険分野に市場原理が導入され「国民皆保険制度」の維持が困難になる（⇒p.275）

プラスα　CPTPP早期発効の背景には，保護主義的な動きを強める米国を牽制する思惑があった。トランプ米大統領が米国に有利な条件を引き出すため各国に二国間交渉を迫ったことが，他の参加国の危機感を高めた。日本は米国の要求に対し，「CPTPPが最大限」のラインとして交渉した。

6 ISD条項（投資家対国家の紛争解決）

Investor（投資家）State（国家）Dispute（紛争）Settlement（解決）の略でISDS条項ともいう。投資家を保護するためのルールで，90年代後半からISD条項による提訴・仲裁が急増。TPP交渉でも争点になり，オーストラリアなどはISD条項に反対した。日本のTPP反対派は，米国企業の訴訟乱発で，日本独自の厳しい環境規制・食品安全規制が脅かされると主張。

C ISD条項による紛争解決のイメージ

A国政府		B国企業
・法律制定等	①差別的待遇など協定違反 →	・損害発生
③損害賠償命令や和解による解決	A国とB国はISD条項をFTA・EPA等の中で締結。	② 提訴 ←

仲裁裁判所	条約等で設置され各国が参加。以下は主なもの。
	●投資紛争解決国際センター（ICSID）…米国・ワシントンの世界銀行内に設置。世銀総裁（設立以来米国人）が議長を兼任し，仲裁審判員の任命権を持つ。米国の影響力が強い。
	●国連国際商取引法委員会…所在地ウィーン（オーストリア）。

（「これだけ儲けられたはずなのに」といったものも含まれる。）

（『東京新聞』2013.3.1，経済産業省資料等により作成）

D ISD条項による紛争の事例

エチル事件（1998年）…NAFTAの米国・カナダ間での事件。米国燃料会社が，カナダ政府のガソリン添加物MMT使用禁止の法律制定により，操業停止に追い込まれたとして3.5億ドルの損害賠償を求めICSIDに提訴。**カナダ政府は規制を撤廃し，1,300万ドルを支払い和解。**

脱原発政策を提訴（2009年）…スウェーデン電力会社が，ドイツ政府の脱原発政策で，投資中の原発が停止し損害を受けたとして，1.4億ユーロの損害賠償を求めICSIDに提訴。2010年，**ドイツ政府が賠償金を支払い和解。**

7 TPP離脱表明後の米国の動き

トランプ政権のマクロ経済政策は，エネルギー政策変更によるシェールガスの輸出拡大，法人税減税，インフラ投資などによる歳出拡大，そして金融規制の緩和が中心。最も懸念されているのが，**保護貿易主義的な通商政策**である。これらのトランプノミクスはどのような影響を米国そして国際経済に与えるだろうか。

トランプ政権は2017年版通商政策報告書ではさらに「**保護貿易主義**」「**米国第一主義**」を鮮明にした。国家主権の優先，「**通商法301条（➡p.361）**」などの米国通商法令の厳正な施行，新たな二国間協定の推進，他国への市場開放要求などを挙げた。80年代の「日米貿易摩擦」での「貿易管理」を想起させる方針である。WTOのルール軽視，18年11月の**USMCA（新NAFTA，➡p.359）**署名，TPPにかわっての二国間FTA締結の中で，米国の国益優先の姿勢を鮮明にしたのである。

2018年に開始された日米貿易交渉では，2019年10月に自動車や農林水産品の関税を削減・撤廃する**日米貿易協定**が合意・署名された。12月に国会で承認され，2020年1月に発効した。発効後，関税や他の貿易上の制約，サービス貿易・投資の障壁など，幅広い分野での交渉開始が合意されており，今後，米国が日本国内の制度変更を要求してくることが予想されている。

8 RCEP—15か国で2022年1月発効

日中韓，オーストラリア，ニュージーランド，ASEANの15か国は，2020年11月「**地域的な包括的経済連携（RCEP）協定**」に署名，2022年1月に発効した（➡p.353α）。日本の貿易額1位の中国や3位の韓国が含まれる初のEPAとなる。GDP・人口の合計はいずれも世界の約3割を占め，CPTPPや日欧EPAを超す，最大級の経済圏が誕生した。発効により，自動車部品で中国向けの9割弱，韓国向けの8割弱の関税が撤廃されるなど，日本製品の関税91.5%が撤廃される。

当初，日本はインドを引き込むことで中国の影響力を弱めたい思惑があったが，インドは2019年11月に離脱。RCEPは，日本の主張はあまり通らず，中国が主導して作られたルールで妥結することとなった。

E 東アジア・アジア太平洋の枠組み（2023年10月末現在）

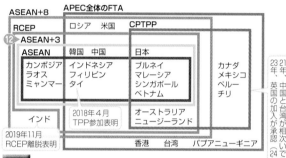

21年，中国と台湾が相次いでTPP加入を申請。23年，英国の加入が承認（24年後半に加入予定）。

9 進む欧州との連携

F 日本・EU経済連携協定（日欧EPA）—2019年発効

2019年2月発効の**日欧EPA**は，世界のGDPの約3割，貿易額の約4割を占める巨大な自由貿易圏だ。日本側は全品目の94%，EU側は99%の関税を撤廃した。

外務省は，経済効果は実質GDPを約5兆円（約1%）押し上げ，約29万人分の雇用増と試算。だが，農林水産分野の約8割の品目で輸入関税を撤廃するため，大打撃を受けることが懸念されている。

G 日欧EPA発効後の主な関税

	品目	発効前	発効後
EUからの輸入品	ワイン	15%または1㍑125円の安い方	即時撤廃
	チョコレート	10%	10年で撤廃
	ナチュラルチーズ	原則29.8%	輸入量枠内は15年で撤廃
EUへの輸出品	自動車	10%	7年で撤廃
	電気機器	最高14%	ほぼ即時撤廃

H 日英包括的経済連携協定（日英EPA）—2021年発効

EU離脱のイギリスは日欧EPAも対象外となったため，2020年10月，日本とイギリスは**日英EPA**に署名，2021年1月に発効した。この協定は，日欧EPAとほぼ同じ内容で，自動車などイギリスへの輸出品の99%，日本への輸出品の94%の関税が段階的に撤廃される。

なおイギリスは，日英EPAに続き，CPTPP加入を実現することで環太平洋地域との貿易促進につなげたい思惑がある。日本政府もイギリスを後押しする意向だ。

プラスα **米韓FTA**…①非民主的な決定過程（国民も国会議員も内容を知らされず，両国間のやり取りした文書は3年間非公開。批准は賛成派議員のみ），②米韓FTAの条約は韓国法より優先されるが，アメリカは連邦法が優先されるし，民主主義・国民主権を破壊するものだとの批判が強い。

363

視点 ●南北の経済格差はどのような状況か？また，その背景となる構造はどのようなものか？

連帯　持続可能性

南北問題の現状と背景

大きな格差・モノカルチャー経済

1 南北問題

A 所得分類による面積・人口・GNIの分布 （2021年）

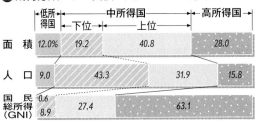

	低所得国	中所得国 下位	中所得国 上位	高所得国
面　積	12.0%	19.2	40.8	28.0
人　口	9.0	43.3	31.9	15.8
国　民 総所得（GNI）	0.6 / 8.9	27.4	63.1	

〈注〉所得分類…2021年の１人当たりGNIにより分類。低所得国1,085ドル以下，中所得国下位1,086～4,255ドル，中所得国上位4,256～13,205ドル，高所得国13,206ドル以上。（世界銀行による分類）

B 発展途上国の社会指標

	識字率（%）	1人当たりエネルギー消費量（石油換算kg）	人口1,000人当たり医師数（人）	人口1,000人当たり日刊新聞発行部数（部）
インド	74.4	679	0.7	398
フィリピン	96.3	567	0.8	79('04)
エジプト	73.1	915	0.7	—
モロッコ	75.9	610	0.7	12('03)
ブラジル	94.3	1,387	2.3	35
ベネズエラ	97.5	1,159	1.7	—
日　本	99.8('90)	3,275	2.5	381
アメリカ	95.2	6,472	2.6	157
調査年	2018～21年	2019年	2017～20年	2014～17年

C 南北間の格差

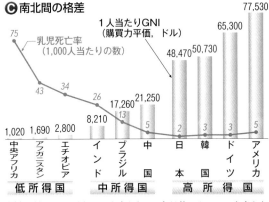

１人当たりGNI（購買力平価，ドル）

乳児死亡率（1,000人当たりの数）

中央アフリカ 1,020（75）		
アフガニスタン 1,690（43）		
エチオピア 2,800（34）		
インド 8,210（26）		
ブラジル 17,260（13）		
中国 21,250（5）		
日本 48,470（2）		
韓国 50,730（3）		
ドイツ 65,300（3）		
アメリカ 77,530（5）		

低所得国　中所得国　高所得国

〈注〉所得による分類は１人当たりGNI名目値による。１人当たりGNIは2022年，乳児死亡率は2021年。（**B C**とも世界銀行資料）

D 貧困率（地域別）　（世界銀行資料）

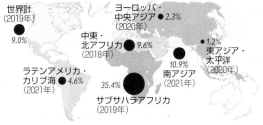

- 世界計（2019年）9.0%
- ヨーロッパ・中央アジア（2020年）2.3%
- 中東・北アフリカ（2018年）9.6%
- 東アジア・太平洋（2020年）1.2%
- ラテンアメリカ・カリブ海（2021年）4.6%
- 南アジア（2021年）10.9%
- サブサハラアフリカ（2019年）35.4%

〈注〉１日2.15ドル（購買力平価）で生活する人の割合。

解説 南北問題とは　北半球に多い先進工業国と，南の熱帯・亜熱帯地域に集中している発展途上国との間の著しい経済格差がもたらす諸問題のことをいう。これは，発展途上国の多くが過去数世紀にわたって，欧米先進国の植民地支配下で，特定の一次産品（加工が施されていない農産物・鉱産物など）の生産に依存する経済のしくみ（モノカルチャー経済）23 18 を押しつけられ，先進工業国が必要とする原燃料提供地域として位置づけられてきた結果である。

用語 後発発展途上国（LDC：Least Developed Country）…発展途上国の中でも特に開発が遅れた国のこと。国連開発計画委員会（CDP）の基準により，当該国の同意の上，認定される。１人当たりGNI（３年間平均）1,018ドル以下，栄養不足人口の割合，乳幼児死亡率，識字率，経済的脆弱性などが基準。2022年８月現在で46か国ある。

2 主要一次産品価格の推移 （→p.332 2 B）

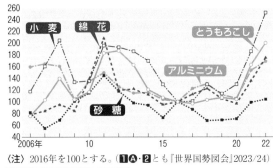

小麦　綿花　とうもろこし　アルミニウム　砂糖

2006年　10　15　20　22

〈注〉2016年を100とする。（1 A・2 とも『世界国勢図会』2023/24）

解説 価格不安定な一次産品　一次産品の価格は不安定で，低迷気味の傾向にある。そのため，発展途上国の輸出で得られる所得は減少し，その結果，工業製品輸入の困難さ（交易条件の悪化）も生じている。なお，2000年代に入って投機対象となった一部の一次産品の価格は急激な乱高下をみせた。

格差是正に向けて

資源ナショナリズム・UNCTAD

3 資源ナショナリズムとNIEO

1960	OPEC（石油輸出国機構）結成
1962	国連総会で「天然資源に対する恒久主権」宣言
1964	UNCTAD（国連貿易開発会議）発足
1973	OPEC石油価格約４倍に引上げ（第一次石油危機）
1974	国連資源特別総会「新国際経済秩序（NIEO）」宣言

解説 資源ナショナリズムとは　1960年代以降に発展途上国で高まった天然資源は産出する国のものという考え方である。それは，政治的独立は達成しても，経済構造は植民地時代と同様，支配されているという新植民地主義への反発でもあった。

この南北間の対立が深まる中，1974年の国連資源特別総会で採択されたのが，「新国際経済秩序（NIEO）樹立に関する宣言」であった。その内容は，①天然資源恒久主権，②北の多国籍企業の活動規制（国連の経済社会理事会の傘下にそのための委員会も設置），③交易条件の改善（一次産品値上げ）などである。

資源国の工業化・成長の成果をもたらしたものの，新たに南南問題や累積債務問題も生みだした。

プラスα フェアトレード　環境・人に配慮した方法で途上国において生産された商品を公正な価格で購入すること。途上国を支援し，環境破壊・労働条件悪化を防止する目的の輸入。

潜在的な飢饉の犠牲者に対して公的雇用を提供することは，失われた購買力を再創出し，飢餓を防ぐことにつながる。そのための最善の方法は，多くの場合，こうして雇用された人々に対して現金賃金を支払うことである。

アマルティア・セン［インド：1933〜］経済学者。経済の分配や貧困・飢餓の研究で1998年ノーベル経済学賞受賞（➡p.175）。言葉は『貧困と飢餓』の一節。

5 18 4 UNCTAD（国連貿易開発会議）

A UNCTADの組織

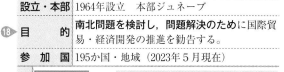

設立・本部	1964年設立　本部ジュネーブ
18 目　的	南北問題を検討し，問題解決のために国際貿易・経済開発の推進を勧告する。
参加国	195か国・地域（2023年5月現在）

機構図

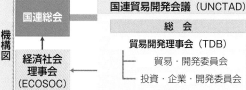

国連総会

国連貿易開発会議（UNCTAD）

総　会

貿易開発理事会（TDB）

貿易・開発委員会

投資・企業・開発委員会

経済社会理事会（ECOSOC）

解説 国連開発の10年 国連総会は1960年代以降，各年代を「国連開発の10年」として南北問題の解決を進めてきた。その中で，南北問題専門の常設機関として設置されたのがUNCTADであった。しかし，第1〜4次「国連開発の10年」はすべて失敗に終わっている。

0 23 **用語 グローバル・ゴールズ（持続可能な開発目標＊：SDGs，➡p.3）**…「ミレニアム開発目標（MDGs）」（15年末達成期限）の後継開発目標（16〜30年）で，2015年国連持続可能な開発サミットで採択。MDGsは極度の貧困飢餓撲滅など途上国を対象としたが，SDGsは再生可能エネルギー利用拡大・食品廃棄物半減・児童虐待撲滅・生産的雇用確保など，先進国での取り組みと責務も求める内容となった。

B UNCTAD総会の歩み

回	年	開催地と主な決議事項	
1	1964	ジュネーブ：「プレビッシュ報告」提出。**国民所得1％の援助目標決定（援助よりも貿易を）**	20
2	1968	ニューデリー：**一般特恵関税制度**の合意。援助目標をGNPの1％とする。	
3	1972	サンチアゴ：**ODAを1970年代中頃までにGNPの0.7％まで引き上げ努力（援助も貿易も）**	
4	1976	ナイロビ：一次産品総合計画（コーヒー・銅など18品目の価格安定）採択	
5	1979	マニラ：OPECと非産油国の対立激化**（対立よりも南北対話を）**	
7	1987	ジュネーブ：発展途上国の累積債務問題，一次産品価格の低迷などについて討議	
8	1992	カルタヘナ：UNCTAD機構改革**（持続可能な開発）**	
11	2004	サンパウロ：南南貿易の重要性を強調	
12	2008	アクラ：IMF・世界銀行の国際ルールが，途上国の開発政策の決定権を奪っている点を指摘	
13	2012	ドーハ：世界金融危機の分析・原因究明の独立性と正確性を求める	

解説 UNCTADの成果 1960年代は，一次産品安定策，一般特恵関税制度，援助目標GNP1％，ODA目標GNP0.7％などの成果があった。1990年代は，環境とその関連で開発の権利が主題となった。

新たな課題　　　　　　　　　　　　　　南南問題・累積債務問題

5 南南問題

A 名目GDPの変化にみる南南問題 （世界銀行資料）

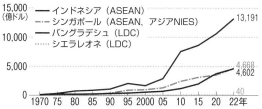

- インドネシア（ASEAN）
- シンガポール（ASEAN，アジアNIES）
- バングラデシュ（LDC）
- シエラレオネ（LDC）

13,191
4,668
4,602
40

15,000（億ドル）／10,000／5,000

1970 75 80 85 90 95 2000 05 10 15 20 22年

B バングラデシュでの食事（辺見庸『もの食う人びと』共同通信社）

　インディカ米にしては腰がない。チリリと舌先が酸っぱい。水っぽい。それでも嚙むほどに甘くなってきた。……二口，三口。次に骨つき肉を口に運ぼうとした。すると，突然「ストップ！」という叫び。「それは，食べ残し，残飯なんだよ」……うっとうなって，皿を私は放りだした。途端，ビーフジャーキーみたいに細い腕がニュッと横から伸びてきて，皿を奪い取っていった。10歳ほどの少年だ。……「ダッカには金持ちが残した食事の市場がある。残飯市場だ。卸売り，小売りもしている」という。……ダッカでは残飯が人間の食料として売られているのだ。

解説 南南問題 石油危機以降，産油途上国や工業化に成功した国・地域と，そうでないLDC間で生じた途上国同士における経済格差を**南南問題**という。1980年代には**アジアNIES**や**ASEAN**（➡p.348）など，発展途上国の中で工業化に成功する国も出てきた。このような地域とLDCとの格差は拡大し続けている。

6 累積債務問題 18 17 15

　ラテン・アメリカの累積債務問題が吹き出したのは，石油危機が契機であった。石油代金の支払い増加や，景気の後退とそれに伴う途上国の輸出不振，さらに金利の上昇（**80年代前半のアメリカの高金利政策**）による支払額の増加などが，途上国を債務の返済不能（例：**1982年メキシコのデフォルト（債務不履行）宣言）** に追いやった。累積債務危機によって多くのラテン・アメリカ諸国はマイナス成長を余儀なくされ，100％を超える未曽有のインフレ，失業率の急上昇など深刻な経済危機に陥った。**リスケジューリング（債務支払繰り延べ）** や債務の削減などで好転の兆しはあるが，何かのきっかけで外貨が大量流出すると**1994年メキシコのような通貨危機**につながりかねない。

　また，予算の大半が累積債務の返済に向けられるため，福祉・教育・医療の予算が削減され，新たな貧困を作り出している。（『手にとるように国際金融がわかる本』かんき出版）

23 A 各国の対外債務残高と対GNI比 （『世界国勢図会』2023/24）

対外債務残高　　　　　　　　　　　　　　　　債務残高のGNI比

国	対外債務残高（億ドル）	対GNI比
中　国	27,025	15.4%
イ　ン　ド	6,129	19.6
ブラジル	6,065	38.9
メキシコ	6,057	48.0
ロ　シ　ア	4,814	27.8
ト　ル　コ	4,355	54.2
インドネシア	4,165	36.1
アルゼンチン	2,463	51.1

2021年末（単位：億ドル）

国際経済

プラスα 特別な発展途上国（開発途上国，DC） ①後発発展途上国（LDC）…特に開発が遅れている国。②内陸開発途上国（LLDC：Landlocked Developing Countries）…内陸国で地勢的に開発が不利な国。③小島嶼開発途上国（SIDS：Small Island Developing States）…小さな島で構成される国。

経済協力　　　　　　　　　　　　　　　　ODAの形態

❶ ODA（政府開発援助）等の経済協力

Ⓐ日本の経済協力の形態と実績

ODA実績（2021年）
合計1兆7,310億円
（＝158億ドル）

政府開発援助（ODA）	二国間	贈与	無償資金協力…返済義務を課さず資金を供与。JICA（国際協力機構）が大半を担当（一部，外務省）	1,278億円（7.4％）	3,941億円（36.1％）
			技術協力…研修員受入れや専門家派遣等により発展途上国の人造りに協力。JICAが担当	2,663億円（15.4％）	
		政府貸付（円借款）等…ダム・工場などのプロジェクトへの借款，物資購入への借款など。JICAが担当（08年国際協力銀行から引き継ぐ）		6,519億円（37.7％）※政府貸付がマイナスになる場合…「貸付額＜返済額＋債務を免除した額」	
	多国間	国際機関等への出資・拠出等…世界銀行グループ，アジア開発銀行，国連開発計画などに対する資金協力。政府関連各省が担当		4,549億円（26.3％）	
その他の政府資金	輸出信用…輸出に必要な資金を貸し付けるもの。国際協力銀行が行う融資など（08年から日本政策金融公庫が担当）直接投資金融等…企業に対する融資や外国政府の債券購入国際機関に対する融資等…アンタイドローンによる融資				
民間資金	輸出信用・直接投資・その他二国間証券投資等国際機関に対する融資等				
民間非営利団体による贈与	日本赤十字など				

解説 経済協力の意味 発展途上国の経済発展障害要因である貯蓄・投資不足を補う先進国からの資金・技術支援が経済協力（援助）である。Ⓐのように，政府開発援助（ODA）・その他の政府資金からなる政府ベースと民間ベースの2つに大別される。国連（UNCTAD・国連貿易開発会議）で設定されている目標は，**ODAは対GNP比0.7％，援助総額は対GNP比1％**であり，日本は両方とも達成されていない。

用語 グラントエレメント（GE）…援助条件の緩やかさを表す数値で民間金融機関による融資条件を0％とし，金利・期間などが緩和されるに従い高くなり贈与は100％と表示される。25％以上は「ODA」，未満は「その他政府資金」と区分。日本のODAのグラントエレメントは78.0％（2021年，DAC平均91.8％）である。

Ⓑ主要DAC諸国の贈与比率（2020−21年平均）

チェコ，ギリシャ，アイルランド，ルクセンブルク，スロベニア，アメリカ，ノルウェー，スロバキア，オーストラリア，オランダ，ニュージーランド，ハンガリー，アイスランド，スウェーデン，デンマーク

国	比率
15か国	100.0％
スペイン	99.3％
イギリス	96.7％
イタリア	95.3％
ベルギー	93.9％
ドイツ	83.1％　DAC29か国平均83.1％
韓国	57.7％
フランス	57.0％
日本	39.3％　29か国中29位

〈注〉贈与比率…ODAの二国間援助の内の贈与の場合。

❷ 日本のODAの量と質

ODA実績，対GNI比率，グラントエレメントが一覧になった表の中で，空欄の国名に入る。日本・アメリカ・ドイツの組み合わせが問われた。

Ⓐ主要DAC諸国のODA実績

ODA実績（贈与相当額，単位：億ドル）2022年暫定値	対GNI比率（単位：％）
552.8　アメリカ	0.22
350.2　ドイツ	0.83
174.8　日本	0.39
158.8　フランス	0.56
157.5　イギリス	0.51
78.3　カナダ	0.37
64.7　オランダ	0.67
64.7　イタリア	0.32
54.6　スウェーデン	0.90
51.6　ノルウェー	0.86
44.8　スイス	0.56
42.1　スペイン	0.30
2,040.0（合計）　DAC加盟国計	0.36（平均）　国連目標

DAC（開発援助委員会，29か国＋EUが加盟）は，OECD（➡p.353）の下部組織。援助に関する政策調整を行っている。

Ⓒ無償資金協力の地域別実績（2021年度）

総額1,646億円

- サブサハラ・アフリカ 32.0％
- 東アジア 19.5
- 中東・北アフリカ 13.6
- 南西アジア 10.7
- 南大洋州 9.6
- 中南米 6.7
- 欧州・中央アジア 6.0
- その他 1.8

Ⓓ円借款の地域別実績（2021年度）

総額1兆1,580億円

- アジア 81.6％
- 中東・北アフリカ 6.7
- 欧州 4.0
- 中南米 3.8
- サブサハラ・アフリカ 3.0
- 大洋州 0.9
- その他 0.0

（外務省，JICA資料による）

ⒷODA実績の推移（上位5か国）

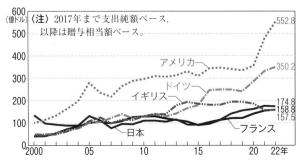

600（億ドル）
〈注〉2017年まで支出純額ベース，以降は贈与相当額ベース。
アメリカ　552.8
ドイツ　350.2
イギリス　174.8
日本　158.8
フランス　157.5
2000　05　10　15　20　22年

Ⓔ日本の二国間ODAの実績（2021年，上位10位）

国　名	金額（ドル）	シェア（％）
インド	23億8,727万	23.37
バングラデシュ	19億5,292万	19.12
フィリピン	7億3,291万	7.17
カンボジア	4億5,900万	4.49
ミャンマー	4億0,443万	3.96
ウズベキスタン	3億4,837万	3.41
パプアニューギニア	3億4,567万	3.38
イラク	2億8,813万	2.82
モーリシャス	2億8,675万	2.81
ブラジル	2億4,700万	2.42

プラスα 新生JICA 2008年10月，国際協力機構（JICA）が国際協力銀行の円借款部門を統合し，世界最大級の援助機関（08年度で1.03兆円）として再出発した。技術協力・贈与・円借款（日本のODA3大部門）を一括して担当し，援助の効率化・迅速化を目指す。

言の葉

すべての人間には利己的な面と，無私で献身的な面がある。私たちは利己的な部分だけに基づいて，ビジネスの世界を作った。無私の部分も市場に持ち込めば，資本主義は完成する。私はそれを「ソーシャルビジネス」と呼ぶ。

ムハマド・ユヌス［バングラデシュ：1940～］経済学者。貧困撲滅を目指し，無担保少額融資（マイクロクレジット）を専門とするグラミン銀行を創設。2006年，ノーベル平和賞受賞。

3 日本のODAの問題点

①援助額の削減	ピークの1997年度から半減。外交力・国際的発言力低下が懸念される。2008年度以降，対アフリカODA中心に，増額へ方針転換。
②低い贈与比率	日本は「自助努力を前提に発展を手助け」との方針で，有償援助の有用性を主張。
③タイド（ひも付き）援助	資材等の調達を援助供与国の企業に限定する援助形式。日本のODAは利益追求型との批判が強かったが，80年代後半から縮小しDAC中でも最低レベルとなった。
④経済インフラ偏重と環境破壊	人道的援助（食糧・生活基盤整備）が少ない。ダム建設などによる熱帯雨林破壊・住民生活破壊につながる例も。
⑤不透明性・不正	成果や実態の非公開の面がある。中国への円借款の北京空港㈱転用事件（2000年），北方四島支援を巡る利権問題（02年）等も。
⑥アジア偏重	アジア地域へ偏っているが，近年アフリカ向け贈与が増大。対中国は2007年度で円借款，21年度ですべてのODA事業を終了。

解説 **質だけでなく量も**　日本のODAは**1991～2000年は世界1位**（以降2005年まで2位）㉒であり，主に質的不十分さが指摘されていた。しかし，財政の制約から**ここ15年で約50%も予算を減らし**，2007年には独，英，仏に抜かれ**5位まで転落**した。いまや量的な問題も生じている。

Focus（フォーカス） ビジネスでの支援

バングラデシュの**グラミン銀行**は，世界の企業と合弁会社を設立し，利益ではなく社会問題の解決を目指した「**ソーシャルビジネス**」を立ち上げている。日本企業では，2010年にユニクロ（衣料品の生産・販売），2018年に吉本興業（町おこし）が提携した。発展途上国でのソーシャルビジネスは，**企業の社会的責任**（➡p.189）を重視する欧米で盛んだが，日本企業の取り組みはまだまだ少ない。

一般的に企業は本業が不振になれば慈善事業に費やす資金を減らすが，社会的事業として収益が上がっていればさらなる投資をする。一方，ODAは往々にして公務員の腐敗や効率の悪さから，底辺の民衆まで援助が浸透しないというデメリットがある。

㉑ **用語** **グラミン銀行**…無担保少額融資を専門にするバングラデシュの民間銀行。グラミンは「村」の意。2006年に，ユヌス総裁とともにノーベル平和賞を受賞。

⑳㉑㉒ **マイクロファイナンス（小口金融）**…貧困層向けの金融事業。グラミン銀行が行っている**マイクロクレジット（小口融資）**のほか，マイクロインシュアランス（小口保険）などがある。

ソーシャルビジネス…社会的事業などと訳される。貧困などの社会的課題を事業を通じて持続的に解決する手法。企業やNGOなどさまざまな主体がある。

ODAのあるべき姿とは？

ODA（Official Development Assistance）

4 政府開発援助（ODA）基本方針の変遷

ODA大綱（1992年閣議決定）での原則

①開発と環境の両立　②軍事的用途への使用回避
③受入国の大量破壊兵器・ミサイル製造等への注意
④受入国の民主化促進，人権保障状況への注意

⬇

2003年　改正の際のポイント

- **国益重視の方針**明記　● 国際的諸機関やNGOとの連携
- 「**人間の安全保障**」の視点重視
- 開発教育の普及等を通じた国民の参加拡大

⬇

2014年　大綱改正の際のポイント

- 途上国への支援のみならず，安全保障や資源確保などの国益を重視する立場から，「**開発協力大綱**」に名前を変更
- 民生目的，災害救助等の非軍事目的の支援であれば，**外国軍への支援**も排除すべきではない
- 経済発展してODAの対象ではなくなった「卒業国」への支援制限を撤廃

解説 **「積極的平和主義」の影**　戦後のアジア諸国への賠償から始まったODAは，アジアの開発独裁政権との癒着，必ずしも現地の民生に役立たない等の指摘があった。これを受け成立したのが1992年の**ODA大綱**。だが2000年代から日本の「国益」が前面に出てきて，14年改正では「**積極的平和主義**」の一環として軍事活動以外の軍への支援も盛り込まれた。他国の軍に提供した民生技術が軍事転用されたりする可能性もある。近年はNGOとの協力や情報公開が重視される一方，中国や欧米諸国でも自国企業の進出への活用が目立っている。しかし，ODAは発展途上国への日本のメッセージでもある。

5 ODAをみる視点

肯定論	・天然資源の乏しい日本が，その確保のためにODAを積極的に用いることは重要なこと。 ・ODAの供与を受けることで現地経済が活性化し，長期的にみて日本製品の市場となってきている。 ・東南アジアなどに供与が集中してきたことは，市場開発やマラッカ海峡など日本の資源輸送ルートの安定的確保のためにも必要なことだった。 ・中国に関していえば，貧富の差が大きく，環境問題も深刻である。こうした問題解決のためのODAはまだ意義がある。
否定論	・財政難の今，国外よりも国内投資の方が重要である。 ・現地経済が日本経済に依存する体質ができあがり，時として東南アジアの独裁体制国家を間接的に支援してきたのではないか。 ・現地経済が活性化するというが，「ひもつき」援助で日系の企業がその恩恵に浴してきたことはなかったか。 ・すでにGDPで日本を抜く一方で，人権抑圧体制を敷き，核兵器をも所有する中国への供与は，もはや不要である。

対中ODAは，07年度で円借款が終了，18年度ですべての新規採択を終了。

日本のODAによりダムが建設された結果，土地を失ったインドネシア住民数千人が補償を求めて2002年に日本政府を告訴したが，2009年に東京地裁で，2012年には東京高裁で敗訴。

用語 **互恵主義（互恵的利他主義）**…時間が経ってから見返りがあることが期待される場合，ある主体（国家や個人）が他の主体の利益のために，即時的な見返りなしで実行する行為のこと。日本のODAは，互恵主義的な援助だといわれている。

国際経済

プラスα **ODAの軍事利用解禁へ**　安倍内閣は2015年2月，従来の「ODA大綱」を変更し，「開発協力大綱」として閣議決定した。非軍事が基本だったODAを，**安全保障政策に活用する方向（軍事利用解禁）**へ大転換した。日本国憲法の平和主義の理念に反するとして批判が多い。

6 一人当たりGDP

Ⓐ 一人当たりGDP（名目）の推移

> **GDP：国内総生産**（Gross Domestic Product）。国内で1年間に新たに生産された財・サービスの価値を合計したもの。「GDP÷人口＝一人当たりGDP」。

アメリカ 76,399
ドイツ 48,432
イギリス 45,850
フランス 40,964
日本 33,815
韓国 32,255
ロシア 15,345
中国 12,720
ブラジル 8,918
インド 2,389

Ⓑ 一人当たりGDP（購買力平価）の推移

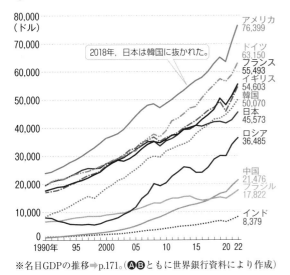

> 2018年，日本は韓国に抜かれた。

アメリカ 76,399
ドイツ 63,150
フランス 55,493
イギリス 54,603
韓国 50,070
日本 45,573
ロシア 36,485
中国 21,476
ブラジル 17,822
インド 8,379

※名目GDPの推移➡p.171。（ⒶⒷともに世界銀行資料により作成）

7 平均賃金の伸び率

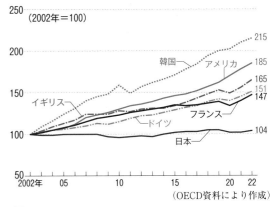

（2002年＝100）
韓国 215
アメリカ 185
165
151
フランス 147
日本 104
イギリス／ドイツ

（OECD資料により作成）

8 世界の貿易における日本

Ⓐ 日本の輸出入相手国（2022年）　（財務省資料）

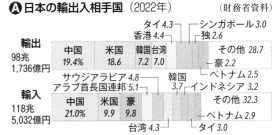

| 輸出 98兆1,736億円 | 中国 19.4% | 米国 18.6 | 韓国 7.2 | 台湾 7.0 | 香港4.4 | タイ4.3 | 独2.6 | シンガポール3.0 | 豪2.2 | ベトナム2.5 | その他 28.7 |

| 輸入 118兆5,032億円 | 中国 21.0% | 米国 9.9 | 豪 9.8 | サウジアラビア4.8 | アラブ首長国連邦5.1 | 台湾4.3 | 韓国3.7 | インドネシア3.2 | タイ3.0 | ベトナム2.9 | その他 32.3 |

Ⓑ 主要国の輸入貿易に占める日本の位置（2021年）

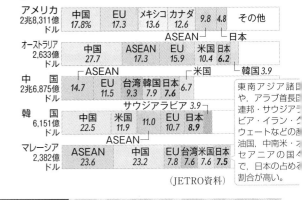

アメリカ 2兆8,311億ドル	中国 17.8%	EU 17.3	メキシコ 13.6	カナダ 12.6	9.8	4.8	その他
オーストラリア 2,633億ドル	中国 27.7	ASEAN 17.3	EU 15.9	米国 10.4	日本 6.2	韓国 3.9	
中国 2兆6,875億ドル	ASEAN 14.7	EU 11.5	台湾 9.3	韓国 7.9	日本 7.6	米国 6.7	
韓国 6,151億ドル	中国 22.5	米国 11.9	11.0	EU 10.7	日本 8.9	サウジアラビア 3.9	
マレーシア 2,382億ドル	ASEAN 23.6	中国 23.2	EU 7.8	台湾 7.6	米国 7.6	日本 7.5	

> 東南アジア諸国や，アラブ首長国連邦・サウジアラビア・イラン・クウェートなどの産油国，中南米・オセアニアの国々で，日本の占める割合が高い。

（JETRO資料）

9 世界における富の分布（World Inequality Lab資料により作成）

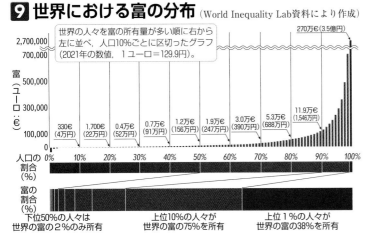

> 世界の人々を富の所有量が多い順に右から左に並べ，人口10%ごとに区切ったグラフ（2021年の数値，1ユーロ＝129.9円）。

富（ユーロ：€）

270万€（3.5億円）
330€（4万円）
1,700€（22万円）
0.4万€（52万円）
0.7万€（91万円）
1.2万€（156万円）
1.9万€（247万円）
3.0万€（390万円）
5.3万€（688万円）
11.9万€（1,546万円）

人口の割合（%）　0% 10% 20% 30% 40% 50% 60% 70% 80% 90% 100%

富の割合（%）

下位50%の人々は世界の富の2%のみ所有
上位10%の人々が世界の富の75%を所有
上位1%の人々が世界の富の38%を所有

解説　1%に富が集中？　フランスの経済学者ピケティ氏（➡p.175）らが運営する世界不平等研究所（World Inequality Lab）は，2021年に世界トップ1%の富裕層が，世界の富の38%を所有していると発表した。一方，世界の下位50%の人々が持つ富はわずか2%だ。また，国際NGOの**オックスファム・インターナショナル**（➡p.293）は，ダボス会議にあわせて毎年格差と不平等に関する報告書を発表しているが，新型コロナウイルス感染症が広がった2020年からわずか2年で，上位10名の資産が0.7兆ドル（約80兆円）から1.5兆ドル（約170兆円）に倍増したと指摘している。国家間の格差だけでなく，一部の個人に富が集中する構図を変えることも重要な課題である。

プラスα　ダボス会議　1971年に経済学者シュワブにより設立された民間の国際機関「世界経済フォーラム」の年次総会のこと。毎年1月末に開催。参加者は，世界の政治・経済のリーダーたちが選ばれる。日本からは31名の最高意思決定機関の評議員として，竹中平蔵元総務大臣が選ばれている。

国際経済

資本主義の終焉
もう「周辺」は存在しない

1997年までの歴史の中で，経済覇権国の国債利回りが最も低かったのは17世紀初頭のイタリア・ジェノヴァで，11年間金利が2％を下回ったという。日本の「10年国債」利回りは400年ぶりにこの記録を更新し，2.0％以下という超低金利が20年近く続いている。経済学者の水野和夫・法政大学教授は，「経済史上極めて異常な状態」と指摘し，16世紀以来，世界を規定してきた資本主義というシステムが終焉に向かっているとしている。資本主義の終焉とはどういうことか，考えてみよう。

1 金利の低下＝利潤率の低下

◎水野和夫教授
大手証券会社チーフエコノミスト，内閣審議官などを経て現職。

なぜ，利子率の低下が重大事件なのかと言えば，**金利は利潤率とほぼ同じだと言える**からです。利潤率の低下は，設備投資をしても，十分な利潤を生み出さない「**過剰**」な設備になってしまうことを意味します。

1974年，イギリスと日本の「10年国債」利回りがピークとなり，以降，先進国の利子率は趨勢的に下落していきます。資本を投下し，利潤を得て資本を自己増殖させることが資本主義の基本的な性質ですから，利潤率が極端に低いということは，すでに資本主義が資本主義として機能していないという兆候です。

1973・79年のオイル・ショック，75年のベトナム戦争終結は，「もっと先へ」と「エネルギーコストの不変性」という近代資本主義の大前提のふたつが成立しなくなったことを意味しています。

「もっと先へ」を目指すのは空間を拡大するためで，近代資本主義には必須の条件です。アメリカがベトナム戦争に勝てなかったことは，「地理的・物的空間」を拡大することが不可能になったことを象徴的に表しています。資源ナショナリズムの勃興とオイル・ショックによって，「エネルギーコストの不変性」も崩れていきました。つまり，先進国がエネルギーや食糧などの資源を安く買い叩くことが不可能になったのです。

2 「電子・金融空間」の創出

アメリカは，ITと金融自由化が結合してつくられる「電子・金融空間」に利潤のチャンスを見つけ，「**金融帝国**」化することで資本主義の延命を図りました。

1971年，ニクソン・ショックでドルは金と切り離され，ペーパー・マネーになり，バブルが起きやすくなりました。1995年，国際資本が国境を自由に越えることが統計的に明らかになり，以降，証券化などの金融手法で，世界の余剰マネーを「電子・金融空間」に呼び込み，途方もない金融資産をつくり出したのです。

3 グローバリゼーションと中間層没落

アメリカの金融帝国化は，中間層を豊かにすることはなく，むしろ格差拡大を推し進めてきました。金融市場の拡大を後押ししたのが，**新自由主義**だったからです。新自由主義とは，政府よりも市場の方が正しい資本配分ができるという市場原理主義の考え方です。資本配分を市場に任せれば，労働分配率（➡p.260）を下げ，資本側のリターンを増やしますから，富む者がよ

り富み，貧しい者がより貧しくなっていくのは当然です。グローバリゼーションが加速したことで，資本家だけに利益が集中していきます。

グローバリゼーションとは，「中心」と「周辺」の組み替え作業です。20世紀末までは，「**中心**」＝北の先進国，「**周辺**」＝南の途上国という位置づけでした。

資本主義は「周辺」の存在が不可欠ですから，途上国が成長し，新興国に転じれば，**新たな「周辺」をつくる必要があります**。それが，アメリカで言えばサブプライム層，日本で言えば非正規社員なのです。21世紀の新興国の台頭と，サブプライムローン問題，日本の非正規社員化問題はコインの裏と表なのです。

しかし，アメリカ金融帝国も，2008年の**リーマンショック**で崩壊しました。自己資本の40倍，60倍で投資をしていたら，金融機関がレバレッジの重さで自壊してしまったというのがリーマンショックの顛末です。そして，「電子・金融空間」も縮小に転じたのです。

Ⓐ資本主義の構造変化

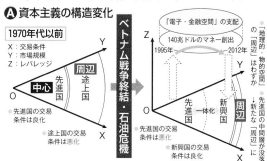

〈注〉交易条件＝輸出物価÷輸入物価。一製品当たりの粗利益（企業利益と雇用者所得の合計）。X（交易条件）×Y（市場規模）＝名目GDP。

4 資本主義の終焉と歴史の危機

誕生時から過剰利潤を求めた資本主義は，欠陥のある仕組みだったとそろそろ認めるほうがいいのではないでしょうか。近代経済学は，需給曲線が均衡するところが価格だと定義づけました。しかしそれは資源を1バレル2～3ドルで買ってつくった製品であれば，国内市場では需要と供給が一致するという大いなる仮定にもとづいた話です。つまり資本主義という仕組みの外部に，資源国という「周辺」があってこそ成立する議論でしかありません。**すでに「周辺」が存在しない世界では，永続的な資本主義は不可能なのです。**

「歴史の危機」である現在を，どのように生きるかによって，危機がもたらす犠牲は大きく異なってきます。私たちは今まさに「**脱成長という成長**」を本気で考えなければならない時期を迎えているのです。

（文・Ⓐとも水野和夫『資本主義の終焉と歴史の危機』集英社を要約）

視点　●地球規模の環境問題にはどのような問題があるか？また，それぞれの原因は何か？

持続可能性　グローバル化

国境を越える環境問題　　　　　　　　　　　　温暖化・砂漠化など

1 「問題群」としての地球環境問題

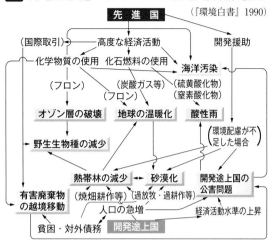

『環境白書』1990

先進国

（国際取引）→　高度な経済活動　　　開発援助
　　　　化学物質の使用　化石燃料の使用　　　海洋汚染
　（フロン）　　（炭酸ガス等）　（硫黄酸化物）
　　　　（フロン）　　　　　　（窒素酸化物）
オゾン層の破壊　地球の温暖化　酸性雨
　　　　　　　　　　　　　　　　　　（環境配慮が不足した場合）
野生生物種の減少
熱帯林の減少　　砂漠化　　開発途上国の公害問題
有害廃棄物の越境移動　（焼畑耕作等）（過放牧・過耕作等）
　　　　　　人口の急増　　　　経済活動水準の上昇
貧困・対外債務　　開発途上国

解説 地球環境問題の構造的要因　要因は，先進国の大量生産・消費・廃棄，資源の大量消費構造，途上国の人口急増・貧困が考えられる。それぞれの問題が密接に結びつき，「問題群」を形成している点に深刻さがある。

2 温暖化—化石燃料の大量消費

A 地球温暖化の仕組み

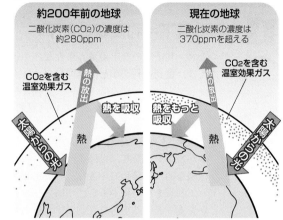

約200年前の地球
二酸化炭素（CO₂）の濃度は約280ppm

CO₂を含む温室効果ガス
太陽からの光　熱を吸収　熱の放出　熱

現在の地球
二酸化炭素の濃度は370ppmを超える

CO₂を含む温室効果ガス
太陽からの光　熱をもっと吸収　熱の放出　熱

〈注〉1ppm＝0.0001%。温室効果ガスはCO₂以外にメタンや水蒸気など。

解説 CO₂濃度急増　温暖化は，化石燃料（石炭・石油など）の大量消費によって発生した温室効果ガス濃度が高まり，地球の熱吸収・放出のバランスが崩壊することによって生ずる。

3 温暖化の進行と影響の予測—IPCC報告（2021～22年・第6次報告書）

A 第1作業部会報告書—科学的根拠

温暖化の原因	・人間活動が大気・海洋・陸域を温暖化させたことには**疑う余地がない**（第5次報告書の95%より確信度を引き上げ）。 ・大気中の二酸化炭素，メタン，一酸化二窒素は，過去80万年間で前例のない水準まで増加している。
現状	・2019年の大気中のCO₂濃度は，工業化前より約47%上昇。 ・世界平均気温（2011～2020年）は工業化前と比べ約1.09℃上昇。 ・北極の海氷は，1979～1988年と比べて海氷が一番少ない9月で40%減少，海氷が一番多い3月で10%減少。 ・世界の平均海面水位は1901～2018年の間に約0.20m上昇。
将来予測	・今世紀末（2081～2100年）の変化予測…①世界平均地上気温1.0～5.7℃上昇，②世界平均海面水位0.28～1.01m上昇，③年平均降水量は最大で13%増加。 ・温暖化1℃進行ごとに，極端な降水が約7%上昇。

B 世界平均地上気温の変化予測

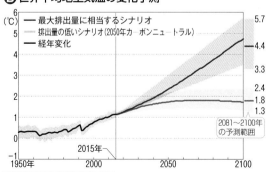

—最大排出量に相当するシナリオ
—排出量の低いシナリオ（2050年カーボンニュートラル）
—経年変化

2081～2100年の予測範囲

2015年

（℃）　5.7　4.4　3.3　2.4　1.8　1.3

1950年　2000　2050　2100

解説 不可逆的な海面上昇　IPCCは第6次報告書で，世界平均気温上昇幅は工業化前と比べ2011～20年で約1.09℃と発表。また，2100年までの世界平均海面水位上昇量は0.28～1.01m（1995～2014年比）と予測。海面上昇は気温とは違い「数百～数千年のタイムスケールで不可逆的なもの」つまり，気温上昇が止まっても，海面上昇は止まらない可能性があるとしている。

C 第2作業部会報告書—影響・適応・脆弱性

影響	温暖化の影響により引き起こされる主要リスク
生態系の構造変化	・生態系の構造や機能や自然の適応能力が広範囲にわたって劣化。 ・種の約半数が極域方向や，高い標高へ移動。 ・極端な暑熱で数百の種の喪失や大量死が発生。
水不足・食料生産	・現在も，世界人口の約半分が深刻な水不足に陥っているが，水の安全保障がさらに低下する。 ・気象・気候の極端現象の増加で，百万人もの人々が急性の食料不安にさらされる。
健康福祉	・気候に関連する様々な感染症（デング熱，マラリア，コレラなど）の発生が増加したり，新たな地域で発生したりする。
都市・居住地・インフラ	・熱波を含む極端な高温がより都市部で強くなり，大気汚染を悪化させる。 ・交通・上下水道・エネルギーシステムなどのインフラが損なわれ，経済的な損失，サービスの中断，福祉に対する悪影響を与える。

（A～Cは環境省・全国地球温暖化防止活動推進センター資料による）

21 用語 気候変動に関する政府間パネル（IPCC）…1988年にUNEP（国連環境計画）とWMO（世界気象機関）が，温暖化問題の科学的分析のため設立した委員会。3つの部会がそれぞれ温暖化の予測・影響・対策を担当，報告を行っている。2007年にノーベル平和賞を受賞した。

クライメイトゲート事件…2009年，不正侵入により盗み出された気象研究者のメールが公開され，地球温暖化のデータ捏造や，気温の低下などを隠蔽するようなやりとりが問題となった。温暖化に懐疑的な研究者からの批判が集中し，IPCCの信頼も揺らいだ。その後の調査で研究における不正の事実はないと報告されたが，地球温暖化は原発利権と密接なつながりがあるとの指摘もあり，疑いは晴れない。

プラスα IPCCの温暖化予測を批判する研究者も。「現在の地球は氷河期中の温暖な時期にあたり，地球環境が壊滅的になりつつある状況ではない」「観察量少なく，科学的根拠に欠ける」「過去50年の気温上昇の原因は，太陽活動の活発化と雲の減少で説明可能」など。

国際経済

言の葉

新自由主義の思想は，…一人一人の自由を最大限尊重するという思想だから，安心・安全，信頼，平等，連帯などの共同体価値には何の重きも置かない。…環境破壊もまた，市場原理優先の思想が産み出したものに他ならない。（『資本主義はなぜ自壊したのか』集英社）

中谷 巌［日：1942～］ 経済学者。小渕内閣で竹中平蔵氏とともに新自由主義に基づく構造改革を推進。後に新自由主義から転向・決別した。

4 砂漠化—森林破壊・過放牧・商業伐採

A 砂漠化危険地図

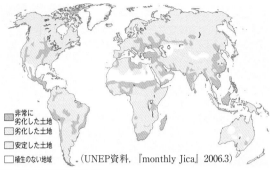

- 非常に劣化した土地
- 劣化した土地
- 安定した土地
- 植生のない地域

（UNEP資料，『monthly Jica』2006.3）

解説 止まらない砂漠化 毎年，6万km²（九州と四国の合計面積）が砂漠化しており，干ばつの激化による飢餓問題，土壌流出などによる将来の食料生産の不安定化など深刻だ。**UNEP（国連環境計画）**の調査によると，耕作可能な地域の7割にあたる面積（人口9億人）が，砂漠化の影響を受けているという。特に，アフリカの砂漠化は深刻になっている。

⑮ 5 オゾン層破壊—フロン排出

A オゾンホールの面積

（気象庁資料）

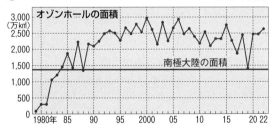

解説 フロンが原因 オゾンホールは，地上で排出されたフロン等が原因となり，南極上空のオゾン層が著しく減少する現象。オゾン層は太陽光線のうち有害な紫外線を吸収する。層が破壊されると皮膚ガンの増加や，地球全体の気候システムに影響を与えるとされる（1995年に15種のフロンは先進国で全廃）。

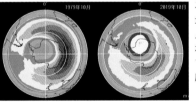

6 マイクロプラスチック問題

➡マイクロプラスチックを摂取する仔魚 海洋動物は，プランクトンと間違えたり，捕食したりすることで，マイクロプラスチックを摂取する。

解説 知らないうちに食べている **マイクロプラスチック**とは，自然界に流出したプラスチックゴミのうち，紫外線や波の影響で劣化し，5mm以下のサイズになったプラスチックのこと。流出による海洋汚染と同時に，マイクロプラスチックに含まれる化学物質が，海洋生物の体内で濃縮され，最終的に人間に摂取されることで，人体へ及ぼす悪影響も懸念されている。

⑮ 7 酸性雨—亜硫酸ガス（工場），窒素酸化物

A 世界に広がる酸性雨被害

（出所：UNEP，一部加筆）

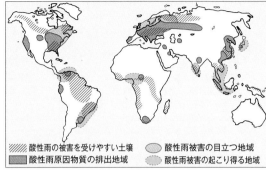

- 酸性雨の被害を受けやすい土壌
- 酸性雨原因物質の排出地域
- 酸性雨被害の目立つ地域
- 酸性雨被害の起こり得る地域

解説 今も続く酸性雨 工場・発電所での化石燃料燃焼による排煙，車の排ガスから発生する**硫黄酸化物・窒素酸化物**の大気中での酸性化が原因で発生し（雨がpH5.6以下の強い酸性をおびる），湖沼生態系破壊，森林の枯死，建造物被害などの影響がある。2000年頃，植物の生育にpH3までは影響がなく，pH2になると生育が悪くなることが分かり，酸性雨に関する報道は減少したが，現在でも世界的な問題であることに変わりはない。

↓酸性雨の影響で腐食した銅像（スウェーデン・ストックホルム）

8 熱帯雨林破壊—商業伐採・焼畑・開発援助

A 森林変化率（2010～20年）

（FAO資料）

純消失面積・純増加面積（年平均）

消失
- −50万ha以上
- −25万～−50万ha
- −5万～−25万ha
- ほぼ変化なし

増加
- +5万～+25万ha
- +25万～+50万ha
- +50万ha以上

B 途上国の森林伐採事情

商業伐採
重要な収入源であるため木材輸出用伐採は進む

焼き畑農業
森林を焼いて畑とする農法は地力を衰えさせるが，貧困・飢餓対策で伐採は進む

燃料用薪の採取
家庭用主燃料として伐採は進む

現状が続くと2030年までにアマゾン川の流域の森林が55％消失の危険性（世界自然保護基金の報告）

経済発展のためには伐採はやめられない

解説 失われる熱帯雨林 1988～2018年のアマゾン森林累計消失面積は42万km²（日本の国土面積の1.1倍），消失率は8.4%。

プラスα **PM2.5** 直径が2.5マイクロメートル以下の大気を漂う粒子状物質。工場の煤煙や自動車の排ガス等から発生し，肺ガンや喘息を引き起こすリスクがある。日本の環境基準は1m³あたり1日35マイクログラム以下。北京で500マイクログラム以上を記録。

国際経済

371

春がきたが，沈黙の春だった。…病める世界──新しい生命の誕生をつげる声ももはやきかれない。すべては，人間がみずからまねいた禍いだったのだ。（『沈黙の春』新潮社）

レイチェル・カーソン［米：1907〜64］ 生物学者。1962年発表の『沈黙の春』は，米国で大量に空中散布されていた農薬（DDT）によって，生態系が破壊される危険性をいち早く警告したものとして有名だ。

持続可能な社会の実現に向けて

国際的な取り組み

9 地球環境問題への取り組み

A 国際的取り組みのあゆみ

年	主な出来事
1962	『沈黙の春』が発行される
71	ラムサール条約（➡p.245）
72	国連人間環境会議（ストックホルム）
	国連環境計画（UNEP）の設立
73	ワシントン条約（絶滅危機の野生動物保護）
85	オゾン層保護のウィーン条約採択
87	モントリオール議定書採択（特定フロン5種削減）
89	バーゼル条約採択（有害廃棄物の越境移動規制）
	ヘルシンキ宣言（フロン全廃決議）
92	地球サミット開催
97	地球温暖化防止京都会議開催
2000	国連ミレニアム宣言→翌年，MDGs
02	持続可能な開発に関する世界首脳会議
03	カルタヘナ議定書（遺伝子組換作物から生物多様性を守る）発効
05	京都議定書発効
10	生物多様性条約第10回締約国会議（COP10）で名古屋議定書採択
12	国連持続可能な開発会議
14	生物多様性条約COP12が韓国にて開催

B 主な国際会議

キャッチフレーズは「かけがえのない地球」

名称・開催国／開催地	内容・成果
国連人間環境会議 ・スウェーデン／ストックホルム	・人間環境宣言（ストックホルム宣言） 【成果】国連環境計画（UNEP）設立
国連環境開発会議 （地球サミット） ・ブラジル／リオデジャネイロ	・「持続可能な開発」…発展途上国等の開発と環境保護との調和 ・環境と開発に関するリオ宣言…環境法・保全政策等の導入を勧告 【成果】①アジェンダ21(環境保護行動計画)…先進国のODA目標(対GNP0.7%達成へ)，人口問題対処，森林・海洋保護，持続可能開発委員会設置 ②気候変動枠組み条約…温室効果ガスを10年以内に1990年水準に戻す（1994年発効） ③生物多様性条約…多様な生物を生態系，生物種，遺伝子の3つのレベルで保護していくことを目的に署名された（1993年発効）
持続可能な開発に関する世界首脳会議 ・南アフリカ／ヨハネスブルグ	・アジェンダ21の達成状況検証 【成果】ヨハネスブルク実施計画…生物多様性保護・熱帯林保全を具体化，貧困・飢餓撲滅のための基金設立
国連持続可能な開発会議 （リオプラス20） ・ブラジル／リオデジャネイロ	・「我々が望む未来」採択…環境保全と経済成長を両立させる「グリーン経済」への移行を目指す。

UNITED NATIONS CONFERENCE ON ENVIRONMENT AND DEVELOPMENT
Rio de Janeiro 3-14 June 1992

10 地球温暖化防止京都会議（1997年）—気候変動枠組み条約第3回締約国会議（COP 3）

A 京都議定書の主な骨子

○2008〜2012年の実施期間に**先進国全体**で，二酸化炭素等3種類の温室効果ガスは1990年に比べて，代替フロン等3種類のガスは1995年に比べて，合計で**5.2%削減**する

○**温室効果ガス森林吸収分を削減分に含める**が，吸収源の変化の算定は，1990年以降の植林，再植林，伐採に限定

○先進国間の**排出量取引**と**共同実施**を導入

○**クリーン開発メカニズム**で途上国の持続可能な発展を支援し，先進国の削減目標達成を助ける

京都メカニズム

解説 **2005年発効** 1997年の地球温暖化防止京都会議（COP3）で採択された**京都議定書**は，ロシアの批准で要件を満たし**2005年に発効した（日本は2002年批准）**。米ブッシュ政権は，自国経済活動の制約懸念・途上国が対象外であることへの不満から2001年に脱退しており，CO_2排出量1・2位の米国・中国（当時）抜きでの発効となった。

B 排出量取引制度の仕組み

（『朝日新聞』2010.3.21による）

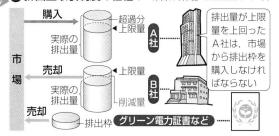

市場
購入
実際の排出量 超過分 上限量 A社
排出量が上限量を上回ったA社は，市場から排出枠を購入しなければならない

売却
実際の排出量 上限量 B社
削減量
売却 排出枠 グリーン電力証書など

解説 **排出量取引制度とは** 温室効果ガス削減義務量以上に削減した国から排出枠を購入することで，自国の義務が達成できたと見なす制度。これを国内に当てはめるのが，**国内排出量取引制度**。政府が各企業や工場に排出上限を設定し，それを段階的に下げて国全体の削減につなげる。

C 京都議定書の排出削減数値目標

目標値	主な国（赤字…脱退した国）
−8%	EU加盟国（15か国全体），ルーマニア，スイス
−7%	アメリカ（2001年脱退）
−6%	日本，ハンガリー，ポーランド，カナダ（2011年脱退）
−5%	クロアチア
0	ニュージーランド，ロシア，ウクライナ
1%	ノルウェー
8%	オーストラリア
10%	アイスランド

2005年のロシア批准により，発効要件が満たされ，京都議定書発効。

用語 **COP（Conference of the Parties，締約国会議）** …条約や議定書を批准した国が集まる会議。地球温暖化防止京都会議は，気候変動枠組み条約の第3回の会議なので「COP3」という。

京都メカニズム…京都議定書で定められた，他国のCO_2排出量削減分を，自国の削減分に換算できるしくみ。
①**排出量取引**（➡10B）
②**共同実施**…先進国同士で技術援助等を行い排出量削減。
③**クリーン開発メカニズム**…先進国が途上国に省エネ技術を援助。（②③での削減分は援助国の成果となる）

生物多様性条約第10回締約国会議（COP10）…生物多様性条約を具現化するため，締約国会議が開かれている。COP10は2010年に名古屋で開催され，**名古屋議定書**が採択された。

名古屋議定書…遺伝資源の利用と，その利益配分に関する国際的な枠組み。議論の焦点となったのは，**バイオテクノロジー関連企業の知的所有権を守りたい先進国**と，近代以降に**遺伝資源をも「収奪」された**とする発展途上国の主張。結局，議定書の効力を過去にさかのぼることはやめ，その一方で先進国が発展途上国を資金や技術移転等の面で支援するためのメカニズムを作っていくことで決着した。

プラスα 米国は1993年に生物多様性条約に調印したが，未批准ゆえに2010年の名古屋のCOP10もオブザーバー参加。生物資源を利用して医薬品や化学品，食品などを開発することによりバイオテクノロジー関連企業が得た利益を，原産国に配分するルールを決めることに対する反感があるようだ。

国際経済

時事特集

パリ協定

2021年実施スタート

京都議定書が1997年に採択され，2008年から2012年までの目標が一応達成された。しかし2012年の京都議定書の延長手続きをめぐり，世界排出量1位，2位の中国，米国抜きでは不公平であるとして，日本・カナダ・ロシアが延長を拒否し，京都議定書が形骸(けいがい)化した。そこで，京都議定書後の新たな温室効果ガスの削減枠組みとして採択されたのがパリ協定である。パリ協定とはどのような内容で，今後に向けてどのようなことが想定されるのか考えてみよう。

21▶ パリ協定では，締約国が温室効果ガス削減目標を設定するが，その目標の達成義務はないこと。

21 1 パリ協定とは

2015年COP21において，**京都議定書**に代わる2020年以降の地球温暖化対策のルールが採択された。それが**パリ協定**である。パリ協定の大きな特徴は，歴史上はじめて，すべての国が参加し，今世紀後半に温室効果ガスの排出と森林などによる吸収量のバランスをとること（＝実質ゼロ）を目指すものである。

➲**パリ協定が採択**　採択を喜ぶ出席者。（フランス　2015.12.12）

23▶ パリ協定では，すべての締約国が温室効果ガス削減に取り組むことを義務づける仕組みが採用されていること。

23 Ⓐパリ協定の概要と京都議定書の比較

	京都議定書	パリ協定
対象国・地域	38（先進国のみ）	196（途上国含む）
全体の目標	先進国は2008～12年の間に1990年比で約5%削減	産業革命前からの気温上昇を2℃未満に抑え，1.5℃未満に向けて努力
長期目標	なし	今世紀後半に温室効果ガスの排出量実質ゼロ
各国の削減目標	各国政府間で交渉し決定	・削減目標作成・報告を義務付け。目標値は各国が作成 ・すべての国が削減目標を5年ごとに提出・更新
目標達成義務	あり（罰則あり）	なし◀21

パリ協定は，①55か国以上の批准と，②批准国の温室効果ガス排出量の合計が世界全体の55%以上となることが発効要件で，2016年11月に発効した。

2 アメリカのパリ協定離脱

2017年6月，アメリカの**トランプ大統領はパリ協定の離脱を発表**した。協定からの離脱は選挙公約として掲げており，それを実行した。背景にあるのは環境保護よりも産業発展や雇用創出を重視した政策であるとされる。しかし，野党・民主党は離脱表明に反対しており，米国世論が強く離脱を後押ししたとは言い難い。トランプ政権は2019年11月に国連に，協定からの離脱を正式に通告した。離脱手続きには約1年を要するため，正式な離脱は2020年11月となった。

しかし，2020年の大統領選で勝利したバイデン新大統領が復帰を表明。2021年2月にアメリカはパリ協定に正式に復帰することとなった。

Ⓑ気候変動枠組み条約交渉の流れ（2021年7月現在）

年	出来事	京都議定書	ポスト京都議定書
1992年	**気候変動枠組み条約**…先進国は90年代末までに温室効果ガス排出量を90年レベルまで戻す	京都議定書	
97	COP3 **京都議定書**…先進国へ法的拘束力のある排出削減目標設定（90年比5.2%削減）		
2001	COP7 **マラケシュ合意**…運用ルールに合意		
08		削減期間（第1約束期間）	ポスト京都議定書
09	**国連気候変動サミット**…鳩山由紀夫首相2020年までに90年比25%削減を表明（鳩山イニシアチブ） COP15 **コペンハーゲン合意**…気温上昇を2℃に抑えるべきとの見解を共有		
11	COP17 **ダーバン合意**…すべての国に適用される，新たな法的枠組（**ポスト京都議定書**）を，2020年から発効させることで合意		議論
12	COP18 **ドーハ合意**…京都議定書延長手続き→第2約束期間へ（日・加・ロは不参加）		
13	COP19 **ワルシャワ合意**…新たな枠組の構築推進	延長（第2約束期間）	
19▶ 15	COP21 **パリ協定採択**…2020年以降のポスト京都議定書の枠組み合意		採択
16	11月，パリ協定が発効		批准手続き
17	6月，アメリカがパリ協定から離脱を表明		
19	11月，アメリカが離脱を正式通告→20年11月離脱		
20	バイデン次期大統領（当時）パリ協定復帰を表明		
21	**すべての国が参加する「パリ協定」の実施スタート** 2月，アメリカのパリ協定正式復帰		

3 今後の展望

パリ協定は，途上国も参加するため，京都議定書に比べて世界全体で地球温暖化に対する危機意識がより広く共有された。とくに，中国やインドといった温室効果ガスの大量排出国でありながら，京都議定書では削減義務がなかった国は，国内の大気汚染の解決策を，再生可能エネルギーの利用増加に見出そうとしている。また，危機意識の共有は世界世論を刺激し，各地で市民団体が各国政府に対して温暖化対策に力を入れるよう声を上げている。とくに近年では，スウェーデンのグレタ=トゥーンベリさんの活動が記憶に新しい。

➲**ダボス会議（世界経済フォーラム）で演説するグレタさん**（スイス　2020.1.21）

とはいえ，京都議定書に存在した**「目標達成義務」がパリ協定にはない**ので，パリ協定をもとに各国が掲げた削減目標がどれだけ達成されるのか懐疑的である。今後の協議で達成義務のような一定の強制力を，協定に盛り込むことができるかどうかが大きな焦点の一つとなるだろう。

9 22 / 4 16 プラスα **温暖化対策税**　炭素税，環境税とも呼ばれる。温暖化の原因になるCO_2の排出を減らすため，エネルギー利用する石油や石炭などの化石燃料に含まれる炭素量に応じて課税する。日本でも，2012年10月に**環境税**が導入され，石油・石炭・天然ガスなど化石燃料に対して増税がなされた。

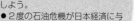
資源の有限性・「資源小国」日本
高い資源輸入依存度

1 破局は起こるか

A 『成長の限界』—「ローマ・クラブ」レポート

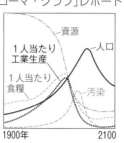

↑ペッチェイ　伊の経済学者でローマ・クラブの創設者。

　右図のシステムの行動様式は、明らかに行き過ぎると破局の行動様式である。この計算では、破局は、再生不可能な天然資源の枯渇によって発生する。……工業の成長の過程自体で、使用可能な資源埋蔵量の大部分は、底をついてしまう。資源の価格が上がり、資源が底をつくにつれ、資源を得るために、ますます多くの資本がつぎ込まれなければならなくなり、将来の成長のために、投資する余裕はなくなってしまう。

　このようにして、われわれがある程度の確信をもっていえることは、現在のシステムに大きな変革が何もないと仮定すれば、人口と工業の成長は、おそくともつぎの世紀内に確実に停止するだろうということである。
（ローマ・クラブ『成長の限界』ダイヤモンド社）

解説 恐怖の警告　1974年の世界人口会議に先立ち、1972年**ローマ・クラブ**（1968年に結成された民間の国際的研究機関）が発表し、世界的に反響を呼んだのが『成長の限界』。爆発的人口増加と工業成長が続けば、有限資源・環境の限界を超えて数十年後破局が訪れると警告したのである。予測どおりにはならなかったが、翌年に第一次石油危機も起き、資源問題を世界に強く意識させる契機となった。

B 世界のエネルギー源の推移

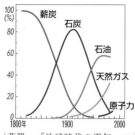

（茅陽一『地球時代の電気　エネルギー』日経サイエンス社による）

解説 枯渇する化石燃料　18世紀までエネルギーは薪炭だけだったが、1820年頃から石炭、1870年頃から石油、1900年頃から天然ガス、1960年頃には原子力も用いられるようになった。石炭・石油などの化石燃料は再生不可能な枯渇性資源で、このまま大量消費は続けられない。また、化石燃料の利用から生じる硫黄酸化物や窒素酸化物、二酸化炭素などは、大気汚染、酸性雨、地球温暖化の原因だ。そのため、再生可能エネルギーや、環境を汚染しないクリーンエネルギーの開発は、世界共通の課題となっている。

C エネルギー資源の可採年数と埋蔵量

資源	可採年数	埋蔵量
石炭（2020年末）	142年	10,741億トン
石油（2020年末）	53.5年	1.73兆バレル
天然ガス（2020年末）	48.8年	188.1兆㎥
ウラン（2021年）	99年	468.8万トン

（注）確認埋蔵量。
（資源エネルギー庁資料）

D シェールガス革命—再生可能エネルギー開発までのつなぎ

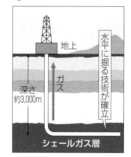

　石油・原子力にかわって、天然ガスの火力発電に期待が集まっている。化石燃料の中でCO_2排出量が最も少ないからだ（石炭100に対し、石油80、天然ガス60）。
　中でも注目されるのが**シェールガス**。泥土が堆積して固まった頁岩（シェール）の割れ目にたまった天然ガスだ。地中深い頁岩層に横方向へ井戸を伸ばし、超高圧水を注入する採掘技術を米国が確立。

　米国はロシアを抜いて天然ガス生産世界第1位に躍り出た。一方、オバマ米大統領は2012年の日米首脳会談でシェールガスの対日輸出の前提に日本のTPP参加（→p.362）を条件としてほのめかし、資源を外国に頼る日本の弱点も浮き彫りになっている。

2 一次エネルギー供給構成の推移

国際経済

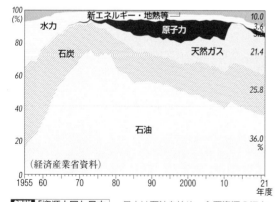

（経済産業省資料）

解説 「資源小国」日本　日本は石油を始め、主要資源のほとんどを輸入している。特に、埋蔵の種類は多いが資源量が乏しい鉱物資源は100%海外に依存している。また、石油は99%以上輸入に依存し、そのうち70%以上は中東地域という脆弱なエネルギー事情なのである（⑱**エネルギー革命：1960年前後から石炭に変わり石油が主要エネルギーに転換**）。

3 エネルギーの分類

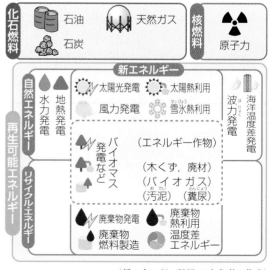

（新エネルギー財団HPを参考に作成）

プラスα　EV（電気自動車）の開発競争が激化している。リチウムイオン電池等、燃料電池に充電して走行し、走行中CO_2（二酸化炭素）やNO_x（窒素酸化物）を出さない。現在は電池の価格が高く割高だが、次世代環境車として世界的競争分野となっている。

バレル…原油の計量に使われる

4 石油危機とエネルギー政策の転換

A 原油価格の推移

（石油連盟，AFP BB News 資料により作成）

WTI価格（1バレル当たり，月平均）

- 1979年 第二次石油危機 イラン革命
- 2008年7月11日 瞬間的に147.27ドルを記録
- 2022年 ロシアのウクライナ侵攻 114.84
- 2007年 サブプライムローン問題顕在化
- 1980年 イラン・イラク戦争勃発
- 2005年 ハリケーン「カトリーナ」64.95
- 1990年 イラク軍クウェート侵攻
- 1997年 アジア経済危機
- 1973年 第一次石油危機 第四次中東戦争 OPEC原油輸出措置（1974年，原油公式販売価格4倍引き上げ 2.7ドル→11.7ドル）
- 36.00
- 14.85
- 4.31
- 27.33
- 2003年 米軍イラク侵攻
- 33.43
- 11.30
- 2020年 コロナショック
- 16.55
- 89.43

1970 72 74 76 78 80 82 84 86 88 90 92 94 96 98 2000 02 04 06 08 10 12 14 16 18 20 23年

解説 続く乱高下 2004年以降の原油価格上昇は，米中の旺盛な需要，イラク・ナイジェリア・ロシア等大供給国での事件続発，投機筋の先物買いが原因といわれている。2020年には**コロナショック**で需要が急減し，価格が暴落した。

用語 WTI（West Texas Intermediate）…米国の西テキサス地方で採れる高品質原油。ニューヨーク・マーカンタイル取引所（NYMEX）で行われるWTIの先物取引（➡p.347）の価格が世界の原油価格の指標となる。

B 石油危機と日本のエネルギー政策（➡p.223）

1973年10月　OAPEC（アラブ石油輸出国機構）…石油減産・イスラエル支援国への禁輸	**1978年12月　OPEC**…原油価格の翌年からの段階的引上げ決定（14.5％値上げ）
1974年　OPEC（石油輸出国機構）…原油価格4倍（2.7→11.7ドル）	**1979年　イラン革命**…イランが石油生産を中断→日本の石油需給が逼迫

第一次石油危機	第二次石油危機
1974年　「狂乱物価」→戦後初のマイナス成長 →スタグフレーションで経済低迷	

日本のエネルギー政策の転換

① 産業構造…資源多消費型→省資源・知識集約型
② 原子力政策の推進（➡p.376）
③ 新エネルギーの開発
- **サンシャイン計画**（1974～93）…太陽・地熱・石炭・水素エネルギー技術の研究開発
- **ムーンライト計画**（1978～93）…省エネ技術の研究開発
- **ニューサンシャイン計画**（1993～2000）…省エネ推進，クリーンエネルギー導入，核融合・マグマ発電・宇宙太陽光発電等の研究開発

5 発電量の推移

A 発電量（上）と電力割合（下）（資源エネルギー庁資料）

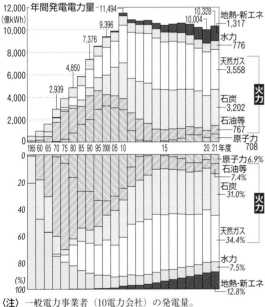

年間発電電力量 11,494
12,000（億kWh）
10,328
10,004
10,000
地熱・新エネ 1,317
9,396
水力 776
7,376
天然ガス 3,558
8,000
6,000
4,850
石炭 3,202
2,939
4,000
2,000
石油等 767
0 1955 60 65 70 75 80 85 90 95 2000 05 10　15　　20 21年度
原子力 708
火力

0
原子力6.9％
石油等 7.4％
20
石炭 31.0％
火力
40
60
天然ガス 34.4％
80
水力 7.5％
（％）
100
地熱・新エネ 12.8％

〈注〉一般電力事業者（10電力会社）の発電量。

解説 脱石油化 1973年の第一次石油危機以降，原子力発電の充実や火力発電燃料の脱石油化，総発電量に占める原子力発電の割合は大きく上昇している。石油以外の火力発電燃料では，LNG（液化天然ガス），LPG（液化石油ガス），石炭などを使用。特にクリーンなエネルギー源であるLNGの消費量の伸びは顕著である。一方，電気料金を下げる効果を期待し，2000年から**電力自由化**（小売の自由化範囲拡大）を推進している。

用語 スマートグリッド（賢い送電網・次世代送信網）…送電網に情報を送る通信機能をつけ，電力需要の変動をIT（情報技術）を使い把握・予測し電力を調整する仕組みであり，**効率的な発電・使用に役立つ技術**とされる。

6 第6次エネルギー基本計画（2021年決定）

福島第一原発事故の処理	・**2041～51年までの廃止措置完了**を目標。・2年をめどに**処理水を海上放出**実施。
2050年カーボンニュートラル実現へ（➡α）	・電力部門…**再生可能エネルギーや原子力発電**などの脱炭素電源を活用。・非電力部門…オール電化住宅やＥＶ（電気自動車，➡p.248）など**電化**を推進。
2050年を見据えた2030年に向けた政策対応	・**再生可能エネルギーの主電源化**の徹底。・**原子力を再稼働，プルサーマル推進，中間貯蔵施設の建設・活用**の促進等。

用語 再生可能エネルギー特別措置法…東京電力福島原発事故後の2011年8月に成立した法律で，太陽光・風力・中小水力・地熱・バイオマスによる電気を一定期間固定価格で電力会社が買い取るよう義務付けた。発電事業への新規参入を促進し，再生可能エネルギー発電量増大を図ることが目的。

固定価格買取制度…再生可能エネルギー源により発電された電気を，一定期間，電気事業者が買い取ることを義務付けた制度。2012年開始。そのうち住宅用太陽光発電電力の余剰電力は，2019年以降，買取期間が順次満了となる。

Focus 第三次石油危機か？

新型コロナウイルス感染症流行のピークアウトで，2021年には世界各地で経済活動が復調したため，原油の需要が回復し，原油価格が上昇した。

そんな中，2022年**ロシア・ウクライナ戦争**で原油価格がさらに高騰。産油国ロシアへの経済制裁で，原油の供給が不安定になるとの懸念が原因といわれる。急激な原油価格上昇で，天然ガスの価格も高騰し，ロシア産天然ガスを多く輸入していたドイツなど欧州各国は，エネルギー政策の見直しを迫られている。

その上，2023年10月**イスラエル戦争**勃発で，世界銀行は原油価格が75％高騰するおそれがあるとした。

プラスα カーボンニュートラル 2020年10月，菅内閣は2050年までに「温室効果ガス排出を全体としてゼロ」にするカーボンニュートラルを表明。温室効果ガスの排出量から，植林・森林管理などによる吸収量を差し引いて，全体としてゼロにする。6はその実現のため策定された。

国際経済

視点 ●原子力政策の問題点は何か？

持続可能性　トレードオフ

原子力発電政策と現状

1 日本の電力・原子力政策の歩み

年	政策・事故等　（赤字…原発事故）
1951	９電力会社の「**発電・送電・配電**」**地域独占体制**
55	**日米原子力協定**…米から原子炉・濃縮ウラン提供
	原子力基本法成立…原子力３原則「**民主・自主・公開**」。中曽根康弘国会議員，正力松太郎読売新聞社主らの主導・世論形成等により実現
65	日本原子力発電の東海発電所が初の送電成功 →翌年営業運転開始
68	動燃（動力炉・核燃料開発事業団）が「高速増殖炉もんじゅ」予備設計
	佐藤政権(1964～72)：NPT参加前の外交政策大綱…当面核兵器は保有しないが核兵器製造の経済的技術的ポテンシャルは保持（**核武装能力の担保**），そのための国民啓発 **田中政権**(1972～74)：石油危機後，原発建設急加速
74	**電源三法**制定→原発立地自治体に補助金。70年代10地点（現17地点中）で原子炉営業運転開始
78	初の耐震設計審査指針 →1995年阪神・淡路大震災後，耐震指針は妥当と結論
79	**米国 スリーマイル島原発事故**
86	**旧ソ チョルノービリ（チェルノブイリ）原発事故**
95	**電力自由化**…特定規模事業者（50kW以上）による小売参入承認，卸電力取引所開設 **もんじゅナトリウム漏れ事故**
99	**東海村JCO臨界事故（国内初の死亡事故）**
2001	経済産業省所管の**原子力安全・保安院**創設 原子力安全委員会は総理府から内閣府へ
02	**東京電力原発トラブル隠し**
	世界的な「**原発ルネサンス**」・**原発プラント輸出競争**（2000年代後半～）…原油価格高騰，地球温暖化対策，新興国の電力需要拡大が背景
06	志賀原発２号機訴訟で初の原発運転差し止め判決(➡p.118)
07	**中越沖地震で柏崎刈羽原発損傷**
09	佐賀県**玄海原発で初のプルサーマル発電開始** 敦賀原発，初の40年以上継続運転承認
10	**もんじゅ中継装置落下事故**
11	**東京電力福島原発事故** →2011年中に東電・下請け社員等５名死亡 **再生可能エネルギー特別措置法**成立
12	原発関連死573人（『読売新聞』海外版2012.2.5） ５月５日，42年ぶりに全原発を停止 ７月，関西電力大飯原発３・４号機再稼働 環境省外局として**原子力規制委員会**創設
13	原発関連死789人（『東京新聞』2013.3.11） 大飯原発３・４号機定期検査→再び全原発停止
14	原発関連死1,048人。福島県の避難者は13.5万人，内2.8万人が仮設住宅（『東京新聞』2013.3.10） **福井地裁が大飯原発運転差し止め判決**（➡p.118）
15	**福井地裁が高浜原発運転差し止め仮処分決定** 鹿児島地裁が川内原発運転差し止め仮処分申請却下 **川内原発１号機再稼働**…新規制基準での初の再稼働
16	電力の小売自由化
18	日米原子力協定が自動延長決定
20	福井県高浜町の元助役と関西電力幹部との間に金品授受が発覚

世界では深刻な原発事故が発生

発送電分離は実現せず

「高齢」原発時代へ

週末官邸「脱原発」デモ頻発

22年日本政府は，ロシアに侵攻されたウクライナへの連帯を示すため，ウクライナの地名をロシア語からウクライナ語に基づく読みに変更した。

2 原子力発電の現状

A 原子力発電所と新規制基準の審査状況（2023年９月８日現在）

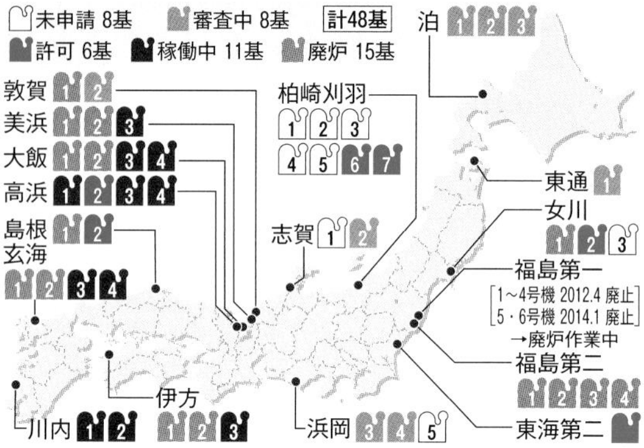
未申請 8基
審査中 8基
計48基
許可 6基
稼働中 11基
廃炉 15基
泊
敦賀
美浜
大飯
高浜
島根
玄海
柏崎刈羽
志賀
東通
女川
福島第一
1～4号機 2012.4 廃止
5・6号機 2014.1 廃止
→廃炉作業中
福島第二
伊方
川内
浜岡
東海第二

（日本原子力産業協会資料により作成）

解説 ついに再稼働… 多くの反対運動の中，**2015年８月11日，川内原発１号機が再稼働された。** 原子力規制委員会の新規制基準に基づく全国初の再稼働で，約２年ぶりの原発稼働となった。

B 原子力規制委員会（2012年９月発足）

委員	・山中伸介委員長ほか４名。原子力工学・放射線防護・地震等の専門家で構成（2023年６月現在）。
組織	・経済産業省の保安院と内閣府の原子力安全委員会が廃止され発足した。 ・環境省の外局で原発の安全規制を担う。事務局として原子力規制庁（職員約1,100名）を従える。
権限	・高い独立性と各省庁への勧告権を持つ。 ・2013年に原子力規制委員会が設定した**新規制基準**に基づく審査で，安全性が確認できるまで，全国48基の再稼働はできない。

Focus 日米原子力協定

2011年東京電力福島原発事故では，首相官邸に米国の原子力規制委員会や大使館関係者が常駐した。これは，1988年発効の**日米原子力協定**の第２条に「専門家の交換による両国の公私の組織の間における協力を助長する」「両当事国政府が適当と認めるその他の方法で協力する」と定められており，専門家が派遣された。

米国の原子力諮問委員会マーチン国際委員長は，日本は**日米原子力協定**に基づき原発の技術開発を進めてきたことを指摘し，このことは米国の利益でもあると強調している。また，日本が原発の技術開発をやめれば，日米関係に重大な悪影響を与えるとし，日本の電力供給において**原子力発電が占める割合は少なくとも30％は必要**だと述べ，原発再稼働を要求している。

■日米原子力協定（1988年成立－2018年満期）の概要

・米国から日本への核燃料の調達や再処理，資材・技術の導入などについてとりきめ。
・日本が協定に違反した場合，米国は提供した核物質・設備を返還要求可能。（濃縮ウランの７割以上は米国）
・米国は設計図や原子炉について製造者責任を負わない。（1968年協定。福島第一原発など日本の原発の多くは米国製）

18年以降は自動延長。

国際経済

プラスα 2020年，原発がある福井県高浜町の元助役と関西電力幹部のべ75名との間に30年余にわたり総額３億円以上の金品授受が発覚。関西電力は見返りに元助役が関係する地元企業に便宜を図っていた。地元政治家と電力会社との癒着は，原発誘致や再稼働に対し多くの疑念をもたらした。

言の葉

私の人生は，チョルノービリの前と後に分かれる。…たった1機の原子炉の石棺に，140億ルーブル（約3.5兆円）もの巨費を投入せざるを得なかった。
（2012年3月，仏ルモンド紙インタビュー）

ゴルバチョフ［旧ソ連：1931～2022］ ソ連最後の最高指導者。「私たちは30年間，専門家や大臣から原発は安全だと聞かされてきた。しかし，原発はごまかしとへつらい，セクト主義と批判者への迫害に取り囲まれていた」とも。

原発事故
崩壊した「原発神話」

3 相次ぐ原発事故で崩れる「核燃料サイクル」

A 原子力施設の国際事故評価尺度（0省略）

レベル	基準	主な事故	
7	膨大な量の放射性物質を外部に放出・原子炉や放射性物質障壁壊滅，再起不能	チョルノービリ原発事故（旧ソ連，1986年）🔥東京電力福島原発事故（2011年）	シビアアクシデント
6	大量の放射性物質を外部に放出		
5	原子炉炉心の重大損傷や，放射性物質の外部放出	スリーマイル島原発事故（米，1979年）	
4	従業員の深刻な放射性被曝や外部への放射性物質の少量放出	🔥東海村JCO臨界事故（茨城県，1999年）	
3	従業員の被曝や，極めて少量の放射性物質の外部放出	🔥動燃再処理施設の火災・爆発（茨城県，1997年）	
2	施設内の放射能汚染や，従業員のある程度の被曝	🔥関西電力美浜原発2号機の蒸気噴出事故（福井県，1991年）	
1	潜在的に安全を脅かすおそれのあったトラブル	🔥「もんじゅ」ナトリウム漏れ事故（福井県，1995年）	

B 「核燃料サイクル」と事故

🔥…Aの事故例参照。

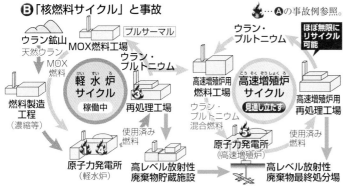

ウラン鉱山
天然ウラン
MOX燃料工場
MOX燃料
プルサーマル
ウラン・プルトニウム
ほぼ無限にリサイクル可能
燃料製造工程（濃縮等）
軽水炉サイクル 稼働中
ウラン・プルトニウム
再処理工場
高速増殖炉用燃料工場
高速増殖炉サイクル 見通し立たず
ウラン・プルトニウム混合燃料
高速増殖炉用再処理工場
使用済み燃料
原子力発電所（軽水炉）
高レベル放射性廃棄物貯蔵施設
原子力発電所（高速増殖炉）
高レベル放射性廃棄物最終処分場

C プルサーマルと高速増殖炉サイクル

プルサーマル	高速増殖炉サイクル
軽水炉で，プルトニウム・ウラン混合酸化物（MOX）を燃料にする方式。 【導入原発】2009年：九州電力玄海原発3号機。2010年：四国電力伊方原発3号機，東京電力福島第一原発3号機（2012年廃炉決定）。2011年：関西電力高浜原発3号機。2016年：同4号機。	原発の使用済み燃料を再処理し，プルトニウムと燃え残りのウランを高速増殖炉で再利用。燃やした量より多くの燃料を生むので，ほぼ無限にリサイクル可能。

解説 夢のエネルギーのはずが… 1995年の事故後停止していた**高速増殖炉「もんじゅ」**は，2010年に運転再開した。だが8月，原子炉容器内に燃料棒交換装置が落下して燃料棒が回収不能となり，運転も廃炉もできない状況となった（2011年回収成功）。さらに2013年，1万箇所近い点検漏れの発覚で，**原子力規制委員会は無期限の使用停止を命じた**。高速増殖炉は，核分裂が速いため核暴走・爆発が起きやすく扱いが難しい。世界的に見ても多くの国が計画段階で断念している（米独英など）。政府も，**2016年に「もんじゅ」廃炉を決定**した。

一方，プルサーマルは無限エネルギーではないがリサイクル可能。1999年の検査データ捏造発覚後，計画は大幅に延期されていたが，現在4基が運用中で，2030年度までに12基に拡大する計画だ。

だが，東京電力福島原発事故を受けて国のエネルギー政策・核燃料サイクルの見直しが迫られており，高速増殖炉・プルサーマルの意義自体揺らいでいる。

（縦書き右側）22年，次世代高速炉の開発へ向けて，日米が協議することで合意した。

4 「核のゴミ」―放射性廃棄物の実態

A 「トイレのないマンション」―複雑で膨大な廃棄物

原発に関わる核廃棄物は全工程で発生する。ウラン鉱石採掘，ウラン濃縮，使用済み料棒（長さ約4m，太さ1cm，3～4年で使用済み）。特に使用済み核燃料は，非常に高い放射線が放出され，**高レベル放射性廃棄物**と呼ばれる。現在の科学技術では，放射能の毒性を減らすことはできず，しかも半減期が数万年の放射性物質が混じっているので，何世代にもわたり保管・管理する必要がある。資源とされてきた使用済み核燃料は，高レベル放射性廃棄物に変わった。核廃棄物処理問題を先送りして原発建設を急いだ結果，2012年「革新的エネルギー・環境戦略」では，再処理政策を維持する一方で**直接処分**の研究も指示された。

用語 再処理方式…原発で使用後の核燃料から，ウランやプルトニウムを取り出して再利用する方式（**核燃料サイクル**）。その過程で生じる高レベル放射性廃棄物は，ガラス固化体にして地層処分される。現在，日本で発生した使用済み核燃料のガラス固化は，英仏など他国の処理施設で行われている。

直接処分方式…使用済み核燃料を再処理せずに容器に入れ，地中に埋める処分方式。2001年世界初の最終処分場を決定したフィンランドは20年からオルキルオト島で操業開始予定。スウェーデンも09年にフォルスマルク島に最終処分場建設を決定。

B どうする「核のゴミ」？―使用済み核燃料の扱い

使用済み核燃料
再処理 英，仏，日など
直接処分 米，フィンランドなど
ウラン・プルトニウム
高レベル放射性廃棄物
容器に入れ地中深くに埋める
再利用
ガラスと混ぜてとかしステンレス製の容器で固化
処理 ガラス溶融炉
貯蔵 （青森県六ヶ所村）
処分 （場所は未決定）
ガラス固化体（約500kgの円柱形）
冷却のため，30～50年貯蔵する。
地下300mより深い地層に処分する。
最終処分場

C 放射線量が十分低くなるまで地下に数万年隔離

ガラス固化体を地下300m以深に埋め，数万年以上にわたり隔離するのが現段階での計画。だが，地震の多い日本では，長期的に安定した地層が見つからず候補地は未定だ。原発大国の米・仏でも最終処分地を確保できておらず，世界でも決まっているのは2か所にすぎない。

➡**オンカロ最終処分場の内部**（フィンランド・オルキルオト島 2014.7.1）

国際経済

プラスα **シビアアクシデント** 原子力発電所の設計時の想定を超える過酷事故のこと。原子炉の炉心（燃料集合体や制御棒）が重大な損傷を受けたり，炉心溶融（メルトダウン）等の事態を含む。スリーマイル島原発事故，チョルノービリ原発事故，東京電力福島原発事故が該当するとされる。

5 東京電力福島第一原発の廃炉の状況

A 政府の「中長期ロードマップ」（2019年12月改訂版）

(単位：体)(取出済/総数)	1号機	2号機	3号機	4号機
炉心内の燃料	0/400(溶融)	0/548(溶融)	0/548(溶融)	なし
プール内の燃料	0/392	0/615	566/566	1,533/1,533

廃炉までの工程

- 第1期　2011年3月　東日本大震災・福島第一原発事故
- 第2期　プールからの燃料取り出し
  - 1号機：2027～28年度
  - 2号機：2024～26年度
  - 1・2号機：2031年完了予定
  - 3号機：2019年　2021年2月完了
  - 4号機：2013年11月　2014年12月完了
- 第3期　原子炉内の溶融燃料取り出し（最も早いケース）　2021年内
  - 施設の解体
  - 2041～51年ごろ廃炉完了

600トンの溶融炉心が行方不明になっている。（東電廃炉責任者の増田尚宏氏，『Epoch Times』2016.5.24）

解説 廃炉は可能なのか？　福島第一原発の1～3号機は**メルトダウン（炉心溶融）した**。高レベル放射性廃棄物と化した溶融燃料を回収できるか，回収後どこへ移すか。廃炉で出る強い放射能を帯びた解体ごみをどう処分するか，課題は多い。

原子力の専門家はトリチウムによる健康被害はないとするが，異論もある。

B コントロールできていない汚染水問題

	①汚染水の海への流出	②貯蔵した汚染水の処理
問題	地中に漏れ出す汚染水が地下水と混じり，1日100～300トンが海へ流出。	タンクに貯蔵する汚染水が増え続ける。浄化してもトリチウムは除去しきれない。
対策	地下水流入を防ぐ「凍土遮水壁」建設。	海水でトリチウム濃度を薄め，海へ放出。

解説 日々増え続ける汚染水　汚染水問題は2つに分けられる。①の対策は，土を凍らせて地中に遮水壁をつくる**凍土方式**だが，地下水流入防止の効果は限定的との指摘もある。②では，汚染水タンクは1,073基（容量137万トン，貯蔵量133万トン。2023.5.18現在）で，さらに増設の必要がある。**放射性物質トリチウム**は，技術的に除去できず，これまでも各国は海洋放出してきた。だが，通常時とは桁違いのトリチウムを放出することになる。

C 汚染水を処理した「処理水」の海洋放出を開始

2023年8月，**「処理水」の海洋放出**を開始した。除去できないトリチウムは，WHOの飲料水基準を大きく下回る濃度まで薄めて放出。しかし中国や太平洋島嶼国は反発し，中国は日本産の水産物輸入を全面禁止した。

C 福島第一原発（2020.2.3）　2020年3月，不通だった富岡―浪江間の運転が再開しJR常磐線が全線復旧した。現在福島第一原発の敷地内は除染が進み，土がむき出しになっていたところはモルタルで覆われ，原子炉建屋から900メートルくらいまでは簡単な装備で移動できる。1～4号機は，崩壊・損傷した建屋のがれきを取り払い，原子炉を覆うドームカバーを建設している。がれきは放射線量が高いため，敷地内に保管されている。2019年には，3号機プール内の核燃料棒の取り出しが始まり，2号機炉心内の溶融した核燃料に遠隔操作ロボットが接触できた。しかし，廃炉完了までは20年以上かかるとされている。

18 6 原発再稼働に対する主な司法判断

原発	判決の概要
大飯原発	[福井地裁・樋口英明裁判長]（2014.5.21）大飯原発3・4号機運転差し止め判決。
	[名古屋高裁金沢支部・内藤正之裁判長]（2018.7.4）福井地裁の仮処分取り消し（→再稼働）。
高浜原発	[福井地裁・樋口英明裁判長]（2015.4.14）高浜原発3・4号機運転差し止め仮処分。**新規制基準**は福島原発事故の教訓を十分に生かしていない。
	[福井地裁・林潤裁判長]（2015.12.24）同地裁4月の運転差し止め仮処分を取消し（→再稼働）。
	[大津地裁・山本善彦裁判長]（2016.3.9）運転差し止め仮処分（→運転停止）。
	[大阪高裁・山下郁夫裁判長]（2017.3.28）大津地裁の仮処分取り消し（→再稼働）。
川内原発	[鹿児島地裁・前田郁勝裁判長]（2015.4.22）川内原発1・2号機運転差し止め仮処分申請却下。
	[福岡高裁宮崎支部・西川知一郎裁判長]（2016.4.6）運転差し止め仮処分申請（抗告）却下。
東海第二原発	[水戸地裁・前田英子裁判長]（2021.3.18）運転差し止め判決。防災体制が不十分，再稼働認めず。

福島原発事故後初の運転差し止め判決（⇒p.118）。

初の仮処分による稼働中の原発停止。

解説 安全性をどう評価？　3・11後の原子力安全行政の骨格である新規制基準と原子力規制委員会の安全審査を，原発の安全性の根拠と認めるかどうかで，司法の判断は分かれている。

7「核のゴミ」の処分状況

再処理施設	青森県六ヶ所村に建設されたが稼働はしていない。一方，使用済み核燃料の受け入れの結果，貯蔵プールはすでに98%が埋まっている。
最終処分場	ガラス固化体にした高レベル放射性廃棄物を埋設する処分場を建設する自治体を2002年から公募するもめど立たず。一方で原発等に貯蔵されている使用済み核燃料を再処理すると，約2.5万本のガラス固化体が生じる。

解説 増える「核のゴミ」　核燃料サイクルとプルサーマルで使用済み核燃料の減量化・再資源化を図ったが，思うように進んでいない。使用済み核燃料は2019年現在19,000トンに達し，青森県の六ヶ所村再処理工場や各原発敷地内に保管されている。

8 原子力損害賠償・廃炉等支援機構

設立	2014年，原子力損害賠償支援機構（2011年設立）が改組
目的	・東京電力福島第一原発事故の**賠償問題の支援** ・今後の事故に備え，原子力事業者の損害賠償資金確保 ・廃炉の実施，廃炉に必要な技術の研究・開発
資金	・東京電力等の**原子力事業者から徴収する負担金** ・金融機関からの借り入れ等 ・**国民の電気料金から徴収**（2020年10月～）

解説 国民に責任転嫁？　福島第一原発事故の損害賠償・廃炉の費用が時間とともに増えている。そのため，経済産業省は賠償費用やほかの原発の廃炉費用の一部を，**国民の電気料金に上乗せ**することを決め，2020年10月から実施された。電気料金上乗せは，今後40年間にわたって続くとされ，原発問題の「ツケ」＝責任を国民に転嫁させるものだとの批判もある。

プラスα　「使用済み核燃料の95%がリサイクルでき，約5%が高レベル放射性廃棄物として残ることを知っていますか」これは最終処分場選定を担う原子力発電環境整備機構が，2010年に行ったアンケートだ。しかし実際に**再利用できるのはたったの1%**で，99%は「ゴミ」となる可能性が大きい。

世界の原発政策
廃止か推進か

シビアアクシデントとなった2011年の東京電力福島第一原子力発電所の事故は，世界の原発政策に大きな影響を与えた。事故後，日本も含め，世界各国の原発に対する政策に変化が出始めている。

◆チョルノービリ原発　事故から半年後の様子。（1986.10.1）
©APF PHOTO／FILES／TASS／ZUFAROV

◆東京電力福島第一原発　事故から13日後の様子。（福島県大熊町　2011.3.24）

1 世界の原発政策の動向

Ⓐ各国の原子力発電割合（2022年）

	水力	化石燃料	原子力	再生可能エネルギー等	原子力発電所数
アメリカ	5.7	60.4	17.9	16.0	92/2/0基
中　国	14.7	64.4	4.7	16.2	53/24/23基
ロシア	16.9	62.8	19.2	1.1	34/5/18基
ドイツ	3.0	45.9	6.0	45.1	3/0/0基
フランス	9.5	11.2	63.0	16.3	56/1/0基
日　本	7.2	64.8	5.0	23.0	33/3/8基

※原子力発電数は，運転中／建設中／計画中。2023年1月現在。
（『世界国勢図会』2023/24などによる）

Ⓑ各国の原発政策の一覧表

脱原発	ドイツ	2011年7月，原発全廃を法制化。原発推進から方針転換。2023年4月に原発全廃完了。
	イタリア	2011年6月，国民投票で原発再開否決
	スイス	2011年5月のG8直前に脱原発宣言
	オーストリア	原発禁止を憲法に明記（1999年）。2015年までに原発による電力輸入に頼らない方針を打ち出す。
原発推進	アメリカ	原発推進。「安全でクリーンな新世代原子力発電所の建設」
	フランス	原発推進政策維持だが，オランド前大統領，マクロン現大統領とも原発依存度低下の方針を掲げる。
	中国	原発建設を推進

2 推進の仏，廃止の独

フランスは，電力供給が国営だったので，政府主導の原子力政策が行いやすかった。またエネルギー資源に乏しく，**第一次石油危機を契機に原発を推進。**原子力関係企業の技術や資本が蓄積され，原発技術輸出での外貨獲得も目指してきた。福島原発事故直後，サルコジ大統領が，仏の原子力企業アレバ社のアンヌ社長と来日し，事故収束への協力を申し出た。エネルギー事情だけでなく，経済面からも原発を推進している。

ドイツは，2011年5月，**2022年までに原発全廃を決定**[*]。メルケル政権は，再生可能エネルギー発電普及まで，原発運転延長を決めていたが，福島原発事故をうけ方針転換。チョルノービリ事故の際，放射能の雲が国内を通過し，食物の放射能汚染が問題となったことから，国民が原発事故に対して敏感だという背景もある。**2015年には再生可能エネルギー発電量が全体の30%を占め，周辺国への電力輸出も毎年増えている。**

［*ロシア・ウクライナ戦争の影響で延期となったが，23年4月に全廃が実現した。］

3 チョルノービリの今は？ ―事故から30年

チョルノービリ原発事故では，消火作業に当たった数十人が死亡と発表されたが，脳出血や白血病による死者が後を絶たず，世界保健機関（WHO）は2006年に犠牲者9,000人と推計した。事故処理は今も続く。事故直後の石棺は傷みが激しく，新シェルターを建設中だ。耐久年数100年で，その間に廃炉作業を進める計画だが，内部に残された核燃料をどう取り出すかなど難題が山積している。
（『毎日新聞』2016.4.2による）

◆チョルノービリ原発事故の影響　ソ連（現ウクライナ）のチョルノービリ原子力発電所4号炉が爆発し，欧州一円に放射能の「死の灰」を降らせた。

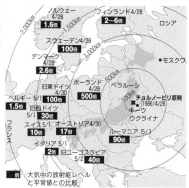

ノルウェー 4/28 1.6倍
フィンランド 4/28 2～6倍
スウェーデン 4/29 100倍
デンマーク 4/28 2.6倍
旧東ドイツ 4/28 500倍
ポーランド 4/28 500倍
ベルギー 5/1 1.5倍
旧西ドイツ 4/30 30倍
スイス 5/1 10倍
オーストリア 4/30 17倍
イタリア 5/2 2倍
旧ユーゴスラビア 5/2 40倍
ルーマニア 5/1 90倍
ベラルーシ
チョルノービリ原発 1986/4/26
キーウ
ウクライナ
●モスクワ
ロシア
※大気中の放射能レベルと平常値との比較

4 日本の原発輸出

2015年12月，日本とインドが，原発輸出の前提となる日印原子力協定の締結で原則合意した。国際原子力機関（IAEA）は，世界の原発の発電量が2030年に14年比で10～90%程度増加すると予測している。その中でも，最も伸びが大きいのはインドを含む南アジア・中東の5～8倍であるといわれている。この協定で，国内の原子力メーカーは，大きなビジネスチャンスだと歓迎する。一方で，長期化し見通しの立たない福島原発の事故処理を背景に，世論の反発も予想される。

Ⓒ原発輸出の問題点

- **輸出先での事故補償**…万が一事故が起きたとき，誰が，どの程度補償をするのか。
- **テロ等のリスク**…政情が不安定な地域での危険性。
- **原発事故処理の長期化**…輸出の理解が得られにくい。

Ⓓ日本企業の原発輸出 ―計画のすべてが頓挫

ベトナム	日本政府	10年建設合意→16年計画中止
リトアニア	日立製作所	12年受注→国民投票で反対，凍結
トルコ	三菱重工	13年建設合意→18年断念へ
ブルガリア	東芝など	17年に東芝子会社が破綻し撤退
台湾	日立など	14年に計画凍結
米国	東芝など	17年に東芝子会社が破綻し撤退
英国	日立製作所	18年6月交渉合意→12月計画凍結

プラスα ドイツの電力輸出拡大の理由は？　フランスは福島原発事故直後の数か月を除き，対ドイツ電力輸入超過である。要因の1つは，ドイツの電力価格の安さ。2015年12月時点で，独は1kWh当たり約3.1ユーロセント（4.1円），仏は約3.5ユーロセント（4.7円）。原発電力は高い？

項目	学　習　の　内　容	項目	学　習　の　内　容

地域的経済統合とEU（P.352〜356・362・363）

(1) 地域的経済統合 …域内経済活性化, 新しい保護主義打開
- ①自由貿易協定…域内関税撤廃へ
- ②関税同盟…域外共通関税
- ③市場統合…人・物・資本・労働力の自由化
- ④政策統合…全体統合・政治統合

(2) 主な経済圏
- ・USMCA（米国・メキシコ・カナダ協定）…2020年にNAFTAに代わり発効した貿易協定
- ・APEC（アジア太平洋経済協力）…貿易自由化めざす
- ・ASEAN（東南アジア諸国連合）…1999年に10か国体制へ
- ・MERCOSUR…域内関税撤廃・域外共通関税化

(3) EU（欧州連合）…27か国体制
- ① EC（欧州共同体）発足（1967年）←ECSC＋EEC＋EURATOM
  - ・目的…域内関税撤廃, 域外共通関税
  - ・発展…EMS（欧州通貨制度）による域内固定相場制, 市場統合完成（1993年）
- ②EUへ発展
  - ・1992年　マーストリヒト条約調印→EU発足（93年）
  - ・1994年　EEA（欧州経済地域）発足
    - →EUとEFTA（欧州自由貿易連合）を結ぶ
  - ・1999年　単一通貨 ユーロ の導入
  - ・2007年　リスボン条約調印

発展途上国の経済（P.357〜359・364・365）

(1) 南北問題 …南北間の経済格差（南の貧困, 低所得・低生活水準）
- ①貧困の悪循環

欧米の植民地支配の影響

経済的自立の遅れ → モノカルチャー経済 → 一次産品価格低迷

人 口 爆 発 ← インフラ不足 ← 低貯蓄・低投資

(2) 格差是正に向けて
- ① 資源ナショナリズム …天然資源に対する恒久主権主張と運動
  - → OPEC ・ OAPEC などによる先進国・多国籍企業支配の排除（新植民地主義への反発）
  - ・1973年… 石油危機
  - ・1974年… 国連資源特別総会 で NIEO（新国際経済秩序）樹立宣言
- ②国連の取り組み
  - ・第１〜４次「国連開発の十年」（1960年代〜）による目標設定
  - ・ UNCTAD（国連貿易開発会議）（1964年設立）

「援助よりも貿易を」（プレビッシュ報告）
一次産品価格安定・ 一般特恵関税 ・GNPの１％援助目標

「援助も貿易も」
ODA（政府開発援助）をGNPの0.7％

(3) 新たな課題と今後の動向
- ①南南問題…「南」の中での経済格差拡大

成長	・産油国の一時工業化（オイルマネーによる） ・アジアNIES ・ ASEAN 諸国・中国の急速な経済発展 　→アジア通貨危機（1997〜98） ・外国資本や技術の積極的導入, 輸出志向工業化
停滞	・累積債務問題…中南米諸国（メキシコ・ブラジルなど） 　→デフォルト（債務不履行）・ リスケジューリング 　（債務返済繰り延べ） ・LDC（後発発展途上国）の増加…人口増加, 食糧危機, 累積債務と予算削減による新たな貧困

- ②BRICS…ブラジル, ロシア, インド, 中国, 南アフリカ。５か国で世界の国土面積の３割, 人口の４割を占める。将来経済大国になると予測されている。

日本の貿易と経済摩擦（P.360・361）

(1) 日本経済の国際化と貿易・投資
- ①GATT11国（1963）…貿易の自由化, 貿易額の拡大
- ②IMF8条国（1964）・OECD加盟（1964）…為替・資本の自由化
  - →外国企業の日本進出・海外直接投資拡大
  - →外為法改正（1998）…為替の完全自由化
- ③貿易…加工貿易型→水平分業型（1980年代後半に工業製品輸入比率が上昇）垂直分業型から移行
- ④海外直接投資（1985以降急増）…円高・貿易摩擦回避のため（対北米向け第１位）
  - → 産業の空洞化（現地生産化）, 投資摩擦

(2) 日米貿易摩擦
- ①原因…日本の輸出拡大（1980年代）

日　本	アメリカ	→ 日米貿易摩擦 …米・オレンジ・牛肉の輸入自由化圧力
貿易黒字増	双子の赤字	

- ②日米貿易摩擦の歴史

分　野	交　　渉
繊維, 鉄鋼・テレビ, 機械, 自動車	輸出自主規制 （1981〜94）
半導体	輸入割当目標
構造・政策	日米構造協議 （1989〜90） 日米包括経済協議 （1993〜96）

経済協力と日本の役割（P.366・367）

(1) 国際経済と日本…投資や貿易など, アジア・アメリカ経済との大きな関わり

(2) 経済協力…目標（対GNP比１％）未達成
- ① 政府開発援助（ODA） …目標（GNI比0.7％）未達成

規　模 (2021年)	・世界第３位（金額）　 対GNI比約0.34％ 世界順位（金額）の推移…1991〜2000年１位, 01〜05年２位, 06年３位, 07〜12年５位, 13年４位, 14年５位, 15〜20年４位, 21年３位
質の低さ	・贈与比率 が低く, 円借款の割合が高い ・タイド（ひもつき）援助は急速に低下 ・経済インフラ偏重→環境破壊
問　題	・アジアへの偏り（約６〜７割） ・情報非公開　　　・不正事件

- ②民間援助… NGO（非政府組織）による援助活動

地球規模の環境問題（P.370〜373）

(1) 国際的な地球環境問題への取り組み

1972	国連人間環境会議（ストックホルム） ・「かけがえのない地球」 人間環境宣言 採択
92	国連環境開発会議（地球サミット）（リオデジャネイロ） ・リオ宣言（ 持続可能な開発 ） ・アジェンダ21（具体的行動計画） ・生物多様性条約　　　 気候変動枠組み条約
97	温暖化防止京都会議…CO_2など温室効果ガスを先進国で5.2%削減目標→ 京都議定書 発効（2005）

資源・エネルギー問題（P.374〜379）

(1) 石油危機 と日本
- ①石油危機による石油価格高騰

1973	第一次石油危機 ← 第四次中東戦争での OPEC ・ OAPEC の石油戦略
79	第二次石油危機 ←イラン革命

- ②日本への影響…産業構造が 資源多消費型 から省資源 知識集約型産業 へ
  - →新エネルギー開発, 原子力政策推進, 省エネ 促進

(2) 新エネルギーの開発…石油依存からの脱却
- ①原子力発電…総発電量の約４分の１, 低コスト, エネルギーの安定供給, 地球温暖化防止→2011.3.11 東京電力原発事故
- ②自然エネルギー（エコ発電）…太陽光, 風力, 地熱など

最近先生たちが「探究」なる言葉（「探求」ではない）を時々使っていないだろうか。また，2022年度から施行される新学習指導要領では，選挙年齢18歳への引き下げを受けて，社会で求められる資質・能力を全ての生徒に育み，生涯にわたって探究を深める未来の創り手として送り出していくことがこれまで以上に求められている。2019年度から全ての高校で「総合的学習の時間」が「総合的探究の時間」と改称され，探究活動が重視されるようになったのも，この部分だけ先行実施になったからなのだ。大学入試も変わる。2021年度入試から高校3年間でどのようなことに取り組み，その経験からどのような資質・能力を身につけたのかを受験生自身が記入して提出する活動報告書等の書類の提出が課されるところも増えてきた。こうした活動の核となるのが，課題研究なのだ。慣れないことで当惑する諸君も少なくあるまいが，自分の，いや，社会の，世界の未来を切り拓く第一歩と考えて，積極的に取り組もう！

探究活動・課題研究の要点

1 探究活動のあり方

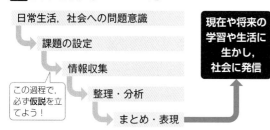

日常生活，社会への問題意識
→ 課題の設定
→ 情報収集
→ 整理・分析
→ まとめ・表現

現在や将来の学習や生活に生かし，社会に発信

この過程で，必ず仮説を立てよう！

仮説はそれを証明するためにデータ収集を行う基礎となる。万一の間違いに備え，できれば複数立ててみよう。

2 課題研究の際に心したいこと

①自分自身で問いを立てる

②答えの用意されていない問いに挑む
様々なデータを集め複数の見解を比較して，誰にも真似できない結論を出そう！　データをまとめるだけでは課題研究ではないのだ。

③社会や学術への貢献を考える
我々が直面するSDGs（→p.3）の目標達成に貢献しよう。最後は，提言ばかりでなく自分で行動を起こそう！

3 テーマの探し方

- 日頃から「面白いことはないか」と思索
  ➡思いついたら記録を残しておく
- インターネットで興味ある話題を検索

- 研究対象を地域，集団（年齢，民族），時代などでしぼりこむ
- 図書館などで先行研究，先輩たちの研究報告書を読む

本当にそれが面白いか考える

面白さが確認できたらさらに深く調べる

4 論文の基本構成

タイトル	論文の内容が分かるように
所属高校名・著者名・指導教員名	
要旨	論文で最も重要な内容を書く
序論	問題提起，先行研究，研究の意義，仮説
材料と方法	研究対象と，調査・実験・観察の方法とを説明
結果・考察	結果を踏まえた考察
結論・展望	最初の問いの振り返り，自身の変化，社会への貢献
引用文献・参考文献	論文で引用したもののみを記載

5 研究の過程で大切にしたいこと

①研究グループ内，類似テーマの研究仲間との報告会
発表者はレジュメ作成過程で分からないことを把握。質問者は質問する前提で発表者の話をしっかり聞く。

②客観的データを出すこと
「赤くなった」，「増えた」とかではなく，極力画像解析ソフトや数値データなどを用いよう。

③情報収集時のインターネットへの過度の依存は危険
誰もが無料で手軽に，安易に発信しうるものだからこそ気をつけよう。書籍や新聞の情報も重要。

質問，批判，答えることで互いの研究の質が向上。

6 課題研究の過程で絶対にしてはいけないこと

- データ改ざん，捏造…学会や所属組織から追放などの厳しい処分あり。

- 「剽窃」，盗用…著作権（→p.97）は財産権の一部。その扱いに敏感になろう。「剽窃」と引用は異なる。引用部分は必ず「　」で括る。先行研究に敬意を表して引用部分付近や最終部分に参考文献を書かねばならないが，引用部分は多くて全体の2割程度（判例あり）。

- ウィキペディアは使用禁止…匿名の情報ゆえに，「該当分野の専門家が書いた」という保証は全くなし。

図書館にある書籍や新聞の情報も重要。当事者や公的機関へのインタビューも積極的に行おう。

主な参考文献——諸君の課題研究の際にもこの書式を大切に

Webページの場合，URLとアクセス日を書く。

論文名は「　」，書籍や新聞名は『　』で囲おう。

- 文部科学省（2019）「高等学校学習指導要領の改訂のポイント」
  http://www.mext.go.jp/component/a_menu/education/micro_detail/__icsFiles/afieldfile/2019/02/19/1384661_002.pdf（2019年8月1日アクセス）
- 岡本尚也（2017）『課題研究メソッドテキスト』新興出版社啓林館
- 佐藤望他（2012）『アカデミック・スキルズ—大学生のための知的技法入門（第2版）』慶應義塾大学出版会
- 林創・神戸大学附属中等教育学校（2019）『探究の力を育む課題研究—中等教育における新しい学びの実践』学事出版
- 南野森義（2018）「論文・レポートの書き方」http://www.ritsumei.ac.jp/ir/ir-navi/common/pdf/technic/technic_text_01.pdf（2019年8月1日アクセス）
- 酒井聡樹（2013）『これから研究を始める高校生と指導教員のために—研究の進め方・論文の書き方・口頭とポスター発表の仕方』共立出版
- 「（花まる先生　公開授業）問いを立てる力を鍛える」，『朝日新聞』2018年12月5日

探究

政治・経済
小 論 文
に強くなる

書を読もう！

社会科学を
学ぶための **読書案内**

エンゲルス
『空想より科学へ』

空想より科学へ
社会主義の発展
エンゲルス著
大内兵衛訳

青128.7 岩波文庫

　マルクスの盟友，エンゲルスが書いた科学的社会主義とは何か，という入門書。マルクス・エンゲルスの思想の根本が分かるので貴重です。それまでの社会主義，その他の哲学などもふくめて，すべて「非科学的」，つまり人間の「空想」の産物と否定しました。思想というものは人間の意識が生み出すものと考えられてきましたが，エンゲルスはそれをひっくり返し，人間の置かれた社会的立場が，その人の意識つまり思想をつくりだすと言ったのです。「従来のように人間の存在をその意識から説明するのではなく，人間の意識を，その社会的存在から説明する方法」です。社会的存在を科学的に分析するから，「空想より科学へ」なのです。

M・ウェーバー
『職業としての政治』

職業としての政治
マックス・ヴェーバー著
脇 圭平訳

青209.7 岩波文庫

　政治学の古典的な入門書。優れた政治家のほとんどが，これを読んでいます。みなさんも，国民から選ばれた政治家よりもマスコミの言説のほうに影響されがちでしょう。政治家よりジャーナリストのほうが，デマゴーグ（民衆政治家）的だという指摘など眼からウロコが落ちます。
　政治家にとって大事なのは，きれいごとを言うのではなく，実行し結果について責任を負う，という覚悟だというのです。これはあらゆる仕事に当てはまりますね。

福沢諭吉
『学問のすゝめ』

学問のすゝめ
福沢諭吉著

青102.3 岩波文庫

　「天は人の上に人を造らず，人の下に人を造らず」の有名な言葉で始まります。憲法第14条の精神と同じです。封建的な身分社会から，新しい平等な近代社会の幕開けを宣言しました。
　近代の原理は身分ではなく，実力の世界です。その実力とは，「学び」にあるといいます。生まれたときは平等でも，「学問を勤めて物事をよく知る者は貴人となり富人となり，無学なる者は貧人となり下人となるなり。」つまり，社会格差のもとは，学びの有無にある。「信の世界に偽詐多く，疑の世界に真理多し」。この精神をもっていれば，オレオレ詐欺などには，簡単にはだまされないことでしょう。

丸山眞男
『日本の思想』

　戦後日本の知識人に大きな影響を与えた思想家。本書に掲載されている『「である」ことと「する」こと』は昔，国語の教科書の定番教材でした。やさしい表現と巧みな比喩で，読み手を引き付けます。福沢諭吉の『学問のすゝめ』の現代版。「である」社会から「する」社会への転換。つまり，殿様であるとか，男である，ということではなく，何をするかで人間の価値は決まる。これが近代の価値であり，民主主義の原理だというのです。何をやったか，行為の結果や業績で評価するのが，現代日本では重要であると述べています。

　安く手に入る文庫・新書を中心に選択。読みやすく，分かりやすくためになり，そして面白いものが選択基準。
★は普通，★★は少し難しい，★★★は大変難しいがでも分かるに分類。

分野		書名	著者	出版社	ひとくち案内	難度
教養	1	「日本型学校主義」を超えて	戸田忠雄	筑摩選書	教育系を目指す生徒をはじめ，先生にも最適。	★★
	2	学校は誰のものか	戸田忠雄	講談社現代新書	学習者主権とは何か？学校の主役は生徒だと気づかせてくれる。	★
	3	実践　自分で調べる技術	宮内泰介・上田昌文	岩波新書	文献探索，ネット検索，インタビューなど課題研究に役立つ。	★
	4	SDGs—危機の時代の羅針盤	南博・稲場雅紀	岩波新書	地域や企業の可能性まで含めた目標達成への指針。	★★
	5	「できる人」はどこが違うのか	斎藤孝	ちくま新書	ベストセラー連発の著者による，知力をつける方法論。	★★
報道	6	メディアをつくる	白石草	岩波ブックレット	パブリックアクセス（情報発信の権利）の重要性が分かる。	★
	7	僕らが毎日やっている最強の読み方	池上彰・佐藤優	東洋経済新報社	どうしたら，二人のように自分の力で世の中を読み解けるのか？	★
	8	報道被害	梓澤和幸	岩波新書	メディアは，時として市民にとって凶器にもなる。	★★★
憲法	9	父と娘の法入門	大村敦志	岩波ジュニア	民法などの法の考え方について対話形式で分かりやすく説明。	★
	10	論点　日本国憲法	安念潤司ほか	東京法令出版	日本国憲法の論点127テーマを分かりやすく説明している。	★
	11	法とは何か　新版	渡辺洋三	岩波新書	法の精神とは何かなどこれから法を本格的に学ぶには格好の入門書。	★★
	12	中高生のための憲法教室	伊藤真	岩波ジュニア	中高生に，日本の現状を踏まえて日本国憲法のもつ価値と力を訴える。	★★
	13	法律を読む技術・学ぶ技術	吉田利宏	ダイヤモンド社	元法制局キャリアが，法律を学ぶ際に何に注目しどう読み解くかを解説した入門書。	★★
	14	有事法制批判	憲法再生フォーラム	岩波新書	そもそも「有事法制」とは何なのか?立憲主義との関係で何が問題となるのか?	★★
	15	基本的人権の事件簿	棟居快行ほか	有斐閣選書	身の周りに起こりうる24の興味深い裁判例を通し，人権の今を考える。	★★
	16	人権宣言集	高木八尺ほか	岩波文庫	古今東西の人権宣言や憲法の人権条項を収録。法学部志望の人にお勧め。	★★★
司法	17	新版　わたしたちと裁判	後藤昭	岩波ジュニア	髪型の自由を訴えた高校生の裁判をとりあげており面白い。	★
	18	裁判官はなぜ誤るのか	秋山賢三	岩波新書	元裁判官が述べる裁判官事情，読めば冤罪が起こる理由も分かる。	★
	19	法服の王国（上・下）	黒木亮	岩波現代文庫	現実の事件を登場させつつ，裁判所の歴史を内側から明らかにする小説。	★
	20	最高裁物語（上・下）	山本祐司	講談社+α文庫	最高裁判所の重要判決の内幕が分かる1冊。法書志望者にお勧め。	★★

分野		書名	著者	出版社	ひとくち案内	難度
政治	21	民主主義とは何か	宇野重規	講談社現代新書	民主主義はどうすれば生きのびていけるのか？	★★
	22	政権交代の法則	草野厚	角川oneテーマ21	55年体制における，自民党の派閥による擬似政権交代を解き明かす。	★
	23	人物破壊	K.V.ウォルフレン	角川文庫	特定の政治家の信用を破壊する検察とマスコミによる権力構造を指弾。	★
	24	姜尚中の政治学入門	姜尚中	集英社新書	アメリカ，改憲問題など7つの話題から現代を読み解く視点を学ぶ。	★
	25	政府は必ず嘘をつく	堤未果	角川SSC新書	政府やマスコミが流す情報を見る私たち自身の目を変える必要が分かる。	★
	26	戦後史の正体	孫崎享	創元社	敗戦国日本の戦後史は，対米従属路線と自主路線の対立だった。	★
	27	拒否できない日本	関岡英之	文春新書	郵政民営化も司法制度改革も米国の要求!?ガイアツが分かる。	★★
	28	日本の国会―審議する立法府へ	大山礼子	岩波新書	「決められる国会」に。参議院や国会運営慣習の改革案に注目。	★★
	29	政治主導―官僚制を問いなおす	新藤宗幸	ちくま新書	かけ声で終わった民主党の政治主導。真の政治主導とは何かを問う。	★★
	30	二〇世紀の自画像	加藤周一	ちくま新書	「知の巨人」加藤周一の入門書，次は『羊の歌』が若い人にはお勧め。	★★
	31	ザイム真理教	森永卓郎	三五館シンシャ	国民生活を破壊する財務省の「財政均衡主義」。カルト教団化する財務省の実態をあばく。	★
国際	32	米中争覇 「新冷戦」は始まったのか	朝日新聞取材班	朝日新聞出版	米中対立はいつ始まったのか？日本はどうする？	★★
	33	ルポ トランプ王国（1・2）	金成隆一	岩波新書	今世紀中にトランプは2度，3度出現する！なぜ？	★
	34	欧州分裂クライシス	熊谷徹	NHK出版新書	欧州各国で台頭するポピュリズムはどこへ向かうのか？	★
	35	イスラームからヨーロッパをみる	内藤正典	岩波新書	なぜ共生できないのか？共生するために何が必要か？	★
	36	日本はどう報じられているか	石澤靖治	新潮新書	反日デモの背景となる中国の言論統制などもよく分かる。	★
	37	人道的介入	最上敏樹	岩波新書	一国の圧政に対し，国際社会は武力介入することが許されるのか？	★★
	38	日本の国境問題	孫崎享	ちくま新書	戦後日本の国際政治との関係で見えてくる，意外な真実。	★★
	39	在日外国人 第三版	田中宏	岩波新書	在日外国人問題を通じて考える日本の過去と今後。	★★
	40	日韓関係史	木宮正史	岩波新書	日韓間がどうしてこれほど，かつ，近年対立するのか？	★★
経済	41	格差社会	橘木俊詔	岩波新書	様々なデータから格差社会の現状とその対策を問いかける。	★
	42	経済学はこう考える	根井雅弘	ちくまプリマー新書	「何のために経済学を学ぶのか」の高校生向け入門書。	★
	43	マンキュー入門経済学 第3版	Ｎ・Ｇ・マンキュー	東洋経済新報社	マンキュー（➡p.172）の解説。演習は難しいが挑戦してほしい。	★★★
	44	変異する資本主義	中野剛志	ダイヤモンド社	世界の潮流は積極財政へ。新自由主義からの転換期を分析。	★★
	45	資本主義の終焉と歴史の危機	水野和夫	集英社新書	資本主義の本質と限界が分かる良著（➡p.369）。	★★★
	46	9割の社会問題はビジネスで解決できる	田口一成	ＰＨＰ研究所	社会問題をビジネスの手法で解決する痛快な取り組み。	★
	47	貧困と飢饉	アマルティア・セン	岩波現代文庫	食糧が増産されれば，世界の飢餓は克服されるのか？	★★
	48	人新世の「資本論」	斎藤幸平	集英社新書	環境問題まで含めたマルクスの新しい読み方と現代。	★★
	49	日本は世界5位の農業大国	浅川芳裕	講談社+α新書	食料自給率が低いことにはカラクリがあった！実はすごい日本の農業。	★
	50	資本主義はなぜ自壊したのか	中谷巌	集英社文庫	「生産性の低い中小企業は淘汰されるべき」と考えていた著者の懺悔の書。	★★
	51	新版 悪夢のサイクル	内橋克人	文春文庫	国家を疲弊させ格差を拡大する新自由主義の経済循環の警告が分かる。	★★
	52	高校生のための経済学入門	小塩隆士	ちくま新書	理論よりも，現実の経済問題の解決における経済学の考え方を説く。	★★
	53	いま，働くということ	大庭健	ちくま新書	自然や他人との関わりの中で生きるという観点から働く意味を問い直す。	★★
	54	経済学の犯罪	佐伯啓思	講談社現代新書	私たちは誤った「経済の観念」を信じている。	★★
	55	現代に生きるケインズ	伊東光晴	岩波新書	ケインズ批判者に対する批判の書。	★★
	56	幸せのための経済学	蓼沼宏一	岩波ジュニア	福祉のための経済学を考える高校生向けの書。専門的内容含む。	★★★
金融	57	日銀を知れば経済がわかる	池上彰	平凡社新書	日銀を通じて金融のしくみがよく分かる。	★
	58	「通貨」を知れば世界が読める	浜矩子	PHPビジネス新書	金融主導のグローバル経済を解説。	★
財政	59	財政のしくみがわかる本	神野直彦	岩波ジュニア	巨額の財政赤字，どこに問題点があるのか，なぜ減らせないのか。	★
	60	消費税は0％にできる	菊池英博	ダイヤモンド社	消費税は格差を拡大する。消費税なしで経済を好転させる処方箋。	★
	61	公共事業が日本を救う	藤井聡	文春新書	悪いイメージがつけられてしまった公共事業の本質が分かる。	★
	62	消費税のカラクリ	斎藤貴男	講談社現代新書	消費税の担税者は消費者ではない？中小企業を壊死させる消費税に迫る。	★
社会	63	暴走するセキュリティ	芹沢一也	洋泉社新書y	実態のない不安と過剰なセキュリティ，誰もが不審者とされる社会。	★
	64	差別原論	好井裕明	平凡社新書	差別は自分とは関係がないと思いがち…読んで自分と向かい合うべし。	★
	65	若者殺しの時代	堀井憲一郎	講談社現代新書	若者を踊らせ消費させてまきあげる商売はバブルの頃に始まった。	★
	66	軋む社会 教育・仕事・若者の現在	本田由紀	河出文庫	非正規雇用，内定切りなど働くことをめぐる若者たちの現実を問う。	★
	67	恍惚の人	有吉佐和子	新潮文庫	題名は認知症の老人を意味する。老人問題を提起した古典的小説。	★
	68	子どもの貧困（Ⅰ・Ⅱ）	阿部彩	岩波新書	日本の子どもの貧困状況と家庭経済状況との関係を詳細に考察。	★★
	69	少子社会日本	山田昌弘	岩波新書	少子高齢化と格差社会との関連について鋭く考察。	★★
	70	「世間」とは何か	阿部謹也	講談社現代新書	日本社会のモラルは世間体によって支えられている現実を分析。	★★
	71	文明の災禍	内山節	新潮新書	東日本大震災と原発事故を近代以来の価値，現代文明の敗北と省察。	★★★
環境	72	沈黙の春	R.カーソン	新潮文庫	環境問題の深刻さを提起した最初の古典的本。環境問題の必読書。	★★
	73	科学とはなにか	佐倉統	講談社ブルーバックス	科学技術は誰のもの？どう付き合えばいいのか？	★★
	74	環境社会学入門	長谷川公一	ちくま新書	著者の研究史として環境社会学を分かりやすく解説する。	★
	75	ほんとうの環境問題	池田清彦・養老孟司	新潮社	現実を踏まえ戦略的に環境問題を考える視点を提起。	★
	76	地球環境報告書Ⅱ	石弘之	岩波新書	様々な環境問題に触れている。やや退屈だが重要な基本書。	★★

小論文 クッキング講座

この講座は，「書くこと」が苦手で，大嫌いな人のために設けたものです。このクッキング講座で，小論文を上手に調理する方法（考え方）を学んで下さい。

(1) 書くことは考えること

モノを考えるには必ず言語を使います。「分かっているけど言葉にできない」という人は，うまく書けないのではなく，自分の考えがまとまっていないのです。**思考することと，書くことはイコール**なのです。

(2) 何を調べるのか

「興味」や「関心」を，最近「**気になること**」や，「**腹の立つこと**」に置き換えてみましょう。ある事柄について「なぜだろうと疑問に思うこと」が，その問題について調べる動機になります。

(3) 社会的に意味があることを取り上げる

作文とは違い，小論文では，「**みんなにとって意味のある**」ことを取り上げ，その問題について「誰もがそのように思う」という**客観性**を持たせることが重要です。どのような意味を汲み取り，さらに新しい意味を付与(ふよ)することができるか，という点を工夫しましょう。

(4) 「ひとりディベート」精神

客観的であるよう努力する必要がある一方で，賛成はされないまでも「なるほど」と思わせる主張を盛り込むことが肝心です。そのためには，物事を複眼的に考えられるよう，日頃からひとつの問題について考える「**ひとりディベート**」のクセをつけましょう。

(5) 何をどのように読むか

論じるための基本的な知識を得るには，関連する本を読む必要があります（「読書案内」➡p.382）。立場や意見の異なるものを学べば，自分の意見をより客観的かつ普遍的な意味のあるものにできるでしょう。

(6) 「書く」ために「読む」

小論文を「書く」ために「読む」時には，**資料の読解と要旨のまとめ**が必要です。本を読む時は，重要な部分に線を引き，それから要旨を書いてまとめてみるとよいでしょう。

小論文出題形式

Ⅰ **読解資料型** 読解資料（たいてい長文）を与えて，それを要約させたり傍線部を解釈させたり，そこに意見を求めたりするタイプ。

Ⅱ **テーマ型** いきなりテーマ「……について記せ」といったものを与えて書かせるもの。

Ⅲ **資料分析型** 統計図表や絵画など芸術作品を与えて，それについて書かせるもの。

Ⅳ **英文読解型** Ⅰの読解資料が英文になったものと思えばよい。その他はⅠと同じ。

大学入試・就職試験によく出題されるテーマ

❶国際化と比較文化 ❷生・老・病・死 ❸環境問題
❹豊かさとゆとり ❺子どもと教育 ❻女性問題
❼科学と科学技術 ❽民主主義

出題頻度順。推薦入試や就職試験ではⅡの形式が多い。

(1) 小論文を書く「流れ」をつかもう

Step① 自分の意見を述べ，その理由を書いて，相手を納得させる

小論文は，これがすべてです。相手を納得させるところが作文と大きく違うところです。

また，自分の意見や主張をただ述べただけでは，説得力に欠けます。相手に納得してもらうためには，客観的・論理的な理由や根拠が必要になります。日々の読書や，新聞などからの情報収集が力となります。

そのためには

Step② 違和感のない，筋の通った文章を書くことが大事

どれだけすばらしい言葉を並べても，オリジナリティのある主張・見解を盛りこんでも，全体として，ちぐはぐな印象を与えては台無しです。

書いた本人でさえ，言いたいことがわからない文章などもってのほかです。

読んでいて違和感のない，筋の通った文章は説得力を持ちます。

そのためには

Step③ 小論文の構成（小論文全体の設計図）をしっかりと考える

小論文の構成は，一般的には「序論・本論・結論」が基本の形となります。

ここで焦ってすぐに書き始めると，後で「これも書き足そう」ということになり，統一感のない，ちぐはぐな文章になりがちです。

また，限られた時間の中で書き直すことになってしまうと，小論文が書き上げられなくなるおそれもでてきてしまいます。

段取り八分，ここはじっくり時間をかけましょう。

そして

Step④ 文章を書く

下書きをする時間の余裕はないと思われますので，丁寧に読みやすくきれいな文字を書くことを心がけ，設計図通りに書き上げましょう。

書き上げたら，文字の誤りはないか，読みにくいところはないか，見直しをします。

小論文

⑵ 小論文を書く「コツ」をつかもう

Step① 出題形式別の対策

小論文出題形式には，大きく下表のような3つの型があります（➡p.384）。

当然のことですが，どの型においても，何を問われているのかを理解したうえで，設問の趣旨に沿った文章を書かなければなりません。それぞれの型の書き方のコツ，注意点を見てみましょう。

I 読解資料型	「筆者の主張を要約し，自分自身の考察を述べよ」タイプ。
【対策】課題文のなかで頻繁に出てくる言葉や，筆者が一番言いたい箇所に線を引くなどして，文章構成（設計図）の材料とします。	

II テーマ型	「〇〇について述べよ」タイプ。
【対策】まず最初に，自分の立ち位置を決めましょう。それは「結論」でもあります。〇〇について賛成，反対，どちらでもない，どちらも考えられる，など。 　このとき注意すべきことは，賛成・反対のどちらに立っても，単なる賛成論・反対論に終始しないことです。自分とは違う意見があることを念頭において，賛成できない理由や矛盾点を指摘するなど，大きな視点で論じることを心がけましょう。	

III 資料分析型	「資料を読み取り，自分自身の考察を述べよ」タイプ。
【対策】資料のなかに問題点や触れてほしい箇所（グラフの急激な変化など）が潜んでいます。意味のない資料は出ませんので，出題者になったつもりで，その資料が持つ意味を考えましょう。	

Step② 情報の整理

筋が通るように，文章構成を考えます。思いつくことをメモしましょう。それまでの人生で得た，知識や経験をすべて絞り出す作業です。ただし，曖昧な知識や，実際にないことを書くのはやめましょう。

小論文を書くときには，知識や経験が多いほど有利となります。最善の小論文対策とは，日々よく考え，己を知り，一日一日を大切に過ごすことなのです。

筋の通った文章を書くポイント	
●指示代名詞はなるべく使わない	「これ」「それ」「あれ」などが何を指しているのか分からないと読みづらくなります。使わないほうが無難です。
●「起承転結」にしない	起承転結の「転」は，いわばそれまで述べてきた「起承」をひっくり返す文章です。小説などでは面白いですが，小論文では面白さよりも説得力が大切です。次の「Step③」のように，「序論→本論→結論」の3段構成にしましょう。
●段落を有効に使おう	一つの段落で，一つの主張または理由・根拠を述べると，文章がすっきりします。また，段落の最初の文で，その段落で述べたいことを書きましょう。

Step③ 小論文の構成

構成は「序論」「本論」「結論」を基本に考えます。

序論	●「序論」では，設問に対する問題提起や，今から何を述べるのか，自分の考えを示します。 ●Iの読解資料型では，要約したうえで，筆者の主張とあなたの考え（賛成，反対，共感など）を述べます。 ●先に書いたように，IIのテーマ型では，ここで結論を述べておくと，本論での展開がしやすく，採点者側もその結論を念頭に置きながら読み進めることができます。
本論	●「本論」は，「序論」を受けて（きちんと筋を通したうえで），自身の考えの論拠や理由を述べます。 ●自分でもわからないような壮大な意見や難解な表現は避けたほうが無難です。 ●自分の言いたいことを自分の言葉で書きましょう。自身の体験など，具体的な事例を出すことも効果的です。 ●「例えば…」「つまり…」「なぜなら…」といった言葉を上手に使い，論を展開しましょう。このとき，同じ内容の繰り返しにならないように気をつけましょう。
結論	●「結論」は，全体の総仕上げです。簡潔かつ明瞭にまとめましょう。 ●「以上の理由により，〜のように考える」という形が一般的です。余計な文章は付け足さないほうがよいでしょう。 ●構成を練るときから，これで最後を締めたいと考える文章があれば，説得力が増すかもしれません。

Step④ 文章を書く

書くときは心を込めて丁寧に書きます。文字の上手・下手はありますが，それ以上に「読んでほしい」という気持ちが文字には表れます。

誤字や脱字，略語（携帯→携帯電話）などに注意しながら，一文一文を簡潔に，短くまとめていきます。長くなると，主語と述語の関係が崩れやすく，読みにくくなります。

以上の基本を踏まえつつ，いくつかのテーマを書いてみましょう。理解するのと，実際書くのとでは違いますので，繰り返し書くことが大事です。

最初から上手には書けませんが，何度か書くうちに，展開の仕方や，自身の癖などがわかってくるはずです。書いたものは必ず他人に目を通してもらい，添削を受けてください。

小論文を書きあげるには，「思考力」「想像力」「独創性」「知識」「実体験」「文章力」など，様々な「力」が求められます。その「力」こそが，採点者側が本当に知りたいあなたの「力」なのです。

小論文クッキング　レシピ①　読解資料型

2017年，慶應義塾大学［法学部］（改）

立憲主義について

　課題文『憲法と平和を問いなおす』（長谷部恭男，ちくま新書，2004年）の部分抜粋を読み，著者が述べる立憲主義の原則に対し，あなたの考えを述べなさい。　　　　　　（500～700字）

【課題文】　人間には，「自分が大切だと思う価値観」を社会全体に押し広げたいという本性がある。この人間の本性を放置すれば究極の価値観を巡って闘争が起こる。個々人の「価値観」は比較不可能であり，このような「価値観」をもつ人々が公平に社会生活を送るため，全体の利益に関わる冷静な議論と決定の場を設けるためにも「公」と「私」を区分すべきである。

　「公」と「私」が区分されるべきという前提に立てば，立憲主義において，「私的領域」では個人が生き方を自立的に決めることができ，個人の生き方が，たとえ，多数派の価値観に反するといっても，「公的領域」を越えて，国家権力を用いて否定することは厳しく制限されなければならない。なぜなら，個人の生き方を自立的に判断することは，あらゆる人を平等に認める立憲主義の前提に反するからである。

　比較不可能な価値観の対立を抑制し合意形成をする「公的領域」と，個々人の価値観に従って生きる「私的領域」とを区分することで，個人の闘争が回避される。

料理の手順

　まず，基本知識として「立憲主義」という概念を理解しておくこと。立憲主義とは，「国家権力を法的に縛り，制限し，憲法に基づいた政治を行うこと」である。この前提をしっかり理解したうえで，課題文の著者が考える「立憲主義の原則」とは何かを読み取ることが第一歩である。

　著者のいう原則は，立憲主義において，①「『私的領域』では個人が生き方を自立的に決めることができ」ること，②個人の生き方を「『公的領域』を越えて，国家権力を用いて否定することは厳しく制限されなければならない」こと，③ゆえに「『公』と『私』を区分すべきである」という原則である。

　この原則に対して，自分の意見を述べる。「公」と「私」の人為的区別が難しい問題，すなわち「公的領域」が「私的領域」に介入した例をあげ，著者の考える「原則」に対して自分の意見を述べればよい。

いずみさんの解答例

　国家権力が「公的領域」を越えて，個人の価値観や思想・良心の自由に介入することの事例として，道徳の教科化があげられる。国が道徳を教科として位置づけ，児童・生徒を評価することは，著者が述べる，「『大切だと思う価値観』を社会全体に押し広げたいという本性」を指しているのではないだろうか。

　道徳で学ぶと定められている項目の多くは，個人によってその概念が異なっている。例えば「正義」という言葉を挙げるとする。ある人は，「国家が正しいといっていることを忠実に守ることが正義」と考えるかもしれないし，またある人は「社会的弱者を救うことが正義」と考えるかもしれない。または，「あの国は大量破壊兵器を持っているかもしれないから，私たちの国が攻撃される前に，国を守るために先制攻撃をすることは正義」との主張もできてしまう。つまり，「正義」という言葉一つでも，置かれている立場，宗教観や歴史的背景によって，唯一の「正義」という概念は存在しない。「比較不可能」なのである。道徳の教科書の文章を読み，そこに書かれている内容から「正義」を読み取って，それが唯一の「正義」という，一定の価値観への誘導が懸念される。ゆえに，「公的領域」が「私的領域」に介入し，個人の生き方に踏み込むことは厳格に制限されるべきである。（541字）

ゆうこさんの解答例

　「国家権力が『公的領域』を越えて，個人の良心の自由や価値観，つまり『私的領域』に介入することは制限されるべき」と著者は述べているが，必ずしもそうであるとは限らない。

　近年SNS等の普及により，多くの人が気軽に自分の主張を不特定多数に発信できるようになった。しかし，発信される主張により，実際に特定の団体や個人が大きく損害を受けたり，場合によっては，個人の命が失われたりする事例が多数起きている。個々人が意見を持ち，それをSNS上で発信すること，そして，発信する・しないの選択も含めて，個人の価値観や個人の選択である。しかし，その個人の価値観を優先し，特定の個人の生き方や価値観を否定することになるのであれば，やはり，個人の価値観に対して，「公」による一定の介入は必要である。つまり，特定の団体や個人が著しい損害を被る内容の発信に対しては規制するという法律を整備する必要がある。具体的には，SNS上で個人情報を特定し，SNS上で特定した個人を匿名で攻撃するといったことに対しては，法律による規制が必要だ。

　厳格な制限基準と裁判所による司法判断を前提として，「私的領域」に対しての「公的領域」の介入は許容されるべきである。（505字）

味付け指導
　価値観への国家の介入が中心に論じられているが，立憲主義が機能することで得られる意義の具体例があるとより説得力が増すだろう。

味付け指導
　「公的領域」と「私的領域」を厳格に区別しすぎることによるデメリットを論じている。SNSのほかにも，社会保障において自助を強調しすぎる問題などもある。

小論文クッキング　レシピ② テーマ型

若者の留学について

「中国では海外に留学する若者が年々増えているのに，日本では留学する若者が減ってきている。したがって，日本の若者は内向きで消極的だ。」この考えに対して，反対の立場から論理立てて意見を述べなさい。

（500〜800字）

じゅん君の解答例

近年，日本では「草食系」と呼ばれる若者が増え，草食男子なる言葉も流行した。一昔前と比べ，元気がなく，おとなしい性格の若者が増えているらしい。彼らは「ゆとり教育」のもと育った「ゆとり世代」の若者で，競争心が少なく，安定志向で高望みせず，欲がないと指摘されている。留学する若者が減少した背景には，そうした「ゆとり世代」の存在があるのかもしれない。ただし，彼らが内向きで消極的と結論づけることはできない。

理由の1つとして，「ゆとり世代」は合理的かつ現実的と言われ，留学に大きな意義を求めないと考えられるからだ。留学に社会的なステイタスを求めていた時代とは違うのかもしれない。

2つ目の理由に，彼ら「ゆとり世代」は，幼少の頃からパソコンや携帯電話が身近に存在する世代であり，インターネットなどを通じて容易に海外の情報を取得できる情報化社会で育ったため，留学にさほど関心がないのかもしれない。

3つ目は，日本の国際化だ。小中高，大学を通じて英語教育に力を入れる学校も多く，塾や語学学校もたくさんある。日本にいても語学習得が可能なため，わざわざ海外に行く必要性を感じない若者が増えたのではないだろうか。

以上のように，「ゆとり教育」のもと育った若者たちは，留学そのものに関心がないのであって，日本の若者が内向きで消極的になったわけではない。 （561字）

味付け指導

「ゆとり教育」と結びつけるのはユニークな視点ですが，そもそも「ゆとり教育」がもたらしたものが何かをきちんと検証しなければ，論理的な展開は難しいです。じゅん君の内容は，世間一般に言われている「ゆとり世代」の若者論に終始しており，説得力に欠けます。また，じゅん君自身が「ゆとり世代」の若者であるにもかかわらず，彼ら「ゆとり世代」という見方をしているため，文章全体が抽象的で曖昧（あいまい）です。客観的な立場で論じることは大事ですが，具体性を持たせる工夫が必要です。

料理の手順

○○について述べるテーマ型の1つです。「反対の立場で」という明確な指示があるので，「中国では海外に留学する若者が年々増えているのに，日本では留学する若者が減ってきている。したがって，日本の若者は内向きで消極的だ。」という考えに対し，論理的に反論を展開する必要があります。

しほさんの解答例

留学を希望する日本の若者が減ってきているという話は聞いたことがある。仮にそれが事実だとしても，留学する若者の減少＝若者が内向きで消極的であると結論づけるのは短絡的だ。まず，日本から留学する若者が減ったという確実なデータはあるのか，仮に信頼できるデータがある場合，その理由を考えてみる。

1つは少子化だ。子ども（ここでは若者として捉える）の数そのものが減少しているため，人口における子どもの割合を比較しながら，留学数減少を検証しなければならない。

次に留学の目的である。留学の目的は，異文化交流や海外での資格取得・研究，キャリアアップなど様々だが，一番は外国語（英語）の習得であろう。以前は海外に留学することが外国語習得の近道であったかもしれないが，現在は日本国内でも習得可能だ。幼少期からの英語教育も盛んで，高校や大学でも英語教育に力を入れている学校は多い。このように外国語を学ぶ環境が整ってきたことも，留学する若者が減少した理由の1つに挙げられる。また，インターネットの普及により，日本にいながら海外の情報を取得できること，海外との交流が容易になったことも減少の理由に付け加えておく。

最後に経済的な理由が考えられる。留学するには当然お金がかかる。不況下の日本では，大学を選ぶ際も，自宅から近く，学費の安い大学を選ぶ傾向が強まった。私自身もそうだ。そうした状況下では，経済的負担を考慮して留学を希望する若者も減少するのではないか。

以上のように，日本で留学を希望する若者が減っていると仮定しても，それは外的要因が主な理由であり，日本の若者が内向きで消極的になったからだとは言えない。中国で留学する若者が増えているとすれば，それは日本とは反対の理由，つまり人口の増加，経済成長が大きな理由であろう。 （745字）

味付け指導

他の反論材料として「日本の大学生は就職活動や資格取得の準備に時間を費やすため，留学によってそれが制限されることを嫌う」「留学経験を重視しない企業も多い」なども挙げられます。「外向きで積極的な若者は留学するのか」という視点で論じるのも面白いですね。

雇用　2016年度, 北海道大学 [経済学部] (改)
日本における雇用形態の現状

　図表1から図表9にもとづいて, これまでの経緯を踏まえた上で, わが国における雇用形態の現状について説明しなさい。なお, すべての資料を参照する必要はないが, どの資料を参照したかを解答のなかで明記すること。

（400字以上, 500字以内）

〈注〉図表はすべて, 総務省・国税庁資料をもとに作成。

図表1　正社員・非正規従業員の雇用者数（男女計）

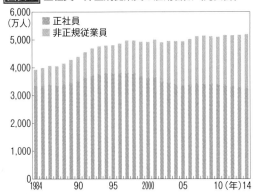

図表2　正社員・非正規従業員の割合（男女計）

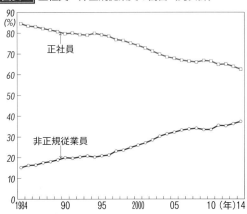

図表3　正社員・非正規従業員の雇用者数（男のみ）

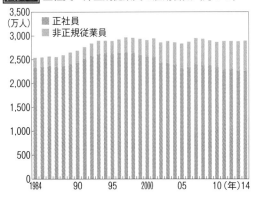

図表4　正社員・非正規従業員の割合（男のみ）

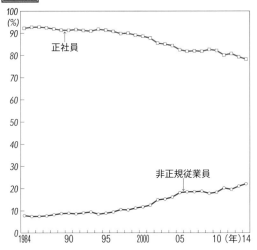

図表5　正社員・非正規従業員の雇用者数（女のみ）

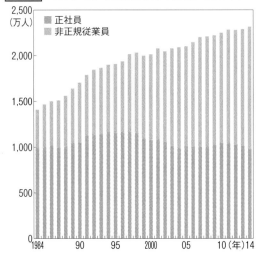

図表6　正社員・非正規従業員の割合（女のみ）

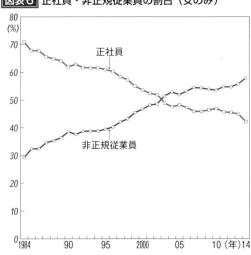

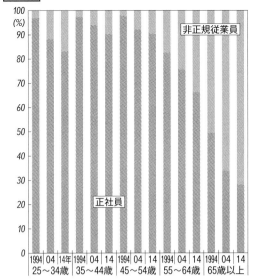

図表7 年齢・年次別の正社員・非正規従業員の割合（男のみ）

(%)

非正規従業員

正社員

| 1994 | 04 | 14年 | 1994 | 04 | 14 | 1994 | 04 | 14 | 1994 | 04 | 14 | 1994 | 04 | 14 |
25～34歳　35～44歳　45～54歳　55～64歳　65歳以上

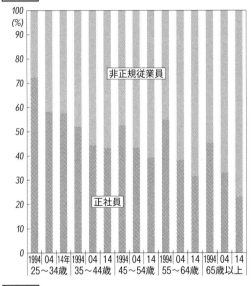

図表8 年齢・年次別の正社員・非正規従業員の割合（女のみ）

(%)

非正規従業員

正社員

| 1994 | 04 | 14年 | 1994 | 04 | 14 | 1994 | 04 | 14 | 1994 | 04 | 14 | 1994 | 04 | 14 |
25～34歳　35～44歳　45～54歳　55～64歳　65歳以上

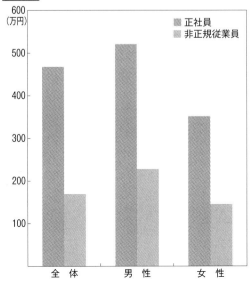

図表9 正社員と非正規従業員の平均年収

(万円)

正社員
非正規従業員

全体　　男性　　女性

料理の手順

このような統計資料を提示して小論文を作成する問題は，まず資料をよく理解し分析してそこから読み取れる事柄をメモします。**この資料の読み取り作業が正確であれば，これでほぼ7割がたできたも同然です。**あとは各問題で指示されている資料のメモを詳しく説明すればよいのです。

図表1…1997年以降雇用者数は横ばいだが，非正規従業員の数は増加している。

図表2…非正規従業員の割合は徐々に高まり，2014年には非正規従業員の割合は全体の約4割に達している。

図表3…男性の雇用者数は1992年頃から横ばいだが，2000年代に入り非正規従業員の数は増加している。

図表4…男性の非正規従業員の割合は徐々に増加している。2014年は約2割である。

図表5…女性の雇用者数は年々増加しているが，正社員の数はほぼ横ばいであるのに対して，非正規従業員の数が増加している。

図表6…女性の非正規従業員の割合は年々増加し，2003年には正社員を上回り，2014年は雇用者数の約6割を非正規従業員が占める。

図表7…男性はどの年代も2014年が一番非正規従業員の割合が高く，なかでも55歳以上の雇用者の非正規従業員の割合が高い。

図表8…2014年において，25～34歳の女性の非正規従業員の割合は約4割だが，それ以上の年齢層では非正規従業員の割合は全体の半数を上回る。

図表9…非正規従業員でも男女間で平均年収の差がある。

こういち君の解答例

　図表1，2より，全体の雇用者数は1997年以降横ばいだが，正社員に代わって非正規従業員の数が増加し，その割合も増加しており，2014年では非正規従業員の割合は全体の4割程度まで増加している。図表3，4より，男性では非正規従業員の数と割合は徐々に増加しているが，雇用者の中心は正社員であり，割合は8割弱である。図表5，6より，女性は雇用者数全体が増加しているが，正社員の数は横ばいであり，非正規従業員の数が増加している。また，非正規従業員の割合も2003年には正社員を上回り，2014年では女性雇用者の約6割が非正規従業員である。図表7より，2014年において男性の25～34歳の層では非正規の割合が2割近くになり，35～54歳までの層ではその割合は1割程度であるが，55歳以上になると非正規従業員の割合は高くなる。図表8より，2014年においてどの年代の女性も非正規従業員の割合が高く，25～34歳の層のみ正社員の割合が5割を超えるが，ほかの年代はすべて5割を下回り，非正規従業員の割合が上回っている。また，図表9より，平均年収を比較すると正社員，非正規従業員ともに男女間に年収の差が存在する。

(497文字)

A～Z

BIS規制…BIS（国際決済銀行）が定めた国際業務を行う金融機関に課せられた基準。自己資本比率8％を下回った場合には、国際業務不適格と考える。(➡p.209)

BRICS…中国とそれに続き成長軌道に乗った新興諸国。約32億人の巨大市場、急速な経済発展で世界経済に大きな影響力を持ちつつある。ブラジルのB、ロシアのR、インドのI、中国のC、南アフリカのS、それぞれの頭文字を並べた語。2024年に6か国新加盟。(➡p.353)

DAC [Development Assistance Committee] **（開発援助委員会）**…先進29か国＋EUによる開発援助を討議する国際委員会。OECD下部組織として1961年発足。本部パリ。日本は1964年加盟。

FTAとEPA (➡p.352)

FTA（自由貿易協定）[Free Trade Agreement] …2か国以上の国・地域間で、関税や輸入サービス貿易の障壁などを撤廃・削減する協定。物品の関税及びその他の制限的通商規則やサービス貿易の障壁等の撤廃を内容とする。GATT（関税及び貿易に関する一般協定）第24条で定義される協定。

EPA（経済連携協定）[Economic Partnership Agreement] …FTAを柱に、ヒト、モノ、カネの移動の自由化・円滑化をめざし、幅広い経済関係の強化を図る協定。FTAの要素を含みつつ、締約国間で経済取引の円滑化、経済制度の調和、協力の促進等市場制度や経済活動の一体化のための取り組みも含む対象分野の幅広い協定。

G7 [Group of Seven] …先進7か国財務相・中央銀行総裁会議（➡p.357）。7か国の財務大臣・中央銀行総裁が集まり、マクロ経済状況や外国為替相場などを協議する。1986年から7か国のメンバー定着。87年のルーブル合意で85年プラザ合意（G5の合意）以来の急激な円高ドル安に歯止めをかけた。

G8 [Group of Eight] …主要国首脳会議（サミット）に参加する主要8か国（G7＋ロシアの8か国）。

G20 [Group of Twenty] …主要20か国・地域のこと。財務大臣・中央銀行総裁会議として1999年から開催された。世界金融危機の深刻化をうけて、2008年から首脳会合である、G20金融サミットも開催されている。

GATTとWTO (➡p.344)

関税及び貿易に関する一般協定（GATT）[General Agreement on Tariffs and Trade] …自由貿易拡大に向け1948年発足した組織。自由（関税軽減と非関税障壁撤廃）・無差別（最恵国待遇）・多角（多国間のラウンド交渉）の貿易三原則を掲げ、世界貿易拡大・世界経済発展に寄与。1995年WTOに発展的に吸収。

世界貿易機関（WTO）[World Trade Organization] …1995年発足のGATTにかわる世界貿易に関する国際機関。モノ・サービス・知的財産権など、全ての貿易問題を扱う機関。GATTの弱点でもあった貿易紛争処理についての多角的なシステム、ルールが整備された。

GATTの主要ラウンド交渉 (➡p.345)

ケネディ・ラウンド [Kennedy Round] …1964～67年の関税引下げ交渉で、鉱工業製品の関税を平均35％引下げで合意。

東京ラウンド [Tokyo Round] …1973～79年に行われた多国間交渉。農産品・工業製品の関税引下げ（各41％、33％引下げ）、非関税障壁撤廃に向けてのルール規定などの成果。

ウルグアイ・ラウンド [Uruguay Round] …1986～94年の多国間貿易交渉。モノの貿易以外の新貿易分野（サービス貿易・知的所有権・貿易関連投資）のルール規定、さらに農産物貿易での非関税障壁撤廃（例外なき関税化）、多角的貿易紛争処理機関であるWTO（世界貿易機関）の設置などが主な決定事項。

GDPとGNP (➡p.194)

国内総生産（GDP）[Gross Domestic Product] …一定期間に国内で生産された価値の総額。人や企業の国籍に関係なく、国内の生産活動を表す。増加分を示すフローの概念である。

国民総生産（GNP）[Gross National Product] …一定期間に国民が生産した価値の総量。同一国に一定期間以上居住する人や企業の生産活動を表す。近年は少し違うことなる数値となる。

LGBTQ…性的マイノリティを総称する言葉。Lesbian（女性同性愛者）、Gay（男性同性愛者）、Bisexual（両性愛者）、Transgender（性同一性障がい者）、Queer（その他の性的マイノリティの総称）またはQuestioning（はっきりと定義しない）の頭文字。

NGOとNPO…公益的立場から行政に働きかけを行う一方で営利追求しない民間団体。ともに民間組織が、企業と異なり収益は求めず、運営基盤を主にボランティアや募金活動に依存する。

NGO（非政府組織）[Non Governmental Organization] …国連憲章71条にも登場するように、平和、開発、人権などの地球規模の問題に取り組む際によく用いられる。(➡p.287、293)。

NPO（非営利組織）[Non Profit Organization] …教育、福祉などの国内、地域の問題に取り組む団体の場合に用いられる傾向が強い。

あ

アクセス権 [right of access] …公権力が保有する情報に接近（アクセス）する権利(➡p.104)。公権力が保有する情報に対する開示・訂正請求権。個人がマスメディアに対し自分の意見（特に反論）を発表する場を提供することを請求する権利（反論権）を含む。

アジア・アフリカ会議（AA会議） [Afro-Asian Conference] …1955年インドネシアのバンドンで開催された国際会議。アジア・アフリカでのナショナリズム（民族主義、独立運動）の高揚のなか、この地域の29か国（日本を含む）が参加し、平和五原則（➡p.303）を発展させた平和十原則を採択。

アジア太平洋経済協力（APEC） [Asia-Pacific Economic Cooperation] …1989年発足のアジア・太平洋地域の経済協力強化を目的とした会議（➡p.353）。オーストラリアのホーク首相が提唱し1989年発足。当初は、同地域の経済協力・貿易の拡大を目的とし、開かれた機関であったが、94年のボゴール宣言で域内関税撤廃に向けた期限を設定し自由貿易圏を目指している。

アシロマ会議 [Asilomar conference] …遺伝子組み換え技術が発見されて間もない1975年、米国のアシロマで開かれた医療、生物学者の国際会議。以後、各国で遺伝子操作に関するガイドラインが作られ始めた。

アダム＝スミス [Adam Smith] …イギリスの古典派経済学者（1723～90）(➡p.174)。著書『国富論』で、個人の自由な利益追求行動こそが「見えざる手」（an invisible hand）に導かれて、社会全体の富を増進させると説き、国家は極力経済活動に介入しない方が良いとする自由放任主義を主張。

新しい人権 [new human rights] …憲法上に明文化されていないが、社会状況の変化に応じ、新たに人権として主張されるようになってきたものの総称(➡p.104)。具体的には、環境権、知る権利、プライバシー権などがあげられ、国民の間にも定着しつつある。

圧力団体（利益集団） [pressure group; lobbying group] …組織力を背景に、自らの主張を政治に反映させようとする団体のこと。選挙の票集めや資金援助の見返りとして、政府や政党の政策決定に影響力を及ぼそうとする。(➡p.152)

アパルトヘイト [apartheid] …南アフリカ共和国で近年まで続いていた人種隔離政策。英国・オランダ系の白人が、先住民の黒人やアジア系住民を征服・支配し、白人以外の民族は、居住、結婚、労働などの面で厳格な差別を受けた。1991年にその終結が宣言され、94年には黒人のマンデラが大統領に就任。

天下り [descent from heaven] …退職した高級官僚などが外郭団体や関連企業に再就職すること(➡p.128)。官庁の天下り先確保のため事業予算が組まれ、国や自治体の財政赤字の原因になっているとの批判から、天下りの禁止が検討されている。

アムネスティ・インターナショナル [Amnesty International] …政治犯への公正な裁判、拷問と死刑の廃止などを求めて活動する国際的人権擁護NGO。1977年ノーベル平和賞受賞。

アメリカ独立宣言 [the Declaration of Independence] …アメリカ合衆国の、イギリスに対する独立宣言（1776.7.4）。独立戦争（1775～83）中にジェファーソンが起草、大陸会議で承認、発布された。ロックなどの社会契約説の影響を受けた人権宣言としても有名。

安全保障理事会 [the Security Council] …国際社会の平和と安全に関する責任を負う国際連合の主要機関(➡p.291)。拒否権を持つ5常任理事国、拒否権のない10非常任理事国で構成。国際紛争処理のための要請、勧告、措置の決定を行う。

い

慰安婦問題 [Military Prostitutes] …日中戦争以降のアジア各地の日本軍戦闘地域で、性欲処理を強制させられた女性たちへの補償問題。1990年頃からクローズアップされ、南北朝鮮、東南アジア、オランダなどとの外交問題に発展。95年に民間募金を基礎とする「女性のためのアジア平和国民基金」が設立されて一部被害者には補償も行われ、ひとまずの決着を見たが、日韓・日朝間ではまだ外交問題となっている。(➡p.325)

委員会…法案の予備審議のため国会に置かれた国会議員からなる組織(➡p.123)。立法内容の専門化・複雑化にともない置かれた。常任委員会、特別委員会があり、委員会で審査、議決した後、本会議で決する。元々は米国で発達した制度。

育児・介護休業法 [Childcare and Nursing-care Leave Act] …育児や介護の必要な労働者に、休業を与えることを義務付けた法律(➡p.264)。1991年に育児休業法として制定、95年に育児・介護休業法に改定。1歳未満児の子供の育児のため、最長1年間（公務員は3年間）の休暇や要介護状態にある家族の介護のために93日の休暇を男女どちらでも申請できる。

違憲法令審査権（違憲立法審査権） [judicial review] …国会や内閣・行政の活動が憲法違反に当たらないかを審査する裁判所の権限。裁判所は具体的な訴訟事件の中で、法律・命令・規則・処分などの合憲性を審査し、違憲であると判断するときはその無効を宣言することができる。

依存効果とデモンストレーション効果 (➡p.238)

依存効果 [dependence effect] …広告宣伝・流行・生活環境などの影響を個人の消費行動が受ける事。米国の経済学者ガルブレイスが提唱、大量消費社会における広告の弊害を指摘した。

デモンストレーション効果 [demonstration effect] …個人の消費行動が他人の消費行動の影響を受ける事。

一次産品 [primary products] …加工が施されていない農産物・水産物・鉱産物など。発展途上国のモノカルチャー経済構造の中で、特定の

一次産品の生産・輸出が行われている。価格が不安定・長期低落傾向で、途上国の交易条件悪化の原因になっている。

一般意志［仏：volontégénérale］…ルソーが想定した国家意志（➡p.21）。『社会契約論』の中で展開された概念で、人民の社会契約によって形成された国家は、その成員を拘束する1つの国家意志を持つものとした。フランス革命に影響を与えた。

イニシアティブ（国民発案）［initiative］…直接民主制の一要素で、国民が立法の提案を行える制度（➡p.20）。

委任立法…国会の法律の委任によって、特に行政機関が法規を制定すること（➡p.126）。内閣の政令や各省の省令などがこれにあたる。複雑化した現代では法律で大綱のみ定め、細部は行政機関に委任することが多くなり、行政の肥大化の原因になっている。

イノベーション（技術革新）［innovation］…新製品・在来製品の製造工程の革新、既成観念の根本的な改革（➡p.196）。

医療保険［medical case insurance］…社会保険制度のうち、主としてけがや疾病に対して保障する保険制度。医療保険、後期高齢者医療制度の区分がある。医療保険は種別により健康保険、共済保険、国民健康保険などの種類があり、保障内容に若干の違いがある。

インフレとデフレ（➡p.198）

インフレーション（インフレ）［inflation］…物の値段（物価）の持続的な上昇。生産がのび、賃金も上がるため、一般的に好景気の状態。物価の上昇で、貨幣価値は下がるので、貯金や借金の実質的価値は目減りする。

デフレーション（デフレ）［deflation］…物の値段の持続的な下降で、インフレの逆の状態。

スタグフレーション［stagflation］…不景気時のインフレ

デフレスパイラル［deflation spiral］…物価下落と景気後退を相互に繰り返す状態（➡p.199）。生産下落→賃金下落→消費下落→物価下落→生産下落→…というように、デフレから脱却できない悪循環。

え・お

エンゲル係数［Engel's Coefficient］…家計費に占める飲食費の割合。19世紀ドイツの統計学者エンゲルが、低所得層ほど割合が高いことを指摘。生活水準の比較の目安として使われる。

冤罪［false accusation］…無実にもかかわらず被疑者として取調べを受けたり、有罪判決を下されたりすること。冤罪の原因としては、警察内部の自白偏重の伝統、代用刑事施設（代用監獄）制度の存在、別件逮捕などが指摘されている。（➡p.93）

王権神授説［divine rights of kings］…王権が神に授けられたものであるとする理論、主張（➡p.18）。君主がその統治権を絶対・神聖化させるための理論で、狭義にはヨーロッパでの絶対王政期に王権がキリスト教会と癒着し、各国で展開されたものを指す。

欧州安全保障協力会議［CSCE：Conference on Security and Co-operation in Europe］…ヨーロッパ全体の安全保障を討議した国際会議（➡p.303）。冷戦下の1975年、ほぼ全ての欧州諸国が参加してヘルシンキで開催された国際会議。90年にはパリ憲章を採択し、欧州の冷戦終結に大きな影響力を持った。95年には常設的なOSCE（the Organization for Security and Cooperation in Europe、欧州安全保障協力機構）と改称された。

欧州自由貿易連合（EFTA）［European Free Trade Association］…EEC（EC）に対抗して1960年発足した欧州の自由貿易圏（➡p.353）。対外共通関税を設けない、通貨・政治統合を目標にしないなどEC（EU）よりゆるい経済統合体。当初は英など7か国であったが、現在スイスなど4か国加盟。94年にはEUと提携しEEA（欧州経済地域）を発足。

欧州連合（EU）［European Union］…1993年EC（欧州共同体）を母体に発足したヨーロッパの統合団体（➡p.353）。

欧州連合条約（マーストリヒト条約）［Treaty on European Union］…1991年EC首脳会議で57年のローマ条約を改正し採択された条約。92年調印され、93年全加盟国の批准をもって発効。これによりECはEUとなり、さらなる統合を進めた。通貨統合・共通外交安全保障・欧州市民権導入などを要点とする。

汚染者負担の原則（PPP）［Polluter Pays Principle］…公害を引き起こした汚染者が公害に関わる防止・補償費用を負担するべきとする原則（➡p.243）。1972年OECDの環境委員会でルール化が提唱され、日本でも73年公害健康被害補償法などが成立。

オゾン層破壊［ozone layer depletion］…排出されたフロンにより主に南極上空のオゾン層が破壊される現象。紫外線を吸収するオゾン層が破壊されることで、地表に達する紫外線量が増加し、皮膚がんの増加や生態系への悪影響が指摘されている。1980年代から使用規制が進んだ。

オンブズマン制度（行政監察官制度）［ombudsman］…中立な第三者が住民の行政に対する苦情を受けて、当局に改善を勧告する制度（➡p.144）。スウェーデン語で「代理人」の意。同国で19世紀初めに発足し、欧米を中心に採用。日本では国の制度はないが、少数の地方自治体で制度化されている。

か

改革・開放政策…中国で1970年代末期から始まった、社会主義市場経済（➡p.37）を推進した経済政策の総称。文化大革命終結後、鄧小平（1903～97）のリーダーシップの下で展開された。「経済特区」設定による外資導入、生産責任制導入による人民公社解体、郷鎮企業育成などが主な柱。

外国為替相場［a foreign exchange rate］…異種の通貨（日本円と米ドルなど）間の交換比率（➡p.336）。経済状況、先行き見通しなどにより、変動する変動為替相場制が主となる。

変動為替相場制［the floating exchange rate system；the free-exchange rate system］…外国為替市場の需要供給関係で外国為替相場が決定される制度（➡p.343）。主要先進国は1973年固定相場制から変動相場制へ移行。ただし、完全な変動相場制ではなく、政府・中央銀行の外国為替市場への介入を認めており、これを管理フロート制と言う。

固定為替相場制［the fixed exchange rate system］…外国為替相場を一定の変動幅に保つ制度（➡p.343）。安定的な対外取引が確保できるメリットなどから途上国を中心に採用している国も多いが、通貨危機の危険性やグローバリゼーション下の孤立の可能性などデメリットも多い。

開発独裁［developmental dictatorship］…1960年代以降発展途上国で「開発」、「工業化」の名の下に出現した独裁体制。工業化の資本に乏しい発展途上国は、資金を外国に依存し、政治的安定を求めて独裁化する傾向がある。成功すれば中間層が増えて民主化するが、失敗すれば独裁体制は崩壊する。

外部経済［external economy］…ある経済主体（企業など）の市場行動（生産・流通・販売など）によって、市場外のメカニズムを通じて他の経済主体に発生する社会的な利益。例えば、「広大な敷地を要する工場の設置→地域の緑地化が達成→良好な住環境が維持できる」という場合である。逆に、公害のように不利益が起こる場合を外部不経済（external diseconomy）と言う。

価格の下方硬直性［price rigidity］…寡占的な市場でプライスリーダーが成立し、製品価格が下がりにくくなること。商品デザインや、付帯サービスなどによる競争（非価格競争）によって差別化が図られる傾向が強まる。

価格の自動調節作用…需要と供給のバランスによって、財・サービスの供給量と価格は、自動的に均衡点に至るとする考え。

核拡散防止条約（NPT）［Treaty on the Non-Proliferation of Nuclear Weapons］…核保有を米ソ英仏中にのみ認め、それ以上の拡散を阻止、平和利用を促進するための条約（➡p.310）。1968年に国連総会で採択され、95年に無期限延長が決定したが、疑惑国の未加盟や、核の拡散などの問題点もある。

閣議［a Cabinet meeting］…内閣としてその意思を決定する会議で、内閣総理大臣が主宰し、全会一致を原則とする。

家計［Household Budget］…経済の三主体のうち、企業に労働力を提供し、企業の生産物を購入して生計を営むもの。

貸し渋り…金融機関が、特に企業に対して事業資金の融通を控えること。バブル崩壊以降、BIS基準により、自己資本比率の増大を迫られた金融機関が融資を控え、資金繰りが厳しくなった中小企業が多く倒産した。

化石燃料［Fossil fuels］…動植物が埋没し高圧化して長時間かけて形成された石油、石炭、天然ガスなどの燃料。現在の人類の生活・生産を支える主要エネルギー源で、その枯渇は人類の破局につながる可能性もある。それを指摘したのが、1972年ローマ・クラブによる『成長の限界』。

寡占［oligopoly］…市場において特定の財・サービスの供給者ないし需要者の数が、きわめて少数である状態。特に供給者が少数である寡占は、価格の下方硬直性をもたらし、財・サービスの最適配分を阻害する。

過疎［underpopulated］…一定地域の人口が極端に減少すること。過疎は、生産年齢人口（15～64歳）流出の結果であることが主で、地域の高齢化と市町村収入の減少をともなう。

株式［stocks］…株式会社における、細分化された割合的な出資単位（➡p.182）。株式には普通株のほか、一定の権利を付加した優先株などがある。原則として株式の内容、権利は平等であり、あらかじめ譲渡制限しない限り、譲渡は自由。

株式会社［a joint-stock corporation］…株主総会で選任された取締役が経営責任を負う会社形態（➡p.180）。株主（株式を保有する者＝社員）は少額の一株株主でもよい。原則は株主の個性は問題とならない物的会社の典型でもある。

株式の持ち合い［interlocking stockholdings］…同一系列下にある企業同士が、互いの株式を持ち合うこと。主として敵対的買収への予防策とされる。しかし、株式会社の資本充実を阻害する（資本の空洞化）ため、その解消が図られ、自己株式の保有（金庫株）に傾斜した。ところが、2005年のライブドアによるフジテレビ系列株の買収騒動以降、持ち合いの効果が再評価されつつある。

過密［overpopulated］…過疎に対置される概念、すなわち一定地域に過度に人口が集中すること。過密は、むしろ住環境の悪化や交通のマヒといった日常的な都市環境に影響を与え、都市機能を阻害することが多い。

カルテル（企業連合）［cartel］…独占禁止法3条で禁止されている、企業間で販売数量・販路・価格などについて協定を結び、自由競争を回避すること、およびその協定。

過労死［Karoshi：death from overwork］…長時間労働などによる肉体的・精神的疲労やストレスが原因で死に至ること。業務と過労の因果関係の判定が困難で、労災補償がされない場合も多い。英語でも「Karoshi」と言われている。

環境アセスメント（環境影響評価）［Environmental Assessment］…開発を行う前に自然環境に与える影響度を調査、評価する制度（➡p.245）。公害発生を未然に防止する重要なシステム。地方自治体での条例はあったが国の法制化は遅く、1997年に環境アセスメント法が制定。長期間着工されていない公共事業の見直しなどの再評価システムを「時のアセスメント」という。

環境権 [environmental right] …健康で文化的な生活を営むのに不可欠な環境を維持し事前に環境破壊を防止しうる権利。幸福追求権（憲法13条）・生存権（同25条）を根拠として1960年代後半に**新しい人権**の1つとして提唱された。生活環境保護・維持に関わる諸訴訟で争点になってきたが、**判例上は確立しておらず**、93年制定の環境基本法でも明記されなかった。

環境省 [Ministry of the Environment] …公害関係諸法の基準設定・監督などの環境行政の中心官庁で、環境庁（1971年発足）から、2001年中央省庁再編で環境省に格上げされた。

関税と非関税障壁

関税 [duty paid] …輸入品に課せられる税金で、輸入品を割高にして、国内産業の保護を目的とする（⇒p.236）。

非関税障壁 [non-tariff barrier] …関税以外の方法で輸入を抑制すること（⇒p.333）。輸入数量制限や輸入許可手続きの強化、検査基準強化などにより輸入しにくくする。GATTそして現在のWTOでも、原則的には撤廃すべき貿易制限となっている。

間接金融 [indirect financing] …金融機関を介して間接的に資金供給者から資金需要者に金融が行われること（⇒p.201）。資金需要者が資金供給者に直接、金融を行う（社債の購入など）**直接金融**に対する概念。

間接税 [an indirect tax] …消費税のように、税金を実際に負担する人と納める人が別である税金（⇒p.212）。

間接投資 [portfolio investment] …海外への投資のうち、債券を購入することで、利子・配当などを目的とするもの。海外に工場や事業所を展開したり海外企業の経営支配をする**直接投資**に対する概念。

間接民主制（代議制） [Indirect democracy] …国民が議会の代表者を通じて、間接的に国政に参加する政治制度。国民が選挙で代表者を選び、その代表者が国民の意思を尊重して政治を行う制度。直接民主制に対立する概念。

完全競争 …ある財・サービスの市場に供給者、需要者とも十分の数があり、競争のメカニズムが機能する状態。

管理価格 [the administered price] …独占・寡占市場において、原則として特定の供給者が何らかの方法・理由によって恣意的に設定できる価格（⇒p.186）。プライスリーダーによる価格であり、価格の下方硬直性がみられる。

━き━

議院内閣制 [a parliamentary system of government] …行政府である内閣の存立が、議会（特に下院）の信任を得ることを前提とする制度（⇒p.124）。下院の多数党が内閣を組織し、**内閣は議会に対し連帯して責任を負い**、閣僚は原則的に議席をもつ。18世紀に英国で生まれ、日本国憲法もこれを採用している。

機関委任事務 …法律・政令により、国から知事や市町村長などの地方公共団体の機関に委任されていた事務（⇒p.144）。団体委任事務とともに国が地方を下請け化する**三割自治**の原因と批判されてきたが、2000年施行の地方分権一括法で廃止。現在は国と地方は対等とされ、自治体は自らの判断と責任で処理できる**自治事務**、国から委託された**法定受託事務**を行う。

企業 [corporation；company] …原価計算のもとに損失をあげることなく事業活動を行うことを目的とする活動主体。政府・家計とともに経済主体の1つ。

企業合併・買収（M&A） [merger and acquisition] …企業が他企業の株式を購入して支配下においたり（買収）、営業部門の一部を譲り受けたり、他企業そのものと一体化すること（合併）。一般には、競争回避のために行われる独占・寡占化の過程と考えられるが、他企業が保有する有形・無形の資産を自企業の事業に利用するという積極目的で行われることも多い。

企業の社会的責任 [CSR；Corporate Social Responsibility] …利益の発生元に利益を還元すべきという積極的責務・責任。企業には収益増大のほか、多くの関係者にさまざまな利益をもたらすが、とりわけ生産・分配を通じて社会的富の増大、雇用の創出維持という責務が認められる。

気候変動枠組み条約（地球温暖化防止条約） [the United Nations Framework Convention on Climate Change] …1992年地球サミットで採択された地球温暖化防止対策（温室効果ガスを10年以内に1990年水準に戻す）の枠組みを規定した条約（⇒p.372）。

京都議定書 [Kyoto Protocol] …地球温暖化防止のためにCO$_2$などの排出削減を目指す国際条約。1997年の気候変動枠組み条約第3回締約国会議（京都）で、先進国全体でCO$_2$90年比5.2%削減、排出量取引承認などが決まった。先進国の温室効果ガス削減割り当て条約。2005年発効も、最大の排出国である米国は批准拒否。第2位の中国は発展途上国のため削減免除。

規制緩和（規制改革） [Deregulation（Regulatory reform）] …政府による許可・認可等の法規制を緩和することにより、主に経済活動の活性化を図る措置。官僚制的な規制や許認可権の行使による規制が強い日本では、1981年発足の第二次臨時行政調査会以来、行政改革の課題とされてきた。

北大西洋条約機構（NATO） [North Atlantic Treaty Organization] …欧州、米国、カナダ間の軍事同盟条約。1949年発足。当初は社会主義圏を意識した軍事同盟の性格が強かったが、冷戦終結後旧東欧諸国の一部も加盟（ロシアも準加盟）、平和維持活動に活動の重点を移しつつある。

基本的人権 [fundamental human rights] …人間が生まれながらにして持つ権利。人間が人間であることによって有する権利で、たとえ国家権力といえども侵すことのできない権利。具体的には**平等権、自由権**、

的基本権、社会権的基本権、参政権、請求権など。

キューバ危機 [Cuban Crisis] …1962年の米ソが全面核戦争の危機に直面した2週間（⇒p.299）。1959年に社会主義化したキューバに、62年10月、ソ連の核ミサイル基地建設を米国が阻止した事件。米国大統領ケネディ、ソ連共産党書記長フルシチョフの下で辛うじて武力衝突は回避された。

教育を受ける権利 [right to education] …すべての国民が、その能力に応じて教育を受ける権利（⇒p.100）。**社会権的基本権**の1つで、憲法26条で保障されている。かつては教育の機会均等を実現するための経済面での条件整備を求める権利とされてきたが、現在では子供の**学習権**という観点を重視しつつある。

行政委員会 [administrative committee] …行政機関のうち、政治的中立性を必要とするため、一般行政機構から独立して設置される合議制の機関。国では人事院、公正取引委員会などが、地方自治体では教育委員会、選挙管理委員会などがある。

行政改革 [administrative reform] …肥大化しがちな行政機構を効率的なものに改革しようとすること。省庁の統廃合、公社公団など特殊法人の統廃合や民営化、公共事業の見直しなどが挙げられる。既得権益を削られることへの抵抗は強く実施は難航する。背景には先進諸国が小さな政府への回帰を強めていることもある。

行政裁判所 [Administrative Court] …明治憲法下で設置されていた、行政事件のみを扱う特別裁判所（⇒p.132）。日本国憲法は行政裁判所や軍法会議等の特別裁判所を認めていない。

許認可権 …国民生活の安全などのため、行政機関が国民の行動を規制する権限のこと（⇒p.127）。許可、認可、承認、検査、確認、認証などがある。これらの許認可や根拠のない行政指導に基づく行政が、社会情勢への逆行、既得権の擁護となったため、1994年**行政手続法**が施行され行政指導の公正化、透明化がめざされた。

拒否権 [veto] …国連安保理における常任理事国の特権。安全保障理事会の実質事項の決定には、常任理事国5か国の同意投票を含む、9/15の賛成投票が必要。**常任理事国のうち1か国でも反対するとその議案は否決される**ことから、これを拒否権と呼ぶ。

欽定憲法 [a constitution granted by the Emperor] …専制君主によって制定される憲法。専制君主が、自己の権力を保持しつつ国民に対して一定の権利や自由を恩恵的に与えるために制定する憲法をいう。大日本帝国憲法はその代表例。民定憲法に対立する概念。

金融 [finance] …資金を融通すること。事業資金を必要とする主体に、貯蓄や余剰の金銭を貸し付けることが本質。経済を円滑・活発に機能させるのに不可欠。金融機関への貯蓄を介する**間接金融**と、資金提供者が資金需要者に直接融通する**直接金融**がある。

金融政策 [financial policy] …物価安定・景気安定・国際収支の均衡と為替レートの安定などを目的に、中央銀行が中心となって行う政策で、以下のものがある（⇒p.204）。

公開市場操作 [open market operation] …市場を通じて手持ちの債券を増減させ、通貨供給量を調整する。債券を放出（売りオペ）すれば資金が吸収され、債券を吸収（買いオペ）すれば、資金供給が増大する。

預金準備率操作 [Reserve ratio operations] …市中金融機関が預金に対して、中央銀行に備蓄すべき比率を「預金準備率（支払準備率）」といい、これを操作することを指す。この操作により、信用創造によって達成される金融の量が調節され、通貨供給量を調整できる。日本では1991年を最後に実施されていない。

━く・け━

グラミン銀行 [Grameen Bank] …無担保少額融資を専門にするバングラデシュの民間銀行。グラミンは「村」の意。2006年に、ユヌス総裁とともにノーベル平和賞を受賞（⇒p.367）。

クーリング・オフ [cooling off] …訪問販売・割賦販売などにおいて一定期間内（原則8日間）であれば違約金なしで契約解除ができる制度。

景気 [business] …財やサービスなどの売買・取引などの経済活動全般の状況で、活発な場合を好景気（好況）、不活発な場合を不景気（不況）と呼ぶ。

経済協力開発機構（OECD） [Organisation for Economic Co-operation and Development] …1961年発足の資本主義先進国の経済協力機関（⇒p.353）。マーシャル・プラン受け入れ機関であった欧州経済協力機構（OEEC）を再編し、資本主義国全体の安定と発展を目的に結成されたいわゆる「**先進国クラブ**」。日本は1964年加盟。アジアでは、日本と韓国が加盟国。下部組織として**DAC**（開発援助委員会）を備え、発展途上国援助促進も図る。

経済相互援助会議 [COMECON；Council for Mutual Economic Assistance] …冷戦下の社会主義国間の経済協力機構。1949年、冷戦下の西側諸国の経済封鎖に対抗して設立された。ソ連、東欧諸国のほか、やがてモンゴル、キューバ、ベトナムも加盟したが、冷戦終結後の91年に解散。

経済のサービス化 …経済の発展にともなって、生産、取引全般に占めるサービス（第三次産業）の比重が増大する。

刑事裁判 [a criminal trial] …犯罪者に刑罰を適用する裁判。

刑事補償請求権 …罪を犯していないのに裁判で有罪になったりした、冤罪被害者が、その損害を国家に求める権利。

ケインズ [John Maynard Keynes] …イギリスの経済学者（1883～1946）（⇒p.175）。セーの法則（供給はそれに対応した需要をつくるとの命題）を否定し、失業の主要な原因が**有効需要**の不足に起因することを

明らかにした。政府の経済政策によって，完全雇用を目指す必要性を説いた点が重要な業績。主著『雇用・利子および貨幣の一般理論』(1936)。

限界集落 [Limit village] …過疎化・高齢化の著しい進展によって経済的・社会的な共同生活の維持が困難になり，社会単位としての存続が危ぶまれる集落（地域）。山村地域や山間地域，離島等に集中している。

原子力発電 [nuclear electric power generation] …ウランの核分裂時に発生する熱で蒸気を作りタービンを回して発電。現在日本の総発電量の3割弱を供給。核廃棄物処理など安全性の面で課題も多い。代表的な原発事故は，1979年米スリーマイル島事故，86年チョルノービリ事故，2011年東京電力福島原発事故。

> **チョルノービリ（チェルノブイリ）原子力発電所事故** [Chernobyl disaster] …1986年発生した原子力発電所事故。旧ソ連ウクライナで炉心溶融により大量の放射能が漏れ出し，被曝者総数は57万人以上といわれる。

憲法改正 [constitutional reform] …憲法の内容を改めること。日本国憲法の改正手続きは96条で「各議院の総議員の3分の2以上の賛成で，国会がこれを発議し，国民に提案してその承認を経なければならない」と規定。

> **硬性憲法** [Rigid Constitution] …一般の法律より厳格な改正手続が必要とされる憲法（➡p.24）。
>
> **軟性憲法** [Flexible Constitution] …一般の法律と同じ手続きで改正できる憲法。イギリスでは，成文の形式をとる憲法的規律は法律として定められており，その部分は軟性憲法に属する。

原料高・製品安 …コストとしての原料費が高い中，製品の価格が安値にしかならない状態（特に中小企業で深刻）。最悪の場合,両者の逆転（逆ざや）もあり得る。国際情勢の悪化などで，石油などの原料費が上昇しても，デフレ傾向のためそれを製品価格に反映させられず，結局，生産者ないし流通の過程で甘受せざるを得ないことを指している。

権力集中制（民主集中制）…特定の個人，集団，機構に権力を集中させる統治システム（社会主義国で顕著）（➡p.30）。権力集中は民主主義のシステムとは矛盾し，権力も腐敗しやすいが，工業化やインフラ整備，戦争などの特定の機能に限ってみれば有効な側面もまれにある。反対語が権力分立制。

こ

公海自由の原則 [the freedom of the high seas] …公海（➡p.19）は特定の国家の主権には属さず，どこの国の船も自由に航行でき，自由に漁業ができるという，国際法上の原則。

公害対策基本法と環境基本法

> **公害対策基本法** [Basic Law for Environmental Pollution] …1967年に制定された公害防止施策の基本を定めた法律。公害の定義（典型七公害），事業者・国・地方公共団体の責務などが規定され環境行政の基本としての役割を果たした（➡p.243）。
>
> **環境基本法** [Basic Environment Law] …1993年に制定された公害対策基本法に代わる環境政策の基本方針を示した法律。前年の地球サミットを受け，地球環境問題・生活型公害に対応すべく制定。結果，公害対策基本法・自然環境保全法は廃止された。環境税導入，環境権の明記が避けられるなど，実効性に欠けるといった批判もある。

公共財 [public goods] …利用者が追加的に増えてもそれによって便益が減るわけではなく，利用に課金するには，そのためのコストが大きすぎ，結局，代価を要さない財のこと。一般道路，橋，緑地公園などがそれにあたる。こうした財の社会的な資産性に着目した**社会資本**と多くが重なる概念。

公共の福祉 [public welfare] …人権相互の矛盾や対立を調整する原理（➡p.112）。より多くの人々の人権が保障されるよう，人権に一定の制約を加える場合の原理である。

公衆衛生 [public health] …国民の健康の増進を図るための医療，生活環境整備などの活動（➡p.281）。保健所が中心になって疾病を防ぐ活動が公衆衛生で，憲法25条に基づく社会保障制度。

公職選挙法 [Public Office Election Law] …国会議員，地方公共団体の議会の議員および長の選挙に関する法律（➡p.158）。選挙方法や選挙区の割り振りなどを定めているが，国政選挙でのいわゆる一票の格差や，海外居住者の選挙権について選挙の無効を求める裁判が生じている。

公正取引委員会 [the Fair Trade Commission] …内閣府の外局の1つで，独占禁止法や景品表示法などの，非競争的行為を禁ずる法の運用にあたる独立行政委員会（➡p.187）。

厚生年金保険 [welfare pension] …基礎年金に加え，会社員・公務員が加入を義務づけられている年金。

構造改革 [Structural Reform] …小泉政権の「官から民へ」「中央から地方へ」を柱に，小さな政府を目指すスローガン。道路公団や郵政の民営化，三位一体の改革などが推し進められた。

> **構造改革特区** [Special Zones for Structural Reform] …特定地域に限って規制を緩和し，経済の活性化を目指す政策。許認可権を持つ中央省庁や既得権益のある業界団体の抵抗でなかなか進まない規制緩和の突破口となることを期待され導入された。

公聴会 [Public Hearing] …国会で関係者から意見を聞くため開かれる会。委員会での予算・議案審議の際に利害関係者や学識経験者の意見を聞くために開催可能。予算の場合は必ず開かれる。

公的扶助 [public assistance] …生活に困窮する国民に必要な保護を行い，健康で文化的な最低限度の生活を達成させようとするもの。憲法25条に基づき，生活保護として確立している制度。

高度経済成長 [high economic growth] …1950年代半ばから70年代前半まで続いた，年10％程度の経済成長率を記録した時期の経済状況（➡

---

p.222）。第四次中東戦争とこれにつづく石油危機によって，一応の終結を迎えたとされる。

後発発展途上国 [LDC；Least Developed Country] …国連が一定の指標により定義づけている，発展途上国の中で，特に発展の遅れている国。

公平の原理 …税負担は公平でなければならないという原理。

> **垂直的公平** [fairness across income classes] …所得の多い人がより多くの税を負担すべきだという考え方。
>
> **水平的公平** [equal treatment of equals] …所得が同じであれば，職種に関係なく同じ税額を負担すべきだという考え方。

高齢社会 [aged society] …65歳以上人口が総人口の14％超である社会（➡p.282）。高齢化社会（aging society，同7％超）に続く，より高齢化が進んだ社会で，我が国は1994年この段階に入った。

国債 [government bond (loan)] …国が発行する債券で，国の借金の一形態（➡p.214）。

> **建設国債** [construction bond] …公共事業などの生産的・投資的事業の財源を得るために国により発行される債券。
>
> **赤字国債** [deficit-covering government bond] …財政赤字（国の一般会計予算の歳入が歳出に対して下回ること）を補填する目的で発行される国債。行政府は特例国債と呼んできたが，財政法では発行禁止。年度ごとに特例国債法を制定し発行している。

国際司法裁判所 [ICJ；International Court of Justice] …国連の司法機関（➡p.289）。国際紛争を平和的に解決するため，国連憲章に基づいて設置。オランダのハーグにある。当事者となりうるのは国家のみで裁判に入るには当該国家の同意が必要。

国際収支 [International balance of payments] …外国との1年間の経済取引結果を貨幣額で表したもの（➡p.340）。2014年から新形式になった。主要項目は経常収支，資本移転等収支，金融収支。

> **経常収支** [Current account balance] …対外的な経常取引（将来債権債務を残さない取引）の収支で，貿易・サービス収支，第一次所得収支，第二次所得収支の3項目から成る。
>
> **貿易収支** [Balance on Trade in Goods] …商品の輸出入金額の差額（輸出額−輸入額）。
>
> **第一次所得収支** [Balance on Primary Income] …海外投資収益と雇用者報酬の差額。海外へ（から）の投資により生じた利子や配当の受け取り・支払いの差額などが記録される。
>
> **資本移転等収支** [Capital Account Balance] …資本の移転や，金融・生産に関係ない資産の収支。
>
> **金融収支** [Financial Account] …対外的な資本取引（将来にわたり債権債務関係を残す対外的な金融取引）の収支。直接投資，証券投資，金融派生商品，その他投資，外貨準備の5項目から成る。数値の「＋」は純資産（資産−負債）の増加，「−」は減少を示す。

国際人権規約 [International Covenants on Human Rights] …世界人権宣言に示された人権の国際的保障の精神を法制化したもの（➡p.29）。A規約（社会権中心）とB規約（自由権中心），各規約「選択議定書」等からなる。締約国は事務総長への定期的な人権状況報告が義務づけられる。1966年国連総会で採択，76年発効。

国際人口開発会議 [ICPD；International Conference on Population and Development] …1994年カイロで開催された第3回世界人口会議のこと。国連は1974年を国際人口年とし，ブカレストで第1回世界人口会議を開催。94年カイロで行われた第3回会議は「国際人口開発会議」と呼ばれ，この会議で明記されたのが，リプロダクティブ・ヘルス／ライツ（性と生殖に関する健康と権利）であり，女性の権利の向上が人口問題にとって重要であるという考え方は以降定着しつつある。

国際通貨基金（IMF） [International Monetary Fund] …国際通貨の安定と世界経済の発展をめざす国連の専門機関。1944年のブレトン・ウッズ協定に基づいて翌年発足し，日本は52年加盟。国際収支赤字国への短期融資などを実施。

国際復興開発銀行（IBRD，世界銀行） [International Bank for Reconstruction and Development] …第二次世界大戦後の復興支援のための国連の専門機関（➡p.342）。1944年のブレトン・ウッズ協定（➡p.343）に基づいて翌年発足し，日本は52年加盟。70年代からは発展途上国，社会主義国への長期融資に重点を置く。

国際法 [international law] …国際社会の国家間の関係を規律する法律の総称。国内法に対する用語。形式により国際慣習法と条約に区分され，内容により平時国際法と戦時国際法に区分される。

国際連合（UN） [the United Nations] …国際連盟が第二次世界大戦を阻止できなかった反省から1945年に創設された国際機構（➡p.291）。世界平和のみならず，南北問題や環境，人権問題にも取り組む。本部はニューヨークにある。

> **国際連合憲章** [The Charter of the United Nations] …国際連合設立の目的,組織と運営原則等を規定した国連版「憲法」。1945年6月の国際機構に関する連合国会議（サンフランシスコ）で採択され，10月に発効。前文以下19章111か条。

国際連盟 [League of Nations] …世界平和維持のために設置された，史上初の本格的国際機構（➡p.296）。第一次世界大戦の反省から，ウィルソンの平和原則14か条（1918），ヴェルサイユ条約（1919）に基づいて1920年に設置。一定限度の役割は果たしたものの，脱退国が相次ぐなかで第二次世界大戦が勃発，解散に至った。本部はスイスのジュネーブにあった。

国際労働機関（ILO） [International Labor Organization] …労働条件改善の国際的推進が目標の，国連の専門機関。ヴェルサイユ条約（1919

年）に基づいて同年に設置され、国際連合下では初の専門機関となった。1969年の創立50周年にノーベル平和賞を授与された。本部はジュネーブ。

フィラデルフィア宣言…完全雇用や社会福祉向上など、ILOの目的を示した宣言。1944年のILO総会で採択された「ILOの目的に関する宣言」。第二次世界大戦後の活動の基本方針となった。

国事行為 [the emperor's constitutional acts] …**日本国憲法の定める天皇の行う形式的・儀礼的行為**。憲法6・7条の規定する内閣総理大臣の任命や法律・条約の公布、衆議院の解散などがあるが、**内閣の助言と承認が必要で、その責任は内閣が負う**。

国政調査権 [Right of Investigation in Relation to Government] …衆議院と参議院が、国政全般について調査する権利のこと（⇒p.123）。議院内閣制の下で国会が内閣をコントロールする権利の１つ。範囲は立法・行政全般に及ぶ。証人喚問、証言・記録の提出、議員の派遣などの手段がある。

国選弁護制度…刑事被告人が貧困などで弁護人を依頼できないとき、裁判所が弁護人を選任する制度。刑事事件で被疑者、被告人には弁護人依頼権がある（憲法34・37条）。国選弁護人は被告人および、重大事件の被疑者について保障されている。

国体 [national polity (constitution)] …国の政治体制や国家体制（⇒p.58）。日本の国家形態の優秀性を強調するために用いられた言葉で、具体的には**天皇制**（⇒p.60）を意味する。

国富 [national wealth] …一国内のすべての有形資産に、対外純資産を加えた総額（⇒p.193）。住宅・工場・耐久消費財・土地・森林などの有形資産に、対外純資産を加えたもの。貨幣や株式・債券などの金融資産は含まれない。蓄積した額をとらえようとするストックの概念である。

国民主権 [popular sovereignty] …国の政治のあり方を決める力が国民にあること（⇒p.20）。憲法前文と１条に明記されている。**日本国憲法の三大原則**の１つ。

国民所得（NI） [National Income] …１年間に国民が得る所得の総量で、GNPから固定資本減耗・間接税を差し引き、補助金額を加えた額。

国民審査 [National Review for Supreme Court Judges] …**最高裁の裁判官が適任か否かを国民の直接投票で審査する制度**。各裁判官が就任して最初の衆議院議員総選挙の際、さらに10年経過後の総選挙で再び審査する。憲法の規定する**直接民主制**の１つ。過半数の×印で罷免されるが、白紙投票は信任と見なされることもあり、今までに罷免された人はいない。

国連軍縮特別総会 [SSD: Special Session on Disarmament] …軍縮を議題とする国連の特別総会（⇒p.310）。核軍縮の遅れを懸念する非同盟主義諸国の要望から1978、82、88年の３回開催された。直接的な成果はもたらさないが、この間ソ連にゴルバチョフが登場、やがて大幅な核軍縮が実現する。

国連難民高等弁務官事務所（UNHCR） [UN High Commissioner for Refugees] …難民問題の解決を目指す国連内の常設機関（⇒p.291）。1950年の国連総会決議に基づき、翌51年設置された（難民条約採択もこの年）。緒方貞子氏が1991～2000年に務めた国連難民高等弁務官はこの機関の代表。

国連人間環境会議 [UN Conference on the Human Environment] …初の環境に関する本格的国際会議。環境破壊が世界的に問題となった1972年にかけがえのない地球（Only One Earth）をスローガンとしてスウェーデンの首都ストックホルムで開催。環境の重要性、その保護のための行動の必要性を盛り込んだ**人間環境宣言**が採択。日本からも水俣病などの公害病患者が出席。

国連平和維持活動（PKO） [Peace-Keeping Operations] …国際連合が紛争の平和的解決をめざして行う活動の１つ。武力行使（国連憲章７章）と平和的解決（同６章）の中間形態なので６章半活動と呼ばれる。紛争当事国の同意に基づき、自衛のため以外は武力を行使せず、当事者のいずれにも加担せず、中立を保つ点をその特徴とする。軽武装の**平和維持軍（PKF）**や、非武装の**停戦監視団**、選挙監視団などの種類がある。1988年ノーベル平和賞。

国連平和維持活動協力法（PKO協力法、国際平和協力法） [Law Concerning Cooperation for UN-PKO and Other Operations] …国連PKOへの参加を定め、自衛隊の海外派遣に道を開いた法律。湾岸戦争（1991）を機に国際貢献論が高まり、92年制定。2001年法改正で凍結していたPKF本体業務への参加が可能に。

国連平和維持軍（PKF） [Peace-Keeping Force] …国連平和維持活動の一種で、軽武装の部隊が紛争当事者間に割り入り、治安維持、兵力引き離し、武装解除などを実施（⇒p.294）。紛争当事者の合意が前提で、武器の使用は自衛の範囲内でのみ認められる。日本のPKO協力法（1992年制定）では、当初平和憲法との関連で自衛隊の参加は凍結していたが、2001年に解除された。

国連貿易開発会議（UNCTAD） [UN Conference on Trade And Development] …南北問題解決のために国連に常設された機関。1964年創設。少なくとも４年に１度総会が開かれ、貿易や先進国の経済援助などについて討議される。本部はスイスのジュネーブ。

国会 [the Diet] …日本国憲法における国権の最高機関で、唯一の立法機関（⇒p.120）。主権者である国民から直接選挙され、衆議院と参議院の二院制をとる。国会の議決は両院の議決の一致によって成るが、法案・予算の議決、条約の承認、内閣総理大臣の指名については**衆議院の優越**（⇒p.122）が認められている。

国庫支出金 [Treasury disbursements] …国が使途を指定して自治体に交付する資金（⇒p.146）。国の事務の委託や経費の一部負担などで、国が自治体に交付する補助金、委託金、負担金の総称。

固定資本減耗（減価償却） [Consumption of fixed capital] …**建物・機械などの生産設備の使用による減耗分**。生産者が一定期間で各期に割り振り、生産額を構成するコストとして計上（企業会計は減価償却費）する部分。この価額は、生産にともなって減殺する価値であり、NNP（国民純生産）の計算では付加価値から差し引くべき数値となる。

子どもの権利条約（児童の権利条約） [Convention on the Rights of Child] …**18歳未満の児童の権利を世界的規模で幅広く認めようという国際条約**（p.29）。1989年に国連総会で採択、翌年発効した。「子どもの最善の利益」がキーワードで、児童の意思表明権の保障などが特徴。94年日本も批准。

コーポレート・ガバナンス（企業統治） [Corporate Governance] …**企業における意思決定のしくみのこと**。会社は経営者・従業員のものという従来の考えに対し、本質に立ち戻って株主を主体に企業のあり方をとらえ直そうとする立場から提唱された。この視点から派生して、内部統制のあり方、リスク管理体制、ひいては役員報酬に至るまで、原理原則が改められるようになった。

コロンボ会議 [Colombo Conference] …**1954年の東南アジア５か国首脳による会議**。アジアの平和と中立を目標に、インドシナ戦争解決、植民地主義反対、Ａ・Ａ会議開催などを宣言。

コングロマリット（複合企業） [conglomerate] …相互に関連性のない異業種企業を統合・合併することによって、数種の事業体となった企業。

混合経済（修正資本主義） [Mixed Economy] …資本主義の景気変動や失業を回避すべく、政府が積極的に経済政策を実施し、厚生・福祉の増大を図ることが求められる経済体制。

さ

罪刑法定主義…**犯罪となる行為とその犯罪に対する刑罰が、あらかじめ法律で規定されていなければならないという原則**。英のマグナ=カルタを起源とし、19世紀に独のフォイエルバッハが理論化。日本国憲法では法律の定める手続きによらなければ刑罰を科せられないことを保障し（31条）、実行時に適法であった行為や、すでに無罪とされた行為については刑事上の責任を問われない（39条）と規定している。

財産権 [property rights] …**財産に対して人々が持つ諸権利**。財産を所有する権利（所有権）が中心で、市民革命期には最も重要な人権だった。現代では人々の実質的平等をできるだけ確保するために制限されることもありうる権利とされており、日本国憲法でも公共の福祉に反しない限りという限定の上で保障されている。

歳出 [annual expenditure] …一会計年度における財政上の支出。

財政 [finance] …**国や地方公共団体が歳入と歳出によって行う経済活動**（⇒p.210）。①公共財・サービスの供給、②所得の再分配、③景気の安定などの役割がある。

財政投融資 [fiscal investment and loan program] …**政府が、各種公的資金を用いて行う特別法人などへの投資や融資**。その規模はかつて一般会計の約半分に達し、**第二の予算**（⇒p.211）と呼ばれた。従来、郵便貯金や年金積立金が自動的に財源とされていたが、2001年から政府関係機関・特別法人は財投機関債（政府保証のない公募債券）を個別に発行し、必要な資金を自己調達するよう改められた。

歳入 [annual revenue] …一会計年度における財政上の収入。

財閥解体…1945～52年の連合国軍占領下に実施された政策で、軍国主義の元凶とされた財閥支配体制を解体すべく、旧財閥企業の資本関係の解消を行ったこと（⇒p.220）。

裁判 [a trial] …**具体的な争いの解決のため裁判所が法的な判断を下すこと**。私人間の争いに関する**民事裁判**、刑法にふれる犯罪に関する**刑事裁判**、行政上の問題に関する**行政裁判**がある。

裁判員制度 [Jury system] …**一般国民が裁判員となり、裁判官とともに裁判の審理・判決に参加する制度**。2009年、**司法制度改革**の一環として導入。対象は地方裁判所で行われる重大事件の刑事裁判に限られる。衆議院議員の公職選挙人名簿から抽選され、出頭義務や守秘義務に反すると罰則もあるため、負担への批判も強い。なお、国民の司法参加には陪審制と参審制が知られる。

陪審制 [trial by jury] …**一般国民から選ばれた陪審員が事実認定や被告の有罪無罪を決め、裁判官はその評決に基づいて量刑を決める制度**。
参審制 [trial by consultation] …**一般国民から選ばれた参審員が、裁判官と共に合議体をつくり、裁判の審理・判決を行う制度（日本の裁判員制度もこの一種）**。

砂漠化 [Desertification] …過放牧、商業伐採、森林破壊などによる土地の不毛化。毎年約６万平方キロメートルが砂漠化し、飢餓問題・土壌流出など深刻な問題となっている。

サミット（主要国首脳会議） [summit meeting] …**主要国首脳が毎年集まって開く国際会議**。石油危機後の1975年、不況克服と相互の貿易摩擦解消のために西側先進国首脳が仏のランブイエに集まって協議したのが第１回。主な参加国は米英日仏独加伊とEU代表、露。97年から露が参加するようになり、訳語は「先進国首脳会議」から変更された。なお2014年、露の参加資格停止。

産業の空洞化 [deindustrialization; the hollowing-out of industry] …**国内企業が海外直接投資を通じ海外に生産拠点を移し、国内の生産・雇用が衰退してしまう状況**（⇒p.349）。特に1980年代後半からの日本企業の海外直接投資の急増、最近の中国などへの直接投資などにより深刻化しつつある。

三権分立 [the separation of powers] …**国家権力を立法・行政・司法に分け、相互に抑制と均衡をはかることで権力の濫用を防ぐしくみ**。フ

ランスの**モンテスキュー**が主著『**法の精神**』で唱えた。厳格な三権分立制としては米国の大統領制があげられる。

三審制 [three instance trial system] …同一事件で3回まで裁判を受けられる制度（➡p.134）。誤った判決を避け公平な裁判を行うためのしくみ。第一審に不服の場合は第二審に控訴し、さらに第三審に上告することで3回裁判を受けられる。

酸性雨 [acid rain] …硫黄酸化物・窒素酸化物の大気中での酸性化でpH5.6以下の酸性を帯びた降雨となること。森林の枯死、湖沼生態系破壊、建造物被害などの影響が出ている。

参政権 [political rights] …**国民が政治に参加する権利**。基本的人権の1つ。国民が政治に能動的に参加する権利で、**国家への自由**と呼ばれる。日本国憲法は具体的には選挙権・被選挙権・憲法改正国民投票権などを定めている。

サンフランシスコ平和条約 [Treaty of Peace with Japan] …**日本と連合国との講和条約**。1951年9月に調印、翌年発効した。海外領土の放棄、沖縄などの信託統治などが規定され、この結果連合軍が日本から撤退（ただし日米安保条約によって米軍は駐留）した。しかしソ連、中国、北朝鮮などの社会主義国や、韓国などのアジア諸国は調印せず、賠償や、北方領土の問題を残した。

三面等価の原則…国民所得や国民総生産の計算において、その生産、分配、支出の数値が一致する原則（➡p.192）。

三割自治…中央政府からヒト・カネ・シゴトで規制をうけ、自治体には業務の3割程度しか自由裁量がないことをいう。地方税と国税の割合がほぼ3：7であったことや、事務の約7割が国からの委任事務であったことから、近年は前者がほぼ4：6となり、また国から使途を特定されない一般財源がほぼ6割となっていることや、後者も**機関委任事務の廃止**などで改革が進んでいる。

【し】

自衛隊 [the Self-Defense Force] …**日本の専守防衛の組織**。朝鮮戦争を背景にGHQの指示で警察予備隊（1950）、保安隊（1952）をへて自衛隊（1954）となった。陸上・海上・航空の3部門があり、侵略に対する防衛出動、治安出動、海上警備、災害派遣などが任務。近年は**海外派遣**が headquartersいている。

シェンゲン協定…ヨーロッパの国家間で、国境を入国検査なしで越えることを認める協定。ルクセンブルクのシェンゲンで1985年に署名された、共通国境管理の漸進的撤廃に関する協定などからなる。同協定に加盟している国々はシェンゲン領域と呼ばれ、自由な行き来ができる一方、犯罪者やテロリストが動きやすいことなど、安全保障上の問題が指摘されるために整備された。

資源ナショナリズム [resource protectionism] …**自国資源に対する主権確立を図る動き**（➡p.364）。1970年代前後、先進国多国籍企業による資源支配に対して、発展途上国で自ら価格設定をし、自国利益のために資源を利用しようとする動きが起こった。73年のOPEC（石油輸出国機構）による石油戦略で原油価格が4倍に高騰した**第一次石油危機**で、この動きは決定的になった。

市場 [market] …何らかの財・サービスなど、価値のあるものの交換がなされる場の抽象的な名称（シジョウと読む）。

市場介入 [market intervention] …**中央銀行が、主として外国為替相場において政策的意図に基づいて売買行為を行うこと**。広義には、中央銀行や政府が、何らかの自由市場において意図的に売買行動を実施すること。

市場価格 [market price] …**現に市場において成立している特定の財・サービスの価格**（➡p.186）。

市場の失敗…何らかの事由で、市場において十分に市場原理が働かないか、働いたとしてもそこから弊害が発生すること。例えば、寡占や、市場原理が働いた結果、市場外で生じる経済的効果のうち、福祉を阻害するもの（外部不経済）などを指す。

自然権 [natural rights] …**社会契約説において人間が生まれながらにして持っているとされる権利**（➡p.21）。社会契約説では、国家や社会が形成される以前の状態を自然状態と呼ぶが、自然権は自然状態で**人間が生まれながらに持っているとされている権利**。その内容は思想家により異なる。

自然法 [natural law] …**すべての人が従うべき自然または理性を基礎に成立する普遍の法**。人間の理性を根拠とする自然法思想は、近代ヨーロッパで絶対主義を批判する**社会契約説**を導いた。

思想及び良心の自由 [freedom of thought and conscience] …**人間が心の中で思うこと（内心）の自由**。憲法19条は、すべての内面的な精神活動の自由を保障しているが、宗教に関する場合が信教の自由、学問研究に関する場合が学問の自由である。さらに、その外部的表現の保障である表現の自由と表裏一体の関係を持つ。思想及び良心の自由は、これらの自由権の前提となる人権。

市中消化の原則…国債発行に際し、中央銀行の一律引き受けを排し、市中金融機関を介して消化すべきとの原則。中央銀行一律引き受けは、市中の通貨供給量に影響を与えることなく（吸収せず）国債発行がなされ、経済主体としての政府により支出されるため、通貨供給量が増大、著しいインフレを招いてしまう。

シビリアン・コントロール（文民統制） [civilian control] …軍の最高指揮監督権は文民に属させるという原則（➡p.65）。軍隊の政治介入を防ぐため考案された近代民主政治の原則。日本では、内閣総理大臣が自衛隊の最高指揮監督権を持ち、同じく防衛大臣が隊務を統括する（自衛隊法）が、どちらも文民であることが憲法上定められている（66条、➡

p.49参照）。

司法権の独立 [the Independence of Judicial Power] …公正な裁判のため、裁判官は外部からの圧力に屈してはならないという考え方。裁判官を拘束するものは、良心と憲法と法律のみで、それ以外の干渉は許されないと憲法76条は規定している。またそのために、裁判官は心身の故障や公の弾劾など以外では罷免されないと身分保障されている。

資本主義経済 [capitalist economy] …**個人財産の私有を基礎に、各人の責任で投資が行われ、生産・消費活動が展開、その利益も損失も個人に帰せられる経済システム**。マルクス経済学では、その無政府性が景気変動の原因として批判対象となる。

市民革命 [bourgeois revolution] …ブルジョアジー（市民階級）の指導する勢力が絶対主義国家を打倒、政治的経済的リーダーシップを確立すること（➡p.26）。18世紀末のアメリカ独立革命、フランス革命が典型とされる。公式的にはこの過程で**基本的人権**が確立し、近代市民社会が到来することになる。

シャウプ勧告 [Shoup Recommendation] …**1949年、日本の税制を公正で生産性のあるものにする目的で、シャウプ税制監視団が行った勧告**（➡p.212）。国税と地方税の分担、累進課税など直接税を中心とする今日の税制体系の根幹を築いた。

社会契約説 [social contract] …**人間が社会契約に基づいて国家を作る、とする考え方**（➡p.21）。人間が生来持つ権利（自然権）を無制限に行使するのでなく、普遍的ルールのもとに権利と義務を定め、相互にそれを尊重することを約束しあう（社会契約）ことによって政府を作るものとした。17世紀以来のヨーロッパで主張された。**ホッブズ、ロック、ルソー**が有名。

社会権的基本権…人間らしい生活の保障を国家に求める権利。すべての国民が人間らしい生活の保障を国家に要求する権利。20世紀的人権ともいわれ、1919年のワイマール憲法で初めて保障された。**国家による自由**（➡p.83）と呼ばれる。

社会主義経済 [socialist economy] …**生産手段の私有、市場原理を廃止・後退させ、人間の平等を究極の理想とする経済システム**。

社会主義市場経済 [socialist market economy] …**社会主義の政治体制を維持しつつ、市場経済原理を採用する政策**。中国で1993年以降正式に打ち出された経済政策で、これと前後して、中国の開放政策が推進された。

社会福祉 [social welfare] …**ハンディを持つ人々に対する援護・育成・更生を図ろうとする公私の努力の総称**（➡p.280）。保護を必要とする児童、母子家庭、高齢者、身体障がい者などへ、国民の生存権の保障を確保するために行われる。

社会保険 [social insurance] …**国民の生活保障のため、疾病・老齢・出産・失業・死亡などの事由が発生したとき、一定基準に基づく給付を行う保険**（➡p.274）。

社会保障法…社会福祉や社会保険など社会保障一般を規定する法およびその体系（➡p.270）。

衆議院の優越 [Supremacy of the House of Representatives] …国会の議決にあたり、衆議院と参議院の意思が一致しない場合、衆議院の意思を優先させるしくみ（➡p.122）。任期も4年と短く解散もあることから、主権者である国民の意思を反映しやすいのが理由。**法律案、予算の議決、条約の承認、内閣総理大臣の指名**の4つで優越が認められている。予算の先議権や内閣不信任決議権が衆議院のみにある点でも衆議院が参議院に優越している。

自由権的基本権…国家権力の不当な介入・干渉を排除する権利（➡p.83）。国家権力の介入・干渉を排除して個人の自由を確保する権利で**国家からの自由**とも呼ばれる。18世紀的人権ともいわれる。精神の自由・人身の自由・経済の自由の3つに大別できる。

集団安全保障 [collective security] …国際平和機構を作り集団の力で平和を維持しようという考え方。国際平和機構の加盟国は相互に武力行使を禁止し、戦争や侵略を行った国に対しては集団的に制裁を加える。主権国家の交戦権や同盟・軍備の自由を尊重した結果、第一次世界大戦が発生したとの反省から戦後に国際連盟が設置された。国際連合の紛争処理システムもこれに基づく。

集団的自衛権 [Right of Collective Self-defense] …密接な関係にある他国が武力攻撃を受けた場合、これを自国への攻撃とみなして共同で防衛にあたる権利。国連憲章51条で認められている権利だが、政府は憲法9条により「日本は集団的自衛権をもつが行使できない」としていたが、2014年に安倍内閣は行使容認の閣議決定をし方針を大きく変更。2015年、集団的自衛権の行使を認めた安全保障関連法（戦争法）が成立。

自由民権運動 [the Civil Rights and Freedom Movement] …明治初期に立憲政治確立を要求した政治運動。天賦人権思想を基に自由民権論が叫ばれ、国会開設や藩閥政府の打破を要求。政府が弾圧したが、大日本帝国憲法制定と国会開設の一大契機となった。

主権 [sovereignty] …**国家の対外独立性もしくは国政のあり方を決定する権力**（➡p.19）。もともとは絶対君主の権力の独立性・最高性を意味したが、その後、さまざまな意味を有するようになった。対外的には**国家の独立性**を意味し、対内的には**国の政治のあり方を最終的に決める力**を意味する。

主権国家体制 [the Nation-State System] …**主権国家を単位とする国際社会体制**。主権国家（独立国家）を単位とする国際社会は、1648年のウェストファリア条約の結果成立したといわれる。

シューマン・プラン [Schuman Plan] …1950年、仏外相シューマンが発表した石炭・鉄鋼の共同管理構想。これにより、1952年に欧州石炭鉄

鋼共同体（ECSC）が設立された。

シュンペーター［Joseph Alois Schumpeter］…**オーストリア出身の経済学者**。経済発展の原動力は、企業者の行う**イノベーション**であるとし、経済活動における新陳代謝を**創造的破壊**という言葉で表した。企業者のイノベーションの元手として、銀行貸し出しによる**信用創造**を重視。主著『経済発展の理論』（1912）。

小選挙区制［the minor electorate system］…**1選挙区から1人の議員を選出する制度**（➡p.154）。

消費者運動（コンシューマリズム）［consumer movement］…**消費者の権利確保、消費生活向上に向けての消費者の運動**。英国での19世紀前半からの消費生活協同組合による運動と1960年代頃から展開された不買運動・告発摘発運動などが挙げられる。日本の代表的な運動体は、主婦連、日本生活協同組合連合会など。

消費者基本法［Framework Act on Consumers］…**1968年制定の消費者保護基本法を2004改正して生まれた法**。消費者の位置付けを、従来の保護される者から権利を持つ自立した主体へと変え、**消費者の権利**を明記して消費者の自立支援の施策推進を規定。

消費者の4つの権利…**1962年ケネディ米大統領が消費者利益保護特別教書で消費者主権を具体的に示した4つの権利**。

消費税［a consumption tax］…**間接税の1つで消費支出に課税するもの**（➡p.213）。商品やサービスに一定の税率で課税され、税額分は価格に上乗せされて購入する消費者が負担する。日本では1989年に税率3%で導入、97年に5%、2014年に8%、2019年に標準税率10%（軽減税率8%）に引き上げられた。

情報公開制度…**政府・地方公共団体のもつさまざまな情報を国民の請求により開示する制度**（➡p.106）。行政機関の情報独占を防ぎ、国民の**知る権利**を保障するためのしくみとして地方で情報公開条例の制定がすすみ、国のレベルでも1999年に情報公開法が制定された。ただし、同法では「知る権利」を明記せず。

食育［Food Education］…**自らの食について考える習慣や、食に関する様々な知識と食を選択する判断力を身に付けるための取り組み**。国民の生涯にわたる健全な食生活の実現、食文化の継承、健康の確保等を図ることを目的とする。

職業選択の自由［freedom to choose one's occupation］…**自分の望む職業を選ぶことのできる自由**。自由権的基本権の1つである経済の**自由**に属する自由。自由に職業を選べる自由であるが、同時に選んだ職業を遂行する自由である**営業の自由**も含まれる。

食糧管理制度と新食糧法（➡p.235）

食糧管理制度［a food control system］…**主要食糧の流通・消費を国家が管理し、需給・価格の安定化を図る制度**。1942年制定の食糧管理法に基づき行われてきたが、コメ過剰やコメ市場部分開放などの環境変化の中で、95年に廃止。

新食糧法…1994年成立した「主要食糧の需給と価格安定法」のこと。旧食糧管理法は政府が主体で、価格も国民による買入れ売渡しの二重価格制等、米の流通は政府の規制下にあった。それに対し同法は民間流通の**自主米主体**、価格も需給関係で決まるなど、**流通に対する国家の規制は最低限に抑えられた**。

女性差別撤廃条約（女子差別撤廃条約）［Convention on the Elimination of all Forms of Discrimination against Women］…**あらゆる分野での男女差別を禁じた、国連の条約**。政治・経済・社会・文化その他のあらゆる分野で差別を禁じ、締約国に対し女性差別を禁ずるための法律の制定や廃止・修正などを求めている。1979年採択、81年発効。日本は85年に批准、同年に**男女雇用機会均等法**が制定された。

所得の再分配…所得配分の不公平を是正するため、社会保障制度や租税制度を通じて、高所得者から低所得者に所得を移転すること。単に国民の平等を達成するのみならず、富の最適配分を通じて、経済の活性化を達成する目的も有する。

所有と経営の分離…企業の出資者と経営者が異なること。会社の所有は第一義には社員（＝出資者、株式会社にあっては株主）であり、経営の権利は社員にあるのが原則。特に社員が多人数存在することが前提の株式会社（➡p.179）などでは、株主による直接経営が無意味ないし不可能であるため、取締役に経営を委任し、結局会社の所有と経営が分離している状態を指す。

知る権利［right to know］…**行政機関の持つ情報の公開を求める権利**（➡p.104）。新しい人権の1つで、従来は報道や取材の自由が争われない権利という面が中心であったが、現在では主権者たる国民が、政治の民主性確保のために行政機関の持つ情報を自由に入手できる権利ととらえられている。

信教の自由［freedom of religious belief］…**宗教を信じる自由、信じない自由**。精神の自由の1つで、憲法20条で保障されている。宗教を信じる、信じない自由の他、宗教行為を行う、行わない自由、**政教分離原則**なども含む。

新興工業経済地域（NIES）［Newly Industrializing Economies］…**1970年代以降急速に工業化を進め高度成長を遂げた発展途上国や地域**。アジアNIESやラテンアメリカNIES（ブラジル・アルゼンチン・メキシコなど）、ギリシャ・スペイン・ポルトガルなどを指す。1987年まではNICS（新興工業諸国）と呼ばれていた。

アジアNIES…急速な工業化を進めたアジアの国・地域。韓国・台湾・香港・シンガポールを指す。「4匹の竜」のあだ名がある。

新国際経済秩序樹立宣言（NIEO樹立宣言）［Declaration on the Establishment of a New International Economic Order］…**1974**

年国連資源特別総会で採択された発展途上国を優遇する経済秩序樹立に向けての宣言。天然資源恒久主権・交易条件改善・北の多国籍企業活動規制など、先進国中心の国際経済構造を改善する内容。

人種差別撤廃条約［International Convention on the Elimination of All Forms of Racial Discrimination］…**人種、皮膚の色、門地または民族的・種族的出身にもとづくあらゆる差別を禁止した国際条約**（➡p.28）。1960年前後の反ユダヤ主義の事件の頻発、新興アフリカ諸国の台頭などを受け、65年の国連総会で採択、69年発効。日本の批准は95年。

人身の自由［Personal Freedom］…**正当な理由なく逮捕・処罰されない自由**。国家権力による不当な身体の拘束や恣意的な刑罰の行使を許さない自由。日本国憲法は、戦前の**治安維持法**を中心とする人権蹂躙への反省から、極めて詳細な規定を置いている。

臣民の権利［subjects rights］…**大日本帝国憲法下の日本国民の持っていた権利**。臣民とは国家権力に服従する地位におかれている国民を指す言葉で、大日本帝国憲法下では天皇・皇族以外を指した。臣民の権利は、天皇から恩恵的に与えられたものに過ぎず、「法律の範囲内」でのみ認められた。

信用創造（預金創造）［Credit creation］…**金融機関が預金を貸し出し、その貸出金が再び預金されて貸付に回され、この繰り返しで、もとの預金の数倍もの預金通貨を創造すること**。

ストック［stock］…①在庫品 ②株式（株券） ③フローに対する概念で、国富などのある一時点に存在する経済諸量の大きさ。

スプロール現象［urban sprawl］…**都市が不規則に拡大していること**。都市は幹線道路や鉄道に沿って、拡大するが、逆にこうした交通機関の便益が小さい地域は、都市化しない。

政教分離［separation of religion and politics］…**国家や政治と宗教を分離すること**（➡p.89）。日本国憲法は、戦前の国家神道が軍国主義の精神的支柱となった反省から、20条で国家の宗教活動を禁じ、特定の宗教団体を特恵的に扱うことを禁止している。

政治資金規正法［The Political Funds Control Law］…**不正・汚職を防ぐため、政治家への政治献金の流れの透明化をはかり、規制するための法律**。1994年、政治資金収支報告書の公開基準が5万円に引下げられるなどの改正とともに、**政党助成法**で政党への公費助成が開始。また2000年には政治家個人への企業・団体献金が禁止されたが、政党支部を通しての献金は可能といわれている。

政治的無関心（政治的アパシー）［political apathy］…**国民が政治への関心を失い、選挙での投票も棄権してしまうこと**。政治は「お上」の仕事という意識にもとづく**伝統型無関心**や、政治への絶望から生ずる**現代型無関心**などがある。

精神の自由［Spiritual Freedom］…**人間の精神活動への国家の干渉を許さない自由**（➡p.88）。具体的には、**思想及び良心の自由、信教の自由、集会・結社・表現の自由、学問の自由**から構成される。自由権の中でも特に重要な自由で、原則として国家の干渉を許さず、その違憲審査には厳しい基準が求められる。

製造物責任法（PL法）［Product Liability Act］…**製造物の欠陥により消費者が損害を受けた時、製造者に賠償の責任を負わせる法**。従来の民法による賠償請求では、製造者の過失を消費者が証明しなければならなかった。1995年施行のPL法では、**過失・故意の不法行為が無くても、欠陥が立証されれば賠償責任が生じ（無過失責任制度）**、消費者の救済がされやすくなった。

無過失責任制度［Strict Liability］…公害による損害や製造物による消費者被害について、過失の有無に関わらず加害原因者に損害賠償責任を負わせる制度。事例として1972年大気汚染防止法・水質汚濁防止法での規定。上記PL法でも採用。

生存権［right to life］…**人間らしい生活を営む権利**（➡p.98）。日本国憲法は25条で、「すべて国民は、健康で文化的な最低限度の生活を営む権利を有する」と規定している。

生態系（エコ・システム）［an ecological system ; an ecosystem］…**生物と無機的環境の関連とまとまりを捉えた概念**。大気・気象・地形・土壌などの環境と、生息する生物との関連・まとまり。物質循環や食物連鎖、共生のしくみなどと相互に関係性を持つ。

政党［a political party］…**主義・主張を同じくする人々が、その実現をめざして政治活動を行うため結成した団体**。国民の様々な利益を集約して政策に転換することや、議会政治を政党単位で編成することで機能を果たしやすくなるなど、現代政治は政党ぬきには成立し難い。

政府開発援助（ODA）［Official Development Assistance］…**先進国政府が発展途上国に対し行う開発援助**（➡p.366）。無償贈与、長期低利の借款、世界銀行グループなどの国際機関に対する出資などから成る。UNCTAD（国連貿易開発会議）で設定したGNP比の目標は0.7%。日本のGNP比は約0.2～0.3%にとどまる。

生物多様性条約［CBD；Convention on Biological Diversity］…**1992年の地球サミットで採択された、生物の多様性を保全することを目的とした条約**（➡p.372）。

生命・自由・幸福追求の権利［right to life, liberty, and the pursuit of happiness］…**国民が幸福を求める権利**。古くはアメリカ独立宣言で天賦の権利として主張された。日本国憲法では13条で規定されており、新しい人権の主張の根拠とされる場合が多い。

生命倫理（バイオエシックス）［bioethics］…**個々の研究領域を超えて学際的に「命」について研究する学問**。生命・医科学技術の急激な進歩にともない、人間の命をめぐって様々な問題が生じてきた。「命」の価値

判断の最終決定権は本人自身にあるということを基本に，国，人類レベルでの社会的合意形成を目指している。

勢力均衡 [balance of power] …一定地域において，対立する国家または国家群の力の均衡を保たせようとする原則。ヨーロッパでは近代以来の伝統的政策であったが，20世紀初期の三国同盟，三国協商が有名。

政令 [a government ordinance] …内閣が定める命令。国の行政機関が定める法規範を総称し，政令，府令，省令，規則などがある。法の効力は国会の法律より劣る。法律の規定を実施するための執行命令と，法律の委任に基づく委任命令とがある。

世界恐慌 [The Great Depression] …1929年に発生した，世界規模での恐慌で，大恐慌ともいう。1929年10月24日の米国ウォール街での株式大暴落（暗黒の木曜日）に端を発し，瞬く間に世界中を巻き込み，ピークの33年には米国の失業率は25%前後に達した。この処理をめぐって世界は第二次世界大戦に向かう。

世界人権宣言 [Universal Declaration of Human Rights] …国連総会で採択された，すべての国の基本的人権の保障をうたった宣言（⇒p.17）。国連憲章の人権条項をより具現化させるべく1948年の総会で採択されたが，総会の議決のため法的拘束力をもたず，その解決には国際人権規約の登場を待たねばならなかった。

石油危機（オイルショック） [the oil crisis] …1973年の第一次と79年の第二次の二波にわたり発生した原油価格の急上昇。前者は第四次中東戦争を引き金に，後者は前年からのイラン革命にともなう国際情勢の混乱を背景に発生。各国経済は高水準の原油価格に対応しての産業構造の改革を強いられた。

石油輸出国機構（OPEC） [the Organization of Petroleum Exporting Countries] …産油国が，石油の生産・価格を調整し，相互の利益を図る国際的カルテル。メジャーに対抗して1960年に結成。石油危機においても，原油価格の上昇に主要な役割を演じた。

セクショナリズム（なわばり主義） [sectionalism] …ある部門が自らの利害や権限に固執し，排他的になる傾向のこと。行政機関や肥大化した大企業などで見られる官僚主義の病弊の１つ。

セーフガード（緊急輸入制限） [safe guard] …輸入増大により国内産業の損害が生じることを防止するために行われる輸入の緊急措置。GATT，現在のWTOでも認められている輸入国の保護政策。日本は2001年に中国産のネギ・生シイタケ・い草について暫定発動した。

世論 [public opinion] …社会で一般に支持されている意見。世論の尊重は民主政治の前提であり，それには言論の自由が大切である。現代ではマスメディアが世論形成に大きな役割を果たしており，世論操作も大きな問題である。

戦後国際通貨体制に関わる諸協定など（⇒p.343）

ブレトン・ウッズ協定 [Bretton Woods Agreements] …1944年米国のブレトン・ウッズで締結され，戦後西側世界経済の国際通貨体制を確立させた協定。これにより45年IMF，IBRD発足。金とドルの兌換を米国が保証することによりドルを基軸通貨として西側世界に供給し国際流動性を確保する体制が確立した。また，固定相場制のもと安定した国際経済取引を可能にした。

ニクソン・ショック（ドル・ショック） [Nixon shock] …1960年代のドル危機を受け，71年8月に米ニクソン大統領が取った経済政策。金とドルの交換停止，輸入課徴金設置が柱。特に前者により一旦ドルの基軸通貨性が失われ，固定相場制も崩壊。

スミソニアン協定 [Smithsonian Agreement] …1971年12月に締結されたブレトン・ウッズ体制に代わる国際通貨体制を決定したIMFの協定。ドルの金に対する価値を切り下げ（金１オンス35ドル→38ドルへ），またドル安に調整した上で固定相場制に復帰させた（例：1ドル360円から308円へ）。しかし主要先進国は1973年から変動相場制に移行し，この体制も事実上崩壊，IMFは76年のキングストン合意で変動相場制を承認した。

戦略兵器削減条約 [START：Strategic Arms Reduction Talks (Treaty)] …1991年，米・旧ソ連が締結した初の戦略核兵器の削減条約。米ソが保有できる戦略核兵器の上限を，運搬手段1,600基，核弾頭6,000個，弾道ミサイル弾頭4,900個などとし，削減率は米28%，旧ソ35%となった。1994年発効。93年には米ロ間でSTARTⅡが調印（未発効）。2010年新START調印（2011年発効）。

そ・た

争議行為 [industrial action] …労働者などがその主張の貫徹のために行う行為。労働者の行う同盟罷業（ストライキ）や怠業（サボタージュ），使用者（会社）が行うロックアウトなどがある。正当な争議行為については民事上・刑事上の免責が認められ，これらを理由とする解雇などは不当労働行為として禁止。

族議員 [diet cliques] …特定の分野に精通し，政策決定や予算配分に影響力を発揮する国会議員のこと。特に自民党政権では特定官庁との関連で建設族，大蔵族，厚生族などと呼ばれた。いわゆる政官財の「鉄のトライアングル」の一端をさす。

ソーシャルビジネス [Social Business] …貧困などの社会的課題を，事業を通じて持続的に解決する手法。社会的事業などと訳される。企業やNGOなどが活動の主体となる。

大気汚染 [air pollution] …人間の経済活動により排出された窒素酸化物，硫黄酸化物などによる大気の汚染（⇒p.242）。

第三世界 [Third World] …発展途上国が集中するアジア・アフリカ・ラテンアメリカ地域。1970〜80年代，先進資本主義国は第一世界，社会主義国は第二世界と呼ばれた。残りの発展途上諸国は第三世界を自称，非

同盟政策を推進し冷戦緩和に貢献した。冷戦下では米ソの代理戦争の舞台ともなったが，冷戦終結後は南北間，さらには第三世界内部での格差に苦しんでいる。

大選挙区制 [the major electorate system] …1選挙区から複数（2人以上）の議員を選出する制度（⇒p.154）。

大統領制 [presidency] …非世襲の大統領を国民ないしは国民の代表が国家元首として選出する政治体制。米仏のように行政権を中心として強大な権限を持つ場合と，独伊のような象徴的・調停者的役割を持つ場合がある。

大日本帝国憲法（明治憲法） [The Constitution of the Empire of Japan；Meiji Constitution] …戦前の日本の憲法。1889年に君主権の強いプロイセン憲法を参考に制定された。天皇が制定した欽定憲法。天皇主権で，国民の自由・権利は法律の範囲内でしか保障されず，国民代表機関としての議会の権限は弱い**外見的立憲主義**（⇒p.57）を採用していた。

多国籍企業 [MNC；Multinational Corporation] …企業活動や所有関係が，多国間にわたる企業。現在では，企業は活動領域のみならず，資本関係も複雑化・国際化してきており，「多国籍企業」という特別のカテゴリーを設定する意義は失われてきている。

タックス・ヘイブン（租税回避地域） [Tax Haven] …投資家から見た，低課税ないし無税の国や地域。2016年のパナマ文書で，タックス・ヘイブンでの課税逃れの実態が明らかとなった。

縦割り行政 …行政が中央省庁別に分かれ，地方もそれにならって系列化しているため，無駄が多く能率が悪いこと。例えば農水省の下水道の横に国土交通省の下水道が工事されていたり，省庁ごとに許認可が必要でロスが多いことなど。

弾劾裁判所 [Judges Impeachment Court] …罷免の訴追をうけた裁判官を裁判する裁判所で，国会に設けられ，衆参各7名の合計14名で構成される（⇒p.133）。

男女雇用機会均等法 [Equal Employment Opportunity Act] …職場での男女平等の実現のために制定された法律。募集・採用，配置・昇進，定年・解雇などにおける女性差別を禁止した法律で，1985年に女性差別撤廃条約への批准にともない成立。97年に募集・採用における差別禁止や事業主のセクハラ防止配慮義務などに改正。時間外・休日・深夜労働禁止などの労基法女子保護規定の撤廃も同時に行われた。

ち

治安維持法 [Peace Preservation Law] …1925年に制定された戦前の代表的治安立法（⇒p.57）。国体の変革，私有財産制を否定する結社や運動を弾圧するために制定。1928年には最高刑に死刑，41年には予防拘禁が導入され，戦時下では自由主義思想や平和主義思想も弾圧の対象となった。戦後，GHQの指令で廃止。

地球温暖化 [global warming] …温室効果ガスの大気中への排出で気温が上昇し自然環境に悪影響を及ぼす現象（⇒p.370）。異常気象，海水面上昇，食料生産の不安定化などの影響が深刻で，1992年の地球サミットで採択された気候変動枠組み条約で，温室効果ガス削減に向けて取り組みが始まった。

地球サミットと持続可能な開発

地球サミット（国連環境開発会議） [summit of earth] …1992年ブラジルのリオデジャネイロで開催された国連主催の会議（⇒p.372）。1972年開催の国連人間環境会議から20周年として開かれ，持続可能な開発を基本理念とした。リオ宣言，アジェンダ21，気候変動枠組み条約，生物多様性条約などを採択。

持続可能な開発 [Sustainable Development] …地球環境問題対応のための基本理念（⇒p.365）。環境保全と開発を対立するものではなく，不可分のものととらえる概念。特に国連環境開発会議において理念的基本原則とし，リオ宣言に盛り込まれた。

知的財産権 [intellectual property] …知的形成物に関する財産（所有）権。発明，デザイン，著作などに認められ，それぞれ特許権，商標権，著作権などを指す。国際的な保護が求められる中，1970年に世界知的所有権機関（WIPO）が設立され，国連の専門機関となった。ウルグアイ・ラウンドでも保護のルールが作られ，WTOにも保護のための理事会がある。

地方公共団体（地方自治体） [a local government] …都道府県や市町村などのこと（⇒p.142）。一定地域の住民を構成員とし，その公共事務を行う権限を有する団体。憲法92条，地方自治法に基づく。上記の普通地方公共団体と，特別区・地方公共団体の組合・財産区などの特別地方公共団体とがある。

地方交付税交付金 [Local allocation tax grants] …地方自治体間の財政力格差を是正するため国から交付される資金。国税（所得税，酒税，法人税，消費税，地方法人税）の一定割合が地方自治体に使途を指定せずに交付される。

地方自治の本旨 [principle of local autonomy] …地方の政治が，中央政府から独立して行われ（団体自治），その地域の住民の意思によって行われる（住民自治）こと（⇒p.142）。明治憲法には地方自治の規定はなかったが，日本国憲法92条は地方公共団体の組織・運営について地方自治の本旨を基づいて定めると明示。現在の地方自治法が定められている。

中央銀行 [central bank] …国家や国家連合（EUなど）の金融機構の中核となる機関（⇒p.204）。設立の形態は，各国により異なる。我が国では日本銀行法に基づき設置されている**日本銀行**がこれにあたる。通常，発券，市中金融機関や政府への金融，国の口座を維持し，こうした業務を通じて金融政策を行うことが多い。

中距離核戦力全廃条約（INF全廃条約）[Intermediate-range Nuclear Force] …射程500～5,500kmの中距離核戦力（INF）全廃のための米ソ間の軍縮条約。INFは1970年代末～80年代前半にかけて東西ヨーロッパに配備された。87年レーガン（米）,ゴルバチョフ（ソ）会談でこの条約が調印され,冷戦終結への一歩となった。

中小企業[small and medium enterprises] …資本金・従業員数などが中位以下の企業（➡p.230）。事業所数で99%,従業員数の7割と,日本経済で大きな位置を占める。ベンチャービジネスなどの独立企業,下請企業,系列企業などの形態に分類される。

下請[a subcontract] …**大企業が製造過程の一部（部品製造など）を中小企業に請け負わせること**（➡p.231）。多くの中小企業が下請企業で,系列化されている場合は二重三重の下請関係もある。**大企業の景気変動の調節弁として,しわ寄せも多い**。

朝鮮戦争[Korean War] …**1950年6月の北朝鮮の韓国への侵攻に端を発した国際的戦争**。当初,北朝鮮軍が優勢だったが,米軍中心の国連軍,さらに中華人民共和国の義勇軍も参戦。北緯38°線付近での膠着状態が続く中で1953年7月休戦協定が成立。126万人の犠牲者と1,000万人の離散家族,今も残る相互不信を生んだ。

徴用…1937年の日中戦争以降,国家総動員法（1938年）体制の下で日本が中国や朝鮮の人々をその意に反して日本国内や中国・南方各地に連れてきたできごと。労働力不足を補うために実施されたが,一部で集め方が強制的だったことから戦後訴訟問題となった。

直接金融[direct financing] …資金の提供者から資金を必要とする需要者に,金融機関などの第三者を介さず,直接に金融が行われること（➡p.201）。株式・社債を家計が購入するような行為がこれにあたる。間接金融に対置される概念。

直接税[a direct tax] …実際に負担する人と納める人が一致する税金。

直接請求権…地方自治体の住民が直接意思を反映させる権利。条例の制定・改廃請求,議会の解散請求,首長や議員の解職請求などの権利が地方自治法で保障されている。

直接投資[direct investment] …海外に行われる投資のうち,工場を設立したり,相手国企業の株式を購入するなど,直接,経営に関与する形での投資（➡p.347）。

直接民主制[direct democracy] …**国民が直接に政治の運営に参加する政治制度**（➡p.20）。古代ギリシャの民会や植民地時代の米のタウン＝ミーティングが代表的。巨大化した現代国家でも間接民主制を補うものとして一部採用されている。日本国憲法では憲法改正の国民投票や最高裁判所裁判官の国民審査などがその例。

つ・て

通貨[direct financing] …元来は「強制通用力を有する貨幣」の意味であり,一般には流通貨幣を意味する。紙幣（銀行券）・補助貨幣を網羅する広い概念だが,当座預金などの**預金通貨**をも含めることがある。

通貨制度[monetary system] …**通貨に関するあり方,システム一般**。狭義には,金本位制と管理通貨制度の別,またより広く,各国や各国家連合における通貨のあり方を指す（➡p.200）

管理通貨制度[managed currency system] …**法律上強制通用力を付与した通貨による通貨制度**。

金本位制[gold standard system] …**金を本位貨幣（基本貨幣）として成立する通貨制度**。金自体は中央銀行などが保管し,その預かり証を発行,これが貨幣代替物として転々流通する。この貨幣代替物を**兌換紙幣**と呼ぶ。

停戦監視団[the cease-fire mission] …国連の平和維持活動（PKO）の一種で,停戦協定が守られているかを該当地域で監視する。平和維持軍が軽武装の組織であるのに対し,状況によって必ずしも武装の必要はなく,文民の活躍できる範囲も広い。

デタント（緊張緩和）[仏:détente] …1960,70年代の冷戦体制の緩和状態。仏語で「ゆるめる」の意。キューバ危機（1962年）後,ド＝ゴール仏大統領が東西関係の求められる姿として,アンタント（相互理解）,コーペラシオン（協力）とともに用いた。

デノミネーション（デノミ）[denomination] …通貨の呼称単位の切り下げのことで,インフレなどによって通貨価値が下落した際などに行われる。

天安門事件[The Tiananmen Square incident] …**中国・北京の天安門広場で,中国指導部が2度にわたり一般民衆を弾圧した事件**。日本では,1989年6月4日に民主化を求める学生中心のデモ隊を「中国人民解放軍」により武力弾圧した第二次天安門事件（「六・四事件」）を指すことが多い。軍による弾圧の様子は指導部の情報統制により規制されていたが,マスコミを通じて世界に報道され,鄧小平ら指導部は,西側諸国による経済制裁を受けるとともに国際世論から強い批判を受けた。

天皇主権…政治のあり方を決定する力が天皇にあること。大日本帝国憲法の基本原理。大日本帝国は天皇が統治し,**天皇は統治権を総攬する（一手に掌握すること）**とされた。

天皇制[Tenno regime] …**天皇を統治権の総攬者とする国家体制**（➡p.60）。1889年の大日本帝国憲法の公布により確立。天皇に国家元首,統治権の総攬者として広範な**天皇大権**を与え,その地位を現人神として神聖不可侵化した。第二次大戦後の日本国憲法公布によって,天皇は日本国と日本国民統合の象徴となり,天皇制は象徴天皇へと変貌した。

と

ドイモイ政策（刷新政策）[Doi-Moi Policy] …**社会主義国ベトナム版「改革開放」政策**。1980年代後半からベトナムでも労働党一党独裁体制を維持した上での経済改革が始まり,高度経済成長が実現した。2001年

の憲法改正で**社会主義市場経済**が盛りこまれたものの,特権階層の汚職,地域間格差などの悩みもある。

党議拘束…国会で議案の採決の時に,政党としての決定に所属議員を従わせること。違反しても違法ではないが,党の処罰を受けることになる。政党政治では党議拘束が当然とされるが,議員個人の判断にゆだねるべき問題として,臓器移植法（1997）では各党は党議拘束を外した。

統治行為論…高度な政治的な問題は裁判所が違憲審査をすべきでないという考え方（➡p.64）。

東南アジア諸国連合（ASEAN）[Association of South-East Asian Nations] …**東南アジアにおける経済・社会・文化の域内協力を進めるための国際組織**。1967年東南アジア5か国で結成,99年にカンボジアが加盟し,現在10か国が加盟。自由貿易地域（AFTA）創設に向け,域内関税引下げが進んでいる。

独占[monopoly] …特定の財・サービスの市場において,売り手もしくは買い手が単独になった状態（➡p.187）。重要なのは,売り手の独占。また,厳密には売り手が少数となった**寡占**と呼ぶべき状態をも含めて表現することもある。

独占禁止法[the Antimonopoly（Antitrust）Law] …健全な競争的市場を保護するため,非競争的・独占的行為を監視し,抑制することを目的とする,1947年制定の法律（➡p.187）。

特別裁判所[extraordinary tribunal] …特殊な身分の人,または特定の事件について裁判を行う,最高裁判所の系列化にない特別の系統の裁判所。明治憲法時代の行政裁判所・皇室裁判所・軍法会議が該当。日本国憲法では特別裁判所の設置を禁止（76条）。

特別引出し権（SDR）[Special Drawing Rights] …IMF（国際通貨基金）が1969年に創設した外貨引出しを請求する権利。国際収支赤字国が外貨を必要とするとき,この権利を用いて外貨を得ることができる。IMF加盟国に出資額に応じて配分される。76年変動相場制をIMFが公認したキングストン合意で,新しい国際流動性としての役割が強調された。

独立国家共同体（CIS）[Commonwealth of Independent States] …旧ソ連諸国の9か国が参加する国際組織。1991年のソ連崩壊後,旧ソ連諸国のバルト3国を除く12か国が参加し「対等な国家間のゆるい連合」として成立したが,近年は形骸化が目立つ。ロシアとの軍事衝突により,2014年にウクライナが脱退表明。

都市問題…人口流入にともなう過密により生じる諸問題。交通渋滞,公共交通機関の混雑,ゴミ処理や,中心部の夜間人口の減少による治安の悪化など多岐にわたる。

ドッジ・ライン[dodge line] …1949年に米から派遣されたドッジによって実施されたインフレ抑制を中心とした経済政策。1948年の経済安定化9原則実現に向け,ドッジは超均衡予算・シャウプ勧告の税制導入・傾斜生産方式停止などによるインフレ抑制,単一為替レート（1ドル＝360円）設定と輸出拡大の政策を打ち出した。結果として約100倍のインフレは収束したが,朝鮮特需が発生するまで不況に陥った。

な・に

内外価格差[the price difference between domestic and overseas markets] …国内と海外の物価が異なる分の差。日本は高コスト構造・流通の系列化などから全般的に物価が割高で,内外価格差は大きい（➡p.197）。1989年の日米構造協議でも問題にされ,日本の市場開放要求の根拠にされた。

南北問題[the North-South problem] …**先進工業国と発展途上国の経済格差とそれに伴う対立**（➡p.364）。1950年代後半～60年代に表面化。64年UNCTAD（国連貿易開発会議）が設立され,発展途上国の貿易・援助・開発について検討協議が行われてきた。

南南問題[the South-South problem] …途上国間における社会経済的格差。1970～80年代,産油国や新興工業経済地域（NIES）など経済開発が進んだ途上国と,非産油国・後発発展途上国（LDC）などの途上国の間に,所得・工業化率・識字率などの格差が拡大した。

日米安全保障条約[the Japan-U.S. Security Treaty] …極東の平和維持や日本の防衛のために米軍が日本に駐留することを定めた条約（➡p.68）。1951年のサンフランシスコ講和条約とともに調印。60年に日米の共同防衛,経済協力,国連憲章との関連などの内容が新たに盛り込まれた。平和憲法との関連や,日本を米国の戦略に巻きこむ可能性について,60年に大規模な反対運動がおこり（**安保闘争**）,その後も常に政治の焦点となってきた。

日米構造協議と日米包括経済協議（➡p.361）

日米構造協議[the Structural Impediments Initiative talks] …1989～90年に行われた日米間の貿易不均衡是正に向けての協議。日本の経済構造の改善と市場開放が求められ,具体的には,**独占禁止法強化・系列取引見直し・大規模小売店舗法改正・内外価格差の是正・公共投資拡大**が約された。

日米包括経済協議[the Japan-U.S. Framework Talks on bilateral trade] …1993年から始まった日米間の経済問題を幅広く話し合うための交渉。分野別（自動車・半導体など）交渉では**米国が数値目標設定を要求し,客観基準採用で決着**。マクロ経済政策では,日本の経常収支黒字削減,米国の財政赤字削減などが協議された。

日米相互防衛援助協定（MSA協定）[Agreement of Japan-U.S. Defense Cooperation] …アメリカの軍事援助を受ける国は防衛力強化を義務づけられるとする協定（➡p.69）。米国が相互安全保障法（Mutual Security Act）に基づき友好国と結んだ対外経済・軍事援助協定。日本は1953年池田・ロバートソン会談で合意,54年締結し,その後自衛隊を発足。

日本銀行［the Bank of Japan］…日本銀行法に基づいて設置される，我が国の中央銀行（➡p.204）。

日本国憲法［Constitution of Japan］…現在の日本の憲法。大日本帝国憲法の改正という形式をとって，1946年11月3日に公布。国民主権，基本的人権の尊重，平和主義が三大原則。GHQの作成した草案が下敷となっている。

日本的雇用慣行…近年崩壊しつつある日本の雇用慣行（➡p.260）。
　終身雇用制［Lifetime employment system］…企業が新規学卒者ら従業員を採用し定年まで雇用する制度。
　年功序列型賃金［a seniority wage system］…勤続年数や年齢などに応じて賃金が上昇していく賃金制度。職務や能力よりも勤続年数などが重視される賃金体系。
　企業別労働組合［enterprise union］…企業ごとに，その企業で働く労働者を対象に組織された労働組合。日本独特の労働組合の形態。企業の事情に応じた具体的な協議や交渉がしやすい反面，闘争力が弱く，御用組合化しやすい。

ニューディール［New Deal］…米国のフランクリン・ルーズベルト大統領のもとで1933～39年にとられた革新的な総合経済政策。1929年に始まる**大恐慌**のもとでの対策的な意味合いをもち，農業問題，労働問題，さらに雇用創出を目的とした諸政策が進められた。自由放任が原則であった市場経済への政府の関与に道を開いた点，大きな意義がある。

人間開発指数［HDI；Human Development Index］…社会的経済的発展の度合いを示す指数。保健水準（平均寿命など）・教育水準（識字率など）・所得水準（1人当りGDP）により算出し，0～1までの値で示す。0.5以下は開発度が低い国，0.8以上は高い国とする。**国連開発計画**（UNDP）が導入した指数。

ね・の

ネオコン（新保守主義）［neo-conservatism］…1980年代レーガン政権の頃から米国で強まり，ブッシュ政権下で顕在化した政治思想の潮流。①国際政治，特に軍事面で**単独行動主義**的，②世界を善悪二元論的対立構図でみなし，外交に道義的の明快さを求めるなどが特徴。理想主義的なキリスト教右派の影響も指摘される。

年金保険［pension insurance］…公的年金のような，将来の年金給付を目的に，掛け金を支払っていく保険（➡p.276）。

農地改革…太平洋戦争後，軍国主義の温床となった地主・小作関係の解消を目的に，GHQの指令により実施された政策。不在地主の所有小作地はすべて，在村地主の土地は平均一町歩を超える部分を国が強制的に買い上げ，小作人に安価で売却した。これにより自小作農が大量に創設された。

ノーマライゼーション［Normalization］…ハンディを負った人々が，社会の中で他の人々と同等に助け合いながら生活していけることが正常な姿であるとする考え方（➡p.281）。
　バリアフリー［barrier free］…生活空間の中で，人の動きを阻害するものを取り除くという考え方。
　ユニバーサルデザイン［Universal Design］…すべての人に使いやすいよう，製品，建物，空間をデザインすること。

は・ひ

バイオエタノール［Bioethanol］…植物から作られるアルコールの一種。ガソリンの代替燃料として注目されている。計算上は空気中の二酸化炭素を新たに増やさないため環境面で優れており，ブラジル，アメリカを中心に急速に開発が進んでいる。ただし，現在考えられているバイオエタノールは，サトウキビやトウモロコシなどの作物（食用）を主原料とするので，食糧問題を深刻化させる危険がある。

バイオマス［biomass］…農業廃棄物やサトウキビ，液体燃料を抽出できる植物など，生物起源のエネルギー資源の総称。再生可能エネルギーの1つ。生物に吸収・固定されるため，二酸化炭素の排出は正味でゼロとされる。

排出量取引［Eco right business］…地球温暖化防止条約の京都議定書で，温室効果ガスの削減目標を達成するため導入されたしくみ（**京都メカニズム**）。先進締約国の削減量が京都議定書の定める削減目標を達成し，さらに削減できた場合，余剰分を金銭を対価として他国へ売却できる仕組み（逆の場合は購入）。京都メカニズムには他に**共同実施**，**クリーン開発メカニズム**がある。

バージニア権利章典［Declaration of Rights of Virginia］…対英独立戦争中の北米バージニア植民地で制定された，史上初の本格的人権宣言（➡p.27）。バージニアはイギリスの北米13植民地（邦）の1つ。独立戦争（1775～83）中の1776年6月，植民地議会が邦（後の州）憲法の前文として採択したもの。16か条からなり，基本的人権の存在，人民主権，革命権，宗教，表現の自由などがうたわれている。アメリカ独立宣言の約1か月前である。

バブル経済［bubble economy］…土地や株式などの資産価格が，実質的価値を超えてバブル（泡）のように異常に高騰すること。1986～90年にかけて，85年の**プラザ合意**を受けた低金利政策を背景に，資産価格が実質価値の2～3倍にまで上昇。余剰資金が海外の不動産や有名海外企業の購入にまで使用され，国際的にも問題視された。90年1月，株価の下落を機にバブル経済は崩壊。

非価格競争…製品のデザインやちょっとした機能の付加など，非価格的な要素で展開される競争（➡p.187）。本来，完全競争市場のもとでは，価格を中心とした競争が発生するのが原則であるが，寡占市場では非価格競争が常態化する。

非核三原則［the three non-nuclear principles（of Japan）］…核兵器を「つくらず，持たず，持ち込ませず」という日本政府の核兵器に関する基本方針（➡p.70）。1967年佐藤栄作首相が答弁で表明し，71年に衆議院で決議した。

ヒートアイランド［heat island］…都市の平均気温が，周辺のそれに比べて異常に高くなる傾向。等温線で表示すると，都市部が島状に表されることによる。人の諸活動により，都市では熱が多く発生する上，コンクリートによる熱の保温が原因である。

ビューロクラシー（官僚制）［bureaucracy］…巨大化した国や大企業の組織を効率よく運営するためのシステム。全体をピラミッド状に組織し，命令・指揮は上意下達式に伝えられる。専門的知識と技術を備えた官僚制は現代国家に不可欠だが，組織が専門化・複雑化するほどコントロールは難しくなり，その中の個人は事なかれ主義に陥りやすい。

表現の自由［freedom of expression］…自分の思っていることを外部に表明する自由。政治に対する自由な意見の表明を保障し，国民主権と直結する。民主主義にとってその基礎となる自由。

平等権［right of equality］…平等に扱われる権利。すべての国民が権利において平等であるという意味。基本的人権保障の前提。

ビルトイン・スタビライザー（自動安定化装置）［Built-in stabilizer］…直接税の累進性と，社会保険の給付を通じて，景気変動に対する調節を行うメカニズムが自動的に働くこと。

比例代表制［Proportional Representation System］…政党の得票数に比例して議席を配分する選挙制度（➡p.154）。

ふ

ファシズム［fascism］…狭義にはイタリアの国家ファシスト党の思想，支配体制を指すが，ナチズムなど類似の独裁体制一般をも意味する。第一次世界大戦後の経済混乱，社会主義の台頭の中で，自由主義・社会主義をも批判し，偏狭な民族主義に基づく集団が一党独裁体制を樹立し，マスコミ操作，統制経済などを行ったことを指す。

フィスカル・ポリシー（裁量的財政政策）［fiscal policy］…財政を景気調整の手段として活用して雇用の安定と経済の安定的成長を促す政策。景気後退時に財政支出を増大させ，景気浮揚を図ったり，逆に景気過熱時に，財政支出を抑制させることで，急激な景気後退すなわち恐慌を防止しようとする。

フィランソロピー［philanthropy］…個人や企業が教育・学術・芸術・福祉・環境保全などの事業に出費し，援助することによる博愛的な精神と行為（➡p.189）。ギリシャ語で「人を愛する」の意。特に企業の社会的責任を求めるメセナの考え方と重なるが，企業の社会的な役割の1つとして積極的に捉えられている。

福祉国家（積極国家）［a welfare state］…完全雇用政策や社会保障政策によって国民生活が保障されている国家。19世紀に資本主義経済の発展の陰で経済的強者と弱者の格差が広がり，弱者の健康や生命が脅かされた。当時の夜警国家はその救済を行わなかったが，20世紀に入り，ケインズの登場などで修正資本主義の国家として福祉国家が積極的に弱者の救済を行うようになった。

双子の赤字［twin deficits］…1980年代のアメリカの財政と貿易両面における赤字。米国経済，ひいては米ドルに対する信用が低下する一方，ドルの流出によって，米国内経済での資金が深刻に不足することの懸念される状態で，世界の通貨不安の下地となる。

普通選挙［universal election］…性別や財産によって差別されない選挙。成人に達したすべての男女に選挙権を与える選挙制度。日本では1945年に実現した。

物価［prices］…複数の商品の価格を総合化したもの。変動を示す指標として，消費者物価指数・企業（旧卸売）物価指数がある。

不当労働行為［unfair labor practices］…使用者が労働者の労働三権を侵害したり，正当な組合活動を妨害すること。労働組合法7条で禁止されており，不当労働行為があった場合には，労働者は**労働委員会**（➡p.255）に申し立てを行い，救済を受けられる。

部分的核実験禁止条約（PTBT）［Partial Test Ban Treaty］…1963年米英ソ3か国で締結された，地下核実験を除くすべての核実験を禁止した条約。当時技術的にも未熟だった仏・中はこれに反発，独自に水上・地上で核実験を継続した。中国は前年のキューバ危機処理とともにソ連への反発を強め，中ソ対立が激化した。

プライスリーダー［price leader］…売り手の寡占状況の下で，事実上の価格決定権を獲得した，当該財・サービス供給シェアの比較的高い供給者のこと。他の比較的低いシェアの供給者は，明示的もしくは暗黙のうちにその提示する価格に追従することになる。

プラザ合意［Plaza Agreement］…1985年9月，ニューヨーク・プラザホテルにて開催されたG5による，ドル高に対する対策会議で示された合意（➡p.224）。米ドルに対して各国通貨が10～12％切り上げ，そのために共通してドル売り介入を行うというもの。これを律儀に守ったのは，結局日本のみであった。これが，直後のバブル経済を引き起こし，以後15年に及ぶ経済の停滞を招いた。

フランス人権宣言［仏：Déclaration des droits de l' homme etdu citoyen］…1789年8月，フランス大革命の高揚の中，国民議会で採択された人権宣言。正式名の直訳は「人および市民の権利宣言」。制定作業が始まったフランス初の憲法の前文としての役割を持った。前文と17条からなり，人民主権，人権の不可侵性，抵抗権などが謳われている。現行フランス憲法にも影響力がある。

不良債権［bad loans］…一般には，返済不能や返済が著しく困難な債権をいうが，特に，バブル経済期に蓄積され，バブル崩壊によってこうした状況に陥った債権を指す（➡p.208）。銀行システムの信用を低下さ

せ，円滑な金融を阻害，よっておびただしい倒産とリストラという名の大量の失業者群を発生させ，深刻な不況と年間3万人に及ぶ自殺者の悲劇を我が国にもたらした。

フロー [flow] …ストックに対する概念で，国民所得や国内総生産といった指標のように，一定の時点での経済的数量と，一定期間後の同数量の差を表す（⇒p.192）。

プログラム規定…憲法の規定のうち，国の政治目標を示すにとどまり，法的拘束力をもたないもの（⇒p.99）。憲法の規定の中で，国民に具体的権利を保障したのではなく，国家に対してその政治目標を示していると解される規定のこと。朝日訴訟では，**憲法25条はプログラム規定**であるとされた。

文化大革命 [China's Cultural Revolution] …1966~76年に，毛沢東が権力の回復を目的に起こした権力闘争。社会全般にわたる改革運動という名目の下に粛清が行われ，約1,000万人といわれる大量虐殺と内戦へ発展した。

へ

ペイオフ [pay-off] …金融機関が破綻した際の処理方法の1つで，金融機関によって拠出された保険（預金保険機構）により，預金の一定金額まで損失補償がなされるもの。特に1995年に全額保証されていた預金が，2002年度から定期性の預金，03年度から普通預金などの決済性預金についても元本1,000万円とその利息を限度に払い戻しを認めるとの決定を指す。05年4月に実施。

米国連邦準備制度理事会（FRB） [Federal Reserve Board] …米国における中央銀行類似の機能を営む機関で，制度自体は連邦準備制度と呼ぶ。1913年12月23日，ウィルソン大統領のとき立法化が成立。連邦準備制度はワシントンD.C.にある連邦準備制度理事会と12地区に分割された連邦準備銀行により担われる。

平和主義 [pacifism] …平和に最大の価値を見出す世界観。日本国憲法の基本原則の1つ。日本国憲法の平和主義は，戦争の手段である軍備を一切放棄する**絶対平和主義**の立場をとっている。

ヘッジファンド [hedge fund] …顧客の委任・委託・信託を受けて，各種証券に投資し利ざやを稼ぐ経済主体。その実態は，情勢に応じて様々な戦略をとり，明確な定義は困難。大規模な債券や外国通貨への介入を行うことがあり，経済的影響は無視できない。

ベトナム戦争 [Vietnam War] …南北ベトナム統一問題への米国の介入が失敗に終わった，戦後最大規模の地域紛争。ジュネーブ協定（1954）で南北に分割され，対立を深めたベトナムで，1965年米軍が南を本格的に支援し，社会主義色の強い北や南の解放戦線との戦争が激化。米軍は国際世論の批判を受け73年に撤退，75年に南のサイゴン（現ホーチミン）が陥落して戦争終結。

ベバリッジ報告 [Beveridge] …1942年，英経済学者ベバリッジを長とする委員会が英国政府に提出した社会保障制度に関する報告で，同国の社会保障政策の基本原則をなすもの。

ベルリンの壁 [Berlin Wall] …西ベルリンを包囲し，冷戦の象徴となった壁。第二次世界大戦後，ドイツ及びその首都ベルリンも分割占領された。同市が東独領内にあったため，冷戦下で東ベルリンから西ベルリンへの住民流出が頻発，業を煮やした東独政府が1961年8月，1日で西ベルリンの周囲160kmに壁を建設。89年11月，冷戦終結ムードのなか崩壊，翌年ドイツは統一される。

ペレストロイカ（露：Perestroika）…1985年に登場したソ連のゴルバチョフ政権が打ち出した社会主義の全面的な改革方針。ロシア語で「改革」の意。**市場経済の導入と政治の民主化**を二本柱としていた。しかし冷戦終結の一方で生活向上の実感は薄く改革派と反対派の対立が激化，1991年末ソ連は崩壊し，ゴルバチョフは退陣した。

ベンチャービジネス [venture business] …中小企業の新しい形態として注目される，独自の技術や市場開拓により成長する冒険的な企業群のこと。

ほ

包括的核実験禁止条約（CTBT） [Comprehensive Test Ban Treaty] …地下核実験をも含め爆発をともなう核実験すべてを禁止した画期的条約。1996年，国連総会で採択。画期的な一方，インド，パキスタン，イスラエルなどの「疑惑国」の調印，批准も条約発効の前提となっており，発効への道のりは遠い。米中も未批准。

法治主義 [constitutionalism] …政治は議会で定められた法律に従って行われなければならないという原則（⇒p.25）。法の内容より，法律に従って政治を行うことを重視する考え方で，「**法律による行政**」ともいわれる。法の内容を問わない場合もあり，「**悪法もまた法なり**」に陥る危険性もある。

法の支配 [rule of law] …すべての人が法に従うという原則。恣意的な国家権力の支配（人の支配）を排除し，権力者でも法に従わせることにより，国民の権利や自由を擁護する。

法の下の平等 [equality under the law] …すべての人を法的に等しくあつかうという原則。法の適用だけでなく，法の内容においても平等でなければならないということ。すべての別扱い禁止ということではなく，合理的な理由のある別扱いは認められる。

北米自由貿易協定（NAFTA） [North America Free Trade Agreement] …1994年発足したアメリカ・カナダ・メキシコ3国からなる自由貿易協定（⇒p.353）。2020年にUSMCA（新NAFTA）に切りかわった。

保守合同…1955年に自由党と日本民主党が合同して自由民主党が結成されたこと。左右に分裂していた日本社会党の統一が契機となり，保守党の合同が実現，これにより**55年体制**が成立した。

北海道旧土人保護法…明治維新後，アイヌ人に対して制定された法律（⇒p.86）。1899年に明治政府が制定した，アイヌ民族の伝統や習慣を無視して日本人への同化を強制した法律。

ポツダム宣言 [Potsdam Declaration] …日本国軍の無条件降伏を要求した文書（⇒p.58）。米英ソによって合意されその後中国の同意も得て，1945年7月26日に発表された。ソ連も対日参戦後に加わった。日本が同年8月14日にこれを正式に受諾し降伏して以降，この宣言は連合国の日本占領の最高規範となった。

ホッブズ [Thomas Hobbes] …**イギリスの政治思想家で社会契約説の先駆者（1588~1679）**（⇒p.21）。国家がなければ，人間は本性をむきだしにして「**万人の万人に対する闘争**」状態になると考えた。つまり国家とは，平和を保つために各個人が契約して成立したもので絶対完である，と主張。主著『リヴァイアサン』。

北方領土問題 [the Northern Territories issue] …千島列島方面の歯舞群島（諸島）・色丹島・国後島・択捉島をめぐる日ロ間の領土問題（⇒p.327）。ヤルタ協定における旧ソ連と米国との密約と，サンフランシスコ講和条約での日本の千島列島放棄の宣言を根拠に，ソ連崩壊後もロシアが統治。日ロ間最大の外交課題。

ポピュリズム [populism] …強烈なカリスマ性を持った指導者の下で，一般大衆の利益を重視した政策を提起し，既存の体制や知識人を批判する運動。近年の日本では，近視眼的な「大衆迎合主義」を批判する文脈で使われる場合が多い。

ポリシー・ミックス [policy mix] …財政政策と金融政策を組み合わせた政策。1980年代前半の米国のレーガノミクス（大幅減税・緊縮財政とインフレ抑制の金融政策）が代表的。経済政策以外でも，いくつかの政策を組み合わせて行う場合に使われる。

ま・み

マーシャル・プラン [Marshall Plan] …1947年，米国務長官マーシャルが発表した米国の対欧援助計画案（⇒p.302）。第二次世界大戦後の復興と米国市場拡大，東欧を占領したソ連の勢力拡大を牽制する目的があった。米国はこの実施を通じて発言力を強め，ヨーロッパの対ソ軍事体制を強化することができた。

マスメディア [mass media] …新聞・雑誌・テレビ・ラジオなどの，マスコミュニケーションの媒体のこと。現代の大衆民主政治においては，国民に政治・社会の情報を伝達し世論を形成するうえで，マスメディアの果たす役割は非常に大きい。またナチス・ドイツの大量宣伝による大衆支配のように，政治権力の世論操作でも大きな役割を果たす。

マニフェスト（政権公約） [manifesto] …政党が政権をとった場合に実現する政策と，その実現時期・財源・数値目標などを選挙前に国民に示したもの。語源は「明示する」というラテン語。「マニフェストの提示→政策運営→国民による評価」というサイクルで機能。具体的数値目標が達成されたかどうかが，次回の選挙における国民の判断材料となる点が，従来の選挙公約との大きな違い。

マネーストック（通貨残高，通貨供給量） [money stock] …企業・個人・地方公共団体が保有する通貨量の総量。日本銀行は，以前は「マネーサプライ」と呼んでいたが，2008年6月に「マネーストック」に名称を改め，ゆうちょ銀行や農協の預貯金なども加えたM3を代表的指標とした。

マルクス [Karl Marx] …**ドイツの哲学者・経済学者（1818~83）**。ヘーゲルの弁証法を学び，史的唯物論を確立，ヘーゲルの歴史哲学から，宗教的観念を除去した。資本主義経済を分析的に解析，その性質を明らかにし，社会主義の必然性を説いた。

マルタ会談 [the Malta Conference] …1989年12月，米国大統領ブッシュとソ連最高会議議長ゴルバチョフが冷戦の終結を宣言した会談（⇒p.304）。マルタは地中海に浮かぶ小国。両首脳は同年の**東欧革命**進展の中，この地で会談，冷戦終結を宣言し，大規模な核軍縮への決意を表明した。こうして**ヤルタ体制**は崩壊した。

ミニマム・アクセス [MA；minimum access] …最低輸入義務のこと。1994年決着した**ウルグアイ・ラウンド**の農産物交渉で，日本のコメは関税化を6年間（1995~2000）猶予されたが，その代償として国内消費量の4~8%の輸入を義務（ミニマム・アクセス）として受け入れた。コメ市場の部分開放である。コメ過剰の下，少しでもミニマム・アクセス分を減らすべく99年関税化を受け入れて現在にいたっている。

民事裁判 [a civil trial] …私人間の権利の争いに関する裁判。

民族自決 [self-determination of nation] …1つの民族が他民族の支配や干渉を受けず独立国家を形成したり，政治的態度を決定すること。第一次世界大戦末期，レーニンやウィルソン米大統領が提唱。戦後の中・東欧でこの原則に基づき多くの国が独立した。これがアジア・アフリカに及んだのは第二次大戦後。もっとも独立後は国内のさらなる少数民族抑圧に利用されることもある。

民定憲法 [democratic constitution] …国民によって制定された憲法（⇒p.24）。国民の代表からなる議会を通じて間接的に，あるいは国民投票によって直接的に制定された憲法。現代憲法のほとんどが民定憲法である。欽定憲法に対する概念。

む・め

無党派層 [New Independents] …支持する政党をもたない有権者のこと（⇒p.157）。既成政党への不信から世論調査では「支持政党なし」と答え，選挙でも浮動票として行動し選挙結果を左右する。選挙に行かない政治的無関心とは異なる。

メジャー（国際石油資本） [the Majors] …石油の採掘から販売までを一貫して操業する多国籍企業。米系のエクソンや英蘭系のロイヤルダッチシェルなど。かつては中東の石油をほぼ支配していたが，石油危機後，

国際石油市場への影響力後退。

メセナ [仏：Mecenat] …学術文化支援を意味する仏語で，企業が社会的責任を果たすため，また，良好なパブリックリレーションズ（PR，戦略広報）を築くために行う，学術文化への支出。

免責特権 …国会議員は院内で行った演説・討論・評決について院外で責任を問われないこと。国会議員に自由な議論を認めその職責を果たさせるための特権。他にも会期中は逮捕されない**不逮捕特権**などがある。

━ も・や ━

持株会社 [holding company] …一般には，他の株式会社の株式を保有する会社を意味するが，特に，それ自体を目的に存立する会社を指すことが多い（⇒p.187）。財閥やコンツェルンの要となるため，独占禁止法で禁止されてきたが，1997年より解禁され，特に2005年の新会社法では，その存在（一人会社）を前提とした規定もおかれている。

モノカルチャー経済 [Monoculture Economy] …生産・輸出が少種類の１次産品に偏っている発展途上国の産業構造。植民地支配を受けていた時期に形成され，発展途上国経済の自立阻害要因となっている。

モラルハザード [moral hazard] …危険回避のための手段や仕組みを整備しすぎると，かえって事故の発生率が高まって規律が失われること。例えば，わざと失業し，雇用手当をもらって適度な生活を送ったりすること。

モンテスキュー [仏：Montesquieu] …三権分立を説いたフランスの啓蒙思想家（1689～1755）。権力者の権力濫用防止のためには権力を分立させ，立法権・行政権・司法権をもつ機関が相互に抑制しあうシステムが最も望ましいと唱えた。主著『法の精神』。

薬事法距離制限違憲訴訟 …薬事法が定める距離制限が憲法に違反するとされた裁判。薬局の開設に関する薬事法の距離制限が，職業選択の自由に反し違憲とされた。最高裁２回目の**違憲判決**。

夜警国家 [Night Watch State] …国民の個人生活や経済活動に干渉しない国家。国家の役割を市民社会の秩序維持のための国防・治安維持の最小限に限定した国家。19世紀的国家観。

━ ゆ・よ ━

有効需要 [effective demand] …実際の貨幣支出に裏付けられた需要，つまり消費・投資・輸出（外需）の「買える」需要のこと。ケインズの所得分析の基礎となる重要概念で，セーの法則（⇒p.176）を否定する根拠ともなった。

予算 [a budget] …国や地方公共団体の一会計年度における歳入・歳出の見積もり。国の予算は内閣が作成し，国会の議決で成立。一般会計，特別会計があり，一般会計の歳入は租税・公債金，歳出は社会保障関係費・国債費・地方交付税交付金の割合が高い。

━ ら・り ━

ラムサール条約 [Ramsar Convention] …湿地の生態系を保全することを目的とした条約（⇒p.245）。1971年イランのラムサールで開かれた国際会議で採択された。主として水鳥の保護を目的とし，重要な湿地を登録し保全を義務づける。

リカードと比較生産費説（⇒p.333，334）

リカード [David Ricardo] …19世紀初めに活躍した英の古典派経済学者（1772～1823）。特に自由貿易を主張，穀物法をめぐりマルサスと論争。主著『経済学及び課税の原理』において比較生産費説を展開し，自由貿易の利益を主張した。

比較生産費説 [Theory of comparative cost] …各国が相対（比較）的に生産費が安い商品に生産を特化し，交換（貿易）すれば相互に利益が生じるという自由貿易理論。

リコール（国民解職） [recall] …直接民主制の一要素で，公職にある人を，任期満了の前に国民の意思で罷免する制度。

リサイクル [recycling] …廃棄物の再生利用。省資源・エネルギー，環境保護にとって重要な取り組みとして注目され，日本でも関連法が1990年代から整備されつつある。さらに包括的な法として2000年に循環型社会形成推進基本法が成立した（⇒p.246）。

循環型社会 [the Recycling-based Society] …廃棄物の発生を抑えリサイクルを促進して資源の循環を図っていく社会。関連用語として，３Ｒ（リデュース＝削減による省資源化，リユース＝再使用，リサイクル），ゼロエミッション（企業における生産過程での廃棄物ゼロ）。

リスト [List] …19世紀ドイツの歴史学派経済学者（1789～1846）（⇒p.335）。主著『政治経済学の国民的体系』で，経済の発展段階説を展開，特に後進国の幼稚産業を外国商品から保護する保護貿易政策が必要と主張し，自由貿易論を批判した。

両院協議会 [Joint Committee of Houses] …衆議院と参議院の議決が異なった場合に開かれる会議（⇒p.122）。両院からそれぞれ10名の委員を選び，妥協案の作成をめざす。予算，条約の承認，内閣総理大臣の指名で議決が異なった場合は必ず開かれる。

良心的兵役拒否 [Conscientious objection] …徴兵制をとる国において，信仰などの理由に基づいてこれを拒否した国民が，文官の監督の下で国家的な重労働に服することで兵役に代える制度。古くから米国にあるほか，ドイツでは憲法にも明文化されており，1983年には欧州会議でも認められた。

━ る・れ ━

累進課税制度 [progressive taxation system] …直接税において，所得水準に応じて，税率が高くなる制度。ビルトイン・スタビライザーなどの経済効果をもたらすほか，所得の再分配を効率的に実施させ，富の最適分配に資する。現在，日本は所得税，相続税，贈与税に適用。

累積債務問題 [debt crisis] …債務（外国からの借入金）が累積し，返済困難となること（⇒p.365）。1980年代にアメリカの高金利に伴い，メキシコ・ブラジル等のラテンアメリカ諸国，アフリカ諸国で深刻化し，債務不履行（デフォルト）の危機となった。

リスケジューリング（債務返済繰り延べ）[rescheduling] …累積債務が深刻な国の，金利・元本の返済期限を遅らせること。

ルソー [仏：Jean-Jacques Rousseau] …フランス革命に影響を与えたフランスの啓蒙思想家（1712～78）。ホッブズとロックの社会契約論（⇒p.21）を批判的に受け継ぎ，政府は主権者である国民の一般意志によって指導されるべきだと主張した。主著『社会契約論』。名曲「むすんでひらいて」の作曲者としても知られる。

ルーブル合意 [Ruble Agreement] …1987年２月22日，パリのルーブル宮殿で開催されたG7での合意（⇒p.224）。プラザ合意を契機に加速したドル安に歯止めをかけるため，為替相場を現行の水準に安定させるという内容。

令状主義 …犯罪捜査の逮捕などには，裁判官の発行した令状が必要という原則。ほかにも勾留・押収・捜索などの強制処分を行う場合に必要となる。職権の濫用による人権侵害を防ぐことが目的で，憲法33・35条に規定されている。

冷戦 [Cold War] …第二次世界大戦後の米国を中心とする自由主義陣営と，ソ連を中心とする社会主義陣営との対立。1940年代末のベルリン封鎖，中華人民共和国の成立当時が対決ムードが一番高まった時期で，第三次世界大戦の勃発が懸念された。50年代後半から雪どけが始まり，デタントの気運が高まった。89年のマルタ会談でその終結が宣言された。

レファレンダム（国民投票） [referendum] …直接民主制の一要素で，政治上の重要事項を議会に委ねず直接国民の投票で決める制度。

連座制 [Involvement Clause] …選挙で関係者が買収などの選挙違反で有罪が確定した場合，当選した候補者も当選が無効となる制度（⇒p.158）。関係者とは選挙運動の総括主宰者，出納責任者，秘書など。1994年の公職選挙法改正で連座制の適用範囲が拡大され，当該選挙区からの立候補も５年間禁止されることになった。

━ ろ・わ ━

労働基準監督署 [Labor Standards Inspection Offices] …労働基準法に基づき，各都道府県管内に設置された監督機関。労働基準局の下部機関として約380ヵ所に設置。労働基準法の労働者保護規定が守られるように，事業主を監督するために置かれている。

労働三権 …日本国憲法が労働者に保障する３つの権利。（⇒p.252）

団結権 [right to organize；right of organization] …労働者が団結して労働組合を作る権利。

団体交渉権 [right of collective bargaining] …労働組合が労働条件の改善・向上のため使用者と交渉する権利。

団体行動権（争議権）[right of act collectively] …団体交渉で合意が得られないときに，労働組合がストライキなどの争議行為を行う権利。

労働三法 …労働者保護のための３つの基本的な法律のこと。

労働基準法 [Labor Standards Act] …労働条件の最低基準を定めた法律（⇒p.253）。憲法27条２項の規定に基づいて制定。労働者が「人たるに値する生活」を営むように，賃金，労働時間，休憩，時間外労働，年次有給休暇，監督機関などを規定。

労働組合法 [Trade Unions Act] …労働者が労働組合を組織することを保障し，組合活動について規定した法律（⇒p.254）。憲法27条２項の規定に基づいて制定。労使が対等の立場に立つことを明記し，労働者の団結権や団体交渉権，不当労働行為など労働組合の活動について規定している。

労働関係調整法 [Labor Relations Adjustment Law] …労働争議の予防・解決を規定する法律（⇒p.255）。労働争議について，労使の自主的解決を原則とし，解決を助ける方法として労働委員会が行う，斡旋・調停・仲裁及び緊急調整を定めている。

ロック [John Locke] …社会契約説を展開したイギリスの哲学者（1632～1704）（⇒p.21）。国民の自由や財産を守るための社会契約の必要性や権力分立論，圧政への抵抗権（革命権）を主張した。その考えは名誉革命（1688年）を正当化し，アメリカ独立革命，フランス革命に大きな影響を与えた。主著『市民政府二論（統治二論）』。

ワイマール憲法 [独：Weimarer Verfassung] …1919年制定のドイツ共和国憲法（⇒p.29）。生存権を世界で最初に明記した憲法。国民主権，男女平等の普通選挙，労働者の団結権と団体交渉権の保障など，当時の世界では最も民主的な憲法であった。

ワグナー法 [Wagner Act] …1935年にアメリカで制定された労働立法。ニューディール政策の一環として制定。労働者の団結権・団体交渉権を公認，使用者の不当労働行為を禁止した法律。

ワシントン大行進 [March on Washington for Jobs and freedom] …1963年８月23日にキング牧師らの主導で，人種差別撤廃を求め20万人以上が参加した，公民権運動を代表する行進。リンカーン大統領の奴隷解放宣言から100年が経ったことを機に，職と自由を求めリンカーン記念堂に向かって行われた。キング牧師による「I Have a Dream」の演説は，米国における20世紀最高の演説と謳われている。

湾岸戦争 [Gulf War] …1991年１月から米軍中心の多国籍軍がイラクを攻撃した戦争。1990年８月に武力でクウェートを占領したイラク（サダム＝フセイン大統領）に対し，91年１月から米軍を中心とした多国籍軍が国連安保理の武力行使容認決議を受けて攻撃，２月末にはクウェートを奪回。終戦後もフセインは失脚せず，その地位は**イラク戦争**（2003年，⇒p.301）まで続いた。

太数字…内容が詳細なページ(複数掲載の場合)
色数字…用語解説　**1**…ページの中の資料番号
F…Focus　α…プラスα　言…言の葉

人物索引

あ〜お
アイゼンハワー…………298,302**1**,313言
アインシュタイン…………101言
アウン・サン・スー・チー…38,292**2**
明仁上皇…………………61言
芥川龍之介…………………10
朝日茂…………………98**2**,99
芦田均…………………162
アダム=スミス
　……168,169**2**,172,173,174,176,333**4**,390
安倍晋三…70**6**,76**6**,89**6**,165,199,312言
アリストテレス……………9,11
アンドロポフ………………300
家永三郎…………………100**3**
イェリネック……………18**3**,25α
池田勇人…………162,221**7**,222**10**言
石井紘基…………………211言
石橋湛山…………………162
石牟礼道子………………243言
板垣退助…………………143言
伊藤博文………50,56**3**,57言
犬養健…………………127**9**
ウィルソン……………290,296
植木枝盛…………………56**2**
植田和男…………………204**4**
ウェッブ夫妻……254言,270**1**
ウェーバー………19**6 7**α,127**8**
ヴォルテール………………90言
ウルリッヒ・ベック………209言
エドワード・コーク(クック)
　…………………25**3**,26α
エラスムス………………70言
エリザベス2世……………31言
エリツィン………………300
エンゲルス………18**3**,168,174
大平正芳………163,215言
緒方貞子…………………315**5**
尾崎行雄…………………121言
小沢一郎…………………94,164
オッペンハイマー…………18**3**
オバマ…………32言,300,305**9**
小原鐵五郎………………225言
小渕恵三…………………76**6**,164
小和田恆…………………289**7**

か〜こ
海部俊樹…………………63,163
カストロ…………………299
カーター…………………300
片山哲…………………162
菅野茂…………………86言
ガリ…………………292**1**
ガルブレイス…………168,175
カント……………8,10,64言,290
菅直人…………………165
岸田文雄…14,151**4**,165,306**11**,312**6**,322
岸信介………69**3**,76**6**,162
キチン…………………196**4**
金日成…………………321**3**
金正日…………320,321**3**言,322
金正恩………320,321**2 3**,322α
金大中…………………37言,320
キング牧師………………85言
グージュ…………………27F
クズネッツ………………196**4**
グテーレス………291**2**,292**1**,421
クリントン………………300
クルーグマン………168,175,362
グレタ=トゥンベリ………373
グロティウス……………288**1**
ケインズ
　…168,173,**175**,176,177,181,342α,392
ケネー…………168,169**2**,174
ケネディ………238**2**,240言,298,299
小泉純一郎…63,76**6**,89**6**,130**17**,164,322
孔子…………………8,9
江沢民…………………37**11**,300
児島惟謙…………………132**2**
ゴルバチョフ
　…………170**1**,300,304**6**,376α,377**6**
コンドラチェフ……………196**4**

さ〜そ
サッチャー………177,206α言
佐藤栄作………63,70**6**,162
サー・ヨシア・スタンプ……202言

サルトル…………………10
ジェヴォンズ…………168,174
ジグミ・シンゲ・ワンチュク…193言
重光葵…………………58**1**
幣原喜重郎………………162
シャウプ…………………212**3**
ジャン=モネ……………355言,356
周恩来…………………170**1**,303**3**
習近平…36,37**11**,300,306**11**,309,322
ジュグラー…………………196**4**
シュンペーター
　……168,173,174,196α,**197**言,396
昭和天皇…………………56**1**
ジョディ・ウィリアムズ…287α言
シルビオ・ゲゼル…………203α言
神野直彦…………………269言
スーザン・ストレンジ……349言
鈴木善幸…………………163
スターリン………………298,302
スティグリッツ………168,175
スハルト…………………41
スペンサー……………18**3**
セイラー…………………175
セン…………168,175,365言
ソクラテス………………9

た〜と
ダイシー…………………25**3**
大正天皇…………………56**1**
高碕達之助………………221言
竹下登…………161**7**,163,224
竹中平蔵…………325**4**,368α
田中角栄…………………63,163
田中耕太郎………………64**F**
田中正造…………………242**12**
ダニ・ロドリック…………362
玉城デニー……………71,73
団藤重光…………………135言
チトー…………………302α,318
チャーチル………290,302**1**
チャップリン………………66言
チャールズ1世……………26
チャールズ3世……………31言
鄧小平………36言,170**6**,300
トクヴィル……………142**1**
土光敏夫…………………129**14**
ド=ゴール…………………34言
ドッジ…………221**7**,360**1**
トービン…………………168,175
トマス=マン……168,169**2**,174
トランプ…………………40,
　166,275F,305**9**,309,317**2**,322,359,373
トルーマン………298,302**1**

な〜の
中曽根康弘…46,69**3**,89**6**,163,177,304**6**
中谷巌…………………371言
中村哲…………293言,329**4**
ナッシュ…………………175
ニクソン………298,324,343**3**
ネルー…………………303**3**
ノイマン…………………1/5
野中広務………………161言

は〜ほ
ハイエク…………………168,175
バイデン…………………
　32,40,72,300,305**9**,306**10**,309,322,373
バーク…………………150**1**
朴正煕…………………41
橋本龍太郎………………164
羽田孜…………………164
鳩山一郎…………………63,162
鳩山由紀夫…73,165,325**4**
バーバラ・リー……………23
ハマーショルド…………292**1**α
東久邇宮稔彦……………162
ピケティ……………175,368**9**
ピコ…………………10
ビスマルク……197**5**,270**2**
ピーター・ドラッカー……231言
ヒトラー………19**6**,22,85**6**
平塚らいてう……………87言
広井良典…………………283
フィルマー………………18**3**
フォイエルバッハ…………93言

フォード…………………300
福澤諭吉…………………156言
福田赳夫………63,163,223**13**
福田康夫…………………164
フセイン…………………38,301
プーチン…………………35,
　288F,300,304F,306**11**,307,319,322,330
ブッシュ(子)………………300
ブッシュ(父)……………300,304**6**
プライス…………142**1**,150**1**
プラクトン………………25**3**
プラトン…………………8
フリチョフ・ナンセン………28言
フリードマン…168,175,177,275言
ブレジネフ………298,303**5**
プレジデン………………300
プロイス…………………29**7**
ペッチェイ………………374**1**
ペティ…………………9
ベバリッジ…………270**2**α
ベンサム…………………9
細川護熙…………………164
ボーダン…………………19**4**
ホッブズ………18**3**,21,400

ま〜も
マキァベリ………19**7**,286**2**α
マーシャル………………174
マッカーサー…58**1**,59**3**,60**2**,62α
松下幸之助………………263言
松本烝治…………………59**3**
マハティール………………348言
マハトマ・ガンジー………25言
マルクス…18**3**,168,174,255言,400
マルコス…………………41
マルサス…………168,174
丸山眞男………………19**7**言
マレンコフ………………298
マンキュー………………172
マンデラ…………………299
三木武夫………70**6**,163
水野和夫…………………369
美濃部達吉………………57言
宮沢喜一…………………163
宮沢賢治…………………9
ミル…………………10
ミロシェヴィッチ……318F,319
陸奥宗光…………………287**5**
ムハマド・ユヌス…………367言
村山富市…………………164
明治天皇…………………56**1**
メーソン…………………27**3**
メルケル…………………35言
メンガー…………………168,174
毛沢東…………………36,298
モンテスキュー…20**3**,32,41言

や〜よ
尹錫悦…………37,321**2**,322
吉田茂………63,69**3**,76**6**,162,324
吉野作造…………………57言
ヨハン・ガルトゥング……329言

ら〜わ
ラスキ…………………18**3**
ラッセル…………………311言
リー…………………292**1**
リカード…168,174,332**1**,333**4**,334,401
リスト…………168,174,334**4**,335,401
リンカーン………………20**2**,26言
ルーズベルト(F)……………
　28,29**8**,169**3**,290,302**1**
ルソー…………8,18**3**,21,401
レイチェル・カーソン………372言
レーガン…………177,300,304,311**3**
レーニン………28,168,174
ローザ=ルクセンブルク…91言
ロック…18**3**,20**3**,21,274**4**,401
ロールズ…………………11
和辻哲郎…………………8
ワルトハイム…………292**1**
ワルラス…………168,174
ワンガリ・マータイ………247言

用語索引

あ
愛国心…………………101**6**
アイヌ文化振興法…………86**9**
アイヌ民族………86**9**,314**2**
アイヌ民族支援法…………86**9**
青山判決…………………64**6**
アカウンタビリティ…………189
赤字国債(公債)…210**3**,214**3**,215**4**,393
悪性インフレ……………221**6**
アクセス権………104,105**6**,390
悪徳商法…………………240**5**
旭川学力テスト訴訟………
　………83**4**,100**3**,101**5**,116
朝日訴訟…83**4**,98**2**,99,116,278**3**,279**4**
アジアNIES……348**7**,365**5**,396
アジア・アフリカ会議(A・A会議)……
　………………………303**3**
アジアインフラ投資銀行…309,358
アジア太平洋経済協力(APEC)……
　………352**2**,353**3**,390
アジア太平洋自由貿易圏(FTAAP)……
　………………………353α
アジア通貨危機……………348**7**
足尾鉱毒事件……………242**2**
足利事件…………93**3**,94
アシロマ会議……………390
アスベスト………………245**5**
アダムズ方式………155α,159
『新しい憲法のはなし』……62**2**
新しい人権…83**4**,104,390
斡旋…………………255**12**
あっせん利得処罰法…129α,153α
圧力団体………152**8**,390
アナウンスメント効果………160**3**
アパルトヘイト……299,390
アパルトヘイト禁止条約……110**1**
アファーマティブアクション……
　………85α,315**3 4**
アフガニスタン侵攻…………
　…286**3**,300,301,303**4**,304**6 7**α
アフガニスタン紛争……301,314**1**
アフリカ連合(AU)…301,352**2**,353**3**
アベノミクス……199,207,226**2**,263**5**
尼崎公害訴訟………………117
天下り…………128**10**,390
アムステルダム条約…314**1**,355**6**
アムネスティ・インターナショナル……
　………95,293**3**,390,421
アメリカ合衆国憲法…………33**1**
アメリカ先住民……………314**2**
アメリカ大統領選挙…………40
アメリカ同時多発テロ………301
アメリカ独立宣言…26,274**4**α,82**1**,390
アラブ石油輸出国機構(OAPEC)……
　………223**13**,353**3**,375**4**
アラブの春………38,295**8**
アンクタッド……365**4**,421
暗号資産………………203F
安全保障関連法…22,63,74**1**,77**10**
安全保障のジレンマ………313**9**
安全保障理事会………291**2**,
　292,293**4**,294**6**,295**9 10**F,390,421
アンダードッグ効果…………160**3**
安保法制…63,65**9**,69**3**,74**1 2**,77**9**
安楽死…………104,107**13**

い
慰安婦問題………325**3**,390
委員会…………122**3**,125**8**,391
委員会設置会社……………179**5**
家永教科書検定違憲訴訟……
　………83**4**,100**3**,103α,116
育児・介護休業法…251,264**4**,283,391
育児休業…………264**4**,265**5**
育児休業給付……………275**6**
育児休業法…………251,264**4**
池田・ロバートソン会議……69**3**
違憲状態…………………157**7**
違憲審査基準……………113
違憲審査制………113,120**11**,137
違憲判決…………………114
違憲法令審査権(違憲立法審査権)……
　…32,84**4**,96**2**,133**3**,137,390
いざなぎ景気………………416
いざなみ景気………………416

異次元金融緩和……207,216
『石に泳ぐ魚』出版差し止め事件……91⑩,104,105④,115
イスラエル戦争……375 F
イスラーム教……38
イスラーム原理主義……286③,300
李承晩ライン……326
依存効果……175,238②,390
依存財源……146①
イタイイタイ病……242③
一次産品……332⑤,333α,364,390
一事不再理……48,92①
「一帯一路」構想……306⑪,358
一党制……150②
一般意志……8,21,391
一般会計……210②③
一般データ保護規則……350
一般特恵関税……344③,365④
1票の格差……157,159
1府12省庁……129⑭
遺伝子組み換え作物……236③
遺伝子組み換え食品……237⑤α
イニシアティブ……20①,143④,391
委任立法……126③,127⑤⑦,279α,391
イノベーション……173,174,196α,197言,391
イラク戦争……215α,295⑧,301
イラク復興支援特措法……69③,74①,75⑤
イラン革命……223③,286③,300,301,312④
入浜権……104
医療保険……273④,274,275 F
イールドカーブ……207
インクルージョン……109
インターバンク市場……202⑨,336①
インドシナ戦争……299
インフォームドコンセント……107⑫⑬
インフレーション（インフレ）……172,177,198,199,204③,218,221⑥,391
インフレターゲット……199,205⑦
インボイス制度……213③

「う」
ウィキリークス……325④
ウィーン条約……372③
ウェストファリア戦争……286①
ヴェルサイユ条約……290,296
ウクライナ紛争……301
「失われた10年」……225⑬
疑わしきは被告人の利益に……92①
『宴のあと』事件……83④,104,105④,116
宇宙条約……195,289⑥
訴えの利益……64⑥
右翼……151⑤
浦和事件……132②
売りオペレーション……205⑤
ウルグアイ・ラウンド……236②α,335,345④⑤,390

「え」
『永久平和のために』……290
営業の自由……96①
エコ・システム……396
エスニック・グループ……315③
エスニッククレンジング……315③
エスノセントリズム……315③
榎井村事件……116
恵庭事件……64⑥,118
エネルギー革命……374②
愛媛玉ぐし料違憲判決……137
愛媛玉ぐし料訴訟……83④,89⑤,115
エホバの証人剣道実技拒否事件……115
「エホバの証人」訴訟……83④,104,107⑫,117
エリザベス救貧法……270①
エンゲル係数……391
冤罪……92②,93③④,94,95,136⑧,391
円借款……366①
円高・円安……338,339

「お」
オイルショック（石油危機）……223⑬,229⑥,333⑤,397
オイル・マネー……348⑥
応益負担……281⑤
王権神授説……18③,25,291①
欧州安全保障協力会議（CSCE）……303⑤,310,391
欧州安全保障協力機構（OSCE）……301,303⑤
欧州共同体（EC）……353③,354①③
欧州経済共同体（EEC）……353③,354①
欧州経済地域（EEA）……353③,354①
欧州原子力共同体（EURATOM）……353③,354①
欧州自由貿易連合（EFTA）……301,353③,354①,391
欧州石炭鉄鋼共同体（ECSC）……353③,354①
欧州中央銀行（ECB）……354③,355④
欧州通貨制度（EMS）……354①③
欧州通常戦力条約（CFE）……310
欧州連合（EU）……301,305⑧,352②,353①,354③,356⑥,391
欧州連合条約……354①③,391
応能負担……281⑤
大飯原発訴訟……118,376③,378⑥
大きな政府……130⑬,176
大阪空港騒音公害訴訟……83④,104,105②,117
「大阪都」構想……143⑥ F
大津事件……132②
沖縄……69②,70α,71,73
沖縄トラフ……326α
押しつけ憲法論……79④ F
汚職事件……127⑨
オスロ合意……137
汚染者負担の原則（PPP）……243⑤,391
汚染水問題……378⑥
オゾン層破壊……370①,371⑤,391
オゾンホール……371⑤
オプション取引……347⑤
オープン市場……202⑨
思いやり予算……69③,70④,327
卸売物価指数……197⑤
温室効果ガス……370②
温暖化対策税……373α
オンブズマン制度……126③,144⑧,391
オンライン国会……123 F

「か」
買いオペレーション……205⑤,216
海外直接投資……224
海外派遣……74①
改革・開放……36,37①,306⑪
改革条約……355④⑥
外貨準備高……337④⑤
会計ビッグバン……206⑩
外見的立憲主義……57⑤
外交特権……288④
解雇規制……262②
外国為替……201⑥,336①
外国為替及び外国貿易管理法（外為法）……336②,360①
外国為替市場（外国為替相場）……186②,336①,338,391
外国人技能実習制度……111③,266,267
外国人労働者……266
介護保険……273④,275⑥
介護保険法……271,283
解散権……142③
会社企業……178③
解釈改憲……79④
会社法……182③④,189,227
外需……229⑥
開戦に関する条約……289⑤
海賊対処法……74①,75⑤,76⑦
ガイドライン……69③,74①,75④,77⑨
会派……151⑥
開発援助委員会（DAC）……344①,353③,366,390
開発協力大綱……367α②
開発独裁……30①,36,391
外部経済……190,391
外部不経済……190,191
外部不経済の内部化……190,191
外務省秘密電文漏洩事件……83④,104,105③,116
海洋汚染……370①
海洋汚染防止法……243⑤
カイロ宣言……327
価格……184,186③
価格先導者……186③
価格弾力性……184
価格の下方硬直性……186③,391
価格の自動調節作用……185,391
化学兵器禁止条約……289⑤,310,313⑧
下級裁判所……50,133④,134②
閣外協力……151⑤
核拡散防止条約（NPT）……310,391
核家族……278②,283
閣議……50,125⑤ F ,391
「核共有」政策……312⑥
格差社会……268,269③
学資保険訴訟……279④

革新……151⑤
拡大再生産……178③
拡大生産者責任……247⑪
確定拠出型年金……277
核燃料サイクル……377,378⑦
核のゴミ……377④,378⑦
核兵器……63,310,311
核兵器禁止条約……287⑦,312⑤
革命権……21,56②
核持ち込み疑惑……68
学問の自由……88①,91⑫⑬
核抑止論……311③
家計……172,178①②,202⑧,216,392
「かけがえのない地球」……242①,292②,372⑧
駆けつけ警護……65⑨,74②,77α
駆け付け警護……63
影の内閣……31
加工組立産業……228⑤
貸し渋り……208①,225⑰,349⑨,392
カジノ資本主義……349言
化石燃料……370②,374①③,392
寡占……187,190,391
寡占価格……186③
過疎……145⑬,391
課徴金……187⑦,188⑩
カットオフ条約……310
家庭裁判所……134②
家電リサイクル法……246⑧
過度経済力集中排除法……220④
カネミ油症事件……238①
株券電子化……182①
株式……180,182①,186②,201④,391
株式会社……178③,179④,180,182③,227,391
株式公開買い付け……183⑥
株式市場……186②,202⑨
株式譲渡自由の原則……180
株式の持ち合い……179③,183⑥,391
株主……179④,181,182①④
株主総会……181
株主代表訴訟……182③④
貨幣……200
貨幣数量説……198
カーボンニュートラル……370③,375⑥α
過密……391
樺太・千島交換条約……327
ガリオア・エロア……221⑦,337⑤
カリスマ的支配……19⑥
カルタヘナ議定書……236③,372⑧
カルテル……186③,187⑤,188⑩,391
過労死……391
カロリーベース総合食料自給率……237④
為替介入……339
為替自由化……311③
為替相場（為替レート）……338,343③
為替ブローカー……336①
簡易裁判所……134②
環境アセスメント……245⑤,391
環境アセスメント法……242①,245⑤
環境影響評価……245⑤,391
環境基本法……242①,245④,246⑧,393
環境権……104,105②,242①,245④,392
環境省……243⑤
環境税……245④,373α
環境庁……243⑤
環境と開発に関するリオ宣言……372⑧
環境ホルモン……244
環境問題……244
監査委員……142③
監査請求……142①,143④
監査役設置会社……179⑤
慣習法……31
官職階層性……127⑧
関税……236,332①,333④,392
関税障壁……333④
関税同盟……352①,354①
関税貿易一般協定（GATT）……333④,334,342②,344,345⑥,360①,390
間接金融……201④⑦,392
間接税……212,218,392
間接投資……392
間接民主制……20①,21,392
完全競争……392
完全失業者……258①
完全失業率……258①
環太平洋パートナーシップ協定（TPP）……275 F ,362,363

官房機密費……161言
カンボジア派遣……76⑦
官民人材交流センター……131⑳
管理価格……186③,392
管理価格インフレ……198
管理通貨制度……198,200②,398
管理フロート制（管理変動相場制）……339,343③
官僚……19⑥
官僚制……126③,127⑧,399

「き」
議員資格喪失……157α
議員辞職勧告決議……121④
議院証言法……123⑥
議員定数不均衡訴訟……84③,137,157⑦
議院内閣制……30①,31,35,124①,392
議員の解職請求……142①③,143④
議員立法……127⑦
議会制民主主義……120①
議会の解散請求……142①③,143④
機会費用……172
キーカレンシー……342②
機関委任事務……144⑦,392
機関投資家……348⑤
企業……172,202⑧,392
起業……227
企業合併・買収（M&A）……183⑥,392
企業合同……187⑤
企業集団（系列）……179④
企業統治……189,394
企業の社会的責任（CSR）……189,392
企業物価指数……197⑤
企業別労働組合……255⑩,262①,399
企業連合……187⑤,391
気配りの政治……161言
ギグワーカー……261④
気候変動に関する政府間パネル……370α
気候変動枠組み条約……372⑧,373,392
基軸通貨……309,342②
期日前投票……158⑧
記者クラブ……166
技術革新……170④,173,174,189,196④α,197言,228⑤,391
基準割引率および基準貸付利率……204②,205⑤⑥
キーストーン……71
規制改革……131㉗
規制緩和……131㉑,177,186⑨,226⑲,392
起訴議決制度……135④
帰属計算……194
起訴権……135③
基礎的財政収支……217
基礎年金……272③,276
基礎年金制度……271,277
北大西洋条約機構（NATO）……299,301,302①,305⑧,318,392
キチンの波……196④
規模の利益……182②α
基本的人権……78①,82,83⑥,392
基本的人権の尊重……83⑥
義務教育の無償……100α
逆為替……336①
逆さや……234②
規約人権委員会……29⑩
逆進性……212③④,213⑤⑧,218
「逆転」事件……117
キャッシュレス決済……200 F
キャピタルゲイン……181
キャリア官僚……128⑩
9.11同時多発テロ……69③,286⑧
旧ガイドライン……69③,74①,77⑨
救護法……271
97年改定ガイドライン……63,69③,74①,77⑨
旧ユーゴスラビア問題……318
キューバ危機……299,310,313⑨,392
教育基本法……101⑥
教育権……101④α
教育勅語……56④
教育を受けさせる義務……83④
教育を受ける権利……100,392
教科書検定制度……100③
供給曲線……184,333④
狂牛病（BSE）……236③,237⑤α,238①
恐慌……196③
共済年金訴訟……279④
共産党……150③,151④
共産党機関紙配布事件……116
『共産党宣言』……18③,168,174,250①

行政委員会……128⑫,255⑨,392
行政改革……129⑭,392
行政改革推進法……129⑭
行政監察官制度……144⑧,391
行政機構……126①
強制起訴……135④
行政権……20③,120①
行政国家現象……126③
行政指導……134
行政裁判……134④,392
行政裁判所……134④,392
強制失踪条約……110①
行政指導……127⑥,128⑬
行政手続法……128⑬
強制不妊救済法……85⑥
供託金没収ライン……155
協調介入……339
共同実施……372⑨
共同防衛義務……68
京都議定書……372,373,392
京都メカニズム……372⑨
共謀罪……22,108
共有地の悲劇……191
共有林分割制限違憲訴訟……83④,116
共有林分割制限違憲判決……137
狂乱物価……163,223⑬
共和制……30①,38
共和党(米)……32,40,150②,298
極東国際軍事裁判……89⑥
居住・移転の自由……96①
許認可権……127⑥,392
拒否権(国連)
……291②,293④,295⑨⑩ F,296,392
拒否権(地方議会)……142③
緊急事態条項……52
緊急勅令……57⑤
緊急特別総会……291②,292,294⑥
緊急輸入制限……344③ F
キングストン合意……343③
キングストン体制……343,346②
銀行……201α,209,336①
均衡価格……185,186③
銀行合併……208③
銀行間市場……202③,336①
銀行の銀行……204②
金兌換制度……200②
緊張緩和……302②,303③,398
欽定憲法……24①,42,56,392
金・ドル本位制……343③
金本位制……200②,342①,346②,398
金融……201,392
金融緩和……204③
金融機関……202⑧,209
金融危機……208
金融恐慌……220①②
金融工学……347③
金融サミット……357
金融市場……186②,202⑨
金融収支……340,341,393
金融商品……347③⑤
金融商品取引法……189,201⑥,206⑫
金融政策……202⑧,204,205,392
金融政策決定会合……204④
金融庁……209④
金融のグローバル化……346②
金融の自由化……206,346②,347③
金融引き締め……204③
金融持株会社……206⑧
金利……202⑩ F,369
金利の完全自由化……205③,206③
勤労の義務……83④

〈く〉
クエスチョン・タイム……31,121⑤
クズネッツの波……196④
国立マンション訴訟……97③,116
国地方係争処理委員会
……142③,144⑦,146④
クライメイトゲート事件……370③
クラウディングアウト効果……217
クラスター弾禁止条約……287⑦,313⑧
グラスノスチ……170⑤,304⑥
グラミン銀行……367⑤ F 言,392
グラントエレメント……366①
クリーピング・インフレ……198
クリミア併合……301
クリーン開発メカニズム……372⑨
クーリング・オフ……239③,392
グリーン購入法……246⑧,247α
グリーン・コンシューマー……245α
クルド人問題……314①②
グレーゾーン金利……240α

グレーゾーン事態……77⑨
クロスオーナーシップ……166
グローバリゼーション……369
グローバル・インバランス……348⑧
グローバル化……304⑦,306⑪,346②,361
グローバル・ゴールズ……365④
グローバル・サウス……12,306⑪
グローバル・スタンダード……346α
グローバル・ファシリテーター……329④
グローバルミニマム課税……350
軍国主義……220①
軍産複合体……313⑨
軍事参謀委員会……291②,297,421
軍縮……310,311③,313⑦
軍縮委員会……292②,421
軍縮会議……292②
君主権……56③
君主制……19⑥,30①
『君主論』……19⑦,286②

〈け〉
計画外流通米……235③
計画経済……170④
景観利益……97③
景気……213⑧,392
景気循環……196③④
景気動向指数……416,419
景気の自動調節作用……213⑧
景気変動……196,231④
軽減税率……213⑤,218
経済……172
経済安定9原則……221⑦
『経済学および課税の原理』……168,174,332①
経済学の十大原理……168,174,332①
経済活動の自由……96,112,113
経済協力開発機構(OECD)
……344①,353③,360①,392
経済社会理事会……291②,293③,421
経済成長……196
経済成長率……196①,222⑨,223⑫,412
経済相互援助会議(COMECON)
……302①,392
経済特区……171 F
経済のサービス化……228⑤,392
経済のサービス・ソフト化……229⑦
経済の三主体……178①
経済発展段階説……174,333④,335
経済摩擦……229⑥
経済連携協定(EPA)…266,352①,363,390
警察予備隊……63
警察予備隊違憲訴訟……118
形式的平等……84②
刑事裁判……134,139⑦,392
刑事司法改革関連法……139⑦
刑事補償請求権……103⑦,392
傾斜生産方式……221⑤
経常移転収支……340
経常海外余剰……192①,340α
経常収支……337,340,341,393
ケイパビリティ……175
景品表示法……187⑥
刑法……60,84
契約……241
契約自由の原則……24α,241
系列化……230③
ケインズ経済学……168,173,175
ケインズ政策……168,176,216
ゲティスバーグ演説……102
ケネディ・ラウンド……345④,390
ゲーム理論……175
ゲリマンダー……154①α

原発事故……377③
原発輸出……379
憲法……22,24
憲法改正……78,79,102①,393
憲法裁判所……79⑤
憲法審査会……78②
憲法尊重擁護の義務……22
憲法第9条……62,63,64,79④⑤
憲法の番人……137
権利章典……26,27②
権利請願……25α,26
原料高・製品安……393
権力集中制……30①,36,393
権力政治……286①②,303④,306⑪
権力分立(三権分立)…20③,30①,32,394

〈こ〉
皇位継承順位……61⑤
公益事業……190
公益通報者保護法……189,239③
公海……19⑤
公害……242
公開会社……178③
公害健康被害補償法……243⑤
公害国会……242①
公開市場操作……204④,205⑤,392
公海自由の原則……393
公害対策基本法……242①,243⑤,245④,393
公害防止事業費事業者負担法……243⑤
公害輸出……244
公企業……178③
後期高齢者医療制度……274①
好況……196③
公共財……190,210①,393
公共事業……213③,222⑩,223③
公共の福祉……83④,90⑨,112,113,393
公共料金……186③,190
拘禁刑……135 F α
合区……155
合計特殊出生率……273④α,282
抗告……134②
公債……214,215
耕作放棄地……233⑧
合資会社……178③
公私合同企業……178③
皇室財産……42,57⑤,61⑤
皇室典範……42,57⑤,61⑤
皇室典範特例法……61 F
孔子廟政教分離訴訟……89④,115,137
公衆衛生……273④,280,281④,393
工場法(英国)……250①
工場法(日本)……251
公職選挙法……102,158,393
硬性憲法……24①,42,78②,393
公正取引委員会
……128①,187⑥⑦,188⑩,263α,393
厚生年金保険……276,393
合成の誤謬……172
交戦権……46
控訴……82 F,134②
構造改革……226⑲,393
構造改革特区……131②,393
高速増殖炉サイクル……377③
拘束名簿式……155
公聴会……122③,123⑤,393
公定歩合……204②,205⑤⑥,224
公的年金制度……276
公的扶助……273④,278,393
合同会社……178③
高等裁判所……134②
高度経済成長……222,271,393
高度プロフェッショナル制度
……253④α,263⑤
高年齢者雇用安定法……275α,283
河野談話……324
購買力平価……197⑥,338
後発発展途上国……364①,365⑥α,393
公判前整理手続き……138①②
幸福追求権……104,107⑪
公文書問題……128①
公平の原理……393
公法……24②
候補者男女均等法……87⑨
公務員の争議権(スト権)…29⑩,252②③
合名会社……178③
合理化カルテル……187⑤,188⑩
高齢化社会……282
高齢社会……282,393
高齢社会対策基本法……283
高レベル放射性廃棄物……377④,378⑦
小型家電リサイクル法……246⑧
小切手……201⑤

国営企業……129⑮,170④,178③
国債……130⑰,214②,216,309,341,393
国債依存度……214③,413
国際開発協会(IDA)……342②,421
国際海洋法裁判所……19⑤
国際慣習法……288②
国際協力機構(JICA)……129⑯,366①
国際決済銀行(BIS)……209④
国際金融公社(IFC)……342②,421
国際金融のトリレンマ……346②
国際刑事裁判所(ICC)……289⑦
国際刑事裁判所メカニズム……291②,319
国際原子力機関(IAEA)……310,311③,421
国際司法裁判所(ICJ)……19⑤,289⑦,
291②,292②,294⑥,296,312⑤,393,421
国際資本移動……346②
国際社会……286
国際収支……337,340,341,393,414
国際収支天井……336 F
国際人権規約……28,29⑩,289⑥,292②,393
国際人権規約A規約……29⑩,110①
国際人権規約B規約……29⑩,110①
国際人権規約B規約選択議定書……29⑩,110①
国際人口開発会議……393
国際政治……286①
国際石油資本……400
国際通貨基金(IMF)
……291②,342②,344①,356α,360①,393,421
国際通貨制度……343③
国債の日銀引き受け……214③α
国際復興開発銀行(IBRD)
……342②,344①,393,421
国際分業……332
国際平和共同対処事態……75⑤
国際平和協力法……74②,394
国際平和支援法……69③,75⑤,77⑩
国際法……288①②③,393
国際貿易機構(ITO)……342②
国際連携平和安全活動……65⑨,74③
国際連合(UN)
……28,287⑥,290,291②,292,296,393,421
国際連合憲章……290①α,296,393
国際連盟……290,296,393
国際労働機関(ILO)
……250①③,291②,393,421
国策捜査……94
国事行為……61④,125④,394
国税……146①,212
国政選挙……155
国政調査権……123⑥,394
国籍確認訴訟……118
国籍条項……111④
国籍法……83⑤,110③
国籍法違憲訴訟……84③,114
国籍法違憲判決……137
国選弁護制度……136⑥,139⑨,394
国体……57⑥,394
国対政治……121α,161⑦
国体の護持……58②
国内企業物価指数……197⑤,419
国内政治……286①
国内総支出(GDE)……178②,192①
国内総所得(GDI)……192①
国内総生産(GDP)……192①,
193③,194,195,196①,328①,368⑥,390
国内避難民……315⑤
国内法……288③
国富……192,193⑤⑥,394
『国富論』……168,174
国防支出……67③
国防の基本方針……63,66⑩
国民……18①,120①
国民解雇……20①,143④,401
国民皆年金……271,272②
国民皆保険……271,272②,274①,363
国民健康保険……274①
国民健康保険法……271
国民国家……287⑥
国民主権……19④,20②,42,59⑤,60,394
国民純生産(NNP)……192①,195
国民純福祉(NNW)……193④
国民所得(NI)
……192,194,195,220⑩,228④,394,412
国民負担率……102①,133④⑥,394
国民生活センター……239③
国民総支出(GNE)……192①
国民総所得(GNI)……192①α
国民総生産(GNP)……192①,195,390
国民投票……78②,102①②,143④,401

国民投票法‥‥‥‥78②,794④α
国民年金‥‥‥‥276,277
国民年金法‥‥‥‥271,277
国民の義務‥‥‥‥83④
国民の教育権説‥‥‥‥101④
国民負担率‥‥‥‥211④⑤,272①②
国民保護法‥‥‥‥69③,754
国務大臣‥‥‥‥50,124①
穀物自給率‥‥‥‥237④
国有企業‥‥‥‥171⑧
国連NGO‥‥‥‥293③
国連開発計画(UNDP)‥291②,328②,421
国連開発の10年‥‥‥‥365④
国連海洋法条約‥‥‥‥19⑤,289⑥
国連環境開発会議‥287⑦,372⑧,397
国連環境計画(UNEP)‥‥‥‥291②,370①,371④,372⑧,421
国連教育科学文化機関(UNESCO)‥‥‥‥291②,317,421
国連軍(UNF)‥‥‥‥294,320
国連軍縮特別総会(SSD)‥292②,310,394
国連工業開発機関(UNIDO)‥‥344①,421
国連資源特別総会‥‥‥‥364③
国連児童基金(UNICEF)‥‥291②,421
国連職員‥‥‥‥328②
国連食糧農業機関(FAO)‥‥‥‥291②,344①,421
国連人権高等弁務官事務所(OHCHR)‥‥‥‥292②,421
国連人権理事会‥‥‥‥110②,290,291③,292②,421
国連総会‥‥‥291②,293④,421
国連通常兵器登録制度‥‥‥‥313⑧
国連難民高等弁務官事務所(UNHCR)‥‥‥‥110②,291②,292②,315⑤,394,421
国連人間環境会議‥‥‥‥242①,292③,372⑧,394
国連分担金‥‥‥‥293⑤,328①
国連平和維持活動(PKO)‥‥‥‥63,291②,292④,294,295⑧α,394,421
国連平和維持活動(PKO)協力法‥‥63,69④,374②,394
国連平和維持軍(PKF)‥‥‥‥394
国連貿易開発会議(UNCTAD)‥‥291②,292③,344①,365④,366①,394
国連ミレニアム開発目標‥‥3,365④
互恵主義(互恵的利益主義)‥‥367④
5現業‥‥‥‥129①⑤
50年税制‥‥‥‥
55年体制‥‥125⑥,150③,156,162,163
個人情報保護法‥‥‥‥107①⑩
個人の尊重‥‥‥82②,83⑥,112
コスト・プッシュ・インフレ‥‥198
護送船団方式‥‥‥‥126③,208①
コソボ紛争‥‥‥‥295③,314①,319
五大国一致主義‥‥‥‥296
国家‥‥‥‥18
国家安全保障会議‥‥65⑦,66①⑩,67①⑤,74①
国家安全保障戦略‥‥63,66①⑩,67①④,74①
国会‥‥‥120,121,122,157⑦,394
国会議員‥‥‥‥121④
国家からの自由‥‥‥‥28,83④
国家元首‥‥‥‥30①
国家主権‥‥‥‥19④
国家公務員‥‥126④,131①⑨⑳,252②③
国家公務員制度改革基本法‥‥131⑳
国家公務員倫理法‥‥131⑲
国家主権‥‥‥‥59⑤
国家戦略特区‥‥‥‥131②①
国家による自由‥‥28,83④,98①
国家の教育権説‥‥‥‥101④α
国家の三要素‥‥‥‥18①
国家賠償請求権‥‥‥‥103⑤
国家賠償法‥‥‥‥103
国家への自由‥‥‥‥83④,102①
国家防衛戦略‥‥‥‥66①⑩α
国旗・国歌法‥‥‥‥61⑥
国境なき医師団‥‥293③,421
国庫支出金‥‥‥‥146①,394
固定価格買取制度‥‥‥‥375⑥
固定資本減耗‥‥182②,192①,195,394
固定相場制‥‥‥‥343,391
古典派経済学‥‥‥168,174,176
子ども手当‥‥‥‥283
子供の学習権‥‥‥‥100①
子ども(児童)の権利条約‥‥‥‥28,29①①,110①,250①,394
子供の貧困‥‥‥‥284
個別的自衛権‥‥65①,68,75⑤,76⑥,77①⑩
戸別訪問違憲訴訟‥‥83④,102③,116

戸別訪問の禁止‥‥‥‥102③,158⑧
コーポレート・ガバナンス‥‥‥‥179⑤,189,394
コモンズの悲劇‥‥‥‥191
雇用‥‥‥‥258,268
雇用保険‥‥‥‥273④
雇用保険法‥‥‥‥271,275④
『雇用・利子および貨幣の一般理論』‥‥‥‥168,175
コール市場‥‥‥202⑨,204④,205⑤
ゴールドプラン‥‥‥‥283
コールレート‥‥‥‥204④
コロナショック‥‥‥16,375④
コロンボ会議‥‥‥‥394
婚外子相続差別訴訟‥‥84⑤,115,137
コングロマリット‥‥‥‥187α,394
混合経済‥‥‥‥169③,394
混合診療‥‥‥‥275 F
コンシューマリズム‥‥‥‥396
コンツェルン‥‥‥‥187⑤
コンドラチェフの波‥‥196④,308
コンパクトシティ‥‥‥‥145 F
コンプライアンス‥‥‥‥189

さ

財‥‥‥‥176,178①,190
在外選挙権制限違憲訴訟‥‥116,137
在外選挙権制限違憲判決‥‥‥‥137
在外投票‥‥‥‥158⑧
在外邦人国民審査制限違憲判決‥‥‥‥116,137
最恵国待遇‥‥‥344②③,345⑤,352α
罪刑法定主義‥‥‥26,92①,394
最高裁の規則制定権‥‥‥‥132①
最高裁判所‥‥82 F,114,133,134②
最高裁判所裁判官国民審査‥‥133⑥
最高裁判所大法廷‥‥‥‥133言
最高裁判所長官の指名権‥‥125④
最高法規性‥‥‥‥24①,25③
最後の貸し手機能‥‥‥‥204②
再婚禁止期間違憲訴訟‥‥‥‥114
財産権‥‥‥47,96①,97③④,394
歳出‥‥‥‥210,394
再審請求‥‥‥‥82 F,93④
財政‥‥‥‥210,215,394
財政赤字‥‥‥‥214③,216
財政インフレ‥‥‥‥198
再生可能エネルギー‥‥374③,375⑥,379
再生可能エネルギー特別措置法‥‥‥‥375⑥,376①
財政健全化法‥‥‥‥147②
財政再生団体‥‥‥‥147⑦⑧
財政政策‥‥‥‥216
財政投融資‥‥130①⑦,210①,211⑥α,394
財政の硬直化‥‥‥‥217
財政破綻‥‥‥‥147⑧
財政法‥‥‥‥210①,214①
財田川事件‥‥‥‥93③,103⑦
最低資本金制度撤廃‥‥‥‥182③
最低賃金‥‥‥‥253
最低輸入義務‥‥‥‥236③
財投債‥‥‥‥130①⑦,211⑥,215④
在日外国人‥‥‥‥111
在日朝鮮人‥‥‥‥86⑧
在日米軍‥‥‥64⑥,68,69②,70④,72,73
在日米軍再編‥‥‥‥71
歳入‥‥‥‥210,394
財閥‥‥‥‥179⑥,187⑤,223②
財閥解体‥‥‥‥220④,394
裁判‥‥‥‥394
裁判員制度‥‥‥‥140,394
裁判外紛争解決手続‥‥‥‥138①⑤
裁判官‥‥‥‥133,134①
裁判官弾劾法‥‥‥‥133⑤
裁判官分限法‥‥‥‥50
裁判規範‥‥‥‥24②
裁判所‥‥‥120①,132
裁判制度‥‥‥‥134
裁判の公開‥‥‥‥136⑤
再販価格維持行為‥‥187⑥,188①⑩
裁判を受ける権利‥‥‥‥103⑥
歳費特権‥‥‥‥121④
債務不履行‥‥‥202 F,215 F,216,365⑥
債務返済繰り延べ‥‥365⑥,401
在留管理制度‥‥‥111,266①
裁量的財政政策‥‥‥‥216,399
裁量労働制‥‥‥‥261③
刷新政策‥‥‥‥171α,398
砂漠化‥‥‥‥370①,371④,394
サービス‥‥‥176,178①,190,197⑤
サービス収支‥‥‥‥340

サブプライムローン問題‥‥225α,349②
サプライチェーン‥‥‥332②,359,361 F
三六協定‥‥‥‥253,259④
サボタージュ‥‥‥‥255①
サミット‥‥‥‥357,394
左翼‥‥‥‥151⑤
サラダボウル‥‥‥‥315④
3R‥‥‥‥246⑦
三角合併‥‥‥‥183⑥
参議院‥‥‥120,122,124①
参議院議員通常選挙‥‥‥‥155
参議院の緊急集会‥‥121③,122①,125④
産業構造‥‥‥‥228,360③
産業構造の高度化‥‥‥‥228①
産業財産権‥‥‥‥97⑤
産業再生機構‥‥‥‥208①
産業の空洞化‥‥‥229α,349⑩α,394
産業廃棄物‥‥‥‥246⑥
サンケイ新聞意見広告訴訟‥‥‥‥104,105⑤,117
三権分立‥‥20③,30①,32,120,394
三公社民営化‥‥‥129①⑤,177
3C‥‥‥‥222①①
サンシャイン計画‥‥‥‥375④
三十年戦争‥‥‥‥286①
三種の神器‥‥‥‥222①①
三審制‥‥‥‥134②,395
参審制‥‥‥‥140,394
酸性雨‥‥244,245②,370①,371⑦,395
参政権‥‥‥83④,102,395
三ちゃん農業‥‥‥‥232⑥
サンフランシスコ平和条約‥‥‥‥324,325②,326,327,395
三位一体改革‥‥‥‥147⑤,177
三面等価の原則‥‥192,195,395
三割自治‥‥‥‥146①,395

し

シェアリングエコノミー‥‥‥17
自治官合祀訴訟‥‥‥89④,115
自治権‥‥‥‥76⑥
自衛権発動の3要件‥‥‥‥76⑥
自衛隊‥‥‥‥63,64,69③,74①,77①,80,301,395
自衛隊イラク派兵差止訴訟‥‥64⑥,118
自衛隊法‥‥‥‥65⑧,76⑦,77①
ジェノサイド条約‥‥28,110①,289⑥,319
シェールガス革命‥‥309,374①
シェンゲン協定‥‥307,354③,395
ジェンダーギャップ指数‥‥87⑨
シオニズム‥‥‥‥316
志賀原発2号機訴訟‥‥118,376①
私企業‥‥‥‥178③
私擬憲法‥‥‥‥56②
資金吸収オペレーション‥‥205⑤
資金供給オペレーション‥‥205⑤
死刑制度‥‥‥‥93,95
死刑廃止条約‥‥28,29⑩,110①
資源・エネルギー問題‥‥‥‥374
資源ナショナリズム‥‥364③,395
資源の最適配分‥‥‥‥185
自己決定権‥‥‥104,107①①②③,112
自己資本比率‥‥‥‥209④
自己破産‥‥‥‥240⑥
資産インフレ‥‥‥‥225①⑦
資産担保証券‥‥‥‥347③
自主流通米‥‥‥234②,235③
市場‥‥‥‥184,186,190,395
市場介入‥‥‥‥395
市場価格‥‥‥‥186③,395
市場化テスト‥‥‥‥144⑨
市場経済‥‥‥172,184,186
市場原理‥‥‥‥170④
市場占有率‥‥‥‥187④
市場の失敗‥‥‥172,190,395
事情判決‥‥‥‥157⑦α
市場メカニズム‥‥‥‥184,190
自助・共助・公助‥‥‥‥273⑥
私人間効力‥‥‥‥88③
自生的秩序‥‥‥‥175
自然エネルギー‥‥‥‥374③
自然価格‥‥‥‥186③
自然環境保全法‥‥‥‥245④
自然権‥‥‥‥21,395
自然状態‥‥‥‥21
自然法‥‥‥‥24②,395
思想及び良心の自由‥‥88,395
「持続可能な開発」‥‥‥‥242①,365④,372⑧,397
持続可能な開発目標‥‥3,365④
下請け‥‥‥‥230③,231④,398

下請企業‥‥‥‥230①,231④
自治事務‥‥‥‥144⑦
市中銀行‥‥‥‥209⑥
市中消化の原則‥‥‥‥395
市町村合併‥‥‥‥145①①
失業保険法‥‥‥‥271
実質経済成長率‥‥‥196①,225①⑦
実質GDP‥‥‥196①②,341,419
実質GDP成長率‥‥‥‥419
実質的平等‥‥‥‥84②,98①
疾病保険法‥‥‥‥270①
質問権‥‥‥‥89
指定管理者制度‥‥‥‥144⑨
私的自治の原則‥‥‥‥24α,241
児童(子ども)の権利条約‥‥‥‥28,29①①,110①,394
児童福祉‥‥‥‥273④
ジニ係数‥‥‥‥268①
死の商人‥‥‥‥313α
シビアアクシデント‥‥‥377③α,379
死票‥‥‥‥154①,155
シビリアン・コントロール‥‥65⑦,395
ジブチ自衛隊基地‥‥‥‥63,76⑦
私法‥‥‥‥24②
司法権‥‥‥20③,120①,133③
司法権の独立‥‥‥‥64 F,132,395
司法消極主義‥‥‥‥137
司法制度改革‥‥‥‥103⑥,138①
司法取引‥‥‥‥139⑨
資本移転等収支‥‥‥‥340,393
資本自由化‥‥‥‥360②
資本収支‥‥‥‥340
資本主義‥‥28,168,170④,173,346,369
資本主義経済‥‥‥168,170④,184,395
『資本論』‥‥‥‥168,174
市民運動‥‥‥‥152⑨
市民革命‥‥‥‥26,395
『市民政府二論(統治二論)』‥‥20③,21
自民党の「日本国憲法改正草案」‥‥44
事務局(国連)‥‥‥‥291②,421
指紋押捺制度‥‥‥‥266①
シャウプ勧告‥‥‥212①③,221⑦,395
社会規範‥‥‥‥24②
社会契約説‥‥‥‥8,18③,21,395
『社会契約論』‥‥‥‥21
社会権‥‥‥‥28,98①
社会権的基本権‥‥28,83④,98,100,395
社会支出‥‥‥‥272①②
社会資本‥‥‥‥149
社会主義‥‥170,171⑧⑨,174,302①
社会主義経済‥‥‥‥170,395
社会主義国家‥‥‥‥28,30①
社会主義市場経済‥‥371⑤,395
社会的責任投資‥‥‥‥189
社会福祉‥‥‥273④,280,395
社会保険‥‥‥273④,274,275⑤
社会保障‥‥‥270,271,272①③
社会保障給付費‥‥‥‥272②,282
社会保障・税一体改革‥‥‥‥277
社会保障・税一体改革‥‥‥210①,270,272②,273④,282
社会保障費‥‥‥‥214③
社会保障法‥‥‥‥270①,395
社内留保‥‥‥‥183⑤
シャーマン反トラスト法‥‥169②,188⑨
上海協力機構(SCO)‥‥301,309
重化学工業化‥‥‥‥228②
衆議院‥‥‥120,122,124①②
衆議院議員総選挙‥‥‥‥155
衆議院議員定数違憲訴訟‥‥83④,114
衆議院議員定数違憲判決‥‥137,157⑦⑦
衆議院の解散‥‥‥‥122
衆議院の優越‥‥‥122②,123④,395
就業規則‥‥‥‥254⑧
自由競争‥‥‥186①,188⑧
重金主義‥‥‥‥168α,169②
自由権‥‥‥‥26,28,98①
自由権的基本権‥‥28,83④,88,92,96,395
自由主義‥‥‥‥302①
重商主義‥‥168①α,169②,174,346②
就職氷河期‥‥‥‥259②
就職率‥‥‥‥259②
終身雇用制‥‥‥255⑩,260②,262①,395
終審裁判所‥‥‥‥132①
囚人のジレンマ‥‥‥‥175
自由診療‥‥‥‥275 F
修正資本主義‥‥‥‥346②
集積の利益‥‥‥‥182α
集団安全保障‥‥68,76⑥,290,395
集団的自衛権‥‥‥22,63,65⑨⑥,66,68,69③,74①,75⑤,77⑨,160①,301,395

索引

重農主義……168,169[2],174
18歳成年……15
周辺事態法……69[3],74,77[10]
自由貿易……333[4],334,335
自由貿易協定（FTA）……352[1],362,363,390
自由放任……18[3],168,174,188[8],190
自由民権運動……395
住民自治……142[1]
自由民主党（自民党）……150[3],151[4],157[6]
住民投票……102[1],142[1],143[6]
重要影響事態法……77[10]
受益者負担……271
ジュグラーの波……196[4]
主権……18[1],19,395
主権国家……19[4],286[1]
主権国家体制……286[1],395
授権法……254,297[2]
取材の自由……105[3]
首長……142[3]
首長の解職請求……142[1][3],143[6]
恤救規則……271
出入国管理及び難民認定法……110[2],111[3],266[1]
ジュネーブ軍縮会議……292[2]
シューマン・プラン……395
需要インフレ……198
需要曲線……184,333[4]
主要国首脳会議……357,394
循環型社会……246,401
循環型社会形成推進基本法……246[7][8]
春闘……251
常会（通常国会）……49,121[3],125α
障害者基本法……85[7]
障害者権利条約……28
障害者雇用促進法……280[2]
障害者差別解消法……85[7]
障害者総合支援法……281[5]
障害者福祉……273[4],282[2]
消極国家……18[3],188[8],401
証券化……347[4],348[6],349[9]
証券会社……180,209[6]
証券市場……180,202[9],348[6]
証券投資……347[3]
証券取引所……180,186[2]
上告……82 F,134[2]
少子化社会対策基本法……283
少子高齢化……273[5],277,282,283
少子高齢社会……282
乗数効果……175,216
乗数理論……176
常設仲裁裁判所……289[7]
小選挙区制……154[1],396
小選挙区比例代表並立制……125[6],155,164,415
象徴……44,60
象徴天皇制……60
小党分立制……150[2]
譲渡制限会社……178[3]
常任委員会……120[2],123[5]
証人喚問……92[2],123[5]
常任理事国……291[2],295[9][10] F,421
少年法……136[7]
消費財……197[5]
消費者安全法……239[3]
消費者運動……238[2]α,396
消費者基本法……238[1],239[3]α,396
消費者行政……271
消費者契約法……238[1],239[3],240 F,241
消費者主権……238[2],239
消費者政策会議……239[3]
消費者庁……239[3]
消費者の4つの権利……238[2],396
消費者物価指数……197[5],419
消費者保護基本法……239[3]
消費税……163,213[5][6],217,218,396
消費生活センター……239[3]
消費税増税関連法案……217,218
情報監視審査会……67[1][6],102[2]
情報技術（IT）……229[8]
情報公開請求権……104,126[3]
情報公開制度……396
情報公開法……104,106[7]
情報通信技術（ICT）……229[8]
情報の非対称性……175,190
消滅可能性都市……145
条約……24[2],49,288[2][6]
剰余価値……174
条例……51,142[1][3],143
条例の制定・廃止の請求……142[1][3],143[4]

食育……233[9],396
職業選択の自由……96,396
食品安全基本法……235α
食料安全保障……234[2],236[2]
食糧管理制度……234,396
食糧管理法……235[3]
食料自給率……234[2],237[4]
『女工哀史』……251
所信表明演説……125α
女性活躍推進法……251,265[7]
女性再婚禁止期間100日超違憲判決……87[10],115,137
女性（女子）差別撤廃条約……28,110,250[1],396
女性労働……265[6]
『職工事情』……251
所得収支……340,341
所得税……213[7],217,218
所得税法……51
所得の再分配……210[1],213[7],396
所得の捕捉率……213[7]
所得倍増計画……222[10]
所有と経営の分離……178[3],179[4],396
白鳥決定……93[4]
シリア内戦……38,308,314[1][2]
知る権利……67[1][6],104,105[3],106[7],396
シルバーストン曲線……182[2]
シルバー民主主義……283α
新エネルギー……374[3]
新ガイドライン……63,74[1],77[9]
人格権……104,105[2],107[1][2]
新型コロナウイルス……281[4]
信教の自由……88[1],89,396
人権思想……26,28
新興工業経済地域（NIES）……396
人口置換水準……282
人口抑制政策……282
新国際経済秩序（NIEO）……292
新国際経済秩序樹立宣言……292,364[3],396
人事院勧告……252α
新思考外交……304[6]
新自由主義……168,175,306[1][1],346[2],369
人種隔離政策……390
人種差別撤廃条約……28,110[1],288[6],396
人種のるつぼ……315[4]
新植民地主義……364[3]
新食糧法……234[1],235[3],396
身の自由……83[4],92,396
新START……311[3]
新卒一括採用主義……262[2]
身体障害者福祉法……271
信託統治理事会……291[2],421
人道的介入……295[8]
親告罪……43
新農業基本法……234
新BIS規制……209[4]
人民……18[1]
人民主権……19[4]
臣民の権利……396
信用インフレ……198
信用収縮……349[9]
信用創造……203[1][1],396,412
信用醸成措置（CBM）……303[5],313[9]
新冷戦……304[6]α

水質汚濁防止法……243[5]
垂直的公平……213[7],393
垂直分業……332[2]
水道の民営化……149
水平社宣言……85[5]
水平的公平……213[7],393
水平分業……332[2][3]
杉本判決……100[3],101[4]
スケール・メリット……182[2]α
スタグフレーション……177,199,223[1][4],391
スターリン批判……302[2]
ステークホルダー……183α,189
ストック……193[5],396
ストックホルム条約……354[1]
ストックホルム宣言……310,372[8]
ストライキ（スト）……254[5],255[1][1]
砂川事件……64[6] F,118,137
砂川政教分離訴訟……89[4],115,137
スーパー301条……361[5]
スーパーシティ構想……131[2][0]
スピン……166
スプロール現象……396

スマートグリッド……375[5]
スマートシティ……248
スミソニアン協定……343[3],360[1],397
（せ）
聖域なき構造改革……361[6]
政界再編……156
生活型公害……244
生活水準……278α
生活保護……273[4],278
生活保護基準……278[3]
生活保護世帯……268[1]
生活保護適正化政策……278[2],279[4]
生活保護費預貯金訴訟……98[2],116,279[4]
生活保護法……127[5],271,278[1]
請願……47
請願権……102[2],103[4]
請求権……83[4],102,103
政教分離……89,396
政権交代……156
政権公約……158[8],159,400
制限主権論……302[2]
制限選挙……142[3]
政党委員会……120[2]
政党助成金……153[10]
政党助成法……125[6],153[10]
政党政治……150
政党要件……153[10]
成年後見人制度違憲判決……114
政府……172,178[1][2],202[8],210[1]
政府委員制度廃止……121[5]
政府開発援助（ODA）……366[1],367,396
政府系金融機関……129[1][6],209[6]
政府短期証券……130[1][7],215[4]
生物多様性条約……372[8],396
政府の銀行……204[2]
政府の失敗……172,191
政府保証……211[6]
政府米……235[3]
成文憲法……24[1],42
成文法……24[2]
性別変更の手術要件違憲判決……137
政務官……121[5]
生命・自由・幸福追求の権利……396
生命倫理……396
整理解雇の4要件……262[2]
勢力均衡……290,397
政令……45,125[4],397
政令指定都市……142[2]
政令201号……251
世界恐慌……168,176,220[1][2],342[1],397
世界銀行（IBRD）……342[2],344[1],393,421
世界金融危機……349[9]
世界経済の政治的トリレンマ……362
世界経済の不均衡……348[8]
世界終末時計……298
世界人権会議……287[7]
世界人権宣言……28,29[9],292[2],397
世界貿易機関（WTO）……170[5][6],333[5],334,342[2],344[1],345,358,390,421
世界保健機関（WHO）……291[2],421
石油危機（オイル・ショック）……214[3],223[1][3][4],229[6],333[5],375[4],397
石油戦略……223[1][3],316
石油輸出国機構（OPEC）……353[6],364[3],375[4],397
セクショナリズム……127[8],397
積極国家……18[3],98[1],399
積極的改善措置……85α,315[3][4]

積極的平和主義……66[10],67,367[3]
接続水域……19[5]
絶対王政……18[3],21
設備投資……223[1][2]
説明責任……189
セーの法則……176
セーフガード……344[3] F,360[1],397
セーフティネット……269[5]
ゼロ・エミッション……247[10][11]
ゼロ金利政策……205[7],207
ゼロ成長社会……283
ゼロワン地域……138[4]
世論……102[2],160,397
世論調査……160[1]
尖閣諸島問題……314[1],326
選挙運動……158,159
選挙権……102[1],154[2]
選挙制度……154,156
先軍政治……321[3]
全権委任法（授権法）……22,254,297[2]
全国人民代表大会……30[1],36
全国水平社……85[5]
全国総合開発計画（全総）……222 F
全国部落解放運動連合会……85[5]
戦後国際政治……298
戦後補償問題……325[3]
潜在能力……175
戦時国際法……288[2],289[5]
専守防衛……66[11],69[3]
専制君主……25[3]
『戦争と平和の法』……288[1]
戦争の放棄……62[1][2]
全体主義……28,82[2],83[6]
選択的夫婦別姓制度……87[10],115
全逓東京中郵事件……83[4],116,251,252[3]
全農林警職法事件……83[4],116,251,252[3]
戦略攻撃能力削減条約……311[3]
戦略的環境アセスメント……245[5]
戦略兵器削減条約（START）……397
戦力……63α,64
全労協……152[8],251
全労連……152[8],251
（そ）
総会（国連）……291[2],293[4],421
総額明示方式……63,67[1][2]
臓器移植法……107α,152α
争議権……252,401
争議行為……255[1][1],397
早期是正措置……209[4]
総辞職……49,124[2]
総選挙……156
創造的破壊……174,197言
贈与比率……366[1],367[5]
総量規制……242[1],243[5]
遡及処罰の禁止……92[1],136[8]
族議員……128[3],397
組織犯罪処罰法……22
ソーシャルビジネス……189,367[5] F言,397
租税……51,146[1],178[1],212
租税3原則……397
租税法律主義……26,212[1]
即決裁判……138[1]
ソードライン……31α
ソフトパワー……309
ソブリン・ウェルス・ファンド……348[6]
ソ連解体……170[5],304[6]
損益計算書……227
損害賠償命令制度……139[7]
尊厳死……104,107[1][3]
尊属……84
尊属殺重罰規定違憲判決……137
尊属殺人事件……83[4],84[3][4],114
存立危機事態……65[9],75[4],76[5],77[10]
（た）
第一次囲い込み……168,169[2],270[3]
第一次所得収支……340,341,393
第一次世界大戦……290
第二次石油危機……223[1][3][4],364[3],375[4],379
第1次戦略兵器削減条約（START I）……311[3]
第1次戦略兵器制限交渉（SALT I）……311[3]
ダイオキシン……242[1],244
対外純資産……193[6]
大学の自治……91[3]
大気汚染……397
大気汚染防止法……242[1],243[5]
待機児童……280α
代議制……201[7]

大規模小売店舗法‥‥‥113,231⑤⑥,361⑤
大規模小売店舗立地法‥‥‥‥113,231⑤⑥,360①
耐久消費財‥‥‥‥222⑪,223⑫
第三国定住‥‥‥‥‥315⑥
第三世界‥‥‥‥‥‥397
第三セクター‥‥‥‥178③
代執行‥‥‥‥‥‥‥71
貸借対照表‥‥‥‥‥227
大衆迎合主義‥‥‥‥23
大衆政党‥‥‥‥‥‥150①
対人地雷全面禁止条約‥‥‥287⑦α,310,313⑧
大選挙区制‥‥‥‥154①,397
大卒求人倍率‥‥‥‥259②
大統領制‥‥‥30,32,34,35,38,397
ダイナミックプライシング‥186α
第二次所得収支‥‥‥340
第二次世界大戦‥‥‥28,290
第二次石油危機‥‥223⑬⑭,375④
第2次戦略兵器削減条約(STARTⅡ)‥‥‥‥‥311③
第2次戦略兵器制限交渉(SALTⅡ)‥‥‥‥‥311③
第二世界銀行(IDA)‥342②,421
第二の予算‥‥‥‥‥211α
大日本帝国憲法(明治憲法)‥42,53,56,59,60③,133③,142③,397
ダイバーシティ‥‥‥3,109
「代表なくして課税なし」‥27④
代表民主制‥‥‥‥‥20①
太平洋安全保障条約(ANZUS)‥‥‥‥299,302①
代用監獄制度‥‥‥‥93④
第四次中東戦争‥‥223⑫⑬,316
第6次産業‥‥‥‥‥233⑩
ダウ平均株価‥‥‥‥181
高田事件‥‥‥‥‥‥103α
滝川事件‥‥‥‥‥‥91⑫
多核化‥‥‥‥‥‥‥303④
多極共存型民主主義‥‥22
ダグラス・グラマン事件‥153⑥
竹馬経済‥‥‥‥‥‥221⑦
竹島問題‥‥‥‥‥314①,326
多国間投資保証機関(MIGA)‥‥‥‥342②,421
多国籍企業‥‥‥‥287⑥,397
多国籍軍‥‥‥‥‥‥294⑥α
多国籍軍監視団‥‥‥74③
多数決主義‥‥‥‥‥296
多数者支配型民主主義‥‥22
立川反戦ビラ事件‥‥115
タックス・ヘイブン‥350,357,397
伊達判決‥‥‥‥‥‥64⑥
縦割り行政‥‥‥‥‥397
他人資本‥‥‥‥‥‥201④
ダーバン合意‥‥‥‥373
タフト・ハートレー法‥250①,254⑦
ダブリン規制‥‥‥‥307
ダブル・スタンダード‥113
多文化主義‥‥‥‥‥315④
ダボス会議‥‥‥‥368⑨α
多摩川水害訴訟‥83④,103⑤,116
単一国家‥‥‥‥‥‥18②
弾劾裁判‥‥‥‥‥‥133⑤
弾劾裁判所‥‥‥133④⑤,397
短期金融市場‥‥186②,202⑨,204④
団結権‥‥‥‥‥252①②,401
単元株制度‥‥‥‥‥182①
短時間労働者‥‥‥262③,265⑥
単純再生産‥‥‥‥‥178③
男女雇用機会均等法‥‥‥110③,251,264③,397
担税者‥‥‥‥‥‥‥212①
団体交渉権‥‥‥252①②,401
団体行動権‥‥‥‥252,401
団体自治‥‥‥‥‥‥142①
単独行動主義‥‥‥293④,305
単独政権‥‥‥‥‥‥151①
ダンバートン・オークス会談‥290,296

ち
治安維持法‥‥‥57⑥,251,397
治安警察法‥‥‥‥57⑥,251
治安出動‥‥‥‥‥‥65⑨
地域支援型農業(CSA)‥‥233
地域主義‥‥‥‥‥‥333⑤
地域的経済統合‥‥‥352
地域的な包括的経済連携(RCEP)‥‥‥‥‥353α,363
地位協定‥‥‥‥‥69②,76⑦

小さな政府‥‥‥130⑱,173,176,177
チェチェン紛争‥‥‥301,314①
地球温暖化‥‥370②,374④,397
地球温暖化防止京都会議‥‥372
地球環境問題‥‥‥‥370①
地球サミット‥‥‥372⑧,397
地産地消‥‥‥‥‥‥233⑨
知的財産権‥‥‥‥97⑤,361 F,397
知的財産高等裁判所‥‥97⑤,139⑥
地方議会‥‥‥‥‥‥142③
地方公共団体‥51,120①②,142,144,146,397
地方交付税交付金‥‥146②,397
地方債‥‥‥‥‥146②,214②
地方財政‥‥‥‥‥‥146
地方再生コンパクトシティ‥148
地方裁判所‥‥‥‥‥134②
地方自治‥‥‥‥‥142,144
地方自治体‥51,142,144,146,397
地方自治特別法‥‥52,143⑥
地方自治の本旨‥‥142①,397
「地方自治は民主主義の学校」‥142①
地方自治法‥‥‥‥‥143⑤
地方譲与税‥‥‥‥‥146②
地方税‥‥‥‥‥146②,212①
地方創生‥‥‥‥‥‥144⑩
地方分権‥‥‥‥‥‥144
地方分権一括法‥‥‥144⑦
チャタレイ事件‥83④,90⑨,115
中央銀行‥‥‥204③,209⑥,397
中央省庁‥‥‥‥‥126①②
中央省庁等改革基本法‥‥129⑭
中華人民共和国憲法‥‥37①
中期防衛力整備計画‥‥66⑩α
仲裁‥‥‥‥‥‥‥‥255⑫
仲裁裁判所‥‥‥19⑤,255⑫
中小企業‥‥‥‥230,231,398
中小企業基本法‥‥230①,231⑤
中選挙区‥‥‥‥‥‥154①
中東戦争‥‥‥‥‥‥316
駐留軍用地特措法‥‥‥71,73
長期金融市場‥‥‥186②,202⑨
長期金利‥‥‥207,214②,341
長期国債の利回り‥‥214②③
超高齢社会‥‥‥‥‥282
朝鮮戦争‥‥‥221⑧,320,398
朝鮮問題‥‥‥‥314①,320
町村総会‥‥‥‥‥‥146α
調停‥‥‥‥‥‥‥‥255⑫
重複立候補制度‥‥‥155
跳躍上告‥‥‥‥‥64⑥,134②
徴用‥‥‥‥‥324,325③,398
直接金融‥‥‥‥‥‥201④
直接税‥‥‥‥‥‥212,398
直接請求‥‥‥‥102②,143④
直接請求権‥‥‥‥142,398
直接税中心主義‥‥‥212①
直接投資‥‥‥‥347③,398
直接民主制‥‥‥20①,21,398
著作権‥‥‥‥‥‥‥97⑤
貯蓄ゼロ世帯‥‥‥‥268①
直間比率‥‥‥‥212①,218
チョルノービリ原発事故‥‥‥‥376①,377③,379,393
賃金‥‥‥223⑫,230②,253,260①
『沈黙の春』‥‥‥‥372⑧言

つ
通貨‥‥‥‥‥‥‥‥398
通貨供給量‥198,199,203①②,224,400
通貨残高‥‥‥‥203①②,400
通貨制度‥‥‥‥‥‥398
通貨バスケット制‥‥‥343③
通常国会‥‥49,121③,125α
通信傍受法‥‥‥‥‥106⑥
津地鎮祭訴訟‥‥83④,89④,115
津田左右吉事件‥‥‥91⑫
積立方式‥‥‥‥‥‥277

て
抵抗権‥‥‥‥‥21,56②
デイサービス‥‥275⑥,280①
定住外国人地方参政権訴訟‥118
定常型社会‥‥‥‥‥283
ディスクロージャー‥180,189,206⑧
停戦監視団‥‥‥‥‥398
定数‥‥‥‥‥‥‥‥122③
デイトレーダー‥‥‥181
ディマンド・プル・インフレ‥198

敵基地攻撃能力‥66①①,67⑭,74①,76⑥
敵国条項(旧敵国条項)‥‥296
テクノクラート‥‥‥126α
デジタル課税‥‥‥‥350
デジタルディバイド‥229⑧,269α
デジタルプア‥‥‥‥269α
デタント‥‥‥302②,303④,398
手続法‥‥‥‥‥‥‥24②
鉄のカーテン‥‥302①,305⑧,356
鉄のトライアングル‥‥127⑨
デノミネーション‥‥398
デファクト・スタンダード‥187④
デフォルト‥202 F,215 F,216,356,365⑥
デフレーション(デフレ)‥‥‥198,199,204③,221⑦,391
デフレスパイラル‥‥199,391
デポジット制‥‥‥‥247⑨
デモンストレーション効果‥238①,390
寺西判事補事件‥‥‥133α
デリバティブ‥206⑫,347⑤,349⑨
テレワーク‥‥144⑩,261③
テロ対策特措法‥69③,74①,75⑤,77⑩
天安門事件‥‥‥‥‥36,398
電気自動車‥‥‥‥‥248
電子商取引(e-コマース)‥229⑧
電子投票‥‥‥‥‥‥156α
電子マネー‥‥‥‥‥200③
伝習館訴訟‥‥‥‥‥100③
伝統的無関心‥‥‥‥160④
天皇‥‥‥‥60,63⑤,120①
天皇機関説‥‥‥‥18③,57⑥
天皇機関説事件‥‥57⑥,91⑫
天皇主権‥‥‥42,56,59⑤,398
天皇制‥‥‥‥‥19⑥,398

と
ドイモイ政策‥‥171α,398
統一会派‥‥‥‥‥‥151⑥
同一労働同一賃金‥260α,263④
東海大学安楽死事件‥‥117
東海村JCO臨界事故‥376①,377③
投機‥‥‥‥‥‥‥‥181
党議拘束‥‥‥‥152α,398
東京裁判‥‥‥‥‥‥89⑥
東京証券取引所‥‥‥186②
東京電力福島原発事故‥‥‥245③,376①,377③,378,379
東京都管理職試験訴訟‥86⑧,114
東京都公安条例事件‥83④,90⑧,115
東京都青年の家事件‥‥114
東京ラウンド‥‥345④,390
東西ドイツ統一‥‥‥304⑥
投資‥‥‥‥‥‥‥‥181
投資収支‥‥‥‥‥‥340
道州制‥‥‥‥‥‥‥145⑫
党首定例討論‥‥31,121⑤
東証株価指数‥‥‥‥181
統帥権‥‥‥‥‥‥‥57⑤
統帥権干犯問題‥‥‥56①
統制価格‥‥‥‥‥‥186③
同性婚訴訟‥‥‥‥‥109
東大ポポロ事件‥83④,91⑪,115
統治権の総攬者‥‥‥57⑤
統治行為論‥‥64⑥,137,398
統治二論‥‥‥‥20③,21
東電OL殺人事件‥‥‥93③
道徳‥‥‥‥‥‥‥‥24②
東南アジア条約機構(SEATO)‥‥‥‥299,302①
東南アジア諸国連合(ASEAN)‥‥301,348⑦,353③④,365⑤,398
当番弁護士制度‥‥92②,136⑥
投票率‥‥‥‥‥‥‥156⑦
同盟調整メカニズム‥‥77⑨
同盟罷業‥‥‥‥‥‥255⑪
「東洋大日本国国憲按」‥‥56②
道路公団民営化‥‥130⑰,177
同和問題‥‥‥‥‥‥85⑤
時のアセスメント‥‥‥364
特需‥‥‥‥‥221⑧,337⑤
特殊法人‥‥129⑯,177,178③,215④
独占‥‥‥‥‥‥187⑤,190,398
独占価格‥‥‥‥‥‥186③
独占禁止政策‥‥‥‥188⑩
独占禁止法‥‥‥187⑥,188⑩,190,220④,263α,350,398
独占資本主義‥‥169②,346②
特定技能制度‥‥‥266,267③
特定商取引法‥‥‥‥239②
特定少年‥‥‥‥‥‥136⑦
特定非営利活動促進法‥‥161⑤

特定秘密保護法‥‥‥67⑯
特定枠‥‥‥‥‥‥‥155
得票率‥‥‥‥‥‥‥156⑦
特別委員会‥‥‥‥‥123⑤
特別永住者‥‥‥111,266①
特別(国)会‥‥‥‥‥121③
特別会計‥‥129⑯,210②,211言
特別抗告‥‥‥‥‥‥134②
特別裁判所‥‥50,132①,133③,398
特別上告‥‥‥‥‥‥134②
特別仲裁裁判所‥‥‥19⑤
特別引出し権(SDR)‥343③,398
特例法‥‥‥‥‥52,142①
独立行政委員会‥‥‥166
独立行政法人‥‥129⑯,178③
独立国家共同体(CIS)‥170⑤,304⑥,398
特例国債(公債)‥‥214③,215④
土光臨調‥‥‥‥129⑭,177
トーゴーサンピン‥‥213⑦
都市鉱山‥‥‥‥‥‥247⑫
都市問題‥‥‥‥‥‥398
土地規制法‥‥‥‥‥97 F
土地基本法‥‥‥‥‥225⑯
土地収用法‥‥‥86⑨,97④
特許権‥‥‥‥‥‥‥97⑤
ドッジ・ライン‥‥221⑦,360①,398
ドーハ・ラウンド‥‥345④
トービン税‥‥‥175,350α
苫米地事件‥‥‥‥‥118
鞆の浦景観訴訟‥‥‥117
トラスト‥‥‥‥‥‥187⑤
トリクルダウン理論‥‥207α
取調べの可視化‥‥95,139⑨
ドル・ショック(ドル危機)‥‥‥‥304⑦,343③,397
トルーマン・ドクトリン‥‥302①
トレーサビリティー‥‥235⑤
トレード・オフ‥172,198,199
ドント式‥‥‥‥‥‥155

な
内外価格差‥‥‥197⑥,398
内閣‥‥‥‥120①,124,125④
内閣人事局‥‥‥‥‥131⑳
内閣総辞職‥‥‥‥‥124②
内閣総理大臣‥‥124①②,125⑤
内閣総理大臣の指名‥‥122②
内閣提出立法‥‥‥‥127⑦
内閣不信任決議権‥‥124①②
内閣法‥‥‥‥‥‥125④⑤
内国債‥‥‥130⑰,214②,215④
内国民待遇‥‥344③,345⑤
内需‥‥‥‥‥‥‥‥229⑥
内需主導型経済‥‥‥224
内部統制‥‥‥‥‥‥189
内部留保‥‥‥‥‥‥183⑤
内容自由の原則‥‥‥241
長沼ナイキ基地訴訟‥‥‥64⑥,104,105α,118,132②
ナショナリズム‥‥‥287④⑤
ナショナルセンター‥‥251
ナショナル・トラスト運動‥245⑤
ナショナル・ミニマム‥270,278③
ナチス‥‥‥‥‥‥‥160②
ナッジ理論‥‥‥‥‥175
7条解散‥‥‥‥‥‥124②
名ばかり管理職‥‥‥259α
名張ぶどう酒事件‥‥93③
並み替え‥‥‥‥‥‥336①
成田空港問題‥‥‥‥97④α
ナワバリ意識‥‥‥‥127⑧
南極条約‥‥‥‥289⑥,311②
軟性憲法‥‥‥‥24①,31,393
南南問題‥‥‥364③,365④⑤,398
南米共同市場(メルコスール)‥353③
南北共同声明‥‥‥‥320
南北首脳会談共同宣言‥‥320
南北朝鮮問題‥‥‥‥320
南北問題‥‥‥‥‥364,398
難民‥‥‥‥‥307,315⑤⑥
難民条約‥28,110,289⑥,292②,315⑤

に
2.1ゼネスト‥‥‥‥251
二院制‥‥‥‥‥‥‥120②
二階建て年金‥‥‥276,277
ニクソン・ショック‥343③,397
西松事件‥‥‥‥‥‥94
二重構造‥‥‥230②,232④
二重の基準‥‥91⑪,96②,113
ニース条約‥‥‥‥‥355⑥
二大政党制‥‥‥150②,151α

日欧EPA……363
日銀短観……416,420
日米安全保障条約……68,69③,71,72,299,324,327,398
日米経済水域……208⑧
日米経済調和対話……361⑥
日米原子力協定……376❶ F
日米豪印戦略対話 (Quad)……299
日米構造協議……197⑥,360❶④,361⑤,398
日米合同委員会……72
日米相互防衛援助協定……63,69③,398
日米地位協定……68,69②,72
日米特別行動委員会 (SACO)……73
日米物品役務相互提供協定……75④
日米防衛協力のための指針……75④,77⑨
日米貿易協定……352❶,363
日米貿易摩擦……349❿,360④
日米包括経済協議……360❶④,361⑤,398
日米密約……70⑤
日韓基本条約……324,325③,326
日経平均株価……181
日照権……104
日ソ共同宣言……324,327
日中共同声明……324
日中平和友好条約……324,326
日朝国交正常化交渉……322,324
日朝平壌宣言……320,322,324
ニート (NEET)……269③
二風谷ダム訴訟……86⑨,114
日本共産党……150③,154④
日本銀行……199,202⑧,204,205,209⑥,399
日本経済団体連合会 (経団連)……152⑧
日本国憲法……42,44
　　58❶,59,60,120,133④,142❶,399
日本国憲法改正草案……44
日本司法支援センター……
　　136⑥,138❶③,139α
日本の雇用慣行……262❶,399
日本取引所グループ……186②
日本年金機構……271,277
日本版NSC……67④,74❶
日本版金融ビッグバン……206⑧⑨,336②
日本版401k……277
入管問題……108,110②
ニューケインジアン……168,173,175
ニューサンシャイン計画……375④
ニューディール……
　　168,169③,175,176,270③,399
人間開発指数 (HDI)……193,399
人間環境宣言……372③
人間裁判……99
人間宣言……58❶,60❶
人間の安全保障……329③④
認証式……61④
任務遂行型の武器使用……
　　65⑨α,74②,77❿

ね
ネオコン……305⑨,399
ねじれ国会……123④,156⑤,164
熱帯雨林破壊……244,370❶,371⑧
ネット銀行……209α
ネット選挙……158
ネルー・周恩来会談……303③
年金機能強化法……277
年金制度……272③
年金制度問題……276
年金保険……273④,399
年功序列型賃金……260②,262❶,399
年次改革要望書……130α,361⑤
年次有給休暇……253,259④
年少人口……282
年俸制……262❶
年利……202❿

の
農家……233⑦
農業……233
農業基本法……234
農業問題……232
脳死……107α
納税者……212❶
納税の義務……83④
農地改革……220④,232❶,399
ノーブレス・オブリージュ……328α
ノーマライゼーション……281⑥,399
ノンバンク……209⑥
ノン・ルフールマン原則……315⑤

は
バイアス……166
バイオエシックス……396
バイオエタノール……399

バイオマス……399
廃棄物処理法……243⑤,246⑧
排出量取引……191,372⑨,399
陪審制……138α,140,394
排他的経済水域……19⑤,326,327
排他的取引慣行……361⑤
配当……179④,181,183⑤
ハイパー・インフレ……198,215
ハイブリッド戦争……330
博多駅事件……115
袴田事件……92α,93③
バカヤロウ解散……162
パグウォッシュ会議……310
覇権国……308
派遣労働……263④
派遣労働者……260②,263④
ハザードマップ……149
バージニア権利章典……26,27③,399
派生商品……347⑤
バーゼル条約……372⑧
働き方改革……263⑤
発券銀行……204②
パートタイマー……255❿,260②,262③
パートタイム労働法……251,262③
バードン・シェアリング……69③
パナマ文書問題……350,357
パブリシティ権……104,118
パブリックアクセス……104
パブリックコメント……144⑨
バブル……346②
バブル景気……224,225⑥,416
バブル経済……208❶②,224,399
バブル崩壊……193⑥
パーマ禁止校則事件……117
ハマス……317
バランスシート……227
バリアフリー……52,281⑥,399
パリ協定……373
パリ講和会議……290
パリ条約……354❶
パリ不戦条約……62③,310
バルフォア宣言……316
パレスチナ解放機構 (PLO)……316
パレスチナ紛争……314❶,316
パレスチナ問題……316,317
パワーポリティクス……286❶②
ハンガリー事件……302②
反撃能力……66❶,67④,74❶,76⑥
パンコール……342α
犯罪被害者……139⑧
ハンセン病国家賠償訴訟……85⑥,114
ハンセン病問題基本法……85⑥
半大統領制……34
反トラスト法……169②,188⑨,350
バンドワゴン効果……160③
バンドン会議……303③
「万人の万人に対する闘争」……21
板門店宣言……320,321②,322
判例……82 F
反論権……104,105⑤

ひ
非営利組織 (NPO)……161⑤,287⑦,390
ヒエラルヒー……127⑧
被害者参加制度……139⑧
非価格競争……187④,399
非核三原則……63,69③,70⑤,399
比較生産費説……
　　174,332❶,333④,334,401,414
非関税障壁……333④,392
被疑者国選弁護制度……92②,136⑥
非協力ゲーム……175
非拘束名簿式……155
被告……82 F
被告人……82 F
被告人国選弁護制度……136⑥
非自民連立政権……164
非常任理事国……291②,295⑨❿ F,421
ヒズボラ……317
非正規雇用者……260②
非政府組織 (NGO)……
　　287⑥⑦α,293③,390,421
被選挙権……102❶,154②③
日立訴訟……83④,86⑧,114
ビッグデータ……107❿
ビッグマック指数……197α
ビットコイン……203 F
ヒートアイランド……242α,399
非同盟主義……303③
非同盟諸国首脳会議……303③
人の支配……25③

避難民……110 F
ひもつき援助……367⑤
百条委員会……143α
百里基地訴訟……64⑥,103α,118
日雇い派遣……260②,263④
ビューロクラシー (官僚制)
　　126③,127⑧,399
費用インフレ……198
表現の自由……
　　88❶,90,91❿⓫,104,112,113,399
被用者年金一元化法……277
費用対効果……172
平等権……83④,84,399
平賀書簡問題……132②
ビルトイン・スタビライザー……
　　169③,210❶,213⑧,399
比例代表制……154❶,155,399
貧困ビジネス……278 F
貧困率……3,268❶

ふ
ファーウェイ問題……357
ファシズム……22,82②,169③,399
ファタハ……317
ファンダメンタルズ……339
ファンド……347③
フィスカル・ポリシー……210❶,216,399
フィラデルフィア宣言……270,394
フィランソロピー……189,399
フィリップス曲線……172,199
フィンテック……200③
封じ込め政策……302❶
夫婦同姓規定訴訟……115
夫婦別姓……87❿
フェアトレード……364α
付加価値税……213⑤,218
賦課方式……276,277
不換紙幣……200②
武器等防護……77⑨
武器貿易条約……313⑧
武器輸出三原則……63,66❶❶,69③,70⑥
不況……196③
不況カルテル……187⑤,188❿
福岡サウンドデモ訴訟……102 F
複合企業……187α,394
福祉元年……271
福祉国家……18③,83④,176,399
福島判決……64⑥
福祉六法……273④
副大臣……121⑤
不在者投票……158⑧
不逮捕特権……121④
双子の赤字……304⑦,399
普通国債……130❶⑦,215④
普通選挙……46,154❶❸,399
物価……197⑤⑥,399
復興庁……124②,126②
普天間基地 (飛行場)……69②,71,73
不動産担保証券……347③,348⑧
不当労働行為……254⑤⑥,255⑨,399
フード・マイレージ……236②
不文憲法……24❶,31
部分的核実験禁止条約 (PTBT)……310,399
不法行為……47
プライスリーダー……186③,399
プライバシー権……104,105④,106⑧,112
プライマリー・バランス……217,413
部落解放同盟……85⑤
部落差別問題……85⑤
プラザ合意……208②,224,225⑥,
　　337⑤,343④,348⑦,349❿,357α,399
ブラック企業……267④α
ブラックマンデー……225⑥
プラハの春……302②
フランス人権宣言……26,27⑤,96❶,399
フリーター……269③④
不良債権……177,208❶,399
武力攻撃事態……65⑨,75④,76⑥,77⑨❿
武力攻撃事態法……69③,74❶,75④,77❿
武力行使の新3要件……75⑤,76⑥
フリーライダー……190
フリーランス……261④
ふるさと納税……146④
プルサーマル……375⑥,377③,378⑦
プレカリアート……269③
フレクセキュリティ……263④
プレジデント・ドクトリン……302②
フレックスタイム制……261③,263⑤
ブレトン・ウッズ協定……343②,397
ブレトン・ウッズ体制……
　　342,343,344❶,346②

プレビッシュ報告……365④
フロー……192,193⑤,400
プログラム規定……99③α,279④,400
ブロック経済……168,342❶
フロート制……343③
プロパガンダ……318⑨
プロレタリア独裁……37❶
文化大革命……36,37❶,170⑥,400
文官統制……65⑦
分限裁判……133④
文書主義……127⑧
文民……49,65⑦
文民統制……65⑦,395
分離壁……317

へ
ペイオフ……208❶,209⑤,400
米韓FTA……363α
米艦防護……65⑧,80
兵器用核物質生産禁止条約……310
米軍等行動円滑化法……77❿
米国債……215α
米国・メキシコ・カナダ協定 (USMCA)
　　353⑤,359,363
平時国際法……288②,289⑥
平成の大合併……145⓫
平成不況……225⓱,416
米中貿易摩擦……359α,361 F
米朝首脳会談……310❶,322
ヘイトスピーチ対策法……291③
米連邦準備制度理事会 (FRB)……349⑨,400
平和維持軍 (PKF)……63,74②,294
平和原則14か条……290,296
平和五原則……303③
平和十原則……303③
平和主義……62,400
平和的生存権……64⑥α,104,105α
平和のための結集決議……292
ベオグラード会議……303③
ベーシックインカム……284
ペッグ制……343③
別件逮捕……93④
ヘッジファンド……348⑥⑦,400
ペティ=クラークの法則……228❶
ベトナム戦争……299,304⑦,400
辺野古移設問題……71,73
ベバリッジ報告……270,400
ペリンダバ条約……311②
ヘルシンキ宣言……
　　293③,303⑤,310,313⑨,372⑧
ペルソナ・ノン・グラータ……288④
ベルリンの壁……304⑥,400
ベルリン封鎖……299
ペレストロイカ……170⑤,304⑥,400
変形労働時間制……261③
弁護士……134❶,136⑥,138④
ベンチャー・キャピタル……227α
ベンチャー・ビジネス……230❶,269⑤,400
変動相場制……343,391

ほ
保安隊……63
法……24
防衛関係費……67⓲
防衛省……67⓲
防衛大綱の大綱……63,66❶❶α,80
防衛産業基盤強化法……226②❶
防衛出動……65⑨,75④,76⑥
防衛装備移転三原則……63,70⑥,74❶
防衛費対GNP比1％枠……63,67⓲,69③
防衛力整備計画……66❶α
貿易……332,333,360,361
貿易依存度……333⑦
貿易差額主義……168α
貿易・サービス収支……340
貿易自由化……360②,363
貿易収支……339,340,341,393
貿易摩擦……360④,361 F
法科大学院……138❶④
包括政党……150❶
包括通商法……361⑤
包括的核実験禁止条約 (CTBT)……310,400
防災……149
放射線汚染……245③
法人名……178α
法人企業……178α
法人 (法定) 実効税率……183⑤
法人税……183⑤,217,218
包摂……109
法制人口……138❶④
法治主義……25④,400
法定外税……147⑥
法定受託事務……144②

法定手続の保障……921
法廷メモ訴訟………116,136⑤
法テラス……136⑥,138①③,139α
法の支配……25,400
『法の精神』……203
法の下の平等……83⑥,84,400
法務大臣の指揮権発動……127⑨,135③
法律……24
法律案の議決……122③
法律の留保……57⑤
法律扶助制度……136⑥
法令遵守……189
補完貸付制度……205⑤α
補給支援特別措置法……74①,75⑤,123④
北米自由貿易協定(NAFTA)
……352③,353③,359,400
保険診療……274③,275F
保護貿易……333④,335
保護貿易論……168,174
母子福祉……273④
保守合同……156⑥,162,400
保守党(英)……31,1502
補助金……126③,146②
ポスト=トゥルース……166
ポストハーベスト……237⑤
ボスニア・ヘルツェゴビナ問題……318
北海道旧土人保護法……86⑨,400
ポツダム宣言……58,59③,324,327,400
ホットライン……313⑨
北方ジャーナル事件……91⑩
北方領土問題……314①,324,327,400
ポーツマス条約……327
ポートフォリオ理論……175
ポピュリズム……23,306⑩,400
ホフマンの法則……228②
ホームヘルパー……275⑥
堀木訴訟……83④,98②,116,280③
ポリシー・ミックス……400
ポリティカル・アポイントメント……127α
ポリティカル・コレクトネス……84②
本会議……122③,123⑤

ま
マイクロクレジット……367⑤言
マイクロファイナンス……367⑤
マイクロプラスチック……371⑥
マイナス金利政策……199,205⑦,207,208①
マイナンバー制度……106⑨
前川レポート……204⑤
牧野訴訟……83④,98②,116
マグナ・カルタ……25③,26
マクリーン事件……111④,118
マクロ経済……341
マクロ経済学……173,195
マーシャル・プラン……302①,400
マーストリヒト条約……
353③,354①③,355⑥,391
マスメディア……104,160②,166,318F,400
マタハラ訴訟……115
マッカーサー3原則……59③
松本案……59③
マニフェスト……158⑧,159,165,400
マネーサプライ……203②
マネーストック……203⑫,204③,207,400
マネタリスト……177,198
マネタリズム……173,175
マネタリーベース……199,205⑦,207
マルクス経済学……168,174
マルタ会談……304⑥,400
マルチ商法……240⑤

み
「見えざる手」……173,174
ミクロ経済学……173,341
未婚率……283
ミスマッチ……258①α
未成年者取消権……241
三菱樹脂事件……83④,84③,88②,115
緑の消費者……245α
水俣病……242③,243④
水俣病被害者救済法……243④
南シナ海領海問題……314①
ミニマム・アクセス……236②③,345⑤,400
箕面忠魂碑訴訟……89④,115
宮訴訟……98α
宮本判事補再任拒否事件……137α
ミレニアム開発目標……365④
民間軍事会社……330
民間非営利組織(NPO)……287⑦
民事裁判……134,400
民事集中制……30①,36,393

民主主義……20α,22,88①
民主党……150③,157⑥
民主党(米)……32,40,150②,298
民族自決……290,400
民族主義……287④
民族浄化……315③
民族問題……314
民定憲法……24①,42,400
民法……87⑩,401
民本主義……57⑥

む
無額面株式……182①
無過失責任制度……243⑤,396
無過失賠償責任法……243⑤
無給労働……194
無限責任……178③,180
無罪推定の原則……92①,94
無担保コールレート(翌日物)
……202⑨,204④,205
無党派層……157⑥,160④,400
ムラ社会……161⑥
村山談話……324
ムーンライト計画……375④

め
明治憲法(大日本帝国憲法)
……42,53,56,59,60③,133③,142③,397
名望家政党……150①
名目経済成長率……196①
名目GDP……171⑦,196①,419
名誉革命……21,26
メガバンク……208①③,209⑦
メジャー……400
メセナ……189,401
メーデー……250①,251
メディア・コントロール……160α
メディア統制……160②
メディア・リテラシー……166
メルコスール……352②,353③
メルトダウン……378⑤
免責特権……121④,401
免田事件……93③,103⑦

も
目的効果基準……89④⑤
黙秘権……92②
モスクワ条約……311③
持株会社……187⑤,188⑩,220③④,401
モノカルチャー経済……364①,401
モラルハザード……401
森戸事件……91⑫
森永ヒ素ミルク中毒事件……238①
もんじゅナトリウム漏れ事故
……376①,377③
モントリオール議定書……242①,372⑧

や
薬害エイズ事件……238①
薬害肝炎救済法……238①
薬事法距離制限違憲訴訟
……83④,96②,401
薬事法距離制限違憲判決……116,137
約束手形……201⑤
夜警国家……18③,83④,176,188⑧,401
靖国神社……46,89⑥α
靖国神社参拝問題……89⑥
雇い止め……263④
野党……151
矢内原事件……91⑫
ヤルタ会談……290,302①
ヤルタ体制……305⑧

ゆ
有価証券……206⑫,347④
有限会社……178③,182②
有権者……154③,157⑦
有限責任……178③,180
有効求人倍率……258①
有効需要……175,176,216,401
有事法制……75④
優生思想……85⑥
優生保護法……85⑥
郵政民営化……130⑰,177,361⑥
郵便不正冤罪事件……94
郵便法違憲訴訟……116
郵便法違憲判決……137
ユーゴ空爆……318,319
輸出インフレ……198
輸出自主規制……360④
ユニオン・ショップ……254⑦
ユニバーサルデザイン……281⑥,399
輸入インフレ……198
輸入自由化……236
ユニラテラリズム……305
ユビキタス社会……229⑧

ユーロ……353③,354①,355⑦,356

よ
容器包装リサイクル法……246⑧
預金準備率……205⑤⑥
預金準備率操作……205⑤⑥,392
預金保険機構……208①,209⑤
横田空域……72
横浜事件……116
予算……49,210,401
予算委員会……123⑤
予算の議決……122②
予算の作成権……125④
四日市ぜんそく……242③
四つの現代化……170⑥
四つの自由……28,298
与党……151
予防拘禁制……57⑥
四日頭会談……302②

ら
らい予防法……85⑥
ラウンド交渉……333⑤,345④
拉致問題……322
ラッセル・アインシュタイン宣言……310
ラッダイト運動……250①
ラムサール条約……245④,372⑧,401

り
『リヴァイアサン』……21
利益集団……390
陸山会事件……94
リクルート事件……127⑨,153⑪,163
利己主義……83⑥
リコール……20①,143④,401
リサイクル……246,247⑨,401
リサイクル・エネルギー……374③
利子……202⑩,346⑪
利潤率……369
リスケジューリング……365⑥,401
リストラ……208③,225⑦,258①
リスボン条約……305⑧,355④⑥
利息……202⑩
立憲君主制……30①,31
立憲主義……22,23,24①
立憲民主党……150③,151④
立法権……20③,120①
立法国家……126③
リデュース……246⑦
リバタリアニズム……273⑥
リバランス政策……308,309
リビング・ウィル……107⑬
リフレーション(リフレ)……207
リプロダクティブ・ヘルス/ライツ……104
リーベルマン理論……170⑥
利回り……202⑩F
リーマンショック…208①,344⑨,356,369
流動性のジレンマ……343③
流動性の罠……175
留保……29⑩,288③
リユース……246⑦,247⑨
領域……18①
両院協議会……49,122②③,401
両院制……120
領海……19⑤
領空……19⑤,80
良心的兵役拒否……401
良心の囚人……293③
両性の本質的平等……87
量的緩和政策……205⑦,207
量的・質的緩和政策……205⑦,207
領土……19⑤
領土問題……326,327
利率……202⑩
臨界前核実験……311③
臨時(国)会……49,121①③,125④

る
累進課税……212①,213⑦
累進課税制度……97③,210①,401
累積債務問題……364③,365⑥,401
ルーブル合意
……224,225⑯,343④,357α,401
ルワンダ内戦……314①

れ
レアメタル……247⑫
例外なき関税化……345⑤
令状……47
令状主義……401
冷戦……302,304,313⑦,401
冷戦終結……69③,304,305⑨
れいわ新選組……52,150③,151④
レーガノミクス……177

レッセフェール……168,174,188⑧
レバレッジ……349⑨,369
レファレンダム……20①,143④,401
レペタ事件……117
連合……152⑧,251
連合国軍総司令部(GHQ)
……59③,60②,220④
連座制……151⑤
連座制……158⑧,401
連邦国家……18②
連邦準備制度理事会(米国)
……204α,349⑨
連邦制……32
連立政権……151⑤,152⑦

ろ
労災保険……273④
老人福祉……273④,280①
労働委員会……254⑥,255⑨⑫
労働運動……250
労働関係調整法……251,255⑫,257,401
労働基準監督署……253,263⑤,401
労働基準局……253
労働基準法……251,253,256,401
労働基準法女子保護規定撤廃……264②
労働基本権……252
労働協約……254⑧
労働組合……251,254⑤
労働組合組織率……255⑩
労働組合法……251,254⑤⑥,257,401
労働契約法……251,257,263④
労働三権……252,401
労働三法……220④,256,401
労働時間……259③
労働市場……186②
労働者協同組合……161⑤
労働者災害補償保険法……271,275⑤
労働者派遣法……251,260②,263④
労働審判制度……267F
労働生産性……172
労働争議……255⑪⑫
労働党(英)……31,150②
労働分配率……260①
労働力人口……258①
老年人口……282
69歳解職……124②
6章半活動……294
ロシア・ウクライナ戦争
……288F,292②,307,323,330,375F
ロシア革命……28
ロストジェネレーション……259②
6カ国協議……322
六カ所村再処理工場……378⑦
ロッキード事件……123α,127⑨,153⑪,163
ロックアウト……255⑪
ロビイング……152⑧
ローマ・クラブ……153,374⑪
ローマ条約……353③,354⑪
ローレンツ曲線……268①
ロンバート型貸出制度……205α

わ
ワイマール憲法
……22,28,29⑦,98,100,102,401
ワーカーズ・コレクティブ……161⑤
ワーキングプア……268②α
ワークシェアリング……261F,269⑤
ワグナー法……169③,250①,254⑦,401
ワークライフバランス……265⑤
ワシントン条約……372⑧
ワシントン大行進……401
忘れられる権利……104,118
ワルシャワ条約機構(WTO)
……299,302①,305⑧
ワンウェイ容器……247⑨⑪
湾岸戦争……69③,74①,290,301,316,401

A

AA会議 Asian-African Conference　アジア・アフリカ会議……303**3**, 390

ABM制限条約 Anti-Ballistic Missile Treaty　対弾道弾ミサイル制限条約……311**3**

ACM Alliance Coordination Mechanism　同盟調整メカニズム……77**9**

ACSA Acquisition and Cross Servicing Agreement　日米物品役務相互提供協定……75**4**

ADR Alternative Dispute Resolution　裁判外紛争解決手続き……138**15**

AFTA ASEAN Free Trade Area　アフタ＝アセアン自由貿易地域……352**2**, 353**3**

AI Artificial Intelligence　人工知能……248

AIIB Asian Infrastructure Investment Bank　アジアインフラ投資銀行……309, 358

ALADI Asociación Latino Americana De Integración　ラテンアメリカ統合連合……353**3**

ANZUS Australia, New Zealand and the United States　アンザス＝太平洋安全保障条約……299, 302**1**

APEC Asia-Pacific Economic Cooperation　エイペック＝アジア太平洋経済協力……352**2**, 353**3**, 390

ASEAN Association of South-East Asian Nations　アセアン＝東南アジア諸国連合……301, 348**7**, 365**5**, 398

ASEAN共同体（AEC） ASEAN Economic Community……353**3**

ASEAN自由貿易地域（AFTA） ……352**2**, 353**3**

AU African Union　アフリカ連合……301, 352**2**, 353**3**

AUKUS オーカス：オーストラリア（Australia）・イギリス（United Kingdom）・アメリカ（United States）の頭文字……299

A級戦犯 ……89**6**

B・C

BI Basic Income　ベーシックインカム……284

BIS Bank for International Settlements　国際決済銀行……209**4**

BIS規制 ……208**1**, 209**4**, 390

BRICS ブリックス：ブラジル（Brazil）・ロシア（Russia）・インド（India）・中国（China）・南アフリカ（South Africa）の頭文字……308, 309, 353**4**, 357, 390

BRICS開発銀行（NDB） ……309

BSE Bovine Spongiform Encephalopathy　狂牛病……236**3**, 237**5** *α*, 238**1**

CBM Confidence Building Measures　信頼醸成措置……303**5**, 313**9**

CD市場 Certificate of Deposit market　譲渡性預金市場……202**9**

CDO Collateralized Debt Obligation　債務担保証券……349**9**

CENTO CENtral Treaty Organization　中央条約機構……299, 302**1**

CEO Chief Executive Officer　最高経営責任者……179**5**

CER Closer Economic Relations　オーストラリア・ニュージーランド経済関係緊密化協定……352**2**

CFE Conventional armed Forces in Europe　欧州通常戦力条約……304**6**

CIA Central Intelligence Agency　アメリカ中央情報局……286**3**

CIS Commonwealth of Independent States　独立国家共同体……170**5**, 301, 304**6**, 398

COMECON（CMEA） Council for Mutual Economic Assistance　コメコン＝（東欧）経済相互援助会議（1991.6解体）……302**1**, 392

COP Conference Of Parties　締約国会議……372

COP21 第21回締約国会議……287**7**, 373

CPTPP Comprehensive and Progressive Agreement for Trans-Pacific Partnership　環太平洋パートナーシップに関する包括的及び先進的な協定……362

CP市場 Commercial Paper market　コマーシャル・ペーパー市場……202**9**

CSCE Conference on Security and Cooperation in Europe　欧州安全保障協力会議……303**5**, 313**9**, 391

CSR Corporate Social Responsibility　企業の社会的責任……189, 392

CSTO Collective Security Treaty Organization　集団安全保障条約機構……301

CTBT Comprehensive Nuclear Test Ban Treaty　包括的核実験禁止条約……310, 400

C型薬害肝炎 ……238**1**

D・E

DAC Development Assistance Committee　ダック＝開発援助委員会……344**1**, 353**3**, 367**4**, 390

EC European Community　ヨーロッパ共同体……353**3**, 354**13**

ECB European Central Bank　欧州中央銀行……354**3**, 355**4**

ECJ European Court of Justice　欧州裁判所……355**4**

ECSC European Coal and Steel Community　ヨーロッパ石炭鉄鋼共同体……353**3**, 354**1**

ECU European Currency Unit　エキュ＝欧州通貨単位……354**1**

EEA European Economic Area　欧州経済地域……353**3**, 354**1**

EEC European Economic Community　ヨーロッパ経済共同体……353**3**, 354**1**

EEZ Exclusive Economic Zone　排他的経済水域……195**5**, 326, 327

EFTA European Free Trade Association　エフタ＝ヨーロッパ自由貿易連合……301, 353**3**, 354**1**, 391

EMI European Monetary Institute　欧州通貨機構……354**13**

EMS European Monetary System　欧州通貨制度……354**13**

EPA Economic Partnership Agreement　経済連携協定……266**1**, 352**1**, 363, 390

EPR Extended Producer Responsibility　拡大生産者責任……247**11**

ESG投資 環境（Environment）・社会（Social）・企業統治（Governance）の頭文字……189

EU European Union　欧州連合……301, 305**8**, 352**2**, 353**3**, 354**12**, 355, 356, 391

EU憲法 ……355*α*

EU大統領 ……355**4**

EU労働者派遣指令 ……265*α*

EURATOM European Atomic Energy Community　ユーラトム＝ヨーロッパ原子力共同体……353**3**, 354**1**

e-コマース electronic commerce　電子商取引……229**8**

F・G

FAO Food and Agriculture Organization　食糧農業機関（国連）……291**2**, 344**1**

FOMC Federal Open Market Committee　連邦公開市場委員会（米国）……349**9**

FRB Federal Reserve Board　連邦準備制度理事会（米国）……204*α*, 349**9**, 400

FTA Free Trade Agreement　自由貿易協定……352**1** *α*, 362, 363, 390

FTAAP Free Trade Area of the Asia-Pacific　エフタップ＝アジア太平洋自由貿易圏……353*α*

G5 Conference of Ministers and Governors of the Group of Five Countries　ジーファイブ……224, 343**4**, 357*α*

G7 Conference of Ministers and Governors of the Group of Seven Countries　ジーセブン……225**16**, 329**3**, 339, 343**4**, 357*α*, 390

G8 Conference of Ministers and Governors of the Group of Eight Countries　ジーエイト……357, 390

G20 Group of Twenty　ジートゥエンティー……357, 390

GAFAM ガーファム：Google・Amazon・Facebook（現Meta）・Apple・Microsoftの頭文字……350

GATT General Agreement on Tariffs and Trade　ガット＝関税貿易一般協定……333**5**, 334, 342**2**, 344, 345**6**, 360**1**, 390

GATT11条国 ……360**1**

GDE Gross Domestic Expenditure　国内総支出……178**2**, 192**1**

GDI Gross Domestic Income　国内総所得……192**1**

GDP Gross Domestic Product　国内総生産……171**7**, 192**1**, 193**3**, 194, 195, 196**1**, 308, 328**1**, 368**6**, 390

GDPデフレーター ……196**1**, 175**5**

GE Grant Element　グラントエレメント……366**3**

GHQ General Headquarters of the Allied Forces　連合国軍総司令部……59**3**, 60**2**, 220**4**

GM Genetically Modified　遺伝子組み換え作物……236**3**

GNE Gross National Expenditure　国民総支出……192**1**

GNI Gross National Income　国民総所得……192**1** *α*

GNP Gross National Product　国民総生産……192**1**, 195, 390

GPIF Government Pension Investment Fund　年金積立金管理運用独立行政法人……277

GPS操作事件 ……118

Gゼロ世界 ……306**10**

I

IAEA International Atomic Energy Agency　国際原子力機関（国連）……311**3**, 312**4**

IBRD International Bank for Reconstruction and Development　国際復興開発銀行＝世界銀行（国連）……342**2**, 344**1**, 393

ICBM Intercontinental Ballistic Missile　大陸間弾道ミサイル……311**3**

ICC International Criminal Court/Tribunal　国際刑事裁判所……289**7**

ICJ International Court of Justice　国際司法裁判所（国連）……195**5**, 288**F**, 289**7**, 291**2**, 292**2**, 312**5**, 327, 393

ICT Information and Communication Technology　情報通信技術……229**8**

IDA International Development Association　国際開発協会＝第二世銀（国連）……342**2**

IFC International Finance Corporation　国際金融公社……342**2**

ILO International Labour Organization　国際労働機関（国連）……250**13**, 291**2**, 393

ILO憲章 ……250**13**

ILO条約 ……250**1**, 270**1**

IMF International Monetary Fund　国際通貨基金（国連）……291**2**, 342**2**, 344**1**, 348*α*, 356*α*, 360**1**, 393

IMF8条国 ……342**2**, 360**1**

IMF14条国 ……360**1**

IMF・GATT体制 ……342**2**, 344**1**, 360**2**

IMF協定 ……342**2**

INF全廃条約 Intermediate-range Nuclear Force　中距離核戦力全廃条約……304**6**, 310, 311**3**, 398

IoT Internet of Things モノのインターネット・・・・・・200α

IPCC Intergovernmental Panel on Climate Change 気候変動に関する政府間パネル …370③α

IPO Initial Public Offering 株式公開…183⑥

ISD条項 Investo State Dispute Settlement …363

ISIL Islamic State in Iraq and the Levant アイシル＝イラクとレバントのイスラーム国…39α, 314②

IT Information Technology 情報技術 ……229⑧

ITO International Trade Organization 国際貿易機構(国連)…342①, 344①

J・L

JICA Japan International Cooperation Agency 国際協力機構 …129⑯, 366①

Jカーブ効果 …339

LAFTA Latin American Free Trade Association 中南米自由貿易連合…353③

LARA Licensed Agency for Relief of Asia アジア救済連盟…221α

LDC Least Developed Country 後発発展途上国 …365⑤α, 393

LGBTQ …109, 390

LGBT理解増進法 …109

LLDC Landlocked Developing Countries 内陸開発途上国…365α

LRAの基準 Less Restrictive Alternative より制限的でない他の選びうる手段の基準…91α

LRI Life Reform Index 暮らしの改革指数 …193④

M・N

M&A Merger and Acquisition 企業合併・買収 …180, 183⑥, 392

MBS Mortgage Backed Security 不動産担保証券 …347③, 348⑧, 349⑨

MDGs Millennium Development Goals 国連ミレニアム開発目標 …3, 365④

METO Middle East Treaty Organization 中東条約機構…299, 302①

MFO Multinational Force and Observers 多国籍軍監視団…74③

MIGA Multilateral Investment Guarantee Agency 多数国間投資保証機関 …342②

MMT Modern Monetary Theory 現代金融理論(現代貨幣理論) …215

MSA協定 Mutual Security Act 日米相互防衛援助協定…63, 69③, 398

M型雇用 …264①

NAFTA North America Free Trade Agreement ナフタ＝北米自由貿易協定 …352②, 353③, 359, 400

NATO North Atlantic Treaty Organization ナトー＝北大西洋条約機構…299, 301, 302①, 305⑧, 318, 392

NDB New Development Bank BRICS BRICS開発銀行…309

NEET Not in Education, Employment or Training ニート…269③

NGO Non-Governmental Organization 非政府組織…287⑥⑦α, 293③, 367③, 390

NI National Income 国民所得 …192, 195, 222⑩, 394

NIEO New International Economic Order ニエオ＝新国際経済秩序…292

NIEO樹立宣言 …292, 364③, 396

NIES Newly Industrializing Economies ニーズ＝新興工業経済地域…396

NNP Net National Product 国民純生産 …192①, 195

NNW Net National Welfare 国民純福祉 …193④

NPO Non-Profit Organization 非営利組織…161⑤, 287⑦, 390

NPO法 特定非営利活動促進法 …161⑤

NPT Treaty on the Non-Proliferation of Nuclear Weapons 核不拡散条約…310, 312④, 391

NSS National Security Strategy 国家安全保障戦略…66⑩, 74①

NYMEX New York Mercantile Exchange ニューヨーク・マーカンタイル取引所…375④

O・P・Q・R

OAPEC Organization of Arab Petroleum Exporting Countries オアペック＝アラブ石油輸出国機構…223⑬, 353③, 375④

ODA Official Development Assistance 政府開発援助…365④, 366①, 367, 396

ODA大綱 …367④α

OECD Organisation for Economic Co-operation and Development 経済協力開発機構…344①, 353③, 360①, 392

OEEC Organization for European Economic Cooperation 欧州経済協力開発機構…353③

OPEC Organization of Petroleum Exporting Countries オペック＝石油輸出国機構…353③, 364③, 375④, 397

OSCE Organization for Security and Co-operation in Europe 欧州安全保障協力機構…301, 303⑤, 304⑥

PB Primary Balance プライマリー・バランス＝基礎的財政収支…217

PFI Private Finance Initiative プライベート・ファイナンス・イニシアティブ…144⑨

PIIGS ピーグス：ポルトガル(Portugal)・イタリア(Italy)・アイルランド(Ireland)・ギリシャ(Greece)・スペイン(Spain)の頭文字…356

PKF Peace-Keeping Forces 国連平和維持軍…63, 74②, 294, 394

PKO Peace-Keeping Operations (国連の)平和維持活動…63, 74②③α, 77α, 291②, 292, 294, 295⑧α, 394

PKO協力法 …63, 69③, 74, 77⑩, 394

PLI People's Life Indicators 新国民生活指標…193④α

PLO Palestine Liberation Organization パレスチナ解放機構…316, 317

PL法 Product Liability 製造物責任法…238①, 239④, 396

PNC Palestine National Council パレスチナ民族評議会…316

PPP Polluter Pays Principle 汚染者負担原則…242①, 243⑤α, 391

PTBT Partial Test Ban Treaty 部分的核実験禁止条約…310, 399

Quad Quadrilateral Security Dialogue クアッド＝日米豪印戦略対話…299

RCEP Regional Comprehensive Economic Partnership 地域的な包括的経済連携…353α, 363

S・T

SACO Special Action Committee on Okinawa サコ＝日米特別行動委員会…73

SALT Strategic Arms Limitation Talks ソルト＝戦略兵器制限交渉…311③

SALT I 第1次戦略兵器制限条約…311③

SALT II 第2次戦略兵器制限条約…311③

SCO Shanghai Cooperation Organization 上海協力機構…301

SDGs Sustainable Development Goals 持続可能な開発目標…3, 365④

SDR Special Drawing Rights 特別引出し権…343③, 398

SEATO South-East Asia Treaty Organization 東南アジア条約機構…299, 302①

SIDS Small Island Developing States 小島嶼開発途上国…365α

SLBM Submarine Launched Ballistic Missile 潜水艦発射弾道ミサイル…311③

SNS Social Networking Service ソーシャル・ネットワーキング・サービス…158⑨

SOGI Sexual Orientation and Gender Identity 性的指向と性自認…109α

SOHO Small Office / Home Office ソーホー(在宅ワーク)…229⑧, 261③

SORT Strategic Offensive Reductions Treaty 戦略攻撃能力削減条約, モスクワ条約…311③

SRI Socially Responsible Investment 社会的責任投資…189

SSD Special Session on Disarmament 国連軍縮特別総会…292②, 310, 394

START Strategic Arms Reduction Treaty スタート＝戦略兵器削減条約…311③, 397

START I 第1次戦略兵器削減条約…310, 311③

START I 後継条約(新START)…311③

START II 第2次戦略兵器削減条約…310, 311③

SWF Sovereign Wealth Fund ソブリン・ウェルス・ファンド, 国富ファンド…348⑥

SWIFT Society for Worldwide Interbank Financial Telecommunication スウィフト＝国際銀行間通信協会…336α

TOB Take Over Bid；Tender Offer Bid 株式公開買い付け…180, 183⑥

TOPIX Tokyo Stock Price Index トピックス＝東証株価指数…181

TPP Trans-Pacific Partnership 環太平洋パートナーシップ…237⑥, 275F, 362, 363, 386

TVA Tennessee Valley Authority テネシー川流域開発公社…169③

U

UN(O) United Nations(Organization) 国際連合…290, 291②, 393

UNCTAD United Nations Conference on Trade and Development アンクタッド＝国連貿易開発会議…291②, 292②, 344①, 365④, 366①, 394

UNDP United Nations Development Programme 国連開発計画…291②, 328②

UNEP United Nations Environment Programme 国連環境計画…291②, 370③, 371④, 372⑧

UNESCO United Nations Educational, Scientific and Cultural Organization ユネスコ＝国連教育科学文化機関…291②, 317

UNF United Nations Forces 国連軍…294

UNHCR Office of the United Nations High Commissioner for Refugees 国連難民高等弁務官事務所…110②, 291②, 292②, 315⑤, 394

UNICEF United Nations Children's Fund ユニセフ＝国連児童基金…291②

UNIDO United Nations Industrial Development Organization 国連工業開発機関…344①

USMCA United States Mexico Canada Agreement 米国・メキシコ・カナダ協定…353③, 359, 363

V・W

VISTA ビスタ：ベトナム(Vietnam)・インドネシア(Indonesia)・南アフリカ(South Africa), トルコ(Turkey)・アルゼンチン(Argentina)の頭文字…353④

WEU Western European Union 西欧同盟…354③

WHO World Health Organization 世界保健機関(国連)…291②

WTI West Texas Intermediate ウエスト・テキサス・インターミディエート(高品質原油の一種)…375④

WTO Warsaw Treaty Organization ワルシャワ条約機構…299, 302①, 305⑧

WTO World Trade Organization 世界貿易機関(国連)…170⑤⑥, 333⑤, 334, 342②, 344①, 345, 352α, 358, 363, 390

索引

411

1 国民所得の諸指標 （➡p.192）

問題 下の表は，ある国のある年のフローの諸指標の項目とその値を表したものである。表の数値例をもとにした場合の諸指標Ⓐ～Ⓒの値を求めなさい。

項目	値
国内総生産（GDP）	500
海外からの所得	40
海外への所得	20
間接税	80
補助金	40
減価償却費	100

Ⓐ 国民総生産（GNP）
Ⓑ 国民純所得（NNP）
Ⓒ 国民所得（NI）

解法

国民所得の諸指標の計算では，まずGNP・GDP・NNI・NIの4つの指標の関係式をきちんと把握しよう。

①**国民総生産（GNP）＝生産総額－中間生産物**

中間生産物は，原材料・半製品・部品など。

②**国内総生産（GDP）**
＝国民総生産（GNP）－海外からの純所得

Point 「海外からの純所得」を引く意味を理解しよう！

海外からの純所得＝（海外からの所得－海外への所得）

→「海外からの所得」＝「日本人が海外で得た所得」である。つまり，海外で得ているので，国内総生産であるGDPには含まれない。

→「海外への所得」＝「外国人が日本で得た所得」である。つまり，日本で得ているので，国内総生産であるGDPに含まれる。

よって，②より次の式が成り立つ。

国内総生産（GDP）
＝国民総生産（GNP）－海外からの純所得
＝国民総生産（GNP）－海外からの所得＋海外への所得

③**国民純生産（NNP）＝GNP－減価償却費**

減価償却費とは1年間の生産の結果，機械の価値がすり減った分を，将来の機械の買い替えのために毎年積み立てるお金のこと。すり減った分をGNPから引いて，正味の生産額を求める。

④**国民所得（NI）＝NNP－間接税＋補助金**

③までの生産額は市場価格で表示されており，消費税のような間接税分を含んでいるので間接税分を引く。また政府等から補助金をもらっていると，その分を安くして売るので，正味の生産額を出すために，補助金分を加える。

Ⓐ国民総生産（GNP）は，②を変形して，

GNP＝GDP＋海外からの純所得
　　＝GDP＋海外からの所得－海外への所得

よって，国民総生産＝500＋40－20＝520

Ⓑ国民純生産（NNP）は，③より，

NNP＝GNP－減価償却費

よって，NNP＝520－100＝420

Ⓒ国民所得（NI）は，④より，

NI＝NNP－間接税＋補助金

よって，NI＝420－80＋40＝380

解答 Ⓐ520　Ⓑ420　Ⓒ380

2 経済成長率 （➡p.196）

問題 ある国における2019年の名目GDPが200億ドル，2020年の名目GDPが204億ドル，2020年の物価上昇率が1％であるとする。2020年の実質経済成長率（実質GDP成長率）を計算しなさい。

解法

①まず，名目GDPから実質GDPを計算する。そのために必要なのがGDPデフレーター。GDPデフレーターが初めから与えられている場合もある。

	2019年	2020年
名目GDP	200億ドル	204億ドル
実質GDP		
GDPデフレーター		?
実質GDP成長率		

②この問題ではGDPデフレーターは与えられていないので，まずGDPデフレーターを算出する必要があるが，これは簡単。**物価上昇率が1％なのでGDPデフレーターは「101」となる。**物価上昇率が5％なら「105」，10％なら「110」となり，物価下落率が3％なら「97」となる。

Point 2019年のGDPデフレーターは？

GDPデフレーターは，ある年を基準とした数値。この問題では，2020年の物価上昇率が与えられており，その数値は前年を基準とした上昇率。つまり，2019年が基準年となっており，基準年のGDPデフレーターは「100」である。

③GDPデフレーターを使って実質GDPを計算する計算式は，

$$実質GDP＝\frac{名目GDP}{GDPデフレーター}×100$$

④この問題を③にあてはめると，次のようになる。

$$2020年の実質GDP＝\frac{204（億ドル）}{101}×100≒202（億ドル）$$

	2019年	2020年
名目GDP	200億ドル	204億ドル
実質GDP	200億ドル	202億ドル
GDPデフレーター	100	101
実質GDP成長率		?

Point 2019年の実質GDPは？

2019年のGDPデフレーターは「100」。「100」ということは，「名目GDP＝実質GDP」ということ。③の計算式にあてはめて確認してみよう。

⑤あとは実質GDPの増加率を計算すればよい。実質GDPの増加率を計算する計算式は，

$$実質GDP成長率＝\frac{本年実質GDP－前年実質GDP}{前年実質GDP}×100$$

⑥この問題を⑤にあてはめると，次のようになる。

$$2020年の実質GDP成長率＝\frac{2020年実質GDP－2019年実質GDP}{2019年実質GDP}×100$$

$$＝\frac{202－200}{200}×100＝1（％）$$

解答 1％

3 信用創造 (⇒p.203)

(⇒p.203)

問題 銀行Aが5,000万円の預金を受け入れ，支払準備率を10%として企業に貸し出す。さらにこの資金が銀行Bに預金される。銀行の支払準備率（預金準備率）をすべて10%として，この過程が繰り返された場合，信用創造で作り出された銀行全体の預金の増加額を計算しなさい。

銀行	預金	支払準備金	貸出金
A	5,000万円	500万円	4,500万円
B	4,500万円	450万円	4,050万円
C	4,050万円	405万円	3,645万円
	⋮	⋮	⋮

解法

①このタイプの問題では，預金の総額（総預金額）を求められているのか（Ⓐ），信用創造の総額（預金の増加額）を求められているのか（Ⓑ）に注意しよう。

銀行	預金	支払準備金	貸出金
A	5,000万円 (最初の預金額)	500万円	4,500万円
B	4,500万円	450万円	4,050万円
C	4,050万円	405万円	3,645万円
	⋮	⋮	⋮

Ⓑ信用創造の総額（預金の増加額）
Ⓐ預金の総額（総預金額）

②信用創造による預金の総額（Ⓐ）は，次の公式で求められる。

　預金の総額＝最初の預金額（原預金額）÷支払準備率
　　　　　　＝5,000万円÷0.1＝5億円

Point 支払準備率を小数にして計算
支払準備率は，10%ならば「0.1」，5%なら「0.05」，20%ならば「0.2」として計算すると簡単。

③この問題では預金の増加額（信用創造の総額）を求められている（Ⓑ）。これは，次式で求められる。

　預金の増加額＝預金の総額－最初の預金額
　　　　　　　＝5億円－5,000万円＝4億5,000万円

④預金の増加額は，次の式でも求められる（Ⓑ）。

$$預金の増加額＝最初の預金額×\frac{1－支払準備率}{支払準備率}$$

$$＝5,000万円×\frac{1－0.1}{0.1}＝4億5,000万円$$

Point 同じ意味でも表現が異なる用語に注意しよう
・支払準備率＝預金準備率＝法定準備率＝準備率
・最初の預金額＝原預金額＝本源的預金
・預金の増加額＝信用創造総額＝派生的預金

解答 4億5,000万円

4 プライマリー・バランスと国債依存度 (⇒p.217)

(⇒p.217)

問題 下の図は，ある国のある年度の仮想の財政状況（一般会計の歳入と歳出）である。次の問いに答えなさい。

問1　プライマリー・バランス（基礎的財政収支）を求めなさい。
問2　国債依存度を求めなさい。

歳入　合計110兆円

租税・印紙収入 64.5兆円	国債収入 38.5兆円	その他 7兆円

歳出　合計110兆円

社会保障費 45兆円	国債費 35兆円	地方交付税交付金 18兆円	その他 12兆円

解法

問1 「プライマリー・バランス」

プライマリー・バランスは，「（歳入－国債収入）－（歳出－国債費）」で求められる。

プライマリー・バランス
　＝（歳入－国債収入）－（歳出－国債費）
　＝（110兆円－38.5兆円）－（110兆円－35兆円）
　＝71.5兆円－75兆円
　＝－3.5兆円

したがって，プライマリー・バランス（基礎的財政収支）は**3.5兆円の赤字**となる。

問2 「国債依存度」

国債依存度とは歳入に占める国債収入の割合なので，
　国債依存度（%）＝国債収入÷歳入×100
　　　　　　　　　＝38.5兆円÷110兆円×100
　　　　　　　　　＝35

したがって，**国債依存度は35%**ということになる。

Point 歳出の上位3位を覚えよう！
国の一般会計予算の，歳出の上位3位までの項目は，順位を含めて知っておいた方がよい（⇒p.210）。
［1位］社会保障費（歳出全体の約3割を占める）
［2位］国債費
［3位］地方交付税交付金

解答 問1 －3.5兆円　問2 35%

Point 解いてみよう
ある年のある国の一般会計予算が，国債費を除く歳入が55兆円，国債収入が45兆円，歳出のうちの国債費が50兆円だとする。この年のこの国のプライマリー・バランス（基礎的財政収支）を求めなさい。（答えは下）

4 Pointの答え
国債費を除く歳入が55兆円，国債収入が45兆円であれば，全体の歳入は100兆円ということになる。また，一般会計の予算なので，歳入と歳出は等しいものとして予算は立てられる。
プライマリー・バランス（基礎的財政収支）は，「（歳入－国債収入）－（歳出－国債費）」で求められるので，
　＝（100兆円－45兆円）－（100兆円－50兆円）
　＝55兆円－50兆円
　＝5兆円
したがって，プライマリー・バランス（基礎的財政収支）は5兆円の黒字となる。

5 比較生産費説 (⇒p.332,334)

問題 リカードの考え方に従って生産の特化を行った場合，電化製品と衣料品は，それぞれX・Yどちらの国で，何単位生産されるのが最も効率的か。

生産する商品	1単位生産するのに必要な人数		X・Y国の生産量の合計
	X国	Y国	
電化製品	100人	200人	2単位
衣料品	120人	160人	2単位

解法

①それぞれの国での生産効率を確認する

・X国，Y国それぞれ，1単位生産するのに必要な人数を，製品ごとに比較して生産効率を確認する。

・例えば，X国において，電化製品の衣料品に対する生産効率の計算式は，「電化製品の人数÷衣料品の人数」なので，「100人÷120人＝0.83倍」。X国では，電化製品は衣料品の0.83倍の人数で生産できる。

	X国	Y国	生産量
電化製品	$\frac{100人}{120人}=0.83倍$	$\frac{200人}{160人}=1.25倍$	2単位
衣料品	$\frac{120人}{100人}=1.2倍$	$\frac{160人}{200人}=0.8倍$	2単位

②両国の比較優位を確認する

・電化製品は，衣料品に対しX国0.83倍，Y国1.25倍の人数が必要。よって**電化製品はX国に比較優位あり**。

・衣料品は，電化製品に対しX国1.2倍，Y国0.8倍の人数が必要。よって**衣料品はY国に比較優位あり**。

> 電化製品はX国が比較優位

	X国	Y国	生産量
電化製品	0.83倍 ←	1.25倍	2単位
衣料品	1.2倍 →	0.8倍	2単位

> 衣料品はY国が比較優位

③比較優位を持つ製品に特化し，全労働力を投入する。

	X国	Y国	生産量
電化製品	220人		（　）単位
衣料品		360人	（　）単位

④X国は，100人で電化製品1単位を生産できる。220人で生産できる単位は「220人÷100人＝2.2単位」。

⑤Y国は，160人で衣料品1単位を生産できる。360人で生産できる単位は「360人÷160人＝2.25単位」。

⑥よって答えは，電化製品はX国で2.2単位，衣料品はY国で2.25単位，生産されるのが最も効率的である。

	X国	Y国	生産量
電化製品	220人		2.2単位
衣料品		360人	2.25単位

解答 電化製品…X国で2.2単位
衣料品…Y国で2.25単位

> **Point** 解いてみよう
> 上記の解法の手順で計算してみよう。（答えは右）
>
> | | X国 | Y国 | 生産量 |
> |---|---|---|---|
> | 電化製品 | 180人 | 200人 | 2単位 |
> | 衣料品 | 80人 | 90人 | 2単位 |

6 国際収支 (⇒p.340)

問題 下の表は，ある国の国際収支を示している。次の問いに答えなさい。

問1 この国の，「経常収支」の値を求めなさい。

問2 表中の空欄【A】の，「金融収支」の値を求めなさい。

[単位：億円]

貿易・サービス収支	貿易収支	輸入	3,000
		輸出	9,500
	サービス収支		−500
第一次所得収支			−1,000
第二次所得収支			−700
資本移転等収支			−2,500
金融収支			【A】
誤差脱漏			−200

解法

問1 「経常収支の値」

①経常収支は，「貿易・サービス収支」と「第一次所得収支」と「第二次所得収支」の合計である。

②この問題では，まず「貿易収支」を計算し，続いて「貿易・サービス収支」を計算する必要がある。

「貿易収支＝輸出額−輸入額」だから貿易収支の値は次のようになる。

貿易収支＝9,500−3,000＝6,500

「貿易・サービス収支」は次のようになる。

貿易・サービス収支＝貿易収支＋サービス収支
　　　　　　　　　＝6,500＋（−500）
　　　　　　　　　＝6,000

③したがって，「経常収支」は，「経常収支＝貿易・サービス収支＋第一次所得収支＋第二次所得収支」だから

経常収支＝6,000＋（−1,000）＋（−700）
　　　　＝4,300（億円）

> **Point** 「貿易収支」の計算に注意
> 輸出額と輸入額から，貿易収支を求めることを忘れないようにしよう。輸入額はマイナスになることに注意。
> 「貿易収支＝輸出額−輸入額」

問2 「金融収支の値」

①国際収支統計全体では，「経常収支＋資本移転等収支−金融収支＋誤差脱漏＝0（ゼロ）」となる。

4,300＋（−2,500）−金融収支＋（−200）＝0

②したがって，「金融収支」は，

金融収支＝4,300＋（−2,500）＋（−200）
　　　　＝1,600（億円）

> **Point** 「金融収支」はマイナス
> 国際収支統計全体で成立する式の中で，「金融収支」だけがマイナスになるので注意しよう。
> 経常収支＋資本移転等収支−金融収支＋誤差脱漏＝0

> **5 Point の答え**
> ・電化製品は，衣料品に対しX国2.25倍，Y国2.22倍の人数が必要。よって電化製品はY国に比較優位あり。
> ・衣料品は，電化製品に対しX国0.44倍，Y国0.45倍の人数が必要。よって衣料品はX国に比較優位あり。
> ・電化製品…Y国1.45単位，衣料品…X国3.25単位

7 小選挙区比例代表並立制 (➡p.155)

問題 表1は衆議院議員比例代表選挙での，ある比例区（定数6）の選挙結果，表2はこの比例区におけるA党の比例名簿に記載された候補者の選挙結果のまとめである。この2つの表からわかる選挙結果をもとにして，次の問いに答えなさい。

問1 A党の獲得議席数を求めなさい。

問2 A党の比例区での当選者を確定しなさい。

［表1］ある比例区（定数6）の選挙結果

政党名	A党	B党	C党
得票数	15,000	9,000	7,200

［表2］表1のA党の比例名簿に記載された候補者の選挙結果

名簿順位	候補者名	立候補の状況	小選挙区での選挙結果		
			当落状況	得票数	当選者の得票
1	佐藤	比例のみ	なし	なし	なし
2	鈴木	重複立候補	当選	35,000	35,000
2	高橋	重複立候補	落選	25,500	30,000
2	田中	重複立候補	落選	30,000	50,000
2	伊藤	重複立候補	落選	10,500	15,000
6	渡辺	比例のみ	なし	なし	なし
6	山本	比例のみ	なし	なし	なし

解法

衆議院議員総選挙では，**小選挙区比例代表制**が導入されている。小選挙区は1選挙区1名が当選となる。一方，比例区は**ドント式**によって議席数を比例配分し，各政党が事前に提出した順位を付けた名簿に基づいて当選者を確定させる，**拘束名簿式比例代表制**が採用されている。

小選挙区での立候補者は，同時に比例区にも立候補可能（**重複立候補**）。「小選挙区」での落選者が「比例区」で当選する場合（**復活当選**）もある。この場合，小選挙区での選挙結果での**惜敗率**（小選挙区での当選者の得票数に対する落選者の得票数の割合）が大きい順に当選となる。

問1 「A党の獲得議席数」(➡p.155**4C**参照)

表1の選挙結果から，各党の獲得議席数を決定する。表1の選挙結果をドント式で議席配分すると以下のようになり，A党の獲得議席は3議席（①～⑥が当選順位）。

政党名	A党	B党	C党
得票数	15,000	9,000	7,200
1で割る	15,000①	9,000②	7,200④
2で割る	7,500③	4,500⑤	3,600
3で割る	5,000⑥	3,000	2,400

問2 「A党の比例区での当選者」

表2の選挙結果から，まず名簿順位単独1位の佐藤は当選となる。また名簿順位2位の4名のうち，鈴木は小選挙区で当選しているので，比例代表での当選者からは除外される。残り2名の当選者は，名簿順位2位の鈴木以外の3名の重複立候補者のうち惜敗率の高い者2名に決まることになる。惜敗率は次のように計算し，3名の重複立候補者の惜敗率は以下のようになる（◎が当選）。

$$惜敗率（％）＝\frac{小選挙区での落選者の得票数}{小選挙区での当選者の得票数}×100$$

名簿順位	候補者名	立候補の状況	当落状況	惜敗率	惜敗率の計算結果
2	高橋	重複立候補	落選	◎85%	25,500÷30,000×100
2	田中	重複立候補	落選	×60%	30,000÷50,000×100
2	伊藤	重複立候補	落選	◎70%	10,500÷15,000×100

解答 問1　3議席
問2　佐藤，高橋，伊藤の3名

8 直接請求制度 (➡p.143)

問題 有権者300,000人の地方自治体において，次の🅐～🅓の文章のような直接請求が行われたとする。このような直接請求が認められるかどうか，🅐～🅓の文章の正誤を判断しなさい。

🅐150,000人の有権者の署名を集めて，選挙管理委員会に首長の解職請求を行う。

🅑8,000人の有権者の署名を集めて，首長に事務監査請求を行う。

🅒120,000人の有権者の署名を集めて，首長に議会の解散請求を行う。

🅓5,000人の有権者の署名を集めて，首長に条例の制定請求を行う。

解法

地方自治法の定める直接請求制度の手続きについては，①請求の種類，②必要署名数，③受理機関（署名の提出先）をきちんと正確に把握しておこう。具体的には下の表を把握しよう（➡p.143**4**）。

また，ここでは問われていないが，署名提出後の取り扱いも正確に把握しておこう。

種類	必要署名数	受理機関	取扱い
条例の制定・改廃の請求	その地域の有権者の50分の1以上	地方公共団体の長	首長が議会にかけ，その結果を公表する。
監査の請求	同50分の1以上	監査委員	監査結果を公表し，議会・首長等にも報告。
議会の解散請求	同3分の1以上	選挙管理委員会	住民投票にかけ，過半数の同意があれば解散。
議員の解職請求	所属選挙区の有権者の3分の1以上	選挙管理委員会	住民投票にかけ，過半数の同意で職を失う。
首長の解職請求	その地域の有権者の3分の1以上	選挙管理委員会	
主要公務員の解職請求（副知事・副市町村長など）	同3分の1以上	地方公共団体の長	議会にかけ，3分の2以上の議員の出席でその4分の3以上の同意があれば職を失う。

（リコール）

$$40万人以上＝（40万×\frac{1}{3}）+（40万を超える数×\frac{1}{6}）$$
$$80万人以上＝（40万×\frac{1}{3}）+（40万×\frac{1}{6}）+（80万を超える数×\frac{1}{8}）$$

🅐　**正しい**　首長の解職請求は**有権者の3分の1以上**（この問題の場合は100,000人）の署名を集めて，**選挙管理委員会に提出**する。したがってこの文章は正しい。署名が受理されると，その後は住民投票が実施され，過半数の同意があれば，首長は失職する。

🅑　**誤り**　事務監査請求は**有権者の50分の1以上**（この問題の場合は6,000人）の署名を集めて，**監査委員に提出**する。したがってこの文章は，署名の提出先が誤り。署名が受理されると事務監査が行われて，監査結果の公表と首長と議会への報告が行われる。

🅒　**誤り**　議会の解散請求は**有権者の3分の1以上**（この問題の場合は100,000人）の署名を集めて，**選挙管理委員会に提出**する。したがってこの文章は，署名の提出先が誤り。署名が受理されると，その後は住民投票が実施され，過半数の同意があれば，議会は解散する。

🅓　**誤り**　条例の制定・改廃請求は**有権者の50分の1以上**（この問題の場合は6,000人）の署名を集めて，**首長に提出**する。したがって必要署名数が不足しているので，この文章は誤り。署名が受理されると，首長が議会にかけて審議が行われる。

解答　🅐正しい　🅑誤り　🅒誤り　🅓誤り

1 戦後日本の主な好景気

神武景気 (1954-57)	「日本始まって以来」の意。新規産業（石油化学・鉄鋼等）への設備投資による。終了後は「なべ底不況」(57-58) へ。
岩戸景気 (1958-61)	「神武景気をしのぐ好況」ということから。高率の設備投資による。
オリンピック景気 (1962-64)	文字どおり東京オリンピック (1964) に向けた社会資本整備による好況。
いざなぎ景気 (1965-70)	「神武・岩戸景気を上回る好況」の意。5年近く続いた。ドルショック (71) と価格景気，第一次石油危機を経て，長期の不況に。
バブル景気 (1986-91)	「実体経済とかけ離れた投機によるあぶく（バブル）のような景気」の意味。名目的に多くの資産が値上がりし，銀行債権も増大。バブル崩壊により「平成不況」へ。
回復感なき景気 (1993-97)	平成不況によりデフレ傾向に陥りつつも消費と輸出が伸びたことによる。設備投資の伸びはなく，必ずしも「好景気」だったとはいえないとする意見も多い。
いざなみ景気 (2002-08)	アメリカと中国の経済成長と円安の継続による輸出の拡大がけん引車となり，戦後最長の好景気となった。

2 景気動向指数と日銀短観

生産・雇用など景気に敏感に反応する複数の指標の動きを統合し，景気の現況を示した指標。内閣府が毎月発表。国際的な流れを受け，2008年度よりDI指数からCI指数中心の公表に変更された。

景気動向指数
・DI (Diffusion Index) 指数…複数の指標のうち上昇（拡張）している指標の割合で，**景気変動の方向**を示す。景気転換点（景気の山谷）の判定に用い，50％超で拡張，50％未満で後退局面の目安となる。

・CI (Composite Index) 指数…DI指数と同じ指標の変動率を積み上げ，基準年を100として比較したもので，**景気変動の強弱**を示す。景気の山の高さや谷の深さ，上昇や下降の勢いを表す。

日銀短観
日本銀行が四半期ごとに発表する「全国企業短期経済観測調査」のことで，**景気変動の方向**を示す。全国1万社以上の業況感を問う調査で，経済指標の中でも重要視されている。

TRY解答

p.20　(そもそも国政は，国民の厳粛な信託によるものであつて，)その権威は国民に由来し，その権力は国民の代表者がこれを行使し，その福利は国民がこれを享受する。　p.24　上：欽定憲法　p.24　下：公法　p.26　上：南部を中心に，独立運動の指導者層の少なからぬ部分が奴隷を使用するプランテーション経営者だったから。　p.26　下：④(明治憲法下の人権は，法律の留保(➡p.57)を伴うものだった)　p.30　憲法第7条を読めばAの可能性もあるが，条約の締結権は内閣にあるし，天皇の国事行為には内閣の助言と承認が必要，というわけでBが多数説。第41条を根拠にCだという人もいる。憲法には明確な規定はない。　p.33　ラテン語のsenatus（古代ローマの元老院）　p.59　明治憲法の第1章が天皇だから（日本国憲法は，形式上は明治憲法の改正）　p.60　憲法を改正すれば可能　p.61　天皇といえども私的な時間はあり，国事行為を行っている時が象徴であると考えられる。　p.62　国連憲章第1条第1項 (➡p.296)　p.63　略　p.64　①朝鮮戦争50～53年，②ソ連のアフガニスタン侵攻 (1979年) と米ソ新冷戦，③日朝関係の緊迫と自衛隊のイラク派遣　p.69　地位協定17条⑤公訴前の米兵の身柄引き渡し問題　p.82　略　p.88　上：たとえ精神的自由であっても，他人の人権を侵害しないという意味での公共の福祉に反してはならない　p.88　下：認められていた（ただし，日本臣民の義務に背かざる限りにおいてという限定があり，事実上神道が強制されていた。明治憲法28条，➡p.54)　p.92　Ｅ　p.93　無罪推定の原則から，無罪として扱わなければならない（有罪を前提としての取調べなどはしてはならない）　p.96　①Ｄ　②Ａ　p.99　堀木訴訟　p.100　使用しなくてはならない（学校教育法第34，49，62，70条）　p.102　18歳以上　p.104　プライバシー権や，環境権の1つである日照権　p.111　王貞治氏　p.120　①三権の長の給与は平等　②異なる選挙制の採用により，より多様な民意を反映できる。第一院の独走を防ぎ，より慎重な審議を期待できる（抑制と均衡を期待できる）。　p.122　①任期も短く解散もあり，主権者である国民の意思をより反映していると考えられるから　②予算の議決，内閣総理大臣の指名，条約の承認の議決に関して，両院で異なった場合　p.125　内閣は国会に対し連帯して責任を負うから　p.130　略　p.132　天皇　p.134　上：高裁・地裁・家裁・簡裁　p.134　下：砂川事件(➡p.64)　p.143　46ページ右段参照　p.150　上：①普通選挙制の実現

②トーリー党とホイッグ党　p.150　下：1955年に発足した自民党と社会党の2つの政党によって運営される政党政治システム　p.152　①政官財鉄のトライアングル　②族議員　③第四の権力　④ロビイング　p.155　Ｄ党～3議席　Ｅ党～2議席　Ｆ党～1議席　p.186　トヨタ　p.188　①する　②する　③する　④しない　p.193　Ａ―「第一次産業」Ａは農家である　Ｂ―「企業所得」のうち「個人企業」。Ａは長野県の「個人農家」であり，その売上げとなる　Ｃ―「民間最終消費支出」のうち「家計最終消費支出」。Ｂは自家消費のためにこの米を購入したと推測できる　p.196　①{(556.6−549.5)／549.5}×100≒1.292　よって1.3%　②まず2022年の名目ＧＤＰとＧＤＰデフレーターから，2022年の実質ＧＤＰを求める。2022年実質ＧＤＰ＝(556.6／102)×100≒545.7　実質経済成長率＝{(545.7−540.3)／540.3}×100≒0.999　よって1.0%　p.197　①イ　②エ　③ア　④ウ　p.202　①借り入れにくくなる　②増加する　p.203　①○　②×　③○　p.230　Ａ　（なおお法人税法では，資本金1億円以下であれば業種を問わず中小企業とみなすので，Ｂも該当する）　p.250　上：約20歳　p.250　下：①第一次世界大戦，国際連盟　②ニューディール政策　p.251　治安維持法　p.252　すべて正しい　p.253　略　p.291　①パレスチナ：イスラエルを支援する米国が敵対的だから。　②コソボ：セルビアを支援するロシアが敵対的だから。　③台湾：台湾併合を目指す中国が敵対的だから。　④日本政府はコソボは承認したが，パレスチナ，台湾は不承認。　p.292　①バチカン，コソボ，クック，ニウエ　②北朝鮮　p.293　国連憲章第19条を見てみよう(➡p.297)　p.295　国連憲章第108条を見てみよう(➡p.297)　p.311　Ｌは「Limitation」で制限，Ｒは「Reduction」で削減という意味。核兵器の数を増やさないよう制限したSALTに対し，STARTは数を減らすための削減条約だった。　p.333　①中国，②アメリカ，③ドイツ (2022年)　p.336　ア．100万ドル　イ．Ｂ社　ウ．Ａ社　p.337　①アメリカからの復興援助。　②1985年からの急激な円高による海外直接投資（日本企業の海外進出）の急増。　③円高進行による輸入価格の下落（製品輸入比率の拡大）。日米貿易摩擦による市場開放努力。